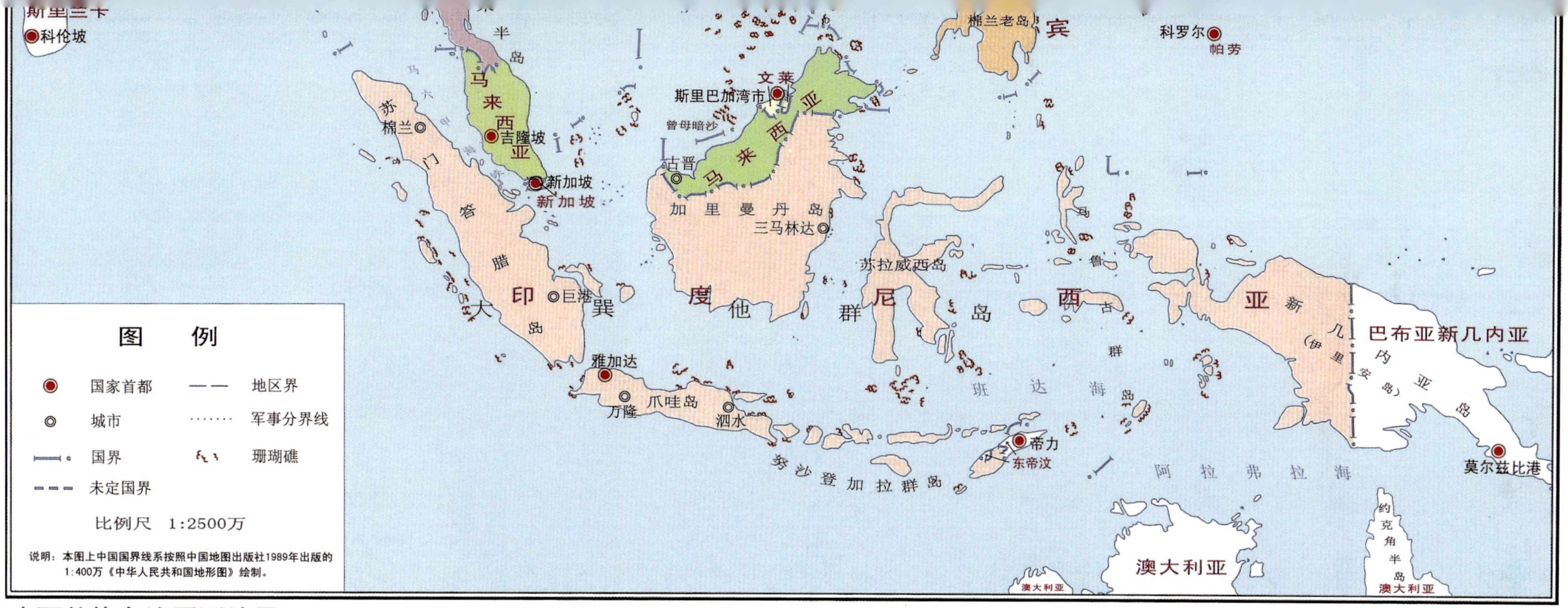

斯里兰卡 科伦坡
马来西亚 吉隆坡 新加坡 新加坡
苏门答腊岛 棉兰 巨港 廖内群岛
印度尼西亚
雅加达 万隆 爪哇岛 泗水
文莱 斯里巴加湾市 古晋 曾母暗沙
加里曼丹岛 三马林达
苏拉威西岛 马鲁古群岛
努沙登加拉群岛 帝力 东帝汶
班达海 阿拉弗拉海
新几内亚岛（伊里安岛）
巴布亚新几内亚 莫尔兹比港
澳大利亚 约克角半岛
菲律宾 棉兰老岛
科罗尔 帕劳

图　例

| | | | |
|---|---|---|---|
| ● | 国家首都 | —— | 地区界 |
| ◎ | 城市 | ······ | 军事分界线 |
| ⊢ | 国界 | | 珊瑚礁 |
| --- | 未定国界 | | |

比例尺　1:2500万

说明：本图上中国国界线系按照中国地图出版社1989年出版的1:400万《中华人民共和国地形图》绘制。

广西壮族自治区测绘局　　国家测绘局地图图形审核批准号：（2004）325号　　2004年5月

# 中国和东盟各国国旗及东盟旗

| | | | | | |
|---|---|---|---|---|---|
| 中国 China |  文莱 Brunei |  柬埔寨 Cambodia |  印度尼西亚 Indonesia |  老挝 Laos |  马来西亚 Malaysia |
|  缅甸 Myanmar | 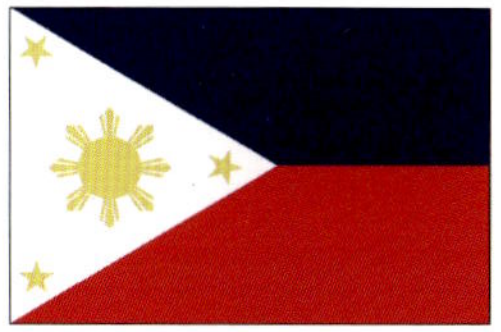 菲律宾 Philippines |  新加坡 Singapore |  泰国 Thailand |  越南 Viet Nam |  东盟 ASEAN |

# 第14届中国—

# 第14届中国—

2017年9月12日上午，以“共建21世纪海上丝绸之路，旅游助推区域经济一体化”为主题的第14届中国—东盟博览会和中国—东盟商务与投资峰会，在中国广西南宁隆重开幕。中共中央政治局常委、中国国务院副总理张高丽，第14届中国—东博会主题国文莱苏丹哈桑纳尔·博尔基亚，柬埔寨首相洪森，越南常务副总理张和平，老挝副总理宋赛·西潘，特邀合作伙伴哈萨克斯坦第一副总理阿斯哈尔·马明，缅甸商务部部长丹敏，泰国国务部长翁信，马来西亚工贸部第二部长黄家泉，新加坡贸工部兼国家发展部高级政务部长许宝琨，菲律宾贸工部副部长诺拉·特拉多，印度尼西亚贸易部国家出口发展总司长阿琳达，东盟秘书处副秘书长林康宪，第十届全国人大常委会副委员长顾秀莲，中共广西壮族自治区委员会书记彭清华，中国商务部国际贸易谈判代表兼副部长傅自应，中国商务部副部长钱克明，中国国际贸易促进委员会会长姜增伟等中国和东盟各国多个部委的部长，中国与东盟及周边国家外交使节，各国商协会会长、知名企业家、社会各界知名人士代表出席开幕大会。

开幕大会在中国广西南宁国际会展中心金桂花厅举行。主题国文莱热情洋溢、欢快热烈的暖场歌舞表演，展现着艺术色彩极为浓重的文莱文化。巨型屏幕上播放文莱具有代表性的城市画面、自然风光和民俗民风特色元素，彰显主题国文莱的魅力风情。主舞台采用国际会议通用的蓝白配色，简洁大气、线条流畅。舞台整体造型如同飘扬的丝带，与环廊景片中的各国标志性景点相呼应，象征“一带一路”连接中国、东盟10国与哈萨克斯坦，突显“中国—东盟旅游合作年”的主旨含义。

上午9时30分，开幕大会正式开始。开幕大会由“两会”举办地广西壮族自治区主席陈武和本届博览会主题国文莱首相府部长兼外交与贸易部第二部长林玉成共同主持。中共广西壮族自治区委员会书记彭清华、中国商务部国际贸易谈判代表兼副部长傅自应、中国国际贸易促进委员会会长姜增伟分别代表博览会举办地、共办方、商务与投资峰会先后致辞。张高丽发表主旨演讲。哈桑纳尔·博尔基亚、洪森、张和平、阿斯哈尔·马明和宋赛·西潘敦发表演讲。

本届开幕大会以“点亮丝路，放飞心愿”为主题。取意通过博览会平台，中国—东盟共建“一带一路”，携手点亮和平、繁荣、开放、创新、文明之灯，用愿景与希望照亮中国—东盟命运共同体更加美好的前程。围绕“点亮丝路、放飞心愿”这条主线，启幕仪式上播放的视频短片将不同时空中人们面对灯光许下的心愿与合作交流、繁荣发展、科技进步、幸福生活的美好图景连接起来、注入在启幕道具——“心愿灯”里。16位天真可爱的小朋友手捧“心愿灯”上台，将其置放于启幕台上。张高丽等16位启幕贵宾 “点”亮“心愿灯”，并将“心愿灯”“放飞”，从启幕贵宾面前的“河流”中“顺流而下”， 在中

1

# 东盟博览会

# 东盟商务与投资峰会

国、东盟10国与哈萨克斯坦“山水相连”图中流经各国。与此同时，会场内42位小朋友也同时点亮手中的心愿灯，42盏心愿灯在会场冉冉升起。美轮美奂的场景，预示着中国与包括东盟国家在内的“一带一路”沿线各国点亮蕴含美好希望与愿景的大好前程。在热烈的掌声中，第14届中国—东盟博览会和商务与投资峰会拉开序幕。

开幕大会上，穿插进行中新互联互通项目“南向通道”五方企业联动仪式。中国重庆、广西、贵州、甘肃与新加坡5地企业代表共同启动“合作手印”装置，展示台上5地“南向通道”上“多式联运”的标志物图标亮起，展现“南向通道”从海、陆、空、网的多维度“多式联运”，象征着“南向通道”连接“一带一路”的重要意义。

第14届中国—东盟博览会框架下共举办36个高层论坛，其中会期举行25个，为历届最多。主要包括中国—东盟金融合作与发展领袖论坛、中国—东盟港口城市合作网络工作会议、中国—东盟技术转移与创新合作大会。中国—东盟统计论坛、中国—东盟市长论坛、中国—东盟红十字博爱论坛等。

第14届中国—东盟商务与投资峰会举办文莱国家领导人与中国企业CEO圆桌对话会、中国—东盟商界领袖论坛、中国—东盟电商平台成果展示与线下活动、中国—东盟商事法律合作研讨会、东盟东部增长区贸易投资研讨会、商务午餐会等活动，汇聚和代言11国商界的声音与共识，服务于中国和东盟商界的交流合作。

第14届中国—东盟博览会设置商品贸易、先进技术、投资合作、服务贸易、魅力之城五大专题，展区设置更专业、更集中。

本届博览会启用南宁国际会展中心新扩建的E区新馆，总展览面积为12.4万平方米，新增展览面积1.4万平方米。其中，中国展馆规划面积约9.1万平方米，东盟10国及区域外国家展馆面积3.3万平方米，东盟及区域外国家展馆面积比上年增加近3000平方米，创历史新高。8个东盟国家包馆，参展企业2709家，均比上届有所增长。博览会和投资峰会期间举办80场经贸投资促进活动。在9月13日的第14届国际、国内经济合作项目集中签约仪式上有52个国际经济合作项目、112个国内经济合作项目签约，签约规模、项目合作层次再上新台阶。

① 第14届中国—东盟博览会、中国—东盟商务与投资峰会开幕大会主席台

② 第14届中国—东盟博览会、中国—东盟商务与投资峰会开幕大会会场

②

③ 文莱苏丹哈桑纳尔巡视展馆

④ 老挝副总理宋赛・西潘巡视展馆

⑤ 马来西亚工贸部第二部长黄家泉巡视展馆

⑥ 缅甸商务部部长丹敏巡视展馆

⑦ 菲律宾贸工部副部长诺拉・克拉多巡视展馆

⑧ 新加坡贸工部兼国家发展部高级政务部长许宝琨巡视展馆

⑨ 越南常务副总理张和平巡视展馆

⑩ 中共广西壮族自治区委员会书记彭清华巡视展馆

⑪ 哈萨克斯坦第一副总理阿斯哈尔・马明巡视展馆

Singapore
THAILAND
KAZAKHSTAN
哈萨克斯坦
SPECIAL PARTNER
特邀合作伙伴

⑧

⑨

⑩

⑪

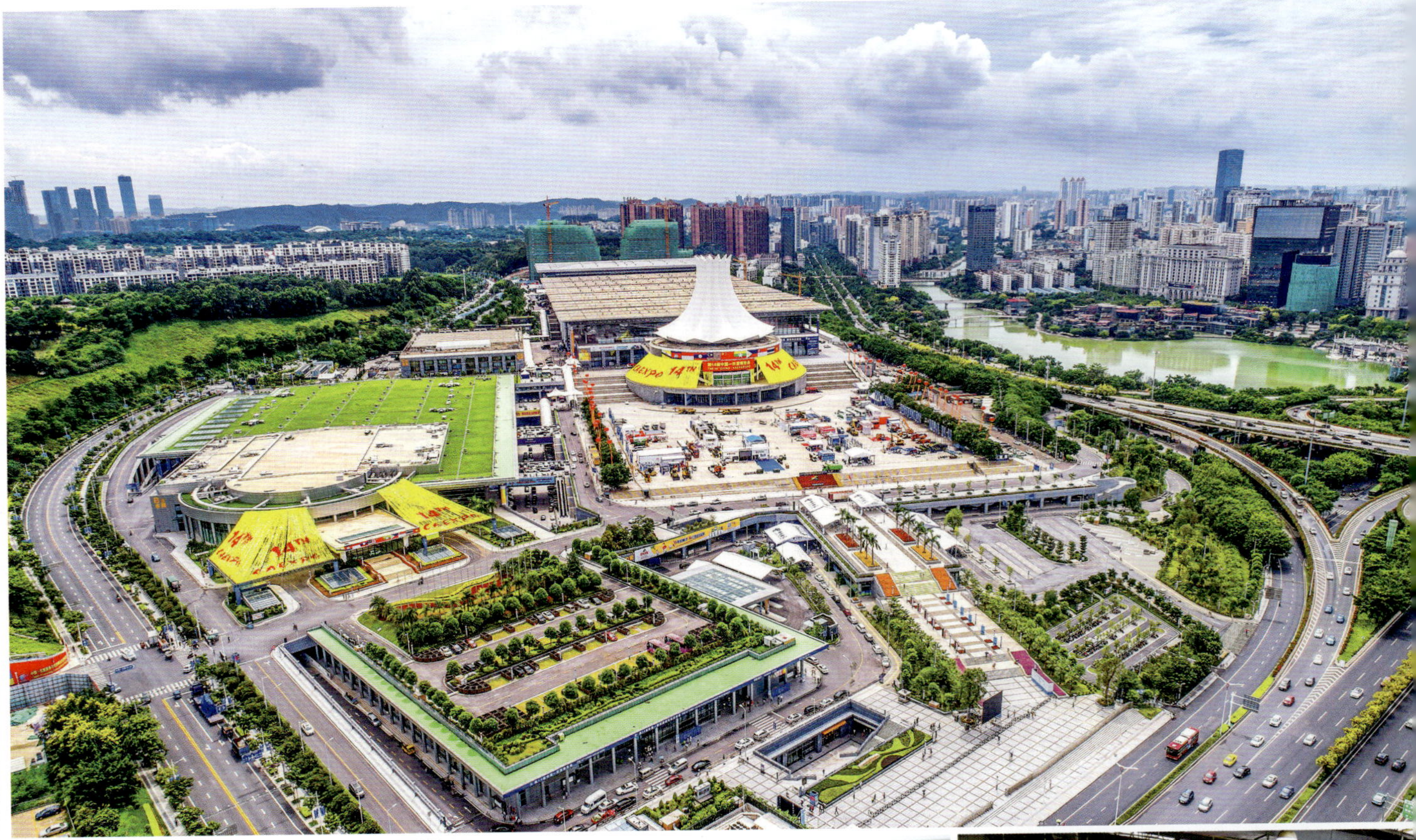

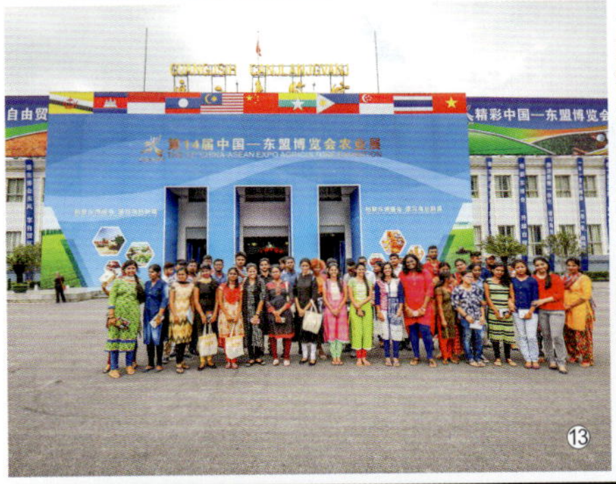

2017中国—东盟博览会旅游展
2017 CHINA-ASEAN EXPO TOURISM EXHIBITION
CAEXPOTE
2017中国—东盟博览会旅
2017 CHINA-ASEAN EXPO TOURISM EX

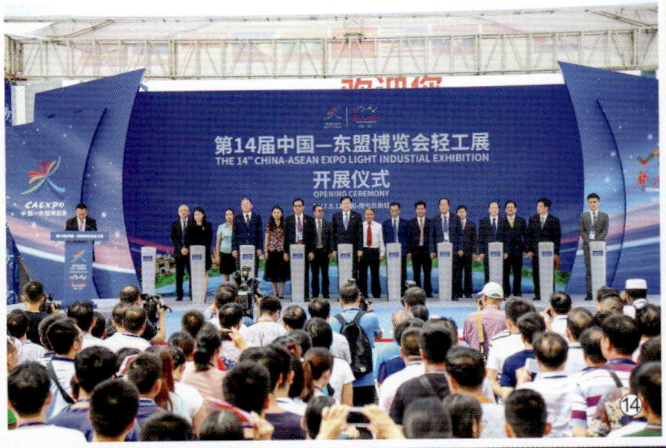

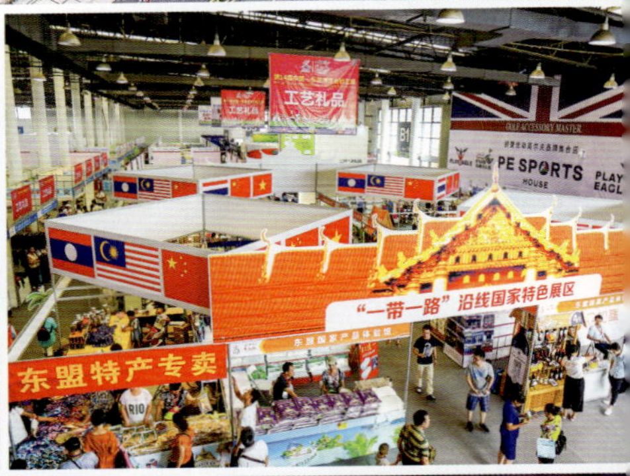

2017中国-东盟博览会动漫游戏展
CAGE 2017
中国—东盟博览会动漫游戏展
王者荣耀嘉年华

JIANG SU

⑫ 南宁国际会展中心外景

⑬ 第14届中国—东盟博览会农业展

⑭ 第14届中国—东盟博览会轻工展

⑮ 第14届中国—东盟博览会轻工展展品

⑯ 2017中国—东盟博览会旅游展

⑰ 2017中国—东盟博览会动漫游戏展

⑱ 第14届中国—东盟博览会工程机械及运输车辆展区

⑲ 主题国文莱馆开馆仪式

⑳ 印度尼西亚开馆仪式

㉑ 文莱投资推介会

㉒ 柬埔寨贸易投资和旅游推介会

㉓ 马来西亚投资推介会

㉔ 菲律宾商机推介会

㉕ 新加坡专题论坛

㉖ 泰国投资机遇推介会

㉗ 斯里兰卡国家推介会

㉘ 哈萨克斯坦投资贸易推介会

㉙ 澳大利亚维多利亚政府团参观展馆

Philippines
Vietnam
THÁI NGUYÊN - VIỆT NAM
CITY OF CHARM
尼泊尔
NEPAL
The Asian Heritage Nepal
B1C029
6
泰国 THAILAND
泰国 THAILAND
FOOD & BEVERAGE
文莱
BRUNEI DARUSSALAM
WELCOME
Myanmar Tea and Coffee Promotion Area
缅甸商务部
缅甸贸易促进局
马来西亚
MALAYSIA
MATRADE
30
32
34
35
37
38

㊶

㊷

㊸

㊹

㊺

㊻

㊼

㊽

㊾

㊿

51

㉚ 哈萨克斯坦展馆

㉛ 菲律宾展馆

㉜ 越南展馆

㉝ 尼泊尔展馆

㉞ ㉟ 泰国展馆

㊱ 新加坡展馆

㊲ 文莱展馆

㊳ 缅甸展馆

㊴ 柬埔寨商品展位

㊵ 马来西亚展馆

㊶ 柬埔寨柏威夏省展厅

㊷ 老挝沙耶武里省展厅

㊸ 文莱斯里巴加湾市展厅

㊹ 印度尼西亚印尼群岛展厅

㊺ 缅甸东枝展厅

㊻ 新加坡展厅

㊼ 马来西亚纳闽展厅

㊽ 菲律宾奥罗拉省展厅

㊾ 越南太原省展厅

㊿ 泰国春武里、罗勇、北柳府展厅

51 中国宁波市展厅

CHINA-ASEAN
E-COMMERCE SUMMIT 2017
中国—东盟信息港论坛
2017中国—东盟电子商务峰会
2017 China-ASEAN E-commerce Summit
52
2017(第八届)中国—东盟矿业合作论坛暨推介展示会
2017 (the 8th) China-ASEAN Mining Cooperation Forum & Exhibition
第14届中国—东盟博览会东盟食品采购对接会
The 14th CAEXPO Sourcing Conference for ASEAN Food Products
54
第14届中国—东盟博览会签约仪式
The 14th China-ASEAN Expo Signing Ceremony
第14届中国—东盟博览会
THE 14th CHINA-ASEAN EXPO
第14届中国—东盟博览会食品加工和包装机械论坛暨采购对接会
56
第14届中国—东盟博览会投资合作圆桌会
第14届中国—东盟博览会
越南采购商专场贸易对接会
The 14th CAEXPO Vietnam Procurement Meeting
58
中国-东盟博览会
CHINA-ASEAN EXPO
2017 中国–东盟博览会首届“南向通道”
生鲜冷链物流发展论坛
共享冷链 孵化创新
中国 南宁
2017年9月
主办单位：自治区商务厅
联合主办：广西北部湾国际港务集团有限公司
承办单位：广西北港物流有限公司
北港物流

52 2017中国—东盟信息港论坛——电子商务峰会

53 第8届中国—东盟矿业合作论坛暨推介会

54 第14届中国—东盟博览会东盟食品采购对接会

55 第14届中国—东盟博览会签约仪式

56 第14届中国—东盟博览会食品加工和包装机械论坛暨采购对接会

57 第14届中国—东盟博览会投资合作圆桌会

58 越南采购商专场贸易对接会

59 中国—东盟博览会“南向通道”生鲜冷链物流发展论坛

60 中国—东盟港口城市合作网络工作会议

61 中国—东盟环境合作论坛（2017）城市环境保护与可持续发展研修

62 中国—东盟环境合作论坛（2017）城市环境保护与可持续发展研修　中国—东盟环保合作项目签约仪式

63 中国—菲律宾产能与投资合作论坛

64 中国—越南产能合作项目推介会

65 中医药大健康产业国际创新合作推介对接会

# 第19届南宁

## 第19届南宁国际民歌艺术节开幕晚会

2017年9月12日晚在广西体育中心体育馆举行。此次民歌节以“丝路山水·画里民歌”为主题，呈现出广西各少数民族的万种风情以及和“一带一路”沿线国家的友好发展。本届民歌节邀请国内外优秀艺人同台献艺，通过对国内外经典民族歌曲进行创新编排和重新演绎的方式，为广大观众献上一台多元化音乐相互交融、传承与创新并存，具有东盟情怀的视听盛宴。

整台晚会创意十足，民族风浓郁，时尚与传统混搭。创意民歌大秀《刘三姐遇上阿诗玛》，让广西马山三声部与云南海菜腔，两种民歌文化碰撞，两种地域文化的互通，加上热闹的云南“打歌”元素，形成了晚会精彩峰值之一。粤剧梅花奖得主梁素梅和嘻哈歌手一起演绎南宁记忆的《南宁style》，歌曲通过与粤剧《卖荔枝》的巧妙融合，将南宁最接地气的符号唱了出来，从南宁的青山绿水唱到热闹的“中山路”，从豪华的五星级早茶唱到最具人气的“老友粉”，对美丽绿城进行了一次全景素描，让人倍感亲切。被誉为“中西合璧的夜莺”——吴碧霞带来经典的《玛依拉变奏曲》和充满时代韵味的歌曲《起航》。

谭维维演唱的《乌兰巴托的夜》和《康定情歌溜溜调》两首大家耳熟能详的民歌，以及《如果有来生》，既有民歌的艺术感，又兼顾了和观众的互动性。韩磊演唱了《等待》《花房姑娘》《没离开过》《路的呼唤》等4首不同风格的歌曲。其中：《没离开过》加入了昆曲元素，昆曲演员蒋珂戏曲扮相适时亮相带给观众不一样的新鲜感和视听享受；《路的呼唤》是中国中央电视台《远方的家》特别节目《一带一路》的主题曲，一方面是切合民歌艺术节“丝路山水画里民歌”的主题，另一方面也符合民歌艺术节联结中国与东盟文化交流的主旨。

包容的民歌艺术节舞台吸引了多元文化、多种艺术元素的同台展示。除了不同的音乐形式进行碰撞，更重要的是，不同国家、不同民族间形成了以音乐为桥梁的各种“撞见”。创意大秀《壮见》是一次民族元素集中展示，其中“文莱”元素的加入，更是展示了本届中国—东盟博览会主题国文莱的独特寓意。从牛角号到猴鼓，从地道的民族服饰到极富特色的细话歌，让观众走入了神秘的白裤瑶山寨，体验了一次地道的民俗风情。中国原创歌手韩冰和来自印度尼西亚的歌手曾慧兰合作一首《情歌赛过春江水》。马来西亚歌手陈湘胤和中国人气歌手胡译心，带来歌曲《梨花又开放》。李思宇与蝶当久以及乌克兰、马来西亚、英国的艺术家和演员共同演绎的《广西尼的呀》，则显示了广西面向世界敞开胸怀的高远境界。来自乌克兰的迪瓦乌苏拉带来《The Hill》，精彩绝伦的演唱，真假声、男女声的转换堪称经典！

压轴歌曲《大地之约》由中国第五代刘三姐王予嘉和广西著名歌手陈道宁演唱。歌手以刘三姐传承人身份向世界各地友人发出来自广西这片热土的邀约。

## 2017“绿城歌台”群众文化活动

以“丝路织梦·歌海扬帆”为主题，分民歌湖歌台、城区分歌台、县分歌台三大板块，共18台晚会，每个板块设置不同的活动内容、主题，让大家洋溢在“绿城处处都飞歌、东盟各国大联欢”的壮乡歌海热潮中。

**民歌湖歌台** 设在广西南宁民歌湖大舞台，连演6天，每天进行1场主题演出，并充分利用改造升级后的民歌湖璀璨舞台和周边优美的地理环境，以传承民歌为主旨，通过6台不同主题的文艺晚会，注入新元素，融入异国风情，打造绿城歌台活动新亮点。6台不同主题的文艺晚会分别为2017年9月13日的“丝路织梦·歌海扬帆”——2017年南宁国际民歌艺术节“绿城歌台”开幕式晚会；9月14日的“相约民歌湖畔·共眷天下民歌”2017大型民歌专场——陕西专场；9月15日的广西新锐乐团致敬经典民歌LIVE演唱会；9月6日举行的“绿城飞歌 花朵绽放”2017南宁市少儿民歌汇；9月17日上演的南宁市原创精品节目展演《舞动·中国梦》；9月18日的“南风粤韵”地方戏曲专场晚会为观众奉献了一台星光璀璨的戏曲表演。6场文艺晚会以歌舞的形式，向观众呈现民族色彩丰富、异域情调浓郁、舞台互动性强的演出，使南宁成为舞的世界、歌的海洋。

**兴宁区歌台** 2017年9月14~15日举行。9月14日的开幕式在广西金桥国际农产品批发市场举办。舞蹈《丝路》、歌曲《在这里停留》、走秀《对话》、舞蹈《东盟花盛开》给观众留下深刻印象。来自苏格兰、乌克兰的艺术家带来的原生态民间音乐与热辣性感的歌舞，展现了异域的别样

1

# 国际民歌艺术节

风情。9月15日，兴宁区举办以《“百年商埠　休闲兴宁”——作家眼中的兴宁》为专题的文化旅游宣传专题活动和十里花卉长廊“寻乡愁·赏花趣”一日游活动。

**青秀区歌台**　2017年9月14日在南宁南湖公园三月三欢歌广场举办。以“重温经典追忆青春”为主题，以演唱会的形式，选取从改革开放到21世纪初20首人们耳熟能详的经典歌曲为展示曲目，掀起追忆青春的音乐浪潮。晚会分为风情民歌、激情摇滚、民谣情怀、流行经典4个篇章。《沂蒙山小调》《敖包相会》《新长征路上的摇滚》《同桌的你》《好人一生平安》《千千阙歌》《青藏高原》等经典歌曲相继上演，3000多名观众在现场观看演出。

**江南区歌台**　2017年9月14日在江南万达广场举行。以“平话情韵”为主题，结合2017年江南区平话文化旅游节开幕式，以平话山歌为桥梁，以舞蹈为语言，通过江南特色的欢歌盛会唱响绿城歌台。演出节目有舞蹈《江南红》《醉美江南》《破浪》《亭子印象》以及国际艺术交流节目马来西亚传统民族舞；平话民俗表演《社傩》、平话童谣《我爱江南我的家》、大型歌舞《潮江南》《平话声屏》等。节目精彩纷呈，吸引了1500多名观众到场观看。

**西乡塘区歌台**　2017年9月13日在美丽南方忠良村舞台举行。歌台以“美丽南方从这里起步”为主题，广西民歌《广西尼的呀》、本土原唱《壮家欢歌迎客来》、巴西舞蹈《桑巴舞》等节目精彩上演。

**良庆区歌台**　2017年9月15日晚在大沙田滨江广场举行。歌台以“壮韵嘹啰 山水良庆”为主题，在《“壮美毬丝”嘹啰欢歌迎客来》歌舞中拉开序幕。接着，《国色家园》《高车踢碗》《万泉河水》《共圆中国梦》《钱鞭响起“尼的呀”》等歌舞、杂技表演先后登台。来自西班牙的艺术家带来具有异域风情的歌舞节目，演出得到现场观众的喜爱和好评。

**邕宁区歌台**　2017年9月14日在万达茂广场举行。来自意大利、泰国、南非以及邕宁本地的艺术家同台献艺，用优美的舞姿和嘹亮的歌声为观众打造一场精彩绝伦的文化视听盛宴。邕宁歌台以“福满邕宁”为主题，在具有邕宁民俗特色的八音队演奏的《壮家乐》中拉开序幕，以壮乡特有的方式欢迎远道而来的客人。随后，精心编排的《福婆·月翁》《嘹啰唱响核心价值观》《骑楼雨趣》等邕宁原生态的民俗歌舞节目，展示了邕宁特色民间文化资源。《神迷泰国》《敏阿拉巴》《南非手鼓舞》《东南亚风情》《吉宾舞》等歌舞表演，将现场气氛燃至沸点。整场演出共12个节目，1000多名观众观看演出。

**武鸣区歌台**　2017年9月14日在武鸣区城投一号综合楼大会厅精彩上演，以“情韵壮乡欢歌飞扬”为主题，突出武鸣壮文化元素，表达壮乡人民开拓创新、诚信务实、开放包容、热情豪迈的情怀。来自越南、爱尔兰等国家的艺术家们与武鸣区文艺表演者欢聚一堂，载歌载舞，同台献艺，为现场观众奉献一台中外文化、民族文化和谐交融的歌舞联欢盛会。晚会由双桥镇表演的舞蹈《稻香时节》拉开序幕，越南艺术团带来的小组唱《海防市欢迎四方到来的朋友》，爱尔兰甜蜜玫瑰乐队演员们演唱的《Close to you》和《I love you》，将整场演出引向高潮。

**横县歌台**　2017年9月14日在横县体育馆举行，以“醉美花乡”为主题，来自巴基斯坦、乌克兰等国家的艺术家与南宁、玉林和横县的文艺表演者同台献艺。来自巴基斯坦恰瓦里舞团的演员，身穿艳丽的民族服装跳起热情奔放的民族舞蹈，引来观众的阵阵欢呼声。来自乌克兰的BB Band摇滚乐队，为观众奉上独具特色的乌克兰歌舞。来自南宁市、玉林市和横县的文艺工作者给观众带来《茉莉香·中国梦》《茉莉花开》《茗园乐》等富有艺术感染力的文艺节目。

**宾阳歌台**　2017年9月15日晚在宾阳县城文化广场举办。以“龙韵宾阳”为主题，将现代文化元素与宾阳民族文化融合，展演极具宾阳文化特色的精品节目，讲宾阳故事，扬民族风尚，全面展示宾阳优秀传统文化。歌舞《请到炮龙之乡看一看》拉开晚会的序幕。宾阳县的蓝衣壮舞蹈《春到壮乡》、舞蹈《板板精彩》、歌曲《古城新唱》、上林县带来的舞蹈《陀螺飞歌》《瑶山祈福》等节目一一上演。来自乌克兰黑海水手歌舞团带来的歌伴舞《美丽日子》、美国的现代舞《光耀未来》等精彩节目，深受观众们的欢迎。

①～② 第19届南宁国际民歌艺术节暨第14届中国—东盟博览会和商务与投资峰会开幕晚会演出场景

②

**上林歌台** 2017年9月14日举行。以“壮族老家养生上林”为主题的，结合扶贫、旅游、养生等内容，以上林特色优秀民俗文化融合现代艺术为节目构成，展示上林寿、孝文艺元素。

**隆安歌台** 2017年9月14日晚在隆安县蝶城文化广场举办。以“多彩那乡”为主题，以“那”文化为主要元素，分为“那是幸福的天堂”“请你跟我去那乡”“那地方真是美”三个篇章。散发浓郁“那”韵味的歌舞及来自乌克兰、巴西等异国风情的表演，点亮隆安歌台。隆安原创山歌《唱春牛》、具有广西特色酒文化的《酒歌唱起来》、表达对祖国热爱之情的《我爱这土地》、精彩炫技的杂技《转动未来》、乡镇文艺队表演的舞蹈《播》、原生态舞蹈《红良打铁·铸》等节目相继演出。

**马山歌台** 2017年9月14日晚在马山县人民会堂内举行。以“鼓乡歌海·祥寿马山”为主题，以该县“文化三宝”为载体，展现该县丰富的民族文化与内涵，向观众呈现马山本土文化艺术的多姿多彩。百龙滩镇南新村业余文艺队表演舞蹈《祭鼓》，波利尼西亚舞蹈《太平洋的珍宝》、爱尔兰甜蜜玫瑰乐队的歌曲《甜蜜的微笑》《一起跳舞》，宾阳县代表队演出独唱《清水问恋歌》、舞蹈《续》、歌舞《陈梅古韵》，马山县本地节目扁担舞《俏妞扁担谣》、舞蹈《榔之韵》、山歌情景剧《达侬呗哈》、舞蹈《馍香满院》等相继上演。

## 2017年中国—东盟（南宁）戏剧周

2017年9月6～12日在中国广西举行。中国和东盟10国的24个优秀院团的709名演员演出42场优秀剧目。本届戏剧周以“丝路起航　戏海扬帆”为主题，以演、研、展、赛+大联欢“4+1”模式为特色，通过系列戏剧艺术活动，构筑高端展演平台，深化合作纽带作用，促进中国与东盟戏剧文化艺术的交流合作及经贸合作，有力推动中国与东盟戏剧的长效合作和发展。

本届戏剧周所有国外剧目均为首次在中国演出，包括越南国家木偶剧团的木偶剧《四季》、越南国家话剧院的话剧《黄昏别离》、泰国华富里戏剧艺术学院的历史剧《罗斛》、文莱独幕剧《墙》、菲律宾传统歌舞《棉兰老岛，编绘生活的赞歌》、泰国历史剧《罗斛王国》、柬埔寨皇家芭蕾舞剧《罗摩与罗什》等。国内展演剧目彰显地方特色，包括广东粤剧院的新编传奇粤剧《白蛇传·情》、杭州越剧传习院的越剧《忠言》、南宁市戏剧院的《南派粤剧经典折子戏专场》等。

本届戏剧周结合中国与东盟丰富的戏剧艺术文化、非物质文化遗产资源，举行中国南派粤剧展示中心开展仪式、中国—东盟艺术展、中国—东盟电影展映等展览活动；国际学术研讨会、中国—东盟艺术院（团）长高峰论坛等学术活动；中国—东盟南派粤剧大赛暨第二届红派粤剧艺术大赛等赛事活动。

**2017年中国—东盟（南宁）戏剧周开幕式** 2017年9月6日晚在南宁人民会堂举行。大型邕剧《玄奘西行》作为本届戏剧周开幕大戏在南宁人民会堂上演。本剧是由南宁市戏剧院演出的一部古装剧作，是2016年度国家艺术基金资助项目、邕州剧场地方戏曲月月演剧目，用玄奘西行历险、天竺求学、载誉荣归三个段落展开情节，表现玄奘为探究佛理，执着信仰、不畏艰险、追求理想的精神，以艺术的手段展现“一带一路”发展的历史渊源及文化脉搏。该剧展示了邕剧的传统精髓和与时俱进的突破，引发东盟各国嘉宾和本土戏迷的强烈共鸣。

**丝路华章：中国—东盟艺术展** 2017年9月8～11日在南宁市图书馆举行。印度尼西亚、老挝、缅甸、泰国和中国的艺术精品在本届艺术展中炫目亮相，尽显华美绚丽的魅力之光。本届艺术展由广西壮族自治区文化厅、南宁市人民政府联合主办，南宁市民族文化艺术研究院、红线女艺术

中心、南宁市图书馆，以及印度尼西亚巴当班让艺术学院执行。本届艺术展的宗旨是传播中国与东盟的传统文化和民族艺术，并为艺术家们提供深入交流、传情达谊的开放平台。在本次艺术展中，印度尼西亚的油画给人以强烈视觉冲击；老挝的银画造型古朴、制作精致；泰国的佛教主题油画给人以清净和谐之感；缅甸的大象艺术形象动人。在中国艺术展区，"心系于斯，粤剧惠民——红线女关心基层粤剧社团发展纪实图片选展"，反映了红线女奔走于珠海、肇庆、南宁、梧州等地，热心为人民服务的历史记录。展览开展3天，就吸引近万人观展。

**"中国—东盟艺术院（团）长高峰论坛"圆桌会议** 2017年9月7日在中国广西南宁举行。中外近100名专家齐聚一堂，共同探讨中国与东盟国家戏剧文化的下一步发展。与会各院团签署《中国—东盟戏剧合作交流机制谅解备忘录》，搭建中国与东盟各国的艺术之桥。中国戏剧家协会原书记王蕴明，山东艺术学院副院长高启光，中国艺术研究院研究员、博士生导师毛小雨，梅兰芳纪念馆前馆长、中国艺术研究院研究员、博士生导师秦华生，中央戏剧学院教授、博士生导师麻国钧，北京戏曲艺术职业学院院长刘侗，沈阳市评剧艺术创作中心主任冯玉萍，《中国戏剧》杂志副主编李小青，中国艺术研究院副研究员康海玲等中国代表参加会议。41家来自国内外的艺术院团代表参加会议。这是戏剧周举办5年来首次举办的圆桌会议。

**中国—东盟（南宁）戏剧周国际学术研讨会** 2017年9月8日在中国广西南宁举办。与会专家学者就东盟各国戏剧的特点与发展状况，进行深入探讨，提出具有前沿性、权威性、建设性的观点，为推进中国与东盟戏剧事业发展繁荣提供智力支持。

**中国—东盟青年电影展** 2017年9月9～11日在中影国际影城航洋店举行。本次影展得到南宁市人民政府、广西壮族自治区文化厅、中国—东盟中心、中国戏曲导演学会、南宁市文化新闻出版广电局、南宁市民族文化艺术研究院、柬埔寨文化艺术部、印度尼西亚巴当让艺术学院、老挝信息文化旅游部电影宣传部和越南河内戏剧与电影大学的大力支持。本届电影展共征集到微电影86部、戏曲电影7部。其中东盟国家共有15部作品参展。东盟各国青年电影人用自己的电影作品，展示中南半岛上越南、老挝、柬埔寨和马来群岛上新加坡、印度尼西亚的社会和文化；中国青年电影人则以他们的电影作品展现传统文化和现实文化的创新和表达。本届电影展以开放包容、百花齐放、百家争鸣的态度迎接每一个国家和民族的文明展现，力求做到相互交流、相互学习、相互借鉴。

**中国—东盟（南宁）戏剧周大联欢晚会** 2017年9月11日晚在南宁民歌湖广场水上舞台举行，这也是本届戏剧周的闭幕式暨颁奖晚会。晚会紧扣中国—东盟博览会主题，以"文化交流的盛典、丝路友情的重温"为内容，邀请中国与东盟艺术家们互动联欢，并为优秀艺术团体颁发朱槿花奖杯和纪念证书。晚会分"有朋远来""戏海扬帆""共绘大美"三个篇章。通过群舞《航海》、晋剧绝技绝活荟萃、粤曲《粤伶心曲》《贵妃醉酒》以及婺剧《双枪陆文龙》等多彩节目，充分展示本届戏剧周的丰硕成果。此外，晚会"海洋文化"元素格外鲜明，东盟风情表演《浪漫风情夜》、中国与东盟合创节目《百花同春》、东盟各国大联欢《友谊欢歌》等精彩节目轮番上演，通过中外戏剧艺术家同台联袂演出，共同谱写21世纪海上丝绸之路的盛世华章。

③～⑱ 第19届南宁国际民歌艺术节暨第14届中国—东盟博览会和商务与投资峰会开幕晚会演出场景

19
21
24
绿城歌台·2017
第19届南宁国际民歌艺术节"绿城歌台"群众文化活动
"千年古城 百年商埠"
兴宁区歌台
25
青秀区歌台
重温经典 追忆青春
27
第十九届南宁国际民歌艺术节"绿城歌台"群众文化活动暨
西乡塘区香蕉文化旅游节、美丽南方休闲农业嘉年华开幕
西乡塘歌台

⑲～㉔ 民歌湖歌台演出场景
㉕ 兴宁区歌台演出场景
㉖㉗ 青秀区歌台演出场景
㉘ 西乡塘区歌台演出场景
㉙㉚ 良庆区歌台演出场景
㉛ 邕宁区歌台演出场景
㉜㉝ 武鸣区歌台演出场景
㉞㉟ 横县歌台演出场景
㊱～㊳ 宾阳歌台演出场景

㊴㊵ 宾阳歌台演出场景

㊶㊷ 上林歌台演出场景

㊸～㊺ 隆安歌台演出场景

㊻ 中国—东盟（南宁）戏剧周大联欢晚会在南宁市民歌湖水上大舞台举行。图为各国表演者合影

㊼ 中国—东盟南宁文化戏剧周大型历史藏剧《松赞干布》在邕州剧场上演。图为演出现场

本专栏图片由广西年鉴社和南宁地方志办公室提供

# 中国—东盟年鉴

ZHONGGUO – DONGMENG NIANJIAN

# 2018

陈立生　洪　波　主　　编

线装书局

**图书在版编目(CIP)数据**

中国—东盟年鉴. 2018 / 陈立生，洪波主编. - -
北京：线装书局，2018.12
ISBN 978 -7 -5120 -3543 -0

Ⅰ. ①中… Ⅱ. ①陈… ②洪… Ⅲ. ①自由贸易区 -
东南亚、中国 -2018 -年鉴 Ⅳ. ①F752.733 -54

中国版本图书馆 CIP 数据核字(2018)第 297268 号

**中国—东盟年鉴**
**2018**

**主　　编**：陈立生　洪　波
**责任编辑**：程俊蓉
**出版发行**：线装书局
地　址：北京市丰台区方庄日月天地大厦 B 座 17 层(100078)
电　话：010 -58077126(发行部)　58076938(总编室)
网　址：www.zgxzsj.com
**经　　销**：新华书店
**印　　制**：广西民族印刷包装集团有限公司
**开　　本**：890mm×1240mm　1/16
**印　　张**：26
**字　　数**：968 千字
**版　　次**：2018 年 12 月第 1 版　2018 年 12 月第 1 次印刷
**印　　数**：0001—2000 册

**定　　价**：260.00 元

线装书局官方微信

# 编辑说明

一、《中国—东盟年鉴》是一部国际综合性年鉴,着重收载中国和东盟各国的基本资料及区域内各国政治、外交、经济、文化、社会等方面的重要信息,旨在为海内外各界人士了解中国和东盟各国(包括国际组织)的基本情况及中国—东盟自由贸易区的建设进程提供一个窗口,以促进中国和东盟各国的相互了解和交流合作。《中国—东盟年鉴》面向国内外广大读者,面向中国—东盟博览会,为国内外读者和中国—东盟博览会与会人士提供相关资讯。

二、《中国—东盟年鉴》的编辑,坚持实事求是的科学精神,客观地反映有关各国情况,追求年鉴的科学性、权威性和实用性。

三、本年鉴从2004年起逐年编纂出版,2018年卷为第15卷。本卷年鉴着重记述2017年发生的事情并收入相关资料,其中部分内容为保持资料的完整性适当追溯历史,并收录一些历时性资料。为提高年鉴的时效,卷中大事记除记述2017年大事外,还记述2018年1~6月的大事。

四、本卷年鉴的主要栏目有:概况、动态、专题、新闻人物、大事记、文献、投资贸易指南、统计资料、附录等。专题栏目下设发展报告、东南亚国家联盟、中国—东盟自由贸易区、区域经济合作、中国和东盟及各成员国交往与合作、重要节会6个分目。年鉴中的概况和动态信息一般作条目化处理,专题栏目中的发展报告、中国和东盟及各成员国交往与合作以及某些附属资料则采用文章体。东盟各国资料的编排,依国际惯例按国名的英文字母顺序排列;一国之内发生的事情,在同一栏目中一般按时序编排。

五、本年鉴由广西社会科学院、广西壮族自治区社会科学界联合会主办,广西东南亚研究会、广西东南亚经济与政治研究院承办。供稿者均为专事东南亚研究的社会科学工作者,文献资料主要来自国内权威机关、传媒或网站,具有一定的权威性和较高的参考价值。

六、作为资料性工具书,本年鉴内容资料的选题选材和编排、条目的内容要素和记述程序等,都依年鉴的体例予以规范。为方便读者阅读、检索,本年鉴配备双重检索系统:书前刊有详细目录,书后备有索引。

七、由于资料采集艰辛和成书时间仓促,本卷年鉴难免有所疏漏和不足,欢迎国内外各界读者批评指正,我们将在今后的编纂工作中努力改进。

本年鉴在策划和编纂过程中,得到有关领导机关和社会各界人士的大力支持和帮助,谨表示衷心感谢!

# 《中国—东盟年鉴·2018》主创单位及人员

主 办 单 位　广西社会科学院　广西壮族自治区社会科学界联合会
承 办 单 位　广西东南亚研究会　广西壮族自治区东南亚经济与政治研究院
编委会主任　陈立生　洪　波
编委会副主任　谢林城　刘家凯
编委会委员（以姓氏笔画为序）
刘建军　黄天贵
顾　　　问　许家康　于向东　王士录　庄国土　孙璟涛　汪新生　陈乔之　张汉龙
张锡镇　高伟浓　曹云华　杨保筠　韩　锋　廖少廉
主　　　编　陈立生　洪　波
执 行 主 编　谢林城　刘家凯
副　主　编　陈红升　李冬青　钟智全　张　磊　叶建维　颜　洁
特 邀 编 审　许家康　徐远征　罗　梅
发 稿 编 辑　徐远征　罗　梅　叶建维　张　磊　颜　洁　蔡志郁　姚　婕
主要撰稿人（以姓氏笔画为序）
马　静　马金案　韦朝晖　王　芳　王翕哲　云　倩　叶建维　冯海英
农立夫　李碧华　刘明明　乔　蕊　朱莹莹　杨　超　杨晓强　杨梦平
何　战　陈　文　陈红升　陈定辉　罗　梅　周明钧　周喜梅　林智荣
张　磊　祝湘辉　姚　婕　唐　卉　唐威迪　聂润庆　黄幼霞　黄谟媛
黄德雪　黄耀东　梁　薇　雷小华　廖亚辉　颜　洁　魏　佳
目 录 翻 译　乔　蕊
工 作 人 员　梁秋敏　乔　蕊　朱莹莹　唐　卉　蒋　丽　邓　斌

# 目　录



## 概　况

# 动　态

## 专　　题

## 新　闻　人　物

# 大 事 记



# 文 献



# 投资贸易指南



# 统 计 资 料

## 附 录



## 索 引

# China – ASEAN Yearbook · 2018
# Contents

# 概　　况

## 中　　国

### 国　名

中华人民共和国（The People's Republic of China），简称中国、中或华。

### 国　旗

中华人民共和国国旗为五星红旗。长方形，长宽比为3∶2。旗面为红色，象征革命。旗面左上方的五颗黄色五角星，象征中国共产党领导下的革命人民大团结。五角星用黄色表示红色大地上呈现光明。四颗小五角星各有一个尖角正对大五角星的中心点，表示围绕着一个中心而团结，在形式上也显得紧凑美观。

### 地　理

位　置　中国位于亚洲东部。地处东经73°～135°、北纬4°～53°之间。东部和南部濒临太平洋，西靠中亚大陆，西南与中南半岛和南亚次大陆相接，北面紧邻蒙古高原和西伯利亚。疆域东起黑龙江和乌苏里江交汇处，西到帕米尔高原，北起漠河附近的黑龙江上，南至南海的曾母暗沙。

面　积　中国陆地面积960万平方千米，约占全球陆地面积的1/15；海洋面积299.7万平方千米。

疆界和邻国　陆上边界漫长，从东北与朝鲜交界的鸭绿江口起，经北面、西面，到西南与越南交界的北仑河口，全长2.28万千米，依次与朝鲜、俄罗斯、蒙古、哈萨克斯坦、吉尔吉斯斯坦、塔吉克斯坦、阿富汗、巴基斯坦、印度、尼泊尔、不丹、缅甸、老挝、越南等14个国家毗邻。大陆海岸线长1.8万余千米，领海宽广，东面与韩国、日本隔黄海、东海相望，东南面和南面隔南海与菲律宾、马来西亚、新加坡、文莱、印度尼西亚等国相望。

地形地貌　地形复杂多样，地球陆地上的山地、丘陵、高原、平原和盆地等5种基本类型都有分布。山地、丘陵和比较崎岖的高原约占陆地面积的2/3。地势东低西高，呈阶梯状分布：第一级是东部的平原、低山和丘陵，海拔一般在500米以下；第二级是中部、西部的高原和盆地，海拔大多在1000～2000米之间；第三级是青藏高原，平均海拔超过4000米。第一级阶梯的东面和东南面是浅海大陆架，坡度平缓。主要山脉和山系有：东西走向的南岭山脉、昆仑山脉、秦岭山脉、天山山脉和阴山山脉，东北—西南走向的台湾山脉、长白山脉、武夷山脉、大兴安岭山脉、太行山脉、巫山山脉和雪峰山脉，西南—东南走向的祁连山脉和阿尔泰山脉，南北走向的贺兰山脉和横断山脉，以及唐古拉山、图库斯山和喜马拉雅山等弧形山系。弧形山系中的喜马拉雅山脉是全球最高大、最雄伟的山脉，高峰林立，其中中国与尼泊尔边界上的珠穆朗玛峰海拔8844.43米，为世界第一高峰。丘陵主要分布于华东、华南和东北，有东南丘陵、两广丘陵、山东丘陵和辽东丘陵等。高原分布于华北、西北和西南，主要有黄土高原、内蒙古高原、云贵高原和青藏高原，其中面积最大的是青藏高原，约占全国面积的1/4。平原主要分布于东部和中部，有东北平原、华北平原、长江中下游平原三大平原以及珠江三角洲平原、成都平原、汾渭平原、台湾西部平原等，是主要农耕区。盆地主要分布于西北部和中部，主要有四川盆地、塔里木盆地、准噶尔盆地、柴达木盆地和吐鲁番盆地。其中塔里木盆地面积最大，该盆地中的塔克拉玛干沙漠是中国面积最大的沙漠；吐鲁番盆地地势最低，最低点低于海平面155米，是中国陆地上最低的地方。

江河湖泊　江河众多，其中流域面积超过1000平方千米的河流有1500多条。属太平洋水系的河流主要有黑龙江、辽河、海河、黄河、长江、钱塘江、闽江、珠江、澜沧江等，其中长江是中国第一大河、世界第三大河，干流长6300千米。属印度洋水系的河流有怒江和雅鲁藏布江。属北冰洋水系的有额尔齐斯河。此外，还有一些内流河，其中最长的是新疆南部的塔里木河，全长2179千米。湖泊有2.48万个，其中面积超过1平方千米的天然湖泊2800多个。主要湖泊有青海湖、洞庭湖、鄱阳湖、太湖、洪泽湖等。青海湖是中国第一大湖和最大的咸水湖。

海岸海岛　大陆东部和南部濒临渤海、黄海、东海和南海，其中渤海是内海，黄海、东海和南海是边海。大陆海岸线长1.8万余千米。海域分布有大小岛屿7600多个，其中面积超过700平方千米的有台湾岛、海南岛和崇明岛，台湾岛和海南岛分别是中国第一、第二大岛；其他较大的岛屿有舟山岛、东山岛、海坛岛（平潭岛）、长兴岛等。较大的群岛有舟山群岛、东沙群岛、南沙群岛、西沙群岛和中沙群岛。较大的半岛有辽东半岛、山东半岛和雷州半岛。

气　候　大部分地区属东亚季风气候区。全国冬季寒冷干燥，南北温差大；夏季普遍高温，降水较多。各地年平均降水量差异较大，东南沿海可多达1500毫米以上，而西北部一些地方则少于50毫米。

风景名胜　重要的风景名胜有：长城，北京故宫、颐和园、天坛、明清皇室陵寝、周口店猿人遗址，河北北戴河、承德避暑山庄和外八庙，辽宁沈阳故宫，山东曲阜孔庙、孔府、孔林和泰山风景名胜区，陕西秦始皇陵、兵马俑，甘肃敦煌莫高窟，河南洛阳龙门石窟和白马寺、登封少林寺，江苏苏州古典园林，安徽黄山风景名胜区，江西庐山风景名胜区，广西桂林漓江风景名胜区，四川九寨沟风景名胜区和峨眉山—乐山风景名胜区，西藏布达拉宫，台湾日月潭，等等。

## 国　民

人　口　2017年年末中国全国人口139008万（不含香港、澳门两个特别行政区和台湾省人口）。按性别分，男性71137万人，女性67871万人；按城乡分，城镇81347万人，乡村57661万人。东部人口稠密，西部人口稀少。

民　族　有56个民族，即汉、蒙古、回、藏、维吾尔、苗、彝、壮、布衣、朝鲜、满、侗、瑶、白、土家、哈尼、哈萨克、傣、黎、傈僳、佤、畲、高山、拉祜、水、东乡、纳西、景颇、柯尔克孜、土、达斡尔、仫佬、羌、布朗、撒拉、毛南、仡佬、锡伯、阿昌、普米、塔吉克、怒、乌兹别克、俄罗斯、鄂温克、德昂、保安、裕固、京、塔塔尔、独龙、鄂伦春、赫哲、门巴、珞巴、基诺等族。

语　言　汉语是主要语言，少数民族也有本民族语言。现代汉民族的共同语言是以北京语音为标准音、以北方话为基础方言、以典范的现代白话文著作为语法规范的普通话。

中国宁波景点组图：①天一阁藏书楼；②蒋氏故居的文昌阁；③河姆渡遗址；④月湖公园　（百度网）

宗 教 宪法规定公民享有宗教信仰自由。国民信仰的宗教有佛教、道教、伊斯兰教、基督教、天主教。

## 资源物产

土地资源 中国耕地面积13499.87万公顷(《2016中国国土资源公报》数据),区域分布不匀,人均土地资源占有量较少。

水资源 水能资源蕴藏量6.8亿千瓦,居世界首位。人均径流量约2200立方米,仅为世界人均径流量的24.7%。在各流域中,珠江流域人均水资源最丰富。水资源分布南方多北方少,水土资源配合欠佳。

生物资源 种类多、数量大。几乎拥有北半球的全部植被类型,有种子植物300科、2980属、2.4万种,其中被子植物2946属,占全球被子植物总属数的23.6%。有陆栖脊椎动物2070种,占全球陆栖脊椎动物种类的9.8%,其中兽类420种,鸟类约1170种,两栖类184种。海鱼约有1500种,淡水鱼约500种。

矿产资源 已发现矿种171种,其中探明储量的158种,包括能源矿产10种,金属矿产54种,非金属矿产91种,水气矿产3种。重要矿产资源有煤、石油、油页岩、天然气、铁、锰、钼、钒、钛、汞、磷、铜、钨、锑、锡、铬、铅锌、铝土、镍、稀土、银、金、菱镁、普通萤石、硫铁、钾、盐、芒硝、重晶石、石墨、玻璃硅原料、清石、高岭土等。其中钨、锑、稀土、钼、钒、钛的探明储量在世界各国中居首位,煤、铁、铅锌、铜、银、汞、锡、镍、磷灰石、石棉等位居前列。

物 产 有谷物(小麦、稻谷)、棉花、油料(油菜籽、花生、油茶籽、芝麻)、麻类、糖料(甘蔗、甜菜)、大豆、茶叶、烟叶、水果(苹果、柑橘、香蕉、葡萄、西瓜)、大牲畜、肉类(猪、牛、羊肉)、奶类、羊毛(绵羊毛、山羊毛)、水产品(海水产品、淡水产品)等。其中谷物、棉花、花生、油菜籽、水果、肉类产量在世界各国中居首位,大豆、甘蔗、茶叶产量位居前列。还有松脂、中药材、桐油、生丝、漆、灵香草、八角、茴油、肉桂、荔枝、龙眼等特产。

## 国体政体

国 体 中华人民共和国是工人阶级领导的、以工农联盟为基础的人民民主专政的社会主义国家。社会主义是国家的根本制度。国家的一切权力属于人民,实行人民代表大会制度。

全国人民代表大会 国家的最高权力机关。常设机构是全国人民代表大会常务委员会。全国人民代表大会和全国人民代表大会常务委员会行使国家立法权。

国务院 即中央人民政府,最高权力机关的执行机关,最高国家行政机关。

中央军事委员会 全国武装力量领导机关。实行主席负责制度,对全国人民代表大会及其常务委员会负责。

最高人民法院 国家的最高审判机关。

最高人民检察院 国家的最高检察机关。

中国人民政治协商会议 由各党派、各阶层组成。宪法规定,中国共产党领导的多党合作和政治协商制度将长期存在和发展。

党 派 中国内地有9个党派:中国共产党、中国国民党革命委员会、中国民主同盟、中国民主建国会、中国民主促进会、中国农工民主党、中国致公党、九三学社和台湾民主自治同盟。其中,中国共产党是执政党,其他8个民主党派是参政党。

## 国家领导人

国家主席 习近平,2013年3月当选。

全国人民代表大会常务委员会委员长 张德江,2013年3月当选。

国务院总理 李克强,2013年3月任职。

中国人民政治协商会议全国委员会主席 俞正声,2013年3月当选。

国家中央军事委员会主席 习近平,2013年3月当选。

## 行政区划

一级行政区划 中国分为34个省、自治区、直辖市和特别行政区。即黑龙江、吉林、辽宁、河北、山西、山东、江苏、浙江、安徽、江西、福建、台湾、河南、湖北、湖南、广东、海南、云南、贵州、四川、陕西、甘肃、青海等23个省,广西、西藏、新疆、内蒙古、宁夏等5个自治区,北京、天津、上海、重庆等4个直辖市,香港、澳门2个特别行政区。

主要城市 首都北京市,位于华北平原西北端,周围被河北省和天津市所包围,是中国政治、经济、文化和国际交流中心,综合性产业城市,著名古都,重要航空港。2017年年末全市常住人口2170.7万。其他重要城市有上海、天津、重庆、哈尔滨、长春、沈阳、大连、呼和浩特、太原、石家庄、济南、青岛、南京、苏州、杭州、合肥、福州、厦门、南昌、郑州、武汉、长沙、广州、深圳、南宁、桂林、海口、昆明、贵阳、成都、拉萨、乌鲁木齐、兰州、西安、西宁、银川、香港、澳门、台北、高雄等。

## 经 济

国内生产总值 2017年中国国内生产总值827122亿元,比上年增长6.9%。

产 业 第一产业包括农业、林业、畜牧业和渔业。种植业是农业的支柱,主要包括粮食作物种植业和经济作物种植业。粮食种植业主要种植小麦、水稻、玉米、薯类等作物,2017年粮食产量61791万吨,比上年增加166万吨,增长0.3%。经济作物种植业主要种植棉花、油料(花生、油菜、芝麻、油茶)、麻类、糖料(甘蔗、甜菜)、豆类、茶叶、水果等作物。2017年第一产业增加值占国内生产总值的7.9%。第二产业包括工业和建筑业。工业门类齐全,主要有矿产采选、金属冶炼及压延加工、金属制品、机械制造、化学原料及制品、医药、纺织及服装制造、家具制造、食品加工和制造等行业。第二产业在国民经济中占主导地位,2017 年第二产业增加值占国内生产总值的 40.5%。第三产业包括地质勘查和水利管理、交通运输仓储邮电通信、批发和零售贸易、金融保险、房地产、社会财务、卫生体育和社会福利、教育文化艺术、广播电影电视、科学研究和综合技术服务等行业。第三产业在国民经济中地位不断上升,2017 年第三产业增加值占国内生产总值的 51.6%。

财　政　2017 年全国一般公共预算收入 172567 亿元,比上年增加 13015 亿元,增长 7.4%。

金　融　主要银行有中国人民银行、中国建设银行、中国工商银行、中国农业银行、中国银行、中国农业发展银行、中国进出口银行、国家开发银行、交通银行、中国光大银行等,其中中国人民银行是国家中央银行。主要保险公司有中国人民财产保险股份有限公司、中国人寿保险股份有限公司、中国太平洋财产保险股份有限公司、中国太平洋人寿保险股份有限公司、中国平安财产保险股份有限公司、中国平安人寿保险股份有限公司、新华人寿保险股份有限公司等。证券交易所有上海证券交易所和深圳证券交易所。货币名称为人民币,单位为元。2017 年年末国家外汇储备 31399 亿美元,比上年末增加 1294 亿美元。年末人民币汇率为 1 美元兑 6.7518 元人民币,比上年末贬值 1.6%。

进出口贸易　2017 年货物进出口总额 277923 亿元,比上年增长 14.2%。其中:出口 153321 亿元,增长 10.8%;进口 124602 亿元,增长 18.7%。货物进出口差额(出口减进口)28718 亿元,比上年减少 4734 亿元。对"一带一路"沿线国家进出口总额 73745 亿元,比上年增长 17.8%。其中,出口 43045 亿元,增长 12.1%;进口 30700 亿元,增长 26.8%。

## 交通通信

截至 2017 年底,全国铁路运营里程 12.7 万千米,比上年增长 2.4%,其中高速铁路运营里程达 2.5 万千米;公路总里程 477.35 万千米,其中高速公路 13.65 万千米。全年货物运输总量 479 亿吨,比上年增长 9.3%;旅客运输总量 185 亿人次,比上年下降 2.6%。年末全国民用汽车保有量 21743 万辆(包括三轮汽车和低速货车 820 万辆),比上年末增长 11.8%,其中私人汽车保有量 18695 万辆,增长 12.9%。民用轿车保有量 12185 万辆,增长 12.0%,其中私人轿车 11416 万辆,增长 12.5%。

沿海港口主要有大连港、营口港、秦皇岛港、天津新港、烟台港、威海港、连云港、上海港、宁波港、温州港、马尾港、厦门港、汕头港、黄埔港、湛江港、北海港、钦州港、防城港、海口港、香港、基隆港、高雄港等。内河港口主要有宜宾港、重庆港、万州港、宜昌港、武汉港、九江港、芜湖港、南京港、镇江港、张家港、南通港、上海港、广州港、梧州港、贵港等。

主要机场有北京首都机场、广州花都机场、上海浦东机场、上海虹桥机场、深圳宝安机场、昆明长水机场、成都双流机场、西安咸阳机场、厦门高崎机场、桂林两江机场、重庆江北机场、大连周水子机场、天津滨海机场、杭州萧山机场、青岛流亭机场、南京禄口机场、武汉天河机场、南宁吴圩机场、长沙黄花机场、乌鲁木齐地窝铺机场、拉萨贡嘎机场、香港机场、台北桃园机场等。

2017 年年末全国电话用户总数 161125 万户,其中移动电话用户 141749 万户。移动电话普及率上升至 102.5 部/百人。固定互联网宽带接入用户 34854 万户,比上年增加 5133 万户。其中:固定互联网光纤宽带接入用户 29392 万户,增加 6627 万户;移动宽带用户 113152 万户,增加 19077 万户。移动互联网接入流量 246 亿 G,比上年增长 162.7%。互联网上网人数 7.72 亿人,增加 4074 万人。其中手机上网人数 7.53 亿人,增加 5734 万人。互联网普及率达到 55.8%,其中农村地区互联网普及率 35.4%。

## 教　育

中国实行 9 年义务教育制度。现行学制为小学 6 年;初中 3 年,高中 3 年;高等专科教育 2~3 年,本科教育 4~6 年。

2017 年全国在校学生人数:普通小学 10093.7 万人,初中 4442.1 万人,普通高中 2374.5 万人,中等职业教育 1592.5 万人,普通高等教育专科、本科 2753.6 万人,在学研究生 263.9 万人。著名大学有北京大学、清华大学、复旦大学、浙江大学、南京大学、南开大学、中国科技大学、华中科技大学、上海交通大学、武汉大学、吉林大学、中山大学等。

## 传　媒

中国官方新闻社为新华社。主要报纸有《人民日报》《光明日报》《解放军报》《中国日报》《参考消息》

中国南京大学杜厦图书馆外景　（百度网）

《经济日报》《中国青年报》《工人日报》《中国文化报》《中国体育报》《中国妇女报》《经济参考报》《中国政协报》《科学时报》《健康报》《中国商报》等。主要电视台有中央电视台、中国教育台等。主要广播电台有中央人民广播电台、中国对外广播电台等。

## 文化体育

2017 年年末全国文化系统共有艺术表演团体 2054 个;有文化馆 3327 个,公共图书馆 3126 个,博物馆 3217 个,档案馆 4237 个。有线电视实际用户 2.20 亿户,其中有线数字电视实际用户 1.98 亿户。年末广播节目综合人口覆盖率 98.7%,电视节目综合人口覆盖率 99.1%。出版各类报纸 368 亿份,各类期刊 26 亿册,图书 90 亿册(张)。

2017 年全国运动员在 24 个运动大项中获得 106 个世界冠军,创造 6 项世界纪录。全国残疾人运动员在 11 项国际赛事中获得 160 个世界冠军。

## 医疗卫生

2017 年年末中国有医疗卫生机构 99.5 万个,其中医院 3.0 万个;基层医疗卫生机构 94.0 万个,其中乡镇卫生院 3.7 万个,社区卫生服务中心(站)3.5 万个,门诊部(所)23.0 万个,村卫生室 63.8 万个;专业公共卫生机构 2.2 万个,其中疾病预防控制中心 3482 个,卫生监督所(中心)3133 个。全国有卫生技术人员 891 万人,其中执业医师和执业助理医师 335 万人,注册护士 379 万人。医疗卫生机构床位 785 万张,其中医院 609 万张,乡镇卫生院 125 万张。全国参加城镇基本医疗保险人数 117664 万人,比上年增加 43272 万人。其中:参加职工基本医疗保险人数 30320 万人,增加 789 万人;参加城乡居民基本医疗保险人数 87343 万人,增加 42483 万人。全年资助 5203 万人参加基本医疗保险。

## 科　技

中国主要科学研究机构有中国科学院和中国社会科学院。2017 年全国研究与试验发展(R&D)经费支出 17500 亿元,比上年增长 11.6%,与国内生产总值之比为 2.12%,其中基础研究经费 920 亿元。全年国家重点研发计划共安排 42 个重点专项 1115 个科技项目,国家科技重大专项共安排 454 个课题,国家自然科学基金共资助 43935 个项目。截至年底,累计建设国家重点实验室 503 个,国家工程研究中心 131 个,国家工程实验室 217 个,国家企业技术中心 1276 个。全年受理境内外专利申请 369.8 万件,授予专利权 183.6 万件;PCT 专利申请 5.1 万件。截至年底,有效专利 714.8 万件,其中境内有效发明专利 135.6 万件,每万人口发明专利拥有量 9.8 件。

2017 年年末全国有产品检测实验室 35000 个,其中国家检测中心 739 个。有产品质量、体系认证机构 401 个,累计完成对 14.025 万家企业的产品认证。有法定计量技术机构 4037 个。全年制定、修订国家标准 3811 项,其中新制定 2684 项。

## 历　史

中国是世界文明古国,有 5000 年文字记载的历史。

原始社会晚期,中原一带出现部落,其中黄河流域以黄帝、炎帝和蚩尤为首的 3 个部落比较强大。后来华夏民族尊黄帝和炎帝为共同祖先。

公元前 2070 年,夏王朝建立,是为中国奴隶社会的开端。

公元前 1600 年左右,商王朝取代夏王朝。商代,青铜冶炼和青铜器铸造技术水平较高,还出现甲骨文。

公元前 1046 年,周王朝取代商王朝。自此到公元前 476 年,中国经历了西周(公元前 1046 年至公元前 771 年)、春秋(公元前 770 年至公元前 476 年)两个时期。

公元前 475 年,进入战国时期,封建社会逐步确立。此时诸侯争霸,社会不安;在思想领域出现百家争鸣的繁荣局面,形成儒、法、道、墨、名、农、杂等以后长期影响中国社会的学派。

公元前 221 年,秦始皇嬴政统一中原,建立秦王朝。后又统一西南、东南地区,形成统一的多民族的中央集权国家。秦始皇实行统一文字和度量衡等措施,对后世影响极大。

公元前 206 年,刘邦建立汉王朝取代秦王朝。汉代社会经济发展较快,科学文化事业繁荣,特别是汉武帝时进入鼎盛阶段,所开辟通往西域的丝绸之路,促进了中西经济文化交流。

公元 220 ~ 589 年,历经三国、两晋和十六国、南北朝 3 个时期。这 3 个时期的特点是国家分裂和中华民族大融合。

581 年,隋王朝建立。当时,大运河凿通,促进了南北交通和经济文化交流;设立六部官制,实行科举考试制度,对此后中国政治、教育产生深远影响。

618 年,唐王朝取代隋王朝。唐代经济社会全面发展。商业繁荣,形成长安、扬州、广州等商业中心。文化发达,出现李白、杜甫等一批伟大诗人。科学进步,发明火药、雕版印刷术、天文钟等,对世界文化和科学技术的发展有卓越贡献。

907 年,唐王朝灭亡,中国出现封建割据局面,从 907 到 960 年,史称五代十国时期。

960 年,宋王朝建立。宋代(分北宋、南宋两个时期),农业和工业技术都有所发展,尤其是造船技术和指南针的发明与应用,促进了海外贸易事业的繁荣。同时,中国北方先后建立辽、金、西夏、元等政权。

1279 年,统一了北方的元消灭南宋,统一中国。元代,经济、文化继续发展。当时实行的行省制度一直沿袭至今。

1368 年,明王朝建立。明代,江南出现资本主义萌芽,朝廷派郑和率船队七下西洋,西方传教士开始进入中国传教并传播西方科学技术。

1644 年,清王朝取代明王朝。清代前期,国家强盛,经济、文化、科学技术发展;后期,朝廷腐败,国力衰弱。

1840 年,英国发动侵略中国的鸦片战争,清王朝屈服,中国开始沦为半封建半殖民地社会。

1911 年,辛亥革命爆发,清王朝被推翻。1912 年,中华民国建立。

1921 年,中国共产党在上海成立。中国共产党领导中国人民开展土地革命战争、抗日战争和解放战争,推翻压在中国人民头上的"三座大山",取得新民主主义革命的胜利。1949 年 10 月 1 日,中华人民共和国建立。

中华人民共和国建立后,历经清匪反霸,土地改革,抗美援朝,镇压反革命,"三反""五反",农业、手工业和资本主义工商业的社会主义改造,"大跃进",人民公社化,社会主义教育("四清"),"文化大革命"等运动。1978 年中共十一届三中全会后,实行改革开放,致力于经济建设,经济快速发展,国力不断加强,社会稳定,人民生活水平不断提高。2017 年 10 月召开的中国共产党第十九次全国代表大会郑重宣示:经过长期努力,中国特色社会主义进入了新时代,这是中国发展新的历史方位　　　　（林智荣）

# 文　莱

## 国　名

文莱达鲁萨兰国(Negara Brunei Darussalam),简称文莱。

## 国　旗

文莱国旗呈横长方形,长宽比为2∶1。由黄、白、黑、红四色组成。黄色的旗地上横斜着黑、白宽条。黄色是该国传统颜色,代表苏丹至高无上,黑、白斜条是纪念两位有功的亲王。国旗中央绘有国徽。国徽呈红色,一弯新月环抱着一根棕榈树干,其上为展开的双翼,双翼之上为一顶华盖和一面旗帜,象征文莱信奉伊斯兰教和苏丹至高无上。在新月中央用马来文写着"遵照真主的旨意行事"。中心图案两侧有两只手臂,

表示人民向真主祈求,人民对苏丹和政府的拥护。国徽底部的饰带上写着"和平之邦——文莱"。

## 地　理

位　置　文莱位于亚洲东南部的加里曼丹岛(旧称婆罗洲)的西北部。地处北纬 4°2′~5°3′、东经 114°4′~115°22′之间。北面濒临南中国海和文莱湾。

面　积　陆地面积 5765 平方千米。

疆界和邻国　东、南、西三面与马来西亚的沙捞越州接壤,并被沙捞越州的林梦分隔为不相连的东、西两部分。北面隔海与菲律宾、中国和越南相望。

地形地貌　陆地海拔在 300~500 米之间,地势东高西低。北部是平原,南部是丘陵,东部多为沼泽地,西部沿海为狭长平原。东南部与马来西亚沙捞越交界的阿干山海拔 1808 米,为全国最高峰。

江　河　主要河流有马来奕河、都东河、淡布隆河和文莱河。这些河流发源于南部山区,由南向北流入大海。马来奕河为全国最大河流,全长 32 千米。

海岸海岛　海岸线长约 161 千米。有 33 个岛屿,总面积 79.39 平方千米。大部分岛屿分布在文莱河下游或河口地区。靠近海边的地带是遍布红树林的淡水沼泽,约占陆地总面积的 10%。近海海底平缓,海水较浅,海面平静,素有"少女海"之称。

气　候　属热带雨林气候区。终年炎热多雨,没有明显的干旱季节。各地年平均降雨量在 2500 毫米以上。年平均气温 28℃,各月温差不大。空气湿度较大,达到 67%~91%。

风景名胜　首都斯里巴加湾市有历史悠久的水村——Kam Pong Ayer,东南亚最堂皇的清真寺——奥玛尔·阿里赛夫丁和苏丹文物纪念馆、文莱博物馆、苏丹皇宫、水晶公园等,马来奕区有陆上油井石油生产纪念碑和其他与石油生产有关的景观。

## 国　民

人　口　据文莱立法会 2016 年 3 月提供的数据,2016 年文莱人口 42.27 万。69.3% 的人口居住在文莱—摩阿拉区,16.6% 在马来奕区,11.7% 在都东区,2.5% 在淡布隆区。

民　族　主要民族有 20 个。2011 年,马来人(七大土著合称,包括文莱马来人、都东人、克达岩人、马来奕人、比沙雅人、姆鲁人和杜顺人)占总人口的 65.7%,华人约占 10.3%,其他种族约占 24%。

语　言　主要语言是马来语,为国语。英语使用广泛。华语主要在华人中使用(多数讲闽南话,少数讲粤语)。

宗　教　宪法规定伊斯兰教为国教。大部分居民信奉伊斯兰教,少数信奉佛教、基督教、道教等。

## 资源物产

文莱的矿产资源主要有石油和天然气。据官方 2010 年公布的数据,石油蕴藏量 11 亿桶,天然气储量

约3500亿立方米，是东南亚第三大产油国和世界第四大液化天然气生产国，产油量在东南亚仅次于印度尼西亚和马来西亚。除陆地油田外，还有7个海上油田，90%石油和全部天然气出自海上油田。探明储量较大、具有经济价值的矿产资源还有金、煤、汞、锑、铅、矾土和硅。

耕地面积占国土面积的5%，土壤较贫瘠。主要农产品有稻谷、咖啡、橡胶、椰子、西谷米、胡椒、甘蔗、花生、玉米、日罗东胶（口香糖的主要原料）、蔬菜、香蕉、菠萝等。森林面积46.9万公顷，有11个森林保护区，总面积2355平方千米，占陆地面积的41%，多数森林保护区为原始森林。植物资源丰富，其中以木本植物居多，有5000多种。领海有丰富的海洋生物资源，主要河流盛产鱼、虾等水产品。陆栖野生动物有象、犀牛、野牛、猿、猴、野猪、鹿、鳄鱼、巨蟒、眼镜蛇、狐蝠、松鼠、蜥蜴、犀鸟、雨燕等。

## 国体政体

**国　体**　文莱是伊斯兰教绝对君主制国家。君主（苏丹）拥有行政、立法、司法全部权力，同时也是宗教领袖。设宗教、枢密、内阁、立法、世袭等5个委员会协助苏丹理政。

**议　会**　称立法委员会。1962年曾举行选举。1970年取消选举，议员改由苏丹任命。1984年2月，现任苏丹宣布终止立法会，法律以苏丹圣训方式颁布。2004年7月，苏丹宣布重开立法会；9月，立法会恢复运作，由议长卡马鲁丁和21名议员（其中当然议员6人，高官议员5人，委任议员10人）组成，均由苏丹任命。2005年9月，苏丹解散立法会，重新任命30名新议员，卡马鲁丁仍为议长。2015年2月11日，苏丹任命拉赫曼为文莱立法会新议长。

**政　府**　本届政府于2015年10月由苏丹宣布改组。设首相署，国防部，财政部，外交与贸易部，司法部，教育部，交通部，宗教事务部，文化、青年和体育部，内政部，发展部，卫生部，首相署能源部，工业与初级资源部等机构。苏丹兼任首相、国防部部长、财政部部长及外交与贸易部部长。

**司　法**　司法体制以英国习惯法为基础。一般刑事案件在推事庭或中级法院审理，较严重的案件由高级法院审理，文莱民事案件最终可上诉至英国枢密院。最高法院由上诉法院和高级法院组成，中央设有司法会议，其主要职能是代表苏丹执行司法权力，各级法院的法官都由苏丹任命。审判机关实行审判独立原则，由最高法院、高等法院、上诉法院及地方法院组成。另设宗教法院，负责审理有关伊斯兰教的案件。

**党　派**　1985年5月30日，文莱苏丹宣布允许政党注册，随后出现文莱国家民主党和文莱国家团结党。1988年文莱政府取缔国家民主党，现仅存文莱国家团结党；另有国民觉醒党和国民进步党两个党派，均不参政。

## 国家元首和政府首脑

文莱国家元首是苏丹·哈吉·哈桑纳尔·博尔基亚·穆伊扎丁·瓦达乌拉，1967年10月5日继位。兼任首相、国防部部长、财政部部长、外交与贸易部部长、皇家武装部队最高统帅、五星级上将和皇家警察部队总督察。

## 行政区划

**一级行政区划**　文莱行政建置分区、乡和村三级。全国划分为文莱—摩阿拉、马来奕、都东、淡布隆等4个区。区长和乡长由政府任命，村长由村民民主选举产生。

**主要城市**　首都斯里巴加湾市，位于文莱—摩阿拉区文莱河畔，是文莱的政治、经济、文化、交通中心，面积100.36平方千米，人口约14万（2011年），从17世纪起即为文莱首都，曾被列为亚洲十佳生活城市之一。其他重要城市有马来奕、诗里亚、都东和邦加。

## 经　济

**国内生产总值**　2017年文莱国内生产总值183.8亿文莱元（约合141.3亿美元），人均国内生产总值28271美元。

**产　业**　主要产业是石油和天然气开采业，2016年石油和天然气开采业增加值约占国内生产总值的65%和财政收入的90%，出口额占出口总额的95%。日均原油产量13.4万桶，天然气日产量3440.52万立方米。文莱实行经济多元化战略，以减少对油气产业的依赖，2017年继续重点发展非油气产业和中小微企业，实施重工业和轻工业、制造业、科技、电子、运输通信、餐饮业、旅游业、游乐设施、社会福利等9大项目。截至2013年3月31日，全国有中小企业5486家。其中：中型企业1787家，占33%；小型企业3560家，占65%。农业基础薄弱，2011年农业产值为1.05亿美元，仅占国民生产总值的0.5%，国内稻米自给率不足3%。

**财　政**　财政收入主要依赖石油和天然气出口及公司税与政府财政收益（即政府在国内和国外投资所获得的收益），这两项财源历年均占财政总收入的96%以上。财政支出主要有固定支出、一般性项目支出、开发基金3项。2017/2018财年（2017年4月1日至2018年3月31日）财政预算支出53亿文莱元，比上财年减少3亿文莱元。

**金　融**　不设国家中央银行，在财政部设货币局和金融局负责金融管理。全国有8家银行、5家金融公司、26家保险公司和1家证券交易公司（2006年）。货币名称为文莱元，与新加坡元实行1:1汇率挂钩。2017年12月文莱元与美元平均汇率为1文莱元兑0.7423美元。2017年12月外汇储备29.4亿美元。

**进出口贸易**　2017年进出口贸易总额119.66亿文莱元，较2016年增长14.2%，出口额77.09亿文莱元，增长13.5%，进口额42.57亿文莱元，增长15.4%，贸易顺差34.53亿文莱元，增长11.3%。主要出口原油、石油产品和液化天然气，进口机器、运输设备、食物、药品等。主要贸易对象是日本、英国、新加坡、泰国、马来西亚和美国。

对外投资　长期以来，文莱依靠出口石油和天然气积累大量外汇，逐年增加对外直接投资。至2004年年底，文莱在海外的直接投资累计达到500亿美元，年盈利约20亿美元。2015年文莱对外直接投资0.6亿美元。

## 交通通信

公路交通　文莱公路总长3234.6千米。2017年汽车销售16836辆。有注册车辆14.82万辆(2015年)。

水　运　水运是重要的运输方式。主要港口有摩阿拉深水港，此外还有斯里巴加湾港、马来奕港、诗里亚港、丹戎沙利隆港等，主要供外运石油和液化天然气使用。各港口与新加坡、马来西亚、中国香港、泰国、菲律宾、印度尼西亚和中国台湾有定期货运航班。2011年有各类注册船舶273艘，各港口共装卸货物101.8万吨。2014年文莱港口集装箱吞吐量12.8万标准箱。

民用航空　首都斯里巴加湾市有国际机场。2017年，文莱皇家航空公司拥有10架客机，开辟有26条国际航线。2015年航空客运量115万人次，货运周转量11514.7万吨千米。

电　信　邮电通信业比较发达。建有卫星地面站3个，拥有全国性的数字交换网络。2011年固定电话用户7.98万户，互联网用户5.05万户，移动电话用户44.32万户。全国设有6个邮政局和1个邮电代理处。

## 教　育

文莱实行免费教育，国民享有11年(小学至高中)免费教育待遇。政府还资助出国留学。大多数学校由政府设立，另有少数教会学校和私立学校。文莱实行马来文和英文双语教育政策。2015年有各级各类学校254所，其中公立学校176所，私立学校78所，幼儿园、小学及普通中学235所，技术和职业专科学校12所，大学(含大专院校)7所。在校学生113987人。各级各类学校有教师10979人。全国9岁以上人口识字率女性为97.4%，男性为98.6%。

教育制度主要按英国模式建立，并使用英国的教学大纲进行教学。小学学制6年，初级中学3年，中级中学2年，高级中学或大学预科2年。只有修完13年学业的青年，才有资格进入高等学校继续深造。

## 传　媒

文莱新闻社是官方新闻机构，创建于1959年。主要报纸：《婆罗洲公报》，日报(英文、马来文)，创办于1953年，日发行量7万份；《文莱灯塔》，周报(马来文)，创办于1956年，由政府的文化、青年和体育部新闻局主办，每周三出版，期发行量4.5万份；《文莱时报》，2006年7月1日创刊；马来西亚中文日报《美里日报》《诗华日报》《国际时报》和《星洲日报》设有文莱新闻版，在文莱发行。

文莱广播电视台由政府主办，创建于1957年5月，是全国唯一的广播电视台。文莱电台拥有两个广播网，一个用马来语和方言广播，一个用英语、华语和廓尔喀语广播，每天播音超过30小时。电视台从1975年起开设彩色电视频道，播放马来语和英语节目。

## 医疗卫生

文莱国家财政每年拨出巨额资金用于医疗卫生事业，公民享受免费医疗保健服务。医疗体系分为三级：卫生诊所、卫生中心和医院。2017年全国有12所医院，46个医疗中心和诊所，共有1134张病床。医疗机构有医生393人，牙医81人，药剂师42人，护士1915人。人口平均寿命为76.7岁，其中女性78岁，男性76.5岁。

## 科　技

文莱约有科技人员7000名(2008年)。由于科技人才有限，国内没有独立的研究机构，主要是通过与发达国家合作研究取得科技成果。

## 历　史

文莱建国于公元4世纪，有着悠久的历史。

从4世纪到9世纪，为独立王国时期，历400余年。这一时期，文莱国土辽阔，国力强盛，物产丰富，民众殷实。与中国的封建王朝常有往来，中国史籍称其为“婆罗国”或“浡泥”。

从9世纪中叶到10世纪后期，为室利佛逝王朝占领时期，约150年。文莱经济和社会遭到严重破坏，对外交往受到影响。

文莱斯里巴加湾国际机场航站楼　（百度网）

从10世纪到14世纪30年代,为恢复时期,有300多年。当时的文莱幅员宽广,人口众多,重视商业,崇尚佛教,国际贸易和交往频繁。

从14世纪中叶到15世纪初,为麻诺巴歇(又译满者伯夷)帝国占领时期,50年左右。这一时期,文莱丧失大部分领土,成为麻诺巴歇的附属国。

15世纪初,文莱国王遐旺·阿拉克·贝塔塔尔投向马来半岛南端信奉伊斯兰教的满剌加国;1414年,他娶满剌加国苏丹的女儿为妻,被该国苏丹授予穆罕默德称号,因而皈依伊斯兰教,并将文莱改为苏丹国,从而成为文莱的第一世苏丹。以后的文莱君主都使用"苏丹"这一头衔。伊斯兰教从此传入文莱。

从15世纪末到17世纪初,即第五世苏丹博尔基亚到第九世苏丹哈桑在位的100多年,文莱国力强盛,成为当时东南亚较有影响的国家。

17世纪后半期,文莱苏丹国开始进入长期衰弱时期,相继被葡萄牙、西班牙、荷兰、英国侵占,文莱苏丹对边远地区的统治名存实亡。

1847年5月,英国迫使文莱签订不平等的《英国和文莱友好通商条约》,文莱由一个独立的主权国家沦为受英国支配的半殖民地。

1888年9月,文莱沦为英国的保护国。

1941年12月至1945年6月,文莱被日本占领。

1946年,英国恢复对文莱的控制。1959年,英国同意文莱自治。

1984年1月1日,英国放弃其掌管的文莱外交和国防权力,文莱完全独立。

1984年1月7日,文莱加入东南亚国家联盟。

1993年12月9日,文莱加入关贸总协定。

1994年4月15日,文莱成为世界贸易组织成员方。

文莱独立以后,政治社会稳定,经济持续发展,人民生活富裕。　（马金案）

# 柬 埔 寨

## 国　名

柬埔寨王国(The Kingdom of Cambodia),简称柬埔寨。

## 国　旗

柬埔寨国旗呈长方形,长宽比为3:2。由3个平行的横长方形相连构成,中间是红色宽面,上下均为蓝色长条。红色象征吉祥和喜庆,蓝色象征光明和自由。红色宽面中间有白底深红线条构绘的吴哥图案;吴哥是著名的婆罗门教建筑,象征柬埔寨悠久的历史和古老的文化。

## 地　理

**位　置**　柬埔寨位于中南半岛南部。地处北纬10°20′~14°32′、东经102°18′~107°37′之间。西南濒临暹罗湾。

**面　积**　陆地面积18.10万平方千米。

**疆界和邻国**　东部、东南部与越南接壤,东部和东北部与老挝相邻,西北部与泰国交界。陆地边界线长约2050千米。

**地形地貌**　东、北、西三面地势高,中部和南部低缓。东部、北部、西部为高原,山地环绕。中部和南部是湄公河及其支流的冲积平原。平原、高原、山地分别占陆地面积的46%、29%和25%。西南地区的豆蔻山山脉有全国最高峰奥拉山,海拔1813米。

**江河湖泊**　河流纵横密布。东南亚最大河流湄公河在境内流长约500千米,接纳境内绝大多数河流。连接洞里萨湖的洞里萨河是第二大河流,长155千米。洞里萨湖(又称大湖、金边湖)是中南半岛第一大湖,也是东南亚地区最大的天然淡水湖,湖面在旱季时约2500平方千米,雨季时约1万平方千米。

**海岸海岛**　海岸线长约460千米,岸线曲折、多岬角。沿海有不少岛屿和海港。

**气　候**　属热带季风气候区。各地年平均降雨量在1000~1800毫米之间,年平均气温27℃。每年5~11月是雨季,降雨量约占全年的80%以上;12月至次年4月是旱季,旱季又分凉、热两季。

**名胜古迹**　首都金边市有王城、塔仔山、国家博物馆等。暹粒市有列入世界文化遗产名录的吴哥古迹群。西哈努克市是著名的旅游、避暑胜地。

## 国　民

**人　口**　2017年柬埔寨人口约1600.5万。人口密度89.3人/平方千米。城市人口354.4万,农村人口1246.1万。

**民　族**　有20多个民族。高棉族人口最多,约占总人口的85%。人口较多的民族还有华族、占族、卜农族、老族、泰族、马来族、斯丁族、越族等。

**语　言**　高棉语和法语是柬埔寨的官方语言。

宗　教　小乘佛教是国教。高棉族人绝大部分信奉小乘佛教。占族人大多数信奉伊斯兰教。

## 资源物产

柬埔寨矿产资源主要有金、磷酸盐、宝石和石油。土地肥沃,盛产稻谷、橡胶、胡椒、糖棕、腰果、烟草及各种热带水果。橡胶是主要出口产品。所产林木200余种,柚木、铁木、紫檀、黑檀、白卯、观丹木等热带林木较为有名。渔业资源丰富,洞里萨湖是东南亚最大的天然淡水渔场。西南沿海渔场经济鱼类也较多。近年来,因生态环境失衡和过度捕捞,水产资源减少。

## 国体政体

国　体　柬埔寨是君主立宪制国家。实行民主多党制。立法、行政、司法三权分立。国王是终身国家元首、国家军队最高司令、国家统一和延续的象征,有权宣布大赦,根据首相的提议并征得国民议会主席同意后宣布解散国民议会。

议　会　由国民议会和参议院组成。国民议会是国家最高权力机关和立法机关,每届任期5年。2013年9月,本届国会由大选中获得过半选票的人民党成立,救国党拒绝承认大选结果。经过两党努力,2014年8月5日,反对党和救国党55名议员进入王宫,向国王宣誓就职,至此,结束长达10个月的抵制国会行动,国会工作进入正轨。参议院是国家立法机关,有权审议国会通过的法案,每届任期6年。本届参议院成立于2012年3月24日,由61名参议员组成。

政　府　设有首相府、农业部、商业部、工业部、文化部、内政部、国防部、教育部、外交部、财经部、计划部、旅游部等28个部和1个国务秘书处。本届政府于2013年9月成立。

司　法　法院为司法机关,分初级法院、中级法院和最高法院三级。各级法院设检察官,行使检察职能。

党　派　主要有柬埔寨人民党、柬埔寨救国党、奉辛比克党等。2013年大选时有8个政党参选。

## 国家元首和政府首脑

国　王　诺罗敦·西哈莫尼,2004年10月29日登基。

首　相　洪森,2013年9月当选连任。

## 行政区划

一级行政区划　柬埔寨从2014年起分为24个省和1个直辖市。各省分别是:马德望省、贡布省、干丹省、磅湛省、磅清扬省、磅士卑省、磅同省、桔井省、波罗勉省、班迭棉芷省、暹粒省、上丁省、茶胶省、柴桢省、蒙多基里省、柏威夏省、国公省、奥多棉芷省、菩萨省、腊塔纳基里、西哈努克省、白马省、拜林省和特本克蒙省。直辖市为金边。

主要城市　首都金边市,位于柬埔寨南部,湄公河西岸,面积290平方千米,人口150万,是全国政治、经济、文化中心。其他重要城市有暹粒、西哈努克、白马、马德望等。

## 经　济

国内生产总值　2017年柬埔寨国内生产总值896467亿瑞尔,约合224亿美元,比上年增长7%;人均国内生产总值1427美元,增长9%。

产　业　2016年柬埔寨农林渔牧业增长1.6%,主要农产品有稻米、橡胶、玉米、木薯等。工业增长9.9%,主要行业是出口导向的成衣服装业及建筑业。服务业增长7.1%,旅游相关产业为主导产业。

财　政　2017年预算执行收入180817.39亿瑞尔,约合45.20亿美元,比上年增长18.8%,占国内生产总值的20.17%;预算执行支出210311.16亿瑞尔,约合52.58亿美元,增长18.53%,占国内生产总值的23.46%;财政赤字30479.88亿瑞尔,约合7.6亿美元,占国内生产总值的3.4%。

金　融　柬埔寨货币名称为瑞尔。2017年瑞尔与美元的汇率继续保持稳定,年平均汇率为4045:1。年末官方外汇储备87亿美元,比上年增长47.36%。通货膨胀率为2.8%。

进出口贸易　2017年柬埔寨进出口贸易总额267亿美元,比上年增长9.9%。其中:出口112亿美元,增长9.2%;进口155亿美元,增长9.8%。主要出口产品为服装、鞋类、大米、橡胶和木薯、电器零件、脚踏车、鱼产品、胡椒等。主要进口产品为服装原材料、建材、汽车、燃油、机械、食品、饮料、药品和化妆品等。主要贸易伙伴为美国、欧盟、中国、日本、韩国、泰国、越南和马来西亚等。2017年中柬双边贸易额为57.9亿美元,比上年增长21.7%。其中:柬埔寨向中国大陆出口10.1亿美元,增长21.3%;自中国大陆进口47.8亿美元,增长21.7%。

投　资　2017年投资总额52亿美元,比上年增长44%。其中:国内投资31.24亿美元,占投资总额的60.08%;外国投资20.76亿美元,占39.92%。排名首位的外资来源国是中国,占外国投资总额的27.52%。

## 交通通信

铁路交通　柬埔寨有南北两条单线米轨,总长约649千米。一条为南线,从金边市往西南,经过茶胶省、贡不省到西哈努克港,全长264千米,建于1960年。金边市—西哈努克港的铁路运输服务在停运10多年后于2016年4月30日正式恢复客运。另一条是北线,由金边市经磅清扬省、菩萨省、马德望省、班迭棉芷省通往西北柬泰边境的波贝,与泰国铁路连接,全长385千米,建于1931年。

公路交通　截至2016年底,柬埔寨已建成道路56.26万千米,其中国道、省道1.5万千米,农村公路4.35万千米,无高速公路。公路网以首都金边为中心向四面辐射。通往柬越边界的国道为 1 号、2 号、3 号、8 号、21 号、72 号、74 号和 78 号,通往泰国的国道为 5 号、48 号、57 号、62 号、67 号和 68 号,通往老挝的国道为 7 号,4 号公路通往西哈努克港。公路网上有 14 座跨河及跨海大桥。全国拥有汽车 30 多万辆。

水　运　以湄公河、洞里萨湖的航运为主。流经金边的湄公河,向北可通航老挝、泰国,向南经越南出海。有西哈努克港、金边港两个国际港口。西哈努克港是主要对外海港,可以停靠万吨级远洋货轮。金边港是最大的内河港口。2017 年,西哈努克港货物吞吐量达 430.55 万吨,总收入 5213.57 万美元。金边港货物吞吐量 275.77 万吨,总收入 1877.75 万美元。

民用航空　柬埔寨主要航空公司有暹粒航空公司和吴哥航空公司。主要民用机场有金边国际机场(原名波成东机场)和吴哥机场(原名暹粒机场)。此外,西哈努克市、马德望省、腊塔那基里省、蒙多基里省、上丁省和国公省也建有简易机场。2015 年空运货物周转量 230.1 万吨千米,航空客运量 110.4 万人次。

电　信　通信企业共铺设 37441 千米陆路光缆连接越南、老挝和泰国。其中,柬埔寨通信公司铺设 2410 千米,柬埔寨光纤通信网络公司铺设 13031 千米,VIETTEL 公司铺设 22000 千米。至 2017 年年底,全国手机用户达 1857.9 万人,手机通讯覆盖 100% 的城市,互联网用户多达 1070 万人。4G/LTE 移动通信技术覆盖全国 25 个省市的 60% 地区。

## 教　育

2017 年,柬埔寨有学校 14000 余所,其中幼儿园 4632 所,小学 7621 所,初中 1303 所,高中 633 所。另有 121 个高等教育机构,其中国立高等教育机构 44 所,私营高等教育机构 73 所。从幼儿园至高中的学生人数为 334.63 万人(女生 165.20 万人,占 49.37%)。全国 5 岁儿童入学率 69.7%。小学学龄儿童入学率 97.8%(女童入学率 98.1%)。高等院校学生 20.74 万人,其中女生 9.42 万人,占 44.43%。全国有 11.94 万名教师,其中女教师 5.43 万人。

## 传　媒

柬埔寨约有 274 种报纸,27 种刊物,74 种杂志。发行量较大的报纸有:《柬埔寨之光报》(柬文,日报),《人民报》(人民党党报,柬文),《和平岛报》(柬文,日报),《柬埔寨日报》(英文、柬文),《金边邮报》(英文,双周报),《柬埔寨时报》(英文、柬文,周报)等。影响较大的中文报纸有《华商日报》《柬华日报》和《星洲日报》。

柬新社(AKP)为官方通讯社,成立于 1980 年。全国有 10 家电视台,28 家电台,其中 FM96 台属国家广播电台,每天播音 19 小时。国家电视台(TVK)建于 1984 年,以播出柬语节目为主。

## 医疗卫生

自 20 世纪 80 年代以来,柬埔寨政府采取措施逐步建立医疗体系,城镇医疗条件略有改善。各类流行疾病的防治工作,尤其是艾滋病和疟疾的防治工作均取得成效。

## 历　史

柬埔寨是历史悠久的文明古国。始建于公元 1 世纪。在古代,历经扶南、真腊两个时期,其中 9 世纪至 15 世纪初叶的吴哥王朝国力强盛,创造了举世闻名的吴哥文明。从 16 世纪末叶开始,真腊走向衰落。至 18 世纪末,基本处于强邻暹罗的控制之下,成为暹罗的属国。

1863 年 8 月,法国采取炮舰政策,强迫柬埔寨签订不平等的《法柬条约》,柬埔寨沦为法国的保护国。1884 年 6 月,法国以逼宫方式获得柬埔寨的全部政治权利,柬埔寨沦为法国的殖民地。1940 ~ 1945 年,柬埔寨被日本占领。日本战败后,法国重新控制柬埔寨。

1953 年 11 月 9 日,柬埔寨获得独立。独立后的柬埔寨奉行积极的中立政策,经济发展迅速,成为当时东南亚较富庶的国家。

1970 年 3 月 18 日,朗诺—施里玛达集团在美国支持下发动政变,推翻西哈努克亲王领导的王国政府,建立高棉共和国。同年 3 月 23 日,西哈努克亲王在中国北京宣布成立柬埔寨民族统一阵线;5 月 5 日,成立以宾努亲王为首相、乔森潘为副首相的柬埔寨王国民族团结政府,致力于打倒朗诺政权。1975 年 4 月 17 日,红色高棉攻占金边,高棉共和国垮台。

1976 年 1 月,柬埔寨王国民族团结政府颁布新宪

柬埔寨马德望省一所名为 AGS 的学校,义工们教孩子们学中文,并一起做游戏　　（百度网）

法,改国名为民主柬埔寨。民主柬埔寨政府大力推行合作社,取消货币,禁止商品交换,在对外事务方面也执行一系列不适合国情的路线、政策。

1978 年 12 月 25 日,越南出兵柬埔寨,扶持以韩桑林为首的金边政权。1982 年 7 月,西哈努克亲王、乔森潘、宋双三派抵抗力量实现联合,组成民主柬埔寨联合政府。柬埔寨境内出现两个政权并立的局面。

1990 年 9 月,柬埔寨抵抗力量三方同金边政权的代表在印度尼西亚雅加达会晤,宣布组成柬埔寨全国最高委员会。1991 年 10 月 23 日,柬埔寨问题国际会议在法国巴黎举行,与会各方签署《柬埔寨冲突全面政治解决协定》。1993 年 5 月 23 ~ 28 日,柬埔寨在联合国的监督下举行制宪会议大选。大选后,组成柬埔寨王国联合政府,恢复柬埔寨国名、国旗和国歌,恢复君主立宪制度,建立民主多党的政治制度和开放的市场经济制度,诺罗敦·西哈努克重新登上王位。

2004 年 10 月 29 日,诺罗敦·西哈莫尼登基,接替诺罗敦·西哈努克成为柬埔寨国王。（梁　薇）

# 印度尼西亚

## 国　名

印度尼西亚共和国(The Republic of Indonesia),简称印度尼西亚或印尼。素有万岛之国、千岛之国、水中岛国、赤道翡翠、火山之国等别称。

## 国　旗

印度尼西亚国旗旗面由上红下白两个相等的横长方形构成,长宽比为3:2。红色象征勇敢和正义,还象征印度尼西亚独立以后的繁荣昌盛;白色象征自由、公正、纯洁,还表达印度尼西亚人民反对侵略、爱好和平的美好愿望。

## 地　理

位　置　印度尼西亚位于亚洲东南部。国土横跨赤道。地处北纬 6°至南纬 11°、东经 141° ~ 95°之间。

面　积　陆地国土面积 191.36 万平方千米,居东南亚各国首位。

疆界和邻国　疆域辽阔,东西跨度 5300 千米,南北跨度 2100 千米。与其接壤的国家有巴布亚新几内亚、东帝汶、马来西亚,陆地边界线总长 2830 千米。隔海相望的国家有澳大利亚、新加坡、泰国、中国、菲律宾等。

地形地貌　国土由 17508 个岛屿组成。岛屿较为分散,主要有加里曼丹岛、苏门答腊岛、伊里安岛、苏拉威西岛和爪哇岛。各岛内多崎岖山地和丘陵,沿海有狭长的平原和沼泽,并有浅海和珊瑚礁环绕。加里曼丹岛,山地从中部向四面伸展,沿海平原广阔,南部多沼泽。苏门答腊岛,山脉自西北向东南斜贯,山脉东北侧为丘陵和较宽阔的沿海冲积平原,平原东部多沼泽。苏拉威西岛,大多为山地,沿海有狭窄平原。爪哇岛,北部是平原,南部是熔岩高原和山地,山间有宽广的盆地。伊里安岛,西部高山横亘,有全国最高峰查亚峰,海拔 5030 米;南部平原较宽广。由于地处亚欧大陆与太平洋板块的接触带,火山活跃,地震频繁。境内有火山 400 多座,其中活火山 120 多座,约占世界活火山总数的 1/6。爪哇岛火山最多,地震最为频繁。

江河湖泊　河流众多,水量丰沛,但都比较短小。较大的河流有爪哇岛的梭罗河和加里曼丹岛的巴里托河、卡普阿斯河、马哈坎河,其中卡普阿斯河全长 998 千米。较大的湖泊有多巴湖、马宁焦湖、车卡拉湖、坦佩湖、托武帝湖、帕尼艾湖等,其中苏门答腊岛的多巴湖为全国第一大湖。

海岸海岛　海岸线约 8.1 万千米。岛屿之间构成许多海峡与内海,主要有巽他海峡、马六甲海峡、龙目海峡和爪哇海、苏拉威西海、弗洛勒斯海、阿拉弗拉海、班达海等。内海中,除爪哇海、阿拉弗拉海为浅海外,其余多为深海,其中班达海最深处达 7000 多米。海中珊瑚礁分布甚广,总面积约 2 万平方千米。主要群岛有大巽他群岛、努沙登加拉群岛(又称小巽他群岛)、马鲁古群岛和伊里安查雅群岛。

气　候　大部分地区属热带雨林气候(努沙登加拉群岛上的平原、谷地属热带草原气候),终年高温多雨,湿度大。年平均气温25℃ ~ 27℃,温差很小,无寒暑季节变化。年平均降水量在 2000 毫米以上。爪哇岛是世界上雷雨最多的地区,有“雷都”之称。每年分旱、雨两季,一般4 ~ 9月为旱季,10 月至次年 3 月为雨季,但各地不完全一致。

风景名胜　首都雅加达有雅加达博物馆、印度尼西亚缩影公园、茂物大植物园、查雅安佐尔寻梦公园、拉古南动物园、波格尔植物园、独立纪念碑、独立广场等景区景点。日惹有婆罗浮屠佛塔、普兰班南寺庙群、日惹苏丹王宫、恩藏高原等景区景点。巴厘岛有古打海滩、海神庙、金巴兰海滩、努瓦角海滩、爬行动物公园等景区景点。此外，还有北苏门答腊的多巴湖及湖心岛，西伊里安的查业维查亚山，小班他群岛，爪哇的苏腊卡尔塔、喀拉喀托火山、乌绒库伦自然保护区、三宝垄、巴淡岛等景区景点。

## 国　民

人　口　2017年印度尼西亚人口2.63亿，较上年增长1.28%，是世界第四人口大国。人口分布极不均衡，绝大多数居住在5个主要岛屿和30个较小的群岛上。全国人口密度146.88人/平方千米。

民　族　有100多个民族。人口较多的民族是爪哇族、巽他族、马都拉族和马来族，其中爪哇族、巽他族分别占总人口的45%和14%，马都拉族和马来族各占7.5%，其他民族占26%。

语　言　各民族语言有200多种。官方语言为印尼语。通用英语。

宗　教　国民中，约87%信奉伊斯兰教，是世界上穆斯林人口最多的国家；6.1%信奉基督教新教；3.6%信奉天主教；2%信奉印度教；1%信奉佛教。

## 资源物产

印度尼西亚的石油和锡在世界上占有重要地位，是东南亚石油储量和产量最大的国家。石油储量97亿桶，已探明的天然气储量为4.8万亿～5.1万亿立方米。非油气资源锡、煤、镍、金、银等矿产产量居世界各国前列。其中：煤炭资源潜在储量900亿吨，探明储量193亿吨；镍矿资源储量13亿吨，探明储量6亿吨；铜矿资源储量6600万吨，探明储量4100万吨；锡矿资源储量146万吨，探明储量46万吨。

森林面积1.2亿公顷，其中永久林区1.12亿公顷，可转换林区80万公顷。森林覆盖率67.8%。动植物种类繁多，其中包括苏门答腊虎、象、犀牛、巨蜥、黑猴、人猿、天堂鸟、袋貂、袋鼠、食火鸡、鹦鹉、鹿、倭水牛等珍稀物种。盛产各种香料、热带林木及热带经济作物。胡椒、木棉、金鸡纳霜产量居世界各国首位，天然橡胶、棕榈油产量居世界第二位，丁香、椰子、咖啡等产量居世界前列。加里曼丹和苏门答腊的铁木，努沙登加拉的檀木，爪哇和苏拉威西的乌木、柚木驰名于世。海域、江河、湖泊盛产鱼类、贝类、海参、珍珠等。

## 国体政体

国　体　印度尼西亚是单一共和制国家。立法、行政、司法三权分立。实行总统内阁制。总统任期5年。自2004年起，总统和副总统由人民直选产生。总统任命内阁，但需征得国会同意。

人民协商会议　国家最高权力机构。由人民代表会议和地方代表理事会共同组成。负责制定、修改和颁布宪法及国家大政方针，并对总统进行监督。本届人民协商会议于2014年7月9日产生，成员692名（国会议员560名，地方代表理事会议员132名）。

人民代表会议　即国会。国家立法机构。行使除修宪和制定国家大政方针之外的一般立法权。人民代表会议无权解除总统职务，总统也不能宣布解散人民代表会议；但如总统违反宪法，人民代表会议有权建议人民协商会议追究总统责任。本届人民代表会议于2014年10月20日选举产生，560名新国会议员兼任人协成员，任期5年。设议长1名，副议长4名。

政　府　设有政治法律安全统筹部、经济统筹部、人民福利统筹部、内政部、外交部、国防部、司法与人权部、财政部、能源和矿产资源部、工业部、贸易部、农业部、林业部、交通部、海洋和渔业部、劳工和移民部、公共工程部、卫生部、国民教育部、社会部、宗教部、文化旅游国务部、研究技术国务部、合作社与中小企业国务部、环境国务部、妇女事务国务部、提高国家机构效率国务部、落后地区发展国务部、国家建设规划国务部、国有企业国务部、通信和信息国务部、人民住房国务部、青年和体育国务部等部门。本届内阁于2014年10月20日组成，有阁员34人。

司　法　司法机关为最高法院和最高检察院，均独立于立法和行政机关之外。最高法院正副院长由人民代表会议提名，总统任命。最高检察长由总统任免。

党　派　党派众多，主要有民族民主党、专业集团党、斗争民主党、建设团结党、民主党、民族觉醒党、国民使命党、福利公正党等。

## 国家元首和政府首脑

总　统　佐科·维多多，2014年7月当选，任期至2019年。

人民协商会议主席　西达尔托，2014年10月当选。

人民代表会议议长　塞特亚·诺凡多，2014年10月当选。

地方代表理事会主席　艾迪勒·费特里夏赫，2014年10月当选。

## 行政区划

一级行政区　印度尼西亚划分为2个地方特区、30个省和一个首都特区，分别是雅加达首都特区和日惹、亚齐达鲁萨兰地方特区，以及北苏门答腊、西苏门答腊、廖内、占碑、南苏门答腊、朋古鲁、楠榜、西爪哇、中爪哇、东爪哇、巴厘、西努沙登加拉、东努沙登加拉、北马鲁古、南马鲁古、巴布亚、北苏拉威西、中苏拉威西、东南苏拉威西、南苏拉威西、东伊里安查亚、中伊里安查亚、西伊里安查亚、邦加—勿里洞、万丹、哥伦打洛、东加里曼丹、中加里曼丹、南加里曼丹、西加里曼丹等省。

主要城市　首都雅加达，别称“椰城”，位于爪哇岛西部，面积650.4平方千米，人口958.8万，是全国政治、经济、文化中心。其他重要城市有泗水、万隆、棉兰、三宝垄、日惹等。

## 经　济

国内生产总值　2017 年印度尼西亚国内生产总值(GDP)10152.58 亿美元,比上年增长 5.07%;人均国内生产总值 3877 美元,增长 7.5%。

产　业　农业以种植业为主,是世界主要热带经济作物生产国。全国耕地面积 8000 万公顷。2015 年稻谷产量 7490 万吨,玉米产量 1300 万吨,大豆产量 98 万吨;2016 年棕榈油产量 2570 万吨,橡胶产量 310 万吨,咖啡产量 5.4 万吨,可可产量 150 万吨。

采矿业为工业支柱产业。2011 年全国采矿业创收 108.22 兆印尼盾(约合 117.9 亿美元),其中石油、天然气开采占主导地位。

服务业在国民经济中的比重逐年提高。全国约有 1.2 万家小型超市。旅游业是印度尼西亚第三大外汇来源。2017 年全国接待外国游客 1040.7 万人次,国际旅游收入 120.5 亿美元。

外国投资　2016 年印度尼西亚实际利用外资 396.6 万亿印尼盾。主要投资来源国为中国、新加坡、日本、美国、韩国等。

财　政　2014 年财政收入 1537.6 万亿印尼盾,支出 1764.6 万亿印尼盾。2016 年印度尼西亚收支预算(NPI)出现顺差 120 亿美元。

金　融　货币名称为印尼盾,2016 年印尼盾对美元年平均汇率为 13308.3∶1。2016 年末印尼外汇储备 1109.3 亿美元。

进出口贸易　2017 年外贸进出口总额 3256.3 亿美元。其中,出口额 1687.3 亿美元,进口额 1569 亿美元,贸易顺差 118.3 亿美元。主要进口贸易伙伴是日本、中国、美国、新加坡、马来西亚等,主要出口贸易伙伴是中国、日本、新加坡、美国、泰国等。

## 交通通信

铁路交通　印度尼西亚铁路总长 6458 千米,75% 在爪哇岛。其中,1～1.067 米轨道 5961 千米(电气化线路 125 千米,复线 250 千米),0.75～1 米轨道 497 千米。2014 年铁路客运周转量 202.8 亿人千米,货运周转量 71.7 亿吨千米。

公路交通　全国公路总长 43.78 万千米(2009 年)。截至 2014 年初,高速公路里程近 1000 千米。公路客运量和货运量分别占全国运输总量的 90% 和 50%。公路交通网集中在爪哇岛和苏门答腊岛。

水　运　全国水运航道 21579 千米,有各类港口 670 个,其中主要港口 25 个。雅加达丹绒不碌港是全国最大的国际港,年吞吐量约 250 万标准箱,泗水的丹绒佩拉港为第二大港,年吞吐量 204 万标准箱。

民用航空　有民用机场 196 个,其中国际机场 29 个。雅加达附近的苏加诺—哈达国际机场为国内最大机场。主要航空公司有鹰记、鸽记、狮航、曼达拉、辛巴迪等。2015 年空运货物周转量 74747.3 万吨千米,旅客空运量 8868.6 万人次。

电　信　2014 年全国有移动电话用户 2.1 亿户。

## 教　育

印度尼西亚实行九年义务教育制度。学制为小学 6 年,初中、高中各 3 年,大学 3～7 年。2009 年全国有小学 165752 所,在校学生 2990.1 万人;初中高中 50423 所,在校学生 1800 多万人;大学 3533 所,在校学生 479.2 万人。著名大学有雅加达的印度尼西亚大学,日惹的加查马达大学,泗水的艾尔朗卡大学、泗水工学院、阿伊兰卡大学,万隆的班查查兰大学等。2012 年教育预算开支 286 万亿印尼盾,占财政总预算的 20.2%。2011 年小学入学率 97.58%,初中入学率 87.78%,高中入学率 57.85%,15 岁以上人口文盲率 7.19%。

## 传　媒

印度尼西亚有各类报刊 3000 多种。主要印尼文报纸有《罗盘报》《专业之声报》《印尼媒体报》《共和国日报》《革新之声报》《印尼商报》等,英文报纸有《雅加达邮报》《印尼观察家报》等,中文报纸有《星洲日报》《国际日报》《世界日报》《华文邮报》(中文和印尼文互译)、《商报》《新生日报》《千岛日报》等。

通讯社有国营的安塔拉通讯社和私营的印尼民族通讯社。有地方电视台 54 家,国家电视网络 11 个。其中影响较大的有印度尼西亚共和国电视台、教育电视台、美都电视台等。官办的印度尼西亚共和国电视台有 13 个分台,395 个转播器覆盖印尼全境。主要广播电台有印度尼西亚共和国广播电台,地方电台多达 1800 多家。

印度尼西亚铁路　　（百度网）

## 医疗卫生

2012 年印度尼西亚卫生预算开支 48 万亿印尼盾。全国有医院 1156 所，妇产医院 3426 所，公共卫生中心 8570 个，卫生所 23163 个。2015 年末，印度尼西亚婴儿出生率为 19.3%，人口死亡率 7.09%，人口平均预期寿命 69.03 岁。

## 科　技

印度尼西亚从事科技活动的主要是国家各部委的直属研究机构、非部级中央直属研究机构、各大学和国有企业以及私营企业的研究开发机构等。中央直属研究机构由总统直接领导，从事战略性、交叉和多学科的研究与开发，科技活动由研究与技术国务部部长统筹与协调；非部级中央直属研究机构有印度尼西亚科学院、国家核能机构、技术评价与应用署、国家航空航天研究机构等。全国拥有科技人员约 5 万。科技经费主要来自财政拨款。

## 历　史

印度尼西亚历史悠久。在古代长期处于封建割据状态，先后分为印度教王国、佛教王国两个时期。公元 1 世纪，佛教传入，印度尼西亚进入印度宗教文化影响时期。5 世纪，出现最早的王国——加里曼丹东部的古戴王国和西爪哇的达鲁玛王国。7 世纪，在苏门答腊的巨港出现强大的海上王国室利佛逝。13 世纪末，拉登威查雅在爪哇建立强大的麻喏巴歇王国，统一印度尼西亚。自 13 世纪起，伊斯兰教逐步传入印度尼西亚。16 世纪，伊斯兰教王国淡目灭掉麻喏巴歇，印度尼西亚进入伊斯兰王国鼎盛时期。

1511 年，葡萄牙人为掠夺香料侵入印度尼西亚东部的马鲁古群岛。西班牙人也接踵而来。1596 年，荷兰侵入。1602 年，荷兰在印度尼西亚建立具有政府职能的东印度公司。1799 年 12 月，荷属东印度公司宣告破产。1800 年，殖民政府取而代之，通称"荷印政府"。1811～1816 年，英国取代荷兰在印度尼西亚建立殖民政府。1816 年后，荷兰逐渐恢复对印度尼西亚的殖民统治，至 1903 年征服亚齐，完全占有整个印度尼西亚。其间，印度尼西亚各地从未间断反抗荷兰的斗争，其中最著名的有1816～1818 年马鲁古反荷起义、1825～1830 年爪哇人民大起义、西苏门答腊反荷战争、1873～1903 年亚齐战争等。

20 世纪初，印度尼西亚出现民族觉醒运动。1927 年，苏加诺等组建印度尼西亚民族联盟（1928 年 3 月改名为印度尼西亚民族党），采取与荷兰不合作政策，争取民族独立。1942 年，日本侵占印度尼西亚。1945 年日本投降后，印度尼西亚爆发"八月革命"。

1945 年 8 月 17 日，印度尼西亚共和国建立。1947 年 7 月和 1948 年 12 月，荷军先后两次在印度尼西亚发动殖民战争。1949 年 11 月，印荷双方签订《圆桌会议协定》，印度尼西亚成为联邦共和国，加入荷印联邦。1950 年 8 月，统一的印度尼西亚共和国成立。1954 年 8 月，印度尼西亚宣布脱离荷印联邦。

（云　倩）

# 老　挝

## 国　名

老挝人民民主共和国（The Lao People's Democratic Republic），简称老挝。

## 国　旗

老挝国旗旗面中间平行长方形为蓝色，占旗地一半，上下为红色长方形，各占旗地的 1/4。蓝色部分中间为白色圆轮，轮的直径为蓝色部分宽度的 4/5。蓝色象征老挝各族人民热爱和平、康宁和独立的精神，红色象征革命烈士的鲜血，白色圆轮代表满月，象征老挝人民纯洁的爱国之心。

## 地　理

位　置　老挝地处中南半岛北部，北回归线以南，北纬 13°54′～22°30′、东经 100°05′～106°38′之间。

面　积　国土面积 23.68 万平方千米。

疆界和邻国　东邻越南，南接柬埔寨，西与泰国、缅甸交界，北同中国云南省接壤。边界线长 5451 千米。

地形地貌　东南亚唯一的内陆国。疆域南北长、东西窄，南北最长处 1050 千米，东西最宽处 500 千米，最窄处 105 千米。国土面积 6000 平方千米为江河湖泊，23.08 万平方千米为陆地，其中 70% 为山地和高原。平原主要分布在万象以南的湄公河沿岸。地势北高南低，由西北向东南倾斜。北部海拔500～1500 米，局部地区超过 2000 米，号称"印度支那屋脊"；大多为山地且起伏大，湄公河沿岸峡谷陡峻。有会芬高原、川圹高原、查尔平原、班班平原、康开谷地等，其中川圹高原海拔2000～2800 米，为老挝最高地区。全国最高峰普比亚山，海拔 2819 米，屹立于川圹高原南部。最低点只有海拔 70 米，位于湄公河，湄公河平均海拔 710

米。中部、南部地区的东半部是长山山脉西坡的一系列中山和低山,地势和缓。山脉拥有一系列东西走向的山口和隘道,如骄诺山口、穆嘉关山口、老保山口等,为老挝与越南之间的交通要冲。山脉西侧南、北各有一片高原,北为甘蒙高原,海拔1000米,南为波罗芬高原,海拔在300~1000米之间。中部、南部地区的西半部,即万象以南的湄公河沿岸,主要有万象平原、沙湾拿吉平原和巴色低地。

江　河　有流程在200千米以上的河流20多条。湄公河干流纵贯国境,在境内流长1898千米(其中老挝与缅甸界河段长234千米,老挝与泰国界河段长919千米),水流湍急,多险滩;南塔河、南乌江、南俄河、南宾河、宾非河、色公河、宾汉河、色顿河、南卡定河、南坎河等13条支流,大多由东向西汇入干流。全国93%以上的地域属湄公河流域。

气　候　属热带亚热带季风气候区。2016年平均气温约为25.7℃,最凉月(1月)平均气温21.2℃,最热月(4月)平均气温29.9℃。2012~2016年,最高温为33.7℃(阿速坡省),最低温为14.9℃(赛宋奔省)。分旱季(11月至次年4月)和雨季(5~10月)。2012~2016年,年平均降雨量最少年份是2015年的1030毫米(沙湾拿吉省),最多年份是2015年的3623.5毫米(波里坎赛省)。高原和高山地区降水较多,季节差别大。

风景名胜　首都万象市有塔銮、凯旋门、玉佛寺、西萨格寺、香昆寺,琅勃拉邦省有皇宫博物馆、香通寺、普西山、光西瀑布,占巴塞省有孔阳萍瀑布和以瓦普神庙建筑群为主体的占巴塞文化景区。琅勃拉邦古城、占巴塞文化景区分别在1995年和2001年被联合国教科文组织列入世界文化遗产名录。2017年,琅勃拉邦被知名旅游杂志《旅游+休闲》评为世界最佳15大旅游城市之一。

## 国　民

人　口　据老挝国家统计局公布的老挝第四次人口普查结果,2015年老挝全国总人口6492228人。人口平均密度27人/平方千米。人口自然增长率1.45%。2017年老挝人口约为6971202人,人口平均密度29.4人/平方千米,人口自然增长率1.66%。人口平均预期寿命男性60.5岁,女性64.4岁。

民　族　2000年12月18日,老挝人民革命党中央政治局批复老挝建国阵线2000年11月7日第205号申请,同意消除国内老龙族、老听族、老松族三大民族的称呼,正式统称老挝民族,其中包括49个民族,分属四个语族,分别为老泰语族(8个民族)、孟—高棉语族(32个民族)、汉藏语族(7个民族)、苗瑶语族(2个民族)。实行民族平等政策,将“少数民族”等称呼改为“人口较少民族”。老挝现有华人接近30万,约占老挝人口的4.4%。

老挝万象塔銮寺僧寮佛殿　（百度网）

语　言　官方语言是老挝语。部分国民也使用泰语、华语。各民族均有自己的民族语言。老挝语和泰语大致可以交流。

宗　教　佛教是老挝的国教。佛教徒有440多万人,约占全国总人口的65%。寺庙5000多座,其中大乘佛教寺庙8座。信仰原始宗教的约120万人。基督教、天主教徒约12万人,教堂550多座。此外,还有部分穆斯林和巴莱教信徒。

## 资源物产

老挝的矿产资源主要有锡、铅、钾盐、铜、铁、金、石膏、煤、稀土等,迄今得到开采的有金、铜、煤、钾盐等。水力资源丰富,湄公河全长的44.4%流经老挝境内,该河60%以上的水力资源蕴藏在老挝,理论蕴藏总量约为3000万千瓦。老挝森林面积约为18.76万平方千米,森林覆盖率约为81.21%。农业用地2.37万平方千米,可耕地面积1.53万平方千米。主要农产品有稻谷、玉米、薯类、咖啡、烟叶、花生、棉花等。

## 国体政体

国　体　老挝宪法规定:老挝人民民主共和国是人民民主国家,全部权力属于人民,各族人民在老挝人民革命党领导下行使当家做主的权力。

国　会　国家最高权力机构和立法机构,负责制定宪法和法律。本届(第8届)国会于2016年4月选举产生,国会议员149名。

政　府　国家最高行政机关。本届政府于2016年4月组成。设有18个部和3个直属机构,分别是计划投资部、外交部、公安部、国防部、教育体育部、劳动与社会福利部、公共工程与交通运输部、财政部、工业贸易部、新闻文化与旅游部、农林部、能源矿产部、卫生部、司法部、内政部、科技部、自然资源与环境部、邮电与通信部，以及央行、国家主席府、国家总理府。

司 法 最高人民法院是国家最高司法权力机关。最高人民检察院是国家最高检察机关。

党 派 老挝人民革命党是老挝人民民主共和国的执政党，也是老挝唯一的政党，成立于1955年，原名为老挝人民党，1972年在第二次代表大会上改为现名。截至2016年8月，党员人数302537人。本届（第十届）中央委员会于2016年1月产生，由69名中央委员和8名中央候补委员组成，其中政治局委员11名。中央委员会总书记本扬·沃拉吉。老挝建国阵线是老挝人民革命党领导下的民族统一战线组织，1956年1月成立，原名“老挝爱国战线”。现任主席赛宋蓬·丰威汉。

## 国家领导人

国家主席 本扬·沃拉吉。2016年4月20日当选。

国会主席 巴妮·雅陶都（女）。2016年4月20日当选连任。

政府总理 通伦·西苏里。2016年4月20日当选。

## 行政区划

一级行政区划 老挝划分为17个省、1个直辖市，分别是：丰沙里省、琅南塔省、波乔省、乌多姆塞省、琅勃拉邦省、华潘（桑怒））省、沙耶武里省、川圹省、万象省、波里坎赛省、甘蒙省、沙湾拿吉省、沙拉湾省、色公（公河）省、占巴塞省、阿速坡省、赛宋奔省，万象直辖市。

主要城市 首都万象市，位于中部万象平原南端、湄公河左岸，北纬17°57′、东经102°36′之间，面积3920平方千米。2016年总人口82.09万。是全国政治、经济、文化中心，也是历史名城和佛教圣地。其他重要城市有琅勃拉邦、沙湾拿吉和巴色。

## 经 济

国内生产总值 2017年老挝国内生产总值（GDP）138.36万亿基普（约168.1亿美元），比上年增长6.83%。在经济结构中，农林业增长2.78%，占GDP的16.34%；工业增长9.53%，占GDP的30%；服务业增长6.15%，占GDP的42.08%。增长主要依靠水电、服务业和建筑业驱动。2017年老挝人均GDP为2472美元。

产 业 农作物主要有水稻、玉米、薯类、豆类、蔬菜等。2016年水稻种植面积97.62万公顷，稻谷产量414.88万吨；玉米种植面积25.89万公顷，产量155.24万吨；薯类种植面积18.92万公顷，产量279.72万吨；豆类种植面积1.51万公顷，产量2.40万吨；蔬菜种植面积18.08万公顷，产量169.09万吨。

工业主要有电力、采矿、有色金属冶炼、水泥、木材加工、服装、食品、啤酒、制药等行业。2017年头9个月，矿产贸易额9.29亿美元，其中出口9.06亿美元。年内，建成发电站60座，总装机容量6760兆瓦，年发电量356.25亿千瓦时。

2017年接待入境旅游者423.9万人次，排名前三位游客来源国为泰国、越南和中国。2016年全国有旅游景点2104处，其中自然风光景点1194处，文化旅游景点628处，历史名胜景点282处。

财 政 2017年，老挝经济增长率为6.9%，财政收入为22.6万亿基普（约27.2亿美元），财政支出为30.6万亿基普（约36.9亿美元）。财政赤字率达到GDP总额的6.52%。2017年通货膨胀率为2.3%，外债136.4亿美元。

金 融 货币名称为基普。2017年底基普与美元汇率为8231:1。主要银行有老挝外贸银行、老挝发展银行、农业促进银行、老越银行等。2017年外汇储备9.898亿美元。

进出口贸易 2017年进出口总额93.45亿美元，比上年增长10.5%。其中，出口48.03亿美元，进口45.12亿美元。对外贸易顺差2.56亿美元。老挝与全球范围内50多个国家和地区有贸易往来，与19个国家签署贸易协定。中国、日本、俄罗斯等35个国家（地区）向老挝提供优惠关税待遇。

外国投资 2016年全国吸收外国投资99.74亿美元。2017年，中国对老挝非金融类直接投资流量达13.8亿美元，比上年增长139.1%，增长率在东盟国家中位居第一。中国的合作和援助项目包括湄公河桥梁、琅勃拉邦国际机场、老挝国家体育馆、国家会议中心、党中央办公楼、灌溉系统、水电站和公路、铁路、卫星等，2011～2016年共投资160多个项目，投资总额超过27.5亿美元。

## 交通通信

公路交通 老挝交通运输以公路运输为主，承载80%的客货运量。2015年全国公路总里程为51597千米，其中水泥路310千米，高级沥青路814千米。有8条国道（全长2850千米）作为与东盟国家联通的公路。

铁路交通 老挝第一条铁路全长3.5千米，于2008年2月20日同泰国铁路接轨，同年7月开始营运。2013年开始进行老泰铁路扩建项目一段，于2015年9月竣工，2017年3月23日投入运营。该扩建项目二段计划于2017年底开工。2015年12月2日，老中铁路在万象市举行开工奠基仪式。2016年12月25日，老中铁路全线开工仪式在琅勃拉邦举行。2017年12月12日，旺门村隧道顺利贯通，成为中老铁路首个贯通的隧道。该铁路北起中老边境磨憨—磨丁口岸，南至万象，全长417千米，投资总额近400亿元人民币，由中老双方按70%和30%的股份合资建设，建设期为5年。

水 运 内河航道总长4600千米，其中湄公河老挝境内河段通航里程1600千米，是全国水运干道；除万象到沙湾拿吉河段可全年通航外，其余河段因水流湍急、多瀑布险滩，须分段航行，可以分段通航载重20～200吨船只。

民用航空　国际机场有万象瓦岱机场、琅勃拉邦机场、沙湾那吉省色诺机场和巴色机场。瓦岱国际机场和琅勃拉邦机场改扩建已完成，可起降和停靠波音747和空客320等大型飞机。截至2017年，老挝开辟的国际航线有：万象市往返中国的昆明、广州、南宁、海口、长沙，泰国的曼谷、清迈，柬埔寨的金边、暹粒，越南的河内，马来西亚的吉隆坡，新加坡，韩国的首尔；琅勃拉邦往返中国的海口、成都、昆明，泰国的曼谷、清迈、乌隆，越南的河内、胡志明，柬埔寨的暹粒；巴色往返泰国的曼谷，柬埔寨的暹粒；沙湾拿吉往返泰国的曼谷等。

电　信　电信产业运营商主要有LTC电信、ETL电信、STAR电信、Milicon电信、SKY电信、Beeline。LTC电信是老挝与泰国合资企业，主要从事移动和固网宽带数据通信业务的运营；ETL电信是老挝国内唯一全资国有运营商，从事移动宽带和国家光纤专网的通信业务运营；STAR电信是老挝与越南的合资企业，从事移动通信业务；Milicon电信是私营企业，从事移动通信业务；SKY电信也是私营企业，从事移动通信和固网业务。Beeline其前身是老挝Tigo公司，2011年俄罗斯Vimple Com电信公司完成对Tigo部分股权的收购。

## 教　育

老挝普通国民教育为12年制，其中小学5年，初中3年，高中4年。2016年全国有幼儿园2807所，小学8864所，中学1683所，大学5所。老挝国立大学是老挝最高学府，此外还有占巴塞大学、苏发努冯大学、沙湾拿吉大学和直属卫生部的医学院，另有专科院校149所。

## 传　媒

全国各种报刊约有20种。主要老挝文报纸有《人民报》(老挝人民革命党中央机关报)、《新万象报》《人民军报》《青年报》等。外文报刊有英文报《万象时报》《KPL新闻》和法文刊物《革新周刊》。巴特寮通讯社是官方通讯社，出版老挝文《巴特寮》日报以及英、法文《KPL新闻》。这些报纸的电子媒体发展迅速。大部分传媒由政府资金赞助。2000年开始出现私人刊物，现有62家双周刊、周刊和月刊，其内容主要集中在文化和娱乐方面，如《老挝文化》《老挝探索者》《目标》等。

2014年老挝有广播电台63家，其中中央11家，省级19家，县级33家。老挝国家广播电台对内用老挝语广播，对外用越、柬、法、英、泰等5种语言广播。电视台有老挝国家电视台、老挝卫视和各省(直辖市)电视台。2008年4月，老挝成立第一家民营电视台——老挝之星频道，主要介绍老挝文化和教育，属老挝民族艺术和文化促进俱乐部所有。

老挝数字电视有限公司是老挝最大，也是老挝目前唯一一家DTMB无线数字运营商。2014年，广西人民广播电台与老挝国家电视台签署合办《中国剧场》协议，截至2016年10月，广西人民广播电台已译制546集中国影视剧。2017年起，在老挝国家电视台开辟《中国动漫》栏目，将译制一批中国优秀动漫片。越南、法国和中国在老挝设有广播电台转播站。

## 医疗卫生

2016年，老挝有公立医院162所，其中中央公立医院5所，省级医院13所，区域医院4所，县级医院137所和医疗中心3所。卫生所1028所，私人诊所1050所。全国有病床8340张。2015年老挝首个核磁共振成像中心在万象的友谊医院成立并开放。2016年老挝开始启动食品消费数据的调查和风险评估，以促进食品分析和食品安全监督检查。

## 科　技

老挝一号通信卫星项目于2012年12月1日正式启动，由中国亚太移动通信卫星有限责任公司总承包。这颗卫星于2015年11月21日0时7分在中国西昌卫星发射中心用长征三号乙运载火箭成功发射。2016年3月9日在轨交付，中老合资的老挝亚太卫星有限公司同时成立。2016年9月2日经老挝总理府批准，该公司和老挝计划投资部签署《特许经营协议》，开始提供SD及HD的54套卫星电视服务。2017年，利用卫星KU转发器已经引入几十套中国、欧美、日韩的体育、少儿、综艺等电视节目，同时开展卫星通信、卫星电视直播、无线宽带接入和国际通信等服务，业务范围覆盖中国香港、老挝、缅甸和印度尼西亚等国家和地区。

## 历　史

老挝有悠久的历史。从公元1世纪到14世纪中叶，在今老挝疆域内曾先后出现过3个古国，即科达蒙、文单(或称陆真腊)和澜沧(亦译南掌，意为万象之邦)。1353年，孟骚(今琅勃拉邦，澜沧的政治中心)的统治者法昂统一今老挝全境，建立澜沧王国，形成老挝历史上第一个多民族的封建国家。

18世纪初叶，澜沧王国解体，分裂成为琅勃拉邦、万象、川圹、占巴塞等4个王国。从18世纪末叶到19世纪中叶，这些王国相继为暹罗所统治。1893年，老挝成为法国保护国，法国取代暹罗的统治。1907年，法国、暹罗签订《法暹条约》，规定老挝边界。1940年9月，老挝被日本占领。

1945年8月日本投降后，老挝开展独立运动，建立以佩差拉亲王为首的政府，并于10月12日宣布独立。

1946年，法国再次入侵。1954年7月，根据关于恢复印度支那和平的日内瓦协议，法国开始从老挝撤军。不久，美国入侵。1962 年，老挝成立以富马亲王为首相、苏发努冯亲王为副首相的联合政府。1964 年，美国支持亲美势力破坏联合政府，进攻解放区。

1973 年 2 月，老挝各方签署关于在老挝恢复和平与民族和睦的协定。1974 年 4 月，成立以富马为首相的新联合政府和以苏发努冯为主席的政治联合委员会。

1975 年 12 月，老挝人民民主共和国成立，宣布废除君主制。（杨梦平）

# 马来西亚

## 国　名

马来西亚联邦（Union of Malaysia），简称马来西亚。

## 国　旗

马来西亚国旗呈横长方形，长宽比为2∶1。主体部分由 14 道红白相间、宽度相等的横条组成。左上方有一深蓝色的长方形，上有一弯黄色新月和一颗 14 个尖角的黄色星。14 道红白横条和 14 角星象征马来西亚的 13 个州和联邦政府。蓝色象征人民的团结，黄色象征王室，新月象征马来西亚的国教伊斯兰教。

## 地　理

位　置　马来西亚位于北纬 1°～7°、东经 97°～120°之间。国土被南中国海分隔成东、西两部分。西马位于马来半岛南部，东临南中国海，西濒马六甲海峡；东马位于加里曼丹岛北部。

面　积　陆地国土面积 33.03 万平方千米。

疆界和邻国　陆上疆界 2669 千米。西马北与泰国接壤，南与新加坡隔柔佛海峡相望。东马则与印度尼西亚、菲律宾、文莱相邻。

地形地貌　西马地势南低北高，东西两侧沿岸为冲积平原，中部为山地。大汉山海拔 2185 米，为西马最高峰。东马沙巴州西部为沿海平原，内部为山地，克罗克山脉纵贯南北，其主峰基纳巴卢山海拔 4101 米，为全国最高峰，也是东南亚地区最高峰。沙捞越州沿海为冲积平原，内地为丘陵和山地。

江　河　境内河流密布，但大河很少。位于东马的拉让河是全国第一大河，卢帕河是全国最宽的河流。

海岸海岛　海岸线曲折，总长 4192 千米。西马西南部是著名的马六甲海峡，水道狭长，是连接太平洋与印度洋之间的重要海上通道。岛屿众多，有 1007 个岛屿，但大部分面积较小。著名岛屿有兰卡威岛、刁曼岛、乐浪岛、邦咯岛等。

气　候　属热带海洋性气候。内地山区年均气温 22℃～28℃，沿海平原25℃～30℃。马来半岛西岸每年9～12 月为雨季，西马东岸、沙巴、沙捞越等地雨季为每年 10 月至翌年 2 月。

风景名胜　吉隆坡市内主要景点有世界著名的高楼——双峰塔、苏丹亚都沙末大厦、独立广场、苏丹王宫、国家清真寺、杰姆清真寺、湖滨公园、胡姬花公园、国家博物馆、国家动物馆、天后宫、黑风洞等。槟城有圣乔治教堂、康华利斯堡、大会堂、钟楼、龙山堂、极乐寺、蛇庙、郑和庙、卧佛寺、马里安曼寺、雅哲清真寺、甲必丹武吉清真寺等。马六甲有荷兰红屋、三保山、三保庙、三保井、圣保罗教堂、古城门、葡萄牙村、马六甲文化博物馆等。沙捞越姆禄国家公园、沙巴京那巴鲁国家公园被列为世界自然遗产；马六甲、乔治等马六甲海峡的历史名城，玲珑谷地的考古遗址被列为世界文化遗产。此外，还有兰卡威岛、刁曼岛、乐浪岛、邦咯岛、大汉山国家公园、京那巴鲁公园、尼亚国家公园、姆鲁国家公园、金马伦高原、云顶高原等旅游景区。

## 国　民

人　口　2017年马来西亚人口 3178.9 万，其中城市人口 2403.6 万。人口平均密度 94.9 人/平方千米。

民　族　有 30 多个民族。马来人、华人、印度人人口较多，分别占总人口的 68.8%、23.2% 和 7%，其他人口占 1%。少数民族主要有尼格列多族（又称矮黑人）、塞诺伊族、原古马来族、海达雅克族（又称伊班族）、陆达雅克族（又称比达育族）、米兰诺族、卡达山族、穆鲁特族、巴查乌族、印度尼西亚族等。

语　言　马来语为国语，通用英语，华语使用也较广泛。

宗　教　国民信奉的宗教主要有伊斯兰教、佛教、印度教和基督教等。伊斯兰教为国教。

## 资源物产

马来西亚自然资源丰富。锡矿品位高，储藏量居世界各国第二位。沿海蕴藏着丰富的石油和天然气，石油储藏量 5.45 亿吨，天然气储量 2.35 万亿立方米（截至 2012 年 1 月探明）。铁矿品位较高，含铁量超过 50%，储藏量 1 亿多吨。此外，还有铜、金、钨、煤、铝土、锰等矿产。

动植物种类繁多，被列为世界 12 个最大生物多样化国家之一。森林覆盖率在 75% 以上，盛产热带硬木。是橡胶、油棕、胡椒、可可、椰子等热带经济作物的重要产地,橡胶、棕油、胡椒的产量和出口量居世界前列,其中棕油产量居世界首位。

## 国体政体

**政　体**　马来西亚政体为君主立宪联邦制。最高元首和州的苏丹分别是国家和州的立宪君主。宪法规定,马来西亚设最高元首作为国家权力即君主的象征。最高元首还是伊斯兰教领袖兼武装部队统帅。正、副最高元首由统治者会议从9个世袭苏丹中选举产生,任期5年,轮流执政,不能连任。

**统治者会议**　由柔佛、彭亨、雪兰莪、森美兰、霹雳、丁加奴、吉兰丹、吉打、玻璃市9个州的世袭苏丹和马六甲、槟州、沙捞越、沙巴4个州的州长组成,其职能是在9个世袭苏丹中轮流选举产生最高元首和副最高元首(4个州的州长没有选举权和被选举权),并对国家的政策、法律和宗教问题进行审议。

**联邦议会**　也称国会,是国家最高立法机构。由上议院(参议院)和下议院(众议院)组成。上议院议员任期3年,有70个议席;下议院议员任期5年,有222个议席。本届国会于2013年5月全国大选后组成。

**内　阁**　联邦政府采用责任内阁制,内阁是马来西亚最高行政机关,由选举中得票占半数以上的政党组成。政府首脑为总理,由最高元首任命。本届内阁于2016年6月27日进行改组,设有24个部门。

**各州国家机关**　各州设有州政府,享有内政独立的自主权。君主立宪制原则适用于9个有世袭苏丹的州。槟榔屿州、马六甲州、沙巴州、沙捞越州等4州州长由联邦政府任命。

**司法机关**　最高司法机关为联邦法院。西马、东马分别设有马来亚高级法院和婆罗洲高级法院。各州设有地方法院和推事庭。此外,还有特别军事法庭、伊斯兰教法庭和审理苏丹刑事、民事案件的特别法庭。

**党　派**　马来西亚注册政党有40多个,多党联盟执政一直是马来西亚政党政治的特点。2013年至2018年5月执政的国民阵线由马来民族统一机构(又称巫统)、马来西亚华人公会、马来西亚印度人国大党、人民运动党、马来西亚人民进步党、沙捞越土著保守统一党、沙捞越人民联合党、沙捞越国民党、沙捞越达雅克族党、沙巴自由民主党、沙巴人民团结党、沙巴民主党、沙巴团结党等13个政党组成。其他政党均为反对党,主要有人民公正党、伊斯兰教党、民主行动党等。2008年4月,反对党人民公正党、民主行动党和伊斯兰教党联合组成人民联盟。2015年6月16日,伊斯兰党和民主行动党断交,人民联盟分裂。2015年9月22日,反对党人民公正党、民主行动党和国家诚信党组成新联盟——希望联盟。2016年9月9日,马来西亚土著团结党正式成立。2016年12月13日,希望联盟与土著团结党签署政党合作协议。2017年3月20日,土著团结党加入希望联盟。2018年5月9日,马来西亚举行第14届选举,希望联盟赢得大选,成为执政党。

## 国家元首和政府首脑

**最高元首**　端姑·穆罕默德·法里斯·佩特拉,2016年10月14日当选,2016年12月13日宣誓就任。

**政府总理**　达图·斯里·纳吉布·敦·拉扎克,2013年5月6日至2018年5月9日连任,为马来西亚第七任总理。是国民阵线主席、巫统主席。2018年5月10日,马哈蒂尔当选马来西亚第八任总理,是希望联盟成员党土著团结党名誉主席。

## 行政区划

**一级行政区**　马来西亚行政区划为13个州和3个直辖区。其中包括西马的柔佛州、吉打州、吉兰丹州、马六甲州、森美兰州、彭亨州、槟榔屿州、霹雳州、玻璃市州、雪兰莪州、丁加奴州、吉隆坡直辖区和布特拉加亚直辖区,东马的沙巴州、沙捞越州和纳闽联邦直辖区。

**主要城市**　首都吉隆坡,位于马来半岛南部,西濒马六甲海峡,面积243.65平方千米,人口约172.5万,是全国政治、经济、文化、交通中心。其他重要城市有马六甲、槟城、古晋、怡保、新山、巴生、山打根等。

## 经　济

**国内生产总值**　2017年马来西亚国内生产总值3145亿美元,比上年增长5.9%。人均国内生产总值9650美元。

**产　业**　农业以种植业为主,渔业也有一定规模。2017年农业从业人员167.7万,产值662.97亿林吉特。工业主要有电子、汽车、钢铁、石油化工、纺织和采矿等行业,从业人员912万,产值4749.03亿林吉特。制造业发展较快,在国民经济中占有重要地位。服务业发达,从业人员535.36万,产值8118亿林吉特。其中,旅游业是国民经济的重要支柱。2017年外国入境游客2594.85万人次,比上年减少3%。旅游业收入约733亿林吉特。

**财　政**　2017年财政收入2204亿林吉特,财政支出约2607亿林吉特。

**金　融**　有商业银行35家,外资银行办事处36个,证券银行12家,伊斯兰银行20家,金融公司25家。中央银行是Bank Negara Malaysia。货币名称为林吉特。2017年年底,林吉特兑美元汇率为4.05:1。2017年12月31日国家外汇储备1095亿美元。

**进出口贸易**　2017年进出口总额4376.78亿美元,其中出口额2308.64亿美元,进口额2068.14亿美元。主要贸易对象是中国、新加坡、日本、美国、泰国,主要出口产品有电子电器产品、棕油、石油、橡胶及制品、液化天然气等,进口产品有机电产品、矿物燃料、机械设备、运输设备、塑料及制品等。

## 交通通信

**铁路运输** 马来西亚铁路干线纵贯马来半岛南北，主要铁路线有国际线和东海岸铁路线。铁路总长2418千米。2013年全国铁路客运量270.3万人次，货运量662.2万吨。

**公路运输** 拥有良好的公路网。连接马来半岛南北的高速公路（亦称南北大道）和穿越中央山脉的东西高速公路是马来半岛交通的主动脉。至2012年公路总长18.3万千米。2014年，马来西亚每千人汽车拥有量为395辆，其中绝大部分为私人拥有，2013年马来西亚注册机动车2381.9万辆。2017年汽车总销售量为64.5万辆。

**水　运** 有商务航运船4700艘，其中1000艘为国际贸易用途。2016年全国船只注册容积总吨位800万吨，载重吨位900万吨。有港口33个，主要有巴生港、丹绒柏勒巴斯港、槟城港、关丹港、新山港、马六甲港、古晋港、纳闽港等，其中巴生港和丹绒柏勒巴斯港是最繁忙的港口。内河运输主要集中在东马地区。2015年，马来西亚港口集装箱吞吐量2457万标箱。

**民用航空** 有机场118个，其中国际机场8个，包括吉隆坡国际机场、槟城机场、兰卡威机场、哥打基那巴鲁机场和古晋机场。民航主要由马来西亚航空公司和亚洲航空公司经营。马来西亚航空公司拥有飞机89架，辟有113条国际航线。亚洲航空公司拥有飞机188架，辟有航线83条。2017年民航客运量9910万人次，空运货物周转量200597.9万吨千米。

**电　信** 2017年，马来西亚固定电话用户657.82万户；移动电话用户4233.85万户，普及率133.18%；有互联网用户2200万户，普及率71%。

## 教　育

马来西亚教育法令规定政府中小学实行9年义务教育，不分种族，提供免费教育。小学学制6年，初中学制3年；高中学制4年，其中含2年大学预科；大学学制4~5年。全国有小学7084所，在校学生283万人，每18名小学生配备1名教师，小学适龄儿童入学率98.5%；中学1538所，在校生172万人，每16名中学生配备1名教师；公立高等院校20所，私立学院662所。著名大学有马来亚大学、马来西亚理工大学、马来西亚博特拉大学（原农业大学）、国际伊斯兰大学、马来西亚北方大学、国民大学等。

国家财政教育经费支出占国民生产总值的6.2%。15岁以上成人识字率99%。

截至2017年，马来西亚有国家图书馆1个，乡镇图书馆1107个，州级或市级公共图书馆336个，专业图书馆542个，学校图书馆10697个，学术图书馆472个。藏书总量1130万册。

## 传　媒

马来西亚国家新闻社（简称马新社）是半官方性质的新闻机构，成立于1968年，在亚太地区设有32家分社。

全国约有50种报纸和杂志，用8种文字出版。主要马来文报纸有《马来前锋报》《马来西亚使者报》《每日新闻》和《祖国报》，主要英文报纸有《新海峡时报》《太阳报》《星报》和《马来邮报》，主要华文报纸有《南洋商报》《星洲日报》和《中国报》。

主要广播电台有马来西亚广播电台和马来西亚之声。其中：马来西亚广播电台为官办，建于1946年，拥有6个广播网，用马来语、英语、华语和泰米尔语广播；马来西亚之声建于1963年，用马来语、阿拉伯语、英语、印尼语、缅甸语、他加禄语、泰语等8种语言对外广播。主要电视台有马来西亚电视台、第三电视台、城市电视、国民电视、第七电视台、美佳电视台、寰宇电视台，有169个电视频道可供选择。其中马来西亚电视台（包括第一电视台和第二电视台）为官办，建于1963年，播放马来语、英语、华语和泰米尔语节目。

马来西亚沙巴大学校内清真寺　　（百度网）

## 医疗卫生

2016年，马来西亚有369所医院，其中政府医院153所，私人医院216所；共有50087名医生。马来西亚实行半公费医疗制，政府自1970年起补贴公共医疗服务。2012年，每1000人拥有病床1.9张。2015年，马来西亚医疗卫生总支出占GDP的比重为4%。人口平均预期寿命男性72.7岁，女性77.3岁；婴儿死亡率3‰；人口自然增长率1.51%。

## 科　技

马来西亚科技体系分政府机构、高等教育研究机构和私人机构3种。内阁科学技术委员会为马来西亚科学技术政策的最高决策机构，由总理兼任主席，成员包括科学技术与环境部、国际贸易与工业部、教育部、财政部和人力资源部的部长。科学技术与环境部下属科研机构主要有环境局、化工局、气象局、野生动物和国家公园局、核技术研究所、微电子系统研究所、原子能许可委员会、马来西亚标准研究所、太空研究局和国家生物工艺学委员会。高等教育研究机构设在各大学中，博特拉大学（原农业大学）、科学大学、技术大学、马来亚大学、国民大学等高等院校均设有科研机构。马来西亚国家科学研究与开发理事会为协调机构，也是马来西亚政府科学技术方面的全国性顾问组织。2015 年，研究和开发开支占国民生产总值的比重为 1.3%，每百万人中有科研人员 2261.4 人。

### 历　史

距今 1 万年前的旧石器时代，马来半岛已有人类居住。

公元之初，马来半岛出现羯荼、狼牙修等古国。15 世纪初以马六甲为中心的满剌加王国统一马来半岛的大部分，伊斯兰教也因此传播开来。

16 世纪开始先后被葡萄牙、荷兰、英国占领。20 世纪初完全沦为英国殖民地。沙捞越、沙巴历史上属文莱，1888 年两地沦为英国保护地。第二次世界大战中，马来亚、沙捞越、沙巴被日本占领。战后英国恢复殖民统治。

1957 年 8 月 31 日，马来亚联合邦宣布独立。1963 年 9 月 16 日，马来亚联合邦同新加坡、沙捞越、沙巴合并组成马来西亚联邦（新加坡于 1965 年 8 月 9 日退出）。（韦朝晖）

## 缅　甸

### 国　名

缅甸联邦共和国（Republic of the Union of Myanmar），简称缅甸。

### 国　旗

2010 年缅甸政府根据 2008 年通过的《缅甸联邦共和国宪法》有关国家标志的规定，修改国旗图案。2010 年 10 月 21 日正式启用新国旗。国旗样式为长方形，比例为16:9。由自上而下宽度相同的黄、绿、红三色横条组成，正中是一颗白色大五角星，覆盖三色横带并指向上方。黄色代表统一、智慧、欢乐和各民族亲密团结，绿色代表土地肥沃、和谐、安宁、苍翠的国家，红色代表勇敢、果决，白色代表纯洁、正直、友善和力量。白色五角星代表联邦永久长存。

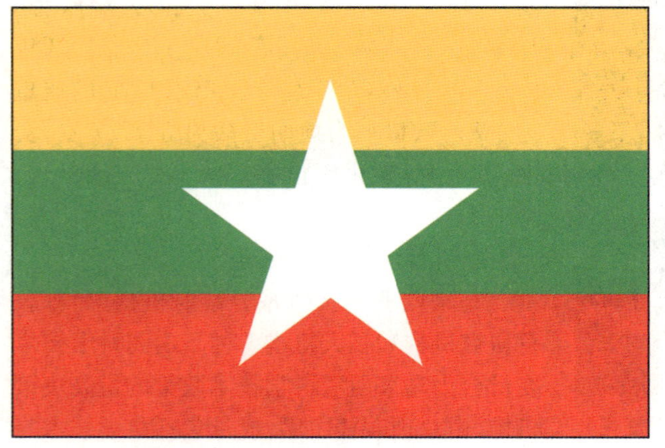

### 地　理

**位　置**　缅甸位于中南半岛西部。地处东经 92°20′~101°11′、北纬 9°58′~28°31′之间。西南濒临孟加拉湾和安达曼海。

**面　积**　陆地国土面积 67.66 万平方千米。

**疆界和邻国**　东北与中国接壤，西北与印度、孟加拉国接壤，东南与老挝、泰国接壤。陆地边界线长 5876 千米。有木姐（对中国瑞丽）、九谷镇（对中国畹町）、八莫（对中国章凤）等口岸与中国对接。

**地形地貌**　地势大体上是两边高，中间低，北边高，南边低。东面是掸邦高原，西面为西部山地，中部是伊洛瓦底江谷地。伊洛瓦底江的中下游地区为平原，称为中央大平原，是缅甸经济较发达的地区。大部分国土是山地和高原。

**江　河**　大多为南北走向。主要河流有伊洛瓦底江和萨尔温江。伊洛瓦底江发源于中国的青藏高原，纵贯缅甸南北，全长 2200 千米，注入印度洋的安达曼海，流域面积 43 万平方千米。东部的萨尔温江与伊洛瓦底江大致平行，发源于中国的唐古拉山脉，它的上游是中国的怒江。萨尔温江在缅甸境内流长 1660 千米，是缅甸第二大河，流域面积 20.5 万平方千米。钦敦江是缅甸第三大河。茵都基湖是最大的天然湖泊。

**海岸海岛**　海岸线长 3200 千米，均在南部。可划分为 3 段：北段是阿尔干海湾，中段是伊洛瓦底江三角洲，南段是丹那沙林海岸。面积最大的岛屿为兰里岛。

**气　候**　属热带季风气候区。分热、雨、凉三季。3~5 月为热季，6~9 月为雨季，10 月到次年 2 月为凉季。年平均气温 27℃，年平均降雨量 3000~5000 毫米。平原和丘陵地区炎热潮湿，山区比较凉爽。

**风景名胜**　主要有仰光大金塔、文化古都曼德勒、蒲甘佛塔群（有 4000 座佛塔）、波巴山、茵都基湖风景区、茵莱湖风景区、额不里海滩、昌达海滨、避暑胜地彬乌伦等。还有世界第一大石书——曼德勒碑林，世界第一大的“敏贡”大钟，古若开王朝的首都妙乌城等。2014 年 6 月，缅甸骠国 3 个古遗址列入联合国世界文化遗产名录。

### 国　民

**人　口**　截至 2017 年 10 月 1 日，缅甸人口为 5338.79 万。人口密度 81 人/平方千米。劳动力约占人口总数的 2/3。

民　族　有135个民族。缅族是主体民族，约占全国人口的65%。人口较多的民族还有掸族、克钦族、钦族、克伦族、孟族、若开族、勃欧族、佤族、克耶族等。华侨华人约164万，占全国人口总数的3%。印度人后裔也比较多。缅族大多居住在平原，华人主要居住在仰光一带，其他民族大多居住在山区。

语　言　各民族都有自己的语言，缅甸语为国语。缅族、克钦族、克伦族、掸族、孟族等民族有自己的文字。英语在城市常用。

宗　教　85%以上的国民信仰佛教（小乘佛教）。男性青少年都要出家为僧一段时间。各地佛塔林立，号称“万塔之国”。佛教文化是缅甸文化的重要组成部分，佛教教义规范着缅甸人民的社会生活。8%的国民信奉伊斯兰教，约5%的人信奉基督教，约0.5%的人信奉印度教，1.21%的人信仰泛灵论。

## 资源物产

缅甸是著名的“稻米之国”和“森林之国”。稻谷盛产于伊洛瓦底江三角洲和锡唐河河谷一带。2015年，全国森林覆盖率44.5%，拥有林地3412万公顷，出产柚木、花梨木、丁纹木、鸡翅木、黑檀木、铁木等名贵木材和竹子、藤类。矿产资源主要有石油（储量32亿桶）、天然气（储量2832万亿立方米）、宝石、玉石、锡、钨、锌、铝、铜、锑、锰、金、银等，宝石和玉石享誉世界，煤炭储量2.7亿吨。最好的翡翠产于克钦邦的帕敢地区。水力资源蕴藏量1800万千瓦。近年不断发现新的石油和天然气资源，在果敢地区发现金矿，在东北部发现铅锌矿。已耕种土地只占可耕种土地的1/3强。生物物种资源十分丰富。自然保护区占全国面积的7%。

## 国体政体

国　体　缅甸是联邦制国家。

联邦议院　分为人民院和民族院。

联邦政府　国家最高行政机关。设有国防部、内务部、外交部、商务部等部门。

司法机关　法院、检察院均分为四级，第一级是最高法院和最高检察院，第二至四级分别是省邦、县、镇法院或检察院。

党　派　主要有联邦巩固与发展党、全国民主联盟、若开民族发展党、民族团结党、掸族民主党、勃欧民族组织、谬族（克密族）团结协会、拉祜族发展党、克伦族人民党、全国民主力量党、果敢民主团结党等。最大政党是联邦巩固与发展党，党员1800万。

## 国家元首和政府首脑

国家元首　2011年缅甸大选后实行总统制，总统为国家元首和政府首脑。现任总统廷觉，2016年3月30日就职。2015年11月8日，缅甸举行总统选举。2015年11月20日，缅甸选举委员会公布大选最终结果，昂山素季领导的缅甸全国民主联盟在1150个联邦议会和省邦议会议席中共获得886个席位，其中在联邦议会人民院获得255席，在民族院获得135席，在省邦议会共获496席，赢得大选。2016年3月15日，缅甸联邦议会举行例会，选举产生新一届国家总统与第一、第二副总统。民盟资深议员廷觉获得360票，当选总统。

## 行政区划

一级行政区划　缅甸划分为7个省、7个少数民族邦和联邦区、2个中央直辖市。7个省和7个少数民族邦分别是：德林达依省、仰光省、勃固省、曼德勒省、实皆省、马圭省、伊洛瓦底省，克伦邦、克钦邦、克耶邦、掸邦、孟邦、钦邦和若开邦；2个直辖市为内比都、仰光。

主要城市　首都内比都，面积725平方千米，人口92.36万。仰光市位于缅甸南部，面积696.71平方千米，人口约600万，是全国经济、文化中心。其他重要城市有曼德勒（缅甸古都，市区人口逾百万）、毛淡棉、勃生、蒲甘等。仰光、曼德勒、蒲甘、茵莱湖是四大古城。

## 经　济

国内生产总值　2016/2017财年缅甸国内生产总值912825.9亿缅元，比上年增长5.9%。人均国内生产总值1290美元。

产　业　农业在国民经济中占较大比重，2016年农业增加值占国内生产总值的28.2%。农业劳动力1890多万人，约占全国劳动力总数的70%。以种植业为主，除水稻外，还种植小麦、甘蔗、玉米、花生、芝麻、棉花、豆类、油棕、烟草、黄麻等。可耕地面积约1800万公顷，2014年水稻种植面积776.33万公顷，稻谷产量2877.6万吨。渔业较发达，水产品出口数十个国家和地区。热带水果品种较多。畜牧业有牛、羊、猪、鸡、鸭养殖等，2016年肉类产量301.81万吨。

工业主要行业有油气开采、小型机械制造、纺织、印染、碾米、木材加工、制糖、造纸、化肥、制药等。2016年工业增加值占国内生产总值的28.2%，企业超过10万家，职工约500万人。全国有18个工业区，职工170多万人；仰光莱达雅工业区是最大的工业园区，也是缅外合资的工业区。国有工业企业将逐步转交给私人经营。陆地油田有18个（其中蒲甘、宫达臣、坦德宾为三大油田），海上、陆地天然气田3个。年发电量60亿千瓦时，65%为天然气发电。与中国云南电网实现互联互通。

服务业发展较快，2016年服务业增加值占国内生产总值的42.3%。旅游资源丰富，2017年接待外国旅客约344万人次，比上年增长18.2%。排名前三位的旅游客源国是泰国、中国和日本。缅甸旅游公司是国有企业。截至2018年3月，缅甸共有旅游公司2676家，酒店1628家。

金　融　国有银行5家，分别为：缅甸中央银行、缅甸农业银行、缅甸经济银行、缅甸外贸银行、缅甸投资与商业银行;较大的私人银行19家。货币名称为缅甸币,单位为元。2017年缅元对美元平均汇率为1357.4:1。允许私营企业和外资进入金融领域,目前有20余家外资银行在缅甸开设分行。2017年,外汇储备约53.7亿美元,缅甸东乡等6家银行可经营外汇业务。中国工商银行、越南投资与发展银行等20多家外资银行在缅甸有代表处。2015年1月,缅甸议会通过《缅甸银行和金融机构法》,该法案规定银行存款准备金率为5%,资本金不低于200亿缅币,对银行资本金和存款准备金等提出更高要求。

进出口贸易　2017/2018财年外贸进出口总额333.1亿美元,其中出口146.7亿美元,进口186.4亿美元,贸易逆差39.7亿美元。2017/2018财年,缅甸边境贸易总额为79.42亿美元,中缅边境的木姐口岸为缅甸最大边境贸易点,2017/2018财年木姐边境贸易额为54.8亿美元,比上财年增加5.74亿美元,其中进口16.11亿美元,出口38.68亿美元。2016/2017财年,泰缅边境贸易额为13.69亿美元。主要贸易伙伴是中国、泰国、新加坡、印度、日本和马来西亚。主要出口商品有天然气、服装、水产品、橡胶、皮革、虾类、柚木、硬木、矿产品、粮食、宝石、珍珠、水果等。2015/2016财年大米出口150多万吨,80%销往中国;2016/2017财年出口170万吨;2017/2018财年头10个月出口282万吨。进口商品有燃油、工业原料、化工产品、机械及运输设备、精炼矿物油、纺织品、一般金属及金属制品、棕榈油、电子设备及电器、塑料、药品、消费品等。2017年,中缅贸易额135.4亿美元,比上年增长10.2%,其中缅甸出口45.3亿美元,进口90.1亿美元。2014年4月起,禁止原木出口。

外国投资　2016年10月,缅甸颁布新的《投资法》,并于2017年4月1日正式生效。2017/2018财年,缅甸投资委员会共批准222个外资项目,吸引外资57.18亿美元。其中,制造业有136个外资项目进入,吸引外资17.6亿美元,位居第一,吸引外资额占缅甸吸引外资总额的30%。房地产行业紧随其后,吸引外资12.6亿美元,交通与通讯业9.02亿美元,能源业4.06亿美元,饭店与旅游业1.77亿美元,农业1.35亿美元,其他服务业10.05亿美元。2017/2018财年,新加坡对缅甸投资额最高,达21.63亿美元,中国位居第二,投资额13.95亿美元。

## 交通通信

公路交通　缅甸有公路515条,总里程22.21万千米。毛淡棉—仰光—南坎公路为主干道,路况较好。2011~2014年进口汽车近30万辆(多为二手车)。仰光—内比都—曼德勒之间正在建设高速公路。主要出境公路联通中国的瑞丽、泰国的湄赛和仁廊。3.1%的人口拥有汽车,38.7%的人有摩托车。

铁路交通　铁路总里程5800多千米,在建铁路近3000千米,主要是窄轨铁路。拥有内燃机车270台。纵贯南北的仰光—密支那线是铁路主干线,但火车速度较慢;仰光至曼德勒有客运特快列车。新建的内比都火车站达现代化标准。2016/2017财年载客量达到4400万人次,2017/2018财年载客量约4700万人次。缅甸铁路公司年均收入600亿缅元(约合4500万美元)。缅甸铁路公司正在升级仰光—曼德勒—密支那段、仰光—毛淡棉段和仰光—卑谬段,这些路线载客量约占全国的75%。

水　运　内河航道总里程1.47万千米,其中正常通航的8000千米。主要航线在伊洛瓦底江。沿江各大城市都有班轮运输。拥有各种船只500多艘,其中远洋货轮25艘。可供远洋货轮停靠的港口主要有仰光港、勃生港、实兑港、若开港、毛淡棉港等28个港口,其中仰光港是最大的海港。2015年2月,中缅开通上海至仰光货轮直航。

民用航空　有机场73个,其中主要的是仰光机场、内比都机场、曼德勒机场、黑河机场、蒲甘机场和丹兑机场。仰光机场、内比都机场和曼德勒机场为国际机场。主要航空公司有缅甸航空公司、缅甸国际航空公司、仰光航空公司、曼德勒航空公司和蒲甘航空公司(后3家航空公司为私营)。国际直达航线联系20多个国家和地区,有航班通往中国的北京、昆明、广州、南宁和香港等地。国内航线有17条,大城市和主要旅游景点均已通航。2015年空运货物周转量336.6万吨千米,航空客运量202.9万人次。

管道运输　石油管道110多千米,天然气管道2200多千米。2015年1月30日,中缅油气管道全线贯通并运营。

缅甸仰光港的轮渡客运码头　(百度网)

**电　信**　缅甸有4家电信运营商:缅甸电信公司、卡塔尔电信公司、挪威电信公司和缅甸电信国际有限公司。缅甸电信国际有限公司于2017年1月12日取得营业执照,是缅甸与越南合作开设,其中缅甸持股51%。2015年固定电话用户逾400万户。2008年开通3G网络,国内电信网络快速发展。仰光的中央电话和电报局及邮政总局是办理国际通信的主要机构。2013年4月,政府以摇号方式向民众出售SIM卡。至2017年7月,近5552万人拥有手机。3.5%的人有电脑。上网人数约290万。

## 教　育

缅甸教育分学前教育、基础教育和高等教育。基础教育学制为10年,实行小学义务教育制度。现有基础教育学校40876所,大学与学院108所,其中师范学院20所,科学与技术大学63所,部属大学和学院22所。2012年以来普通高校本科由3年制改为4年制。主要大学有仰光大学、曼德勒大学和毛淡棉大学。全民识字率94.75%。除学校教育外,还有寺庙教育,并逐步开展远程教育。仰光大学与中国多所高校建立关系,并建有中国馆。

## 传　媒

缅甸国家通讯社是缅甸通讯社。缅甸之声是唯一广播电台,建于1937年,用缅甸语、英语和8种少数民族语言广播。

缅甸官方报纸有《缅甸新光报》《缅甸镜报》;私营报刊主要有《缅甸时报》《七日周刊》《声音周刊》《新闻周刊》等。《首都报》《曼德勒日报》《雅德那榜》报是地方报纸。杂志和期刊约有180种。较著名的杂志是《妙瓦底》(缅文)、《保卫》(英文)、《视野》《财富》《威达意》等。《金凤凰》是唯一的中文期刊。中国缅文杂志《吉祥》在缅甸仰光设有分社。

全国有6家电视台,109个电视转播台。境内大部分地区都能收看到电视节目,比较著名的为缅甸电视台、妙瓦底电视台。2013年,中国广西人民广播电台与缅甸国家广播电视台签署合作协议。2014年4月1日,中缅签署中国向缅甸提供电视片协议。4月3日,中缅合拍电视剧《舞乐传奇》在缅甸首映。

## 医疗卫生

缅甸有医院839所(不含14所中医医院),其中拥有300张以上病床的医院114所。最好的医院是仰光的亚洲皇家医院和仰光市总医院。此外,还有农村卫生所1468所。全国有医生2万多人。药品高度依赖进口。

缅甸传统的民族医药是缅医和缅药。政府提倡缅医与西医相结合。

## 科　技

缅甸有科研机构12个。另有科技大学3所、技术学院26所、计算机学院2所、航空工程和海事学院2所,这些高等学院也从事科学研究。

联邦政府科技部负责管理全国的科学技术工作。

农业科学和应用科学在国家科技事业中占有重要地位,各地重视推广先进的种植技术。工业领域不断改进技术,开发新产品。

## 历　史

缅甸于公元1044年形成统一的多民族国家。历经蒲甘、东吁、贡榜3个封建王朝。

19世纪,英国殖民主义者以武力占领缅甸,并将缅甸划为英属印度的一个省。1937年,实行印缅分治,由英国直接统辖缅甸。缅甸人民从1920年开始争取民族解放斗争。1932年,我缅人党成立,开展大规模的反英运动。1942年5月,日军占领缅甸,缅甸人民开展抗日斗争。1945年3月举行全国总起义,缅甸光复。不久,仍被英国控制。缅甸人民继续开展民族独立运动。

1948年1月4日,缅甸脱离英联邦而独立,成立缅甸联邦,组成以吴努为首的政府,实行多党议会制。

1962年,奈温将军发动政变,推翻吴努政府,成立革命委员会执政。1974年1月,将国名改为缅甸联邦社会主义共和国,并颁布新宪法,成立人民议会,组建以奈温为主席的社会主义纲领党。1988年7月,因经济形势恶化,爆发全国性游行示威,奈温和吴山友(总统)辞职。

1988年9月18日,时任国防部部长的苏貌将军率军队接管政权,成立国家恢复法律和秩序委员会,宣布废除宪法,解散人民议会和政府机构。同年9月23日,军政府将国名改为缅甸联邦。1990年5月在全国举行大选。1993年1月,缅甸政府召开制宪国民大会。

1997年11月15日,国家恢复法律和秩序委员会改名为国家和平与发展委员会。此后10多年来,缅甸政府奉行民族和解与合作政策,实行民族自治,国内民族矛盾逐渐缓和。2008年5月,全国举行宪法公投通过新宪法。2010年举行大选。2011年3月,国家和平与发展委员会将权力移交给新的国家机构,并更改国名为缅甸联邦共和国。2012年举行议会补选,民盟成为最大反对党。此后,改革步伐加快。　(张　磊)

# 菲　律　宾

## 国　名

菲律宾共和国(The Republic of the Philippines),简称菲律宾。

## 国　旗

菲律宾国旗呈横长方形,长宽比为2∶1。靠旗杆一侧为白色等边三角形,中间是放射着8束光芒的黄色太阳,3颗黄色的五角星分别在三角形的3个角上。旗面右边是红蓝两色的直角梯形,两色的上下位置可以调换。平时蓝色在上,战时红色在上。太阳和光芒图案象征自由;8道较长的光束代表最初起义争取民族解放和独立的8个省,其余光芒表示其他省。3颗五角星代表菲律宾的三大地区:吕宋、萨马和棉兰老。蓝色象征忠诚、正直,红色象征英勇、胆量,白色象征和平、纯洁。

## 地　理

位　置　菲律宾位于亚洲东南部。地处北纬4°35′~21°08′、东经116°55′~126°37′之间。西濒南中国海,东临太平洋。

面　积　陆地国土面积29.97万平方千米。

疆界和邻国　疆域从北到南跨度达1000千米。北面、西面与中国隔海相望,南面与印度尼西亚、马来西亚隔海相望。

地形地貌　陆地国土由7107个岛屿组成,素有"千岛之国"之称。按照地形和岛屿排列情况,菲律宾群岛通常分为吕宋岛(第一大岛,面积4.08万平方千米)、维萨亚群岛、棉兰老岛(第二大岛,面积3.69万平方千米)、巴拉湾群岛、苏禄群岛五大部分。地貌复杂多样,山地面积占陆地总面积的2/3。群岛上横亘7座山脉,其中谢拉马德雷山脉最长,从北到南纵贯吕宋岛东部。最高峰是锕阜山(休眠火山),海拔2955米,位于棉兰老岛。最有名的平原是吕宋平原,有"菲律宾粮仓"之称。海拔最高的地区是吕宋岛北部的奔贵高原。海岸线蜿蜒曲折,总长1.85万千米,颇多天然良港。马尼拉湾是世界上最好的港湾之一,水域达770平方千米。位于棉兰老岛东面海域的菲律宾海沟深达10540米,为世界最深的海沟。由于地处太平洋边缘的火山地震带,常发生地震。境内有火山50多座,其中活火山11座。吕宋岛上的活火山马荣火山在1616~1968年间共喷发30余次。

江河湖泊　群岛河流遍布,最长的河流是卡拉延河。吕宋岛的内湖是最大的淡水湖。

气　候　属热带海洋性气候区。分干、湿两季:5~10月为湿季,高温多雨;11月至次年4月为干季,炎热干燥。由于国土南北跨度大和东西有山脉分隔,南部与北部、东海岸与西海岸的气候有较大差别。全国年平均气温26.6℃。年降水量2000~3000毫米。东面海域是台风发源地,境内常受台风影响。

风景名胜　主要旅游景点有百胜滩、蓝色港湾、碧瑶市、马荣火山、伊富高省原始梯田等。

## 国　民

人　口　2016年菲律宾人口1.033亿,其中城市人口4576万。人口密度346.5人/平方千米。

民　族　有80多个民族。其中,马来族(包括他加禄人、伊洛戈人、邦班牙人、比萨亚人、比戈尔人等)约占全国人口的85%,华人(约150万)、印度尼西亚人、阿拉伯人、印度人、西班牙人、美国人等族群约占5%。还有为数不多的原住民。

语　言　有175种语言。通用语是以他加禄语为基础的菲律宾语。官方语言为英语。西班牙语也较流行。

宗　教　约82.9%的国民信奉天主教,5%信奉伊斯兰教,少数人信奉独立教和基督教新教。华人多信奉佛教。原住民多信奉原始宗教。

## 资源物产

菲律宾探明储量的金属矿有13种,非金属矿29种。储量较大的金属矿有铜、金、银、铁、铬、镍和铝土,其中铜矿储量37.16亿吨,镍矿1.27亿吨,金矿1.36亿吨。非金属矿主要有石灰石、大理石等。地热资源丰富,估计有相当于20.9亿桶原油的热能资源。巴拉望岛西北部海域石油储量约3.5亿桶。

有可耕地1400万公顷,占土地总面积的46.9%。粮食作物主要是水稻和玉米。经济作物主要有椰子、甘蔗、蕉麻、烟草、香蕉、菠萝、橡胶、咖啡、杧果、木薯等,其中椰子产量和出口量均占世界总量的60%以上。森林面积1581万公顷,森林覆盖率41%,有红木、樟木等名贵木材。经济鱼类有2400多种,金枪鱼资源量居世界各国前列。开发的海水、淡水鱼场面积2080平方千米。

## 国体政体

国　体　菲律宾是共和制国家。立法、行政、司法三权分立。实行总统内阁制。总统由人民直接选举产生,任期6年。

国　会　国家最高立法机构。由参、众两院组成。参议院议员24名,由全国直接选举产生,任期6年,每3年改选1/2,可连任2届。众议院议员295名,其中238名由各省、市按人口比例分配,从全国各选区选出;其余57名个别少数民族的政党代表,按每个政党总选票的2%为一个席位选举产生,但每个政党代表最多不得超过3个席位。众议员任期3年,可连任3届;现众议员人数已超过菲律宾宪法规定的250名。本届国会于2016年7月选举产生。

政　府　由总统、副总统和内阁成员组成。设住房和城市发展协调委员会、执行部、外交部、财政部、司法部、农业部、国防部、贸易与工业部、公共工程与公路部、教育文化与体育部、劳工与就业部、社会经济计划部、卫生部、土地改革部、警察总监、内务与地方政务部、环境与自然资源部、交通与运输部、社会福利部、预算与管理部、科技部、旅游部、能源部等部门。现任总统、副总统于2016年5月当选,内阁于同月组成。

司法机构 司法权属最高法院和各级法院。最高法院拥有最高司法权,有1名首席法官和14名陪审法官,均由总统任命;下设上诉法院、地方法院和市镇法院。检察工作由司法部检察长办公室负责。

党 派 有政党100余个,大多数为地方性小党。主要政党有自由党(执政党)、基督教穆斯林民主力量党(简称拉卡斯,最大政党)、民族主义人民联盟、摩洛民族解放阵线、摩洛伊斯兰解放阵线、共产党、民主行动党、地方发展优先党、改革党、民主战斗党、民族党等。

## 国家元首和政府首脑

菲律宾总统是国家元首、政府首脑兼武装部队总司令。现任总统罗德里戈·杜特尔特,2016年5月当选。

## 行政区划

一级行政区划 菲律宾划分为吕宋、维萨亚、棉兰老三大部分,行政区划为首都地区、科迪勒拉行政区和棉兰老穆斯林自治区,以及伊罗戈区、卡加延谷区、中吕宋区、南塔加罗格区、比克尔区、西维萨亚区、中维萨亚区、东维萨亚区、西棉兰老区、北棉兰老区、南棉兰老区、中棉兰老区、卡拉加区等17个地区。下设81个省和117个市。

主要城市 首都大马尼拉市,位于吕宋岛南部,人口1287.72万(2015年),是全国政治、经济、文化、交通中心。其他重要城市有马尼拉、奎松、达澳、宿务、卡洛奥坎、三宝颜、帕萨伊、巴戈洛德、伊洛伊洛、卡加延德奥罗等。

## 经 济

国内生产总值 2017年菲律宾国内生产总值3136亿美元,比上年增长6.7%。人均国内生产总值2989美元。

产 业 农业增加值占国内生产总值的9.7%,农业以种植业为主。工业增加值占国内生产总值的30.8%,工业以农、林产品加工业为主,制造业发展迅速。服务业增加值占国内生产总值的59.5%,从业人员约1970.3万(2014年),约占全国就业人数的54.1%。

财 政 2016年财政收入462亿美元,财政支出537亿美元。

金 融 主要银行有首都银行、商业银行等。货币名称为比索。2017年比索与美元平均比价约为50.4:1。国家外汇及黄金储备814亿美元,2017年末外债总额730.98亿美元。

对外贸易 菲律宾与150个国家和地区有贸易往来。2017年外贸进出口总额1555.3亿美元,其中出口额928.7亿美元,进口额926.6亿美元。出口商品主要有半导体、电子产品、运输设备、服装、椰子油、铜制品、金属配件、石油产品、水果,进口商品主要有电子产品、矿物燃料、运输设备、机械设备、化工产品、塑料制品、谷物、钢铁、纺织品。

## 交通通信

民用航空 菲律宾航空业比较发达。全国有机场163个,在用民用机场86个。主要机场有尼诺·阿基诺国际机场、宿务麦克坦国际机场、达澳国际机场、苏比克国际机场、克拉克国际机场和拉瓦格国际机场,其中马尼拉的尼诺·阿基诺国际机场是全国最大的航空港。国内航线通达40多个城市。国际航线较多,与30多个国家签有国际航运协定。2017年空运货物周转量7.57亿吨千米,航空客运量4408.7万人次。

铁路交通 铁路总里程1200千米,集中在吕宋岛。铁路网以马尼拉为中心,北达圣费尔南多,南到黎牙实比。

公路交通 公路总里程32.8万千米(2016年)。注册机动车辆808.12万辆(2014年)。

水 运 航道总长3219千米。全国有港口数百个,商船千余艘。主要港口有马尼拉、宿务、怡朗、达沃、卡加延、三宝颜等。2014年港口集装箱吞吐量586.9万标准箱。

菲律宾首都马尼拉掠影 (百度网)

## 教 育

菲律宾的学前教育可自由选择。初等教育(即小学教育)为义务教育,学制6年(一些私立学校为7年)。中等教育(即中学教育)学制4年,免费教育但非义务教育。学位制高等教育学制一般为4年(工程学、法律、医学等专业需要至少5年的在校教育)。鼓励私人办学。全国成人识字率96.6%(2015年)。

全国有中、小学64700所(2016~2017学年),适龄儿童入学率116.8%(2013年);中学入学率88.4%(2013年)。高等教育主要由私人举办;有高等院校2180所,其中公立537所,私立1523所(2010学年);在校生总数243万人,年毕业生60多万人。著名高等院校有菲律宾大学、阿特尼奥大学、东方大学、远东大学、圣托玛斯大学等。

### 传 媒

菲律宾通讯社为官方通讯社。新闻出版组织有菲律宾全国新闻记者俱乐部、菲律宾新闻摄影家协会、菲律宾出版者协会等。全国有出版机构257家。广播电台1342家,电视台3010家(2014年)。在菲律宾广播电台、电视台中,除人民电视台为官办外,其余均为私人举办;所播节目主要是英语、他加禄语、华语节目。主要英文报纸有《马尼拉公报》《菲律宾星报》《菲律宾询问日报》《自由报》《马尼拉时报》和《马尼拉纪事报》,主要菲文(他加禄语)报纸有《消息报》和《菲律宾快报》,主要华文报纸有《世界日报》《商报》《菲华时报》《联合日报》和《环球日报》。

### 医疗卫生

菲律宾有医院1195所(2015年),医师3002人,牙医1788人,护士6061人,助产士3002人(2014年)。2016年人均预期寿命69.1岁。人口出生率23.2‰,死亡率6.5‰。

### 历 史

菲律宾历史悠久。最早生活在菲律宾群岛上的居民是尼格列多人。西班牙入侵之前,菲律宾存在许多土著部落和马来族移民建立的割据王国,其中最著名的是14世纪70年代兴起的海上强国苏禄王国。

1521年,麦哲伦率领西班牙远征队到达菲律宾群岛。1531年,西班牙远征队在比萨亚群岛(今宿务港)登陆,宣布占领该群岛。1543年,入侵的西班牙军队以其国王菲律普二世名字命名该群岛,这是“菲律宾”称呼的由来。

1565年,西班牙占领菲律宾全境,并开始对其实行长达300多年的殖民统治。

1898年6月12日,菲律宾起义者借美(国)西(班牙)战争之机,宣告独立,成立菲律宾历史上第一个共和国。同年12月,美国通过美西战争后签订的《巴黎条约》占领菲律宾,菲律宾又沦为美国的殖民地。

1935年11月,菲律宾成立自治政府。

1941年12月8日,日本入侵菲律宾。

1945年,美国恢复对菲律宾的殖民统治。

1946年7月4日,菲律宾宣告独立。菲律宾独立后,自由党和国民党轮流执政。

1965年,马科斯就任第六任总统,并3次连任。

1983年8月,反对党领导人贝尼格诺·阿基诺被谋杀,导致政局动荡。1986年2月7日,提前举行总统选举,贝尼格诺·阿基诺的夫人科拉松·阿基诺在民众、天主教会和军队的支持下出任总统。

1992年6月,拉莫斯按宪制当选为菲律宾总统。

1994年6月,埃斯特拉达当选菲律宾总统。

1996年9月2日,菲律宾政府与最大的反政府组织摩洛民族解放阵线签署和平协议,其南部长达24年的战乱局面结束。

2001年1月,埃斯特拉达因受贿丑闻被迫下台,副总统阿罗约继任总统。

2004年6月,阿罗约总统获得连任。

2010年5月,菲律宾举行大选,贝尼尼奥·阿基诺三世当选菲律宾总统。

2016年5月,罗德里戈·杜特尔特当选菲律宾第16任总统。

(陈红升)

## 新 加 坡

### 国 名

新加坡共和国(The Republic of Singapore),简称新加坡。

### 国 旗

新加坡国旗由上红下白两个相等的横长方形组成,长与宽之比为3∶2。左上角有一弯白色新月和五颗白色五角星。红色代表人类的平等,白色象征纯洁和美德;新月象征国家,五颗星代表国家建立民主、和平、进步、公正和平等的思想。新月和五颗星的组合紧密而有序,象征着新加坡人民的团结和互助的精神。

### 地 理

位 置 新加坡位于亚洲东南部的马来半岛南端。地处北纬1°09′~1°29′、东经103°36′~104°25′之间。南面为太平洋与印度洋之间的航运重要通道——马六甲海峡的东部出入口。

面　积　陆地国土面积719.9平方千米(2017年)。

邻　国　北隔柔佛海峡与马来西亚为邻,南隔新加坡海峡与印度尼西亚相望。

地形地貌　陆地国土由新加坡岛和63个小岛组成。大部分土地为低地,这些低地已开发为市区和工业区。海岸平缓,岸线大多经过人工改造。新加坡岛占全国陆地面积的88.5%。新加坡本岛以外的其他岛屿,较大的有大德光岛(24.4平方千米)、乌敏岛(10.2平方千米)和圣陶沙岛(3.5平方千米),其中圣陶沙岛和乌敏岛是旅游景点,大德光岛是工业基地。

气　候　属热带海洋性气候。常年高温潮湿多雨。年平均气温24℃~32℃,日平均气温26.8℃。年平均降水量2345毫米。年平均湿度84.3%。

风景名胜　主要有牛车水、小印度、鱼尾狮公园、裕廊飞禽公园、新加坡植物园、花柏山、圣淘沙岛、乌敏岛等。

## 国　民

人　口　总人口561万(2017年6月),其中公民和永久居民396万。人口密度7908.7人/平方千米。

民　族　种族多元。在国民中华人占75%左右,其余为马来人、印度人和其他种族。

语　言　马来语是国语。英语、华语、马来语和泰米尔语为官方语言。英语是行政语言,使用最为广泛。大多数新加坡人都会讲母语、英语两种语言。

宗　教　佛教、道教、基督教、伊斯兰教在新加坡均有较大影响。各类宗教信徒约占全国10岁以上人口的86%。华人大多信奉佛教,马来人多信奉伊斯兰教,印度人多信奉印度教。

## 资源物产

新加坡自然资源匮乏。除在本岛中部、北部及大、小德光岛等几个岛屿有花岗石外,至今尚未发现其他矿藏。虽然四面环海,但渔业并不发达,海产品年产量仅1万余吨。

植物资源比较丰富,品种有2000多种,多属热带低地常绿植物。普遍种植热带观赏花卉胡姬花(即兰花),品种繁多,娇美艳丽,四季盛放。所产胡姬花大量出口欧洲各国及美国、日本等国家和地区。

## 国体政体

国　体　新加坡是议会制国家。宪法规定,总统为国家元首,原经议会选举产生,1992年国会颁布民选总统法案,规定从1993年起总统由全民选举产生,任期由4年改为6年。

国　会　国家立法机构。由议会和总统组成。实行一院制,任期5年。国会可提前解散,大选须在国会解散后3个月内举行。年满21岁的新加坡公民都有投票权。国会议员分为民选议员、非选区议员和官委议员。其中民选议员从全国13个单选区和16个集选区(2015年大选)中由公民选举产生。集选区候选人以4~6人一组参选,其中至少1人是马来族、印度族或其他少数种族。同组候选人必须同属一个政党,或均为无党派人士,并作为一个整体竞选。非选区议员从得票率最高的反对党未当选候选人中任命,最多不超过6名,从而确保国会中有非执政党的代表。官委议员由总统根据国会特别遴选委员会的推荐任命,任期两年半,以反映独立和无党派人士意见。本届国会2015年9月11日选举产生,共有议员92人。其中民选议员89人,(人民行动党83人,工人党6人)。

政　府　内阁是国家行政权力机关。由总理、副总理、各部部长组成。总统委任国会中多数党领袖为总理。根据总理提名,总统任命内阁部长。总理、部长都必须是国会议员。设有国防及安全统筹部、律政部、内政部、外交部、国防部、交通部、贸工部、新闻通讯及艺术部、教育部、卫生部等。本届内阁于2015年9月28日组成,至今已进行两次小幅改组,委任多位年轻部长担任要职。

司　法　设最高法院和总检察署。最高法院由最高法庭和上诉庭组成。最高法院大法官由总理推荐、总统委任。总检察长公署下设立法处、刑事处、民事处3个部门。总统根据总理建议任命总检察长。

党　派　注册的政党有24个。主要有人民行动党、工人党、新加坡民主党等。人民行动党从1959年至今一直保持执政地位。李光耀长期任该党秘书长,1991年吴作栋接任;2004年12月,李显龙接替吴作栋出任该党秘书长。

## 国家元首和政府首脑

总　统　哈莉玛·雅各布,2017年9月14日就职。

政府总理　李显龙,2004年8月12日任职。2006年5月、2011年5月、2015年9月分别连任。

## 行政区划

新加坡是一个城市国家。在地理上分为中央区、内市区、外市区、新镇、内郊区、外郊区等6个地区。选举时分为75个选区。不设区政权机构,由中央各部直接管理各项事务。设有公民咨询委员会、民众联络所、人民协会等社区组织,担负起准地方政府的任务,作为沟通政府与居民之间的桥梁。

首　都　新加坡市,位于新加坡岛东南部,南临新加坡海峡。是东南亚最大的海港、重要商业城市和转口贸易中心,也是国际金融中心、航空中心。市容整洁美观,到处树木葱茏,绿草如茵,百花娇艳,被誉为“世界花园城市”。

## 经　济

国内生产总值　2017年新加坡国内生产总值3239亿美元,比上年增长3.5%。人均国内生产总值55000美元。

产　业　农业在经济中所占比重很小，产值不足经济总量的0.1%。主要由园艺种植、家禽饲养、水产养殖和蔬菜种植等构成。工业化程度较高，主要行业是制造业和建筑业，2015年产值980亿新元，占国内生产总值的25%。制造业产品包括电子产品、化学与化工产品，以及生物医药、精密机械、交通设备、石油产品等，是世界第三大炼油中心。服务业发达。2015年服务业产值2619.5亿新元，占国内生产总值的70.4%。包括零售与批发贸易、旅游、交通与电信、金融服务、商业服务等行业。旅游业兴旺，被誉为“亚洲旅游王国”。2017年接待外国游客1740万人次，比上年增长6.2%；旅游业收入268亿新元。

对外贸易　2016年进出口贸易总额9671亿新元，比上年减少4.7%。其中，进口额4521亿新元，出口额5150亿新元。主要贸易伙伴是中国、马来西亚、欧盟、美国和印度尼西亚。主要出口电子真空管、加工石油产品、办公及数据处理机零件、数据处理机和电讯设备等，进口电子真空管、原油、加工石油产品、办公及数据处理机零件等。

财　政　2017年财政收入751亿新元，支出739亿新元，财政盈余12亿新元。

金　融　由金融管理局负责制定和实施各项金融政策，负责监督与管理商业银行及其他金融机构的经营活动，实际上执行着中央银行的职能，但不发行货币。拥有1000多家金融机构。货币名称为新加坡元。2016年新加坡元与美元平均比价为1.3807∶1。2016年，国家外汇储备2443.7亿美元。

外国投资　截至2016年年底，新加坡共吸引外国直接投资13595亿新元，多集中在金融服务业和制造业。美国、日本、英国、荷兰是新加坡投资的主要来源地。

对外投资　截至2016年年底，新加坡对外直接投资累计达7646亿新元，主要集中在金融服务业和制造业。主要直接投资对象国是中国、英国、印度尼西亚、马来西亚。

## 交　通

铁路交通　新加坡的铁路交通以地铁为主，全长129.8千米，有地铁站84个。1999年11月建成轻轨铁路，全长28.8千米，与地铁相连，设31个站。

公路交通　形成以8条快速公路为主线，众多普通道路为支线的公路网络，覆盖全岛每个角落。新加坡公路总长3297千米，其中高速公路153千米，一级公路613千米。2010年底，车辆总数94.6万辆，其中私人轿车58.4万辆，货车15.8万辆。

水　运　新加坡港是世界最繁忙的港口和亚洲主要转口枢纽，也是世界最大燃油供应港口。有200多条航线连接世界600多个港口。有4个集装箱处理码头，集装箱船泊位54个，年集装箱处理能力3500万标准箱。2017年港口处理货运总量6.26亿吨，集装箱吞吐量3400万标准箱。

民用航空　新加坡是亚洲地区重要的航空运输枢纽。主要有新加坡航空公司及其子公司胜安航空公司。新加坡樟宜机场连续多年被评为世界最佳机场，已开通至60个国家188个城市的航线，各国81家航空公司平均每周提供约4400班次的定期飞行服务。2015年航班起降34.1万架次，客运量6220万人次，货运量213万吨。

## 通　信

电　话　新加坡固定电话用户185.9万户，固定电话普及率40.7%。移动电话用户561.9万户，移动电话普及率123%。

互联网　政府高度重视网络基础设施建设，并将其纳入提升国家知识型经济层次和国际竞争力的发展战略。全国宽带用户326.5万户，宽带互联网普及率52%。

邮　政　邮政网络有66处邮局，26处投递站，32处邮务代办所，分布在全国各主要区域。

## 教　育

新加坡教育发展经历两个阶段。第一阶段从1959年到1979年，偏重于普及性和职业教育，为工业化初级阶段的经济发展培养熟练劳动力。第二阶段从1979年至今，重点发展高等普通教育和高等职业技术教育，培养高层次专业技术人才。

实行精英教育。青少年一般必须接受10年正规教育，其中小学6年，中学4年。强调双语、体育、道德教育，创新和独立思考能力并重。双语政策要求学生除学习英文外，还要通晓母语。政府推行资讯科技教

新加坡城市夜景一瞥　（百度网）

育，促使学生掌握电脑知识。全国有小学170所，中学154所，初级学院14所。大学主要有新加坡国立大学、南洋理工大学、新加坡管理大学和新加坡科技大学。此外，还有4所理工学院和33所技术/商业训练学院。

### 传　媒

新加坡主要有两大媒体集团：新加坡报业控股和新传媒。报业控股是私营上市公司，旗下有用4种语言出版的15家报纸，其中英文的《海峡时报》（The Straits Times）和中文的《联合早报》在新加坡颇具影响力。新传媒是一家官营公司，旗下有新传媒电视、新传媒电台、新传媒新闻网、新传媒报业、新传媒出版、新传媒制作、新传媒互动等7个集团。新加坡电视台有6个频道，并开通有线电视网和卫星电视。

### 医疗卫生

新加坡政府通过财政投入建立完善的社区医疗卫生中心，社区医疗服务覆盖所有居民。医疗机构分两种：一种是个人出资兴办的营利性综合全科医院，一种是政府和慈善机构建立的非营利性医院。政府推行"三重安全保健网"（即保健储蓄计划、保健双全计划、保健基金），以确保国民都有求医受诊的能力和机会。

2007年底，新加坡有7所医院、6个专业中心、18个医疗中心和3个特殊医疗研究机构，每万人拥有23名医生。国民平均预期寿命82岁。

### 科　技

新加坡在重要领域具备科研能力的机构有13个。这13个研究机构由两个研究理事会直接管理，其中生物医药研究理事会管理5个从事生物和医药研究领域的研究所，科学与工程研究理事会管理其他8个研究所。科学技术研究局、经济发展局、资讯通信管理局、国际企业发展局、标准及生产力与创新局等政府机构在科研体系中发挥重要作用。科学技术研究局以科研院（中心）、大学、医院等公共科研机构为工作对象，着眼发展公共科研机构的科研人力资源，并为他们提供科研资金；经济发展局以公司为工作对象，负责支援公司的研究和创新项目，并为新的起步公司提供资金。国家财政科研经费支出约占国内生产总值的2%。

### 历　史

新加坡古称淡马锡，公元8世纪建国，属印度尼西亚的室利佛逝王朝。10世纪前后，成为繁荣的港口。13世纪中叶，随着室利佛逝王朝的衰落，淡马锡改称信诃补罗。到14世纪中期，信诃补罗成为连接东西方的一个著名国际贸易港口。1350年后，屡遭爪哇的麻喏巴歇王朝和暹罗的大城王朝侵略，于14世纪末灭亡并变成暹罗的属地。18～19世纪，是马来西亚柔佛王国的一部分。

1819年，英国殖民地开拓者莱佛士登陆新加坡。1826年新加坡沦为英国殖民地。英国一直把新加坡作为远东转口贸易的重要商埠和在东南亚的主要军事基地。第二次世界大战期间，新加坡被日本占领。1945年日本投降后，英国恢复其在新加坡的殖民统治。随后，新加坡人民展开各种形式的斗争，迫使英国殖民当局改变统治方式。1954年2月，英国发表《伦德尔宪调查报告书》，提出在新加坡成立一个有32个席位的立法议会（7席由官方委任，25席由民众选举产生），并在此基础上成立民选政府。1955年，内阁式的政府成立，但重要的部长职位仍属于殖民当局。1956年3月12～18日，在要求结束殖民统治的"独立运动周"中，20多万新加坡居民在独立意见书上签字。在此形势下，英国政府3次邀请新加坡各派政治力量到伦敦谈判，讨论新加坡政治地位问题。

1958年4月18日，英、新代表签订《关于新加坡自治宪法草案》，英国同意新加坡成立自治邦，实行内部自治，但保留国防、外交、修宪和颁布紧急法令权，并驻有军队。1959年5月30日，举行新立法议会选举，人民行动党获胜。1959年6月，新加坡成立自治邦，实行内部自治，英国保留国防、外交权利。

1963年，新加坡与马来西亚、沙捞越和沙巴组成马来西亚联邦。1965年8月9日退出联邦，成立新加坡共和国。

（罗　梅）

## 泰　国

### 国　名

泰王国（The Kingdom of Thailand），简称泰国。

### 国　旗

泰国国旗呈长方形，长宽比为3∶2，由红、白、蓝三色的五个横长方形平行排列构成，上下方为红色，蓝色居中，蓝色上下方为白色，蓝色宽度相等于两个红色或两个白色长方形的宽度，红色代表民族和象征各族人民的力量与献身精神。泰国90%以上人口信奉佛

教,白色代表宗教,象征宗教的纯洁。泰国是君主立宪制国家,国王至高无上,蓝色代表王室。蓝色居中象征王室在各族人民和纯洁的宗教之中。

## 地　理

位　置　泰国位于中南半岛中南部。地处北纬5°37′~20°27′、东经97°22′~105°37′之间。东南濒临泰国湾,西南面向印度洋的安达曼海。

面　积　陆地国土面积51.31万平方千米。

疆界和邻国　东与柬埔寨毗连,东北与老挝交界,西面和北面与缅甸为邻,南与马来西亚联邦接壤。陆地边界线长3400千米。

地形地貌　地势北高南低,由西北向东南倾斜。地形复杂,全国大体分为5个地形区:(1)北部和西部内陆山区。北部山区山脉、河流众多,是湄南河的发源地。主要山脉有登劳山、坤丹山、匹邦南山和琅勃拉邦山,平均海拔1600米,是全国地势最高的地区。清迈的因他暖峰海拔2576米,是全国最高峰。西部山区多为山岭、峡谷。(2)东北部高原。也称柯叻高原,包括东北部17个府的广大地区。整个高原由西向东南方向倾斜,构成柯叻、沙功那空两个盆地。(3)中部流域平原。包括湄南河流域以及夜功河、他真河和挽巴功河流域的中、下游地区,是泰国最大的冲积平原和水稻主产区,素有"泰国粮仓"之称。(4)东南沿海地区。包括巴真武里、差春骚、春武里、罗勇、占他武里和达叻6个府的狭小地区。(5)南部半岛。包括马来半岛的一部分以及连接半岛和大陆的克拉地峡。

海岸海岛　海岸线长2616.4千米。东南沿海海岸线曲折,近海有阁昌、阁谷、阁锡昌等岛屿。南部半岛地区西海岸为下沉海岸,大陆架狭窄,海岸线曲折破碎且多为岩岸,主要岛屿有普吉岛(全国最大岛屿,面积500多平方千米)、象岛、苏梅岛、PP岛、沙美岛、道岛和希美兰岛等;东海岸平坦开阔,多沙滩,少海湾。

江河湖泊　境内河流纵横。主要河流有湄南河和湄公河。湄南河注入泰国湾,河谷宽阔,倾斜度很小,雨季常形成水患。湄公河在境内流长930千米,部分河段水深流急,礁石起伏,交通不便。南部半岛的宋卡湖是全国最大湖泊。其他湖泊有波拉碧湖、农汉湖、公博哇丕湖、农雅湖等。

气　候　大部分地区属于热带季风气候区,全年分为热、雨、凉三季。2月中旬到5月中旬为热季,5月到10月中旬为雨季,11月、12月和次年1月、2月中旬为凉季。凉季和热季少雨,因此也合称干季或旱季。南部半岛地区属热带雨林气候区,终年炎热多雨。全国年平均降水量约1550毫米,年平均气温24℃~30℃。由于地形不同,各地的降水、气温有较大差别。

风景名胜　主要风景名胜区有曼谷、清迈、芭堤雅、普吉岛、象岛、苏梅岛、沙美岛、道岛和希美兰岛等。

## 国　民

人　口　2017年泰国人口6909.5万,其中城市人口3549.2万。人口密度134.8人/平方千米。

民　族　有30多个民族。泰族是主体民族,占总人口的75%。人口较多的民族还有华族、马来族和高棉族,分别占总人口的14%、3.5%和2%。

语　言　泰语为国语。分为中部方言、南部方言、北部方言、东北部方言4种方言,其中中部方言为全国通用的标准泰语。

宗　教　90%以上的国民信仰佛教,少数信奉伊斯兰教(马来族)、基督教新教、天主教和印度教。佛教为国教,对泰国的文化影响甚深。按照传统,上至国王下至百姓,男子一生中皆得出家一次,时间不等,以获得社会尊重。

## 资源物产

泰国主要矿产资源有钾盐、锡、褐煤、油页岩、天然气、铅锌、钨、铁、锑、铬、重晶石、宝石、石油等。其中:钾盐储量4367万吨,居世界各国首位;锡矿储量150万吨,占全世界的12%。

全国可耕地面积约占国土总面积的41%。主要农产品有稻谷、玉米、木薯、橡胶、甘蔗、绿豆、亚麻、烟叶、咖啡豆、棉花、棕榈油等,是世界大米主产国和第一出口大国。水产品产量大,虾产量居世界各国首位。盛产各类热带水果,主要有榴梿、山竹、荔枝、龙眼、椰子等。

## 国体政体

国　体　泰国是君主立宪制国家。宪法规定:实行以国王为元首的民主政治制度;国王为国家元首和王家武装部队最高统帅,神圣不可冒犯,任何人不得指责或控告国王。国王通过国会、内阁和法院分别行使立法、行政和司法权。

国　会　由上议院、下议院组成。具有立法、审议政府施政方针和国家预算、对政府工作进行监督等职能。议员均直接来自民选。上议院议员不得隶属任何政党,不得担任阁员。下议院议员担任内阁职务须辞去议员职务。

内　阁　国家最高行政机关。政府总理来自下议院,由国会主席兼下议院院长提名,经下议院表决并获半数以上票数通过,由国会主席呈报国王任命。总理在解散议会前须得到内阁同意并报国王审批,在不信任案期间不得解散议会。设有总理府、国防部、财政部、外交部、旅游与体育部、社会发展和人类安全部、农业和合作社部、交通部、自然资源与环境部、信息技术和通讯部、能源部、商业部、内政部、司法部、劳工部、文化部、科技部、教育部、卫生部等部门。

司　法　司法系统由宪法法院、司法法院、行政法院和军事法院构成。检察机关实行垂直领导,分为最

高检察院、区域检察院、府级检察院。

党　派　政党众多，但是很大一部分是为了大选而临时新成立的政党或是一些规模较小的政党。参加2014年泰国大选的政党共有50多个。较有影响力的有：为泰党、民主党、自豪泰党、泰国发展党、为国发展党。

## 国家元首和政府首脑

国　王　泰国国王玛哈・哇集拉隆功。2016年12月1日即位。

政府总理　巴育・占奥差。2014年5月22日，泰国皇家陆军总司令巴育・占奥差宣布发动军事政变，组建国家维持和平秩序委员会接管国家权力。泰国军方随即宣布由陆军司令巴育兼任代理总理。2014年8月21日，泰国国家立法议会召开会议选举临时总理，巴育以全票当选。8月25日，泰国国王普密蓬签署御令，任命国家维持和平秩序委员会主席、陆军司令巴育・占奥差为泰国第29任总理。

## 行政区划

一级行政区划　泰国划分为76个府（府级直辖市是曼谷）。各府分别是：素可泰、彭世洛、甘烹碧、披集、碧差汶、那空沙旺、素攀、北榄、龙仔厝、夜功、那空那育、曼谷、暖武里、巴吞他尼、阿育陀耶、北标、华富里、红统、信武里、猜纳、乌泰他尼、佛统、清迈、清莱、夜丰颂、程逸、帕夭、喃邦、喃奔、难、帕、孔敬、那空帕农、乌汶、也梭吞、庵纳乍仑、呵叻、廊开、莫拉限、吗哈沙拉堪、沙功那空、莱、黎逸、廊磨喃普、胶拉信、四色菊、素辇、猜也奔、武里喃、乌隆、春武里、罗勇、哒叻、尖竹汶、巴真武里、北柳、沙缴、来兴、北碧、佛丕、叻丕、巴蜀、惹拉、沙敦、普吉、甲米、攀牙、拉农、董里、宋卡、陶公、素叻他尼、洛坤、春蓬、博他仑、北大年。

主要城市　首都曼谷市，位于泰国中部，是全国政治、经济、文化、交通中心，人口约800万，市区面积1568平方千米。其他重要城市有清迈、清莱、大城、普吉等。

## 经　济

国内生产总值　2017年泰国国内生产总值4210亿美元，比上年增长3.9%，人均国内生产总值6589美元。

产　业　农业较发达，农产品出口是外汇收入的重要来源。制造业在国民经济中占较大比重，主要工业行业有采矿、纺织、电子、塑料、食品加工、玩具、汽车装配、建材、石油化工等。旅游业发展较快，设施完善，服务质量较高。2017年泰国接待外国游客3538万人次，比上年增长8.8%，其中中国游客超980万人次，增长11.97%。

财政金融　货币名称为泰铢，2017年平均汇率为33.9泰铢兑1美元。主要银行有：盘谷银行、泰京银行、开泰银行、暹罗商业银行、泰华农民银行、大城银行。2017年国家外汇储备2024亿美元，全年泰铢升值约8%。财政收入2.25万亿泰铢，盈余76亿泰铢。

进出口贸易　据泰国海关统计，2017年泰国货物进出口总额4595亿美元，比上年增长12.3%。其中：出口2367亿美元，增长9.9%；进口2228亿美元，增长14.7%。贸易顺差139.30亿美元。

中国、美国和日本是泰国前三大贸易伙伴。2017年泰国对中、美、日3国分别出口294.33亿美元、265.37亿美元和223.10亿美元。泰国自上述3国分别进口442.37亿美元、148.64亿美元和320.37亿美元。中国香港是泰国最大的贸易顺差来源地，2017年泰国对香港出口总额为123.08亿美元。

## 交　通

铁路交通　泰国铁路总长4451千米，主要是窄轨铁路。2014年铁路货运周转量24.6亿吨千米，铁路客运周转量75亿人千米。

公路交通　公路总长16万千米，其中国道1.79万千米。公路四通八达，各府、县都有公路相连。

水　运　湄公河、湄南河为泰国两大水路运输干线。曼谷是最重要的港口，全国95%的出口和几乎全部进口商品都在此吞吐。此外，还有廉差邦港、梭桃邑港、宋卡港和普吉港等。海运航线可达中国、日本、美国、欧洲和新加坡。2014年港口集装箱吞吐量828.4万标准箱。

民用航空　2006年下半年投入使用的曼谷素万那普国际机场每天进出旅客超过10万人次，是东南亚地区重要的航空枢纽，国际航线可通达欧洲、美洲、亚洲和大洋洲的40多个城市。其他国际机场还有清迈机场、普吉机场和合艾机场。2015年空运货物周转量21.4亿吨千米，航空客运量5426万人次。

泰国廉差邦海边一景　（百度网）

## 教　育

泰国中小学教育学制为 12 年，即小学 6 年、初中 3 年、高中 3 年。中等专科职业学校为 3 年制。大学一般为 4 年制，医科大学为 5 年制。

2014 年全国各级各类在校学生共 1315.88 万人。其中，学前教育 167.85 万人，小学教育 486.55 万人，中学教育 376.80 万人（初中 235.44 万人，高中 141.45 万人），高等教育 271.45 万人（学士及大专 248.47 万人，大学课程班 5451 人，硕士 19.75 万人，硕士课程班 1442 人，博士 2.54 万人）。

2014 年全国各类高等院校 166 所，其中公立院校 94 所（综合性大学 28 所、皇家师范大学 40 所、理工大学 9 所、专业性院校 7 所、军事院校 10 所），私立院校 72 所（其中综合性大学 41 所）。著名的学府有朱拉隆功大学、法政大学、农业大学、玛希顿大学、清迈大学、孔敬大学、宋卡王子大学、易三仓大学、亚洲理工学院等。

## 传　媒

泰国主要泰文报纸有《泰叻报》《民意报》《每日新闻》《国家报》《沙炎叻报》《经理报》等，主要华文报纸有《新中原报》《中华日报》《星暹日报》《亚洲日报》《世界日报》和《京华中原日报》等，主要英文报纸有《曼谷邮报》《民族报》等。广播电台有 230 多家，其中由政府民众联络厅掌管的 59 家。泰国国家广播电台为官方电台，设有国际部，用泰、英、法、华、马来、越、老、柬、缅、日等语言广播。电视台主要有 6 家，都设在曼谷。

## 历　史

泰国史称“暹罗”。公元 1238 年建立素可泰王朝，是泰国历史上第一个王朝。之后，经历泰国历史上持续时间最长的王朝——阿瑜陀耶王朝和短暂的吞武里王朝以及延续至今的曼谷王朝。

从 16 世纪起，泰国先后遭到葡萄牙、荷兰、英国、法国的入侵。19 世纪末，曼谷王朝五世王大量吸收西方经验进行社会改革。1896 年，英国、法国签订条约，规定暹罗为英属缅甸和法属印度支那之间的缓冲国，暹罗成为东南亚唯一没有沦为殖民地的国家。

1932 年 6 月，民党发动政变，建立君主立宪政体。1938 年，銮披汶执政，1939 年 6 月改称泰国，意为“自由之地”。1941 年泰国被日本占领，泰国宣布加入轴心国。

1945 年，日本投降后恢复暹罗国名。1949 年 5 月又改称泰国。　　（唐　卉）

# 越　南

## 国　名

越南社会主义共和国（The Socialist Republic of Viet Nam），简称越南。

## 国　旗

越南国旗为长方形，长与宽之比为3:2。国旗旗底为红色，旗中心有一枚五角金星。红色象征革命和胜利，五角金星象征越南共产党对国家的领导，五星的五个角分别代表工人、农民、士兵、知识分子和青年。

## 地　理

**位　置**　越南位于中南半岛东部。地处北纬 8°30′～23°22′、东经 102°～109°29′之间。东和东南濒临南中国海。

**面　积**　陆地国土面积 32.9 万平方千米。

**疆界和邻国**　北、东、东南与中国为邻，西与老挝交界，西南与柬埔寨接壤，南面与马来西亚隔海相望。陆地边界线长 3927 千米。

**地形地貌**　地形狭长，呈 S 形。南北最长处约 1640 千米；东西最宽处约 600 千米，最窄处仅 48 千米。地势是西北高、东南低。山地和高原占全国陆地面积的3/4。有红河三角洲、湄公河三角洲两大平原，面积分别为 2 万平方千米和 5 万平方千米，是主要农业区。

**江　河**　河流密布，其中长度在 10 千米以上的有 2860 条。较大的河流有红河、湄公河（九龙江）、沱江（黑水河）、泸江、太平河等。

**海岸海岛**　海岸线长 3260 千米。沿海有岛屿 2000 多个，其中面积在 10 平方千米以上的 20 多个。较大的岛屿有盖宝岛、吉婆岛、昆仑岛、富国岛等。

**气　候**　属热带季风气候区。北部四季分明，多数地区年平均气温 23℃～25℃。南部分为旱季（10 月至次年 3 月）和雨季（4～9 月），多数地区年平均气温 26℃～27℃。空气湿润，雨量充沛，全国年平均降雨量 1500～2000 毫米。

**风景名胜**　在北方，首都河内有还剑湖、西湖、巴亭广场、胡志明陵、文庙、二征夫人庙、三岛山等景点，海防有涂山海滨风景区，广宁省有被称为“海上桂林”、列入世界自然遗产名录的下龙湾，老街省有避暑胜地沙巴。在中部，有被列入世界文化遗产名录的古都顺化，列入世界自然遗产名录的风雅洞，以及会安古城、美山占婆文化遗址等。在南方，胡志明市有旧总统府、古芝地道等景点。其他地区有芽庄海滩、大叻避暑风景区、滨海旅游胜地头顿、天涯海角名城河仙等。

## 国　民

人　口　2017年越南人口9370万，其中，城市人口3290万，占35.1%，农村人口6080万，占64.9%。人口平均预期寿命73.5岁。

民　族　有54个民族，其中人口在50万以上的有京族（也称越族）、岱依族、傣族、华族（即华人）、高棉族、芒族和侬族。主体民族京族占总人口的80%以上。

语　言　各民族的通用语言是越南语。英语和华语广泛使用。

宗　教　国民受儒家思想影响较深。部分人信奉佛教、天主教、和好教、高台教等。祖先神灵崇拜在国民生活中占有重要地位。每年中国农历三月初十是祭雄王日。民间传说，雄王是越南的国祖。许多家庭都立有祖先的牌位，每逢初一、十五进香祭拜。

## 资源物产

矿产资源　越南已发现矿种90多种，其中探明储量40多种。重要矿产资源有煤、石油、天然气、铁、锰、铬、钛、锆、铝、铜、镍、铅锌、锡、铍、金、稀土、磷灰石、石墨、瓷土、膨润土、重晶石、宝石等，其中煤储量65亿吨，铝土储量4.5亿吨。

生物资源　动植物种类繁多。有爬行动物约300种，禽类1000多种，鱼类1000多种。陆栖野生动物主要有象、犀牛、虎、豹、熊、鹿、猴、白眉猿、孔雀、翡翠鸟、金丝鸟等。2014年，种植林面积达到22.62万公顷，其中用材林20.26万公顷，防护林2.22万公顷，特种林1400公顷。

物　产　主要粮食作物有水稻、小麦、玉米、高粱、薯类等。经济作物有茶、橡胶、咖啡、可可、槟榔、油桐、胡椒、八角、烟草、棉花、花生、甘蔗、麻类等。药材有党参、何首乌、通草、苍耳、砂仁、桂皮、三七、巴戟、黄连等。盛产菠萝、香蕉、椰子、杧果、菠萝蜜、柚子、荔枝等热带水果和格木、柚木、楠木等名贵木材。

## 国体政体

国　体　越南社会主义共和国宪法规定：越南是社会主义国家，越南共产党是领导国家和社会的力量，国家一切权力属于人民，实行人民代表大会制度。

国　会　国家最高权力机关，行使国家立法权。国会代表以普选制投票产生。

政　府　国家最高行政机关。由总理、若干名副总理和有关部门组成。设有国防部、公安部、文化体育旅游部、内务部、国家银行、劳动荣军与社会部、司法部、建设部、政府办公厅、工贸部、财政部、教育培训部、外交部、农业与农村发展部、国家民族委员会、资源环境部、科学技术部、通信新闻部、交通运输部、卫生部、监察部、计划投资部等机构。

最高人民法院　国家最高审判机关。

最高人民检察院　国家最高检察机关。

党　派　越南共产党是越南社会主义共和国的执政党，也是越南唯一的政党。中央委员会总书记阮富仲，2016年1月当选。越南祖国阵线是由各阶层组成，参政议政。

## 国家领导人

国会主席　阮氏金银，2016年7月当选。

国家主席　国家元首，统帅武装力量，由国会选举产生。现任国家主席陈大光，2016年7月当选。

政府总理　阮春福，2016年7月当选。

越南祖国阵线中央委员会主席　陈青敏，2017年6月当选。

## 行政区划

一级行政区划　越南设5个直辖市和58个省，并按地域划分为6个大区：(1)红河平原11省（市），分别是河内、海防、永福、北宁、广宁、海阳、兴安、河南、南定、太平和宁平，面积21260.3平方千米，人口2113.38万（2016年，下同），人口密度994人/平方千米。(2)北部丘陵和山区14省，分别是河江、高平、老街、北浒、谅山、宣光、安沛、太原、富寿、北江、莱州、奠边、山罗、和平，面积95222.3平方千米，人口1198.43万，人口密度126人/平方千米。(3)中部14省（市），分别是清化、义安、河静、广平、广治、承天—顺化、岘港、广南、广义、平定、富安、庆和、宁顺和平顺，面积95871.3平方千米，人口1979.88万，人口密度207人/平方千米。(4)西原5省，分别是昆嵩、嘉莱、多乐、多农和林同，面积54508平方千米，人口569.32万，人口密度104人/平方千米。(5)南部东区6省（市），分别是胡志明、平福、西宁、平阳、同奈和巴地—头顿，面积23552.6平方千米，人口1642.43万，人口密度697人/平方千米。(6)湄公河平原13省（市），分别是隆安、同塔、安江、前江、永隆、槟椥、坚江、芹苴、后江、茶荣、朔庄、薄寮和金瓯，面积40816.3平方千米，人口1766.07万，人口密度433人/平方千米。

主要城市　首都河内市，中央直辖市，位于红河三角洲平原中部，2016年面积3358.9平方千米，人口732.84万，是全国政治、文化中心，面积第一大城市。中央直辖市还有胡志明市、海防市、岘港市、芹苴市。其他重要城市有下龙、太原、越池、南定、顺化、头顿、大叻、芽庄、河仙等。胡志明市面积2061.4平方千米，2016年人口829.75万，是全国人口最多的城市，也是最大的工商业中心；海防市是北方重要工业、港口城市，全国第三大城市；岘港市是中部港口、工业城市；下龙市是重要煤炭基地和著名旅游胜地。

## 经　济

国内生产总值　2017年越南国内生产总值5007.9万亿越盾，比上年增长6.81%。人均国内生产总值约 2385 美元。

产　业　农业以种植业为主。2017 年粮食总产量 4797 万吨，比 2016 年减产 83 万吨；水产品产量约 722.5 万吨，比上年增长 5.2%。工业主要有能源、机械、化工、建筑材料、钢铁、纺织、鞋类加工、食品加工等行业。旅游业发展迅速，全年接待入境游客 1290 万人次，比上年增长 29.1%。

财　政　2017 年财政总收入约 1104 万亿越盾，财政总支出约 1219.5 万亿越盾。

金　融　货币名称为越南盾。2016 年年末越南盾与美元比价为22700:1。主要银行有越南国家银行（亦称中央银行）、越南工商银行、越南农业和农村发展银行、越南投资发展银行、越南外贸银行、越南国际贸易股份银行等。

进出口贸易　2017 年越南进出口总额 4251.2 亿美元，比上年增长 21%。其中：出口 2140.2 亿美元，增长 21.2%；进口 2111 亿美元，增长 21%，贸易顺差 27.2 亿美元。外资企业出口 1552.4 亿美元（包括原油），增长 23%，进口 1264 亿美元，增长 23.4%；贸易顺差 288.4 亿美元。国内企业出口 585.3 亿美元，增长 16.2%，进口 847 亿美元，增长 17%，贸易逆差 261.7 亿美元。

越南出口最大宗商品是各种电话及零件，出口额 451 亿美元，第二大出口商品是纺织服装，出口额 259 亿美元，第三大出口商品是计算机、电子产品及零件，金额为 259 亿美元。

中国是越南最大的贸易伙伴国。根据越南统计总局数据，2017 年中越贸易总额 938 亿美元。其中，中国对越南出口，585 亿美元，从越南进口 353 亿美元。越南向中国出口主要商品有大米、果蔬、橡胶、煤炭等。中国仍然是越南最大的商品进口来源国。越南从中国进口的主要商品有计算机、机械设备和零配件、布料、各类钢材、化肥、燃气等。

外国投资　2017 年越南吸引外资项目 2591 个，新办企业注册资金 213 亿美元，原有企业增资 84 亿美元，外国投资者出资购买 2547 家企业及经济组织的股份 62 亿美元。实际利用外资 175 亿美元，比上年增长 10.8%。工业和建筑业仍然是外资企业投资的重点领域。

## 交通通信

铁路交通　越南铁路总长 2530 千米，主要是窄轨铁路（2128 千米），有 7 条干线。铁路运输量占全国客货运输总量的 7% 左右。2015 年铁路货运周转量 41.3 亿吨千米，客运周转量 42.3 亿人千米。

公路交通　2015 年公路总长 21.82 万千米，其中柏油和水泥路面公路 11.37 万千米；国道 1.95 万千米，省道 3.58 万千米，县道 16.28 万千米。2017 年公路旅客运输量 38.46 亿人次。

水　运　内河运输主要集中于湄公河三角洲、红河三角洲平原地区，有内河营运货船 2130 艘、客船 1600 艘。能够停靠万吨级以上轮船的港口有鸿基港、盖邻港、海防港、鸿罗港、岘港、归仁港、头顿港、西贡港等，全国有海轮 1081 艘，总吨位 310 万吨。2014 年港口集装箱吞吐量 953.1 万标准箱。

民用航空　有内排、新山一、岘港 3 个国际机场。至 2012 年 10 月，越南民航拥有 95 架客机。2015 年空

越南风景名胜组图：①岘港龙桥；②美拖名刹——永长寺；③大叻天主教堂　（百度网）

运货物周转量3844万吨千米，2016年航空客运量3860万人次。

电 信 2017年全国电话用户1.27亿户，比上年下降2.1%，其中移动电话用户1.2亿户，下降1.3%。互联网宽带用户1080万户，比上年增长18.7%。

## 教 育

越南拥有完善的教育体系。基础教育学制12年，其中小学5年，初中4年，高中3年。在高中教育阶段，还有中等职业教育。大学教育学制3~6年。大学后教育，分为硕士研究生、博士研究生两个阶段。2000年宣布完成扫盲和普及小学义务教育，2001年开始普及9年义务教育。

2017~2018学年，全国有近2300万名大中小学生，其中学前儿童520万名，小学生780万名，初中生550万名，高中生240万名，大专、本科生180万名。

2016~2017学年，全国有幼儿园14863所，幼儿教师25.08万人，在园幼儿440万人。小学15052所，在校生780.16万人，小学教师39.71万人。初中10155所，在校生523.55万人，初中教师31.1万人。高中2391所，在校生247.72万人，高中教师15.07万人。2016年全国有高等院校229所，在校生180万人，大学教师7.23万人。其中：公立大学169所，在校生151.55万人，教师5.72万人；私立大学60所，在校生24.4万人，教师1.51万人。大专院校201所，中专303所。越南著名高等院校有河内国家大学、国民经济大学、胡志明市国家大学、胡志明市开放大学、荣市大学、太原师范大学等。

## 传 媒

越南有定期出版物563种，报社约150家。主要报刊有《人民报》（越共中央机关报）、《人民军队报》（越南人民军总政治局机关报）、《大团结报》（祖国阵线中央机关报）、《西贡解放报》（越共胡志明市委机关报）、《共产主义》（越共中央政治理论月刊）、《全民国防》（越南人民军理论月刊）等。2016年出版发行图书3.34亿册。

国家通讯社为越南通讯社，1945年创立，在全国各省（市）均设有分社，国外分社有16个。国家广播电台为越南之声广播电台，成立于1954年，对内广播用越南语及多种少数民族语言播音，对外广播用中国普通话、中国广东话、俄语、英语、法语、西班牙语、日语、泰语、老挝语、柬埔寨语、印尼语、马来语等播音。越南中央电视台成立于1971年，可同时播送4套节目。

## 医疗卫生

2016年越南有医疗机构13591个，其中医院1077家，疗养和体力恢复医院62家，护肤医院22家，妇产科医院9家，多科防治医院609家，乡镇、机关、企业医务站（室）11812个。全国有病床30.57万张，医生7.75万人，医士5.72万人，护士10.67万人，助产士2.88万人，高级药剂师1.02万人，中级药剂师2.15万人，司药员1300人。

## 科 技

越南有科学研究和技术发展组织1150多个，直接从事科研工作的人员约2.2万。全国具有大专以上文化程度的人口200多万，其中博士1.4万人，硕士1.6万人。2012年国家财政科技事业经费支出64830亿越盾。

2014年全国有图书馆731家，其中国家图书馆1家，其余为各省市图书馆。共有藏书1893.2万册。

## 历 史

越南境内发现多处旧石器时代、新石器时代文化遗址。主体民族越族的直接祖先，是起源于古代居住在从中国南方一直到红河三角洲地区的百越族群的一个分支——雒越。雒越人在公元前3世纪之前的很长时间里，就居住在今越南北部红河流域的中下游地区。有关越南的古籍中有“文郎国”“瓯雒国”的记载，反映古代雒越人原始部落社会的一些情况。

从公元前214年至公元10世纪初，今越南北部一直在中国封建王朝的管辖之下。939年，安南人（当时中国人对越南居民的泛称）吴权赶走中国官吏，自立为王。吴权死后，安南地区出现“十二使君”（即12个封建主）割据纷争局面。968年，安南人丁部领削平“十二使君”，统一安南，建立大瞿越国，随后派遣使者向中国北宋王朝请封，宋太祖封丁部领为检校太尉、交趾郡王。学术界一般将丁部领建大瞿越国作为越南建立自主封建国家的开始。

此后，越南先后经历前黎朝（980~1009）、李朝（1010~1225）、陈朝（1225~1400）、胡朝（1400~1407）、后黎朝（1428~1784）、西山朝（1788~1802）、阮朝（1802~1945）等封建朝代。1802年，越南最后一个封建王朝的开国皇帝阮福映依惯例向中国清王朝请封。清王朝于次年封阮福映为越南国王。这是“越南”作为国名的开始。

19世纪下半叶，越南沦为法国的殖民地。

1945年，越南人民取得“八月革命”胜利，同年9月2日，越南宣告独立，越南民主共和国诞生。

越南独立不久，法国人卷土重来，重新占领越南，越南人民再次进行抗法战争。1954年5月7日，越南人民赢得奠边府战役胜利，法国军队撤离越南，越南开始南北分治。20世纪50~60年代，美国人支持南越政权，越南人民展开抗美战争。1973年美国军队撤离越南。1975年，越南南北统一。

1976年，越南民主共和国改称越南社会主义共和国。

（农立夫）

# 动　　态

## 政　　治

### 中国设立雄安新区

2017年4月1日，中共中央、中国国务院决定设立中国河北雄安新区。这是继深圳经济特区和上海浦东新区之后又一具有全国意义的新区。设立雄安新区，对于集中疏解北京非首都功能，探索人口经济密集地区优化开发新模式，调整优化京津冀城市布局和空间结构，培育创新驱动发展新引擎，具有重大现实意义和深远历史意义。2017年12月，“雄安新区”入选2017年度中国媒体十大流行语。

·链接资料·

雄安新区

雄安新区位于中国河北省保定市境内，地处北京、天津、保定腹地，规划范围涵盖河北省雄县、容城、安新等3个小县及周边部分区域，对雄县、容城、安新3县及周边区域实行托管。

雄安新区区位优势明显、交通便捷通畅、生态环境优良、资源环境承载能力较强，现有开发程度较低，发展空间充裕，具备高起点高标准开发建设的基本条件。雄安新区规划建设以特定区域为起步区先行开发，起步区面积约100平方千米，中期发展区面积约200平方千米，远期控制区面积约2000平方千米。雄安新区定位为二类大城市。

### 中国举办庆祝香港回归祖国20周年大会暨香港特别行政区第五届政府就职典礼

2017年7月1日上午，庆祝香港回归祖国20周年大会暨香港特别行政区第五届政府就职典礼在香港会展中心举行。中共中央总书记、国家主席、中央军委主席习近平出席并发表重要讲话。他强调，“一国两制”是中国的一个伟大创举，是中国为国际社会解决类似问题提供的一个新思路新方案，是中华民族为世界和平与发展做出的新贡献，凝结了海纳百川、有容乃大的中国智慧。中央贯彻“一国两制”方针坚持两点：一是坚定不移，不会变、不动摇；二是全面准确，确保“一国两制”在香港的实践不走样、不变形，始终沿着正确方向前进。由习近平监誓，香港特别行政区第五任行政长官林郑月娥宣誓就职。林郑月娥面对中华人民共和国国旗和香港特别行政区区旗，举起右手，依照香港特别行政区基本法的规定庄严宣誓。

### 庆祝中国人民解放军建军90周年大会在北京举行

2017年8月1日上午，中国庆祝中国人民解放军建军90周年大会在北京人民大会堂举行。中共中央总书记、国家主席、中央军委主席习近平在会上发表重要讲话强调，人民军队的历史辉煌，是鲜血生命铸就的，永远值得我们铭记。人民军队的历史经验，是艰辛探索得来的，永远需要我们弘扬。人民军队的历史发展，是忠诚担当推动的，永远激励我们向前。中华民族实现伟大复兴，中国人民实现更加美好生活，必须加快把人民军队建设成为世界一流军队。我们要不忘初心、继续前进，坚定不移走中国特色强军之路，把强军事业不断推向前进，努力实现党在新形势下的强军目标。

### 中国共产党第十九次全国代表大会在北京举行

2017年10月18日，中国共产党第十九次全国代表大会在北京人民大会堂开幕。中共中央总书记习近平代表第十八届中央委员会向大会作题为《决胜全面建成小康社会　夺取新时代中国特色社会主义伟大胜利》的报告。习近平指出，中国共产党第十九次全国代表大会，是在全面建成小康社会决胜阶段、中国特色社会主义进入新时代的关键时期召开的一次十分重要的大会。大会的主题是：不忘初心，牢记使命，高举中国特色社会主义伟大旗帜，决胜全面建成小康社会，夺取新时代中国特色社会主义伟大胜利，为实现中华民族伟大复兴的中国梦不懈奋斗。

习近平指出，经过长期努力，中国特色社会主义进入新时代，这是中国发展新的历史方位。这标志着中国社会主要矛盾已经转化为人民日益增长的美好生活需要和不平衡不充分的发展之间的矛盾。新时代中国特色社会主义思想明确坚持和发展中国特色社会主义，总任务是实现社会主义现代化和中华民族伟大复兴，在全面建成小康社会的基础上，分两步走在本世纪中叶建成富强民主文明和谐美丽的社会主义现代化强国。

### 中国举行南京大屠杀死难者国家公祭

2017 年 12 月 13 日上午，中共中央、全国人大常委会、国务院、全国政协、中央军委在南京隆重举行南京大屠杀死难者国家公祭仪式。中共中央总书记、国家主席、中央军委主席习近平出席仪式。

公祭仪式在侵华日军南京大屠杀遇难同胞纪念馆举行。纪念馆集会广场庄严肃穆，现场国旗下半旗。约 1 万名各界代表胸前佩戴白花，静静肃立。公祭仪式结束后，习近平走进纪念馆展厅，参观《南京大屠杀史实展》。参观结束时，习近平在签字簿上庄重签名。

### 文莱举办苏丹登基 50 周年金禧年纪念系列活动

现任文莱苏丹为第 29 任苏丹，于 1967 年 10 月 5 日登基。文莱曾在 1992 年 10 月 5 日举办庆祝苏丹登基 25 周年银禧纪念活动。为纪念苏丹登基 50 周年金禧年，2017 年 1 月，文莱政府成立由文莱首相署高级部长暨皇太子哈志阿尔慕达迪比拉主持的国家元首苏丹登基 50 周年金禧年纪念最高筹备理事会，年内专门召开 3 次会议，以保证纪念活动顺利进行。5 月底至 7 月 13 日，举办苏丹登基 50 周年纪念品设计比赛。9 月25 日，为配合苏丹登基 50 年金禧庆典，文莱宗教事务部举办有 1500 人出席的古兰经朗诵比赛仪式。9 月28 日，文莱政府举行庆祝苏丹登基 50 周年金禧年纪念开鼓仪式。10 月 4 日上午，文莱皇太子比拉出席庆祝苏丹登基 50 周年金禧年 50 文莱元纪念钞、纪念硬币和第五套流通货币的发行仪式，并主持文莱国家穆夫提办公室发行《Raja Melakar Sejarah》特制书籍和文莱壳牌石油公司（BSP）制作特别书籍《The People's Sultan：Leading A Legacy》的发行仪式。《Raja Melakar Sejarah》主要讲述现任苏丹登基 50 年来在公共管理、法律、政治、教育和经济等领域取得成就。《The People's Sultan：Leading A Legacy》记载在 BSP 不断发展的背景下，苏丹所取得的众多成就。与此同时，文莱通讯、邮政部门发行首日封和特制版邮票向公众出售。10 月 5 日上午 10 点开始，苏丹和王室成员与民同乐，乘坐御辇巡游斯里巴加湾市中心。游行过后，苏丹检阅由文莱皇家武装部队和文莱皇家警察部队组成的 323 人仪仗队。最后，苏丹与其他皇室成员举行迎宾仪式，欢迎国际客人和他国政要。来自文莱 216 所教育机构的 22000 多名学生站在努尔伊曼皇宫主干道两旁，共庆苏丹登基 50 年纪念日。10 月 6 日晚，苏丹和苏丹后及其他王室成员与邀请的东盟成员国国家元首和政府首脑或其代表、马来西亚国王苏丹穆罕默德五世、巴林王国王室政要、约旦哈西姆王国、阿曼苏丹国、阿拉伯联合酋长国及英国等国的政要出席皇家晚宴。

10 月 5 日，文莱苏丹和王室成员乘坐御辇巡游斯里巴加湾市中心，与民同乐 （百度网）

### 文莱实施《2012 年海关进口税和消费税法令》修正法案

2017 年 4 月 1 日起，文莱正式实施《2012 年海关进口税和消费税法令》修正法案。该法案旨在通过对部分日常消费品的进口关税和消费税的调整，改变民众的消费习惯，提高民众的安全、健康、幸福指数。其中：包括大幅降低汽车零配件、新轮胎进口关税，以减轻民众养车成本并提高汽车安全性；对含高量糖分、味精的食品饮料新征收消费税；调高塑料商品的消费税，引导民众选择更加健康的生活方式。

### 文莱设立海事港口管理局

根据文莱苏丹指令，2017 年 9 月 28 日，文莱海洋部和港口部正式合并为文莱海事港口管理局（PBMP），苏丹同意管理局董事会成员自 2017 年 9 月起任期 3 年，由通讯部常任秘书长 Azhar 任董事长。PBMP 成立后，将负责监督、管理国内的港口安全和航运事务。文莱摩拉港在 2016 年 2 月正式私营化，港口营运管理权已由达鲁萨兰资产有限公司接手。该公司对诸多港口设施进行升级改造。

## 柬埔寨副首相、首相府部长宋安亲王去世

2017年3月15日,柬埔寨副首相、首相府部长宋安亲王逝世。3月19日,宋安亲王的葬礼在金边市波东华黛寺举行,印度尼西亚副总统尤素夫·卡拉、泰国副总理塔纳萨·巴迪玛巴功、柬埔寨政府首相洪森等出席葬礼。柬埔寨参议院主席赛冲亲王宣读宋安亲王的生平简历,柬埔寨审红特别法庭发言人宁帕达概括宋安亲王一生的主要贡献:(1)拯救和保护柬埔寨文化遗产(吴哥窟、柏威夏寺)的英雄;(2)被视为柬埔寨"智慧遗产"的象征;(3)是一位杰出的外交官;(4)主管柬埔寨审红特别法庭的工作,成为"国际公正"和"柬埔寨公正"的代表和见证人;(5)是柬埔寨政府改革、寻求和平的领军人物;(6)终身效忠于国家、宗教和国王;(7)是最伟大的爷爷、父亲和丈夫。据悉,在宋安逝世前的3月13日,柬埔寨国王诺罗敦·西哈莫尼颁发王令赐封宋安为亲王,以表彰其积极为国家和平统一与发展建设做出的贡献。王令中称,宋安遵照1993年《宪法》领导柬埔寨人民实现国家和平统一、推动经济各个领域发展、推进民主以及维护国家和平、主权和领土完整,做出杰出贡献。国王还赞扬其忠诚于国王,保卫和尊重佛教,维护社会正义和柬埔寨王国君主制度的永存。

## 桑兰西再惹官非

2017年3月30日,柬埔寨金边市初级法院根据柬埔寨《刑事法》第305条、第494条和第495条,缺席宣判桑兰西诽谤和煽动罪名成立,处以20个月有期徒刑,罚款1000万瑞尔(约合2500美元)。此外,法庭还判处桑兰西赔偿柬埔寨首相洪森100瑞尔(约合0.025美元)。桑兰西此次官司的源头来自2016年7月10日,其在脸书上指责执政的人民党是杀害政治评论员甘磊的幕后指使者,随后又在自由亚洲电台采访时再次重申这个观点,于是被人民党告上法庭。流亡海外的桑兰西和一些民间人士向美国法院提出申请,要求雪佛龙公司(Chevron)交出2016年7月1～14日甘磊在其子公司柬埔寨古德士加油站(Caltex)被枪杀时的录像、通话和文件记录,该申请获得美国地方法院批准。但雪佛龙公司于2017年3月中旬称,该公司加油站枪杀案现场录像已经被柬埔寨警方拿走。

## 柬埔寨举行第4届乡分区理事会选举

2017年6月4日,柬埔寨举行第4届乡分区理事会选举投票,全国7865033名选民在1646个乡分区的22148个投票站投票,从12个政党提名的94595名候选人(其中女性25788名)中选出11572名乡分区理事。6月25日,柬埔寨第4届乡分区理事会选举结果公布,人民党获得1163票,占有效票的70%,救国党获得482票,高棉国家团结党获得1票。据柬埔寨国家选举委员会报告称,此次乡分区理事会选举,有12个政党的105348名观察员和非政府组织的74641名观察员参加监督及点票工作,此外还有788名国内外记者报名参加采访。

## 柬埔寨第一位女省长上任

2017年6月,年仅27岁的柬埔寨国公省女省长蜜杜娜·布通正式上任,这是柬埔寨自1993年第一届全国大选以来出现的第一位女省长。蜜杜娜·布通表示,已拟定好未来5年战略目标,发展旅游、农业等,强化治安,提高省政府官员与地方官员的办事能力,积极配合国家政府的政策。7月28日,柬埔寨首相洪森签发《政府令》,委任武帕达、盛鸿、速索提等3位男性为国公省副省长,协助第一位女省长工作。

## 柬埔寨通过四部法律修正案

2017年10月25日,柬埔寨《国会选举法》《参议院选举法》《首都、省、市、县、区理事会选举法》和《乡分区理事会选举法》4部法律的修正案由柬埔寨国王诺罗敦·西哈莫尼签字后生效。据悉,这4部法律修正案的提出,源自10月6日柬埔寨内政部指控救国党密谋推翻合法政府,要求高院宣布解散救国党。10月16日和20日,柬埔寨国会和参议院分别通过主要内容均为"如有哪个政党放弃席位或被除名、解散,该党的候选人和议员资格将无效,选举委员会需在7日内将该党的席位分给其他参与选举的政党"的4部法律修正案;10月24日,柬埔寨宪法委员会确认这4部法律修正案的合宪性;10月25日,这4项修正案由柬埔寨国王签字生效。

## 印度尼西亚政府决定解散伊斯兰解放阵线

2017年5月8日,印度尼西亚政治法律安全统筹部部长维兰托与内政部部长扎赫约·库莫罗、司法人权部部长亚索纳·劳利及国家警察总长狄托·卡纳维安会谈后表示,伊斯兰解放阵线被认为已对印度尼西亚共和国造成危害,印度尼西亚政府决定于2017年5月8日解散伊斯兰解放阵线。此举是为了维护基于潘查希拉和1945年宪法建立的印度尼西亚共和国的完整性。

## 印度尼西亚民族民主党推举佐科为2019年总统选举候选人

2017年11月15日,印尼民族民主党在雅加达举行第4届全国工作会议,被邀请的民族民主党管理员,包括分区级行政人员达到1.5万人。民族民主党中央理事会总主席苏里亚·巴罗出席并主持全国工作会议。会上宣布支持和推举佐科为2019年总统选举候选人。

## 印度尼西亚发生多起贪腐案

2017 年，印度尼西亚发生的较大贪腐案件包括国家使命党尊严理事会主席涉嫌医疗器械贪腐案、专业集团党多名干部涉嫌贪腐案等。国家使命党尊严理事会主席阿敏莱士被指涉及卫生部前部长西蒂·法迪拉的医疗器械采购舞弊案。专业集团党多名党干部被指控涉贪，包括明古鲁省长里德宛·穆迪。在此之前，还有两名专业集团党干部被指控涉嫌贪污。

## 老挝人民革命党十届四中和五中全会在万象召开

老挝人民革命党十届四中全会于 2017 年 3 月 20～24 日在万象召开。全会对贯彻落实十届三中全会决议及政府本财年头 6 个月的工作进行总结评估并提出下一步工作指导方针，对新时期土地管理开发及促进中小企业发展等问题进行研究，同时对开展党内整风进行再部署。十届五中全会于 9 月 11～21 日在万象召开。会议对组织执行党的十届四中全会决议、经济社会发展计划、2017 年度预算计划、货币计划、国防治安以及思想文化工作领导活动情况进行总结评估，研究确定 2018 年工作方针及今后一个时期工作重点。

## 老挝八届国会三次和四次会议在万象召开

老挝八届国会三次会议于 2017 年 4 月 25 日至 5 月 18 日在万象召开。会议听取政府关于经济社会发展计划和预算计划头 6 个月执行情况及 2017 年下半年重点工作报告、最高人民法院和检察院工作报告，并通过国家审计署署长等人事任命，批准《国际条约和协定法（草案）》《艺术演出法（草案）》《电子信息保护法（草案）》《无线电频率法（草案）》《刑法典（草案）》《国家议会和省级人民议会议员选举法（修订）》《老挝人民革命青年团法（修订）》《电力法（修订）》《人民治安保卫力量法（修订）》《人民检察院法（修订）》《人民法院法（修订）》《水和水资源法（修订）》和《统计法（修订）》并征询对《民法典（草案）》的意见。

八届国会四次会议于 10 月 16 日至 11 月 17 日在万象召开。会议审议通过政府关于组织执行经济社会发展的报告、2017 财年国家预算计划、2017 财年上半年及全年货币计划、政府关于过去几年组织执行旅游计划的情况报告及 2018 年方针计划、国家审计署审计结果报告、2015～2016 财年国家预算决算总结报告、国家审计署 2017 年度工作总结及 2018 年活动方针的报告、政府监察机关对 2013～2014 财年和 2014～2015 财年决算审计结果的报告、最高检察院和最高人民法院关于组织执行 2017 年度工作活动计划和 2018 年度方针计划的报告、司法部关于组织执行法院判决情况的报告、国会关于 2017 年度计划执行情况及 2018 年方针计划的报告以及国会关于 2018 年起草和修订法律的计划；批准《受进口商品影响生产者保护法（草案）》《技术传授法（草案）》《气象和水文法（草案）》《支付系统法（草案）》《国家资金采购雇用法（草案）》《法官法（草案）》《传染病预防和管控法（草案）》《老挝红十字会工作法（草案）》《矿产法（修订）》《知识产权法（修订）》《城市建设法（修订）》《国家监察法（修订）》《刑事案件审理法（修订）》《国籍法（修订）》和《工会法（修订）》。

## 马来西亚伊斯兰党组织支持 355 法案集会

2017 年 2 月 18 日，由马来西亚伊斯兰党主办的支持修改 1965 年伊斯兰法庭法令第 355 条文的私人法案集会，在吉隆坡马莫操场举行。伊斯兰党主席哈迪阿旺及署理主席端依布拉欣在集会上演讲，1 万多身穿紫衣的支持者参加集会。此次集会的目的是强化伊斯兰法庭在马来西亚的国家地位。集会于当日午夜 12 点结束。

## 马来西亚土著团结党加入反对党联盟

2017 年 3 月 20 日，马来西亚反对党联盟——“希望联盟”最高理事会在吉隆坡决定，接受由马来西亚前总理马哈蒂尔创立的土著团结党加入。“希望联盟”三党发表联合声明表示，四党将展开讨论，拟定共同宣言以及决定“希望联盟”的新标志。

## 一个马来西亚发展有限公司被美国查扣资产

2017 年 6 月 16 日，马来西亚国家基金一个马来西亚发展有限公司的贪污案又有新发展。美国司法部展

*5 月 18 日，老挝第八届国会第三次会议在万象闭幕* （百度网）

开新一轮充公行动，寻求再扣押一笔价值5.4亿美元的资产，并发布逾250页的文件，揭露更多新案情，同时首次点名提及“一号官妻”。美国代助理司法部部长勃朗哥、加州中区代联邦检察长桑德拉布朗、美国联邦调查局刑事调查组助理主任理查森、美国国税局刑事调查组副主任佛特在马来西亚时间6月16日零时举行记者会，宣布最新行动。据悉，美国的充公行动如今已展开了三轮：第一轮行动是在2016年7月追讨逾10亿美元的资产；第二轮行动是在上周入禀法庭追讨约1亿美元的资产；第三轮行动则是要追回一个马来西亚发展有限公司遭洗走的约5.4亿美元款项。美国司法部指出，三轮行动共充公约17亿美元资产，是该部门追回盗窃资产行动组有史以来最大型的行动。一个马来西亚发展有限公司表示将与外国执法机关全面合作，并遵守相关的国际协议以及国内执法机关的意见。同时也指称美国司法部没有出示证据，充公行动毫无根据。马来西亚总理纳吉布在2009年创立一个马来西亚发展有限公司，原本宗旨是推动马来西亚经济发展，但美国司法部指控基金中超过45亿美元的款项流向基金管理高层与他们的合伙人。纳吉布已经否认所有从一个马来西亚发展有限公司或任何单位获取不法金钱的指控。

## 马来西亚反对党联盟——“希望联盟”领导架构确定

2017年7月14日，马来西亚“希望联盟”四党领袖在人民公正党总部正式宣布其领导架构和最初政策主张。确定的领导层名单为：安瓦尔为共同领袖，马哈蒂尔任名誉主席，旺阿兹莎任主席。在主席之下有3名署理主席，分别为土著团结党主席穆希丁、民主行动党秘书长林冠英及国家诚信党主席莫哈末沙布。4名副主席则由人民公正党署理主席阿兹敏阿里、土著团结党署理主席慕克里、国家诚信党署理主席沙拉胡丁及人民行动党副主席张健仁担任。“希望联盟”追求六大目标：推翻纳吉布领导的政府；恢复宪法阐明的主权及荣耀；废除及改正所有触法的行为，同时为人民要回在一马发展公司丑闻中所损失的金钱；释放所有政治犯及废除政治诉讼；改革被总理滥用的权力；限制总理任期最多两届。

## 马来西亚展开联合反恐行动

2017年8月7日，为保证东南亚运动会顺利举办，马来西亚多个执法部门连日展开联合反恐行动，系列反恐行动共逮捕409名可疑人员。被捕嫌疑人主要来自孟加拉国、印度和巴基斯坦。警方排查清楚后，275人被释放。警方在行动中查获印制假护照的机器和伪造的移民局文件。马来西亚政府担心，一些恐怖分子可能以外籍劳工身份入境并伺机发动恐怖袭击。为此，警方在行动中重点排查外籍劳工聚集的地区。

## 马来西亚华人公会第64届中央代表大会

2017年11月4～5日在吉隆坡马华总部三春礼堂举行，1610名马华公会中央党员出席。马来西亚总理纳吉布出席大会开幕式并致辞，马华公会总会长、交通部部长廖中莱在开幕式上发表主旨演讲。中国驻马来西亚使馆临时代办马珈应邀出席大会开幕式，并在纳吉布见证下向廖中莱总会长转交中国共产党中央委员会对外联络部就马华公会召开第64届中央代表大会的贺信。会议通过15项涵盖政治、经济、宗教、安全、教育、文化等方面的决议。

## 马来民族统一机构（巫统）第71次全国代表大会

2017年12月5～9日在马来西亚吉隆坡太子世界贸易中心举行，5740名中央代表参加会议。马来西亚总理、巫统主席纳吉布在会上作党内政策讲话。大会一致通过党主席与署理主席在下届党选不竞选的提案，以团结党内和支持者力量，争取第14届马来西亚大选胜利。

## 缅甸果敢地区爆发武装冲突

2017年3月6日，缅甸北部果敢地区发生激烈的军事冲突，果敢同盟军向果敢地区首府老街进行突袭，造成约30名平民和警察死亡，还有多家店铺被洗劫，缅军迅速予以回击。至3月14日，缅甸政府军与同盟军发生近60次交火，连日的战火使公路交通受到影响，约3万当地居民逃至其他地区避难。到3月底，缅甸政府军基本控制老街地区。

## 缅甸政府颁布《公民个人自由安全保护法》

2017年3月8日，缅甸总统廷觉签署《公民个人自由安全保护法》。该法规定每个公民充分享有个人自由和隐私权，没有政府和法院的允许，禁止对公民进行非法拘留、对私人住所进行大规模搜索、对公民进行跟踪和侦查。

## 缅甸联邦议会举行补选

2017年4月1日，缅甸联邦议会就空缺议席举行补选。本次补选有19个空缺席位，包括人民院的9个席位，民族院的3个席位以及省邦议会的7个席位。补选结果：民盟获得全部的3个民族院席位、7个人民院席位和1个邦议会席位；巩发党仅赢得1个人民院议席和1个邦议会席位；少数民族政党在此次补选中表现出色，掸族民主联盟赢得2个人民院议席和4个邦议会议席，若开民族党赢得1个人民院席位，克耶党赢得1个邦议会席位。

## 缅甸第16届民间和平论坛在仰光举行

2017年5月15日，缅甸第16届民间和平论坛在仰光举行，参与和平论坛的有缅甸国内的70多家社会网络与社会组织。和平论坛的诉求是实现在和平期间缅甸政府军与民族武装组织不在任何地区强行征兵。此外，和平论坛还呼吁缅甸政府与民间组织向民众传授地雷和排雷知识。

## 缅甸举行第2届21世纪彬龙会议

2017年5月24日，第2届21世纪彬龙会议在缅甸内比都开幕。本次会议有来自各方的近1400名代表出席，中国外交部亚洲事务特使孙国祥受邀出席会议，缅甸国务资政昂山素季在会议开幕式上致辞。会议有15支民族武装组织参加，其中8支签署全国全面停火协议，另外7支未签署全国全面停火协议的武装组织也参加本次会议，这是本次彬龙会议的重大突破。大会主要分政治、经济、社会、安全、土地与自然环境5个主题，并对这几个主题的45条协议进行讨论。经过协商，各方同意其中的37条协议，包括政治协议12条、经济协议11条、社会协议4条、土地与自然环境协议10条。

## 缅甸罗兴亚人问题升温

2017年8月25日，缅甸若开罗兴亚救世军袭击若开邦的30多处警察哨所和1处军事基地，缅甸政府军予以回击。根据缅甸官方报道，在25日的袭击事件中有12名警察和59名恐怖分子死亡。恐怖袭击后大批罗兴亚人涌入孟加拉境内，引发难民危机。10月17日，缅甸总统廷觉发布总统令，成立若开邦人道主义援助、安置和发展计划委员会，由昂山素季担任主席。12月8日，缅甸总统府发布通令，宣布成立实施若开邦建议委员会顾问团，该顾问团由国内外10名专家组成，顾问团将监督缅甸政府在若开邦政策的实施。

8月27日，在缅甸若开邦孟都地区，消防人员在受到罗兴亚人袭击的现场灭火　（百度网）

## 缅甸举行全国全面停火协定签署两周年纪念仪式

2017年10月15日，缅甸全国全面停火协定签署两周年纪念仪式在内比都举行，缅甸总统廷觉、国务资政昂山素季、国防军总司令敏昂莱以及8支签署停火协议的民族武装组织代表出席。昂山素季在发言中称签署停火协议并不是和平进程的结束，而是打开了和平对话的大门，昂山素季还向前总统登盛为制定全国全面停火协定所做出的努力表示感谢，并欢迎未签署停火协议的民族武装组织加入和平进程。

## 菲律宾国防部部长宣布马拉维战事结束

2017年10月23日，菲律宾国防部部长洛仁萨那在菲律宾北部城市克拉克表示，菲律宾政府军已彻底清除南部城市马拉维城内的武装分子，当地战斗行动正式结束。洛仁萨那当天在克拉克举行的第11届东盟国防部长会议上向媒体宣布，菲律宾政府军已夺取武装分子在马拉维占据的最后一栋建筑，至此军方已彻底消灭藏匿在城内的武装分子。

洛仁萨那认为，马拉维战事的胜利打击了菲律宾国内的恐怖主义，并将其“扼杀在萌芽状态”，菲律宾成功摧毁迄今为止暴力极端主义在其国内及东南亚地区最严重的一次扩散企图。洛仁萨那还感谢中国、澳大利亚、美国、马来西亚、印度尼西亚、新加坡和文莱等国对菲律宾在马拉维战事中的支持。

## 菲律宾国会批准延长实施棉兰老岛军管措施

2017年12月13日，菲律宾国会在联合会议中以240比27票的投票结果，批准总统杜特尔特的请求，延长军管措施的实施及暂停棉兰老岛的人身保护令特权直至2018年12月31日。这是国会第二次批准总统的延期请求。国会在早前批准延长军管措施实施5个月的请求，该期限于2017年12月31日到期。

菲律宾马拉维市于2017年5月23日爆发武装冲突后，棉兰老岛首次宣布实施军管措施。在杜特尔特总统的请求下，军管措施的有效期被延长到2017年年底。10月23日，菲律宾政府宣布马拉维战事结束，但杜特尔特总统请求延长军管措施一年。马拉维市的战事是近年来菲律宾最大规模的城市冲突，造成千人死亡，其中大多数是恐怖分子，数十万人被迫离家出走。菲律宾总统发言人罗计说，在菲律宾南部宣布实施军管措施非常合理。虽然在马拉维的战斗已经结束，但为了清除棉兰老岛上的恐怖分子，军管措施仍然是必要的。

## 菲律宾设立首座二战“慰安妇”铜像

2017年12月8日，菲律宾国家历史委员会在马尼拉举行菲国内首座二战“慰安妇”铜像揭幕仪式，以纪念二战中被日军强征的约1000名菲律宾“慰安妇”受害者。这座铜像高约两米，矗立在马尼拉著名的罗哈斯大道上。铜像为一名双手紧抓围巾、双眼被布条蒙住的菲律宾少女，象征“慰安妇”受害者渴求正义。

1941年12月，日军进攻菲律宾吕宋岛。占领菲律宾期间，日军强征约1000名菲律宾妇女充当“慰安妇”。菲律宾目前有约70名“慰安妇”受害者在世。

12月8日，在菲律宾马尼拉，菲律宾国家历史委员会和马尼拉市政府官员共同为“慰安妇”铜像揭幕 （百度网）

## 菲律宾总统杜特尔特视察台风灾区

2017年12月18日，菲律宾总统杜特尔特率多名政府官员前往台风“乌杜哈”经过的灾区进行视察，他指示政府机构继续开展灾区救援以及失踪人员的搜索和救援行动。杜特尔特表示，政府将帮助农民从灾难中恢复过来。菲律宾总统府发言人哈里·罗计表示，台风“乌杜哈”自2017年12月16日下午自东向西登陆菲中部未狮耶地区以来，已造成31人死亡、49人失踪。受其影响，菲中部多地发生洪水和山体滑坡，约6万个家庭27万多人受灾，多处桥梁、公路等基础设施遭损毁。

## 新加坡国会通过印花税修正法案

2017年3月10日，新加坡国会紧急通过印花税（修正）法案，规定住宅产业通过公司股权转让进行买卖时，也须视情况缴纳相应的买卖印花税。新法令于2017年3月11日起生效。

此前，新加坡直接购买住宅房地产的印花税为3%，视国籍而定的额外买方印花税则可达15%；购买公司股权时所需要缴付的印花税是公司净资产值的0.2%。

新法令生效后，公司在买卖以住宅房产为主要有形资产的持有房地产实体股权时，若买卖双方在交易后成为持有公司超过一半股权的业主，则须缴纳相当于买卖双方印花税的额外转名印花税。

## 哈莉玛·雅各布当选新加坡总统

2017年9月13日是新加坡总统候选人提名日。新加坡总选举官当天宣布，唯一候选人、国会前议长哈莉玛自动当选该国第八任总统。哈莉玛1954年8月出生于新加坡。2001年步入政坛。2011年5月任社会发展、青年及体育部政务部长，2012年11月任改组后的社会及家庭发展部政务部长。2013年1月当选新加坡国会第九任议长，2016年1月连任。2017年8月卸任议长，参选总统，9月13日顺利当选。9月14日，哈莉玛·雅各布在新加坡总统府宣誓就职，成为新加坡首位女性总统。

## 新加坡教育部部长兼国防部第二部部长王乙康接任领导华社联络组

新加坡总理公署于2017年8月1日宣布，新加坡教育部部长（高等教育及技能）兼国防部第二部部长王乙康将从总理公署部部长陈振声手中接任领导华社联络组的工作。两人同被视为新加坡第四代领导班子的核心成员。陈振声将担任华社联络组的顾问，继续协助促进新加坡政府与华社的关系。

## 泰国大选时间延期至2018年

依据新宪法，泰国将举行2014年政变之后的首次大选。新宪法规定，上议院250议席全部由军方指派，总理人选可以不从下议院胜选政党中产生，总理可以不拥有议员身份。然而2017年2月，新任泰国国王拉玛十世玛哈·哇集拉隆功对2016年8月全民公投通过的新宪法提出修改建议，并获得议会表决通过，导致新宪法未能如期颁布实施。泰国副总理威沙努此后宣布大选延期到2018年2月举行。2017年10月10日，泰国总理巴育与美国总统特朗普会面后，宣布将于2018年11月举行大选，并称具体时间将在2018年6月确定。据路透社报道，这是巴育上台后给出的最为确切的选举时间。

## 泰国新宪法正式颁布实施

2017年4月6日，泰国国王拉玛十世玛哈·哇集拉隆功在曼谷律实宫签署新宪法，标志着泰国自君主立宪制以来的第20部宪法正式颁布实施。当日下午3时，泰国王室成员、内阁官员、国家立法议会议员等相关人员出席宪法签署仪式，泰国国家电视台向全国进行直播。新宪法经由国王签署后交给总理巴育。随后，内阁秘书宣读正式实施新宪法公告。新宪法草案在2016年8月的全民公投中获得通过，同年11月初由巴育内阁提交国王签署。2017年1月，哇集拉隆功国王要求修改新宪法草案中有关国王权力的规定，因此该草案又再次进行修改。新宪法制定了国家长期发展战略规划。泰国政府表示，新宪法有助于目前正在进行的国家治理改革。按照规划，自新宪法颁布实施起，泰国将加紧制定与选举相关的法律，并经国王签署生效。政府各部门的工作将进行相应调整。

## 泰国前总理英拉潜逃出境

2017年8月25日，泰国最高法院政治家刑事案件法庭按照原定时间对前总理英拉"大米渎职案"进行宣判，但英拉以身体不适为由未现身法庭，并通过律师向最高法院请求延期宣判。法庭研议后驳回请求，对英拉发出逮捕令，但并未发现英拉本人的行踪。据悉，当时英拉已经逃离泰国，正途经迪拜前往英国伦敦寻求政治庇护。而英拉的哥哥他信为逃避贪污指控，也流亡于迪拜和英国伦敦。泰国国家警察总署10月30日表示，泰国外交部已经撤销前总理英拉的4本护照，撤销护照日期为10月25日，警方已协调国际刑警进行追缉。

## 泰国前总理英拉"大米渎职案"宣判

2017年9月27日，泰国最高法院政治家刑事案件法庭对前总理英拉的"大米渎职案"做出最终判决，认定英拉渎职、纵容腐败等罪名成立，依法判处其5年有期徒刑，立即执行，同时签发逮捕令将其缉捕服刑。"大米渎职案"的调查共有15名控方证人和42名被告方证人，被告英拉一直强调"国家稻米典押计划"是向国会提出的一项政策，是刺激经济和帮助农民的政策，并没有放任贪污舞弊，故而不能取消该计划。而控方证人则认为，该计划损失达千亿泰铢，且该计划不透明。泰国最高法院此前已于2017年8月25日对其他多位涉案的泰国前政要做出判决，认定商业部前部长汶颂、商业部前副部长蓬等官员与未获外国政府授权的外国企业非法签订政府间交易合同，以低于市场价的价格向对方出售大米，同时将部分低价大米倒卖给本国商人盈利，分别被判监禁42年、36年。

## 泰国公布内阁改组名单

2017年11月24日晚，泰国王宫事务处发布已获泰国国王玛哈·哇集拉隆功批准的内阁改组名单。根据公报，泰国上届内阁6名副总理中，他那萨、纳龙去职，巴维、颂吉、威沙努、巴津留任。另外增加副总理差猜。泰国副总理人数因此从6人减至5人。其中巴维依旧兼任国防部部长，巴津兼任司法部部长。其他政府部长方面，包括总理府部长等多个职位也进行调整。新一轮的改组使在内阁担任要职的军官人数从12人减至9人。自2014年政变后上台以来，泰国总理巴育多次进行内阁改组，其中军方出身的内阁成员人数呈下降趋势。

## 越南加强廉政建设和反腐败斗争

2017年，越南从中央到地方大批高级干部被处分，反腐败工作出现新的转折点。丁罗升是越共十二大以来被革职的最高级别干部。此外一大批高级别干部也受到处分，如越共岘港市委原书记阮春英、越共永福省委原书记范文望。甚至已经退休的如工贸部前部长武辉煌、资源环境部前部长阮明光、越共河静省委原书记武金钜等也受到追查。

2017年5月，越共中央政治局原委员、越共胡志明市委原书记丁罗升因"在领导、指导、任用干部等事务中'犯有严重缺点'"而受到党内警告处分，被免去中央政治局委员职务，改任越共中央经济部副部长。12月8日，越南公安部对丁罗升发出起诉书和拘留令，对其与两起特大经济案件的关联进行调查。该两起特大经济案件是：(1)在越南国家油气集团与大洋股份商业银行合资中故意违反国家经济管理规定造成严重后果，滥用职权侵占财产，造成8000亿越南盾的损失；(2)在与越南国家油气集团下属的越南油气建筑安装股份总公司相关的太平二号火力发电厂项目中故意违反国家经济管理规定造成严重后果，贪污财产。

2018年1月8～21日，越南河内市人民法院开庭审理越南国家油气集团及其下属企业腐败案，此案被告共22人。22日，河内市人民法院就越南国家油气集团及其下属企业腐败案做出判决，越共中央政治局原委员、越南国家油气集团原董事会主席丁罗升因"故意违反国家经济管理规定造成严重后果罪"被判处13年监禁。同日，法院以"故意违反国家经济管理规定造成严重后果罪"和"贪污罪"判处后江省人民委员会原副主席，越南油气建筑安装股份总公司原董事会主席、总经理郑春青终身监禁。同日法院还对20名同案犯做出判决。3月29日，越南河内市人民法院做出判决，丁罗升再获刑，因在牵涉越南大洋股份商业银行的案件中"故意违反国家经济管理规定造成严重后果罪"被判处18年有期徒刑，同时判决他向越南国家油气集团赔偿6000亿越南盾。同日法庭还宣布另外6名同案犯的判决结果，同时判处他们向越南国家油气集团赔偿其余2000亿越南盾损失。

## 越南军队从事经济活动是长期的战略任务

越南人民军自称为"战斗、工作、劳动生产"力量。军队从事劳动生产在反法抗美战争时期已兴起，军队一边作战，一边组织生产满足部分生活需求。越南南北统一后,成立经济建设总局,并将约28万名军人调转从事经济建设工作。革新开放后,越南中央军委和国防部出台多项决议和指示主张发展国防经济,指导军队执行生产建设任务。越南军队拥有很多大公司,包括军队电信集团、军队股份商业银行、西贡新港总公司、越南直升机总公司等。2017年,围绕舆论关注的胡志明市新山一机场因超负荷压力需扩建牵涉是否征用其毗邻的属于国防用地的新山一高尔夫球场的问题,以及越南河内美德县同心乡的土地争端事件,促使越南国防部重新核查国防用地,并引发一场关于越南军队该不该从事经济活动的大讨论。2017年7月6日,越南人民军队报社举办主题为"经济与国防相结合——长期的战略任务"的高级别座谈会。主流意见认为,越南军队不从事单纯的经济活动,而是从事国防经济以及服务军队的科技经济。认为越南军队从事经济活动具有独特优势,比如国防经济团建设国防经济区。

## 越南严厉查处多起重大经济案件

2017年,越南严厉查处多起重大经济案件。其中突出的有:继续查处越南建设股份商业银行(VNCB)范功名(VNCB原董事会主席)腐败大案,越南警方于2017年7月11日结束的第二阶段调查结果显示,范功名腐败案共造成15万亿越南盾(约人民币44.74亿元)损失,该案被称为越南史上数额最高的经济犯罪案件;越南海洋商业银行发生的原董事会主席何文深和50名同犯的经济大案。海洋商业银行大案调查时间历时近3年,河内市人民法院2017年9月29日做出裁决,包括越南海洋商业银行多名前高管在内的51人被控"故意违反国家经济管理规定造成严重后果罪""滥用职权侵占财产罪""贪污罪""违反金融信贷规定罪"等多项罪名成立。其中:该银行前总经理阮春山被判死刑,原董事会主席何文深被判无期徒刑,其余被告分别获刑;前国会代表周氏秋娥一案,周氏秋娥因房地产欺诈侵占财产罪被判终身监禁。这些经济腐败案件普遍的特点是经历时间长,涉及人员广,涉案金额大,作案情节严重。

## 越南国会通过两个重大建设项目决议

越南第十四届国会第四次会议通过《关于投资北南高速公路以东部分路段建设项目主张的决议(2017~2020年)》《关于隆城国际机场的征地、补偿、居民安置项目的可行性研究报告的决议》。2017~2020年北南高速公路项目预计投资118.716万亿越南盾,路段全长654千米。隆城国际航空港的征地、补偿、居民安置项目投资总额22.938万亿越南盾,征地面积近5400公顷。越南决定投资建设这些重大基础设施项目,有望实现突破基础设施瓶颈,对经济社会发展产生重大积极影响。

# 外　　交

## 中国发布《中国的亚太安全合作政策》白皮书

2017年1月11日,中国国务院新闻办公室发表《中国的亚太安全合作政策》白皮书。白皮书指出,中国倡导共同、综合、合作、可持续的安全观,努力走共建、共享、共赢的亚太安全之路。未来的地区安全架构应是多层次、复合型和多样化的,其建设应是地区国家的共同事业,建立在共识基础之上,与地区经济架构建设协调推进。

## 中国国家主席习近平出席世界经济论坛2017年年会

2017年1月17日,中国国家主席习近平在瑞士达沃斯国际会议中心出席世界经济论坛2017年年会开幕式,并发表题为《共担时代责任 共促全球发展》的主旨演讲,强调要坚定不移推进经济全球化,引导好经济全球化走向,打造富有活力的增长模式、开放共赢的合作模式、公正合理的治理模式、平衡普惠的发展模式,牢固树立人类命运共同体意识,共同担当,同舟共济,共促全球发展。

## 中国国家主席习近平访问芬兰

2017年4月4~6日,中国国家主席习近平对芬兰进行国事访问。4月5日,习近平与芬兰总统尼尼斯托举行会谈。访问前,习近平于4月3日在芬兰《赫尔辛基时报》发表题为《穿越历史的友谊》的署名文章。访问后,中芬两国签订创新、司法、大熊猫合作研究等领域的合作文件。

## 中国国家主席习近平与美国总统特朗普举行中美元首会晤

2017年4月6~7日,中国国家主席习近平在美国佛罗里达州海湖庄园同美国总统特朗普举行中美元首第二场正式会晤。两国元首就中美双边重要领域务实合作和共同关心的国际及地区问题广泛深入交换意见。双方认为,这次两国元首会晤是积极和富有成果的。双方同意共同努力,扩大互利合作领域,并在相互尊重的基础上管控分歧。

## 中国主办"一带一路"国际合作高峰论坛

2017年5月14~15日,由中国倡导发起的第1届"一带一路"国际合作高峰论坛在北京举行。中国国家主席习近平出席第1届"一带一路"国际合作高峰论坛开幕式,并发表题为《携手推进"一带一路"建设》

的主旨演讲，强调坚持以和平合作、开放包容、互学互鉴、互利共赢为核心的丝路精神，携手推动“一带一路”建设行稳致远，将“一带一路”建成和平、繁荣、开放、创新、文明之路，迈向更加美好的明天。“一带一路”国际合作高峰论坛是“一带一路”提出3年多来最高规格的论坛活动，主要包括开幕式、圆桌峰会和高级别会议三部分。29位外国元首、政府首脑及联合国秘书长、红十字国际委员会主席等3位重要国际组织负责人出席高峰论坛，来自130多个国家的约1500名各界贵宾作为正式代表参加论坛活动，来自全球的4000余名记者注册报道此次论坛活动。5月15日，中国国家主席习近平主持圆桌峰会并宣布中国将于2019年举办第2届“一带一路”国际合作高峰论坛。

## 落实《南海各方行为宣言》第14次高官会在中国贵阳举行

2017年5月17～18日，中国与东盟国家落实《南海各方行为宣言》第14次高官会和第21次联合工作组会在中国贵阳举行，中国与东盟10国外交部高官出席会议。会议审议通过《建立三个技术委员会步骤非文件》，外交高官热线平台试运行结果，并更新2016～2018年工作计划。

## 中国援建的蒙内铁路投入试运营

采用中国标准、中国技术、中国装备建造的现代化铁路——连接肯尼亚首都内罗毕和东非第一大港蒙巴萨的蒙内铁路，于2017年6月开始试运营。新的蒙内铁路全长约480千米，设计客运时速120千米，货运时速80千米。这条铁路是肯尼亚半个世纪以来最大的基建工程，两地之间的客运时间则从原来的10多个小时缩短到4小时，可将货运成本降低40%。肯尼亚政府认为新蒙内铁路将可为肯尼亚带来每年1.5%的经济增长。

5月30日，在肯尼亚蒙巴萨，中国援建的连接肯尼亚港口城市蒙巴萨和首都内罗毕的蒙内铁路正式竣工通车 （百度网）

## 中国主办金砖国家领导人第9次会晤

2017年9月4日，金砖国家领导人第9次会晤在中国厦门国际会议中心举行。中国国家主席习近平主持会晤。南非总统祖马、巴西总统特梅尔、俄罗斯总统普京、印度总理莫迪出席。5国领导人围绕“深化金砖伙伴关系，开辟更加光明未来”的主题，就当前国际形势、全球经济治理、金砖合作、国际和地区热点问题等深入交换看法，回顾金砖合作10年历程，重申开放包容、合作共赢的金砖精神，达成一系列共识，为金砖合作未来发展规划蓝图、指明方向。会晤后发表《金砖国家领导人厦门宣言》。

## 中国国家主席习近平访问越南并出席亚太经合组织第25次领导人非正式会议

2017年11月10～13日，应越南共产党中央委员会总书记阮富仲、越南国家主席陈大光邀请，中共中央总书记、中国国家主席习近平访问越南并出席亚太经合组织第25次领导人非正式会议。访问期间，习近平分别同阮富仲、陈大光举行会谈，并会见越南政府总理阮春福、国会主席阮氏金银。访问后，中越两国发表《联合声明》。

## 中国主办中国共产党与世界政党高层对话会

2017年11月30日至12月3日，中国共产党与世界政党高层对话会在北京举行。来自120多个国家的约300个政党及政治组织的领导人参加会议。12月1日，中共中央总书记、国家主席习近平在北京人民大会堂出席中国共产党与世界政党高层对话会开幕式，并发表题为《携手建设更加美好的世界》的主旨讲话，强调政党要顺应时代发展潮流、把握人类进步大势、顺应人民共同期待，志存高远、敢于担当，自觉担负起时代使命。中国共产党将一如既往为世界和平安宁、共同发展、文明交流互鉴作贡献。会议通过《北京倡议》。

## 中美签署《北斗与GPS信号兼容与互操作联合声明》

2017年12月7日，中国与美国双方签署《北斗与GPS信号兼容与互操作联合声明》。根据声明，两大卫星导航系统在国际电联框架下实现射频兼容，实现民用信号互操作，并将持续开展兼容与互操作合作。北斗卫星导航系统与GPS全球卫星导航系统在国际电联框架下实现射频兼容，两系统民用信号B1C和L1C实现互操作。用户同时使用北斗和GPS民用信号，无须显著增加成本就可以享受到更好的服务。此次声明的签署，标志着北斗和 GPS 在卫星导航系统的设计、建设方面，可以实现信号兼容使用，进一步提升导航定位精度，更好地服务全世界的用户。

## 文莱担任第 14 届中国—东盟博览会主题国

2017 年，文莱第 2 次担任中国—东盟博览会的主题国。1 月 16 日，文莱首相署部长兼外交与贸易部第二部长林玉成接见到访的中国—东盟博览会秘书处代表团时，表示文莱将利用各方面的资源优势，将主题国活动办出特色、办出实效。5 月 4 日，中国—东盟博览会（文莱展）在文莱会展中心举办。5 月 6 日，文莱皇太子比拉在巡视中国—东盟博览会（文莱展）展厅时说，文莱展是第 14 届中国—东盟博览会主题国系列活动的第一项，主办方还将继续探索丰富主题国系列活动的新举措，深化与文方在能源、基础设施、中小企业、清真食品、教育、文化、旅游等领域的合作，希望展商通过文莱展这个平台，进一步提高知名度，取得更大收益。在第 14 届中国—东盟博览会之前，文莱王室四王子阿卜杜勒·马丁首先到南宁中国—东盟博览会展馆巡馆，检查第 14 届中国—东盟博览会落实情况，9 月 11～14 日，文莱苏丹及皇太子比拉率团出席第 14 届中国—东盟博览会和中国—东盟商务与投资峰会。11 日，中共中央政治局常委、国务院副总理张高丽会见文莱苏丹。苏丹表示，作为本次中国—东盟博览会主题国，文莱倍感荣幸。文方愿进一步推进同中方在经贸、人文、旅游、能源、港口、教育等领域的合作。

## 文莱苏丹出席第 30 届东盟峰会

2017 年 4 月 29 日，文莱苏丹出席在菲律宾首都马尼拉举行的第 30 届东盟峰会，并表示要快速落实东盟经济共同体一体化，加速东盟经济发展，提升和强化东盟贸易和投资。他说，今年是东盟成立 50 周年，文莱加入东盟 33 年，和其他成员国一样，在东盟成长中已成为一个经济发展快速的区域。他强调，要重视东盟经济一体化带来的变化和进步，东盟应寻找途径来管理和适应未来，继续加强合作，应付未来经济、文化、社会发展的各种挑战。

## 文莱举办大型展会纪念东盟成立 50 周年

2017 年 8 月 12～13 日，文莱政府在斯里巴加湾市国际会展中心举办大型展会，庆祝东盟成立 50 周年。本次展会由文莱外交与贸易部主办，东盟成员国、对话伙伴国等参与协办，展会展示东盟历史和现状，各国与东盟的关系，以及各国特色文化、特产、美食等。

## 文莱主办第 18 届东盟外交部移民局总监和领事事务部门主任会议等国际会议

2017 年 9 月 1～4 日，文莱政府主办第 18 届东盟外交部移民局总监和领事事务部门主任会议、第 10 届东盟移民情报论坛和第 10 届澳大利亚与东盟外交部移民局总监与领事事务部门主任协商会议等 3 个会议。文莱内政部部长在出席并主持 9 月 2 日上午的开幕式上表示，人口贩卖及劳工问题是首要面对的问题，同时指出，文莱将重新考虑延长在文莱居留的外国专业人士与商人的入境签证。

## 文莱资深外交官林玉辉出任东盟秘书处新一届秘书长

2017 年 11 月 14 日晚，在菲律宾首都马尼拉国际会议中心第 31 届东盟峰会闭幕式上，东盟轮值主席国新加坡总理李显龙确认文莱资深外交官林玉辉将于 2018 年 1 月正式就任东盟秘书处新一届秘书长，接替即将于 2017 年年底任满的现任秘书长越南外交部黎良明。东盟秘书长由东盟峰会任命，依照国名首字母顺序从各成员国中轮流产生，任期 5 年，不得连任。

## 柬埔寨商务推介会在中国陕西西安举行

2017 年 1 月 5 日，柬埔寨商务推介会在中国陕西西安举行。柬埔寨商务部部长班守萨在推介会上详细介绍柬埔寨的招商政策和引资环境。他说，近年来，柬中成为推进“一带一路”建设的重要合作伙伴，双方在经贸投资、互联互通、能源资源等领域合作频繁。柬埔寨地处中南半岛腹地，是东南亚地区的重要交通枢纽，在东西方经贸、人文交往大通道中占据重要位置。班守萨指出，柬中两国政府将双边合作提升到全面战略合作伙伴关系的高度，对促进贸易投资、旅游等均具有积极影响。

*1 月 5 日，柬埔寨商务推介会在中国陕西西安举行*　（百度网）

## 柬埔寨首相洪森出席世界经济论坛2017年年会

2017年1月17～20日，应世界经济论坛创始人兼执行主席克劳斯·施瓦布的邀请，柬埔寨首相洪森率团出席在瑞士达沃斯举行的2017年世界经济论坛2017年年会。洪森在出席论坛时表示，柬埔寨很高兴成为第一个加入由世界经济论坛和经济合作组织共同发起的"可持续发展投资伙伴关系倡议"的亚洲国家，柬埔寨也面临着因基础设施投资领域资金缺乏而导致的发展挑战。洪森在赞扬中国"一带一路"倡议和亚洲基础设施投资银行对资助基础设施发展的积极作用的同时，也表示还需要充分调动包括私营部门在内的更多的资金来源，私营部门的参与对于基础设施建设的可持续发展极为关键。

## 美国海军援柬工兵部队离开柬埔寨

2017年4月3日，美国驻柬埔寨大使馆宣布，美国海军援柬"海蜂"工兵部队因柬方要求其无限期延迟在柬任务，被迫离开柬埔寨。这是柬美继2016年两国陆军参与的"吴哥哨兵"军演、两国海军参与的"战备与训练合作"军演被叫停后的又一个被打断的军事项目。美国驻柬使馆副发言人大卫·玖萨尔称，美国海军已在柬埔寨11个省完成价值500万美元的建设项目。现在，柬埔寨政府要求取消该部队在柬8个省、价值80万美元的建设项目规划，包括6所学校，但未给出具体原因。

## 中柬政府间协调委员会第4次会议在柬埔寨举行

2017年4月27日，中柬政府间协调委员会第4次会议在金边举行。中国国务委员杨洁篪与柬埔寨副首相贺南洪共同主持会议。双方全面回顾总结第3次会议以来两国各领域合作的重要进展，并就今后一年的双边交流与合作做出规划。双方均强调：柬中关系全面深入，高层接触对双边关系发展具有重要引领作用。强调加快对接发展战略，加强在产能、交通、通信、农业、水利等领域合作；扩大双边贸易，争取如期实现2017年双边贸易额50亿美元的目标；加强防务、执法安全合作；深化教育、文化和旅游等领域合作；加强在联合国、中国—东盟合作等多边框架下的协调配合。会后，杨洁篪与贺南洪共同会见记者，并出席会议纪要签字仪式。

## 柬埔寨首相洪森访问中国并出席"一带一路"国际合作高峰论坛

2017年5月13～17日，柬埔寨首相洪森访问中国并出席"一带一路"国际合作高峰论坛。5月14～15日，洪森出席"一带一路"国际合作高峰论坛；16～17日，洪森正式访问中国。17日，中国国家主席习近平在钓鱼台国宾馆会见正式访华并出席"一带一路"国际合作高峰论坛的柬埔寨首相洪森。习近平指出，中柬关系发展势头良好。中方高度重视发展同柬埔寨关系，愿同柬方一道，坚定不移推进中柬友好事业，深化全面战略合作，更好造福两国人民，为地区和平和繁荣做出更大贡献。访华期间，洪森还分别与中国国务院总理李克强、中国全国人大常委会委员长张德江、中国全国政协主席俞正声等举行会谈。中柬共签署13项合作文件，并发表《中柬联合新闻公报》。洪森表示，柬埔寨坚定奉行西哈努克太皇确定的对华友好政策，感谢中国长期以来给予的坚定支持和大力帮助，愿同中方一道，巩固传统友谊，推动柬中全面战略合作伙伴关系取得更大发展。双方要在各自发展和彼此重大关切问题上始终相互理解和支持，拓展经贸、发展、减贫、卫生、安全、打击跨国犯罪等领域务实合作，密切在国际和地区事务中沟通协调。柬方赞同双方共同办好2018年柬中建交60周年纪念活动。

## 柬埔寨开通中国公民与企业机构安全服务微信公众号

2017年5月26日，柬埔寨中国公民与企业机构安全援助服务热线暨安全服务微信公众号正式开通，中国驻柬埔寨大使熊波与柬埔寨国防部国务秘书年派、国家警察总署副总监察西纳勒共同出席开通仪式。熊波大使介绍说，中国安保服务企业走出国门是时代发展的需要，是中国的发展同世界各国发展结合更加紧密的反映。中国驻柬埔寨大使馆将贯彻"外交为民"理念，为来柬埔寨的中国企业和公民提供更加完善的领事保护和服务，也欢迎社会力量积极参与，共同推进海外民生工程建设。柬埔寨中国公民与企业机构安全援助服务热线暨安全服务微信公众号是中保华安（柬埔寨）保安服务有限公司和柬埔寨中国商会共同创办的公益性安全服务平台，旨在为在柬埔寨的中国公民和企业提供安全咨询和援助。

## 柬埔寨积极化解与老挝的边界纠纷

2017年8月12日，柬埔寨首相洪森前往万象与老挝总理通伦就近期两国发生的边境纠纷开展紧急谈判，取得积极进展。在通伦下令撤回老挝士兵的同时洪森也下令撤回所派出的部队，及时避免了一场军事冲突。据悉，柬老间的此次纠纷，源自两国边界地区的领土和国界划分争议。

柬埔寨与老挝接壤的边界总长约540千米，两国已完成86%的划界工作。2017年2月8日，柬埔寨军方工程部队在上丁省暹班县乌达闹地区沿着柬老边界线兴建道路时，受到老挝军方阻挠。老方称上述地区属于尚未确立边界线的"灰色地带"，要柬方暂停在当地的一切工作。随后老挝在4月增派数百名军人驻扎该边界，并调派一批全副武装的军人越入柬埔寨境内，阻止柬埔寨工程兵兴建道路。后来，柬埔寨通过外交途径紧急向老挝提出严正交涉，并对老挝军人越界予以强烈抗议和谴责，要老挝立即撤回越界部队。为避免两军发生冲突，柬方主动让步，并暂停在其境内的道路建设，但老挝方仍坚持不肯撤兵。洪森在8月2日曾致函老挝要求其撤军，但未获回应。8月11日，柬埔寨首相洪森指责老挝在2017年的4月派遣30名军人进驻柬埔寨北部上丁省，并发出最后通牒，要老挝方在8月17日前必须撤军，否则柬方将采取军事行动。当晚，柬埔寨地面部队和火箭发射车连夜赶赴柬老边境地区部署。

### 印度尼西亚炸毁81艘外国渔船

2017年，印度尼西亚继续严格执行捍卫海洋资源的政策。4月1日，在12处海域共炸毁81艘在印度尼西亚水域非法捕捞的外国渔船，其中包括46艘越南渔船、18艘菲律宾渔船、11艘马来西亚渔船。

### 印度尼西亚总统佐科出席“一带一路”国际合作高峰论坛

2017年5月13日，印度尼西亚总统佐科抵达北京，同来自亚洲、欧洲、非洲和美洲的28位领导人一起出席“一带一路”国际合作高峰论坛。佐科在5月15日的“一带一路”国际合作高峰论坛圆桌峰会上发言时表示，东南亚国家将为“一带一路”倡议的实现做出显著的贡献，印度尼西亚政府的使命和愿景是使印度尼西亚成为世界海洋支点。佐科接着说明印度尼西亚政府努力实现世界海洋支点愿景的最新进展，并介绍分布在印度尼西亚从亚齐省到巴布亚省的丰富自然资源和美丽景点。佐科坚信，在“一带一路”高峰论坛倡议下的国与国之间的联通与合作愿景一定可以实现。

### 印度尼西亚总统佐科赴越南出席亚太经合组织（APEC）第25次领导人非正式会议

2017年11月8～10日，印度尼西亚总统佐科赴越南出席APEC峰会。11月8日，在亚太经合组织部长级会议期间，印度尼西亚呼吁亚太经合组织成员国要努力实现本地区的包容性和创新性经济增长，并解决该地区的粮食和水源问题。11月10日，佐科在出席第25届亚太经合组织工商领导人峰会时，诚邀各亚太经济合作组织国家投资印度尼西亚的海洋产业，推动基础设施建设，加强人力资源培养。佐科表示，在最近3年内，他特别关注有关加速基础设施建设事宜，旨在增强印度尼西亚各岛屿包括24处重要港口的连通性。

### 老挝建交国增至140个并成为世界上第51个签署禁止核武协定的国家

2017年，老挝建交国已达140个，并同世界近130个政党建立联系。2017年9月21日，老挝外交部部长沙伦赛在出席联合国大会第72届会议时签署禁止核武协定，老挝从而成为世界上第51个签署该协定的国家。

### 老挝政要重点出访周边和传统友好国家

2017年，老挝政要重点出访周边和传统友好国家。其中包括：老挝人民革命党中央总书记、国家主席本扬分别出访柬埔寨、中国、越南3国并于10月26日前往泰国曼谷参加普密蓬国王葬礼；总理通伦分别出访新加坡、马来西亚、柬埔寨、日本、俄罗斯、越南、印度尼西亚7国，并于4月和11月赴菲律宾出席第30届和第31届东盟首脑峰会；国会主席巴妮应邀访问越南，并分别于9月和11月率团出席在马尼拉和北京举行的第38次东盟国家间议会会议及中国共产党与世界政党对话会议；国家副主席潘坎分别访问中国和文莱；副总理宋赛出访澳大利亚、日本、越南3国；副总理宋迪访问柬埔寨。

*4月1日，印度尼西亚在12处海域共炸毁81艘非法捕捞的外国渔船*（百度网）

### 30余位外国政要访问老挝

2017年，中国有10余位政要访问老挝。其中主要有：中共中央总书记、国家主席习近平，中国全国人大常委会副委员长兼全国妇联主席沈跃跃，国务委员兼国防部部长常万全，中联部部长宋涛，中国科学院院长白春礼，外交部副部长刘振文，中国国务院新闻办公室副主任郭为民，国家宗教事务局副局长陈宗荣，中共云南省委常委组织部部长李小三，广西壮族自治区副主席黄世勇，上海市人大常委会副主任吴汉民及云南省人大常委会副主任王树芬等。

此外，还有20余位外国政要访问老挝，按访问时间顺序为：泰国空军司令詹姆·洪沙旺，新加坡总统陈庆炎，泰国公主诗琳通，越南前国家主席张晋创，比利时女王玛蒂尔德，联合国开发计划署署长兼联合国发展集团主席海伦，越南总理阮春福，泰国副总理宋奇，柬埔寨国会主席韩桑林，日本外务省副外相 Kiyoshi Odawara，越共中央政治局委员邓文堆，越南国会副主席丛氏放，柬埔寨首相洪森，越南祖国阵线主席陈青敏，澳大利亚国防部部长佩恩，阿塞拜疆外交部部长马梅德亚罗夫，日本外务省副外相 Iwao Horii，泰国内务部部长阿努蓬，泰国交通部部长阿空，越国会主席阮氏金银，阿联酋外长阿卜杜拉和越共中央政治局委员、河内市委书记黄忠海。

## 老挝主办地区和国际性会议近 20 个

2017 年，老挝先后主办地区和国际性会议近 20 个。其中包括：东盟第 52 届知识产权会议，东盟第 2 次空中交通管理工作战略计划制订委员会会议，亚洲城市第 10 届交通论坛，东盟和平权利会议，老越柬缅泰五国旅游合作研讨会，东盟通信技术合作会议，东盟第 17 次关于反跨国刑事犯罪高官会议，关于组织执行联合国禁止和取缔非法小型和轻型武器交易会议，东盟第 7 次军队医院首脑会议，东盟第 5 次灾害管理部长会议，东盟第 4 次最高审计峰会，2017 年度老挝与对话伙伴国高级圆桌会议以及东盟第 20 次保险管理机关会议暨东盟第 43 次保险理事会会议等。

## 朝鲜男子金正男在马来西亚遇袭身亡

2017 年 2 月 13 日，一名朝鲜籍男子在马来西亚吉隆坡第二国际机场寻求医疗救助，随后在送医途中身亡。马来西亚通过 DNA 鉴定确认遇袭身亡男子为朝鲜最高领导人金正恩之兄金正男。调查显示，两名外籍女子偷袭金正男并在他的脸部抹上了 VX 神经毒剂，金正男在事发后一个小时内，在送往医院的途中不治身亡。这起命案引起朝鲜与马来西亚的外交危机，马朝双方围绕尸检、调查等问题互相指责，先后宣布驱逐对方大使，两国一度软禁及阻止对方的公民离境。3 月 30 日，朝鲜与马来西亚两国代表团发表联合声明，宣布就本次事件达成协议，马方同意向在朝鲜的死者家属归还遗体，双方同意解除对两国公民的禁止出境措施，并且同意协商重启免签制度。涉案的越南籍女性被告段氏香和印度尼西亚籍女性被告西蒂艾莎都将面对谋杀指控，案件在 2018 年续审。

## 马来西亚要求海牙国际法院复核 2008 年的白礁主权裁决

2017 年 2 月，马来西亚向荷兰海牙国际法院提出申请，要求复核 2008 年的白礁主权裁决。马来西亚称在英国国家档案馆中发现新证据，根据 3 份英国已解密的档案，能证明马来西亚对白礁拥有主权，要求修改裁决。2017 年 6 月，马来西亚又提出另一项申请，要求重新解释 2008 年的裁决。新加坡随后宣布成立法律团队回应马方提出的诉求。

## 法国总统奥朗德访问马来西亚

2017年 3 月 27 ~ 28 日，法国总统奥朗德访问马来西亚，这是法国总统数十年来第 2 次访问马来西亚。马来西亚总理纳吉布与法国总统奥朗德举行双边会谈，就加强马法两国经济和双边合作等议题进行交流。纳吉布和奥朗德一起见证两国多项协议和谅解备忘录的签署。

## 日本皇太子德仁访问马来西亚

2017 年 4 月 13 ~ 17 日，日本皇太子德仁访问马来西亚。13 日，德仁乘坐政府专机抵达马来西亚首都吉隆坡，这是德仁首次访问马来西亚。马来西亚总理纳吉布会见德仁，马来西亚最高元首穆罕默德五世主持晚宴欢迎德仁。在马来西亚期间，德仁与当地日本侨民交流，并与参加日语演讲比赛的当地高中生恳谈。

## 马来西亚总理纳吉布访问中国

2017 年 5 月 12 ~ 16 日，马来西亚总理纳吉布访问中国。12 日，纳吉布到访杭州，并在杭州会见阿里巴巴创办人马云。14 ~ 15 日在北京会见中国国家主席习近平、国务院总理李克强，并出席“一带一路”国际合作高峰论坛。两国领导人在会谈中一致认为：中马关系处于历史最好时期，两国积极对接 21 世纪海上丝绸之路和马来西亚经济转型计划，双方要继续加强“两国双园”同步建设和互动发展，稳步推进有关工业园、铁路等大项目合作。访华期间，马来西亚与中国签署涵盖建筑、农业、经贸和基建等领域的 9 项企业协议，金额达到 313 亿林吉特；马来西亚数码经济机构、阿里巴巴集团及杭州市人民政府针对数码自由贸易区签署合作谅解备忘录。

## 美国国务卿蒂勒森访问马来西亚

2017 年 8 月 8 ~ 9 日，美国国务卿蒂勒森对马来西亚进行工作访问。马来西亚总理纳吉布、副总理阿末扎希分别会见蒂勒森，就双边关系、贸易、反恐和共同关心的问题举行会谈。蒂勒森于 2017 年 2 月 1 日上任，此次是他首次到马来西亚进行访问，也是美国特朗普政府访问马来西亚的首位高级官员。

## 马来西亚与印度尼西亚第 15 次双边合作联合委员会会议举行

2017 年 8 月 11 日，马来西亚与印度尼西亚在雅加达举行第 15 次双边合作联合委员会会议，双方参加会议的主要代表包括：马来西亚外交部部长阿尼法、马来西亚驻印度尼西亚大使再林，印度尼西亚外长雷特诺等。会后发布的联合声明表示，两国签署《MoU20》谅解备忘录，同意通过外交途径寻求解决两国海陆划界问题的最佳方案。

## 马来西亚总理纳吉布访问美国

2017 年 9 月 12 ~ 14 日，为配合马美建交 60 周年，马来西亚总理纳吉布应美国总统特朗普邀请对美国进行国事访问。纳吉布与特朗普举行会晤，双方就国防、反恐、贸易和投资等议题进行讨论，美国称马来西亚是美国在东南亚地区最亲密的合作伙伴之一，希望双方未来在经贸和反恐等议题加强合作。纳吉布在会晤特朗普时宣布马来西亚将对美国进行三大投资计划以助推美国经济：马航在未来 5 年内购买 33 架总值逾 100 亿美元波音飞机；马来西亚公积金局“以支持美国的基础建设”的名义增加在美国的投资额 30 亿 ~ 40 亿美元；马来西亚国库控股公司也会增加其在美国科技公司原有的 4 亿美元投资。马来西亚外交部部长阿尼法、国际贸易及工业部部长慕斯达法等，美国副总统彭斯、国务卿蒂勒森、国防部部长马蒂斯等参加两国正式会谈。在纳吉布访美期间，两国签订多个经济合作项目。

## 马来西亚总理纳吉布访问英国

2017 年 9 月 15 日，马来西亚总理纳吉布访问英国，会见英国首相特蕾莎·梅。会见结束后双方发表共同声明，两国重申继续保持友好关系，同意进一步强化经济关系，尤其是加强两国的贸易与投资合作。在反恐议题上，两国就合作对抗恐怖主义达成一致意见，并对马来西亚考虑购买“台风”战斗机等问题进行讨论。

## 马来西亚与新加坡就新柔地铁系统签署谅解备忘录

2017 年 9 月 25 日，马来西亚与新加坡在马来西亚吉隆坡签署谅解备忘录，由马来西亚国家基建公司和新加坡公共运输机构 SMRT 企业筹组新柔地铁合资公司，负责连接新加坡兀兰与马来西亚柔佛新山的地铁系统的设计、制造、筹资、经营、维修及翻新营运资产如列车、轨道和控制系统等事务。新柔地铁系统将在 2024 年 12 月 31 日前投入使用，预计每个方向每小时可接载 1 万名乘客。这不仅方便公众快速往返新柔两地，也有助舒缓新柔长堤和第二通道关卡的交通拥堵情况。为建造该地铁，马新两国计划建设长 4 千米的跨柔佛海峡大桥，并计划在新地铁系统落成后，在跨国地铁系统采用“一地两检”的通关安排。

## 马来西亚—印度尼西亚第 12 届年度磋商会议在马来西亚举行

2017 年 11 月 22 日，马来西亚总理纳吉布与到访的印度尼西亚总统佐科在马来西亚沙捞越州古晋市举行马来西亚—印度尼西亚第 12 届年度磋商会议。同时，在古晋还举行马来西亚与印度尼西亚建立外交关系 60 周年庆典。会议集中讨论 4 个主要问题：加强经济合作、印度尼西亚外劳问题、边境问题以及国防和安全问题。为了纪念两国建交 60 周年，两国领导人承诺，在广泛的政治、经济、安全、发展、教育、民间关系合作框架支持下，坚定致力于各自的繁荣与安全。两国领导人鼓励有关部门探索创新途径，进一步加强两国在贸易、投资和旅游等领域的合作。两国签署多项谅解备忘录，并举行联合新闻发布会。

## 马来西亚巴生港与中国天津港缔结为友好港

2017 年 12 月 8 日，中国天津市港航管理局与马来西亚巴生港务局签署《建立友好港关系谅解备忘录》。双方在港口研究、员工培训、信息交流、技术协助和交通运输、提高服务水平方面开展互助与合作，进一步提升两港运输与服务水平，进一步维护双方共同利益，促进友谊，增加互信。

## 马来西亚与泰国签署跨境保险联合服务协议

2017 年 12 月 18 日，马来西亚中央银行与泰国保监会签署两国保险公司联合服务协议，以推动马来西亚与泰国保险公司为两国入境车辆提供联合服务的合作进程。根据该协议，可以通过两国保险公司联合为两国入境车辆提供车辆意外险和理赔服务，将有利于促进泰国的商贩、游客自驾车辆进入马来西亚做生意和旅游。

## 缅甸总统廷觉访问中国

2017 年 4 月 6 ~ 11 日，应中国国家主席习近平邀请，缅甸总统廷觉对中国进行国事访问，这是廷觉上任以来对中国的首次访问。宾主双方就“一带一路”建设、中缅石油管道项目和皎漂经济特区等进行讨论，最终达成多项共识并签订经济、教育、卫生、体育等方面的合作协议，之后两国共同发表《联合新闻公报》。

## 缅甸国务资政昂山素季访问欧洲

2017 年 5 月 1 日，缅甸国务资政兼外长昂山素季抵达比利时首都布鲁塞尔并会见比利时王储菲利普和首相夏尔·米歇尔。5 月 2 日，昂山素季来到位于布鲁塞尔的欧盟总部，会见欧洲理事会主席图斯克。昂山素季还与欧盟外交和安全政策高级代表莫盖里尼举行会谈，双方就缅甸国内民主改革以及若开邦罗兴亚人问题进行交流。5 月 4 日，昂山素季访问英国并会见英国下议院议长约翰·伯考和英国外交大臣鲍里斯·约翰逊。5 月 5 日，昂山素季访问梵蒂冈并会见教皇方济各，会面后梵蒂冈宣布与缅甸建交，并将派驻教廷大使到缅甸。

## 印度总理莫迪访问缅甸

2017年9月5~7日，印度总理莫迪访问缅甸。莫迪分别会见缅甸总统廷觉和国务资政昂山素季，并签署关于电力合作、信息技术、文化交流、医药卫生等多个领域的谅解备忘录。莫迪还表示两国应该共同维护区域内的和平与稳定，打击地区恐怖主义势力。双方就海洋安全合作达成协议。

## 缅甸国务资政昂山素季出席亚太经合组织（APEC）第25次领导人非正式会议

2017年11月11日，缅甸国务资政昂山素季出席在越南岘港举行的第25次APEC领导人非正式会议。本次会议主题是“打造全新动力，开创共享未来”，各国领导人就如何为亚太地区互联互通和可持续发展注入新动力，并实现地区和平稳定与繁荣展开讨论。尽管缅甸不是亚太经合组织成员国，但是受越南方面的邀请，缅甸国务资政昂山素季出席本次会议。

## 缅甸国务资政昂山素季出席第31次东盟领导人会议

2017年11月13日，缅甸国务资政昂山素季出席在菲律宾首都马尼拉举行的第31次东盟领导人会议及系列会议。会议主题是“拥抱变革，融入世界”。昂山素季在会上发言指出，缅甸作为东盟成员国之一，积极跟随世界发展的脚步，对国内进行全方位的改革，国家经济正在快速增长。

## 美国国务卿蒂勒森访问缅甸

2017年11月15日，美国国务卿蒂勒森访问缅甸并与缅甸国务资政昂山素季举行会谈，双方就若开邦问题和罗兴亚难民问题交换意见。蒂勒森表示缅甸军方在若开邦的行动应最大程度避免伤害无辜平民，并且美国将对个别负责人施加制裁，但并不对缅甸采取大范围经济制裁。

## 缅甸举办第13届亚欧外长会议

2017年11月20日，第13届亚欧外长会议在缅甸内比都举行，有53个国家和地区派出代表出席本届会议，缅甸国务资政昂山素季在开幕式上致辞。本次亚欧会议分别就“促进和平与可持续发展”和“亚欧会议三十年：使亚欧会议更有活力和联系性”两个主题举行两次全体会议。

## 美国就罗兴亚人问题对缅甸进行部分制裁

2017年11月22日，美国政府对缅甸发出最强烈谴责，宣布把缅甸罗兴亚人问题定义为种族清洗，并考虑对缅甸实施制裁。12月7日，美国众议院以423票支持、3票反对通过议案，认定缅甸政府对待若开邦罗兴亚人的行径为种族屠杀。12月21日，美国宣布将涉及罗兴亚人问题的14名缅甸军官列入制裁名单，被制裁军官的资金将被冻结并禁止进入美国境内。

## 缅甸与孟加拉国签署罗兴亚人遣返谅解备忘录

2017年11月23日，缅甸联邦内政部部长觉丁遂与孟加拉国外交部部长阿里签署罗兴亚难民遣返谅解备忘录，在难民遣返问题上初步达成一致，双方同意在两个月内启动孟加拉境内的罗兴亚难民遣返回缅甸的程序。两国政府均表示遣返将按照自愿、安全的原则，对孟加拉境内近70万罗兴亚人难民展开遣返行动，联合国难民署及其他国际组织将介入整个遣返程序。

## 缅甸总统廷觉访问日本

2017年12月14日，缅甸总统廷觉访问日本，日本首相安倍晋三在东京会见到访的缅甸总统廷觉。安倍晋三表示日本将投入8000亿日元（约71亿美元）帮助缅甸建设全民健康覆盖项目、实现交通与电力的重点合作、推动若开邦地区的发展。廷觉对日本在缅甸的基础设施建设和民主改革中所做的贡献表示感谢。

## 菲律宾渔业代表团赴中国进行培训交流

2017年1月10~13日，以菲律宾农业部渔业及水生资源管理局第三区局长科鲁兹为团长的菲律宾渔业代表团一行17人到中国水产科学研究院南海水产研究所深圳基地进行培训交流。11月10日，中方有关领导和专家向菲方介绍有关渔业发展情况和渔业养殖技术。交流期间，菲律宾代表团还赴广东沿海县市，实地考察水产养殖、种苗繁育、批发市场、渔用饲料、水产品加工、质量安全检测和渔业科研等情况。

此次活动是落实菲中两国领导人共识、重启菲中渔业合作的第一个项目。

## 中国国务院副总理汪洋访问菲律宾

2017年3月16~18日，中国国务院副总理汪洋访问菲律宾，并参加中国—东盟旅游年开幕仪式和中国银行跨境商务接洽论坛等活动。菲律宾贸工部部长洛佩兹与汪洋共同参加由中国银行、菲律宾贸工部和菲律宾工商会联合举办的中菲经贸合作论坛暨中小企业投资与贸易洽谈会。来自农业、渔业、食品加工、家具、旅游、地产、建设、建筑材料设备、钢铁、电商、信息技术和纺织等行业的中小企业代表参加洽谈会。此次访问是菲律宾总统杜特尔特2016年访问中国时确定的菲中战略合作协议的后续落实行动。

3月17日，汪洋在达沃市与菲律宾财政部部长多明计斯、经济发展署署长佩尼亚等内阁经济管理团队成员举行会谈，讨论菲律宾近期发展规划等议题。

会谈后，中国商务部国际贸易谈判代表兼副部长傅自应与菲财政部部长多明计斯就建设班乃—吉马拉斯—内格罗斯岛间桥梁项目和达沃市高速公路项目的可行性研究文本交换信函，并与菲国家经济发展署署长佩尼亚共同签署《中菲经贸合作六年发展规划》(SYPD)，该规划旨在进一步引导和促进双边经济合作的稳定有序发展，扩大合作范围，提高合作水平，促进两国可持续发展和包容性社会经济发展。

## 菲律宾总统杜特尔特访问缅甸

2017年3月19日，菲律宾总统杜特尔特对缅甸进行首次访问。杜特尔特分别会见缅甸总统廷觉、国务资政昂山素季和国防军总司令敏昂来，双方就打击贩毒、若开邦问题、增强两国各领域合作等事项交换意见，两国还签署农业合作的谅解备忘录。杜特尔特代表菲律宾政府向缅甸捐赠30万美元，用于若开邦的稳定和发展工作。

## 东盟在菲律宾首都马尼拉举行成立50周年庆典

2017年8月8日，东盟在菲律宾首都马尼拉举行成立50周年庆典。东盟轮值主席国菲律宾总统杜特尔特、参加东亚合作系列外长会的东盟10国、东盟对话伙伴以及其他国家的外长或代表出席庆祝仪式。仪式上播放东盟国家领导人的贺词，并向东盟创始人致敬。菲律宾总统杜特尔特致辞。

当天，东盟国家领导人发表联合宣言，称东盟成立50周年是一个彰显东盟共同体建设成功的历史性时刻。

东盟国家领导人在宣言中回顾1967年发表的《东南亚国家联盟成立宣言》，表示将加紧努力实现愿景文件《东盟2025：携手前行》的目标，重申致力于维护并提倡和平、安全与稳定，继续向东盟国家民众提供更多机遇并缩小成员国之间的发展差距。

1967年8月8日，泰国、印度尼西亚、新加坡、菲律宾、马来西亚5国在曼谷发表《东南亚国家联盟成立宣言》。随后文莱、越南、老挝、缅甸和柬埔寨陆续加入，东盟成员国增加至10个。50年来，东盟不断发展壮大，人口总量约6.4亿，经济总量接近2.6万亿美元。

## 菲律宾总统杜特尔特访问日本

2017年10月29～31日，菲律宾总统杜特尔特对日本进行工作访问，菲律宾外交部部长加耶丹诺、国防部部长洛仁萨那和工商部部长洛帛斯陪同出访。10月30日，菲律宾总统杜特尔特会晤日本首相安倍晋三，同时也会晤日本外务大臣河野太郎、日本国际协力机构理事长北冈伸一和首相辅佐官河井克行以及一名众议员。10月31日，杜特尔特会晤日本天皇夫妇。访问结束后菲日发表联合声明。日本将在马拉维重建基础设施等建设方面帮助菲律宾，并为马尼拉地铁建设提供6000亿日元(约合350亿元人民币)的贷款。

## 菲律宾承办第31次东盟领导人会议和东亚合作领导人系列会议

2017年11月14日，第31次东盟领导人会议及东亚合作领导人系列会议在菲律宾首都马尼拉举行。会议期间，东盟10国就保护移民劳工权利和应对暴力极端主义等达成一系列成果文件。会后，包括第20次中国—东盟10+1领导人会议、第20次东盟与中日韩10+3领导人会议和第12届东亚峰会等多场东亚合作领导人会议举行。区域全面经济伙伴关系协定(RCEP)领导人会议也于14日举行。东盟10国领导人出席会议，出席相关会议的还有中国、美国、俄罗斯、日本、韩国、加拿大、澳大利亚、新西兰、印度等国领导人及联合国秘书长。

## 菲律宾与美国举行第7次双边战略对话

2017年11月30日至12月1日，第7次美国与菲律宾双边战略对话在美国首都华盛顿举行，两国发表声明称将在海上安全、人道主义援助和救灾、网络安全、打击跨国贩毒、反恐等领域深化合作。此次对话由美国国务院负责东亚和太平洋事务的代理助理国务卿苏桑·桑顿、国防部负责亚太安全事务的代理助理部长戴维·赫尔维，菲律宾外交部副部长恩里克·马纳洛、国防部副部长里卡多·戴维共同主持。4个工作组就扩大两国在国防安全、经济、发展和繁荣、地区和全球外交参与、法治和执法方面的伙伴关系共同制定行动计划。美菲高级官员在对话期间讨论双方共同关心的广泛议题，并重申继续深化在海上安全、人道主义援助和救灾、网络安全、打击跨国贩毒、反恐、加强毒品

*8月8日，东盟在菲律宾首都马尼拉举行成立50周年庆典。图为参加庆典的领导人合影*　　(百度网)

防治、打击走私野生动物和非法捕捞等领域的合作。美菲双方还进一步承诺将继续合作以有效消除人口贩卖。美方表示将继续支持菲反恐事业和马拉维市重建。

美菲双边战略对话是讨论两国政治、安全、经济合作的一个重要机制，下一次双边战略对话于2018年在马尼拉举行。

## 菲律宾与中国举行第5次年度防务安全磋商

2017年12月15日，菲律宾和中国防务安全磋商在菲律宾计顺市亚银那洛军营举行，菲律宾国防部副部长沓密带领菲代表团，中国中央军委联合参谋部参谋长助理姜国平以及中央军委其他高级官员参加此次磋商。

年度防务安全磋商是菲律宾和中国的双边对话机制，是在2004年“防务合作谅解备忘录”的基础上建立起来的。自2005年以来，两国交替举办4次年度防务安全磋商，第4次于2013年在北京举行。

此次为第5次年度防务安全磋商，双方就当前地区安全形势交换意见，并制定为共同解决菲中双方面临的安全关切的具体合作计划。双方强调应对恐怖主义和暴力极端主义等非传统安全挑战，加强在应对人为和自然灾害威胁方面的防御合作。

## 中国向菲律宾捐款救助台风灾民并致慰问电

2017年12月20日，中国捐款10万美元（约500万比索）救助菲律宾南吕宋和东未狮耶地区台风“乌杜哈”灾民。中国驻菲律宾大使馆新闻参赞孙毅代表中国红十字会把人道主义援助金移交给菲律宾红十字会秘书长巴拉耶布。

12月19日，中国外交部部长王毅也就台风“乌杜哈”所造成的损失，向菲律宾外交部部长加耶丹诺致慰问电。王毅说：“我谨向你并通过你向灾区人民表示深切同情和诚挚慰问。相信在菲律宾政府领导下，灾区人民一定能战胜灾害，早日恢复正常生产生活。”

## 新加坡举办东盟旅游论坛

2017年1月18～22日，2017年东盟旅游论坛在新加坡举行。1月18日，2017年东盟旅游论坛开幕，东盟各国旅游业主管官员、旅游业界代表约750人出席开幕晚宴。

2017年是东盟成立50周年。新加坡总理李显龙在开幕致辞中宣布东盟正式推出一项计划，旨在把东盟打造成一体的旅游目的地，希望2017年东盟的入境外国人达到1.21亿人次。2017年东盟旅游论坛以“共同打造我们的旅游业”为主题，为期5天的论坛举办了东盟国家旅游组织会议、东盟旅游部长会议、东盟旅游推介及大型旅游展会等系列活动。东盟旅游论坛是东盟最大的旅游合作框架，设立于1981年，每年举行一次。

## 新加坡国家发展部部长兼财政部第二部长黄循财出席“一带一路”国际合作高峰论坛

2017年5月17日，新加坡国家发展部部长兼财政部第二部长黄循财代表新加坡到北京参加“一带一路”国际合作高峰论坛，新加坡支持“一带一路”倡议，愿意与中国及其他国家携手落实“一带一路”倡议。黄循财在论坛发言中表示，“一带一路”倡议让各地的基础建设和联通能力改善后，可能会对新加坡带来一定的竞争压力，但不断直面竞争本来就是新加坡的发展之道，新加坡正在提升本国机场和海港的能力，也在打造数字枢纽。

## 新加坡参加哈萨克斯坦举办的阿斯塔纳世界博览会

2017年6月10日至9月10日，新加坡参加哈萨克斯坦举办的阿斯塔纳世界博览会。这次博览会有100多个国家和国际组织参加，博览会主题为“未来能源”，围绕可替代性能源展开，关注未来能源的优势并展出可再生能源领域最前沿的技术。

新加坡在本届博览会设立主题为“小城市，大创意”的展览馆，通过6个展区与世界分享新加坡为支持可持续未来发展所打造的生态环境，包括在可持续能源方面的各项举措及创意方案。此外，新加坡馆还在博览会期间开设能力建设课程。课程由新加坡持续能源协会主办，旨在向中亚和邻近国家决策人和监管者推广可持续领域的最佳作业方式。

*1月18～22日，2017年东盟旅游论坛在新加坡举行*　（百度网）

## 第 4 届中国—新加坡合作论坛在新加坡举行

2017 年 9 月 22 日,新加坡管理大学(SMU)和思睿集团(Stratagem Group)在新加坡举办第 4 届中新合作论坛。论坛以"建设 21 世纪海上丝绸之路的海洋强国"为主题,吸引来自中新两国的政府部门、智库、中小企业及东南亚地区的企业代表 100 多人参会。来自中国的演讲嘉宾围绕中国在建设海洋强国的蓝图中,如何推动中国—东盟命运共同体建设,维护亚太地区海上安全治理及大力开展中国与 21 世纪海上丝绸之路沿线国家的海洋经济合作等多个主题,发表自己的见解。中国国家发展和改革委员会国际合作中心副主任宋功美与思睿集团董事长吴荣祥签署《意向书》,正式确立双方在筹措资金、项目扶持以及信息互换等方面的伙伴关系,并表示在该地区"一带一路"的相关项目中,深化中新两国的协同合作。随着《意向书》的签署,思睿集团成为与中国国家发展和改革委员会国际合作中心建立正式合作关系的第一家外资私企。

## 新加坡移民与关卡局逐步推广通关指纹认证系统

新加坡《联合早报》报道,新加坡移民与关卡局将逐步针对以汽车通关的旅客推广 BioScreen 指纹认证系统的试验,旅客通关时间将会因此更长。新加坡移民与关卡局于 2017 年 9 月 25 日发文告说,此系统试验将在兀兰和大士关卡展开,6 岁及以上的旅客在坐车或开车出入境时都必须下车到汽车通关柜台扫描双手拇指指纹通关。

新加坡移民与关卡局 2016 年 4 月已在陆地关卡为乘搭火车和巴士的旅客,以及罗厘和货车的旅客推出此系统试验。

## 中国与新加坡自由贸易协定升级第 4 轮谈判在新加坡举行

2017 年 10 月 11～12 日,中国与新加坡自由贸易协定升级第四轮谈判在新加坡举行,双方就服务贸易、投资、原产地规则、海关程序与贸易便利化、贸易救济、其他规则议题等展开磋商。

中新自由贸易协定升级谈判于 2015 年 11 月正式启动。

中国与新加坡长期保持着密切的贸易关系。新加坡是第一个与中国签署全面自由贸易协定的东盟国家。

## 新加坡总理李显龙访问中国

2017 年 9 月 19～21 日,新加坡总理李显龙访问中国。9 月 19 日,中国国务院总理李克强与李显龙举行会谈。9 月 20 日,中国国家主席习近平、全国人大常委会委员长张德江、中央纪委书记王岐山分别会见李显龙。

## 中新经贸与投资合作论坛在新加坡举行

2017 年 11 月 13 日,由新加坡工商联合总会(新加坡工商联)和中国国际贸易促进委员会联合举办的中新经贸与投资合作论坛在新加坡举行,新中两国 200 多名企业家与会探讨"一带一路"倡议带来的商机。中国国际贸易促进委员会会长姜增伟、新加坡贸工部兼教育部高级政务次长刘燕玲、新加坡工商联主席张松声等人出席并发表演讲。

## 泰国诗琳通公主访问北京大学

2017 年 4 月 8 日,泰国诗琳通公主访问北京大学,泰国驻华大使毕力亚・针蓬、中国驻泰前大使管木等陪同访问。北京大学党委书记、校务委员会主任郝平在英杰交流中心会见诗琳通公主一行,北京大学常务副校长吴志攀、副校长李岩松,相关院系和部门负责人参加会见。会见后,诗琳通公主接受北大 120 周年校庆纪录片《与北大同行》拍摄组的采访,并访问和参观北京大学全球大学生创新创业中心和生物标本馆。泰国诗琳通公主是中泰两国人民的友好使者,也是北京大学的名誉博士。自 2001 年起,诗琳通公主几乎每年都到访北大,关心支持北大的建设发展,大力推动北大与泰国高校及学术机构之间的交流。2005 年北大成立诗琳通科技文化交流中心,诗琳通公主出任中心名誉主席;2007 年北大与朱拉隆功大学合作建立的孔子学院正式成立,诗琳通公主亲自出席揭牌仪式。

## 泰国总理巴育夫人娜拉蓬访问中国

2017 年 4 月 23～27 日,应中国人民对外友好协会邀请,泰国总理巴育的夫人娜拉蓬女士访问中国,重点考察中国教育现状。中国全国人大常委会副委员长沈跃跃 4 月 25 日在北京会见娜拉蓬一行。双方就中泰关系和两国教育、人文领域合作交换意见。在结束访华之前,中国国家主席习近平夫人彭丽媛为娜拉蓬举行欢送宴会。

## 泰国—马来西亚举行联合军演

2017 年 5 月 4～8 日,泰国海军与马来西亚海军、马来西亚海域执法署和海警,联合举行第 63/2017 次代号为"SEAEX THAMAL"海上军事演习,泰国海军军舰普吉皇家号和近岸巡逻艇 113 号参与演习。演习旨在促进两国海军友好合作关系和提高两国海军力量在两国之间海域展开联合行动的协调能力。此项演习始于 1971 年,已经持续进行 46 年。演练项目包括两国海军协同行动,搜查违禁物品、毒品,打击恐怖分子和海盗,以及援救海上难民等。

## 泰国六部委代表团出席“一带一路”国际合作高峰论坛

2017年5月14～15日，第一届“一带一路”国际合作高峰论坛在北京举行。泰国政府派遣由泰国交通部、工业部、商业部、科技部、外交部和数码经济和社会部等六大核心经济部委高级别领导组成的代表团出席，明确泰国政府支持“一带一路”并在倡议书上签字。14日，中国外交部部长王毅会见泰国外交部部长乃敦。14日下午，中国国务院侨办邀请9位“一带一路”沿线国家侨商代表出席论坛开幕式、高级别全体会议和民心相通平行会议。其中泰国代表有泰国正大集团董事长谢国民，泰国前副总理、泰中文化促进委员会主席披尼·扎禄颂巴。

## 泰国副总理颂奇出席老泰战略合作伙伴论坛

2017年5月24日，泰国副总理颂奇率领由经济部长和国内企业家组成的代表团出席在老挝举办的2017年老泰战略合作伙伴论坛，并作题为“泰老民营企业合作在促进两国经济社会发展方面所扮演的角色和重要性”的重要讲话，呼吁各方要敞开胸怀联合才能实现区域经济社会的快速发展。泰国愿意为兄弟邦国提供支援。他提议两国应该站在共赢互利的基础上联合编制未来10年的合作发展总体规划，内容包括旅游、文化、基建等投资和贸易合作。

## 泰国副总理颂奇率政商团访问日本

2017年6月4～8日，泰国副总理颂奇率领政商团出访日本，双方就8个方面的合作议题展开深入讨论，还重点讨论CLMV国家总体发展规划方案。随行的经济部委领导团成员分别来自商业部、工业部、数字经济和社会部、科技部、交通部以及外交部。泰日双边开展讨论的8个重要合作议题分别是：东部经济走廊计划方面的合作；CLMV国家总体发展规划方案；泰国铁路轨道系统开发方面的合作；扶持泰国中小企业发展方面的合作；双边人才发展培养计划；发展泰国卫星监测站和导航卫星信息校正方面的合作；双边信息通讯方面的合作；回顾双边经济伙伴合作关系。

## 泰国总理巴育会见中国外交部部长王毅

2017年7月24日，泰国总理巴育在曼谷会见中国外交部部长王毅。巴育表示，泰中关系建交以来发展平稳，合作成果显著。泰方坚持一个中国原则，愿进一步深化泰中全面战略伙伴关系。泰国钦佩中国发展成就，希望学习中国治国理政经验，将泰国4.0发展战略与“中国制造2025”深度对接，在“一带一路”框架下，深化两国务实合作。泰方支持中泰铁路项目，欢迎中国企业参与泰国东部经济走廊建设，希望中泰两国合作能带动整个次区域发展。泰方愿继续在东盟—中国、澜湄合作、亚太经合组织等框架下加强与中方的协调合作。巴育请王毅转达哇集拉隆功国王和他本人对中国领导人的诚挚问候。王毅转达中国领导人对泰国国王和巴育的问候，欢迎巴育出席金砖国家同新兴市场国家和发展中国家对话会，表示中国始终高度重视中泰友好，赞赏泰方支持“一带一路”倡议，愿在此框架下对接双方发展战略，拓展合作领域，推进中泰铁路项目，参与泰国东部经济走廊建设，不断挖掘两国关系的新潜力，书写新篇章。中方愿继续在中国—东盟合作等地区和国际事务中加强与泰方的沟通与协调。同日，王毅还前往曼谷大王宫吊唁已故普密蓬国王。

## 中国香港特首林郑月娥访问泰国

2017年8月3～5日，中国香港特首林郑月娥正式访问泰国，这也是她在2017年7月1日就任香港特首以来首次访问泰国。林郑月娥先后与泰国总理巴育、泰国副总理颂吉、泰国外交部部长敦等见面，并参加泰国企业见面会，探讨加强双方的合作事宜。与泰国总理巴育就加强双方的合作以及香港—东盟自由贸易区协定的签订进行会谈。香港将于2017年年底与东盟签订自由贸易协定，同时将进一步加强与泰国的经贸合作。

## 泰国立法议会高级代表团访问越南

2017年8月13～16日，应越南国会主席阮氏金银邀请，泰国立法议会议长蓬佩率国家立法议会高级代表团对越南进行正式访问。8月14日下午，越南政府总理阮春福在政府总部会见蓬佩一行。蓬佩表示，此次访越旨在进一步加强包括立法领域在内的两国传统友好关系。他表示，越南国会和泰国国会始终保持良好的关系，在多边场合上保持协调与沟通。泰国与越南互为彼此的重要经贸、投资伙伴。双方不断推进包括海上联合巡逻在内的国防安全领域的合作。关于旅游合作，蓬佩高兴地看到两国互访游客数量不断增长，并建议双方采取措施吸引更多泰国游客赴越旅游。随着两国道路交通和铁路的互联互通，他相信两国在旅游等多个领域的合作将迅速发展。

## 越南总理阮春福访问泰国

2017年8月17～19日，应泰国总理巴育·占奥差的邀请，越南政府总理阮春福偕夫人和越南高级代表团访问泰国。8月17日下午，泰国总理巴育主持仪式，欢迎越南政府总理一行访问。欢迎仪式结束后，阮春福总理同泰国总理巴育举行会谈，就深化两国在所有领域尤其是经济合作的战略伙伴关系交换意见。两位总理还就共同关心的国际和地区问题深入交换意见，再次强调维护海上的和平、安全、稳定及航行安全与自由的重要性,并表示支持东盟与中国早日达成《南海行为准则》。两位领导人还共同见证双方在投资和科技方面10份合作协议的签署。

## 泰国总理巴育参加金砖会议

2017年9月4日,泰国总理巴育赴中国福建厦门参加金砖五国——新兴市场国家与发展中国家对话会。当天下午,巴育总理一行与中国国家主席习近平举行双边会谈。会谈结束后,巴育与习近平见证泰中政府4份协议的签署。这4份协议分别为:泰中高铁项目曼谷—呵叻府路段土木工程设计合约,泰中高铁项目曼谷—呵叻府路段讯息工期监理聘请合约,泰中战略合作行动计划书草案(2017~2021年),丝绸之路经济带和21世纪海上丝绸之路建设合作谅解备忘录。

## 泰国总理巴育访问美国

2017年10月2~4日,泰国总理巴育偕夫人对美国进行正式访问。此次访美是继2005年泰国前总理他信到访华盛顿后泰国总理级领导又一次正式访美,时隔12年之久,标志着泰美关系自2014年泰国军事政变后的首次缓和。巴育与特朗普举行的全团会议就亚太区域的安全问题展开讨论。巴育指出,以泰美眼镜蛇军演项目为合作的标志,两国在安全方面的合作包括打击人口贩卖、加强预防互联网攻击。巴育表示,特朗普总统的"美国优先"政策与本届泰国政府的泰国4.0政策不谋而合。在贸易投资方面,1996年两国签订的经济协议使美国人在泰投资享有与泰国人同等的权利,巴育希望美国继续给予支持和提供政策上的便利,对泰国农产品市场更加开放。

## 泰国总理巴育出席欧盟—东盟建交40周年特别峰会等会议

2017年11月14日,泰国总理巴育出席欧盟—东盟建交40周年特别峰会、第20届东盟与中日韩10+3领导人会议和第12届东亚峰会。巴育总理在会议上表示,首先对东盟10+3框架下的合作取得成功表示称赞,在东盟与中日韩三国建交20年之际,泰方支持马尼拉宣言,以促进东亚地区合作更加紧密,推动全球经济持续增长,同时支持东盟+3就未来20年定下明确目标和愿景。对此,巴育提出两项执行方针,其中包括:(1)加强东亚的无缝连接,尤其是东盟与中国、日本、韩国,打造出一个更有凝聚力的经济区域;(2)为了各方的共同利益,促进东盟贸易和投资的增加,充分利用东盟共同体的单一市场和生产基地。希望能保持各领域紧密合作,全力依照计划实施,相信未来可以将东盟+3发展成为东亚经济共同体,以促进区域经济一体化。

## 欧盟恢复与泰国的全面政治接触

自2014年5月22日泰国军事政变以来,欧盟与泰国的所有政治关系均被搁置,欧盟声称该行动是为了敦促泰国早日返回民主和宪政的轨道上来,直到泰国民选政府归位为止。2017年12月11日,基于泰国军政府确认将在2018年年底举行民主大选,欧盟理事会做出与泰国恢复各级别官方政治往来的决定,未来将逐渐恢复与泰国的所有政治接触,并可能重启与泰国的自由贸易谈判。

## 越共中央总书记阮富仲对中国进行正式访问

2017年1月12~15日,越共中央总书记阮富仲对中国进行正式访问。这是阮富仲再次当选越共中央总书记后首次访华。访问期间,中共中央总书记、中国国家主席习近平与阮富仲举行会谈。双方一致表示要着眼大局、立足长远、坚定目标、相向而行,推动中越关系沿着正确轨道向前发展。会谈后,习近平和阮富仲共同见证《中国共产党和越南共产党高级干部培训合作协议(2017~2020年)》以及国防、口岸、铁路、医疗卫生、北部湾渔业、食品安全、文化、旅游等领域合作文件的签署。中共中央政治局常委、中国国务院总理李克强,中共中央政治局常委、全国人大常委会委员长张德江,中共中央政治局常委、全国政协主席俞正声,中共中央政治局常委、中央纪委书记王岐山分别会见阮富仲。俞正声与阮富仲共同出席庆祝中越建交67周年暨2017年迎新春友好活动。14日,中越发表《联合公报》。此外,阮富仲还前往中国浙江省参观访问。

## 日本首相安倍晋三访问越南

2017年1月16~17日,日本首相安倍晋三偕夫人对越南进行正式访问。越南政府总理阮春福与安倍晋三举行会谈,双方一致同意进一步全面和务实有效深化两国的战略伙伴关系,加强防务合作,扩大双边投资、贸易、官方发展援助(ODA)、高科技农业和人力资源培训合作,进一步提升两国经贸合作水平。日本提出给予越南1230亿日元的ODA贷款,用于保障航海安全、应对气候变化和提升废水处理能力,其中包括用于向日本购买6艘新造巡逻船的385亿日元贷款。

## 越南国家主席陈大光访问中国并出席"一带一路"国际合作高峰论坛

2017年5月11~15日,应中国国家主席习近平邀请,越南国家主席陈大光访问中国并出席"一带一路"国际合作高峰论坛。访问期间,陈大光与习近平举行会谈,中国国务院总理李克强、全国人大常委会委员长张德江、全国政协主席俞正声、中共中央书记处书记刘云山分别会见陈大光。陈大光还到北京市和福建省参观访问。此访后，中越两国发表《联合公报》。

### 越南政府总理阮春福访问美国

2017 年 5 月 29 ~ 31 日，越南政府总理阮春福率领政府高级代表团对美国进行正式访问。这是阮春福就任总理后的首次访美，也是特朗普就任总统后首个访美的东南亚国家领导人。5 月 31 日，特朗普与阮春福举行会谈。两国发表《关于加强全面伙伴关系的联合声明》。声明强调越美关系面临的机遇，两国政治、外交、经贸关系日益增强，双方在科技、防务、教育、民间交流、人道主义和解决战争后果以及共同关心的地区和国际问题等领域上的合作日益加强。双方领导人一致同意在尊重联合国宪章和国际法，尊重彼此独立、主权、领土完整和政治制度的基础上加强全面伙伴关系促进合作。访问期间，美越两国企业签署 19 项合作合同和协议，总金额约 120 亿美元。

### 越共中央总书记阮富仲访问柬埔寨

2017 年 7 月 20 ~ 22 日，越共中央总书记阮富仲对柬埔寨进行国事访问。柬埔寨国王诺罗敦・西哈莫尼与阮富仲举行会谈。柬埔寨首相洪森、参议院主席赛冲、国会主席韩桑林分别会见阮富仲。阮富仲还前往柬埔寨西哈努克省参观访问。访问期间，两国发表《关于加强友好合作关系的联合声明》，并签署两国间陆地边境救助、经济对接、电力、信息通讯等 4 份合作文件。越南资助柬埔寨 2500 万美元建国会办公楼，向西哈努克省赠送 50 台微型计算机。2017 年，越南和柬埔寨完成陆地勘界立碑 84.6% 的工作量。

### 2017 年亚太经合组织（APEC）领导人会议周在越南岘港举行

2017 年 11 月 6 ~ 11 日，主题为“打造全新动力，开创共享未来”的亚太经合组织领导人会议周在越南岘港举行。21 个 APEC 成员经济体领导人出席。会议期间举行工商咨询理事会会议、高官会议、部长级会议、工商领导人峰会等活动。10 ~ 11 日，最受瞩目的 APEC 第 25 次领导人非正式会议举行。有约 2.1 万名代表出席在越南各省市举行的各场亚太经合组织会议，其中在岘港举行的 APEC 领导人会议周有 1.1 万名代表参加。会议周主要推动四方面的交流合作，其中包括可持续创新和包容性增长、深化区域经济一体化、提高中小微型企业的竞争力与创新、加强粮食安全和应对气候变化的可持续农业等。

中国国家主席习近平、美国总统特朗普、智利总统巴切莱特、加拿大总理特鲁多等 4 国领导人参加 APEC 第 25 次领导人非正式会议并对越南进行国事访问。会议周期间，越南与各国举行 50 多场高级别领导人会谈。越南与各国签署 121 份合作协议，总金额逾 200 亿美元。在美国退出《跨太平洋伙伴关系协定》（TPP）的背景下，会议周期间，在日本和越南的积极推动下，TPP 的 11 国部长就继续推进“全面与进步跨太平洋伙伴关系协定”（CPTPP）达成一致。新协定将沿袭原协定的内容，但允许各成员国暂缓一些义务，以保障新形势下的平衡性。

*11 月 6 日，2017 年亚太经合组织（APEC）领导人会议在越南岘港开幕。图为会议现场*　（百度网）

## 经　　济

### 中国国家存储器基地项目动工建设

2017 年 1 月 3 日，中国最大的单体投资项目——国家存储器基地项目在中国武汉东湖新技术开发区动工建设。该项目总投资约 1600 亿元，主要生产存储器芯片，总占地面积 131.2 公顷。

### 中国实施《北部湾城市群发展规划》

2017 年 1 月 20 日，中国国务院批复《北部湾城市群发展规划》。北部湾城市群指的是粤桂琼三省（自治区）的 22 座城市。规划对北部湾城市群的总定位是：发挥地缘优势，挖掘区域特质，建设面向东盟、服务“三南”（西南中南华南）、宜居宜业的蓝色海湾城市群。《北部湾城市群发展规划》规划期为 2017 ~ 2020 年，展望到 2030 年。

・链接资料・

北部湾城市群

北部湾城市群是中国国务院于 2017 年 1 月 20 日批复同意建设的国家级城市群，规划覆盖范围包括广西壮族自治区南宁市、北海市、钦州市、防城港市、玉林市、崇左市，广东省湛江市、茂名市、阳江市和海南省海口市、儋州市、东方市、澄迈县、临高县、昌江县。城市群规划陆域面积11.66万平方千米，海岸线4234千米，还包括相应海域。2015年末常住人口4141万人，地区生产总值16295亿元，分别占全国的3.01%和2.25%。

《北部湾城市群发展规划》指出，北部湾城市群将强化南宁核心辐射带动，打造“一湾双轴、一核两极”的城市群框架：“一湾双轴”即以北海、湛江、海口等城市为支撑的环北部湾沿海地区，以北钦防和湛茂阳城镇发展轴；“一核两极”则是以南宁为核心城市，以海口和湛江为中心的两个增长极。

北部湾城市群背靠祖国大西南、毗邻粤港澳、面向东南亚，位于中国“两横三纵”城镇化战略格局中沿海纵轴最南端，是中国沿海沿边开放的交汇地区，在中国与东盟开放合作的大格局中具有重要战略地位。

## 中国商标申请量连续多年居世界第一

2017年2月8日，中国国家工商行政管理总局宣布：2016年中国商标申请量达369.1万件，已连续15年位居世界第一，国内商标申请量排前5位的省份分别为广东、北京、浙江、上海、江苏。此外，国内有效商标注册量排前5位的省份依次为广东、浙江、北京、江苏、上海，其中广东省有效商标注册量首次突破200万件。

## 消费成为中国经济增长第一驱动力

2017年2月22日，中国国务院新闻办公室发布，2016年中国社会消费品零售总额达到33.2万亿元，比上年增长10.4%，最终消费对经济增长的贡献率为64.6%。消费已连续3年成为中国经济增长的第一驱动力。

## 中国光伏企业发展良好

2017年4月16日，2017全球光伏20强排行榜发布会在中国上海举行。2017全球光伏企业（综合类）20强中，14家中国光伏企业入榜。根据德国太阳能协会统计，2016年全球光伏新增装机容量70吉瓦，比上年增长30%，其中，中国新增34吉瓦，排名第一。中国光伏装机规模继续居全球首位。

## 中国知识产权创造保持良好发展势头

2017年4月25日，中国国务院新闻办公室发布新闻，中国知识产权创造保持良好发展势头。2016年全年发明专利申请受理量达到133.9万件，比上年增长21.5%，PCT国际专利申请受理量超过4万件，国内有效发明专利拥有量突破100万件。受理商标注册申请369.1万件，增长28.35%，连续15年居世界第一。截至2016年底，有效商标注册量达到1237.6万件；中国申请人提交马德里商标国际注册申请3014件，增长29.8%；作品、计算机软件著作权登记量分别达到159.9万件和40.7万件，分别增长18.65%和39.48%；农业、林业植物新品种权申请量分别达到2523件和400件；新批准地理标志产品180个。

## 中国发布《2016年中国民航行业发展统计公报》

2017年5月10日，《2016年中国民航行业发展统计公报》公布，2016年中国民航业完成运输总周转量962.51亿吨千米，全行业完成旅客运输量48796万人次，民航运输总量连续9年排名世界第二；国内281个机场完成旅客运输量10.16亿人次，首次突破10亿大关；旅客吞吐量千万级机场达到28个，民航全行业运输飞机期末在册架数2950架，比2015年底增加300架，是增加数量最大的一年。2016年中国民航业国际市场份额50.44%，首次突破半数，国际竞争力有显著增长，2015年同期为49%。

## 中国首个全自动化集装箱码头成功投产

2017年5月11日，当今世界最先进、亚洲首个真正意义上的全自动化集装箱码头在中国青岛港成功投产，实现全自动化码头从概念设计到商业运营，开创全自动化集装箱作业的新纪元。该码头位于前湾港区四期5～10泊位，年通过能力520万标箱，可停靠世界最大的20000标箱以上的集装箱船舶。首期2个泊位投入运营，后方生产控制中心9个远程操控员承担了传统码头60多人的工作。智能码头设计平均效率可达每小时40自然箱，是目前世界设计效率最高的自动化集装箱码头，比传统码头作业效率提升约30%。

## 亚洲基础设施投资银行成员增多

2017年5月13日，亚洲基础设施投资银行在中国北京宣布其理事会已批准新一批7个意向成员加入，成员总数扩大到77个。此次新增的7个成员包括巴林、塞浦路斯、萨摩亚3个域内成员和玻利维亚、智利、希腊、罗马尼亚4个非域内成员。

## 第19届台湾海峡两岸经贸交易会

2017年5月18日在中国福州开幕。本届海交会凸显海峡特色和海丝特色，展区规划总面积12万平方米，吸引全球59个国家和地区的2006家企业参展参会。

## 苹果期货在中国郑州商品交易所上市

2017年12月22日，苹果期货在中国郑州商品交易所上市交易，这是全球首个鲜果期货品种，它的上市填补了全球期货市场鲜果类产品的空白。苹果期货上市后可以通过产品标准和仓储标准制定等，为贫困地区果农和企业提供定价、避险的工具和平台，预测未来市场发展，从而支持贫困地区优势产业发展，稳定贫困地区果农收入。

### 文莱政府将把文莱国打造成商业贸易自由区

2017年3月6日，文莱苏丹在文莱立法会大厦为第13届立法会主持开幕典礼发表演讲时宣布，文莱政府将把文莱国打造成商业贸易自由区，为国际贸易提供便利，并吸引更多外国直接投资。苏丹说：这是文莱政府有意鼓励及刺激国内、海外商业贸易，特别是为了给国内制造业及商业贸易提供更好的平台。一旦落实商业贸易自由区，将协助国内企业家、中小型企业家更积极投入各种商业活动，同时吸引更多外来资金在文莱投资及经商。他指出，此举将有效带领文莱走向经济多元化，不再单单依靠石油天然气单一经济命脉。

### 文莱政府宣布成立中小型企业银行

2017年3月6日，文莱苏丹在主持文莱第13届立法会议开幕典礼并致御辞时宣布，文莱政府将成立中小型企业银行，通过中小型企业银行，提供更简易的商业贷款，投入中小型企业，尤其是制造业。文莱政府将优先支持私人界投资中小型企业，帮助中小型企业发展，借助中小型企业银行支持国民创业。苏丹希望此举获得海外及国内投资家、企业家的欢迎，前来文莱投资，并希望投向石油天然气领域以外的多元性领域。

### 文莱第13届立法会议通过2017～2018财年预算案

2017年3月20日，文莱第13届立法会议通过2017～2018财年53亿文莱元预算案，并于2018年4月1日生效。财政支出的具体方案是：(1)首相署35.56亿文莱元；(2)财政部5.98亿文莱元；(3)国防部4.5亿文莱元；(4)外交与贸易部1.77亿文莱元；(5)内政部1.32亿文莱元；(6)教育部6.66亿文莱元；(7)初级资源与旅游部5154.19万文莱元；(8)宗教部2.36亿文莱元；(9)发展部2.34亿文莱元；(10)文化青年体育部7633万文莱元；(11)卫生部3.16亿文莱元；(12)交通部1.22亿文莱元。

### 文莱首次在陆上发现油气

2017年4月13日，文莱首相署能源及工业部部长丕显拿督哈芝莫哈末亚斯敏对媒体称，文莱蚬标石油公司在鲁木区的拉央拉央钻井发现石油与天然气，这是37年来该公司首次在陆上发现油气。

### 文莱政府与油气企业签署能源产业诚信协议

2017年5月8日，文莱政府分别与文蚬公司、文莱天然气公司、文蚬市场行销公司、文莱天然气运输公司、HENGYI工业、文蚬婆罗洲深水公司、文莱国家石油公司、文莱甲醇公司、文莱PETRONAS CARIGALI公司和TOTAL公司等10家文莱石油和天然气行业公司签署“文莱能源产业诚信协议”。文莱首相署能源与工业部部长丕显拿督哈芝斯敏在签署仪式上称，文莱政府对于商业诚信方面是非常明确的，对任何形式的贪污都不容忍，并利用法律的全部力量处理违法者。

### 文莱制定“丝绸之路国家计划”

文莱《婆罗洲公报》2017年9月28日报道，文莱财政部公布苏丹已经同意实施“丝绸之路国家计划”的客户认证计划。该计划提供符合世界海关组织全球授权经营者制度的交易环境，促进商界在国内开展业务，实现国家愿景。该计划于2017年9月2日生效，通过提供进出口各种优惠条件，鼓励进出口商品或海关机构更好地遵守文莱法律法规。

### 文莱旅游计划开始收获丰厚红利

文莱《婆罗洲公报》2017年11月9日报道，文莱统计部门11月8日提供的数据显示，通过文莱国际机场抵达文莱的国际游客总数在2017年第二季度已达到65747人次，比上年同期增长25.7%，增加的主要原因是2017年第一季度主要客源地旅游市场需求旺盛，远东市场包机航班增加，旅游便利化以及全球经济一定程度的复苏等。

### 文莱经济竞争力上升

世界经济论坛(WEF)公布的《2017～2018年全球竞争力报告》显示，文莱在全球137个经济体中竞争力排名第46位，比2016年上升12位。最新排名表明文莱是东盟进步最大的国家，成为东盟竞争力最强的5个国家之一。

### 柬埔寨吴哥窟门票涨价

2017年2月1日，柬埔寨被列入世界文化遗产名录的著名旅游景点吴哥窟门票实行新的收费标准，一日票的价格从20美元涨至37美元，三日票从40美元涨至62美元，七日票从60美元涨至72美元。涨价后的吴哥窟门票，每张门票收入中的2美元，将捐给昆特帕花儿童医院用于救治柬埔寨贫困儿童。柬埔寨旅游部发言人狄占塔表示，票价调高后，没有出现游客数量减少的情况，平均每日约有1万名国际游客购票进入景区。

### 柬埔寨首条海底光缆启用

2017年3月15日，柬埔寨首条马来西亚—柬埔寨—泰国海底光缆正式启用。此条海底光缆是由柬埔寨本地最大的网络供货商EZECOM集团子公司Telcotech 和马来西亚电信公司 Telekom Malaysia Berhad 以及泰国电信运营商 Symphony Communication 合作完成的，全长 1300 千米，投资总额 8000 万美元。海底光缆的陆地转运站，分别位于柬埔寨西哈努克市、泰国罗勇府和马来西亚关丹市，该光缆使用最先进的 100Gbps 光纤传输技术，可以把网速提升至每秒 30Tbps。除提升网速和通讯服务，海底光缆还能加强柬埔寨与马来西亚和泰国的电信公司合作，提升通讯效率和降低收费。

## 柬埔寨向中国香港输出首批劳工

2017 年 4 月 24 日，柬埔寨劳工和职业培训部与中国香港柬埔寨人力资源发展协会签署协议备忘录，于 2017 年 9 月向香港输出首批 1000 名柬埔寨劳工。8 月 9 日，以宣传有关柬埔寨外佣赴中国香港务工的“人员招聘、职业培训、管理和运送”等相关事务的研讨会在金边举行，柬埔寨劳工和职业培训部部长毅森兴出席并主持此次研讨会。据毅森兴介绍，中国香港入境事务处于 2017 年 3 月 1 日起放宽对柬埔寨国民签证的要求，协调本港中介公司引入外籍劳工。

## 柬埔寨颁布实施《2016～2025 金融业发展战略》

2017 年 6 月 15 日，柬埔寨政府颁布实施《2016～2025 金融业发展战略》，以推动柬埔寨金融业持续稳定发展。《2016～2025 金融业发展战略》的颁布实施，反映柬埔寨政府的长远视野和发展金融业的决心，目的是为国民提供更加快捷和广泛的金融服务。该战略评估柬埔寨金融业取得的成果和面临的挑战，提出下一个 10 年各阶段的金融发展行动计划，为柬埔寨未来金融业发展提供指针及依据，有利于吸引国际投资，促进金融产品及服务的多元化，提升服务效率。近年来，柬埔寨金融业得到长足发展，2000 年柬埔寨仅有 10% 的成年人使用存款、贷款和结算等金融服务，如今，这一比例已经达到 54%。

## 柬埔寨胡椒供过于求，价格下滑

据柬埔寨农林渔业部统计，2017 年柬埔寨胡椒产量增至 2.01 万吨，为 2016 年的 2 倍，是 2013 年的 8 倍。特本克蒙省是柬埔寨第一大胡椒生产省份，2017 年该省胡椒产量 1.5 万吨；拉达那基里省排名第二，产量 1234 吨；桔井省位居第三，产量 1216 吨。由于柬埔寨胡椒的质量好，此前在国际市场上常常供不应求，价格也曾居高不下。在高市价的刺激下，柬埔寨胡椒种植面积从 2013 年的 4656 公顷增至 2017 年的 5037 公顷。因为缺乏统筹规划，柬埔寨胡椒生产出现供过于求的情况，农民只能以低价出售给中间商。据柬埔寨商业部顾问万罗山介绍，每千克柬埔寨黑胡椒的价格已降至约 3 美元，低于成本价。

## 印度尼西亚总统佐科提出 2018 年要完成的 10 项重点建设

2017 年 4 月 4 日，印度尼西亚总统佐科在雅加达国家宫召开全体内阁会议提及 2018 年国家收支预算草案时提出 2018 年至少必须完成 10 项重点建设。一是发展基础设施，基本上达到全国互联互通；二是持续提高教育方面的预算开支，这项预算开支至少为国家预算开支总额的 20%，甚至在 2030 年达到 400 万亿盾的开支额；三是节俭各部门和机构的物品开支，这项预算开支最高额仅能与 2016 年实际开支相同；四是燃油、煤气、肥料和稻苗等津贴开支必须准确、有效的落实，至少 40% 津贴落实到贫民阶层；五是持续推广希望家庭纲领，受惠家庭从原来的 600 万户增至 1000 万户；六是各部门和机构领导人必须提高监督功能，杜绝一切贪污和浪费的活动；七是中央对地方的普通拨款将根据中央和有关地区的财政和经济发展互动情况决定其拨款数额；八是基于扶贫的目标，在 2018 年预算草案对某些地区提高其预算开支上限，并采取有效措施缩减当地的贫富鸿沟；九是基于乡村建设基金数额越来越大，有关的部长应提高其监督能力；十是各部门和机构领导人应根据九项优先纲领推动所管理的建设项目，尽可能充分达到 2018 年国家预算草案所预定的指标。

## 印度尼西亚新增 55 项国家战略建设项目

2017 年 6 月 2 日，印度尼西亚通过修改 2016 年有关加速落实国家战略建设项目的第 3 号总统条例，增加 55 项优先落实的国家战略建设项目，这些项目的投资额共约 1198 万亿盾。其中，32 项将由国家预算案支持，7 项由政府与企业合作承建，3 项属于非国家预算案，13 项属于私企承建，另有 1 项是飞机研制项目。

## 印度尼西亚加快与欧盟贸易协定谈判进程

为加快印尼—欧盟全面经济伙伴关系协定的谈判，2017 年 6 月 6～9 日，印度尼西亚与欧盟在比利时首都布鲁塞尔举行谈判间会议。双方集中讨论涉及商品贸易、商品来源的规定、投资、专利权、经济合作、容量的提高等方面的协议内容。并同意将面对的各种问题归为两类。由双方谈判组或谈判主席负责解决技术性问题，即协定的草拟问题。由双方谈判主席或各部长权衡政策性问题。

## 印度尼西亚公布第 16 轮经济改革配套措施

2017 年 8 月 31 日，印度尼西亚经济统筹部部长达尔敏·纳苏迪安在印度尼西亚证交所大楼正式公布政府第 16 轮经济改革配套措施，加大力度改善从中央至地方政府的投资环境和简化外资审批程序，以吸引更多投资。

## 印度尼西亚央行启动国家支付网络

2017年，印度尼西亚央行开设国家支付网络作为综合支付系统。该系统包括授信、结算等基本功能，由4家印度尼西亚同业交换公司共同组成的企业联合体管理和运营。4家印度尼西亚主要电子货币发行银行已签署电子货币互换协议。建设国家支付网络的主要目标是建立一个可互操作的互联支付生态系统，并能够进行国内结算授权交易，还加强消费者保护，并确保可用性和完整性，以提高中介效率和金融系统效率。

## 矿业仍是老挝第一大出口创汇产业

2017年1~9月，老挝矿产行业贸易额9.29亿美元，其中矿产出口贸易额9.06亿美元，虽较上年同期下降1.61%，但仍为老挝第一大出口创汇产业。老挝自1990年对外国投资者开放矿产开发与投资至今，累计批准229家公司，其中批准普查和勘察企业96家，进行经济技术可行性的企业52家，挖掘与生产企业81家。地方共批准小型挖掘和开采企业443家，批准开采的矿种有21种。

## 中老铁路“廉洁之路”建设启动仪式

2017年12月20日在中老边境云南西双版纳傣族自治州勐腊县玉磨铁路友谊隧道口举行。中共中央纪委、外交部、发展改革委、商务部、国资委、中国铁路总公司、老党中央纪委、公共工程与运输部、老挝驻华使馆、老挝国家铁路公司等中老两党及两国政府、企业代表出席仪式。中老铁路项目投资总额374.25亿元人民币，于2016年12月全线开工，截至2017年年底，累计完成投资总额的12.06%，预计2021年年底完工。

## 老挝水泥公众公司（LCC）首次公开募股

老挝水泥公众公司（LCC）是中铝公司下属云铜集团子公司中国云南国际经济技术合作公司的境外控股公司，首次公开募股于2017年12月21日开始，发行股数1200万股，发行价格2400基普/股，发行市净率1.01倍，由老中证券有限公司负责发行。上市后将成为老挝第7家上市公司，第1家水泥行业上市公司。

## 老挝沙湾—色诺经济特区和赛色塔综合经济开发区受到老挝政府褒奖

由老中联合投资有限公司投资开发的沙湾—色诺经济特区和赛色塔综合经济开发区获老挝政府2017年度褒奖。自2015年以来，上述2个开发区累计向老挝政府缴税430亿基普，进口物资及建筑设备总价值13亿美元，出口商品价值5.68亿美元，提供15000个工作岗位。已有30家企业入驻这两个开发区。

## 马来西亚全面调涨油价

2017年1月1日，马来西亚汽油零售价格全面调涨，95号汽油价格从每升1.9林吉特上调至2.1林吉特，97号汽油价格从每升2.25林吉特上调至2.4林吉特，柴油价格从每升1.85林吉特上调至2.05林吉特。

## 马来西亚国家银行延长林吉特—韩元互换外汇安排3年

2017年2月2日，马来西亚国家银行和韩国银行达成一项协议，将双边的林吉特—韩元互换外汇安排延长3年。上述措施安排的金额规模与2013年10月20日订立的初步安排金额150亿林吉特（或5兆韩元）一样。这项安排旨在促进更多地利用马来西亚本地货币来进行贸易结算，进一步加强两国的金融合作。

## 马来西亚和中国阿里巴巴合作打造数码自由贸易区

2017年3月22日，马来西亚数码经济发展机构宣布与中国阿里巴巴集团合作，在马来西亚打造中国以外的首个数码自由贸易区。11月3日，马来西亚总理纳吉布和阿里巴巴创办人马云出席数码自由贸易区启动仪式，双方签署数项合作谅解备忘录。数码自由贸易区由阿里巴巴旗下的电子商务物流平台菜鸟网络和Lazada牵头，与马来西亚机场控股有限公司联营，在位于吉隆坡国际机场航空城的45公顷土地上建设一个国际超级物流枢纽，同时利用阿里云和大数据技术，兴建一个跨境电子贸易平台，为马来西亚中小企业跨境贸易提供物流、仓储、通关、贸易、金融等一系列供应链设施和商业服务，支持马来西亚培育本土创业公司，培育和储备数字经济人才等，成为中小企业通向世界的窗口。这项计划头两年的投资超过5亿林吉特（约8亿元人民币）。至2017年11月，共有1997家中小企业进驻数码自由贸易区。预计到2025年时，可承担650亿美元的物流，创造6万个工作机会。

## 马来西亚实施生产力蓝图

2017年5月8日，马来西亚总理纳吉布宣布实施马来西亚生产力蓝图，目标是2017~2020年国家劳动生产力每年增长3.7%。生产力蓝图共涵盖5项主要策略、10项全国措施、43项领域措施及16项行动。其中，5项主要策略包括培训未来劳工、刺激数码化与创新、确保各领域生产力的问责度、打造强稳的生态系统及强稳的执行机制。要优先落实6项措施，即重组并改进外劳管理、鼓励企业使用工业革命4.0的科技、加强中小型企业数码化、提供新拨款或借贷时设立生产力目标、废除阻碍商业增长的非关税措施并提高物流效率、改变治理模式推行生产力蓝图的落实。分3个阶段在各领域设立生产力核心点;第一阶段重点为饮食零售业、电子与电器及化学产品领域,各领域将获得500万林吉特来推行启始各项活动;第二阶段重点为机械与配备次领域、旅游与农粮领域;第三阶段重点为工艺资讯与私人保健看护服务领域。二、三阶段将分别在2017年9月和12月落实。政府将通过“第11项大马计划”的89个计划落实该蓝图,2017~2020年拨款总额95亿林吉特。

## 中国浙江吉利控股集团收购马来西亚宝腾汽车股份

2017年5月24日,中国浙江吉利控股集团收购马来西亚宝腾汽车49.9%的股份以及豪华跑车品牌莲花汽车51%的股份,成为宝腾的海外策略伙伴。马来西亚多元重工业仍持有宝腾汽车50.1%的股权,而马来西亚本地的Etika汽车私人有限公司则占有莲花汽车49%的股份。6月23日,中国吉利汽车集团与马来西亚DRB-HICOM集团正式签订收购宝腾汽车的最终协议。马来西亚总理纳吉布、浙江吉利汽车集团董事长李书福、DRB-HICOM集团总裁萨义德等嘉宾参加签约仪式。浙江吉利控股集团将在全球范围内遴选宝腾核心管理团队成员,新的管理团队上任后将与现有团队完成对接,确保宝腾业务运营正常推进。在协议获得政府有关监管部门批准后,双方将开始广泛而深入的合作,充分协调技术资源,统筹各方优势,支持和推动宝腾及莲花汽车的转型。协议双方将致力于不断提升宝腾的技术创新能力和市场竞争力,努力将其打造成为马来西亚市场占有率第一的民族汽车品牌以及东南亚汽车市场的领军者。吉利收购宝腾后,将借助宝腾现有的生产线和渠道进军东南亚市场。同时,吉利也会在收购完成后给予资金和技术支持,重塑宝腾品牌形象,进一步提升其在马来西亚、英国、印度及澳大利亚等市场的影响力。

## 马来西亚东海岸铁路在关丹开工

2017年8月9日,中国交通建设股份有限公司承建的马来西亚东海岸铁路开工仪式在关丹举行。马来西亚总理纳吉布和中国国务委员王勇出席开工仪式并讲话,国务院国资委主任肖亚庆出席开工仪式。马来西亚东海岸铁路全长688千米,预计2024年完工。这项合同总额约人民币853.3亿元的工程,是中国企业境外在建的最大工程,也是“一带一路”建设的旗舰项目,能给马来西亚带来1.5%的GDP增长。该项目85%的资金来自中国贷款,归还期限为20年,头7年免还贷款和利息,中国将通过马来西亚进出口银行支付贷款。其余15%资金来自苏库克债券,并由本地银行管理。东海岸铁路贯通马来西亚东部沿海3州,共有21个站,可以承担客运和货运服务。据估计,到2030年,每年将有540万人次和5300万吨货物通过东海岸铁路运输。

## 马来西亚向外国游客征收旅游税

从2017年9月1日起,马来西亚向外国游客征收旅游税。即外国游客入住马来西亚国内任何酒店每房每晚会被征收10林吉特(约合15.6元人民币)的旅游税;马来西亚公民和永久居民免于征税;入住在马来西亚文化和旅游部登记的民宿无需缴税。征收旅游税预计每年会为马来西亚带来2.1亿林吉特的税收。2017年9月1日至12月31日,马来西亚共征收旅游税3997.56万林吉特,其中最大税收来源是吉隆坡(1662万)、沙巴(453万)、槟城(388万)、彭亨(347万)及柔佛(271万)。

## 马来亚银行推出先租后买房屋计划

2017年11月23日,马来亚银行与实达集团、绿盛世集团、马星集团、金务大置地私人有限公司、森那美产业5家知名发展商合作,推出马来西亚国内首个由银行业者提供的先租后买房屋计划。这项计划主要是提供给首次购房和改善住房者,以应对马来西亚人民日益增长的住房需求,让他们有能力拥有自己的房子。这项计划与一般房贷不同的是,买家不需要支付首期房款,参加计划的人可以在相关发展商的指定项目中寻找中意的房屋,然后向马来亚银行申请先租房,直到自己有足够能力后再正式购买该房屋。在这项计划下,头5年的租金保持不变,从第6年开始,租金会逐年增加2%,直到租约结束为止。此外,买家也无须支付印花税等费用。这项名为Houz KEY的计划,最先提供给银行员工试行,于2018年逐步开放给所有民众。

## 缅甸开通完全在线申报进出口许可证系统

缅甸商务部称,从2017年6月开始,300多种商品将以完全在线申报进出口许可证方式发放许可证,包括23种出口商品和352种进口商品。进口商品主要包括农产品、自行车配件、建材产品、工业原料及成衣、食品、药品、轮胎等;出口商品包括啤酒、槟榔、橡胶、冷冻肉、锡、钨等。企业申报这类进出口商品无须前往商务部现场办理,只需通过在线方式完成证书申请、付款、发放等手续,极大方便了进出口商。

## 缅甸举行首届缅美贸易展览会

2017年6月2日,首届缅美贸易展览会在缅甸国防军展览馆举行。展会提供100多个展位,上百家美国企业参加本次展会。展会主要展出产品为汽车及相关零配件、电子产品、石油与天然气产品、日用品、进口食品、珠宝等。

## 缅甸重组投资委员会

2017年6月12日，缅甸政府发布通令，宣布重组缅甸投资委员会。重组后的投资委员会成员由11名增加到13名，投资委员会主席为计划与财政部部长党温，副主席为商务部部长丹敏，秘书长为投资与公司局局长昂乃乌。此外，根据新投资法，500万美元以下投资无需经缅甸投资委员会许可，而交由地区性投资委员会决定。

## 缅甸公布10个优先投资行业

2017年6月27日，缅甸投资委员公布10个优先开发的投资行业，分别是：农业、服务和农产品增值行业，畜牧、水产养殖业，有助于增加出口的制造业，替代进口的制造业，电力行业，物流行业，教育服务行业，卫生服务行业，开发廉价房，开发工业园区。对这些行业进行投资的国内外企业，可向缅甸政府提出申请，缅甸投资委员会和省邦政府将会给予税收等方面的优惠。

## 缅泰边境地区双向公路即将开建

2017年6月30日，缅甸—泰国联合协调委员会在泰国举行会议，会上讨论缅甸至泰国边境地区的双向公路建设问题。泰国将贷款45亿泰铢（1.33亿美元），开通长达132千米由泰国北碧府至土瓦经济特区的双向公路。

## 缅甸批准韩国建设纺织产业工业区

2017年7月16日，缅韩工业区项目签署仪式在韩国济州岛举行，缅甸建设部部长温凯出席仪式，缅甸政府将批准韩国的投资者在仰光建设占地243公顷的纺织产业工业区，缅甸政府还将在该地区建设工业培训学校、农业特区和畜牧业特区。工业区建成后将为缅甸带来韩国先进工业技术和大批工作岗位。

## 缅甸外贸总额增长

缅甸2017~2018财年外贸总额超过300亿美元，比上一财年增加40亿美元，创造外贸历史上的新纪录。其中，出口额130多亿美元，进口额170亿美元，贸易逆差40亿美元。

## 缅甸大米出口量创历年新高

根据缅甸商务部消息，在缅甸水稻联合会的领导和商人的大力推动下，2017~2018财年截至2018年1月5日，缅甸大米出口量已达260多万吨，较上一财年同期增加160万吨，出口额4.8亿美元，创50年来最高纪录。此外，其他农产品出口额也在稳步增长。

## 菲律宾暂停派遣劳工赴卡塔尔

据《马尼拉公报》2017年6月7日报道，菲律宾劳工与就业部部长希尔维斯特·贝罗6日表示，鉴于卡塔尔近期的外交危机可能造成粮食短缺等风险，该部宣布暂停对卡塔尔派遣菲籍劳工，自6日起生效。贝罗称，菲律宾劳工部已派出工作组赴卡塔尔，协助贮存食物和药品，以备不时之需。登记在册的驻卡塔尔菲籍劳工总数约14.1万人，多为接受过培训的熟练工。

## 菲律宾参议院批准蚂蚁金服投资入股Mynt公司

2017年8月28日，菲律宾参议院竞争委员会宣布批准马云旗下的蚂蚁金服投资入股环球电信旗下的Mynt公司。该投资为马云在菲律宾的第一个投资项目，而Mynt被誉为菲律宾版的支付宝，此次蚂蚁金服入股Mynt有望将支付宝先进的管理理念、管理经验和客户资源引入该公司，并可为该公司进一步提供资金支持。菲律宾竞争委员会主席亚申纽·巴斯利干透露，该委员会就该事宜进行深入调查，特别是针对环球电信的业务进行核查以确保没有违反竞争法，最终做出批准该项投资的决定。

## 菲律宾实施东盟单一窗口贸易系统

菲律宾《商业世界》2017年6月19日报道，菲律宾政府贸易便利化海关措施——国家单一窗口（NSW）系统于12月与东南亚其他国家挂钩实施。菲律宾财政部副部长Gil S. Beltran表示，菲政府部门正在对被称为TradeNet的单一窗口系统进行内部测试，2017年9月开始运作，并在12月前与其他东盟国家对接。菲律宾食品药品管理局、产品标准局和菲律宾缉毒局等66个机构和10个经济区将纳入该系统。通过该系统，发放进出口许可证的处理周期将由1个月缩短至3天。

TradeNet系统是NSW第二阶段，由菲律宾通信部和财政部牵头，将联结菲律宾贸易相关机构与东盟其他国家对应机构，使所有贸易数据合理、统一。菲律宾于2010年实施了NSW第一阶段，将政府机构的网络互联。东盟单一窗口系统旨在加快货物清关流程，降低经营成本和时间，提高区域内的贸易效率和竞争力。在东盟10个成员国中，只有印度尼西亚、马来西亚、新加坡和泰国已成功实施该系统。

## 菲律宾对中国游客实行落地签政策

2017年8月，菲律宾移民局发布公告，称为吸引更多中国游客和投资者，将针对中国旅游局认可的旅行社组织的旅游团组、由菲律宾政府机构及外国商会邀请的商务人士、运动员以及参会参展人士等几类中国公民实行落地签政策，实施口岸包括菲律宾8个国际机场以及马尼拉、苏比克、拉瓦格等多个港口。从申请获准之日起，中国公民持往返机票进入菲律宾可以办理30天落地签证，最长可延期至6个月。

2017年9月13日，菲律宾移民局签出第一份中国公民访菲落地签，标志着这一政策正式实施。

## 菲律宾国家经济发展局委员会批准20个投资项目

2017年，菲律宾国家经济发展局委员会批准20个项目，其中包括14项新的和6项现有但经修改或需要融资的项目，杜特尔特政府在上任的18个月内共批准36个工程项目。年内获得通过的项目投资总额1兆比索，较2016年通过的17个项目的投资总额4000亿比索高出许多。

## 新加坡列专项财政开支落实经济发展策略

2017年2月9日，新加坡未来经济委员会公布未来10年发展“创新和互联经济”的发展战略，包括设立国际合作项目基金，协助新加坡公司在海外投资，通过国际化壮大规模；支持“中小企业数码化计划”；成立“全球创新联盟”，帮助新加坡人获取海外经验和人脉，同其他创新城市的参与者合作。2月20日，新加坡财政部部长王瑞杰在国会宣布，新加坡政府将在今后4年预留24亿新元（1新元约合0.7美元）落实未来经济委员会提出的经济发展策略。

新加坡财政部预计今后几年政府财政开支将迅速增加，尤其是医疗保健和基础设施领域。预算案显示，2017财年新加坡政府部门的支出预计为37亿新元，比2016财年增长5.2%。预计2017财年预算盈余19亿新元，相当于国内生产总值的0.4%。

## 新加坡成立智慧国及数码政府工作团

2017年3月20日，新加坡总理公署宣布将于2017年5月1日成立智慧国及数码政府工作团，该机构隶属于新加坡总理公署，致力于推动智慧国建设。智慧国及数码政府工作团由一个部长级委员会领导，副总理兼国家安全统筹部部长张志贤担任委员会主席。智慧国及数码政府工作团由智慧国及数码政府署和政府科技局组成。智慧国及数码政府署将整合财政部负责数码政府事务、通讯及新闻部负责政府科技政策的部门以及原隶属于总理公署的智慧国事务署。此前隶属通讯及新闻部的政府科技局将成为总理公署下属机构，执行智慧国及数码政府署的各项计划。智慧国及数码政府工作团的职责包括：运用数字和智能技术改善公众生活，密切与相关机构、企业和公众的合作；发展孵化智能技术平台，推动企业和公众创新；加强政府信息通信技术基础设施建设，推动公共服务数字化转型。

## 新加坡增加国际行销活动计划预算

2017年，新加坡国际企业发展局额外拨出10%预算至2200万新元用于资助当地企业走向国外的国际行销活动计划经费支出，重点用在东南亚市场和数码主题的贸易展。参与公司的主要费用可享有高达70%的补贴。

2011～2015年，新加坡企发局国际行销活动计划已和超过50个当地商团，组织1000个商业代表团和在国际贸易展设立新加坡展区，拨出的9300万新元已惠及1.5万家公司，其中95%是中小企业。

## 新加坡旅游局提高对当地商家主办活动的补贴

新加坡《联合早报》2017年4月13日报道，新加坡旅游局宣布改善4年前推出的起步基金，提高对当地商家主办活动的补贴。起步基金于2013年推出，合格申请者当时可获得高达一半补贴，顶限为15万新元。起步基金改善后，当地商家可获得高达70%补贴，顶限为20万新元。合格项目也从原先的临时娱乐、餐饮、零售或艺术活动扩大到跨领域活动，如结合休闲与商业的活动。2013～2016年，新加坡旅游局为起步基金拨款500万元。2017～2020年，新加坡旅游局将拨款1000万新元充实这项基金。

新加坡政府在诸多领域广泛利用大数据技术，积累了值得借鉴的经验，现已成为亚洲乃至全球的智慧城市建设先驱（百度网）

## 新加坡政府协助企业在15个领域推出产业转型蓝图

新加坡《联合早报》2017年12月21日报道，新加坡政府在15个领域推出产业转型蓝图，以协助企业积极转型与掌握未来机会。从2016年9月开始推展的产业转型蓝图涵盖领域有23个。已推出的产业转型蓝图领域包括食品制造、餐饮、零售、批发贸易、物流、酒店、精密工程和航空运输等。其余8个领域的产业转型蓝图最迟在2018年3月（2017财政年年末）推出，分别是海事与岸外、宇航、房地产、保安、陆路交通、海上交通、教育以及专业服务。每一个产业转型蓝图的构成都纳入商会与商团、工会与企业的想法，因此推行时得到它们的支持与响应。产业转型蓝图的四大支柱分别是协助企业提高生产力，提升技能，推动创新，走向国际。

## 新加坡游客人次和旅游收益连创新高

新加坡《联合早报》2018 年 2 月 12 日报道，全球经济逐渐复苏，亚太区域的旅游市场持续增长，加上连接新加坡的航空和游轮网络进一步扩大等，新加坡 2017 年接待的外国入境游客和旅游收益继续创下历年新高。

新加坡旅游局公布的旅游数据显示，2017 年入境游客人次从 2016 年的 1640 万增至 1740 万，增长 6.2%。入境游客人次的增长主要是受更多中国和印度游客到新加坡观光所带动。15 大客源地中，13 个国家和地区的数字都上升，有 7 个破纪录，包括中国、印度、越南、菲律宾、美国、英国和德国。其中：来自中国的入境游客比 2016 年增长 13%，达 322.7 万人次，首次超越印度尼西亚，位居榜首，成为最大游客来源国；印度尼西亚游客则微增 2%，至 295.4 万人次，滑落到第二名；印度游客增幅最大，达 16%，共有 127.2 万人次，赶超马来西亚晋升第三名。

另外，以 2017 年 1 ~ 9 月为计算基准，2017 年新加坡旅游收益总额 268 亿新元，与 2016 年全年数据相比约增加 11 亿新元，增幅 3.9%。

## 泰中签约联合建设近 600 千米输油管

2017 年 5 月 19 日，泰坦控股公司旗下斯迪雷卡公司与中国国家石油集团公司旗下中国石油天然气管道局公司举行签约仪式，合作建设 568 千米长的输油管项目，投资总额 33 亿泰铢，输油管从大城府挽巴茵县油库北上至南邦府油库，建设方式依照批准特许权的石油管道公司规定的方式进行，分别在地面挖掘或钻穿地下铺设。

## 泰国电商市场迅速扩大

2017 年 11 月，泰国零售商 Central Group 与中国京东合作，成立一家注册资金 5 亿美元的合资公司，共同开展电子商务和金融科技业务。京东为合资公司提供技术和物流支持，而 Central 则会提供商家关系、品牌认同和客户分析等。该合资公司将面向泰国和整个东南亚消费者推出一个全新的线上零售平台 JD Central。Central 于 2016 年收购时尚电商 Zalora 泰国和越南地区的业务，并在 2017 年 6 月将 Zalora 泰国站更名为 LOOKSI。2017 年 11 月，Central Group 参投泰国曼谷线上时尚电商 Pomelo 的 B 轮融资。在 Central Group 进场前，Pomelo 的 B 轮融资额达到 1900 万美元，京东和印度尼西亚投资公司 Provident Capital Partners 共同领投。继韩国、土耳其、印度尼西亚、马来西亚之后，韩国电商平台 11street 于 2016 年进入泰国，泰国成为其在全球的第 5 个市场。2017 年 12 月 5 日，11street 与泰国家庭购物零售商 True Shopping 合作，在 11street 平台推出 true-shopping 网上商店。

## 中泰高铁正式动工

2017 年 12 月 21 日，经历 3 年多谈判的中泰高铁合作项目一期工程终于在呵叻府巴冲县刚东镇火车站破土动工，泰国总理巴育主持开工仪式。他代表内阁表示，中泰高铁曼谷—呵叻的高速铁路将分为四段建设，首段为 3.5 千米，连接呵叻府的刚东和帮亚索，余下三段会陆续进行研究、招标等工作，同时宣布中泰铁路必定从曼谷连通到廊开，跨过湄公河与中老铁路相连接，实现实质性互联互通并带来巨大红利。中泰高铁是泰国首条标准轨高速铁路，使用中国技术，一期工程连接首都曼谷与东北部的呵叻府，全长约 253 千米，设计最高时速 250 千米，沿线设有 6 个车站。二期工程将延伸至与老挝首都万象一河之隔的廊开府，并实现与中老铁路磨丁至万象段连接。建成后它将构成泛亚铁路规划的重要一环，成为连接中国、老挝、泰国的交通大动脉。

## 泰国招商引资超过预期

泰国促进投资委员会回顾 2017 年引资工作，取得的成绩超过预期。原定 6000 亿泰铢的引资目标，最终完成实际引资额 6419.78 亿泰铢，比上年增长 22%。引资项目 1456 个，其中 388 个项目申请地在东部经济走廊内，涉及投资额 2968.89 亿泰铢，占申请总额的 46%。在 6419.78 亿泰铢的促进投资项目中，约

*12 月 21 日，中泰铁路合作项目一期工程在泰国呵叻举行开工仪式*

（百度网）

3921.41亿泰铢的投资指向政府设定的10大优先扶持产业项目。其中投资于5大传统优势产业的资金约为2410.55亿泰铢,新扶持产业的投资额1510.87亿泰铢。统计数据显示,2017年泰国接受外国直接投资前五大来源地分别为:日本(1330.20亿泰铢)、新加坡(403.66亿泰铢)、中国(275.14亿泰铢)、美国(200.22亿泰铢)、荷兰(158.42亿泰铢)。

## 泰国汽车市场复苏

泰国是东南亚汽车制造中心和东盟最大的汽车市场,汽车产业是其支柱产业之一。2017年泰国国内汽车销售情况表明,汽车销售市场已经渡过萧条的最低点。2017年12月单月汽车销售量创下4年来最高纪录,比11月增长33.58%。12月汽车预订数量3.9万辆。全年汽车销售量累计为87.1万辆,超过85万辆的预期目标,比2016年增长13.4%。全年出口汽车114万辆,增长4.11%。国内汽车产量198.8万辆,超过既定180万辆的目标,比2016年增长2.28%。

## 泰国入境游再创新高

2017年,泰国旅游实现综合收入2.75万亿泰铢。其中:入境游收入1.82万亿泰铢(约合3660亿元人民币),比上年增长11.66%;国内旅游收入9300亿泰铢。2017年入境的外国游客人数达3820万人次,比上年增长8.8%;12月份入境外国游客人次创下历年同期新高,达353.56万人次。中国游客与东亚游客是主力。全年中国游客数量超过980万人次,比上年增长11.97%,占泰国入境游客总量的近1/3,为泰国带来超过5200亿泰铢(约合1047亿元人民币)的收入,比上年增长15.78%。2017年素万那普机场日均接待游客量14万~15万人次,旺季时最高日均接待量达到19万人次。

## 泰国连续两年成为全球最适合投资的国家

《美国新闻与世界报告》发布2017年全球最值得投资的国家排行榜,泰国连续两年夺冠。在"最佳国家"的排行榜中泰国居第26位,而在其他单项排行榜中,排在前10位的有:"全球最佳旅游"(第6)、"全球最佳文化"(第7)、"全球最佳自由行国家"(第8)。此外,"全球最佳商业机遇""全球最佳退休养老地"和"全球最佳文化影响力"也排在前20位。

## 越南贸易信息门户网站上线运行

2017年7月12日,越南财政部、海关总局承建的越南贸易信息门户网站在河内举行上线仪式。该门户网站集合来自20个不同政府部门2000多件有关越南进出口业务的法律法规、行政审批手续文件,为广大进出口企业提供一站式信息服务,同时也为外国投资商更快捷地了解越南国际贸易政策和规定提供方便。这是越南政府行政审批制度改革、改善营商环境的重要举措,网站建设得到世界银行的资金支持。

## 越南政府致力于改善投资经营环境

2017年,越南政府把改善经营环境作为工作重心之一。10月3日,越南政府出台执行越共中央《关于将私营经济发展成为社会主义方向市场经济的一个重要动力之决议》的行动计划,要求审核、评价并撤销至少1/3到1/2的现行经营条件限制。越南工贸部决定取消简化本部门675项投资经营条件;越南农业与农村发展部也提出取消简化34.2%的经营条件和56.5%的手续。凭借简化管理行政手续和其他多项措施,越南在世界银行2017年营商环境全球排名中位居第68位,比2016年的第82位提升14位,在东盟国家中排名第5,位于新加坡、马来西亚、泰国、文莱之后。

越南龙江工业园　　（百度网）

## 越南国会通过关于试点实施胡志明市发展特殊机制政策的决议

2017年11月24日,越南国会通过《关于试点实施胡志明市发展特殊机制政策的决议》。该决议赋予胡志明市在土地管理、投资管理、金融财政管理的特殊机制政策。决议自2018年1月1日起生效,实施试点期限为5年。据此,胡志明市被赋予一些权力,如:决定转变10公顷以上水稻田的用途、自行决定一些税费、提高干部工资等。越共胡志明市委书记阮善仁评价该决议是"一项同步、及时、具有突破性的国家决策",将注入新的发展动力,有利于该市更加快速和可持续发展。

### 越南上市国有股权减持实现新突破

2017 年,一系列国有企业上市,国有股权减持实现新突破。2017 年 11 月,越南国有资本投资经营总公司决定出售越南乳业股份公司法定资本的 3.33%,新加坡怡和合发集团以每股 18.6 万越南盾全部购买,越南国家财政收入 8.99 万亿越南盾。12 月 18 日,西贡啤酒饮料总公司上市将近 3.4368 亿股的国有股份(占总股份的 53.59%),由两家投资者全部购买,其中泰国富豪 Charoen 控制的 Vietnam Beverage 有限责任公司以 32 万越南盾一股的价格购买 3.4366 亿股,持股比例超过 53%。

### 越南全面实现年度经济社会发展指标

2017 年,越南全部实现 13 项既定经济社会发展指标。其中,国内生产总值比 2016 年增长 6.81%,超额完成国会既定 6.7% 的目标任务,并创下多年以来的新高纪录。根据越南统计总局的信息,达到这样的增长水平主要是依靠水产业的增长,实现从水稻转向水产养殖的结构转移。此外,也依靠三星集团扩大在北宁省和太原省的生产规模,单就三星 Galaxy Note 8 产品的问世,助推第三季度电子工业总产值增长 45%。与此同时,越南台塑河静钢铁公司克服环境污染事故造成的影响,投产后也给加工制造业带来较大的增长动力。越南国内生产总值增长摆脱了依赖开矿、石油、信贷业的阴影,代之以出口额首次达到 2137.7 亿美元,工业生产明显复苏。农林渔业也得到较大的回升。果蔬出口创造了新的纪录,2017 年出口额超过 35 亿美元,比上年增长 43%,超过大米和油气的出口值。

2017 年,越南国家银行实行稳健的货币政策,利率相对稳定,有利于企业生产经营。全年美元兑越南盾汇率平稳。外汇储备达到创纪录的 515 亿美元。新成立企业 12.69 万家,新注册和补充注册资金 3160 万亿越南盾,有 2.65 万家停产企业恢复生产活动。

### 越南货物贸易进出口额大幅增长

2017 年,越南货物贸易进出口总额 4248.7 亿美元,创下新纪录。其中:出口额 2137.7 亿美元,比上年增长 21.1%;进口额 2111 亿美元,增长 20.8%。连续两年实现贸易顺差。越南自 2007 年加入世界贸易组织后,10 年来进出口总额增长 3 倍。世界贸易组织排行数据显示,越南货物贸易出口总额世界排名由 2007 年第 50 位提升至 2016 年第 26 位,货物贸易进口总额世界排名由 2007 年的第 41 位提升至 2016 年第 25 位。越南的企业尤其是外资企业已经日益深入地参与到全球价值链。

### 越南吸引外资额创 9 年来新高

外资企业对越南经济社会发展的贡献日益增大。2017 年,外国直接投资 359 亿美元,创 9 年来新高,其中新注册和补充注册资金 297 亿美元,出资购买股份 62 亿美元。外国直接投资实际到位资金 175 亿美元,比 2016 年增长 10.8%。吸引外资大幅度提高的原因是,2017 年越南批准了一批大型外资项目。其中包括:3 个大型外资电力项目,分别是清化省宜山二号 BOT(建设—经营—转让)火力发电厂项目,投资额 27.9 亿美元;庆和省云峰一号 BOT 火力发电厂项目,投资额 25.8 亿美元;南定一号 BOT 火力发电厂项目,投资额 20.7 亿美元。此外,三星显示器公司在越南北宁省追加投资 25 亿美元;坚江省的 B 区—乌门输气管道项目,投资额 12.7 亿美元;胡志明市首添新城区 2A 号智能综合区项目,注册资金 8.85 亿美元。外国直接投资项目为越南创造了大量的就业机会。

### 越南旅游业发展成效显著

2017 年,越南接待国际游客 1290 万人次,比上年增长 30%,超额完成既定的目标任务。接待国内游客 7320 万人次。旅游业总收入 500 万亿越南盾(约合 230 亿美元),对国内生产总值的贡献率约为 7%。由世界旅游组织评定的 2017 年国际旅客增长最快的十大旅游目的地中,越南居第 6 位。世界经济论坛发布的旅游产业竞争力报告中,越南在 136 个国家与地区中排第 67 位,比 2016 年上升 8 位。

## 文　化

### 中国举行 2016 年度国家科学技术奖励大会

2017 年 1 月 9 日,中共中央、国务院在北京举行 2016 年度国家科学技术奖励大会。中共中央总书记、国家主席、中央军委主席习近平向获得 2016 年度国家最高科学技术奖的中国科学院物理研究所赵忠贤院士和中国中医科学院屠呦呦研究员颁发奖励证书。随后,习近平等党和国家领导人向获得国家自然科学奖、国家技术发明奖、国家科学技术进步奖和中华人民共和国国际科学技术合作奖的代表颁奖。

### 中国公布《"十三五"国家知识产权保护和运用规划》

2017 年 1 月 13 日,中国国务院印发《"十三五"国家知识产权保护和运用规划》。规划提出,到 2020 年,中国知识产权重要领域和关键环节的改革取得决定性成果,建成一批知识产权强省、强市,知识产权保护环境显著优化，知识产权运用效益充分显现，知识产权综合能力大幅提升。每万人口发明专利拥有量从2015年的6.3件增加到12件，国际专利申请量从2015年的3万件增加到6万件，知识产权使用费出口额从2015年的44.4亿美元提高到100亿美元。

## 杨振宁、姚期智正式转为中国科学院院士

2017年2月21日，已放弃外国国籍成为中国公民的中国科学院外籍院士杨振宁、姚期智两位教授，正式转为中国科学院院士。按照新制订的程序和规则，杨振宁院士加入中科院数学物理学部，姚期智院士加入中科院信息技术科学部。至此，中国科学院院士人数为754位，外籍院士人数为78位。杨振宁，物理学家，因与李政道共同提出弱相互作用中宇称不守恒原理而获1957年诺贝尔物理学奖。姚期智，计算机科学专家，2000年获得计算机科学领域最高奖——图灵奖。

## 中国“海翼”号深海滑翔机刷新最大下潜深度

2017年3月9日，中国自主研发的“海翼”号深海滑翔机，在马里亚纳海沟完成大深度下潜观测任务并安全回收，其最大下潜深度为6329米，刷新了水下滑翔机最大下潜深度的世界纪录，为中国深渊科考提供新的科考手段。

## 中国设立全国创新争先奖

2017年5月25日，中国设立又一个重要的科技奖项——全国创新争先奖。全国创新争先奖是中国国家科技奖励体系的重要组成部分和补充，是国家科技奖项与重大人才计划的有机衔接，是仅次于国家最高科技奖的一项科技人才大奖。全国创新争先奖每3年评选表彰一次，每次表彰10个科研团队授予奖牌，表彰不超过30个科技工作者授予奖章，享受省部级劳模待遇，表彰不超过300名科技工作者授予奖状。

## 中国启用全国卫星导航定位基准服务系统

2017年5月27日，中国国家测绘地理信息局召开新闻发布会，宣布中国全国卫星导航定位基准服务系统正式启用。该系统是目前中国规模最大、覆盖范围最广的卫星导航定位服务系统，能够兼容北斗、GPS、格洛纳斯、伽利略等卫星导航系统信号，可以向公众提供实时亚米级的导航定位服务，并向专业用户提供厘米级乃至毫米级的定位服务。

## 中国设立全国科技工作者日

经中国国务院批准，自2017年起，将每年5月30日设立为全国科技工作者日，中国科技工作者从此拥有属于自己的节日。

## 中国成功发射首颗硬X射线调制望远镜卫星

2017年6月15日，中国首颗硬X射线调制望远镜卫星“慧眼”在中国酒泉成功发射，实现宽波段、大视场、大有效面积的X射线空间观测，这是中国在高能天体物理观测领域取得的重大成果。

## 中国哈尔滨市当选2018年东亚文化之都

2017年8月7日，经过来自对外文化交流、公共文化建设、非物质文化遗产保护等领域专家的认真评审，中国哈尔滨市当选2018年东亚文化之都。

## 中国天文望远镜首次发现脉冲星

2017年10月10日，中国科学院国家天文台举行新闻发布会宣布，被誉为“中国天眼”的500米口径球面射电望远镜(FAST)，经过一年紧张调试，已实现指向、跟踪、漂移扫描等多种观测模式的顺利运行，并确认多颗新发现的脉冲星。这是中国天文望远镜首次发现脉冲星。

## 中国长沙市加入2017年全球创意城市网络

2017年11月1日，联合国教科文组织在法国巴黎宣布，中国长沙市正式加入2017全球创意城市网络，成为中国首个获评世界媒体艺术之都称号的城市。

创意城市网络(UCCN)是联合国教科文组织于2004年10月推出的重大文化旗舰项目，致力于发挥全球创意产业对城市可持续发展的推动作用，促进世界城市之间的交流合作。创意城市网络分为媒体艺术、音乐、文学、美食、电影、设计、手工艺与民间艺术7个类别，之前已有110多个城市加入，中国先后有设计之都北京、上海、深圳，手工艺与民间艺术之都杭州、苏州、

中国黑龙江省哈尔滨市防洪胜利纪念塔 (百度网)

景德镇，美食之都成都、顺德等 8 个城市加入。2017 年，长沙作为唯一一个亚洲城市参与媒体艺术之都角逐。最终，长沙（中国）、多伦多（加拿大）、瓜达拉哈拉（墨西哥）、布拉加（葡萄牙）、科希策（斯洛伐克）等 5 个城市获得媒体艺术之都称号。

### 广西龙胜龙脊梯田系统被认定为全球重要农业文化遗产

2017 年 11 月 23 日，广西龙胜龙脊梯田系统在意大利罗马通过联合国粮农组织（FAO）评审，正式被认定为全球重要农业文化遗产（GIAHS）。至此，中国已有 15 个项目被认定为全球重要农业文化遗产，居世界第一。

### 中国甲骨文入选《世界记忆名录》

2017 年 11 月 25 日，联合国教科文组织网站发布消息，中国申报的甲骨文顺利通过联合国教科文组织世界记忆工程国际咨询委员会的评审，成功入选《世界记忆名录》。《世界记忆名录》创建于 1997 年，每两年评审一次，目的是对世界范围内正在逐渐老化、损毁、消失的文献记录进行抢救，并加强保护和利用，提高全世界对文献遗产及其重要性的认识。

### 文莱成立学校领导执行委员会

2017 年 4 月 22 日，文莱成立学校领导执行委员会。目的是通过文莱各所学校领导进行讨论、交换意见和看法，以分享对共同关心问题的看法和实践经验，提高学校管理人员的领导能力。

### 文莱大学首次进入 QS 世界大学 400 大的排名

据马来西亚《诗华日报新闻网》2017 年 6 月 9 日报道，文莱大学在 2017 年首次进入 Quacquarelli Symonds（QS）世界大学 400 大的排名，位居第 349 名。全世界有 26000 所大学，QS 已将文莱大学列为全球 1.3% 的大学之一。文莱大学是东南亚国家唯一被列入世界前 400 名的学校。这是文莱大学取得的突破性成就。QS 世界大学排名基于 6 个绩效指标，排名评估 4 个方面的大学绩效如研究、教学、就业能力和国际化。被视为世界上最具影响力和最可靠的大学排名之一。在指标上，文莱大学国际教师世界排名第 47 名，教师学生比例为世界第 69 位，国际学生排名 210 位。

### 文莱苏丹强调让古兰经成为文莱文化的一部分

文莱《婆罗洲公报》2017 年 6 月 12 日报道，文莱苏丹在庆祝斋月时强调：古兰经文化应该是文莱文化的一部分。苏丹还强调古兰经教义的重要性，文莱政府不希望看到各方面进步，唯有在掌握古兰经方面退步。

### 首届国际地球科学大会在文莱举行

2017 年 11 月 16 日，首届国际地球科学大会在文莱举行。大会旨在探讨地球科学家在开发地球资源、实现可持续发展和自然世界保护中扮演的角色。

### 文莱国防部和文莱技术教育学院开展合作培训

《文莱快报》2017 年 11 月 24 日报道，文莱国防部和文莱技术教育学院于 11 月 23 日签署合作培训备忘录，文莱国防部希望通过与文莱技术教育学院合作，提高军人素质和声誉。

### 文莱武术队参加第 4 届中国—东盟武术节并取得良好成绩

2017 年 11 月 26～28 日，文莱武术队参加在中国广西桂林举行的第 4 届中国—东盟武术节，并取得良好成绩，获得 2 金 3 银 1 铜共 6 枚奖牌，中国武术协会为文莱武术队颁发武德风尚奖，为教练李辉颁发优秀教练奖。

### 柬埔寨积极参加第 29 届东南亚运动会

2017 年 8 月 24 日，在马来西亚吉隆坡举办的第 29 届东南亚运动会上，柬埔寨法式滚球女选手高琳与翁斯雷穆合作，以 13 比 10 打败泰国女选手，首次为柬埔寨赢得东南亚运动会该项目的冠军。柬埔寨此次派出 274 名运动员参加东南亚运动会，共获奖牌 17 枚，其中金牌 3 枚、银牌 2 枚、铜牌 12 枚。

### 印度尼西亚雅加达举办文化博览会推销自己

2017 年 5 月和 6 月，雅加达在柏林和莫斯科举办两次文化博览会，主要推广城市文化活动和旅游景点，以此来提升雅加达的国际知名度。

### 印度尼西亚克利斯短剑博物馆开馆

2017 年 8 月 9 日，印度尼西亚总统佐科在中爪省梭罗市主持努山打拉群岛克利斯短剑博物馆开馆仪式。佐科在致辞时强调，克利斯短剑是具有很高哲学价值的民族文化遗产，设立该博物馆的目的是让印度尼西亚文化能够传承下去。

### 印度尼西亚总统佐科签署关于加强人格教育的总统条例

2017 年，印度尼西亚总统佐科签署关于加强人格教育的 2017 年第 87 号总统条例，以取代 2017 年第 23 号文教部长条例。据悉，该条例在起草过程中已征询各种组织的意见，其中包括伊斯兰教士理事会、伊联理事会、穆哈默迪亚协会、伊斯兰教育联盟和 Al Irsyad 祈祷团的意见。

## 老挝启动石缸平原申遗计划

2017年9月21日,老挝新闻文化部遗产局与联合国教科文组织合作,正式启动石缸平原申遗计划。列入世界文化遗产申请造册目录清单的内容包括:散落在石缸平原地面的石缸999个、石缸盖189个及石块110块。老挝政府计划于2018年2月正式向世界遗产委员会递交石缸平原旅游资源总体规划。

## 老挝知名华校寮都公学庆祝建校80周年

2017年11月11日,老挝知名华校寮都公学举行建校80周年庆典活动。该校创建于1937年,是一所老挝华侨华人创办的汉老双语学校。寮都公学是万象中华理事会辖下的学校,开设有幼儿园、小学、初中、高中和大学预科班。

## 老挝笙乐入选联合国教科文组织非物质文化遗产名录

2017年12月7日,老挝笙乐被联合国教科文组织列入人类非物质文化遗产代表作名录。老挝芦笙由竹子制成,演奏者在演奏这种乐器时,通过用嘴吹气或吸气来策动簧片与笙管内空气柱产生耦合振动而发音,每根笙管上端近斗处都有一个指孔,演奏者可根据取音需要,按住不同长短的笙管指孔以发出不同的乐声。芦笙作为老挝传统的民族乐器,形制和演奏方式上丰富多样,艺术表现力强。经过不断的发展和改良,笙乐深受老挝人民喜爱,是他们传统节日庆祝活动重要组成部分。

## 老挝拟将占巴塞佛塔寺庙遗址申报为世界文化遗产

有证据显示位于老挝南部占巴塞省马龙山脉的一座印度教佛塔寺庙遗址修建于5~7世纪之间,该遗址比柬埔寨的吴哥窟还要古老400年。老挝政府2017年已决定将此遗址向联合国教科文组织申报为世界文化遗产。该遗址已经吸引越来越多的游客前来参观,占巴塞省旅游部门正在努力将该区域发展为可持续的旅游目的地。

## 马来西亚技术学院在日内瓦国际发明展获得金奖

2017年4月5日,马来西亚技术学院学生及导师在日内瓦国际发明展上夺得两项金奖和特别嘉许奖项。由平均年龄只有21岁的4位学生依斯干达、阿旺古、努依莎和努姑丽娜发明的作品安全防撞堤获得金奖,他们参展的作品安全防撞堤在2016年开始研发,并于同年11月在马来西亚发明奖项评选中夺得金奖,这次参加日内瓦发明展也获得金奖。另一金奖作品是由11名马来西亚技术学院导师联合发明的智能分层砖系统,此项发明将为建筑业带来经济效益。

## 马来西亚5所大学进入世界300顶尖大学之列

2017年6月8日,2017/2018年度的世界顶尖大学排名揭晓。马来亚大学从2016年的第133位升至第114位,上升19位,是目前获得的最佳排名;马来西亚大学排名第230位,上升72位;博特拉加亚大学排名第229位,上升41位;马来西亚工业大学排名第253位,上升35位;马来西亚理工大学排名第264位,上升66位。马来西亚这5所国立大学均进入世界300顶尖大学之列。上述排名是根据学术声誉(占40%)、雇主评价(占40%)、学生和教授比率(占20%)、论文引用次数和教授比率(占20%)、国际教授(占5%)和国际学生(占5%)的标准评分排名的。马来亚大学是承担马来西亚全国研究计划项目最多的大学,2016年就有超过3800份论文获得期刊刊登,过去5~6年有多达2.4万项研究计划,同时与世界2800个研究机构合作。

## 马来西亚成立《红楼梦》资料中心

2017年7月1日,马来西亚首个《红楼梦》资料中心在马来亚大学成立。马来西亚交通部部长、马华公会总会长廖中莱,马来亚大学代校长阿旺·布迪巴,马来亚大学中文系师生、红学爱好者、学者及书艺家等共100余人出席中心开幕式,中国驻马来西亚大使馆文化处主任张杰鑫代表黄惠康大使到贺。中心位于马来亚大学图书馆四层,藏书包括各种版本、译本的《红楼梦》,红学研究论著,研究史料,改编创作等七大类。其中,不同版本的《红楼梦》有70多种,外文译本中有英、法、德、日、韩等8国文字的译本,年代最久的是1812年的英译本。首批6000多本藏书由马来西亚红学爱好者、马来西亚交通部前部长陈广才捐赠。马来亚大学中文系将开办《红楼梦》课程并招收对红学研究感兴趣的学生,推出跨国红学交流计划。

## 第29届东南亚运动会在马来西亚举行

2017年8月19~30日,第29届东南亚运动会在马来西亚举行。本届运动会共设36个赛场,其中吉隆坡19个,雪兰莪10个,布特拉加亚3个,森美兰2个,丁加奴和吉打州浮罗交怡各1个。为准备赛事的体育场馆,马来西亚拨出超过16亿林吉特的资金,将位于吉隆坡武吉加里尔体育场及其周边地区塑造成一座体育城。本届赛会提倡"城市中的选手村"理念,不设选手村,安排运动员和官员住在马来西亚半岛的33家酒店。这些酒店的位置靠近赛场,可增添当地居民参与赛事的氛围,同时减少建立选手村的投入。本届运动会的官方口号是"一同崛起",它象征着东盟国家的团结,也象征着本届运动会是在东南亚经济共同体2015年成立以后的第一次东南亚运会。运动会会徽是马来月形风筝，会徽的五颜六色条纹与碎片的混合取自东南亚各国国旗。运动会的吉祥物是一只名叫“里茂”的立体马来亚虎。东南亚 11 个国家的运动员参加本届运动会的 404 个项目比赛，最终马来西亚代表团以 145 枚金牌、92 枚银牌、86 枚铜牌，奖牌数 323 枚的成绩居奖牌榜第一位，这也是马来西亚代表团在东南亚运动会历史上的最好成绩。泰国以 72 枚金牌、86 枚银牌、88 枚铜牌，奖牌数 246 枚的成绩夺得第二名。

### 马来西亚教育部批准兴建 10 所华人小学

2017 年 10 月 26 日，马来西亚教育部宣布在雪兰莪州、柔佛州各增 5 所华校，并以郭鹤尧、沈慕羽、陈嘉庚、李孝式、林苍佑、翁毓麟、谢华、李莱生、朱运兴等华裔先贤冠名。同时，批准吉打成杰培才华人小学、霹雳务边培民华人小学、太平益华华人小学、森州利民济礼仁园华人小学、彭亨关丹班珍华人小学和柔佛武吉甘密新廊华人小学等 6 所华人小学搬迁，其中彭亨关丹班珍华人小学和柔佛武吉甘蜜新廊华人小学是同州搬迁，其他 4 所都是跨州搬迁。

### “路”字当选马来西亚 2017 年度汉字

2017 年 12 月 10 日，马来西亚中华大会堂总会（华总）总会长方天兴在华总大厦，揭晓 2017 年的年度汉字为“路”。在 2017 年的 10 大汉字投选中，共有 28887 人参与投票选出年度汉字，其中 90.4% 的人士是通过网络投选，其余则是通过手机短信与投票箱投选。2017 年入选的汉字有“税”“乱”“忧”“累”“等”“选”“一”“路”和“金”。中国提出的“一带一路”倡议在马来西亚引起极大重视，因此，“路”字被选为马来西亚 2017 年年度汉字。

### 缅甸举办蒲甘佛塔震后修复保护国际会议

2017 年 2 月 15 日，由中国、缅甸和联合国教科文组织共同举办的缅甸蒲甘佛塔震后修复保护国际会议在缅甸蒲甘考古博物馆开幕。缅甸宗教事务与文化部部长都拉吴昂哥致辞并感谢联合国和各国政府对缅甸佛塔震后保护修复工作的支持。中国驻缅大使洪亮发言称，中国政府在缅甸发生地震后迅速派出专家组赴缅考察，并提出佛塔修复方案，中国政府还将为古迹修复提供资金支持。

### 中缅影视译制基地译制的首批电视片播出

2017 年 5 月 30 日，由中国国际广播电台中缅影视译制基地译制完成的纪录片《海上丝绸之路》和《指尖上的中国》首播，于晚间黄金时段向缅甸全国播出，每天播出一集。中缅影视译制基地邀请缅甸国家电视台著名播音员耶泰担任旁白，还特别从中国邀请专业的录音导演和录音制作团队参与纪录片的制作。两部纪录片的播放能让缅甸民众更直观和生动地了解中国文化，深化“一带一路”的文化交流。

### 缅甸参加国际环保经济竞赛并获奖

2017 年 6 月，缅甸代表参加 2017 年国际环保经济竞赛，并在 178 个参赛国家或地区的 2000 个环保经济项目比赛中获得全球能源奖。该奖项是由翁农、觉尼带领的佑松组织拥有的林区获得，此林区主要种植与生产雪燕。佑松组织倡导以环保形式获取经济利益，从而获得全球能源奖。

### 缅甸举办第 8 届大湄公河次区域传统医药交流会

2017 年 11 月 20 日，第 8 届大湄公河次区域传统医药交流会在缅甸仰光举行，中国、缅甸、老挝、泰国、越南和柬埔寨的政府官员和传统医药部门代表出席会议，缅甸仰光省省长漂貌在开幕式上致辞。与会各国代表分别介绍本国传统医药发展状况，并倡议继续完善大湄公河次区域的传统医药交流与合作机制。

### 缅甸举办第 12 届东南亚华文教学研讨会

2017 年 12 月 9 日，第 12 届东南亚华文教学研讨会在缅甸曼德勒举行，来自东南亚各国的代表进行两天的论文宣读与讨论。有 12 位缅甸当地教师在研讨会上宣读汉语教学论文，代表们从不同角度对汉语教学进行理论性的论述与探讨。本次研讨会展现了缅甸华文教育的研究成果，也肯定了学习汉语的重要性。

### 菲律宾—中国启动新的影视和广播合作项目

2017 年 12 月 15 日，菲律宾与中国在马尼拉启动

“路”字当选 2017 年度马来西亚年度汉字　（百度网）

两项新的媒体合作项目，分别涉及影视节目合作和广播节目联合制作。中菲两国的合作方分别是：中国国际广播电台（CRI）、菲律宾总统府新闻部及其下属的菲律宾国家电视台（PTV）和菲律宾国家广播电台（PBS－RP）。中国国际广播电台副台长胡邦胜与菲律宾国家电视台台长阿波洛尼奥签署合作拍摄系列纪录片《菲律宾人在中国》的协议，以及“中国剧场”播出合作协议。此外，中国国际广播电台还与菲律宾国家广播电台在马尼拉成立联合制作室。

从2017年8月开始，中国国际广播电台菲律宾语部制作的两档节目在菲律宾国家广播电台播出。这两档节目分别是《菲律宾人在中国》和《这里是中国》。联合制作室成立以后，双方将合作制作更多的菲律宾语广播节目。

## 菲律宾演员莱拉获中国—东盟电影节最佳女演员奖

2017年12月4日，2017中国—东盟电影节在马来西亚普特拉贾来国际会议中心落下帷幕。本次电影节由中国—东盟协会和中国国家新闻出版广电总局共同主办，中国和东盟10国的29部影片参映，11部电影参加最后的评奖。菲律宾演员莱拉凭借《分贝人生》获得最佳女演员奖。

## 2017年菲律宾马尼拉中国图书巡展举行

2017年12月2～11日，2017菲律宾马尼拉中国图书巡展在马尼拉举行。本次巡展由中国国家新闻出版广电总局主办、菲律宾华教中心下属的新华书城与中国教育图书进出口有限公司承办，中国版本图书馆、人民东方出版传媒有限公司、宁夏新闻出版广电局等单位参与，参展图书逾3000册，部分图书展后捐赠当地华校图书馆。中国图书展销活动是菲律宾华教中心在1994年开发的品牌文化项目，活动举办18年来，为以工商业为主的菲华社会增加文化气息。

## 新加坡首个智能通行联合会成立

2017年1月18日，新加坡南洋理工大学与荷兰恩智浦半导体公司宣布成立智能通行联合会，专门测试和研发智能通行技术。这是新加坡首个该类型的联合会，共有12个合作伙伴，包括新科工程旗下的新科动力、松下、美国软件公司红帽和汽车系统制造商Schaeffer和Denso。联合会成员在名为“车对任何物体通讯”（vehicle－to－everything，简称V2X）的无线通信科技上各有强项，而所有测试和研发由V2X技术支持。V2X指的是车与车、车与交通灯或公路摄像机等智能基础设施、车与行人等方面的通讯，从中获得即时路况、道路及行人等各方面的信息，达到更安全的驾驶以及减少拥堵等各种目的。新加坡政府探讨的第二代无闸门公路电子收费系统也是利用V2X科技。

## 新加坡大学国际排名领先亚洲国家

新加坡《联合早报》2017年3月8日报道，新加坡大学在国际排名中继续领先于其他亚洲国家，2017年在工程和理科等方面的科目占据20大最多排名。

根据英国教育市场咨询公司Quacquarelli Symonds（简称QS）2017年3月8日公布的2017世界大学科目排行榜，新加坡的大学继续位居亚洲之冠，新加坡国立大学和南洋理工大学共有34项科目跻身全球20大，在亚洲大学所获得的122个20大名次中，占据超过27%的份额。

新加坡国立大学有8科列入10大排名，土木及结构工程科目和上年相比虽滑落两个名次，但依然排名全球第五。其他10大科目包括化学（第七）、化学工程（第八）、材料科学（第八）、建筑设计与建筑学（第九）等。新加坡国立大学共有35科列入50大，与东京大学共同在亚洲大学之中居冠。

新加坡南洋理工大学则有两科跻身全球10大，电机与电子工程2017年晋升两个位次排名第六，材料科学则排名第七。新加坡南洋理工大学2017年和上年一样有19项科目跻身50大。

## 新加坡科学馆推出40周年庆系列活动

2017年是新加坡科学馆成立40周年，该馆从3月学校假期开始推出一系列活动进行庆祝。如在2017年3月11～19日举办“数字节”，在庆祝圆周率日之余，也让孩童与青少年通过一系列趣味数字游戏和活动，更深入地认识数学。科学馆举办的活动还包括7月为期两天的裕廊湖花园嘉年华以及8月的夜间舞会。该馆还把“身入其境科技展”场地转换为舞池，并以先进技术为参与的公众营造不一样的气氛。压轴活动则是2017年12月举行的40周年晚宴。

## 新加坡全面推行远程视讯医疗咨询

新加坡《联合早报》2017年4月12日报道，新加坡开始推行涵盖全国的智能医疗远程视讯咨询服务。接受特定医疗护理的病患无须舟车劳顿到医院或综合诊疗所，在家中就能进行复诊和治疗。新加坡卫生部控股属下的综合保健信息系统公司（IHiS）4月12日宣布这项新措施时指出，目前提供这项远程视讯医疗咨询服务的有竹脚妇幼医院、心理卫生学院、新加坡中央医院和陈笃生医院。IHiS是新加坡医疗护理领域负责推动智慧国计划的科技机构。新加坡国立大学医院和新加坡国立大学癌症中心从2017年6月开始提供这项服务，其他公共医院也将陆续推出此项服务。以竹脚妇幼医院为例，儿科湿疹的药剂咨询、儿科居家护理服务、哺乳咨询和语言治疗都可运用远程视讯科技的医疗护理服务。

### 新加坡管理发展学院与英国爱丁堡龙比亚大学合作创办护理学院

2017年，新加坡管理发展学院新成立护理学院，该学院致力于培养合格的专业护士。2017年5月，首批超过70名学生入学，该学院面向全球招生。护理学院由新加坡管理发展学院与英国爱丁堡龙比亚大学合作创办，完成全部课程的学生可获得两所大学颁发的理学学士学位。

新加坡管理发展学院成立于1956年，是新加坡历史最为悠久、致力于终身学习的非营利专业学府。在长达60多年的历史中，新加坡管理发展学院通过提供完善认证的课程、研讨会和管理服务，始终专注专业人士职业发展和培训。

### 新加坡政府拨款1000万新元发展中医药事业

新加坡《联合早报》2017年8月2日报道，中医药在应对新加坡民众医疗需求方面扮演着重要的辅助性角色，为进一步强化这个领域的发展，新加坡卫生部拨款1000万新元资助当地展开更多与中医药相关的研究，以及提升中医药专业人才的能力。

这项计划除了继续支持临床方面的研究外，当局也扩大研究范围，鼓励中医师、医生与研究员就太极、八段锦等中国传统运动、中医推拿，中医草药以及其他与医疗相关课题展开研究，目的是希望能提升民众健康、避免患病的同时也希望能改善现有病人的病情。为确保中医药业者不断提高自身专业水准，新加坡卫生部也将拨款500万新元设立新的中医药发展津贴计划，着手提升新加坡中医药领域的专业水准与中医药专业人士的能力。

### 新加坡政府拨款近900万新元资助两项大专创业计划

新加坡《联合早报》2017年9月19日报道，新加坡积极培养科技创业专才，以推动新加坡力求的创新和创业精神。为此，新加坡政府拨款近900万新元资助两项大专学府的创业计划，即在未来3年拨款近100万新元资助"博立业孵化村"计划，以及未来5年拨款800万新元资助新加坡精益创新创业课程。计划由隶属总理公署的新加坡国立研究基金会资助。

在"博立业孵化村"计划下，义安理工学院、新加坡理工学院和淡马锡理工学院将合作，协助起步公司进一步推广它们所出产的产品或服务。这包括由理工生提供用户分析和数码行销等服务，以及让起步公司善用这些理工院的海外业界人脉，进入海外市场等。

新加坡精益创新创业课程是针对研究人员和工程师推出、为期10周的课程。学员可学习有关新科技商业化的过程。负责领导这项课程的是新加坡国立大学企业机构。国大企业机构过去3年已推行类似计划，八轮课程培训学员400多名，研发的科技成果超过100种。

新加坡政府计划未来5年研发的科技成果增至300种，培训学员1000人。

### 新加坡医疗业为应对人口老龄化推出转型蓝图

2017年，为应对人口老龄化问题，新加坡卫生部制定三大转型方向，并推出医疗保健行业转型蓝图，以便能从容应对民众未来更复杂多元的医疗需求。新加坡卫生部将把工作重点从医疗护理转移至全民健康；把病患护理从医院转向社区；把原本着重的医疗服务质量转型为对服务价值的追求，确保业者能以可持续发展的方式，为新加坡人提供有效和可负担得起的医疗服务。

### 泰国选手四色菊成为世界拳王

2017年3月，31岁的泰国选手四色菊（小名兆蓝Laem）在世界拳击理事会主办的世界拳击赛中，一举击败尼加拉瓜马那瓜职业拳击手 Román González，登上世界拳王冠军的宝座。9月10日，Laem再次在美国获得"WBC"冠军，继续卫冕世界拳王。泰国总理巴育于9月13日在总理府约见世界拳王 Laem，并感谢他为泰国人民所拼来的荣耀。Laem是泰国四色菊府（省）的一个普通农民孩子，从小家里就很穷，从15岁开始专门学泰拳，后来一步步凭着自己的努力走上世界拳王的宝座。

海军部村庄是新加坡首个专为年长者打造的，将公共设施和服务组合在一起的综合公共发展项目，8月13日迎来首批客人 （百度网）

## "发现中国·'一带一路'之东南亚经济合作关系"讲座及研讨活动在曼谷中国文化中心举办

2017年6月21日上午,"发现中国·'一带一路'之东南亚经济合作关系"讲座及研讨活动在曼谷中国文化中心举行。活动围绕"一带一路"与东南亚经济合作以及泰国东部经济走廊战略合作进行座谈研讨。中国社会科学院亚太与全球战略研究院区域合作研究室主任王玉主和泰国东部经济走廊开发政策委员会秘书长卡尼·升素潘分别作题为《一带一路之东南亚经济合作关系》《一带一路与泰国东部经济走廊战略合作》的主旨发言。本次活动由曼谷中国文化中心、中外文化交流中心、泰国国家研究院泰中战略合作研究中心共同主办。中国驻泰国大使馆文化参赞陈疆、泰中文化促进委员会副主席披塔·扎禄颂巴、泰国国家研究院人力资源部主任提拉武·蓬商玛立出席本次活动并致辞。活动吸引近200位泰华侨领、中资企业代表以及泰国专家学者出席。

## "全球华人旗袍印象长卷"走进泰国

2017年7月10日,"亲情中华——泰国旗袍文化周"在曼谷中国文化中心开幕。"全球华人旗袍映象长卷"部分内容向观众展示,泰国旗袍爱好者们也以旗袍秀的方式表达对中华传统文化的热爱。"全球华人旗袍映象长卷"原创人、全球发起人刘冰说,"长卷"以蕴含中华民族传统文化的旗袍为主题要素,每件旗袍都有它的故事,蕴含着一种感受、情怀,文化是一丝穿在身上的乡愁。"长卷"创作团队此次赴泰将为泰国喜爱旗袍人士拍摄人像,以扩充"长卷"内容。特意从清迈赶来即将成为"画中人"的丘惠平说,自己对旗袍情有独钟,也希望"长卷"能够吸引世界各地更多的人来传播中国文化。本次活动由天津市归国华侨联合会、泰中华商会、泰中"一带一路"促进会、全球"画中人"旗袍文化联盟共同主办。截至2017年6月,"全球华人旗袍映象长卷"的长度已超过1.2万米,参与人数3.8万余人,走进美国、加拿大、澳大利亚等5个国家的11座城市。

## "2017泰国文化日"在中国北京举行

2017年8月19日,由泰国驻华使馆举办的泰国文化日活动在北京泰国驻华大使馆举办。活动展示原汁原味的泰国美食、音乐、舞蹈表演,还开展最新的旅游景点推介活动,吸引大量观众参加。泰国驻华大使馆于2007年开始举办泰国文化风情节。本届活动的规模更大,内容更丰富,包括泰国文化艺术表演、泰国特色风情展示以及泰国美食、热带水果、传统手工艺品等泰国特色商品展示。来自泰国的演员表演孔剧、泰拳等别具特色的节目,与会观众可品尝泰国美食和泰国水果。泰国驻华大使毕力亚·肯蓬表示,泰中两国自古以来有着密切友好关系。两国人民之间文化相通,血缘相近,"泰中一家亲"。在中国举办泰国风情节,是为了让中国人民进一步了解泰国,因为国家间的文化交流有助于增进双方人民的了解,对加强两国人民的联系发挥重要作用。

## "澜湄文化行"友好车队抵达泰国曼谷

2017年10月16日晚,"澜湄文化行"友好车队抵达泰国曼谷欢迎活动在曼谷中国文化中心举行。泰国副总理塔纳萨、中国驻泰国大使吕健、泰国国家旅游局副局长散迪、中国文化部外联局局长助理王晨、宁波市政府副秘书长王建云等出席欢迎活动并致辞,对"澜湄文化行"车队活动给予高度评价。"澜湄文化行"车队活动是在前两年"中泰文化旅游友好行"项目基础上打造的,旨在促进澜湄区域人文交流。按计划,此次车队跨越中、泰、柬、老等4国,总行程超过1万千米,以路演的形式开展文化旅游等推介活动。据悉,车队于9月24日从中国浙江宁波始发,途经浙江、福建、广东、广西、云南5省(自治区),于10月9日进入泰国北部,随后向南行进抵达曼谷。泰国行程结束后,车队将前往柬埔寨、老挝多个城市,9月24日返回中国,前后历时31天。参加本次车队活动有13辆车,40名成员,其中部分是中泰两国媒体记者。在当晚欢迎活动中,中泰两国艺术家表演富有各自民族特色的文艺节目。泰国旅游与体育部部长葛甘以及澜湄各国驻泰使节等出席欢迎活动。本届"澜湄文化行"车队活动由中国文化部和泰国国家旅游局、中国驻泰国大使馆等共同主办。

## 泰国文化部推广世界文化遗产景区

2017年12月15日,泰国文化部发布连接3个世界文化遗产景区的旅游路线开发计划。这3个世界文化遗产景区分别是素可泰、西沙刹那莱和甘烹碧历史公园。文化遗产景区旅游路线开发计划以推广地方特色、创造就业岗位和提高小区民众收入为工作重点。

## 越南电影制片厂股份化引发争议

越南电影制片厂成立于1953年。近20年来该制片厂开展的多个项目连续亏损。2017年,越南电影制片厂的股份化引发越南媒体高度关注。越南电影制片厂实行股份化后易名为越南电影投资发展股份公司。该公司的主要股东是水路运输总公司。舆论关注的焦点是为什么股份化指导委员会仓促选择一家不熟悉电影艺术的公司作为战略股东。越南不少艺术家表示对自身的工作、工资以及电影制片厂的发展方向,尤其是对一个有着60年历史、成果累累的电影商号被埋没的危机表示深深忧虑。10月13日,越南政府监察局宣布决定对越南电影制片厂2014年开始股份化到2017

年6月股份化结束的整个进程进行监察，旨在检查该制片厂股份化过程是否符合法律规定，权衡是否需要解决和调整某些内容，譬如对电影制片厂商号进行重新定价等。

### 越南各地隆重举行纪念俄国十月革命100周年文艺活动

2017年，越南隆重举行纪念俄国十月革命100周年文艺活动。其中有越南人民报社会同越南友好组织联合会11月1日举办的名为“十月雄歌”的艺术交流晚会，越南文化体育旅游部举办名为“白杨情歌”的文艺演出，越南电视台制作播出名为“动摇世界之十日”的特别节目，越南之声广播电台会同俄罗斯驻越南大使馆等单位联合举办名为“永远回荡的十月之歌”的文化交流晚会等。这些活动通过充满俄罗斯特色的音乐、艺术和文化，重温俄国十月革命的历史性时刻，展现越南和俄罗斯两国间的紧密关系。

### 越南两项遗产被列入世界遗产名录

2017年，越南中部发牌唱曲艺术和富寿省春曲被联合国教科文组织列入《人类非物质文化遗产代表作名录》。其中，越南富寿省春曲（2011年越南富寿省春曲被联合国教科文组织列入《急需保护的非物质文化遗产名录》）由“急需保护的非物质文化遗产名录”转为列入《人类非物质文化遗产代表作名录》，这体现了越南在恢复、保存和发扬文化遗产方面作出的巨大努力。

## 社 会

### 中国发布《2016年中国快递发展指数报告》

2017年3月28日，中国国家邮政局发布《2016年中国快递发展指数报告》。报告显示，2016年中国快递发展指数（CEDI）为538.5，比上年提高40.8%。中国快递业务量规模继续稳居世界首位，在全球占比超过4成，对世界快递业务量增长的贡献率达60%。

### 中国设立中国品牌日

经中国国务院批准，自2017年起，将每年5月10日设立为中国品牌日。品牌日的设立，体现国家对品牌建设的高度重视，展示实施品牌战略的坚定决心，2017年品牌日的主题是“深化供给侧结构性改革，全面开启自主品牌发展新时代”。

### 中国各类陆域保护地面积占陆地国土面积的18%

2017年5月22日是第24个国际生物多样性日，中国国家环境保护部宣布，中国各类陆域保护地面积达170多万平方千米，约占陆地国土面积的18%，提前实现《生物多样性公约》要求的到2020年达到17%的目标。

### 中国气象局被认定为世界气象中心

在2017年5月举办的世界气象组织（WMO）执行理事会第69次会上，中国气象局被认定为世界气象中心（WMC）。这标志着中国气象业务服务的整体水平迈入世界先进行列，体现中国在世界气象业务组织、技术交流等方面的牵头、骨干作用，进一步提升了中国在世界气象舞台上的显示度、国际影响力和国际贡献率。中国气象局国家气象中心还被认定为大气沙尘暴预报区域专业气象中心，这将有助于中国与亚洲其他国家共同预防沙尘暴。

### 中国防治荒漠化取得成效

2017年6月17日是第23个世界防治荒漠化和干旱日。中国宣传的主题是“防治荒漠化，建设绿色家园”，旨在践行绿色发展理念，凝聚社会共识，广泛动员社会力量参与荒漠化防治，建设绿色家园，创造良好的生产生活环境。

中国作为《联合国防治荒漠化公约》缔约国之一，历来高度重视荒漠化防治工作，提出大力推进生态文明建设的重大战略决策，约束和激励并举的制度体系逐步建立，政府企业公众共治的行动体系逐步形成。自2000年以来，全国荒漠化和沙化土地面积连续3个监测期保持“双减少”，荒漠化土地面积已由20世纪末年均扩展1.04万平方千米转变为目前的年均缩减2424平方千米，沙化土地面积已由20世纪末年均扩展3436平方千米转变为目前的年均缩减1980平方千米。

### 中国广州获得2020年世界大都市协会第13届世界大会主办权

2017年6月26日，在加拿大蒙特利尔举行的世界大都市协会世界大会全体大会上，中国广州成功获得2020年世界大都市协会第13届世界大会主办权。这也是继2017年《财富》全球论坛、2018年世界航线发展大会、2019年世界港口大会之后，花落广州的又一项高端国际会议。

### 中国获世界卫生组织颁发的社会健康治理杰出典范奖

2017年7月5日，世界卫生组织向中国政府颁发社会健康治理杰出典范奖，以纪念中国爱国卫生运动开展65周年，表彰中国爱国卫生运动取得的辉煌成就。世界卫生组织高度赞赏中国的远见卓识，早在“健康融入所有政策”成为全球公共卫生界的口号前，中国就已经通过爱国卫生运动践行着这一原则，为提高中国人民的健康水平做出巨大贡献，并在许多领域激励着其他国家，为政府各部门、各机构以及社区携手合作，共同解决最紧迫的公共卫生问题提供可借鉴的模式。

## 中国新增两处世界遗产

2017年7月8日，在波兰克拉科夫举行的第41届世界遗产大会上，中国青海可可西里经世界遗产委员会一致同意获准列入世界自然遗产名录，成为中国面积最大的世界自然遗产地。中国福建鼓浪屿也获准列入世界文化遗产名录。至此，中国已拥有世界遗产52项。其中，世界自然遗产12项，自然与文化双遗产4项，文化遗产31项，文化景观5项。

## 中国举办第一次全国地理国情普查总结表彰会

2017年9月25日，中国第一次全国地理国情普查总结表彰会在北京召开。中国第一次全国地理国情普查自2013年2月启动以来，5万多名普查工作者历时3年多时间，核查路线累计里程超过1000万千米。在影像保障上，全域使用高分辨率遥感影像，优于1米高分辨率卫星影像覆盖国土面积92%。经评估，此次普查数据准确率高于99.7%，全面准确地摸清了中国地理国情家底。

## 文莱将新建设11所清真寺

文莱宗教部部长丕显拿督巴达鲁丁2017年3月13日披露，为配合第11个国家发展计划，文莱宗教事务部将在国内新建11所清真寺。其中，6所分布在文莱摩拉区，2所在马来奕区，2所在都东区，1所在淡布隆区。清真寺所兴建的地点在班角孟古包村、墨拉冈村、他纳占布村、鲁木村、班卡村、尊中安村、鲁古村、林峇村、德里沙村、渥恭村及莫蒙村。

## 文莱文化、青年与体育部年度优先发展计划和项目

文莱广电新闻中心2017年3月16日报道，为实现文莱2035愿景，文莱文化、青年与体育部在2017～2018财政年度将优先执行以下四个领域的计划和项目：(1)保护国家的文化、历史和遗产作为国家统一和身份的支柱；(2)增强青年的自尊心使他们更加独立，并能够为国家的发展和人民的福祉做出贡献；(3)提供体育和娱乐设施，创造一个健康和活跃的社区；(4)确保社区公民和居民的福利，加强家庭团结。

## 文莱庆祝第6个全国家庭日

2017年5月7日，文莱政府机构和非政府组织举行丰富多彩的文体娱乐活动，庆祝第6个全国家庭日，以期增进家庭和睦、社区团结，进而推动国家和谐稳定发展。自2012年开始，文莱将每年5月的第一个星期日定为全国家庭日。2017年这一活动的主题是“家庭有爱，国家繁荣”。针对近年来文莱离婚率上升，青少年违法犯罪案例增多等现象，文莱文化、青年与体育部常任秘书诺莉拉强调，应让国民意识到家庭和睦对社区团结友爱，乃至国家和谐稳定的重要性。文莱苏丹及多名王室成员参加当天举行的环市区骑行活动。许多家庭全员出动，在斯里巴加湾市区载歌载舞，参与游戏和体育活动，分享家庭团聚的欢乐。

## 柬埔寨排雷工作仍任重道远

2017年3月13日，在接到当地渔民报告后，柬埔寨扫雷行动中心对磅清扬省磅龙县森隆盛乡奔布龙村的洞里萨湖湖底进行未爆炸弹探测。柬埔寨扫雷行动中心主任兴洛达纳在个人脸书发帖称，怀疑这些未爆炸的炸弹来自于1965～1975年的美军空袭，他呼吁当地民众配合探雷、排雷行动，尽快排除这些安全隐患。另据其介绍，根据2000年解密的美国机密文件指出，美军在1965～1975年共向柬埔寨空投280万吨炸弹，导致至少50万柬埔寨人民死亡。柬埔寨排雷机构统计，有“世界地雷博物馆”之称的柬埔寨，近30年来共有6万多人因触雷伤亡，目前每天至少仍有两三人被地雷炸死或炸残，受害者中95%以上都是平民。

## 柬埔寨特本克蒙省试种高粱成功

2017年3月，柬埔寨特本克蒙省托里本乡的10户农民此前尝试种植的高粱获得丰收。这些高粱种子由中国企业免费提供，每户农民还获赠100美元的试种经费。试种成功后，该中国企业将与托里本乡签署种植合同，由托里本乡的农民代为种植高粱，收成由中国企业回购。据当地农民介绍，高粱的种植方式与玉米差不多，种植期为3个多月，每公顷产量为7～8吨，中国企业回购的高粱价格为每千克720瑞尔(1美元约合4000瑞尔)。

## 柬埔寨成立食品物品监管工作组

2017年6月，柬埔寨商业部正式成立食品物品监管工作组，由商业大臣班守萨任组长，成员包括两位副组长及商业部和全国25个省市商业局官员，主要任务是对市场重点食品如粮、油、肉、菜、蛋等生活必需品的价格进行监管，对市场上流通的一些物品和食品，尤其是对稻米、鱼肉、鸡肉、猪肉、燃油和木薯的价格进行监控。此外，工作组还与政府或非政府组织相关单位合作，帮助柬埔寨农民开拓国内外市场。

## 柬埔寨发布职业技能和技术培训国家政策

2017年6月，柬埔寨首相府发布《2017～2025年职业技能和技术培训国家政策》。其主要目的：一是

完善职业技能和技术培训系统，为柬埔寨国民提供高质量的职业技能和技术培训，以满足国内外劳工市场需求；二是提升国民在平等的情况下获得职业技能和技术培训教育的可能性，创造更多的就业岗位；三是鼓励政府和私营单位加强合作，集聚更多相关部门资源参与，保证和促进柬埔寨职业技能和技术培训系统的稳定性和长久性发展；四是提高国民收入水平，减少贫困，促进国家社会经济持续发展。

### 印度尼西亚政府继续实施百万住房建设计划

2017 年，印度尼西亚政府继续实施百万住房建设计划，建设 70 万套住房面向低收入家庭，300 套住房面向高收入家庭。2015 年和 2016 年建成的住房分别为 69.98 万和 80.52 万套。

### 印度尼西亚开展社会救助项目

2017 年，印度尼西亚开展社会救助项目。一是为德波地区贫困户发放优惠券。西爪哇德波地区 36400 户低收入家庭每个月可得到 11 万印尼盾（8.25 美元）的优惠券，用此券可以在政府的 e－Warong 电子商店购买米、糖等主要食品。二是为贫困家庭启动非现金食物援助项目。目的是在 2017 年实现对 44 个地区 128 万贫困家庭的援助。新的“富强家庭卡”包含政府的“希望家庭”项目，该项目为受助家庭提供 189 万印尼盾（约 141 美元）的资助，分四次拨付。年内，印度尼西亚对低收入家庭予以救助。但“希望家庭”援助款只能用于在指定的 15878 个网点购买食品。

### 印度尼西亚政府针对廉价公寓提出先租后买方案

2017 年，印度尼西亚公共事物与住房部拟推出一项法规，以精细化廉价公寓的所有权转让程序，尤其是那些国家支持建造的公寓。该法规将推行先租后买的方案，即将租户每月缴付的房租视为购买房屋的按月分期付款，这样，当租户完成按月分期付款时，公寓所有权将归租户所有。

### 印度尼西亚爆发大规模白喉疫情

2017 年 12 月，印度尼西亚的白喉疫情已蔓延到 28 个省，在 142 个县市共有 600 名白喉患者住院，死于此病的儿童增加到 40 人，这次疫情可说是全球规模最大的。印度尼西亚医学界呼吁总统佐科启动加强疫苗接种计划。

### 老挝计划到 2030 年根除疟疾

老挝《人民报》2017 年 4 月 25 日报道，老挝卫生部部长本贡在 4 月 25 日国际疟疾日表示，老挝计划到 2030 年根除疟疾。疟疾是老挝主要流行性传染疾病。2015 年全国疟疾患病人数 36056 例，占比 4.95/1000 人，死亡 2 人；2016 年疟疾患病人数 16528 人，占比 2.51/1000 人，感染人数比 2015 年度下降 54%，死亡 1 人。

### 老挝军方排除老中铁路沿线未爆炸弹 128 枚

2017 年，老挝国防部参谋总局抽调工兵及步兵第 1、2、3、4 师官兵共 300 余人，组成 6 支排爆队分别负责老中铁路沿线 6 个地段未爆炸弹排除工作。一年来，排爆面积 1026 公顷（含水域），共发现未爆炸弹 128 枚，爆炸物零配件及金属碎片 21 万余片。在所发现的未爆炸弹中，有 1 枚 250 磅重磅炸弹在琅勃拉邦县班披奈村被发现，另在乌多姆赛省勐阿县班拉汉村发现 1 枚重 125 千克的炸弹。2018 年排爆面积计划达到 1798 余公顷，重点排查铁路沿线、施工场地、泥土堆积场所及干线上的分支岔路。

### 老挝政府提高工人最低工资标准

2017 年，老挝政府将工人最低工资标准从 2015 年的每月 90 万基普（约 110 美元）提高到每月 120 万～150 万基普（约 150～190 美元）。根据老挝工会统计，2016 年老挝共有 55.12 万劳动者，大部分主要从事体力劳动，其中 70% 集中在工业部门。由于老挝许多日常生活用品都要从国外进口，主要食物价格比泰国和越南高出 10%～20%，因此有必要对最低工资标准作出相应调整。

### 老挝警方查处涉毒案 2770 件

2017 年，老挝警方查处涉毒案 2770 件，比上年增加 262 件。逮捕毒贩 2441 人，缴获大麻 4847 千克、安非他明 1203 千克、海洛因 162 千克、鸦片 272 千克和冰毒 60 千克等。

### 老挝卫生部下令关停 195 家外资私人诊所

2017 年，老挝卫生部下令关停 195 家外资私人诊所，这些私人诊所被指违反老挝法律规定。根据老挝相关法律规定，私人诊所只能由具备老挝医师（药师）资格的老挝籍人员开办，有意从事医疗行业的外国投资者只允许开办医院。

### 马来西亚国会通过《2017 年性侵儿童罪行法案》

2017 年 4 月，马来西亚国会通过《2017 年性侵儿童罪行法案》，立法保护 18 岁以下的孩童免于各种性侵犯。该法令阐明，任何成年人如果触碰儿童身体任何部位，或促使儿童去触碰自己身体的任何部分，都构成刑事性侵罪行。法令也阐明，任何成年人用具有性暗示的言语、声音或肢体语言来调戏和性骚扰儿童，也都属于犯罪。这项法案的另一个关键条文是不受国界限制：任何马来西亚的儿童不管是在国内或国外遭到性侵，任何嫌犯不管是在国内或国外性侵儿童，当局都能援引这项法令对付加害者。马来西亚妇女、家庭及社会发展部于6月22日设立特别法庭，以加速审理涉及儿童的性侵案件。马来西亚国内在过去7年共发生13272宗强奸案，其中59.7%案件的受害者都是儿童。

## 马来西亚吉隆坡甘榜克拉末宗教学校发生纵火案

2017年9月14日，马来西亚吉隆坡甘榜克拉末宗教学校清晨发生火灾，造成23人死亡，包括21名学生以及两名教师。马来西亚消防部门在火灾现场找到两个阀门打开的空液化石油气罐，现场搜集的几个样本也化验出助燃物质。根据这些发现，消防部门确认火灾原因为故意纵火。随后，马来西亚警方在9月16日宣布逮捕7名年龄介于11岁至18岁的嫌疑人，指控他们可能因与宗教学校人员发生争吵而纵火报复。9月21日，马来西亚消防部门宣布，经过调查，9月14日吉隆坡宗教学校火灾为人为纵火。9月28日，7名嫌疑人被提控上庭，其中有2人被控犯谋杀罪。

## 马来西亚发生手机数据外泄事件

2017年10月31日，马来西亚《星报》网站报道，总共约有4620万份手机用户资料遭泄露，内容包括用户地址、身份证号码及手机识别卡信息，此次信息遭泄露的手机用户还包括在马来西亚办理临时卡的外国游客，这是目前马来西亚发生的最大手机数据外泄事件，此次资料外泄事件导致民众被电信诈骗可能性增大。此次信息泄露可能起源于2014年的一次信息泄露事件。信息泄露事件最早是在10月初被马来西亚网上论坛及新闻网站“Lowyat. net”曝光。“Lowyat. net”的创始人表示，已经将相关资料交给马来西亚通信与多媒体委员会，该委员会正在和警方合作，对该案进行调查。

## 马来西亚移民局推出新版本的国际护照

2017年12月3日，马来西亚移民局推出新版本的国际护照。新护照的设计具有马来西亚国家传统元素以及有代表性的动植物元素，设计以蓝色、红色及橙色沓迪图案为主，内页印有象征性地标，如国油双峰塔、吉隆坡塔、国家皇宫及全马最高峰神山，展现国家的和平与繁荣。另外在新版本国际护照上加强了安全特征，原放置在封底的个人资料芯片，改在与附有个人资料的生物页面一同放置。护照每一页都附加了安全功能，护照认证不能以肉眼进行，只能以紫外线鉴定护照的真实性。移民局在半个月内已发出超过2万本新护照。新护照目前只限于在布城移民局总部发放，该局将分阶段在全国各地移民局分局，分批推出新版本护照。旧护照仍然有效，民众可放心使用。

## 缅甸洪水致13万人流离失所

2017年7月初，缅甸钦埻江水位上涨后，实皆省、马圭省、伊洛瓦底省、勃固省、若开邦、克伦邦和孟邦的30多个镇区遭遇水灾。缅甸全国自然灾害防范委员会称水灾已造成约13万人流离失所，其中马圭省灾情最严重，有9万多当地居民被转移到安全地带。缅甸社会救援与安置部向灾区提供1.7亿缅元，用于救援和安置灾民。

## 菲律宾政府将斥巨资普及免费无线网络

《菲律宾星报》2017年6月14日报道，为发展信息通信技术，促进社会经济可持续发展，菲律宾信息与通信技术部将推出“PipolKonek”项目，计划2017年年底之前斥资近30亿比索在全国145个城市和1489个自治市的13000个公共站点覆盖免费无线网络，年内完成300个站点的布置。6月12日，该部门启动马尼拉主干道EDSA大道免费无线网络一期工程，覆盖该条主干道13个轻轨站。2017年8月完成EDSA大道全段24千米的全部部署工作，并将这一项目推广到全国。

## 菲律宾马拉维约35万居民开始分批返回家园

2017年10月底，菲律宾马拉维战事结束两周后，被迫离开家园将近半年的居民开始回迁。当地媒体估计，在35万被迫转移的居民中，约5000人已经回到家中。

菲律宾政府已调拨6600万美元用于医疗和社会服务，2018年还将拨出更多款项，不过重建工作依然困难重重。马拉维市的水电供应还未全面恢复，政府军排查炸弹的工作刚刚开始。据统计，在这场耗时5个月的战事中死亡人数超过1100人，其中大部分是武装人员。

## 菲律宾获得亚洲开发银行3.8亿美元贷款

2017年12月15日，亚洲开发银行(ADB)宣布，批准3.8亿美元贷款帮助菲律宾政府对棉兰老岛进行路网改造，带动该地区经济社会发展。这是16年来ADB首次针对棉兰老岛贷款，也是迄今为止该行在棉兰老地区最大的基础设施融资项目。该项目旨在帮助改造棉兰老岛280千米菲国家公路和桥梁等交通系统，使其更好地应对气候变化带来的影响，包括建设高架人行道、加强路坡保护，以及建设更好的排水系统。此外，项目还将资助棉兰老地区300千米国家公路及其配套设施的设计。项目投资总额5.03亿美元，其中菲律宾政府承担1.23亿美元。项目运作期间，将通过互联网发布相关信息，公众可全程监督该项目的采购和施工情况。

## 菲律宾禁毒行动促使126万涉毒者自首

2017年12月17日，据菲律宾官员报告，自菲律宾国家警察于2016年7月1日展开禁毒运动以来，全国有126.22万名涉毒人士向国家警察自首。

从2016年7月1日至2017年10月10日，菲国警进行7万多次缉毒行动，拘捕11.21万人，在交火期间击毙3993人。126万名涉毒者自首，其中4.99万是未成年人。自首者当中，117.25万是男性，8.72万是女性。数据还显示，自首者当中，有64.83万是失业人士，26.11万是自雇人士。

在缉毒行动期间被查获到最多的毒品是沙雾(170.3万克)、大麻(381.25万克)以及摇头丸(2650克)。菲律宾警队在缉毒行动中还查获各类枪械7280支，爆炸装置483个。

## 菲律宾慈善彩票署花600万比索办圣诞派对被调查

2017年12月有报道称，菲律宾福利彩票机构花费上千万比索举行圣诞派对，菲律宾总统杜特尔特表示不允许政府部门铺张浪费，将调查此事。菲律宾总统发言人说，他本人并不知道菲律宾福利彩票机构为圣诞派对花费了多少钱，但总统杜特尔特保证将调查此事。菲律宾福利彩票机构新任董事会成员卡姆称：对于一个向贫困者发放援助的政府机构来说，在一家五星级酒店举办一场价值上千万比索的圣诞晚会是“不恰当的”。为了表示抗议，卡姆拒绝参加该“豪华派对”。菲律宾福利彩票机构总经理巴鲁坦表示，该机构实际用了600万比索(约为78万元人民币)，而不是原来批准的预算1400万比索(约为183万元人民币)。

## 新加坡政府调低房地产卖方印花税

新加坡《联合早报》2017年3月10日报道，新加坡政府宣布放宽部分房地产降温措施，包括卖方印花税和总偿债率。

此前卖家若在购买房地产后的4年内卖出该房地产，须支付卖方印花税，税率4%~16%。调整后期限从4年缩短为3年，印花税率也相应调低4个百分点，介于4%~12%之间。此外，以房地产做抵押的贷款，若贷款与估值比率不超过50%，不受总偿债率限制。

## 新加坡人才竞争能力指数连续第四年全球排名第二

新加坡《联合早报》2017年4月19日报道，最新调查显示，新加坡仍是全球最能够培养、吸引和留住人才的国家之一。由人力资源公司德科集团和新加坡人力资本领袖学院联合进行的全球人才竞争力指数调查显示，新加坡在全世界的人才竞争能力连续第四年排名第二，仅次于瑞士，但领先于英国、美国、瑞典、澳大利亚、卢森堡、丹麦、芬兰和挪威。

## 新加坡唐人街千盏复古彩灯迎中秋

2017年9月23日晚，新加坡唐人街牛车水举行中秋花灯亮灯仪式，上千盏带有浓浓复古风的手工花灯争奇斗艳，新加坡总统哈莉玛与数千名观众一道观赏。

迈入第16个年头的牛车水庆中秋活动，以“传统新意庆中秋，同心共乐贺团圆”为主题。鲤鱼、喜鹊、蝴蝶、兔子和公鸡等各式动物造型的灯笼活泼可爱，设计灵感来自20世纪60年代至80年代新加坡流行的玻璃纸灯笼，但制作者为了让灯笼能经受户外风吹雨淋改用丝绸为制作材料，并且为其装上LED灯泡。最受瞩目的是12米高的由各式灯笼点缀的大树造型灯饰，设计灵感来自早年间人们庆中秋时在树上挂灯笼的传统。活动主办方牛车水—金声区公民咨询委员会邀请新加坡南洋艺术学院的学生参与设计构思，所有花灯由38名来自中国的灯笼工匠手工打造，耗时5个月。

牛车水庆中秋系列活动持续至10月19日，其中首次举办的“中秋‘家’节@牛车水”活动于9月24日举行，民众可带家人一起到牛车水—金声民众俱乐部参与月饼制作、品茶和书法挥毫活动。10月1日还举行大型游灯会以及中秋街头市集、中秋综艺晚会和儿童灯笼彩绘比赛。

## 新加坡加快发展电子支付技术

为了加快新加坡电子支付技术发展，新加坡商界正在引入中国的电子支付技术。中国移动支付平台支付宝早在2015年9月就开始与新加坡本地商家合作。至2017年，新加坡樟宜国际机场、新加坡最大的出租车公司康福德高德士、零售企业美罗百货等众多商户都已接入支付宝。就连新加坡独有的、历来只接受现金的小贩中心也有部分商户贴出支付宝二维码，以吸引中国消费者。

为推进电子支付，新加坡金融管理局计划双管齐下，在零售商场和餐饮场所推广统一付款终端机，在邻里商店和小贩中心内则有意推行成本较低的电子支付方案，如供多家银行客户共用的统一的支付二维码等。2017年8月25日，新加坡国家环境局、建屋发展局、金融管理局与智慧国及数码政府署，联合发出信息征询书，邀请业界集思广益，提供可支持小贩中心、邻里商店等接受小额付款的无现金交易方案。

## 新加坡四家华社举办首个社会公益日活动

2017年11月11日，由新加坡福建会馆、新加坡潮州八邑会馆、九龙会及新加坡江苏会联合发起的新加坡社会公益联盟举办首个社会公益日活动，新加坡教育部部长兼国防部第二部长王乙康出席。在活动中，4

家华社向马来族 Pertapis 教育和福利中心及锡克福利理事会共捐赠 4 万新元善款。Pertapis 总裁阿卜杜拉表示将把这笔善款用来改进学生的教育。活动主办方安排 VR 游戏体验、电商体验、机器人按摩等内容，让观众体验智能技术给人们生活带来的便利。此外，中医义诊、美食体验和文艺表演等也吸引诸多观众。

## 新加坡公积金会员获 10 亿新元现金填补

新加坡《联合早报》2018 年 3 月 5 日报道，2017 年新加坡有超过 6.1 万名公积金会员获得约 10 亿新元的现金填补，款额比 2016 年增两成。同时，2017 年有 3.5 万名会员获得超过 10 亿新元的公积金存款转移，为他们的特别账户或退休账户增添退休储蓄，款额比 2016 年增长 6%。

## 赴泰游客溺水事故频发

根据泰国旅游体育部统计，2017 年 1 月至 6 月 6 日，共有 366 名外籍游客在泰国发生溺水事故，死亡 163 人，其中中国游客 73 人。2017 年年初以来，赴泰南普吉、甲米、苏梅的中国游客迅速增加，游客意外受伤、溺亡事故频发，1 ~ 5 月已有 30 名中国游客不幸死亡。6 月 12 ~ 13 日，又有 9 名中国游客不听劝阻，无视红旗警示和安全提醒，强行下海游泳，被大浪卷入深海，导致 1 名 18 岁游客溺亡，4 名游客被送入医院抢救。为此，中国驻宋卡总领馆 6 月 14 日发布公告，提醒中国游客注意涉水安全，遵守当地法律法规，注意防范毒水母，增强交通安全意识。

## 泰国法身寺事件升级

法身寺位于曼谷近郊巴吞他尼府，是泰国最大的佛教寺院之一。泰国警方早在 2016 年上半年就指控法身寺前住持法胜法师涉嫌洗钱、非法占地等罪名，指其涉案金额巨大，多次搜捕法胜法师。但寺方一直否认违法，坚决不肯交出法胜法师，称相关指控毫无根据，背后有“政治动机”。2017 年 2 月，泰国搜查法身寺前住持事件进一步升级。泰国军政府签署并引用临时宪法第 44 条，宣布法身寺寺院所在地区为“戒严管控地区”，动用数千名军警强制搜捕法胜法师。为配合特案厅的搜捕行动，泰国国家广播与电信委员会等部门切断、屏蔽法身寺内外及其周边的手机信号和网络信号。但军警一直未搜到法胜法师，便开始驱离寺院里所有僧侣、沙弥及信众，以便再次搜查，这一举措引起更大的恐慌。寺院一时聚集 2 万 ~ 3 万僧俗人众，恳请政府取消使用临时宪法第 44 条禁令。20 日，法身寺国际关系部帕苏拉单塔曼努法师发布《泰国法身寺诉请全球人权委员会函》，请求声援。泰国总理巴育强调，绝不撤销根据临时宪法第 44 条文授权的行动，直至法胜法师自首或被捕为止。

## 泰国多地发生爆炸事件

2017 年，泰国首都曼谷和南部地区发生多起爆炸袭击事件，造成大量人员伤亡。泰国南部地区长期以来有马来人穆斯林分离组织活动，部分极端组织不时发动针对平民和政府的袭击，对该地区的安全造成极大的威胁。4 月 6 日，泰国南部也拉府的马来穆斯林分裂主义分子在也拉府连续发动 22 次袭击，其中 5 次是小型炸弹袭击。5 月 9 日，泰国南部北大年府的购物中心发生两起爆炸，造成 58 人受伤。5 月 15 日，曼谷国家剧院发生小型爆炸事件。5 月 22 日，曼谷三军总医院发生爆炸事件，造成多人受伤，事发当日是泰国军政府纪念掌权 3 周年。6 月 12 日，泰国南部沿海旅游城市甲米和普吉相继收到近期可能发生袭击的警告。6 月 16 日，位于泰国曼谷的联合国教科文组织分部附近发生爆炸事件，造成两人受伤。

## ofo 小黄车进驻泰国

2017 年 7 月 31 日，ofo 小黄车宣布于 8 月 1 日正式进入泰国市场，首批投放约为 6000 辆。届时，泰国将成为继新加坡、美国、英国、哈萨克斯坦之后，ofo 小黄车在国际化道路上的第五块拼图，同时也意味着 ofo 小黄车全球化布局优势的进一步扩大。据了解，早在正式宣布之前，ofo 小黄车已在位于曼谷的泰国国立法政大学进行为期一个月的试运营，无桩共享的新模式受到校方和学生的好评。ofo 小黄车将继续坚持“由校园辐射到城市”的市场策略，先立足于需求密集的大学校园，然后逐步扩张至城市。ofo 小黄车将以每月 5000 辆以上的速度快速投放泰国市场，以满足从校园到城市逐渐过渡所产生的用车增量需求，未来曼谷等城

*7 月 31 日，ofo 小黄车正式进入泰国市场* （百度网）

市的居民将能轻松享受便捷、健康、绿色的城市短途出行方式。

## 泰国为拉玛九世王普密蓬举行国葬

已故泰国拉玛九世王普密蓬·阿杜德的葬礼于2017年10月25~29日举行,历时5天。第1天下午17:30火葬仪式正式开始;第2天举行相关移灵、悼念、点烛、诵经等仪式及火葬典礼;第3天早上07:00开始,国王、公主均出席主持仪式及其他活动;第4天举行相关慈善、展览活动;第5天举行传统佛教仪式、骨灰安放仪式及各类纪念活动。作为泰国王室典礼中的重要部分,泰国皇室葬礼一般来说需要准备8~10个月,王室葬礼遵照泰国传统佛教礼仪。届时会有点烛、诵经等佛教仪式,由王室成员主持火葬仪式,泰国政要均出席仪式。泰国内阁宣布2017年10月26日为公共假期,全国放假1天。葬礼举行期间,泰国主要公园、部分景点关闭,大型娱乐活动全部取消。泰国拉玛九世国王普密蓬·阿杜德于2016年10月13日在曼谷诗丽叻医院去世,享年89岁,随后遗体被运往泰国大皇宫供民众悼念,泰国全国进入一年国丧期。

## 泰国新外籍劳工管控法严苛引发用工荒

为解决泰国境内大批外籍劳工非法打工、人口贩运、奴役的乱象,2017年6月底泰国政府颁布新外籍劳工管理法规,要求境内400万非法外籍劳工即刻离境,重新按照"正当渠道"申请工作签证,否则外劳本人将面临5年徒刑,雇主每非法聘用一人,也将被罚款40万~80万泰铢(约合人民币8万~16万元),劳务许可证弄虚作假行为将面临不超过6个月监禁和不超过10万泰铢罚款。这份由泰国军政府通过的外籍劳工新法,原定6月23日正式实施。泰国境内就有3万多名外籍劳工大举离境,瞬间引爆缺工恐慌,也让大批中小企业主愤怒串联,引发国内企业对法令的质疑。新法实施以后,柬埔寨、缅甸官方也与泰方进行协调,希望泰国维稳委员会凭借总理授权的临时宪法特权第44条,下令暂停实施新外籍劳工管理法规中的3项条款。泰国总理巴育表示:放缓但不取消。

## 越南遭受自然灾害损失严重

2017年,台风和热带低压频繁登陆越南,越南往年台风雨多集中在7~9月,11月为罕见,但在2017年12月底,两场台风前所未有地袭击越南,台风、暴雨导致洪涝灾害,严重破坏农业、水利、交通等基础设施。受厄尔尼诺现象和拉尼娜现象的影响,6月,河内出现酷热天气,气温一度高达42℃,为46年来最热。6~10月,越南北部和中部多地遭受暴雨、洪水和山体滑坡等灾害。11月,台风"达维"登陆越南中南部,造成107人死亡,16人失踪,大量树木被刮倒,16.5万所房屋倒塌或屋顶被掀翻受损,1.1万公顷农作物受灾,65万只(头)家禽家畜死亡,共造成经济损失22.68万亿越南盾。根据越南中央预防自然灾害指导委员会公布的数据,2017年越南自然灾害导致325人死亡,61人失踪,直接经济损失60万亿越南盾(约合26亿美元)。

面对日益严峻的自然灾害影响,2017年7月,越南决定成立直属越南农业与农村发展部的预防自然灾害总局,旨在为农业与农村发展部、中央预防自然灾害指导委员会当参谋,协调各部委和地方同步落实预防自然灾害的工程和非工程措施。

## 越南BOT公路收费站零钱风波成为社会热点

2017年,越南从北部到南部BOT(建设—经营—转让)公路收费站有关透明度的问题引起社会舆论的广泛关注。越南BOT公路运行后收费压力开始显露。2016年年底,越南义安省和河静省交界处的槟水桥收费站开始出现司机故意使用零钱缴费以反对BOT公路的不合理收费现象,之后蔓延到越南富寿、和平、广平等地的多个收费站。这种现象在越南交通运输部降低多个收费站收费标准后沉静了一段时间,之后又再发生,并在2017年8月1日达到高潮,在前江省的垓累收费站,司机恶意使用零钱缴费造成秩序混乱导致该收费站不得不停止收费。11月30日,BOT公路垓累收费站恢复收费,众多司机不仅使用零钱缴费,还要求退100面值的越南盾,造成交通拥堵和秩序混乱。12月4日下午,越南政府总理召开紧急会议决定停止该收费站收费一个月。在发生垓累收费站事件之后,越南一些地方的BOT公路收费站继续发生类似的反对不合理收费现象。民众感到不满的原因有两个,一是在原有的单条道路上建BOT公路让行车人没有选择的余地,二是之前选择BOT项目投资者不公开透明。

## 越南胡志明市人行道秩序整治困难重重

自2017年年初起,以越南胡志明市第一郡人民委员会副主席段玉海为首的联合执法队在胡志明市进行被称为"夺回人行道"战役的人行道秩序整治行动。联合执法队整治执法严厉,违规占道的街头商贩及车辆等均被清理,所有对人行道的违法侵占都被打砸或处罚,即使是国家机关对人行道的违法侵占也同样被整治。人行道秩序整治行动9个月后,城市道路变得通畅有序,但是引发多起执法者与占道民众之间的冲突。胡志明市人民委员会主席阮成丰指出"驱赶肩挑小贩是不人文的",因为一直以来很多人依靠肩挑担子和在人行道摆摊赚钱养家。执法队领导一旦停止上街执法检查,城市多地的人行道又被摆摊侵占,人行道秩序整治行动困难重重。

(周明钧、马全案、梁薇、云倩、陈定辉、韦朝晖、唐威迪、杨超、罗梅、唐卉、李碧华)

# 专　　题

## 发 展 报 告

### 中国:2017 年发展回顾与 2018 年展望

2017 年,是世界大变局进程中具有划时代意义的一年。世界经济持续复苏回暖,主要大宗商品价格有所回升,全球贸易呈扩张态势,跨境资本流动复苏明显,全球经济形势表现良好;全球科技发展取得较大成就,引力波的探测发现,量子通信的进展,增强现实技术(AR)和人工智能等都有突破,但未来世界经济不稳定、不确定性因素在增加。面对新形势新任务,2017 年,中国共产党召开第十九次全国代表大会,中国从此步入了建设中国特色社会主义的新时代,发展形势喜人又逼人。这一年,中国坚持稳中求进工作总基调,坚持以提高发展质量和效益为中心,以供给侧结构性改革为主线,统筹推进稳增长、促改革、调结构、惠民生、防风险各项工作,国民经济呈现运行平稳、结构优化、动能转换、质量效益提升的态势,稳中有进、稳中向好,整体形势好于预期,经济社会保持平稳健康发展。

#### 一、2017 年发展回顾

(一)经济社会发展形势及特点

1. 经济运行总体态势稳中向好、好于预期。2017 年,中国经济运行态势继续坚持稳中求进工作总基调,坚持供给侧结构性改革,推动结构优化、动力转换和质量提升,国民经济稳中向好、好于预期,经济活力、动力和潜力不断释放,经济运行保持在合理区间,稳定性、协调性和可持续性明显增强,实现平稳健康发展。2017 年中国国内生产总值为 827122 亿元(约 12 万亿美元),按可比价格计算,比上年增长 6.9%。分季度看,一季度同比增长 6.9%,二季度增长 6.9%,三季度增长 6.8%,四季度增长 6.8%。分产业看,第一产业增加值 65468 亿元,比上年增长 3.9%;第二产业增加值 334623 亿元,增长 6.1%;第三产业增加值 427032 亿元,增长 8.0%。其他主要经济指标也好于预期,全年城镇新增就业人数超过 1300 万,全年居民消费价格指数(CPI)上涨 1.6%,国家外汇储备年末近 31400 亿美元。

2. 经济结构更趋优化,增长动能更趋稳固。从产业结构看,中国从过去主要依靠工业拉动格局转变为以工业和服务业共同拉动格局。2017 年,中国服务业增加值占国内生产总值(GDP)比重为 51.6%,对经济增长贡献率为 58.8%,服务业已经成为经济增长的主要拉动力,与工业一起共同支撑中国经济发展。从需求结构看,从主要依靠投资拉动转变为投资和消费共同拉动。2017 年,中国最终消费支出对经济增长的贡献率达到 58.8%,比资本形成总额高 26.7 个百分点,消费和投资共同支撑中国经济发展成为一大亮点。从增长结构看,经济发展从过去主要由出口拉动,转变为出口、进口共同拉动。2017 年,中国对外贸易出口额比上年增长 10.8%,进口额增长近 20%。中国的发展不仅让中国人民受益,对世界经济增长的贡献率也在提升。据测算,中国对世界经济增长的贡献率在 30% 以上。

3. 三次产业平稳发展,发展基础进一步夯实。一是粮食生产再获丰收,畜牧业稳定增长。2017 年,中国粮食总产量为 61791 万吨,比上年增长 0.3%;猪牛羊禽肉产量 8431 万吨,增长 0.8%。

二是工业生产增长加快,企业利润较快增长。2017 年,规模以上工业增加值比上年实际增长 6.6%,增速比上年加快 0.6 个百分点。分经济类型看,国有控股企业增加值增长 6.5%,集体企业增长 0.6%,股份制企业增长 6.6%,外商及港澳台商投资企业增长 6.9%。全年规模以上工业企业产销率达到 98.1%。规模以上工业企业实现出口交货值 123230 亿元,比上年增长 10.7%。规模以上工业企业主营业务收入利润率为 6.36%,比上年提高 0.54 个百分点。

三是服务业较快发展,商务活动指数持续处于景气区间。2017 年，中国服务业生产指数比上年增长 8.2%，增速比上年加快 0.1 个百分点。邮政快递、电信广播电视和卫星传输服务、互联网软件信息技术服务、银行、保险等行业商务活动指数均位于 57.0% 以上的较高景气区间。

4. 固定资产投资稳中趋好，投资结构不断优化。作为宏观经济的“三驾马车”之一，投资一向在稳增长中发挥关键作用。2017 年，中国固定资产投资（不含农户，下同）比上年增长 7.2%。其中：国有控股投资增长 10.1%；民间投资增长 6.0%，比上年加快 2.8 个百分点，占全部投资的比重为 60.4%。分产业看，第一产业投资增长 11.8%，第二产业投资增长 3.2%，第三产业投资增长 9.5%。

5. 消费市场平稳增长，消费态势提升明显。2017 年，中国社会消费品零售总额达 366262 亿元，比上年增长 10.2%，增速比上年回落 0.2 个百分点。按经营单位所在地分：城镇消费品零售额 314290 亿元，比上年增长 10.0%；乡村消费品零售额 51972 亿元，增长 11.8%。消费升级类商品较快增长，通信器材、体育娱乐用品及化妆品类商品零售额分别增长 11.7%、15.6% 和 13.5%。全年全国网上零售额 71751 亿元，比上年增长 32.2%，增速比上年加快 6.0 个百分点。其中：实物商品网上零售额 54806 亿元，比上年增长 28.0%，占社会消费品零售总额的 15.0%，比上年提高 2.4 个百分点；非实物商品网上零售额 16945 亿元，比上年增长 48.1%。

6. 城乡居民收入增长加快，农村居民收入增长快于城镇。2017 年，中国居民人均可支配收入 25974 元，比上年名义增长 9.0%，扣除价格因素实际增长 7.3%。按常住地分：城镇居民人均可支配收入 36396 元，扣除价格因素实际增长 6.5%；农村居民人均可支配收入 13432 元，扣除价格因素实际增长 7.3%。城乡居民人均收入倍差 2.71，比上年缩小 0.01。2017 年，中国居民人均消费支出 18322 元，比上年名义增长 7.1%，扣除价格因素实际增长 5.4%。全年恩格尔系数为 29.3%，比上年降低 0.8 个百分点，其中城镇为 28.6%，农村为 31.2%，居民消费结构逐渐改善。2017 年，中国出境旅游人数达到 1.29 亿人次。文化及相关产业企业营业收入增长 10% 以上。全民医保体系基本建立。

7. 人民生活水平不断提高，民生保障继续改善。居民消费价格温和上涨。2017 年居民消费价格比上年上涨 1.6%，涨幅比上年回落 0.4 个百分点。其中，城市上涨 1.7%，农村上涨 1.3%。分类别看，食品烟酒价格下降 0.4%，衣着上涨 1.3%，居住上涨 2.6%，生活用品及服务上涨 1.1%，交通和通信上涨 1.1%，教育文化和娱乐上涨 2.4%，医疗保健上涨 6.0%，其他用品和服务上涨 2.4%。在食品烟酒价格中，粮食价格上涨 1.5%，猪肉价格下降 8.8%，鲜菜价格下降 8.1%。

2017 年年末，城镇就业人员 42462 万人，其中城镇新增就业 1351 万人，比上年增加 37 万人。年末城镇登记失业率为 3.90%，比上年末下降 0.12 个百分点。农民工总量 28652 万人，比上年增加 481 万人，增长 1.7%。其中：本地农民工 11467 万人，增长 2.0%；外出农民工 17185 万人，增长 1.5%。农民工月均收入 3485 元，比上年增长 6.4%。

（二）改革开放形势及特点

1. 供给侧结构性改革深入实施。2017 年是中国全面深化改革向纵深推进的关键一年，随着供给侧结构性改革的推进以及金融体系去杠杆改革的深入，“三去一降一补”五大重点任务完成情况良好。去产能方面，政府工作报告提出的钢铁去产能 5000 万吨左右、煤炭去产能 1.5 亿吨以上，煤电去产能 5000 万千瓦的任务已经完成。去杠杆方面，从微观杠杆率看，2017 年 11 月末规模以上工业企业资产负债率同比下降 0.5 个百分点。去库存方面，2017 年年末全国商品房待售面积比 2016 年年末减少 1.1 亿平方米，比 2015 年年末减少 1.3 亿平方米。降成本方面，在 2016 年各种减税降费 1 万亿元的基础上，2017 年继续减少 1 万亿元。补短板方面，2017 年农业投资、水利管理投资增速均达到 16.4%，生态保护和环境治理投资增长 23.9%，有力弥补了长期以来的欠账问题。

2. 新旧动能转换加快推进。2017 年，中国新技术、新产业、新业态、新模式、新产品、新动能蓬勃发展，成果喜人。新技术方面，C919 大飞机、复兴号动车组、量子通信和卫星、深海探测等一系列重大科技成果闪亮登场；新产品方面，工业机器人、新能源汽车需求旺盛，大幅增长，产量增长 50% 以上；新产业方面，战略性新兴产业、高技术产业、装备制造业增加值增长均在 10% 以上；新业态方面，实物商品网上零售额增长 28%，非实物商品网上零售增长更快，快递业务量保持近 30% 的增长；新模式方面，无论是分享经济、共享经济还是数字经济、平台经济成长迅速，成为经济发展的新动能。大众创业、万众创新热潮涌动，放管服改革深入推进，企业等市场主体的积极性得到充分调动。2017 年日均新登记企业 1.66 万家，有力支撑了就业和创新发展。

3. 脱贫攻坚进一步推向纵深。2017 年，中国以集中连片特困地区、革命老区、民族地区、边疆地区和深度贫困地区为脱贫攻坚重点区域，强化基础设施和基本公共服务建设，从政策制定、规划编制、资金安排和项目布局等方面予以倾斜支持，积极开展交通、水利、电力等扶贫行动。调整农村危房改造政策，提高中央补助标准，集中解决建档立卡贫困户等四类重点对象的基本住房安全问题。加大政策倾斜力度，安排易地扶贫搬迁专项贷款3500亿元,截至2017年6月底,扶贫小额信贷累计发放3381亿元。2017年,中国减贫人数在1000万人以上。贫困地区自然村通电接近全覆盖,通电话比重达到98.2%,道路硬化达到77.9%。在自然村上幼儿园和上小学的农村孩子分别达到79.7%和84.9%。

4. 对外开放合作平台进一步拓展。2017年,中国共备案和核准境外投资企业6172家,其中备案6122家,核准50家。境内投资者对全球174个国家和地区的6236家境外企业新增非金融类直接投资1200.8亿美元,比上年下降29.4%。对外承包工程完成营业额1685.9亿美元,比上年增长5.8%;新签合同额2652.8亿美元,增长8.7%。对外劳务合作派出各类劳务人员52.2万人,比上年增加2.8万人,年末在外各类劳务人员97.9万人。

对外投资行业结构更加优化。2017年仅11月、12月,全国非金融类对外直接投资同比分别增长34.9%和49%,连续两个月实现正增长;对外投资主要流向租赁和商务服务业、批发和零售业、制造业以及信息传输、软件和信息技术服务业,占比分别为29.1%、20.8%、15.9%和8.6%。

境外经贸合作区初步建成运行。截至2017年末,全国企业在44个国家建设境外经贸合作区99个,投资307亿美元,均已初步运营,入区企业4364家,上缴东道国税费24.2亿美元,为当地创造就业岗位25.8万个。其中,2017年新增投资57.9亿美元,创造产值186.9亿美元。

(三)对外贸易形势及特点

全球经济温和增长,国内经济稳中有进,推动中国外贸进出口持续向好,进出口规模进一步扩大,贸易结构继续优化。2017年中国进出口总额277921亿元,比上年增长14.2%,扭转了连续两年下降的局面。其中:出口153318亿元,增长10.8%;进口124603亿元,增长18.7%。进出口相抵,顺差28716亿元。一般贸易进出口增长16.8%,占进出口总额的比重为56.4%,比上年提高1.3个百分点。机电产品出口增长12.1%,占出口总额的58.4%,比上年提高0.7个百分点。

对"一带一路"沿线相关国家投资合作稳步推进。2017年中国对"一带一路"沿线相关59个国家新增投资143.6亿美元,占同期对外投资总额的12%,同比增加3.5个百分点。与"一带一路"沿线相关61个国家新签对外承包工程合同额1443.2亿美元,占同期总额的54.4%,同比增长14.5%;完成营业额855.3亿美元,占同期总额的50.7%,同比增长12.6%。

企业对外投资并购活跃。2017年,中国企业共实施完成海外并购341项,分布在全球49个国家和地区,涉及国民经济18个行业大类,实际交易总额962亿美元;其中直接投资212亿美元,占22%,境外融资750亿美元,占78%。

对外合作承包工程新签合同多、项目大。2017年,中国对外承包工程新签合同额在5000万美元以上的项目782个,1977.4亿美元,占新签合同总额的74.5%。对外承包工程带动货物出口153.9亿美元,比上年增长15.7%,高于同期货物贸易出口增幅。

(四)对外交往形势及特点

2017年,国际格局处于发展演变重要关头,世界再次走到历史十字路口。中国坚持把握大局,保持战略定力,立足周边,面向全球,攻坚克难,开拓进取,在世界形势乱局中有力维护中国发展的良好外部环境,在国际体系变局中全面提升中国的地位、影响和制度性权利,中国的世界影响力进一步提升。

2017年年初,中国国家主席习近平在达沃斯世界经济论坛和联合国日内瓦总部发表重要演讲。在达沃斯,习近平提出推动世界经济增长和全球化再平衡的中国方案,呼吁联手打造创新驱动的增长模式、开放共赢的合作模式、公正合理的治理模式、平衡普惠的发展模式。在日内瓦,习近平系统阐述了共同构建

中国上海洋山深水港是世界最大的海岛型人工深水港,也是上海国际航运中心建设的战略和枢纽型工程　（百度网）

人类命运共同体这一重大国际倡议，为解决人类社会面临的种种全球性挑战提出了中国方案，使中国理念上升为国际共识。2017 年以来，“人类命运共同体”理念先后被联合国社会发展委员会、人权理事会、联合国安理会、联合国大会第一委员会等写入通过的五项决议。

2017 年 5 月，在北京举行的首届“一带一路”国际合作高峰论坛，29 位外国元首和首脑齐聚北京，130 多个国家高级代表和 70 多个国际组织负责人出席论坛，达成 5 大类、76 大项、270 多项合作成果，推动一系列重大合作项目落地。中国编织起以亚欧大陆为中心，辐射全球各大陆、连接世界各大洋的互利合作网络，构建起发展战略对接、各自优势互补、彼此互联互通、包容开放发展的国际合作平台，描绘共建“一带一路”世纪蓝图。

2017 年 7 月，中国国家主席习近平出席二十国集团领导人汉堡峰会，提出要坚持建设开放型世界经济大方向，要共同为世界经济增长发掘新动力、要携手使世界经济增长更加包容，要继续完善全球经济治理。

同月，中国国家主席习近平访问俄罗斯。中俄两国互为最大邻国，习近平与俄罗斯总统普京实现年内互访，举行 5 次会晤，密集沟通对表，在全球战略稳定的重大问题上紧密协作，在欧亚地区振兴的发展战略上深度对接，中俄关系已成为当今世界维护和平安宁、主持公平正义的重要基石。

2017 年 9 月，中国在福建厦门举办金砖国家领导人第 9 次会晤，开启金砖合作第二个“金色十年”，决定发展更紧密、更广泛、更全面的金砖战略伙伴关系，打造金砖合作经贸财金、政治安全、人文交流“三轮驱动”升级版，“金砖 +”机制应运而生。

2017 年 11 月，美国总统特朗普访华，中国国家主席习近平热情接待并就共同关心的问题开展互动交流，双方同意在互利互惠基础上拓展广泛领域合作，在相互尊重基础上妥善管控分歧。年内，习近平与特朗普 3 次会晤，多次通话通信，为世界上这对最复杂、最重要的双边关系发挥了战略稳定作用。

**中国工农业主要产品产量及其增减情况（2017 年）**

| 产品名称 | 单位 | 产　量 | 比上年增长（%） | 产品名称 | 单位 | 产　量 | 比上年增长（%） |
|---|---|---|---|---|---|---|---|
| 工业产品 | | | | 大中型拖拉机 | 万台 | 41.8 | -32.4 |
| 纱 | 万吨 | 4050.0 | 8.5 | 集成电路 | 亿块 | 1564.6 | 18.7 |
| 布 | 亿米 | 868.1 | -4.3 | 程控交换机 | 万线 | 1240.8 | -14.9 |
| 化学纤维 | 万吨 | 4919.6 | 0.7 | 移动通信手持机 | 万台 | 188982.4 | 2.2 |
| 成品糖 | 万吨 | 1470.6 | 1.9 | 微型计算机设备 | 万台 | 30678.4 | 5.8 |
| 卷烟 | 亿支 | 23448.3 | -1.6 | 农业产品 | | | |
| 彩色电视机 | 万台 | 15932.6 | 1.0 | 粮食 | 万吨 | 61791 | 0.3 |
| 液晶电视机 | 万台 | 15755.9 | 0.3 | 夏粮 | 万吨 | 14031 | 0.8 |
| 家用电冰箱 | 万台 | 8548.4 | 0.8 | 早稻 | 万吨 | 3174 | -3.2 |
| 房间空气调节器 | 万台 | 17861.5 | 24.5 | 秋粮 | 万吨 | 44585 | 0.4 |
| 一次能源生产总量 | 亿吨标准煤 | 35.9 | 3.6 | 谷物 | 万吨 | 56455 | -0.1 |
| 原煤 | 亿吨 | 35.2 | 3.3 | 稻谷 | 万吨 | 20856 | 0.7 |
| 原油 | 万吨 | 19150.6 | -4.1 | 小麦 | 万吨 | 12977 | 0.7 |
| 天然气 | 亿立方米 | 1480.3 | 8.2 | 玉米 | 万吨 | 21589 | -1.7 |
| 发电量 | 亿千瓦小时 | 64951.4 | 5.9 | 棉花 | 万吨 | 549 | 3.5 |
| 火电 | 亿千瓦小时 | 46627.4 | 5.1 | 油料 | 万吨 | 3732 | 2.8 |
| 水电 | 亿千瓦小时 | 11898.4 | 0.5 | 糖料 | 万吨 | 12556 | 1.7 |
| 核电 | 亿千瓦小时 | 2480.7 | 16.3 | 茶叶 | 万吨 | 255 | 6.0 |
| 粗钢 | 万吨 | 83172.8 | 3.0 | 肉类 | 万吨 | 8431 | 0.8 |
| 钢材 | 万吨 | 104958.8 | 0.1 | 猪肉 | 万吨 | 5340 | 0.8 |
| 十种有色金属 | 万吨 | 5501.0 | 2.9 | 牛肉 | 万吨 | 726 | 1.3 |
| 精炼铜（电解铜） | 万吨 | 897.0 | 6.3 | 羊肉 | 万吨 | 468 | 1.8 |
| 原铝（电解铝） | 万吨 | 3329.0 | 2.0 | 生猪存栏 | 万头 | 43325 | -0.4 |
| 水泥 | 亿吨 | 23.4 | -3.1 | 生猪出栏 | 万头 | 68861 | 0.5 |
| 硫酸（折 100%） | 万吨 | 9212.9 | 0.9 | 禽肉 | 万吨 | 1897 | 0.5 |
| 烧碱（折 100%） | 万吨 | 3365.2 | 5.1 | 禽蛋 | 万吨 | 3070 | -0.8 |
| 乙烯 | 万吨 | 1821.8 | 2.3 | 牛奶 | 万吨 | 3545 | -1.6 |
| 化肥（折 100%） | 万吨 | 6184.3 | -6.7 | 水产品 | 万吨 | 6938 | 0.5 |
| 发电机组（发电设备） | 万千瓦 | 11830.4 | -9.8 | 养殖水产品 | 万吨 | 5281 | 2.7 |
| 汽车 | 万辆 | 2901.8 | 3.2 | 捕捞水产品 | 万吨 | 1656 | -5.8 |
| 基本型乘用车（轿车） | 万辆 | 1194.5 | -1.4 | 木材 | 万立方米 | 7682 | -1.2 |
| 运动型多用途乘用车（SUV） | 万辆 | 1004.7 | 9.9 | | | | |

注释：本表中数据均为初步统计数。各项统计数据均未包括香港特别行政区、澳门特别行政区和台湾省。部分数据因四舍五入的原因，存在着与分项合计不等的情况

2017 年 12 月,中国国家主席习近平参加在越南岘港举办的亚太经合组织第 25 次领导人非正式会议,提出要坚持不懈推动创新,打造强劲发展动力;坚定不移扩大开放,创造广阔发展空间;积极践行包容性发展,让民众有更多获得感;不断丰富伙伴关系内涵,实现互利共赢。中方愿同亚太伙伴深化政策沟通、设施联通、贸易畅通、资金融通、民心相通,实现协同联动发展,朝着命运共同体方向迈进。

2017 年,亚洲基础设施投资银行扩员至 80 国,上海合作组织也实现扩员;人民币结算范围扩大,国际化步伐加快;中国通过自身及国际合作释放聚合力,积极引领国际格局和秩序塑造。

### 二、2018 年发展展望

2018 年,世界经济将继续保持整体性复苏态势,在全球经济的持续温和变暖中,为中国对外贸易和投资提供了相对良好的外部环境。2018 年,是中国全面贯彻落实党的十九大精神的开局之年,经济社会发展具有良好支撑基础和许多有利条件,发展不平衡不充分的问题仍然制约着中国经济发展质量的提升,必须深化供给侧结构性改革,推动质量变革、效率变革、动力变革,大力支持实体经济发展,防范化解重大风险,着力提升经济发展质量,预计中国经济增速保持在 6.7% 左右,与民生密切相关的就业、物价等保持基本稳定,预计城镇新增就业 1100 万人以上;推动外贸进出口平稳增长,国际收支基本平衡,出口增速回升,投资增速放缓,消费增速平稳,在新常态下的合理区间内运行,发展质量和效益有望持续提升,中国经济将在新常态下保持稳中向好发展态势。 (周明钧)

*资料来源*

*1.《2018 年中国政府工作报告》*

*2.《关于2017年中国国民经济和社会发展计划执行情况与2018年国民经济和社会发展计划草案的报告》*

*3.《中华人民共和国国家统计局发布 2017 年国民经济和社会发展统计公报》*

*4.《中国对外贸易形势报告》*

*5.《2017 年中国利用外资同比增 7.9%》*

*6.《2017 年中国外交:成绩与挑战》*

*7.《2017 中国外交做了什么?》*

*8.《2017 年中国经济运行情况回顾及 2018 年经济走势预测》*

*9.《2017 年宏观经济回顾及 2018 年宏观经济展望》*

*10.《宏观经济:2017 年回顾及 2018 年展望》*

*11.《2017 年国际形势的几个特点》*

*12.《建设开放型世界经济领航合作共赢新征程》*

*13.《全面深化改革向纵深推进》*

*14.《2018 年中国经济形势分析与预测》*

*15.《2018 年中国经济发展趋势展望》*

## 文莱:2017 年发展回顾与 2018 年展望

2017 年,文莱继续保持政治、社会稳定;经济在近年来出现下降的局面后恢复增长。外交方面:继续实施既定的对外政策,重点参与东盟内外活动,担任第 14 届中国—东盟博览会主题国,与中国积极开展各个领域的交流与合作。

### 一、继续保持政治、社会稳定

多年来,文莱年度的重要政治、社会活动均由苏丹及王室主要成员围绕着年度的一个主题展开,以巩固政治社会稳定和维护伊斯兰教价值观。2017 年,文莱重点举办国家元首苏丹登基 50 周年金禧年纪念庆典系列活动。

*(一)举办苏丹登基 50 周年金禧年纪念庆典系列活动*

2017 年是文莱第 29 任苏丹哈吉·哈桑纳尔·博尔基亚·穆伊扎丁·瓦达乌拉登基 50 周年。1 月,为纪念苏丹登基 50 周年金禧年,文莱政府成立由文莱首相署高级部长暨王太子哈志阿尔慕达迪比拉主持的苏丹登基 50 周年金禧年纪念庆典最高筹备理事会,并专门召开 3 次会议以保证纪念活动的顺利进行。5 月底至 7 月 13 日,在全国和大专院校举办一项苏丹登基 50 周年纪念品设计比赛。9 月 25 日,为配合苏丹登基 50 年金禧年庆典,文莱宗教事务部举办有 1500 人出席的古兰经朗诵比赛仪式。9 月 28 日,文莱政府隆重举行庆祝苏丹哈桑纳尔登基 50 周年金禧年纪念的开鼓仪式。10 月 4 日上午,比拉出席庆祝苏丹登基 50 周年金禧年 50 文莱元纪念钞、纪念硬币和第五套流通货币发行仪式,并主持文莱国家穆夫提办公室发行《Raja Melakar Sejarah》特制书籍和文莱壳牌石油公司(BSP)制作特别书籍《The People's Sultan: Leading A Legacy》的发行仪式。《Raja Melakar Sejarah》主要讲述苏丹登基 50 年来在公共管理、法律、政治、教育和经济等领域取得的成就;《The People's Sultan: Leading A Legacy》则记载在苏丹领导下所取得的众多成就。同日,文莱通讯、邮政部门发行首日封和特制版邮票向公众出售。10 月 5 日上午,文莱全国举行大规模庆典活动,苏丹和王室成员与民同乐。游行过后,苏丹检阅由文莱皇家武装部队和文莱皇家警察部队组成的 323 人的仪仗队。之后,苏丹和其他王室成员举行迎宾仪式,欢迎国际客人和他国政要。来自文莱 216 所教育机构的 22000 名学生站在努尔伊曼皇宫主干道两旁,共庆苏丹登基 50 周年纪念日。10 月 6 日晚,苏丹和苏丹后及其他王室成员与应邀出席庆典活动的东盟成员国领导人、外国政要出席王家晚宴。

（二）文莱苏丹开展亲民活动

文莱苏丹哈桑纳尔把开展亲民活动作为纪念其登基50周年金禧年的活动之一。2017年5月7日，苏丹率领逾千人参加第6届全国家庭日骑自行车活动。文莱政府举办此项活动旨在促进社会对加强家庭体制的重要性以及提高社会稳定、国家安全发展和社会福祉的了解。5月8日，苏丹在文莱国际会议中心向954名民众颁赐房屋地契、新房屋钥匙以解决部分国民的住房问题。6月3日，文莱苏丹基金代表团一行在董事会主席丕显拿督苏尤（亦为文莱教育部部长）的率领下，到全国各地探访、慰问贫困家庭，发放援助金和援助物品，让他们可以欢度即将到来的开斋节，仅提供给都东区贫困人士的援助金及援助物品折款就达10270文莱元。

## 二、经济恢复增长

石油天然气出口是文莱的经济支柱，每年的经济是否增长受制于世界石油、天然气价格的变化。马来西亚《诗华日报新闻网》2017年6月16日报道，2000～2016年，石油天然气以及原产品出口使文莱的经济增长率保持在2.7%～3.7%之间，由于受到世界石油天然气价格下跌的影响，近几年的文莱经济出现负增长，如2008年、2009年、2013年、2014年、2015年和2016年分别负增长1.9%、1.8%、2.1%、2.3%、0.6%和2.5%。为此，文莱政府在2017年积极采取各种措施发展经济。

一是文莱第13届立法会议于3月20日通过2017/2018财年53亿文莱元预算案，对年度经济发展起到了主要作用。

二是集中力量增加石油和天然气的产量。第13届文莱立法会议确定2017年文莱的石油产量为每天生产13.4万桶，比2016年调整以后每天生产12.1万桶增加1.3万桶。5月8日，文莱政府分别与文蚬公司、文莱天然气公司、文蚬市场行销公司、文莱天然气运输公司、HENGYI工业、文蚬婆罗洲深水公司、文莱国家石油公司、文莱甲醇公司、文莱PETRONASCARIGALI公司和TOTAL公司等10家文莱石油和天然气行业公司签署文莱能源产业诚信协议，通过反腐败和诚信生产以增加油气出口产量促进对外贸易。文莱2017年总贸易额119.66亿文莱元，比2016年增长14.2%；出口额77.09亿文莱元，增长13.5%；进口额42.57亿文莱元，增长15.4%；贸易顺差34.53亿文莱，增长11.3%。

三是加大发展第一产业的力度。2017年3月12日，文莱初级资源与旅游部部长在第13届立法会会议上表示，文莱农业、渔业和林业部门的产值将从2015年的不足2亿文莱元增加到2020年的约10亿文莱元，对GDP的贡献率将达到约4%～5%（2015年约为1%），预计将产生约4000个就业机会。文莱政府鼓励外国公司与本地企业家组建合资公司，进一步促进海产养殖及加工，以发展成为大型企业。文莱商家也希望将文莱的品牌向外拓展扩大以带动国内的市场经济，达到多赢的目标。

四是加大金融业对中小企业的支持力度。2017年3月6日，文莱苏丹哈桑纳尔在为文莱第13届立法会议主持开幕典礼并致辞时宣布，文莱政府将成立中小型企业银行（SMEBank），提供更简易的商业贷款，鼓励民众从商，使民众更容易获得贷款，投入中小型企业尤其是制造业。文莱欢迎国内外投资者和企业家到文莱对石油天然气领域以外的多元性领域进行投资。

五是增加发展项目。据文莱城市与乡区发展局的数据，截至2017年10月，该局收到535份有待批准的发展项目。

六是旅游业增长创历史新高。文莱初级资源与旅游部旅游发展局2018年5月6日发布2017年文莱入境游客数据报告。报告显示，文莱2017年航空入境游客达25.9万人次，较2016年21.9万人次增长18.3%，创2011年以来最高纪录。

文莱政府采取的措施对2017年经济发展起到了促进作用。文莱经济计划与发展局发布的2017年第四季国内生产总值（GDP）报告显示，按不变价格计算，第四季度GDP为47.4亿文莱元（约合36.5亿美元），较去年同期增长5.2%。受第四季度经济良好表现推动，文莱2017年GDP总值按不变价格计算为183.8亿文莱元（约合141.3亿美元），经济增速1.3%。这是文莱经济在连续4年负增长后，首次恢复正增长。主要得益于液化天然气产量的增加。据2017年世界GDP排名预测（名义GDP总值世界排名），文莱排名第121位，全年GDP为130.38亿美元（折合人民币约814.875亿元），人均GDP为30110.101美元（折合人民币约188188.131元），排名第29位。世界经济论坛（WEF）公布的《2017～2018年全球竞争力报告》显示，文莱在全球137个经济体中排名第46位，比2016年上升12位，最新排名表明文莱是东盟进步最大的国家，成为东盟竞争力最强的5个国家之一。

## 三、对外关系：继续实施既定的对外政策，重点参与东盟外交活动

（一）积极参加东盟年度系列会议

2017年，以文莱苏丹为首的文莱政府主要成员出席在东盟轮值主席国菲律宾举办的东盟年度系列会议。如：东盟外长非正式会议（2月20～21日）；东盟各成员国经济部长会议（3月10日）；2017中国—东盟旅游合作年开幕式系列活动（3月16～19日）；第30届东盟峰会系列会议（4月27～29日）；第50届东南

亚国家联盟外长会议(8月5日);中国—东盟10+1外长会、东盟与中日韩10+3外长会、第7届东亚峰会(EAS)外长会和第24届东盟地区论坛(ARF)外长会以及东盟成立50周年活动(8月6~8日);第35届东盟能源部长会议和东盟能源论坛(9月27日);第11次东盟国防部长会议(ADMM)、第7次中国—东盟防长非正式会晤(10+1防长会)和第4次东盟国防部长扩大会议(10月23~27日);第20次中国—东盟10+1领导人会议,第20次东盟与中日韩10+3领导人会议,第12届东亚峰会和庆祝东盟成立50周年纪念活动(11月12~16日)等。

(二)参与东盟举办的区域内外重要活动

参与的东盟区域内会议有:在文莱举行的第32届东盟与日本论坛(3月1~2日)。第5届东盟法院院长会议(3月22~25日)。第18届东盟职业安全与卫生网络协调委员会会议(4月4~5日)。第18届东盟外交部移民局总监和领事事务部门主任会议。第10届东盟移民情报论坛和第10届澳大利亚与东盟外交部移民局总监与领事事务部门主任协商会议(9月1~4日)等,以及在柬埔寨暹粒举行的第21届东盟与韩国对话会(6月22~23日)、第17届东盟电信部长会议和东盟+7对话伙伴电信部长会议(11月30日)。此外,还有在印度尼西亚巴厘岛和雅加达举行的中国与东盟第19次落实《南海各方行为宣言》工作组会议(2月27日)、东盟与美国联合合作委员会第8次会议(4月4日)和在东盟秘书处总部举行的东盟成立50周年纪念典礼(8月11日),在老挝万象举行的第14届东盟与俄罗斯高官会(3月29日)、第17届东盟打击跨国犯罪高官会议(5月24日),在马来西亚举行的第29届东南亚运动会(8月19~31日)、2017中国—东盟电影节(12月2日),在菲律宾马尼拉举行的中国与东盟国家落实《南海各方行为宣言》第22次联合工作组会(8月30日),在泰国曼谷举行的第24届东盟—欧盟高官会议(7月5日),在越南河内举行的亚太经济合作组织第23届贸易部长会议(5月21日)、第53次东盟知识产权合作工作组会议(7月17日)、第38届东盟禁毒事务高官会(7月25日)和纪念东盟成立50周年的东盟金色文化节(8月26日)。

参与的东盟区域外会议有:在新西兰举行的第24届东盟—新西兰对话会(3月21~23日);在中国贵阳举行的落实《南海各方行为宣言》(DOC)第14次中国—东盟高官会(5月18日)和第23次中国—东盟高官磋商(5月19日),在中国南宁举行的第2届中国—东盟大法官论坛(6月8日)、第14届中国—东盟博览会和中国—东盟商务与投资峰会(9月12~15日)、第10届中国—东盟智库战略对话论坛(11月9日);在中国长沙举行的主题为“10+3合作20年”的第15届东亚论坛(6月30日);在中国桂林举行的第4届中国—东盟武术节(11月26~28日);在印度首都新德里和中央邦首府博帕尔分别举行的第9届东盟—印度对话首都新德里会(7月4日)和主题为“共享价值、共同命运”的印度—东盟青年高级会议(8月14~18日);在法国巴黎举行的东盟成立50周年暨东盟—欧盟建立对话关系40周年纪念会(10月16日),等等。

(三)继续与东盟国家保持密切来往

文莱与新加坡的关系。两国交往密切。2017年2月13日,新加坡商业与投资代表团访问文莱。6月26日,新加坡国防部兼外交部部长莫哈末马力基率领代表团访问文莱。7月4~6日,文莱苏丹哈桑纳尔对新加坡进行国事访问,出席文莱、新加坡可互相交换货币协议50周年的庆祝仪式,新加坡总统陈庆炎隆重接待文莱苏丹。作为“两国年轻领袖交换计划”的部分活动,应新加坡副总理张志贤的邀请,文莱王太子比拉于9月1~5日对新加坡进行工作访问,与新加坡总理李显龙商谈两国防务、教育和国家发展合作事务等。10月6日,新加坡总理李显龙赴文莱出席庆祝文莱苏丹登基50周年晚宴。

文莱与马来西亚的关系。文莱与马来西亚相邻,两国保持着密切来往。2017年4月24日,文莱首相署高级部长暨王太子比拉赴吉隆坡,代表文莱苏丹哈桑纳尔出席马来西亚第15任最高元首吉兰丹州苏丹穆罕默德五世的登基加冕仪式;4月25日,文莱苏丹哈桑纳尔赴马来西亚出席宴会。5月13日,马来西亚首席秘书拜访团一行访问文莱,与文莱政府公务员展开第16届公务员交流活动。10月6日,马来西亚国王

*4月24日,穆罕默德五世在马来西亚国家皇宫举行登基典礼,成为马来西亚第15任国家元首*
(百度网)

苏丹穆罕默德五世赴文莱出席庆祝文莱苏丹哈桑纳尔登基50周年晚宴。文莱历来是马来西亚最大的旅游客源国。据马来西亚旅游局发布的数据,2017年赴马来西亚旅游的文莱游客为129.85万人次,比上年增长32.3%。

文莱与菲律宾的关系。两国领导人密切交往深化了两国关系。2017年4月26~29日,文莱苏丹哈桑纳尔出席在菲律宾举行的第30届东盟首脑会议及相关会议时顺访菲律宾。6月13日,文莱苏丹哈桑纳尔就菲律宾第119个独立日向菲律宾总统杜特尔特致电祝贺。10月中旬,菲律宾总统杜特尔特对文莱进行国事访问,文莱苏丹表示两国可在人力资源、国防、卫生、教育、航空、能源和清真食品业等领域加强合作。

(四)文莱与中国的交往与合作

2017年,中文两国领导人互访推动两国关系在新时期取得更大发展。以担任第14届中国—东盟博览会主题国为契机,文莱苏丹实现对华国事访问。中文两国在贸易与投资、文化、教育、科技、体育等领域的交流与合作日益深入。

2017年,文莱第二次担任中国—东盟博览会的主题国。1月16日,文莱首相署部长兼外交与贸易部第二部长林玉成会见到访的中国—东盟博览会秘书处代表团。林玉成对第13届中国—东盟博览会取得的成效予以肯定,并表示文莱将利用各方面的资源优势,使第14届中国—东盟博览会主题国活动办出特色、办出实效。文莱将组织一批有实力的企业和有发展前景的项目到中国广西南宁参展,并将密切与中国—东盟博览会各共办方的合作,动员媒体和商协会积极参与,共同推动在文莱的相关筹备工作。5月4日,中国—东盟博览会(文莱展)在文莱会展中心举办。5月6日,文莱王太子比拉巡视文莱展并表示,文莱展是第14届中国—东盟博览会主题国系列活动的第一项,主办方将继续探索丰富主题国系列活动的新举措,深化文莱与各方在能源、基础设施、中小企业、清真食品、教育、文化和旅游等领域的合作。9月11~14日,文莱苏丹哈桑纳尔和王太子比拉率团出席在中国广西南宁举办的第14届中国—东盟博览会和中国—东盟商务与投资峰会。9月11日,中共中央政治局常委、国务院副总理张高丽会见文莱苏丹。文莱苏丹哈桑纳尔表示,文莱愿进一步推进同中方在经贸、人文、旅游、能源、港口和教育等领域的合作,使文莱成为中国通向东盟的门户。

## 四、2018年展望

2018年,文莱将延续2017年的发展态势。亚洲开发银行(ADB)2018年4月11日公布的亚洲发展展望中指出,由于全球油价上涨和主要工业经济增长,文莱经济2018年将增长1.5%,通货膨胀率可能会上升,但仍然较低,经常账户将继续大幅度盈余。

(马　静　马金案)

资料来源:

*1. 马来西亚《诗华日报新闻网》2017年1~12月,http://www.360doc.com/login.aspx? reurl = http://www.360doc.com/content/*

*2. 中国驻文莱大使馆网站*

*3. 中国驻文莱大使馆经济商务处网站*

# 柬埔寨:2017年发展回顾与2018年展望

关注民生建设、脱离低收入国家行列、解散救国党是2017年柬埔寨国内发生的几件大事。随着第六届柬埔寨全国大选的到来,为确保本届大选的顺利举行,保证国内稳定、经济发展成为柬埔寨人民党2018年工作的首要目标,其他各项工作也将主要围绕这个目标来开展。虽然柬埔寨国内政党斗争激烈,但这并未影响外界对其经济上行能力的信心。

## 一、执政党努力维护国家稳定,保障大选顺利举行

(一)继续加强对各主要部门的监管

柬埔寨政府延续2016年的执政风格,在2017年继续加强政府对各部门尤其是几个关键部门,如内政部、外交部和国防部等的监管力度,反腐败、提高工作效率、增加工作透明度等取得一定成效。此外,政府还开始针对其国内金融市场不规范的情况进行管理,以保护民众利益为主旨,遏制借贷后贫民更加困顿的社会现象。2017年3月,柬埔寨政府通过国家中央银行宣布,自2017年4月1日起,全国国有和私立金融机构向贷款人(不论额度)提供贷款服务时年利息封顶为贷款额的18%。据悉,此前的柬埔寨小额贷款(5000美元以下)年利息为贷款额的25%~30%,在许多乡村,月息3%的小额贷款十分常见。前往借贷的当地人中,申请小额贷款的人数比例最高,高息成为许多来自农村的想要扩张生产规模或改善生产生活条件的农民和城市里的小商业者们的巨大负担。柬埔寨国家中央银行2016年年度报告显示,柬埔寨的小额信贷机构及获得存款执照的小额信贷机构共有54家,借贷者达到190万人,贷款总额30亿美元。

(二)更加关注民生建设

2017年,基于票仓的压力,柬埔寨人民党把关注点放到了中低层民众身上,在民生建设领域投入了更多的资金和精力,落实了许多收效显著的民生项目,代表性的做法如下:

1. 落实对政府公务员的加薪承诺。柬埔寨首相洪森在许多公开场合的演讲中曾多次提及给政府公务员加薪,该承诺从2017年开始落实。2017年,柬埔寨

政府总开支预算增长15.7%，达52亿美元，相当于GDP的23.76%，其中，公务员的薪金开支占总开支的32.7%，较2016年增长20.7%。

2. 提出工人退休金制度。柬埔寨王国政府成立以来，只有政府公务员和军人在退休后享有退休金。2017年4月底，柬埔寨劳工部部长毅森兴宣布，2018年年初前将推行工人退休金制度(60岁退休)。无论是在大型还是小型私人企业工作的工人都将享受与公务员一样的退休金待遇，柬埔寨劳工部下属的社会保障基金局将负责发放工人退休金。但在2017年8月，此退休金制度被首相洪森宣布延迟到2019年施行。

3. 进一步完善工人健康保险机制。柬埔寨社保基金从2016年5月1日开始实行工人健康保险机制，患病工人可免费在指定的医院检查和治疗。法定健康保险的费率为工人薪资的2.6%，雇主和工人各承担一半。2017年8月20日，柬埔寨首相洪森在与4000多名工人代表的座谈会上宣布，自2018年1月起，健康保费将由厂商全部承担。此外，柬埔寨政府还于2017年7月发布了《2016～2025年社会保障国家政策战略》，旨在进一步完善柬埔寨全国性的社会保障系统以造福全体百姓，尤其是贫困及弱势群体。

4. 成立食品物品监管工作组。2017年6月底，柬埔寨商业部正式成立食品物品监管工作组，由商业大臣班守萨任组长，组员包括商业部和全国25个省市商业局的官员，主要任务是对市场重点食品如粮、油、肉、菜、蛋等生活必需品的价格进行监管，对市场上流通的一些物品和食品，尤其是对稻米、鱼肉、鸡肉、猪肉、燃油和木薯的价格进行监控。此外，工作组还将与政府或非政府部门等相关单位合作，帮助农民开拓国内外市场。

5. 增加市政工程项目。为改善交通条件和人居环境，柬埔寨各省市政府新增了不少市政工程项目，尤其是金边市政府，围绕“车”的相关问题做了不少努力。近两年来，去过金边的人应该都会对这座城市的交通拥堵情况留下深刻的印象。随着私家车持有量的迅速增加，金边市的交通情况越发恶化，市内的停车场里更是一位难求。2017年3月，金边市政府在第一阶段完成安装600个“智能交通违章监摄管理系统”(俗称“电子眼”)之后，开始第二阶段1000个“电子眼”的安装工作，这不仅有利于金边市的交通安全和管理，还有利于加强治安工作，打击街头抢劫等犯罪活动。2017年2月，继2016年在金边市3个不同地点开始运营智能停车场系统后，SonatraCarling公司在获得金边市政府的批准后开始进行第四个智能停车场系统的安装工作，这4处智能停车场的运营暂时舒缓了金边市区内停车位紧缺的问题。

除了上述几点，柬埔寨其他部门也积极推进相关利民项目，如：由于从越南和泰国流入柬埔寨的“黑心肉”事件频出，柬埔寨农业部于2017年4月26日发布通告，宣布采取新举措加强进口肉类的管制，禁止从邻国进口低档肉类，以确保食物安全并维护公众健康；柬埔寨内政部在2017年1月1日至6月30日开展首个肃毒集中行动；柬埔寨内政部开展打假活动，于2017年5月查获违法和假冒化妆品共68吨。

(三)执政党积极为大选做准备

随着2018年全国大选的临近，柬埔寨执政党人民党与其最大的对手救国党之间的矛盾和争斗也日趋激烈。

2017年2月20日，在反对党议员抵制参会的情况下，柬埔寨国会通过了《政党法》(修正案)。该修正案规定，被判犯有轻罪、重罪或非缓期监禁的人不得担任政党正副主席，不得担任常务委员等党内要职。此外，凡是犯下“严重错误”，包括“破坏国家统一”“影响国家安全”等行为的政党将被解散。一旦被解散，法院可以禁止其领导人从事政治活动长达5年。

2017年9月3日，柬埔寨救国党主席金索卡被控叛国罪和涉嫌欲借助美国的支持夺权而被捕。11月16日，柬埔寨最高法院裁定，解散救国党，且其100多名党员禁止参政5年。新加坡《联合早报》对此评论道：“这意味着首相洪森领导的执政党在明年大选将不会面对有力竞争。”

柬埔寨金边交通频频拥堵　（百度网）

## 二、柬埔寨经济发展成绩斐然

根据柬埔寨国家银行在2018年1月4日发布的数据，2017年柬埔寨国内生产总值(GDP)增速为6.9%。世界银行于2017年6月宣布，从2016年7月1日起，柬埔寨正式脱离最不发达国家(LDC)行列，成为中等偏下收入国家。据世界银行规定,人均国民总收入(GNI)低于1025美元的国家将被列入最不发达国家(LDC);人均国民总收入为1026~4035美元的国家被列入中等偏下收入国家。而据世界银行的数据资料显示,柬埔寨在2016年时的人均国民总收入就已经达到1140美元。

国际货币基金组织2017年度与柬埔寨第四条款磋商报告均认为柬埔寨经济形势总体向好。柬埔寨的经济发展成绩依然由传统的四大块组成:农业、制衣业、旅游业和建筑业。虽然柬埔寨政府有努力发展农业的愿望,但由于缺乏相应的扶持政策,再加上长期以来存在的技术落后、设施不足等问题,2014~2017年,柬埔寨的农业增幅均低于1%。2017年,柬埔寨农业产值占GDP的比重约为25%。在柬埔寨的农业发展中,大米的出口贸易是近几年的新增长点。2010年,柬埔寨政府设定了该国5年后即2015年的大米出口目标达100万吨。虽然2015年该目标未能实现,但柬埔寨大米的出口量亦开始逐年增加。根据柬埔寨稻米联盟的最新资料显示,2017年,柬埔寨向全球63个国家出口大米约63.5万吨,其中,向欧盟的出口量最大,占总出口量的43%;出口至中国的占比也达到34%,位居第二。

旅游业方面,中国游客人数的激增成为柬埔寨旅游业增长的新亮点。2017年,柬埔寨接待外国游客560万人次,比上年增长11.6%。其中,中国游客达120万人次,增长46%,成为柬埔寨第一大旅游客源国。

外国投资也成为支撑柬埔寨经济发展的重要力量。柬埔寨发展理事会2017年年度报告显示,2017年外国对柬埔寨投资额达52亿美元,比2016年的36亿美元增长44%。其中,中国以14.31亿美元的投资额稳居外国投资首位,占柬埔寨外国投资总额的27%。

法国第二大银行——法国大众银行(BRED)于2017年3月初在柬埔寨首都金边开设分行,成为首家在柬埔寨设立分支机构的欧洲银行,其主要业务是向中小企业提供融资服务。

## 三、树立良好的国际形象

2017年1月3日,柬埔寨首相洪森签发文告宣布,柬埔寨将成为世界贸易组织最不发达国家磋商小组协调员,任期一年(2017年2月至2018年2月),任务是协助落后国家争取共同利益。目前世界上有48个国家被联合国确定为最不发达国家。担任协调员后,柬埔寨与世界贸易组织成员中的36个最不发达国家成员国和其他8个监督成员国进行协调,以在2017年12月阿根廷布宜诺斯艾利斯举行的第十一届部长级会议(MC11)上进行商贸谈判。此外,柬埔寨还成为第一个由世界经济论坛和经合组织(OECD)共同发起的"可持续发展投资伙伴关系(SDIP)倡议"的亚洲国家。

柬埔寨在发展自身的同时还积极参与国际事务,为世界发展做出贡献,在世界舞台上发挥着日渐重要的作用。据柬埔寨维和部队管理中心2017年的报告,正在联合国履行维和任务的柬埔寨军人有816人,其中女性有56人。

## 四、有重点地发展对外关系

中国和越南是柬埔寨对外交往的重点国家,奥巴马政府时期的美国也曾一度跟柬埔寨关系热络。但随着柬埔寨政局的变化,与柬中、柬越关系依然维持着良好的发展态势不同,柬美关系自2016年起则发生了较为明显的改变。此外,2017年柬埔寨与关系一直不错的邻国老挝之间发生了边境摩擦。

### (一)与老挝的关系

2017年8月11日,柬埔寨首相洪森指责老挝在4月派遣30名军人进驻柬埔寨北部上丁省,并发出最后通牒,要求老挝在8月17日前必须撤军,否则柬方将采取军事行动。当晚,柬埔寨地面部队和火箭发射车连夜赶赴柬老边境地区部署。8月12日,洪森前往万象与老挝总理通伦就纠纷开展紧急谈判。通伦在会后的联合记者会上说:"今天我们进行了友好而坦率的讨论……我已下令所有相关部门,在明早(13日)之前撤回所有士兵。"在通伦下令的同时,洪森也下令撤回所派出的部队,及时避免了一场军事冲突。其实,柬老两国关系一直不错,边界上几乎没有明显的分界标识,两国边民一直和平相处。据悉,柬老之间的此次纠纷是由两国边界地区的领土和国界划分争议所引起的。

### (二)与中国的关系

中国一直是柬埔寨最重要的对外交往伙伴国。柬中两国政治互信较高,随着中国—东盟自由贸易区的建成和澜沧江—湄公河合作项目的进一步落实,中国与东盟各国特别是柬埔寨贸易投资增长、经济融合加深,令企业和人民都广泛受益,实现了互利共赢、共同发展的目标。截至2017年,中国已连续6年成为柬埔寨的最大外资来源国,是柬埔寨的第一大客源国。据不完全统计,截至2017年11月,中国在柬埔寨修建公路里程达2000多千米,建成的水利项目灌溉面积超过43万公顷,柬埔寨45%以上的国道是由中国企业所建,其国内最长的光缆和首条国际海底光缆也是中国建造,柬埔寨国内利用外资修建的12座大桥中有7座是中方投资并承建。柬埔寨首相洪森曾多次在公开场合称,中国给柬埔寨的援助从不附加任何条件。

2017年,柬中两国开始在加强传统领域合作的基础上不断开拓新的合作领域,如跨境金融服务和跨境电子商务等,通过互联网的信息交流来实现双方合作共赢。4月24日,中国驻柬埔寨大使熊波与柬埔寨副首相尹财利、深圳证券交易所理事长吴利军共同出席中柬跨境资本服务平台启动仪式暨首场路演活动，并见证深交所与中国银行金边分行《跨境金融服务合作协议》的签署。据悉，中柬跨境资本服务平台是由深交所全资子公司深圳证券信息有限公司与中国银行金边分行合作设立，旨在推动跨境投融资项目对接，实现企业投融资需求与投资者偏好之间的智能匹配。

（三）与美国的关系

由于反对党的原因，美国经常抛出干涉柬埔寨内政的言论，令柬埔寨政府不满。因此，柬埔寨与美国这两年来摩擦增多，关系变得十分微妙。2017 年，两国就陈债问题、军事合作问题和反对党被解散问题产生了严重分歧。

2017 年 3 月，美国坚持要求柬埔寨偿还 40 多年前的巨额债务，引发柬方愤怒。有资料显示，1972 ~ 1974 年越战期间，当时亲美的柬埔寨“高棉共和国”政府曾向美国农业部借款 2.74 亿美元购买美国农产品。照美方算法，目前这笔债务连本带息已高达 5 亿美元，而美国也曾多次向柬方索债，但柬埔寨政府认为，越战战火烧到柬埔寨境内后，柬埔寨遭受很大损失，当时美国在柬埔寨扔下的炸弹超过 50 万吨。而且，柬埔寨政府认为这笔钱当年并没有真正用来购买农产品，而是被“高棉共和国”政府用来购买武器弹药。洪森对柬埔寨当地媒体表示：“美国在柬埔寨制造问题，没理由现在还跟我们要钱……我们不要求美国赔偿轰炸造成的损失就不错了，现在我们只要求美方自己负责这笔债务。”据悉，柬埔寨首相洪森在 2016 年年底就联系过刚刚当选的美国总统特朗普，要求美方彻底免除这笔债务，但遭到其拒绝。

2017 年 4 月 3 日，美国驻柬埔寨大使馆宣布，美国海军援柬工兵部队因柬方要求其无限期延迟在柬任务而被迫离开柬埔寨。这是两国继 2016 年两国陆军参与的“吴哥哨兵”军演和两国海军参与的“战备与训练合作”军演被叫停后的又一个被打断的军事演习项目。美国驻柬埔寨大使馆副发言人大卫·玖萨尔（David Josar）称，美国海军已在柬埔寨 11 个省完成价值 500 万美元的建设项目。现在，柬埔寨政府要求取消该部队在其国内 8 个省的价值 80 万美元的建设项目规划，包括 6 所学校，但未给出具体原因。美方要求柬方对此给出解释。而对于美国驻柬埔寨大使馆的说法，柬埔寨国防部发言人春索吉表示，不了解对美“海蜂”（Seabees）工兵部队下“逐客令”的相关事宜。柬埔寨国防部政策与外交事务相关负责人则说，不太清楚政府与美国使馆就“海蜂”问题做了哪些沟通。

2017 年 11 月 16 日，柬埔寨最大的反对党救国党被解散。由于该党与美国关系甚密，其党首在遭遇政治问题时也常逃到美国寻求庇护，故此，美国与欧盟对该党的被解散反应强烈。美国在柬埔寨救国党被宣布解散的当日发表声明称，美国决定停止向柬埔寨国家选举委员会提供援助。而洪森则公开回应称，柬埔寨王国政府不会为获取援助而向美国低头。

（四）与越南的关系

越南无论从哪个方面来说都是柬埔寨最重要的邻国，两国的政治关系、人员往来、货物贸易等都十分密切。2017 年，柬越关系中最引人注目的事件为 7 月 20 ~ 22 日越南共产党中央委员会总书记阮富仲应柬埔寨国王西哈莫尼的邀请，对柬埔寨进行为期 3 天的国事访问。阮富仲此次访柬恰逢越柬建交 50 周年，又值柬埔寨人民党刚刚在新一届的乡选中获胜，此行对增进柬埔寨人民党与越南共产党间的互信与合作、有效落实两国间所签署的各项合作协议、进一步解决两国间仍然存在的问题，推动两国合作关系的发展均有着重要的作用。阮富仲访柬期间，同柬埔寨国王西哈莫尼举行会晤，看望柬埔寨国母莫尼列，会见大乘僧王狄旺和小乘僧王武记，会见柬埔寨首相洪森，以及与参议院主席赛冲和国会主席韩桑林举行会谈。除了在金边的活动之外，阮富仲还与柬埔寨参议院主席赛冲一起主持在西哈努克省举行的柬越友谊纪念碑落成揭碑仪式。

随着两国间关系的日益密切，柬越两国的各类贸易量正稳步上升，尤其是最近两年，柬埔寨对越南的农产品进口量明显增加。柬越边境口岸是柬埔寨与 3 个邻国所开设的边境口岸中数量最多的，通过便利的陆路口岸，越南农产品很容易就能运入柬埔寨。鉴于此前出现过越南的病死猪肉流入柬埔寨的事件，2017 年 3 月，与越南接壤的柬埔寨柴桢省货检局在该省的巴域口岸开展农产品入关严查工作，旨在杜绝越南的超标食品流入柬埔寨市场，尤其是针对每天用摩托车运送过关的食品和蔬菜均采用了实地检验的方法。

## 五、2018 年展望

2018 年是柬埔寨的大选年，虽然在 2017 年 11 月，柬埔寨执政党就已经通过法院将反对党救国党解散，但 2018 年大选真正来临时的紧张感仍不能消除。为确保 2018 年全国大选的有效性，投票率成为柬埔寨人民党 2018 年工作中需要把握的重中之重。

虽然柬埔寨国内政党斗争比较激烈，但得益于人民党良好的执政能力以及柬埔寨积极回应中国的“一带一路”倡议，并有效地利用各种外国基金和优惠贷款，使得外界对柬埔寨经济上行能力的信心依然充足。未来将成为柬埔寨经济发展压力的因素有：1. 劳动力成本上涨。这包括工人每月底薪的上涨以及工人各项福利的增加。2. 工人技术水平偏低。基于柬埔寨工人普遍受教育程度较低的国情，虽然柬埔寨政府也有计划要发展技术密集型产业，也向国外申请了许多培训项目，但植树容易育人难，要改善工人技术水平偏低

的问题需要时间。3. 来自邻国越南和缅甸在相同产业领域的竞争等。（梁 薇）

资料来源：

中国驻柬埔寨大使馆经济商务参赞处网站、中国商务部网站，柬埔寨《柬华日报》《吴哥时报》《高棉日报》，新加坡《联合早报》等

## 印度尼西亚：2017 年发展回顾与 2018 年展望

2017 年，印度尼西亚政治形势总体稳定，各党派围绕选举展开激烈竞争，伊斯兰保守主义情绪有所增强。全年经济稳中有进，主要经济指标符合预期。外交上，印度尼西亚坚持独立自主原则，在维护国家现实利益的同时，在区域和全球事务中发挥积极作用。

### 一、政治与社会

2017 年的印度尼西亚政局在总体稳定基调之下不乏热点。雅加达前省长钟万学 4 月因一段涉嫌侮辱伊斯兰教的演讲而在连任竞选中落败，随后又被判入狱两年一事引起的反响至今仍未平息。事件的敏感性在于钟万学兼具华人和基督教徒的“非主流身份”，又是印度尼西亚总统佐科的得力搭档，事件的结局则向世人展示了印度尼西亚伊斯兰保守主义的强大势能。保守情绪推动宗教认同与政治认同合流，不仅限制了华人参政高度，也加剧着印度尼西亚的“政治极化”现象。以“伊斯兰捍卫者阵线”为代表的强硬派组织在某些派别或明或暗的支持下，动辄动员上万人走上街头，给对手制造巨大压力。号称成员上百万的“印度尼西亚伊斯兰解放阵线”滑向极端，公然提出反对“建国五基”意识形态的主张，最终被取缔。出于有效管控激进组织行为的目的，印度尼西亚修正《社会组织法》，允许政府不经法院判决直接解散违规组织。大印度尼西亚行动党等 4 个派别反对该法案，被民主国民党人维克托指责为支持极端思想。后者声称要“杀掉支持哈里发者”，也掀起轩然大波。种族和宗教因素渗入政治生活，导致非理性对立增强，对印度尼西亚多元和谐的传统形成冲击。

2017 年下半年，印度尼西亚国会议长、专业集团党主席诺凡托因涉嫌电子身份证项目特大贪污案被反贪委员会紧追不放。在被传唤和抓捕的关键时刻，诺凡托总是“碰巧”患急病住院、发生车祸而使有关部门无功而返，但戏剧性的情节设计未能改变其最终命运。诺凡托于 2017 年年末被逮捕，辞去国会和党内职务。国会声誉受损，国会领导人及议员的品行和素质再次被舆论聚焦。印度尼西亚公众监督国会论坛评价称 2017 年度国会领导力为“历年最差”，理由除领导人的贪腐丑闻、引发争议的言行之外还有国会日益低下的议事效率，例如全年仅完成立法 6 部。诺凡托的下台把试图在即将到来的大选中重振雄风的专业集团党拖入了尴尬境地。为避免在选举中再次沦为配角，这个老牌政党试图快刀斩乱麻与诺凡托切割，推出现任印度尼西亚工业部部长爱尔朗加为新主席。

五年一届的大选是印度尼西亚政党政治语境下的“民主盛宴”，距离选举尚有时日，各派利益博弈已然拉开序幕。作为大选的前哨战，地方首脑选举在 101 个省、市、县同时铺开，民主斗争党及其盟友拿下其中 56 个地区。雅加达省长选举是唯一需要进行两轮投票的，选举投票率之高以及整个过程所凸显的印度尼西亚社会分裂均为进入 21 世纪以来所罕有，预示着 2019 全国选争之激烈。“德国之声”网站将其列入全球七大新闻事件。这样的大选预演还将在 2018 年的 171 个地方首脑选举中持续。就目前各党实力而言，有民调显示，民主斗争党所获民众支持率居首（28%）但并无绝对优势，大印度尼西亚行动党（12.8%）、专业集团党（10.3%）、民族觉醒党（6.8%）和民主国民党（5.4%）次之。至于总统人选，佐科连任的呼声极高，专业集团党、建设团结党、民心党和民主国民党等多个政党明确表态将推举其参选，并各自酝酿副总统候选人。

佐科的声誉与他一贯的亲民作风有关，更来自政绩。赛弗尔研究咨询机构民调显示，高达 74.3% 的印度尼西亚公众对佐科一年来在经济、政治、执法和安全等方面的执政表现感到满意。佐科内阁全年未经历改组，施政重点落在推动经济转型、区域经济均衡发展和保障社会公平方面，开展基础设施建设、推进 12 年义务教育、扩大医保人群、提升民生福利、反腐和整治税务等多项政策成效可谓卓著。以基础设施建设为例，2015～2017 年，印度尼西亚投入预算资金达 990 万亿盾，建成高速路 568 千米、国道 2623 千米，新建桥梁总长 25149 米，还建起 7 个新机场及 39 个水库。这些基础设施对降低物流成本、改变外岛发展缓慢现状的作用开始显现。民生方面，反映收入差距的基尼系数自 2014 年以来持续下降，2017 年 9 月时为 0.391，脱离了社会贫富差距的警戒线。批评的声音则认为佐科未能有效扭转低效拖沓、各自为政、彼此推牵的官场痼疾。

国内外复杂因素的影响使印度尼西亚近年来受到比较严峻的恐怖主义威胁，反恐成为政府维护国家安全和社会稳定的重点工作。全年恐袭事件十余起，多数是“神权游击队”组织所为。雅加达马来由村公交站自杀式爆炸案最为惨烈，造成 5 死 10 伤。大体而言，印度尼西亚恐怖主义活动的特点可归结为恐怖活动跨国性突出、恐怖组织小型化发展、独狼式袭击渐成主流、袭击对象以国内执法部门为主，等等。印度尼西亚政府反恐打击和反激进思想教育、教化并重，同时加大国际合作力度。印度尼西亚反恐形势趋好，2017 年

在“全球恐怖主义指数”排名中列第42位，比2016年下降10位。

## 二、经济

印度尼西亚经济稳中有进，成长主要依靠内需拉动，财政赤字小幅扩大但政府债务负担较轻，政府本、外币偿债能力稳定。惠誉、穆迪、标普和大公国际等机构均将印度尼西亚主权信用评级展望提升至稳定级别。

### （一）主要经济指标

印度尼西亚中央银行数据称年度经济增长率为5.05%，好于2016年的5.02%。全年经济发展基本平稳，并呈先抑后扬的走势，第一、二季度增长率为5.07%，第三、四季度加速。印尼盾币值微贬0.8%，通货膨胀率仅为3.61%，以往年末常难以控制的部分商品价格未见剧烈波动。外债为3473亿美元，同比增长9.1%，其中私人外债为1706亿美元，政府债务为1760亿美元，债务结构安全。金融系统稳定性较好，资本充足率高。这些指标说明印度尼西亚经济发展的基础和质量进一步提升。不过，在全球经济开始复苏的背景下，印度尼西亚经济增速与一些发展中国家相比显得过于温和。印度尼西亚总统佐科表示，印度尼西亚经济如病体已愈，身心健康，当下要找到未能迈大步奔跑的症结所在。可能的原因之一是印度尼西亚经济有内需驱动的突出特点，且出口商品中工业品占比较低，对美国、中国、印度等主要经济体的商品需求和价格变化的反应欠敏感。

消费作为印度尼西亚经济压舱石的地位依旧。2017年，印度尼西亚政府消费受限，居民购买力水平微降。佐科政府积极创造就业，提高最低工资标准，并推出多个面向中下层民众的补助计划。“非现金粮食资助”项目使上百万家庭每月可领到15千克大米及一定数量的油和糖；针对低收入人群的能源补贴增长5%，总投入达94.5万亿盾；另有“希望家庭计划”拨款1.7万亿盾，补贴惠及600万低收入家庭。总的来看，消费潜力还没有得到充分激发，民间消费全年增长4.94%。其中，中产阶级青睐的成衣消费只增长2%，交通通讯消费增长5.8%。但是，宏观经济好转和一系列刺激措施对公众消费信心的提振效应在第三季度已开始显现，汽车和摩托等耐用品消费增长势头较明显。

进出口贸易表现优于2016年。2017年印度尼西亚出口额1687.3亿美元，比上年增长16.22%；进口额1569亿美元，增长15.66%。非油气产品为出口商品主体，矿产出口增幅最大(33.71%)，其次是工业品和农产品等。中国仍然是印度尼西亚第一大出口市场，美国次之。印度尼西亚重视非传统市场的开拓，与俄罗斯、巴基斯坦、孟加拉、非洲以及中东国家的贸易额增长迅速。投资领域，年度目标是引资678.8万亿盾，实际引进投资692.8万亿盾，比上年增长13%。投资项目仍过度集中于爪哇岛，外岛所占比例不增反降。新加坡(84亿美元)、日本(50亿美元)、中国(34亿美元)、中国香港(21亿美元)和韩国(20亿美元)为印度尼西亚的前五大投资来源地。新加坡投资额居首，但其中掺杂了不少印度尼西亚本国以及印度、欧洲国家的资本。中国实际上已成为印度尼西亚的第二大投资来源国。

政府财政收支状况良好。收入为1659.9万亿盾，其中税收不计“税务赦免计划”所得为1343.4万亿盾，比上年增长12%，关税收入超过预期目标。支出为1986万亿盾，分别为修订后的收支预算案所确定目标的95.6%和93.1%。赤字326.1万亿盾，占国内生产总值的2.42%。

### （二）政府经济配套措施

佐科政府从2015年9月到2016年11月先后密集出台14套经济配套措施，分别针对某一现有痼疾开辟解决路径。鉴于经济成长未达到预期效果，2017年印度尼西亚继续推出第15套和16套经济一揽子措施。

第15套经济配套措施针对高昂的物流成本设计。印度尼西亚物流成本为东盟各国平均水平的2倍，印度尼西亚经济统筹部部长达尔敏称其已占商品零售价格的40%，而物流成本中交通费用占了72%。因岛际货物运输以航海运输为主，印度尼西亚政府希望促进船舶维修保养业、海运保险业和航海运输业的发展，压制物流费用。政策目标包括使航运企业进出口货物运能达每年6亿美元，吸引投资7000万美元用于建造70~100艘新的运输船，航运保险增长2%，国内银行投入航运业的贷款增加5.6亿美元，创造2000个新的就业岗位。具体措施包括：免收115种造船零部件进口关税；简化手续，提高通关便利；降低物流服务成本，减免海运、运输代理、货物代理、装卸和港口维护等相关环节收费；加快全国单一窗口建设；减少受禁受限商品数量，将海关税目中限制进口商品的种类从46%大幅下调到19%。

第16套经济配套措施的目的是实现投资便利化。

**表1　2017年印度尼西亚各行业实际投资一览表**

| 行业部门 | 实际投资额(亿美元) | 投资项目(个) |
| --- | --- | --- |
| 工业 | 216 | 256 |
| 旅游业 | 170 | 159 |
| 公共工程和住房 | 12 | 98 |
| 能源和矿产 | 11.8 | 32 |
| 商业 | 9.2 | 427 |
| 农业 | 2.7 | 22 |
| 其他 | 4.3 | 60 |

印度尼西亚投资审批手续繁琐，政出多门，中央与地方协调不畅。按照印度尼西亚中期发展规划，到2019年投资率应为38.9%，但2012~2016年间仅达32.7%。实际投资额与协议投资额相比偏低，且超过半数的投资是在爪哇岛。配套措施强调加快各级政府部门审批营业许可的效率，解决投资者需多次申请准证，许可审核时间、费用不明确及现代科技手段利用率低、官僚机构服务意识不强等问题。该措施分两个阶段实施，第一个阶段组建联合工作组解决投资运营许可问题，明确经济特区、自由贸易区、工业区和旅游区的许可清单，实现审核数据联网共享；第二个阶段是修正营商准证法规，建立跨部委的营商准许审批制度。

改善投资环境是印度尼西亚历届政府的工作重心，印度尼西亚的营商便利度排名持续好转，2017年从全球第91位大幅上升到第72位。继续推进改革的难度较大，特别是在区域自治的语境下，相关政策在各地难以落地。经济配套措施的后继成效取决于佐科的魄力和政府部门执行力。此前出台的十余套经济一揽子措施亦如此，由于牵涉面广、情况复杂，不少实施细则还未出台或许已沦为一纸空文。佐科为此成立了特别小组，监督配套措施落实。

（三）产业发展亮点

1. 加工制造业。加工制造业是印度尼西亚的支柱产业，对税收贡献最大，出口额占比最高。据印度尼西亚工业部统计，2017年，该行业产值占全国GDP的22%，纳税额比上年增长17.1%；出口额1250亿美元，增长13.4%，占全国出口商品总额的76%。食品和饮料加工、五金、机械和配件制造行业增速领先。加工制造业还是印度尼西亚较具国际竞争力的产业之一，在联合国工业发展组织的排名中以增加值衡量位列全球第9位，竞争力则在137个国家或地区中排第41位。该行业发展短板在于研发投入不足、人力资源素质较低、工业化与信息化融合度不高等。印度尼西亚政府着眼工业4.0时代的革命性趋势，制定了工业振兴计划，2018年可能专门针对加工制造业颁布经济配套措施，包括大幅降低该行业税赋。

2. 旅游业。2017年，访问印度尼西亚的外国游客人数为1404万人次，与政府确定的1500万人次目标尚有距离，原因是巴厘岛阿贡火山爆发引发的恐慌外溢，导致一些外国游客取消对印度尼西亚的访问。然而与东盟其他国家游客7%以及全球平均6.4%的增长率做横向对比，印度尼西亚21%的增幅已非常可观。印度尼西亚政府对这一产业前景信心倍增，认为到2020年旅游业创汇可超过石油天然气出口。佐科早在2016年就提出再造10个新巴厘岛的发展规划，多巴湖、婆罗浮屠塔、曼达利克和拉布安4个旅游目的地在2017年被确定为优先工程，计划对国内外引资约40万亿盾。在旅游内涵建设上，伊斯兰文化旅游是新的亮点，以亚齐、西苏门答腊、雅加达、西爪哇和龙目为重点发展伊斯兰旅游区。除加大旅游推介外，印度尼西亚与中国、新加坡、马来西亚、日本和澳大利亚等主要游客来源国加强合作，新开国际航线或加大主要城市间的航班连接密度。

3. 农业。印度尼西亚自然禀赋丰饶，发展农业的条件优越，佐科政府提出21世纪中叶将印度尼西亚变成“世界粮仓”，近期目标是提高主粮生产能力和确保粮食安全。在11种主要粮食作物中，大米和玉米已实现自给自足，不再需要进口。稻谷产量为8230万吨，玉米为2700万吨。这要归因于印度尼西亚政府在农业领域实行的特别措施项目，如兴修水利、推广优种优育和提供农业补助等。保护耕地是上述措施中的重要一环，包括限制农业土地转作工业、商业用途，以及大力推动各县开发新的耕地。

4. 电商。互联网络和移动网络的高渗透率以及青少年占总人口比例高的特点，使印度尼西亚成为亚太地区最具吸引力的电商市场，其发展速度出乎预料。印度尼西亚电商协会估计约有2470万印度尼西亚人通过Tokopedia、Bukalapa和Carousell等网络平台购物，2017年电商交易额为72.8亿美元，是2015年的2倍，到2020年可能达到1300亿美元。全年吸引来自中国和新加坡等地的投资达50亿美元。由于市场竞争加剧，不少弱势企业被淘汰出局。印度尼西亚政府试图加强管理和引导，聘请马云为顾问推动电商和中小企业发展。印度尼西亚财政部称关于电商平台交易的征税办法将于近期出台。印度尼西亚各界比较担忧的是进口商品可能通过电商渠道冲击国内市场秩序。据统计，在印度尼西亚电商平台上，本国中小微企业商品只占6%~7%，其余绝大部分则是进口商品，印度尼西亚商务部拟规定电商平台所售商品至少有80%为国产货。

## 三、外交

在独立自主的原则指导下，印度尼西亚外交既着眼于谋求国家和公民的现实利益，也积极发挥作为东盟核心和发展中大国的影响力，参与区域和全球事务治理。

（一）发挥领头羊作用，维护东盟的团结和谐

印度尼西亚认为，已走过50年历程的东盟面临着地缘政治竞争、跨国有组织犯罪、如何确保地区发展平衡以及维护东盟内部团结等四大挑战，确保东盟的团结一致和中心地位是应对挑战的关键。为此，印度尼西亚作出如下努力：一是密切与东盟各国的双边关系，包括通过十余次谈判推进与新加坡、马来西亚和菲律宾的相关海域划界工作，低调处理与越南在纳土纳海域发生的渔业执法冲突。二是积极协调东盟内部多边合作，如加强与东盟轮值主席国菲律宾的协同，支持后

者主办东盟系列高官会，在《东盟反恐怖组织公约》框架下强化各国的反恐合作，推动《东盟保护和促进移民工人权益共识》的签署等。三是在解决东盟内部人道主义问题上走在前列，呼吁以沟通和停止暴力镇压的方式来应对缅甸罗兴亚危机，主动向缅方提出解决危机的“4+1方案”，即恢复稳定和安全，停止使用武力，保护相关人员安全，开通救援通道，落实联合国前秘书长安南的解决危机建议。印度尼西亚率先启动人道主义援助行动，向缅甸若开邦提供饮食和药品，援建医院和学校，并倡议在若开邦建立东盟人道主义援助中心。

（二）积极参与全球事务

在多边国际舞台上，印度尼西亚的身影活跃，借助联合国、二十国集团和伊斯兰会议组织为世界和平稳定发挥“桥梁建设者”的作用。2017 年，印度尼西亚当选 14 个国际组织相关成员，还争取入选 2019～2020 年联合国安理会非常任理事国。通过联合国平台，印度尼西亚向全球派遣维和人员 1040 人，在 125 个国家中名列第 9 位。

作为全球穆斯林人口最多的国家，印度尼西亚热心于扶助伊斯兰世界成员。印度尼西亚外长雷特诺在 2018 年新年致辞中称巴勒斯坦“位于印度尼西亚外交的心脏”。印度尼西亚对特朗普政府单方面承认耶路撒冷为以色列首都反应强烈，认为此举违反联合国安理会的各项决议并将动摇世界的安全及稳定。在第十届巴厘岛民主论坛上，雷特诺再次重申对巴勒斯坦的支持及对美方的谴责。印度尼西亚对巴勒斯坦不仅有政治支持，也有经济上的实际举措，例如对巴勒斯坦的部分商品实行零关税待遇。在阿富汗和解进程中，印度尼西亚重点给予“能力建设”支持，包括培训执法部队、推动伊斯兰学者交流和提高妇女自立能力等。雷特诺 11 月访问喀布尔，为 50 余年来印度尼西亚外长首访阿富汗。

（三）拓展经济外交

2017 年，印度尼西亚签署 78 项投资、贸易、金融和避免双重征税等方面的国际协议。经济外交的优先拓展地区是非洲、中亚、南亚及拉美，合作重点为基础设施建设、能源和装备制造业。对非洲的经济合作成就巨大，与一些非洲国家的贸易额增长达 100%，大型国企成功进入非洲市场。与墨西哥、牙买加和秘鲁等 6 个拉美国家举行联合委员会会议或双边谈判，经贸往来进一步密切。对欧盟、北美和亚洲地区的传统合作伙伴，印度尼西亚注重稳定和深化经济外交关系。其中，与芬兰、拉脱维亚和立陶宛等国的双边贸易额增长 50%，部分欧洲国家对印度尼西亚投资翻番。但印度尼西亚与欧盟的经济关系时有起伏，欧洲议会出于环保考虑决定限制进口棕榈油，影响印度尼西亚 1700 多万农民的生计，印度尼西亚在表示强烈不满的同时以“棕榈油换战机”方式进军俄罗斯市场。此前，欧盟对印度尼西亚生物柴油实行反倾销措施，后者诉至世界贸易组织并最终获胜。

印度尼西亚还参与了 27 次区域全面经济伙伴关系（RCEP）和全面经济伙伴协定（CEPA）谈判。印（尼）澳全面经济伙伴关系协定完成了 95%，2018 年一季度可望签署。印度尼西亚—欧盟已进行第三轮谈判，前景乐观。印度尼西亚—智利全面经济伙伴关系协定已经签署。愈加紧密和多维的对外经济关系在 2017 印度尼西亚贸易博览会上得以体现，这场印度尼西亚政府力推的盛会吸引了 116 个国家的企业参加，交易额合计为 14 亿美元，比 2016 年印度尼西亚贸易博览会增长 37.36%。

（四）推进与大国合作

印度尼西亚务实推进与中国、美国、日本和俄罗斯等大国的合作，合作侧重经济和防务领域并涉及科技、人文等各个方面。

中国印尼高层互访频繁，两国战略对接更加紧密。佐科到中国北京参加“一带一路”国际合作高峰论坛，表示愿同中方深化“一带一路”框架下的经济合作并强化两国在国际和地区事务中的沟通和协调。在经贸领域，两国贸易额达 633 亿美元，中国企业对印度尼西亚的投资再创新高。在人文领域，中国国务院副总理刘延东与印度尼西亚统筹部部长布安共同主持中国印尼副总理级人文交流机制第 3 次会议，引领双方人文交流迈进新阶段。在旅游方面，中国赴印度尼西亚游客达到 200 万人次，中国作为印度尼西亚最大旅游客源地的地位稳固。在维护南海和平稳定、罗兴亚危机以及其他两国共同关心的国际事务中，双方的沟通

*2017 年印度尼西亚举办国际汽配展览会、国际商用车及零配件展、国际摩托车、电动车及零配件展等多个展会，图为展会场馆*　（百度网）

顺畅。

印度尼西亚与日本、美国和俄罗斯的关系平稳发展。日本加大对印度尼西亚基础设施和海洋渔业发展的投入，并有意帮助印度尼西亚开发外岛、加强海上安全建设，包括设立海岸雷达系统等。经贸、科技和防务是美国与印度尼西亚合作的重点。两国 2017 年 4 月签署价值为 100 亿美元的经贸合作协议，印度尼西亚正寻求与美国签署双边贸易协议以促进对美国的出口，美国还承诺在可再生能源、航空航天等领域提供先进技术援助。两国军队举行 3 次联合军演，意在深化互信。印度尼西亚希望在安全领域得到俄罗斯的支持，两国每年举行安全会议，商讨落实反恐、网络安全等合作事宜。双方签署军备采购备忘录，俄罗斯同意向印度尼西亚出售 11 架苏－35 战机，印度尼西亚将成为东南亚第一个拥有该型战斗机的国家。

### 四、2018 年展望

2018 年在印度尼西亚称为“政治年”，意即因大规模举办地方选举和各党备战大选而导致政治气氛节节升温的年份。政局的不确定因素增多，但撬动稳定大局的可能性并不大，毕竟认可选举的游戏规则已经是全社会的共识，而军队和警察也没有偏离政治中立的迹象。各政党之间以及佐科与其他总统候选人之间的激烈博弈在轨道内展开，对经济料将产生正向影响。一来举办选举使政府消费增长；二来佐科在本届任期结束前必然会加紧各项经济措施的执行，靠落地的建设成就争取选票。全球经济的换挡提速可为印度尼西亚经济成长注入额外动力，但欧美的保护主义倾向引起印度尼西亚的高度警惕。投资的增加和数字经济的进一步崛起将成为 2018 年印度尼西亚经济的两个看点，其全年经济增速预计在5.1%～5.5%之间。外交将延续 2017 年的政策方向，即促进东盟团结一致、争取联合国安理会非常任理事国地位、开展经济外交、积极维权和护侨、为亚太地区和全球的繁荣稳定做出贡献等。（杨晓强　王翕哲）

资料来源：

1. BBC 印度尼西亚语频道
2. 印度尼西亚 *Seputar Indonesia* 新闻网站
3. 印度尼西亚 *Kompas* 新闻网站
4. 印度尼西亚 *Tribun* 新闻网站
5. 印度尼西亚 *SINDO* 新闻网站
6. 印度尼西亚 *Kumparan* 新闻网站
7. 印度尼西亚 *Bisnis* 新闻网站
8. 印度尼西亚 *Merdeka* 新闻网站
9. 印度尼西亚 *Republika* 新闻网站
10. CNN 网站印度尼西亚频道
11. 印度尼西亚 *Okezone* 新闻网站
12. 印度尼西亚 *Indonews* 新闻网站
13. 印度尼西亚 *Kontan* 新闻网站
14. 印度尼西亚 *Metronews* 网站
15. 印度尼西亚 *Katadata* 新闻网站
16. 印度尼西亚 *Liputan6* 新闻网站
17. 印度尼西亚 *Antara* 通讯社
18. 印度尼西亚外交部年度新闻公报

## 老挝：2017 年发展回顾与 2018 年展望

2017 年，老挝政局稳定，经济增长 6.83%，外交成果丰硕。2018 年，老挝人民革命党将召开十届六中和七中全会，力保经济增长 7%，多方位外交将更趋活跃。

### 一、政治

2017 年，老挝人民革命党分别召开十届四中（3 月 20～24 日）和五中全会（9 月 11～21 日），政府内阁每月召开例会并于 9 月召开政府扩大会议，八届国会分别举行三次（4 月 25 日至 5 月 18 日）和四次会议（10 月 16 日至 11 月 17 日）。主要特点有四：

一是开展党内整风。根本目的是改善党的形象，转变党员作风，提高党的战斗力，遏制日益猖獗的贪腐及官僚主义，巩固老挝人民革命党执政地位与执政安全。整风以老挝人民革命党中央政治局制订的“关于在全党开展整党政治生活会的命令”及“坚决把党整顿得纯洁、坚强和稳固”等 4 个指导文件为依据，按学习动员、自我总结、开展批评与自我批评并提出整改措施等步骤进行。全党 2 万余个基层党组织和 30 万党员（截至 2016 年 8 月统计，党员人数 302537 人）参与此次整风。通过此次整风，老挝人民革命党党员意识、政治觉悟及工作作风有所增强与转变。

二是重视加强反腐机制建设。老挝人民革命党十届中央委员会重视反腐并将此提高到战略高度。据《巴特寮通讯》2017 年 4 月 18 日报道，老挝人民革命党政治局委员、中央书记处常务书记潘坎强调：“如不解决贪腐问题，将影响到党和政府的领导作用，影响到国家安全和经济社会发展。”年内，进一步加大审计监察纪检力度并查处一批违法违纪干部；逐步出台一些反腐倡廉规定，如：高级领导人车辆配备标准规定、关于厉行节约反对铺张浪费的决定和关于财经系统公务员禁止事项的决定等；进一步完善公务员个人财产申报制度及相关信息录入；开始探索建立单位“一把手”反腐倡廉监督问责追究机制。

三是老挝政府在重点化解历史遗留债务的同时，努力推进革新除弊。鉴于公共负债高且债务持续性风险升高等状况，老挝政府采取一系列有针对性的举措，如：加强公共投资项目管理，砍掉不必要的投资项目以防止产生新的债务；推进关税税收制度现代化改革并加强财经部门的反腐工作;注意整顿营商环境,减少投资审批环节以及消除商品流通障碍并促进商品生产。老挝财政部制订“老挝至2025年国有企业改革战略(草案)”,拟对全国中央和地方国有企业(以下简称国企)实施改革。截至2016年,老挝全国183家国企总资产相当于GDP的93%,但当年国企合计上缴财政的预算收入只相当于当年GDP的1.3%,国企效益差及对财政收入贡献极低,已到了非改不可的地步。今后除了电力、自来水、公交、邮政和电信等少数战略性企业需由国家参股或控股,其余的拟通过兼并重组、合资、出租、特许经营或出售等方式进行改革。2017年,老挝国家电力公司率先兼并国家电力建设与安装公司,拉开了国企改革的序幕。

四是八届国会举行三次和四次会议,立法修法步伐明显加快,国会监督职能得到加强。上述会议除了常规性审议政府和两院工作报告之外,还审议通过法律28部。其中,新订13部:《国际条约和协定法》《艺术演出法》《电子信息保护法》《无线电频率法》《刑法典》《受进口商品影响生产者保护法》《技术传授法》《气象水文法》《支付系统法》《国家资金采购雇用法》《法官法》《传染病预防与管控法》和《老挝红十字会工作法》。修订15部:《国会和省级人民议会议员选举法》《老挝人民革命青年团法》《电力法》《人民治安保卫力量法》《人民检察院法》《人民法院法》《水及水资源法》《统计法》《矿产法》《知识产权法》《城市建设法》《国家监察法》《刑事案件审理法》《国籍法》和《工会法》。国会对政府及两院工作的监督力度较前加大,要求国家审计署和政府监察机关加强审计与纪检,对未经国会批准的计划外投资项目进行曝光。5年来,共审计448个目标单位,严肃查处一批违纪违法案件,为国家挽回大量经济损失。国会还开通热线和信箱,认真受理群众诉求。2017年1~6月,解决群众合理诉求600余件,地方议会在地方立法及监督方面也开始发挥较好的监督职能。

## 二、经济、社会

2017年是老挝“八五”规划实施第二年,也是开始实施财政年度与国际接轨的第一年。经济增长6.83%,国内生产总值(GDP)168.1亿美元,人均GDP 2472美元。

### (一)主要经济数据

2017年,老挝农业增加值增长2.78%,占GDP的16.34%;工业增加值增长9.53%,占GDP的30%;服务业增加值增长6.15%,占GDP的42.08%;进口关税收入增长6.9%,占GDP的11.53%。2017年1~9月进出口贸易额为70.16亿美元,其中出口36.15亿美元,进口34.01亿美元,同比分别增长13.4%和9.5%,预计全年进出口贸易额89.39亿美元。财政预算收入234890亿基普(1美元约为8300基普),财政预算支出315080亿基普,财政赤字80190亿基普;汇率小幅波动,通货膨胀率为1.2%,M2货币量增长16.39%;外汇储备约为16亿美元(够4个月进口);商业银行存款余额700249.2亿基普,相当于GDP的54%,银行贷款余额696999.2亿基普,相当于GDP的53.7%,商业银行债务损失率为3.2%;全年社会总投资253300.70亿基普(其中国家投资17809.7亿基普),相当于年计划的69.65%;国内外投资项目有3151个,注册资金61.48亿美元,实际到位资金19.70亿美元;当年,政府共偿还了2675个国家投资项目债务,共计224641.4亿基普,尚有124181.6亿基普的债务需偿还。

### (二)经济、社会发展亮点

1. 老中铁路全面施工,项目建设高标准和高质量顺利推进,备受老挝政府领导人及各界赞誉,不仅为老中经济走廊建设奠定了基础设施主轴,且对泰中铁路的启动有明显的助推作用。

2017年1月11日,老中铁路开工动员暨技术交底大会举行,当年夏天进入全面施工并在沿线101个地点展开隧道挖掘等工作。进入12月,施工捷报频传:由中国电建水电十五局承建的万象省旺门村二号隧道于12月12日顺利贯通,成为全线首个贯通的隧道。截至12月13日,中铁五局承建的第一标项目隧道开挖突破万米大关,达10262米,居全线各标段之首。截至2017年年底,累计完成总投资(374.25亿元人民币)的12.06%,预计2021年12月2日竣工通车,为老挝国庆46周年献礼。泰国亦于2017年12月21日正式开建泰中铁路第一期帕栖至呵叻段,2018年年底将兴建第二期呵叻至廊开段。

2. 电力建设实现跨越式发展,继续推进湄公河干流大型水电站建设,能源矿产已成为财政重要支柱。由1995年全国电力装机仅210兆瓦、年产电力10.85亿千瓦时增加到2017年的6760兆瓦及年产电力356.25亿千瓦时。已建成的发电站(含火电等)共计60座,低、中、高压输电线路总长52000千米。到2020年,发电站将达到100座,装机总容量达13062兆瓦,85%电力用于出口,老挝有望成为东盟第一大电力输出国。继兴建沙耶武里(1285兆瓦)和栋沙宏(260兆瓦)2个湄公河干流水电站后,拟于2018年年底开建北本水电站(912兆瓦)。芭莱水电站(770兆瓦)可行性研究报告亦于2017年8月获老挝政府颁发《最终批复证书》。能源矿产已成为财政重要支柱。2017年头9个月,矿产贸易额9.29亿美元,其中出口9.06亿美元,虽较上年同期下降1.61%,但仍为第一大出口创汇行业。2017年上半年,老挝向柬埔寨、泰国、越南3国出口电力10.877亿千瓦时,创汇5960万美元。

3. 加快路网规划和公路升级改造,首条高速公路建设即将动工。老挝政府着手对国内三纵、九横以及与之相连的11条分支公路(简称“3911”公路网)进行整体规划,拟在“八五”规划期间融资60亿美元对国内123个公路项目进行升级改造。2017年,占巴塞16W公路和沙耶武里省巴莱县—万象省沙纳坎县跨湄公河大桥建成通车,沙湾拿吉省9号公路2座大桥开始修建。首条高速公路——万象至万荣高速公路建设即将动工,计划2020年建成通车。该高速公路全长113.5千米,设计为双向4车道,路宽23米,投资总额13亿美元,由中国云南建投集团以BOT方式承建。与此同时,万象市至占巴色市高速公路(总长585千米)建设项目设计投标亦已启动。老挝还决定修建万象至河内高速公路(全长707千米,拟设计为6车道,投资额将超过45亿美元)并提请日本帮助进行可行性研究。

4. 推出波罗芬经济特区,希望吸引投资。波罗芬高原位于老挝南部中心区域,紧邻越南、柬埔寨、泰国3国,战略地位重要。政府授权老挝国家经济研究院负责开展特区项目研究规划工作,特区内拟规划建设高速公路、机场、教育、医疗和养老等配套设施,重点发展旅游和有机农业。鉴于中资企业一直是老挝经济特区和专区投资的主力军,该院院长、前总理波松2017年10月率团到中国云南昆明和北京推介波罗芬高原经济特区,重点吸引中国投资者。

5. 证券市场发展开始步入快车道。2017年12月21日,由老中证券有限公司负责发行的老挝水泥公众公司(LCC)首次进行公开募股,此举打破了老挝股市近年来的沉寂冷清局面并成为第一家由中资企业控股的水泥上市公司。按照老挝证管委证券市场发展规划,2018年上市公司数量预计将在6家公司的基础上翻一番,其中老挝最大的电信公司——老挝电信将上市并成为第三家老挝国有控股上市公司。到2020年,老挝将有25~30家公司上市。

6. 继续推进扶贫脱贫,2017年脱贫6546户,超过原计划。老挝全国贫困户已由2015年的76604户减少至2017年的69772户。老挝的经济社会发展也存在一些不容忽视的问题:一是公共负债远高于国际公认的警戒线,外债和内债分别占GDP的52%和6.3%,债务持续性风险升高;二是财税未完成原订计划,财政赤字增大,约为当年GDP的-5.2%;三是国内营商环境不佳,还存在阻碍国内外投资和商业贸易顺畅运作的障碍,在全球190个经济体的营商环境排名中居第141位;四是社会治安形势仍不容乐观。制贩毒案件呈上升态势,2017年查处涉毒案件2770起,较上年增加262起。逮捕毒贩2441人,缴获大麻4847千克、安非他明1203千克、海洛因162千克、鸦片272千克和冰毒60千克。火灾及交通事故频发,2017年发生包括三江商贸城在内的火灾175起,2017年1~11月,发生道路交通事故4800余起,死亡854人,伤7149人,车辆损坏7814辆。2017年6月16日,不明武装在赛宋本省龙镇地区发动袭击,导致1名中国公民当场死亡和1名人员轻伤。

## 三、外交

2017年,老挝积极开展双边和多边外交,建交国已达140个,同世界近130个政党建立了联系。

年内,老挝人民革命党中央总书记、国家主席本扬分别出访柬埔寨、中国、越南3国;老挝总理通伦分别访问新加坡、马来西亚、柬埔寨、日本、俄罗斯、越南和印度尼西亚7国,并于4月和11月赴菲律宾出席第30届和31届东盟首脑峰会;老挝国会主席巴妮应邀访问越南,并于9月和11月率团出席在菲律宾马尼拉和中国北京举行的第38次东盟国家间议会会议及中国共产党与世界政党对话会。

中共中央总书记、中国国家主席习近平,新加坡总统陈庆炎,比利时女王玛蒂尔德,越南政府总理阮春福和国会主席阮氏金银以及柬埔寨首相洪森和国会主席韩桑林等分别访问老挝。

### (一)老挝与中国的关系

2017年,老中关系特点:一是老中两国元首一致同意共同打造两国具有战略意义的命运共同体,老中关系进入新时代并踏上新征程。二是《习近平谈治国理政》老挝文版首发式和中老两党第六次理论研讨会分别在老挝首都万象和中国海南博鳌举行,进一步彰显了老中两党对党际交流互鉴的重视。三是老中两国中央和地方相关部门的交往合作密切,老挝驻中国长沙总领事馆开馆。四是中国对老援助持续增加,是老挝第一大援助国、第一大投资国和第二大贸易伙伴。五是双方在国际和地区事务中相互支持与密切配合,为维护国际及地区和平与发展做出了重要贡献。六是老中人文交流硕果累累,为老中全面战略合作提供强大的人才与智力支撑,不断夯实共同构建命运共同体的社会与民意基础。

### (二)老挝与美国、日本、澳大利亚、韩国的关系

1. 老挝与美国的关系。特朗普政府仍延续其前任对老挝外交政策。2017年3月22日,老挝与美国在老挝首都万象就落实2016年2月17日签署的《老美贸易与投资合作框架协议》进行磋商。5月24~25日,美国驻老挝大使馆和美国律师协会与老挝监察与反贪机关在万象共同举行贯彻落实联合国反腐败公约研讨会。老挝外交部部长沙伦赛在5月和8月分别出席在华盛顿举行的美国—东盟外长特别会议以及在菲律宾举行的东盟—美国外长会议和第10次下湄公河国家与美国外长会议。老美继续合作搜寻印支战争在老失踪美军人员遗骸,先后举行了2016~2017年年度第二次美军人员遗骸交接仪式和第三次合作搜寻。迄今为止,已找到在老挝失踪的美军人员遗骸272具。

2017 年,美国对老挝提供约 1400 余万美元的人道主义援助,用于改善儿童营养、卫生防疫、血液服务培训及清除未爆炸弹等。6 月 7 日,美国通用电气公司在万象市设立代表处,拟在老挝投资电力能源和开展健康服务投资。

2. 老挝与日本的关系。日本在发达国家对老挝援助中居首位。继老挝副总理宋赛 2017 年 3 月访问日本后,6 月5 ~6 日,老挝总理通伦应邀出席在东京举行的第 23 次亚洲前途国际大会并顺访日本,两国政府首脑高度评价“老日不断发展的战略合作伙伴关系”并磋商开通东京—万象直航。日本副外相 Kiyoshi ODAWARA 和 IwaoHORII 分别访老。年内,日本向老挝提供教育、卫生、人才培训、瓦岱机场扩建、行政管理数据中心、自来水、电力系统规划、农村发展及清除未爆炸弹等方面的援助并派遣志愿服务者。其中,无偿援建老挝南部 3 省的 47 所初中学校(造价 800 多万美元)于8 月移交老方,日本还承诺继续在老挝中南部省份援建 37 所初中学校(造价约 1370 万美元)。

3. 老挝与澳大利亚的关系。澳大利亚在发达国家对老援助中排名第三。2017 年是老挝与澳大利亚建交 65 周年,老挝副总理宋赛和外交部部长沙伦赛分别于 2 月和 11 月访问澳大利亚。年内,澳大利亚向老挝提供 400 余万美元援助,涉及贫困地区儿童基础教育、改善贸易经营环境和妇女领袖培训等。迄今为止,从澳大利亚学成毕业的老挝留学生已达 1200 人。

4. 老挝与韩国的关系。双方于 2017 年 3 月和 10 月分别在老挝巴色市和万象市联合举办湄—韩合作框架高官会议和促进湄公河各国中小企业政策会议。8 月29 ~30 日,老挝外交部部长沙伦赛应邀出席在韩国釜山举行的第八次东亚和拉丁美洲合作论坛外长会议及第七次湄—韩合作框架外长会议,并会晤韩国总理李洛渊。2017 年,韩国进出口银行向老挝政府提供低息贷款 1.23 亿美元,韩国国际合作署还提供赠款约

*2017 年 11 月 1 日,越南无偿援建的老挝国会大厦奠基仪式在万象举行*
(百度网)

500 万美元用于改善老挝技能开发。

(三)老挝与越南、泰国、柬埔寨、缅甸的关系

1. 老挝与越南的关系。2017 年是老越建交 55 周年暨《越老友好合作条约》签署 40 年,双方于 7 月 18 日在各自首都同时举行庆祝活动,还互派代表团出席对方的庆祝活动并向对方相关党政高层人员授勋。老方授予越南国家主席陈大光、越南国会主席阮氏金银和越南政府总理阮春福老挝国家金质勋章,同时,授予 10 名十二届越共中央政治局委员和 3 名中央书记处书记一级自由勋章。越方则授予老挝总理通伦 1 枚金星勋章,6 名十届中央政治局委员胡志明勋章和 3 名中央书记处书记一级独立勋章。年内,越老两国政要互访频繁:越南前国家主席张晋创、国会主席阮氏金银、政治局委员邓文堆和越共河内市委书记黄忠海等政要以及近 40 余个各级代表团相继访问老挝。老挝人民革命党中央总书记、国家主席本扬、总理通伦、国会主席巴妮、国家副主席潘坎和副总理宋赛等先后访问越南。12 月 19 ~21 日,本扬应越共中央总书记阮富仲和国家主席陈大光邀请访问越南,共同为 2017 年“友谊团结年”画上句号。2 月7 ~8 日,老越政府间合作委员会第 39 次会议在越南河内举行,双方签署 4 份合作文件。4 月26 ~27 日,越南政府总理阮春福率团访问老挝,两国总理举行会谈并发表联合声明,双方签署 9 份合作文件,涉及港口、铁路、输油管道、过境贸易、人才培训、电力买卖以及边境公路建设等投资与项目合作。11 月 1 日,由越南无偿提供 1 亿美元援建的老挝国会新大厦举行奠基仪式,老挝国家主席本扬、国会主席巴妮和越南国会主席阮氏金银共同出席奠基仪式。

2. 老挝与泰国的关系。两国保持睦邻交往良好势头。泰国公主诗琳通、空军司令詹姆·洪萨旺、副总理宋奇、内务部部长阿努蓬、交通部部长阿空以及副总理兼司法部部长巴金占东分别访问老挝。泰国孔敬大学4 月授予老挝总理通伦荣誉学士称号,老挝国家主席本扬 10 月 26 日前往泰国首都曼谷出席泰国国王普密蓬葬礼。老泰拟重启连接万象市塔纳良车站至万象市区 7.5 千米铁路,泰方将为此提供资金 9.95 亿泰铢。两国经贸合作保持增长势头,计划到 2024 年将双边贸易额提高到 100 亿美元。2017 年,两国在基础设施、电讯、劳务、资源环境、金融银行、新闻教育、合办商品展和马拉松赛事等方面加强合作。双方联合举行 2017 年年度首次维护边境全线治安合作委员会小组会议、第九次沙耶武里省和帕尧府维持边境治安秩序合作委员会会议和第十

次老泰边境省长府尹会议，老泰联合边界委员会还于6月27～28日共同对位于老挝波乔省巴塔县和清莱府万敬县之间的争议地段进行实地考察。目前，老泰边界尚存14个争议地段，双方同意依据1907年3月23日签订的法—暹条约来划定陆水边界，争取到2020年和2021年分别完成陆地和水界立碑。

3. 老挝与柬埔寨的关系。老挝国家主席本扬应邀于2017年2月22～23日率团访问柬埔寨，与柬埔寨国王西哈莫尼进行会谈并会晤柬埔寨首相洪森、参议院主席赛冲和国会主席韩桑林。两国元首重申维持彼此信赖、相互依存和相互帮助的友好传统，继续保持高层领导人及各级代表团互访交流，逐步落实双方达成的各项决定。柬埔寨国会主席韩桑林率团于6月21～23日访问老挝并与老挝国会主席巴妮进行会谈，双方表示，要继续加强和扩大两国国会和立法机关之间的交流与合作。尽管老柬边境形势曾因柬方指责老挝约30名士兵4月非法越界进入柬埔寨上丁省以阻止柬埔寨在该地区修建公路而一度恶化，但在柬埔寨首相洪森和老挝总理通伦8月12日和9月1日两次会晤后，两国基本达成了解决边界争议的共识。两国总理同意致函法国总统，提请法方将1933～1953年法国殖民政府绘制的十万分之一比例边界地图转换成五万分之一，以便为解决两国边界争议提供历史依据。目前，老柬边境4个争议点分别位于003号、017－13号、032－1号界碑及乌遂万康地段。

4. 老挝与缅甸的关系。老挝外交部部长沙伦赛率团出席于2017年2月15～16日在缅甸内比都举行的第12次老缅边界协商会议。老缅两国外长重点讨论了边境通行、边境检查、边境贸易、药物管制以及湄公河流域水上交通等合作问题。缅甸人民院审计与合同保障委员会主席密温敏女士率团于6月4～8日访问老挝，与老挝国会妇女委员会就妇女事业、妇女获得司法公正以及促进女企业家从事中小型企业经营等议题进行交流。但老缅经贸交往极为冷清，虽然老缅跨湄公河友谊大桥在2015年5月举行了通车仪式，但至今未发挥应有作用，连接该桥70千米长的17B公路路面因未进行沥青和混凝土铺设正呈现恶化状态。

（四）老挝与联合国、欧盟、亚洲开发银行和世界银行的关系

老挝外交部部长沙伦赛于2017年9月21日在出席联合国大会第72届会议时签署禁止核武协定，使老挝成为世界第51个签署该协定的国家。联合国承诺在2017～2021年向老挝提供1.03亿美元援助，其中，联合国妇女儿童基金确定与老挝合作资金6200余万美元，涉及儿童教育与保护、公共卫生与营养、清洁饮用水与健康、气候变化及社会参与5个目标领域。

2017年是老挝—欧盟建立合作关系20周年。11月1日，欧盟向老挝提供5亿欧元援助以支持其“八五”规划，援款主要用于农村发展、文化教育、行政管理、健康营养、粮食保障和人权等6个领域。老挝与欧盟将在2018年年内缔结为自由贸易伙伴关系。

2017年是老挝与亚洲开发银行合作50周年。年内，亚洲开发银行向老挝赠款3650万美元并提供无偿援助和贷款超过5000万美元。老挝正在实施的GMS旅游基础设施发展第三阶段项目（2014～2019年）也是由亚洲开发银行提供4000万美元贷款支持的。亚洲开发银行董事会还于9月通过决议，计划与老挝政府开展为期4年的战略合作并为此投入约4.21亿美元以促进老挝经济多样化、增强贸易和中小企业发展能力。

老挝与世界银行的合作关系已有50余年。2017年，世界银行向老挝提供2笔贷款合计6360万美元，另提供灾害风险管理援助3000万美元。世界银行与老挝在5月24日签署《2017～2021年合作伙伴框架文件》，承诺在对老挝提供4亿美元贷款基础上，再追加2.4亿～2.7亿美元优惠贷款以支持老挝经济平衡增长、改善基础设施、促进互联互通、农业发展并改善营商环境等。

## 四、2018年展望

2018年是老挝人民革命党十届中央委员会执政中期，机遇与挑战并存。

政治上，老挝人民革命党将召开十届六中全会和七中全会，认真总结十届中央委员会成立以来的执政情况并对下半届工作作出部署，确保“十大”决议得到全面贯彻落实。老挝政府将按照十届六中全会和七中全会精神，重点抓好“八五”规划第三年经济社会各项目标落实。八届国会亦将召开五次会议和六次会议，切实强化监督与立法职能。

经济上，力争经济增长不低于7%，继续扩大和深化革新开放，努力吸引外资并改善营商环境，确保老中铁路建设顺利推进，积极响应“一带一路”倡议并共同推进老中经济走廊建设。

外交上，继续加强与中国和越南的全面战略合作关系，努力维护老柬和老泰边界治安秩序稳定，大力争取日本、澳大利亚、韩国、亚洲开发银行、世界银行、联合国和欧盟等的经济援助。2018年，老挝作为澜沧江—湄公河合作共同主席，将在其中发挥积极的作用。

（陈定辉）

资料来源：

*1. KPL. net. la*

*2. www. pasaxon. org. la*

*3. vientianeMaionline*

*4. www. sedthkid. la*

*5. www. vientianetimes*

*6. www. kongthap. gov. la*

7. *XinHua* 老挝要闻

8. 中国驻老挝大使馆网站等

# 马来西亚:2017 年发展回顾与 2018 年展望

2017 年,随着外部经济形势的好转,加上政府各项措施的落实,马来西亚经济取得超过预期的稳定增长。观察人士预期的提前大选并没有举行,执政党联盟——国民阵线和在野党联盟——希望联盟都在进一步整合力量,以竞争 2018 年的第 14 届全国大选。外交上,2017 年年初在首都吉隆坡发生的一起刺杀事件把马来西亚推向地区问题的风口浪尖。马来西亚妥善地解决了这个问题,同时进一步加强了与美国、英国和中国等国家的关系。此外,马来西亚还重视与东盟、中东和新兴市场国家的交流合作。

## 一、政治:国民阵线与希望联盟都抓紧内部整合,应对大选来临

由于“一个马来西亚”发展有限公司贪污案的影响,马来西亚总理纳吉布的政治形象受到影响,前总理马哈蒂尔和前副总理穆希丁宣布退出执政党联盟——国民阵线,共同成立马来西亚土著团结党,并加入在野党联盟——希望联盟,造成国民阵线分裂。因此,在 2017 年,马来西亚不管是执政党联盟还是在野党联盟,都在进一步巩固自己的阵营、整合力量以应对即将来临的第 14 届全国大选。

### (一)执政党联盟进一步整合力量,努力消除分裂影响

马来西亚前总理马哈蒂尔退党和前副总理穆希丁共同成立土著团结党并加入希望联盟对执政党联盟——国民阵线的影响巨大,分化了马来人对国民阵线的支持度,目前国民阵线的最大成员党——马来民族统一机构(以下简称“巫统”)在全国只获得 41% 马来人选民的支持。为了摆脱“一个马来西亚”发展有限公司贪污案的影响、应对在野党的挑战,马来西亚总理纳吉布率领国民阵线一方面对外扩大和加强与美国、英国、中国以及中东地区国家的交流合作,重塑外交形象;另一方面,在国内采取措施尽力促进经济稳定增长,解决民生问题。此外,还为备战第 14 届全国大选排兵布阵,鼓舞士气。2017 年 12 月 5 日,巫统第 71 次党代表大会举行,大会一致通过党主席与署理主席在下届党选不竞选的提案,以团结党内和支持者力量,争取第 14 届全国大选的胜利。

### (二)在野党联盟因前总理马哈蒂尔的加入而加快整合步伐

马来西亚在野党联盟——希望联盟内部成员党一直存在整合问题,加上核心领导人物安瓦尔入狱,出现领导人缺失。2016 年 11 月 12 日,马来西亚前总理马哈蒂尔在希望联盟大会致辞时表达其创建、领导的土著团结党加入希望联盟的意愿。2016 年 12 月 13 日,希望联盟与土著团结党签署政治合作协议以便在未来全国大选时联手对抗执政党联盟国民阵线。2017 年 3 月 20 日,马来西亚在野党联盟——希望联盟最高理事会决定接受马来西亚前总理马哈蒂尔创立的土著团结党加入。土著团结党的加入特别是在马来西亚极具影响力的前总理马哈蒂尔的加入进一步提升了希望联盟的影响力和实力,同时也促进了希望联盟的整合。2017 年 7 月,希望联盟宣布人民公正党顾问安瓦尔成为希望联盟实权领袖,马哈蒂尔担任总主席,人民公正党主席旺阿兹莎担任主席。这表明土著团结党与希望联盟原有 3 党(人民公正党、民主行动党和国家诚信党)实现了初步整合,也代表着 20 年政治宿敌——安瓦尔与马哈蒂尔以及各自势力之间实现和解。2018 年 1 月,希望联盟宣布各盟党在第 14 届全国大选中在西马所竞选的国会选区分配,同时宣布如果选举获胜执政,将由马哈蒂尔担任马来西亚总理,旺阿兹莎担任副总理。

### (三)马来西亚面临伊斯兰教刑事法问题

马来西亚在野党伊斯兰党在 2017 年继续谋求国会通过备受马来西亚朝野关注的“1965 年伊斯兰法庭(刑事权限)法令修正案”(简称“355 法案”)。2017 年 2 月 18 日,大约 10 万名“355 法案”的支持者在马来西亚首都吉隆坡集会。4 月 6 日,马来西亚反对党伊斯兰党主席哈迪·阿旺在议会下议院以私人名义提呈了关于修正“355 法案”的个人提案。在 4 月 27 日举行的伊斯兰党青年团大会上,即将卸任伊斯兰党青年团团长一职的聂阿都指出,如果国会通过 355 号法令修正案,而下届大选伊斯兰党能够拿下五个州的政权,该党将能在这 5 个州修改伊斯兰法律。该议题引发巨大争议,引起马华公会等华人政党的强烈不满,马来西亚 21 个华社团体发表联合声明,表示“355 法案”动摇世俗联邦的国本,危害马来西亚立国的道德基础并种下国家分裂的种子。虽然此次“355 法案”在宣读后并没有进行辩论或形成结论,但是,国民阵线最大成员党巫统的态度一直不确定。2017 年 3 月 17 日,马来西亚副总理艾哈迈德·扎希德曾表示,国民阵线执政的政府将亲自提呈“355 法案”。然而,3 月 29 日,马来西亚总理纳吉布在国民阵线最高理事会会议后表示,基于国民阵线共识,政府不会提呈“355 法案”;4 月 6 日又让哈迪的个人提案再次得到“意外放行”。分析人士认为,这说明巫统与伊斯兰党暗中结盟以巩固马来穆斯林基本盘而稳住执政权。近年来,马来西亚的保守伊斯兰化倾向逐渐加大,2017 年出现了数起歧视非穆斯林或极端保守事件,而马来西亚的伊斯兰指数总分达 76.06%,显示当地伊斯兰化程度又进一步提高。

（四）加大反恐力度

马来西亚穆斯林人口众多，是极端恐怖组织“伊斯兰国”（简称 IS）渗透的主要地区。2016 年 6 月，马来西亚遭遇了首起 IS 恐怖袭击，之后又陆续破获几起企图制造恐怖袭击的阴谋，反恐形势逐渐严峻。2017 年，东南亚运动会在马来西亚首都吉隆坡举行，马来西亚更是进一步加大了反恐力度。3 月 5 日，马来西亚警方成功挫败一起试图使用汽车炸弹进行的恐怖袭击，逮捕 7 名涉嫌参与恐怖组织活动的男子，其中 2 名隶属于 IS 的恐怖分子试图使用汽车炸弹对马来西亚发动恐怖袭击。4 月 12 日，马来西亚警察总长哈立德在吉隆坡表示，鉴于各国陆续遭到恐怖主义“独狼式”袭击，马来西亚警方将提高恐怖主义袭击警戒级别。5 月 3 日，马来西亚警方持续严厉打击恐怖分子，在吉兰丹、雪兰莪、马六甲、柔佛及槟城州等地逮捕了 6 名本地“伊斯兰国”恐怖分子，并挫败一起企图袭击清真寺的阴谋。8 月是第 29 届东南亚运动会举办的时间，马来西亚反恐部队举行了“Rimau”演习，马来西亚多个执法部门展开联合反恐行动，共逮捕 409 名恐怖活动嫌疑人，被捕嫌疑人主要来自孟加拉国、印度和巴基斯坦，可能包括 16 名与 IS 有关、被土耳其政府驱逐出境的外籍武装人员。警方排查清楚后，275 人被释放。11 月 30 日至 12 月 15 日，武吉安曼警察总部政治部反恐组在吉隆坡、柔佛、雪兰莪及沙巴逮捕 20 名恐怖活动嫌疑人，包括 7 名马来西亚人及 13 名外籍人士。除了加强反恐行动外，马来西亚还与菲律宾、印度尼西亚等国加强反恐合作，共同应对地区恐怖主义。马来西亚全力支持菲律宾政府反恐，打击与 IS 有关的各种武装组织。6 月 19 日，菲律宾、印度尼西亚、马来西亚 3 国在印度尼西亚打拉根市的一艘海军舰艇上正式启动三边海上巡逻，联合打击苏禄海域的恐怖主义和跨国犯罪，新加坡和文莱受邀以观察员身份参加启动仪式。6 月 22 日，菲律宾、印度尼西亚、马来西亚 3 国的外长和高官再度召开会议研究联合反恐战略以共同应对地区反恐形势，并在会后发表联合声明强调，只有通过共同的反恐战略并在安全和情报方面加强合作，才能解决该地区存在的跨国恐怖主义行为。此外，马来西亚政府还宣布将从 2018 年 1 月 1 日起正式向国际航班乘客征收“反恐费”。

（五）查出多项贪污案件，反贪形势严峻

近年来，马来西亚贪污大案频发，2015 年爆出的“一个马来西亚”发展有限公司贪污案一直到 2017 年仍然受到广泛关注。2017 年 6 月，美国司法部发布超过 250 页的文件，揭露“一个马来西亚”公司案的许多新内情，再次引起民众关注。2016 年破获的沙巴水务局贪污案在 2017 年又有新进展，沙巴民兴党主席沙菲益阿达因涉嫌该案被捕。2017 年还爆出柔州房产舞弊案，同时牵连出反贪会证人口供外泄案。马来西亚反贪会主席祖基菲里也卷入拐骗别人妻子的案件而面对警方调查。各种贪污弊案的发生使得马来西亚在 2017 年国际透明组织的贪污印象指数中获得在过去 23 年来最差的排名，在 180 个国家中排在第 62 位。反贪形势严峻，也影响执政党联盟的形象。

## 二、经济：形势向好，取得 5.9% 的增长

2017 年，马来西亚经济发展面对的外部经济形势逐渐向好，欧美经济逐步增长，中国、印度和东盟等新兴市场经济稳定发展，国际原油价格上涨，2017 年原油平均价格在每桶 57 美元左右，都有助于促进马来西亚经济增长。在国内方面，马来西亚政府通过努力增加就业、调涨薪资、鼓励国内外投资、增加对外贸易和调整经济结构等方面措施来扩大国内需求和带动私人消费。马来西亚政府不断推出经济发展规划，如 2017 年 5 月就推出了“马来西亚生产力蓝图”，持续吸引国内外投资。马来西亚连续成为亚洲和欧洲优先投资的目的地，2017 年上半年吸引外国直接投资额达到 252 亿美元（1053 亿林吉特），投资主要集中在服务业、采矿业和制造业。外部经济形势好转和林吉特贬值促进了马来西亚对外贸易的增长，而政府则通过财政改革来加强政府财政，创造财政空间，灵活实施反周期措施来扶持经济。此外，马来西亚政府还通过继续推动数字经济发展来加强马来西亚经济转型。马来西亚政府宣布 2017 年为“互联网经济年”，同时推动建立吉隆坡互联网城市与数码自由贸易区。

在内外市场发展的带动下，马来西亚经济持续获得增长，2017 年国民生产总值达 1.35 万亿林吉特（约 3145 亿美元），比上年增长 5.9%，人均国民生产总值为 42930 林吉特（约 9650 美元））。从季度发展看，2017 年马来西亚第一季度经济增长 5.6%，第二季度增长 5.8%，第三季度增长 6.2%，第四季度增长 5.9%。2017 年马来西亚贸易总额达 1.77 万亿林吉特（约 4376.78 亿美元），比上年增长 19.3%。其中出口额达 9350 亿林吉特（约 2308.64 亿美元），增长 18.9%；进口额达 8376 亿林吉特（约 2068.14 亿美元），增长 19.9%。贸易盈余为 978 亿林吉特（约 240.5 亿美元），增长 11%。进出口额和贸易盈余取得双位数增长，为马来西亚经济注入强心剂。主要贸易进出口市场为东盟、中国、欧盟、美国和日本。截至 2017 年 12 月 29 日，马来西亚外汇储备金为 1024 亿美元，较 2016 年年底的 945 亿美元增长 8.4%。2017 年消费税总收入达 440 亿林吉特，超过原定要在 2018 年达到的 438 亿林吉特目标。2017 年马来西亚失业率降至 3.3%；生产者物价指数比上年增长 6.7%。2017 年政府所需偿还的债务涨至 288.7 亿林吉特，占政府经营收入的 12.8%。2017 年马来西亚批准投资 1971

亿林吉特,比上年下降7.4%。其中:1424亿林吉特为本地直接投资,占72.2%;547亿林吉特为外来直接投资,占27.8%。随着国际原油价格趋稳、经济前景改善、出口收入增加,一直贬值的林吉特在2017年企稳升值。2017年林吉特上涨10.1%,12月兑美元汇率在4.05~4.09之间。

(一)农业

2017年,马来西亚摆脱了厄尔尼诺气候影响,热带作物长势良好。政府积极展开棕油、橡胶等的促销活动,以推动出口持续发展。在棕油生产方面,马来西亚政府积极拓展中国、伊朗、越南和菲律宾等具有庞大潜力的新市场,同时,针对欧盟国家愈演愈烈的“反棕油运动”与欧盟国家积极商讨,避免在媒体上引起“争议的战争”,并且争取法国、瑞典和荷兰等国给予支持,反对欧盟议会关于在2021年起在该区域禁止棕油生物柴油的决定。2017年,马来西亚棕油产量达1990万吨,增长15%;棕油出口额达778亿林吉特。

2017年,马来西亚天然橡胶产量增长7%,达72.4万吨;出口额达323亿林吉特,比2016年增加75亿林吉特。

在2017年,马来西亚原产品业的五大产品——棕油、橡胶、木材、可可和胡椒的出口额达到1403亿林吉特,比2016年增长14.4%。

为了进一步扩大农业生产多样性,马来西亚努力加强水稻生产基础设施和技术开发,在慕达设立新农业区,清理灌溉设施和设备,推广一年双造稻种植。目前,慕达新农业区有2.5万公顷稻田,产量最高突破每公顷8吨。

(二)工业

2017年,马来西亚政府积极推动工业转型升级,推动国际著名跨国公司到马来西亚设立运营中心以促进工业发展。如光电半导体产业领先制造商——欧司朗光电半导体公司和贝朗公司均在马来西亚设立全球卓越中心,法国著名汽车制造商标致也在马来西亚设立东盟汽车制造中心。国际油价的稳定上升和大型建设项目的动工兴建也为马来西亚矿业和建筑业的发展提供了有力支撑。2017年1~11月,马来西亚工业生产指数增长4.7%,同期制造业指数增长6.2%,矿业指数增长0.9%,电力指数增长2.5%。

为了赶上工业革命4.0发展浪潮,马来西亚政府除了通过提高企业创新意识和提供培训来改变经营方式、提高生产力和效率之外,所采取的重要措施之一就是大力发展数字经济。马来西亚政府宣布2017年为“互联网经济年”,确定包括大数据分析、云计算、电子商务、物联网和人工智能在内的5个重点发展领域。同时,马来西亚政府推动吉隆坡互联网城市与数码自由贸易区建设,目标是到2020年将马来西亚的电子商务增长率从10%提高到20.8%。数码自由贸易区将提供物资和虚拟区域来促进企业特别是中小企业利用数字经济的融合与共享功能以及跨境经济活动来进一步提高中小企业对经济的贡献率。目前,数字经济产值占马来西亚经济总产值的17.8%,到2020年将达到20%。截至2017年11月,有1997家中小企业进驻数码自由贸易区。

(三)服务业

2017年,马来西亚服务业获准投资额为1210亿林吉特,比上年减少17.2%,主要原因是房地产领域投资额减少了28.7%。服务业投资项目数量增长43.1%,这说明发展商转向重点开发小型项目。

马来西亚银行业在2017年发展稳健,包括马来西亚国家银行、联昌集团、大众银行、兴业银行、丰隆银行和马来亚银行在内的6家主要银行年内资产质量和盈利能力都逐渐转好,资本和资金方面也依旧充裕。马来西亚政府鼓励银行推动国内金融科技发展,推出“沙箱法规”,允许创业公司与银行在安全环境试验新产品和新商业模式。马来西亚各家银行相继出台鼓励政策和措施,如马来西亚国家银行成立金融科技推动团队(FTEG),团队负责起草并跟进管理法令以促进马来西亚金融服务业吸收金融创新科技,并在2017年5月推出最新一项创新活动——“金融科技大提案”,即向公众征求促进金融服务发展的提议。马来西亚最大的商业资本银行——马来亚银行于2017年年初在国内首次推出数字支付服务;丰隆银行也在2017年3月推出为期3个月的导师计划HLB Launch Pad,旨在培养马来西亚下一代科技、金融科技领域最有希望的创业公司。此外,马来西亚还通过与中国合作来推动国内电子支付的发展。自2017年5月22日起,支付宝电子钱包在马来西亚正式上线。2017年,马来西亚整体金融系统的融资总额为2.29万亿林吉特,比上年增长6.4%,其中企业债券增长15.4%。2017年,马来西亚银行业贷款增长放缓,贷款总额为1.58万亿林吉特,比上年增长4.1%。2017年林吉特债券销售929亿林吉特,增长30%。林吉特在2017年得到升值,上涨10.1%,12月兑美元汇率在4.05~4.09之间。马来西亚富时综合指数在2017年12月28日收报1796.81点,以接近1800点的水平封关。这也是马股在2017年年内的最高点,全年大涨155点,涨幅达9.45%。2017年马来西亚股市总市值为19068亿林吉特,比2016年增加2400亿林吉特。

在旅游业发展上,马来西亚国会在4月通过2017年旅游税法案。为吸引中国等国家的游客,马来西亚政府致力于简化程序,比如推出电子签证及网上免签登记系统。2017年,马来西亚政府对中国持公务护照人员实行免签政策;同时不断增加中国与马来西亚之间的航班,目前中国飞赴马来西亚的航班每周达482班,其中有238个航班从中国华南地区的13个城市飞赴马来西亚，机位超过41000个；推介马来西亚旅游的列车也开进了中国广州市珠江新城核心区市政交通项目旅客自动输送系统（APM线）。2017年，到访马来西亚的游客为2594.85万人次，比上年下降3%，主要是由于东盟旅客下降了3.9%；旅游业总收入为733亿林吉特。

（四）人民生活

从2017年1月1日起，马来西亚调涨汽油价格，导致交通物价指数全年大幅上升12.2%。其他商品价格也在上涨，如食品和非酒精饮料价格上涨4%，医疗保健、餐馆和酒店价格上涨2.5%，房屋、水电气和其他燃料价格上涨2.2%，全年通货膨胀率为3.7%，生产者物价指数（PPI）平均提高6.7%。

在政府不断扩大就业的努力下，马来西亚2017年的失业率为3.3%，人民就业比较充分。

## 三、外交：在巩固与东盟国家关系的基础上，继续加强与美国、英国和中国等国家的交流合作

2017年马来西亚在巩固与东盟国家关系的基础上，继续加强与美国、英国和中国等国家的关系，同时妥善应对因金正男遇刺案所引发的马朝两国关系紧张问题。

（一）与新加坡的关系

2017年，马来西亚与新加坡的关系持续发展。7月31日，两国发表联合声明，同意将在2024年12月31日前建成长4千米的跨柔佛海峡大桥，连接新加坡与马来西亚。同时，两国决定在年底前就新柔地铁系统签订双边协定。9月25日，马来西亚与新加坡签署谅解备忘录，筹组新柔地铁合资公司，负责连接新加坡与马来西亚柔佛新山地铁系统的设计、制造、筹资、经营、维修及翻新营运资产如列车、轨道和系统等事务。但是，原定于12月举行的马新两国领导人非正式会议因马来西亚总理纳吉布要参加伊斯兰合作组织会议而延期到2018年年初，相关协议的签署也相应延后。2017年，马新两国领土问题再起波澜。2017年2月，马来西亚向荷兰海牙国际法院提出申请要求修改裁决，称在英国国家档案馆中发现了新证据，能证明马来西亚对白礁拥有主权。2017年6月，马来西亚又提出另一项申请，要求重新解释2008年的裁决，但此问题并没有影响马新两国关系大局。

（二）与印度尼西亚的关系

2017年是马来西亚与印度尼西亚建交60周年，两国进一步加强高层交流，签署多项备忘录。2017年8月11日，马来西亚与印度尼西亚在雅加达举行两国第15次双边合作联合委员会会议，会议签署《MoU20》谅解备忘录，同意通过外交途径寻求解决两国海陆划界问题的最佳方案。9月20日，马来西亚驻印度尼西亚大使馆主办马印（尼）两国建交60周年庆祝晚宴，马来西亚总理纳吉布致辞。9月28日，马来西亚总理纳吉布会见到访的印度尼西亚国防部部长里亚米扎尔德·里亚库杜，两国国防部部长共同主持“印度尼西亚—马来西亚第41次联席会议”，签署《关于国际边界的标界和调查谅解备忘录》。11月22日，印度尼西亚总统佐科和马来西亚总理纳吉布在沙捞越古晋市举行印度尼西亚—马来西亚第12届年度磋商会议，并参加印度尼西亚—马来西亚建立外交关系60周年庆典大会，双方就加强经济合作、保护印度尼西亚外劳、边境问题、国防和安全问题交换意见。此外，两国领导人还就棕油、劳工移民和两国边境地区农业管理工作等问题展开讨论，共同签署伊斯兰高级教育领域的合作意向书。两国的经济合作也进一步推进。2016年12月底，马来西亚、泰国、印度尼西亚3国的国家银行签署本币结算框架双边谅解备忘录，期盼未来3国能打破贸易堡垒，直接以本币结算贸易和投资。2017年3月，马来西亚外贸促进机构提出帮助马来西亚企业赴印度尼西亚投资。8月1日，印度尼西亚旅游部与马来西亚廉价航空公司亚航宣布合作，通过亚航在两国之间的飞行网络在马来西亚推介印度尼西亚旅游业，同时增加对接两国城市的航班。

（三）与泰国的关系

马来西亚与泰国在2017年重点就边境问题加强合作。两国针对马泰边境开放时间进行商讨，一致同意延长开放时间。为了解决边境关卡在高峰期间面临的交通阻塞和人流量增加的问题，马来西亚政府耗资4.25亿林吉特新建马泰边境黑木山移民、关税及检疫站联合大厦。2017年9月，在马来西亚槟城举行马来西亚—泰国边境地区事务委员会会议，双方一致同意加强联合巡逻工作，提高两国国家安全问题的解决效率。两国也加强经贸合作。2017年2月，马来西亚中国丝路商会会长与泰国华人青年商会结为友好社团，共同拓展参与“一带一路”建设机遇。9月，马来西亚、泰国、印度尼西亚3国橡胶理事会会议在泰国举行，共同商讨橡胶出口机制等一系列问题。12月，马来西亚国家银行与泰国国家保监会签署两国保险公司联合服务协议，为两国保险业合作带来更多机遇和效益。

（四）与中国的关系

2018年，中马关系得到进一步提升。

两国高层往来交流频繁。2017年5月，马来西亚总理纳吉布访华，中国国家主席习近平、中国国务院总理李克强分别会见纳吉布。此次访问和签署的协议进一步促进了中马两国合作发展。2017年3月和8月，中国共产党中央军事委员会副主席许其亮和中国国务委员王勇分别访问马来西亚。两国各部门和各地方的交往合作也在推进。

两国经贸合作取得进一步突破发展。双边贸易恢复增长势头。2017年，中马双边贸易额为960亿美元，

同比增长10.5%，占中国与东盟贸易额的18.7%；其中，中国对马来西亚出口额为417亿美元，增长10.8%，自马来西亚进口额为543亿美元，增长10.2%。中国对马来西亚贸易逆差为126亿美元。两国投资合作特别是中国对马来西亚投资进一步突破发展。目前，来自中国内地和中国香港特别行政区的投资额达630亿林吉特（约合1028亿元人民币）。包括马来西亚东海岸铁路建设工程项目等一批大型合作项目签约建设，中马“两国双园”建设进展顺利。中国—马来西亚钦州产业园区自2017年开始进入产城项目集中进驻新阶段。截至目前，中马钦州产业园区共引进和在谈的产业项目有90多项，总投资额为880多亿元人民币，预计总产值达1350余亿元人民币。马中关丹产业园区亦同步推进，目前园区共有10个项目签约入驻，协议投资额超过245亿元人民币。

位于马来西亚的马中关丹产业园区俯瞰　　（百度网）

两国在银行、电子商务、旅游等服务业方面继续深化合作。全年中国游客赴马来西亚旅游人数约达300万人次。

两国在文化教育交流方面的合作不断扩大。中马文化艺术演出分别在两国举办。“路”字当选马来西亚2017年年度汉字。

（五）与美国的关系

2017年，虽然面对美国司法部对“一个马来西亚”发展有限公司贪污案的调查，马来西亚与美国仍然通过高层交流加强了双边关系与合作。2017年8月8日，美国国务卿蒂勒森访问马来西亚，与马来西亚总理纳吉布、副总理阿末扎希就双边关系、贸易、反恐和共同关心的问题举行会谈。蒂勒森是美国特朗普政府访问马来西亚的首位高级官员，这表明美国将继续巩固与马来西亚的关系。2017年9月12日，为配合两国建交60周年，马来西亚总理纳吉布应美国总统特朗普邀请对美国进行国事访问以扩大双边合作、加强两国全面伙伴关系。纳吉布与特朗普会面时，双方就反恐、贸易和投资等议题进行讨论，希望双方未来在经贸和反恐等课题上加强合作。纳吉布在会晤特朗普时宣布马来西亚将对美国进行三大投资计划以助推美国经济：马航在未来5年内购买33架总值逾100亿美元波音飞机；马来西亚公积金局“以支持美国的基础建设”的名义增加在美国的投资额30亿~40亿美元；马来西亚国库控股公司也会增加其在美国科技公司原有的4亿美元投资。在两国政府的推动下，马美双边贸易有了进一步增长，2017年1~5月，两国贸易额达682亿林吉特，同比增长23.3%。

（六）与英国的关系

2017年9月15日，在访问美国结束后，马来西亚总理纳吉布接着访问英国，会见英国首相特蕾莎·梅，寻求加强两国关系。双方发表共同声明。两国就合作对抗恐怖主义达成一致意见，签署《安全领域谅解备忘录》，对缅甸罗兴亚人问题和马来西亚考虑购买“台风”战斗机等问题进行讨论。

（七）金正男遇袭事件

2017年2月13日，一名朝鲜籍男子在吉隆坡第二国际机场寻求医疗救助，随后在送医途中身亡。马来西亚副总理扎希德3月15日表示，马方通过D.A鉴定确认遇袭身亡男子为朝鲜最高领导人金正恩之兄金正男。调查显示，两名外籍女子偷袭金正男并在他的脸部抹上了VX神经毒剂，金正男在事发后一个小时内，在送往医院的途中不治身亡。这起命案引起朝鲜与马来西亚的外交危机，马朝双方围绕尸检、调查等问题互相指责，先后宣布驱逐对方大使，两国一度软禁及阻止对方的公民离境。3月30日，朝鲜与马来西亚两国代表团发表联合声明，宣布就本次事件达成协议，马方同意向在朝鲜的死者家属归还遗体，双方同意解除对两国公民的禁止出境措施，并且同意协商重启免签制度。同日，马来西亚总理纳吉布称，之前被禁止离开朝鲜的9名马来西亚公民已经获准离境，而马来西亚也已允许所有在马来西亚的朝鲜公民离境，并于当日将死者遗体交还朝鲜。涉案的越南籍女被告段氏香和印度尼西亚籍女被告西蒂艾莎都将面对谋杀指控，案件将在2018年续审。

## 四、2018年展望

由于世界经济将缓慢回升，中国等新兴市场稳定发展，国际油价不断上升，这将有利于马来西亚经济在2018年取得稳定增长。根据调查，分别有62%和

58%的马来西亚商家预期营业额与盈利会增长。当然,马来西亚保持经济稳定增长也面临一些挑战,主要包括:美国加息、保护主义抬头,中国经济增长减缓,地缘政治出现紧张局势等外部因素;国内企业全球竞争力弱、缺乏创新能力,高素质教育、研发方面的不足,劳动生产率较低以及全国大选结果的影响等内部因素。在私人投资和国家大型发展项目实施的带动下,马来西亚经济预计在2018年将取得5% ~5.5%的增长。

2018年,马来西亚将迎来第14届全国大选。这场选举将是现任总理纳吉布与前总理马哈蒂尔的两强对决。马来西亚总理、巫统主席纳吉布在2017年12月的巫统大会上就要求巫统中央代表在2018年1月不允许出国,准备迎接全国大选。作为现任总理和巫统主席,纳吉布拥有强大的政府资源,执政党联盟——国民阵线内部相对团结,执政期间经济基本保持增长,并且完成马来西亚选区的重新划分,巫统会获得一定的选票优势。但是,纳吉布也存在涉及"一个马来西亚"发展有限公司贪污案,由此造成巫统分裂、声望下降;执政期间推行的一些政策如"消费税"等引发部分不满等问题。而纳吉布最有力的竞争对手马哈蒂尔是马来西亚最有影响力的政治强人,他在1981~2003年期间担任马来西亚总理,是马来西亚任职时间最长的一位总理。此外,马哈蒂尔还曾是纳吉布的引领者,帮助其上台执政。马哈蒂尔于2016年宣布退出巫统,2017年3月正式加入在野党联盟——希望联盟,2018年1月,希望联盟推举马哈蒂尔为候选人,成为纳吉布最强的竞争对手。由于在过去两届全国选举中,当时的在野党联盟——人民联盟已经争取到了大多数华人选票,如果马哈蒂尔能够影响马来人选票,将有可能实现马来西亚独立之后第一次政党轮替。舆论认为,2018年举行的马来西亚第14届全国大选是有史以来最为激烈的一次大选,也是马来西亚在野党联盟——希望联盟最有可能赢得大选执政中央政府的一次大选。2018年4月6日,马来西亚总理纳吉布宣布解散国会。根据马来西亚宪法,全国大选将在国会解散后的60天内举行。第14届全国大选结果将对马来西亚的政局、经济、外交发展产生重大影响。

2018年,马来西亚仍然会继续推进与各主要国家的外交关系,但中马关系需要重点关注。虽然选举结果对中马友好关系大局的影响不大,因为马来西亚不管是由谁执政,都会重视与中国的友好合作关系。但是,由于马哈蒂尔等一些在野党领袖曾经对中国企业大规模投资马来西亚项目发表过不同意见,如果在野党联盟选胜,一些中国投资项目将可能会面临一些障碍和困难。即使执政党联盟选胜,对中国投资的选择也会更加审慎。 (韦朝晖)

资料来源:

1. 马来西亚统计局资料
2. 大马经济网
3. 马来西亚南洋网
4. 马来西亚星洲网
5. 马来西亚《光华日报》
6. 马来西亚诗华资讯资料
7. 马来西亚东方网
8. 新加坡《联合早报》
9. 中国驻马来西亚大使馆经济商务参赞处网站
10. 中国商务部网站
11. 中国贸易促进会网站
12. 新华网相关资料
13. 中国新闻网相关资料
14. 中国香港凤凰网国际新闻相关资料
15. 中国—东盟博览资料

## 缅甸:2017年发展回顾与2018年展望

2017年,缅甸政府致力于完善国内的各项制度,加强反腐工作,推动经济建设,取得了一定成果。缅甸政府还积极同民族武装组织展开对话,举行第2届21世纪彬龙会议,致力于实现真正的国内和平与民族和解。但缅北和平进程仍然缓慢,罗兴亚人问题使缅甸承受了巨大的国际压力。外交上,加强与周边国家和西方主要国家的联系,中缅两国对中缅"人字型"经济走廊建设持积极态度,为两国友好合作奠定良好基础。

### 一、政治

(一)政府施政措施

1. 调整政府高层人事。2017年1月10日,缅甸总统廷觉签发总统令,任命吴当吞为国家安全事务顾问,就国家内外安全问题为政府出谋划策。6月5日,廷觉任命建设部常务秘书吴觉林担任建设部副部长,吴泰温为计划与财政部部长。6月12日,缅甸政府发布通令,宣布重组缅甸投资委员会,将委员会成员增加至13名,由缅甸计划与财政部部长吴觉温担任主席,商务部部长丹敏担任副主席。7月31日,廷觉发布通令,调任中央银行原副行长吴色昂为计划与财政部副部长。9月27日,廷觉任命吴梭昂为社会福利与救济安置部副部长。11月23日,政府增设联邦政府办公室和国际合作部,由吴当吞担任联邦政府办公室部部长,吴觉丁担任国际合作部部长。至此,缅甸联邦政府部门已有24个。2018年1月15日,缅甸总统廷觉任命吴温凯担任电力与能源部部长。1月19日,缅甸总统府颁布总统令,任命缅甸工程师协会前主席吴汉卓为建设部部长。

2. 加大反腐工作力度。2017 年,缅甸政府加大反腐力度,取得了一定成效。2017 年1～5月,缅甸反腐委员会共收到举报信约3200 封,对其中41 封证据充分的举报信展开调查,这些举报信内容主要包括政府工作失职、官员滥用职权和土地问题等。7 月,缅甸全国民主联盟(以下简称民盟)中央执行委员吴温腾提出,工作业绩差的公务员要在一年内做出调整,否则将受到处罚。吴温腾还宣布将在民盟党内开展反腐工作,对工作失职和存在贪污腐败行为的党员进行严惩。10 月,缅甸自然资源与环保部称,在过去一年半的时间中,大约有2000 名林业局工作人员因为贪污以及滥用职权而受到惩处。11 月,缅甸总统廷觉宣布成立新的反腐委员会。12 月,缅甸反腐委员会主席吴昂基指出,在2016 年全球清廉指数排名中,缅甸的排名为136位,比2015 年提升6 位,他认为,这是对缅甸政府反腐工作的肯定,未来反腐委员会将动员更多的民众参与到反腐工作中去。

3. 完善法律法规。2017 年3 月8 日,缅甸总统廷觉签署《公民个人自由安全保护法》,规定每个公民充分享有个人自由和隐私权,没有政府和法院的允许,禁止对公民进行非法拘留、对私人住所进行大规模搜索以及对公民进行跟踪和侦查。5 月27 日,政府、雇主、劳工三方会议在仰光举行,会议通过新的《劳工雇用合同规范》,明确规定雇主与劳工双方的职责和权利,旨在保护劳工的权益。7 月5 日,缅甸联邦议会通过《水费法和堤坝费法》,对由水坝水库提供的农田用水所征收水费做出详细规定。8 月2 日,缅甸联邦议会通过新的《电信法修正案》。

4. 大力改善民生。从2017/2018 财年开始,缅甸政府每个月都为90 岁以上的老人提供1 万缅元(约合人民币47 元)的生活补贴供其安享晚年。2017 年4 月起,缅甸政府将种植蔬果的农民的贷款金额提高到每英亩(注:1 英亩 = 0.405 公顷或 = 6.075 亩)5 万缅元(约合人民币238 元)。8 月16 日,缅甸政府宣布在建设部下设立农村发展部,负责农村道路建设和农村电气化。10 月起,缅甸政府每个月都为孕妇以及2 岁以下的婴儿补贴1.5 万缅币(约合人民币71 元),此政策将首先在钦邦、若开邦和那加兰地区实施。12 月29 日,缅甸国家最低工资调整委员会第4次会议在内比都召开,会议初步确定将工人每日最低工资标准调整为4800 缅元(约合人民币23 元),上调幅度约33%,该工资标准适用于缅甸全国10 人以上的企业。在住房方面,缅甸政府将经济适用房的首付金额比例从30%降至20%,以鼓励更多人购买经济适用房。

(二)举行议会补选

2017 年4 月1 日,缅甸联邦议会就空缺议席举行补选。本次补选有19 个空缺席位,包括人民院的9 个席位、民族院的3 个席位以及省邦议会的7 个席位。补选候选人有94 名,其中民盟、巩固与发展党(以下简称巩发党)各18 名。根据补选结果,民盟获得3 个民族院席位、7 个人民院席位和1 个邦议会席位,巩发党仅赢得1 个人民院议席和1 个邦议会席位。少数民族政党在此次补选中表现出色,掸族民主联盟赢得2 个人民院议席和4 个邦议会议席,若开民族党赢得1 个人民院席位,克耶党赢得1 个邦议会席位。5 月9 日,巩发党等缅甸13 个政党联合向联邦选举委员会举报国务资政昂山素季、民盟名誉主席吴丁乌和民盟中央执行委员会成员吴温腾。这些政党认为,昂山素季等人在补选期间存在违法为民盟拉票宣传的行为。经核查,缅甸联邦选举委员会认定民盟领导人没有违法行为,因此不会对民盟追究相应责任。在这次补选中,尽管民盟的支持率有所下降,但依然符合预期,拿下了补选的多数席位,这也是对民盟执政一年来所受批评的有力回击。本次议会补选的民众投票率远低于2015 年大选,反映出民众政治参与积极性正在削弱。2018 年1 月15 日,缅甸联邦大选委员会称,联邦议会第2 次补选计划将于2018 年6 月举行。

(三)继续推动国内和平进程

民盟政府上台以来一直积极推进缅甸国内和平进程,为政府与民族武装组织展开政治对话创造有利条件,争取实现真正意义上的全国和平与民族和解。2017 年2 月6 日,缅甸联邦和平对话联合委员会会议(UPDJC)在首都内比都举行,缅甸国务资政昂山素季出席并发表重要讲话指出,缅甸国内政治、民族和宗教等各个领域的所有问题都应以和平方式解决。2 月16日,联邦和平对话联合委员会宣布成立5 个政治对话工作委员会,其主要工作是将国家级政治对话中提出的建议交给联合委员会。3 月3 日,缅甸和平委员会与民族联合联邦委员会(UNFC)的代表举行第4 次会议,就民族联合联邦委员会提出的9 点要求进行讨论,最后双方在原则上达成共识,这使作为委员会成员的9 支民族武装组织向签署全国全面停火协议又迈进了一步。

第2 届21 世纪彬龙会议最早定于2017 年2 月举行,但被一再推迟。5 月24 日,第2 届21 世纪彬龙会议在内比都开幕。本次会议共有来自各方的近1400 名代表出席,中国外交部亚洲事务特使孙国祥受邀出席会议,昂山素季在会议开幕式上致辞。有15 支民族武装组织参加会议,其中8 支已签署全国全面停火协议,而缅北7 支未签署全国全面停火协议的武装组织也参加本次会议,这是本次彬龙会议的重大突破。大会主要分政治、经济、社会、安全、土地与自然环境5 个主题,并对这几个主题下的45 条协议进行讨论。经过协商，各方同意其中的37条协议，包括政治协议12条、经济协议11条、社会协议4条、土地与自然环境协议10条。5月29日，第2届21世纪彬龙会议举行闭幕式，政府代表、政党代表、军方代表和民族武装组织代表签署包括37条协议的联邦文件。

10月15日，全国全面停火协定签署两周年纪念仪式在内比都举行，缅甸总统廷觉、国务资政昂山素季、国防军总司令敏昂莱以及8支签署停火协议的民族武装组织代表出席会议。在会上，昂山素季表示，欢迎未签署停火协议的民族武装组织加入和平进程。10月30日，缅甸第12届联邦和谈联合委员会会议举行，会上对第3届21世纪彬龙会议举行时间以及会议内容进行讨论。2018年1月23日，新孟邦党和拉祜民主联盟宣布将签署全国全面停火协议，随后两支民地武组织的主席各自率领代表团会见昂山素季和敏昂莱，就签署停火协议、推进和平进程等问题举行会谈。

（四）罗兴亚人问题

2017年8月25日，若开罗兴亚救世军袭击了若开邦的30多处警察哨所和1处军事基地，缅甸政府军予以回击。缅甸官方报道，袭击事件中有12名警察和59名恐怖分子死亡。8月29日，缅甸政府和军方在仰光和内比都举行新闻发布会，称极端势力与境外恐怖组织联系并试图侵占缅甸国家领土。9月10日，罗兴亚救世军单方面宣布停火一个月并停止对缅军的攻击，但缅甸政府拒绝了停火的提议。

西方媒体发布报道称，此次恐怖袭击后已有60多万罗兴亚人涌入孟加拉境内，这引发了难民危机。面临巨大的国际舆论压力，缅甸政府开始对罗兴亚难民问题采取措施。9月12日，缅甸总统廷觉宣布政府将成立若开邦问题建议执行委员会，采取必要举措以维护若开邦地方稳定、保证当地民众的人身安全，并将人道主义救济的物资无差别地发放给当地民众。10月12日，昂山素季发表全国电视演讲，宣布将为若开邦的发展建立新机制，来解决难民回归和重置以及当地安全问题。10月17日，廷觉发布总统令，成立若开邦人道主义援助、安置和发展计划委员会，由昂山素季担任主席。11月3日，昂山素季自民盟执政以来首次出访若开邦，对若开邦北部的貌多地区进行视察。11月13日，缅甸第97届民族节庆祝活动举行，民盟代表在庆典上称，若开邦的和平稳定问题已成为缅甸国内和平最大的挑战。12月8日，缅甸总统府发布通令，宣布成立若开邦建议委员会顾问团，该顾问团由缅甸国内外10名专家组成，将监督政府在若开邦政策的实施。

（五）国内政治冲突仍然不断

自2016年11月起，缅北地区的战火就延绵不断。2017年3月6日，缅北果敢地区再次发生激烈的军事冲突，果敢同盟军向果敢地区首府老街进行突袭，造成约30名平民和警察死亡，还有多家店铺被洗劫。到3月底，缅甸政府军基本控制了果敢的老街地区。4月1日，老街地区的政府部门重新开放。5月20日，3000多名民众在内比都举行集会，反对并谴责缅甸文化和宗教部部长吴昂哥，要求政府将其撤换。8月2~5日，上百名僧侣和民众在仰光和曼德勒等地区举行坐立示威，抗议政府导致国家经济衰退，并要求政府辞职。

## 二、经济

2017年，缅甸制订新的经济增长方案，修改完善经济法规，调整金融政策，改善投资环境，促进贸易发展。

（一）经济政策

1. 制订经济增长方案。2017年4月，缅甸总统廷觉签发《2017/2018财年国家计划法》，以2017/2018财年物价和服务价为基础，拟定2017/2018财年国内生产总值（GDP）增长率为7%；拟定将农业产值占GDP的比重降至23.8%，工业和服务业产值的占比分别升至35.9%和40.3%；拟定在总投资额中，国家投资占21.71%，私人投资占78.28%。2017/2018财年，缅甸的财政收入预算为16.7万亿缅元，财政支出为20.9万亿缅元。根据缅甸国家规划预计，本财年外贸额有望达到12万亿缅元，比上一财年增长7%，占GDP的18.4%。缅甸商务部与计划和财政部表示，本财年缅甸的对外贸易目标是290亿美元，其中出口140亿美元，进口150亿美元。10月31日，缅甸联邦议会通过更改缅甸财年时间议案。从2018/2019财年开始，缅甸的财年时间由原来的“4月1日至次年的3月31日”改为“10月1日至次年的9月30日”。

2. 完善相关经济法规。2017年3月3日，缅甸投资委员会主席吴觉温签署新修改的《投资法》。根据新《投资法》第24条规定，缅甸省邦一级的投资审批权限为60亿缅元（约500万美元），超过规定金额的项目才需报国家投资委员会审批，新《投资法》还放宽了外国企业的合作经营条款。此外，为吸引投资并推动资金的合理分配，缅甸投资委员会根据地区发展程度，将全国划分为发达地区、较发达地区和落后地区等3个区域。投资者在不同区域分别享有不同的免收入税年限，其中，投资发达地区、较发达地区和落后地区可免除收入税的时间分别为3年、5年和7年。12月6日，廷觉签署新《公司法》，允许在线申请注册公司，独立个人也可以申请成立公司；按照新《公司法》，只有外国股份超过35%才被定为外资公司，外国人可入股缅甸国内公司。

3. 调整金融政策。缅甸有28家银行，其中国有银行4家、私营银行24家。已批准在缅甸设立分行的外资银行有13家。2017年5月4日，为进一步稳定缅甸金融市场、促进国家发展，缅甸中央银行不再允许外资银行在缅甸设立分行。为完善出口方面的业务，已在缅甸设立分行的外国银行将获得更多的经营权。7月10日，缅甸中央银行表示，根据缅甸国内银行业的发展和国际货币基金组织（IMF）的建议，未来缅甸对外资银行仍会有较多的限制政策，但在经营范围方面会适当放宽。9月11日，缅甸计划与财政部部长吴觉温表示，为促进国内大型项目的贷款便利化，缅甸将成立国家开发银行。该银行将由缅甸政府与商业银行共同建设，并借鉴世界银行及亚洲开发银行的运作模式，由国家开发银行向其他国际金融机构借贷，再贷款给缅甸国内需要资金的项目。

4. 改善私企和外企的发展空间。2017年2月25日，缅甸私营企业发展委员会宣布，除了重要的国有企业，今后将逐步减少国有企业份额，为私营企业的发展腾出更多空间。此外，缅甸相关部门及私营企业相关人员将在亚洲开发银行的协助下，草拟私营企业发展框架与规划，制定更加透明的金融政策和管理规范。为发展中小企业、解决土地价格高昂问题，4月1日，缅甸投资委员会（MIC）公布政府优先改造升级的20个投资领域，其中包括开发工业区、城市发展、物流运输、电力生产与供应以及卫生医疗服务等领域的189个经济项目，对这些经济项目进行投资的企业会获得包括豁免收入税在内的免税减税待遇。4月24日，仰光省政府提出低价土地计划，为缅甸中小企业和外资企业提供低价土地，该计划进一步为这些企业的发展提供了便利。缅甸政府还将对工业区进行升级，引入垃圾和污水处理等项目，并设立联系工业区内企业的监管委员会。

5. 促进边境贸易发展。缅甸商务部称，从2017年6月开始，300多种商品将以“完全在线申报”的方式发放进出口许可证，包括23种出口商品和352种进口商品。企业只需通过在线方式完成证书申请、付款、发放等手续，极大地方便了进出口商。另外，缅甸还实行个人贸易卡政策来活跃边境贸易。据缅甸商务部统计，本财年截至2018年1月12日，缅甸商务部共颁发140张个人贸易卡，2012年至今累计发卡1404张，本财年个人贸易卡的贸易额达到340亿缅元，其中出口33亿缅元，进口307亿缅元。在12个边贸口岸中，缅泰边境妙瓦底口岸的个人贸易卡贸易额居首位，达257亿缅元。

（二）宏观经济形势

2017/2018财年，缅甸政府注重发展经济，实施长期计划，发展社会事业，经济实现增长，通货膨胀得到控制。但缅币贬值、基础设施落后、电力短缺等问题仍然困扰着缅甸经济。

根据缅甸中央银行数据，2017/2018财年，缅甸经济增长率为5.9%，通货膨胀率达4.7%，经济增长放缓，通货膨胀率较去年大幅下降。为了减轻投资者压力、抑制物价上涨，2017年4月，缅甸中央银行采取措施将固定利率调整为符合市场的存款贷款利率。

根据缅甸投资与公司管理局的数据，本财年截至2017年12月，缅甸吸引外资47.84亿美元，批准外资项目176个。其中：制造业吸引外资最多，投资额为15.5亿美元，占外资总额的33%；其次是房地产业，占22%。此外，外资还进入交通与通讯、能源、饭店旅游业和农业等领域。在所有对缅投资的国家和地区中，新加坡投资额最高，达到17.2亿美元；中国位居第二，投资额为12.9亿美元，荷兰和韩国分列第三、第四位。受若开邦危机的影响，欧美国家的对缅投资大幅减少。据缅甸工商联合会2017年下半年调查，由于缅甸政府缺乏明确的经济政策和经济计划，外国投资者对缅甸的信心下降。

内比都中央银行大楼　（百度网）

缅甸2017/2018财年对外贸易的预期目标为290亿美元。本财年截至2017年12月，缅甸对外贸易总额240.67亿美元，比上财年同期增加30多亿美元，其中海上对外贸易额181.71亿美元，边境对外贸易额58.95亿美元。出口额104.56亿美元，较上财年同期大幅增长；进口额达136.11亿美元，贸易逆差进一步扩大，达到31.54亿美元。主要出口产品有农产品、矿产品、木材和工业加工制成品等；进口商品主要是日用品和原材料等。缅甸国内不稳定的政治局势和冲突隐患是阻碍对外贸易发展的主要因素。

根据世界银行2017年10月31日发布的世界营商环境排名，在全球190个列入统计的国家和地区中，缅甸的营商便利度排在第171位，较上年下降1位。营商便利度主要是衡量当地监管环境是否便于开办和运营企业，2014~2016年，缅甸的排名分别是第182位、167位和170位。2017年6月，缅甸副总统吴敏瑞表示，缅甸政府计划用3年时间来提高营商便利度，使缅甸排名进入前100名，但是，从目前来看，缅甸仍然面临着许多现实问题。

（三）产业经济形势

通讯业方面。缅甸的电信改革成效显著，手机用户迅猛增长。根据缅甸交通与通讯部统计，截至2017年7月，缅甸手机用户增至5552万人，人口覆盖率107%，网络数据用户4649万人，覆盖率90%。缅甸已批准3家移动宽带运营商于2018年正式运营。截至2017年10月，缅甸已建有18188个通讯基站。

农业方面。缅甸吸引部分外企进入农业领域，截至2017年11月，农业领域的外资额约为1.3亿美元。农产品出口总额平稳增长。截至2018年1月，缅甸农业领域出口额为24亿美元，较上财年同期增加1.7亿美元。其中：大米出口量达到260万吨，较上财年同期增加150万吨，为近60年来大米出口的最高纪录；豆类出口量较上财年同期增长2.5万吨。

能源方面。截至2017年8月，缅甸天然气出口额为10亿美元，同比增加0.9亿美元。截至2018年1月中旬，缅甸成品油进口额超过23亿美元，同比增加9.7亿美元。

电力方面。2017年5月26日，缅甸迪吉燃煤发电站正式投产发电，该发电站由中国无锡华光电力公司投资建设，年发电量预计达8亿多千瓦时。8月17日，缅甸电力和能源部拟定“混合发电计划”，该计划有助于缅甸在全国范围内实现24小时全天供电。除了水力发电，缅甸也在不断开发天然气、风力和太阳能等电力能源。目前，缅甸有水电站29座，燃煤电站1座，使用天然气和废弃物发电的电站14座。

水产业方面。据缅甸渔业局统计，本财年截至2018年1月中旬，缅甸出口水产品3.8万吨，出口额5.35亿美元，同比增加0.97亿美元。水产品大部分通过边境口岸出口至中国和泰国。

旅游业方面。缅甸拥有丰富的旅游资源。近年来，外国游客的数量急剧增长。据统计，本财年前8个月，缅甸的外国游客达到312万人次，较上年同期增长20%。2017年12月，缅甸旅游协会宣布，缅甸将重新实行旅游落地签证制度，并计划将仰光国际机场作为第一个旅游落地签证试点。

交通业方面。2017年4月19日，缅甸交通与通讯部提出投资铁路项目，将对5个主要铁路段进行升级，包括仰光—曼德勒铁路、曼德勒—密支那铁路、仰光—毛淡棉铁路、仰光—卑谬铁路和仰光环城铁路。这5个铁路段占缅甸全国铁路里程的80%，升级将花费约600亿美元。

## 三、外交

2017年，缅甸政府积极巩固与周边国家的外交关系，与中国、印度和东盟国家高层互访频繁，但罗兴亚难民问题使缅甸外交遭遇较大困境。

（一）与中国的关系

1. 高层互访频繁。2017年，缅中两国高层互访频繁。4月6~11日，缅甸总统廷觉访问中国。5月14日和12月1日，缅甸国务资政昂山素季访问中国并分别出席中国举办的“一带一路”国际合作高峰论坛圆桌峰会和中国共产党与世界政党高层对话会。8月3日，中共中央对外联络部部长宋涛率团访问缅甸。9月8日，中国全国政协主席俞正声在北京会见缅甸联邦议会人民院议长吴温敏。11月19日，中国外交部部长王毅访问缅甸。

2. 专业领域交流密切。2017年1月22日，中国林业局局长张建龙在北京会见缅甸自然资源和环境保护部部长吴翁温，双方就推动中缅林业合作、林业投资和林产品贸易、森林保护与可持续发展事宜进行商谈。3月1日，中国亚洲事务特使孙国祥在内比都分别会见缅甸国务资政昂山素季和国防军总司令敏昂莱大将，双方就缅甸的和平进程、民族武装组织签署全国全面停火协议等问题交换意见。11月10日，中国驻缅甸大使洪亮会见缅甸建设部部长吴温凯，并出席克钦邦230千伏主干网联通输电工程项目的开工仪式，该项目由中国电力技术装备有限公司承建，是促进“一带一路”建设、扩大中缅产能合作的重要实践。

3. 民间交流不断加强。2017年，缅中文化、宗教等民间交流合作也在加强。4月8日，中国佛教协会代表团到缅甸进行友好访问并取得丰硕成果。7月18日，第3届缅中民间交流圆桌会在仰光举行，两国民间组织就加强两国民间交流、中国非政府组织在缅甸开展惠民项目等事宜进行讨论。8月24日，为缓解缅甸甲型流感疫情，中国将大批医疗物资运往仰光，还帮助缅甸建立医疗技术培训中心和疾控中心。10月1日，中国驻缅甸大使馆在内比都举办“中国电影周”启动仪式，电影周放映缅语配音的中国电影《功夫瑜伽》和《大唐玄奘》等供缅甸民众免费观看。12月23日，中缅友好医院暨杜庆芝医院移交启动仪式在仰光举行，昂山素季在启动仪式上致辞并参观升级改造后的杜庆芝医院。

（二）与美国、日本等国家的关系

与美国的关系。2017年6月2日，首届缅美贸易展览会在缅甸举行，共有100多家美国企业参加本次展会。6月22日，美国国务卿蒂勒森与缅甸国务资政昂山素季通电话，这是美国总统特朗普上台后两国政要的首次通话。7月17日，昂山素季和国防军总司令敏昂莱在内比都会见美国东亚及太平洋事务局对朝政策特别代表尹汝尚，双方讨论朝鲜半岛问题和加强两国军事合作等事宜。8月22日，美国与缅甸签署协议，美国将为缅甸在实施法治和打击贩毒方面提供援助。9月19日，昂山素季会见美国副助理国务卿帕特里克·墨菲，双方就加强缅美关系、推动缅甸国内和平进程等事宜交换意见。11月15日，美国国务卿蒂勒森访问缅甸并同昂山素季就若开邦问题和罗兴亚难民问题举行会谈，之后蒂勒森表示美国不会对缅甸进行大规模经济制裁。12月7日，美国众议院以多数票通过谴责缅甸政府种族屠杀罗兴亚人的决定。12月21日，美国宣布将涉及罗兴亚人问题的14名缅甸军官列入制裁名单。

与日本的关系。3月9日，日本政府表示将为缅甸提供420万美元的援助以推动缅甸国内民族和解与和平进程。7月6日，日本与缅甸农业发展银行签署协议，两国将共同为缅甸农民个人或团体提供19000亿缅元的低息贷款以帮助缅甸农业和农村发展。8月4日，日本首相安倍晋三会见访日的缅甸国防军总司令敏昂莱，就加强两国军事合作、维护周边局势稳定、推动缅甸国内和平进程等事宜进行交流。12月14日，日本首相安倍晋三在东京会见缅甸总统廷觉，就加强两国经济合作、日本援助缅甸基础建设等事宜交换意见。

与西方其他国家的关系。5月1日，缅甸国务资政兼外长昂山素季访问比利时，会见比利时王储菲利普和首相夏尔·米歇尔。次日，昂山素季在欧盟总部会见欧洲理事会主席图斯克。昂山素季还与欧盟外交和安全政策高级代表莫盖里尼举行会谈，双方就缅甸国内民主改革以及若开邦罗兴亚人问题进行交流。5月4日，昂山素季访问英国并会见英国下议院议长约翰·伯考和英国外交大臣鲍里斯·约翰逊。5月5日，昂山素季访问梵蒂冈并会见教皇方济各，会面后梵蒂冈宣布与缅甸建交，并将派驻教廷大使到缅甸。6月6日，昂山素季首次访问加拿大并会见加拿大总理贾斯汀·特鲁多，双方就缅甸联邦制度改革、解决缅甸国内人权问题、维护地区和平与稳定等事宜进行讨论。6月19日，缅甸国防军总司令敏昂莱访问俄罗斯并会见俄罗斯国防部部长谢尔盖·绍伊古和俄罗斯联邦安全会议秘书尼古莱·帕特拉什维，双方就推动两国军队交流、加强安全领域合作、共同打击恐怖主义等事宜交换意见。7月6日，缅甸国防军副总司令梭温在内比都会见挪威外交大臣博格·布伦德，双方就若开邦问题、缅甸边境排雷等事宜交换看法。11月20日，第13届亚欧外长会议在缅甸内比都举行，有53个国家和地区代表参加本届会议，缅甸国务资政昂山素季在开幕式上致辞。

（三）与东盟及其成员国的关系

2017年2月2日，缅甸总统廷觉与国务资政昂山素季在内比都会见泰国副总理颂奇，双方就两国边境地区发展中小型手工业、加强对边境基础设施和经济投资等事项进行交流。3月19日，菲律宾总统杜特尔特率团对缅甸进行访问并会见缅甸总统廷觉和国务资政昂山素季，双方就打击贩毒、若开邦问题、增强两国各领域合作等事项交换意见，会谈后两国签署谅解备忘录。7月11日，柬埔寨外交部部长布拉索昆分别会见缅甸总统廷觉和国务资政昂山素季，双方就旅游与贸易领域合作、文化教育合作、缅甸农作物出口柬埔寨项目等交换意见。9月4日，缅甸国防军总司令敏昂莱在内比都会见印度尼西亚外交部部长蕾特诺·马尔苏迪，双方就若开邦北部的局势问题进行交流。9月18日，泰国皇家军队总司令素拉蓬·素瓦纳阿德访问缅甸并会见缅甸国防军总司令敏昂莱。10月7日，缅甸国务资政昂山素季应邀出席文莱苏丹哈桑纳尔登基50周年庆典并与其进行会晤，双方重点讨论两国在能源、教育和卫生等领域的合作事宜。

（四）与印度及其他南亚国家的关系

2017年5月29日，印度陆军参谋长比平·拉瓦特访问缅甸并分别会见缅甸国防军总司令敏昂莱和国务资政昂山素季，双方就维护两国边境地区稳定、加强两国军事交流等事宜交换意见。7月7日，敏昂莱访问印度并分别会见印度总理莫迪和印度国防部部长贾伊特利，双方就印度加强对缅甸的军事援助、扩大两国防务合作等进行讨论。7月28日，第2届缅甸—孟加拉国海军高层会议在内比都举行，两国海军代表团出席会议，双方就两国海军合作、舰艇互访、航海安全和军队训练等问题进行交流。9月5日，印度总理莫迪访问缅甸并分别会见缅甸总统廷觉和国务资政昂山素季，双方在海洋安全合作方面达成协议，并签署关于电力、信息技术、文化和医药卫生等多个领域的合作谅解备忘录。11月23日，缅甸联邦内政部部长觉丁遂与孟加拉国外交部部长阿里签署罗兴亚难民遣返谅解备忘录，双方同意在两个月内启动孟加拉境内的罗兴亚难民遣返回缅甸的程序。12月10日，缅甸国防军总司令敏昂莱访问尼泊尔并会见尼泊尔军队总参谋长简德拉·切特里，双方就增进两国军队间关系、军方代表友好互访等事项进行交流。

（五）与联合国和其他国际组织的关系

2017年3月29日，缅甸国务资政昂山素季在内比都会见世界银行东亚和太平洋地区副总裁维多利亚·克瓦,双方就世界银行与缅甸展开经济合作等事宜交换意见。7月1日,联合国难民署高级专员菲利普·格兰迪访问缅甸并会见缅甸国务资政昂山素季等,之后前往若开邦罗兴亚难民营进行探访。8月8日,昂山素季在内比都会见联合国开发计划署署长阿希姆·施泰纳,施泰纳表示联合国将继续协助缅甸实现国内和平与民族和解。11月14日,联合国秘书长古特雷斯出席在菲律宾举行的第31届东盟峰会并与昂山素季举行会谈,古特雷斯呼吁缅甸尽快惩处造成罗兴亚难民危机的罪魁祸首。12月14日,昂山素季在内比都会见联合国冲突中性暴力问题特别代表普拉米拉·帕滕,双方就联合国协助缅甸保护妇女权利的合作事项进行交流。

### 四、2018年展望

2018年,缅甸政府为推动国内和平进程,将召开第3届21世纪彬龙会议,并继续同未签署全国全面停火协议的民族武装组织进行谈判。此外,缅甸政府还要妥善处理好罗兴亚人遣返问题。在经济上,缅甸将继续改善外商投资环境,推动国内各经济领域发展。缅中将加深全面战略合作伙伴关系,在落实“一带一路”倡议和缅中“人字形”经济走廊建设过程中,夯实两国友好合作基础。

(唐威迪　刘明明　廖亚辉)

资料来源:

1. 中国驻缅甸大使馆经济商务参赞处网站
2. 缅甸《全球新光报》新闻网站
3. 缅甸《镜报》新闻网站
4. 缅甸《金凤凰》日报
5. 缅甸《十一新闻》日报
6. 缅甸《今日民主》日报

## 菲律宾:2017年发展回顾与2018年展望

2017年,菲律宾经济实现6.7%的增长;菲律宾政府用5个月时间平定马拉维武装对抗,社会日益稳定;外交上,一改前期“一边倒”的战略,实行独立自主的外交政策,菲律宾总统杜特尔特先后访问缅甸、泰国、沙特阿拉伯、卡塔尔、巴林、柬埔寨、中国、文莱、日本、俄罗斯和越南等10多个国家。随着与中国等周边国家外交关系的转变和对国内治安的加强管理,可以预见,2018年菲律宾仍会取得不俗的经济增长,外交上与美国和日本的关系会进一步改善。

### 一、政治:局部动荡,社会归于平稳

2017年,菲律宾政治实现平稳过渡,政府成功平定武装对抗,菲律宾总统杜特尔特强力扫毒、坚决反恐的安全政策在一定程度上使菲律宾社会恢复了秩序和稳定。但菲律宾政府工作效率不高、社会弊病积重难返及反恐后的社会重建和自强工作仍然任重道远。

#### (一)鏖战马拉维,政府军凯旋

2017年5月23日,“穆特组织”和阿布沙耶夫武装在菲律宾南部小城马拉维竖起“伊斯兰国”黑旗,把菲律宾推上了反恐战争的前沿。菲律宾政府军与其鏖战了5个月,战事才宣告结束。通过此次对抗,“穆特组织”和阿布沙耶夫武装的核心头目被消灭,菲律宾本土恐怖组织遭到前所未有的重创,900多名恐怖分子被击毙。同时,菲律宾政府也付出了极高的代价。菲律宾政府军军火库库存因频繁炮击和空袭而告急,百余名军警阵亡,近50万人逃离家园,经济损失无法估量。

菲律宾马拉维一役向世人警示了全球严峻的反恐形势和极端思想的泛滥。战事结束后不久,菲律宾与马来西亚和印度尼西亚采取海空联合巡逻措施以防止新形态下的恐怖主义渗透。中国、美国、俄罗斯和澳大利亚等国纷纷向菲律宾提供军事援助。

马拉维一役结束后,马拉维的重建成为菲律宾政府面临的重要任务。经历了战火的马拉维满目疮痍,仍有大量难民流离失所。另外,尽管马拉维的恐怖分子被消灭了,但菲律宾全国特别是南部地区仍难恢复平静。

#### (二)菲律宾总统围绕禁毒、反恐、外交等问题发表国情咨文

2017年7月24日,菲律宾总统杜特尔特针对禁毒、反恐、环境和外交等热点问题发表任内第二次国情咨文。杜特尔特在演讲中宣称,“毒品是一切罪恶和灾难的根源,无论花费多少时间,我都会将禁毒运动坚持下去”。在对美关系方面,杜特尔特虽然赞扬了美国总统特朗普对菲律宾禁毒运动的支持,但对美国前总统奥巴马对其批评表示不满,他还批评美国媒体对自己的歪曲报道。在菲律宾外交政策方面,杜特尔特表示,菲律宾希望寻求独立自主、不受干涉的外交政策。杜特尔特对中国在菲律宾基础设施方面给予的援助表示感谢。杜特尔特感谢中国为菲律宾在巴西河(the Pasig River)上援建两座桥梁,并且资助菲律宾建设新机场。

#### (三)热带风暴袭击菲律宾

2017年,台风让菲律宾再次遭受巨大损失。12月18日,台风“启德”在菲律宾中部的米沙鄢地区登陆,造成80人死亡或失踪。受台风影响,菲律宾中部多地发生洪水和山体滑坡,约有6万户家庭、27万多人受灾,多处桥梁、公路等基础设施损毁。台风对菲律宾旅游业也造成较大影响,导致一定数量的游客滞留。12月22日,热带风暴“天秤”袭击菲律宾棉兰老岛,引发

洪水、山体滑坡和泥石流等次生灾害,造成约200人死亡,159人失踪,7万多人无家可归。

## 二、经济:实现稳步增长

2017年,菲律宾经济表现非凡。在平定马拉维武装抵抗、顶住独立自主外交压力和平均通货膨胀率进一步升至3.2%的情况下,实现了6.7%的经济增长。

### (一)经济强力增长,投资额猛增

根据菲律宾统计局统计,2017年菲律宾国内生产总值(GDP)3136亿美元,比上年增长6.7%,虽较2016年下降0.2%,但仍保持稳定增长态势。投资增长是其经济发展的重要促进因素。

据菲律宾投资委员会公布的数据,2017年菲律宾经批准的投资额达到6170亿比索,比上年增长39.5%,超过原计划5000亿比索近1/4,为50年来的最高纪录。2017年菲律宾批准投资项目426项,主要是在基础设施和电力领域,创造约76000个工作岗位。政府指定重点部门切实落实年度投资重点计划、基础设施和电力项目大量立项和菲律宾国内旺盛需求是投资激增的主要原因。

主要国家对菲律宾的投资保持增长。2017年11月中国国务院总理李克强访问菲律宾期间,宣布为菲律宾的3个基础设施项目——卡利瓦水坝工程项目、志科河抽水灌溉工程项目和菲律宾铁路南通勤线提供优惠贷款融资。2017年1~10月,日本对菲律宾的投资同比几乎翻了一番,从140.7亿比索增加至271.5亿比索。除了日本政府提供直接投资,日本企业也积极开拓菲律宾市场。达沃市成为日本企业投资的重要目的地之一,在2017年10月29~31日杜特尔特访日前一周,在日本大阪、京都、横滨和东京等城市均进行了投资和旅游路演,获得了来自日本投资者价值3090亿比索的商业订单,日本政府也承诺向菲律宾提供价值4560亿比索的援助。

2017年11月21日,杜特尔特签署一份备忘录,要求菲律宾政府部门加快确定其他可对外开放的商业领域。菲律宾国家经济发展部部长欧内斯托·佩尼亚表示,以杜特尔特为主席的菲律宾国家经济发展署(NEDA)理事会有望在2018年年初就拟议的第11版《外国投资负面清单(FINL)》展开讨论,从而向外国投资者开放更多的领域以增加外国直接投资的流入。

### (二)菲律宾外劳汇款大幅增长

根据菲律宾中央银行公布的数据,2016年菲律宾海外劳工现金汇款总额为269亿美元,比上年增长5%,超过政府预定4%的增长目标;现金汇款与实物汇款总额达297.1亿美元,增长4.9%。菲律宾外劳汇款主要来自美国、沙特阿拉伯、阿联酋、新加坡、英国、日本、卡塔尔、科威特和德国等地。2017年,菲律宾外劳汇款仍保持较高增长速度。

### (三)《2017~2022菲律宾发展规划》获得通过

2017年2月22日,菲律宾国家经济发展署(NEDA)批准通过《2017~2022菲律宾发展规划》(PDP)。该规划是在杜特尔特政府提出的“10项社会经济发展议程”基础之上完成的,是“2040愿景”提出后的第一个六年规划。规划分为7个部分,提出到2022年实现经济增长7%~8%,全国人均收入达到5000美元,贫困率由当前的21.6%下降至14%,农村地区贫困率由30%下降至20%,失业率由5.5%降低至3%~5%,推动教育普及,加强减灾防御机制,使政府获得更高社会信任度,个人和社会发展更加有力,企业创新能力大大增强等。

## 三、外交:小国大外交,奉行独立自主的外交政策

2017年,菲律宾一改“一边倒向美国”的外交策略,奉行独立自主的外交政策,获得国际社会的一致赞誉。

### (一)菲律宾与中国的关系:朝友好方向发展

由于杜特尔特当选并就任菲律宾总统后低调处理南海问题,独立自主地处理外交关系,菲中两国关系在2016年的缓和后朝着友好的方向发展。

1. 中国成为菲律宾最大贸易伙伴。2010~2017年,菲中两国贸易额年均增长20.7%,中国于2016年超越日本成为菲律宾第一大贸易伙伴。2017年,菲律宾对中国的出口额增长8.4%,进口额增长8.1%,中国继续稳居菲律宾第一大贸易伙伴。

2. 中国国家主席习近平会见菲律宾总统杜特尔特。2017年11月11日,中国国家主席习近平在越南岘港会见菲律宾总统杜特尔特。习近平指出,杜特尔特总统2016年10月访华以来,中菲关系翻开了新的一页,双方积极开展合作,两国关系健康稳定发展,给两国人民带来了切实利益,也为地区和平稳定作出重要贡献。睦邻友好是中菲关系必须坚持的正确方向。中方愿同菲方一道,继续从战略高度和长远角度把握两国关系,增进政治互信,巩固深化合作,以更多成果造福两国人民。当前,中菲关系正站在新的历史起点上,双方要密切高层交往,增进理解和信任,加强战略引领,确保两国关系始终沿着正确方向发展。中方愿帮助菲律宾做好扶贫工作,继续支持菲律宾政府维护国家安全的努力。中国将继续同东盟国家一道,维护好南海地区和平稳定和发展繁荣。杜特尔特表示,菲中关系十分重要,菲律宾视中国为真诚朋友,感谢中国在菲律宾经济建设、反恐维稳等方面给予的帮助。菲方致力于推进两国各领域合作向前发展,并愿同中方一道,按照双方达成的共识,通过双边渠道,妥善处理好海上问题。

3. 中国外交部部长王毅访问菲律宾。2017年7月25日，应菲律宾外交部部长阿兰·皮特·卡亚塔诺的邀请，中国外交部部长王毅访问菲律宾，与卡亚塔诺举行会谈并共同会见记者。王毅表示，中国愿在菲律宾国家发展振兴道路上做最真诚和最持久的合作伙伴。王毅提出，中方愿意在独立自主外交政策和打击毒品犯罪及恐怖主义等5个方面支持菲律宾；中国坚定支持与菲律宾和其他东盟国家一道维护好南海的和平稳定。

4. 菲律宾总统杜特尔特出席“一带一路”国际合作高峰论坛。2017年5月15日，菲律宾总统杜特尔特到北京出席“一带一路”国际合作高峰论坛。中国国务院总理李克强在人民大会堂会见杜特尔特。李克强表示，中菲是友好邻邦。习近平主席同总统先生多次成功会晤。中菲关系沿着睦邻友好的轨道前行符合两国和两国人民的共同利益，也是地区和平稳定的要求。中方愿同菲方加强发展战略对接，在双边贸易扩大规模、优化结构的同时，推进产能、基础设施建设、金融和农渔业等互利合作，加强人文交流与减贫合作，让中菲关系的发展不仅更好造福双方人民，而且促进地区的和平稳定与发展繁荣。杜特尔特表示，菲中关系正沿着正确轨道发展，务实合作取得前所未有的进展。菲方希望借鉴中国经济发展经验，加强基础设施建设、农渔业、食品加工、电子商务、科技、中小企业和旅游等广泛领域合作。菲方支持“中国制造2025”，愿大力加强产能合作，欢迎中国企业赴菲律宾投资。菲方愿同中方谱写两国合作新篇章，共同维护地区和平稳定。

（二）菲律宾与美国的关系：从摩擦趋向缓和

菲律宾历来“一边倒”地倚仗美国，视美国为天然盟友。自杜特尔特就任菲律宾总统以来，菲律宾一改对美国言听计从的外交特点，代之以独立自主的外交政策。

1. 菲律宾称美国为头号盟友。杜特尔特初任菲律宾总统时，因为美国前总统奥巴马对其强力禁毒的诟病一度疏远美国。因为特朗普当选美国总统及其对杜特尔特禁毒政策的赞扬，菲美关系由摩擦趋向缓和。2017年10月，菲律宾总统杜特尔特在一个外交场合称要与美国保持“友好”关系。杜特尔特做此表态后，菲律宾军方最高领导人将美国誉为菲律宾的“头号盟友”，并宣布将恢复两国的常规军事演习。菲律宾武装部队总参谋长爱德华多·阿诺（Eduardo Ano）于2017年10月初与美国太平洋司令部司令小哈里·哈里斯在美国夏威夷会晤。阿诺在返回菲律宾后表示，在2017年菲美联合军演规模缩小后，两国同意在2018年加大军演规模。阿诺进一步转述杜特尔特的话说：“美国仍是我们的头号盟友。”阿诺表示：“美国不是我们的敌人，中国也不是我们的敌人。国家利益才是我们的重中之重。”

2. 菲美两国举行年度“肩并肩”联合军演。2017年5月19日，菲律宾与美国2017年度“肩并肩”联合军演在菲律宾首都马尼拉举行闭幕式，这标志着为期12天的年度演习结束。本次菲美联合军演规模明显缩小，两国共派出约5400人参加演习。此外，澳大利亚和日本也分别派出80人和20人参加演习。本次演习内容也有调整，从国土防卫转为人道主义援助、救灾和反恐，双方在实弹射击、两栖突袭和救灾物资分发等方面进行演练。

3. 菲律宾总统杜特尔特与美国总统特朗普举行首次会晤。2017年11月11日，杜特尔特在亚太经济合作组织（APEC）领导人非正式会议期间与美国总统特朗普进行首次非正式见面；11月13日，两人在菲律宾举行的东亚峰会上进行特朗普任职以来的首次正式会晤。

*2017年5月8日，菲律宾与美国2017年度“肩并肩”联合军事演习在菲律宾马尼拉开幕*（百度网）

（三）菲律宾与日本的关系：继续保持友好，但凸显独立自主的外交策略

菲日两国一向保持友好关系，日本一直是菲律宾最重要的投资和贸易伙伴之一。进入2017年，菲律宾一如既往地与日本保持友好关系，同时，自杜特尔特就任总统至今，菲律宾对日本等实行独立自主的外交政策。

2017年10月30日，菲律宾总统杜特尔特访问日本并与日本首相安倍晋三举行会谈。日方承诺支援菲律宾重建马拉维，并且还将在其他基础设施领域以及反恐和公共安全方面向菲律宾提供帮助。两国首脑在会谈后发表联合声明，声明称日方首先将全力帮助菲律宾重建马拉维，此后日方还会在其他基础设施领域帮助菲律宾，包括修建道路和桥梁以加强菲律宾国内各地区之间的联系，为修建马尼拉地铁提供6000亿日元(约合人民币350亿元)的贷款等。此外，两国还会在反恐、公共安全、反毒品等领域进行一系列合作。日本首相安倍晋三再次重申，将在未来5年内为菲律宾提供价值1万亿日元(约合人民币587亿元)的经济援助，并预祝在马尼拉举行的东盟峰会取得成功。菲律宾总统杜特尔特则称，菲日两国关系经历了时间的考验，从今天起，菲律宾将与日本携手开创日菲战略合作伙伴关系的黄金时代。此次会谈，菲律宾总统杜特尔特表示，现在不是谈南海问题的时候，并提出会谈不愿意过多涉及南海问题，这表明菲律宾贯彻实施独立自主外交政策的决心。

(四)菲律宾与东盟:在和平发展中致力于东盟共同体建设

2017年，菲律宾担任东盟轮值主席国。年内，菲律宾举办了东盟峰会、东盟外长会、经济部长会和国防部长会等上百次会议。由于东盟独创的“10+1”(东盟+中国)、“10+3”(东盟+中日韩)和“10+8”(又称东亚峰会)合作机制，包括中国、日本、韩国和美国在内的东盟对话伙伴国多次派出高官乃至国家元首或政府首脑齐聚马尼拉，共商国际大事。2017年又恰逢东盟成立50周年，菲律宾特意选择“拥抱变革，融入世界”作为东盟2017年的主题，契合了当下的世界局势。在担任东盟轮值主席国的一年间，菲律宾推动本区域各国在政治、经济和安全问题上取得不少共识。

安全上，东盟10国外长和领导人多次就朝鲜半岛安全局势发表声明，表示关切。东盟10国领导人及国防部部长明确表态，愿意推动东盟各国及东盟与对话伙伴国之间进行防务合作以防止恐怖主义在东南亚的蔓延。经济上，促成东盟与其对话伙伴国之间的区域全面经济伙伴关系协定(RCEP)谈判的全面升级——5年来的首次领导人会议，在贸易保护主义日盛的当下彰显各国加强区域经济合作的热切愿望，也让全世界看到了建立RCEP这个人口约30亿、国内生产总值(GDP)总和约21万亿美元、占世界贸易总量约30%的贸易集团的可能性。地区局势上，中国与东盟于2017年11月宣布启动“南海行为准则”案文磋商。至此，一个让中国与东盟国家迈向共同建设和平之海、稳定之海、繁荣之海的新起点终于展现在人们面前。

### 四、2018年展望

随着与中国等周边国家外交关系的转变和对国内治安的加强管理，可以预见，2018年菲律宾将在和平稳定的环境下取得不俗的经济增长。外交上，随着高层的互访，菲律宾与美国和日本的关系会进一步改善。

(黄耀东)

资料来源：

新华网、环球网、观察者网、中国驻菲律宾大使馆经济商务参赞处网站等

## 新加坡:2017年发展回顾与2018年展望

2017年，新加坡政治、社会稳定;经济实现稳定增长，经济增速达3.5%，创近四年新高;外交上，重视与东盟国家的关系，与中国、美国等国家展开务实合作。

### 一、政治社会稳定

1. 哈莉玛·雅各布当选新加坡第八任总统。2017年9月13日是新加坡总统候选人提名日。新加坡总选举官当天宣布，唯一候选人、国会前议长哈莉玛·雅各布自动当选该国第八任总统。哈莉玛出生于1954年8月23日，是5个孩子的母亲。早年间，她曾在新加坡全国职工总会服务30多年。2011年议会选举后，哈莉玛成为新加坡社会发展、青年及体育部政务部长。2012年11月续任新改组的社会与家庭发展部政务部长。2013年1月，哈莉玛出任新加坡国会议长，是新加坡首位女性国会议长。2017年9月14日，哈莉玛宣誓就任新加坡总统，成为新加坡首位女总统。

2. 政府部分高层人士调整。新加坡总理李显龙曾表示2020年会交权，但其接班人较难选定。2017年的部分高层人士调整似乎让部分接班人露出端倪。1月，新加坡环境及水源部部长马善高、教育部部长王乙康以及总理署部长兼人力部和内政部第二部部长杨莉明等5人被增补进执政党——人民行动党中央执行委员。这些骨干力量将在执政党和政府中发挥更大作用，发展前景看好。

2017年8月1日，新加坡总理公署宣布新加坡教育部部长(高等教育及技能)兼国防部第二部长王乙康将从总理公署部长陈振声手中接任领导华社联络组的工作。两人同被视为新加坡第四代领导班子的核心成员。陈振声将担任华社联络组的顾问，继续协助促进新加坡政府与华社的关系。

3. 李光耀故居的处理引起社会关注和热议。李光耀故居的处理在李氏家族内部发生争执，并引起社会热议。李显龙的妹妹李玮玲和弟弟李显扬认为，父亲李光耀遗嘱中表示在其过世后应拆掉故居，因为故居占地，李光耀也不希望搞个人崇拜。而李显龙则希望把李光耀故居改造为纪念馆，但有人批评他希望借此来延续李氏家族政治生命，要扶持其儿子参政，等

等。这次家庭纷争引发的政治与社会关注度很高，但并不影响新加坡的稳定与发展。

## 二、经济实现稳定增长

2017年，新加坡经济实现稳定增长，经济增速达3.5%，创近四年新高，全球竞争力有所回升。制造业成为其经济发展的主要支撑，建筑业发展放缓，服务业和旅游业保持稳定；货物贸易扭转连续下滑趋势，并呈现进出口产品、贸易伙伴集中的特点；但由于人口增长缓慢，劳动力市场萧条，失业率增高。保持经济高度开放不断深化国际合作，多举措提升企业发展能力，全面推进智慧国建设，积极落实产业转型蓝图是新加坡促进经济发展的主要举措。

### （一）经济稳定增长，增速创近四年新高，全球竞争力有所回升

受国际、国内多种因素的挑战和制约，新加坡经济发展在2010年之后逐步放缓，2014～2016年的经济增速分别为3.1%、1.9%和2%。根据新加坡贸工部公布的数据，2017年新加坡经济增长3.5%，扭转了自2010年以来经济增速持续下滑的局面，创2014年以来的增长新高。2017年新加坡四个季度的国内生产总值（GDP）增速分别为2.5%、3%、5.4%和3.1%，第三季度的高增长将其全年的经济增速拉高，制造业的快速增长是支撑新加坡经济稳定发展的主要原因。

根据世界经济论坛发布的全球竞争力报告，新加坡在2011～2014年均排名第2，2015年降至第3，2016年降至第4。2017年，新加坡全球竞争力有所回升。根据《2017～2018年度全球竞争力报告》，新加坡在137个经济体中的排名回升至第3。另外根据瑞士洛桑国际管理发展学院（IMD）发布的《2017年IMD世界竞争力年鉴》，新加坡的排名也由2016年的第4回升至第3。《IMD世界竞争力年鉴》被认为是世界上最权威的各国竞争力排名之一，自1989年开始每年发布一次，新加坡2014年排名由2013年的第5升至第3，2015年保持排名第3，在2016年降至第4。

### （二）主要产业发展情况

1. 制造业产值实现快速增长。2017年，新加坡制造业产值同比增长10.5%，创2013年以来增速最高纪录（详见表1）。其中，电子产业、精密工程产业和化工产业的高速发展是新加坡制造业产值实现快速增长的重要保障。根据新加坡经济发展局公布的数据，2017年，新加坡电子业产值比上年增长33.5%；精密机械制造业产值增长17.8%。化工制造业产值也呈现增长态势，2017年1～11月同比增长5.5%。相反，新加坡生物医药制造业、运输工程产业、常规制造业的产值则出现下滑。2017年生物医药业产值同比减少9.3%；2017年1～11月，运输工程产业、常规制造业的产值分别同比减少6.5%和2%。

2. 服务业产值小幅增长。服务业产值约占新加坡GDP的2/3。2017年，新加坡服务业产值比上年增长2.5%，高于2016年1%的增速（详见表1）。金融保险业、批发和零售业和运输仓储业是推动新加坡服务业发展的重要动力。

3. 建筑业发展明显放缓。2013年以来，新加坡建筑业产值增速持续下滑，2017年则出现负增长，同比增长－8.1%。2017年，新加坡建筑业合同金额为245亿新元，其中公共工程占60%。公共及私人领域建筑活动低迷、建筑业人力成本提高等是新加坡建筑业发展放缓的主要原因。

4. 游客人数和旅游收益连创新高。新加坡《联合早报》2018年2月12日报道，全球经济逐渐复苏，亚太区域的旅游市场持续增长，加上连接新加坡的航空和游轮网络进一步扩大等，新加坡接待的外国入境旅客及旅游收益连续两年创下历史新高。

2017年，新加坡接待国际游客数量保持稳定增长。新加坡旅游局数据显示，2017年入境游客人次从2016年的1640万增至1740万，增幅达6.2%。入境游客增长主要是受更多中国和印度游客到新加坡观光旅游所带动。15大客源地中，13个国家和地区的数字都上升，有7个破纪录，包括中国、印度、越南、菲律宾、美国、英国和德国。其中，来自中国的游客比2016年增长13%，达322.7万人次，首次超越印度尼西亚，位居榜首，成为最大游客来源国；印度尼西亚游客则微增2%，为295.4万人次，滑落到第二名；印度游客的增幅最大，达16%，共127.2万人次，赶超马来西亚晋升第三名。

另外，以2017年头9个月为计算基准，2017年新加坡旅游收益总额预计达268亿新元，与2016年全年数据相比增加约11亿新元。

全球经济前景较明朗，亚太区域的旅游市场将进一步扩大，新加坡旅游局估计2018年到访新加坡的游客将继续增加，约1760万～1810万人次；旅游收益预计增长约1%～3%，为271亿～276亿新元。

### （三）货物贸易扭转连续下滑趋势，进出口产品和贸易伙伴集中

新加坡经济外向型程度较高，对外贸易是其经济发展的重要支撑。2017年，新加坡货物贸易扭转连续下滑趋势，实现快速增长，并呈现进出口产品集中、与主要贸易伙伴关系稳定的特点。

**表1　新加坡主要产业发展速度统计表（2013～2017年）**

| 指标 | 单位 | 2013年 | 2014年 | 2015年 | 2016年 | 2017年 |
|---|---|---|---|---|---|---|
| 制造业 | % | 1.7 | 2.7 | －5.2 | 3.6 | 10.5 |
| 服务业 | % | 5.3 | 3.4 | 3.2 | 1 | 2.5 |
| 建筑业 | % | 5.8 | 3.5 | 2.5 | 0.2 | －8.1 |

数据来源：中华人民共和国商务部网站、新华网等

1. 货物贸易扭转连续下滑趋势。2013～2016年，新加坡货物贸易额连续下滑，由7834.9亿美元下降至6129.5亿美元。2017年，新加坡货物贸易额扭转连续下滑趋势，实现正增长。根据新加坡国际企业发展局统计，2017年新加坡货物进出口额为7011.7亿美元，比上年增长14.4%。其中：出口3733.7亿美元，增长13.2%；进口3278.0亿美元，增长15.8%。贸易顺差455.6亿美元，下降2.8%。

2. 进出口产品集中，产业内贸易特征明显。2017年，机电产品、矿产品、化工产品仍是新加坡最主要的出口产品。2017年，机电产品、矿产品和化工产品的出口额分别为1765.6亿美元、479.1亿美元和370.0亿美元，分别比上年增长7.6%、27.6%和8.1%，三类产品的出口额占新加坡出口总额的70.3%。同时，机电产品和矿产品也仍是新加坡最主要的进口产品。2016年，两类产品的进口额占新加坡进口总额的比重达63.3%；2017年，两类产品的进口额占新加坡进口总额的比重仍高达64.6%，进口额分别为1383.8亿美元和734.3亿美元，增长8.7%和41.6%。机电产品和矿产品既是新加坡的主要出口商品，也是主要进口商品，这说明产业内贸易仍是新加坡对外贸易的重要特征。

3. 与主要贸易伙伴关系保持稳定。2016年，中国、中国香港、马来西亚和印度尼西亚是新加坡前4大出口贸易伙伴。2017年，新加坡前4大出口贸易伙伴仍是这4个经济体，新加坡对中国、中国香港、马来西亚和印度尼西亚的出口额分别为540.7亿美元、460.4亿美元、396.3亿美元和279.6亿美元，分别比上年增长26.2%、10.6%、13.2%和8.4%，占新加坡出口总额的比重分别为14.5%、12.3%、10.6%和7.5%。中国、马来西亚、美国和中国台湾地区继续保持新加坡前4大进口贸易伙伴地位。2017年，新加坡自中国、马来西亚、美国和中国台湾地区的进口贸易额分别为453.7亿美元、388.7亿美元、344.7亿美元和271.7亿美元，分别比上年增长12.3%、20.5%、12.8%和16.6%，占新加坡进口总额的比重分别为13.8%、11.9%、10.5%和8.3%。

（四）人口增长缓慢，劳动力市场萧条

根据新加坡统计局发布的报告，截至2017年6月底，新加坡全国人口总数为561.23万，其中，新加坡居民人数为396.58万（343.92万是新加坡公民，52.66万是新加坡永久居民）。新加坡非居民人数为164.65万，包括工作准证持有者、就业准证持有者和外国学生等。2016年6月至2017年6月，新加坡总人数仅增长0.1%，增幅为2003年以来的最低值。报告显示，此前7年新加坡人口增长率分别为1.8%、2.1%、2.5%、1.6%、1.3%、1.2%和1.3%。人口增长缓慢让新加坡的人口老龄化问题进一步凸显，而年轻人更加倾向于推迟进入劳动力市场，导致新加坡劳动力增长进一步放缓。数据显示，截至2017年6月，新加坡25～64岁居民的就业率增长至80.7%，65岁以上居民的就业率增长至25.8%，而15～24岁居民的就业率下降至34.1%。同时，有意向在未来两年找工作的无业居民人数创下新低，仅为13.45万人，占所有无业居民人口总数的12%，这使新加坡的劳动力市场继续萧条，不利于国民经济的发展。此外，建筑业发展缓慢和海事与离岸工程行业的表现疲软，导致作为劳动力的工作准证持有者人口减少。2016年6月至2017年6月，新加坡工作准证持有者人口减少1.6%，这是此类人口自2003年以来首次出现减少，这进一步导致了劳动力市场的萧条。

在此背景下，2017年新加坡整体失业率上升至2.2%，高于2016年的2.1%。外籍劳工就业人数萎缩是导致新加坡就业总人数出现2003年以来首次萎缩的主要原因。与此同时，新加坡本地人的就业人数却出现大幅度增长，这也反映出雇佣本地人成为新加坡政府解决就业问题的重心。根据新加坡人力部公布的数据，截至2017年年底，新加坡本地就业人数占就业总人数的比例达到67.2%，外籍劳工就业人数的占比为32.8%。

（五）政府多措并举促进经济发展

2017年2月，新加坡未来经济委员会公布未来10年经济发展的“三大途径、七大策略”。年内，新加坡围绕“三大途径、七大策略”采取多种举措促进其经济发展。

1. 保持经济高度开放，不断深化国际合作。2017年，新加坡与世界各国和地区的经济合作保持良好发展态势。新加坡不断深化与中国的经济合作。中国是新加坡第一大贸易伙伴，是新加坡第一大出口市场和第一大进口来源地，同时两国互为重要投资目的地。根据中国商务部亚洲司的统计，2017年中国对新加坡直接投资流量为31.98亿美元，比上年增长0.8%，新加坡为中国在东盟的最大投资目的地；截至2017年年底，中国对新加坡的直接投资存量为366.4亿美元。新加坡也是中国外来投资的重要来源，2017年新加坡新增对中国投资项目706个，比上年增长3.2%，实际投资额47.63亿美元，减少21.2%；截至2017年年底，新加坡对中国的投资项目累计23871个，实际投资额累计900.3亿美元。

2017年，新加坡与中国继续加强贸易与投资合作。10月11～12日，新加坡—中国自由贸易协定升级第4轮谈判在新加坡举行，双方就服务贸易、投资、原产地规则、海关程序与贸易便利化、贸易救济以及其他规则议题等展开磋商。新中自由贸易协定升级谈判于2015年11月正式启动，协定升级将进一步推动新中经贸关系发展、提升双边经贸合作水平，更好地造福两国企业和人民。2017年12月5日，新中投资促进委员会第5次联席会议在北京举行，就新中双向投资、政府间合作项目、新时代投资合作新机遇等进行磋商和讨论。

新加坡深化与东盟的经济合作。2017年，新加坡与东盟各成员国的经济合作也呈现日益深化的趋势。根据新加坡国际企业发展局的调查，新加坡中小企业最关注东南亚市场，尤其是越南和缅甸市场。对越合作方面。年内，新加坡举办新越企业对话会，以促进双方的经济合作。截至2017年12月20日，新加坡成为越南本年第三大外资来源国，投资额为53亿美元，占越南外资注册资金总额的14.8%。对缅投资方面，截至2017年7月，新加坡对缅甸协议投资项目累计为240个，协议投资额169亿美元，为缅甸第二大外资来源地，占缅甸外资总额的比重超过23%。

2017年，新加坡与柬埔寨经贸关系不断深化。根据柬埔寨发展理事会的统计，1994～2016年，新加坡在柬埔寨的投资项目达140个，累计投资总额9.56亿美元，占柬埔寨吸引外资总额的1.69%，其中2016年的投资项目7个，投资金额1.04亿美元；2017年新加坡对柬埔寨的投资额为2.52亿美元，比上年增长142.31%。此外，新加坡也不断加深与老挝的经济合作。2017年9月，新加坡盛裕集团在老挝万象与老挝公司湄公集团及领先发展商彭莎婉集团签署合作备忘录，通过基础设施建设、城镇发展及工业园区招商等深化两国经济合作。

新加坡加强与美国、德国、匈牙利、俄罗斯、印度等国的经济合作。新加坡是美国在亚洲的第二大投资国，股权投资超过700亿美元。美国则是新加坡最大的外来投资国，新加坡有超过4200家美国公司，其中不少以新加坡为区域总部。2017年，两国不断深化经济合作。10月，新加坡航空公司与美国波音公司签署价值138亿美元的客机买卖协议。

德国是新加坡在欧盟的最大贸易伙伴，新加坡是德国在东盟的最大贸易伙伴。在新加坡经营业务的德国企业有1600多家，新加坡企业亦到德国进行航天和酒店业等多方面的投资。2017年7月，新加坡总理李显龙访问德国，德国表示积极支持欧盟—新加坡自由贸易协议，并希望协议尽快生效。

匈牙利是新加坡在欧盟的第12大贸易伙伴，双边贸易额从2015年的7.33亿新元增加至2015年的11.4亿新元，同比增长55.2%。2017年9月，新加坡工商联合总会、匈牙利国家贸易署、新加坡国际企业发展局联合举办的新加坡—匈牙利商业论坛在新加坡举行，匈牙利总理欧尔班出席论坛并访问新加坡，并见证《新加坡工商联合总会与匈牙利工商会谅解备忘录》等4项谅解备忘录的签署。

2017年，新加坡积极推进与俄罗斯的经济合作。2017年10月17日，新加坡与俄罗斯在莫斯科举行第8届俄新高层跨政府委员会会议，会议签署联合声明，表达两国推动农业投资合作的意愿。出席会议的新加坡副总理兼经济及社会政策统筹部部长尚达曼等视察了俄罗斯的两个食品厂，并表示将允许俄罗斯出口经热处理的加工食品至新加坡。双方还就新加坡和欧亚经济联盟自由贸易协议谈判的良好进展进行了讨论。

新加坡与印度不断加强经济合作，在新加坡的印度企业由2009年的4000余家增至8000家。2017年4月，新加坡国际企业发展局举办东盟—印度商业论坛，以鼓励企业与印度开展贸易与投资合作。新加坡港务集团大力投资印度港口，在孟买耗资13.2亿美元兴建拟于2021年完工的货柜码头。新加坡国际企业发展局与印度工业联合会及3所新加坡大学签署合作备忘录，为新加坡学生通过印度工业联合会的8000名企业会员海外网络前往实习，为新加坡培育适合印度市场的人才。

除了不断深化与传统贸易伙伴的合作外，2017年新加坡还不断拓展国际经济合作的新空间，寻求新的市场。3月26日至4月1日，新加坡国家发展部兼贸工部政务部部长许宝琨带团前往西非拓展国际合作新空间。其间，许宝琨一行相继拜访科特迪瓦、加纳等西非国家以加强双边关系与经济联系。新加坡于2014年与科特迪瓦签署双边投资协议，2016年新加坡与科特迪瓦双边贸易总额达5520万新元。2017年新加坡工商联合总会、新加坡国际企业发展局也组团前往西非寻求商机。8月21日，新加坡总理李显龙与访问新加坡的土耳其总理比纳利·耶尔德勒姆举行会晤后宣布，新加坡—土耳其自由贸易协议将于2017年10月1日生效。新加坡—土耳其自由贸易协议于2014年年初开始谈判，2015年11月签署。协议生效后，新加坡80%的产品出口至土耳其将免关税，到2027年，免关税商品比重将进一步提高至95%；新加坡则将全面解除其对土耳其进口产品的关税。自由贸易协议的生效将大大减少两国贸易与投资合作的壁垒，并有助于新加坡企业利用土耳其的区位优势，进一步拓展欧洲、中亚、中东和非洲市场。

2. 多种举措提升企业发展能力。不断提升企业发展能力是新加坡经济发展“七大策略”的重要组成部分，2017年新加坡推出多种举措促进企业发展。

（1）积极协助企业开拓国际市场。根据新加坡国际企业发展局公布的数据，2017年有超过4.5万家的新加坡企业在寻求开拓国际市场，其中80%是中小企业，且大部分对中国和东南亚市场最感兴趣。为协助企业进入国际市场，新加坡采取了多种措施。

实施多项计划协助企业开拓国际市场。2017年新加坡企业与企发局实施450余项计划以协助企业进入国际市场。其中有18%的计划以开拓全新的市场为目标,12%的计划专注建立新的专业能力培育,如数字化和并购等。新加坡物流业巨头永记物流集团(Yang Kee Logistics)在2017年收购了两家海外公司,在其收购的过程中,新加坡国际企业发展局不仅提供了收购的可行性分析和法律咨询,而且协助该企业缩小可能收购的潜在目标范围、节省法律与精确审核费用,另外,新加坡国际企业发展局还提供了相应的收购补助。为了协助新加坡企业更加快速地进入国际市场,新加坡国际企业发展局同时推出多项新计划。以市场合作伙伴为例,新加坡中小企业可通过国际企业发展局与印度新德里、越南胡志明市、印度尼西亚雅加达、马来西亚吉隆坡和中国上海等45个城市所建立的伙伴网络进行商业配对、咨询服务、租用共同工作空间等。

提供经费支持企业开展营销推介活动。新加坡国际企业发展局增加预算以协助中小企业参加东南亚市场营销活动及以数字商务为主题的贸易展。2017年,新加坡国际企业发展局在国际营销活动计划下增加10%的拨款,用2200万新元支持128个东南亚贸易展,较2016年增至17%。另外,新加坡国际企业发展局还鼓励大学毕业生到东南亚国家实习,并设立12000新元的奖励计划。

完善服务,为企业开展国际贸易提供资讯。2017年,新加坡国际企业发展局推出线上数据库,协助新加坡中小企业解决在出口货物时遇到的对他国法规或流程不熟悉及所需文件等问题。线上数据库明确给出有关国家进口货物的流程及需要注意的事项,如公司要出口产品到某个国家,只需输入目的地和产品编号即能查知所需缴付的关税。此数据库涵盖新加坡签署的23项自由贸易协议的相关信息,其中包括东盟、中国、美国、日本、韩国和中国台湾地区等。

(2)实施“起步新加坡”(Startup SG)计划,扶持新成立企业发展。2017年3月,新加坡把所有针对新成立的扶持计划统一为“起步新加坡”,具体分为“起新—先锋、起新—科技、起新—加速、起新—投资、起新—人才”,分别就首次创业者、科技研发企业、共同投资计划、初创企业孵化器以及人才培育等提供扶持和援助,让新成立的企业更容易找到符合其需求的发展计划。

2017年5月,新加坡标新局通过“起新—先锋计划”委任首批涵盖金融科技、人工智能、网络安全和医疗科技等范畴的17名“受认可指导伙伴”,为首次创业者提供建议和指导,并帮助他们申请多达3万新元的起步津贴。2017年7月,在“起新—投资”计划项下,新加坡标新局旗下投资公司SPRINGSEEDS Capital承诺拿出1亿新元用于扶持先进制造业、保健与生物医药科学、城市方案与可持续性等3个领域的高潜力初创企业。此外,新加坡还以新加坡创新机构(SGInnovate)为平台投资相关企业,促进新成立企业的发展。该机构成立于2016年年底,主要开展对高新科技创新公司的投资。2017年,该机构共投资企业29家。

3. 全面推进智慧国建设。新加坡政府于2014年提出智慧国愿景。为全面推动智慧国愿景,新加坡总理公署于2017年3月20日宣布自5月1日起正式成立名为智能国及数字政府工作团(Smart Nationand Digital Government Group),由新加坡副总理兼国家安全统筹部部长张志贤担任主席,主管网络安全事务。新加坡通讯及新闻部部长雅国担任副主席,新加坡国防部常任秘书黄志勤兼任常任秘书,其他成员包括指挥智能国办公室的外交部部长维文、负责推动公共服务部门创新的教育部部长兼国防部第二部长王乙康以及通讯及新闻部兼教育部政务部部长普杰立。智能国及数字政府工作团下设新加坡智能国及数字政府办公室、新加坡政府科技局等两个法定执行机构,负责执行各项计划。

4. 制定和落实产业转型蓝图。

(1)积极落实物流业转型蓝图。2016年11月,新加坡政府推出物流业产业转型蓝图。为了落实这一蓝图,2017年7月24日,新加坡标新局与新加坡货柜储存商会、新加坡航空货运代理协会、新加坡物流业协会和新加坡运输业公会等4个商会与商团以及新加坡共和理工学院供应链管理创新中心共同签署合作备忘录,成立物流业联盟,计划于两年内打造物流数据共享平台,以优化物流业发展模

新加坡榜鹅新城的轻轨悬浮列车(*LRT*)　(百度网)

式，促进物流业转型升级。

（2）发布金融服务业产业转型蓝图。金融服务业约占新加坡GDP的12%，提供约15.4万个就业机会。2017年10月30日，新加坡政府发布金融服务业产业转型蓝图，通过就业与技能提升计划、商业策略、创新与监管等3个方面促进金融服务业发展。新加坡期望通过金融服务业产业转型蓝图来推动金融服务业产值在2017~2020年实现年均4.3%的实际增长，进一步巩固新加坡作为亚洲金融枢纽的地位。

（3）推出医疗保健业转型蓝图，提出三大转型方向。2017年11月8日，新加坡卫生部推出医疗保健产业转型蓝图，提出三大转型方向：一是从医疗护理转至全民健康；二是病患护理从医院转向小区；三是医疗服务质量转型为服务价值的追求。根据转型蓝图，新加坡卫生部将鼓励医疗护理业者更多地运用科技手段，促进创新和改善工作流程，让医护人员的工作重心以病患为主，为基层医疗护理网络计划拨出更多资源和支持服务，让私人家庭医生以团队合作模式在小区中照顾慢性疾病患者。

### 三、外交：重视与东盟国家的关系，与中国、美国等国家展开务实合作

（一）新加坡与东盟国家的关系

1. 新加坡与印度尼西亚的关系。为庆祝两国建交50周年，印度尼西亚总统佐科于2017年9月6日率团对新加坡进行访问，新加坡总理李显龙与印度尼西亚总统佐科举行两国领导人年度会晤，双方讨论区域和国际局势以及有关经济、安全和文化交流等领域的合作机会，检讨2016年两国领导人年度会晤讨论的能源、数字经济、旅游和技能培训等议题。李显龙和佐科出席两国工商团体举办的商业论坛。

新加坡与印度尼西亚双边贸易额2016年达561亿新元，新加坡是印度尼西亚第三大贸易伙伴国，印度尼西亚则是新加坡第五大贸易伙伴国。新加坡自2001年起是印度尼西亚五大外来投资国之一，2011~2016年更是印度尼西亚最大外来投资国。2016年新加坡对印度尼西亚投资额为92亿美元（约124亿星元），较2015年增长55%。两国民众来往密切，彼此为最大游客来源地，2016年到访新加坡的印度尼西亚民众计289万人次，到印度尼西亚的新加坡民众则达147万人次。两国防务关系紧密，双方定期展开海陆空三军双边军演，并在马六甲海峡和新加坡海峡开展联合巡逻。

2. 新加坡与马来西亚的关系。2017年2月16日，新加坡陆路交通管理局与马来西亚财政部下属马来西亚高铁公司联合发布消息说，新加坡和马来西亚政府决定委任由3家公司组成的财团为马新高铁项目联合开发伙伴。这3家公司分别是WSP工程马来西亚公司、莫特麦克唐纳马来西亚公司及安永咨询服务公司。它们组成的财团将为马新高铁的系统和运营提供管理支持和技术咨询，并参与制定马新高铁的技术与安全标准。它们还将协助由新加坡陆路交通管理局和马来西亚高铁公司共同组建的联合项目团队准备招标文件。委任马新高铁联合开发伙伴标志着马新高铁项目进入实施阶段。

3. 新加坡与老挝的关系。新加坡与老挝于1974年建交，两国领导人多次互访，但双边投资贸易规模不大。随着两国避免双重课税优惠（DoubleTaxation-Avoidance）协定2017年1月生效，将为两国企业消除投资障碍，促进往来。2017年5月1日，老挝总理通伦率领24家企业代表访问新加坡，寻找商机，新加坡总理李显龙与通伦在会晤中讨论加强双边合作的方式，并同意加强航空连接性，支持日趋增长的商业和旅游业往来。老挝总理通伦在新加坡中华总商会和国际企业发展局（IESingapore）举办的双边商业论坛上，呼吁更多新加坡企业到老挝投资，新加坡中华总商会与老挝总商会签署合作备忘录，探讨合作项目。5月底，新加坡中华总商会首次率领40家本地企业代表赴老挝和柬埔寨寻找商机。2017年9月，新加坡盛裕集团在老挝万象与老挝公司湄公集团及领先发展商彭莎婉集团签署合作备忘录，通过基础设施建设、城镇发展及工业园区招商等加强两国经济合作。

（二）新加坡与中国的关系

新中两国保持高层密切交往。2017年，两国高层继续保持密切交往，进一步增进政治互信。9月19~21日，应中国国务院总理李克强的邀请，新加坡总理李显龙对中国进行正式访问。9月19日，李显龙同李克强举行会谈。9月20日，中国国家主席习近平在北京人民大会堂会见李显龙。

两国经贸合作不断加强。新加坡与中国长期保持着密切的贸易关系。中国是新加坡最大的贸易伙伴，是新加坡第一大出口市场和第一大进口来源地，据中方统计，2017年1~8月，中新双边贸易额已超过3400亿元人民币。两国互为重要投资目的地。根据中国商务部亚洲司的统计数据，2017年中国对新加坡直接投资流量为31.98亿美元，比上年增长0.8%，新加坡是中国在东盟的最大投资目的地；截至2017年年底，中国对新加坡的直接投资存量为366.44亿美元。新加坡也是中国外来投资的重要来源，2017年新加坡新增对中国投资项目706个，比上年增长3.2%，实际投资额47.63亿美元，减少21.2%；截至2017年年底，新加坡对中国的投资项目累计达23871个，实际投资额累计900.31亿美元。

新加坡与中国各省市的交流合作不断扩大。2017年，新加坡不断推进与中国地方的经济合作。

新加坡与中国四川省的合作不断深化。新加坡是中国四川省第一大外资来源地,双方建立新加坡—四川贸易与投资委员会会议机制,搭建新川创新科技园等合作平台。

新加坡与中国重庆市的合作日益密切。2017 年 1 月 24 日,"重庆文化年"在新加坡中国文化中心举办,拉开了两地 2017 年友好合作的序幕。2017 年 8 月 31 日,中新(重庆)战略性互联互通示范项目联合实施委员会第 3 次会议在重庆举行。

新加坡与广西的合作不断深化。新加坡是广西在东盟最大的投资来源地。2017 年,广西与新加坡的合作继续深化。7 月 12 日,广西壮族自治区常务副主席蓝天立率广西代表团访问新加坡,并举办中国(广西)—新加坡经贸合作交流会。9 月 1 日,新加坡(广西南宁)综合物流产业园项目正式启动。9 月 12 日,在第 14 届中国—东盟博览会期间,新加坡包馆参展,共有 62 家新加坡企业和 8 家商会参会,博览会期间还举办新加坡专题论坛和新加坡—广西交流会。在新加坡—广西交流会上,双方签署中国—东盟博览会特别机构合作协议和"南向通道"建设合作备忘录,助推中新南向通道建设。

新加坡与中国浙江省的合作不断加强,双方的合作机制是浙江—新加坡经贸理事会。2017 年 12 月 1 日,新加坡—浙江经济贸易理事会第十二次会议在新加坡举行。新加坡目前是浙江第三大外资来源地。

新加坡与中国江苏省的合作也不断深化。中国江苏省目前是新加坡企业在中国投资额最高的省份,截至 2017 年 9 月,相关投资额累计已超过 368 亿新元。新加坡与江苏的贸易额占新中贸易总额的 1/10,2017 年头三个季度同比增长 13.2%,达到 110 亿新元。

3. 新加坡与美国、德国、俄罗斯等国的关系。2017 年新加坡积极拓展与美国、德国和俄罗斯的经贸合作,取得成效。

新加坡是美国在亚洲的第二大投资国,股权投资超过 700 亿美元。美国则是新加坡最大的外来投资国,新加坡有超过 4200 家美国公司,其中不少以新加坡为区域总部。2017 年,两国不断深化合作。10 月 23 日,新加坡总理李显龙访问美国,新加坡航空公司与美国波音公司签署价值 138 亿美元的客机购买协议。根据这份协议,新加坡航空公司将向波音公司订购 39 架客机。

德国是新加坡在欧盟的最大贸易伙伴,新加坡是德国在东盟的最大贸易伙伴。目前在新加坡经营业务的德国企业有 1600 多家,新加坡企业对德国进行包括航天和酒店业等多方面的投资。2017 年 7 月,新加坡总理李显龙访问德国,德国表示积极支持欧盟—新加坡自由贸易协议,并希望协议尽快生效。

俄罗斯是新加坡第 24 大贸易伙伴国,2016 年双边贸易额达 45.6 亿新元。2017 年,新加坡积极推进与俄罗斯的经济合作。10 月 17 日,新加坡与俄罗斯在莫斯科举行第 8 届俄新高层跨政府委员会会议,会议签署联合声明,表达两国推动农业投资合作的意愿。出席会议的新加坡副总理兼经济及社会政策统筹部部长尚达曼视察了俄罗斯的两个食品厂,并表示将允许俄罗斯出口经热处理的加工食品至新加坡。双方还就新加坡和欧亚经济联盟自由贸易协议谈判的良好进展进行了讨论。

### 四、2018 年展望

2018 年,新加坡继续保持政治社会稳定。经济上,新加坡各产业将维持相对稳定的发展,重视和协助企业发展仍将是新加坡促进经济发展的重要举措。外交上,新加坡担任东盟轮值主席国、中国—东盟关系协调国,将推动中国与东盟关系稳健发展,进一步加强与东盟和中国的经济合作将成为新加坡开展国际经济合作的重要方向。 (张　磊　罗　梅)

## 泰国:2017 年发展回顾与 2018 年展望

2017 年,泰国新宪法经国王拉玛十世签署正式颁布实施,"大米典押案"宣判,前总理英拉潜逃出境,大选未能如期举行,政治社会总体稳定、局部动荡。经济增幅为 3.9%,外贸、引资、汽车销量和入境游持续增长,中泰高铁合作项目正式动工,电商市场迅速发展。外交上,泰中关系升温,泰美关系正常化,泰日关系稳固,与东盟国家保持传统关系,与欧洲国家恢复正常关系。2018 年,泰国军政府是否能够顺利举行大选仍难以预料,经济有望实现 4.2% 以上的增长,对外关系将逐渐好转。

### 一、政治

#### (一)国王签署新宪法

2017 年 4 月 6 日,泰国国王拉玛十世哇集拉隆功在曼谷律实宫签署新宪法,这标志着泰国自实行君主立宪制以来的第二十部宪法正式颁布实施。当日下午 3 时,王室成员、内阁官员和国家立法议会议员等相关人员出席宪法签署仪式,泰国国家电视台向全国进行直播。新宪法经由国王签署后交给总理巴育。随后,内阁秘书宣读正式实施新宪法公告。泰国新宪法草案在 2016 年 8 月的全民公投中获得通过,同年 11 月初由巴育内阁提交国王签署。2017 年 1 月,哇集拉隆功国王要求修改新宪法草案中有关国王权力的规定,因此,该草案又再次进行了修改。新宪法制定了国家长期发展战略计划。泰国政府表示,新宪法有助于目前正在进行的国家治理改革。按照规划，自新宪法颁布实施之日起，泰国将加紧制定与选举相关的法律并经国王签署生效，政府各部门的工作也将进行相应调整。

（二）大选时间尚未确定

依据新宪法，泰国将举行2014年政变之后的首次大选。新宪法规定，上议院250个议席全部由军方指派，总理人选可以不从下议院胜选政党中产生，总理可以不拥有议员身份。然而，2017年2月，新任泰国国王拉玛十世玛哈·哇集拉隆功对2016年8月全民公投通过的新宪法提出了修改建议并获得议会表决通过，导致新宪法未能如期颁布实施。泰国副总理威沙努此后宣布大选延期到2018年2月举行。2017年10月10日，泰国总理巴育与美国总统特朗普会面后宣布将于2018年11月举行大选，并称具体时间将会在2018年6月确定。据英国路透社报道，这是巴育上台后给出的最为确切的选举时间。但是，泰国大选的时间一推再推，2018年大选是否能够如期举行仍然存疑。

（三）“大米典押案”宣判

2017年7月21日，泰国前总理英拉抵达法院，再次就“大米典押案”出庭受审，其支持者聚集在法院外献花表达支持。8月底，英拉以身体不适为由拒绝到庭听候宣判，同时突然出逃，途经迪拜前往英国伦敦寻求政治庇护。9月27日，泰国最高法院政治家刑事案件法庭对前总理英拉的“大米典押案”做出最终判决——判处英拉5年监禁，立即执行，同时签发逮捕令将其缉捕服刑。“大米典押案”的调查共有15名控方证人和42名被告方证人。被告英拉一直强调“国家稻米典押计划”是向国会提出的一项政策，是刺激经济和帮助农民的政策，并没有放任贪污舞弊，故而不能取消该计划；而控方证人则认为，该计划损失达千亿泰铢，且该计划并不透明。泰国最高法院此前已对其他涉案人员做出判决，认定商业部前部长汶颂和商业部前副部长蓬等官员与未获外国政府授权的外国企业非法签订政府间交易合同，以低于市场价的价格向对方出售大米，同时，将部分低价大米倒卖给本国商人盈利，分别被判监禁42年和36年。针对英拉的出逃，泰国当局11月表示已经撤销英拉的4本护照，国际刑警组织也对英拉发出通缉令。英拉的离开意味着他信家族领导的为泰党将很难再现全面执政的局面。

表1　泰国各地爆炸袭击情况（2017年）

| 时间 | 地点 | 事件内容提要 |
|---|---|---|
| 4月6日 | 泰国南部也拉府 | 泰国南部的马来伊斯兰分裂主义分子在也拉府连续发动22次袭击，其中5次是小型炸弹袭击 |
| 5月9日 | 泰国南部北大年府 | 泰国南部北大年府的购物中心发生两起爆炸事故，造成58人受伤 |
| 5月15日 | 泰国首都曼谷 | 曼谷国家剧院发生小型爆炸事件 |
| 5月22日 | 泰国首都曼谷 | 曼谷三军总医院发生爆炸事件，造成多人受伤，事发当日刚好是泰国军政府纪念掌权3周年 |
| 6月12日 | 泰国南部城市甲米和普吉 | 泰国南部沿海旅游城市甲米和普吉相继收到近期可能发生袭击的警告 |
| 6月16日 | 泰国首都曼谷 | 位于泰国曼谷的联合国教科文组织分部附近发生爆炸事件，造成两人受伤 |

（四）局部动荡影响社会稳定

1. 泰国多地发生爆炸事件。2017年，泰国国内的安全形势并不乐观，首都曼谷和南部地区发生了多起爆炸袭击事件，造成大量人员伤亡。长期以来，泰国南部地区有马来人伊斯兰分离组织活动，部分极端组织不时发动针对平民和政府的袭击，对该地区的安全局势造成极大的威胁。

2. 泰国南部洪灾持续。受东北季风带来强降雨的影响，2017年泰国南部包括宋卡、也拉和北大年等12个府遭受30年不遇的严重洪灾，部分地区雨量创12年新高，给社会经济带来重创。其中，也拉府灾情最为严重，受灾群众达20余万人，受灾农田面积约为1200公顷。博他仑府也有4800公顷的农田被淹。11月25日至12月4日，持续的降雨造成多地积水达1米深，至少15人死亡，超过100万人的生活受到影响。公路、铁路以及航空运输深受水患之害。由于大量道路、桥梁被淹、受损，导致公路交通大受影响，部分道路交通甚至中断。铁路也因受灾严重，不少线路被迫停驶。

3. 法身寺事件再升级。法身寺位于曼谷近郊的巴吞他尼府，是泰国最大的佛教寺院之一。泰国警方早在2016年上半年就指控法身寺前住持法胜法师涉嫌洗钱、非法占地等罪名，指其涉案金额巨大，多次出动警力搜捕。但是，寺方一直否认违法，坚决不肯交出法胜法师，称相关指控毫无根据，背后有“政治动机”。直至2017年2月，搜查法身寺前住持事件进一步升级。泰国军政府签署并引用临时宪法第44条，宣布法身寺寺院所在地区为“戒严管控地区”，动用数千名军警强制搜捕法胜法师。为配合特案厅的搜捕行动，泰国国家广播与电信委员会等部门也对法身寺内外及其周边的手机信号和网络信号进行切断、屏蔽。但是，军警一直未搜到法胜法师，便开始驱离寺院里所有僧侣、沙弥及信众以便再次搜查，这一举措引起了更大的恐慌。寺院一时聚集了两三万僧俗人众，恳请政府取消使用临时宪法第44条禁令。2月20日，法身寺国际关系部帕苏拉单塔曼努法师发布《泰国法身寺诉请全球人权委员会函》，请求声援。泰国总理巴育强调，绝不撤销根据临时宪法第44条禁令而采取的行动，直至法胜法师自首或被捕为止。

4. 新外籍劳工管控法严苛引发用工荒。为解决泰国境内大批外籍劳工非法打工、人口贩运和奴役等乱象，2017年6月底，泰国政府颁布新外籍劳工管理法规，要求境内的400万名非法外籍劳工即刻离境，重新按照“正当渠道”申请工作签证，否则外劳本人将面临5年有期徒刑，雇主每非法聘用一人，也将被处以40万～80万泰铢（约合8万～16万元人民币）的罚款，劳务许可证弄虚作假行为将面临不超过6个月监禁和不超过10万泰铢罚款的处罚。这份由泰国军政府通过的外籍劳工新法原定于6月23日正式实施，但是，在新法准备“上路”时，泰国境内就有3万多名外籍劳工大举离境，瞬间引爆的缺工恐慌也让大批中小企业主愤怒“串联”，引发国内企业对法令的质疑。新法实施以后，柬埔寨和缅甸官方也与泰国进行协调，希望泰国维稳委员会凭借总理授权的临时宪法特权第44条下令暂停实施新外籍劳工管理法规中的3项条款，但泰国总理巴育表示放缓但不取消。

## 二、经济

（一）经济增长3.9%，多项指标呈现利好

2017年，泰国国内生产总值（GDP）增长率为3.9%，优于2016年3.2%的增长表现，出口和旅游业的增长给经济提振，其他多项经济指标也呈现利好发展态势。

首先，全年汽车消费需求稳步回升，单是11月的销售表现就比上年同期高出近34.9%，达到6万～7万辆的水平。就区域销售表现看，外府民众表现出了很强的消费购买力。

其次，水泥销售出现回暖，销量同比增长6.4%，显示建筑和投资类行业活跃。

再次，出口呈现强劲增长势头。2017年出口连续9个月实现高速增长，其中11月的单月涨幅更是达到了创纪录的13.4%。

最后，入境游继续保持稳定增长，全年入境的外国游客人数达到3820万人次，较上年增长8.8%，入境游收入创下1.82万亿泰铢（约合3660亿元人民币）的纪录，增长11.66%。

（二）外贸持续增长，出口创历史新高

据泰国海关统计，2017年泰国外贸总额4595亿美元，比上年增长12.3%，全年贸易顺差额139.30亿美元。其中，出口额2367亿美元，增长9.9%，创下历史新高；进口额2228亿美元，增长14.7%。2017年，泰国对中国出口294.33亿美元，比上年增长23.67%，从中国进口442.37亿美元，增长5.25%。中国为泰国第一大出口市场和第一大进口来源地，是泰国的第一大贸易伙伴。值得一提的是，2017年泰国大米出口量达到1148万吨，比上年增长15.88%，创历史最高纪录，出口总值约为51亿美元。

2017年，泰国与马来西亚、老挝、柬埔寨和缅甸等4国的边境贸易保持增长势头。2017年头10个月，泰国边境贸易出口总额为5410亿泰铢，同比增长8.8%，超出过去10年年均出口额4186亿铢达29.2%。同期进口总额为3532亿铢，较2016年同期略增4.7%，超过2007～2016年平均年进口额2760亿铢达28.0%。2017年1～10月，泰国边境贸易顺差为1878亿泰铢，超过上年同期的1598亿铢，与2007～2016年平均顺差额1426亿铢相比有明显增长。

（三）招商引资超预期目标，新增企业创历年新高

据泰国促进投资委员会（BOI）回顾，泰国2017年引资工作取得了超预期的成果，原定6000亿泰铢的引资目标额，最终实际完成引资额为6419.78亿泰铢，比上年增长22%。引资项目1456个，其中388个项目申请地在东部经济走廊（EEC）内，涉及投资额2968.89亿泰铢，占申请总额的46%。在引进的投资中，约有3921.41亿泰铢投向政府设定的十大优先扶持产业项目。其中投资于五大传统优势产业的资金约为2410.55亿泰铢，投资新扶持产业的投资额为1510.87亿泰铢。统计数据显示，2017年泰国接受外国直接投资前五大来源地分别为：日本，1330.20亿泰铢；新加坡，403.66亿泰铢；中国，约275.14亿泰铢；美国，200.22亿泰铢；荷兰，158.42亿泰铢。

截至2017年12月，泰国企业发展厅受理申请登记营业执照的公司达到6305家，较2016年增长43%。全年新申请注册的公司有74517家，较2016年增长16%，同时也创下年度注册公司数量最多的纪录。在新注册公司中，以房地产公司为最多，其次是金店和房屋建筑公司，总注册资金为1469.84亿泰铢。

（四）汽车市场走俏，销量超过预期目标

泰国是东南亚的汽车制造中心和东盟最大的汽车市场，汽车业是其支柱产业之一。2017年泰国国内汽车销售情况表明，泰国汽车销售市场已经度过了萧条的最低点。2017年12月单月汽车销售量创下过去4年来的最高纪录，比11月增长33.58%。12月汽车预订数量达3.9万辆，全年汽车销售量累计为87.1万辆，超过85万辆的预期目标，比2016年增长13.4%。全年出口汽车数量累计为114万辆，比2016年增长4.11%；国内汽车产量累计为198.8万辆，超过既定生产180万辆的目标，比2016年增长2.28%。

（五）入境游再创新高，1/3入境游客来自中国

旅游业是泰国经济发展的重要支柱，也是东部经济走廊项目十大重点产业之一。2017年，泰国旅游业实现综合收入2.75万亿泰铢，其中，来自国际游客贡献的入境游收入1.82万亿泰铢（约合3660亿元人民币），比上年增长11.66%。2017年入境的外国游客人数达3820万人次，较上年增长8.8%，12月入境外国游客人次也创下历年同期新高，达353.56万人次。其中，中国游客与东亚游客是主力，全年中国游客数量超

过980万人次，较上年同期增长11.97%，占泰国入境游客总量的近1/3，为泰国带来超过5200亿泰铢（约合1047亿元人民币）的收入，比上年增长15.78%。2017年，素万那普国际机场日均接待游客量为14万～15万人次，旺季时最高的日均接待量达到19万人次。

（六）中泰高铁正式动工

2017年12月21日，经历了3年多谈判的中泰高铁合作项目一期工程在泰国呵叻府巴冲县刚东镇火车站破土动工，泰国总理巴育主持开工仪式。他代表泰国内阁表示，中泰高铁曼谷—呵叻的高速铁路将分为4段建设，首段为3.5千米，连接呵叻府的刚东和帮亚索，余下3段会陆续进行研究和招标等工作。他同时宣布，中泰铁路必定从曼谷连通到廊开，跨过湄公河与中老铁路相连接，实现实质性互联互通并带来巨大红利。中泰铁路是泰国首条标准轨高速铁路，使用中国技术，一期工程连接首都曼谷与东北部的呵叻府，全长约为253千米，设计最高时速为250千米，沿线设有6个车站。二期工程将延伸至与老挝首都万象一河之隔的廊开府，并实现与中老铁路磨丁至万象段的连接。建成后，它将构成泛亚铁路规划的重要一环，成为连接中国、老挝和泰国的大动脉，为泰国与老挝乃至整个东南亚地区的贸易提供新鲜血液和养分。

（七）电商市场迅速发展

2017年11月，泰国顶尖零售商Central Group与中国北京京东世界贸易有限公司（以下简称京东）合作成立的一家5亿美元的合资公司正式启动，共同开展电子商务和金融科技业务。京东将为合资公司提供技术和物流支持，而Central Group则提供商家关系、品牌认同和客户分析等。该合资公司将面向泰国和整个东南亚地区的消费者推出一个全新的线上零售平台——JD Central，注册网址为JD. co. th。除了与京东合作之外，Central Group还于2016年收购了时尚电商Zalora在泰国和越南的业务，并在2017年6月将Zalora泰国站更名为LOOKSI，试图重振品牌。2017年11月，Central Group参投泰国曼谷线上时尚电商Pomelo的B轮融资。在Central Group进场前，Pomelo的B轮融资额已达到1900万美元，京东和印度尼西亚投资公司Provident Capital Partners共同领投。

继韩国、土耳其、印度尼西亚和马来西亚之后，韩国电商平台11street于2016年进入泰国，泰国成为其在全球的第5个市场。2017年12月5日，11street与泰国家庭购物零售商True Shopping合作，在11street平台推出“true Shopping”网上商店。

## 三、外交

（一）泰国与中国的关系

1. 保持高层交往，巩固政治互信。2017年7月24日，中国外交部部长王毅在曼谷与泰国外交部部长敦·帕马威奈举行会谈。中泰外长共谈高铁合作，双方承诺将促其尽快“落地开花”。随后，泰国总理巴育会见王毅，双方就全面深化泰中两国的战略伙伴关系达成共识。王毅向2016年年底登基的泰国国王哇集拉隆功发出访华邀请。另外，王毅还邀请巴育9月赴中国厦门参加金砖国家领导人第九次会晤期间举行的新兴市场国家与发展中国家对话会。值得注意的是，泰国并非金砖国家成员，金砖国家同新兴市场国家与发展中国家对话会是中国作为主办国新设立的对话会议。2017年9月4日，泰国总理巴育受邀率领多位泰国政府高官赴中国福建厦门参加新兴市场国家与发展中国家对话会。当天下午，巴育一行与中国国家主席习近平、中国外交部部长王毅等举行会谈，并见证签署战略性合作共同行动计划及“一带一路”建设、铁路等领域双边合作文件。泰国学者积极评价巴育厦门之行，认为这将为泰国巩固在本地区的经济地位提供支援，进一步体现了中国对泰国的重视，泰国应该把握“中国契机”，加快国内基础设施建设现代化发展。泰方愿同中方保持高层交往、巩固政治互信，是照顾彼此核心利益、维护地区和平稳定的必要之举。

2. 安全关系升温，加强军事采购。泰国政府发言人于2017年4月24日宣布，泰国内阁已经批准从中国采购一艘潜艇。2016年7月，泰国当局确认采购3艘中国潜艇的计划，这些潜艇总售价约为360亿泰铢，约折合10.5亿美元。经过一年的谈判及调研，泰国将购买3艘元级S26T中国潜艇，每艘价值为135亿泰铢，这次批准的是第一艘。泰国政府购买中国潜艇引起不少争议，但仍顶住压力购买并进行澄清。泰国政府指出，除了中国，没有哪个国家能够提供如此实惠而广泛的海洋安全保护，同时又愿意尽可能多地满足泰国因经济能力所限而提出的售前要求。另外，泰国陆军司令部表示，泰国计划向中国购买34辆VN－1型装甲运兵车，总价值约为6800万美元。有关泰国购买中国装甲输送车的协议在2017年3月就已达成，双方于5月首次宣布该交易计划。采购这些武器装备既具象征意义又有战略意义。事实上，泰国购买潜艇早已不是一个简单的军事采购问题。随着泰国国内经济社会的发展，其面临的安全威胁也日益突出：一方面，克拉地峡以南地区出现极端主义和恐怖主义活动，这对泰国政府来说是很大的威胁；另一方面，泰国湾、安达曼海与周边邻国围绕海洋主权、海洋资源的争端日益突出，泰国周边各国都在加快建设现代化军事力量。

（二）泰国与美国的关系

1. 泰美“2017金色眼镜蛇”联合军演。2017年2月14～24日，美国与泰国在泰国春武里府举行为期10天的“2017金色眼镜蛇”联合军演。金色眼镜蛇演习是美泰联合主办的年度机制性多边联合军演，也是亚太地区规模最大的年度军事演习。参与各项演练项目的除了主办国美国和泰国以外，还有日本、韩国、新加坡、马来西亚、印度尼西亚和印度等国。2017 年中国再度获邀参加，但是，中国参与人员主要参与人道救援方面的联合演练项目，不参加两栖登陆等战斗性的联合演练科目。金色眼镜蛇军演一直是美国与泰国关系的基石，但是，泰国 2014 年的军事政变导致奥巴马政府切断对其军事援助，也缩小了两国常年举行军演的规模。美军此次派出太平洋地区最高军官出席“2017 金色眼镜蛇”联合军演，预示此前的泰美紧张局势得到一定缓解，同时显示美军继续致力于亚太地区的“和平与稳定”，也显示泰国军政府努力寻求与美国的“友好与合作”。

2. 政府层面互信增强，泰美关系正常化。2017 年 4 月 30 日 21 时 30 分，泰国总理巴育与美国总统特朗普进行了约5 分钟的电话通话。特朗普对泰国国王普密蓬·阿杜德的逝世表示难过，同时表示，泰美两国关系源远流长，未来两国的关系将更加密切，近期将派遣贸易工作团赴泰，扩大两国的经贸合作。特朗普还邀请巴育访问美国。美国奥巴马政府在 2014 年中断了与泰国的高层战略对话关系，有分析称，特朗普邀请巴育访美是美方对恢复美泰正常外交关系做出的努力。

2017 年 10 月 1 日，泰国总理巴育率团抵达美国首都华盛顿，开启对美国为期 3 天的正式访问。此次访美是继 2005 年泰国前总理他信到访华盛顿后泰国总理级领导人又一次正式访美，时隔 12 年之久，标志着泰美关系自 2014 年泰国军事政变后的首次缓和。巴育在会谈中表示，特朗普总统的“美国优先”政策与本届泰国政府的泰国 4. 0 政策不谋而合。在贸易投资方面，1996 年两国签订的经济协议使美国人在泰国投资享有与泰国人同等的权利，巴育希望美国继续给予支持和提供政策上的便利，对泰国农产品市场更加开放。尽管泰美两国政府官员均表示本次双方高层会谈的重点是经济发展，但泰国学者表示，国家安全才是重中之重，特别是在东亚局势日趋紧张的当下，如何发挥好泰国作为美国在东亚后勤保障的角色才是会谈真正的重点。

（三）泰国与日本的关系

1. 日泰建交 130 周年，日本助力泰国建设。2017 年是日本与泰国建交 130 周年。6 月 4 ~ 8 日，泰国副总理颂奇率领泰国经济部委领导团成员出访日本，此行除了就 8 个方面的合作议题与日方展开合作讨论外，还将重点讨论 CLMV（柬老缅越）国家总体发展规划方案。双方共同签署一份经济合作备忘录，日本将协助泰国，将其打造成为东南亚技术领域的旗舰中心。9 月 11 日，泰国总理巴育在泰国会见 600 多名日本企业家及媒体访问团，邀请日本对泰国东部经济走廊项目（EEC）进行投资。12 日，泰国副总理颂奇与日本经济产业大臣世耕弘成和日本企业家举行会晤，双方共同签署7 份合作协议，助力泰国 4. 0 战略及 EEC 建设。自 1954 年起，日本政府对泰国在基础设施、社会服务以及人力资源等方面的发展提供援助。近年来，日本在经济和科技等方面对泰国的支持增多，使得泰日合作更为密切。

2. 两国王室互访，稳固双边关系。2017 年 3 月 5 日，日本明仁天皇与皇后美智子访问泰国，向 2016 年 10 月逝世的泰国国王普密蓬·阿杜德表达敬意，明仁天皇是泰国新国王继位后访问泰国的首位外国君主。泰日王室之间的传统关系是两国双边关系发展的稳固基础。随着泰国与中国加强防务合作，日本也不甘落后，希望通过更多的战略框架协议进一步巩固与泰国之间以经济拉动的良好关系。协议之一就是计划签署确保日本向泰国转让防务装备的谅解备忘录。这是目前双方急于尽早达成的优先项目。尽管泰日新干线轨道合作项目和智慧城市等大项目推进速度不及预期，但两国企业界和商界一直以来都保持着紧密的互动和联系。泰国在发展多边战略合作关系的同时，仍会强化与日本的重要战略合作伙伴关系，双边投资贸易活动从未出现过放缓趋势。泰日曼谷至清迈新干线轨道项目计划仍在努力推进中，北柳智慧城市建设项目也在推进过程中，日本方面表达了参与投资建设的强烈愿望。

（四）泰国与其他国家的关系

1. 与东盟国家保持传统关系。2017 年，泰国与其他东盟国家保持传统关系——加强军事防务合作，维护地区和平稳定发展。5 月3 日，马来西亚新军事最高统帅宾拉乍上将一行访问泰国，受到泰国军事最高统帅素拉蓬的欢迎并陪同检阅仪仗队。5 月 4 ~ 8 日，泰国与马来西亚海军在泰国湾和安达曼海两岸联合举行第 63 次代号为“SEAEX THAMAL”的海上联合军演。5 月中旬，两国陆军总司令举行会晤，双方签订军事合作备忘录。

3 月 20 日，印度尼西亚空军参谋长访问泰国，强调两国空军的友好关系。5 月 13 日，泰国军舰编队抵达新加坡，参加第六届西太平洋海军论坛多边海上联合演习，并出席 2017 年亚洲国际海事防务展。8 月 30 日，泰国总理巴育会晤缅甸三军总司令敏昂莱上将，双方就加强军事交流合作和边境安全问题等展开磋商。3 月 20 ~ 22 日，菲律宾总统杜特尔特访问泰国，双方签署合作备忘录。5 月 23 日，泰国副总理颂奇率团访问老挝，出席老泰战略合作伙伴论坛并作重要讲话。应泰国总理巴育的邀请，越南政府总理阮春福率领高级代表团于 8 月 17 ~ 19 日对泰国进行正式访问，双方就深化两国在所有领域尤其是经济合作上的战略伙伴关系交换意见并签署 10 份投资和科技方面的协议，阮春福此访旨在促进两国在公共外交、投资贸易和民间交流等 3 方面的交流与合作。11 月 8 日，泰国总理巴育会晤新任缅甸驻泰国大使,泰方表示将加强与缅甸的经贸投资合作。

2. 与欧洲国家恢复正常关系。在所有欧洲国家当中,俄罗斯可谓是泰国积极发展外交关系的重点对象之一。2017 年 5 月 5 日,俄罗斯海军太平洋舰队舰艇支队抵达泰国春武里府梭桃邑港,展开为期 5 天的访问,旨在加强两国的军事交流与合作。5 月 31 日,泰国国家广播和电讯委员会与俄罗斯电信和通信部门签署一份共同发展电信系统和网络安全合作的联合声明。自 2014 年泰国军事政变以来,欧盟停止了一切与泰国的官方交往,并声称该行动是为了敦促泰国早日返回民主和宪政的轨道,直到泰国民选政府归位为止。12 月 11 日,基于泰国军政府确认将在 2018 年年底举行民主大选,欧盟理事会终于做出与泰国恢复各级别官方政治往来的决定,未来将逐渐恢复与泰国的所有政治接触,并可能重启与泰国的自由贸易谈判。

### 四、2018 年展望

在国内政局上,2016 年 10 月泰国国王普密蓬逝世后,泰国国内并未出现动荡局势,普密蓬之子哇集拉隆功在 2016 年 12 月顺利继位,成为泰国的新任国王。2017 年 5 月,泰国军政府执政已满 3 周年。目前,泰国国内政局总体稳定。由于新任国王刚刚即位并提出修改宪法部分条款,原定于 2017 年年内举行的大选被一推再推至 2018 年 11 月,但军方仍可能会以安全问题或修改相关选举法律等理由再次推迟大选。在此期间,一旦泰国经济无法保持稳定增长,军政府可能将与国内民主派势力产生新的冲突。因此,泰国军政府能否顺利举行大选、实现“还政于民”将是泰国新国王和军政府共同面临的问题,也是 2018 年泰国政坛的主要变数。

经济上,2018 年泰国经济前景得到五大积极因素的支持,经济可望实现 4.2% 以上的稳健增长,预期将有 15 个产业受惠。第一,持续 2 ~ 3 年的政府投资,基础设施建设投资项目经 2016 年和 2017 年的大力推进后,在 2018 年年内将加快投资和建设进度,预期受惠的产业包括承包建设、建筑及环境顾问、建筑机械出租及销售业等;第二,旅游业趋向持续增长,受惠产业包括酒店、餐饮和运输业等;第三,高龄化社会及民众增强保健意识,民众日益重视保健养生,受惠产业有长者看护服务、药房、健身及养生食品、运动设备销售业等;第四,全球经济持续复苏,刺激出口,受惠产业将包括食品加工业、蔬果出口业务以及汽车零配件生产等;第五,数字经济的发展,刺激零售及批发业转向增加网络销售渠道,受惠产业包括网上销售业务、货物运输业务以及与 IT 相关的产业等。不过,2018 年经济增长的负面因素和风险还需密切关注,包括世界经济不稳定、经济大国实施的货币政策、泰铢汇率波动和国际原油价格波动等,预估出口和旅游增长在保持良好趋势的同时,增幅会略有减少。

外交上,泰国将继续改善与西方国家的关系,加强与中国、日本和俄罗斯等大国的关系,巩固与东盟国家的合作。但是,如果 2018 年泰国内政仍然未能实现突破,或将继续面临西方制裁的压力,这将对泰国的对外关系产生不利影响。目前,美国角色的“缺失”使泰国得以实施与多个大国之间的多方位战略关系,打破了美国一国支配的安全困境。由此看来,泰中、泰日双边关系正迈向一个全新的发展时期,中国和日本将成为泰国未来数十年内安全领域的两大重要战略伙伴。这将直接影响正在形成的地区安全构架。泰国面临最大的挑战就是如何处理好泰中及泰日双边关系来确保总体安全,而不是使之互相对立。总体来说,经过努力,泰国的对外关系将逐渐好转。 (唐　卉　陈红升)

资料来源:

1. 中华人民共和国驻清迈总领事馆经济商务室网站

2. 中华人民共和国驻泰王国大使馆经济商务参赞处网站

3. 参考消息网

4. 中国新闻网

5. 中国国际贸易促进委员会网站

## 越南:2017 年发展回顾与 2018 年展望

2017 年,越南坚持共产党的领导,加强党的建设和整顿,加大反腐力度,国内政治局势保持稳定,为经济建设和吸引外商投资营造了良好的环境。经济发展保持高速增长态势,商品进出口和吸引外商投资均取得好成绩,接待国际游客数量创下历年新高,成为促进消费增长的新力量。积极开展双边和多边外交活动,尤其是大国外交活动和成功举办亚洲太平洋经济合作组织第 25 次领导人非正式会议,展现了越南“多边化”“多样化”和融入国际的外交政策,提高了越南的国际地位,为越南发展创造了良好的外部条件。展望 2018 年,越南经济仍将保持稳定增长的势头。

### 一、2017 年回顾

(一)加强越南共产党党建和立法,加大反腐力度,政治形势稳定

1. 召开越南共产党十二届五中、六中全会。越南共产党十二届五中全会于 2017 年 5 月 5 ~ 10 日在河内举行。越南共产党中央总书记阮富仲主持会议,并在开幕式和闭幕式上致辞。会议主要内容:一是通过《关于完善社会主义定向市场经济体制的决议》《关于继续重组、革新和提高国有企业效益的决议》《关于把

私人经济发展成为社会主义定向市场经济的重要动力的决议》等文件。二是越共中央委员会高度评价2016年政治局、书记处的领导、指导以及落实十二届四中全会关于党的建设与整顿的决议的工作报告和检查结果,认为检查工作严肃、认真,符合越共党的原则,达到预期目的。三是给予越南共产党中央政治局委员、胡志明市委书记、越南国家油气集团原党委书记、主席丁罗升党内警告的纪律处分,并撤销其越共第十二届中央政治局委员职务。四是越共中央委员会对政治局提交的关于从十二届四中全会到五中全会已经解决重大事项的报告、关于2016年党内检查、监督和纪律处分工作的报告、关于2016年党内财政工作的报告进行审议和讨论,并提出意见和建议。五是号召越南全党、全民、全军加强团结和统一,克服困难和挑战,有效落实越南共产党本次中央会议各项决议,为胜利实现2017年越南共产党的各项任务和十二大决议做出贡献。

越南共产党十二届六中全会于2017年10月4~11日在河内举行。越南共产党中央总书记阮富仲主持会议,并在开幕式和闭幕式上致辞。会议主要内容:一是通过《关于继续精简、有效地革新、调整党政组织机构的决议》《关于继续革新国家事业单位组织机构和管理体系,提高工作质量和效果的决议》《关于新形势下加强保护和关心人民健康工作的决议》《关于新形势下人口工作的决议》等文件。二是通过越南2017年经济社会发展和国家财政预算情况总结以及2018年经济社会发展与国家财政预算计划。三是补选越南共产党中央委员、中央内政部部长、中央反腐败指导委员会副主任潘庭擢和越南共产党中央委员、胡志明国家政治学院院长、中央理论委员会副主席阮春胜为第十二届中央政治局书记处书记,并讨论交通运输部部长和政府检察长的人事问题。四是撤销越南共产党中央委员、岘港市委书记阮春英2015~2020年任期岘港市委书记、市委常委职务,撤销其第十二届中央委员资格。五是审议越南共产党中央政治局从五中全会到六中全会期间已经解决重大事项的工作报告并取得高度一致意见。六是号召越南全党、全民和全军加强团结和统一,努力工作,克服一切困难和挑战,坚决保卫国家独立、领土主权和安全,胜利完成2017~2018年和今后的目标和任务;有效落实六中全会提出的各项决议,为胜利实现越南共产党第十二大决议做出贡献。

2. 越南第14届国会召开第3次、第4次会议。第3次会议于2017年5月22日在河内举行。越南共产党中央总书记阮富仲、越南共产党中央原总书记黎可漂、农德孟,越南政府总理阮春福、原总理阮晋勇,国会主席阮氏金银、国会原主席阮文安、阮生雄,越南祖国阵线中央委员会主席阮善仁,原主席范世阅、黄担以及老革命代表、第14届国会代表、驻河内外交使团代表和国际组织代表、越南国内外记者代表等出席会议开幕式。在预备会上,代表们讨论通过越南第14届国会第3次会议议程,并听取越南国会常委会关于罢免河静省武金巨第14届国会代表资格的报告。

越南国会主席阮氏金银主持会议。大会代表听取《政府2016年经济社会发展计划执行结果补充说明》和《2017年初经济社会发展计划和国家财政预算落实情况的报告》《关于选民和人民的意见和建议综合报告》《落实国会关于2016年经济社会发展和国家财政预算计划的决议结果补充说明的审查报告》《关于建议国会批准2015年国家财政决算的报告》《关于2015年国家财政预算决算审计报告》《关于2015年国家财政预算决算审查报告》《关于〈信用组织法〉部分条款修改、补充草案的说明》《关于〈信用组织法〉部分条款修改、补充提案审查报告》《关于〈信用组织法〉不良债务处理决议草案的说明》《信用组织不良债务处理决议草案审查报告》等报告。

第4次会议于2017年10月24日至11月24日在河内举行。越南国会主席阮氏金银主持会议。会议讨论《2017年经济社会发展和国家财政预算计划执行结果》和《2018年经济社会发展和国家财政预算计划》,通过《2018年经济社会发展计划》《2018年国家财政预算计划和中央财政预算分配方案》《2018~2020年国家财政金融发展计划》等3项决议,还讨论通过《关于胡志明市发展特殊机制、政策试点》《2017~2020年东部北—南高速公路部分路段建设投资办法》《龙城国际航空港征地、赔偿、资助、居民安置项目可行性研究报告》《调整普通教育计划和教科书方案》等决议草案以及6部法律。

3. 加大反腐力度,得到广大越南共产党党员和人民群众的支持和拥护。据越南中央检查委员会的资料,2017年越南不少省、市委领导、中央国有企业领导由于违反党纪政纪受到纪律处分,情节严重的被开除越南共产党党籍,有的被移交司法机关处理。被通报的有越南共产党第12届中央政治局原委员丁罗升,原中央委员、岘港市委原书记阮春英,岘港市人民委员会原党组书记、主席黄德诗,莱州省人民委员会党组(任期为2011~2016年和2016~2020年任期),永福省人民委员会党组(任期为2010~2015年),原中央委员、永福省委书记、永福省人民委员会主席范文旺(任期为2011~2016年),永福省省委副书记(任期为2010~2015年)、省人民委员会党组书记、主席冯光雄(任期为2011~2016年),越南国防部第一军区副司令、谅山省委常委、军事指挥部指挥长黄功涵少将,越南化工集团党委常委和部分领导。2017年12月8日,越南第14届国会常务委员会举行特别会议,罢免越南国家油气集团原董事长丁罗升国会代表资格;同月,越南最高人民检察院批准逮捕丁罗升。

（二）经济保持稳定增长态势，对外贸易合作取得好成绩，接待国际游客数量创历年新高

2017年，越南国内生产总值（GDP）比2016年增长6.81%，高于原定6.7%的增长目标。其中：农、林、渔业增加值增长2.9%，GDP贡献率为0.44个百分点；工业和建筑业增加值增长8%，GDP贡献率为2.77个百分点；服务业增加值增长7.44%，GDP贡献率为2.87个百分点。

根据现行价格计算，2017年越南国内生产总值达5007.9万亿盾；人均国内生产总值为5350万盾（约合2385美元），比2016年增加170美元。三次产业结构为15.34:33.34:41.32。2017年，越南国内消费比2016年增长7.35%，GDP贡献率为5.52个百分点，其中居民的最终消费贡献率为5.04个百分点；资产积累增长9.8%，贡献率为3.3个百分点。

1. 农、林、渔业生产。2017年，在越南农、林、渔业中，渔业产值增长最快，达5.54%，贡献率为0.17个百分点；林业产值增长5.14%，由于占比重低，贡献率仅为0.03个百分点；农业产值增长2.07%，贡献率为0.24个百分点。

（1）农业。2017年，越南水稻播种面积为772万公顷，比2016年减少2.61万公顷，单位面积产量每公顷达5550千克，比上年减少20千克；全年稻谷产量约达4284万吨，比2016年减产31.83万吨；玉米产量513万吨，比2016年减产11.46万吨；马铃薯产量135万吨，增产8.19万吨；甘蔗产量1832万吨，增产111万吨；木薯产量1034万吨，减产56.91万吨；花生产量46.15万吨，减产2100吨；黄豆产量10.23万吨，减产2.2万吨；各种蔬菜产量1649万吨，增产56.28万吨；其他豆类产量16.23万吨，减产5300吨。

2017年常年经济作物种植面积为221.51万公顷，比2016年增加3.52万公顷。

（2）林业。2017年，越南种植集中林24.13万公顷，比2016年增长1.2%。其中，生产林22.8万公顷，防护林和特种林1.27万公顷，减少1.5%；全年分散林种植9980万棵，增长0.6%。2017年木材开采量1150万立方米，增长12.4%。森林乱砍滥伐和火灾损失面积151.56万公顷，同比减少55.9%。其中，火灾面积47.17万公顷，减少80%；乱砍滥伐104.39万公顷，减少2.9%。

（3）渔业。2017年，越南渔业产量722.5万吨，比2016年增长5.2%。其中，鱼产量519.24万吨，增长4.8%；虾产量88.75万吨，增长8.8%。

2. 工业生产。2017年，越南工业产值比上年增长7.85%，GDP贡献率为2.23个百分点。其中：加工制造业产值增长14.4%，是7年来最高的增长水平，GDP贡献率为2.33个百分点；采矿业产值下降7.1%，GDP贡献率为负的0.54个百分点。建筑业产值增长8.7%，GDP贡献率为0.54个百分点。

3. 服务业。2017年，越南批发与零售业产值增长8.36%，GDP贡献率为0.79个百分点；住宿饮食业产值增长8.98%，GDP贡献率为0.33个百分点；金融保险业产值增长8.14%，GDP贡献率为0.46个百分点；房地产业产值增长4.07%，GDP贡献率为0.21个百分点。

4. 投资增长幅度较大。2017年，越南经济社会发展投资资金落实比较好，特别是私营企业和外资企业的投资金额涨幅比较大。

按照现行价格计算，2017年越南落实全社会投资总额约达1667.4万亿盾，比上年增长12.1%，占国内生产总值的33.3%。其中：国有资金投资金额594.9万亿盾，占投资总额的35.7%，增长6.7%；非国有资金投资金额673.3万亿盾，占投资总额的40.5%，增长16.8%；外资企业投资金额396.2万亿盾，占投资总额的23.8%，增长12.8%。

截至2017年12月20日，越南新增外资投资项目2591个，比上年增长3.5%，注册资金213亿美元，增长42.3%。增资项目1188个，追加投资84亿美元，增长49.2%。新注册资金和增加投资资金共297亿美元，增长44.2%。2017年，到位外资175亿美元，增长10.8%；外国投资者出资、购买股份共5002次，总价值为62亿美元，增长45.1%。

2017年，日本是越南最大投资来源地，投资额为77.458亿美元，占新注册总资金的36.4%。越南第2~6大投资来源地分别是韩国、新加坡、中国、中国香港和美国，投资额分别为39.733亿美元、37.718亿美元、14.097亿美元、7.404亿美元和6.377亿美元，占比分别为18.7%、17.7%、6.6%、3.5%和3%。

5. 国家财政收支情况。截至2017年12月15日，越南国家财政预算总收入约达1104万亿盾，完成预算的91.1%，其中国内收入871.1万亿盾，进出口收入183.8万亿盾，分别完成预算的88%和102.1%。

6. 货物与服务进出口。2017年，越南进出口贸易保持增长态势。

（1）货物出口。2017年，越南货物出口额为2140.2亿美元，比上年增长21.2%，扣除价格因素增长17.6%，为近几年最高增长水平。其中，国有企业和外资企业（包括原油）的货物出口额分别为585.3亿美元和1552.4亿美元，分别增长16.2%和23%。出口额增长幅度较大的主要商品有：电话和零配件、纺织服装、电子计算机和零件、鞋类、机械设备及用具配件、水产品、木材及其产品，出口额分别为451亿美元、259亿美元、259亿美元、146亿美元、128亿美元、84亿美元和76亿美元，分别增长31.4%、8.8%、36.5%、12.6%、26.4%、18.5%和9.2%。

从出口结构看，2017年越南主要出口产品为重工

业和矿产品、轻工业和小手工业产品、农林产品、水产品，出口额分别为1060亿美元、796亿美元、198亿美元和84亿美元，分别增长32.4%、11.7%、9%和18.5%，占货物出口总额的比重分别为49.6%、37.2%、9.3%和3.9%。

从出口市场看，2017年美国仍然是越南第一大出口市场，出口额为415亿美元，比上年增长8%。第2～5大出口市场为欧盟、中国、东盟和日本，出口额分别为838亿美元、353亿美元、217亿美元和168亿美元，分别增长12.8%、60.6%、24.5%和14.2%。

（2）货物进口。2017年，越南货物进口总额为2111亿美元，比上年增长21%，扣除价格因素，实际增长17.7%。其中，国内企业和外资企业进口额分别为847亿美元和1264亿美元，分别增长17%和23.4%。进口金额增长幅度较大的商品有：电子计算机和零件、机械设备及用具配件、电话和零件、布匹、钢材、塑料、汽油、纺织服装及鞋类生产用的原料和辅助材料、一般金属、塑料产品、化工产品、化工原料、木材及其产品，出口额分别为375亿美元、336亿美元、162亿美元、114亿美元、91亿美元、74亿美元、70亿美元、55亿美元、54亿美元、54亿美元和46亿美元、41亿美元、22亿美元，分别增长34.4%、17.9%、53.2%、9.2%、13%、17.5%、37.7%、8%、13.1%、22.7%、19.6%、27.5%和16.5%。

从进口结构看，主要进口产品为生产资料，进口额为1929亿美元，比上年增长21.1%，占进口商品总金额的91.4%。其中：机械设备、用具、零配件进口额912亿美元，增长24.9%，占进口总额的43.2%；原料燃料进口额1017亿美元，增长17.8%，占进口总额的48.2%；消费品进口额182亿美元，增长17.4%，占进口总额的8.6%。

从进口市场看，中国仍是越南最大的进口来源国，进口额达585亿美元，比上年增长16.9%。第2～5大进口来源地为韩国、东盟、日本和欧盟，进口额分别为468亿美元、280亿美元、165亿美元和120亿美元，分别增长45.5%、16.4%、9.7%和7.7%。

（3）服务进出口。2017年，越南服务出口总额为131亿美元，比上年增长7%。其中，旅游服务、运输服务出口额分别为89亿美元和26亿美元，分别增长7.4%和5.7%，占出口总额的比重分别为67.6%和19.7%。服务进口总额为170亿美元，增长1.6%。其中，运输服务、旅游服务进口额分别为82亿美元和51亿美元，占进口总额的比重分别为47.9%和29.8%。服务进出口逆差39亿美元。

7. 价格指数。2017年，越南平均消费价格指数比2016年增长3.53%，低于越南国会提出的目标。黄金价格随着国际黄金价格变动而变动。2017年平均美元价格指数比2016年增长1.4%。

8. 新成立企业大幅增多。2017年，越南新成立企业126859家，注册资金1295.9万亿盾，分别比上年增长15.2%和45.4%。平均每家新成立企业注册资金102亿盾，增长26.2%。有26448家企业重新开业，比上年减少0.9%。新成立和重新开业的企业总数为15.33万家，在新成立企业登记就业的总人数为116.13万人，比上年减少8.4%。解体企业12113家，比上年减少2.9%，其中11087家企业资金规模达100亿盾，占91.5%。

（三）积极开展双边和多边外交，提高越南的国际地位

1. 越中两国关系稳定健康发展。2017年，越中两国关系稳定健康发展，两党两国领导人特别是最高领导人实现互访，为越中两国关系稳定、健康发展创造了前提条件，使两国政治、经贸、文化等关系更加紧密。

中越两党两国最高领导人实现互访。2017年1月12～15日，越南共产党中央总书记阮富仲访问中国。访问期间，中共中央总书记、中国国家主席习近平同阮富仲举行会谈。中国国务院总理李克强、全国人大常委会委员长张德江、全国政协主席俞正声、中共中央纪委书记王岐山分别会见阮富仲。两国签署《中国共产党和越南共产党高级干部培训合作协议（2017～2020年）》《中国国防部和越南国防部关于2025年前国防合作共同愿景声明》等15份合作文件。

2017年5月11～15日，越南国家主席陈大光对中国进行国事访问并出席"一带一路"国际合作高峰论坛。中国国家主席习近平与陈大光举行会谈，中国国务院总理李克强、全国人大常委会委员长张德江、全国政协主席俞正声、中共中央书记处书记刘云山分别会见陈大光。

2017年11月10～13日，中共中央总书记、中国国家主席习近平对越南进行国事访问并出席亚洲太平洋经济合作组织第25次领导人非正式会议。习近平分别同越共中央总书记阮富仲、越南国家主席陈大光举行会谈，并会见越南政府总理阮春福、国会主席阮氏金银。两党两国领导人相互通报各自党和国家情况，就双边关系及共同关心的国际地区问题深入交换意见，并就新形势下进一步深化中越全面战略合作伙伴关系达成重要共识。双方签署《中越国防部边防合作协议》《共建"一带一路"和"两廊一圈"合作备忘录》等17个合作协议。

中国仍为越南最大贸易伙伴。据越南海关总局统计，2017年中国仍然是越南最大贸易伙伴，双边贸易额达937亿美元，比上年增长30.2%。其中：越南向中国出口354.63亿美元，占出口总额的16.6%，增长61.5%；从中国进口582.29亿美元，占进口总额的27.6%，增长16.4%。越南从中国进口的商品，90%以上是其需要的生产资料；大米、热带水果是越南出口

中国的主要产品。此外,中越各部门、边境省份之间的交流也日益密切。

2. 越美两国关系保持稳定,实现两国领导人互访。2017 年 5 月 29 ~ 31 日,越南政府总理阮春福率领高级代表团访问美国。双方同意将继续接触和交流,通过越南外交部部长和美国外交部部长年度对话机制,讨论加强两国全面伙伴关系的措施。两国发表《关于加强越南—美国全面伙伴关系的联合公报》。2017 年 11 月 11 ~ 12 日,美国总统特朗普访问越南并出席在岘港举行的亚洲太平洋经济合作组织第 25 次领导人非正式会议。越南国家主席陈大光与特朗普就两国关系和双方共同关心的地区和国际问题举行会谈,双方发表《越南—美国联合公报》。

美国仍为越南最大商品出口市场。据越南海关总局统计,2017 年越南对美国出口总额 416.08 亿美元,比上年增长 8.2%,占越南出口总额的 19.4%,美国仍然是越南商品出口第一大市场。越南从美国进口额为 92.03 亿美元,比上年增长 5.8%。美国是越南贸易顺差主要来源国。

3. 越南党和国家领导人频频出访东盟国家,加强双边关系。越南共产党中央总书记阮富仲访问印尼、缅甸。2017 年 8 月 22 ~ 23 日,阮富仲率领越南高级代表团对印度尼西亚进行正式访问。在访问期间,阮富仲与印度尼西亚总统佐科·维多多及该国其他领导人分别举行会谈;8 月 23 日,阮富仲在印度尼西亚战略与国际研究中心作题为“东盟:50 年形成、发展和展望”的演讲。8 月 24 ~ 26 日,阮富仲率领越南高级代表团对缅甸进行国事访问。

越南政府总理阮春福访问柬埔寨、老挝和泰国。2017 年是越南与柬埔寨友好年、越南与老挝团结友好年,越南与这两个国家开展各项庆祝活动。越南政府总理阮春福于 2017 年 4 月 24 ~ 25 日、4 月 26 ~ 27 日率团出访这两个国家,这是阮春福担任越南政府总理后首次对柬埔寨和老挝进行正式访问。访柬期间,阮春福与柬埔寨首相洪森举行会谈,并分别会见柬埔寨国王诺罗敦·西哈莫尼和国会领导人。访老期间,阮春福与老挝总理通伦举行会谈,并分别会见老挝人民革命党中央总书记、国家主席本扬·沃拉吉和国会主席巴妮·亚托杜。8 月 17 ~ 19 日,越南政府总理阮春福访问泰国,双方发表联合声明。

4. 越南国家主要领导人访问德国和日本等国。2017 年 6 月 4 ~ 8 日,越南政府总理阮春福对日本进行正式访问。阮春福与日本首相安倍晋三举行会谈,并分别会见日本天皇和皇后、政界主要领导和企业家。日本答应将支持越南发展 6 个工业行业。7 月 5 ~ 8 日,越南政府总理阮春福率越南高级代表团出席在德国汉堡举行的 20 国集团领导人峰会,并对德国进行正式访问。

5. 成功举办亚洲太平洋经济合作组织第 25 次领导人非正式会议。2017 年 11 月 11 日,亚洲太平洋经济合作组织第 25 次领导人非正式会议在越南岘港举行,亚洲太平洋经济合作组织 21 个成员领导人出席会议。这是越南 2006 年 11 月在河内成功举办亚洲太平洋经济合作组织第 14 次领导人非正式会议以来举办的又一个国际性会议。

## 二、2018 年越南经济展望

越南政府提出 2018 年经济增长目标是 6.7%,为了实现各项指标,越南政府采取以下保障措施:一是具体任务落实到各单位;二是加大投资带动力度;三是促进出口推动作用;四是改善投资环境,吸引外商投资;五是加强国际旅游合作,大力吸引游客,促进国内消费增长;六是鼓励私营经济发展。

2018 年,越南经济发展还存在许多不利因素,如:劳动生产率、经济增长质量和竞争力低;越南是农业国,受自然灾害影响严重;越南政府某些官员的腐败行为也对越南国内的投资、生产和经营环境产生负面影响。但越南经济发展有利条件多于困难。政治局势稳定是发展前提,政府措施是发展保障,2017 年经济高速增长为 2018 年发展奠定了坚实基础;世界经济继续复苏,中国、美国、韩国和欧盟等越南主要贸易伙伴经济稳定增长,为越南经济发展提供了良好的外部条件。在内外因素的积极配合下,2018 年越南经济仍会保持稳定增长的势头。 (农立夫)

资料来源:

越南政府网站、越南计划投资部网站、越南统计总局网站、越南海关总局网站、越南旅游总局网站、越南共产党电子报网站、越南共产主义杂志网站、越南人民报网站、越南经济时报网站和越南之声广播电台网站等

亚太经合组织第 25 次领导人非正式会议在越南岘港举行。图为会场国际媒体中心外景 (百度网)

# 东南亚国家联盟

## 东南亚国家联盟概况

2017年是东盟成立50周年，东盟围绕“携手变革，融入世界”主题，全面有效地执行东盟2025愿景各项目标，鼓励创新创业，倡导保护包容和谐理念，推进东盟一体化建设。加强与对话伙伴在各领域的合作，增进与潜在合作伙伴的接触，继续保持在区域合作中的核心地位，致力成为一个外向型共同体。

东南亚国家联盟(简称东盟)是亚太地区重要的地区组织，包括文莱、柬埔寨、印度尼西亚、老挝、马来西亚、缅甸、菲律宾、新加坡、泰国、越南等10个国家，东帝汶和巴布亚新几内亚为观察员国。东盟秘书处设在印度尼西亚首都雅加达，秘书长由越南人黎良明担任。东盟10国总面积约444万平方千米，人口规模约为6.01亿。东盟的成立以“本着平等与合作精神，共同努力促进本地区的经济增长、社会进步和文化发展，为建立一个繁荣、和平的东南亚国家共同体奠定基础，以促进本地区的和平与稳定”为宗旨和目标。在1997年签署的《东盟2020年远景》中表示：东盟要建设成为一个充满关爱的社会，一个不分性别、种族、宗教、语言及社会和文化背景，所有人都享有平等发展权的社会；成为亚太地区乃至世界上一个有效维护和平与公正的现代化组织。

东盟的前身是马来西亚、泰国和菲律宾于1961年7月31日成立的东南亚联盟。1967年8月6~8日，印度尼西亚、马来西亚、新加坡、菲律宾和泰国共同发表《东南亚联盟成立宣言》即《曼谷宣言》，宣告东盟成立。1976年，上述5国在巴厘岛举行东盟第1次首脑会议，签署《东南亚友好合作条约》和《东南亚联盟协调一致宣言》(合称《巴厘第一协约》)，确定东盟的宗旨和原则。1984年文莱加入东盟，联盟成员国增至6个(这6个国家也被称为原东盟成员国或东盟老成员国)。之后，越南于1995年7月、缅甸和老挝于1997年7月、柬埔寨于1999年4月加入东盟，东盟在组织上实现1994年5月提出建立“东南亚10国共同体”的目标。2006年东帝汶申请加入，但至今仍仅作为观察员参与东盟相关会议。2003年10月，第9次东盟领导人会议通过标志东盟在政治、经济、安全、社会与文化全面合作进入历史新阶段的《巴厘第二协约》，提出在2020年建立类似于欧盟的、包括政治安全共同体、经济共同体和社会文化共同体的“东盟共同体”。2004年11月，第10次东盟领导人会议通过《万象行动纲领》等一系列文件，提出进一步缩小成员国间的发展差距，于2020年把东盟建成一个对外开放、充满活力与关爱的共同体的目标。2005年12月，第11次东盟领导人会议通过《吉隆坡宣言》，决定制定《东盟宪章》，用法律的形式确定东盟所有准则、规定和价值观，搭建一个法律和机构框架，以加快实现东盟共同体的目标。2007年1月，第12次东盟领导人会议通过《到2015年建成东盟共同体宣言》，将建设进程缩短5年。第12次东盟领导人会议还通过《东盟宪章蓝图宿务宣言》，为东盟解决内部分歧提供法律依据，同时为东盟共同体建设指明方向。2008年12月15日，《东盟宪章》正式生效，东盟各国的合作更加制度化。2009年2~3月和10月分别举行第14次和第15次东盟领导人会议，签订《东盟共同体2009~2015年路线图宣言》等系列协定，强调东盟将于2015年如期建成“人民的共同体”。2010年4月和10月分别举行第16次和第17次东盟领导人会议，明确在一年内举行两次东盟领导人会议。其中：第一次是成员国领导人会议，讨论东盟共同体建设事务；第二次是东盟与对话伙伴领导人会议，讨论与对话伙伴以及区域合作问题。2011年5月和11月分别举行第18次和第19次东盟领导人会议，签署《巴厘第三协约宣言》等一系列协定，强调以“全球共同体中的东盟共同体”为纲领，在推动2015年建成东盟共同体的进程中，带领东盟进一步放眼全球。2012年4月和11月分别举行第20次和第21次东盟领导人会议。其中：第20次会议通过《金边宣言》《金边议程》《2015年建立东盟无毒品区宣言》《“全球温和派行动组织”概念文件》等一系列重要文件，还就继续推动东盟一体化和东盟发展中遇到的问题等达成共识；第21次会议签署《东盟人权宣言》，建立“和平与和解机构”并决定在柬埔寨建立东盟地区排雷行动中心，同时将2015年12月31日定为建成东盟共同体的最后期限。2013年4月和10月分别举行第22次和第23次东盟领导人会议。其中：第22次会议发表的《主席声明》，强调加强东盟共同体建设，扩展东盟次区域合作，呼吁有关各国遵守《南海各方行为宣言》以及南海问题六条原则，要求各方保持克制，避免使用武力或武力威胁，和平解决有关争议；第23次会议再次确认2015年建成东盟共同体的目标。2014年5月和11月分别举行第24次和第25次东盟领导人会议。其中：第24次会议发表的《内比都宣言》，表示进一步加强成员国间以及其他各方的协调合作，努力于2015年年底建成东盟共同体；第25次会议重点讨论东盟共同体建设的进展和建成后的发展愿景以及如何加强东盟自身机构及能力建设。2015年4月和11月分别举行第26次和第27次东盟领导人会议。其中：第26次会议以“我们的人民，我们的共同体，我们的愿景”为主题，决定如期在2015年年底建成东盟共同体；第27次会议讨论东盟共同体2015年年底建成和未来十年的发展方向以及其他共同关切的地区和国际问题，各国领导人还共同签署《关于建立东盟共同体的2015吉隆坡宣言》和《东盟2025吉隆坡宣言：携手前行》。2016年9月6～8日，东盟第28次和第29次领导人会议在老挝万象举行。其中：第28次会议主要讨论东盟共同体的建设情况，回顾"东盟共同体2025蓝图"的实施情况，并对在实施过程中遇到的问题提出指导性意见，会议还通过《东盟宣言：一个东盟，一种反应机制》《东盟一体化工作计划Ⅲ》《东盟互联互通总体规划2025》等文件，以确保有效执行"东盟共同体2025蓝图"；第29次会议着重讨论东盟与外部的关系以及发展方向，就共同关注的国际和地区问题交换意见。2017年4月，第30次东盟领导人会议以"携手变革，走向世界"为主题，重点围绕东盟共同体建设及共同关心的国际地区问题进行讨论。11月，第31次东盟领导人会议在菲律宾马尼拉举行，会议就建设更加稳定和更具韧性的东盟共同体进行讨论，签署《东盟关于保护和提高移民劳工的共识》《东盟关于预防和打击网络犯罪的宣言》《东盟创新宣言》等多份重要文件。

东盟建立一系列组织机构、机制来加强内部以及与世界各国的合作，主要有：东盟领导人会议，东盟外长会议和东盟地区论坛，以及农业和林业、经济、能源、环境、财政、通信与信息、投资、劳工、健康、法律、农村发展和减少贫困、科学与技术、社会福利与发展、打击跨境犯罪、肃毒、交通、旅游、青年、妇女工作、国防、教育、文化艺术、跨境烟雾、东盟投资区理事会、东盟自由贸易区理事会、东盟外长扩大会议、东盟经济共同体理事会议等部长级会议，部长会议下还设有高官委员会、理事会和技术工作小组。为有效处理对外关系，东盟在布鲁塞尔、伦敦、巴黎、柏林、华盛顿、东京、汉城（今首尔）、堪培拉、渥太华、威灵顿、日内瓦、首尔、新德里、纽约、北京、莫斯科、伊斯兰堡等地设有外交机构。2008年《东盟宪章》生效后，东盟10国均向东盟秘书处派驻大使，东盟对话伙伴国也陆续向东盟秘书处派驻大使。

2015年年底，东盟经济共同体宣告建成，成为东盟历史上又一重要的里程碑，标志着亚洲历史上第一次建成次区域共同体，对于东盟一体化进一步发展具有重要战略意义。根据东盟发展计划，东盟经济共同体建成后，东盟经济增长率可提升至7%左右，至2020年，东盟经济总量将从2015年的2.5万亿美元提升至4.7万亿美元，世界排名将从第7跃居第4；到2030年，东盟中产阶级将增加1倍达到1.63亿人，东盟吸引外资也将大幅提升。在东盟共同体框架下，东盟国家在政治安全、经济和社会文化领域一体化水平将不断提升，东盟作为一个整体在区域合作舞台上的声音将更加响亮。东盟秘书长黎良明表示，东盟共同体的建成有利于东盟更积极发挥领导力，推动实现地区稳定和繁荣，造福本地区各国及其人民。

东盟共同体建成并不意味着东盟一体化进程的终结，东盟共同体未来还面临着各成员国经济发展水平参差不齐、政治体制不同、宗教文化多样、区域法律法规不健全、非关税贸易壁垒等问题和挑战，一体化建设仍然需要深化。现实情况表明，东盟国家很难像欧盟一样在国际舞台上用同一个声音说话。东盟成员国之间没有形成共同的外交和安全政策，未形成货币统一的经济货币联盟，财政政策也不统一，协调规章制度缺乏，与区域外国家或集团的竞争力较弱。

## 东盟政治安全共同体建设

*东盟各国政局总体稳定*　越南、老挝、菲律宾、缅甸于2016年上台执政的新政府在2017年着重求稳图治。越南和老挝继续推进改革，在稳定中求发展；菲律宾政府强力推行禁毒、反恐，推出大规模基础设施建设计划，政府军与恐怖分子鏖战数月，但国内局势总体稳定，菲律宾作为东盟轮值主席国成功举办第31次东盟领导人会议、第12届东亚峰会等一系列东盟会议；缅甸政府与军方关系总体和谐，但因若开邦民族宗教问题引发激烈冲突，缅甸政府承受巨大的国内外压力。马来西亚、柬埔寨、泰国、印度尼西亚将于2018年、2019年举行大选，2017年选前各政党的竞争有所加剧。新加坡虽然出现李光耀祖屋问题导致李氏家庭纷争插曲，但并不妨碍新加坡的稳定与发展。

*加强传统安全合作*　2017年，东盟重申继续遵守《东南亚友好合作条约》（TAC），继智利、埃及和摩洛哥于2016年加入该条约后，东盟期待伊朗和阿根廷加入该条约，也欢迎非本区域国家在尊重和符合TAC宗旨和原则的基础上加入该条约。东盟继续推进东南亚无核区建设，支持2017年7月联合国会议通过的《禁止核武器条约》。把地区主义和多边主义作为促进地区和国际和平、稳定、繁荣的重要原则和框架。8月，第50届东盟外长会议发表联合声明，重申以和平方式解决争端，包括充分尊重法律和外交程序，按照国际法公认原则而不诉诸威胁或使用武力；通过东盟10+3外长会议专家工作组2017～2019年工作计划，决定在海上安全、反恐、军事医学、维和行动、排雷行动、网络安全、裁军、阻止杀伤性武器（包括核武器、生物武器、化学武器）扩散等方面加强多边和区域合作，促进成员国国防文职和军队之间的合作。10月，第11届东盟国防部长会议决定将2～3年举行一次的东盟防长扩大会改为每年举行一次，将通过情报共享、加强监控和增强公众安全意识等方式提升区域防务安全合作，防止恐怖主义在东南亚蔓延，维护地区的和平与稳定。

2017年是东盟与中国签署《南海各方行为宣言》15周年，南海问题争端明显改善，东盟国家与中国达成"南海行为准则"框架，并宣布启动"南海行为准则"

下一步案文磋商，东盟表示将《联合国海洋法公约》的实施计划延长5年(2018～2022年)。在第31次东盟领导人系列会议上，东盟欢迎启动中国和东盟国家应对海上紧急事态外交高官热线平台，希望全面有效落实《中国与东盟国家关于在南海适用〈海上意外相遇规则〉的联合声明》和《南海各方行为宣言》，进一步增进互信，确保本地区包括航行安全和航行自由的安全、和平与稳定。东盟与中国还签署《未来十年南海海岸和海洋环保宣言(2017～2027)》，将2017～2027年作为南海沿海和海洋环境保护10年，以减轻气候变化和跨界海洋环境污染的影响。

重视非传统安全合作　近年来，东南亚地区非传统安全威胁日益上升，“伊斯兰国”极端组织有意在东南亚建立据点，该区域赴中东参与“圣战”的武装分子回流，给东南亚国家安全带来了新的挑战。2017年，东盟进一步加强反恐国际合作。6月19日，菲律宾、印度尼西亚、马来西亚3国在印度尼西亚宣布启动“三边海上巡逻”，组队打击苏禄海域的恐怖主义和跨国犯罪。8月，东盟与俄罗斯外长会议宣布进一步加强双方反恐合作，俄罗斯将定期为东盟成员国执法人员开展能力建设培训。10月，第11届东盟国防部长会议发表声明，表示认真实施2007年签署的《东盟反恐公约》，通过东盟内部联合反恐机制及与对话国合作，促进信息交流与共享，加强与民间社会、学术界和其他机构的合作，倡导和平与安全、温和与宽容理念，继续共同打击一切形式的恐怖主义和暴力极端主义，防止恐怖主义在东南亚蔓延。

共同打击跨国犯罪　2017年，东盟继续有效执行东盟打击跨国犯罪高官会2016～2018年工作计划和《东盟打击跨国犯罪行动计划(2016～2025)》。9月，第11届东盟打击跨国犯罪部长会议通过《制止激进化和暴力极端主义抬头的马尼拉宣言》，表示东盟坚决致力于集体处理威胁该地区和平、安全与稳定的跨国犯罪问题。11月，第31次东盟领导人会议在打击跨国犯罪方面达成共识，东盟各国将共同打击恐怖主义和跨国贩运人口、非法贩运毒品、洗钱、武器走私和海盗等有组织犯罪，在法律、信息共享、经验交流、技术培训、社区教育、增强防范意识等方面加强合作。尤其重视打击人口贩运活动。东盟成员国领导人于2015年11月签署《东盟打击贩卖人口特别是妇女和儿童公约》，越南和缅甸分别于2017年1月5日和16日向东盟秘书长交存该公约的批准书，该公约于同年3月8日生效。8月，第50届东盟外长会议通过《东盟跨部门解救被贩运人口2017～2020年工作计划》。近年来，跨境网络犯罪比较突出，2017年东盟加强预防和打击跨境网络犯罪的合作。11月，第31次东盟领导人会议发表《东盟防范和打击网络犯罪宣言》，决心采取诸如统一相关法律、鼓励制定处理网络犯罪的国家行动计划、信息共享和技术交流培训等措施加强东盟成员国以及东盟与对话伙伴、国际组织在防止和打击网络犯罪方面的合作。东盟与对话伙伴国也加强打击跨国犯罪的合作。8月举行的东盟与中日韩10+3外长会议和9月举行的第8届东盟与中日韩10+3打击跨国犯罪部长级会议达成共识，东盟和中日韩继续执行完成《东盟10+3打击跨国犯罪2013～2017工作计划》，通过并有效执行《东盟10+3打击跨国犯罪2018～2022年工作计划》，将在打击人口和毒品贩运、网络犯罪、恐怖主义、洗钱、武器走私以及非法贩运野生动植物和木材、偷运移民等跨国犯罪方面进一步加强合作。

## 东盟经济共同体建设

经济一体化不断推进　2016年，东盟商品贸易总额为2.22万亿美元，其中东盟内部贸易额占23.1%，中国、欧盟和美国是东盟前三大贸易伙伴。东盟服务贸易总额6434亿美元，其中东盟内部贸易额占16.6%。东盟吸引外国直接投资(FDI)967.2亿美元，其中24.8%为东盟成员间的投资；服务业仍是东盟流入FDI最多的领域，达到770.8亿美元，占2016年东盟外资总额的79.7%。东盟是世界第五大吸引外国投资地，占世界FDI总额5.6%，东盟FDI流入的前三大来源分别是欧盟、日本和美国。2017年东盟GDP仍然保持4.8%的强劲增长，国内消费需求和投资增长尤其是基础设施建设和财政刺激继续成为该地区主要的经济增长动力。2017年在《东盟货物贸易协定》框架内，东盟10国货物目录中有96.01%实现零关税，其

8月5日，第50届东盟外长会议在菲律宾马尼拉开幕。图为参会官员合影
(百度网)

中文莱、印度尼西亚、马来西亚、菲律宾、新加坡、泰国等东盟6个老成员国已经取消了99.2%的货物进口关税,而柬埔寨、老挝、缅甸、越南等4个东盟新成员国也有90.9%的货物目录取消关税。

在全球经济增长低迷、贸易保护主义抬头的形势下,2017年,东盟继续有效执行东盟经济共同体2025蓝图的相关计划,制订新规划以推进经济共同体建设。9月,第49届东盟经济部长会议、第31届东盟自由贸易区理事会和第20届东盟投资区理事会通过《东盟贸易便利化框架》,以促进东盟区域内商品的高效、无缝流动,计划到2020年将东盟内贸易交易成本降低10%;还通过《东盟竞争力区域能力建设路线图(2017~2020)》《2025年贸易便利化战略行动计划》等文件,继续推进东盟经济一体化建设,部长们决定在未来10年内继续推动东盟区域内贸易与投资的持续增长,以缩小成员国间的发展差距。

*扩大东盟互联互通* 2017年4月在菲律宾达沃市启动"东盟滚装船"(RORO)海上联运路线的首航,有助于加强东盟国家群岛间的互联互通、推动贸易和旅游的发展。东盟互联互通2025倡议论坛、第17次东盟电信和IT部长会议通过《暹粒宣言》,东盟国家表示要有效实施《2025年东盟互联互通总体规划》,利用信息通信技术进一步支持和推动东盟经济共同体建设,加强网络安全和个人数据保护。

*鼓励创新创业,促进中小微企业发展* 2017年,东盟强调终身学习和创新创业,第31次东盟领导人会议发表《东盟创新宣言》,东盟认识到科学技术和创新促进可持续经济增长、创造就业机会、增进福祉的重要性,鼓励成员国加强政府、学术界、工业界和社会之间的联系,切实执行《东盟科技创新2016~2025年行动计划》,通过教育和培训增强员工技能和创新能力,推动科技、工程和信息通信技术、专业技能的不断发展,利用科技创新解决粮食安全、健康、能源、水、交通、环境和灾害等全球性的挑战和社会问题。中小微企业是东盟经济的支柱,由于融资、技术等原因,其发展扩大受到限制。2017年东盟采取各种措施,促进中小微企业发展:继续执行《东盟中小企业发展战略行动计划(2016~2025)》的各项规划;设立基金,资助中小微企业创新创业;鼓励妇女和青年创新创业,如2017年4月成立东盟青年企业家协会,9月,在菲律宾马尼拉举办第2届东盟青年企业家嘉年华;推进股权融资,增加中小微企业融资渠道;鼓励中小微企业参与新兴数字经济,发展电子商务;成立东盟中小微企业咨询委员会,就影响中小微企业发展的关键战略问题提出建议;11月,东盟秘书处发布《东盟未来:东盟中小微型企业国际化50个成功经验》一书,总结东盟中小微型企业成功经验;在东盟企业与投资峰会期间启动东盟企业家网络(AMEN),为企业家提供交流平台。

*加强财政金融合作* 2017年4月,第3届东盟财长和央行行长会议表示,切实落实《东盟金融一体化战略行动计划(2016~2020)》,欢迎对东盟保险业的整合,期待完成"东盟保险一体化框架路线图"的制订。第49届东盟经济部长会议通过《东盟电子商务2017~2025年工作方案》,在基础设施建设、教育和技术能力、消费者保护、法律框架现代化、电子交易安全性、贸易便利化等方面加强合作,以促进该地区跨境电子商务发展。

*扩大东盟内旅游合作* 2017年,东盟采取各种措施促进旅游业发展,为纪念东盟成立50周年,开展"东盟@50庆祝活动",展示东盟多样性,致力于推动东盟成为一个单一旅游目的地;继续落实《东盟旅游战略2016~2025年工作计划》,制订《东盟旅游市场战略(2017~2020)》和《2017~2020年东盟旅游专业认证安排工作计划》;开发东盟旅游产品(如探险、自然风光、邮轮、文化和遗产、教育、食品、休闲、健康和水疗、会展、朝圣等),提高旅游产品质量;加强成员国的旅游营销合作,加强培训以提高旅游业界人士的从业水平;重视开发中国、韩国、欧洲和美国等地区的旅客市场等。这些措施有效地推动了东盟旅游业的发展。年内,东盟接待国际游客1.25亿人次,超过"旅游东盟@50"预定的1.21亿人次的目标,比2016年的1.16亿人次增长8.4%;游客仍然主要来自东盟成员国,占到访东盟国际游客总数的42%;国际游客停留时间平均为7.98天,东盟国家旅游业收入为930亿美元,达到预期目标。

## 东盟社会文化共同体建设

为到2025年建立一个包容、可持续、富有活力和惠及各国人民的东盟社会文化共同体,东盟在人权、妇女儿童权益保护、灾害管理和人道主义援助、卫生与环境保护、教育和文化交流、劳工与社会福利、农村发展与消除贫困等方面加强合作并取得进展。

*致力于保护妇女儿童权益,促进青年发展* 2017年6月,东盟第7次针对儿童暴力的跨区域圆桌会议举行,提出在保护儿童权益方面加大多方多层次合作。9月,东盟妇女儿童权益促进与保护委员会(ACWC)第15次会议通过《ACWC2016~2010年工作计划》,计划内容包括:消除童婚、提高公民保护妇女儿童意识;东盟与联合国儿童基金会将反暴力侵害儿童、保护儿童免受网络侵害、东盟一体化与儿童权利、司法正义等作为双方优先合作领域。此外,东盟还决定与相关国际组织在消除妇女女童暴力的能力建设方面加强合作。会议还讨论执行"东盟共同体2025愿景"的性别平等宣言草案、促进妇女和平与安全联合声明草案。11月,东盟发表《将妇女经济赋权纳入东盟主流行动议程》,东盟认识到妇女在经济发展中的潜力,将继续

为女企业家提供创新平台，东盟妇女委员会和东盟中小微企业协调委员会倡议为女性中小微企业提供有利于其创新创业的政策措施和税收优惠，帮助她们参与创新创业；强化妇女的人力资源开发和能力建设，提高妇女在行政和管理岗位的领导能力；增加对科研机构的投入，促进妇女在科技、工程、艺术、信息技术等方面的参与和技能提升，从而提高妇女地位，增强其经济能力。第10届东盟青年部长非正式会议发布《第一个东盟青年发展指数(YDI)报告》，表示有效落实《东盟青年2016~2020年工作计划》，协助成员国制定新的青年工作计划，鼓励东盟青年为东盟地区的发展做出贡献。

推进农村发展，倡导健康生活，致力于消除营养不良和贫困　2017年，东盟有效执行《东盟农业林业合作战略计划(2016~2025)》《东盟粮食安全战略2015~2020年行动计划》《东盟农村发展和消除贫困框架行动计划(2016~2020)》等工作计划并取得进展。9月，第39届东盟农林部长会议、第17届东盟10+3农林部长会议决定在粮食安全、紧急大米储备、食品安全与农产品质量、统一农药残留检测标准、农业研究与开发、可持续森林管理、保护野生动植物、动植物健康与疾病控制、减缓和适应气候变化、农林渔业的人力资源开发与能力建设、提升农民和农业中小微企业竞争力、打击非法捕捞、农林鱼产品市场准入与贸易便利化、建设区域粮食安全信息平台等方面加强合作，以在本区域消除饥饿，实现粮食安全。东盟还加强健康卫生方面的合作。2017年9月，第13届东盟卫生部长会议提出“共同建设一个健康的东盟”，决定拟定《东盟抗微生物耐药性战略计划》，倡导健康方式来抗击抗菌药物耐药性。11月，第31次东盟领导人会议发表《东盟领导人关于消除一切营养不良宣言》，决定通过多方努力，减少并最终消除东盟特别是东盟最脆弱、最穷和最弱势群体的饥饿和一切形式的营养不良，制订消除营养不良框架计划以指导各成员国政府制订相关政策，改善营养，确保饮食健康，以将东盟建设成为一个健康、关爱、可持续和有效率的社区，让居民过上能够抵御疾病威胁、普遍享有医疗保健的生活。

继续推进能源合作　2017年，东盟执行《东盟能源合作2016~2020年行动计划》第一阶段工作计划取得进展，启动东盟能源数据库系统网站(www. eds. aseanenergy. org)作为东盟成员国能源统计数据参考。7月，举办首届新加坡—国际能源署亚太地区能源效率培训周，完成东盟可再生能源门户网站(www. ustainableenergyforasean. info)建设。9月，第35届东盟能源部长会议、第14届东盟10+3能源部长会议、第11届东亚峰会能源部长会议、石油天然气商业论坛、东盟能源部长与国际可再生能源组织对话等会议达成共识，决定在可再生能源、能源可持续发展、能效节能、民用核能、清洁能源、风能、太阳能、能源安全、减少室内温室气体排放、推进东盟电力多边贸易等方面进一步加强合作，促进技术交流，增加能源开发投资，以确保本地区的能源安全与可持续发展。

保护环境与生物多样性　2017年，东盟有效执行《东盟关于跨界雾霾污染协定》《东盟关于控制跨界雾霾污染合作路线图》《东盟关于泥炭地生态系统可持续管理方案(2014~2020)》等文件，在加强雾霾监测与管理、防火、完善火险等级制度、预防监测雾霾知识网络培训等方面取得实质性进展。东盟年内举行的环境部长会议和预防跨境雾霾污染会议决定，将进一步有效执行各种环保计划，减少和消除本区域的跨境雾霾污染，提出到2020年实现东盟无雾霾区的目标，在增强东盟居民的环保意识、促进农林渔业可持续发展、减少海洋污染、保护海洋资源和文化遗产等方面进一步加强东盟成员国以及东盟与对话伙伴的合作。

倡导构建包容、和谐文化　2017年11月，第31次东盟领导人会议发布的《东盟倡导构建和平、包容、健康、有活力与和谐社会的文化宣言》指出，东盟认识到贫穷、不平等、差距、边缘化、社会排斥、青年失业、公民权剥夺、种族和宗教歧视、腐败、社会不公正、社会教育和医疗保健不足以及缺乏就业机会等因素是产生各种暴力的根源，为消除暴力现象和冲突，东盟倡导和平、和谐、文化之间相互理解、法治、善政、尊重、信任、宽容、包容、温和、社会责任、多样性等共同价值观文化，按照《东盟宪章》原则，重点采取以下措施：促进所有文化间的互相尊重与理解，提倡各种善治文化、适应环境和关心环境的文化、健康生活方式的文化、中庸价值观的文化，通过加强价值观基础教育、终身学习、提高基层社会服务质量、鼓励青年参与社区和体育活动、举办研讨会，以及发挥家庭、社区、教育机构和宗教团体的宣传作用等，努力将东盟建设成一个包容、中庸、有活力、健康与和谐的社会。

## 坚持以东盟为中心，扩大发展对外关系

2017年，面对世界和地区形势的不断变化，在保持东盟核心地位的同时，本着相互尊重和互利共赢原则，东盟进一步扩大对外关系，与对话伙伴的各种合作取得实质进展。

东盟与中国关系　随着中国经济的发展和综合国力的增强，中国在世界舞台和地区合作中的作用越来越大，东盟与中国的合作也日益加强，形成全方位、多层次、宽领域的立体合作格局。2017年，东盟与中国在各领域进一步加强战略合作伙伴关系。

加强高层对话，签订合作计划。2017年，东盟与中国举行领导人会议、各种部长级会议，加强高层交往与对话，增进相互了解，商讨各领域的合作项目。东盟与中国将续签的《中国—东盟非传统安全领域合作谅

解备忘录》有效时间延长至2023年;9月,第5次中国—东盟打击跨国犯罪部长会议决定在加强“一带一路”下的安全合作倡议、在能力建设和信息共享、执法人员培训、网络安全等方面加大打击跨国犯罪合作力度;签订《建立中国—东盟中心谅解备忘录修订案》,加强中国—东盟中心在促进双边各领域合作中的作用;11月,第20次中国—东盟领导人会议同意切实落实《执行〈中国—东盟战略伙伴关系联合宣言〉2016~2020年行动计划》,欢迎《中华人民共和国与东南亚国家联盟关于修订〈中国—东盟全面经济合作框架协议〉及项下部分协议的议定书》(ACFTA议定书升级版)议定书生效,发表《中国—东盟关于全面加强有效反腐败合作联合声明》加强反腐合作。

中国—东盟经贸关系不断发展。中国—东盟自由贸易区是全球贸易规模最大的自由贸易区,建立25年来双方贸易额增长近60倍。中国连续8年成为东盟最大贸易伙伴,东盟连续6年成为中国第三大贸易伙伴。中国与东盟各国的相互投资快速均衡发展,双向投资累计近2000亿美元,东盟成为中国第三大外资来源地,中国是东盟第四大外资来源国,其中中国是柬埔寨、老挝、缅甸、印度尼西亚最大外资来源国,是马来西亚第三大投资来源国。2017年,中国与东盟贸易额5148亿美元,比上年增长13.8%。其中:中国向东盟出口2791亿美元,增长9%;进口2357亿美元,增长20%。中国主要的出口对象国为越南、新加坡和马来西亚,主要进口来源国为马来西亚、越南和泰国。虽然中国是顺差,但顺差额在减少。第20次中国—东盟领导人会议提出到2020年实现1万亿美元和1500亿美元的东盟与中国双边贸易和投资目标。

东盟与中国香港特别行政区经贸关系持续发展。东盟是中国香港特别行政区第二大贸易伙伴,2016年双方贸易额933亿美元,中国香港特别行政区对东盟的直接投资额99亿美元。2017年11月,在第31次东盟领导人会议期间,东盟成员国经济部长与中国香港特别行政区商务及经济发展局局长签署《东盟—中国香港特别行政区自由贸易协定》和《东盟—中国香港特别行政区中华总商会投资协定》。《东盟—中国香港特别行政区自由贸易协定》是继中国、韩国、日本、印度和澳大利亚—新西兰之后的东盟与外部合作伙伴签署的第6个自由贸易协定,谈判历时3年,内容涉及市场准入自由化、货物贸易便利化以及货物和服务贸易合作等广泛领域。《东盟—中国香港特别行政区中华总商会投资协定》则涵盖保护、促进和便利双边投资条款。这两个协定的签订将进一步促进东盟与中国香港特别行政区经济关系的持续发展。

为了推进中国“一带一路”建设与《东盟互联互通总体规划2025》的对接,中国与东盟加快推进基础设施互联互通合作,泛亚铁路、泛亚公路、澜沧江—湄公河航运合作、港口、航空等方面的合作取得明显成效。2017年11月,第20次中国—东盟领导人会议发表的《中国—东盟关于进一步深化基础设施互联互通的联合声明》表示,为了中国与东盟的长期合作与共同繁荣,在平等互利的基础上,双方将在以下方面加强合作:支持东盟2025愿景计划;信息交流与共享;讨论潜在的合作项目,提出合作计划;采取措施促进在铁路、公路、港口、机场、电力、通信等领域的互联互通,以构筑良好的商业和投资环境;开展基础设施建设方面的人力资源培训;为基础设施建设提供便捷、高效、多样化的金融服务,鼓励国际金融机构参与基建项目;充分发挥智库和科研机构的咨询作用,促进行业协会、研究机构和企业之间在互联互通建设中的研究咨询合作,从而进一步推进东盟与中国的互联互通。

中国与东盟互为最大海外旅游目的地和客源地。2016年,东盟国家接待中国游客1980万人次,中国接待东盟国家游客1030万人次。中国是泰国、印度尼西亚、越南的最大客源国,是新加坡、柬埔寨、缅甸第二大客源国。中国国务院总理李克强在2016年中国—东盟领导人会议上提出,到2020年实现双向游客3000万人的目标。2017年是中国—东盟旅游合作年,李克强在第20次中国—东盟领导人会议上强调指出,旅游是双方共识最多、基础最好、潜力最大的合作领域之一,要推动双方旅游合作再上新台阶。会议发表《中国—东盟旅游合作联合声明》,双方决定在如下几个方面加强旅游合作:建立旅游主管部门高层次合作机制,分享数据和旅游统计资料,鼓励东盟与中国之间更多双向游客流量,拓展旅游市场,提高旅游产品质量,加强人力资源开发,通过邮轮游艇旅游促进无缝连接,

*3月16日,2017中国—东盟旅游合作年开幕式在菲律宾马尼拉举行*

(百度网)

从而增进东盟与中国的互联互通。2017 年东盟与中国相互旅游人数有较大增长,东盟与中国、日本、韩国共接待国际旅客 1.75 亿人次,比 2016 年增长 6.7%。

深化社会文化合作。东盟与中国尊重东亚文明多样性,倡导人文交流和文明互鉴,近年来双方举办科技、文化、教育、旅游等一系列主题年活动,实施《中国—东盟文化合作行动计划》,人文合作蓬勃发展。2016 年双方人员往来超过 3800 万人次,在对方国家留学生总数超过 20 万人。2017 年中国—东盟教育交流周期间,双方通过《中国—东盟教育合作行动计划(2017 ~ 2020)》,为下阶段双方的教育合作规划了路径。未来 3 年中国将向东盟 10 国提供不少于 2 万个中国政府奖学金名额。中方倡议实施"中国—东盟人才发展计划",2018 年中国为东盟提供 3000 个研修名额,加强双方在经贸、农业、科教文卫、公共管理、交通运输等领域能力建设合作。中方将举办中国—东盟技术转移与创新合作大会、中国—东盟青少年创新创业大赛等系列活动。中方愿在未来 5 年内安排 500 人次东盟青年科学家赴华从事短期科研工作,培训 1200 人次东盟科技和管理人员,投入运行 10 家联合实验室,以科技创新引领双方全方位创新合作。

东盟与美国关系　自 1977 年 9 月东盟与美国的首次合作以来,双边关系不断发展,2005 年成为伙伴关系,美国于 2008 年向东盟派驻大使、2009 年加入《东南亚友好合作条约》,2015 年双边关系升格为战略合作伙伴关系,在政治安全、经贸、社会文化等各领域的合作不断推进。

美国总统特朗普宣布美国退出 TPP 后,不少国家开始转向区域全面经济伙伴协定(RCEP)。2017 年是东盟与美国建立对话关系 40 周年,双边关系得到进一步发展。5 月,在美国华盛顿举行的第 30 届美国—东盟对话会议和第 2 次美国—东盟外长特别会议重点讨论朝鲜和南海问题,发表声明称要通过和平努力和对话来解决持久未解的地区问题。11 月,第 5 届东盟—美国领导人会议发表声明称,美国与东盟致力于维护该地区的和平、安全与稳定,确保包括航行自由和海上飞行的安全和保障,承诺全面执行《不扩散核武器条约》,切实执行《东盟—美国战略伙伴关系 2016 ~ 2020 年行动计划》,把经济一体化、海上合作、包括气候变化在内的跨国问题、新兴领导人和妇女机会作为 5 个优先合作领域,通过培训、联合演习、信息共享、执法合作、网络安全、保护妇女儿童权益、人道主义救援、海洋环境保护,以及打击违禁药物、野生动植物、木材贩运和不合适的捕鱼、海盗等方面加强反恐等非传统安全领域的合作,预防和减少恐怖主义和暴力极端主义的威胁。

东盟与美国经贸关系也不断发展。2016 年东盟成为美国第四大出口地和第四大进口供应地,双边贸易总额达到 2118 亿美元,2015 年对东盟的出口为美国创造了 50 多万个就业岗位。2017 年 11 月,东盟—美国领导人会议决定,通过美国—东盟贸易投资框架安排继续加强双边经贸关系。美国支持东盟一体化进程和东盟互联互通 2025 总体规划、帮助东盟成员国缩小发展差距,双方还将增进东盟与美国人民尤其是青年人之间的交往交流,为所有人尤其是最脆弱群体提供发展机会。

东盟—东亚合作　2017 年是东盟与中日韩 10 + 3 合作启动 20 周年。20 年来,东盟与中日韩在政治安全、经济、社会文化、互联互通等领域的合作取得重大进展。2017 年,举行东盟 10 + 3 的领导人会议以及能源、外交、旅游、财政、金融、青年、卫生等领域部长会议,进一步推进东盟 10 + 3 各领域的合作。5 月,第 20 届东盟 10 + 3 财长和央行行长会议决定,为应对本区域人口老龄化、产业结构转型压力加大、部分国家金融脆弱性有所上升等挑战,东盟与中日韩将共同采取政策行动,继续深化结构改革,提高潜在增长率;加大区域基础设施投资和互联互通,坚定维护多边贸易体制;继续加强区域金融安全网建设,有效防范金融风险。11 月,东盟 10 + 3 领导人会议发表的《东盟"10 + 3"合作 20 周年马尼拉宣言》表示,进一步推进东亚合作以建立东亚共同体,在政治安全、经贸、金融、打击跨境犯罪、粮食安全和大米紧急储备、卫生健康、环境与生物多样性、灾害管理、基础设施建设与人员交往的互联互通等方面进一步加强合作,发挥东盟—日本中心、东盟—韩国中心和东盟—中国中心的作用,推进本区域的投资贸易与民间交流。

东盟与欧盟关系　2017 年正值欧盟成立 60 周年、东盟成立 50 周年以及东盟—欧盟建交 40 周年,双方举行一系列活动。欧盟和东盟于 2007 年开启自由贸易协定谈判,但谈判于 2009 年中止,改为欧盟与东盟成员国分别进行双边自由贸易协定谈判。2017 年 3 月,欧盟与东盟就重启自由贸易协定谈判达成共识,双方开始相关准备工作。2017 年 3 月 2 日,在印度尼西亚雅加达举行的第 24 届东盟—欧盟联合委员会(JCC)会议上,双方同意深化在政治安全、经济与社会文化等领域的对话与合作,加强海上安全、预防性外交和调解、非正规移民、贩运人口、网络安全、反恐、反暴力极端主义和打击跨国犯罪等非传统领域的合作,进一步加强两个地区的贸易和投资关系,促进东盟—欧盟综合航空运输协定谈判进程。3 月 10 日,第 15 次东盟经济部长与欧盟贸易专员磋商会议通过《2017 ~ 2018 年东盟—欧盟贸易投资工作计划》,欧盟期望打造欧盟—东盟自由贸易区升级版,欧盟已与越南和新加坡就相关协定达成一致,并与印度尼西亚、菲律宾等其他成员国进行谈判。11 月 14 日,在菲律宾马尼拉举行东盟—欧盟对话关系 40 周年峰会,双方表示努力恢复东盟—欧盟自由贸易协定谈判,促进青年、媒体、学术界、智囊机构、议会机构和民间社会、科技创新的合作。11月29日,欧盟和东盟政府间人权委员会代表在菲律宾薄荷岛举行第2次对话,讨论打击人口贩运、实现两性平等、赋予所有妇女和女童权利、可持续利用陆地生态系统、儿童权利、移徙工人权利、企业社会责任、残疾人士权益等问题,并达成相关共识。2017年还通过《东盟—欧盟行动计划(2018~2022)》以及《2017~2018年东盟—欧盟贸易和投资工作计划》,不断推进双边经济、政治、安全、文化等领域的合作,决定共同推进《东盟生物多样性保护和管理计划(2016~2021)》和《东盟地区可持续利用泥炭地和减少雾霾计划(2016~2019)》的有效执行。

东盟与联合国的合作　2017年东盟与联合国在多领域加强合作。4月19日,在印度尼西亚雅加达东盟总部举行东盟秘书处和联合国秘书处间会议,会议回顾首个《东盟—联合国行动计划(2016~2020年)》实施情况,重点讨论目前在政治和安全、经济和社会文化合作以及跨部门合作等领域的参与活动以及执行"行动计划"的拟议活动,认为《东盟2025年愿景》和《联合国2030年可持续发展议程》之间存在明显的互补性,并有可能促进全面的区域解决方案。此外,双方就如何消除暴力侵害儿童问题进行对话,呼吁扩大儿童的声音,让儿童和青年有效地防止暴力极端主义。

东盟与印度关系　2017年是东盟与印度建立伙伴关系25周年,双方开展一系列活动,以进一步推进各领域的合作。1月19日,双方举行第2届东盟—印度文化与文明联系国际会议,主题包括贸易、海事和文化联系以及东盟—印度文化伙伴关系的未来,强调通过人与人之间的连通性和文化关系克服东盟与印度战略伙伴关系的挑战。4月6日,东盟—印度高官第19次会议在印度新德里举行,讨论《东盟—印度行动计划2016~2020》的进展情况和2016~2018年优先合作领域,以及有效落实这些重要文件的途径和方法,同意在政治、经济、文化、青年和旅游等广泛领域开展一系列纪念活动。6月9日,东盟与印度庆祝建立伙伴关系25周年,双方同意努力建立持久和互利互惠的伙伴关系。9月11日,第14届印度—东盟磋商会在菲律宾马尼拉举行。会议督促各方有效执行《东盟—印度服务贸易协定》和《东盟—印度投资协定》。

东盟与俄罗斯关系　2017年3月8日,东盟与俄罗斯在印度尼西亚雅加达举行第15次东盟—俄罗斯联合委员会会议,重点讨论落实2016年5月东盟—俄罗斯对话伙伴关系成立20周年纪念峰会的成果,同意有效执行《东盟与俄罗斯2016~2020年合作议程索契宣言及综合行动计划》以建立互利的战略伙伴关系,通过农业创新技术项目建议书以加强双方在农业创新技术方面的合作。9月11日,在菲律宾帕赛市举行第6届东盟—俄罗斯联邦经济部长磋商会议,通过修改后的《东盟—俄罗斯贸易投资合作路线图》和《2017年东盟—俄罗斯贸易投资合作工作方案》,双方决定在农产品、能源、中小微型企业、运输和旅游业等领域加强合作。

东盟与加拿大关系　2017年是东盟与加拿大建立对话关系40周年,双方举办多项纪念活动。3月6日,在印度尼西亚雅加达东盟秘书处举行第5次东盟与加拿大联合合作委员会会议,表示在反对恐怖主义、打击跨国犯罪、创新创业、促进微型中小企业发展、性别平等和妇女权利保障、通过灾害管理和粮食安全来应对气候变化的影响、水和海洋资源管理等方面加强合作。9月8日,第6届东盟与加拿大经济部长磋商会议同意继续落实《2016~2020年执行东盟—加拿大贸易投资联合宣言工作计划》,以促进双边贸易和投资增长。11月14日,在菲律宾马尼拉举行东盟与加拿大建立对话关系40周年峰会,双方同意进一步推进各领域合作,以为更美好、更安全、更繁荣的世界带来持久的利益。

东盟与澳大利亚、新西兰关系　2017年东盟与澳大利亚、新西兰如期举行各项会议。3月9~10日,在缅甸内比都举行第29届东盟与澳大利亚论坛。6月16日、7月11日,在印度尼西亚雅加达分别举行第7届东盟—澳大利亚联合委员会会议、第5届东盟—新西兰联合合作委员会会议。9月9日,在菲律宾帕萨伊市举行第22届东盟—澳大利亚、新西兰经济部长会议,重申进一步加强东盟与澳大利亚、新西兰的双边战略伙伴关系,澳大利亚、新西兰重申支持东盟一体化;强调执行《关于修订建立东盟—澳大利亚—新西兰自由贸易区协定的第一议定书》,通过《东盟自由贸易协定》下的关税减让表转换准则,以简化换位程序和提高透明度;继续有效执行《东盟—澳大利亚2015~2019年行动计划》《东盟—新西兰2016~2020年合作行动计划》,同意通过东亚峰会、东盟地区论坛、扩大的东盟海上论坛和东盟国防部长会议等机制加强双边合作,促进共同繁荣和包容性增长。

东盟与德国关系　2017年1月23日在印度尼西亚雅加达举行首届东盟—德国发展伙伴关系委员会会议,双方决定在技术和技能培训、旅游、绿色和可再生能源、可持续发展、促进中小型工业和人道主义援助和救灾等方面加强合作。2月19日,东盟秘书长黎良明访问德国联邦司法和消费者保护部,双方强调加强在数字贸易中保护消费者权益的合作。

### 第20届东盟旅游部长会议

2017年1月19日在新加坡举行,东盟10国旅游部长与会。会议评估《东盟旅游业战略计划2016~2025》实施情况,确定实施2016~2017年工作计划下的关键活动,同意起草《东盟邮轮旅游联合宣言》以促进东盟邮轮旅游合作,开展东盟@50一系列庆典活动以进一步丰富东盟的旅游产品,发展优质旅游,增强旅游专业人员的能力和流动性,从而有效推进东盟成员旅游业的发展。与此同时,第16届东盟与中日韩10+3旅游部长会议举行,通过并支持落实《东盟10+3旅游合作备忘录》,同意以联合国确定的2017国际可持续旅游发展年为契机,各方分享旅游业发展经验,进一步促进本地区旅游业的可持续发展。

## 第8届东盟与中日韩10+3青少年科技冬令营

2017年1月16~20日在北京市第三十五中学举行。以"青春有梦,创客我行"为主题。中国、瑞典以及印度尼西亚、马来西亚等东南亚国家的14支代表队近百名初中学生和科技教师参与活动。在教师指导下,选手们在北京市第三十五中学的科技实验室围绕桥梁设计与制作、航模设计与制作、足球机器人调试、小火箭制作和3D打印设计等5项内容,发挥想象力、创造力以及艺术表现力,设计制作出富有科学性、创新性和实用性的作品,作品最终将进行展示和评奖。此次活动有利于推动区域内各国(地区)之间青少年的科技教育和文化交流,提升中国青少年科技教育区域影响力。

## 第8届东盟—美国联合委员会会议

2017年4月4日在印度尼西亚雅加达东盟秘书处举行,东盟成员国常驻代表和东盟秘书处代表出席会议。该会议是审议东盟与美国合作的重要机制。会议总结东盟—美国建立对话关系40年来的进展,探讨进一步深化双边伙伴关系的途径,双方承诺将加强战略伙伴关系,特别是在应对国际挑战、海上合作、经济一体化、培育区域新兴力量和提供妇女就业机会等5个优先合作领域加强合作,有效执行《2016~2020年东盟—美国行动计划》。美国重申将继续支持东盟,期待继续在网络合作上取得进展,充分利用东盟各个平台,包括举行东盟区域论坛以促进共同原则、建立信任措施、加强区域网络能力等。双方还就其他共同关心的问题交换意见,包括朝鲜半岛局势和南海问题等,重申维护本地区和平、稳定与安全的重要意义。

## 第12届东盟财长与中央银行行长会议

2017年4月7日在菲律宾宿务举行,东盟各国财长和中央银行行长参加。会议讨论东盟经济增长情况以及面临的挑战,回顾《东盟金融一体化战略行动计划(2016~2020)》和《东盟货币金融一体化路线图》的实施情况。在会后发表的联合声明中表示,在当前全球贸易保护主义抬头的背景下,东盟仍将坚定不移地推进建立"一个高度整合、团结有力的经济体"的目标;东盟将继续推进金融一体化,确保金融稳定,采取灵活的财政货币政策和审慎的宏观管理措施,进一步提升本地区的应变能力,从而推动本地区经济的持续增长。

## 第12届东盟与中日韩卫生部门高官会议

2017年4月18~20日在文莱斯里巴加湾举行,东盟成员国、中国、日本和韩国高级卫生官员118人参加。会议确定《2015年东盟卫生发展议程》2016~2020年工作计划中卫生部门的工作计划,以及2017~2018年东盟与中国、日本和韩国卫生部门优先合作的领域,包括全民医疗保健、医疗信息通信技术、非传染性疾病、传统医学、老龄化问题、卫生健康部门的人力资源开发、应对传染性和新出现的健康威胁、抗生素耐药性、终止一切形式的营养不良、食品安全和灾难健康管理等领域的合作。

## 第30次东盟领导人会议

2017年4月29日在菲律宾马尼拉举行,东盟各国领导人和东盟秘书长出席会议。主题是"携手变革,融入世界"。东盟各国领导人围绕建设以人为本的东盟、地区和平与稳定、海上安全与合作、包容性创新和增长、强化东盟生命力和东盟作为区域主义和全球性力量的示范性等六大议题进行讨论,会议还审议《东盟共同体2025年愿景》的执行情况,并就执行过程中面临的挑战提供政策建议,菲律宾向与会成员汇报东盟成立50周年庆典的准备情况。会后发表主席声明,表示东盟将大力加强一体化建设,按照《东盟共同体2025年远景计划》及《东盟一体化倡议》,推动东盟国家在政治安全、经济和社会文化领域的一体化水平不断提升。东盟领导人对RCEP谈判取得的进展表示欢迎,同时对近期贸易保护主义抬头、经济全球化进程受阻表示忧虑,认为亟需达成一个高效并惠及各方的RCEP协议,该协议将推动全球经济增长、深化区域经济一体化、促进参与国家经济更加均衡发展。东盟将与有关方面通力合作,按照《RCEP谈判的指导原则和目标》,迅速缔结相关协议。与会东盟国家领导人还就共同关切的地区和国际问题交换意见,确认东盟在解决恐怖主义、暴力极端主义、海盗、人口贩运、毒品等影响地区和平、安全、繁荣问题上合作的重要性。

## 东盟次区域领导人会议

2017年4月29日,第10届印度尼西亚—马来西亚—泰国增长三角首脑会议在菲律宾马尼拉举行。印度尼西亚、马来西亚、泰国3国领导人出席会议。会议肯定印度尼西亚—马来西亚—泰国增长三角在东盟经济共同体建设中所发挥的重要作用,以及2012~2016年印度尼西亚—马来西亚—泰国增长三角(IMT-GT)

实施蓝图的圆满完成,决定将继续制订计划,到2036年把IMT-GT建设成为一个高度一体化、创新、包容和可持续发展的次区域。同日,第12届东盟东部增长区领导人会议在菲律宾马尼拉举行,会议讨论东部增长区实现可持续和包容性增长及促进民间繁荣的重要作用,重申增长区是实现《东盟愿景2025》的基石,督促各方为实现《东盟愿景2025》提供一切便利。

### 第3次东盟—太平洋联盟会议

2017年5月3日在印度尼西亚雅加达东盟秘书处举行,东盟10国与太平洋联盟国家代表参加。2012年,智利、哥伦比亚、墨西哥和秘鲁组建太平洋联盟,这是一个创新的整合模式,汇集了该地区最开放和充满活力的经济体,这些国家代表2.15亿人口的市场,占拉丁美洲生产总值的40%,地区贸易的52%。2016年东盟—太平洋联盟会议通过《东盟—太平洋联盟合作框架》成为东亚和拉丁美洲地区在经济、教育、科技和可持续发展方面合作之首例。此次会议重申加强两个区域组织合作的承诺,同意优先考虑《东盟—太平洋联盟合作框架》下的经济合作、教育和民间交往、科学技术和创新及可持续发展4个合作领域,以促进区域经济一体化和全球经济的发展。

### 第20届东盟与中日韩10+3财政部长和中央银行行长会议

2017年5月5日在日本横滨举行。东盟各国和中国、日本、韩国财政部长和中央银行行长出席会议。会议主要讨论全球和区域宏观经济形势、东盟10+3区域财金合作等议题。会后发表联合声明称:面对保护主义倾向、金融收紧等形势,各方承诺单独或共同使用货币政策、财政政策和结构性改革等所有必要的政策工具,促进可持续、平衡、包容性增长;东盟10+3各方重申支持开放的、基于规则的多边贸易和投资体系;将继续加强资本流动监测,密切关注并随时应对本地区可能出现的风险;继续加强清迈倡议多边化协议(CMIM)作为区域金融安全网重要组成部分的作用,期待CMIM定期评估取得积极进展;会议审议东盟与中日韩宏观经济研究办公室在提高经济监测能力和加强机构能力建设方面的进展,支持成员实施CMIM,为维护区域经济和金融稳定发挥更大作用;会议对亚洲债券市场倡议为区域本币债券市场发展做出的贡献表示欢迎。

### 东盟秘书长黎良明分别会见智利、埃及、摩洛哥、爱沙尼亚、挪威新任驻东盟大使

2017年,东盟积极加强与智利、埃及、摩洛哥、爱沙尼亚、挪威的关系。2017年5月12日,东盟秘书长黎良明分别与埃及新任驻东盟大使艾哈迈德·艾哈迈德·莫阿瓦德、智利总统米歇尔·巴切莱特会面。6月15日,黎良明与摩洛哥新任驻东盟大使Ouadia Benabdellah会面。7月11日,黎良明与爱沙尼亚第一任驻东盟大使安德烈斯·安加会面。7月12日,黎良明与卡塔尔驻东盟大使会面。7月21日,黎良明与挪威王国新任驻东盟大使Morten Hoglund会面。5国都在寻求加强与东盟的关系。黎良明秘书长强调各国加入《东南亚友好合作条约》的重要性,会面讨论如何在共同利益领域开展具体合作,进一步推动各国与东盟人员往来。

### 第7次东盟针对儿童暴力的跨区域圆桌会议

2017年6月9日在菲律宾马尼拉举行。会议主题为"把儿童作为可持续发展议程的核心:加速促进儿童免受暴力",东盟成员国代表出席。与会代表指出东盟国家仍存在虐待、忽视、剥削和欺凌儿童等传统恶习,强调不能忘记处于边缘地带的残疾儿童、生活在高危和偏远地区的儿童、没有任何国籍的儿童以及由于他们的身体、社会和政治条件而造成多重脆弱性的儿童,东盟承诺将努力制止针对儿童的各种暴力行为,在东盟建立一个和谐安全平等的社会。

### 第10届东盟青年部长会议及系列会议

第10届东盟青年部长级会议于2017年7月20日在印度尼西亚尼雅加达举行,会议强调东盟青年创业的重要性,通过"2016~2020年东盟青年工作计划",发表第一个东盟青年发展指数(YDI)报告。第6届东盟与中日韩10+3青年部长会议也同时举行,与会的东盟10国与中国、日本、韩国青年部长和代表强调,必须为东盟青年提供更广泛的接触机会,鼓励执行"东盟与中日韩10+3青年发展工作计划",呼吁年轻一代更积极地参与东盟共同体建设。会议重申致力于促进东盟与中日韩在青年发展上的密切合作。在7月25日会议晚宴上举行颁奖仪式,表彰为区域合作和发展做出突出贡献的个人和青年组织。

### 第50次东盟外长会议

2017年8月5日在菲律宾马尼拉举行,东盟各国外交部长出席会议。会议主题为"携手变革,走向世界"。参会的东盟各国外长共同回顾东盟共同体的建设进展和未来发展方向,并就共同关心的地区问题和国际问题交换意见。会后发表联合公报,重申东盟共同体建设的目标,东盟共同体愿景2025就是共同朝着建立一个具有政治凝聚力、经济一体化、具有社会责任感和真正的以规则为本、以人为本、以人为中心的东盟共同体的方向努力。公报表示,要加强东盟秘书处,对东盟机构进行考察,审议更新《东盟宪章》某些章节内容;培育促进中小微型企业的发展,努力缩小东盟成员

国的发展差距；有效实施《2025年东盟互联互通总体规划》，该规划中的可持续基础设施建设、数字化创新、无缝物流、卓越监管、促进人员流动五大战略领域，将有助于促进东盟的经济增长；促进东盟2025年共同体愿景与联合国2030年可持续发展议程的互补，优先考虑合作的领域包括灾害抵御能力、基础设施建设、可持续性消费和生产、消除贫穷和可持续自然资源管理；进一步推进东盟政治安全共同体建设，欢迎其他国家加入《东南亚友好合作条约》《东南亚无核武器区条约》等条约，发挥东盟政府间人权委员会的作用，加强海上安全合作；在运输、矿产、能源、信息与通信技术、科技、金融银行、粮食和农林业、旅游、中小微型企业、统计、贸易便利化、电子商务、相互认证等方面成员国间的合作取得成效，继续加强合作，推进《东盟经济共同体蓝图2025》的实施；在福利与发展、农村发展与消除贫困、保障妇女儿童权益、促进青年创新创业、促进和保护劳工权益、灾害管理、应对气候变化、环境和生物多样性保护、卫生健康、保护和促进本地区丰富的文化遗产、教育和体育等方面加强合作，以实现东盟社会文化共同体蓝图2025。在对外关系上，公报重申把地区主义和多边主义作为促进地区与国际和平、稳定、繁荣和进步的重要原则和框架，强调在地区合作中继续坚持东盟的核心地位，加强东盟与对话伙伴的合作，共同促进地区和世界的和平、稳定、繁荣。会议就朝鲜半岛局势发表声明，强烈敦促朝鲜履行联合国相关决议，并重申应以和平手段解决朝鲜半岛核问题。

## 第7届东亚峰会外长会议

2017年8月7日在菲律宾马尼拉举行，东亚各国外交部长出席会议。会议以“携手变革，走向世界”为主题。会后发表主席声明：与会部长们回顾东亚峰会的合作历程和取得的成果，重申东亚峰会国将进一步加强对话与合作，希望尽快通过《马尼拉行动计划》；肯定东盟和东亚经济研究所对深化经济一体化、缩小发展差距、实现东盟和东亚可持续发展所做出的贡献；指出设立东亚峰会小组有助于促进东亚合作组织的协调；欢迎在能源、教育、金融、全球卫生和流行病防治、环境与灾害管理以及东盟互联互通等6个重点领域合作取得的进展，同意加强海上合作、打击恐怖主义和暴力极端主义、核不扩散、消除贫困等方面的合作；认为《东盟愿景2025》和《联合国2030年可持续发展议程》的承诺是相辅相成的，应该互相支持；同意建立一个现代、全面、高质量和互利的区域全面经济伙伴关系（RCEP），以促进东盟与自由贸易协定伙伴之间的经济关系。会议还就朝鲜问题和南中国海问题交换意见，强调全面有效地执行《南海各方行为宣言》的重要性，敦促朝鲜立即充分履行联合国安理会所有有关决议。

8月7日，第七届东亚峰会外长会议在菲律宾马尼拉举行　（百度网）

## 第18届东盟与中日韩10+3外长会议

2017年8月7日在菲律宾马尼拉举行。会后发表主席声明。会议重申东盟与中日韩10+3合作框架在促进东亚和平、安全、稳定与繁荣方面的重要作用，以及以东盟为中心的区域合作机制在不断演变的区域架构中的重要性，强调东盟与中日韩10+3合作机制将继续支持《东盟愿景2025》的实施，为深化东亚地区一体化铺平道路；重申继续致力于处理传统和非传统安全问题，如跨国犯罪、气候变化、恐怖主义和暴力极端主义、海上安全与保障、网络安全、灾害管理、流行病、粮食安全、水资源管理和能源安全等问题；继续加强经济、食品安全、旅游、缩小发展差距、妇女和儿童、社会福利与发展、东盟互联互通、劳动、健康、文化等优先合作领域的合作，扩大在人权、农业、林业、能源安全、教育、青年、体育、气候变化、自然资源保护、水资源管理、老龄化、信息通信技术和网络安全以及减少和处理灾害风险等领域的合作；重申在东盟10+3合作框架下处理区域和国际问题，指出在当前形势下，亚洲特别是东盟和东亚地区国家应率先推进经济一体化；在朝鲜问题和海上安全问题上，强调必须增进相互信任，自我克制，按照国际原则和平解决争端；对于气候变化问题和其他方面的问题，将遵守承诺，共同发展。

## 第24届东盟地区论坛

2017年8月7日在菲律宾马尼拉举行。会后发表主席声明，强调东盟论坛就亚太地区共同关心的问题进行建设性对话和磋商的重要性，肯定《河内行动计划》与预防性外交有关计划取得的进展。朝鲜问题和南中国海问题成为论坛两大热点议题,与会各国代表对朝鲜半岛局势表示忧虑,敦促朝鲜履行联合国安理会决议,并呼吁各方重启对话实现朝鲜半岛无核化,提出“双冻结,同步进展”和“分阶段”计划;重申必须加强核不扩散、裁军与和平利用核能方面的国际合作。会议谴责一切形式的恐怖主义,重申解决巴以冲突以实现中东地区的和平与稳定。论坛期间,东盟与澳大利亚、加拿大、中国、欧盟、印度、日本、新西兰、韩国、俄罗斯和美国等对话伙伴举行部长级10+1会议,肯定东盟与对话伙伴国合作取得的进展,决定确保各项行动计划的有效实施,进一步推动东盟与对话伙伴在各领域的合作。

### 东盟成立50周年纪念活动

2017年是东盟成立50周年,东盟秘书处和东盟各国举行一系列纪念活动。7月19日,“纪念东南亚国家联盟50周年”的决议得到联合国67个成员方为共同提案国一致通过。8月8日,除泰国以外,文莱、印度尼西亚、马来西亚、菲律宾、新加坡和越南均点亮了著名地标。东盟峰会作为盛大庆祝活动在菲律宾马尼拉举行。东盟颁发东盟社会青年企业家奖和东盟生物多样性英雄奖,以表彰他们对东盟发展的贡献。东盟统计司推出东盟2017年千年发展目标统计报告和东盟共同体进展监测系统。8月11日,在印度尼西亚雅加达进行东盟金禧纪念仪式,推出丰富多彩的表演。8月13日,在印度尼西亚雅加达组织开展东盟—印度家庭娱乐运动。8月23~24日,在新加坡举行第2届拉贾拉特南捐赠基金—东盟共同体论坛。经过50年的合作,东盟成员国之间建立了更深层次的理解、信任和伙伴关系,在多样性中追求共同目标。东盟最重要的成就是通过促进和平共处、友好关系与和平解决地区国家间争端维护东南亚的和平与稳定。东盟还深化与外部伙伴和有关各方的合作。2017年东盟国内生产总值约为2.6万亿美元,是世界第六大经济体,也是亚洲第三大经济体,在改善人民生活方面取得重大成就。

### 第13届东盟卫生部长会议

2017年9月在文莱斯里巴加湾举行。会议主要确定加强东盟在社会方面的合作以及有效执行预防与控制战略,重申在第23次东盟领导人会议达成的承诺,确定促进健康的生活方式、应对所有危害和新出现的威胁、加强保健系统和获得护理的机会、确保食品安全为4个重点合作领域,规定东盟各国卫生部官员的任务是制定东盟抗击微生物抗药性战略计划(AMR)、制定和支持灾害卫生管理协作机制、成立卫生监测工作组,以实现东盟2025年愿景及可持续发展目标。

### 第49届东盟经济部长会议

2017年9月7日在菲律宾帕赛举行,东盟各国经济部长出席会议。会议主题是“实现包容性、创新型增长”。菲律宾贸工部部长洛佩兹在发表主旨演讲时表示,东盟成立50年来,在经济发展方面取得显著成就,呼吁与会的东盟各国部长为实现东盟2025愿景、在解决长期存在的问题方面做出努力,如消除非贸易关税壁垒,致力于投资自由化、透明化,以及进一步实施东盟综合投资协议等。会议重点跟进东盟经济一体化进展,着重促进贸易发展和消除贸易壁垒。会上,各成员国对东盟良好商业注册路线、保护东盟高端消费者方案、拟定促进东盟竞争力工作方案、编印执行东盟竞争法律自我评估手册、拟定东盟共享经营框架、对东盟理事会派遣常驻代表、拟定东盟电子商务方案等7份重要文件进行确认。会议讨论东盟经济共同体2025蓝图、东盟贸易便利化、建立东盟贸易信息库、东盟投资、服务贸易解决方案、东盟单一窗口、实施东盟海关一体化、设立“东盟食品安全管理框架”、在投资和服务贸易上加大投入力度、加强实施“2025年东盟竞争行动计划”、加大消费者以及知识产权的保护力度、支持电子商务和中小微型企业发展、缩小成员国发展差距、倡导公私部门共同参与、东盟与东亚经济研究所协调工作、提升技术援助和能力建设等问题,并达成共识。

### 第7届东盟与中日韩10+3卫生部长会议

2017年9月在文莱斯里巴加湾举行,东盟10国和中国、日本和韩国的卫生部长参加。部长们同意卫生发展合作应与东盟2015年后卫生发展议程保持一致,并侧重于普遍保健覆盖率、ICT保健、非传染性疾病等共同问题的合作领域;强调东盟10+3各国利益攸关的多部门和组织协调合作,各国和地方在政策上加大支持力度,保证充足的资源,以确保区域内居民高品质的生活;倡导、推动和落实有关的社会和经济干预措施,呼吁各国遵守“2016~2020年老龄化与健康全球战略和行动计划”,重申联合国“2030年可持续发展议程”的重要性,将东盟10+3医疗卫生体系纳入东盟健康群体的工作计划中。

### 第23届东盟—日本经济部长磋商会议

2017年9月9日在菲律宾帕赛举行,东盟10国经济部长和日本经济产业省部长出席。会后发表声明称:东盟与日本经济十分密切,2016年日本成为东盟第四大贸易伙伴和东盟第二大外国直接投资来源地;东盟—日本创新网络的启动,将有助于促进东盟各国与日本的创新创业发展;会议希望尽快制订区域全面经济伙伴关系(RCEP),使其成为现代、全面、优质和互利的协议,该协议涉及商品贸易、服务和投资规则等领域;决定加快制定“东盟—日本全面经济伙伴关系协定”议定书,并将其纳入“服务贸易章程”“自然人流动”和“投资”计划;双方将在人力资源开发、中小微型企业发展、基础设施建设、创新和技术转让、湄公河工业发展等方面加强合作,以实现包容性和创新型经济增长。

## 东盟—美国经济部长磋商会议

2017 年 9 月 9 日在菲律宾帕赛举行,东盟各国和美国的经济部长出席。会后发表的主席声明表示,东盟与美国经济合作持续发展,美国已经成为东盟第三大贸易伙伴和第三大外国直接投资来源地,东盟则是美国第四大贸易伙伴。会议通过 2017 ~ 2018 年东盟—美国贸易和投资框架,美国表示继续支持东盟在东盟单一窗口、贸易便利化、中小微型企业发展、创新创业、信息通讯技术等领域的发展,美国政府和私营部门将向东盟提供相关专业知识、信息和资源;双方将举行各种对话,以进一步促进美国与东盟之间的贸易和投资关系的发展。

## 第 5 届东亚峰会经济部长会议

2017 年 9 月 9 日在菲律宾帕赛举行,东盟 10 国和澳大利亚、中国、印度、日本、韩国、新西兰、俄罗斯、美国的经济部长参加。会议强调希望继续保持东亚经济体之间强有力的贸易和投资关系,进一步加强东亚区域经济一体化,指出双边、区域和多边贸易协定必须开放、透明,与世界贸易组织一致,东盟将与各国一起继续打击贸易保护主义,包括所有不公平的贸易做法,同时承认合法的贸易防卫工具的作用。有关各方将与东盟和东亚经济研究所建立联系,交流信息和知识。各方承诺加强经济合作,实现共同繁荣和包容性增长。

## 第 5 届区域全面经济伙伴关系(RCEP)部长级会议

2017 年 9 月 10 日在菲律宾帕赛举行,16 个 RCEP 参与国(RPC)的部长参加。会后发表的声明表示,支持推进市场准入和规则谈判,认为现在迫切需要将政治承诺转化为行动。部长们呼吁所有 RPC 集中力量和资源,以最大限度地取得进展和重大成果。会议决定设立政府采购问题工作组和贸易救济工作组,以确保相关工作的顺利开展。

## 第 9 届东盟新成员国经济部长会议

2017 年 9 月 11 日在菲律宾帕赛举行,东盟新成员国柬埔寨、老挝、缅甸、越南的经济部长参加。会后发表声明称:东盟新成员国的商品贸易总量已经有所增长;会议肯定《东盟新成员国2017 ~ 2018 年行动计划》的执行进展,决定将继续有效执行该计划;建立新成员国的“国家单一窗口”并与东盟单一窗口相结合,改进标准和一致性协调措施,促进中小企业的市场准入。会议重申致力于缩小东盟新成员国与其他东盟成员国之间的发展差距,以确保东盟各国人民平等分享区域经济一体化带来的惠益。

## 第 14 届东盟环境部长级会议

2017 年 9 月 12 日在文莱斯里巴加湾举行,同时举行东盟跨界烟雾污染协议会议第 13 次会议。东盟国家负责环境、土地、森林防火的部长出席。会议回顾各国在环境问题上的合作,特别是根据东盟社会文化共同体蓝图在环境可持续性方面采取的行动,讨论进一步促进该地区环境合作的新举措。强调通过协调一致的国家努力和区域合作,全面有效地执行“东盟跨界烟雾污染协议”和“东盟合作实现跨界烟霾污染控制实施路线图”,以有效地实施 AATHP 和路线图。会议重申全力支持印度尼西亚主办东盟跨界烟雾污染控制协调中心(ACC THPC)。会上颁发环境保护奖项。会议同意于 2018 年在缅甸召开东盟跨界烟雾污染协议缔约方大会第 14 次会议,2019 年在柬埔寨举行第 15 届东盟关于消除跨境烟雾污染的部长级会议和东盟跨界烟雾污染协议缔约方大会第 15 次会议。

## 第 11 届东盟打击跨国犯罪问题部长级会议

2017 年 9 月 20 日在菲律宾马尼拉举行。东盟各国部长出席会议。会议重点讨论恐怖主义、人口贩运、非法贸易和网络犯罪等问题,并通过一系列应对措施。由于菲律宾南部马拉维市的恐怖袭击事件,打击恐怖主义成为会议最突出的议题。会后发表联合声明,会议通过《东盟制止激进化和暴力极端主义抬头的马尼拉宣言》,《宣言》强调反恐工作中采用去激进化和改造计划的必要性,提倡“采取强制或惩罚性措施,确保做好激进或极端分子重新融入社会的准备,同时防止他们重新回到激进或恐怖活动的老路上”。呼吁进行“和平教育”,尤其是针对年轻人进行教育,让他们了解“和平解决冲突之道以及社会价值观和伦理价值观,以此作为提高民众意识、预防暴力极端主义和激进化工作的部分内容”。与会者支持《东盟预防和打击网络犯罪宣言》,该《宣言》将网络犯罪和电子证据相关法律的协调问题列为优先事项,鼓励东盟各国利用现有的地区工具和国际工具来打击网络犯罪。会议探讨《东盟禁止贩运人口(特别是妇女和儿童)公约》的执行情况,特别是对分派执行这一任务的工作组的地位进行探讨。此外,还提出组建打击非法走私武器工作组以及组建打击非法走私野生生物和木材工作组。东盟将与有关国际组织和其他利益攸关方进行合作,任命高级顾问组成特设专家工作组,负责制定“东盟防范和打击激进化和暴力极端主义崛起行动计划”。

## 第35届东盟能源部长会议及系列会议

2017年9月27~28日在菲律宾帕赛举行，东盟各国能源部长出席会议。主题是“通向坚韧而可持续能源的东盟共同体”。菲律宾能源部部长阿方索·库西在开幕致辞中表示，东盟关注可再生能源技术的发展，东盟成员国正寻求建设跨东盟地区连接新加坡、马来西亚、泰国、缅甸和印度尼西亚的天然气管道，可再生能源、液化天然气将是能源合作的重点领域，将吸引更多的投资。会议主要探讨东盟能源展望和加强亚太经济合作组织对东盟实现可再生能源的支持、加强民用核能的AMS能力、承认煤炭和洁净煤技术的作用、确保石油和天然气供应的可及性和安全性、启动东盟电网多边电力贸易、通过东盟能源奖认可最佳实践。9月28日举行的第14届东盟与中日韩10+3能源部长会议和第11届东亚峰会能源部长会议，分别就保障区域能源安全、加强新能源和可再生能源领域合作、促进煤炭清洁利用、加强民用核能和清洁能源能力建设等议题进行深入讨论，并发布东盟10+3能源部长联合声明和东亚峰会能源部长联合声明。

## 第10届东盟农村发展与消除贫困问题部长级会议

2017年10月6日在马来西亚吉隆坡举行，会议主题是“农村转型：加强人力资本建设提高农村社区水平”。东盟各国负责农村发展的部长出席。会议认为东盟必须进行农村社区转型以迎接挑战。会议肯定东盟在减轻贫困方面取得的重大进展，但现状仍然不容乐观，认为农村发展问题不仅需要更多的投资，而且更需要人力资本，需要创造更多的就业机会，特别是要促进青年人才就业。会议强调农村转型需要实现经济发展，增强人力资本则是农村经济增长的主要动力，要加强农村人口教育和技能培训，改善基础设施，激发农村活力，从而提高农村人口的收入，消除贫困，使农村人口能够应对当前和新出现的挑战。

## 第4届东盟体育部长会议

2017年10月11日在缅甸内比都举行，东盟各国体育部长参加。会议认为体育合作在建立友谊与共同体中发挥着重要作用；会议通过《东盟体育2016~2020年工作计划》，主要内容包括振兴传统体育运动和游戏、促进妇女和女童参与体育运动、利用体育促进青年人提高生活技能、通过体育活动促进人民提高对东盟的认知等；东盟承诺每年与所有东盟成员国一起在东盟日举行“东盟体育日”活动。

## 首届东盟与日本体育部长会议

2017年10月11日在缅甸内比都举行。双方认为，通过加强体育领域的深层次合作，可以进一步推进东盟与日本的友好合作关系；强调通过政策对话，协调机制和制订方案，深化双边体育合作；确定培训体育教师和教练员、推动妇女参与体育运动、推进残疾人运动、反兴奋剂运动和能力建设为东盟—日本的体育合作的4个重点领域；支持“东盟体育促进女性参与体育运动”的项目构想；决定于2019年在菲律宾举行下一届东盟与日本体育部长会议。

## 第23届东盟交通部长会议

2017年10月12日在新加坡举行，东盟各国交通部长出席。会后发表声明：指出将进一步推进东盟单一航空市场进程，签署“第十批航空运输服务承诺”《国内代码共享权利议定书》《东盟空中交通管理总体规划》《飞行机组执照相互承认协议》《东盟外国运营商安全评估的职权范围》等文件，推动东盟航空无缝连接；会议肯定东盟与中国在空中互联互通方面取得的进展，实施《中国—东盟航空运输协定》及其“议定书Ⅰ”和“协议Ⅱ”，同意在2018年进一步扩大第五航权，以最终实现东盟与中国间开放天空目标；签署《东盟框架化公路客运车辆跨境运输框架协定》，以促进东盟成员货物运输的无缝跨境流动，人员交流，促进旅游与投资；确定“东盟港口防灾减灾准则”，为东盟成员国改善防灾、减灾措施提供基本思路；支持东盟高速公路网项目，鼓励将东盟高速公路网下的所有的三级道路提升到更高标准，以支持东盟建立区域陆路运输网络；继续保持并加强东盟与中国、日本、韩国和欧盟建立的运输合作伙伴关系，对《东盟—日本航空运输协定》和《东盟—欧盟综合航空运输协定》谈判取得的进展表示高兴，也希望加强与印度运输的互联互通，

*10月12日，第23届东盟交通部长会议及东盟与中国、日本、韩国对话伙伴国的相关会议在新加坡开幕*　（百度网）

推动东盟—韩国航空安排工作组继续对话，争取早日缔结更加自由和互利的东盟—韩国航空服务协议。同期举行第15届东盟与日本运输部长会议和第8届东盟与韩国交通部长会议，讨论东盟与日本、韩国在航空、海运、公路、铁路、内河运输等方面的合作问题。

## 第11届东盟国防部长会议

2017年10月23日在菲律宾马尼拉举行，东盟成员国国防部部长出席。会后发表联合声明：指出东盟恪守《东盟宪章》的宗旨和原则，落实《东盟安全共同体2025蓝图》，为东盟各国人民的利益服务，确保东盟与世界和平相处；加强东盟成员国间以及东盟与对话伙伴间在安全领域的合作与对话，强调东盟在区域安全合作中的中心地位；重申维护和促进南中国海上空和海上航行的和平、安全、稳定、安全和航行自由的重要性，以及增进互信的必要性，呼吁有关各方致力于全面有效地执行《南海各方行为宣言》和“南海行为准则”（COC）；重申承诺共同努力打击一切形式的恐怖主义和暴力极端主义，东盟成员国在军事技术、信息、网络以及军事演习、防务和军事机构间的教育培训交流等方面加强合作，实现地区和平与安全；强调东盟10+3合作机制在区域安全合作中的重要作用，承诺将进一步加强10+3在安全领域的合作；在灾害管理与应急方面加强各方合作；支持朝鲜半岛无核化，敦促朝鲜立即履行联合国安理会有关决议规定的义务，呼吁各方自我克制，恢复对话，以缓解朝鲜半岛的紧张局势。会议决定2018年由新加坡主办第12届东盟国防部长会议和第5届东盟与中日韩10+3国防部长会议。10月24日，第4届东盟与对话伙伴国国防部长会议举行，东盟10国和澳大利亚、中国、印度、日本、新西兰、韩国、俄罗斯、美国8个对话伙伴国防部长出席。会议就恐怖主义和暴力极端主义、海上安全、不扩散核武器、网络安全等地区和国际安全与防务问题交换意见，并达成相关共识。

## 《东盟—中国香港特别行政区自由贸易协定》和《东盟—中国香港特别行政区中华总商会投资协议》签署

2017年11月12日，在第31次东盟领导人会议期间，通过东盟成员国经济部长和中国香港特别行政区商务及经济发展局局长签署的《东盟—中国香港特别行政区自由贸易协定》（AHKFTA）和《东盟—中国香港特别行政区中华总商会投资协定》（AHKIA）。协议指出，东盟与中国香港特别行政区自由贸易协定是中国、韩国、日本、印度和澳大利亚—新西兰之后的东盟与外部合作伙伴签署的第6个自由贸易协定。协定内容涉及市场准入自由化、贸易便利化、贸易规则以及旨在促进该地区货物和服务贸易的合作等广泛领域。《东盟—中国香港特别行政区中华总商会投资协定》涵盖保护、促进和便利投资。会议认为这两个协定将为加强东盟和中国香港的经济关系、促进双方经济发展繁荣发挥重要作用。

## 第31次东盟领导人会议

2017年11月13日在菲律宾马尼拉举行。与会的东盟及其对话或域外伙伴领导人共同出席东盟成立50周年纪念活动。会议就建设更加稳定和更具韧性的东盟共同体——建设以人为本的东盟、维护地区和平与稳定、加强海上安全与合作、促进包容性与创新驱动型增长、加强东盟韧性、推动东盟成为区域主义样板和全球事务参与者等进行讨论，主要探讨优先合作领域、能源、教育、金融、全球健康、东盟互联互通、可持续发展、南中国海、朝鲜半岛、网络、区域经济一体化、赋予妇女经济权力、东盟与东亚经济研究所合作、反野生动物和木材贩运等多方面的现状与挑战，并根据“东盟原则与精神”达成共识，签署《东盟关于保护和提高移民劳工权益的共识》，发表《东盟关于预防和打击网络犯罪的宣言》《东盟创新宣言》《东盟有害化学品和废物管理联合声明》《东盟文化宣言》《东盟促进东盟妇女和平与安全联合声明》《东盟关于性别平等与东盟2025年社区愿景和可持续发展目标的宣言》《关于东盟青年发展指数的声明》《东盟关于应对气候变化的联合声明》《东盟关于灾难健康管理的声明》《东盟关于抗菌素耐药性的声明》《东盟关于终止一切“营养不良”的宣言》等文件，将东盟建设为一个和平、包容、健康和谐的东盟共同体，增强东盟在国际社会中的作用和影响力。会议期间举行第12届东亚峰会、第20次东盟—中国领导人会议、东盟—加拿大对话关系建立40周年纪念峰会、东盟—欧盟建立对话关系40周年纪念峰会。

## 第5届东盟—美国领导人会议

2017年11月13日在东盟领导人会议期间于菲律宾马尼拉举行，东盟各国领导人、东盟秘书长和美国领导人出席。双方表示维护《联合国宪章》《东盟宪章》和国际法的原则和宗旨，支持相互尊重各国的主权、领土完整、平等和政治独立，致力于维护地区和平、安全与稳定，确保海上安全，推进合作应对海上领域的共同挑战；致力于通过加强民主、善政和法治，促进和保护人权和基本自由，打击腐败，鼓励宽容和温和；支持东盟在不断演变的区域合作架构中的中心地位发挥领导作用；双方承诺全面执行《不扩散核武器条约》，东盟—美国伙伴关系在解决跨国挑战方面要发挥更大的作用；双方致力于通过信息共享和执法合作减少恐怖主义和暴力极端主义的威胁；促进创新、创业和互联互通，互利共赢，共同促进地区和世界的经济发展和繁荣。

### 《未来十年南海海岸和海洋环保宣言(2017~2027)》

2017年11月13日在菲律宾马尼拉举行的第20次中国—东盟领导人会议上签署,是实施《中国—东盟和平繁荣战略伙伴关系联合宣言2016~2020年行动计划》的一部分,是开展海洋环境保护合作活动的指导方针。宣言称:南中国海沿海和海洋环境的保存和可持续管理,对于东盟国家和中国的经济繁荣发展、双方人民生活水平的提高至关重要;重申需要继续发展和维持无害环境的机制,以减轻气候变化和跨界海洋环境污染和退化的影响;认识到保护南海是人类经济和社会发展的自然资源基础,沿海地区湖泊、河流、湿地、相邻河口等淡水生态系统对海洋环境整体健康的可持续管理和保护具有重要意义。宣言强调:直到找到领土争端和主权争议的全面和可持续的解决措施,有关各方将在不损害各方立场的基础上研究或进行相关合作活动;南海当前的情况要求有关各方共同行动起来,才能保护海上生态系统和生物多样性。

### 第12届东亚峰会

2017年11月14日在菲律宾马尼拉举行,东亚各国领导人和有关官员出席。会议强调共同关心和促进东亚和平、稳定与经济繁荣的目标,并就广泛的战略、政治和经济问题进行对话,达成一系列共识。强调采取措施预防和打击恐怖主义的重要性。会议发表《东亚峰会领导人关于反洗钱和反恐怖主义融资的声明》《东亚峰会关于脱贫合作的声明》《东盟反恐怖主义全面行动计划》《东亚峰会关于化学武器的声明》等文件。

### 《区域全面经济伙伴关系协定》(RCEP)首次领导人会议

《区域全面经济伙伴关系协定》(RCEP)是一个通过削减关税及非关税壁垒,建立16国统一市场的自由贸易协定。2017年11月14日,以“驱动经济一体化促进包容性发展”为主题,参与协定谈判的东盟10国、澳大利亚、中国、印度、日本、韩国和新西兰等16国领导人在菲律宾马尼拉举行首次会议。会后发表联合声明,承认贸易开放和区域经济一体化的有益贡献,可以缓解全球宏观经济环境的波动,使东盟保持经济的强劲表现;重申RCEP蕴含着巨大潜力,如增加就业,驱动可持续增长,促进包容性发展,推动创新,并从根本上提升人民的生活水平;致力于达成一个符合RCEP谈判指导原则和目标精神的协定,包含市场准入、规则和合作三大支柱,同时包含保障成员国维护合法公共政策目标的权利的条款;RCEP要考虑成员国的不同发展水平,包含设立特殊和差别待遇条款在内的适当形式的灵活性。

### 东盟与中日韩10+3合作20周年纪念峰会

2017年11月14日在菲律宾马尼拉举行东盟国家与中国、日本、韩国各国领导人和官员出席。会后发表联合声明:重申东亚合作对东亚地区和平、安全与繁荣的重要作用,继续支持东盟在不断演变的地区架构中的核心作用,支持东盟2025年愿景的实施,为东亚地区深化一体化铺平道路;强调进一步加强和深化东亚合作进程,以实现东亚共同体建设的长远目标;深化和加强政治和安全对话与合作,包括通过高层互访、对话磋商加强现有的东亚合作机制,发挥东盟在东亚合作中的领导作用,在解决恐怖主义和暴力极端主义、跨国犯罪和威胁以及网络安全等共同安全问题上加强合作,确保地区的和平、安全与稳定;加强东盟10+3财长和中央银行行长会议下的区域金融合作,进一步加强《清迈倡议》多边化;加强与贸易有关的能力建设合作,在劳工、青年赋权、农林渔业、粮食安全、中小微型企业、为创业创造有利环境、能源安全、气候变化适应和缓解、灾害管理、可持续的水资源管理、保护生物多样性、打击非法贸易野生动植物、流行性疾病控制和全民健康覆盖、医疗行业发展等领域加强合作;继续有效执行《东盟10+3大米紧急储备协定》和加强东盟粮食安全信息系统建设;支持通过落实“东盟一体化工作计划Ⅲ”以缩小东盟成员国的发展差距,促进区域一体化进程;在基础设施建设、数字创新、无缝后勤、卓越管理、人员流动方面加强合作,以支持实施“东盟互联互通总体规划”;加强东盟秘书处协调能力,增进东盟常驻代表委员会与中国、日本和韩国驻东盟大使的交流。

(王　芳　黄德雪　聂润庆　陈　文)

*11月14日*,第12届东亚峰会在菲律宾马尼拉举行　(百度网)

# 中国—东盟自由贸易区

## 中国—东盟自由贸易区的历史沿革

1991年,中国与东盟正式建立官方对话关系。同年7月,中国正式成为东盟磋商伙伴。1996年7月,中国被东盟接纳为全面对话伙伴国并出席东盟与对话伙伴国会议。1997年12月,中国与东盟首次举行东盟—中国领导人会议。会议期间,双方领导人发表联合宣言,确定东盟与中国面向21世纪的睦邻互信伙伴关系。

2002年11月,第6次中国—东盟领导人会议签署《中国与东盟全面经济合作框架协议》,确定2010年建成中国—东盟自由贸易区的目标。2003年10月,第7次中国—东盟领导人会议期间,中国正式加入《东南亚友好合作条约》,双方领导人发表《中国与东盟面向和平与繁荣的战略伙伴关系联合宣言》。2004年,在第8次中国—东盟领导人会议上,双方签署《中国与东盟全面经济合作框架协议货物贸易协议》和《中国与东盟争端解决机制协议》,中国—东盟自由贸易区进入实质性建设阶段。2005年7月,中国—东盟自由贸易区《货物贸易协议》开始实施,双方7000余种商品开始全面降税,双边贸易额持续增长。2007年1月14日,中国与东盟国家在菲律宾宿务签署中国—东盟自由贸易区《服务贸易协议》。2009年8月,中国与东盟国家共同签署中国—东盟自由贸易区《投资协议》。2003~2009年,中国—东盟关系发展全面提速,双方在包括货物、服务和投资在内的经贸潜能得到释放。

2010年1月1日,中国—东盟自由贸易区如期建成,90%的商品实现零关税。中国对东盟平均关税从9.8%降至0.1%,东盟6个老成员国对中国的平均关税从12.8%降至0.6%。中国—东盟自由贸易区成为中国对外建立的第一个自由贸易区,也是由发展中国家建立的世界上最大的自由贸易区。同年,中国—东盟自由贸易区《投资协议》开始实施。2010年10月29日,在第13次中国—东盟领导人会议上,双方领导人签署《落实中国—东盟面向和平与繁荣的战略伙伴关系联合宣言的第二个五年行动计划(2011~2015)》和《〈中国—东盟全面经济合作框架协议货物贸易协议〉第二议定书》。2011年1月1日,《〈中国—东盟全面经济合作框架协议货物贸易协定〉第二议定书》开始生效, 11月21日,中国与东盟签署《关于实施中国—东盟自由贸易区〈服务协议〉第二批具体承诺的议定书》,中国—东盟自由贸易区得到进一步发展。

2012年是《中国—东盟全面经济合作框架协议》签署10周年,也是中国—东盟自由贸易区建设10周年。2012年1月1日,《关于实施中国—东盟自由贸易区〈服务贸易协议〉第二批具体承诺的议定书》正式生效。11月19日,在第15届东盟—中国领导人会议上,双方领导人签署《关于修订〈中国—东盟全面经济合作框架协议〉的第三议定书》和《关于在〈中国—东盟全面经济合作框架协议〉下〈货物贸易协议〉中纳入技术性贸易壁垒和卫生与植物卫生措施章节的议定书》,并建立一些机构专门负责双边经贸合作事宜。会议还发表纪念《南海各方行为宣言》签署10周年联合声明。

2013年是中国与东盟签署《中国与东盟面向和平与繁荣的战略伙伴关系联合宣言》10周年,也是中国—东盟博览会举办第10年。8月29日,纪念中国—东盟建立战略伙伴关系10周年特别外长会在北京举行。9月3~6日,中国—东盟建立战略伙伴关系10周年暨中国—东盟博览会10周年成就展在广西南宁举办。10月9~15日,第16次中国—东盟领导人会议、第16次东盟与中日韩10+3领导人会议和第8届东亚峰会在文莱斯里巴加湾举办,中国与东盟国家领导人进行会晤与对话。双方领导人将建立战略伙伴关系10年来的中国—东盟合作方式提炼为“亚洲方式”,并一致同意打造中国—东盟自由贸易区升级版,携手共创“钻石10年”。

2014年是中国—东盟携手共创合作“钻石10年”的开局之年,也是中国—东盟自由贸易区升级版建设取得重要进展的一年。8月26日,第13次中国—东盟经贸部长会议通过中国—东盟自由贸易区升级版要素文件,并于9月进行首轮谈判。9月16~19日,第11届中国—东盟博览会在广西南宁举办。11月13日,第17次中国—东盟领导人会议在缅甸内比都举行,会议发表《主席声明》,积极评价中国—东盟关系取得的进展,并对进一步推进各领域务实合作做出规划。年内,中国与东盟领导人还通过第17次东盟与中日韩领导人会议、2014年东盟地区论坛高官会、东盟地区论坛海上航道安全研讨会等平台进行会晤与对话。

2015年是中国—东盟自由贸易区升级版建设的重要时间节点。11月22日,经过4轮谈判后,中国与东盟签署《中华人民共和国与东南亚国家联盟关于修订〈中国—东盟全面经济合作框架协议〉及项下部分协议的议定书》。升级版议定书的达成和签署体现双方深化和拓展经贸合作的共同愿望和现实需求,将为双方经济发展提供新助力,有利于加快建设更为紧密的中国—东盟命运共同体,实现2020年双边贸易额达到1万亿美元的目标,并将促进《区域全面经济伙伴关系协定》(RCEP)谈判和亚太自由贸易区建设进程。年内,中国与东盟领导人还通过第12届中国—东盟博览会、中国—东盟商务与投资峰会,第18次中国—东盟、东盟与中日韩领导人会议,东盟地区论坛等平台进行沟通交流,为促进双边合作达成多项共识。

2016年是东盟共同体宣布建成后的第一年，也是中国—东盟对话关系建立25周年。双方陆海相连、利益相融、民意相通，在共建“21世纪海上丝绸之路”和“亚洲命运共同体”的历史契机下，积极致力于推动东亚共赢合作道路走稳走实走好。2016年9月，第19次中国—东盟领导人会议暨中国—东盟建立对话关系25周年纪念峰会在老挝首都万象举行，会上发表《第19次中国—东盟领导人会议暨中国—东盟建立对话关系25周年纪念峰会联合声明》。回顾过去25年来中国—东盟对话关系取得的进展及各领域合作成果，并同意继续加强对话和合作，加强相互理解和友谊，共同维护地区和平与稳定。2016年，中国与东盟也通过第13届中国—东盟博览会、中国—东盟商务与投资峰会，第9届泛北部湾经济合作论坛，东盟与中日韩领导人会议，亚洲合作对话第14次外长会，2016年东盟地区论坛外长会，澜湄合作首次领导人会议，大湄公河次区域经济走廊2016年省长论坛，中国—东盟省市长对话等平台进行交流、开展合作。

2017年是东盟成立50周年和中国—东盟旅游合作年，中国—东盟关系也面临着提质升级的新机遇。年内，中国与东盟相互支持各自的主场外交，体现了对双边关系的高度重视和中国对东盟在区域合作中的中心地位的坚定支持。中国与东盟进一步加强政策沟通、战略对接和务实合作，深化经贸、互联互通、产能等全方位合作，落实第三份五年行动计划，推动中国—东盟自由贸易区升级成果落地。中国与东盟合作办好旅游合作年，打造社会人文合作新支柱，为中国—东盟合作注入新动力。2017年中国与东盟双边贸易额5148亿美元，首次突破5000亿美元，比上年增长13.8%，增速超过中国对欧盟、中国对美国的贸易增长速度。中国向东盟出口额2791亿美元，比上年增长9%；进口额2357亿美元，增长20%。

## 2017中国—东盟迎新春话合作系列活动

2017年1月17日在中国北京举行，由中国—东盟商务理事会和东盟北京委员会共同主办。中国政府有关部门、东盟10国驻华大使或代表以及中国与东盟各商（协）会、知名企业和媒体代表共200余人出席。活动中举行2016年度中国企业走进东盟和东盟企业走进中国评选颁奖仪式。获2016年度中国走进东盟成功企业奖的有江苏太湖柬埔寨国际经济合作区投资有限公司、中国银联股份有限公司新加坡分公司和中国—印度尼西亚经贸合作区有限公司等10家企业。获2016年度东盟走进中国成功企业奖的有泰国正大集团、老挝啤酒集团和钦州发展（马来西亚）联营有限公司等10家企业。获奖的企业主要来自制造业、畜牧业、服务业和工业园区建设等领域。

## 中国邮政东盟跨境电商监管中心

2017年2月28日在中国广西南宁综合保税区建成。该项目建成8条自动化和信息化查验分拣线，每日自动分拣量可达10万件，具备同时开展跨境电商、国际邮件及快件等多种业务的条件。监管中心的建成解决了广西跨境电商通关及物流进出链路不畅通等问题，改变以往跨境商品只能从广东、杭州和上海等口岸进口的历史格局，为下一步开通南宁直飞东盟及欧美国家的航空邮路奠定基础。项目建设面积约12000平方米，一期投资8000多万元。

## 2017中国—东盟旅游合作年开幕式

2017年3月16日在菲律宾首都马尼拉举行。中国国务院总理李克强向开幕式发了贺词，中国国务院副总理汪洋在开幕式上宣读贺词并致辞。汪洋表示，中国愿与东盟国家一道，借助举办旅游合作年的东风，推行旅行便利化，加强旅游资源推介，扩大旅游相互投资，完善旅游突发事件应急处理机制，搭建更多旅游合作平台，把双方领导人的共识转化为更多务实合作成果，推动双方旅游合作向更大规模、更宽领域、更高水平迈进。菲律宾旅游部部长旺达·科拉松·塔尔福·泰奥出席开幕式，并宣读菲律宾总统杜特尔特的贺信。中国国家旅游局局长李金早主持开幕式。来自中国、菲律宾和东盟各国旅游部门官员及各界代表共1000余人出席开幕式。“美丽中国—冰雪之旅”东南亚联合推广、湄公河旅游论坛、东盟博览会旅游展等一系列旅游交流活动同期举行。

*1月17日，2017*中国—东盟迎新春话合作系列活动在京举行。图为中国企业走进东盟和东盟企业走进中国评选颁奖仪式 （百度网）

## 中国—东盟省市长博鳌对话

2017 年 3 月 24 日在中国海南博鳌举行。由中国人民对外友好协会和中国海南省人民政府共同承办，是博鳌亚洲论坛 2017 年年会框架内的一项重要活动。来自中国和东盟国家 16 个相关省市的负责人，围绕“深化人文往来，加强‘一带一路’建设”这一主题展开对话和讨论，并达成多项共识。会议认为，文化往来在中国—东盟全面合作关系中作用独特。东盟是“一带一路”建设的重点方向、重点地区。建设更为紧密的中国—东盟命运共同体，有助于“一带一路”建设不断向前推进。在双方关系由“成长期”转入“成熟期”这一新的历史起点上，应进一步深化人文往来，加强地方政府间交流合作，共同推动中国与东盟国家关系稳定向前发展。与会各方签署《中国—东盟省市长对话共同声明》，一致同意进一步深化人文交流，加强“一带一路”建设；在平等互惠、互利共赢的基础上开展全方位教育合作，消除教育壁垒，实现教育资源共享；同时应充分挖掘中国与东盟的旅游合作潜力，加快完善旅游基础设施和服务体系建设，促进区域旅游一体化发展。

## 第 18 次中国—东盟联合合作委员会会议

2017 年 4 月 10 日在印度尼西亚首都雅加达东盟秘书处举行。会议由中国驻东盟大使徐步和中国—东盟关系协调国新加坡常驻东盟代表陈汉成共同主持。东盟 10 国常驻代表、东盟秘书处高官，以及中国外交部、中国国家旅游局的代表出席会议。会上，中方与东盟方分别介绍各自发展情况，回顾中国—东盟战略伙伴关系发展及落实《中国—东盟2016 ~ 2020 年行动计划》取得的积极成果，并就落实第 19 次中国—东盟领导人会议暨纪念中国—东盟建立对话关系 25 周年纪念峰会成果以及中国—东盟旅游合作年、中国—东盟互联互通合作等议题深入交换意见，明确中国—东盟联合合作委员会 2017 年主要工作方向和重点领域。会议还听取了第 18 次中国—东盟联合合作委员会工作组会议情况报告。东盟代表高度评价 2016 年中国—东盟关系发展和各领域合作成果，对中国长期支持东盟发展和东盟共同体建设表示赞赏，期待东盟与中国务实合作在双方共同努力下不断迈向更高水平。

## 中国—东盟环保技术和产业合作交流示范基地建设

2017 年 4 月 18 日在中国广西梧州举行的由中国环境保护部指导，中国环境保护部中国—东盟环境保护合作中心、广西环境保护厅、梧州市人民政府、粤桂试验区联合主办的中国—东盟节能环保产业合作对话活动上正式启动。中国—东盟环保技术和产业合作交流示范基地规划建设面积 1.5 平方千米，投资约 70 亿元，计划利用5 ~ 10 年时间打造“一带一路”环保技术与产业合作先行区和聚集区。年内启动建设中国—东盟环保技术与产业交流合作总部，博世科环保科技产业园、中关村智慧环境联盟产业园、丰冠风光能发电系统应用与研发基地和丰歌科学技术建造生产基地等一批节能环保产业重大项目陆续落户，节能环保产业聚集发展的格局初步形成。示范基地已列入中国国家西部大开发“十三五”规划重大工程储备项目，是中国环境保护部“一带一路”环保技术与产业国际合作平台，也是广西参与“一带一路”建设的重大工程。

## 第 23 次中国—东盟高官磋商

2017 年 5 月 19 日在中国贵州贵阳举行。由中国外交部副部长刘振民和新加坡外交部常秘池伟强共同主持，东盟其他各国高官或高官代表和东盟副秘书长出席。会议全面回顾中国与东盟“2 +7 合作框架”落实情况，特别是 2016 年中国—东盟建立对话关系 25 周年纪念峰会成果落实进展以及 2017 年中国—东盟旅游合作年各项活动推进情况。会议高度评价中国—东盟合作的丰硕成果，强调这些成果给双方 20 亿人民带来了实实在在的利益，认为中国—东盟战略伙伴关系内涵更为丰富，合作前景更为广阔，处理分歧更加成熟理性，为促进地区和平、稳定与发展作出了重要贡献。

## 东盟发展 50 年暨中国—东盟关系论坛

2017 年 5 月 19 日在中国广西民族大学举行。由广西民族大学东盟学院、厦门大学南洋研究院和广西民族大学政治管理学院联合主办。分设“东盟发展 50 年回顾与展望”“‘一带一路’与中国—东盟关系”和“中国与东盟关系热点”等多个议题。参加论坛活动的专家和青年学者对东盟发展历史进行回顾，重点分析东盟各国在东盟一体化建设中的角色与作用，并围绕“一带一路”背景下的中国—东盟合作、广西—东盟合作及东南亚区域国际关系、海洋治理等问题进行深入讨论。来自泰国法政大学、北京大学、新加坡南洋理工大学、马来西亚太平洋研究中心、中国社会科学院、厦门大学、暨南大学、华中师范大学、云南大学、中国现代国际关系学院、广西民族大学、云南省社会科学院、海南师范大学、广西社会科学院、广西东南亚研究中心和广西壮族自治区党校等中国和东盟国家的高校、科研机构的 50 余名专家和青年学者参加了论坛活动。

## “理解中国—东盟关系”圆桌研讨会

2017 年 6 月 6 日在中国北京举行，由《世界政治与经济》编辑部、中国外交学院中国外交理论研究中心联合主办。中国外交学院院长秦亚青教授、中国社会科学院学部委员张蕴岭研究员、美国弗吉尼亚大学布兰德利·沃马克教授、云南大学李晨阳教授、新加坡南洋理工大学李明江副教授和中国外交学院中国外交理论研究中心主任魏玲教授作主旨发言。《世界经济与政治》副主编袁正清研究员主持研讨会。来自中国社会科学院和中国外交学院等机构的100名师生参加研讨会。

## 第15届东盟华商会

2017年6月10日在中国云南昆明开幕，由中国国务院侨务办公室、中国全国归国华侨联合会和云南省人民政府共同主办。来自42个国家和地区的600余位华商围绕“融入‘一带一路’，促进创新发展”主题，共享机遇、共谋合作、共赢发展。本届东盟华商会的内容包括华商论坛、中国西南6省区市招商引资项目对接洽谈、多场专题推介会以及“华商走进云南、云品走向世界”专场活动等。

## 中国—东盟产业合作座谈会

2017年6月22日在中国北京举行。中国—东盟商务理事会执行理事长许宁宁主持会议，泰国驻华使馆商务公使游慕贤、菲律宾驻华使馆公使罗仁、新加坡驻华使馆经济参赞沈爱玲和马来西亚驻华使馆商务参赞拉兹达·拉扎克等东盟国家驻华使馆商务官员，以及中国有关行业商协会负责人、中外媒体代表等出席座谈会。会议解读2016年9月在中国—东盟领导人会议上通过的《中国—东盟产业合作联合声明》，分析中国与东盟产业合作的优先领域，汇集各方面参与产业合作的意愿及双方在合作中各自的关切点，共同探讨21世纪海上丝绸之路建设中的中国—东盟产业合作的新发展。与会者认为，在落实产业合作进程中，加强中国与东盟间综合性产业合作机制十分重要。建立合作机制有利于双方沟通产业规划和政策，找准合作切入点，推动双方产业结构调整和产业升级，优化中国与东盟各国的贸易结构，促进双向投资，协助双方重点领域企业参与“一带一路”尤其是21世纪海上丝绸之路建设。

## “东盟成立50周年：中国—东盟关系新篇章”研讨会

2017年7月14日在印度尼西亚首都雅加达举行，由中国驻东盟使团与印度尼西亚大学东盟研究中心共同举办。中国驻东盟大使徐步、印度尼西亚外交部东盟事务高官何塞、东盟副秘书长穆赫坦、柬埔寨外交部东盟事务总司长欧索潘、印度尼西亚大学东盟研究中心主任艾迪出席会议开幕式并作主旨发言。中国和东盟国家的政府官员、专家学者和媒体代表120余人出席会议。会议围绕“东盟50周年的发展成就与挑战”“东盟眼中的中国和中国眼中的东盟”和“中国—东盟关系现状和展望”等议题进行深入研讨。

## 中国—东盟会展行业合作委员会

2017年7月19日在中国河南郑州成立，是中国—东盟商务理事会在中国设立的唯一会展行业合作机构。中国—东盟会展行业合作委员会是中国与东盟国家会展行业间的非官方、非营利性商务合作组织，是中国—东盟商务理事会所设的商务合作组织，由中国—东盟商务理事会牵头组建并负责监督实施。委员会设中方主席和东盟方主席各1名，中方执行主席若干名、东盟方执行主席若干名（除已推选出任东盟方主席的国家以外的东盟成员国每个国家1名）。委员会中方主席由中国—东盟商务理事会执行理事长许宁宁暂时兼任，中方秘书处设在郑州会展管理办公室。中方主席和东盟方主席以及执行主席实行轮换制，委员选举产生，每3年选举一次。委员会首批委员单位有50家企业，其中中国20家，东盟30家。委员会成立后将进行一系列务实合作，其中包括：每年召开中国—东盟会展行业对接会议，每年至少召开一次委员会会议；加强信息交流，各方积极交流会展行业规划和政策；分析双方会展行业合作重点关注；加强双方在信息交流、考察、会议研讨、培训等方面的合作；开展项目合作；提供会展行业咨询服务；开展会展组织合作。此外，委员会还将推进双方企业间的参展、观展，推荐合作伙伴、召开项目推介会或项目洽谈会、举办专业展览会等。委员会成立当日还举行了中国—东盟会展行业合作论坛。

## 中国—东盟互联互通合作委员会第3次会议

2017年7月25日在印度尼西亚首都雅加达举行。由中国商务部副部长钱克明和东盟互联互通协调委员会轮值主席、菲律宾常驻东盟代表伊丽莎白共同主持，中国驻东盟大使徐步、中国外交部、中国国家发展和改革委员会、中国商务部、中国海关总署、中国质量监督检验检疫总局、中国国际贸易促进委员会、中国有关地方和金融机构代表，东盟10国常驻东盟代表（大使）、东盟互联互通协调委员会成员和东盟秘书处高级官员参加会议。会上，双方高度评价中国—东盟互联互通合作委员会第2次会议举行以来中国—东盟互联互通合作取得的积极进展，就进一步推进有关合作深入交换意见并达成广泛共识。双方一致认为，中国提出的“一带一路”倡议与《东盟互联互通总体规划2025》战略契合，领域相通，协同发展潜力巨大，双方将继续就此做好规划对接，就未来合作的优先领域和项目进行具体商谈，鼓励企业开展务实合作，支持东盟落实好《东盟互联互通总体规划2025》。

## 第10届中国—东盟教育交流周

2017年7月28日在中国贵州贵阳开幕。以“十年教育同携手 ‘一带一路’谱新篇”为主题,邀请2000多名来自中国、东盟国家以及中国—东盟教育交流周特邀伙伴国瑞士、俄罗斯等国的代表参加。中共中央政治局委员、中国国务院副总理刘延东出席开幕式并发表主旨演讲。中共贵州省委书记、贵州省省长孙志刚致欢迎辞,老挝副总理宋赛·西潘敦,2017年东盟轮值主席国菲律宾代表和东盟国家来华留学生代表致辞。开幕式上,刘延东和宋赛·西潘敦共同为“中国—东盟教育交流周永久会址”揭牌。会上,嘉宾们还观看了中国—东盟教育周十周年宣传片和中国—东盟艺术展示,宣布通过《中国—东盟教育合作行动计划(2017~2020)》,并为“汉语桥”东盟国家青少年来华夏令营开营仪式授旗,为东盟来华留学生代表颁发中国—东盟海上丝绸之路奖学金。本届交流周包括开幕期活动和全年活动,共计49项。

## 中国—东盟传统医药及民族医药创新与发展论坛

2017年7月28日在中国贵州贵阳举行,由贵阳中医学院主办。来自菲律宾、马来西亚、泰国等东盟国家和中国国内的专家学者共同探讨传统医药和民族医药的传承与创新。本次论坛由“中国—东盟青年高级卫生人才传统医药项目培训班”“国际《黄帝内经》学术研讨会”和“中国—东盟创新驱动大健康产业发展高峰论坛”3个子项目共同组成。通过交流,让与会嘉宾了解东盟及“一带一路”沿线各国传统医药、民族医药、教育、科研、文化,推动将中医药、民族医药学科建设纳入各国高等教育体系。贵阳中医学院在论坛上与相关企业举行“创新驱动·智力帮扶”校企联合签约仪式。菲律宾威斯里安学院院长弗洛瑞塔·米兰达女士与贵阳中医学院校长杨柱签署双方院校《合作备忘录》。

7月28日,第10届中国—东盟教育交流周在贵州贵阳开幕(百度网)

## 中国—东盟经济类大学联盟

2017年7月29日在中国贵州贵阳成立。当日举行中国—东盟经济类大学联盟筹备工作会议和中国—东盟经济类大学联盟启动仪式。该联盟面向中国和东盟国家所有以经济专业为特色和学科优势的高等教育和研究机构开放,其宗旨是为中国和东盟国家经济类高等教育和研究机构搭建学术交流和教育合作平台。联盟成立后,将开展国际学术研究、学术会议、发表研究成果和学术刊物等。同时,联盟会员间将开展学历和非学历培养合作项目。

## 中国—东盟职教合作联盟

2017年7月29日在中国贵州贵阳成立,发布《中国—东盟职教合作联盟贵阳共识》。该联盟将紧密加强中国与东盟的职业院校及相关机构的联系,保障并促进中国和东盟职业技术教育的不断发展。此外,联盟将发展成为一个由中国和东盟国家的职教院校(机构)组成的区域性职教合作组织,致力于为联盟会员提供合作与交流平台,共同促进中国—东盟地区以及联盟会员单位职业技术教育的发展,增进文化交流,增进相互了解,促进就业,服务区域经济社会发展。联盟作为中国与东盟国家职业院校的交流合作组织,将代表中国和东盟国家职业院校参与国际高等职业教育研究与对话,提升国际影响力。

## 东亚合作系列外长会议

2017年8月8日在菲律宾首都马尼拉举行。会议期间,第50届东盟外长会、中国—东盟10+1外长会、东盟与中日韩10+3外长会、第7届东亚峰会外长会和第24届东盟地区论坛外长会相继举行。在本届中国—东盟10+1外长会上,中方提出深化双边关系的7项主张:一是制订“中国—东盟战略伙伴关系2030年愿景”,共同规划双方关系蓝图;二是加强“一带一路”倡议同东盟互联互通规划的对接,扎实推进基础设施互联互通建设,进一步拓展双方合作的领域和空间;三是将2018年确定为“中国—东盟创新年”,启动中国创新驱动发展和东盟创新驱动型增长的相互促进和中国—东盟关系的提质升级;四是加快中国—东盟自由贸易区升级成果落地,维护全球自由贸易体制;五是全面落实2016年中国—东盟领导人会议发表的《中国—东盟产能合作联合声明》,助推彼此工业化进程;六是打造人文交流合作新支柱,办好中国—东盟旅游合作年和教育交流周,加强文化、青年、媒体等领域交流合作,夯实双方关系发展的民意和社会基础;七是共同引领区域一体化进程,加快推进区域全面经济伙伴关系协定谈判,通过澜湄合作和东盟东部增长区机制,推动次区域合作取得新的实质性成果。

## 中国—东盟信息产业联盟

2017 年 8 月 8 日在中国广西南宁成立。当日,中国—东盟信息港产业联盟大会在南宁举行,中国和东盟国家的 300 家互联网、信息科技、物流及高校、研究院等企事业单位缔结中国—东盟信息产业联盟,启动“中国—东盟信息港生态联盟计划”,共同推动区域信息产业生态圈繁荣发展。该联盟由中国—东盟信息港股份有限公司发起主办,中国信息通信研究院、华为、中兴、美国高通、广西北部湾投资集团等 300 家企事业单位成为首批成员。

## 第 11 届中国—东盟民间友好大会

2017 年 8 月 8 ~9 日在柬埔寨暹粒举行,中国—东盟协会会长顾秀莲、柬埔寨副首相贺南洪、柬中友好协会主席埃桑奥以及来自中国和东盟各国的约 600 名各界代表出席。中国—东盟民间友好大会由中国人民对外友好协会、中国—东盟协会与东盟 10 国民间友好组织于 2006 年共同发起举办,在中国与东盟国家轮流举行,旨在通过建立民间交流平台,增进中国与东盟民间互信,推动双方开展务实合作。2014 年在中国四川成都举行的友好大会上,与会代表一致同意,自 2015 年起大会由每年一届改为两年一届。本届友好大会通过《暹粒宣言》,宣言称,2018 年将在中国举办第 2 届中国—东盟民间友好组织领导人会晤,2019 年由印度尼西亚—中国经济、社会与文化合作协会在印度尼西亚举办第 12 届中国—东盟友好大会。

## 中国—东盟互联网与制造业融合发展研讨会

2017年 8 月 28 日在中国四川成都举行,由中国工业和信息化部主办,四川省经济和信息化委员会、中国信息通信研究院共同承办。会议围绕信息化和工业化深度融合发展的主题,旨在分享中国互联网与制造业融合发展经验,增进中国与东盟各国信息通信主管部门的相互了解,探寻合作领域,推动共同发展。会议吸引东盟 7 个国家的政府官员、企业、研究机构的 20 名代表,以及腾讯、百度、四川长虹、振芯科技、中科智慧等企业的近 60 名代表参加。与会代表就信息通信技术发展情况及趋势、中国信息通信业和两化融合发展策略、工业互联网与大数据、互联网与制造业融合推广与实践等议题进行交流。

## 中国防城港至越南芽庄邮轮首航

2017 年 8 月 29 日实现首航。当日,载着首批 900 多名游客的中国广西防城港市“中华泰山”号豪华邮轮从防城港零号泊位码头驶出,开启赴越南芽庄的首航之旅。此次航程为中国防城港—越南岘港—下龙湾。该邮轮航线由广西海丝明港国际海运集团公司运营,将陆续开通 3 条线路:中国防城港—越南岘港—下龙湾—中国防城港 4 天 3 晚游;中国防城港—越南岘港—芽庄—中国防城港 5 天 4 晚游;中国防城港—越南芽庄—岘港—下龙湾—中国防城港 6 天 5 晚游。未来,该航线将延伸到柬埔寨、泰国等东盟其他国家和地区的港口,最终形成“一线带八国”的环东南亚旅游圈。

## 中国—东盟大学智库联盟第 1 届理事会会议

2017 年 9 月 3 日在中国广西大学召开,东盟大学联盟执行主任柯蒂斯·迪拉提提,中国—东盟商务理事会执行理事长许宁宁,广西壮族自治区政协副主席、广西大学党委书记刘正东以及 20 余位来自中国和东盟国家及国际组织的专家学者、高校智库代表出席。会议由广西大学副校长范祚军主持。会上讨论通过理事会章程,并根据理事会章程推选东盟大学联盟执行主任柯蒂斯·迪拉提提,广西壮族自治区政协副主席、广西大学党委书记刘正东为第 1 届共同理事长,推选中国—东盟商务理事会执行理事长许宁宁、中联部当代世界研究中心主任金鑫、南开大学副校长佟家栋、对外经济贸易大学副校长林桂军、广西财经学院校长夏飞、广西大学中国—东盟研究院特聘研究员王玉主、柬埔寨金边皇家大学 21 世纪海上丝绸之路研究中心主任尼克·占达里、老挝国立大学亚洲研究中心主任布阿顿·盛堪考拉旺、新加坡国立大学东亚研究所副所长黎良福、越南河内国家大学经济大学经济与政策研究院研究员范士诚为副理事长。会议还布置了理事会的具体工作,确定中国—东盟区域发展协同创新中心主办的《中国—东盟研究》为联盟合办刊物,并就 2018 年联盟重点研究方向及论坛主题进行了讨论。

## 第 16 次中国—东盟经贸部长会议

2017 年 9 月 8 ~10 日在菲律宾首都马尼拉举行,中国商务部部长钟山和东盟 10 国经贸部长出席。钟山就中国与东盟国家经贸合作提出六点建议:一是共同推动“一带一路”建设合作;二是着力推动中国—东盟互联互通合作;三是继续深化产能投资合作;四是加快落实发展合作;五是邀请东盟方积极参与中国国际进口博览会;六是推动中国—东盟自由贸易区升级议定书全面生效。东盟各国部长对钟山提出的建议给予高度评价和积极回应,均表示将共同努力推动东盟与中国务实经贸合作再上新台阶。会议讨论通过《关于进一步深化中国—东盟基础设施互联互通合作的联合声明》,并准备提交 11 月举行的中国—东盟领导人会议发表。

### 第 2 届“一带一路”高峰论坛

2017 年 9 月 11 日在中国香港举行，由中国香港特别行政区政府与香港贸易发展局合办。以“化愿景为行动”为主题，聚焦基础设施建设投资及东盟发展。与会嘉宾表示，在中国中央政府的大力支持下，中国香港特别行政区将更深入地参与“一带一路”建设，进一步发挥自身优势。论坛共吸引近 50 个国家和地区逾 2600 名政商界代表出席。论坛设有两场专题讨论，分别聚焦“投资‘一带一路’：与政策官员对话”和“商伴与东盟：基建推动增长”等主题。活动还包括 3 场分组论坛，从基建投融资、争议解决及青年企业家参与的角度探索中国香港特别行政区的发展机遇。此外，同期举行的一对一项目对接会也为与会者提供深入交流的平台。

### 第 14 届世界华商大会

2017 年 9 月 16 日在缅甸仰光缅甸会议中心开幕，2000 多名来自世界各国的华商领袖参加大会，共商发展大计。大会主题为“缅甸经济大开放，开创历史新纪元”，旨在通过大会建立起缅甸与世界华商之间的经贸联系网，借助东盟及“一带一路”的经济新格局，集思广益，共同探讨全球华商、世界与缅甸经济的未来发展方向和发展空间。中共中央政治局常委、全国政协主席俞正声向大会发了贺信，缅甸第一副总统吴敏瑞等多位缅甸政要出席开幕式。本届大会由缅甸中华总商会主办。大会期间举办专题论坛、经贸洽谈、大型文艺演出等系列活动。

### 中国—东盟旅游节

2017 年 9 月 18 日在中国四川乐山开幕。同时举办中国—东盟旅游发展论坛、东盟旅游图片展、东盟旅游知识问答、东盟民族服饰体验、东盟景点互动拍照等系列交流活动。来自中国和其他国家的嘉宾以及东盟各国驻华使馆代表出席旅游节开幕式。中国—东盟旅游节是庆祝中国—东盟旅游合作年、支持“访问东盟金色庆典计划”的重要活动之一。

9 月 18 日，中国—东盟旅游节在四川乐山开幕 （百度网）

### 2017 中国—东盟网络视听产业合作发展论坛

2017 年 9 月 25 日在中国广西南宁开幕。由中国国家新闻出版广电总局网络视听节目管理司为指导单位，中国国家新闻出版广电总局发展研究中心和广西壮族自治区新闻出版广电局联合主办，广西电视台、广西广电网络公司、南宁峰值文化传播有限公司共同承办，广西网络广播电视台（广西广电新媒体有限公司）和中广互联协办，是中国与东盟国家网络视听行业间的首个高端论坛。论坛指导、主办、承办、协办单位的领导、嘉宾，人民网等部分中央媒体新媒体负责人，中国国内视听品牌企业代表，东盟国家互联网视频服务与主流渠道商代表，中国国内广播电视机构代表及媒体记者等 400 余人参加论坛开幕式。论坛以“海上新丝路 · 网络新空间 · 视听新机遇”为主题，探索中国与东盟在“一带一路”倡议背景下网络视听渠道、内容的融合发展。论坛上，中国国家新闻出版广电总局发展研究中心发布《中国—东盟视听节目网络传播报告》和《中国互联网视听节目服务发展报告》。论坛设置高峰论坛、商务洽谈圆桌会、人文网络电影展映等环节。

### 中国—东盟清洁能源能力建设计划 2017 交流项目

2017 年 10 月 9 日在中国浙江杭州启动。交流活动主题为“抽水蓄能电站的技术与发展”。中国、马来西亚、新加坡、越南等 10 多个国家的 60 余位能源主管部门领导、专家学者参加。在为期 3 天的交流活动中，专家们就抽水蓄能电站的开发建设、关键技术、环境影响等问题进行研讨，分享清洁能源发展的成果和经验，探讨清洁能源发展的未来。借助东亚峰会清洁能源论坛的对话平台，中国与东盟国家共同实施“中国—东盟清洁能源能力建设计划”。本次活动为该计划的首次交流项目，之后每年还将针对包括风电、太阳能、核电、传统水电等在内的不同领域组织专题活动。本次活动由中国国家能源局指导，中国水电水利规划设计总院和东盟能源中心联合主办，中国电建华东勘测设计研究院承办，中国国网新源控股有限责任公司和河海大学共同参与。

### 第 16 次中国—东盟交通部长会议

2017 年 10 月 12 日在新加坡举行。中国交通运输部副部长戴东昌与新加坡基础设施统筹部部长兼交通部部长许文远共同主持会议，东盟10国交通部部长、副部长和东盟秘书处副秘书长与会。会议审议通过部长级联合声明。在审议会议各项议程环节，戴东昌根据双方当前合作项目的实施情况，提出2018年和之后双方的合作思路：一是扩大合作共识，推进交通发展战略和政策标准对接；二是推进基础设施通道建设，服务经济走廊建设；三是完善国际运输服务网络，提高国际运输便利化水平；四是积极推进海上互联互通，不断完善海上运输通道。东盟各国交通部长积极回应中方各项倡议，表示愿与中方一道，在《中国—东盟交通合作战略规划(修订版)》框架下，积极研究制定落实战略规划的行动方案，并继续推动海运协定、航空运输协定、交通运输科技合作战略、海事教育培训发展战略等重要合作文件的实施，为推进中国—东盟交通各领域互联互通、共同建设“一带一路”作出贡献。

### 中国—东盟中小企业贸易促进平台泰国合作座谈会

2017年10月14日在中国广西南宁举行。会议回顾中国—东盟中小企业贸易促进平台成立一年来的发展成果，讨论2017年第四季度中国—东盟中小企业促进平台在泰国等国的推介和合作计划。泰国商业部副部长素提叻·素提吉叻翁，泰中友好协会副主席、泰国《东盟博览》杂志董事长黄喜源，钦州保税港区管委会常务副主任王雄昌，中国—东盟中小企业贸易促进平台执行秘书长高航，广西蚂蚁洋货供应链管理有限公司、广西钦州保税港区领航国际贸易有限公司执行董事兼总经理何斌，以及泰国中小企业发展研究院、《中国—东盟博览》杂志社、钦州保税港区管委会等机构和单位代表参加座谈会。自2016年5月创立以来，中国—东盟中小企业贸易促进平台先后在泰国、马来西亚等国成功举办推介会，并组织东盟优质商品赴中国成都、广州和上海等地参加展会。

### 中国—东盟科技产业合作委员会

2017年10月26日在中国首都北京成立。当日，中国—东盟科技产业合作论坛暨中国—东盟科技产业合作委员会成立会议在北京清华科技园举行。合作论坛以“交流·互鉴·合作·共赢”为主题。中国各地及东盟各国政、商、学、研等领域的领袖、专家汇聚一堂，共同就中国与东盟在科技产业与经济、教育等行业互联互通、融合发展的相关话题进行对话和探讨，并共同见证中国—东盟科技产业合作委员会的成立。大会发表由东盟10国代表与中国企业代表签署的《关于加强中国—东盟科技产业合作共赢共识》。根据该共识，中国—东盟科技产业合作委员会是中国与东盟国家工商界、科研机构和企业间的非官方、非营利性商务合作组织，组成人员主要有中国和东盟10国有关科技产业机构和企业的代表。委员会将每年召开中国—东盟科技产业合作会议，探讨各方科技产业及其企业对接与合作；促进贸易和投资项目合作；积极交流信息，举办科技展览、考察、会议研讨等活动，为科技、工商、教育等行业创造相互交流、合作共赢的机会。中国—东盟商务理事会、启迪控股股份有限公司共同发起成立中国—东盟科技产业合作委员会，委员会挂牌落户在中国广西南宁启迪东盟科技城。

### 东亚合作领导人系列会议

2017年11月13～14日在菲律宾首都马尼拉举行。本次领导人会议包括第31次东盟领导人会议、第20次中国—东盟10+1领导人会议、第20次东盟与中日韩10+3领导人会议和第12届东亚峰会等。此外，区域全面经济伙伴关系协定(RCEP)领导人会议也于14日举行。除东盟10国领导人外，出席相关会议的还有中国、美国、俄罗斯、日本、韩国、加拿大、澳大利亚、新西兰、印度等国的领导人及联合国秘书长。中国国务院总理李克强出席第20次中国—东盟10+1领导人会议、第20次东盟与中日韩10+3领导人会议和第12届东亚峰会，并在会后对菲律宾进行正式访问。在第20次中国—东盟10+1领导人会议上，中方建议制订《中国—东盟战略伙伴关系2030年愿景》，将“2+7合作框架”升级为“3+X合作框架”，构建以政治安全、经贸、人文交流三大支柱为主线，以多领域合作为支撑的合作新框架。促进“一带一路”倡议同东盟发展规划对接，深化经贸、金融、基础设施等领域的全面合作。会议通过《中国—东盟关于进一步深化基础设施互联互通合作的联合声明》《中国—东盟关于加强有效反腐败合作联合声明》《中国—东盟旅游合作联合声明》和《未来十年南海海岸和海洋环保宣言(2017～2027)》等成果文件。此外，第20次中国—东盟10+1领导人会议还正式宣布启动《南海行为准则》下一步案文磋商。

### 《东盟可持续发展融资报告》发布

2017年11月17日在印度尼西亚首都雅加达东盟秘书处正式发布。该报告由中国—东盟合作基金资助，联合国开发计划署组织专家撰写，是中国、东盟、联合国三方结合本地区发展实际和东盟成员国情共同落实“2030可持续发展议程”的最新成果。中国驻东盟大使徐步、东盟副秘书长翁贴、联合国开发计划署助理署长兼亚太局局长徐浩良出席发布仪式并致辞。中国和东盟国家的媒体代表参加发布仪式。《东盟可持续发展融资报告》全面评估了东盟10国可持续发展融资现状，提出有针对性、切实可行的建议。报告还设专门章节介绍中国—东盟可持续发展合作情况，特别是融资合作情况，对深化中国—东盟可持续发展合作具有重要意义。

## 中国—东盟新闻部长会议

2017年11月22日在中国江苏苏州举行，由中国国务院新闻办公室主办。中国和柬埔寨、印度尼西亚、老挝、缅甸、菲律宾、泰国等东盟国家新闻部长或部长代表围绕中共十九大后，如何进一步加强新闻领域合作、推动构建更加紧密的中国—东盟命运共同体进行广泛探讨。与会各方一致达成《中国—东盟国家新闻部长会议倡议》，表达了深化新闻合作的美好愿景。该倡议提出，中国与东盟有关国家要增进新闻部门之间和新闻行业组织之间的沟通对接，努力加强新闻出版、广播、电影、电视及新媒体等领域业务合作，积极报道双方各领域发展进步，鼓励开展亚洲文明对话和智库研讨，推动构建“一带一路”新闻合作联盟等机制化新闻媒体交流平台。

## 中国—东盟法学家联谊会暨中国—东盟法律论坛

2017年12月5~6日在中国广西南宁举行，由中国法学会主办，广西壮族自治区法学会、中国—东盟博览会秘书处、西南政法大学承办。论坛主题为“深化法治交流合作 共建共享‘一带一路’”。中国与东盟10国的法官、检察官、律师、法务工作者及专家学者200余人参会。中国和东盟国家的30余位发言人围绕“中国—东盟经贸发展与合作法律问题”“中国—东盟法律合作与保障机制”和“中国—东盟法律资源共享机制”等3个主议题及12个相关分议题展开讨论。论坛上形成的《法治合作南宁共识》成为中国与东盟法律界人士未来开展合作的行动共识。中国—东盟法律论坛由中国法学会于2005年倡议发起，是全面涵盖中国和东盟政府界、司法界、法学界、法律界及商界的高层次、开放式、具有一定影响力和凝聚力的法律交流对话平台，得到中国和东盟各国法学法律界的高度关注与认可。

12月5~6日，中国—东盟法学家联谊会暨中国—东盟法律论坛在广西壮族自治区南宁市举办（百度网）

## 第2届中国—东盟企业家论坛

2017年12月8日在中国云南昆明开幕。主题为“创新驱动 携手同行 迎接亚洲新经济时代”。近千名中国与东盟各国的商界领袖、政界精英、学界专家参加论坛活动，共谋发展。论坛为期两天。其间还举行“金融论坛——金融支持实体经济发展”“智库论坛——‘一带一路’融合发展”“健康论坛——健康养老与中医国际化”“旅游论坛——新旅游新未来”“美丽乡村论坛——中国乡村振兴协同发展”和“安保论坛——中国海外投资利益保护”六大平行论坛，以及老挝投资项目推介会、缅甸贸易与投资机遇推介会等专场活动。北京大学全球互联互通中心和大益智库联合发布最新版《中国—东盟“五通”指数报告》。中国—东盟企业家论坛是由中国和东盟企业家自愿发起成立的民间、区域性国际论坛组织，旨在为中国与东盟各国的商界领袖、政界精英、学界专家提供一个共叙友情、共商经济、共享智慧、共谋发展的高层对话平台，以促进交流、合作、创新和可持续发展。论坛每年在中国云南举办年会，还定期和不定期地在中国或东盟国家举办不同主题的专项活动。

## 中国—东盟基础设施互联互通金融论坛

2017年12月8日在中国广西南宁举行，由广西壮族自治区人民政府和中国国家开发银行共同举办。广西壮族自治区副主席丁向群出席论坛并致辞；中国国家开发银行董事长胡怀邦向论坛发了贺信，副行长周清玉出席论坛并致辞。柬埔寨、印度尼西亚、老挝和菲律宾等4国国家银行有关负责人出席论坛，文莱伊斯兰银行、柬埔寨加华银行、印度尼西亚曼迪利银行、印度尼西亚国家储蓄银行、老挝开发银行、马来西亚联昌投资银行、缅甸外贸银行、缅甸投资与商业银行、菲律宾BDO银行、新加坡星展银行、新加坡大华银行、新加坡华侨永亨银行、泰国盘古银行、越南投资发展银行、越南大众银行和中国香港联昌证券有限公司以及丝路基金等17家金融机构代表参加论坛活动。与会者围绕“金融服务中国—东盟合作，携手推进基础设施互联互通”的主题展开深入研讨，就积极推动金融支持中国—东盟基础设施互联互通建设达成相关共识：一是以政府、企业、银行合作共赢为方向，搭建更有效率的信息交流平台；二是以业务资源统筹优化为核心，打造引领区域发展的金融合作机制；三是以政府间多双边合作为契机，推动重大项目融资取得突破。

（颜　洁）

# 区域合作

## “一带一路”建设合作

### “一带一路”建设合作发展概况

“一带一路”是丝绸之路经济带和21世纪海上丝绸之路的简称。

丝绸之路经济带，是在中国古丝绸之路概念基础上形成的一个新的经济发展区域。新丝绸之路经济带，东边牵着亚太经济圈，西边系着发达的欧洲经济圈，被认为是“世界上最长、最具有发展潜力的经济大走廊”。共建丝绸之路经济带，是中国国家主席习近平在2013年9月访问哈萨克斯坦时提出的倡议。古老的海上丝绸之路自中国秦汉时期开通以来，一直是沟通东西方经济文化交流的重要桥梁，而东南亚地区自古就是海上丝绸之路的重要枢纽和组成部分。建设21世纪海上丝绸之路，是2013年10月中国国家主席习近平访问印度尼西亚时提出来的。这是习近平为进一步深化中国与东盟的合作，构建更加紧密的命运共同体，为双方乃至本地区人民的福祉而提出的合作倡议。2014年3月5日，中国国务院总理李克强在《政府工作报告》中提出：“抓紧规划建设丝绸之路经济带和21世纪海上丝绸之路”。

“一带一路”倡议这一跨越时空的宏伟构想，融通古今、连接中外，顺应和平、发展、合作、共赢的时代潮流，承载着丝绸之路沿线各国发展繁荣的梦想，赋予古老丝绸之路以崭新的时代内涵。“一带一路”沿线大多是新兴经济体和发展中国家，总人口约44亿，经济总量约21万亿美元，分别约占全球的63%和29%。这些国家普遍处于经济发展的上升期，开展互利合作的前景广阔。2013年中国与“一带一路”沿线国家的贸易额超过1万亿美元，占中国外贸总额的1/4。“一带一路”建设必将提升新兴经济体和发展中国家在中国对外开放格局中的地位，促进中国中西部地区和沿边地区对外开放，推动东部沿海地区开放型经济率先转型升级，进而形成海陆统筹、东西互济、面向全球的开放新格局。

2015年，“一带一路”建设合作热点纷呈。3月28日，中国国家发展改革委、外交部、商务部联合发布《推动共建丝绸之路经济带和21世纪海上丝绸之路的愿景与行动》。重点服务于“一带一路”建设的亚洲基础设施投资银行于12月25日正式成立。年内，还举办“一带一路”建设的一系列国际研讨会、高峰论坛等，就中国与各国携手共建“一带一路”达成共识。

2016年，“一带一路”建设合作取得多项进展，中国与有关国家和国际组织签署40多份共建“一带一路”合作协议，同20多个国家建立国际产能合作工作机制，在沿线国家设立56个境外合作区，并建立134所孔子学院和130个孔子课堂。

2017年5月14～15日，中国在北京主办“一带一路”国际合作高峰论坛。这是各方共商、共建“一带一路”，共享互利合作成果的国际盛会，也是加强国际合作、对接彼此发展战略的重要合作平台。论坛期间及前夕，各国政府、地方、企业等达成一系列合作共识、重要举措及务实成果，主要涵盖政策沟通、设施联通、贸易畅通、资金融通、民心相通5大类，共76大项、270多项具体成果。

### “一带一路”政策沟通

*“一带一路”建设写入中国共产党党章*　中国共产党第十九次全国代表大会通过《中国共产党章程（修正案）》的决议，将“一带一路”建设写入党章。这充分体现在中国共产党的领导下，中国高度重视“一带一路”建设、坚持推进“一带一路”国际合作的决心和信心。

*中国与摩洛哥签署一带一路建设谅解备忘录*　2017年11月17日，中国外交部部长王毅与来访的摩洛哥外交与国际合作大臣纳赛尔·布里达举行会谈，并签署两国政府共同推进“一带一路”建设的谅解备忘录。摩洛哥成为非洲西北部首个签署该文件的阿拉伯国家。

*《一带一路”数字经济国际合作倡议》*　2017年12月3日，在第4届世界互联网大会上，中国、埃及、老挝、沙特、塞尔维亚、泰国、土耳其和阿联酋等国家代表共同发起《“一带一路”数字经济国际合作倡议》。倡议发起国承诺将致力于实现互联互通的“数字丝绸之路”，打造互利共赢的“利益共同体”和共同发展繁荣的“命运共同体”。

*《中巴经济走廊愿景规划》发布*　2017年12月18日，《中巴经济走廊愿景规划》在巴基斯坦首都伊斯兰堡发布，引起社会各界的积极反响。该规划的发布标志着中巴经济走廊建设驶入快车道。

*《标准联通共建“一带一路”行动计划（2018～2020）》*　2017年12月22日发布。中国国家标准化委员会举行《标准联通共建“一带一路”行动计划（2018～2020）》新闻发布会，该《行动计划》围绕互联互通建设关键通道和重大项目部署9项重点任务，并聚焦重点领域、重点国家、重要平台和重要基础设施建设安排9个专项行动。

### “一带一路”设施联通

*中意联合公司4C3与意大利威尼斯港务局签订港口一期设计协议*　2017年2月3日，以中国交通建

设股份有限公司为首的中意联合公司4C3与意大利威尼斯港务局签订离岸深水港设计合同，将通过建设信息模型（BIM）技术向意方交付离岸深水港一期集装箱码头基建部分设计方案。据介绍，该合同金额为296万欧元（约合319万美元），项目建成后将在威尼斯马拉莫科港口对面约8英里海域位置建造深达20米的离岸码头，实现1.8万～2.2万标准箱船舶的在港停泊，届时该港口集装箱处理能力有望从现有的80万标准箱提高至180万标准箱。

哈萨克斯坦小麦首次从中国过境发往东南亚　2017年2月5日，一列来自于哈萨克斯坦装载有720吨小麦的火车从中国新疆阿拉山口口岸入境，如期抵达中哈（连云港）物流中转基地。这批小麦将在中国江苏连云港口岸换装海运，离境发往越南。这是中哈物流基地首次过境哈萨克斯坦小麦发往东南亚，也标志着中哈粮食过境安全大通道正式打通。

中国山西首趟“一带一路”专列启动　2017年2月15日，中国山西榆次中鼎物流园举行山西首趟“一带一路”专列启动仪式，全程实行“零编组”，大大压缩运行时间，提高通关效率，为客户降低20%的运输成本。

中国广西北部湾港务集团完成对文莱摩拉港集装箱码头的接管工作　2017年2月21日，由广西北部湾港务集团入股的文莱摩拉港有限公司完成对文莱摩拉港集装箱码头的接管工作，这标志着“文莱—广西经济走廊”的旗舰项目顺利落地。

中欧班列（郑州）首次承载飞机进出境业务　2017年5月6日，参加完2017郑州航展的8架来自英国、法国和意大利的轻型飞机乘坐中欧班列离开中国郑州国际陆港，驶向德国汉堡。这是中欧班列（郑州）首次承载飞机进出境业务。从郑州发往德国汉堡的中欧班列目前已经实现“去四回四、每周八班”的双向满载常态化运营。

亚洲航空中国公司落户河南郑州　2017年5月14日，亚洲航空（马来西亚）公司与中国光大集团、河南省政府工作组在北京签署谅解备忘录，三方将合资组建亚洲航空中国公司。亚洲航空中国公司落户河南郑州。

中远海运集运印度尼西亚航线开通　2017年5月22日，中远海运集运印度尼西亚航线“中海圣阿赛”号集装箱轮在中国福州江阴港2号泊位完成装卸作业并离港起航。这是该港继上年开通印巴航线后，拓展“一带一路”沿线航线的又一重要成果。

中国北京—德国法兰克福国际快线正式运营　2017年5月22日，由中国国际航空股份有限公司、首都机场和德国法兰克福国际机场共同推出的北京—法兰克福国际快线正式运营。北京—法兰克福国际快线是三方联合打造的第一条国际快线，也是中国通往欧洲的首条国际快线。

中国昆明—俄罗斯莫斯科航线迎来首航　2017年6月12日，中国云南首条直飞东欧的定期直达客运航线昆明—莫斯科航线迎来首航。这是中国国内低成本航空首次开通远程洲际航线，将助推“一带一路”建设。

中国上海港与希腊比雷埃夫斯港签署新的合作协议　2017年6月12日，中国上海港与希腊最大港口比雷埃夫斯港签署新的合作协议，进一步加强两大港口间经贸和其他领域合作，共同推进“一带一路”建设。

中国嘉里物流联网有限公司与阿联酋Globalink Logiistics DWCLLC组成合资企业　2017年6月13日，嘉里物流联网有限公司与一家总部设在迪拜业务横跨独立国家联合体成员国的货运集团Globalink Logiistics DWCLLC组成合资企业，将在“一带一路”倡议下持续加强服务能力及网络拓展，此项合作将拓宽中欧贸易航线上的多层次物流合作。

中国无锡直飞柬埔寨西哈努克省的国际航线正式开通　2017年6月25日，ZA4749航班从中国无锡硕放机场起飞，4个多小时后成功降落在柬埔寨西哈努克国际机场。这标志着无锡首条直飞柬埔寨的国际航线正式开通。

亚洲联合基建控股联合中国葛洲坝集团共同开拓“一带一路”项目　2017年7月3日，亚洲联合基建控股与中国能源建设集团旗下核心成员企业葛洲坝集团的全资子公司葛洲坝集团国际工程签订一份不具有法律约束力的战略合作协议。根据该协议，该集团与葛洲坝集团国际工程就双方的战略合作达成共识，将在“一带一路”倡议框架下加强合作，共同拓展香港市场及海外市场，在“一带一路”沿线国家进行项目合作开发与建设，合作范围包括大型基建工程项目、港口、住宅、酒店、公共设施等领域的开发、建设、营运及融资安排等。

印度尼西亚雅万高铁瓦利尼隧道工程开工　2017年7月15日，由中国中铁股份有限公司承建的印度尼西亚雅加达至万隆高速铁路瓦利尼隧道工程开工。雅万高铁工程全长142千米，连接印度尼西亚首都雅加达与第4大城市万隆。这一高铁工程完工后，雅加达至万隆的旅行时间将由现在的3个多小时缩短至40分钟。

中国与马来西亚启动“一带一路”铁路建设项目　2017年8月9日，由中国交通建设集团承建的马来西亚东海岸铁路在彭亨州首府关丹举行开工仪式。总投资额约550亿林吉特的东海岸铁路是未来几年马来西亚乃至东南亚最受关注的基础设施建设工程，也是“一带一路”倡议下最大的单体项目。

中国广东开通中越班列联通粤港澳大湾区与东盟国家　2017年8月9日，中国国内首列发往越南河内的中越班列（广州—河内）从广州大朗站徐徐开出，班列经广西凭祥口岸出境，全程1200千米，3天后抵达越南河内，货源主要包括市场采购商品、电子产品、通信设备和百货等。该班列将成为联通中国粤港澳大湾区与东盟国家的快速稳定运输通道，进一步增强中国珠江三角洲地区企业及产品出口东盟各国的竞争能力。

泰中铁路项目一期监理合同获批　2017年8月15～17日，中泰铁路合作联合委员会第20次会议在泰国曼谷举行，双方在会上完成中泰铁路合作项目一期工程（曼谷—呵叻段）设计合同的谈判后，泰国内阁于29日批准该项目的监理合同。该项目将进一步提升泰国在中南半岛的交通枢纽地位，为泰国经济发展注入新活力，并将惠及沿线各国。

中新合作助推"南向通道"成为"一带一路"新亮点　2017年9月13日，中国—东盟商务与投资峰会重要专题论坛——新加坡专题论坛在中国广西南宁举办，中国和新加坡两国与会者共同探讨通过互联互通谋求发展。一旦"南向通道"打通并正式启用，往来商家便能大幅度减少物流成本及缩短货运时间，直接连通"一带一路"沿线国家，推动区域贸易便利化。

中国直飞塞尔维亚首都贝尔格莱德货运航线开通　2017年9月15日，中国国内首班直飞塞尔维亚首都贝尔格莱德的HU7937航班从北京首都机场起飞至贝尔格莱德。此条航线的开通标志着中塞之间首条直飞空运航线正式开通。

中国吉林省开通首列"一带一路"中欧班列　2017年10月13日，中国吉林省长春市开行首列"一带一路"中欧班列，长春国际港也正式开通。这趟"中欧班列"由中国铁路总公司组织运行。

## "一带一路"贸易畅通

《"一带一路"自由贸易驿站合作框架协议》缔结　2017年1月18日，青岛前湾保税港区与欧亚控股、大公资本在青岛正式签署三方《"一带一路"自由贸易驿站合作框架协议》。这标志着青岛前湾保税港区"一带一路自由贸易驿站"新添国际成员，项目建设正式迈出国门、走向境外。三方就成立"一带一路"自贸国际发展基金达成共识，并将积极推动中国与伊朗企业在青岛—中亚冷链物流、伊朗矿产品进出口、食品加工贸易、投资与贸易平台建设、青岛保税港区伊朗国际自贸中心等方面开展深度合作。

中国与缅甸就加强农业科技合作和人才培养签订合作备忘录　2017年1月18日，缅甸耶津农业大学、云南农业大学和云天化集团在云南农业大学就"加强农业科技合作和人才培养"进行战略磋商，并签订合作备忘录。根据该备忘录，将由云天化集团出资，缅甸耶津农业大学、云南农业大学、云天化集团三方合作建立中缅农业研究院，中缅农业研究院将围绕缅甸农业产业结构调整、农业技术升级、畜牧业发展和农产品精深加工等若干关键技术问题，在缅甸建立实验室、试验基地，开展技术攻关、产业开发、学科培育以及人才培养工作，为中缅农业科技合作提供平台支撑。

中国台湾"一带一路"经贸促进协会成立　2017年1月20日，由中国台湾各界人士筹组的台湾"一带一路"经贸促进协会在中国台北成立。该协会将协助中国台湾企业参与"一带一路"建设，分享"一带一路"商机。

中东欧经济研究所在上海成立　2017年1月23日在中国上海成立。由中国中东欧基金会和中欧国际工商学院联合发起设立。研究所将致力于研究相关国家的经济、金融、产业、投资、贸易及人文和社会等领域，为中国企业投资中东欧市场提供智力支持和科研服务。

柬埔寨西哈努克港特区污水处理厂落成　2017年2月18日落成启用。西哈努克港特区污水处理厂设计总规模15000立方米/日，一期建设5000立方米/日。该厂的启用，能进一步完善特区的基础配套设施，有利于区内产业链的延伸，从而形成具有竞争优势的产业结构。

中国与阿布扎比签署《阿布扎比陆上油田开发合作协议》　阿联酋当地时间2017年2月19日，中国石油与阿布扎比国家石油公司在阿联酋签署《阿布扎比陆上油田开发合作协议》，该协议的签署是继2013年5月中国石油与阿布扎比国家石油公司签署陆海勘探开发协议后，在阿联酋石油上游领域又一重大突破，对中国石油优化海外业务在中东地区布局具有重要意义。

"一带一路"中埃商务论坛　2017年4月1日在埃及首都开罗举行，由中国工业经济联合会与埃及企业家协会共同主办。论坛围绕中国企业投资埃及和"一带一路"工商联盟成员国的经济发展前景和投资关注点等内容，积极探索中国与埃及、中国与非洲以及"一带一路"工商协会联盟成员国家间的合作前景与机遇，推动双边及多边的经贸发展和产能合作，包括苏伊士运河经贸合作区、基础设施建设、产业园区投资、电子商务、交通与物流、银行与金融业等分组议题。

共建"一带一路"合作发展会议　2017年4月6日在黎巴嫩首都贝鲁特举行，由黎巴嫩法兰萨银行、丝绸之路国际总商会联合举办。中国和黎巴嫩的工商界代表就在"一带一路"框架下开展合作进行讨论。黎巴嫩总理萨阿德·哈里里在会上表示，"一带一路"倡议不仅有助于经济发展、消除贫困和解决就业，还能促进不同文明和文化之间的交流，是维护世界和平与稳定的有效途径，有助于黎巴嫩实现稳定与发展。

中俄投资合作委员会第4次会议　2017年4月12日，中国国务院副总理张高丽与俄罗斯第一副总理舒瓦洛夫在俄罗斯联邦首都莫斯科举行中俄投资合作委员会第4次会议，这将推动中俄在投资、能源和财经等领域合作取得新进展。张高丽在会议上就中俄两国投资合作提出三点建议：深入推进两国发展战略对接，共同推动“一带一路”建设与欧亚经济联盟对接；继续推动两国重大合作项目，落实好会议纪要确定的项目清单；推动地区和中小企业合作。

阿治曼特许经营商品博览会“一带一路”湖南主题展　2017年4月17日，由中国湖南省商务厅与阿联酋阿治曼工商部联合主办的阿治曼特许经营商品博览会“一带一路”湖南主题展在阿治曼会展中心举行。此次展会以展示湖南的优势产业为主，力推湖南的特色企业和特色产品，旨在推动湖南产品走进中东，开拓和深耕西亚市场，促进中国同阿治曼酋长国的经贸合作。

蓝联境外退税APP正式上线　2017年4月22日，在第5届中国（上海）国际技术进出口交易会发布活动中，蓝联境外退税APP正式上线。这是中国第一款面向企业用户的在线海外商务退税产品，帮助国家挽回大量被忽视的外汇损失，帮助中国企业追讨无须缴纳的境外增值税税金，致力于成为全球用户数量第一、退税金额第一、退税速度最快、退税国家最多、退税产品最全的综合性海外退税公司。

中国电信集团有限公司扩大对“一带一路”建设投资　2017年4月25日，中国电信集团有限公司规划，2025年“一带一路”沿线主要区域信息高速公路基本建成。中国计划未来3~5年投入10亿美元自有资金，打造“一带一路”沿线主要区域信息高速公路。

WPS Office泰文版在泰国发行　2017年5月11日，由中国金山办公软件公司研发的WPS Office泰文版发布会在泰国首都曼谷举行。这是中国完全自主产权的办公软件产品首次落地泰国，也是金山软件向东南亚市场迈出的关键一步。

“一带一路”国际合作高峰论坛　2017年5月14~15日在中国首都北京举行。29位外国元首、政府首脑及联合国秘书长、红十字国际委员会主席等3位重要国际组织负责人出席，来自130多个国家的约1500名各界嘉宾作为正式代表参加，来自全球的4000余名记者注册报道此次论坛。论坛包括开幕式、圆桌峰会和高级别会议3个部分，是“一带一路”倡议提出3年多来规格最高的论坛活动。

中国惠生工程技术服务有限公司与霍尼韦尔UOP签署合作协议　2017年5月25日，美国霍尼韦尔UOP与惠生工程（中国）技术服务有限公司签署合作协议。根据协议内容，双方将共同为海外客户提供甲醛制烯烃技术和工程总承包服务。通过该协议，霍尼韦尔UOP的先进工艺技术与惠生工程强大的EPC服务能力得以结合，进而帮助海外客户进一步提升烯烃技术能力，同时节约能耗并降低总成本。

中国联通（俄罗斯）运营有限公司在莫斯科成立　2017年6月6日在俄罗斯首都莫斯科正式挂牌成立。中国联通将通过新成立的俄罗斯运营公司深入开拓俄罗斯及周边市场，加速提升“一带一路”北线、中线的通信基础设施互联互通能力，进一步提升“一带一路”区域合作及综合信息服务能力。

中国金正大集团与意大利SDF集团道依茨法尔农机项目进行股权合作　2017年6月7日，金正大集团与SDF集团道依茨法尔农机项目股权合作签约仪式在中国山东省临沭县金正大集团举行。根据协议，金正大集团将出资收购SDF集团10%的股份。

中国兰州新区综合保税区加入“一带一路”自由贸易驿站建设　2017年6月21日，兰州新区综合保税区与青岛前湾保税港区签署《“一带一路”自由贸易驿站合作框架协议》，这标志着兰州新区综合保税区正式加入由青岛前湾保税港区发起的“一带一路”自由贸易驿站建设，与青岛前湾保税港区共建“一带一路”自由贸易驿站甘肃站点。根据协议，双方将充分发挥各自区位特点，结合双方政策和功能优势，以企业为主体，市场为导向，联合建立“一带一路”自由贸易驿站。

中瑞商界领袖圆桌会议　2017年6月27日在中国首都北京举行，由瑞典驻华大使馆和中国聚贸控股集团联合举办。瑞典环境与能源部环境大臣卡罗丽娜·斯库格带队的瑞典政府与企业代表团，以及中国有关部委、产业学者、企业界代表等共70余人，就清洁能源、创新技术、“一带一路”基础设施等领域的全面合作开展讨论。

中国上海航运交易所将发布“一带一路”航贸指数　2017年7月11日，上海航运交易所发布中国上海“一带一路”航贸指数，展示“一带一路”建设成果。同时，帮助航运、贸易和投资企业规避市场风险。“一带一路”航贸指数由“一带一路”贸易额指数、“一带一路”货运量指数、“海上丝绸之路”运价指数等三大类指数组成，以2015年1月为基期，基期指数为100点。上海航运交易所在每个月的最后一周星期三对外发布。

新西兰“一带一路”产业园与中国企业签署战略合作协议　2017年8月14日，新西兰首个“一带一路”产业园——塔翁加产业园与中国检验检疫认证集团新西兰公司签署战略合作协议。双方合作内容包括对园区的乳制品、肉类、水果、海产品等进行检验、鉴定、认证、测试、提供仓储物流监管、跨境交易、产品展示、电子商务等贸易综合服务，帮助入驻园区的企业降低成本、提升效率。

“一带一路”商学院联盟　2017年8月26日在中国哈尔滨成立，由哈尔滨工业大学管理学院、意大利米兰理工大学商学院等20余所“一带一路”沿线国家商学院组成。“一带一路”商学院联盟是在中国国家发展和改革委员会培训中心、马来西亚高等教育部等机构指导下，由多所“一带一路”沿线国家商学院共同成立的高等管理教育机构联盟，旨在实现共享、共融和共同发展。联盟将借助各成员商学院的教学资源、专家资源、企业资源以及校友资源等，为在“一带一路”倡议下开展跨国事业的各国企业家提供学习和商业机会。

中国—东盟中小企业贸易促进平台官方网站上线运营　2017年9月13日，中国—东盟中小企业贸易促进平台(CASTPP)官方网站上线运营发布仪式在中国南宁举办，这是CASTPP建设发展的又一个重要成果。CASTPP以促进国际商品进口为目标，旨在通过中国钦州保税港区的特殊优惠政策、便利化通关环境、专业化的服务和市场网络，为东盟国家的中小企业进入中国市场提供服务，同时积极推动中国中小企业进入东盟各国市场。上线后，平台将为中国—东盟中小企业提供快速了解贸易服务信息的窗口，搭建19亿人口市场的宣传服务贸易平台。

## “一带一路”资金融通

可路光大证券与南南合作金融中心、东英金融投资有限公司三方合作设立“一带一路”基金　2017年4月6日，可路光大证券与南南合作金融中心、东英金融投资有限公司在可路香港签署合作协议，正式宣布三方将共同设立“一带一路”基金，以加大在“一带一路”国家的投资布局。根据协议，该基金将深度挖掘符合联合国可持续发展要求和“一带一路”国家战略的中国企业投资并购机会，投资于包括清洁能源、可再生能源、科技创新、文化体育、医疗健康、农业等能持续创造就业的行业。

中国深圳证券交易所赴印度举行投资项目网上路演　2017年4月20日，深圳证券交易所理事长吴利军率团赴印度孟买与会员单位海通证券旗下海通国际(印度)联合举行投资项目网上路演活动，促进中印创新资本跨境对接，开展“一带一路”跨境资本服务。

亚洲机构投资者联合海外投资基金成立　2017年4月28日，由中国民生投资集团牵头发起，中国内地、中国香港、日本、韩国、以色列、印度、东南亚等多个国家和地区的机构投资者组成GP共同体，共同打造亚洲机构投资者联合海外投资基金。该基金目标规模为100亿~150亿美元，旨在聚合资本力量“抱团出海”，充分利用发达国家的技术、品牌、资源优势和“一带一路”沿线国家的发展潜力所带来的“走出去、引进来”巨大机遇，构筑全球化的产业平台。

中国厦门海沧投资集团有限公司10亿元中期票据成功发行　2017年4月，由中国光大银行承销的厦门海沧投资集团有限公司10亿元中期票据成功发行，标志着光大银行在通过银行间债券市场推进“一带一路”倡议的实施上取得突破。同时，该笔业务也是全国服务“一带一路”建设项目的中期票据。

西班牙拟在中国发行“熊猫债”参与“一带一路”建设　2017年4月，西班牙官方信贷局拟在中国发行人民币债券(“熊猫债”)，帮助本国企业参与“一带一路”框架下的基础设施项目，成为西班牙首个发行人民币债券的机构，为促进西班牙企业在中国投资提供金融便利。

中国银联HCE“云闪付”产品将在哈萨克斯坦推出　2017年5月15日，中国银联与哈萨克斯坦人民储蓄银行签署合作协议，双方约定年内在哈萨克斯坦推出银联HCE“云闪付”产品，首次把安全、便利的“云闪付”移动支付服务带给中亚地区居民，银联卡持卡人可直接“挥”手机支付。

中国银河国际金融控股有限公司拟收购联昌证券国际私人有限公司50%的股权　2017年6月6日，中国银河证券发布公告称，其旗下子公司中国银河国际金融控股有限公司拟收购一家注册地在新加坡的证券公司——联昌证券国际私人有限公司50%的股权，预估交易价格约为1.67亿新元，并购完成后，将有助于搭建中国国内客户国际化及全方位交叉销售平台，发挥业务协同效应。

中国平安保险(集团)股份有限公司陆金所国际平台在新加坡开业　2017年7月17日，中国平安在新加坡宣布，集团旗下陆金所的国际业务平台——陆国际金融资产交易所(新加坡)有限公司已经获得新加坡金融管理局原则性批准“资本市场服务牌照”，正式在新加坡开业。这是首个将国际总部设于新加坡的中国金融科技企业。

中国工商银行发行首支“一带一路”绿色气候债券　2017年9月26日，中国工商银行卢森堡分行宣布将发行首支“一带一路”绿色气候债券，这支债券将于卢森堡证券交易所“环保金融交易所”专门板块挂牌上市。

## “一带一路”民心相通

“一带一路”中国与乌克兰文化交流周　2017年4月24日在乌克兰首都基辅乌克兰宫开幕，活动为期6天。是中乌建交25周年来两国间最大规模的文化交流活动。文化周的内容丰富多彩，包括中国一流书画家作品展、中国民乐演出、中医专家现场义诊、中国茶道表演、丝绸和瓷器展等。文化周期间，两国文化团体和机构签署数个合作文件。

中巴博爱医疗急救中心落成　2017年5月7日在中巴经济走廊的最南端——巴基斯坦瓜达尔港落成，由中国红十字会援建。同日，《中国红十字会与巴基斯坦红新月会合作备忘录》签署。中巴急救走廊是中国红十字会倡导发起的示范项目，瓜达尔博爱医疗急救中心是中巴急救走廊首个急救单元，也是整个中巴急救走廊的起点。

“一带一路”Fin Tech研究院　2017年6月21日挂牌成立，由中国西安交通大学经济与金融学院与中国深圳市钱海网络技术有限公司共同组建。Fin Tech由“金融”和“科技”英文字母的缩写组成，其核心是通过技术创新推动金融创新。

“一带一路”沿线国家第5批书画名家采风团走进东欧　2017年6月24日至7月3日，由中国北京金彩艺术图书馆组织的“一带一路”沿线国家第5批考察团“东欧奥匈捷斯之旅”开展为期10天的采风考察活动。考察团一行27人，走访了东欧众多著名景点，亦为“中国画画世界”系列活动开辟了一条新的文化之旅路线。

“一带一路”主题展　2017年7月14日在罗马尼亚议会成功举办，由中国国务院新闻办公室、中共中央对外联络部和中国驻罗马尼亚大使馆联合主办。展览包括从“丝绸之路”到“一带一路”、连接“中国梦”与“世界梦”、罗马尼亚与“一带一路”、中东欧与“一带一路”、“一带一路”国际合作高峰论坛等14个板块，共展出60余幅具有标志性意义的历史图片和大量视频资料。

新加坡首家“一带一路”多文化研究中心　2017年7月21日成立。该中心由英国伦敦商业金融学院新加坡校区与中国厦门大学海外教育学院合作设立，并提供跨国教育课程，让企业主管和学生能够更好地了解中国的“一带一路”倡议，同时，提供有关中国文化特征、商务礼仪等知识的传授。

“一带一路”民族文化大数据中心　2017年7月24日在中国首都北京揭牌成立，由中国中央民族大学与中国国家信息中心合作设立。根据合作协议，双方将联合创建“一带一路”民族文化大数据中心，共同推动中国“一带一路”网建设；开展智库建设和国际交流合作，服务数字丝绸之路建设；开展大数据人才联合培养和理论与技术创新研究；共同推动产学研用融合和产业孵化，合作参与南海大数据“一院一谷一中心”建设，等等。

“一带一路”巴黎论坛合作协议签署　2017年7月签署。中国驻法国大使馆与法国著名智库——法国国际关系与战略研究院（IRIS）就共建“一带一路”巴黎论坛签署合作协议，决定于2017年年内举办论坛第一次会议，并就论坛宗旨、工作原则和会议模式达成共识。“一带一路”巴黎论坛是中国驻外使领馆首次携手欧美主流智库在“一带一路”倡议框架下建立的机制化交流平台，计划每年围绕中法、中欧合作特定议题进行交流，为中欧“一带一路”合作贡献智慧。

“一带一路”交流座谈会　2017年8月3日举行，由越南中国商会与中国澳门青年联合会共同举办。双方就越南投资优惠政策和中国企业在“一带一路”引导投资越南的基本情况、越南基础设施项目投资环境和投资政策、澳门娱乐服务业与越南市场对接等问题进行交流探讨。

银联国际与澳大利亚旅游局全面深化合作　2017年8月28日，银联国际与澳大利亚旅游局在中国首都北京签署合作协议，未来3年双方将在银联卡宣传、签证支付便利和旅游信息共享等方面深化合作。

中国—东盟红十字博爱论坛　2017年9月11～12日在广西南宁举行，由中国红十字总会、广西壮族自治区人民政府主办，广西壮族自治区红十字会、中国红十字基金会承办，红十字会与红新月会国际联合会支持。论坛搭建中国—东盟红十字人道交流合作平台，进一步拓宽合作领域，促进“一带一路”沿线国家深化合作交流、增进民心相通。

博鳌亚洲论坛“一带一路”：亚欧战略对接会议　2017年9月15日在法国首都巴黎举办。会议从基础设施、贸易、投资、金融等4个维度，探讨“一带一路”及亚欧战略对接的重要机遇与挑战。

“一带一路”如何影响“16+1合作”国际学术研讨会　2017年9月15日在波兰首都华沙落下帷幕，由中国社会科学院16+1智库网络与波兰国际事务研究所联合举办。中国和中东欧国家政府、智库和企业家代表约200余人参会。会议认为，“一带一路”倡议将推动“16+1合作”达到新高度，“16+1合作”也将有助于“一带一路”倡议在欧洲得到落实和实施。

第15届21世纪中国论坛　2017年9月23日在意大利首都罗马举行，重点关注“一带一路”建设中的中意文化交流主题。论坛旨在通过回顾中意关系的历史与未来，弘扬丝绸之路精神，更广泛凝聚中意民间友好力量，进一步推动中意文化交流与合作。

中国道路欧洲论坛——“一带一路”倡议下的中欧合作　2017年10月6日在西班牙历史文化名城圣地亚哥—德孔波斯特拉举行，由中国社会科学院和西班牙加利西亚国际关系研究院联合主办，中国和西班牙智库和研究机构的专家、学者和政府官员等100人参加论坛活动。

2017“一带一路·遇见中国”文化活动　2017年10月7日在瑞士首都伯尔尼市联邦广场举行。瑞士各界人士和当地居民约2000人参加活动。2017年是中瑞旅游年，中国的“一带一路”倡议得到瑞士的积极响应。此次活动是2015年以来在瑞士首都举行的第3次中国主题大型文化宣传活动。

“一带一路”广告联席会议　2017年10月20日在中国湖南长沙召开。会议由中国广告协会主办，吸引“一带一路”沿线20多个国家和地区的广告行业代表参加。会议达成6项共识，包括坚持文化多样性、积极推动广告产业交流与合作、定期举办多边高级别广告发展论坛、加强沿线区域广告行业智库和数据库建设等。

“一带一路”荷兰·陕西体育产业研讨会　2017年10月27日在中国西安举行，由中国陕西省体育局、荷兰王国重庆总领馆主办，陕西省体育运动服务保障中心承办。中、荷双方均表示，愿意加强体育交流合作，实现合作共赢。

“一带一路”高校智库论坛　2017年10月28日在中国成都举行，是2017亚洲教育论坛年会的重要组成部分。论坛邀请“一带一路”沿线国家政府官员、大学校长和智库机构负责人、国别区域规划研究专家，共同探讨全球化背景下如何更好地运用“一带一路”高校智库资源，如何实现沿线高校在学术研究与人才交流上的互联互通。

“一带一路”和“16+1合作”框架下的中国与阿尔巴尼亚合作圆桌会　2017年10月31日在阿尔巴尼亚首都地拉那举行，由阿尔巴尼亚合作与发展研究所与中国—中东欧智库网格联合举办。这是近年来中阿智库首次合作举办研讨会。双方对“一带一路”倡议和“16+1合作”的历史脉络和发展历程作了介绍，并就进一步提升中阿两国务实合作展开讨论。

2017源中国　汇全球“一带一路”领袖论坛　2017年11月2日在中国首都北京举行，由美国通用电器(GE)与中国财新传媒联合主办。近800位来自政府、基建企业、金融机构的代表和各地区基建项目业主齐聚一堂，共同讨论中国企业如何在“一带一路”基建市场“走出去”的过程中转型升级，在沿线市场谋求长期发展，并为当地社区创造可持续价值。

“一带一路”葡语媒体联盟　2017年11月3日在葡萄牙阿威罗市成立，由葡萄牙新闻协会和环球伊比利亚公司共同发起。这是葡语国家间成立的第一个世界性媒体合作平台。葡萄牙、巴西等葡语国家和中国澳门等葡语地区的86家媒体代表当天签署的“一带一路”葡语媒体联盟备忘录，标志着这一跨区域合作平台正式启动。中国国际广播电台和澳门广播电视股份有限公司代表中国媒体加入该平台。

2017“一带一路”海内外企业合作洽谈会　2017年11月10日在中国深圳举行，由中国世界贸易组织研究会、中国商务部投资促进事务局和中国国际商会联合主办，中国深圳市人民政府特别支持，深圳市经济贸易和信息化委员会、中国国际贸易促进委员会深圳市委员会、潮汕联合控股有限公司承办。来自7个国家和地区的700多位嘉宾与会。此次大会以“拥抱新时代、丝路新篇章”为主题，旨在打造“一带一路”倡议下海内外企业信息交流、人员往来和项目合作的国际化平台。

首届“一带一路”中波青年对话活动　2017年11月19日在波兰历史名城克拉科夫举行。本次活动由克拉科夫孔子学院主办，吸引来自中国和波兰多所学校的100多名青少年学生参加。

中国—中东欧国家智库网络会议——“16+1合作”5年成就国际学术研讨会　2017年11月20日在匈牙利首都布达佩斯举行，由中国社会科学院和匈牙利外交与对外经济部联合主办。中国和中东欧国家的智库、媒体和官方代表近100人就中国和中东欧国家的投资合作、地方合作、基础设施建设合作、文化交流等问题进行探讨。与会嘉宾普遍认为，“16+1合作”与“一带一路”倡议的很多方面互相交融，能够助力“一带一路”倡议的发展。

“一带一路”与民营矿业国际产能合作暨2017(第3届)中国国际产能合作论坛　2017年12月1日在北京中国国家会议中心举行，由中国民营经济国际合作商会与蓝迪国际智库共同主办。论坛旨在围绕民营企业国际产能合作，探索民营企业矿业国际产能合作的有效路径和方法，务实推动国际产能合作更好地向纵深发展。

“一带一路”中的话语体系建设与语言服务发展论坛暨2017中国翻译协会年会　2017年12月1~2日在中国首都北京举行，由中国外文局指导、中国翻译协会主办。来自中共中央和国家机关、国内外相关研究机构和智库、高等院校、大型跨国企业、翻译出版机构、翻译协会、行业组织及商会等领域的700余名代表参加。论坛启动中国特色话语对外翻译标准化术语库平台和中国党政文献多语信息数据库与诚信信息发布平台。

APEC与“一带一路”对话峰会　2017年12月2日在中国长沙举行。峰会分专题演讲和对话访谈两个环节，多位嘉宾围绕“一带一路”主题，就企业创新发展探讨交流、共享经验。　　　（雷小华）

# 大湄公河次区域经济合作

## 大湄公河次区域合作发展历程

湄公河(中国境内称澜沧江)是亚洲一条重要的国际河流，发源于中国青藏高原唐古拉山，自北向南流经中国青海、西藏、云南3省(自治区)和缅甸、老挝、泰国、柬埔寨、越南5国，于越南胡志明市附近注入南中国海，全长4880千米。大湄公河次区域(GMS)位于东南亚、南亚和中国大西南的结合部，涉及中国云南、广西两省(自治区)以及缅甸、老挝、泰国、柬埔寨和越南5个国家，面积256.86万平方千米，总人口约3.29亿。

大湄公河次区域合作始于1992年，当年10月，首届GMS合作会议在菲律宾马尼拉亚洲开发银行总部召开，会议确立GMS合作的总体框架。会议文件将大湄公河次区域界定为柬埔寨、老挝、缅甸、泰国、越南和中国云南省(2005 年确定广西为中国参与 GMS 合作的第二个省份)。会议决定每年召开一次 6 国部长级会议,并确定 8 个主要合作领域,即交通、能源、环境和自然资源管理、人力资源开发、贸易和投资、旅游、通信、禁毒等。

1992～2015 年,大湄公河次区域合作经历 3 个发展阶段。

第一阶段(1992～1996 年)为建立互信、构建合作框架阶段。主要就 GMS 合作的基本问题进行可行性研究及广泛磋商,建立合作框架,形成合作机制。1994 年第 3 次 GMS 部长级会议确立后来成为 GMS 合作蓝图的项目计划,形成《大湄公河次区域经济合作——由倡议走向实施》的会议文件。1995 年 11 月召开的第 5 次 GMS 部长级会议进一步扩充合作领域,筛选出 103 个优先合作项目。1995 年 4 月,湄公河下游泰国、老挝、柬埔寨和越南 4 国在泰国清莱签署《湄公河可持续发展合作协定》。4 国决定在湄公河流域开发和管理的一切领域,包括河流资源、河上航运、洪水控制、渔业、农业、发电及环境保护等所有可能产生跨越国界影响的领域进行合作。依照协定建立的新湄公河委员会取代原来的湄公河临委会,新湄公河委员会自成立之日起就邀请上游的两个国家——中国和缅甸加入该组织,并于 1996 年开始与两国定期举行对话。

第二阶段(1997～2001 年)为建立战略框架和优选项目阶段。确定 GMS 合作优先领域,批准一批重点项目,全面展开项目可行性研究,实施优先项目。2010 年 11 月召开的第 10 次 GMS 经济合作部长级会议确定今后 10 年 GMS 合作的 5 个战略重点,即加强基础设施联网、便利跨境贸易与投资、扩大私营部门的参与和竞争、开发人力资源和提高技能水平、加强环境保护和促进自然资源的可持续利用。会议确定的 11 个旗舰项目包括南部经济走廊、东西经济走廊、南北经济走廊、电信骨干网、电力网、便利跨境贸易与投资、私营参与和增强竞争力、人力资源开发、环保战略框架、洪水控制和水资源管理、旅游等。

第三阶段(2002～2016 年)为提升和全面发展阶段。在建立首脑会议机制和召开部长级会议方面取得新进展。大湄公河次区域 6 国分别于 2002 年 11 月(柬埔寨金边)、2005 年 7 月(中国昆明)、2008 年 3 月(老挝万象)、2011 年 12 月(缅甸内比都)和 2014 年 12 月(泰国曼谷)举行 5 次领导人会议,分别通过《次区域发展未来 10 年战略框架》《大湄公河次区域经济合作新 10 年战略框架》等重要文件,为次区域合作指明方向。2002～2015 年先后召开 15 次部长级会议,审议通过多项开发规划和贸易协定,推动 GMS 合作向深度和广度发展。2016 年 12 月 1 日,大湄公河次区域合作第 21 次部长级会议在泰国清莱举行,会议取得多项成果并发表《GMS 第 21 次部长级会议联合声明》。12 月15～16 日,大湄公河次区域国家便利运输委员会第 5 次会议在泰国清迈举行,会议通过联委会第 5 次会议声明。12 月 27 日,湄公河流域执法安全合作机制成立 5 周年部长级会议在中国首都北京举行,会议通过《湄公河流域执法安全合作机制 5 周年部长级会议声明》。

经过 20 多年的发展,GMS 合作在以项目为主导的合作方式下不断推进,特别是近几年来在一些重点领域取得诸多新进展。

在交通与环境领域,GMS 各国合作稳步推进。2013 年 12 月,(泰国)清孔—(老挝)会晒大桥正式通车,打破昆曼公路全线贯通的瓶颈。中国云南蒙自至河口铁路 2014 年竣工。2015 年 11 月 13 日,中老铁路项目在北京签约。12 月 19 日,中泰铁路合作项目在泰国大成府举行启动仪式。2016 年 6 月 29 日,大湄公河次区域交通论坛第 20 次会议在中国广西南宁举行,会议听取各国关于次区域投资框架2014～2018 年行动计划项下 41 个交通基础设施投资项目和 15 个技术援助项目进展情况介绍,审议次区域交通走廊和经济走廊布局调整相关方案,讨论制订新的次区域交通行业战略的有关内容,研究次区域铁路联盟建设等相关问题。

在农业和旅游领域,GMS 各国相互交流加深。2013 年6 月,次区域各国在中国广西桂林举行第31 次大湄公河次区域国家旅游工作组会议和 2013 年湄公河旅游论坛。同年 10 月,GMS 各国在中国云南腾冲举行大湄公河次区域农业科技交流合作组第 5 届理事会暨农业科技合作交流研讨会。2014 年 3 月 27 日,中国与柬埔寨合作建设的中柬优质蔬菜水果示范基地揭牌。2015 年 5 月 21 日,越南农业与农村发展部与中国农业部在河内签署农业合作备忘录。在 2016 年 6 月 10 日召开的大湄公河次区域经济走廊 2016 年省长论坛上,各方就今后的合作达成多项共识,其中包括继续推进农业、渔业、旅游领域的合作。

在贸易与投资领域,GMS 成员国之间贸易与投资持续增长。2013 年,中国与 GMS 各国间的贸易总额达到 1318 亿美元,2014 年达到 1721 亿美元,2015 年达到 1610 亿美元,2016 年达到 1750 亿美元。中国对 GMS 各国投资也持续增长,2013 年以来中国是越南第三大外资来源国,2015 年中国是柬埔寨、老挝、泰国的第一大外资来源国。2016 年中国对 GMS 各国的投资额继续增长。

在非传统安全领域,GMS 各国持续开展合作。2013 年 5 月,中国和 GMS 各国在缅甸首都内比都发表禁毒合作《内比都宣言》。10 月,中缅禁毒合作第 11 次会议在中国山西召开,中缅两国代表表示继续巩固和加强两国在禁毒领域的全面合作,共同推进解决“金三角”毒品问题,联手打击跨国毒品犯罪活动。

GMS各国继续加强湄公河流域联合执法，至2015年年底，累计联合执法37次并取得明显成效。2016年4月19日，大湄公河次区域禁毒合作机制边会在美国纽约举行，会议深入探讨进一步加强合作，更加有效地应对次区域毒品问题。

## 第55次湄公河联合巡逻执法行动

2017年2月21日在中国云南西双版纳关累港启动。联巡勤务期间，中国、老挝、缅甸、泰国4国派出指挥官和联络官到中方执法指挥艇共同指挥调度勤务。中老缅泰各方将采取联合巡逻和联合查缉相结合的方式，加大联合巡逻执法力度，严厉打击湄公河流域涉恐、走私、偷渡、贩毒、贩枪、拐卖人口等跨境违法犯罪活动。中方执法艇还进驻班相果联络点与老方共同开展船艇训练，联合老、缅方在金三角等重点敏感水域加强联合巡逻执法，加大联合执法力度，全力做好湄公河流域安保工作。4国执法部门还在中国西双版纳举行信息交流会和指挥官联席会议，相互通报各方掌握的湄公河流域各种跨境违法犯罪活动情况，共同分析研判流域内治安形势和突出问题。

## 大湄公河次区域交通运输信息互联互通项目磋商会

2017年4月19～21日在泰国孔敬举行，由湄公学院主办。中国、柬埔寨、老挝、缅甸、泰国和越南等国代表团参加，中国云南省交通运输厅副厅长周游斌率云南团代表中国参加。目前，大湄公河次区域6国已完成《大湄公河次区域便利货物及人员跨境运输协定》（《便运协定》）的本国国内审批手续，亚洲开发银行正牵头推进《便运协定》全面实施的相关工作。会上，各方介绍本国国内交通互联互通情况和《便运协定》落实情况，从对大湄公河次区域交通运输信息互联互通的需求、地理范围和技术方案等方面重点讨论项目的可行性，并对项目的构成、远中近期目标及成果和实施方式等内容达成初步共识。

## 第12届大湄公河次区域禁毒合作高官会暨部长级会议

2017年5月10日在柬埔寨金边举行，中国、老挝、缅甸、泰国、越南和柬埔寨等国以及联合国毒品和犯罪问题办公室派高级别代表团参会。会上，各方回顾2015年部长级会议以来各方落实《次区域行动计划》的情况，分析当前区域禁毒形势，明确大湄公河次区域禁毒合作机制（MOU）未来发展方向。会议通过第10版《次区域行动计划》和《关于有效应对本地区毒品问题的金边联合宣言》。中国国家禁毒委员会常务副秘书长、公安部禁毒局局长梁云率团出席部长级会议。会议期间，中方代表团与老挝、缅甸、泰国、越南、柬埔寨及联合国毒品和犯罪问题办公室代表团团长进行双边会晤与交流。会后，梁云受邀和各方代表一起参加新闻发布会以及MOU和外部合作伙伴捐资对话会。部长会前，次区域6国和联合国毒罪办举行为期2天的MOU高官会，详细回顾MOU禁毒合作成果，探讨下步开展合作的重点事项，并磋商相关会议文件。

## 大湄公河次区域国家便利运输委员会联合委员会特别会议暨高官会

2017年5月24～25日在越南河内举行。会议期间，与会各国就加快签署和启动实施《关于实施〈大湄公河次区域便利货物及人员跨境运输协定〉“早期收获”的谅解备忘录》达成新的时间路线图和工作计划，并围绕《大湄公河次区域便利货物及人员跨境运输协定》的修订工作，重点就开通新的GMS跨境道路运输线路和出入境站点等问题进行深入讨论。会上，中国交通运输部副部长刘小明与泰国交通部部长阿空分别代表本国政府率先签署《关于实施〈大湄公河次区域便利货物及人员跨境运输协定〉“早期收获”的谅解备忘录》。刘小明还分别与泰国、越南、缅甸等国与会的交通运输部门负责人就加强双边国际道路运输合作等共同关心的问题交换意见。

## 2017年大湄公河次区域经济走廊省长论坛暨第9届GMS经济走廊活动周

2017年6月10日在中国云南昆明开幕。本届论坛以“共同发展、共同繁荣、共同圆梦”为主题，中国、柬埔寨、老挝、缅甸、泰国和越南等国的省市府邦代表和亚洲基础设施投资银行、亚洲开发银行的专家与会。中共云南省委副书记、省长阮成发，柬埔寨暹粒省副省长宝必胜，西哈努克省副省长谢·维查、上丁省副省长谢·塔提，老挝沙湾拿吉省副省长普赛·赛亚颂、沙耶武里省副省长西巴塞·安翁，泰国清迈府府尹巴温·昌尼巴萨、孔敬府副府尹差他瓦·尼阿齐里，越南谅山省人委会副主席阮公长、老街省人委会副主席阮青阳，亚洲开发银行高级专家如达拉·康塞普西翁，亚洲基础设施投资银行资深联络官孙元江出席论坛并围绕“以项目和行动促合作、以智慧和能力促发展”发表主旨演讲。除举办主论坛外，还举行GMS合作现代物流产业合作论坛和GMS物流行业合作委员会第5次会议、GMS跨境电子商务合作平台对话会等系列活动。

## 大湄公河次区域电力贸易合作委员会第22次会议

2017年6月19～21日在中国四川成都举行。中国、泰国、缅甸、越南、老挝和柬埔寨等6个大湄公河次区域国家以及亚洲开发银行、世界银行等机构的50余位政府、企业和金融机构代表参加。会议主要围绕区域电力贸易、监管机制和电网标准等议题展开交流和讨论。中国国家能源局副局长李凡荣出席会议并致辞。

### 大湄公河次区域经济合作城镇化工作组第一次会议

2017 年 6 月 28 ~ 29 日在越南河内举行。中国、缅甸、老挝、泰国、柬埔寨和越南等国以及亚洲开发银行的官员和专家参加。会议以边境经济合作区建设为重点，研究 GMS 城镇化发展相关问题和《GMS 区域投资框架 2018 ~ 2022》中的“城镇化发展项目”，并讨论 GMS 城镇化工作组的职责范围和 3 年工作计划。

### 大湄公河次区域经济合作第 22 次部长级会议

2017 年 9 月 20 日在越南河内举行。大湄公河次区域经济合作成员国的部长级政府官员以及亚洲开发银行等有关国际组织代表出席。会议主题为“加强务实合作，推动 GMS 合作取得更大成果”。会议通报 GMS 各领域合作的进展，审议《河内行动计划》框架、区域投资框架以及旅游、交通等领域成果，并发表联合声明。中国财政部部长助理许宏才在会议发言中肯定了 GMS 经济合作所取得的积极进展，并结合“一带一路”倡议提出 3 点建议：发挥 GMS 经济合作优势，推进 GMS 与“一带一路”倡议、澜沧江—湄公河合作机制等其他多边机制的对接；构建区域金融网络，保障区域内发展资金的有效供给；创新产业合作模式，推动各国产能合作。

### 第 8 届大湄公河次区域传统医药交流会

2017 年 11 月 20 ~ 21 日在缅甸仰光举行。中国、缅甸、老挝、泰国、柬埔寨及越南等国的政府官员、专家学者和传统医药民间医生代表 200 余人出席。缅甸仰光省省长吴漂貌登出席开幕式并致辞。中国国家中医药管理局国际合作司副司长朱海东，中国代表团团长、云南省卫生和计划生育委员会副主任、云南省中医药管理局局长郑进，云南省民族民间医药学会会长、教授张超，中国科学院昆明植物研究所研究员裴盛基等 39 人代表中国政府、专家学者和民间组织参加交流会。会上，郑进当选为大湄公河次区域传统医药交流会新一届学术委员会主席，裴盛基当选为传统医药知识与药用植物保护专家委员会主席。

### 第 65 次中老缅泰 4 国联合巡逻执法

2017 年 12 月 26 ~ 29 日开展。12 月 26 日在中国云南西双版纳关累港举行出发式；12 月 29 日，随着 3 艘中国执法船靠泊云南关累港，第 65 次湄公河联合巡逻执法圆满结束。此次巡航勤务中，中老缅泰 4 方通过全线巡航、分段巡航和船艇驻训等方式，对湄公河金三角、班相果等重点水域开展巡逻执法，总计航时 38 小时，航程为 512 千米，检查车辆 16 辆次、人员 37 人次。此外，应缅方邀请，中方 53901 执法艇还对缅甸万崩水警分局进行友好交流访问，开展船艇开放日和国际信号旗语等交流活动，邀请当地学生和群众参观 53901 艇。

（张　磊）

## 中越“两廊一圈”区域合作

### 中越“两廊一圈”区域合作概况

“两廊一圈”区域合作是中国和越南两国领导人共同作出的在中越两国之间合作建设“两条经济走廊”和“一个经济圈”的重大决策。“两廊”是指南宁—谅山—河内—海防—广宁经济走廊和昆明—老街—河内—海防经济走廊，“一圈”是指环北部湾经济圈。“两廊一圈”涵盖环北部湾和越南北部多个省市，越南方面有老街、安沛、富寿、谅山、北江、北宁、河内、兴安、海阳、海防、广宁等省市，中国方面有云南、广西、广东和海南 4 省、自治区。

“两廊一圈”区域合作的提出及其启动实施是中国—东盟自由贸易区合作框架下次区域合作的具体举措，推动“两廊一圈”建设是基于中越两国关系不断全面深入发展在经贸合作方面的具体成果，它标志着中越经济在迈向一体化方面步入实际操作层面。从中越关系、区域战略和广西、云南发展的角度来看，“两廊一圈”区域合作的提出和启动都具有积极意义，因此得到中国广西、云南和越南北部地区的积极响应，成为桂越、滇越合作的热点和主题。

### 中越“两廊一圈”区域合作发展历程

2005 年 3 月 25 日，中越两国“两廊一圈”专家组第 1 次会议在越南河内举行，会议讨论“两廊一圈”合作的可行性和具体实施方案，同意共同编制关于“两廊一圈”合作的研究报告。此次会议标志着中越两国合作建设“两廊一圈”开始从设想走向实际操作。

2006 年 7 月 5 日，中越经贸合作专家组第 2 次会议在中国云南蒙自举行。双方就《中国—越南经贸合作专家组关于“两廊一圈”合作的研究报告》内容深入细致地交换意见，对报告内容和双方下一步工作原则达成一致。通过此次会议，中越双方进一步明确“两廊一圈”合作的方向和领域。

2006 年 11 月 16 日，中越两国领导人在河内签署《中华人民共和国政府和越南社会主义共和国政府关于开展“两廊一圈”合作的谅解备忘录》，双方同意在“两廊一圈”范围内重点合作领域包括基础设施、货物和旅客运输、资源开发与加工、农业、旅游业等 9 个方面。两国同意首先开展在“两廊一圈”范围内的交通运输、资源开发与加工、口岸建设和贸易投资便利化等领域的合作,实施条件成熟的项目,逐步带动其他领域共同发展,以实现在两国边境省份间构筑一个平台,为双方企业及第三国企业开展经贸合作创造便利条件,使"两廊一圈"成为两国经济新增长点的目标。中越备忘录的签署为全面开展"两廊一圈"合作奠定了基本框架。

2008 年,中越双方将"两廊一圈"合作项目纳入《中越经贸合作五年发展规划》。

2011 年 10 月 11 ~ 15 日,越南共产党中央委员会总书记阮富仲对中国进行正式访问。在此期间,双方领导人共同签署《中越 2012 ~ 2016 年经贸合作五年发展规划》等一系列协议,两国政府共同发表《中越联合声明》。声明强调:鼓励并为双方企业扩大长期互利合作、建设跨境合作区和"两廊一圈"合作创造有利条件。

2012 年 3 月 31 日,中国国务院副总理李克强在海南博鳌会见出席博鳌亚洲论坛 2012 年年会的越南副总理黄中海,双方表示要落实好经贸合作五年发展规划,进一步加强经贸、人文等领域合作。3 月 26 日,中越两国政府签署《中国越南两国政府关于共同建设北仑河二桥协定》及其《议定书》,双方还就尽快签署两国部门间《关于建立行车许可证制度协议》及在北仑河口地区划定自由航行区达成共识。

2013 年 10 月 11 日,中共广西壮族自治区委员会书记、自治区人大常委会主任彭清华与越共广宁省委书记在越南下龙举行会谈,双方就加强海上旅游合作,简化通关手续等事项达成共识。10 月 13 ~ 15 日,中国国务院总理李克强访问越南,两国发表《中越全面战略合作的联合声明》,并签署一系列合作文件与协议。

中越两国建设"两廊一圈"不仅两国中央政府有共识,两国地方政府也积极响应。自 2004 年以来,广西积极响应中央政府的决策,自治区的主要领导每年均出访越南,与越方领导人就扩大以"两廊一圈"合作为重要内容的"一轴两翼"、泛北部湾区域经济合作进行广泛交流,并达成重要共识。2008 年 4 月 3 日,中共广西壮族自治区委员会书记郭声琨访问越南,他在会见越南政府总理阮晋勇时表示,广西非常重视发挥与越南山水相连的优势,积极参与中越两国领导人确定的"两廊一圈"区域合作。为进一步推进中国与东盟的合作,中国广西提出以"两廊一圈"为起点和基点,共同推进以泛北合作为重点的"一轴两翼"合作。"一轴两翼"是"两廊一圈"的拓展和延伸。推动"两廊一圈"和"一轴两翼"建设,为中越两国在更大范围、更宽领域、更高层次参与国际经济合作创造了新的机遇。同日在河内举行的中国广西—越南经贸合作推介会上,郭声琨还提出中越双方将在交通基础设施、加工制造业、农业、港口物流、中越跨境经济合作区建设、贸易投资便利化六大重点合作领域开展"两廊一圈"合作,越方对此表示支持和赞同。2013 年 10 月 11 日,中共广西壮族自治区委员会书记、自治区人大常委会主任彭清华与越共广宁省委书记在越南下龙举行会谈,双方就加强海上旅游合作,简化通关手续等事项达成共识。

2014 年 8 月 26 ~ 27 日,越共中央政治局委员、中央书记处常务书记黎鸿英作为越共中央总书记阮富仲的特使访问中国。这是自 5 月中越南海摩擦及越南反华骚乱严重冲击两国关系之后,越方高层首次访华。8 月27 日下午,中共中央总书记、国家主席习近平在北京人民大会堂会见黎鸿英。习近平指出,中越互为近邻,又同是共产党领导的社会主义国家。邻国是搬不走的,友好符合双方共同利益。近几年,两国关系发展总体良好,但近期受到很大冲击,引起两国人民和国际社会高度关注。希望越方同中方一道努力,使中越关系重新回到正确发展轨道。习近平强调,中越两党高层应该把握大局,保持并加强交往,及时就重大问题深入沟通,坚持从战略高度和长远角度引领中越关系,特别是在关键时候要做出正确的政治决断。黎鸿英表示,将把习近平总书记的话如实、完整向越南党和政府汇报。越方愿意尽最大努力,同中方一道,保持高层交往,进行真诚沟通,增进相互了解和信任,加强团结合作,妥善处理问题,共同推动越中两党两国全面战略合作伙伴关系不断巩固和发展,这符合两国和两国人民根本和长远利益,也有利于地区和平、稳定、繁荣。

2015 年 4 月 7 ~ 10 日,越共中央总书记阮富仲对中国进行正式访问。7 日,中共中央总书记、中国国家主席习近平在北京人民大会堂同阮富仲总书记举行会谈。就两党两国关系、国际和地区形势等共同关心的问题深入交换看法,达成重要共识。双方强调要珍惜和维护中越传统友谊,秉承长期稳定、面向未来睦邻友好、全面合作方针和好邻居、好朋友、好同志、好伙伴精神,推动中越全面战略合作伙伴关系持续发展,更好造福两国人民。会谈后,习近平和阮富仲共同见证《中国共产党和越南共产党合作计划(2016 ~ 2020 年)》以及金融、基础设施、文化、司法、税务、维和等领域合作文件的签署。习近平和阮富仲还共同出席第 15 届中越青年友好会见活动。8 日,中越双方发表《联合公报》。11 月5 ~6 日,应越共中央总书记阮富仲和越南国家主席张晋创邀请,中共中央总书记、中国国家主席习近平对越南进行国事访问。访问期间,习近平分别同阮富仲、张晋创举行会谈,并会见越南政府总理阮晋勇、国会主席阮生雄。习近平指出,中越同为共产党领导的社会主义国家,是具有战略意义的命运共同体,中越传统友谊应该倍加珍惜和维护。着眼未来,无论国际风云如何变幻,两党两国都需要守望相助、携手前行。要把握好政治方向,做互助互信的好同志、合作共赢的好伙伴、相亲相望的好邻居、常来常往的好朋友,确保中越关系始终沿着正确轨道前进。6日,中越双方发表《联合声明》。

2016年9月10～15日,越南政府总理阮春福对中国进行正式访问。中共中央总书记、国家主席习近平,全国人大常委会委员长张德江、全国政协主席俞正声分别会见阮春福。中国国务院总理李克强同阮春福举行会谈,双方就新形势下进一步深化中越全面战略合作伙伴关系及共同关心的国际地区问题深入交换意见,达成广泛共识。会谈后,两国总理共同见证双方经贸、产能、基础设施、教育、旅游等领域合作文件的签署。11月8～11日,中共中央政治局常委、全国人大常委会委员长张德江率中国党政代表团对越南进行正式友好访问,分别会见越共中央总书记阮富仲、国家主席陈大光、总理阮春福,与国会主席阮氏金银举行会谈,还会见祖国阵线主席阮善仁。访问期间,张德江出席中越人民友好交流活动和第3届中越青年大联欢并致辞,张德江还考察中越友谊宫项目建设情况,并访问岘港市、广南省。

2017年1月12～15日,应中共中央总书记、中国国家主席习近平邀请,越共中央总书记阮富仲对中国进行正式访问。中共中央总书记、国家主席习近平同阮富仲举行会谈。中越双方共同发表《中越联合公报》,对尽早签署《中越跨境经济合作区建设共同总体方案》达成高度一致。此外,还签署《中国共产党和越南共产党高级干部培训合作协议(2017～2020年)》《中国国防部和越南国防部关于2025年前国防合作共同愿景声明》《中国红十字会与越南红十字会合作备忘录》《中国海关总署和越南国防部关于中越陆地边境口岸合作的框架协定》《中国政府与越南政府关于实施老街—河内—海防标准轨铁路线路规划项目换文》等合作文件。本次访问是阮富仲再次当选越共中央总书记后首次访华。5月11～15日,应中国国家主席习近平邀请,越南国家主席陈大光对中国进行国事访问并出席"一带一路"国际合作高峰论坛。中国国家主席习近平同陈大光举行会谈,中国国务院总理李克强,全国人大常委会委员长张德江,全国政协主席俞正声,中共中央政治局常委、书记处书记刘云山分别会见陈大光。11月10～13日,应越共中央总书记阮富仲、越南国家主席陈大光邀请,中共中央总书记、中国国家主席习近平对越南社会主义共和国进行国事访问并出席亚洲太平洋经济合作组织第25次领导人非正式会议。习近平分别同越共中央总书记阮富仲、越南国家主席陈大光举行会谈,并会见越南政府总理阮春福、国会主席阮氏金银。中越两党两国领导人就双边关系及共同关心的国际地区问题深入交换意见,并就新形势下进一步深化中越全面战略合作伙伴关系达成重要共识。习近平此次访越具有十分重要的里程碑式意义,为新形势下中越关系的发展指明了方向,注入了新的发展动力。访问期间,中越双方发表《中越联合声明》,并签署《中越国防部边防合作协议》《共建"一带一路"和"两廊一圈"合作备忘录》《电力与可再生能源合作谅解备忘录》《2017年中越产能合作项目清单的谅解备忘录》《核安全合作谅解备忘录》《加快推进中越跨境经济合作区建设框架协议谈判进程的谅解备忘录》等文件。

## 中越"两廊一圈"区域合作新进展

2017年,中越关系依然保持积极发展态势,中越"两廊一圈"区域合作在交通、经贸、旅游、科技教育以及能源合作领域取得新进展,为推动中越双边经济发展发挥作用。

交通合作　2017年11月21～23日,中国广西壮族自治区交通运输代表团与越南广宁省交通运输代表团和越南海防市交通运输代表团在广西南宁举行中国广西与越南广宁、海防三省(区、市)2017交通运输工作年会并签署会谈纪要。广西与广宁双方代表团就中越东兴—芒街跨境自驾游线路延伸至中国南宁和越南广宁、广西东兴口岸扩大开放至北仑河二桥后的国际道路运输管理、广西峒中公路口岸(含里火通道)对外开放后的国际道路运输管理、发展中国东兴—越南芒街跨国公交业务、跨境运输保险等议题,深入交换意见,达成多项共识。广西与海防双方代表团就2017年9月28日开通的中国南宁至越南海防国际直达客运线路开行存在的问题、推动中越国际客货运输线路开行事宜、班次调整问题、出入境运输车辆安全监管等事项以及在交通运输领域合作事宜进行交流和探讨。中越双方国际道路运输企业还就国际道路运输线路经营情况进行现场交流。

经贸合作　2017年,中国与越南经贸合作加深,两国贸易增长较快,特别是中方从越南进口贸易快速增长。2017年,中越双边贸易额达938亿美元。其中:越南对中国出口353亿美元,同比增长60.6%,位居美国和欧盟之后;从中国进口585亿美元,同比增长16.9%。中国是越南第一大进口市场和第三大出口市场,中国继续成为越南最大的贸易合作伙伴。越南与广西进出口贸易额一直占中越双边贸易额的约1/3,2017年为240.12亿美元,其中越方逆差40亿美元。投资方面,2017年中国累计对越南投资14.10亿美元。2017年1～8月,中国对越南投资项目达176个,是2016年同期的3倍以上。

旅游合作　2017年,中国赴越南旅游游客已超过400万人次,比上年增长48.6%,中国仍是越南最大的国外游客来源地。12月4日,中国广西东兴口岸2017年检查出入境人员突破900万人次,创历年新高。

能源合作　2017年6月8日,中国南方电网公司董事长李庆奎会见越南电力集团总经理邓黄安一行,双方就越南永新一期BOT项目建设、加快推进500千伏中越联网项目落地以及进一步加深合作等议题举行会谈。双方表示希望在良好合作的基础上进一步深化互信合作,加快推动中越联网项目落地见效和其他电力项目合作,将项目建设成为双方友好合作的示范项目,更好地服务越南经济社会发展。越南永新一期BOT项目位于越南平顺省,建设规模为两台60万千瓦级的超临界火电机组,预计总投资17.55亿美元,于2015年7月18日开工,是中国企业在越南投资规模最大的电厂项目,也是中国企业在越南的首个BOT电力项目。项目的主机和辅机将全部采用中国生产设备,计划2018年底1号机组投运,2019年上半年全厂投运。项目建设期为4年,特许运营期25年,期满后将无偿移交给越南政府。

科技合作　2017年11月8日,由中国社会科学院国家全球战略智库与越南社会科学院中国研究所联合主办的"中越智库论坛:中共十九大暨APEC框架下中越合作研讨会"在越南首都河内开幕。来自中国和越南的30余名专家和学者围绕中共十九大的主要成果、中越关系发展、亚太经合组织(APEC)框架下的中越合作等议题开展研讨。

教育合作　2017年9月12日,为深化中国广西与越南边境四省的教育交流与合作,促成建立五方定期交流洽谈机制,广西与越南边境四省(河江、谅山、广宁、高平)教育工作磋商会在广西南宁召开。会上各方进行深入交流磋商并签署备忘录,一致同意建立双边教育定期洽谈机制。经过交流磋商,与会代表就加强和推进中国广西与越南边境四省之间的教育交流与合作初步达成共识:在中国广西与越南边境四省联合工作委员会框架下建立双边教育工作定期洽谈机制,即每年举办一次中国广西与越南边境四省教育合作工作磋商会,轮流在中国广西与越南边境四省举行;加强教育行政部门的人员互访和交流;共同支持做好广西政府奖学金留学生的推荐、招生和录取工作;积极推进双方高校之间开展学术交流合作、教师交流、学生交换和实习实训,共同推进中越边境职业教育交流。通过此次磋商会谈以及今后形成定期的交流机制,广西与越南边境四省在教育领域的合作将更加广泛深入并取得更大的成绩,实现互利共赢。随着中国—东盟职业教育联展暨论坛的持续举办,广西多所高校与越南边境四省的院校都建立了合作关系。

农业合作　2017年5月,在越南国家主席陈大光对中国进行国事访问期间,越南天禄集团与湖南袁氏科技发展责任有限公司签署合作协议。根据合作协议,上述两家公司将共同出资1000万美元成立两家合资公司:在越南成立植物种子联营公司,主要研究开发超级杂交水稻种子以及玉米和其他杂粮种子,服务于越南和东南亚市场;在中国成立农产品贸易公司以便向中国市场供应、销售大米和咖啡、胡椒及其他农产品。此前,越南天禄集团和湖南袁氏公司已在越南开展长期水稻种子培育合作并已培育出高产能和高质量的水稻种子。

随着中越农业合作的不断深化,中国广西对越南农业投资规模不断扩大,2017年广西"走出去"到越南投资的涉农企业已达16家,协议投资金额达1.22亿美元。其中:广西农垦明阳生化集团股份有限公司投资设立的越南归仁木薯产业项目,是广西在中国境外最大的农业投资合作项目;广西田阳县三雷老韦物流有限责任公司在越南谅山等省投资建立300多亩的小番茄种植基地,每年产值达600万元以上,该公司还将在越南投资建设蔬菜冷库以及番茄、毛豆、大葱种植基地。为更好地开展中国农作物品种在越南的试种、示范和推广,广西农业厅于2014年开始启动中国(广西)—越南农作物优良品种试验站项目,以此为依托,重点推进广西与越南农业的科技交流合作,促进广西农作物品种和生产资料"走出去"。目前,中国(广西)—越南农作物优良品种试验站项目已基本建成,2016年试种示范中国杂交水稻、瓜菜等品种超过20个,在越南示范推广粮食经作新品种面积超过80万亩。

## 中越"两廊一圈"公路建设

2017年,中越两国积极推动与东盟国家互联互通南向通道建设,继续深化在公路建设方面的合作,加快公路网络对接,取得新成绩。据统计,2017年中国广西境内高速公路出边通道已建成通车2条,即南宁—友谊关、防城港—东兴高速公路;在建2条,分别是靖西—龙邦和崇左—水口高速公路,计划于2018年和2020年建成通车。越南方面,河内—谅山—友谊关(口岸)、河内—芒街—东兴(口岸)高速公路正在建设,尚未与中方已建成的高速公路通道接点对接;河内—高平—龙邦(口岸)、河内—高平—水口(口岸)高速公路项目还处于规划阶段。

广西东兴口岸—越南下龙湾、海防市大巴车开行　2017年9月28日,中国广西运德集团中国南宁至越南海防国际直通班线正式开通运行,这是继南宁经友谊关至河内直通车之后,经东兴口岸直通越南海防市的又一条直通车线路。

## 中越"两廊一圈"铁路合作与建设

越南首条城铁越南河内吉灵—河东线第一列列车交付　2017年2月27日,中国企业交付越南首条城铁越南河内吉灵—河东线第一列列车。这批列车由越南在中国北京地铁车辆装备有限公司订购,每列车有4节车厢,共计订购13列。吉灵—河东线城铁是越南首条城铁,长约13千米,总投资额8.65亿美元,全部采用中国技术和中国标准。首批列车的到位,标志着这条备受瞩目的城铁建设进入全速推进阶段。

**中国援助越南老街—河内—海防标准轨铁路线路规划项目取得进展** 2017年6月，中铁第五勘察设计院集团有限公司（简称铁五院）成功中标援助越南老街—河内—海防标准轨铁路线路规划项目。该项目将为越南老街—河内—海防规划新建一条现代化的标准轨铁路，铁五院将派遣技术人员开展线路方案和相关铁路枢纽的研究工作，并编制老街—河内—海防标准轨铁路线路规划报告，其中包括（越南）老街至（中国）河口连接线，确定越南—中国铁路新接轨点以及连接河内、海防港枢纽铁路线路，全部工作计划于2018年7月11日前完成。铁五院将代表中国商务部国际经济合作事务局负责对项目规划全过程进行协调、控制和管理，并承担项目的质量、进度、安全和投资控制责任。

**首列中越班列从凭祥口岸出境** 2017年8月12日12时整，中国国内首列中越班列徐徐从凭祥口岸（铁路）出境，6个小时后到达越南首都河内，全程1200千米。

在首趟中越班列装载市场采购贸易商品、电子产品、通信设备和百货等货物于8月9日从广州出发，8月11日19时20分抵达广西唯一的边境铁路口岸——凭祥口岸（铁路）。8月12日，经凭祥海关核对电子数据和纸质单证、验核封锁后，中越班列从凭祥口岸（铁路）出境。这是中国百货首次通过集装箱国际联运的方式运抵越南。中越班列在运输效率上较海运节省1周时间，在运输成本上比公路低50%，在此次试运行后，将逐步加大开行密度。2016年，中越两国共同签署《集装箱境外管理和使用协议》和《集装箱国际联运运输合同》，明确集装箱的保管、使用等各项规定。2017年4月，作为广西乃至中国连接陆路东盟的门户城市、重要节点城市，连接中国与越南两级市场的重要枢纽，凭祥正式开通集装箱国际联运运输，使中越班列开通具备成熟条件。中越班列将成为联通中国粤港澳大湾区、广西与东盟国家乃至欧洲快速稳定的运输通道。

**防城港—东兴铁路** 2017年12月18日，防城港—东兴铁路项目在中国广西防城港北站举行开工现场会，标志着防城港至东兴铁路正式开工。防城港至东兴铁路新建线路长47.6千米，为I级双线，速度目标值200千米/小时，基础设施预留250千米/小时条件，此前为I级单线，速度目标值160千米/小时。项目估算投资总额64.8亿元人民币，建设工期3年，预计2020年建成通车。项目线路自防城港北站南端引出，跨西湾后经江平镇至东兴站，预留江山半岛站。该项目列入中国国务院2017年新开工的35个铁路项目之一，是中国国务院办公厅印发的《兴边富民行动“十三五”规划》中明确的“一带一路”国际铁路通道建设工程，是中国国家发改委《铁路“十三五”发展规划》中明确的“十三五”期间建成的互联互通铁路核心项目。

## 中越“两廊一圈”沿海港口和口岸建设

**中越边境广西崇左市宁明县爱店公路口岸对外开放通过国家验收** 爱店口岸分别于2017年7月17日通过市级预验收、2017年12月29日通过自治区（省）级预验收。该口岸位于宁明县爱店镇、中越边境1223号界碑处，北距宁明县城51千米，南距越南首都河内180千米、禄平县17千米，与越南峙马口岸相对。宁明与越南接壤，是广西陆地边境线最长的县，边境线长212千米。爱店口岸于1957年作为二类口岸对越开放，1979年一度关闭，1991年恢复与越南贸易往来。2015年，中国国务院批准爱店口岸升级为中越双边性常年开放公路客货运输口岸（公路一类口岸）。此后，宁明县不断完善口岸基础设施，推进爱店货场改扩建、口岸隧道、云天中越边境中药材商贸物流中心以及中越边境互市贸易结算中心等口岸配套设施建设项目。

**中国国务院批复同意广西硕龙公路口岸对外开放** 2017年10月8日，中国国务院就广西硕龙公路口岸对外开放作出批复，同意位于中国与越南边境的广西硕龙公路口岸对外开放，口岸性质为双边性常年开放公路客货运输口岸。硕龙公路口岸对外开放前，由中国海关总署组织有关部门进行验收，验收合格并经中越两国外交换文后正式开通。对外开放后，海关业务将由现有的硕龙海关承担；同意设立正团级边防检查机构和正处级出入境检验检疫机构，核定边防检查（现役制）、出入境检验检疫等查验人员编制，均由各查验部门系统内部调剂解决。硕龙公路口岸在德天跨国大瀑布景区开发的基础上，按照“一口岸、三通道”的发展规划，建设成集跨国旅游、边境贸易和人文交流于一体的口岸，将进一步优化广西口岸布局，提升口岸开放的通行能力，实现与越南里板口岸的直接有效对接，形成中越边境“无缝对接”新格局，增强中越德天·板约跨国旅游合作区、中越跨国购物街、岩应边民互市贸易点等发展潜力，使公路口岸在构建中国广西扩大和深化同东盟的开放合作及“一带一路”建设大格局中发挥更大作用。

## 中越“两廊一圈”运输便利化合作

**中越跨境红河大桥建设取得进展** 2017年3月，中国云南省交通运输厅与越南老街省交通运输厅召开会议，就中越跨境红河大桥进行初步选址，商定启动建桥位置、规模等工程实施具体事宜的磋商，标志着中越跨境红河大桥建设取得进展。2016年年底，在昆明举行的中国云南省与越南河江、老街、莱州、奠边省联合工作组第6次合作会议上，与会各方就中国坝洒—越南巴刹跨境公路道桥建设交换意见，并签署《中越河口老街跨境经济合作区红河大桥选址备忘录》。中越跨境红河大桥这座公路大桥未来主要服务于即将建设的中国河口—越南老街跨境经济合作区,方便双方人员货物往来和经济社会发展,争取在2019年完成大桥建设。

水口—驮隆界河二桥开工　2017年5月,水口至驮隆中越界河公路二桥工程(中方)启动开工建设。水口至驮隆中越界河公路二桥位于中国水口口岸和越南驮隆口岸,跨越中越界河洞桂河,距水口至驮隆中越界河一桥约1千米,起点接中国国道219线沿边公路K375,终点接越南3号国道。全线采用一级公路建设标准,双向4车道,据了解,水口至驮隆中越界河二桥规划路线全长975米,其中中方境内长394米,越方境内长572米,路基宽度为24.5米,设大桥一座,桥长90米,涵洞5道,平面交叉2处。项目概算总投资1820万元人民币,建设工期两年。项目的建设将极大减轻水口至驮隆一桥的运输压力,对建设中国—东盟自由贸易区陆路大通道、改善口岸交通条件起到重要作用。

云南首趟中欧班列发车　2017年6月12日,满载着32只集装箱磷酸氢钙的中越(西线)东南亚国际班列(昆明—老街—河内—海防)从中铁联集昆明中心站始发。该班列全程854千米,在河口北准米轨换装后,一路经过越南老街、河内等地。4~6天后,该班列将抵达距离中国云南省最近的出海口——越南海防港。中欧班列运输时间仅为海运的1/3,运价仅为空运的1/5。

中越友谊关—友谊国际口岸货运专用通道正式通车　2017年9月11日,中越友谊关—友谊国际口岸货运专用通道举行通车仪式,满载货物的中国和越南车辆分别从边界衔接处驶入对方国境,这标志着中越两国沿边地区开放合作水平得到进一步提升。中越友谊关—友谊国际口岸货运专用通道项目总投资5439万元人民币,由中国广西凭祥市与越南高禄县共同开工建设。其中,中方段路线长145米,为双向四车道,路基宽24.5米。为确保专用通道畅通无阻,中越双方均在通道旁建有停车场以便两国货车在关口泊车及驳货,其中中方停车场面积约为10900平方米。

中越北仑河二桥建成通车　2017年9月13日,中越北仑河二桥建成仪式在中国广西东兴举行,标志着该桥经过中越两国建设者携手3年多的努力,建成通车。中越北仑河二桥建成将使中越两国包括越南广宁省和广西壮族自治区经贸关系的发展得到升级,以及为高速公路路网的互联互通、越南芒街口岸经济连接中国东兴国家重点开发开放试验区等创造良好的发展条件。中越北仑河二桥位于北仑河大桥下游约3千米处,大桥全长618米,其中中国段长463.5米,越南段长154.5米,跨越中越界河北仑河,全线按一级公路标准建设,设计行车时速为60千米,桥面总宽27.7米,桥面行车道按4车道+2辅助车道布置。中越双方投资估算总额为2.2亿元人民币,其中中方投资1.8亿元人民币。

中越双方举行国际道路运输工作例会　2017年11月21日,中国友谊关口岸国际道路运输管理处与越南友谊口岸道路运输管理站召开2016年和2017年国际道路运输工作例会。会上,双方就国际汽车运输行车许可证的使用管理、国际道路运输车辆的监管查验、货运直通车的恢复运行以及凭祥至谅山自驾游的开行等事项进行交流探讨并深入交换意见,一致希望通过双方的共同努力,做好国际道路运输的监管工作并推动国际道路运输事业的平稳有序发展。

广西首趟中欧班列发车　2017年11月28日,满载着水果、电子产品等货物的79749次集装箱班列缓缓驶出广西南宁南站,直通越南首都河内。该班列从南宁南站集结出发后,通过凭祥铁路口岸站出关,20小时内抵达越南首都河内,运费较公路运输节省20%。12月1日13时26分,中欧班列(中国南宁—越南河内)跨境集装箱直通返程班列24508次列车抵达中国凭祥口岸站,由16个40英尺集装箱装载的越南氧化锌等物资进入中国市场。中欧班列(中国南宁—越南河内)跨境集装箱直通班列成功双向对开,标志着广西与东盟经济贸易合作开辟了物流新通道,打通了由中国中西部地区向南经广西凭祥对接东盟的陆路运输大通道,对中国通过跨境铁路运输与南亚东南亚国家形成资源互补、互联互通具有重要意义,有利于强化广西南宁作为贯通华南、华东、华中、西南等地区与东盟国家贸易往来的集散地功能,构建起中欧班列中国与越南、中国与欧洲连接的重要节点。为确保跨境集装箱直通运输班列的常态化开行,中越双方建立了运输组织协作和运输代理协作两个机制。在每周开行两列的基础上,中方铁路部门将逐步加大班列开行密度,力争在市场培育成熟后实现每日一班常态化开行;越南铁路部门将积极组织返程及过境中国发往欧洲货源,努力实现双边对开班列。中欧班列(中国南宁—越南河内)跨境集装箱直通运输全程约为400千米,其中,中国境内铁路里程约240千米,越南境内约160千米。与传统公路跨境运输相比,铁路跨境班列具有运输量大、运价合理、一站直达、便捷可靠、安全稳定等优势。

重庆东盟公路班车与重庆中欧班列无缝连接运营进入常态化　2017年12月20日,一批由欧洲经重庆南彭公路保税物流中心(简称重庆南彭B保)运往越南的货物在经过分拣、换箱及仓储等作业后,乘着重庆东盟公路班车前往越南同奈省。随着欧洲和东盟货物不断在重庆南彭B保进行集散,重庆东盟公路班车与中欧(重庆)班列无缝连接运营已进入常态化。重庆南彭B保位于该市巴南区南彭公路物流基地内,是重庆东盟公路班车的始发地,也是重庆长江以南唯一的公路B保,集保税仓储、增值物流、商品展示交易等功能于一体。自2017年4月26日封关运行以来,从重庆南彭B保发往东盟的货物已超过137个集装箱,货物价值达1.4亿元人民币。2017年9月,200箱国际名牌男装从越南兴安省出发,经东盟公路班车运抵重庆南彭B保,后经分拣、换箱等作业后,登上中欧(重庆)班列启程运往德国梅青根。公铁联运总运行时间为20天左右,较原本海运所需的40天节约了一半时间。预计2018年,重庆东盟公路班车与中欧(重庆)班列无缝连接连运班车量每月将达50车。重庆东盟公路班车始发地为重庆巴南公路物流基地内的东盟国际物流园,采取定点(装车地点)、定线(固定运行线)、定车次、定时(固定到发时间)、定价(运输价格)的"五定模式"运行。在已开通的贸易线路中,东线可抵达越南首都河内,东线复线经钦州港到达东盟各国,中线延伸至泰国曼谷。

## 中越"两廊一圈"园区建设

*龙邦—茶岭跨境经济合作区* 中越两国官方积极推进中国龙邦—越南茶岭跨境经济合作区共建工作。2017年4月,《中国龙邦—越南茶岭跨境经济合作区(中方区域)总体发展规划(2016~2030)》完成编制并通过专家评审,中越双方提速合作区内基础设施建设。为顺利推进中方区域园区建设,广西百色开发投资集团有限公司与广西靖西万生隆投资有限公司建立合作伙伴关系,共同开发、建设、运营万生隆国际商贸物流中心。该中心为中国龙邦—越南茶岭跨境经济合作区中方园区核心项目,包含边民互市贸易区、一般国际贸易服务区、国际多式联运转口贸易区、国际保税加工分拣区、东盟自由贸易区、东盟跨境电子商务区等六大功能区,投资额约为30亿元人民币。

越南方面,越南官方规划建设总面积为44.56平方千米的口岸经济区,由茶岭口岸园区和高平园区两个园区组成。其中,茶岭口岸园区一期工程建设包括口岸联检区、仓储区、出口加工及商务中心等,建成后将与中方龙邦口岸功能区实现无缝对接。目前,茶岭口岸联检区、仓储区及旅检通道均已投入使用。

2017年10月,百色龙邦边民互市贸易区正式投入运营。这是目前中国规模最大、设施配套最齐备、通关服务系统最先进的边民互市贸易区。该贸易区已有20家企业入驻,中外合作客商近200家。在龙邦边民互市贸易区崭新的互市联检大厅内,边贸互市采购、结算和贸易订单申报等手续可实现一站式办理。

*凭祥—同登跨境经济合作区* 2017年5月9日,中共凭祥市委书记,广西凭祥综合保税区工委副书记、管委会常务副主任邱明宏率中国广西凭祥代表团对越南进行友好访问并参加中越凭祥—同登跨境经济合作区第二次定期会晤。中越双方代表深入贯彻落实中越两国领导人达成的重要共识,加快推进中越凭祥—同登跨境经济合作区建设等有关项目。双方签署会议纪要,强调要进一步促进双方经贸合作、增进友谊;共同努力加快推进中越凭祥—同登跨境经济合作区建设,促其发展成为助推中越边境地区快速发展、深化中越传统友谊的强大引擎。11月2日,中越凭祥—同登跨境经济合作区建设工作专题调研会在广西凭祥综合保税区召开,会议研究讨论项目规划建设、资金、人才、机构设置以及与越方交流机制等一系列问题,商讨理清凭祥重点开发开放试验区与中越凭祥—同登跨境经济合作区、广西凭祥综合保税区之间的关系,工作分工和职责等。凭祥市市长、综合保税区管委会副主任武晓辉,综合保税区管委会副主任叶盛、朱厚岩,综合保税区各处室,凭祥海关、凭祥出入境检验检疫局、友谊关边防检查站等驻区联检部门,崇左市、凭祥市发改、商务等部门负责人参加会议。

*中国河口—越南老街跨境经济合作区* 2017年5月22日,应越南老街省劳动荣军社会保障厅邀请,以中国云南省红河州河口跨境经济合作区管理委员会常务副主任、中共河口县委副书记李兴锟为团长的中方代表团一行11人,与以越南老街省劳动荣军社会厅厅长丁氏兴为团长的越方代表团在越南老街省沙巴县举行中国河口—越南老街跨境劳务合作第3轮工作会谈。双方就中国河口—越南老街双边开展跨境劳务合作事宜交换意见,就意见分歧较大的劳动报酬和劳动薪酬等问题统一意见,达成广泛共识:双边跨境劳务合作工作进入实质性推进阶段,下一步将由越南老街省就业服务中心和惠红科技有限公司组成招聘工作小组开展员工招聘初试工作。会谈结束后,双边代表团团长签署会谈纪要。双方一致认为,开展中国河口—越南老街跨境劳务合作对推动区域经济发展、提升边境开放水平、促进边境和谐稳定和双边互利共赢意义重大。双方在充分肯定前两轮会谈取得成绩的基础上,对双边跨境劳务合作内容逐一进行友好坦诚会谈,一致同意以中国云南惠红科技有限公司为试点,探索跨境劳务合作经验并逐步推广。

*东兴—芒街跨境经济合作区* 2017年9月12日,第2届中越跨境经济合作论坛暨中国东兴—越南芒街跨境经济合作区专场推介会在中国广西南宁举办。除项目签约外,中越双方代表还共同探讨中越跨境经济合作区发展议题。在双方的重视下,中国东兴—越南芒街跨境经济合作区加快发展建设。中国东兴—越南芒街跨境经济合作区双边核心区总规划面积23.4平方千米。其中,中方园区规划面积9.9平方千米,越方园区规划面积13.5平方千米。合作区主要发展进出口加工、跨境金融、跨境旅游等产业。

10月16日,中国东兴—越南芒街互市便民临时浮桥举行合拢仪式,便民临时浮桥顺利合拢。12月1日,中国东兴—越南芒街互市便民临时浮桥建成(试通车)仪式在广西东兴举行。中国东兴—越南芒街互市便民临时浮桥属于东兴进境水果指定口岸的配套设施,是东兴"一口岸多通道"的重要成果。浮桥长约114米,宽12米,车道宽9米,承重120吨,由中越双方共同投资1300万元人民币建设。该浮桥建成后,将有效解决中国东兴—越南芒街两地边境贸易货物通关拥堵等问题。

龙江工业园　2017年11月27日,中国浙江省前江投资管理有限责任公司在越南前江省美荻市举行该公司投资兴建的越南龙江工业园成立10周年庆典,中国驻越南大使洪小勇应邀出席,越南前江省人民委员会副主席范英俊等参加庆典。10年前,来自中国浙江省的企业家积极响应中国政府"走出去"的号召,在越南前江省政府的大力支持下,在前江开始充满艰辛的工业园创业历程。10年后,占地面积600公顷的龙江工业园已经基本建成,37家入园企业总投资额超过12亿美元,其中21家投产企业工业产值达到5亿美元。作为中国八大国家级境外经贸合作区之一,龙江工业园的成功为越南前江省社会经济发展做出了重要贡献,也在九龙江平原上树立了中国企业成功投资的范例。

深圳—海防经贸合作区　2017年年底,中国—越南(深圳—海防)经济贸易合作区完成一期60公顷土地开发及配套设施建设。中国—越南(深圳—海防)经济贸易合作区于2016年12月9日全面开工建设,位于越南第二大港口城市海防市,占地面积为2平方千米,投资规模为10亿美元。该合作区由深圳市投资控股有限公司投资、深圳市深越联合投资有限公司具体建设和运营。合作区重点面向代表中国制造、深圳智造的绿色环保科技企业招商,助力中国企业"走出去",培育"国内总部+海外工厂"的本土跨国企业。合作区注重绿色环保,规划设计公园、绿地、湿地和绿道等景观设施和绿色建筑,服务中心、生产加工区、仓储物流区、生活配套区、商贸服务区等则为入驻企业提供完善的生产生活配套服务。

云中工业园区　2013年,由中资企业富华责任有限公司开始开发和建设中越产能合作示范园区即云中工业园区,该园区距离越南首都河内约40千米。截止至2017年年底,工业园区已建成60余栋厂房,占地25.8万平方米,共有20余家企业入驻。随着多家光伏企业的入驻,该工业区已成为中越两国产能合作的示范园区之一。

## 中越"两廊一圈"贸易和投资合作

中国—越南产能合作项目推介会　2017年9月13日,作为第14届中国—东盟博览会、中国—东盟商务与投资峰会国际产能和装备制造合作系列活动之一,中国—越南产能合作项目推介会在中国广西南宁举行。来自中国和越南相关部委和企业负责人共同探讨两国产业转型升级创新发展的机遇,共商两国企业参与"一带一路"国际产能合作的有效方式和实现路径。据中方统计,2017年1~7月,中国赴越企业投资金额达16.2亿美元,同比增长103.9%,在对越投资国家和地区中排第4位,部分投资项目取得了良好的经济和社会效益。

中越经贸合作委员会第10次会议　2017年9月28日在越南河内举行,双方就落实中越经贸合作五年规划、推动双边贸易平衡、建设中越跨境经济合作区、中国在越经贸合作区以及双方在金融、大项目、多边区域等领域的合作深入交换意见,达成一批重要共识。

中国商务部组织企业赴越南开展经贸交流　2017年11月8日,中国商务部与越南工贸部在越南首都河内联合举办中国—越南贸易项目签约仪式。双方企业共签署83项贸易协议,合同金额19.42亿美元。越南工贸部贸易促进局局长裴辉山表示,中国商务部组织贸易促进团来到越南,是推进双方经贸往来的务实举措,充分说明中国政府对越中贸易的高度重视,有利于双边互利共赢、深化越中经贸关系。为加强中越经贸往来、推动两国企业务实合作,中国商务部于11月6~9日组织来自轻纺、医药、农产品、石化和商贸等多个领域的30家企业的代表赴越南开展经贸促进交流活动。在越南期间,中国贸易促进团还组织中方企业与越南企业进行对口交流,并实地考察在越中资企业。

中越(老街)国际贸易交易会　11月10~15日,2017年第17届中越(老街)国际贸易交易会在越南老街省金城商贸区会展中心开幕。本届交易会由中国云南省商务厅、红河哈尼族彝族自治州政府和越南工贸部、越南老街省人民委员会主办,会期6天,共设置800个展位,中方企业有224个展位,越方企业有536个展位,其他国家企业有40个展位。云南能投集团、贵州商投、润盛科技、惠科集团、重庆领工云电子商务、云天化红磷分公司等中方企业积极参展。交易会期间还举行中越两省经贸合作会谈、双方企业交流推介会、红河州与老街省会谈等活动。中越国际贸易交易会始办于2001年,每年轮流在中国河口和越南老街举办,至今已成功举办了16届。

中国商务部和越南工贸部签署《关于成立电子商务合作工作组的谅解备忘录》　2017年11月12日,在中共中央总书记、国家主席习近平和越共中央总书记阮富仲的共同见证下,中国商务部部长钟山与越南工贸部部长陈俊英在越南河内签署《中华人民共和国商务部和越南社会主义共和国工贸部关于成立电子商务合作工作组的谅解备忘录》。该备忘录确定在中越经济贸易合作委员会框架下,双方成立电子商务工作组,并明确工作组的目标、任务、成员和工作机制等具体内容。双方将通过开展企业交流、特色产品贸易、组织公私对话、开展经验分享和政策沟通进一步推动两国电子商务合作与发展。

*中国商务部与越南工贸部签署《关于加快推进中越跨境经济合作区建设框架协议谈判进程的谅解备忘录》* 2017年11月12日，在中共中央总书记、国家主席习近平和越共中央总书记阮富仲的见证下，中国商务部部长钟山与越南工贸部部长陈俊英在越南河内正式签署《中国商务部与越南工贸部关于加快推进中越跨境经济合作区建设框架协议谈判进程的谅解备忘录》(以下简称《备忘录》)。中越跨境经济合作区的建设是中越两国拓展经贸合作渠道、创新边境合作模式、增进边民福祉的重要举措，《备忘录》的签署是开展中越跨境经济合作区建设的重要步骤。双方将按照《备忘录》安排，加快磋商进程，争取尽快就双边政府间协议达成一致，推动相关跨境经贸合作早日取得实质性进展。

## 中越"两廊一圈"旅游合作

2017年，中国已成为越南最大的游客来源地。越南统计总局数据显示，2017年1~7月，赴越南旅游中国游客量达220万人次，同比增长51%。

*"最美海上东南亚之旅"启动* 2017年1月，中越"两国四地"(中国广西桂林—东兴—越南广宁芒街—下龙)黄金旅游线路在中国广西东兴启动；8月底，中国防城港—越南跨国海上旅游航线开航，途径越南岘港、下龙湾等地，被誉为"最美海上东南亚之旅"。

*中越德天—板约国际旅游合作区筹备建设提速* 2017年，中越德天—板约国际旅游合作区(以下简称"合作区")各项目建设有序推进。中国广西大新县已完成合作区外围物理隔离设施项目初步设计，正在申报国家边海防办项目立项；完成《德天跨国瀑布景区创建国家5A级景区工作实施方案和计划任务书》初稿，并上报中国全国旅游资源规划开发质量评定委员会；正在开展界河风光旅游带建设的修建性详细规划编制。大新县强化工作措施，全力推进硕龙口岸建设，已完成硕龙口岸联检大楼规划设计初步方案；完成德天跨国瀑布核心景区(合作区)基础设施提升工程和换乘服务中心施工图纸；完成28套商铺木屋制作安装、安全护栏(A标段)、休息亭廊和仿木亲水码头等设施建设。正在进行商铺木屋二期(21个)工程、安全护栏(B标段)建设施工，加快推进大阳谷、绿道行云和界河风光带等配套项目建设，为"大德天"景区整合资源扫清障碍。

*中越合作发展德天(板约)瀑布跨境旅游合作区* 2017年5月17日，中国广西与越南高平深化各领域合作工作会谈暨合作保护和开发德天(板约)瀑布旅游资源省级协调委员会首次会晤在广西南宁举行，双方就共同保护和开发德天(板约)瀑布旅游资源进行磋商，并达成广泛共识。中越双方将共同落实好中越两国政府签署的《关于合作保护和开发德天(板约)瀑布旅游资源的协定》，联手打造德天(板约)瀑布跨境旅游合作区。会后，中越双方共同签署两区省会谈纪要以及合作保护和开发德天(板约)瀑布旅游资源省级联合协调委员会协议。

*中国广西—越南广宁跨国旅游联合推介会* 2017年8月28日在中国广州举行，由中国广西与越南广宁联合举办。广西壮族自治区旅游发展委员会、越南广宁省旅游厅、广东省旅游局等相关领导和中越边关沿线地区的旅游部门、三地旅游企业等相关人士出席。会上介绍与展示广西边关风情旅游亮点和越南广宁旅游资源，以及贯穿中越"两广"的游览线路、出境游的办证手续流程和出行方式的选择等。

*2017越中(芒街—东兴)国际商贸·旅游博览会* 2017年12月1~7日在越南广宁省芒街市举行。中共广西防城港市委副书记、代市长班忠柏和越南广宁省人民委员会副主席黎光松出席开幕式。中越嘉宾共同为开幕式剪彩。来自中国、越南和泰国等国家的数百家采购商及供应商参展参会。本届博览会以"共同合作，共同发展"为主题，由越南工商部贸易促进局和广宁省工商厅主办、越南芒街市人民委员会和中国东兴市人民政府联合承办，共安排展位400多个，其中包括300多个越南企业展位和100个中国企业展位。

*2017年广西·凭祥中越边关旅游节暨第25届中越商品交易会* 2017年12月11~12日在中国广西凭祥友谊关举行，由中国广西壮族自治区崇左市人民政府与越南谅山省文化体育旅游厅和工贸厅联合主办，主题为"千年雄关新时代·丝路凭祥果飘香"，全力打造"中国—东盟(凭祥)水果之都"。中国和越南、泰国、马来西亚、缅甸、老挝等东盟国家的嘉宾及客商出席开幕式。开幕式上，凭祥市市长武晓辉与东盟各代表共同启动凭祥智慧城市公众服务平台，来自中国和东盟国家的11家企业代表共同发布《中新(新加坡)互联互通南向通道(陆路)重要节点城市物流企业联合宣言》。

## 中越"两廊一圈"能源合作

*越南永新项目1号机组厂用电系统受电一次成功* 2017年6月28日11时13分，越南永新燃煤电厂一期BOT项目厂用电系统受电一次成功，标志着该工程已由设备安装阶段转入分系统调试阶段，也为后续机组调试工作和早日并网发电提供了有力保障。同日，南网国际公司主要负责人和越煤电力公司负责人共同见证越南永新燃煤电厂一期BOT项目员工服务区动土建设。越南永新燃煤电厂一期项目预计总投资17.55亿美元，由中国南方电网有限责任公司(以下简称"南

方电网”)、中国电力国际有限公司和越煤电力有限责任公司按照55%、40%和5%的股比投资。项目建设总承包商为中国能源建设集团广东省电力设计研究院有限公司与广东火电工程有限公司组成的联合体。项目建设期为4年,特许运营期为25年,运营期满后将无偿移交给越南政府。预计,两台机组将分别于2018年12月和2019年6月投运,全部投产后,年发电量约为80亿千瓦时。

*2017年中国—东盟电力合作与发展论坛* 2017年9月12日在中国广西南宁举行。作为第14届中国—东盟博览会的重点专业论坛之一,本届电力论坛以“发展清洁电力,共促经济发展”为主题,致力于为中国与东盟国家能源电力项目、业务合作和信息往来搭建高效互动平台,促进中国与东盟各国实现多层次、多领域能源合作。

## 中越“两廊一圈”农业合作

*绿地集团将在越南投资农产品行业* 2017年12月18日,中国绿地集团与越南有关方面签署5亿美元(约合33亿元人民币)农产品进口协议,以完善绿地集团自有的全球商品进口网络与资源。除了将越南的农产品进口到中国以及在越南投资房地产行业,绿地集团还将在越南投资基建和金融等领域。根据此次绿地集团与越南有关方面签署的农产品进口协议,绿地集团将在越南同塔省及其他省份采购总额为5亿美元的农产品,以新鲜和半加工蔬果为主,并将在越南开展长期采购和持续合作。

## 中越“两廊一圈”人文交流合作

*中越(凭祥—谅山)足球友谊赛* 2017年2月20日,应越南谅山省文化体育旅游厅邀请,中国广西凭祥市足球代表团一行32人从友谊关口岸出境前往越南谅山,与谅山市足球代表队进行足球友谊赛,代表团在中越边境零公里处受到前来迎接的越南谅山市代表的热烈欢迎。

*中越归春河乡村音乐侬垌节暨硕龙镇建街133周年庆典活动* 4月10~12日(农历三月十四至十六),是中国广西崇左大新县硕龙镇一年一度的建街传统节日,2017年是硕龙镇建街133周年。在中共大新县委和县政府的组织策划下,硕龙街开展祈福、中越青年派对、中越山河宴、文艺晚会和民间体育竞技活动等盛大活动。活动期间,每天吸引中外游客及周边群众近3万人。

*中国海警参加中越海警北部湾共同渔区海上联合检查* 2017年4月17日18时许,中国海警局编号为3301和3304的两艘舰船从海南省三亚凤凰岛国际邮轮码头启程,参加4月18~20日开始的2017年第一次中越海警北部湾共同渔区海上联合检查。在联合检查行动中,中越海警在北部湾共同渔区对中越两国渔船进行登临检查。在巡航过程中,中越双方进行执法人员的换乘,举行海上执法合作安全工作会谈,交流经验做法、总结联检成果。在整个巡航过程中,中越双方海上指挥舰之间建立不间断通信联络,协调处理现场有关事宜,同时中越双方执法人员密切协调配合,对巡航海域进行执法观察记录。这是中越两国海上执法部门在中越北部湾渔业合作委员会的框架下,自2006年以来第13次在中越北部湾共同渔区开展联合执法检查。按照联合检查方案,此次行动将持续到20日,其间双方将各派出2艘执法舰船,以中越北部湾海上分界线为中线,在两侧共同渔区开展巡航检查。

*中越两国在东兴口岸举行禁毒主题交流活动* 2017年6月25日,中国广西东兴市与越南芒街市组织广西财经学院学生与越南芒街市陈富坊小学学生在东兴口岸举行“手拉手拒绝毒品,心连心温暖你我”禁毒主题交流活动。越南芒街市人委副主席黎玉辽,芒街市公安局副局长范文章,中国东兴市公安局副局长符辉煌等中越两国相关部门领导以及中越公安、边检站官兵参加活动。参加禁毒交流活动的中越两国师生在东兴口岸互赠禁毒纪念品,参加活动的中越两国相关部门领导、公安、武警和师生在禁毒宣传横幅上签名以表禁毒决心。

*出入境劳务人员意外险落地* 2017年8月30日,中国人寿保险(集团)公司广西崇左分公司正式试点落地了出入境劳务人员意外险。截至10月12日,已经办理出入境劳务人员意外险7276人次,保费19万元人民币,保额为129449万元人民币。随着国内经济的发展与转型,中国国内部分地区已开始显现劳动力短缺的现象。广西凭祥市的支柱产业之一是甘蔗种植,每年的收获季节需要依靠大量的越南劳工。凭祥市于8月30日正式启用了境外边民务工管理服务中心,对务工证、健康证、停留证和保险等相关证件采取“一站式”办理。根据3月出台的《崇左市中越跨境劳务合作试点工作方案》,每位境外边民办理务工证时,用人单位都必须缴纳这项保险,作用类似于中国国内缴纳的“五险一金”。一个月到期后,若办理务工证延期,这项保险也需要继续缴纳。

*广西东兴交巡大队联合东兴口岸运管处举办中越驾驶员交通安全知识讲座* 2017年9月14日,随着中越边境贸易合作的加深,中国广西东兴边境口岸以陆路运输为主的贸易特点逐渐明显,从东兴口岸入境的越南籍车辆逐渐增多。为有效预防外贸车辆道路交通事故的发生、营造良好的外贸物流环境,广西东兴交巡大队联合东兴口岸运管处深入万通物流公司举办中越驾驶员交通安全知识讲座。宣传民警与口岸运管处工作人员使用中、越双语进行交通安全知识讲解,利用提前做好的PPT课件向驾驶员进行东兴辖区交通事故

通报,并播放典型交通事故视频以警醒驾驶员遵守法规,珍爱生命、安全出行。 (朱莹莹)

# 澜沧江—湄公河区域合作

## 澜沧江—湄公河区域合作概况

澜沧江发源于中国青海省,由雪山融水的细流汇聚而成,穿过崇山峻岭,经过云南省西双版纳出境。出境后被称为湄公河,流经缅甸、老挝、泰国、柬埔寨和越南5国,是亚洲流经国家最多的国际河流。澜沧江—湄公河养育了流域3.26亿人口。2014年,湄公河下游国家生产了超过1亿吨的大米,约占世界总量的15%。湄公河还拥有世界最大的内陆渔业,占全球淡水捕捞量的1/4。"湄公"一词的来源有高棉语和泰语两种说法,但意思都是"母亲河"。尽管湄公河次区域已经存在多个合作机制,但是澜沧江—湄公河合作(简称澜湄合作)是首个由湄公河上下游6国共同主导、共同协调的机制,没有域外国家或机构参与。

2014年11月,中国国务院总理李克强在中国—东盟领导人会议上提出,中方愿积极响应泰方倡议,探讨建立澜沧江—湄公河对话合作机制。澜湄合作机制由此进入实质性构建阶段。2015年11月12日,澜沧江—湄公河合作首次外长会议在中国云南景洪举行,中国、泰国、柬埔寨、老挝、缅甸、越南6国外长出席。会议围绕"同饮一江水,命运紧相连"的主题并就进一步加强澜沧江—湄公河国家合作进行深入探讨,在政治安全、经济和可持续发展、社会人文3个重点领域开展务实合作,达成广泛共识。会议审议通过澜湄合作概念文件,宣布澜湄合作机制正式建立,6国外长一致同意研究并尽早实施一批早期收获项目。会议发表联合新闻公报。2015年,6国召开两次高官会议和一次工作组会议,在以下方面达成初步共识:一是在政治上,致力于加强互信和相互理解,维护和平与稳定;二是在经济上,实现可持续发展,促进投资和贸易,减少贫困,缩小发展差距;三是在社会文化上,加强人文交流,促进人员往来、民心相通。未来还将建立包括领导人会议、外长会议、高官会议及其他工作层面在内的多层次合作机制。目标是将澜沧江—湄公河流域6国建成一个平等互利、团结合作、发展共赢的命运共同体。

2016年2月24日,澜沧江—湄公河合作第3次高官会在中国海南三亚举行,会议为3月下旬举办的澜沧江—湄公河合作首次领导人会议作准备。3月23日,澜沧江—湄公河合作首次领导人会议在中国海南三亚举行,与会各国领导人就澜湄合作的目标、重点领域和优先方向达成共识,会议发表《澜沧江—湄公河合作首次领导人会议三亚宣言》《澜沧江—湄公河国家产能合作联合声明》。12月23日,澜沧江—湄公河合作第2次外长会在柬埔寨暹粒举行,会议就6国加快筹建优先领域联合工作组、设立澜湄合作协调机构、全面实施早期收获项目、推动形成第2批合作倡议、制订澜湄合作5年行动计划、用好中方设立的澜湄合作专项基金和有关贷款等达成共识。会议审议通过《澜沧江—湄公河合作第二次外长会联合新闻公报》《首次领导人会议成果落实进展表》《优先领域联合工作组筹建原则》3份文件。

2017年12月15日,澜沧江—湄公河合作第3次外长会在中国云南大理举行,会议发表《第3次外长会联合新闻公报》,宣布《2017年度澜沧江—湄公河合作专项基金支持项目清单》,宣布建立"澜沧江—湄公河合作热线信息平台",散发《首次领导人会议和第2次外长会成果落实清单》。

## 澜沧江—湄公河合作第5次高官会

2017年10月28日在中国云南昆明举行。会议由澜沧江—湄公河合作中方代理高官、中国外交部亚洲司司长肖千与柬埔寨高官、柬埔寨政府顾问索西帕纳共同主持,老挝、缅甸、泰国和越南等国高官或高官代表与会。会议重点就澜沧江—湄公河合作进展、未来发展规划和下阶段系列重要会议筹备工作等交换意见。肖千表示,中国共产党第十九次全国代表大会的成功举行对新时代的中国外交做出了顶层设计,中国将按照"亲、诚、惠、容"理念和与邻为善、以邻为伴的周边外交方针深化同周边国家关系。2016年3月首次领导人会议以来,澜沧江—湄公河合作发展迅速,成果显著,展现出旺盛的活力和广阔的前景。中方将在中共十九大精神指引下,同湄公河国家加强合作,着眼长远,开拓进取,不断提升澜沧江—湄公河合作水平,努力构建澜沧江—湄公河国家命运共同体,并将其打造成为人类命运共同体建设的先行先试样板。其他5国与会代表祝贺中共十九大胜利召开,高度评价澜沧江—湄公河合作的重要意义和合作进展,盛赞中方发挥的重要引领作用,表示愿同中方密切合作,共同推动澜沧江—湄公河合作取得更大进展,为缩小地区发展差距、促进本地区发展繁荣做出新贡献。

## 2017澜沧江—湄公河旅游城市合作联盟工作会

2017年11月17日在中国云南昆明举行。中国、缅甸、老挝、越南、泰国和柬埔寨等6国的代表参会。澜沧江—湄公河旅游城市合作联盟是2016年澜沧江—湄公河合作首次领导人会议发表的《三亚宣言》的重要成果之一,也是未来中国与周边国家进行旅游产业深度合作的重要平台。中国国家旅游局副局长魏洪涛表示,"中国愿与周边国家一道,强化交流合作,也希望相关各方加大协调力度,为联盟的成立,为区域旅游业繁荣发展做出积极贡献。"缅甸国家酒店旅游部常务秘书吴耶孟表示,希望旅游城市合作联盟的建立能加强相关各方交流,共同将沿线旅游城市最好的风光展现给游客,积极打造世界旅游目的地。泰国体育和旅游部常务次长蓬帕努·斯韦特表示,希望澜沧江—湄公河各国消除现有壁垒和障碍,共同推进相关旅游城市合作。其他与会各国代表也一致支持澜沧江—湄公河旅游城市合作联盟成立以及组建联盟秘书处筹备机构。

## 2017 澜沧江—湄公河合作媒体峰会

2017 年 11 月 20 日在中国北京举行。会议响应澜沧江—湄公河合作首次领导人会议《三亚宣言》关于“鼓励媒体交流,打造六国媒体论坛”的倡议,推动澜沧江—湄公河合作机制落地生根,助力澜沧江—湄公河合作成为亚洲命运共同体的“金字招牌”。峰会在澜沧江—湄公河合作专项基金的支持下,由中国人民日报社主办。

峰会以“澜湄命运共同体、媒体合作新时代”为主题,来自澜沧江—湄公河流域 6 国的 34 家媒体和相关机构的社长、总编辑、资深记者等 53 人参会,就新时代澜沧江—湄公河合作的新机制、新动力、新愿景,澜沧江—湄公河国家新媒体领域合作交流等议题进行讨论。与会各方签署《澜沧江—湄公河合作媒体联合宣言》并强调,媒体合作是澜沧江—湄公河合作的重要组成部分,共同推动澜沧江—湄公河区域发展,造福本地区人民是澜沧江—湄公河流域国家主流媒体的共同心愿和应尽职责。峰会的目标是将其打造成为 6 国共同参与、共同建设的合作平台。

## 2017 澜沧江—湄公河次区域国家商品博览会

2017 年 11 月 24 ~ 29 日在中国云南昆明滇池国际会展中心举行。本届博览会经云南省人民政府批准,由云南省澜沧江—湄公河次区域经济合作协调小组办公室、中国国际贸易促进委员会云南省分会等共同主办。展会以“同饮一江水,合作共发展”为主题,由商品展示、开幕式暨主题论坛、投资洽谈、双创活动、文化交流展示等 5 个板块组成。展会设国际标准展位 3000 个,特装展位占 70%,标准展位占 30%,展览面积为 8 万平方米。分别设立澜沧江—湄公河国家馆、国际馆、云之传承非遗文化馆、大健康馆、汽车生活馆、旅游生活馆和综合馆等。来自中国、柬埔寨、老挝、缅甸、泰国、越南、韩国、孟加拉国、尼泊尔、新加坡、加纳、斯里兰卡、印度、阿富汗和巴基斯坦等国的 3000 余家企业参展。

## 《澜沧江—湄公河合作发展报告(2017)》出版

2017 年 12 月 13 日,由中国云南大学澜沧江—湄公河次区域研究中心、云南大学周边外交研究中心撰写的《澜沧江—湄公河合作发展报告(2017)》由社会科学文献出版社出版发行。中国教育部区域和国别研究中心“云南大学澜沧江—湄公河次区域研究中心”同时揭牌。《澜沧江—湄公河合作发展报告(2017)》分为“总报告”“专题篇”“区域篇”三大部分,对澜沧江—湄公河次区域合作的热点问题和发展趋势进行了全面的梳理。报告显示,澜沧江—湄公河合作启动短短一年多来已进入实施阶段,机制建设和务实合作也取得积极进展,各方在政治安全、经济和可持续发展、社会人文在三大支柱和互联互通、产能、跨境经济、水资源、农业和减贫 5 个优先领域的合作都取得了重要进展。报告分析指出,当前澜沧江—湄公河合作仍然处于非常关键的培育期,面临着重重挑战。澜沧江—湄公河合作的深入发展不仅需要从国家层面加强顶层设计,也同样需要汇集地方省份的重要力量。在澜沧江—湄公河合作中,中国云南省与湄公河国家地缘相近、人缘相亲,有着坚实的合作基础。在澜沧江—湄公河合作机制的筹备和建设进程中,云南省都积极参与,初步取得一些重要合作成果。

## 澜沧江—湄公河合作第 3 次外长会

2017 年 12 月 15 日在中国云南大理举行。中国外交部部长王毅、柬埔寨国务兼外交国际合作部大臣布拉索昆、老挝外交部部长沙伦赛·贡玛西、缅甸国际合作部部长觉丁、泰国外交部部长敦·帕马威奈和越南副总理兼外交部部长范平明等共同出席。会议回顾澜沧江—湄公河合作进展,对下一步工作做出规划,并为第 2 次领导人会议进行充分准备。

王毅与布拉索昆共同主持会议。王毅表示,澜沧江—湄公河合作是首个由全流域 6 国共商、共建、共享的新型次区域合作机制。启动一年半以来,澜沧江—湄公河合作已取得令人瞩目的进展。各方抓紧落实首次领导人会议共识,机制建设取得重要成果,合作项目稳步落地,资金安排逐步到位,全方位合作态势初步形成,有效调动各种资源参与合作,未来合作规划基本成型,澜沧江—湄公河合作正在不断走深走实。与会各国外长高度赞同王毅发言,充分肯定澜沧江—湄公河合作启动以来取得的令人瞩目的成果和发展速度。各方认为,澜沧江—湄公河合作同现有次区域合作机制各有优势,可以相互补充、共同发展。各方赞同中方对澜沧江—湄公河未来发展的规划和建议,支持“3 + 5 + X”的合作框架,推进更多务实合作项目。

会议讨论第 2 次领导人会议成果文件,并达成原则共识。会议发表《澜沧江—湄公河合作第 3 次外长会联合新闻公报》,宣布《澜沧江—湄公河合作专项基金首批支持项目清单》,宣布建立澜沧江—湄公河合作热线信息平台,散发首次领导人会议和第 2 次外长会成果落实清单。会前,王毅与各国外长共同参观澜沧江—湄公河合作成果图片展，并出席澜沧江—湄公河合作中国秘书处网站启动仪式。会后，王毅与布拉索昆共同会见中外记者。

### 澜沧江—湄公河综合执法安全合作中心启动

2017年12月28日，澜沧江—湄公河综合执法安全合作中心启动仪式在中国云南省昆明举行，标志着澜沧江—湄公河流域第一个综合性执法安全合作政府间国际组织正式启动运行。中国公安部党委委员、反恐专员刘跃进，以及柬埔寨内政部副国务秘书云春立、老挝国防部副部长温西、缅甸内政部副部长昂梭、泰国国安院司长卡塞姆、越南公安部副部长裴文南等出席仪式并致辞。各国代表一致肯定中方作为东道国在澜沧江—湄公河执法中心筹建过程中做出的积极贡献，并表示今后愿与中方一道增强合作意识、沟通协调和资源投入，推动澜沧江—湄公河执法中心稳步持续发展，成为保障流域和平发展的“稳定器”。澜沧江—湄公河执法中心首任秘书长郑百岗由中方派出，后任秘书长将由各成员国轮流担任。该中心将在尊重各成员国主权和法律的基础上，致力于统筹协调本地区预防、打击跨国违法犯罪，融合交流情报信息，开展专项治理联合行动，加强执法能力建设，为各成员国执法部门提供优质、高效的服务。（张　磊）

## 泛北部湾区域经济合作

### 泛北部湾区域经济合作发展概况

*泛北部湾区域经济合作范围*　泛北部湾区域是指北部湾以及南海周边国家和地区所共同构成的空间区域，涉及越南、柬埔寨、泰国、马来西亚、新加坡、印度尼西亚、菲律宾、文莱等8个东南亚国家以及中国的海南省、广东省、广西壮族自治区、香港特别行政区和澳门特别行政区。

2006年7月20日举行的首届环北部湾经济合作论坛提出构建泛北部湾经济合作区的构想。论坛发表的《环北部湾经济合作论坛主席声明》提出：“要围绕拓展和深化中国—东盟战略伙伴关系，站在面向东亚合作的高度上，构建泛北部湾经济合作区，将环北部湾经济合作延伸到隔海相望的马来西亚、新加坡、印度尼西亚、菲律宾、文莱等海上东盟国家。密切物流、产业、贸易与投资合作，共同促进本地区加快发展。”

2007年7月出版的《泛北部湾合作发展报告》将泛北部湾区域经济合作的国家增加至9个，即中国、越南、柬埔寨、泰国、马来西亚、新加坡、印度尼西亚、菲律宾和文莱，明确中国的海南省、广东省、广西壮族自治区、香港特别行政区、澳门特别行政区属于泛北部湾区域。

*泛北部湾区域经济合作战略目标*　推动泛北部区域经济合作，旨在通过重点加强港口物流合作，实现产业对接与分工，促进相互贸易与投资，大力发展临海工业，联合开发海上资源，加快临海城市发展，形成一批互补互利、相互促进、各具特色的港口群、产业群和城市群，形成中国—东盟经济合作框架下的次区域经济合作。

*泛北部湾区域经济合作主要领域*　经济领域主要加强交通、港口、海运、航空、环保、信息等基础设施建设，加强物流、金融、旅游、渔业、农业、资源开发与保护、投资与贸易、环境保护等各方面的合作，促进临海工业和海洋产业发展。社会发展领域主要加强人力资源开发与培训、科技、教育、文化、医疗卫生、防灾减灾等方面的合作。

*泛北部湾经济合作机制*　主要有泛北部湾区域经济合作论坛（简称泛北论坛）、泛北部湾区域经济合作市长论坛（简称泛北市长论坛）、泛北部湾区域经济合作联合专家组（简称泛北合作联合专家组）等。

自2006年举办首届泛北论坛以来，已成功举办9届，成为推动泛北部湾区域经济合作的重要平台和机制。参加论坛的主体，从以政府官员为主，逐步扩展到学术界、工商界等人士广泛参与。先后有10多位中国国家领导人、100多位中国和泛北部湾国家部长级官员出席论坛。论坛取得丰硕成果，共签署20多份协议和备忘录。

首届泛北论坛于2006年7月20日在广西南宁举行，时称“环北部湾经济合作论坛”。本次论坛提出泛北部湾经济合作构想，主要成果是《环北部湾经济合作论坛主席声明》。

第2届泛北论坛于2007年7月26～27日在广西南宁举行，主要成果有《论坛主席声明》《中国—东盟港口与发展合作联合声明》《中国—东盟海运协定》和《中国—东盟航空合作框架》。

第3届泛北论坛于2008年7月30～31日在广西北海举行，主要亮点是推动成立泛北部湾经济合作联合专家组。

第4届泛北论坛于2009年8月6～7日在广西南宁举行。本届论坛是对以南宁—新加坡经济走廊为重点务实推进泛北合作认识的进一步深化。

第5届泛北论坛于2010年8月12～13日在广西南宁举行。论坛分析中国—东盟自由贸易区建成为泛北合作带来的历史性机遇，对以南宁—新加坡经济通道建设为重点，推进泛北合作和如何通过加快产业发展和航运、港口、物流合作来深化泛北合作达成共识。

第6届泛北论坛于2011年8月18～19日在广西南宁举行。本届论坛就加强泛北各国区域联通与跨境合作、扩大跨境贸易和投资以及深化金融、旅游合作取得一系列共识。论坛发布《泛北部湾经济合作可行性研究报告》，形成《泛北部湾智库峰会宣言》，还签署一批合作协议。

第7届泛北论坛于2012年7月12～13日在广西南宁举行。本届论坛就推进泛北部湾区域城市发展合作、电子信息产业合作、产业园区合作等达成一系列共识，并签署一批合作协议。

从2013年开始，泛北论坛由每年举办一次改为每两年举办一次。原定于2013年10月24～25日举行的第8届泛北部湾经济合作论坛改为2014年5月15日在广西南宁举行。本届论坛就携手共建21世纪海上丝绸之路重点领域、金融创新、港口合作和物流网络建设、贸易投资合作、文化传播合作等达成诸多共识。

第9届泛北部湾经济合作论坛暨中国—中南半岛经济走廊发展论坛于2016年5月26日在广西南宁举行。本届论坛以"携手泛北合作，共建'一带一路'"为主题，旨在推动泛北合作升级发展，从以海上合作为主向陆海并举延伸拓展，构建陆海联动的合作新格局。论坛发布《共建中国—中南半岛经济走廊倡议书》。

泛北部湾经济合作市长论坛是泛北部湾经济合作的又一个重要机制。2007～2011年先后在广西北海举行4届。其主要特点是：(1)参加国家和地区的代表、专家人数较多，层次较高。第1～3届有6个国家17个城市的代表及专家学者参加，第4届有7个国家的29位市长或市长代表参加。(2)发表泛北市长论坛宣言或备忘录。(3)达成诸多共识。拓展了港口物流、旅游文化方面的合作，并期望在具体产业、具体项目上加强合作，用好相关合作基金和贷款。

泛北合作联合专家组也是泛北合作的重要机制。2008年1月4日，泛北部湾经济合作中方专家组成立暨工作会议在北京举行。此后，又分别召开4次泛北部湾经济合作联合专家组会议。2008年7月30日，泛北合作联合专家组首次会议在广西北海举行。2008年10月24日，泛北合作联合专家组第2次会议在广西南宁召开，会议取得以下成果：一是东盟各方就泛北部湾经济合作如何开展进一步达成共识，二是确定联合专家组成员，三是通过《泛北部湾经济合作联合专家组行动计划》。2009年8月6日，泛北合作联合专家组第3次会议在广西南宁举行，会议讨论修改《泛北部湾经济合作可行性研究报告》，通过《关于加快泛北部湾经济合作的行动建议》。2011年6月2日，泛北合作联合专家组第4次会议在广西北海举行，会议通过《泛北部湾经济合作可行性研究报告》，完成泛北部湾经济合作前期研究工作，相关各方一致同意将该报告提交中国—东盟经济高官会讨论通过。2012年7月12～13日，泛北合作联合专家组第5次会议在广西南宁举行，会议讨论并形成《泛北部湾港口物流合作专项规划》《南宁—新加坡经济走廊陆上交通基础设施专项规划》《泛北部湾农业合作专项规划》《泛北部湾投资便利化合作专项规划》《私营企业参与泛北部湾经济合作专项规划》和《泛北部湾地区经贸合作平台建设专项规划》等7个专项规划，并通过《泛北部湾经济合作联合专家组第5次会议纪要》。

## 2017年中国—东盟省市长对话会

2017年3月24日在中国海南博鳌举行，由中国人民对外友好协会与海南省人民政府共同主办。海南省省长刘赐贵、中国人民对外友好协会副会长林怡分别代表主办方出席对话会并致辞。中国天津市、海南省、广州市、南宁市、贵阳市，柬埔寨磅湛省、暹粒省，老挝万象市、琅勃拉邦省，马来西亚槟城州，缅甸仰光市，菲律宾巴拉望省等中国和东盟国家的13位省市长围绕"深化人文往来，加强一带一路建设"的主题，重点就教育和旅游合作进行讨论。中国—东盟中心和中国教育部也派代表出席。对话会后，与会各方发表《共同声明》。

## 中国—马来西亚港口联盟第2次会议

2017年9月4日在马来西亚吉隆坡举行。中国交通运输部水运局副局长柳鹏率中国港口代表团出席，中国驻马来西亚大使黄惠康和马来西亚交通部部长拿督斯里廖中莱出席会议开幕式。会议期间，马来西亚巴生港务局、中国广州港务局以及广西北部湾港口管理局的代表分别发表主题演讲。会议吸纳中国天津港(集团)有限公司以及马来西亚甘马挽港务局、沙巴港务局和古晋港务局为新的联盟成员。至此，中马港口联盟成员单位达到21家，其中马方所有港务局均已加入港口联盟。会后，中国港口协会与马来西亚巴生港务局分别代表双方秘书处共同签署《会谈纪要》。

## 中国—东盟港口城市合作网络工作会议

2017年9月13～14日在中国广西南宁举行，以"推进中国—东盟港口城市合作，共享海上丝绸之路繁荣发展"为主题，中国与东盟各国的200多位政商学界嘉宾参加。广西壮族自治区副主席张晓钦、文莱财政部副部长刘光明、马来西亚巴生港务局主席江作汉、新加坡通商中国主席李奕贤、缅甸国家港口管理局局长昂山温等出席会议并致辞。会议发起成立中国—东盟港口城市合作网络理事会的倡议。

## 港口城市合作网络成为中国—东盟交通合作重点项目

2017年10月12日，第16次中国—东盟交通部长会议在新加坡举行。中国交通运输部副部长戴东昌与新加坡基础设施统筹部部长兼交通部部长许文远共同主持会议，东盟10国交通部部长、副部长和东盟秘书处副秘书长与会。会议审议通过部长级联合声明。联合声明指出：与会部长们高度赞赏中国—东盟港口城市合作网络建设取得的可喜进展，并将该项目作为中国—东盟双方重点推进项目。这标志着该项目获得中国—东盟国家层面支持，迈出了新的一步。

### 2017年中国—东盟海洋文化国际学术研讨会

2017年10月12日在中国广西钦州举行，由广西社会科学院、广西历史学会和钦州学院联合举办。以“加强学术交流，弘扬海洋文化；推动文化交流，促进丝路建设”为主题，主要探讨21世纪海上丝绸之路建设倡议下的历史与文化，商贸合作、文化交流与海上安全等议题。中国北京、上海、台湾以及泰国、马来西亚和菲律宾等国的数十名专家学者参加研讨会。

### 中国与泰国签署兰岛（Koh Lan）海岛保护规划项目实施协议

2017年11月13日，中国国家海洋局第一海洋研究所与泰国自然资源与环境部海洋海岸司、泰国宋卡王子大学联合开展的泰国兰岛（Koh Lan）海岛保护规划项目实施协议在中国山东青岛签署。中国国家海洋局政策法制与岛屿权益司、国家海洋局第一海洋研究所，泰国自然资源与环境部海洋海岸司、宋卡王子大学以及相关单位的代表参加签约仪式。根据协议，中泰科学家将以中国海岛保护规划及生态岛礁建设的相关理念为基础，依据兰岛资源环境状况和开发利用实际，联合开展兰岛保护规划的编制。此次实施的兰岛保护规划项目是中国海岛保护规划技术首次走出国门。

### 第2届中国—马来西亚海洋合作研讨会

2017年12月14日在马来西亚吉隆坡举行。由中国国家海洋局与马来西亚科技创新部联合主办，中国国家海洋局第一海洋研究所和马来西亚马来亚大学共同承办。中马两国海洋科研院所和管理部门共约60名代表参加。与会两国专家就海洋现场调查、理论研究、实际应用、综合管理等领域的合作开展深入交流，内容涉及海洋环境预报、极端气候、海洋沉积、海岸带演变、生物多样性、生态系统健康、海洋生物技术、蓝色经济、能力建设等多个研究方向。

### 中国—马来西亚海洋科技合作联委会第4次会议

2017年12月15日在马来西亚吉隆坡举行。中马双方回顾近年来在海洋科技领域合作取得的成果，认为中马海洋合作不断深化，成为两国关系发展的新亮点，也为本地区国家间开展互利合作树立了成功示范。双方商定，将推动建设中国—马来西亚联合海洋研究中心，继续执行在研的11个合作项目，进一步拓展在海洋观测、海洋生物资源开发利用、海洋空间规划等领域的合作。会议决定重点推动建设的中国—马来西亚联合海洋研究中心将设于马来西亚万捷（Bachok）。

### 第5届中国—东南亚国家海洋合作论坛

2017年12月16～17日在马来西亚吉隆坡举行。由中国国家海洋局和马来西亚科技创新部联合主办，联合国教科文组织政府间海洋学委员会西太平洋分委会协办，中国国家海洋局第一海洋研究所和马来西亚马来亚大学共同承办。中国、文莱、柬埔寨、印度尼西亚、马来西亚和越南等国政府部门的代表和科研人员、专家等共100多人参加。

中国国家海洋局副局长林山青和马来西亚科技创新部副部长阿布·巴卡尔共同出席论坛开幕式并致辞。在本届论坛上，中国—马来西亚海洋科学与技术联合研究中心揭牌。该中心由中国国家海洋局第一海洋研究所与马来西亚马来亚大学共同承办和运行，其主要任务是规划和拓展中马双方及周边国家在海洋领域的合作，管理和协调目前已有的海洋合作项目，并在资金、仪器设备、人才交流、能力建设、数据和信息共享等方面为双方合作提供帮助。中心正式运行后，将成为中国与马来西亚和东南亚国家开展海洋科技合作的重要平台。

本届论坛由中国家海洋局第一海洋研究所乔方利研究员和马来亚大学阿基赞教授担任联合主席。在为期两天的论坛活动中，来自本地区各国的专家围绕论坛的4个议题——海洋环境监测和服务、海洋生物多样性和生态系统保护、海洋生物技术和蓝色经济、未来合作倡议开展讨论，并达成广泛共识，提出一些合作建议。

### 中国—东盟海洋环境资源保护与利用论坛暨海水养殖技术对接会

2017年12月21日在中国广西举行，由广西科技厅、广西科学院、中国—东盟技术转移中心主办，中国—东盟海洋科技联合研究中心等单位承办，以“海洋环境资源可持续利用海水养殖成果技术对接”为主题。12月21日在南宁举行海洋环境资源保护与利用学术论坛。来自中国、印度尼西亚和越南等国的100多名专家学者参加相关活动。广西科学院院长金城、广西科技厅副巡视员黎卫红等出席开幕式并致辞。印度尼西亚亚齐大学海洋与渔业学院Zainal A. Muchlisin教授、越南海洋环境与资源学院Tran Anh Tu教授、越南河内国立大学Kim Cuon Nguyen教授、中国海洋大学海洋与大气学院院长管长龙教授、暨南大学吕颂辉教授、华南农业大学海洋学院院长秦启伟教授、中山大学殷克东教授、广西科学院李鹏飞博士和高劲松博士分别就海洋环境资源保护与利用领域的科学问题进行探讨交流。12月22日在北海举行海水养殖技术对接会。（张　磊）

# 交往与合作

## 中国和东盟交往与合作

2017年，中国与东盟在各领域的交流与合作进一步加强，政治互信明显增强，南海局势总体平稳；双边贸易和投资合作稳定，“区域全面经济伙伴关系协定”谈判取得进展；文化教育合作继续推进，中国—东盟旅游年及其系列活动的举办推动了双边旅游合作。与此同时，东盟内部整合、区域贸易自由化的加速推进、域外大国的介入、南海问题的干扰，使中国—东盟合作面临复杂挑战。面对机遇与挑战，中国—东盟关系充满活力，发展前景广阔。

### 一、政治互信不断深化

（一）领导人会议总览全局

2017年11月13日，第20次中国—东盟10+1领导人会议在菲律宾马尼拉举行，与会各国领导人就双边各领域合作框架进行深入讨论并达成共识。中国国务院总理李克强就进一步推动中国—东盟关系提出五点建议：第一，共同规划中国—东盟关系发展愿景。制订《中国—东盟战略伙伴关系2030年愿景》，将“2+7合作框架”升级为“3+X合作框架”，构建以政治安全、经贸、人文交流三大支柱为主线、多领域合作为支撑的合作新框架。第二，促进“一带一路”倡议同东盟发展规划对接。秉持共商共建共享原则，加强“一带一路”倡议与《东盟互联互通总体规划2025》的对接，深化经贸、金融、基础设施、规制、人员等领域的全面合作。第三，稳步加强双方政治安全合作。密切高层往来，加强政策沟通对话，深化政治安全合作，增进相互理解与信任，加强司法和打击跨国犯罪、反恐、网络安全等非传统安全领域合作。第四，进一步拉紧经贸合作纽带。积极推进区域全面经济伙伴关系协定（RCEP）谈判，为建设东亚经济共同体奠定基础。第五，不断提升人文交流合作水平。推动中国—东盟旅游合作再上新台阶。中方倡议实施中国—东盟人才发展计划，并赞同将2018年确定为中国—东盟创新年。与会东盟国家领导人表示，东盟与中国关系保持着强劲、稳定、互惠发展势头，成为东盟最具实质性的对外伙伴关系之一。会议通过《中国—东盟关于进一步深化基础设施互联互通合作的联合声明》《中国—东盟关于全面加强有效反腐败合作联合声明》《中国—东盟旅游合作联合声明》和《未来十年南海海岸和海洋环保宣言（2017～2027）》等成果文件。

（二）高层良性互动

除了中国与东盟各国领导人会议，2017年双方还举行多次高层次会议，共同探讨双边各领域合作。2017年4月10日在印度尼西亚雅加达东盟秘书处举行了第18次中国与东盟合作委员会会议，与会代表回顾了中国—东盟战略伙伴关系发展及落实中国—东盟2016～2020年行动计划取得的积极成果，并就落实第19次中国—东盟领导人会议暨纪念中国—东盟建立对话关系25周年纪念峰会成果、中国—东盟旅游合作年、中国—东盟互联互通合作等议题深入交换意见，明确了中国—东盟联合合作委员会2017年的主要工作方向和重点领域，包括落实2016～2020年东盟—中国行动计划、完善东盟—中国合作基金支持活动和项目的实施进程、推进非传统安全问题以及灾害管理、卫生和环境等方面的合作。5月19日，在中国贵州省贵阳市举行的第23次中国—东盟高官磋商会，双方就进一步推进中国—东盟关系达成以下共识：深化各领域务实合作，打造人文交流新支柱；培育次区域合作新引擎，加强在国际地区事务中的沟通合作，为经济全球化和地区一体化注入正能量；以2018年中国—东盟建立战略伙伴关系15周年为新契机，探讨打造更高版本的中国—东盟战略伙伴关系，规划好双方关系未来发展蓝图。8月6日，在菲律宾马尼拉举行的中国—东盟外长会议上，中国和东盟各国外长一致同意，中国和东盟要打造更高水平的战略伙伴关系，构建更为紧密的中国—东盟命运共同体。中方就下阶段双方合作提出的七大倡议得到东盟方积极回应：一是制定中国—东盟战略伙伴关系2030年愿景，共同规划双方关系蓝图；二是实现“一带一路”倡议同东盟互联互通规划的对接，拓展双方的合作领域和空间；三是将2018年确定为中国—东盟创新年，启动中国创新驱动发展和东盟创新驱动型增长的相互促进和中国—东盟合作的提质升级；四是加快中国—东盟自由贸易区升级成果落地，共同维护全球自由贸易体制；五是全面落实《中国—东盟产能合作联合声明》，助推彼此的工业化进程；六是打造人文交流合作新支柱，办好中国—东盟旅游合作年，倡议发表旅游合作联合声明，夯实双方关系的民意和社会基础；七是加快推进区域全面经济伙伴关系协定（RCEP）谈判以推进区域一体化进程。东盟各国领导人表示，东盟和中国继续通过切实执行“2016～2020年行动计划”，在广泛的政治、经济和社会文化领域加强战略伙伴关系，以执行东盟与中国的战略伙伴关系，并同意将2018年定为东盟—中国创新年，在技术创新和数字化等领域加强合作。

（三）南海问题协商取得重要进展

2017年南海形势趋缓降温，南海问题已逐步回归双边磋商与谈判协商解决的正轨，南海沿岸国家的关注重点正由地区争议、地缘博弈转向探讨推进务实领域的双边与多边合作。2017年是《南海各方行为宣言》签署15周年,同年5月17日,中国与东盟国家在中国贵州省贵阳市举行落实《南海各方行为宣言》第14次高官会和第21次联合工作组会,各方就全面有效落实《宣言》、加强海上务实合作以及"南海行为准则"磋商等议题进行了坦诚、深入的探讨,取得了积极成果,各方重申全面、有效落实《宣言》的重要性,表示将坚持通过谈判协商和平解决南海争议,坚持通过地区规则框架管控分歧,深化海上务实合作,推进"准则"磋商,共同维护南海的和平与稳定。会议审议通过了"南海行为准则"框架,双方表示将继续以建设性的态度推进磋商工作,力争在协商一致基础上达成"南海行为准则"。此次会议还审议通过了《建立三个技术委员会步骤非文件》、外交高官热线平台试运行结果,并更新了2016~2018年工作计划。

(四)深化非传统安全合作

2017年,东盟与中国在打击恐怖主义、非法药物贩运、人口贩卖、洗钱、海盗、走私武器、国际经济犯罪、网络犯罪等跨国犯罪方面的合作取得重大进展。在第18届东盟10+3外长会议上,东盟10国和中国、日本、韩国外长重申致力于加强处理传统和非传统安全问题,如跨国犯罪、气候变化、恐怖主义和暴力极端主义、海上安全与保障、网络、安全、灾害管理、流行病、粮食安全、水资源管理和能源安全。9月20~21日,在第5届东盟与中国10+1和第8届东盟与中日韩10+3打击跨国犯罪部长级会议上,中国和东盟各国代表表示,当前恐怖主义和网络犯罪已成为本地区打击犯罪的难点,将东盟与中国政府关于非传统安全领域合作的谅解备忘录进一步延长6年至2023年,以进一步加强东盟和中国现有的安全合作,并在"一带一路"框架下进一步加强双边在安全合作倡议、打击跨国犯罪、通过信息交流共享打击恐怖主义等方面的合作,以共同构建一个更高层次、更加务实、全方位、立体化的地区执法安全合作体系,更好地维护本地区安全。

*9月8日,第16次中国—东盟10+1经贸部长会议在菲律宾马尼拉举行* (百度网)

## 二、经济合作不断推进

(一)中国—东盟自由贸易区升级版建设谈判取得进展

2017年11月13日,在第20届中国—东盟峰会上,中国与东盟各方代表就《东盟与中华人民共和国关于修改全面经济合作框架协定及其某些协定的议定书》的生效达成共识,并期待早日批准余下的议定书,尽快完成货物贸易下的贸易便利化产品具体规则(PSR)谈判,以助于达到2020年分别实现1万亿美元和1500亿美元的双向贸易和投资的目标;还鼓励有关方面继续努力解决中国—东盟自由贸易区建设存在的悬而未决问题,以便确保进一步加强经贸合作。

(二)双边贸易额持续增长

中国自2009年以来一直保持东盟第一大贸易伙伴的地位。2017年,中国—东盟双边贸易额达5148亿美元,同比增长13.8%。其中,中国向东盟出口2791亿美元,同比增长9%;中国从东盟进口2357亿美元,同比增长20%。4月11日,在中国—东盟合作委员会(JCC)第18次会议上,双方表示正在朝着实现到2020年达到1万亿美元的总贸易目标迈进,包括升级东盟—中国自由贸易协定。11月12日,中国香港与东盟在菲律宾签署了《自由贸易协定》。东盟是香港的第二大贸易伙伴,仅次于中国内地,2017年中国香港自东盟进口额达6527亿港元,向东盟出口额达2840亿港元,东盟是中国香港的第四大出口市场。东盟与中国香港签署自由贸易协定后,东盟与中国香港的货物、服务及投资合作不再会有关税壁垒,贸易也将更加便利;将为中国香港与东盟的货物贸易、服务贸易和投资保护等方面提供法律保障和更佳的市场准入条件,为营商人士降低门槛、扩大商机,为中国香港的经济发展创造更有利的环境。

(三)双边投资增加

当前,中国与东盟互相投资不断发展,日趋平衡,目前中国是东盟第四大直接投资来源地。2017年1~7月,中国对东盟投资48.2亿元,中国对东盟累计投资总额已达768亿美元。2017年,中国—东盟并购投资创历史新高,同比增长268%,达341亿美元。9月8日,在第16次中国—东盟10+1经贸部长会议上双方表示愿围绕重大项目、经贸合作区建设方面加强合作,推动产能投资合作持续健康发展。东盟位于"一带一路"连通东西贸易的要道,近年来经济稳步发展,凭借充足的劳动力资源和在基础设施等领域丰富的投资机遇,东盟正吸引越来越多中国投资者的关注。

（四）加强区域、次区域合作

中国与东盟在区域、次区域合作方面取得诸多成果，包括澜沧江—湄公河合作机制、中国—新加坡自由贸易区、泛北部湾经济合作、区域全面经济伙伴关系的推进以及中越、中缅跨境经济合作区的建设等，2017年，合作进程取得一定进展。来自《区域全面经济伙伴关系协定》（RCEP）16个成员方的经贸部长于2017年9月10日在菲律宾马尼拉出席RCEP第5次部长级会议，与会部长重申河内声明，即迅速地将政治承诺转化为实际行动，必要时扩大授权，尽最大努力推动RCEP在2017年年底前取得重要成果，使谈判向成功更进一步，强调RCEP谈判的目标是达成一个现代、全面、高质量和互惠的经济伙伴关系协定，成功的RCEP谈判应该争取达成一个所有成员国均可接受的、可行的着陆区，确保最终协议遵循《RCEP指导原则和目标》。11月14日，《区域全面经济伙伴关系协定》首次领导人会议在菲律宾马尼拉举行，东盟成员国以及东盟自由贸易伙伴国澳大利亚、中国、印度、日本、韩国和新西兰的国家元首和政府首脑出席了此次会议，会后发表的领导人联合声明表示，确保RCEP充分发挥潜力，成为拉动增长、公平经济发展的重要引擎和推进经济一体化的路径，各方将致力于达成一个符合《RCEP谈判指导原则和目标》精神的协定，包括市场准入、规则和合作三大支柱，同时包括保障成员国维护合法公共政策目标的权利的条款。12月26日，在中国云南瑞丽举办的第16届中国—缅甸边境经济贸易交易会举行项目签约仪式，共签署合作项目8个，总投资118.3亿元人民币，项目涉及跨境物流、制造业、生物科技、信息业等多个领域。其中，八鸾大数据云计算产业园项目、中缅国际智慧云供应链瑞丽基地项目、瑞丽腾俊国际陆港项目等项目的投资额超过20亿元人民币，分别为46亿元、25亿元、20亿元人民币。12月15日，澜沧江—湄公河合作第三次外长会议在中国云南大理举行，会议发表联合新闻公报宣布了澜湄合作专项基金首批支持项目清单，宣布建立澜湄合作热线信息平台。

（五）推进中国与东盟互联互通

近年来，中国与东盟互联互通建设已经取得很大的进展，中国广西、广东、福建、海南及香港等地的港口已经与新加坡、马来西亚、越南等东盟国家的多个港口相互开通了集装箱、散货航运班线，并缔结为友好港口；中国与老挝、泰国、越南、新加坡等国打通了陆上交通。2017年在中新两国以及泛亚铁路公路沿线省区市的共同推动下，“南向通道”建设加快推进。4月，渝桂两地共同组织开通了“南向通道”首趟铁海联运双向班列试运行，于9月实现了“南向通道”铁海联运常态化班列首发，并且“班期稳定、双向对开”；8月份，渝桂黔陇四省区市在重庆签署了合作共建中新互联互通项目“南向通道”的框架协议和关检合作备忘录。9月13日，以“推进中国—东盟港口城市合作，共享海上丝绸之路繁荣发展”为主题的中国—东盟港口城市合作网络工作会议在中国广西南宁举行，与会各方表示应着力从完善合作网络常态化工作机制、吸引更多合作伙伴加入网络、推进港口投融资能力建设和多式联运、促进临港产业合作、推进智慧港口和共享信息平台建设、增进旅游人文合作、与已有机制合力打造中国—东盟互联互通旗舰项目等方面进一步推进中国—东盟港口城市合作网络发展。12月8日，中国—东盟基础设施互联互通金融论坛在中国广西南宁举行，参会各方就积极推动金融支持中国—东盟基础设施互联互通建设达成相关共识，包括以政、企、银合作共赢为方向，搭建更有效率的信息交流平台；以业务资源统筹优化为核心，打造引领区域发展的金融合作机制；以政府间多双边合作为契机，推动重大项目融资取得突破。

## 三、社会文化领域交流与合作不断扩大

（一）旅游合作不断深化

近年来，中国和东盟互为重要旅游目的地和客源地，中国是东盟第一大外国游客来源地。2017年旅游合作成为中国—东盟合作的重点领域。3月正式启动中国—东盟旅游合作年，在此框架下，双方举办了“美丽中国—冰雪之旅”东南亚联合推广、湄公河旅游论坛、中国—东盟博览会旅游展等一系列旅游交流活动。9月，在中国广西南宁举行了第14届中国—东盟博览会中国—东盟旅游合作对接会和第14届中国—东盟商务与投资峰会框架下的中国—东盟商界领袖论坛，来自中国和东盟的政府官员、中国—东盟中心代表及工商界、旅游业代表等200人参加会议，讨论进一步推动中国—东盟旅游合作向更大规模、更高水平迈进，助推区域经济一体化深入发展。10月，在中国广西桂林举办了为期三天的2017中国—东盟博览会旅游展，以“共创‘一带一路’旅游合作新篇章”为主题，吸引了全球62个国家和地区以及中国17个省区市参展。经过各方努力，2017年中国与东盟国家旅游合作取得可喜成效，东盟接待国际游客增至1.26亿人次，中国是东盟重要的客源国；中国—东盟双向旅游交流规模接近5000万人次。

（二）环境保护与可持续发展合作有效加强

中国与东盟各国山水相连，2017年中国与东盟深化环境保护的交流合作。9月，中国—东盟环境合作论坛2017：城市环境保护与可持续发展研修在中国广西南宁举办，与会代表围绕城市可持续发展、中国—东盟环保产业与技术合作、“一带一路”环保技术推介与对接、城市水环境治理四个主题单元讨论促进中国—东盟的环境合作，表示推进实施《中国—东盟环境保护合作战略2016～2020》，深化中国—东盟生态友好城市发展伙伴关系，与周边国家携手推动城市绿色转

型与发展，推动地方和企业参与中国—东盟环境合作，挖掘合作潜力和创造新的合作机遇；进一步拓展国际合作平台和网络，共同推进中国和东盟在城市环境领域开展务实合作。9月25日，“一带一路”国际产能与环保产业合作研讨会在中国江苏省宜兴市举行，各方表示应开展深入交流、广泛对接合作，共同推动中国与东盟环保产业的发展。

（三）科技创新合作不断推进

2017年9月13日，第5届中国—东盟技术转移与创新合作大会在中国广西南宁举行，包括高层论坛、先进技术展、中医药大健康产业国际创新合作对接会等系列活动，旨在为中国和东盟国家大学、科研机构及企业间技术需求以及优势科技资源的精准对接提供优势平台，进一步深化区域技术转移与创新合作，重点举办第14届中国—东盟博览会先进技术展和中国科技部与泰国、柬埔寨等国家科技主管部门双边会谈等系列活动，签署中国与印度尼西亚双边技术转移合作协议或备忘录，中国—东盟技术转移中心与太库科技签订共建国际科技孵化器合作备忘录，共同推进中国与东盟技术创新合作。

（四）文化交流与合作不断深化

民心相通是中国与东盟合作的民众基础，近年来，除了重视政治经济领域合作，中国与东盟国家还不断深化社会文化方面的合作，增进双方民间的交流与了解。2017年在这方面工作取得进展。4月16日，以民族文化遗产与“一带一路”建设为主题的第2届中国—东盟民族文化论坛在中国广西崇左市举行，与会学者围绕骆越文化、民族文化遗产保护利用与旅游开发、民族文化的交流共享与产业发展等三大议题展开探讨，论坛形成《崇左宣言》，决定在广西设立秘书处，加强学术交流合作，为提升中国—东盟民族文化研究水平和学术话语权贡献力量。自2008年中国与东盟十国互派留学生开展交流活动以来，中国在东盟国家留学生已超过4万人，东盟国家在华留学生已超过8万人。作为民心相通的重要交流平台，中国—东盟教育交流周已经举办了10届。2017年7月第10届中国—东盟教育交流周会议在中国贵州省贵阳市举行，活动形式涵盖研讨会、论坛、竞赛、展览、夏令营、洽谈会、培训班等，分别由中国25所高等学校、5个国家部委直属单位及国际组织共同承办，包括“一带一路”人才培养校企联盟成立暨“一带一路”人才培养校企合作对话、“一带一路”背景下面向东盟ICT产教融合发展论坛、“一带一路”轨道交通教育培训校企合作对话暨中国—东盟轨道交通教育培训联盟年会、教育交通服务“一带一路”高峰论坛等活动，惠及高等学校、职业院校、海外中资企业、民间组织等，将有利于促进中国与东盟国家的教育及相关领域的合作，增进相互了解与信任。

2017年是东盟成立50周年，在“一带一路”合作框架下，中国与东盟合作在多领域取得成效，但是双边合作也面临着一些挑战。比如，南海局势总体暂缓，但并不意味着今后不会起波澜，仍有争议升温的可能性；中国与东盟国家实力对比悬殊等因素会对东盟及其成员国对华认知产生影响，最终可能影响双方关系的发展；2017年前中国与东盟十国贸易额罕见地连续两年负增长，而且在负增长情况下中国仍保持对东盟的较大贸易顺差，这也引发东盟国家的担忧和些许不满；东南亚地区已经成为世界主要大国博弈的前沿地区之一，美国、日本、印度、欧盟等大国和组织的目的之一是制衡中国影响力，对中国与东盟在“一带一路”倡议下的合作产生掣肘。东盟国家对“一带一路”的理解和对华合作的期待，需要中国去做更多工作或者予以细致回应。2018年是中国—东盟创新年，也是中国与东盟建立战略伙伴关系15周年，政治互信、经济和社会文化合作等仍会继续推进，中国与东盟各国将在食品、新能源、通信、铁路、生物技术等重点领域开展广泛深入的合作。展望未来，中国倡议的东盟—中国战略伙伴关系2030年愿景，将“2+7合作框架”升级为“3+X合作框架”，构建以政治安全、经贸、人文交流三大支柱为主线、多领域合作为支撑的合作新框架，赋予东盟—中国合作更多全球内涵，打造南南合作新典范。（聂润庆）

## 中国和文莱交往与合作

### 一、高层领导人交往进一步推动两国关系取得更大发展

这是2017年中国与文莱关系的最大亮点。2017年9月3~6日，中国全国政协副主席王家瑞应邀访问文莱，会见文莱苏丹。王家瑞表示，中方欢迎苏丹访华并出席第14届中国—东盟博览会，愿同文方加快发展战略对接，拓展各领域务实合作，推动中文关系再上新台阶。苏丹表示，文莱是第14届中国—东盟博览会主题国，期待不久后访华并希望通过此访推动文中战略合作取得更大发展。9月11日，作为第14届中国—东盟博览会主题国，文莱苏丹率团出席。中共中央政治局常委、国务院副总理张高丽会见文莱苏丹。9月13日，文莱苏丹赴北京对中国进行国事访问，受到中国国家主席习近平隆重欢迎接待，习近平同文莱苏丹举行会谈。习近平指出，中文是隔海相望的近邻，也是相互信赖的朋友和伙伴。2017年是两国建交第二个25年的开局之年，双边关系正处于承上启下、继往开来的关键阶段。中方愿同文方从战略高度和长远角度把握双边关系，加强治国理政经验交流和发展战略对接，做大做强各领域务实合作，进一步促进各自国内发展。习近平强调，双方要保持高层交往，持续深化政治

互信，继续在涉及彼此核心利益和重大关切问题上相互理解和支持。中方赞赏文方积极响应"一带一路"倡议，愿同文方一道，以共建"一带一路"为契机，本着共商、共建、共享原则，加强基础设施建设、能源、清真食品、农渔业、数字经济等领域合作。双方要加强防务和执法合作，把两军互信和合作提升到新高度。要加强文化、教育、体育、卫生、旅游、媒体、地方交往等领域交流合作，巩固两国友好的民意基础。双方要加强地区和国际事务合作，在联合国、亚太经合组织等框架内加强沟通和协调。习近平指出，中方赞赏文方积极推动中国—东盟关系发展，愿加强"一带一路"倡议同东盟发展规划对接，推动双方关系提质升级，助力东盟共同体建设。当前，南海局势趋稳降温，呈现积极发展态势。中方愿同文方及有关各方一道，将南海建设成和平之海、友谊之海、合作之海。文莱苏丹表示，支持中方提出的"一带一路"倡议，相信中华民族伟大复兴的中国梦一定能够实现。建交以来，文中两国关系发展势头良好，各领域合作成果丰硕。文莱将继续坚持一个中国政策。文方正在推进"2035 宏愿"，欢迎中方企业参与这一进程，积极赴文投资兴业。文方愿在农业、渔业、能源、基础设施建设、清真食品、数字经济等领域加强同中方的务实合作。文方愿同中方继续保持高层交往，进一步扩大人文交流，共同维护南海和平稳定，推动东盟同中国关系不断向前发展。会谈后，两国元首共同见证两国"一带一路"建设、基础设施建设、卫生等领域双边合作文件的签署。随后，中国国务院总理李克强在人民大会堂会见了文莱苏丹。

## 二、两国政府有关部门和地方领导人继续交往发展合作关系

2017 年 5 月 11 日，中国国务委员杨洁篪和外交部部长王毅分别在北京会见出席"一带一路"国际合作高峰论坛高级别会议的文莱首相府部长兼外交与贸易部第二部长林玉成。杨洁篪说，近年来，中文关系快速发展。中方视文为可信赖的朋友和伙伴，愿在"一带一路"倡议下，同文保持高层交往，加强发展战略对接，拓展各领域合作，造福两国民众。8 月 6 日，中国外交部部长王毅出席在菲律宾马尼拉举行的东亚合作系列外长会前会见林玉成。11 月 24 ~ 26 日，应文莱总检察长哈雅提邀请，中国最高人民检察院检察长曹建明访问文莱，会见文莱苏丹，与哈雅提举行工作会谈。双方就进一步加强中文检察机构交流与合作交换意见，并签署两国最高检察机构联合声明。

2017 年 5 月 4 日，广西壮族自治区主席陈武率领广西壮族自治区人民政府及中国—东盟博览会秘书处代表团赴文莱举办中国—东盟博览会文莱展。

## 三、中国和文莱扩大各个领域的交流与合作

### （一）经济贸易合作

1. 双边贸易。据中国海关统计，2017 年中文两国贸易额 10 亿美元，比上年增长 36.5%。其中：中国向文莱出口 6.5 亿美元，增长 26.8%；自文莱进口 3.5 亿美元，增长 58.8%。

2. 双边直接投资。据中国商务部统计，2017 年中国对文莱投资 651 万美元，比上年下降 95.4%，截至 2017 年 12 月底，投资存量为 2.10 亿美元。文莱对中国投资项目 7 个，比上年下降 41.7%，实际投资 2573 万美元，下降 60.8%，截至 2017 年 12 月累计投资项目 1806 个，投资额为 27.88 亿美元。中国对文莱工程承包合同额 1.41 亿美元，比上年增长 3696.9%，营业额 7.10 亿美元，增长 29.6%。截至 2017 年 12 月，中国对文莱工程承包累计合同额 27.59 亿美元，营业额累计 17.48 亿美元。中国向文莱派出承包工程人数 3678 人，增长 1113.9%，截至 2017 年年底有 3814 人，增长 853.5%。劳务合作项目派出人数 214 人。

3. 已经完成的项目。2017 年 2 月 23 日，由中国广西北部湾国际港务集团旗下的北部湾控股（香港）公司与文莱达鲁萨兰资产管理公司合资成立的文莱摩拉港有限公司在文莱首都斯里巴加湾市挂牌成立，正式接管文莱摩拉港集装箱码头的营运，这标志着"文莱—广西经济走廊"旗舰项目顺利落地。3 月 15 日，由 Amann Shipping（香港）有限公司和文莱政府合资的文莱唯一的国家航运公司 Amann Shipping Container Line SDN BHD 举行新货船首航仪式。7 月 17 日，由中国水电建设集团承建的文莱都东水坝供水项目完成现场验收，正式交付业主使用。

4. 新签订的项目。2016 年 8 月 19 日，在中国南宁举行文莱—广西经济走廊联合工作委员会第 1 次会

中国港湾（文莱）工程有限公司承建的文莱大摩拉岛大桥　　（百度网）

议。会议审议通过文莱—广西经济走廊联合工作委员会架构和职责，通报文莱—广西经济走廊建设进展情况，研究确定联合工作委员下一步将重点推动加快形成文莱—广西经济走廊集群式可持续发展模式、进一步促进和拓宽文莱—广西经济走廊各领域发展等4个方面的工作。经济走廊建设已经进入机制化、规范化的轨道，联合工作委员会的正式成立，为今后经济走廊的稳步健康快速发展提供高效有力的保障。在双方的高度重视、精诚合作和务实推动下，文莱—广西经济走廊建设取得实实在在的成果，形成“一港一区”“三基地”“三贸易”的格局，正在积极推进9大项目合作。双方在2017年9月11～14日举办的第14届中国—东盟博览会上签约一批项目。

5. 交流与合作。2017年4月26～27日，文莱AEWON有限公司市场经理方炳强受邀到中国历史悠久的丝绸纺织镇——江苏省盛泽镇参加中国—东盟纺织服装发展研讨会暨东盟旅游购物节。5月15日，在“一带一路”国际合作高峰论坛举办之际，由中国商务部投资促进局、文化部艺术发展中心、《经济》杂志社联合主办，江苏青和岛科技集团有限公司、信达文莱有限公司、中经互联(北京)信息技术有限公司共同承办的中国—文莱产业投资合作座谈会在北京举行。同日，文莱初级资源与旅游部派送6名技术公务员和3名当地农民赴中国长沙参加为期3个月的2017年发展中国家杂交水稻综合技术培训班。5月27日，中国宁夏回族自治区旅游发展委员会组团赴文莱与相关业者交流。文莱旅游促进局和旅行社业者参加2017年在宁夏举办的中阿旅行商大会。11月20日，中国商务部援外项目——文莱杂交水稻增产技术支持海外培训班在文莱开班。这是中文第一个在文莱执行的双边人力资源合作项目。同日，中国袁隆平农业高科技股份有限公司同文莱初级资源与旅游部农业与农产品司在文莱首都斯里巴加湾市签署粮食领域合作备忘录。

(二)文化、教育、科技、体育等方面的交流与合作

1. 文化、教育交流与合作。2017年2月14日，恒逸实业(文莱)有限公司举办第4批奖学金签约仪式，资助14名文莱大学学生赴华留学培训。年内，中国中山大学向文莱学生提供10个东盟本科留学生奖学金名额；扬州市职业大学向包括文莱在内的世界各国提供50个全额奖学金名额。4月18日，中国美术学院国际教育学院院长金志林带领的访问团访问文莱中华中学。此次访问主要是拓展文莱生源的合作空间。

2. 科技交流与合作。5月15日，文莱政府部长代表团赴北京和中国电子科技集团公司签署合作谅解备忘录，进一步探索合作机会。双方就合作开发文莱数码经济和信息通信技术产业进行探讨。

3. 体育交流与合作。11月26～28日，文莱武术队参加在中国广西桂林举行的第4届中国—东盟武术节，并取得良好成绩，获得2金3银1铜共6枚奖牌，中国武术协会向文莱武术队颁发武德风尚奖，为教练李辉颁发优秀教练奖。

(三)防务合作

2017年7月24日，中国驻文莱大使馆国防武官吴赓大校在斯里巴加湾市举办招待会，热烈庆祝中国人民解放军建军90周年。9月25日，中国海军150编队——长春(DDG－150)—导弹驱逐舰、锦州(FF－G532)—导弹护卫舰和巢湖(890)—补货船抵达文莱摩拉港进行为期3天的友好访问。其间开展高层会谈，联合军演以及专业交流等多项活动。

(马　静　马金案)

## 中国和柬埔寨交往与合作

随着中国“一带一路”倡议、“十三五”发展规划与柬埔寨《四角战略》第三阶段、《2015～2025柬埔寨国家工业发展政策》相互对接，中国—柬埔寨全面战略合作伙伴关系得以进一步深化，2017年的中柬交往与合作不断取得新的成果。

### 一、两国高层互访频繁，政治互信不断加深

频繁的高层互访是中国和柬埔寨关系日渐深化的一个重要助力。柬埔寨首相洪森出席在北京举行的“一带一路”国际合作高峰论坛，并对中国进行正式访问前，于2017年5月13日在金边接受中国媒体联合书面采访时高度评价柬中关系。他认为，作为传统友好邻邦和全面战略合作伙伴，柬中两国相互信任、相互尊重、不干涉内政。在发展双边关系的同时，柬中两国也在联合国、东盟—中国合作、澜沧江—湄公河合作机制等多边框架下保持密切沟通，共同维护地区乃至世界的和平、安全、稳定和繁荣。5月17日，中国国家主席习近平在北京会见正式访华并出席“一带一路”国际合作高峰论坛的柬埔寨首相洪森时指出，中柬关系发展势头良好。中方高度重视发展同柬埔寨的关系，愿同柬方一道，坚定不移地推进中柬友好事业，深化全面战略合作，更好造福两国人民，为地区和平和繁荣做出更大贡献。洪森表示，柬埔寨坚定奉行西哈努克太皇确定的对华友好政策，感谢中国长期以来给予的坚定支持和大力帮助，愿同中方一道，巩固传统友谊，推动柬中全面战略合作伙伴关系取得更大发展。

为了让双方高层交流的成果更加切实有效，中柬两国建立政府间的协调沟通机制，每年轮流举行中柬政府间协调委员会会议。2017年4月27日，中柬政府间协调委员会第4次会议在金边举行。中国国务委员杨洁篪与柬埔寨副首相贺南洪共同主持。双方全面回顾总结第3次会议以来两国各领域合作的重要进展，

并就今后一年的双边交流与合作做出规划。

## 二、经贸往来密切，交流范围更广

由于地缘及产业结构方面的原因，柬埔寨企业同中国南方企业的联系较多，随着中国“一带一路”倡议的实施，柬埔寨政府更为重视对中国北方地区的宣传，以吸引更多的中国北方企业及游客到访柬埔寨，实现共赢。在2017年，柬埔寨政府积极筹备到中国北方办展，推介优秀的高棉文化、旅游资源及优惠的招商引资条件。1月5日，由柬埔寨商务部，陕西省外办、陕西省商务厅主办的柬埔寨王国—中国陕西商务推介会暨签约仪式在西安举行。8月4日，在2017中国西安丝绸之路国际旅游博览会举办期间，柬埔寨举行“柬埔寨之夜”大型旅游推介会。在柬埔寨积极组织到中国北方举行推介会的同时，中国一些北方城市的政府也积极组团赴柬埔寨开展交流活动。6月26日，由中国山东省人民政府、柬埔寨总商会主办的中国（山东）—柬埔寨经贸合作论坛暨企业对接交流会在金边举行；6月29日，由中国吉林省人民政府、柬埔寨商业部主办的吉林省与柬埔寨经贸交流会暨项目签约仪式在金边举行。

2017年，中国对柬埔寨投资额达14.31亿美元，以27%的占比居柬埔寨外国投资额首位。柬埔寨发展理事会的报告显示：2013～2017年，中国保持为柬埔寨最大的投资来源国，累计投资总额53亿美元，投资主要涉及银行、工业、旅游业和基础设施等方面。此外，中国在2017年还首次成为柬埔寨最大客源国，柬埔寨560万人次的外国游客数量中，来自中国的120万人次游客数量位列第一，占比达到21.4%。

## 三、文化交流内容更丰富

随着政治和经济方面往来频率的增加，中国和柬埔寨的文化交流内容也朝着更为宽广的方向发展。近两年来，越来越多的中国地方文化单位和文化团体走进柬埔寨，向高棉人民展示中华文化的多样性，活动广受当地群众好评。2017年7月25日至8月2日，由中国驻柬埔寨大使馆、柬埔寨王国艺术部、中国武汉市文化局主办，金边中国文化中心、武汉中外文化交流中心、柬埔寨皇家科学院孔子学院承办的“中国非遗文化周”活动在柬埔寨金边举行，本次活动不仅向柬埔寨的观众展示具有湖北武汉特色的舞蹈和楚剧、汉剧，还有中国非遗文化展品展示、图片摄影展、讲座等系列活动。

在中国艺术团队赴柬埔寨宣传中国文化、开展交流活动的同时，中国与东南亚接壤省份的相关单位也开展东盟文化学习活动。中国云南省外事办组织外事工作者学习周边国家语言，在2017年1月10日正式开办柬埔寨语学习班。中华文化的魅力使得柬埔寨掀起“汉语热”，柬埔寨首都金边和几个大型城市开设孔子学院或学习点，为更多的中文爱好者提供便利。2017年3月底，柬埔寨暹粒吴哥高中孔子课堂成功举办第一届“孔子文化周”，身着汉服的50名学员通过此次活动更深入地了解中国的儒家文化。为了给更多对中国文化感兴趣的柬埔寨民众提供学习资料，中国驻柬埔寨大使馆于2015年启动“大使图书角”项目，已向金边王家大学、亚欧大学以及端华、立群、民生学校捐赠1万余册中文图书。2017年11月6日，中国驻柬埔寨大使馆继续捐赠涵盖人文历史、名家名著、自然科普、对外汉语、实用技术等10多个门类，价值33万元人民币的中文书籍。

中柬两国间除了丰富的文化艺术交流，还有领导人治国理念的分享。2017年4月11日，在柬埔寨金边的首相府和平大厦举行《习近平谈治国理政》柬文版首发式，柬埔寨各界反映热烈，柬埔寨首相洪森在首发式上表示，他本人对习近平关于中国梦、国家治理、深化改革、依法治国、反腐败以及中国走和平发展道路等方面的论述印象深刻，建议柬埔寨政府官员、学者和学生们认真研读这本书，从中汲取经验，并将其运用到推动柬埔寨发展的实际工作中去。

## 四、中国对柬埔寨援助有效落实

中国和柬埔寨是肝胆相照的好朋友，是情同手足的好邻居。在柬埔寨有困难的时候，中国总是送去不附加任何条件的援助，以帮助当地人民。2017年中国落实的对柬援助项目涉及物资援助、经济技术援助和优惠贷款等方面。如：向柬埔寨国王工作队援助包括挖掘机、推土机、起重机、皮卡汽车等18项物资，用于帮助柬埔寨国王工作队在乡村开展扶贫工作，为改善当地百姓生产、生活条件发挥重要作用。柬埔寨国王诺罗敦·西哈莫尼在主持2017年2月10日的援助物资交接仪式上，对中国政府长期以来对柬埔寨王室和人民的无私援助表示衷心感谢。

在2017年中国对柬埔寨的物资援助中，最受当地百姓广泛关注的是7月13日交接的98辆公交车及2辆清障车。为改善金边市交通拥挤现象，减少交通事故和环境污染，为金边市民提供更加完善的公共交通服务，中国援助的新公交车已于8月初投入使用。

中国援柬培训人数继续增长，项目涉及经济商贸、矿产能源、农业发展、环境保护、医疗卫生、教育教学等多个领域，参训学员来自柬埔寨多个政府部门和机构，为柬埔寨的人才培养做出积极贡献。5月31日，采用课堂教学、实验实习、实地考察和分组讨论等多种方式教学的2017年中柬淡水水产养殖技术与发展海外培训班在金边开班，这是中国政府第4次在柬埔寨举办援外培训“走出去”项目，为柬埔寨学员传授淡水水产养殖理论、分享中国的成功经验和发展模式。

中国每年都向柬埔寨提供多个优惠贷款项目，这对于促进柬埔寨经济发展起着十分重要的作用。大米出口产业是柬埔寨重点扶持的产业之一，2017 年 11 月 13 日，中国与柬埔寨签署两项优惠贷款发展大米产业谅解备忘录，柬埔寨政府利用中国进出口银行提供的优惠贷款，在全国的 11 个省建设 15 个谷仓及添加烘干设备，日均烘干能力达到 1.95 万吨，稻谷仓储能力达到 100 万吨。（梁　薇）

## 中国和印度尼西亚交往与合作

2017 年，中国与印度尼西亚在政治、经贸、安全、文化教育等各领域合作不断拓展。在政治领域，双方高层积极对话交流；在经济领域，双方的贸易和投资交流频繁；在文化教育领域交流形式更加多样化，表明中国与印度尼西亚的关系密切，未来合作空间很大。

### 一、两国的政治交流

（一）中国国家主席习近平会见印度尼西亚总统佐科

2017 年 5 月 14 日，中国国家主席习近平在北京人民大会堂会见来华出席“一带一路”国际合作高峰论坛的印度尼西亚总统佐科。习近平表示，近年来两国积极对接“21 世纪海上丝绸之路”倡议和印度尼西亚“全球海洋支点”构想，全面深化合作，取得丰硕成果，为双边关系增添了更加丰富的内涵，打开了更加广阔的合作空间。为推动两国全面战略伙伴关系不断迈上新台阶，双方要保持高层交往，用好高级别对话和交流机制，深化政治互信。中方愿本着平等互利原则，推动两国在“一带一路”建设框架内全方位合作。佐科表示，印度尼西亚高度评价“一带一路”倡议和中方举办此次论坛，相信“一带一路”建设将为印度尼西亚同中国经济合作带来更多机遇。印度尼西亚愿深化同中方“一带一路”建设框架下合作，提高经贸投资水平，探讨有关经济互联互通走廊的建设，特别是工业、农业、电力、港口和旅游等领域重大项目合作，深化人文交流。会见后，两国元首共同见证落实全面战略伙伴关系行动计划、经济技术合作、基础设施建设等领域合作文件的签署。

（二）中国国务院副总理刘延东会见印度尼西亚总统佐科

2017 年 11 月 29 日，中国国务院副总理刘延东在雅加达会见印度尼西亚总统佐科。刘延东表示，近年来，习近平主席同总统先生多次会晤，就两国关系发展特别是发展战略对接和“一带一路”合作达成重要共识，两国关系快速发展，不仅使两国人民受益，也促进了地区和平与发展；中共十九大为两国关系发展开启了新征程，注入了新动力。中方愿同印度尼西亚方落实好两国元首重要共识，不断扩大和深化两国人文领域的交流与合作，增进两国民心相通，助力两国全面战略伙伴关系不断迈上新台阶。佐科表示，中国是印度尼西亚最重要的合作伙伴，印度尼西亚积极支持习近平主席提出的“一带一路”倡议，愿在“一带一路”框架下继续推进两国在贸易、投资、人文等领域互利合作，实现共同发展。

（三）首届中国—印度尼西亚禁毒合作双边会议在雅加达举行

跨中国—印度尼西亚两国走私毒品活动日益猖獗，两国禁毒部门巩固和发展双边合作机制、加大合作力度已成当务之急。首届中国和印度尼西亚禁毒合作双边会议 2017 年 10 月 24 日在印度尼西亚首都雅加达举行，双方共同签署《中华人民共和国公安部禁毒局和印度尼西亚共和国国家禁毒委员会关于加强禁毒合作的实施方案》。此次两国禁毒机构深入合作充分体现中国印尼关系的全面性和务实性。会议就正式建立年度会晤机制、建立联络热线、情报交流、联合办案、毒品检测、易制毒化学品管控、反洗钱、援助培训以及印度尼西亚在押的中国籍毒贩权益保护等议题进行交流和探讨，达成一系列重要合作意向。双方议定，将进一步巩固和加强合作机制，共同推动两国禁毒合作务实、深入发展。两国禁毒机构关系日益紧密，联络渠道持续畅通，案件合作和情报交流顺利开展。

### 二、两国的经贸合作

（一）中国—印度尼西亚高层经济对话第 3 次会议在北京举行

2017 年 8 月 22 日，中国—印度尼西亚高层经济对话第 3 次会议在北京举行，这是两国经济领域合作的高级别机制，中国国务委员杨洁篪与印度尼西亚经济统筹部部长（副总理级）达尔敏·纳苏迪安共同主持。会议旨在落实两国元首达成的重要共识，深化两国全面战略伙伴关系，深入推进“一带一路”建设，推动各领域务实合作向前发展。会议期间，双方就两国经济合作广泛深入交换意见，双方一致认为，要继续深入对接中方“21 世纪海上丝绸之路”倡议和印度尼西亚“全球海洋支点”构想，共同推动中国印尼经贸合作不断深入发展。会后，杨洁篪和达尔敏共同见证会议纪要和双方关于基础设施融资合作谅解备忘录的签署。

（二）印度尼西亚已成为中国重要投资目的地之一

1. 中国深度参与印度尼西亚雅万高铁建设。印度尼西亚雅万高铁位于印度尼西亚爪哇岛西部，是连接印度尼西亚首都雅加达至万隆的高速铁路，是“一带一路”建设的重大早期收获和中国—印度尼西亚务实合作的标志性工程。该项目线路一期全长 143 千米，2017 年 4 月 6 日明确由中国—印度尼西亚合资模式建设运营,采用中国高铁设计、建设、验收标准建造,中国动车组运营,最高设计时速350千米。合同金额47.01亿美元,计划3年建成通车。届时,两城市间的通行时间,将由现在的3小时变为40分钟。根据协议,合资公司对雅万高铁的特许经营权将从2019年5月31日开始,为期50年。2017年5月23日,中国国家开发银行在北京与印度尼西亚中国高铁有限公司就印度尼西亚雅加达至万隆高速铁路项目正式签署贷款协议,贷款额度45亿美元。

2. 中国对印度尼西亚的工业投资不断增加。中国在印度尼西亚正在落实的工业投资项目包括:(1)位于中苏拉威西省Morowali工业园的苏拉威西矿业投资公司经营的镍冶炼厂,投资额6.36亿美元,年产量30万吨,是印度尼西亚首个使用电弧炉回转窑技术的镍冶炼厂;(2)位于东南苏拉威西省Konawe区中国德龙镍业旗下Virtue Dragon Nickel Industry公司经营的镍铁加工厂,投资额50亿美元,年产量60万吨;(3)安徽海螺水泥股份有限公司工厂,投资额57亿美元,年产量2000万吨。还有21家中国企业正探讨在爪哇岛以外地区的工业区投资。

3. 中国电商企业谋篇布局印度尼西亚市场已经初现雏形。百度、阿里巴巴集团、腾讯公司、京东和滴滴出行等中国著名电商企业纷纷在印度尼西亚投资。京东将在印度尼西亚扩大业务,将兴建5~6个新仓库以期增加其消费群,并且进军印度尼西亚互联网打车行业。中国阿里巴巴集团首次在印度尼西亚为中小企业开办国际商务课程,向印度尼西亚的中小企业家分享电子商务领域知识与经验,上千家印度尼西亚中小企业参加,为开辟印度尼西亚电子商务市场和建立高效运作系统做出贡献。

(三)贸易合作不断深化

1. 中国成为印度尼西亚非油气产品最大贸易伙伴。2016年印度尼西亚与中国贸易总额457.83亿美元,比上年增长7.79%。其中:对中国出口150.97亿美元,增长13.85%,占印度尼西亚非油气类产品出口总额的11.49%;自中国进口306.86亿美元,增长5.0%,占印度尼西亚非油气产品进口总额26.24%。中国继续成为印度尼西亚非油气产品第一大贸易伙伴,日本和美国分居第二和第三位。按出口额计算,中国为印度尼西亚第二大出口国,美国和日本分居第一和第三位。

2. 印度尼西亚铝土矿重返中国市场。2017年1月,印度尼西亚开始恢复铝土矿出口,这是自2014年1月印度尼西亚政府实施矿种出口禁令计划(其中包括铝土矿)以来的首次正式恢复。2017年3月,印度尼西亚安塔姆公司获得首批85万吨出口配额,达成第一船印度尼西亚铝土矿交易,这是印度尼西亚恢复出口之后,发往中国的第一船铝土矿。

(四)金融合作硕果累累

1. 中国银行成为印度尼西亚最大人民币现钞供应商。2017年2月16日,中国银行雅加达PIK支行开业,该行在雅加达的分支机构由此增加至7家。在印度尼西亚中央银行根据CAMEL评级法评级中,中国银行雅加达分行多年一直保持驻印度尼西亚外资银行中的最好级别,并连续多年获印度尼西亚主流媒体《BISNISINDONESIA》评选的“印度尼西亚最佳效率银行”称号。

2. 中国建设银行通过成功控股收购温杜银行进入印度尼西亚市场。2017年2月24日晚,中国建设银行(印度尼西亚)股份有限公司在印度尼西亚首都雅加达举行揭牌仪式,这是中国建设银行加快国际化转型发展,推进落实“一带一路”建设和“走出去”国家战略的重要举措,也是中国印尼两国深化金融合作与交流的最新成果。截至2017年年初,中国建设银行(印度尼西亚)股份有限公司在印度尼西亚国内15个省份拥有112家分支机构,通过多元化渠道为客户提供范围广泛的金融产品和服务。

(五)中国·印尼经贸合作区建设初具规模

中国·印尼经贸合作区是中国商务部批准设立的19个境外经贸合作区之一,也是广西设在境外的第一个经贸合作区,现已初具规模。该合作区已引进中国西电集团、上汽通用五菱和世界500强企业法国斯伦贝谢公司、世界最大乳制品出口企业新西兰恒天然公司等8个国家和地区的37家中外企业签约落户一期园区,其中中资企业10家。入园企业项目投资总额超过10亿美元,投资领域涉及变压器、汽车装配、印刷制版、仓储物流、农机组装、棕榈油加工等。中国·印尼经贸合作区建设为印度尼西亚当地就业、政府税收做出积极贡献。一期项目累计为当地提供3000个就业岗位,项目公司和入园企业累计为当地缴纳各种税款达4000多万美元。

## 三、两国的文化教育交流

(一)中国—印度尼西亚副总理级人文交流机制第3次会议举行

2017年11月28日,中国国务院副总理刘延东在印度尼西亚梭罗市与印度尼西亚人类发展与文化统筹部部长布安共同主持中国—印尼副总理级人文交流机制第3次会议。刘延东表示,中印尼人文交流机制会议是落实两国元首共识、推进共建“一带一路”的重要举措。自2015年以来,机制从无到有,合作领域不断拓展,合作规模日益扩大,社会参与更加广泛,已经同政治安全对话、高层经济对话一道,成为统筹和推动中印尼关系发展的重要支柱;双方应坚持机制的战略定位,充分发挥机制的统筹引领作用,围绕两国发展战略对接,加快推进教育、科技、文化、卫生、媒体、体育、青年、旅游等领域务实合作，不断提升人文交流的水平和影响力，为中印尼全面战略伙伴关系奠定更加坚实的社会民意基础，为促进世界多样文明和谐共生、推动构建人类命运共同体做出贡献。布安表示，人文交流机制成立3年来，两国在教育、科技、文化、卫生、体育等领域合作成果丰硕，希望双方不断扩大和深化人文领域交流合作，为印度尼西亚和中国关系发展和造福两国人民作出贡献。刘延东和布安共同见证签署科技创新等相关领域合作文件，并共同出席第14届人口与发展部长级国际会议。

（二）科技教育企业界代表出席中国—印度尼西亚科技创新合作论坛

中国—印度尼西亚科技创新合作作为两国人文交流机制的组成部分，近年来快速发展。双方实施覆盖农业、生物、信息、电子、环境、能源、中医药、疾病防治等领域的一系列科技创新合作项目，既有力推动双方的创新发展，在中国—东盟乃至“一带一路”沿线国家科技创新合作中，也产生积极影响和示范作用。中国—印度尼西亚科技创新合作论坛于2017年11月27日在印度尼西亚科技调研与高等教育部举行，来自中国与印度尼西亚两国科技界、教育界、企业界代表及两国媒体记者出席此次活动。会上启动中国—印度尼西亚科技创新合作3年行动计划，继续深化两国科技创新合作，并引领中国—东盟之间的创新合作。

（三）中国与印度尼西亚艺术交流形式丰富多彩

2017年2月4日，“文化中国·四海同春”印度尼西亚首演在棉兰开场，能容纳3000多名观众的印度尼西亚棉兰弥勒慈光佛院航空大礼堂座无虚席，棉兰华人与各界嘉宾一道共同观看来自中国文艺团体的演出。作为2017年“文化中国·四海同春”在印度尼西亚的首演地，棉兰各界表现出极大的热情，印度尼西亚苏北省省长东姑·艾利·努拉迪先生出席演出开幕式并发表热情洋溢的讲话，表达了加强与中国各地多领域合作的愿望。（云 倩）

2月4日，“文化中国·四海同春”新春文艺晚会在印度尼西亚棉兰举行（百度网）

## 中国和老挝交往与合作

2017年是中老建交56周年，中老两国元首实现互访。中国国家主席习近平访问老挝是中国党和国家最高领导人时隔11年后再次访老，也是中共十九大胜利闭幕后，习近平作为中共中央和全党领导核心的首次出访，在中老交往史上具有重要里程碑意义。

### 一、中老两国元首一致同意共同打造老中具有战略意义的命运共同体，中老关系进入新时代并踏上新征程

老挝人民革命党总书记、国家主席本扬应邀于2017年5月13～17日到中国出席“一带一路”国际合作高峰论坛并访华，中共中央总书记、中国国家主席习近平16日同本扬举行会谈，双方一致表示要以共建“一带一路”为契机，深化互利合作，实现共赢发展，共创中老关系美好未来。会谈后，两国元首共同出席“一带一路”建设合作规划纲要、经济技术、教育和电力等领域8份合作文件的换文仪式。

中共中央总书记、国家主席习近平应邀于2017年11月13～14日对老挝进行国事访问。访老前夕习近平在老挝主流媒体发表题为《携手打造中老具有战略意义的命运共同体》的署名文章，在老挝引发热议。中老两国元首在会谈中一致同意共同打造中老具有战略意义的命运共同体，规划了加强战略对接、实现互利共赢的合作内容，指明了弘扬传统友好、惠及基层民生的前进方向。共同见证中老经济走廊建设、基础设施建设、数字丝绸之路、科技、农业、电力、人力资源、金融、水利等领域17份合作文件的签署，双方发表《中老联合声明》。这标志着中老关系进入新时代并踏上新征程。访老期间，习近平还分别会见老挝总理通伦、国会主席巴妮和老挝人民革命党前书记、国家主席朱马里以及奔舍那家族友人。

### 二、《习近平谈治国理政》老挝文版首发式和中老两党第6次理论研讨会分别在老挝万象和海南博鳌举行，进一步彰显中老两党重视党际交流互鉴

中国国务院新闻办公室、中国外文局和中国驻老挝使馆2017年11月9日在万象联合举办《习近平谈治国理政》老文版首发式。老挝人民革命党中央书记处书记、中宣部部长吉乔代表老挝人民革命党对此书老文版翻译出版表示祝贺，他说：“中共中央总书记、国家主席习近平即将对老挝进行国事访问，该书的首发恰逢其

时,是给老挝党和人民的重要礼物。中共十九大报告及《习近平谈治国理政》老文版对老方研究、借鉴中国的理论、经验非常有实际意义。”主题为“新形势下加强和改进党对新闻舆论工作领导的经验做法”的第6次中老两党理论研讨会于2017年6月22~23日在中国海南博鳌举行。老挝国家副主席潘坎应邀于6月10~14日到中国参与金砖国家政党、智库和民间社会组织论坛。老挝国会主席巴妮应邀出席11月30日至12月3日在北京举行的中国共产党与世界政党对话会。与此同时,老挝人民革命党还于2月和8月分别邀请中共中央国家机关工委常务副书记李智勇和中央纪委宣传部部长朱国贤为老挝党政领导干部宣介中共十八届六中全会精神和中国特色治党理政经验。2017年中方帮助培训的老挝政府官员和技术专家超过1600人。

### 三、老中两国中央和地方相关部门交往合作密切,老挝驻长沙总领事馆开馆

2017年到中国访问或参会的老挝政要还有:国防部部长占沙曼、副总理宋赛、老挝人民革命党中宣部部长吉乔、中联部部长顺通、外交部部长沙伦赛以及乌多姆赛和华潘省委书记率领的5个省份代表团。老挝外交部部长沙伦赛12月23日专程出席老挝驻长沙总领事馆开馆仪式,并与湖南省委书记杜家毫共同为总领馆揭牌。

中国全国人大常委会副委员长兼全国妇联主席沈跃跃、国务委员兼国防部部长常万全、习近平特使中联部部长宋涛、中国科学院院长白春礼、亚投行行长金立群、外交部副外长刘振文、中共中央联络部部长助理王亚军、中国国务院新闻办公室副主任郭为民、云南省委常委组织部部长李小三、国家宗教事务局副局长陈宗荣、广西壮族自治区副主席黄世勇、上海市人大常委会副主任吴汉民、云南省人大常委会副主任王树芬、中国作家协会副主席李敬泽等分别访老。中国新任驻老挝大使王文天2017年7月21日向老挝国家主席本扬·沃拉吉递交国书,成为第13任中国驻老挝大使。

滇老合作工作组第8次会议于2017年9月27~28日在中国云南景洪举行,会议签署《中国云南—老挝北部合作工作组第8次会议纪要》。双方商定,从当年起工作组会议改为一年一次,由双方轮流主办。湖南省与乌多姆赛省达成友好省际关系意向,成都市与琅勃拉邦市签订建立友好关系备忘录并与万象市有意缔结为姐妹城市。

### 四、中老经贸合作不断扩大,中国是老挝第一大援助国

中国已成为老挝第一大资金来源国。截至2017年9月末,中国进出口银行在老挝贷款项目近140个,签约金额超过550亿元人民币,对老挝铁路、航空、通讯、电网、自来水包括老挝“七五”和“八五”规划中涉及的多领域提供重要金融与智力支持。中国国家开发银行在老挝融资支持项目达29个,累计承诺贷款折合50多亿美元,贷款余额折合20多亿美元,有力地支持了老挝经济社会发展和中资企业“走出去”。中国工商银行万象分行自2011年开业以来,努力为老挝电力、电网、公路和铁路等大型基础设施项目建设提供融资服务,在促进中老资金融通及推动中老合作方面发挥积极作用,2017年实现跨境人民币业务结算量超过200亿元。工行万象分行总资产规模从2013年起连续5年名列老挝外资银行第一位和所有银行第二位。

投资与劳务合作大幅增长。2017年,中国对老挝直接投资13.88亿美元,比上年增长323.6%。截至2017年12月,中国对老挝投资累计达68.88亿美元,项目771个,涉及老挝经济多个行业。2017年,中国对老挝工程承包合同额52.11亿美元,实际营业额42.29亿美元;承包工程项下对老派出劳务人数超过1.5万人,增长82.4%。截至2017年12月,中国对老挝工程承包合同额累计330.76亿美元,营业额累计201.99亿美元。

贸易与旅游合作成效显著。2017年,中老双边贸易额30.2亿美元,比上年增长28.6%。其中:中国对老挝出口14.3亿美元,增长44.5%;中国从老挝进口15.9亿美元,增长17%。中国商务部11月中旬组织17家企业与老工贸部签署价值2.6亿美元的双边贸易协议。第5届中国—南亚博览会老挝参展企业22家,展位56个;第14届中国—东盟博览会老挝参展企业53家,展位122个。2017年中国公民赴老旅游人数75.19万人次,比上年增长58.1%,老挝公民(含边民往来)到中国旅游人数23.09万人次,增长176.2%。

中国向老挝提供多项援助。中国国家主席习近平访问老挝时,中国向老挝提供40亿元人民币的财政援助。2017年,中国无偿援助7800余万元人民币建设老挝国家会堂餐厅。中国还加大对老挝民生领域的援助力度:援助3300余万元人民币在老挝实施减贫合作示范项目,援建万象市玛霍索综合医院、国立大学孔子学院项目、老军首个临床医学技能培训中心、国家地震监测台网和地震数据中心、万象市2所中学等。云南省第二次向老挝援助蝗灾救助物资,中国人民解放军卫生列车医疗队赴老开展为期15天的医疗服务活动,北京协和医院与昆明医科大学第一附属医院眼科专家联合组成医疗队赴老开展“中国—老挝眼科光明行”活动,为300名白内障患者实施免费手术。此外,中国一些省市及驻老使领馆还分别向老挝相关单位及地方捐赠电台、救护车、汽车、自行车、办公用品和音响设备等物资。中国已先后派出8批共87名青年志愿者赴老开展援助工作。

### 五、双方在国际和地区事务中相互支持与密切配合，为维护国际及地区和平与发展做出重要贡献

老挝支持东盟与中国早日达成《南海行为准则框架协议》，并派高官出席2017年5月17～19日在中国贵阳举行的落实《南海各方行为宣言》第14次高官会、第21次联合工作组会和第23次中国—东盟高官磋商会议。老挝积极参与澜沧江—湄公河合作，外长沙伦赛出席2017年12月14～16日在中国云南大理举行的澜沧江—湄伀河合作第3次外长会议时表示，老方很高兴接任2018年共同主席，愿同各方密切合作推动取得更多成果。老方坚定支持湄公河联合巡逻执法安全合作并参与当年第54～65次巡航，为共同打击流域涉恐、走私、贩毒、贩枪等跨境违法犯罪活动并确保流域安全稳定做出应有贡献。中老双方还不断加强并拓展安全执法领域合作，中老两国防长2017年9月首次举行边境高层会晤并发表《联合新闻公报》，双方同意定期组织联合巡逻和联合反恐等行动，共同维护好边境和平稳定。云南省公安厅与老挝中北部11省（市）公安厅于2017年10月29日在景洪举行警务合作工作会谈并签署《老挝人民民主共和国中北部11省（市）公安厅与中华人民共和国云南省公安厅警务合作工作会谈纪要》。老副防长温西出席了12月28日在昆明市举行的澜沧江—湄公河综合执法安全合作中心启动仪式。中老警方还于12月下旬在老挝一举打掉6个电信诈骗窝点，成功抓获104名犯罪嫌疑人并遣返中国。

### 六、中老人文交流硕果累累，为中老全面战略合作提供强大的人才与智力支撑，不断夯实共同构建命运共同体的社会与民意基础

中国政府始终高度重视中老教育领域的交流合作。2017年给予老挝的政府奖学金留学名额增至160名，还向老挝国立大学学生颁发2017年“中国大使奖学金”。中国多所高校及职业学院面向老挝招生，滇、桂、黔等省份近年来还为老挝留学生设立省级奖学金。截至2016年，获中国政府奖学金的在华老挝留学生已达1361人，在东盟各国中排名第一，在华老挝留学生总数9907人。许多学成归国的老挝学子已成为老中友好合作的使者和桥梁。继广西民族大学与老挝国立大学共建孔子学院后，昆明理工大学与苏发努冯大学共建孔子学院获得批准并于2017年12月12日正式接受中国国务院副总理刘延东授予的孔子学院铭牌。

2017年，中老文化交流多姿多彩。在老挝万象等地分别举行“2017欢乐春节庙会”“听CRI知世界”有奖问答、中国文化走进东盟图片展、中国文化周、中华文化大乐园老挝万象营、中国优秀电影走进老挝巡映、中华文化进校园、天涯共此时中秋文艺晚会、首届“一带一路”老中合作论坛发布会、第2届“一带一路·七彩云南”国际汽车拉力赛和魅力红河演出晚会等。中国驻老前经济参赞张瑞昆2017年4月向老中合作委员会等单位赠送由他编著的《走进中老50年》一书，中国当代画马名家刘院明作品巡展也在万象举行。同时，由老挝驻昆明总领馆主办的“一带一路”老中国际青年文创交流日暨2017～2018年老挝留学生开学庆典活动10月29日在昆明举行，900余名老挝在华留学生、老挝有关部门官员及云南部分企业代表参加活动。

（陈定辉）

## 中国和马来西亚交往与合作

2018年，马来西亚通过积极参与“一带一路”建设，进一步扩大和深化了与中国的交流与合作，中马两国在人员往来、经贸合作、文化社会交流等方面均得到进一步提升。

### 一、两国人员交往层面进一步扩大

首先高层往来交流频繁。2017年5月，马来西亚总理纳吉布访华，中国国家主席习近平、中国国务院总理李克强会见了纳吉布总理。访华期间，纳吉布总理到访杭州、北京，出席“一带一路”国际高峰论坛，与阿里巴巴集团主席马云会面。此次访问，马来西亚与中国签署了涵盖了建筑、农业、经贸、基建等领域的9项企业协议，金额达到313亿马币，大部分计划都会在马来西亚进行；马数码经济机构、阿里巴巴集团及杭州市政府针对数码自由贸易区签署合作谅解备忘录，这将协助马来西亚成为东南亚的数码经济中心，利惠马来西亚国内中小型企业。这些协议的签署进一步促进了中马两国合作发展。2017年3月中国中央军委副主席许其亮访马，马来西亚总理纳吉布、国防部长希沙慕丁分别会见了许其亮。8月，中国国务院委员王勇访问马来西亚。总理纳吉布马来西亚会见中国国务委员王勇，并共同出席了中马合作建设的东海岸铁路项目开工仪式。两国各部门和各地方的交往合作也在推进。年内，海南、湖南、广西等省市到马开展交流活动。2017年5月，马来西亚国家社会及文化顾问、马来西亚国际伊斯兰大学校长莱益斯雅丁公爵到访北京、海南，促进中马教育文化交流。6月，马来西亚执政党巫统永久主席、MLOK集团主席哈利德·尤努斯到访中国江苏。2018年12月8日，中国天津港与马来西亚巴生港缔结友好港。

### 二、两国经贸合作取得进一步突破发展

2017年1月，促进中马中小企业参与“一带一路”视频研讨会在北京、吉隆坡同步举行，200余位马中小

企业家代表参加了会议。2017 年 11 月。“中国商业合作发展论坛暨中国－马来西亚投资贸易峰会”在北京召开,来自中国、马来西亚和“一带一路”沿线友好合作国家的政府部门领导、使领馆参赞代表、商界领袖、企业家代表等前来参会,对在“一带一路”背景下,中国－马来西亚和众多沿线国家跨境投资贸易商业机会进行了深入探讨。这些会议的举行为两国抓住“一带一路”建设机遇,促进贸易与投资提供了平台。双边贸易恢复增长势头,2017 年,中马双边贸易额为 960 亿美元,同比增长 10.5%,占中国与东盟贸易额的 18.7%;其中中国对马出口 417 亿美元,增长 10.8%,自马进口 543 亿美元,增长 10.2%。中国对马贸易逆差为 126 亿美元。马来西亚对中国出口量最大的商品是有机电产品、矿产品和塑料橡胶,自中国进口的商品主要有机电产品、贱金属及制品、化工产品等。

### 三、两国投资合作,特别是中国对马投资进一步突破发展

目前来自中国内地和香港特别行政区的投资达 630 亿马币(约合 1028 亿人民币)。2017 年 5 月,中国交建与马来西亚铁路衔接有限公司签署了马来西亚东部沿海铁路工程设计施工总承包(二期)商务合同,合同金额约为 90 亿林吉特,8 月马来西亚东海岸铁路建设工程开工,这目前中国企业在建的最大海外工程。2018 年 5 月 24 日,中国浙江吉利控股集团与宝腾达成协议,吉利收购了宝腾汽车 49.9% 的股份以及豪华跑车品牌路特斯(Lotus)51% 的股份,成为宝腾的海外策略伙伴。

### 四、中马“两国双园”建设进展顺利

中国—马来西亚钦州产业园区自 2017 年开始进入产城项目集中进驻新阶段。截至目前,中马钦州产业园区招商引资共引进和在谈的产业项目 90 多项,总投资 880 多亿元人民币,预计达产总产值 1350 余亿元人民币。慧宝源项目一期、鑫德利光电科技项目一期、凯利数码项目一期等已竣工投产,保利协鑫分布式能源项目、大西新能源电机研发生产基地等项目加快建设。启动区以北布局的特色扶贫小镇、马来西亚创新城、海峡两岸产业合作区钦州产业园等重大项目已开工建设,产城项目呈现蓬勃发展良好势头。园区连续举办两届中马“两国双园”联合招商推介会,在引进燕窝、清真食品、棕榈油等东盟传统优势产业的同时,积极推动钢铁、陶瓷、新材料等中国优势产业项目进驻马中关丹产业园区。同时,园区还与马来西亚创新中心、MMC 以及 Herbitec 公司等马来西亚机构、企业就科技合作、草药研究与开发、燕窝加工贸易产业发展等产业项目签订合作协议。马中关丹产业园区亦同步推进,目前园方共与 10 个项目签订了投资协议,协议投资额超过 245 亿元人民币,包括年产 350 万吨的联合钢铁项目、年产 1200 万套轮胎生产项目和年产 20 万吨氮磷钾复合肥项目等。其中,联合钢铁已于 2017 年 12 月实现轧钢部分产能投产,预计 2018 年上半年全面建成,轮胎项目计划 2018 年上半年开工建设。2017 年 11 月,中国香港总投资 80 亿元人民币的年产 350 万吨石油炼化项目落地关丹港,该项目是中国香港在马来西亚单体投资额最大的项目。

### 五、两国在银行、电子商务、旅游等服务业方面继续深化合作

年内,更多的中资银行赴马投资设点,银联卡和人民币业务在马来西亚进一步推行。目前马来西亚中国银行在马设立了包括吉隆坡、麻坡、槟城、巴生、新山、蒲种、古晋和马六甲在内的 8 间分行。2017 年 3 月,马来西亚数码经济发展机构宣布与阿里巴巴集团合作,在马来西亚打造中国以外的首个“数码自由贸易区”。11 月 3 日,马来西亚首相纳吉和阿里巴巴创办人马云出席数码自贸区启动仪式,双方签署数项合作谅解备忘录。数码自贸区由阿里巴巴旗下的电子商务物流平台“菜鸟网络”和 Lazada 牵头,在吉隆坡国际机场航空城的 45 公顷土地打造的一个国际超级物流枢纽,成为数码经济的基础设施,为马来西亚中小企业跨境贸易提供物流、仓储、通关、贸易、金融等一系列供应链设施和商业服务,成为中小企业通向世界的窗口。此外,2017 年 3 月阿里巴巴集团马来西亚云计算及大数据技术认证(ACP)正式开始培训,5 月 22 日起,支付宝电子钱包在马来西亚正式上线。6 月,天猫出海项目组在 Lazada 开通马来西亚“淘宝精选”站点,不到一周就吸引了近 3 万个中国商家入驻。通过此站点的设置,马来西亚消费者可直接在 Lazada 上选购阿里巴巴平台上商家出售的中国产品。7 月,阿里巴巴集团第三届“诸神之战”全球创客大赛东南亚决赛在马来西亚举行。两国旅游合作进一步推进。2017 年马来西亚政府推出电子签证及网上免签登记系统,对中国持公务护照人员实行免签政策,同时不断增加中国与马来西亚的航班,全年中国游客赴马旅游人数约达 300 万人次。

### 六、两国在文化教育交流方面的合作不断扩大

2017 年 5 月,中国海南大学与马来西亚国际伊斯兰大学建立校际合作关系。7 月,马来西亚首个《红楼梦》资料中心在马来亚大学成立。2017 年 11 月,湖南广电芒果娱乐携手马来西亚马华一带一路中心,为推广大马榴莲及生态旅游而量身打造的马来西亚文化旅游新品牌“榴莲节”在马来西亚文冬举行。中马文化艺术演出分别在两国举办。

展望 2018 年,中马关系将受到马来西亚第 14 届

全国大选的影响。虽然选举结果对中马友好关系大局的影响不大,因为马来西亚不管是由谁执政,都会重视与中国的友好合作关系。但是,由于马哈蒂尔等一些在野党领袖曾经对中国企业大规模投资马来西亚项目发表过不同意见,如果在野党联盟选胜,一些中国投资项目将可能会面临一些障碍和困难。此外,一些政策的调整,也会对中马两国的合作产生一定的影响。即使执政党联盟选胜,对中国投资的选择也会更加审慎。

（韦朝晖）

## 中国和缅甸交往与合作

2017 年,缅甸民盟政府致力于推动经济建设、实现国内和平与民族和解,并积极巩固与周边国家的外交关系。中缅两国高层互访频繁,贸易与投资领域的合作不断加强,文化交流进一步发展。两国对中缅经济走廊建设采取的积极态度,为中缅友好合作奠定良好的基础,而缅北局势和若开邦罗兴亚人问题也为两国关系带来新的挑战。

### 一、双边政治关系

中缅两国高层互访频繁。2017 年 4 月 6 日,应中国国家主席习近平的邀请,缅甸总统廷觉抵达中国,进行为期 6 天的国事访问,双方在多个领域达成多项共识,并签订教育、卫生、体育等方面的合作协议。5 月 14 日,缅甸国务资政昂山素季访问中国并出席中国政府举办的“一带一路”国际合作高峰论坛圆桌峰会。8 月 3 日,中共中央对外联络部部长宋涛率代表团访问缅甸并会见缅甸国务资政昂山素季和联邦议会人民院议长温敏,双方就中缅两国关系与双边合作等事宜进行讨论。9 月 8 日,中国全国政协主席俞正声在北京会见缅甸联邦议会人民院议长温敏,双方就彼此友好合作、实现两国内部稳定和发展等事宜进行交流。11 月 19 日,中国外交部部长王毅在内比都分别会见缅甸总统廷觉和国务资政昂山素季,双方就新时代下的中缅友好关系、“人字型”中缅经济走廊建设、若开邦问题解决方案等事项进行讨论。12 月 1 日,缅甸国务资政昂山素季出席中国共产党与世界政党高层对话会,并会见中国国家主席习近平,这也是昂山素季自民盟执政以来第 3 次访问中国。习近平表示,中国将一如既往地奉行对缅甸友好政策,落实两国达成的各项共识,促进中缅关系的长远发展。昂山素季表示,中缅关系对缅甸而言具有特殊重要意义,中国政府的真诚友好情谊将推动两国关系向更为坦诚亲密的方向发展。

政府层面互访加强。2017 年 1 月 12 日,中缅经济、贸易和技术联委会第 4 次会议在北京举行,会议由中国商务部副部长高燕与缅甸计划财政部副部长貌温共同主持,双方讨论两国发展战略对接、边境贸易、基础设施建设和跨境经济合作区等事宜。1 月 22 日,国家林业局局长张建龙在北京会见缅甸自然资源和环境保护部部长翁温,双方在中缅林业合作、投资和林产品贸易、森林保护与可持续发展等领域达成广泛共识。

3 月 1 日,中国亚洲事务特使孙国祥在内比都分别会见缅甸国务资政昂山素季和国防军总司令敏昂莱,双方讨论缅甸的和平进程及民族武装组织签署全面停火协议等问题。3 月 14 日,孙国祥在中国云南昆明与缅甸北部联军首脑举行第 3 次会谈,双方就当前缅北局势、如何减少冲突、21 世纪彬龙会议、NCA 以及第 3 届邦康峰会等事宜交换意见。6 月 12 日,缅甸商务部部长丹敏应邀出席 2017 南亚东南亚国家商品展暨投资贸易洽谈会,云南省省长阮成发在昆明会见丹敏一行。9 月 5 日,缅军总司令敏昂来在内比都会见中国外交部亚洲事务特使孙国祥率领的代表团,双方就缅甸的和平进程、若开邦问题及孟都地区的袭击事件等问题进行讨论。11 月 23 日,中国共产党中央军事委员会联合参谋部参谋长李作成在北京会见缅甸国防军总司令敏昂莱,双方就缅甸民族问题等交换意见。

12 月 5 日,缅甸宣传部部长培敏出席广州《财富》全球论坛,中共中央宣传部副部长、国务院新闻办公室主任蒋建国在广州会见培敏一行,双方讨论两国人文、新闻等领域的合作事宜,并共同签署两国媒体交流合作谅解备忘录。12 月 26 日,中共云南省德宏州州委书记王俊强在瑞丽会见缅甸联邦商务部副部长昂图,双方就中缅瑞丽—木姐边境经济合作区建设以及共同推进“人字形”经济走廊建设等合作事宜进行深入交谈。

### 二、双边经济关系

（一）双边贸易与投资

在投资领域,据缅甸投资与公司管理局统计,2017/2018 财年截至 2018 年 2 月,缅甸吸收外资 47.84 亿美元,缅甸投资委员会共批准 176 个项目,其中中国在缅投资 12.9 亿美元,占外资总额的 27%,共有 50 个投资项目。

在贸易领域,据缅甸计划与财政部发布的缅甸进出口贸易数据,2017/2018 财年截至 2017 年 9 月,中缅贸易总额 55.37 亿美元,其中缅甸向中国出口 24.77 亿美元,自中国进口 30.64 亿美元。缅甸对中国的出口主要通过边境贸易,主要产品为稻米、鱼、木材、大豆、橡胶、矿石等。缅甸从中国进口的商品主要有机械器材、电子产品、化工产品、化肥、药物及奶制品等。在进口方面海上贸易多于边境贸易。

据缅方统计,2017/2018 财年截至 7 月 28 日,缅甸边境贸易总额 23.9 亿美元,其中中缅边境贸易总额 19.7 亿美元,占边贸总额的 82%,与 2016/2017 财年同期相比增加 1.3 亿美元。据缅甸商务部数据,2017/2018 财年截至 2017 年 12 月,缅甸向中国出口大米和碎米 100 多万吨,主要通过木姐口岸,出口创汇 3.38 亿美元,与 2016 年同期相比大幅增长。此外,在边境个人贸易卡方面,截至 2018 年 1 月 12 日,中缅边境交易额达 17 亿缅元,其中甘拜地口岸(猴桥)个人贸易卡交易额 16 亿缅元,居各口岸首位。

(二)经济技术合作

1. 双边经济技术合作顺利开展。2017 年 5 月 26 日,中方投资建设的缅甸迪吉燃煤发电站正式投产发电。该电站是中国无锡华光电力工程有限公司 2015 年的中标项目,采用中国达到国际先进水平的环保排放控制技术。迪吉发电站投产后年发电量预计超过 8 亿千瓦时,将极大改善缅甸供电不足状况。

12 月,中缅合作建设的内比都机车厂开业运营,由缅方负责运营,中缅双方专家进行技术指导。该项目于 2014 年开工建设,运营后每年生产 20 辆 300 ~ 2000 马力、带有电子自动控制系统的机车。

由中国云南能投联合外经股份有限公司和缅甸电力与能源部共同投资的缅甸联合循环天然气发电厂于 2018 年第一季度开始运营,年发电量约为 106 兆瓦。该厂由中国山东电力建设集团第三工程公司承建,位于仰光市东部的达盖塔镇区,可有效缓解缅甸尤其是仰光地区的电力紧缺问题。

10 月 29 日,由中方承建的缅甸家用及公共设施用太阳能设备项目在缅甸伊洛瓦底省举行交接仪式。该项目有 12 万多套设备,分布在缅甸 5 个省 81 个城市 2277 个村,由世界银行提供贷款,中成进出口股份有限公司——深圳市雷铭科技发展有限公司联合体负责设计、供货和安装。此外,中方还将承担后续一年的维护工作。

11 月 10 日,缅甸北克钦邦 230 千伏主干网联通输电工程项目在实皆省举行开工仪式。该项目由中国电力技术装备有限公司承建,采用中国设计和设备标准,包括新建两条总长约 300 千米的 230 千伏输电线路、1 座 230 千伏变电站和扩建 1 座 230 千伏变电站,项目计划 2019 年建成投运。

12 月 13 日,缅甸皎漂经济特区管理委员会副主席吴貌表示,委员会已从 30 家提出申请的缅甸民营企业中筛选出 22 家企业组成联合体,与中标的中信集团合作承建皎漂经济特区。中缅合资公司向皎漂经济特区内的工业园和深水港两大项目投资 90 亿美元,占地面积达 1700.16 公顷。

2. 两国签署多份新经济合作文件。2017 年 4 月 10 日,《中缅原油管道运输协议》签署仪式在北京举行,中国石油天然气集团公司董事长王宜林与缅甸驻华大使帝林翁分别代表两国签署协议,中缅原油管道工程正式投运。该项目的运营分为中缅两段,中国段由中国石油西南管道公司承担,缅甸段的运营由中缅成立的合资公司负责。

5 月 12 日,在"一带一路"国际合作高峰论坛期间,中国进出口银行副行长袁兴永与缅甸仰光机场公司董事长罗秉忠分别代表双方共同签署《仰光国际机场改扩建项目贷款协议》,这是进出口银行首次对缅甸非政府主权及项目融资予以支持,该项目有助于开拓和深化中缅融资领域的合作。

5 月中旬,缅甸国务资政昂山素季赴中国参加"一带一路"国际合作高峰论坛期间,中缅两国政府签署经贸合作协议以及包括政府间"一带一路"合作、关于建设中缅边境经济合作区在内的 5 份谅解备忘录。5 月 24 日,中缅双方共同组建由两国商务部长领导的联合委员会,以推动在一年内建立中缅边境经济合作区,促进两国边境贸易的发展。

7 月 21 日,中信建设有限公司与缅甸农业公营公司、缅甸大米协会在内比都签署缅甸农业综合服务中心项目的三方合作谅解备忘录。中信集团将在缅甸 9 个省、邦建设 33 个农业经济中心,项目预计投资 4 亿美元,其中包括相关的种业、烘干、加工、仓储、农技培训、农机服务等,有助于推动缅甸农业发展、提升水稻品质和扩大国际出口。

12 月 29 日,关于缅甸铁路人才培训项目的谅解备忘录签署仪式在内比都举行,中国中铁二院副总经理扈森和缅甸交通与通讯部常务秘书温亢出席并分别代表双方签署协议。该项目由中方为缅甸铁路部门的工作人员提供专业技术培训,帮助缅方提升在铁路领域的管理和建设水平,对加强两国在铁路领域的合作具有重要意义。

## 三、双边文化及其他交流活动

(一)媒体和文化体育交流与合作

2017 年 6 月 6 日,由中国驻缅甸大使馆援建的第 11 所中缅友谊学校——仰光莱达雅第九中学新教学楼落成启用。6 月 8 日,为庆祝中缅建交 67 周年,由缅甸各界华人社团和中国驻缅甸大使馆共同举办的第二届"中缅胞波友谊日"招待会在仰光举行,中缅各界人士共 700 多人出席。

6 月 14 日,中国媒体与缅甸国家电视台首次以固定时间、固定栏目的合作方式开办电视栏目——《中国电视剧》。该栏目由中国广西人民广播电台与缅甸国家广播电视台合办,并在缅甸内比都举行签约仪式。首部缅甸语版中国电视剧于 2017 年 8 月 22 日开播。6 月 17 日,首届缅中友好协会全国大会在仰光举行,中缅双方各界代表出席。10 月 1 日,中国驻缅甸大使馆在内比都举办"中国电影周"启动仪式,电影周放映缅语配音的影片《功夫瑜伽》和《大唐玄奘》供缅甸民众免费观看。

10月3日，第17届中缅胞波狂欢节开幕，在中国云南省德宏州瑞丽市，中缅两国国旗一同升上天空，两国边民载歌载舞拉开胞波节的序幕，来自老挝、泰国和越南的祝贺团也登场表演，共襄盛举。10月24～28日，首届"中华文化大篷车"系列巡演在仰光成功举办，活动邀请北京、云南等地的中国艺术家和缅甸本地团体参演。

10月14日，中国政府为帮助缅甸在第29届东南亚运动会中取得优异成绩，向缅甸援助体育训练器材并在仰光举行交接仪式，中国驻缅甸使馆经商参赞谢国祥和缅甸卫生与体育部体育与体育教育司司长茂林分别代表双方政府签署交接证书。此外，中国还派出志愿者向缅甸民众普及相关体育运动。

（二）宗教交流和社会援助

2017年4月8日，中国佛教协会率代表团到缅甸进行友好访问并取得丰硕成果，两国佛教界的往来对加强两国佛教友谊有着积极的作用。5月25日，中缅双方代表签署蒲甘地区他冰瑜佛塔修复项目会谈纪要。经多次商谈，中国国家文物局和缅甸宗教与文化部共同确定，由中方帮助缅方修复蒲甘地区的他冰瑜佛塔，并将佛塔修复的研究工作交由云南省文物考古研究所。7月18日，第3届中缅民间交流圆桌会在仰光举行，在会上，中缅两国民间组织就加强两国民间交流、中国非政府组织在缅甸开展惠民项目等事宜进行讨论。

8月24日，为缓解缅甸甲型流感疫情，中国将大批医疗物资运往仰光，还帮助缅甸建立医疗技术培训中心和疾控中心。8月25日，"湄公河光明行复明仪式"在实皆省敏目市梯桑眼科医院举行，中国驻曼德勒总领馆副总领事刁明出席并致辞。9月6日，第3届中缅边境疟疾消除研讨会在内比都举行，中国驻缅甸大使馆经商参赞谢国祥出席会议并致辞，缅甸公共卫生司副司长丹达伦等出席会议，双方就边境地区疟疾防治工作、完善中缅边境疟疾联防联控合作机制和信息交流制度等事宜交换意见。12月23日，中缅友好医院暨杜庆芝医院移交启动仪式在仰光举行，该项目由中国驻缅甸大使馆和中国和平发展基金会共同出资援助，缅甸国务资政昂山素季出席启动仪式并致辞。

（刘明明）

## 中国和菲律宾交往与合作

2017年，中菲关系不断巩固深化，迅速驶入加速发展的快车道，经贸、人文交流等领域成果丰硕。睦邻友好、互利合作成为中菲关系的主旋律，两国关系进入近年来最好时期。

### 一、元首外交的引领作用日益突出

杜特尔特就任总统前，中菲关系因南海问题经历过一阵风雨和外交敏感期。2016年5月，杜特尔特当选为菲律宾第16任总统。就任后，杜特尔特全面调整菲律宾外交政策，中菲关系掀开新篇章，在各个领域全面推进，成果丰硕。中国国家主席习近平同杜特尔特总统两年间在双边、多边场合举行4次重要会晤，为两国关系指明互利共赢的发展方向，规划了行稳致远的宏伟蓝图。

2016年10月，菲律宾总统杜特尔特成功访华，两国领导人实现历史性会晤，中国国家主席习近平与杜特尔特达成重要共识，双方决心要坚持睦邻友好合作，坚持妥善处理分歧，坚持携手共同发展，为两国民众谋取更多实实在在的利益，为两国关系未来发展奠定基础。由此中菲关系雨过天晴。2017年5月，中国国家主席习近平同赴华出席"一带一路"国际合作高峰论坛的菲律宾总统杜特尔特达成巩固和深化两国关系的重要共识，为中菲关系进一步指明前进方向，注入强劲动力。2017年11月，中菲领导人在越南岘港APEC会议会见时，双方决心加强战略引领，继续从战略高度和长远角度把握两国关系，增强政治互信、巩固深化合作，以更多成果造福两国人民。这是中共十九大后中菲元首的首次会晤，具有承上启下、继往开来的重要意义，为中菲关系未来发展注入新的活力。

两国关系的友好也体现在双边联合声明的签署上。应菲律宾总统杜特尔特邀请，中国国务院总理李克强于2017年11月15～16日对菲律宾进行正式访问。访问期间，李克强同杜特尔特举行双边会谈，并分别会见菲律宾参议长阿基利诺·皮门特尔和众议长潘塔莱翁·阿尔瓦雷斯。两国领导人就中菲关系及地区和国际问题交换意见，并发表《中华人民共和国政府和菲律宾共和国政府联合声明》。双方认识到，在双方共同努力下，两国关系取得积极进展。两国互信不断加深，务实合作取得丰硕成果，海上对话合作不断推进，为双方带来实实在在的利益，为地区和平、稳定与发展做出重要贡献。双方一致同意，将在相互尊重、真诚、平等和互惠互利原则基础上，推动中菲关系持续健康发展。双方同意加强高层交往，两国领导人将通过双边互访、通话、信函往来和多边场合会晤等方式保持密切沟通，进一步深化双边关系。菲律宾重申坚持一个中国政策。双方同意实施好《中菲经贸合作六年发展规划》，在基础设施、产能与投资、经贸、农业、民生、社会人文等重点领域推进合作，共同编制和落实《中菲工业园区合作规划》。双方同意加强防务及执法安全领域合作。菲方感谢中方为马拉维反恐战事所提供的一系列援助以及在棉兰老岛援建两处戒毒中心。中国重申将坚定支持和援助菲律宾打击恐怖主义、毒品犯罪及开展马拉维战后快速恢复重建。双方认为海上争议问题不是中菲关系的全部。双方重申维护及促进地区和平稳定、在南海的航行和飞越自由、商贸自由及其他和平用途的重要性，根据包括《联合国宪章》和1982年《联合国海洋法公约》在内公认的国际法原则，不诉诸武力或以武力相威胁，由直接有关的主权国家通过友好磋商谈判，以和平方式解决领土和管辖权争议。双方同意继续商谈建立信任措施，提升互信和信心，并承诺在南海保持自我克制，不采取使争议复杂化、扩大化及影响和平与稳定的行动。

### 二、两国在互利合作上迈开坚实步伐

经贸合作成为中菲关系向前迈进的标志。2016年10月以来，双方签署40多项合作文件，确定一批基础设施优先合作项目，这些项目正在加速推进并取得重要进展。2017年，中国对菲新增投资5384万美元，比上年增长67%。赤口河灌溉项目、卡利瓦大坝、帕西格河桥梁、中国工业园等基础设施与产能合作项目有序推进。随着两国基础设施建设合作的推进，到菲律宾投资兴业者日益增多，中国成为菲律宾最重要的投资伙伴之一。2017年，中菲双边贸易额首次突破500亿美元大关，中国跃升为菲律宾第一大贸易伙伴、第一大进口来源地和第四大出口市场。中菲经贸关系持续发展，为菲民众带来更多实惠。如年内中国从菲律宾进口100万吨热带水果，中国还表示将从菲律宾进口更多椰子、榴莲、火龙果等热带水果。上述民生工程及进口大量水果，为菲律宾民众带来实实在在的利益。

中菲两国地缘相近、人缘相亲，在人文交流方面具有独特优势。两国人文往来方兴未艾。2017年，中国成为菲律宾第二大游客来源国，中国赴菲游客近100万人次，一年内实现倍增，每周往返两国航班多达300架次。赴菲中国游客增多，增加了菲律宾当地收入。中菲友好城市、科技、教育、文化、艺术、媒体、智库、青年交流日益热络，两国人民的心越拉越近，传承千载的友好情谊焕发出新的强大活力。中菲文化的交流，不仅促进民众交流与理解，也改变许多人的命运。

### 三、对华友好日益成为菲社会民众的心声

菲律宾许多有识之士指出，中菲关系有今天这样蒸蒸日上、欣欣向荣的局面来之不易，是双方共同努力的结果，更反映了菲律宾民众的普遍诉求。杜特尔特就任菲律宾总统后，做出改善与发展对华关系的正确决断，双方重回通过对话协商妥善处理南海问题的正确轨道，消除了过去几年制约两国关系发展的主要障碍。杜特尔特上任后采取近华政策，大力发展对华关系，这既与他个人特立独行的性格有关，更是反映了菲广大民众发展对华关系的心声。

改革开放40年来，中国经济飞速发展，综合实力迅速增强，经济成就举世瞩目。中国在基础设施建设、减贫等方面对菲律宾有重要启示，菲律宾民众希望本国发展与中国的密切关系，搭上中国经济快速发展的列车，促进菲律宾经济发展，提高人民的生活水平。为此，菲律宾举国上下对中国"一带一路"倡议高度欢迎，希望此倡议与菲律宾发展基础设施的"大建特建"战略对接，吸引更多中国企业在菲投资兴业。

（黄耀东）

## 中国和新加坡交往与合作

2017年，中国与新加坡关系持续稳定发展，各领域合作的深度和广度不断拓展。

### 一、两国高层继续保持密切交往，进一步增进政治互信

2017年2月27日，中国外交部部长王毅在北京会见新加坡外长维文。中国国务院副总理张高丽和新加坡政府副总理张志贤在北京共同主持中国—新加坡双边合作联委会第13次会议、中新苏州工业园区联合协调理事会第18次会议、中新天津生态城联合协调理事会第9次会议和中新（重庆）战略性互联互通示范项目联合协调理事会第1次会议，"一带一路"合作被列为双边合作联合委员会的主要议题。5月16日，中共中央政治局委员、中组部部长赵乐际赴新加坡主持第6届中国—新加坡领导力论坛。5月17日，新加坡国家发展部部长兼财政部第二部长黄循财到北京参加"一带一路"国际合作高峰论坛，表示新加坡支持"一带一路"合作倡议，愿意与中国及其他国家携手落实"一带一路"，新加坡可以在项目融资、分享基建和城市规划的经验、与中资企业携手拓展第三市场、提供法律服务等方面为"一带一路"建设发挥有效作用。6月27日，新加坡副总理尚达曼到中国出席夏季达沃斯论坛。8月22日，中共中央政治局委员、中央政法委书记孟建柱在北京会见新加坡首席大法官梅达顺。孟建柱说，司法合作是中新友好关系的重要组成部分，也是两国关系长期稳定发展的重要保障。希望两国司法机关围绕民商事判决的承认与执行、"一带一路"建设法治保障、增进中国与东盟法治交流等方面议题，建立交流合作机制，为深化两国关系、促进地区发展做出积极贡献。9月19～21日，应中国国务院总理李克强邀请，新加坡总理李显龙对中国进行正式访问。9月19日，李克强同李显龙举行会谈，李克强指出，中方愿将"一带一路"倡议同新方发展战略更好对接，进一步提升中新贸易投资合作。共同推进区域全面经济伙伴关系协定商谈和中新自由贸易协定升级谈判，拓展金融、科

技、创新等领域合作。李显龙表示:新方愿同中方开展"南向通道"建设,促进地区互联互通;加快新中自由贸易协定升级谈判,推进区域全面经济伙伴关系协定商谈;加强金融、投资、航空、信息技术领域合作。9月20日,中国国家主席习近平在北京人民大会堂会见李显龙。习近平指出,保持高层接触是中新两国老一辈领导人的良好传统,也是中新关系紧密的体现。习近平强调,加强两国的政治互信,不断巩固和发展中新关系,符合两国和两国人民利益,也有利于地区和世界的和平、稳定与繁荣。9月21日,李显龙到厦门访问,参观中新两国合资的厦门新科宇航科技公司、2011年中新联合成立的首家综合诊疗所——福建(厦门)—新加坡友好医疗服务中心,以及出席新加坡华侨银行大楼外墙翻新工程竣工仪式等。应新加坡国会邀请,中国全国人大常委会副委员长、中国国际交流协会会长严隽琪于12月17~19日访问新加坡。

## 二、两国经贸合作不断加强

### (一)中国与新加坡继续展开贸易谈判和磋商

2017年10月11~12日,中国—新加坡自由贸易协定升级第四轮谈判在新加坡举行,双方就服务贸易、投资、原产地规则、海关程序与贸易便利化、贸易救济以及其他规则议题等展开磋商。中新自由贸易协定升级谈判于2015年11月正式启动,协定升级将进一步推动中新经贸关系发展、提升双边经贸合作水平,更好地造福两国企业和人民。2017年12月5日,中新投资促进委员会第5次联席会议在北京举行,就中新双向投资、政府间合作项目、新时代投资合作新机遇等进行磋商和讨论。

### (二)双方保持密切的贸易关系

中国是新加坡最大的贸易伙伴,是新加坡第一大出口市场和第一大进口来源地。据中方统计,2017年1~8月,中新双边贸易额已超过3400亿元人民币。

据新加坡国际企业发展局统计,2017年中国与新加坡双边货物进出口额为994.3亿美元,比上年增长19.5%。其中:新加坡对中国出口540.7亿美元,增长26.2%,占其出口总额的14.5%,提升1.5个百分点;新加坡自中国进口453.7亿美元,增长12.3%,占其进口总额的13.8%,下降0.4个百分点。新加坡贸易顺差87.0亿美元,增长254.7%。机电产品一直是新加坡对中国出口的主要产品,2017年出口额为250.1亿美元,增长5.3%,占其对中国出口总额的46.3%。化工产品、矿产品和塑料橡胶是对中国出口的第二至第四大类商品,2017年出口额分别为60.8亿美元、55.9亿美元和54.9亿美元,分别占新加坡对中国出口总额的11.3%、10.3%和10.2%,同比分别增长87.2%、30.0%和18.7%。机电产品是新加坡自中国进口的最主要商品,2017年进口额为288.8亿美元,增长18.3%,占新加坡自中国进口总额的63.7%;矿产品和贱金属及制品是新加坡自中国进口的第二和第三大类商品,2017年进口额分别为49.9亿美元和22.5亿美元,分别占新加坡自中国进口总额的11.0%和5.0%,矿产品增长29.7%,贱金属及制品下降20.6%。此外,化工产品、光学钟表医疗设备和纺织品及原料等也是新加坡自中国进口的主要大类商品,2017年合计占新加坡自中国进口总额的8.7%。中国是新加坡机电产品、贱金属及制品、纺织品及原料和家具玩具的第一大进口来源地,占其市场份额的比重分别为20.9%、22.4%、27.8%和36.8%。

### (三)两国互为重要投资目的地

根据中国商务部亚洲司的统计数据,2017年中国对新加坡直接投资流量为319827万美元,比上年增长0.8%,新加坡为中国在东盟的最大投资目的地;截至2017年年底,中国对新加坡的直接投资存量为3664391万美元。新加坡也是中国外来投资的重要来源,2017年新加坡新增对中国投资项目706个,比上年增长3.2%,实际投资额476318万美元,减少21.2%;截至2017年年底,新加坡对中国的投资项目累计23871个,实际投资额累计9003068万美元。

## 三、新加坡与中国各省市的交流合作不断扩大

新加坡与中国四川省的合作不断拓展。新加坡是中国四川省第一大外资来源地,双方建立新加坡—四川贸易与投资委员会会议机制,搭建新川创新科技园等合作平台。2017年1~9月,四川省与新加坡进出口总额为6.77亿美元,比上年增长27%。其中:四川省向新加坡出口4.95亿美元,比上年增长25%;进口1.81亿美元,增长34%。截至2017年9月,新川创新科技园共吸引23个项目入驻,总投资额达到200多亿元人民币。2017年6月28日,新加坡国际企业发展局与中国四川省成都市商务委员会签署《新加坡国际企业发展局与中国(四川)自由贸易试验区成都管理委员会合作备忘录(2017~2020年)》,以协助新加坡企业在四川自由贸易区拓展业务。此项合作备忘录主要针对贸易与物流、金融与专业服务、信息科技与创新领域的企业。2017年11月17日,新加坡—四川贸易与投资委员会第18次会议在新加坡举行,会上签署2017~2018年委员会工作计划和新川项目合作备忘录,明确现代服务业、现代生活、现代制造业为未来合作的重点领域,并举行四川自由贸易试验区成都区域首场海外推介会以促进两地的合作。

新加坡与中国重庆市的合作日益密切。2017年1月24日,"重庆文化年"在新加坡中国文化中心举办,拉开两地2017年友好合作的序幕。2017年8月31日,中新(重庆)战略性互联互通示范项目联合实施委员会第3次会议在重庆举行,新加坡总理公署部部长

陈振声与中共重庆市委书记陈敏尔会面，就新加坡与重庆战略性互联互通项目发展进行交流，并提出通过“南向通道”进一步深化两地合作。“南向通道”是指从重庆出发，利用铁路运输，经贵阳、南宁到广西北部湾港，实现向南经海运至新加坡及全球，向西北连接川渝地区及“渝新欧”的一条兼具内外贸功能的国际海铁联运大通道，也是中新（重庆）战略性互联互通项目的重要组成部分。通道全长4080千米，于2017年5月12日正式开通，2017年完成约1万标准箱的运输量。9月6日，中新（重庆）信息通信合作推介会在新加坡举行，旨在推动新加坡与重庆企业在信息通信领域加强合作，来自重庆的11家重点产业园区及企业和100余家新加坡本地企业进行面对面对接洽谈，部分企业初步达成合作意向。

新加坡与广西的合作不断深化。新加坡是广西在东盟最大的投资来源地。截至2016年年底，新加坡在广西的投资项目201个，合同外资额14.04亿美元，实际利用外资额12.06亿美元。2016年，广西与新加坡的进出口贸易额32.21万美元，为广西在东盟的第四大贸易伙伴。2017年7月12日，广西壮族自治区副主席蓝天立率中国广西代表团访问新加坡，并举办中国（广西）—新加坡经贸合作交流会。9月1日，新加坡（广西南宁）综合物流产业园项目正式启动。该项目由新加坡太平船务有限公司投资，投资额约100亿元，建成后服务范围将辐射广西毗邻省份和中国西部地区、新加坡等东盟国家以及来自世界各地的进出口商家。9月12日，在第14届中国—东盟博览会期间，新加坡包馆参展，还举办新加坡专题论坛和新加坡—广西交流会。在新加坡—广西交流会上，双方签署中国—东盟博览会特别机构合作协议和“南向通道”建设合作备忘录，助推中新“南向通道”建设。11月9日，广西北部湾国际港务集团与新加坡PSA国际港务集团在广西钦州保税港区签订《“一带一路”倡议引领，深化港口信息网络合作备忘录》，不断深化两地港口合作。

新加坡与中国浙江省的合作不断加强。双方的合作机制是新加坡—浙江经流贸易理事会。2017年12月1日，新加坡—浙江经济贸易理事会第12次会议在新加坡举行，就双方企业进一步参与“一带一路”建设，扩大贸易、跨境电子商务、专业服务和创新等领域的合作达成广泛共识。新加坡目前是浙江省第三大外资来源地，也是浙江省第八大对外投资目的地。据统计，新加坡累计在浙江投资企业1201家，实际投资额55亿美元；浙江省累计在新加坡投资企业183家，投资额20.5亿美元。2017年，中国浙江省与新加坡贸易合作日益密切，双边贸易额39.5亿美元，其中浙江从新加坡进口23.6亿美元，对新加坡出口15.9亿美元。

新加坡与中国江苏省的合作成效显著。新加坡《联合早报》2017年11月24日报道，江苏是新加坡企业在中国投资额最高的省份，截至2017年9月，相关投资额累计超过368亿新元。新加坡与江苏的贸易额占新中贸易总额的1/10，2017年前三个季度同比增长13.2%，达到110亿新元。

新加坡与中国陕西省的合作开始起步。2017年11月21日，“文化陕西”旅游推介会在新加坡举行，新中两国旅游业人士共商两地双边旅游合作发展大计。近年来新加坡赴陕西旅游的人数大幅增长，两地旅游合作前景广阔。推介会上，陕西与新加坡5家旅行社当场签署“送团协议”，将通过协议合作方式确定旅游团的人员数量。（张　磊　罗　梅）

## 中国和泰国交往与合作

2017年是中国与泰国建交42周年。随着“一带一路”建设的稳步推进，中泰加强两国高层交往和治国理政经验交流，增强政治互信与睦邻友好，推动基础设施、高新技术、数字经济、产业园区等方面更高水平和更高质量的务实合作，全方位深层次增进人文交流，拓展在国际与地区事务中的合作。

### 一、两国高层交往密切

2017年4月7日，中共中央政治局常委、国务院副总理张高丽在中南海紫光阁会见泰国玛哈扎克里·诗琳通公主。张高丽高度评价诗琳通公主长期以来为中泰友好做出的重要贡献，并表示中泰之间有着“一家亲”的特殊友好情谊，两国高层接触频繁，各领域合作成果丰硕，双方关系始终走在中国同东盟国家前列，离不开泰国王室的关心和推动。诗琳通公主于2017年4月4～11日应邀访华，先后走访四川、贵州两省，参观中国电信西部信息中心、“中国天眼”——500米口径球面射电望远镜、贵州（清镇）职教城、贵州大数据综合实验区展示中心等。诗琳通公主关心泰国教育发展，曾多次派遣泰国留学生到中国学习交流，此次访华考察重点放在贵州职业教育，她高度评价贵州职业教育的发展，并希望贵州职业教育人士赴泰国进行交流。作为泰国王室成员访华的第一人，从1981年至今的36年时间里，诗琳通公主访华次数达41次，她习惯于访华后撰文出书，介绍中国历史文化和发展近况，先后出版了《踏访龙的国土》等10部游记。

7月24日，中国外交部部长王毅在曼谷与泰国外交部部长敦·帕玛威奈举行会谈，双方就共同关心的地区和国际问题交换意见。王毅表示，中方赞赏泰方支持“一带一路”倡议，愿在此框架下对接双方发展战略，拓展合作领域，推进中泰铁路项目，参与泰国东部经济走廊建设。中方欢迎哇集拉隆功国王早日对中国进行国事访问,邀请泰国总理巴育9月赴厦门参加金砖国家同新兴市场国家和发展中国家对话会。同日,泰国总理巴育在总理府会见王毅,并在会谈中强调中国仍是泰国的重要经济伙伴。他相信两国的合作将在双边和区域产生具体效果。

9月4日,中国国家主席习近平在厦门会见到中国出席新兴市场国家与发展中国家对话会的泰国总理巴育。两国领导人见证战略性合作共同行动计划及“一带一路”建设、铁路等领域双边合作文件的签署。

## 二、经济贸易平稳发展,互惠合作更加扎实

### (一)中泰双边贸易概况

2017年,泰国对中国出口额294.33亿美元,比上年增长23.67%,自中国进口442.37亿美元,增长5.25%。中国为泰国第一大出口市场和第一大进口来源地,是泰国的第一大贸易伙伴。

### (二)高科技电商投资合作不断拓展

2017年,1月20日,中国驻泰国大使馆经济商务参赞张佩东会见泰国开泰银行高级副总裁蔡伟才,双方就近年来中泰两国在贸易、金融和电子商务等领域开展合作的情况交换意见。5月18日,由中国银行股份有限公司、泰国投资促进委员会主办,泰国中华总商会、中银(香港)、中银(泰国)承办的泰国跨境投资与贸易合作洽谈会在泰国曼谷举行。泰国副总理颂吉、中国驻泰国大使馆商务参赞张佩东、中国银行股份有限公司副行长刘强出席洽谈会开幕式并致辞。6月1日,中国华为技术有限公司宣布正式在曼谷建立全球第七个开放实验室,为本地区客户、创业公司构建开放合作创新平台,助力泰国实现数字化转型。该实验室投资总额1500万美元,占地2000平方米,将为东南亚地区客户、信息和通信技术行业创业者提供解决方案测试验证平台及信息和通信技术培训服务,从而带动物联网、大数据、云计算等产业发展。泰国副总理颂吉和中国驻泰国大使宁赋魁出席新开放实验室的开幕式并致辞。

继2016年12月中国阿里巴巴集团与泰国政府开展全面合作之后,2017年9月15日,泰国尚泰集团宣布与京东集团及京东金融合作,投资175亿泰铢成立泰国电子商务和金融科技合资公司,面向泰国和整个东南亚消费者推出一个全新的线上零售平台——JD Central。11月2日,京东集团与尚泰集团在泰国曼谷举行新闻发布会,尚泰集团董事局主席兼首席执行官Tos Chirathivat表示,联合成立的全新电商平台JD. co. th拟于2018年正式开始运营,此平台能够满足4.0时代客户的多种需求。

### (三)中泰高铁合作项目顺利开工

中泰高铁项目是中泰互利合作的重点项目,该项目自2014年开始有关谈判已获得泰国政府的正式批准。2017年8月4日,中国驻泰国大使宁赋魁在泰国交通部会见泰国交通部部长阿空,双方就中泰铁路项目及基础设施领域的合作深入交换意见。8月15~17日,中泰铁路合作联合委员会第20次会议在泰国曼谷举行,会议完成中泰铁路合作项目一期工程(曼谷—呵叻段)设计合同的谈判,确定了监理合同价格。8月22日,泰国交通部在呵叻府的内阁会议提交中泰高铁合作项目(曼谷—呵叻府高铁项目)关于土建工程详细设计部分的2.1合同草案。8月29日,泰国内阁会议批准泰中铁路合作项目(曼谷—呵叻段)的监理合同(合同2.2)。9月4日,泰—中高铁合作项目(曼谷—呵叻府高铁项目)的2.1合同及监理合同(合同2.2)在厦门金砖会议期间签署。

11月14日,中国中南大学与泰国国王科技大学在曼谷签署合作备忘录,计划为包括泰国在内的东盟国家联合培养轨道交通技术人才。随着“一带一路”倡议落实,中南大学希望与泰国的大学在轨道交通领域建立长期合作关系,建立国际铁道学院,与泰国国王科技大学逐步启动“2+2”的培养模式,为东盟国家的轨道交通发展培养人才。合作项目拟在2018年具体落实,初期计划招生200人。

11月24日,泰国交通部助理部长派林表示,交通部部长阿空指示研究成立机构负责管理中泰高铁项目一期工程(曼谷—呵叻段)运行工作,交通部初步认为可成立隶属于泰国铁路局的商务机构或子公司。拟修订相关法律设立运营高铁子公司。11月30日,泰国国家环境委员会通过中泰铁路合作项目一期工程环评二段(帕棋—呵叻段)报告,项目一期工程环评一段(曼谷—帕棋段)早前已获得批准,这也意味着中泰铁路合作项目一期工程全线的环评已获泰政府批准。12月21日,中泰铁路合作项目一期工程在泰国呵叻府巴冲县正式开工。

中泰高铁项目是泰国第一条标准轨高速铁路,预计2021年竣工,2022年开始试运行,2023年向民众开放服务。泰国正加紧接受中方的相关技术培训,包括设计、线路和维修等。

### (四)中国赴泰旅游人次屡攀新高

为落实中国—东盟旅游合作年,2017年中泰双方举行首届中国—东盟旅游部长会议并形成机制,出台中国—东盟旅游合作规划,完善双方旅游合作顶层设计和体制机制建设。为此中国和东盟国家间举行双向旅游、交流和宣介活动,推出更多符合中国和东盟民众需求的跨境旅游产品和线路,提升中国和东盟互访游客数量。

泰国是最早成为中国公民出境旅游目的地的国家之一,与中国互为重要的旅游客源国和目的地。近年来,中泰两国旅游交往发展势头良好,游客规模不断扩

大,旅游市场监管机制日趋完善、旅游合作互信不断增强,通过旅游搭建两国民心相通、友谊相连、情谊相系的桥梁。2017 年 1 月 19 日,泰国旅游局昆明办事处处长查秉娜表示,中国到泰国的游客从 2013 年的 200 多万人次升至 2016 年的 877 万人次,中国游客不仅仅集中于知名旅游城市,而是呈现出分散化趋势,同时自由行比例也快速提升。

3 月 9 日,中国驻宋卡总领馆在泰国普吉府举办 2017 年中国游客赴泰南旅游安全工作交流会,强调随着赴泰南旅游中国游客人数的大幅攀升,涉水及交通安全问题日益突出,希望泰方加强对浮潜等涉水项目管理,完善旅游安全设施,确保中国游客生命财产安全。会议还就加快旅游基础设施建设,增加机场、港口、旅游景点中文标识,加强普吉、苏梅等地海滩安全救护等问题进行深入交流并达成重要共识。

6 月 13 ~ 17 日,中国国家旅游局副局长王晓峰率团访问泰国,拜会泰国副总理塔纳萨·巴迪玛巴功,出席中泰旅游市场监管合作协调小组第 2 次会议,并与泰国旅游与体育部、旅游警察署负责人分别举行工作会谈,双方就深化旅游市场监管合作达成广泛共识,取得丰硕成果。王晓峰还与泰国旅游与体育部部长葛甘举行会谈,双方愿意在现有合作基础上,进一步规范两国旅游市场秩序,完善旅游配套设施,提高旅游服务质量,共同推动中泰旅游交流健康持续发展。

6 月 14 日,经过一年多的筹备,中国驻曼谷旅游办事处揭牌成立,这是中国国家旅游局在东南亚地区成立的第二个海外旅游办事处。中国驻曼谷旅游办事处的主要职责是承担国家旅游形象宣传推广,负责驻在国与兼管国的旅游市场调研和推广工作等。同日,中泰旅游警察在泰国著名旅游城市芭提雅举办警务交流会议。双方就旅游警察队伍建设、职能职责、案件管辖与办理、执勤模式、人员招聘与培训、志愿者工作职能、对涉旅行业监管等方面进行深入探讨与交流,并就双方进一步合作互访达成一致意向。随团出访的中国海南省三亚市、云南省丽江市两地旅游警察代表分别与泰国芭提雅、清迈旅游警察局进行警务交流探讨,就更好保障游客权益交换意见,共同应对扰乱旅游市场秩序的问题。

6 月 16 日,中泰旅游市场监管合作协调小组第 2 次会议在泰国清迈举行,旨在落实 2016 年签署的《中泰关于加强旅游市场监管合作的谅解备忘录》,中国国家旅游局副局长王晓峰、泰国旅游和体育部常务秘书长彭帕尼·沙维伦分别率团出席。会议就开展中泰旅游市场监管联合行动、建立旅游监管工作事务级联络热线,举行旅游监管事务级磋商工作会、举办中泰旅游市场监管合作协调小组第 3 次会议等议题达成共识。《中泰关于加强旅游市场监管合作的谅解备忘录》签署以来,中泰双方共同致力于旅游市场秩序整顿,泰国已依法取缔 874 家旅行社,查获 2155 辆旅游巴士。

11 月 10 日,中国驻泰国宋卡总领馆在宋卡府合艾举办 2017 年中国游客赴泰南旅游安全暨领保工作联席会议,会议介绍当前中国游客赴泰南旅游安全暨领保工作的情况,并与泰国警察、华侨社团、志愿者等进行交流。双方有关部门一致表示,做好涉中国游客安全工作对促进中泰睦邻友好、推动互利合作意义重大,将敦促有关部门全面提高旅游业服务质量和接待能力,为广大中国游客创造更加安全稳定的旅游环境。会后总领馆向与会人员分发 2017 年版《中国公民赴泰南安全旅游手册》。

(五)其他领域交流与合作不断扩大

2017 年 2 月 23 日上午,中国驻泰国大使宁赋魁在曼谷会见泰国工业部部长乌达玛,就中泰两国在泰国东部经济走廊计划等重大项目合作的进展情况交换意见。

3 月 29 日,中国国家发展改革委副主任、国家能源局局长努尔·白克力与泰国能源部部长阿兰他蓬·甘乍纳拉在北京签署《中华人民共和国政府与泰王国政府和平利用核能合作协议》,双方就两国在核电、电力联网、电力贸易等领域的合作深入交换意见。“华龙一号”被纳入泰国核电“短名单”,成为中泰核能合作核心。

8 月 22 日,第 11 次中泰农业合作联合工作组会在上海金山举行。中国农业部国际合作司副司长张陆彪、泰国农业与合作社部总监察长佳迪·彭玛尼拉女士分别率中泰代表团参加此次会议。会议期间,中泰双方总结回顾2015 ~ 2016 年度中泰农业合作项目的执行情况,谋划商定2017 ~ 2018 年度双方农业合作项目内容。未来几年,双方将进行循环农业与有机肥资源利用,农药管理技术,农业投资及农产品贸易,节水抗旱稻品种推广,营养健康型豆类作物产业链技术创新,对虾健康养殖,咖啡、香草兰优良种苗繁育技术研发与示范,优质水稻生产价值链等 16 个项目进行交流。会后,双方签署会议纪要。与会代表实地考察金山区都市现代农业发展情况和上海西郊国际农产品交易中心。

### 三、文化交流日益密切,人文交往更加热络

2017 年 1 月 27 日,由中国文化部、中国驻泰国大使馆、泰国旅游体育部和泰国国家旅游局联合举办的 2017 年泰国春节文化活动开幕式在曼谷伦披尼公园举行。除了传统的文艺演出外,还有中华美食文化体验和中华民俗艺术展示体验等内容。由中国文化部挑选的浙江、湖南、黑龙江、山东、福建、天津等 6 省市共 100 人的 7 个艺术团组参加春节庆祝和文化交流活动。

4月21～26日，“歌舞中国——2017中泰文化艺术节”在泰国曼谷完美落幕。本次文化艺术节在中泰两国政府的共同努力下，由“歌舞中国”国际文化艺术节组委会全力打造。“歌舞中国”作为跨国文化艺术深度交流的领航者，开创文化担当对外文化交流主角的新模式，推动中泰两国民间文化的发展交融，加强中泰两国艺术爱好者之间的理解，是近年来中泰文化交流历程中的一大亮点。

6月14日，由中国文化部主办，中国对外文化集团公司、泰国曼谷中国文化中心承办的“造物记——来自中国的创意礼物”文化创意产品国际巡展活动在曼谷开幕。该展览分为文脉、神思、匠心三部分，展示来自中国故宫博物院、国家博物馆、国家图书馆、中国美术馆、恭王府、上海博物馆等6个博物馆的300件（套）文化创意产品。

9月26日，由中国国家新闻出版广电总局、中国驻泰国大使馆主办，中国图书进出口（集团）总公司、南美有限公司承办的“2017泰国‘中国图书展销’”活动在曼谷开幕。以《习近平谈治国理政》《习近平讲故事》为代表的一大批反映中国改革发展新理念，展示中国在政治、经济、文化和社会等方面取得的重大成就及与“一带一路”主题相关的图书集中亮相，为泰国民众了解当代中国发展现状、感知中华文化打开重要窗口。为增进与泰国读者的交流，展销活动特别邀请中国漫画家孙元伟赴泰在朱拉隆功大学、南美书局举办系列交流活动。此次书展共有708种、1500多册各类优秀中国图书参与展销，其中，英文和泰文图书占70%，内容涵盖中国政治、经济、文化等各个方面。

9月24日，“澜沧江—湄南河文化行”友好车队从中国浙江宁波始发，途经浙江、福建、广东、广西、云南5省区，于10月9日进入泰国北部，随后向南行进。10月16日，“澜沧江—湄南河文化行”友好车队抵达泰国曼谷，欢迎活动当晚在曼谷中国文化中心举行。本次车队活动有13辆车，40名成员，其中部分是中泰两国媒体记者。

11月21日，由中国友谊促进会、泰中艺术家联合会和中智科技评价研究中心主办的中泰文化经贸合作高峰论坛暨泰中艺术家联合会、泰中经济贸易交流中心成立18周年庆典在北京开幕。论坛重点围绕中泰文化交流、商业文化经济合作开展。

12月2日，“加强新时期国际文化交流”座谈会在泰国曼谷中国文化中心举行。该活动由曼谷中国文化中心、泰国国家研究院泰中战略合作研究中心共同举办。泰国前副总理、泰中文化促进委员会主席披尼·扎禄颂巴，中国驻泰国大使馆文化参赞、曼谷中国文化中心主任蓝素红，泰国国家研究院泰中战略合作研究中心主任素腊希等出席并致辞。座谈会邀请泰国前驻柬埔寨大使、蓝实大学行政学院外交学院院长宋鹏·沙伦班，中国对外文化交流研究基地主任、上海社会科学院国家高端智库资深专家陈圣来等中泰两国专家学者70余人就“加强新时代国际文化交流”主题开展座谈交流。

12月6日晚，中国内蒙古民族艺术剧院交响乐团在泰国清莱皇家大学举办“《聆听草原》——来自草原的交响”中泰友好文化交流音乐会。内蒙古民族艺术剧院交响乐团的演出，从艺术层面体现曼谷中国文化中心策划宗旨：多元文化、民族风情、世界经典。2017年恰逢内蒙古自治区成立70周年，这一演出活动也向东南亚国家和地区的人民，展示内蒙古自治区在文化建设方面取得的成绩。

12月9～16日，由中国文化传媒集团有限公司和曼谷中国文化中心、巴基斯坦中国文化中心联合主办的“梦想丝路国际行”系列采访活动先后在泰国和巴基斯坦举办。活动以“中华国粹助力提升生命品质”为着力点，通过中医理论讲座、文化交流和高层采访等多种形式，与中国驻泰国大使及泰国文化部、国家旅游局等相关部门官员、文化遗传领域专家展开对话，探讨交流中泰文化领域实践经验；向泰国和巴基斯坦主流社会和普通民众传播中华优秀传统文化，搭建文明交流互鉴、共促民心相通的新平台，进一步推动“一带一路”国家间的文化交流合作。

### 四、中泰军事多领域务实合作扎实推进

2017年5月5日，中泰双方在北京签署S26T潜艇采购协议，泰国海军参谋长陆猜·陆迪到北京签署协议，中国驻泰国武官张力见证签署仪式。该协议的签署是中国常规潜艇对外出口的重大突破，也是中泰两国两军高度互信的体现。

8月17日至9月3日，中国空军6架歼－10A战斗机赴泰国乌隆空军基地参加中泰“鹰击－2017”联合空军演习，这是继2015年“鹰击－2015”之后，中泰空军第2次举行联合军演。作为东南亚军力较强的国家，泰国与中国的军事合作关系日趋密切，相继引进了中国VT－4主战坦克、新型常规潜艇等一大批武器装备，还与中国军队展开一系列联合军演，大大增强双方军队的互信和了解。

### 五、中泰司法高层往来密切

2017年5月23日，中国最高人民法院审判委员会专职委员、第二巡回法庭庭长胡云腾会见泰国大理院副院长普萨帕·帕农云一行。普萨帕·帕农云表示，中国国家主席习近平提出“一带一路”倡议促进了中泰两国司法领域的理解与沟通，中国在反腐败、司法改革领域取得的进展，泰方希望学习中国经验，加强司法领域的国际合作。最高人民法院有关部门负责人参加会见。会见后，中国应用法学研究所所长蒋惠岭向泰

国代表团作《中国司法制度和法院工作》专题报告。

6月12日,中国首席大法官、最高人民法院院长周强在最高人民法院会见泰国首席大法官、大理院院长维拉蓬·汤苏万,并共同签署《中华人民共和国最高人民法院和泰王国大理院司法交流与合作谅解备忘录》。汤苏万还率团出席第2届中国—东盟大法官论坛。（黄幼霞　陈红升）

## 中国和越南交往与合作

2017年,中越两国外交活动频繁,两党两国最高领导人在年内再次实现历史性互访,两国继续推进各领域务实合作,中越全面战略合作伙伴关系持续稳定向前发展。

### 一、两国高层会晤频繁

（一）中越两党两国高级领导人互访

2017年1月12~15日,越共中央总书记阮富仲对中国进行正式访问。这是阮富仲再次当选越共中央总书记后首次访问中国。访问期间,中共中央总书记、中国国家主席习近平与阮富仲举行会谈。双方一致表示要着眼大局、立足长远、坚定目标、相向而行,推动中越关系沿着正确轨道向前发展。会谈后,习近平和阮富仲共同见证《中国共产党和越南共产党高级干部培训合作协议(2017~2020年)》以及国防、口岸、铁路、医疗卫生、北部湾渔业、食品安全、文化、旅游等领域合作文件的签署。中共中央政治局常委、中国国务院总理李克强,中共中央政治局常委、全国人大常委会委员长张德江,中共中央政治局常委、全国政协主席俞正声,中共中央政治局常委、中央纪委书记王岐山分别会见阮富仲。俞正声并与阮富仲共同出席庆祝中越建交67周年暨2017年迎新春友好活动。1月14日,中越发表《联合公报》。此外,阮富仲还前往中国浙江省参观访问。

5月11~15日,越南国家主席陈大光对中国进行国事访问并出席"一带一路"国际合作高峰论坛。访问期间,中国国家主席习近平同陈大光举行会谈。两国元首一致同意保持双边关系积极发展势头,推进各领域合作,推动中越全面战略合作伙伴关系迈上新台阶,为两国和两国人民带来更多实实在在利益。会谈后,习近平和陈大光共同见证两国外交、电子商务、教育等领域合作文件的签署,共同观看《中国摄影家眼中的越南》摄影展。中国国务院总理李克强,全国人大常委会委员长张德江,全国政协主席俞正声,中共中央政治局常委、书记处书记刘云山分别会见陈大光。陈大光还前往中国福建省参观访问。

11月10~13日,中共中央总书记、中国国家主席习近平对越南进行国事访问并出席亚太经合组织第25次领导人非正式会议。这是中共十九大后习近平首次出访。访问期间,习近平分别同越共中央总书记阮富仲、越南国家主席陈大光举行会谈,并会见越南政府总理阮春福、国会主席阮氏金银。双方积极评价彼此发展成就,一致同意继承、维护、发扬好中越传统友谊,相互坚定奉行友好政策,把两国全面战略合作发展得越来越好,给两国和两国人民带来更多切实利益。两国签署共建"一带一路"和"两廊一圈"合作备忘录以及产能、能源、跨境经济合作区、电子商务、经贸、人力资源、金融、文化、卫生、新闻、社会科学、边防等领域合作文件。12日,习近平出席越中友谊宫落成移交仪式暨河内中国文化中心揭牌仪式,与越南国会主席阮氏金银主持越中友谊宫钥匙交接仪式并共同为中国文化中心揭牌。13日,中越发表《联合声明》。

（二）中越其他领导人互访交流

2017年1月13日,中共中央政治局委员、中央书记处书记、中宣部部长刘奇葆在北京会见越共中央政治局委员、中央书记处书记、中央宣教部部长武文赏。3月16日,赴菲律宾出席"中国—东盟旅游合作年"开幕式的中国国家旅游局局长李金早在马尼拉简短会见越南旅游总局局长阮文俊,就两国旅游合作等议题交换意见。4月12日,中共中央政治局常委、中央书记处书记刘云山在北京会见越共中央委员、越南人民报总编辑、越南记协主席顺友率领的越南人民报代表团。4月17日,中国—越南双边合作指导委员会第10次会议在北京举行。中国国务委员杨洁篪和越南副总理兼外长范平明共同主持。双方积极评价双边合作指导委员会成立10年来为推动中越关系发展发挥的重要作用。双方同意积极落实两党两国领导人共识,以深化高层交往为主线,统筹规划全年工作,着力推进共建"一带一路"和"两廊一圈"、投资、产能、基础设施、跨境经济合作区等领域合作,继续加强人文交流,妥善管控分歧,维护海上和平稳定,推动中越全面战略合作伙伴关系持续健康向前发展。4月23日,中国最高人民检察院检察长曹建明在北京会见越南最高人民检察院检察长黎明智,双方共同签署两院合作谅解备忘录。5月20日,在第23届亚太经合组织贸易部长会议期间,越南国家主席陈大光在河内会见中国商务部部长钟山。8月25日,越南祖国阵线中央委员会主席陈青敏在河内会见到访的中国全国政协外事委员会副主任袁贵仁。9月12日,越南政府常务副总理张和平率政府代表团出席在中国广西南宁举行的第14届中国—东盟博览会、中国—东盟商务与投资峰会。9月18~19日,中共中央政治局常委、中央书记处书记刘云山对越南进行正式访问,在河内分别会见越共中央总书记阮富仲、越南政府总理阮春福、越南国会主席阮氏金银,与越共中央政治局委员陈国旺举行会谈。9月

22～27 日，越南祖国阵线中央委员会副主席张氏玉映率团对中国进行工作访问。中国全国政协副主席马飚与张氏玉映举行会谈。中国全国政协主席俞正声会见张氏玉映一行。9 月 27～29 日，中国商务部副部长高燕率团对越南进行访问，与越南工贸部副部长陈国庆共同主持中越经贸合作委员会第 10 次会议。10 月 31 日至 11 月 2 日，习近平总书记特使、中联部部长宋涛访问越南，通报中共十九大情况。11 月 1 日，越共中央总书记阮富仲会见宋涛。11 月 2～3 日，中国外交部部长王毅对越南进行正式访问。王毅同越南副总理兼外长范平明举行会谈，双方就双边关系及共同关心的国际和地区问题交换意见。11 月 26 日至 12 月 3 日，越共中央书记处书记、中央内政部部长、中央反腐败指导委员会常务副主任潘庭镯率领越南共产党代表团对中国进行工作访问并出席中国共产党与世界政党高层对话会。访华期间，潘庭镯一行同中共中央纪律检查委员会举行会谈，了解中方在党建、全面从严治党方面的经验以及反腐败政策和组织机构模式，还分别同中共中央政法委、中国最高人民检察院、最高人民法院、北京和上海市委纪律检查委员会、中国浦东干部学院等举行工作会谈，就纪律检查和反腐败工作相关内容交换意见。12 月 18～22 日，越南国会副主席、越中友好议员小组主席杜伯巳率领越南国会代表团对中国进行正式访问。中国全国人大常委会委员长张德江在北京会见杜伯巳。同期，越共中央委员、越南妇女联合会主席阮氏秋河率领越南妇联代表团对中国进行工作访问。

## 二、两国军事交往合作与执法安全合作

### （一）军事交往合作

2017 年，中越两军在高层互访、边海防交往等方面继续开展良好合作。

6 月 18 日，中共中央军委副主席范长龙访问越南，在河内分别会见越共中央总书记阮富仲、越南国家主席陈大光、越南政府总理阮春福，与越南国防部部长吴春历举行会谈。在会见会谈中，范长龙表示，中越是山水相连的邻邦、志同道合的伙伴，是具有战略意义的命运共同体。在两党两国领导人的关心推动下，当前两国关系发展势头良好，各领域合作成果显著。中方愿与越方做好“一带一路”和“两廊一圈”战略对接，推进各领域务实合作，实现共同发展。中方高度重视发展中越两军关系，愿与越方加强合作，推动两军关系取得更大发展。吴春历表示，越中两军关系近年取得很大发展，双方在边防、维和、海上搜救等领域开展良好合作。越军愿与中国军队一道，深化交流合作，维护和发扬两军的团结与友谊。关于南海问题，范长龙重申中方原则立场。他强调，南海诸岛自古以来就是中国领土。当前南海局势趋稳向好，这一局面来之不易。中越双方要恪守两党两国领导人达成的重要共识，加强战略沟通，妥善管控分歧，维护中越关系大局和南海和平稳定。

9 月 23～24 日，中越两军第 4 次边境高层会晤在越南莱州省莱州市和中国云南省红河州金平县举行，中共中央军委副主席范长龙、越南国防部部长吴春历分别率团参加，双方举行两军边境友好座谈会，共同出席越中边境友好文化室落成剪彩仪式，观摩中越两军边防部队联合反恐演练和联合巡逻，参观金水河口岸边境小学，签署会晤纪要。12 月 10 日，由中国人民解放军南部战区副司令员兼参谋长陈照海中将率领的中国人民解放军南部战区代表团对越南人民军第一军区司令部进行工作访问。6 月和 12 月，中越海军进行第 22 次和第 23 次北部湾联合巡逻。

### （二）执法安全合作

2017 年，中越双方加强合作打击跨境犯罪活动，不断提升中越执法安全合作水平。

第 3 次副部长级战略安全对话。2017 年 11 月 4 日，中国国家安全部和越南公安部第 3 次副部长级战略安全对话在河内举行。中国国家安全部副部长唐朝和越南公安部副部长裴文南共同主持对话会。双方总结双边合作结果，落实双方合作协议情况，就今后合作方向交换意见。

继续开展联合追逃行动和加强禁毒合作。2017 年 1 月 1 日至 6 月 30 日，中越两国警方组织开展第 3 次联合追逃行动。8 月 22 日，第 7 届中越禁毒合作双边会议暨第 4 届中越边境联合扫毒行动启动仪式在江西九江举行。双方交流分析互涉毒情形势，就禁毒情报交流和案件合作、减少毒品需求、边境执法合作、人员培训等议题广泛深入交换意见。会议议定继续巩固和加强现有机制，采取有效措施切实改善两国和本地区毒品形势，共同推动两国禁毒合作持续、健康、稳定发展。双方启动第 4 届中越边境联合扫毒行动，此次联合扫毒行动从 2017 年 9 月 1 日至 11 月 30 日，为期 3 个月。

开展打击跨境走私联合行动。2017 年 11 月 27 日，中国南宁海关与越南广宁省、谅山省、高平省海关局在广西钦州举行中越“两国四方”海关打击跨境走私联合行动启动仪式。“两国四方”决定从 2017 年 11 月开始到 2018 年 4 月，共同组织开展打击跨境走私联合行动，加强对毒品、易制毒化学品、武器弹药、固体废物、假币、濒危动植物及其制品以及未经检验检疫的粮食等进行重点查处。

## 三、双边经贸关系保持良好发展势头

2017 年，中越两国双边经济合作发展势头良好，中国继续是越南最大贸易伙伴，越南继续是中国在东盟的第一大贸易伙伴。

据中国海关总署统计,2017 年中越贸易额 1212.67 亿美元,比上年增长 23.4%。其中:中国出口 709.39 亿美元,增长 16.1%;进口 503.28 亿美元,增长 35.4%。据越南统计总局公布的数据,2017 年越中双边贸易额 938 亿美元,约占越南贸易总额的 22%。其中:越南出口 353 亿美元,增长 60.6%;进口 585 亿美元,增长 16.9%。

投资方面。2017 年 1 月 1 日至 12 月 20 日,中国(不含港澳台)对越直接投资新项目 284 个,注册资金 14.10 亿美元,占越南外国直接投资新注册资金的 6.6%。

旅游合作方面。2017 年 1 月 5 日,中越开通"两国四地"即桂林—东兴—芒街—下龙及返程跨境黄金旅游线路。两国经常互相配合举行旅游推介促进活动。7 月 10 日,"美丽中国"旅游推介会在越南胡志明市举行,中国国家旅游局和 10 余个地方省市的代表向越南旅游界推广"美丽中国"的形象。越南在中国各地举办系列旅游推介活动。5 月,越南旅游总局分别在中国南宁、福州、南京及合肥等 4 个城市举行越南旅游推介会。8 月,越南旅游总局协同各旅游公司分别在中国福建省厦门市、内蒙古自治区包头市、江西省南昌市举办越南旅游推介活动。2017 年,赴越的中国旅客 400.83 万人次,比上年增长 48.6%,占赴越外国旅客的 31%。

2017 年,中越铁路货物运输合作取得新成果,中国河口—越南老街和中国凭祥—越南谅山的运输走廊得以开发。11 月 22 日,首趟赣欧(亚)南昌—河内国际货运班列自南昌铁路口岸发车,挂运 32 个满载汽车配件、办公设备等货物的集装箱,经由广西凭祥口岸出境;11 月 25 日,越南铁路总公司和中国铁路总公司在越南谅山省同登火车站举行仪式迎接首趟赣欧(亚)南昌—河内国际货运班列顺利抵达越南境内;11 月 27 日,在运行 1700 余千米后到达越南河内安园站。11 月 28 日,满载着水果、电子产品等货物的 79749 次集装箱班列从南宁南站出发,直通越南河内。这是广西开往越南的首趟中欧班列,标志着广西与东盟经济贸易合作开辟了物流新通道。11 月 29 日,中越国际联运越南铁路合作方——越南铁路运输与贸易股份公司组织在河内安园火车站开行首次越中集装箱联运专列,运载越南对中国出口的农产品、矿产、电子产品等 20 个集装箱。12 月 18 日,中亚(云南开远—越南海防)国际货运班列正式开行。该班列开行后,从云南开远直达越南海防仅需 68 个小时,比原有运输方式节省约 12 个小时。

## 四、党建理论、人文等领域的交流与合作继续发展

中越两党继续加强治国理政经验交流。2017 年 5 月 25～26 日,以"新形势下加强和改进党对新闻舆论工作领导的经验做法"为主题的第 13 次中越两党理论研讨会在河南郑州举行。中共中央政治局委员、中央书记处书记、中宣部部长刘奇葆和越共中央政治局委员、中央书记处书记、中央宣教部部长武文赏出席开幕式并作主旨报告。双方代表团就两党新闻舆论工作理论问题和实践经验深入展开讨论。

中越文化交流合作继续得到发展。2017 年,中国云南河口与越南老街政府协商决定,从当年起每年轮流共同举办跨国春节联欢晚会。双方希望通过这一平台进一步增进了解,加深友谊,深化合作。1 月 19 日晚,第 1 届中国河口—越南老街跨国春节联欢晚会在河口北山明珠广场上演,别具人文气息和地域特色的精彩节目深受观众好评。9 月 8～12 日,为加强中越文化交流、宣传即将在越南举行的 2017 年 APEC 峰会,由越南驻华大使馆主办,中国公共外交协会、北京民俗博物馆·东岳雅集支持的"魅力越南·中越文化交流活动"在北京民俗博物馆举办。活动设有"魅力越南·越南绘画作品展"、越南国家风景摄影展,作品涵盖越南人文、自然景观、城市建设等诸多方面,全面展示一个自然与现代和谐统一的越南。11 月 3 日,由中国广西人民广播电台、越南国家歌舞剧院联合举办的"同唱友谊歌"2017 中越歌曲演唱大赛国际总决赛在越南河内举行,中越歌手们用歌声增进了解,传承友谊。11 月 6～14 日,"美丽中国 美丽越南"图片展在越南首都河内胡志明博物馆举行。图片展由中国国务院新闻办公室与越南通讯社联合主办,人民画报社与越南画报社共同承办,展出图片共 81 张,集中展示中越两国的自然风光、历史文化、经贸往来、人文交流、中国"一带一路"与中越"两廊一圈"深度对接等。

新华社与越通社签署合作协议。2017 年 5 月 24 日,新华社与越通社在越南河内签署新闻合作协议。据此,新华社与越通社免费互换中英文文字和图片新闻,加强在多媒体、视频新闻和社交媒体等领域的合作。双方同意向对方提供有关中国或越南发生的重大事件的新闻产品,以保证报道的准确性和全面性。双方同意进行高层互访,并展开记者、编辑、工作人员的互访交流,相互为对方人员提供新闻报道、通信技术和中文、越文等方面的培训。

青年交流在中越人文交流中发挥着重要作用。2017 年 5 月 20～27 日,越南青年代表团共 100 人来华参加第 17 届中越青年友好会见活动,代表团赴北京、西藏、广西、四川、浙江等地访问考察。

## 五、两国继续推动海上合作开发

2017 年,中越继续推进北部湾合作开发,开展北部湾共同渔区渔业海上联合检查和北部湾联合巡逻,开展北部湾渔业资源联合增殖放流与养护活动。继续

推动北部湾湾口外海域和海上低敏感领域合作磋商和谈判。

年内,中越海警继续在北部湾共同渔区联合执法检查,并开展人员交流等活动。4月18~20日,中越海警开展2017年北部湾共同渔区海上联合检查。中国海警3301舰和3304舰与越南海警8004舰和8003舰参加联合检查行动。在行动中,中越海警在北部湾共同渔区对中越两国渔船进行登临检查。并在巡航过程中,双方进行执法人员的换乘,举行海上会晤,交流经验做法。5月9日,曾多次参加中越海警海上联合执法活动的越南海警8004舰抵达中国海南海口进行为期4天的友好访问。这是越南海警舰船首次应邀访问中国。访问期间,双方举行中越海警工作会谈,就深化两国海上执法合作等议题交换意见。

开展北部湾渔业资源联合增殖放流与养护活动。5月8日,2017年中越北部湾渔业资源联合增殖放流与养护活动在广西东兴市竹山村北仑河口举行。这是中国—东盟海上合作基金“中越北部湾渔业资源增殖放流与养护项目”的一项重要内容。此次放流共向北部湾水域投放石斑鱼、真鲷、黑鲷等鱼类种苗、虾苗4173万尾。

中越海军在北部湾联合巡逻。6月20~21日,中越海军举行第22次北部湾联合巡逻;12月1~3日,中越海军举行第23次北部湾联合巡逻。两次联合巡逻,中越双方都各派出两艘海军舰艇参加。双方舰艇编队沿北部湾中越海上分界线交叉巡逻,期间双方互通海区水文气象、海空情况、编队航向航速等信息,增进彼此间海上通信联络和资源共享交流。

中国海军舰艇第4次访问越南胡志明市。5月6~9日,中国海军远航访问编队访问越南胡志明市。访问期间,编队指挥员海军少将沈浩拜会越南海军二区、第七军区、胡志明市等军政领导,邀请越南政府官员和海军领导、部分国家驻越武官出席甲板招待会。中越两国海军官兵开展参观交流、文体友谊赛等活动。

继续推进北部湾湾口外海域磋商。9月25~27日,中越北部湾湾口外海域工作组第8轮磋商在中国北京举行。工作组中方组长为中国外交部边界与海洋事务代表周健,越方组长为越南外交部国家边界委员会副主任阮英勇。在友好、真诚和建设性的氛围中,双方就北部湾湾口外相关问题深入交换意见,强调认真落实两国高层领导人达成的共识和《关于指导解决中越海上问题基本原则协议》,循序渐进推进北部湾湾口外海域划界谈判和合作共促发展。双方签署磋商纪要。

继续推进海上低敏感领域合作。12月11~14日,中越双方在北京举行海上低敏感领域合作专家工作组第10轮磋商。中国外交部边界事务资深顾问马亚欧和越南外交部国家边界委员会海洋司司长阮孟东共同主持磋商。磋商中,双方总结评估已开展的海上低敏感领域合作项目进展情况,并对取得的成果给予高度评价,同意继续拓展和深化相关项目合作。

### 六、中越边境开放合作继续推进

2017年,中国广西、云南两省(自治区)与越南边境经贸文化、互联互通建设继续发展,中越边境开放合作继续推进。

2月10~11日,中国广西与越南广宁、谅山、高平、河江边境4省党委书记2017年新春会晤联谊活动在越南广宁下龙举行。12月1~7日,主题为“共同合作,共同发展”的2017中越(东兴—芒街)国际商贸·旅游博览会在越南广宁芒街举行。本次博览会分为5个展区,设展位逾450个,其中中国企业展位122个,越南企业展位300多个,泰国企业展位16个。展出的产品有农林水产品、机械设备、电子产品、手工艺品、木制品等。博览会期间还举行商贸旅游投资促进会、东兴—芒街口岸水果进出口主题研讨会、界河联欢等活动。12月2日,在中越边境北仑河上举行的北仑界河青年对歌联欢活动吸引两国数万名边民和游客参加。

11月10日,第17届中越(老街)国际贸易交易会在越南老街省金城商贸区会展中心举行。本届交易会由中国云南省商务厅、红河哈尼族彝族自治州人民政府、越南工贸部、越南老街省人民委员会主办。会期6天,共设置800个展位,中方企业展位224个,越方企业展位536个,其他国家企业展位40个。参展内容包括投资贸易项目宣传和出口商品展示。交易会期间还举行两省经贸合作会谈、双方企业交流推介等活动。11月22~24日,主题为“加强合作、共同发展”的第8次中国云南与越南河内—海防—老街—广宁五省市经济走廊合作会议在越南海防举行。会议总结上次会议后的工作成果,并就加强下一步昆明至海防等地基础设施互联互通、贸易投资、电子商务、旅游、卫生、金融等重点领域合作进行深入交流并达成广泛共识,双方签署会议纪要和加强金融、旅游、物流等领域合作的6项协议。

中越边境口岸、基础设施互联互通建设取得成效。6月16日,中越边境龙邦边民互市贸易区通过验收,该贸易区可基本满足边民一站式采购、申报、结算需求。9月11日,中越友谊关—友谊国际口岸货物运输专用通道开通运行。为缓解中越北仑河公路大桥的拥堵问题,促进双方的经贸合作,中越双方决定建设中国东兴—越南芒街互市便民临时浮桥、中越北仑河二桥。2017年9月,中越北仑河二桥建成(未通车)。12月1日,中国东兴—越南芒街互市便民临时浮桥建成试通车。

(李碧华)

# 重要节会

## 第14届中国—东盟博览会

### 第14届中国—东盟博览会招商招展

2017年3月13日，第14届中国—东盟博览会高官会在中国南宁举行。会议对第14届博览会举办时间、主题等筹办事项进行交流磋商，议定“共建21世纪海上丝绸之路，旅游助推区域经济一体化”的主题，并举行“魅力之城”专题展区抽签仪式。3月16日，中国—东盟博览会秘书处在官方网站发布参展参会公告。3月23日，中国—东盟博览会秘书处以“交流提升聚力共赢”为主题，在中国柳州两面针股份有限公司举办2017中国—东盟博览会合作伙伴座谈会，与广西投资集团等近30家合作伙伴座谈，探讨新机遇、新合作。4月12～14日，中国—东盟博览会秘书处联合马来西亚对外贸易发展局，在马来西亚槟城、沙巴、吉隆坡举行3场推介会，开展招商招展。4月18日，中国—东盟博览会秘书处派出工作组，拜访澳大利亚驻广州总领事馆、日本贸易振兴机构广州事务所、大韩贸易投资振兴公社广州代表处，明确三国预留展区面积，确定旅游、先进技术、教育、食品等行业展示意向。5月4日，中国广西壮族自治区主席陈武率代表团访问文莱并拜会文莱苏丹哈桑纳尔，哈桑纳尔表示将率团出席第14届中国—东盟博览会。5月12日，中国—东盟博览会秘书处在印度尼西亚廖内岛省举行推介会，该省100多名企业家参加推介活动。5月16日，印度尼西亚东爪哇省代表团访问中国广西，访问中明确表示积极组织企业参展参会。5月17～20日，中共广西壮族自治区委员会书记彭清华率代表团访问斯里兰卡，邀请斯里兰卡工商部部长巴蒂尤丁再次率团出席博览会，并在科伦坡举行经贸合作交流会。5月22日，哈萨克斯坦确认由农业部副部长伊萨耶娃率团参展参会。5月24日，中国广西壮族自治区政府与菲律宾贸工部、工商总会、丝绸之路国际商会共同在马尼拉举办中国（广西）—菲律宾企业家交流会，出席交流会的中共广西壮族自治区委员会书记彭清华表示欢迎菲律宾企业参展参会。6月27日，第14届中国—东盟博览会、中国—东盟商务与投资峰会广西指挥中心第一次工作会议在南宁举行。会议确定将“特邀贵宾国机制”改为“特邀合作伙伴机制”，广泛邀请“一带一路”沿线国家出任。7月4日，中国—东盟博览会秘书处工作组拜访泰国工商总会，商谈展会筹备工作。7月10日，中国国务院新闻办公室举行第14届中国—东盟博览会新闻发布会，通报筹备情况。7月12日，中国广西壮族自治区副主席蓝天立率代表团访问新加坡，出席双方经贸合作交流会，鼓励新加坡企业扩大参展参会规模。7月27日，博览会主题口号“相聚东博盛会 谱写海丝新篇”揭晓。经大力招商招展，截至8月1日，中外企业申请展厅数已超过规划数，中国国内各展区安排完毕。9月2日，第14届中国—东盟博览会11个“魅力之城”全部确定。

9月11日，在第14届中国—东盟博览会、中国—东盟商务与投资峰会新闻吹风会上，中国商务部新闻发言人高峰和中国—东盟博览会秘书处副秘书长杨雁雁向媒体介绍，展会呈现规格高、展览规模创新高、“一带一路”沿线国家参展积极性高、参展知名企业更多、专业采购商和投引资商更多、“展”“会”互动更多的“三高、三多”特点，中国和东盟国家领导人高规格出席，“一带一路”沿线国家领导人首次出席。博览会期间，将举办圆桌会议、合作论坛、投融资项目对接会等系列投促活动，为企业“走出去”开展国际产能合作提供专业平台。会期安排的经贸促进活动超过80场，将围绕21世纪海上丝绸之路建设的重点领域举办高层论坛36个，其中会期有25个，创历届新高。主会场南宁国际会展中心新扩建的E区展馆投入使用，新增

9月12日，第14届中国—东盟博览会、中国—东盟商务与投资峰会开幕大会在中国南宁国际会展中心举行 （百度网）

展览面积1.4万平方米，总展览面积达到12.4万平方米，总展位数6600个。安排东盟及区域外展览面积3.3万平方米。有8个东盟国家包馆，主题国文莱首次包馆展示。首次举办茧丝绸产品展示，首次设立智能制造装备展区、环保展区和“一带一路”展区，哈萨克斯坦、斯里兰卡、尼泊尔、巴基斯坦、加纳等“一带一路”沿线国家参展。

## 第14届中国—东盟博览会、中国—东盟商务与投资峰会开幕大会

2017年9月12日上午，以“共建21世纪海上丝绸之路，旅游助推区域经济一体化”为主题的第14届中国—东盟博览会和中国—东盟商务与投资峰会，在中国南宁开幕。中共中央政治局常委、中国国务院副总理张高丽，第14届中国—东盟博览会主题国文莱苏丹哈桑纳尔，柬埔寨首相洪森，越南常务副总理张和平，老挝副总理宋赛，特邀合作伙伴哈萨克斯坦第一副总理马明，缅甸商务部长丹敏，泰国国务部长翁信，马来西亚工贸部第二部长黄家泉，新加坡贸工部兼国家发展部高级政务部长许宝琨，菲律宾贸工部副部长诺拉·特拉多，印度尼西亚贸易部国家出口发展总司长阿琳达，东盟秘书处副秘书长林康宪，第10届全国人大常委会副委员长顾秀莲，中共广西壮族自治区委员会书记彭清华，中国商务部国际贸易谈判代表兼副部长傅自应，中国商务部副部长钱克明，中国国际贸易促进委员会会长姜增伟出席开幕大会。中国广西壮族自治区主席陈武、文莱首相府部长兼外交与贸易部第二部长林玉成共同主持。

开幕大会在南宁国际会展中心举行。会场主舞台采用蓝白配色，整体造型如同飘扬的丝带，与环廊景片中的各国标志性景观相呼应，象征“一带一路”把中国、东盟与哈萨克斯坦连接在一起。开幕仪式前，来自文莱的艺术家们为观众送上暖场歌舞表演，现场播放文莱旅游短片，彰显主题国的魅力风情。

9时30分，开幕大会正式开始。张高丽发表主旨演讲，哈桑纳尔、洪森、张和平、宋赛、马明分别致辞。彭清华、傅自应、姜增伟先后代表中国—东盟博览会举办地、中国—东盟博览会共办方、商务与投资峰会致辞。彭清华在致辞中说，当前广西正按新定位新使命加快推进文莱—广西经济走廊、中新互联互通南向通道、中国—东盟信息港等重大项目建设，努力在“一带一路”建设中发挥更大作用。广西愿秉承以和平合作、开放包容、互学互鉴、互利共赢为核心的丝路精神，与各方深化友好交流合作，实现经济大融合、发展大联动、成果大共享。傅自应说，东盟各国是中国友好近邻和共建“一带一路”的重要合作伙伴，博览会将进一步促进“一带一路”沿线国家和地区间的经贸交流，推动“政策沟通、设施联通、贸易畅通、资金融通、民心相通”落到实处。姜增伟说，这届博览会主题既契合中国与东盟工商界在“一带一路”框架下加强合作的现实需求，也顺应双方关系发展的新热点，希望与会工商界抓住机会，发掘潜在合作机遇，取得更多务实成果。

在欢快悠扬的音乐声中，16位启幕贵宾启动开关，舞台前沿着中国、东盟10国与哈萨克斯坦“山水相连图”的“心愿灯”逐渐亮起，顺流而下，与42位小朋友手中同时放飞的“心愿灯”一起，寓意着中国与东盟国家在内“一带一路”沿线各国携手点亮和平、繁荣、开放、创新、文明之灯，用愿景与希望照亮中国—东盟命运共同体更加美好的前程。

开幕仪式结束后，张高丽巡视博览会展馆并与哈桑纳尔共同出席文莱馆开馆仪式。中国和东盟国家多个部门的部长、外交使节、地方行政长官、金融机构负责人、商协会会长，省区市有关领导，有关国际组织负责人、企业家、专家学者以及社会各界人士代表出席开幕大会。

## 第14届中国—东盟博览会经贸成效

2017年9月13日，第14届中国—东盟博览会举行国际国内经济合作项目集中签约仪式，52项国际经济合作项目、112项国内经济合作项目通过中国—东盟博览会平台成功“牵手”，签约规模、项目合作层次再上新台阶。

国际合作方面，签约金额及涉及国家、产业与第13届相比有所增加。其中：东盟国家签订合作项目14项，约占国际合作签约项目的30%；中国企业对境外投资和承包工程等项目7项，利用外资项目45项。第13届博览会还增加中国与瑞典、美国、法国、英国等国家相互投资的项目，签约项目涉及商贸物流、智能机器人、生物医药、高新科技等行业。中国各地与瑞典宜家、泰国正大、印尼金光、美国万豪等世界500强企业、国际行业龙头企业签订多项重大项目。同时，还签订多项涉及南向通道相关产业项目，项目覆盖农产品出口加工、综合物流园建设、新型医药等产业。围绕“旅游合作”主题，博览会共签订相关产业项目15项，签约金额约占签约现场总签约额的50%，呈现规模大、层次高特点。

中国国内经济合作方面，中西部地区共签订项目24项，签约额约占总签约额的22%，显示区域合作进一步深化；共签订东部产业转移项目88项，项目平均规模约13亿元，东部产业向西部转移日趋明显。

国际国内签约项目主要以科技农业、智能制造、节能环保、文化旅游、现代物流、新能源新材料、金融经济等新兴产业及现代服务业为主，签约项目合计约占总量的70%。重大项目支持作用明显，所签订的项目中，50亿元以上项目4项，10亿元以上项目26项。

## 第 14 届中国—东盟博览会展区设置

第 14 届中国—东盟博览会围绕盛会主题,设置商品贸易、投资合作、先进技术、服务贸易和“魅力之城”五大专题,分别在南宁国际会展中心、广西展览馆、南宁华南城三个展区设展。

*南宁国际会展中心会场* 博览会中心展区,主要设置上述五大专题。其中:商品贸易专题主要展示东盟商品、区域外商品、中国商品等;投资合作专题重点展示国际经济与产能合作、农业合作等内容;先进技术专题重点展示先进制造、智慧城市、互联网 +、创新创业、环保节能技术设备和产品、消防设备及技术、东盟科技创新等;服务贸易专题重点展示金融服务、旅游服务、人才服务等;“魅力之城”专题主要对中国和东盟国家根据博览会主题选择的实力城市进行综合展示,并在会期举办城市主题活动、推介活动及城市交流活动。11 个“魅力之城”分别为:中国宁波,文莱斯里巴加湾,柬埔寨柏威夏,印度尼西亚印尼群岛,老挝沙耶武里,马来西亚纳闽,缅甸东枝,菲律宾奥罗拉,新加坡,泰国春武里、罗勇、北柳和越南太原。

*广西展览馆会场* 博览会农业展主展馆,重点展示渔牧产品、优质水果、绿色农产品及食品、茶叶、东盟特色咖啡等。

*南宁华南城会场* 博览会轻工展主展馆,重点展示日用消费品、工艺礼品、家居装饰品、电子消费品、玩具等。

## 第 14 届中国—东盟博览会农业展

2017 年 9 月 12 ~ 16 日在中国南宁广西展览馆举行。以“聚焦品牌建设,推动双向开放”为主题。设立农业产业园区展示区、投资促进展示区和贸易促进展示区,展区占地面积 2000 平方米。中国组织约 200 多家国内企业和 400 多种产品参展。展览期间,展厅共接待宾客 6.8 万人次,现场销售额 29.45 万元,签订贸易合同金额 325 万元,签订意向成交合同金额 796.5 万元,中国的先进玉米油压榨技术、智慧农业系统获得客商好评。农业展还举办中国华南西南片区农业外事外经工作交流合作联席会议、第 2 届中国—东盟农业合作论坛、首届“一带一路”(东盟)农业投资合作论坛、中国—东盟农业国际合作展、中国—柬埔寨农业合作项目推介及签约仪式、中国—越南农业项目推介会、桂台农牧渔业项目对接会等系列活动。

9 月 10 日,由中国广西农业厅主办的中国华南西南片区农业外事外经工作交流合作联席会议举行。会议宣布成立华南西南片区农业外事外经工作交流合作联席会议机制,倡议组建华南西南片区农业对外合作促进会,以实现资源整合,信息共享,推动区域内农产品流通贸易、企业集群发展和抱团出海。

9 月 11 日,第 2 届中国—东盟农业合作论坛举行。论坛以“加强农业合作,实现联动发展”为主题,深入探讨并通过《中华人民共和国农业部与东南亚国家联盟各成员国农业部关于食品与农业合作谅解备忘录》草案等,进一步畅通农业合作的“南宁渠道”。同日,首届“一带一路”(东盟)农业投资合作论坛举办。来自中国和东盟国家的政府官员、企业家、专家学者,围绕“一带一路开启农业投资合作新机遇”主题,共同探讨东盟国家投资环境特点、投资政策导向及发展趋势,为企业开展投资合作搭建沟通平台,为企业“走出去”发展提供机遇。

9 月 12 日,以“农业合作新蓝海,共赢丝路新商机”为主题中国—东盟农业国际合作展开展。展览设立农业国际合作成果、广西企业“走出去”境外基地、广西现代农业核心示范区以及水果、蚕桑、食用菌、富硒、茉莉花茶等系列产品等 9 个版块,集中展现广西农业外向经济、特色优势产业和现代农业新成果。3 万多人次参观合作展,300 多人次外籍外地客商与广西方洽谈联系业务,签订销售协议总金额 500 万元。同日,中国—柬埔寨农业合作项目推介及签约仪式举行。中国国内企业与柬埔寨农林渔业部等,签署内容涉及示范种猪场建设、禽畜养殖及疫苗、优良品种示范种植、市场推广、种子基因库建设等协议,签约总额 2600 万美元。

## 第 14 届中国—东盟博览会轻工展

2017 年 9 月 12 ~ 16 日在中国南宁华南城会展中心举行。以“简约环保创新、提升品质生活”为主题。展览总面积近万平方米,设日用消费品、工艺礼品、家居装饰品、玩具类四大展区,300 多家企业参展,使用展位 390 个。展览期间,中方围绕当前经济贸易发展主题,举办南宁·东南亚国际旅游美食节、第 3 届建材家具展览会、第 5 届金秋茶文化节等大型活动,以及生命科技和电商产业发展论坛、无人机产业发展论坛、中国管理五环峰会——东盟女性创业电商高峰论坛、生命科技产业主题峰会等高峰论坛或主题研讨会。为期 4 天的展会吸引观众 11.6 万人次,现场成交金额 1.26 亿元,达成意向成交金额 1.78 亿元。

## 中国—东盟博览会系列专业展

*中国—东盟博览会文化展* 2017 年 4 月 13 ~ 16 日在中国南宁国际会展中心举办。以“共建 21 世纪海上丝绸之路、共促中国—东盟民心相通”为主题。由中国—东盟博览会秘书处、广西文化厅、广西新闻出版广电局共同主办。印度尼西亚、老挝、泰国等东盟国家,以及日本、韩国、印度等“一带一路”沿线国家的 90 家境外企业参展。中国 15 个省的文化主管部门在展会展示文化产业发展成果、非物质文化遗产及重大文

化产业项目等。柬埔寨、老挝、马来西亚、缅甸、泰国、越南驻南宁总领事馆官员，中国多个省份的文化官员出席开幕式。马来西亚驻南宁总领事黄奕瑞和中国—东盟博览会秘书处秘书长王雷，在开幕式上授予歌手陈永馨“2017 中国—东盟博览会·青年友好交流之星”荣誉证书。

4 月 13 ~ 16 日，中国—东盟博览会文化展在中国南宁举办　（百度网）

文化展专设国际（东盟）特色商品展区，重点展示东盟国家及“一带一路”沿线国家的特色文化产品，展品类型涵盖创意文化产品、非物质文化遗产、新闻出版、广播影视、微映像文化、民间工艺等。文化展采取“一展多节”的办展模式，打造集展示、体验、观摩于一体的中国—东盟文化交流平台。展会期间，主办方还举行中国—东盟微映像节、中国—东盟创意生活购物节、中国—东盟（南宁）国际舞蹈文化节、中国—东盟少儿艺术节等活动以及中国—东盟文化产品采购对接会，中东、欧美等国家近 60 家境外企业和中国的文化产业项目主、投资商、手工艺批发、零售、进出口商参会洽谈。

**中国—东盟博览会文莱展**　5 月 4 ~ 6 日在文莱斯里巴加湾市文莱国际国防展览中心举行。这是中国—东盟博览会举办 13 年来首次与文莱官方共同组织的展览。展会由中国广西壮族自治区政府、文莱外交与贸易部、文莱首相府能源及工业部联合主办，中国—东盟博览会秘书处和中国广西商务厅承办。中国驻文莱大使杨健，文莱首相府能源及工业部部长亚斯敏，文莱财政部副部长阿敏、中国广西壮族自治区主席陈武，以及中国、文莱双方政府相关要员和商界领袖出席开幕式。展览面积 2000 多平方米，重点展示中国和文莱两国知名企业的优势商品。展会期间还举办文莱微型和中小型企业展及系列商贸配对促进活动。

**中国—东盟博览会动漫游戏展**　5 月 28 ~ 30 日，由中国—东盟博览会秘书处、中国动漫集团有限公司、广西壮族自治区文化厅、广西壮族自治区商务厅在中国南宁国际会展中心联合主办。泰国、越南等东盟国家驻南宁总领事馆官员，中国文化部、中国广西的相关部门、中国—东盟博览会秘书处、中国动漫集团的负责人和部分中外参展企业代表出席开幕仪式。展会设置 B2B 商务展和 B2C 消费展，展馆面积 2 万平方米。其中：B2B 商务展区重点展示动漫授权、动漫出版发行和播放、中国和东盟动漫产业基地园区展示、游戏产品、大新游艺设备等内容；B2C 消费展区重点展示动漫衍生产品、游戏衍生品、唱见、宅舞、电子游竞技等互动表演和比赛。展会期间还举办中国—东盟动漫游戏产业大会、中国—东盟动漫游戏行业论坛、中国—东盟产业合作商务洽谈会、中国—东盟动漫游戏产业主题酒会、中国—东盟电子竞技大赛等。

**中国—东盟博览会机电产品展（越南）**　6 月 15 ~ 17 日在越南河内国际会展中心举办。由中国—东盟博览会秘书处、越南工贸部贸易促进局共同主办，中国—东盟博览会秘书处、广西壮族自治区商务厅承办。越南工贸部副部长陈国庆、中国广西壮族自治区副主席张晓钦、中国驻越南大使洪小勇等出席开幕式并致辞。来自中国的 106 家机电企业参展。展会重点展示通用机械、运输车辆、农用机械、工程机械、电子信息、智能消费电子等领域的优质产品和先进技术。展会期间还举办电子电器、新能源、机械设备和零配件专场采购配对会，组织参展企业参观越南工业区，促进交流合作。

**中国—东盟博览会旅游展**　2017 年 10 月 11 ~ 13 日在中国广西桂林举行。由中国国家旅游局和广西壮族自治区人民政府主办，印度尼西亚作为主宾国。以“共创‘一带一路’旅游合作新篇章”为主题。中国 18 个省和 64 个境外国家和地区组团参展参会，专业参展商近 800 家，专业观众 6000 名，参观的公众人数近 15 万人次；近 450 家企业代表参加专业洽谈会，贸易洽谈次数超过 3000 场。展场设置有 21 世纪海上丝绸之路主题馆、境外旅游专业馆、国内旅游专业馆、广西旅游形象馆、国际旅游商品馆、旅游消费馆等六大展区。展览总面积 2.5 万平方米，特装展位面积占 60%。除各国各地的旅游形象展示外，还展出中国和东盟国家的旅游纪念品、旅游食品、旅游时尚用品等，呈现丰富多彩的旅游文化。展会专门设置有东盟 10 国的国家形象展区，参展净面积占整个境外旅游专业展参展净面积的 30%。展会邀请美国、英国、西班牙、加拿大、俄罗斯、日本、东南亚等 40 个重点客源国和地区的 313 名境内外组团社的高管作为买家参会。主宾国印尼举办旅游专场推介会。举办地桂林市也召开国际旅游胜地特色旅游产品及线路推介会、休闲主题专业论坛及露营户外旅游主题专业论坛。联合国世界旅游组织执行主任马修·法维拉、亚太旅游协会首席执行官马里奥·哈迪、中国国家旅游局副局长杜江和广西壮族自治区副主席张晓钦、印度尼西亚旅游部副部长伊·格戴·皮塔纳、老挝新闻文化旅游部副部长欧同·考潘，以及俄罗斯、希腊、瑞士、墨西哥、越南、印尼、老挝、马来西亚、泰国、缅甸等国使领馆官员出席开馆仪式和巡视展馆。

中国—东盟博览会林产品及木制品展　11月17～20日在中国南宁举行。由中国国家林业局联合广西壮族自治区人民政府共同举办。以“汇集最新林业科技，展示绿色环保新生活”为主题。中国、越南、缅甸、泰国、老挝、柬埔寨、马来西亚、印度尼西亚等国家的企业参展参会。展会设置红木家具及红木工艺品、家具及木竹根雕工艺品、人造板及木结构、林业装备、花卉苗木园林、林下经济产品、国外林木产品、林业经济发展及合作等八大展厅，展览面积2.5万平方米。广西继续设东兴精品红木馆，展示高端品牌红木家具。展会期间，主办方举办10多场行业论坛、贸易投资及文化类活动，大力推动中国—东盟林业政企对话、行业对接和企业交流，促进林业产能项目和装备制造合作，促进木文化的传承和创新。

## 第2届中国—东盟大法官论坛

2017年6月8日，以“互联网时代的司法与区域司法合作”为主题的中国—东盟大法官论坛在中国南宁举行。论坛由中国最高人民法院主办，中国广西高级人民法院承办。中国和东盟、南亚国家的首席大法官、最高法院院长和大法官出席论坛。中国首席大法官周强、缅甸首席大法官吞吞乌、东盟秘书处副秘书长穆赫坦、巴基斯坦首席大法官米安·萨基卜·尼萨尔、中国广西壮族自治区主席陈武等在论坛开幕式上致辞。中国一级大法官沈德咏主持开幕式。出席论坛的各方共同通过《南宁声明》。作为论坛重要成果的《南宁声明》，就协调与整合各国商法、服务和保障区域内跨国商贸、完善跨境纠纷解决机制、促进各国民商事判决的相互承认和执行、建立法官交流培训和司法协助研究基地达成许多共识，并提出具体目标和措施。

6月8日，中国—东盟大法官论坛在中国南宁举行　（百度网）

## 第11届中国—东盟社会发展与减贫论坛

2017年7月25～27日在柬埔寨暹粒举行。由中国国务院扶贫办与柬埔寨农村发展部共同主办。来自中国和东盟10国的政府官员、专家学者、媒体、中资企业代表、非政府组织代表及国际组织代表120余人与会。论坛围绕“减贫实践与创新”的主题，讨论中国与东盟国家在减贫理念及政策方面的创新及成功实践、推进中国—东盟减贫合作、中国与东盟国家实现2030年可持续发展目标等世界关注的议题。中国国务院扶贫办副主任洪天云、柬埔寨农村发展部大臣乌拉本、中国广西壮族自治区副主席黄世勇、老挝农林部副主席通万·维拉赫旺、东盟秘书处人类发展司司长罗德拉图拉尔德·巴巴兰等出席开幕式并致辞。中国国际扶贫中心副主任谭卫平主持开幕式。

## 第8届中国—东盟矿业合作论坛

2017年8月23～26日在中国南宁举办。以“建设中国—东盟矿业信息港，深化‘一带一路’合作新平台”为主题。东盟各国代表团和矿业商协组织机构负责人、企业界知名人士和有关专家学者800余人参加论坛开幕式。论坛期间，主办方组织中国—东盟矿业企业发展论坛、中国—东盟矿业项目签约推介洽谈会、中国—东盟地学研究论坛、中国—东盟矿业信息共享技术与机制研讨会、中国—东盟矿业新技术—矿山机械—珠宝玉石展览会等一系列活动，吸引来自中国、东盟国家的225家矿业企业参加展会。

## 首届中国—哈萨克斯坦地方合作论坛

2017年9月11日在中国南宁举办。以“加强对接合作，共享发展机遇”为主题。由中国商务部和哈萨克斯坦国民经济部共同主办。中哈两国35个省（州）的400多名政府和工商界代表出席。双方代表就加强贸易、能源矿产、农业、信息技术、加工制造、交通运输、旅游等领域的务实合作进行专题发言。中共中央政治局常委、国务院副总理张高丽，哈萨克斯坦第一副总理马明出席论坛开幕式并发表演讲。

## 第 3 届中国—东盟保险合作与发展论坛

2017 年 9 月 7 日在中国南宁举办。以“互利共赢，‘一带一路’中国与东盟保险合作新机遇”为主题。由中国保监会和广西壮族自治区人民政府主办。来自老挝、缅甸、菲律宾、泰国等东盟国家和“一带一路”沿线国家和地区的 22 名保险监管机构官员，以及中国保险业界代表参加论坛活动。中国保监会副主席梁涛、广西壮族自治区副主席丁向群出席论坛并致辞。与会代表围绕论坛主题设立的“推动行业建立健全以风险为导向的偿付能力管理体系”“网络安全”“跨境保险、健康保险及其监管”等多个议题展开讨论，还就新兴市场风险管理和实践、保险领域监管改革和市场运行情况进行广泛交流。

## 中国—东盟市长论坛

2017 年 9 月 9 日在中国南宁举办。由中国市长协会、南宁市人民政府共同主办。以“‘一带一路’与中国—东盟城市合作”为主题。设“抓住‘一带一路’机遇，促进中国—东盟城市旅游合作”和“中国与东盟国家共建智慧城市，推动“一带一路”建设”两个议题。来自东盟国家的 54 个城市和马来西亚、泰国、老挝、印度尼西亚、新加坡驻中国广州或南宁的领事馆，中国的 46 个城市负责人等约 300 位嘉宾与会。中国外交部原部长李肇星，泰中友好协会会长、泰国原副总理功塔帕朗西，中国国家旅游局副局长王晓峰，广西壮族自治区人大常委会副主任王跃飞，南宁市市长周红波，中国市长协会秘书长瞿衡德等出席。

## 中国—东盟职业教育联展暨论坛

2017 年 9 月 11 日在中国南宁举办。以“共建现代职业教育、共享‘一带一路’繁荣”为主题。由中国教育部、广西壮族自治区人民政府共同主办。马来西亚驻华大使扎伊努丁·叶海亚，老挝教育与体育部副部长孔习·萨曼尼，缅甸教育部副部长温貌屯，中国教育部部长助理郑富芝，广西壮族自治区副主席丁向群，以及越南、菲律宾、印度尼西亚、泰国、文莱、新加坡等东盟国家代表，白俄罗斯、印度、尼泊尔、埃塞俄比亚、东帝汶等特邀国家代表等约 550 人出席开幕式。145 所院校参展，其中中国广西以“人才培养、民族文化传承、技术服务、开放合作”为主题，重点展示职业教育成果和特色资源，现场推介教学、科研、人才培养、技术培训、师资培养、课程等方面的国际交流合作项目。

## 第 12 届中国—东盟文化论坛

2017 年 9 月 11 日在中国南宁举办。以“中国—东盟传统艺术传承与发展”为主题。由中国文化部和广西壮族自治区人民政府共同主办。文莱文化、青年与体育部部长丕显·拿督·哈尔比，中国文化部副部长董伟，中国—东盟中心秘书长杨秀萍，广西壮族自治区政协副主席李康，以及中国和东盟国家文化与艺术领域的官员、专家学者，国际组织代表等近 200 人出席。与会各方围绕传统艺术人才培养途径、传统艺术传承模式、传统艺术与文化产业的融合发展等议题展开对话，交流各自在传统艺术传承与发展的实践经验，探索共同开展传统艺术合作交流的机制和路径，在文化艺术领域促进 21 世纪海上丝绸之路文化建设和中国—东盟命运共同体建设。围绕论坛主题，主办方还举办中国—东盟艺术院校校长圆桌会议、中国—东盟（南宁）戏剧周、中国—东盟（南宁）戏曲演唱会、特色传统艺术主题互动交流活动等。

## 深化“一带一路”空间信息走廊建设应用与产业国际化发展研讨会

2017 年 9 月 11 日在中国南宁举行。由中国国防科工局和广西壮族自治区人民政府联合主办。来自中国国防科工局、国家测绘地理信息局、农业部规划设计研究院、中国航天科技集团公司、中国航天科工集团公司、北京航空航天大学、中国遥感应用协会、亚太卫通科技有限公司等政府部门代表和专家学者等近 150 人与会。会前，中国国防科技工业局与广西壮族自治区人民政府签订《卫星数据共享与区域应用推广合作协议》，揭牌成立高分广西数据与应用中心、高分广西数据服务中心。

## 中国—东盟红十字博爱论坛

2017 年 9 月 11～12 日在中国南宁举办。以“人道与发展”为主题。由中国红十字会总会、广西壮族自治区人民政府联合主办。中国

*9 月 8～10 日，2017 年中国—东盟市长论坛在南宁召开*　　（百度网）

全国人大常委会副委员长、中国红十字会会长陈竺，广西壮族自治区人大常委会副主任高雄，广西壮族自治区副主席、红十字会会长黄日波，中国红十字会副会长兼秘书长王平等出席。中国和东盟各国，以及罗马尼亚的红十字会代表、专家学者、志愿者等100多名代表参加论坛活动。各国红会代表分别就“社区发展与社区服务”“卫生服务与健康促进”“青年与创新”等议题进行讨论交流。会上，中国红十字会通过“丝路博爱基金”资助项目，向文莱、柬埔寨、印尼、老挝、缅甸、菲律宾、罗马尼亚、泰国、越南等国家红会捐赠“博爱单车”，向柬埔寨、老挝红十字会捐赠红十字救护车，向缅甸援建红十字急救中心，向印尼援建红十字急救中心及血站。

## 中国—东盟信息港论坛·电子商务峰会

2017年9月12～13日在中国南宁举行。由中国广西壮族自治区人民政府主办。中国商务部副部长钱克明，广西壮族自治区副主席丁向群，缅甸商务部部长丹敏，马来西亚国际贸易及工业部第二部长黄家泉，泰国科技部副部长蓬猜·达衮瓦蓝伦，柬埔寨商业部国务秘书毛托拉，欧盟舒曼智库主席、法国外交部前法裔事务部长亚米娜·彭吉吉等出席峰会开幕式并致辞。京东、苏宁、中国邮政等中国电商领军企业和马来西亚、泰国、缅甸等东盟国家电商领军企业的近千名代表参加峰会。嘉宾们围绕“共享丝路新机遇 共创电商新愿景”的峰会主题，就“新互联网时代：合作与愿景”“跨境电商新丝路：机遇与挑战”“监管服务新模式：协作与创新”等开展主题演讲及高端对话，探讨“跨界互联 创新发展”的新模式，着力打造中国—东盟电子商务合作交流高端平台。

## 中国—东盟电力合作与发展论坛

2017年9月12～13日在中国南宁举行。由中国电力企业联合会、中国—东盟博览会秘书处、中国国际贸易促进委员会电力行业委员会联合主办。孟加拉、印度尼西亚、越南、老挝、菲律宾和联合国亚太经社委员会以及中国国家能源局等的近400名代表出席。论坛以“发展清洁电力，共促经济发展”为主题，共同探讨在电力项目、业务合作和信息沟通等方面合作，共同搭建高效互动平台，促进多层次、多领域能源合作。

## 中国—东盟统计论坛

2017年9月12～13日在中国南宁举办。以“深化中国—东盟统计合作，服务21世纪海上丝绸之路建设”为主题。东盟各国统计局、中国国家统计局、广西壮族自治区统计局等近百名专家，就为21世纪海上丝绸之路合作提供优质高效统计服务以及做好新形势下的农业统计等议题进行深入探讨。

## 第9届中国—东盟金融合作与发展领袖论坛

2017年9月13日在中国南宁举办。中国、东盟等国家和地区的政府部门、金融监管部门、金融机构等有关负责人近百人出席。中共广西壮族自治区委员会书记彭清华出席论坛并致辞。论坛以“深化金融合作，共建‘一带一路’”为主题。中国人民银行副行长殷勇、柬埔寨国家银行副行长孙·桑尼盛、老挝中央银行行长助理纳·查恩萨利翁、泰国中央银行行长助理纳瓦蓬·马哈拉卡嘎、澳门金融管理局行政委员黄立峰、国家开发银行副行长周清玉、中国进出口银行副行长谢平、上海证券交易所理事长吴清、柬埔寨加华银行董事长方侨生、中国工商银行副行长李云泽、中国农业银行副行长郭宁宁、中银香港（控股）有限公司总裁岳毅、中国建设银行副行长余静波、交通银行副行长侯维栋、中国邮政储蓄银行副行长邵智宝、中国民生银行董事长洪崎、丝路基金有限责任公司副总经理司欣波、中国广西北部湾银行董事长罗军等，分别就共建“一带一路”的愿景、政策、路径及实践发表主题演讲。与会人员还围绕中国与东盟资本市场发展现状、交易所之间的金融合作与创新等热点问题展开深入研讨。论坛期间还举行人民币对柬埔寨瑞尔银行间市场区域交易启动仪式、中国银行东盟货币现钞调运中心揭牌仪式，签署泛北部湾经济区商业银行战略合作倡议书等。

*9月13日，第9届中国—东盟金融合作与发展领袖论坛在中国广西南宁举办*
（百度网）

## 中国—东盟防灾减灾与可持续发展论坛

2017年9月13～14日在中国南宁举行。由中国广西壮族自治区人民政府、中国科学技术协会联合举办。中国、越南、泰国、法国、巴基斯坦等12个国家和中国香港特别行政区的专家学者出席。与会者围绕"加强科技创新,提升防灾减灾水平"的论坛主题开展研讨交流。此外,还研讨成立中国—东盟防灾减灾科技创新联盟事宜,为开展制度化的区域防灾减灾科技交流合作奠定基础。

### 中国—东盟港口城市合作网络工作会议

2017年9月13~14日在中国南宁举行。来自中国与东盟各国的200多位政商学界嘉宾围绕"推进中国—东盟港口城市合作,共享海上丝绸之路繁荣发展"的会议主题,着重就港口城市深化合作展开讨论,着力把双边互联互通建设合作推向新阶段。会议取得一系列务实成果,其中包括:中国广西北部湾港口管理局与文莱摩拉港签署友好合作备忘录;中国—东盟信息港股份有限公司与上海海事大学签署合作协议,与新加坡国际电子贸易(亚洲私人有限公司)签署战略合作备忘录等。会议还发起成立中国—东盟港口城市合作网络理事会的倡议。

### 中国—东盟生物质能可持续发展论坛

2017年9月13日在中国广西南宁举办。中国和东盟国家的农业和能源部门、行业领军企业及行业代表及知名专家等200多人出席。论坛是广西商务厅、联合国开发计划署和交流中心共同开展的"广西生物质能可持续发展"项目下的一项重要活动。论坛围绕绿色减贫、能源革命与能源转型、生物质能产业发展、环保能源国际合作等方面展开研讨,旨在借助中国—东盟博览局的平台,宣传"广西生物质能可持续发展示范项目"成果和经验,促进中国与东盟国家生物质能开发利用领域的合作。

### 中国—东盟女企业家创业创新论坛

2017年9月12~14日在中国广西钦州由中国—东盟协会、中国女企业家协会、广西壮族自治区人民政府联合举办。第十届全国人大常委会副委员长、中国—东盟协会会长顾秀莲出席论坛开幕式并宣布论坛开幕。中国和东盟国家的女性领导、女企业家、妇女事务官员、专家学者,以及奥地利、加拿大、丹麦、澳大利亚等国女企业家代表近200人出席。论坛以"凝聚女性力量,促进合作共赢"为主题,旨在服务"一带一路"建设,促进中国与东盟睦邻友好合作,搭建各国女企业家沟通交流、凝聚智慧、展现风采、创业创新平台,助推共赢发展。

### 第5届中国—东盟技术转移与创新合作大会

2017年9月12~15日在中国南宁举行。由中国科技部与广西壮族自治区人民政府共同主办。以"创新合作,共享健康福祉"为主题,重点围绕中医药大健康等重点领域,组织开展系列活动。中国、泰国、印度尼西亚、柬埔寨、缅甸、菲律宾等国的科技主管部门组团参会,积极打造"一带一路"背景下的中医药大健康国际创新合作圈。主要活动包括中国—东盟中医药大健康产业国际创新高层论坛及对接会、中国—东盟博览会先进技术展、中国科技部与东盟国家科技主管部门双边会谈和中国—东盟海水养殖产业发展论坛等。

### 中国—东盟环境合作论坛

2017年9月13~15日在中国南宁举行。由中国—东盟环境保护合作中心与中国广西壮族自治区环境保护厅联合举办。论坛由"城市环境保护与可持续发展研讨"和"2017中国—东盟国际环保展"两部分组成。中国和东盟国家,以及法国、瑞典、意大利的近400名嘉宾(其中外宾40多人)出席论坛活动。中国南京大学环境学院张全兴院士、中国科学院侯立安院士出席论坛并发言。法国威立雅环境集团中国公司、苏伊士环境(亚洲)集团、意大利伯优尼公司、瑞典环境科学研究院北京代表处及中国北控水务集团有限公司、碧水源科技公司、神雾节能股份有限公司代表先后发言。 (张　磊)

## 第14届中国—东盟商务与投资峰会

### 中国—东盟商务与投资峰会概况

2003年10月,中国国务院总理温家宝在印度尼西亚巴厘岛举行的第7次中国—东盟10+1领导人会议上提出,每年举办中国—东盟商务与投资峰会和中国—东盟博览会,作为推动中国—东盟自由贸易区建设的一项实际行动。这一建议得到东盟各国领导人的积极响应,并写入主席声明。2004年11月,第1届中国—东盟商务与投资峰会和第1届中国—东盟博览会在中国广西南宁国际会展中心举行。

中国—东盟商务与投资峰会由中国贸促会、中国商务部和广西壮族自治区人民政府共同主办,东盟工商会、中国—东盟商务理事会、文莱国家工商会、柬埔寨总商会、印度尼西亚工商会馆、老挝国家工商会、马来西亚全国工商总会、缅甸工商会联合会、菲律宾工商会、新加坡工商联合总会、泰国工业联盟、越南工商会协办,中国—东盟商务与投资峰会秘书处承办。其宗旨是为推动中国与东盟的全面经济合作,推动中国—东盟自由贸易区建设,搭建中国与东盟各国政府宣传经贸政策的平台,促进中国与东盟工商界的了解与合作,促进政府、学术界和企业界之间更广泛的互动和对话,表达工商界对政府的意愿。至2016年,已举办13届中国—东盟商务与投资峰会和中国—东盟博览会。自2014年起,中国—东盟商务与投资峰会和中国—东盟博览会开幕式合并举办。

2016年9月11～14日，第13届中国—东盟商务与投资峰会与中国—东盟博览会在广西南宁国际会展中心举行。9月11日，第13届中国—东盟商务与投资峰会与中国—东盟博览会合并开幕，中共中央政治局常委、国务院副总理张高丽发表主旨演讲。除开幕式外，本届峰会还举办中国—东盟信息港论坛、中国—东盟电子商务峰会、中国—东盟卫星导航合作论坛、第2届21世纪海上丝绸之路与推进国际产能和装备制造合作论坛、中国—东盟工商论坛、中国—东盟企业家合作高端对话会、首届中国—东盟商会领袖高峰论坛、越南国家领导人与中国企业CEO圆桌对话会等重要活动和系列论坛。

2017年9月12～15日，第14届中国—东盟商务与投资峰会在广西南宁举行。9月12日，第14届中国—东盟商务与投资峰会与第14届中国—东盟博览会合并举行开幕式。本届峰会更加突出服务和促进中国及东盟商界的交流与合作，已达到凝聚共识，深化共赢合作的目的。峰会框架下举办文莱国家领导人与中国企业CEO圆桌对话会、中国—东盟商界领袖论坛、中国—东盟电商平台成果展示与线下活动、中国—东盟商事法律合作研讨会、东盟东部增长区贸易投资研讨会等系列活动和论坛，并举办了多种专题投资促进推介会，以更好的服务中国—东盟自由贸易区升级版建设。

## 第2届中国—东盟企业家合作高端对话会

2017年9月10～12日在中国南宁由中国—东盟博览会秘书处、中国—东盟企业家联合筹备组联合举办。以“服务‘一带一路’建设，构建中国—东盟民营资本产能合作新格局”为主题。泰国科技部副部长蓬猜、中国广西壮族自治区副主席张晓钦、中国广西国际博览事务局局长、中国—东盟博览会秘书处秘书长王雷，以及中国和东盟的企业家代表等出席，中国—东盟中心代表应邀参加活动。对话会上，中马产业园、中泰产业园、马来西亚永大集团等中国和东盟国家企业代表，分别对“印象马六甲”等项目作专题推介，签署合作意向协议。

## 中国—东盟基础设施合作论坛

2017年9月12日在中国南宁举行。由中国对外承包工程商会主办。论坛活动获得中国商务部对外投资和经济合作司、中国—东盟博览会秘书处的大力支持。中国对外承包工程商会会长房秋晨、中国商务部对外投资和经济合作司副司长李少彤、中国驻新加坡经商参处公使衔参赞郑超、中国驻缅甸经商参处经济商务参赞谢国祥、中国成套设备进出口（集团）总公司董事长刘艳、中国出口信用保险公司项目险市场开发部处长张明、德勤全球基础设施业务中心合伙人周颖等嘉宾出席论坛并发言。中国承包商会副会长于晓虹、中国和东盟国家承包工程行业代表等150多人参加论坛活动。

## 首届“一带一路”（东盟）农业投资合作论坛

2017年9月11日在中国南宁举行。由中国农业部和广西壮族自治区人民政府联合举办。以“‘一带一路’开启农业投资合作新机遇”为主题，尝试搭建“一带一路”建设框架下中国与东盟农业投资合作的政府、科研机构、企业“三位一体”的政策对话平台。中国与东盟国家的政府官员、专家学者、企业家代表等300多人与会。中国农业部首席兽医师张仲秋出席论坛并作主旨发言。中国广西壮族自治区副主席张秀隆、柬埔寨农业部副国务秘书仙索万到会致辞。与会代表结合东盟国家投资环境特点、投资政策导向及发展趋势，共同探讨面向未来展望中国—东盟投资合作新机遇。中国农业部对外经济合作中心、中国农业大学、中央财经大学的专家重点分析研判中国与东盟农业投资合作发展模式与趋势，中国和东盟国家农业投资企业重点分享海外投资的具体做法。中国商务部、缅甸投资委员会、菲律宾驻华使馆和老挝驻华使馆官员，着重就本国鼓励对外投资或吸引外资的政策作解读。

## 中国—东盟电力合作与发展论坛

2017年9月12～13日在中国南宁举行。由中国电力企业联合会、中国—东盟博览会秘书处和中国国际贸易促进委员会电力行业委员会联合举办。中国国家能源局、联合国亚太经社委员会、孟加拉、印度尼西亚、越南、老挝、菲律宾等政府和国际组织官员，以及专家学者、企业代表等近400人出席论坛开幕式。论坛以“发展清洁电力，共促经济发展”为主题，致力于为中国和东盟国家能源电力项目、业务合作和信息往来搭建高效互动平台，以促进中国和东盟各国实现多层次、多领域能源合作。围绕主题，与会代表在论坛上就中国—东盟电力合作机制、区域能源互联、清洁能源开发、东盟国家投资政策及能源发展趋势等展开对话交流。

## 斯里兰卡国家推介会

2017年9月12日在中国南宁举行。由斯里兰卡出口发展局和斯里兰卡驻广州总领馆联合举办。会议以“斯里兰卡，无限商机”为主题，推介斯里兰卡与中国双边贸易的新机遇，重点介绍斯里兰卡的贸易优惠政策以及斯里兰卡蓝宝石、椰子、科技发明等方面的信息。斯里兰卡驻广州总领事莎妮卡·迪萨纳亚克女士出席会议并致辞，斯里兰卡出口发展局、珠宝管理局、椰子产品发展局、发明家协会的官员作各自领域的推介。

## 第2届中越跨境经济合作论坛暨中国东兴—越南芒街跨境经济合作区专场推介会

2017年9月12日在中国南宁举行。由广西壮族自治区发展改革委员会、商务厅、中国—东盟博览会秘书处、防城港市人民政府和东兴试验区管委会联合举办。中越两国相关部委领导、越南太原省代表团、中国广西壮族自治区领导，相关战略合作伙伴、商会、行业协会、企业代表等约450人出席。论坛和推介会旨在通过宣传推介中国东兴—越南芒街跨境经济合作区取得的开发建设成果、改革创新经验和独特的区位优势、政策优势，吸引更多企业落户跨境经济合作区投资，同时进一步探讨中越跨境经济合作重点、热点、难点问题，共同搭建中越经贸投资合作平台，助推中越双方在产业、金融、贸易、劳务、旅游及互联互通等领域的全方位合作。推介会上，东兴重点开发开放试验区成功签订协议项目16项，投资总金额90亿元，项目涉及新能源汽车、旅游文化、电子机械、金融商贸、现代物流、农副产品加工等众多领域。

## 哈萨克斯坦投资和出口推介会

2017年9月12日在中国南宁举行。由哈萨克投资国家股份公司、哈萨克斯坦共和国驻中国大使馆、哈萨克斯坦共和国投资和发展部联合主办。哈萨克斯坦国有铁路总公司副总裁桑扎尔·耶鲁巴耶夫、哈萨克投资国家股份公司执行经理德米特里·特卡琴科、哈萨克投资国家股份公司出口司司长努尔兰·库吉雅罗夫等作发言，近100人出席推介会活动。推介会以哈萨克斯坦投资环境、哈萨克斯坦出口产品、哈萨克斯坦霍尔果斯东方之门经济特区、哈萨克斯坦过境运输潜力等4个方面作介绍并进行对话。

9月12日，哈萨克斯坦投资和出口推介会在中国广西南宁举行（百度网）

## 中国甘肃省水果、蔬菜、中药材及国际产能合作推介会

2017年9月12日在中国南宁举行。由甘肃省人民政府主办。中共甘肃省委副书记、省长唐仁健，中共广西壮族自治区委员会副书记、自治区主席陈武出席推介会并致辞。甘肃省14个市州的50家企业组织159种产品参展。

## 越南采购商专场贸易对接会

2017年9月13日在中国南宁举行。由中国—东盟博览会秘书处和越南贸促局共同主办。70个越南采购商和180个中国供货商参加。配对会旨在为中国与越南供应商、采购商在农产品、农资农机、食品加工包装、电子电器、电力能源等方面提供精准对接、高效互动平台，促进中越两国贸易合作发展。中国山东兴和公司等中方企业取得较好的经贸成效。

## 文莱投资推介会

2017年9月13日在中国南宁举行。中国广西壮族自治区政协副主席彭钊、文莱财政部副部长阿敏、文莱首相府外国直接投资行动与支持中心主任哈里斯出席推介会并致辞。中文两国的政府官员、企业界人士等约400人参会。推介会上，恒逸实业（文莱）有限公司、文莱遮鲁东医疗中心、文莱遮鲁东国际学校、文莱国际学校的代表分别进行重点推介，现场还签订了相关项目合作协议。

## 新加坡专题论坛

2017年9月13日在中国南宁举行。由新加坡工商联合总会主办。以“携手狮城，辐射东盟，放眼国际”为主题，旨在推动和加强新加坡与中国在服务贸易领域的交流与合作，帮助中国和东盟的企业家增加对新加坡的了解，以其作为开拓亚洲市场的跳板谋求共同发展。新加坡国际企业发展局、企业经济发展局、旅游局、新加坡国际仲裁中心等机构的高管人员，向与会代表介绍新加坡的经商环境、区域投资合作、旅游和国际会议情况及法律仲裁等领域的优势，与参会者就财务、金融、法律等方面进行探讨和交流。

## 文莱国家领导人与中国企业CEO圆桌对话会

2017年9月12日在中国南宁举行。由文莱外交与贸易部、中国贸促会、中国广西壮族自治区人民政府联合举办。文莱苏丹哈桑纳尔出席对话会并发表主旨演讲，中共广西壮族自治区委员会书记彭清华、中国贸促会会长姜增伟分别致辞，文莱王子阿都马丁及首相府部长兼外交与贸易部第二部长林玉成、首相府部长兼财政部第二部长拉赫曼等多位内阁部长出席圆桌对话会。两国政府官员、国际及区域组织代表、工商界人士近300人与会。会议围绕“促进中文经贸合作，实现共同发展”主题开展对话交流，内容包括文莱—广西经济走廊建设及港口、金融、石油化工、通讯、信息化规划发展等领域。

### 中国—菲律宾产能与投资合作论坛

2017年9月12日在中国南宁举行。由中国国家发展改革委、中国商务部、中国广西壮族自治区人民政府与菲律宾国家经济发展署共同举办。中菲两国政府相关部门、行业协会、研究机构、金融机构、企业界和媒体界的300多名代表参加。论坛以“共促产能合作、共享发展成果”为主题，旨在促进两国政府、企业和机构深入交流，推动两国产能与投资合作不断取得新进展。

### 中国（河南）自由贸易试验区推介会暨项目签约仪式

2017年9月12日在中国南宁举行。由中国河南省人民政府主办。河南省政协副主席钱国玉、广西壮族自治区政协副主席李康出席并致辞，河南省商务厅厅长、自贸办主任焦锦淼专题推介中国（河南）自由贸易试验区，郑州、开封、洛阳三个片区分别推介片区特点及优势，澳大利亚维多利亚州澳中友好协会终身荣誉主席肯·史密斯致辞。签约仪式上，66个项目集中签约，签约总金额222亿元，项目涉及交通、城市建设、高新技术、新能源、新材料等领域。

### 中国—东盟商事法律合作研讨会

2017年9月13日在中国南宁举行。由中国贸促会和东盟10国工商会共同主办。中国贸促会副会长陈洲、中国广西壮族自治区人大常委会副主任高雄、老挝国家工商会副主席詹塔宋、马来西亚全国工商总会副总主席刘瑞裕、缅甸工商会联合会副主席登汉、泰国工业联合会副主席宋悦·唐米拉、越南工商会副主席黄光防，以及来自马来西亚全国工商总会、缅甸工商会联合会、泰国工业联合会、新加坡仲裁中心等中外法律界、学术界、企业界的150多名嘉宾和代表参会。研讨会由中国贸促会法律事务部副部长刘超主持。围绕“区域合作进程中的商事法律服务和争议解决”的研讨主题，中国国际经济贸易仲裁委员会副秘书长李虎，越南工商会法律司司长阮氏秋庄，泰国工业联合会董事会董事、国际组织委员会（中国、远东）委员颂萨，中国社科院国际法所国际经济法室主任刘敬东，缅甸工商会联合会法律顾问丹貌，大连海事大学法学院院长、教授、博士生导师初北平，新加坡国际仲裁中心仲裁员曹丽军，马来西亚全国工商总会法律专家蔡文洲，协力律师事务所高级合伙人、上海进出口商会副会长张振安等9位嘉宾分别作主题发言。研讨会期间，中国贸促会法律事务部副部长刘超分别与菲律宾工商会国际贸易部经理玛利琳·嘉比昂萨、越南工商会法律司司长阮氏秋庄签署《中国—菲律宾商事法律合作委员会备忘录》《中国—越南商事法律合作备忘录》。

### 中国陕西—东盟果品推介会

2017年9月13日在中国南宁举行。由陕西省人民政府主办。来自东盟和欧美国家的70位农业产品采购商参会。

### 第2届中国—东盟商会领袖高峰论坛

2017年9月13～15日在中国广西举行。由中国广西壮族自治区人民政府、全国工商联、中华海外联谊会联合举办。以“促进产业合作，助力‘一带一路’”为主题，分主论坛和分论坛进行。马来西亚广西总商会、泰国广西总会等海外商协会，港澳台商协会、桂商总会及全球驻外广西商会、异地驻桂商会等近400名官员、商界精英代表，参加13日在南宁举办的主论坛活动。主论坛会上，中国绿色能源发展基金管理委员会主席、中国发展研究院院长王彤，北大后E会会长崔巍，全联科技装备业商会会长、研祥高科技控股集团董事局主席陈志列，桂商总会会长李非列，泰国广西总会主席李铭如先后发表主旨演讲。14～15日，主办方以行业为主题，在广西防城港、贺州分别举办物流业合作发展主题论坛和健康养生产业发展主题论坛，共同研讨相关领域合作事宜。（张　磊）

## 第19届南宁国际民歌艺术节

### 第19届南宁民歌艺术节开幕晚会

2017年9月12日在广西体育中心体育馆举行。晚会以“思路山水·画里民歌”为主题，通过呈现广西少数民族万种风情的文化艺术，歌颂与“一带一路”沿线国家的友好发展。晚会还邀请众多国内优秀艺人和东盟及其他国家的实力艺人同台献艺，为广大观众精心打造一台多元化音乐交融、传承与创新并存且具有东盟情怀的视听盛宴。

晚会由高枫、周蕾、夏颖、柯豆主持。韩磊、谭维维、吴碧霞、帕尔哈提、广西独立乐队“旅行团”等中国实力歌手（组合），以及文莱、印度尼西亚、马来西亚、乌克兰、波黑、英国等国的歌手登场献艺。在具有广西山水文化民族风的舞台上，伴随演出主题，创意民歌秀《刘三姐遇上阿诗玛》，让广西马山壮族三声部与云南的海莱腔两种民歌文化碰撞，让两地文化交互，展现民族和谐。粤剧大师梁素梅和嘻哈歌手一起，通过流行与传统手法的巧妙融合，以粤剧《卖荔枝》曲风演绎具有南宁记忆的《南宁 style》，将南宁从青山绿水唱到热闹繁华都市，对美丽南宁进行一次全景音乐素描。被誉为“中西合璧的夜莺”的吴碧霞以经典手法演绎《玛依拉变奏曲》和充满时代韵味的《起航》。谭维维激情献演《乌兰巴托的夜》《康定情歌溜溜调》两首耳熟能详的中国民歌，以及与观众互动演唱《如果有来生》。韩磊演唱《等待》《花房姑娘》《没离开过》《路的呼唤》等4首不同风格的歌曲，其中《路的呼唤》是中国中央电视台《远方的家》特别节目《一带一路》的主题曲，不仅切合民歌艺术节“丝路山水画里民歌”主题，还体现了民歌艺术节联结中国与东盟文化交流的主旨。

包容的民歌艺术节舞台吸引了多元文化、多种艺术元素融合，让国家之间、民族之间以音乐为桥梁得到“撞见”。创意秀《壮见》通过加入“文莱”元素，展示了本届中国—东盟博览会主题国文莱的民族艺术，从牛角号到猴鼓，从地道的民族服饰到极富特色的细话歌，让观众走入了神秘的白裤瑶山寨和文莱，体验了一次地道的民俗风情。中国原创歌手韩冰和印度尼西亚歌手曾慧兰合作，倾情演唱一首《情歌赛过春江水》，马来西亚歌手陈湘胤和中国歌手胡译心则带来歌曲《梨花又开放》，李思宇与蝶当久则与乌克兰、马来西亚、英国的艺术家共同演绎了《广西尼的呀》，通过歌的形式显示广西面向世界敞开胸怀的高远境界。最后，中国第五代刘三姐王予嘉和广西歌手陈道宁共同以《大地之约》为邀约，以壮族歌仙刘三姐的身份向世界各地友人发出来自广西的邀约。

## “绿城歌台”群众文化活动

“绿城歌台”群众文化活动是第19届南宁国际民歌艺术节的重头戏之一。在持续6天的时间里，主办方围绕“丝路织梦·歌海扬帆”主题，在民歌湖主歌台，区、县分歌台共安排晚会18台，通过不同的活动内容和小主题，让参加第19届南宁民歌艺术节的嘉宾和市民洋溢在“绿城处处都飞歌、东盟各国大联欢”的壮乡歌海热潮中。

**民歌湖歌台** 以传承民歌为主旨，分别以“丝路织梦·歌海扬帆”——南宁国际民歌艺术节“绿城歌台”开幕式晚会、“相约民歌湖畔·共眷天下民歌”民歌专场(陕西专场)、广西新锐乐团致敬经典民歌 LIVE 演唱会、“绿城飞歌 花朵绽放”南宁市少儿民歌汇、南宁市原创精品节目展演《舞动·中国梦》、“南风粤韵”地方戏曲专场晚会为主题，以歌舞的形式每天一台晚会，为观众奉献民族色彩丰富、异域情调浓郁、舞台互动性强的精彩演出。

“丝路织梦·歌海扬帆”绿城歌台开幕式晚会由南宁国际民歌艺术节组委会主办。晚会以史诗般的艺术手法结合音乐、舞蹈、情景表演等表现方式，将广西和南宁本土优秀的原生态山歌进行改编并有机串联，融合异国风情节目，通过“青山绿水”“田园花海”“美丽家园”“五湖四海”四大篇章，共同唱响友谊欢乐之歌。来自波黑、斯洛文尼亚、乌克兰、波利尼西亚、马来西亚等国的艺术家与中国艺术家一起踏歌起舞。

“相约民歌湖畔·共眷天下民歌”民歌专场(陕西专场)，通过一批全国群众文化最高奖项群星奖获得者、戏曲秦腔梅花奖获得者及多位国家一级演员的参演，为观众带来一场极具陕西地方特色、代表陕西较高水平的优秀民族歌舞盛宴。节目主要有歌伴舞《送你一个长安》、秦韵十足的《挂红灯》《绣荷包》、秦腔经典名剧《三滴血》《柳河湾新娘》选段、陕北民歌《一对对鸳鸯水上漂》《哪哒哒也不如咱山沟沟好》。粗犷豪迈的陕北民歌、深沉通俗的关中秦歌、婉转悠长的陕南民歌，让观众在领略陕西民歌动听旋律的同时体验陕西文化的独特魅力。

中外群星致敬经典民歌 LIVE 公益演唱会，以致敬经典、潮流经典、追逐梦想、超越梦想4个章节上演节目16个。这些节目融合摇滚、民谣、说唱等表演方式，将经典民歌全新演绎，充分展现民歌魅力。

**五县分歌台** 五县分歌台立足本土文化特征，塑造多彩民族地区形象，采取自主沟通交流的方式，实现县与县之间的特色节目互换，通过县域文化交流，搭建多元开放、和谐共荣的文化展示平台。横县歌台以“醉美花乡”为主题在横县体育馆举行，来自巴基斯坦、乌克兰等国家的艺术家与南宁、玉林和横县的文艺工作者同台

9月13日，第19届南宁国际民歌艺术节“绿城歌台”西乡塘区歌台群众文化活动在西乡塘区美丽南方忠良村举行 (百度网)

献艺。马山县歌台以“鼓乡歌海·祥寿马山”为主题在县人民会堂举行。演出结合马山“文化三宝”载体，在演出内容上既安排有本土壮族文艺表演，又有波利尼西亚、爱尔兰的民歌演唱。隆安县歌台以“多彩那乡”为主题在县城蝶城文化广场举办。演出以“那”文化为主要元素，分为“那是幸福的天堂”“请你跟我去那乡”“那地方真是美”三个篇章，展现独具隆安特色文化。宾阳县歌台以“龙韵宾阳”为主题在县城文化广场举办。演出将现代文化元素与地方民族文化融合，展演极具地方文化特色的文艺精品节目，讲宾阳故事，扬民族风尚，全面展示宾阳优秀传统文化。来自乌克兰黑海水手歌舞团的歌伴舞《美丽日子》、美国艺术团队的现代舞《光耀未来》等精彩节目，同样深受观众的欢迎。上林县歌台以“壮族老家养生上林”为主题在县文化广场举办。演出将结合扶贫、旅游、养生等内容，融合上林民俗文化和现代艺术，浓墨重彩地展示该县寿、孝文艺元素。

城区分歌台　城区分歌台根据7个城区的文化特色，设置不同主题内容，展现特色文化、体现发展活力。西乡塘区歌台以“美丽南方从这里起步”为主题在“美丽南方”忠良村举办。演出精选本地文化、生活方式与风土人情浓郁的节目，追求民族性和艺术性统一，力求以浓郁的民族风情、开阔的国际视野和强劲的现代气息彰显分歌台魅力。在开幕式活动中，除在舞台上演广西民歌《广西尼的呀》、本土原唱《壮家欢歌迎客来》、巴西舞蹈《桑巴舞》等精彩节目外，还举办“蕉王争霸赛”和乡村民俗大巡游。民俗大巡游以“农民、农业、农事”为核心，通过农民身穿农作物服饰展示、园区企业文化展示、非物质文化遗产展示等，来展现美丽南方田园综合体的产业、文化内涵。兴宁区歌台以“百年商埠·创新兴宁”为主题在广西金桥国际农产品批发市场举办。节目以民族舞团、舞社、乐队等富有本土气息的表演为主，突出城区打造“中国商埠民俗文化之乡”“旅游兴宁，休闲兴宁”的建设新成果，展示百年城区历史文化和人民群众精神面貌，感受老城区的发展变化。来自苏格兰、乌克兰的艺术家参加开幕式，助兴歌台活动。兴宁区还举办《“百年商埠休闲兴宁”——作家眼中的兴宁》专题文化旅游宣传和十里花卉长廊“寻乡愁·赏花趣”一日游活动，活跃歌台气氛。江南区歌台以“平话情韵”为主题在江南万达广场举办。歌台活动结合2017江南区平话文化旅游节开幕式，以平话山歌为桥梁，以舞蹈为语言，通过江南特色的欢歌盛会唱响绿城歌台。开幕式演出安排包括国际艺术交流节目、马来西亚传统民族舞、平话民俗文艺大展演、乡村社区和谐文艺展演等节目，吸引1500多名观众现场观看。青秀区歌台以“重温经典追忆青春”为主题，以演唱会的形式在南宁南湖公园三月三欢歌广场举办。歌台开幕式选取从改革开放到21世纪初20首人们耳熟能详的经典歌曲作展示，掀起追忆青春的音乐浪潮，诠释“创意青秀·东盟之窗”的文化内涵。3000多观众现场观看演出。邕宁区歌台以“福满邕宁”为主题在万达茂广场举行。来自意大利、泰国、南非的艺术家和邕宁本地文艺表演者同台献艺。邕宁歌台开幕式以邕宁八音队《壮家乐》拉开序幕，以精心编排的《福婆·月翁》《嘹啰唱响核心价值观》等原生态民俗歌舞节目展示本土民间文化。演出吸引上千名观众观看。武鸣区歌台以“情韵壮乡欢歌飞扬”为主题在武鸣区城投综合楼大会议厅拉开序幕。来自越南、爱尔兰等国家的艺术家与武鸣区文艺表演者欢聚一堂，为观众奉献一台中外文化、民族文化和谐交融的歌舞联欢盛会。良庆区歌台以“壮韵嘹啰，山水良庆”为主题在大沙田滨江广场举办。演出阵容由国外艺术家、广西专业演出团体演员和良庆民间文艺表演者组成，集中展现城区最具文化特色的“嘹啰山歌”和西班牙等国民间艺术。歌台活动同样吸引众多观众观看。

## 中国—东盟(南宁)戏剧周

2017年9月6～12日在中国南宁举行。中国和东盟10国24个团队的709名演员，为观众献演优秀剧目42场。戏剧周以“丝路起航 戏海扬帆”为主题，以演、研、展、赛+大联欢“4+1”模式为特色，通过系列戏剧艺术活动，构筑高端展演平台，深化合作纽带作用，促进中国与东盟戏剧文化艺术交流合作及经贸合作，推动中国与东盟戏剧的长效合作和发展。戏剧周献演剧目均为国内首次演出，包括越南国家木偶剧团的木偶剧《四季》，越南国家话剧院的话剧《黄昏别离》，泰国华富里戏剧艺术学院的历史剧《罗斛》，文莱独幕剧《墙》，菲律宾传统歌舞《棉兰老岛，编绘生活的

*9月6日，2017年中国—东盟(南宁)戏剧周在中国广西南宁拉开帷幕*
(百度网)

赞歌》,泰国历史剧《罗斛王国》,柬埔寨皇家芭蕾舞剧《罗摩与罗什》,以及中国广东粤剧院的新编传奇粤剧《白蛇传·情》,杭州越剧传习院的越剧《忠言》,南宁市戏剧院的《南派粤剧经典折子戏专场》等。戏剧周期间,结合中国与东盟丰富的戏剧艺术文化、非物质文化遗产资源,还举行中国南派粤剧展示中心开展仪式、中国—东盟艺术展、中国—东盟电影展映等展览活动,以及国际学术研讨会、中国—东盟艺术院(团)长高峰论坛等学术活动和中国—东盟南派粤剧大赛暨第2届红派粤剧艺术大赛等赛事活动。

戏剧周开幕式　9月6日晚在南宁人民会堂举行。开幕式上演南宁市戏剧院的大型邕剧《玄奘西行》。该剧是2016年度国家艺术基金资助项目、邕州剧场地方戏曲月月演剧目,在内容上用玄奘西行历险、天竺求学、载誉荣归三个段落展开情节,表现玄奘为探究佛理,执着信仰、不畏艰险、追求理想的精神,以艺术手段展现"一带一路"发展的历史渊源及文化脉络。

中国—东盟艺术院(团)长高峰论坛圆桌会议　9月7日在中国南宁举行。41家国内外艺术院团的近百名专家出席。与会者共同探讨中国与东盟国家戏剧文化的发展趋势,共同签署《中国—东盟戏剧合作交流机制谅解备忘录》,搭建起南宁与东盟国家艺术交流之桥。

丝路华章:中国—东盟艺术展　9月8～11日在南宁市图书馆由广西文化厅、南宁市人民政府联合主办。艺术展以传播中国与东盟传统文化和民族艺术为主旨,为艺术家提供深入交流的开放平台。印度尼西亚、老挝、缅甸、泰国、中国的艺术精品在展厅炫目亮相。其中有印度尼西亚的油画,有造型古朴、制作精致的老挝银画,有佛教主题的泰国油画,有形象动人的缅甸大象艺术画,有红线女关心基层粤剧社团发展纪实图片选展等,吸引近万人观展。

中国—东盟(南宁)戏剧周国际学术研讨会　9月8日在中国南宁举办。与会专家学者通过探讨东盟各国戏剧的特点与发展状况,提出建设性意见,为各方戏剧事业繁荣发展提供智力支持。

中国—东盟青年电影展　9月9～11日在中国南宁中影国际影城航洋店举行。影展征集展现微电影86部、戏曲电影7部,其中东盟国家15部,主要有《光头之家》《像盐那么咸》《父女》《南西家宝饭》《咚咚推》《欢卜》等。越南、老挝、柬埔寨、新加坡、印度尼西亚的作品主要展示当下社会和文化现象,中国的作品则展现传统文化和现实文化的创新。

中国—东盟(南宁)戏剧周大联欢晚会　9月11日晚在南宁民歌湖广场举行。大联欢晚会是戏剧周的闭幕式暨颁奖晚会,以"文化交流的盛典、丝路友情的重温"为主题互动联欢,并为优秀艺术团体颁发朱槿花奖杯和纪念证书。晚会分"有朋远来""戏海扬帆""共绘大美"三个篇章,通过群舞《航海》、晋剧绝技绝活荟萃、粤曲《粤伶心曲》《贵妃醉酒》以及婺剧《双枪陆文龙》等多彩节目,充分展示戏剧周取得的丰硕成果。

(张　磊)

## 东盟国家重要展会

### 文莱庆祝东盟成立50周年展

2017年8月12～13日在文莱斯里巴加湾举办。由文莱外交与贸易部主办,东盟成员国、对话伙伴国等协办,文莱文化部、东盟国家及东盟对话伙伴国驻文莱大使馆、中国—东盟中心等20多家机构共同参与。展览分文化展、旅游展、食品展三个部分,重点展示东盟历史和现状、东盟与各国关系、东盟国家特色文化、特产、美食等。受邀参展的中国独立主题展由中国—东盟中心、中国驻文莱大使馆主办。中国展以丝绸文化为主题,中国艺术家现场演示精湛的刺绣技艺,吸引众多参访者驻足观看。

### 第7届柬埔寨国际机械工业展

2017年8月25～28日在柬埔寨金边举办。展会吸引保加利亚、柬埔寨、中国、德国、中国香港、印度、意大利、印度尼西亚、日本、马来西亚、新加坡、中国台湾、泰国、越南等14个国家和地区的175家参展商参展。参展商现场展售各式新型机器与其他产品,并与文莱企业交流分享产业最新技术。

### 第32届印度尼西亚贸易博览会

2017年10月11～15日在印度尼西亚雅加达举行。是印度尼西亚规模最大、级别最高的对外商品交易会,每年举办一届。博览会由印度尼西亚商务部主办,印度尼西亚外交部、工业部、农业部、海洋渔业部、合作社和中小企业部及投资协调委员会协办,重点展示印尼的工业、农业、渔业、纺织业、工艺品、首饰等产业的优秀产品。来自116个国家和地区的企业参加本届博览会寻找合作商机,其间实现交易额14亿美元,比上届增长37.36%。

### 印度尼西亚国际建材展

2017年5月17～21日在印度尼西亚Indonesia Convention Exhibition展馆举行。由印尼DEBINDO公司主办。展馆面积3.5万平方米。展览内容涉及各类建材机械设备、建筑材料、庭院设施、园林绿化、建筑五金、卫浴照明及建筑设计等。该展会是东南亚历史悠久、展商及观展商最具国际化的建材行业展览会,自2002年起已成功举办了13届。

## 马来西亚国际清真食品展

2017年4月5～8日在马来西亚吉隆坡举行。由马来西亚对外贸易更新发育总公司和Expotim共同举办。展品包括:清真认证的即食食品、罐装食品、甜食、乳制品、饼干、粒点、休闲食品、熟食、谷物和干果;家禽和海产品、果脯和蔬菜产品、饮料、天然材料、食品添加剂、乳化剂和配料;中草药、保健品。该展会始于2004年,每年一届,每年均吸引来自全球的500多家采购商和参展商前来进行贸易洽谈。

## 第5届缅甸国际矿业展览会

2017年10月12～14日在缅甸仰光举行。由缅甸联邦工商业联合会主办。展示内容主要是工程机械成品和配件,其中包括挖掘机械、岩凿机械、工程钻探机械及掘进机、铲土运输机械、钢筋和预应力机械、气动工具、混凝土机械、装修机械、桩工机械、路面机械、压实机械、工程起重机械、市政工程与环卫机械、机动工业车辆、动力装置以及机械配件、液压密封配件及其总成、检测维修设备及其配件、汽车用配件、行进支重件、工程轮胎、专用零件、液压与气动设备、各种电机、各类轴承、各类整机配件等。展会还特设展区,展示采矿机械和设备、林业机械与设备、物料搬运机械与设备及相关零配件等。

## 缅甸国际纺织展

2017年12月8～10日在缅甸仰光举办。由中国浙江省商务厅、中国纺织品进出口商会主办,缅甸中国纺织服装协会、浙江中国轻纺城集团股份有限公司、浙江三博会展股份有限公司承办,全球纺织网、网上轻纺城、绍兴易纺会展服务有限公司、缅甸会展公司协办。160多家中国企业前往参展,展出纺织面料、辅料产品、服装、家纺、窗帘、纺织机械等产品。展会吸引众多的缅甸及周边国家纺织企业、服装企业前来观展对接。

## 第24届菲律宾国际农业展览会

2017年10月6～8日在菲律宾马尼拉举办。展会吸引菲律宾、法国、中国、韩国、泰国、印度尼西亚、德国、英国等27个国家和地区的400家参展商前来参展,接纳观众2.7万人次。展览汇集种植、畜牧、家禽养殖、化肥、农药、饲料、渔业、特色农产品及食品加工前沿技术和产品。展会期间,主办方还举办菲律宾国际食品加工展览会、包装机械设备展览会和菲律宾国际渔业展览会。菲律宾国际农业展览会于1994年开办,先后举办了23届,成为菲律宾最大的农业展。

## 第38届菲律宾国际电力行业展览会

2017年8月30～31日在菲律宾马尼拉举行。由菲律宾能源部、菲律宾国家电力公司、菲律宾农村电网协会联合举办。展会集中展示包括发电设备与技术、智能输变电设备、电网调度控制及安检、电力通信与信息、智能计量与用电管理、电工附件等方面产品或技术。共有50多家电力公司参展。

## 新加坡国际家具展览会

2017年3月9～12日在新加坡樟宜国际博览中心举办。展出内容包括:1. 家具类,包括仿古董家具、卧室家具、铁艺家具、钢木家具、儿童家具、定制家具、饭厅家具、花园/户外家具、家庭娱乐家具、厨房家具、客厅家具、应时家具、办公室家具/系统;2. 家具材料,包括竹藤、玻璃、皮革、大理石、金属、塑胶、白藤、石头、铁丝、藤、木材;3. 软式家具及家居装潢,包括地毯和毛毯、窗帘/卷帘、组件设备、装饰配件、布料、工艺品、皮革、灯饰、亚麻布、沙发、地板、木线、墙板铺设材料。4. 家具五金、辅料和配件。该展会于1981年首次举办,每年一届,成为新加坡家具业面对出口欧美市场和覆盖南亚国家市场的重要展览会。

## 泰国制造业博览会

2017年6月21～24日在泰国曼谷举行。由励展泰国公司主办。此届博览会分设模具及模具制造设备展,汽车零配件制造及设备展,工业自动化及生产设备展,表面处理、喷漆及烤漆科技展,塑料展等分展。共吸引46个国家的2425个品牌前来参展。专业观众5.18万人。

## 第27届越南国际贸易博览会

2017年4月19～22日在越南河内举办。由越南工商部主办。以“加强国际和地区经济互联互通”为主题,列为庆祝2017年亚太经济合作组织峰会的重要贸易促进活动。新加坡、捷克、日本、马来西亚、印度、韩国、中国等23个国家和地区的500余家企业参展,设展位600个。

## 第24届越南国际医药制药、医疗器械展览会

2017年5月10～13日在越南河内举办。由越南卫生部主办。设展位500个,主要展示药品、功能性食品、医疗设备、医院及诊所设备、牙科设备及眼科设备、医疗卫生扶持设备及技术设备、保健产品、医疗化学品、分析设备、实验室设备等。吸引30个国家和地区的410家企业和企业集团前来参展。展会期间,主办方还举办国际医疗卫生扶持设备及保健技术展、第10届越南国际医院展、第6届越南国际牙科展等专题展以及多场研讨会、讨论会。该展会自1994年首次举办以来已先后举办了23届,是越南国内医疗卫生领域规模最大、影响力最强的专业展会,也是东南亚地区知名的专业医疗展览会之一。 (张　磊)

# 新　闻　人　物

## 赵忠贤

2017年1月获2016年度国家最高科学技术奖。中国科学院物理研究所研究员。物理学家，中国高温超导研究奠基人。辽宁新民人。1941年1月30日生。1964年毕业于中国科学技术大学技术物理系，先后任中国科学院物理研究所实习研究员、课题组负责人。1973年12月加入中国共产党。1974年2月至1975年9月，在英国剑桥大学等实验室进修。1976年开始从事探索高临界温度超导体研究。1979年任中国科学院物理研究所超导材料实验室副主任。1984年11月，赴美国艾奥瓦州立大学访学。1986年3月，回国任中国科学院物理研究所副研究员、高温带超导联合研究组负责人。1987年任中国科学院物理研究所研究员，同年当选为第三世界科学院院士。1988年被香港中文大学授予荣誉理学博士。1991年当选为中国科学院学部委员（院士），中国科学院物理研究所超导实验室主任、所长。1994～2000年，担任中国科学院数学物理学部主任和常务委员。2004年，当选为中国科学院首届学部咨询评议委员会主任。

2015年6月，获2015年马蒂亚斯奖，这是中国大陆科学家首次获得该奖项。2017年，入选“2016年度最具影响力的十大科技创新人物”。2017年3月21日，获华人盛典组委会2016～2017年度“影响世界华人大奖”提名。2017年12月21日，入选“2017年度中国留学人员50人榜单”。

## 杨振宁

2017年2月由中国科学院外籍院士转为中国科学院院士。2017年8月26日，正式恢复中国国籍，成为中国公民。世界著名物理学家，香港中文大学讲座教授、清华大学教授、美国纽约州立大学石溪分校荣休教授、中国科学院院士、美国国家科学院院士、台湾“中央研究院”院士、俄罗斯科学院院士、英国皇家学会会员，诺贝尔物理学奖获得者。安徽合肥人。1922年10月1日生。1942年毕业于西南联合大学。1944年获清华大学硕士学位。1945年获穆藕初奖学金赴美国留学。1948年获美国芝加哥大学哲学博士学位，任芝加哥大学讲师、普林斯顿高等研究院研究员。1955年任美国普林斯顿高等学术研究所教授。1966年任美国纽约州立大学石溪分校教授兼物理研究所所长。1986年任香港中文大学博文讲座教授。1971年，回中国访问，是美籍知名学者访问新中国的第一人。1998年任清华大学教授；2003年底，回中国定居，从此往返于北京与香港之间。2008年11月29日，入选“改革开放三十年中国最有影响的海外专家”。

在粒子物理学、统计力学和凝聚态物理等领域做出了里程碑性的贡献。20世纪50年代与R. L. 米尔斯合作提出非阿贝尔规范场理论；1956年与李政道合作提出弱相互作用中宇称不守恒定律；在粒子物理和统计物理方面做了大量开拓性工作，提出杨—巴克斯特方程，开辟了量子可积系统和多体问题研究的新方向等。1957年获诺贝尔物理学奖。此外，还推动香港中文大学数学科学研究所、清华大学高等研究中心、南开大学理论物理研究室和中山大学高等学术研究中心的成立。

## 姚期智

2017年2月放弃外国国籍成为中国公民，正式转为中国科学院院士，加入中国科学院信息技术科学部。

美国国家科学院院士、美国艺术与科学学院院士、中国科学院院士、清华大学高等研究中心教授、香港中文大学博文讲座教授、清华大学—麻省理工学院—香港中文大学理论计算机科学研究中心主任、清华大学交叉信息研究院院长、清华大学金融科技研究院管委会主任。1946年12月24日生于中国上海。1967年获得台湾大学物理学学士学位。1972年获得美国哈佛大学物理学博士学位。1975年获得美国伊利诺依大学计算机科学博士学位，之后先后在美国麻省理工学院数学系、斯坦福大学计算机系和加州大学伯克利分校计算机系任助理教授、教授。1998年当选为美国科学院院士。2000年获得“计算机界的诺贝尔奖”——图灵奖。2004年起在清华大学任全职教授，同年当选为中国科学院外籍院士。2005年出任香港中文大学博文讲座教授。2007年3月29日，领导成立清华大学理论计算机科学研究中心。2010年6月，任清华大学—麻省理工学院—香港中文大学理论计算机科学研究中心主任。2017年11月，加盟中国人工智能企业旷视科技 Face++，出任旷视学术委员会首席顾问。12月，任清华大学金融科技研究院管委会主任。

研究方向包括计算理论及其在密码学和量子计算中的应用，最先提出量子通信复杂性和分布式量子计算模式，其研究成果后来成为分布式量子算法和量子通信协议安全性的基础。

## 黄大年

2017年1月8日因病医治无效，在中国长春逝世，享年58岁。2017年9月获“2017年度全国教书育人楷模特别奖”。毕业于中国吉林大学和英国利兹大学。中国著名地球物理学家，国家“千人计划”特聘专家（第二批）。曾任吉林大学新兴交叉学科学部首任部长，地球探测科学与技术学院全职教授、博士生导师。国家“千人计划”专家联谊会第三届执委会委员、副会长。广西南宁人。1958年8月28日生。1975年10月，考进广西第六地质队。成为地质队的航空物探操作员。1977年考取长春地质学院，先后完成本科与硕士研究生的学业并留校任教，破格晋升为副教授。1992年获得“中英友好奖学金项目”全额资助，到英国利兹大学攻读博士学位。1996年获得英国利兹大学地球物理学博士学位。2009年12月，回国出任吉林大学地球探测科学与技术学院教授。被国家选为“深部探测关键仪器装备研制与实验项目”负责人，带领由院士、大学校长和研究所所长等400多名高级别研究人员组成的团队协同攻关，创造多项中国第一，为中国“巡天探地潜海”填补多项技术空白，以他的团队研制出的中国第一台万米科学钻——“地壳一号”为标志，配备自主研制综合地球物理数据分析一体化的软件系统，使中国的深部探测能力达到国际一流水平，局部处于国际领先地位。2017年4月28日，被中国教育部追授“全国优秀教师”称号。5月26日，被中共中央宣传部追授“时代楷模”称号。7月23日，被中共中央追授“全国优秀共产党员”称号。11月9日，获得第6届全国道德模范（敬业奉献类）称号。

## 徐立平

2017年12月获得中国第12届航空航天月桂奖“大国工匠奖”。中国航天科技集团公司第四研究院7416厂航天发动机固体燃料药面整形组组长，高级技师、航天特级技师。江苏溧阳人。1968年10月生。1987年参加工作，一直在西安航天化学动力厂从事极其危险的航天发动机固体动力燃料药面微整形工作，被称为“在炸药堆里工作”。撰写的论文、QC报告等多次获奖。带领班组完成30多项技术革新，编写《整形机培训教材》等多份资料。自学整形机操作控制知识，承担起最核心的整形程序编制任务，逐步摸索出适用于各种燃速推进剂的整形参数，针对特殊型面发明设计20多种药面整形刀具，其中两种获得国家专利，一种被单位命名为“立平刀”，填补了行业空白。

30年来，因精湛技艺、敬业态度和奉献精神而被赞誉为“雕刻火药的大国工匠”，先后入选航天固体动力事业50年“十大感动人物”“三秦楷模”，获中华技能大奖、全国五一劳动奖章。2016年2月14日，当选“感动中国”2015年度人物。2017年3月30日，被中共中央宣传部授予“时代楷模”称号。

## 朱英国

2017年8月9日因病医治无效在武汉逝世，享年78岁。2017年12月获中国教育部追授“全国优秀教师”称号。中国著名遗传学家和水稻生物学家，中国工程院院士，植物遗传育种专家，武汉大学生命科学学院教授、博士生导师。湖北罗田人。1939年11月1日生。1964年武汉大学生物系毕业后留校任教。20世纪70年代初，开始进行水稻雄性不育和杂种优势利用研究。从1972年起，和武汉大学生命科学学院其他人员利用海南岛红芒野生稻与常规稻杂交选育籼稻配子体雄性不育系类型——红莲型，这项成果获得1978年全国科学大会奖。

1975年任湖北省水稻三系协作组组长。利用华南普通野生稻与栽培稻杂交合作育成红莲型水稻三系及红莲型杂交稻，20世纪80年代中期利用农家品种马尾粘中发现的败育株与协青早选杂交合作育成马协不育系和马协型杂交稻。红莲型和马协型杂交稻米质优、抗性好、产量高，已累计推广近666.67万公顷，产生巨大的经济与社会效益。1980年，开始研究光敏核不育水稻，主持选育出粳型和籼型光敏核不育系6个并先后通过国家和省级鉴定。2002年，选育出红莲优6号，获国家技术发明奖二等奖，此后又培育出红莲优6号、珞优8号等。2005年，当选为中国工程院院士。2008年9月获“袁隆平农业科技奖”。12月入选“改革开放30年，影响湖北30人”。

近40年来，承担国家863项目、国家973项目、国家转基因专项、国家和省级攻关项目、国家自然科学基金和省部级重点项目多项，在雄性不育与育性恢复、杂种优势的基础理论以及优质高产杂交稻产业化等方面成绩突出，发表研究论文200余篇，合著《光周期敏感核不育水稻研究与利用》《水稻雄性不育生物学》等专著4部。先后获得全国科学大会和湖北省科学大会奖，湖北省科学技术进步特等、一等、二等奖，中国高校技术发明一等奖，国家自然科学三等奖、国家发明二等奖和湖北省科学技术突出贡献奖等，被评为国家有突出贡献的专家、国家“973”计划先进个人、全国师德先进个人和湖北省劳动模范。

## 林郑月娥

2017年7月1日就任中国香港特别行政区第五任行政长官。女。1957年5月13日生于香港。香港“大紫荆勋章”获得者。毕业于香港嘉诺撒圣方济各书院，后升读香港大学社工系，大学二年级时从社工系转到社会系，1980年取得社会科学学士学位。

大学毕业后考录政务官，同年加入港英政府成为政务主任。1996年任副库务司。2000年任社会福利署署长。2003年任房屋及规划地政局常任秘书长。2004年任香港驻伦敦经济贸易办事处处长。2006年3月任民政事务局常任秘书长。9月晋升首长级甲一级政务官。2007年，由公务员转为问责官员，出任香港特区政府发展局局长。2012年6月，被中国国务院任命为香港特区政务司司长。2016年7月获颁授“大紫荆勋章”。2017年1月12日，提请辞去政务司司长职务，参加2017年特区行政长官选举。1月16日，中国国务院决定免去其政务司司长职务。3月1日，成为第五届香港特区行政长官选举候选人。3月26日，获得777张有效选票，当选为香港第五任行政长官人选。4月11日，中国国务院总理李克强发布国务院第678号令，任命她为中华人民共和国香港特别行政区第五任行政长官。

## 黄大发

2017年11月，获第6届全国道德模范（诚实守信类）称号。曾任贵州省遵义市播州区平正仡佬族乡草王坝大队大队长、村长、中共村支部书记，现任团结村名誉村支书。贵州遵义播州区平正仡佬族乡团结村半坎组人。1935年11月生。小学文化。1959年11月加入中国共产党。忠实践行“修渠、致富”誓言，带领群众“绝壁凿天渠”，建成一条跨3座大山、大小9个悬崖，主渠长7200米、支渠长2200米的水渠，解决了家乡的缺水问题，使草王坝每年粮食产量从原来的6万斤增加到近百万斤，改善了当地群众的生产和生活条件，被群众称为“当代愚公”。群众将这条渠道命名为“大发渠”。水渠修好后，为了兑现“带领村民致富”的诺言，把精力又放在脱贫致富上。先后带头发展养殖业、种植业，带领群众“坡改梯”，使昔日的荒山荒坡变成良田。2016年，入选

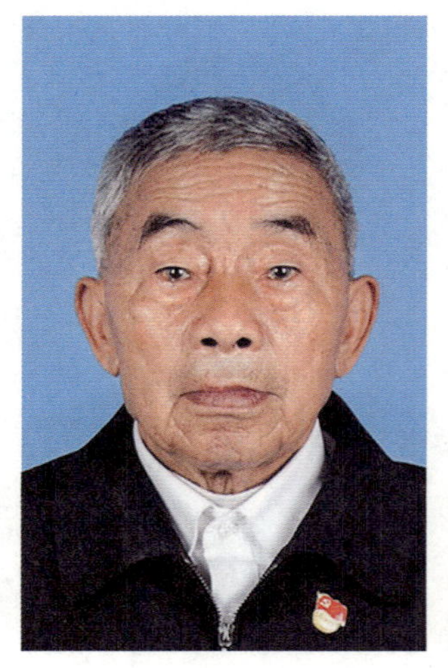

"贵州榜样·最美人物"。2017年4月25日，获中共中央宣传部授予的"时代楷模"称号。5月13日，获中共贵州省委授予的"全省脱贫攻坚优秀共产党员"称号。6月30日，获贵州年份英雄十大人物"年份英雄"称号。7月24日，被评为德耀中华第6届全国道德模范候选人。9月，获得"2017年全国脱贫攻坚奖奋进奖"。

## 宋安

2017年3月15日逝世，享年67岁。柬埔寨副首相、首相府部长、仙女机构主席、国家石油机构主席、国家土地纠纷解决机构主席、柬埔寨教育质量认证委员会主席、公共行政改革理事会主席、柬埔寨客属会馆最高荣誉会长。柬埔寨华裔，中文名为曾安。1950年4月16日生于柬埔寨茶胶省。除母语(柬埔寨语)外，还精通法语、英语和越南语。1967年中学毕业。1969年被任命为基里翁高中校长。1973~1975年，参加柬埔寨国家行政学院的高级外交官方培训计划。1980年任洪森秘书。1981年出任柬埔寨外交部秘书长。1983年任柬埔寨全国和平委员会秘书长。1985年任柬埔寨驻印度大使。1988年结束驻外任期返回柬埔寨后被任命为外交部副部长。1991年任柬埔寨内政部副部长兼柬埔寨民族和解委员会最高国家委员会秘书长。1998年任柬埔寨首相府部长。2004年任柬埔寨副首相兼首相府部长。2010年4月3日，被柬埔寨国王御赐为柬埔寨皇家科学院正式成员，并赐封"博士"称号。2017年3月13日，被柬埔寨国王赐封为亲王。

## 哈迪·渣赫延多

2017年12月8日出任印度尼西亚国民军总司令。生于印度尼西亚东爪哇玛琅。1986年空军军校毕业。1987年毕业于空军飞行学院，曾任梭罗市一个空军基地的负责人，并担任印度尼西亚总统佐科的军事秘书。2017年1月18日被佐科委任为印度尼西亚空军参谋长。12月8日，佐科在印度尼西亚首都雅加达独立宫主持新任国民军总司令就职仪式，宣布哈迪出任印度尼西亚国民军总司令。由空军参谋长接任国民军总司令意味着印度尼西亚国民军恢复了总司令由陆海空三军轮流担任的机制。

## 苏帕潘·宋维吉

2017年8月在老挝首都万象国家会议中心举行的2017年环球小姐老挝赛区决赛中夺得桂冠，成为首位环球小姐老挝赛区冠军。老挝康森特学院工商管理专业在读学生。1997年10月7日生于老挝占巴塞省巴色县。从小热爱体育运动，并进行跆拳道专业学习，年仅13岁就获得跆拳道黑带，并在老挝第一届大学生运动会女子跆拳道比赛中获得金牌。在2016年获得万象小姐亚军后经常作为时尚杂志的封面女郎出现在公众面前。

## 莱托·布沃鲍

2016年6月获得世界教育大会颁发的教育杰出贡献奖。老挝教育体育部副部长。1951年生于老挝川圹省。1972年获得教师资格证。1978年开始从事有关教育的工作，任职于老挝国立大学助教岗位，1989年升职为老挝国立大学副校长。1995年在加拿大谢布鲁克大学完成学业并获得硕士学位。1996年在泰国朱拉隆功大学取得工商管理证书。1997年在巴黎联合国教科文组织国际教育规划研究所取得教育成本与分析证书。2001年任老挝教育体育部规划和对外关系司司长。2004年8月22~23日受邀参加亚洲教育北京论坛会议。2006年在越南胡志明国家政治学院获得政治学文凭。2006年至今任老挝教育体育部副部长(主管规划和对外关系、师资队伍、基础教育以及教育学研究机构等)、联合国教科文组织全国委员会副主席和全国妇幼委员会主席。2015年当选为亚太地区教育全球伙伴关系委员会委员。2016年6月获得第5届世界教育大会颁发的教育杰出贡献奖，是获得该奖的首位老挝人，当年全球共有12人获此奖项。

## 阿德南

2017年1月11日因病逝世，终年73岁。马来西亚沙拉越州首席部长、沙拉越州土著保守党主席。1944年生。毕业于澳大利亚阿德莱德大学法律系，曾在马来西亚《沙拉越先驱报》担任记者，曾担任婆罗洲高级法庭法官。1976年开始涉足政坛，先后当选沙拉越州议员、出任州助理部长、部长，也曾受委任为联邦政府部长。2014年3月1日接任沙拉越首席部长职务。2016年首次率领沙拉越国民阵线赢得州选举。阿德南生前亲民、中庸、清廉及敢怒敢言的形象受到人民爱戴，有“全民首长”的美誉。他上任后推行一系列利民政策，极力维护沙拉越州内宗教和谐及关注华文教育问题。阿德南逝世消息传出后，马来西亚社会各界领袖纷纷致哀，马来西亚总理、国民阵线主席纳吉布前往沙拉越州吊唁。在野党领袖如旺阿兹莎、阿兹敏、林吉祥、沙菲益阿达、莫哈末沙布与玛夫兹等也向阿德南家属致哀。沙拉越州政府为此宣布2017年1月12日为特别假期，全州降半旗哀悼7天，所有官方庆祝活动暂停，以示哀悼。

## 蓝舒洁

2017年3月31日，在清华大学举行的“世界因你而美丽——影响世界华人盛典”上获颁“希望之星”奖。马来西亚华裔女科学家。1991年出生在马来西亚的一个华裔家庭，从小念华文小学，之后读国中，包括华文科目在内所有科目都拿到了A，成绩优异。2008年，远赴澳大利亚墨尔本大学留学，进入化学工程领域从事学习与研究。2016年，蓝舒洁及团队研发出一种星形聚合物，是近年来少有问世的针对超级细菌的“克星”，堪称化学及医学领域的一项重大突破。因其在科学研究领域作出的卓越贡献，2017年3月14日，由中国凤凰卫视发起，包括马来西亚《星洲日报》在内的多家知名华文媒体所共同举办的“世界因你而美丽——影响世界华人盛典”组委会公布蓝舒洁获得2016～2017年度“影响世界华人大奖”提名。3月31日，“世界因你而美丽——影响世界华人盛典”在清华大学新清华学堂举行，将大奖授予11位影响世界的杰出华人。蓝舒洁获得“影响世界华人大奖”的“希望之星”奖。2017年上半年，年满25岁的蓝舒洁获得化学工程博士学位。

## 张俊虹

2017年获得世界游泳锦标赛女子10米跳台冠军。马来西亚跳水运动员。1990年4月16日出生。马来西亚霹雳州怡保人，祖籍中国广东台山。小学就读于育才华小，9岁时到游泳馆学游泳，被跳水教练挑中，次年开始练习跳水，13岁进入武吉加里尔体育学校。2015年前，一直是跳板选手，最好成绩为亚运会3米跳板银牌。2015年后，由于体重较轻、水花效果较好，转攻跳台。在2014年跳水世界杯赛上与梁敏喻合作，拿下双人10米跳台银牌。2016年里约奥运会上，张俊虹与潘德蕾拉合作，获得女子双人10米跳台银牌。2017年7月17日，在国际游泳联合会主办的世界游泳锦标赛女子双人10米跳台决赛中，张俊虹和潘德莱拉获得铜牌。7月19日，张俊虹以397.50分获得2017世界游泳锦标赛女子10米跳台冠军。这是马来西亚历史上第一次摘取世界游泳锦标赛金牌。

## 吴恒灿

2017年7月，主持翻译的中国古典长篇小说《红楼梦》《三国演义》《水浒传》和《西游记》的马来文版出版发行，将中国古典文学名著引进马来西亚。马来西亚资深传媒专家，马来西亚汉文化中心主席，马来西亚翻译与创作协会会长。1956年9月23日生于马来西亚柔佛州永平。1974年毕业于永平华文独立中学。高中毕业后，考入马来西亚华人社团开办的第一所私立华社高等学府，接受3年马来语文的本科专业培训，这培养了他的马来文

和华文双语能力。毕业后，吴恒灿先后到宽柔中学和吉隆坡中华独中担任国文教师，任教长达20年。1986年，他和一批志同道合的朋友成立马来西亚翻译与创作协会，并担任创会秘书长，组织精通双语的人才，有计划地将马来西亚华文文学作品包括短篇小说、诗歌、儿童文学等翻译成马来文，并向马来西亚国家语文局推荐出版。1992年，翻译的《白蛇传》马来文版一经面世，就成为当时十大马来文畅销书之一，至今依然受到马来文书籍市场的欢迎。1993年，将20名中国近代女作家的短篇小说选译成马来文，书名为《撒尼大爹》，交由马来西亚国家语文局出版，这也是中马文学交流史上第一本中国文学作品被译成马来文出版。2009年，马来西亚汉文化中心成立后，他与中国教育部门联系，将汉语口语水平测试、普通话水平测试引入马来西亚。2014年，汉语成为马来西亚政府公务员的工作语言，马来西亚政府开始资助公务员学习汉语。2001年、2009年和2015年，他主持马来西亚翻译与创作协会分别完成《水浒传》《三国演义》和《西游记》的马来文版翻译。2017年7月25日，由马来西亚教育部国家语文局、马来西亚翻译与创作协会和马来西亚汉文化中心以及中国浙江出版联合集团、浙江古籍出版社联合出版的中国古典文学四大名著马来文版正式出版。

### 哈莉玛·雅各布

2017年9月13日当选为新加坡第8任总统。1954年8月生于新加坡。1978年毕业于新加坡大学（新加坡国立大学前身），获法学学士学位，2001年获新加坡国立大学法学硕士学位，2017年获新加坡国立大学法学博士学位。大学毕业后加入新加坡全国职工总会，担任法务官员，后被任命为法务部部长、新加坡劳工研究所所长。2001年当选新加坡裕廊集选区国会议员，2006年和2011年连选连任。任议员期间，曾先后任提名委员会、议事常规委员会、官委议员特别提名委员会、公共陈情委员会等委员会委员。2011年5月，任社会发展、青年及体育部政务部长，2012年11月任改组后的社会及家庭发展部政务部长。2013年1月当选新加坡国会第9任议长，2016年1月连任。2017年8月卸任议长，参选新加坡总统。2017年9月13日，在总统选举中胜出，成为新加坡首位女性总统。9月14日晚，在新加坡总统府宣誓就职。

### 素林·比素万

2017年11月30日因病逝世，享年68岁。东南亚国家联盟（东盟）前秘书长，泰国著名外交家。曾于1997～2001年任泰国外交部长，2007年11月在新加坡举行的第13届东盟首脑会议上被任命为东盟秘书长，任期为2008年1月1日至2012年12月31日。

### 帕唐玛斋利（俗名察廖）

2017年7月30日圆寂，享年93岁，法寿73。泰国佛教高僧，泰国曼谷黎明寺（越阿伦佛寺）前住持。1945年5月28日生。在泰国巴吞他尼府越挽那佛寺剃度出家，1947年转至曼谷黎明寺修行，1985年任黎明寺助理住持，1996年晋升为副住持，2008年出任代住持，2009年任住持。

### 阮氏心

2017年亚洲女子拳击锦标赛决赛51公斤级冠军。越南河内市拳击运动员。1994年生于越南太平省。2009年进入越南河内市女子拳击队训练。2011年进入河内拳击俱乐部训练。2017年11月8日，在越南胡志明市举行的亚洲女子拳击锦标赛决赛中夺得51公斤级金牌。这是越南在亚洲拳击赛场上夺得的首枚金牌。

（周明钧、马金案、梁薇、云倩、杨梦平、韦朝晖、唐威迪、杨超、罗梅、唐卉、李碧华）

资料来源：

中国、文莱、柬埔寨、印度尼西亚、老挝、马来西亚、缅甸、菲律宾、新加坡、泰国、越南各国报纸和新闻网站

# 大　事　记

## 2017 年

### 1 月

**1 日**　中国国家主席习近平就菲律宾受台风“洛坦”灾害向菲律宾总统杜特尔特致慰问电。习近平指出，中菲是友好邻邦，我们对菲律宾百姓遭受灾害、流离失所深感忧心，愿向灾区提供紧急救灾援助。

**2 日**　俄罗斯两艘军舰抵达菲律宾马尼拉南港码头，对菲律宾展开为期 6 天的访问。

**5 日**　马来西亚海军的官方推特称，中国海军“长城”号潜艇和“长兴岛”号远洋打捞救生船访问马来西亚。

**6～8 日**　中共第十八届中央纪律检查委员会第七次全体会议在北京举行。中共中央总书记、国家主席、中央军委主席习近平出席全会并发表重要讲话。

**9 日**　中国国家科学技术奖励大会在北京举行。中共中央总书记、国家主席、中央军委主席习近平向获得 2016 年度国家最高科学技术奖的中国科学院物理研究所赵忠贤院士和中国中医科学院屠呦呦研究员颁奖。

**10 日**　位于老挝北部乌多姆塞省的纳莫县援老抗美中国烈士陵园修缮工程开工。中国驻老挝大使馆、中国驻老挝琅勃拉邦总领事馆、中国云南省民政厅以及在老挝的中资机构、华侨华人代表等出席开工仪式。

**12～13 日**　日本首相安倍晋三对菲律宾进行正式访问。安倍晋三承诺 5 年内向菲律宾提供价值 87 亿美元的援助，向杜特尔特老家达沃赠送防洪设备，支持杜特尔特政府扫毒运动以及反恐，计划为菲海岸警卫队提供 6 亿日元购买快艇等装备。

**12～15 日**　应中共中央总书记、中国国家主席习近平邀请，越共中央总书记阮富仲对中国进行正式访问。访问期间，阮富仲分别与中国多位党和国家领导人举行会见，出席庆祝中越建交 67 周年暨 2017 年迎新春友好活动，并前往浙江省参观访问。

**15 日**　日本首相安倍晋三访问印度尼西亚。安倍晋三称，为深化防务合作，将向印度尼西亚提供 740 亿日元援助。印度尼西亚官员事后称，日本将投资 76 亿美元修建雅加达至泗水的高铁，并投资 30 亿美元参与印度尼西亚爪哇岛的一个港口项目。

**15～18 日**　中国国家主席习近平对瑞士进行国事访问，其间出席世界经济论坛 2017 年年会并顺访在瑞士的多个国际组织。

**16 日**　日本首相安倍晋三访问越南并与越南总理阮春福举行会谈。安倍晋三表示日本将向越南提供 6 艘新造巡逻船，以强化海洋安全领域合作。此外，安倍还表示向越南提供 1174 亿日元贷款。

**16～20 日**　以“共同打造我们的旅游业”为主题的 2017 东盟旅游论坛在新加坡举行。

**17 日**　中共中央军委联合参谋部副参谋长马宜明在北京会见到访的柬埔寨国防部副国务秘书昆武率领的高级军官见学团。

△中国外交部副部长刘振民与新加坡外交部常秘池伟强在新加坡举行第 10 次外交磋商，就双边关系、东亚区域合作以及共同关心的地区和国际问题交换意见。

**18 日**　越共中央总书记阮富仲、国家主席陈大光、总理阮春福、国会主席阮氏金银分别与中共中央总书记、国家主席习近平，国务院总理李克强，全国人大常委会委员长张德江互致贺电，庆祝越南与中国建立外交关系67周年。

**20日** 越南从俄罗斯订购的第六艘基洛级潜艇“巴地头顿”号抵达金兰湾。

**22～24日** 菲律宾财政部部长多明格斯应邀率政府代表团访问中国，与中方就落实两国元首达成的合作共识、深化双边务实合作等交换意见。

**24日** 泰国副总理兼国防部部长巴威上将表示，年内从中国采购潜艇计划获国家立法议会批准。

**26日** 菲律宾国防部部长德尔芬·洛伦扎纳表示，按美菲《加强防务合作协议》，美军将开始在5个菲律宾军事基地建设军事设施。

## 2月

**6日** 印度尼西亚与韩国第一次高级别战略对话在雅加达举行。

△中国《关于深入推进农业供给侧结构性改革，加快培育农业农村发展新动能的若干意见》出台。

**7日** 中国—缅甸外交国防2+2高级别磋商在中国云南昆明举行，双方同意继续就缅北局势及维护中缅边境地区和平稳定等问题保持密切沟通。

△菲律宾国防部部长洛伦扎纳表示，总统杜特尔特同意美军按照美菲协议使用菲律宾军事基地建设军用设施，但不允许美军在其中存放武器。

**8日** 马来西亚国际贸易和工业部发布2016年贸易数据表明，马来西亚与中国贸易额较上年增长4.4%，达到2409亿林吉特（约合543亿美元），中国自2009年起均为马来西亚最大贸易伙伴。

△越南—老挝政府间合作委员会第39次会议在越南河内举行，越南总理阮春福和老挝总理通伦共同主持会议。阮春福会后表示，两国决定在年内努力将双边贸易额增加10%，并继续在人力资源、连接越老交通基础项目投资、管理和可持续利用水资源和其他自然资源上加强合作。

**9日** 由新加坡财政部部长王瑞杰领导的未来经济委员会发布报告，提出新加坡未来10年经济发展策略，希望通过三大途径、七大策略以实现每年2%～3%的经济增长。

**10日** 中国外交部副部长刘振民在北京集体会见东盟10国驻华使节，向他们致以新春问候，并表示中国—东盟建立对话关系正由成长期迈向成熟期。

**11日** 柬埔寨反对党救国党主席桑兰西通过社交媒体宣布，因个人原因辞去党主席职务并脱离救国党。

**13日** 中国外交部部长王毅就菲律宾遭受地震灾害、造成人员伤亡和财产损失向菲外交部部长亚赛致慰问电，表示中方愿为菲方救灾积极提供援助。

**16～17日** 中国外交部、中国驻越南大使分别就中国游客被越口岸人员殴伤一事向越方提出严正交涉。17日，越南国家旅游总局书面回复，表示向游客收取不符合国家规定的费用是非法的，越南欢迎中国游客，并将采取措施为中国游客进入越南提供更多便利条件。

**20～21日** 东盟外长非正式会议在菲律宾长滩岛举行。

**20～22日** 为落实《中国海警局和菲律宾海岸警卫队关于建立海警海上合作联合委员会的谅解备忘录》，中菲海警在苏比克举行海警海上合作联合委员会第二次筹备会暨成立会议。

**21日** 第50届东南亚国家联盟外长会议在菲律宾举行。会议强调要全面有效执行《南海各方行为宣言》，争取年中与中国共同完成“南海各方行为准则”框架，为制订“南海各方行为准则”打好基础。

**23～24日** 中国外交部副部长刘振民在老挝万象分别与老挝副外长坎葆、副外长兼东盟事务高官通潘举行外交磋商，重点就中老关系和区域合作交换意见。

**24日** 由中国商务部、菲律宾贸工部联合主办的中菲经贸投资论坛在马尼拉举行。

**25～26日** 印度尼西亚总统佐科对澳大利亚进行访问。双方发表联合声明，宣布全面恢复两国军事关系。其间，两国签署海洋边界保护协定。

**26日** 亚太经合组织（APEC）第1次高官会及其框架下的贸易投资委员会、经济委员会、粮食安全政策伙伴关系机制、海洋与渔业工作组、旅游工作组、电子商务指导组、供应链联盟、竞争政策与法律工作组、市场准入工作组等系列会议在越南芽庄举行。

△东盟罗马委员会在越南驻意大利大使馆总部举行以“增进内部团结加强伙伴合作”为主题的2017年第1次例行会议。

**27 日** 中共中央政治局常委、中国国务院副总理张高丽在北京会见新加坡副总理张志贤，并共同主持中新双边合作联委会第 13 次会议、苏州工业园区联合协调理事会第 18 次会议、天津生态城联合协调理事会第 9 次会议和中新（重庆）战略性互联互通示范项目联合协调理事会第 1 次会议。

△第 19 次落实《南海各方行为宣言》工作组会议在印度尼西亚巴厘岛举行。

△由印度商工部和工业联合会联合举办、主题为"柬老缅越与印度经济一体化：走向可持续发展之路"的第 4 次柬老缅越与印度企业家会议在印度斋浦尔举行。

**28 日** 应越南国家主席陈大光邀请，日本天皇明仁和皇后美智子对越南进行国事访问。

## 3 月

**1 日** 越南政府颁布《批准越南社会主义共和国政府与美利坚合众国政府关于对所得避免双重征税和防止偷漏税的协定及议定书的决议》。

△印度尼西亚《雅加达邮报》报道，沙特阿拉伯国王萨勒曼即日起对印度尼西亚进行为期 9 天的国事访问。这是沙特阿拉伯国家元首 46 年来首次访问印度尼西亚。

**1～2 日** 第 32 届东盟与日本论坛在文莱斯里巴加湾举行。

**2 日** 马来西亚副总理扎希德表示，基于国家安全考虑，从 6 日起所有朝鲜籍公民赴马来西亚都需要申请签证。

**3 日** 东盟妇女协会在印尼雅加达举行该协会2017～2018 年任期执行委员会就职典礼。

△日本天皇明仁和皇后美智子访问越南。

**3～5 日** 中国十二届全国政协五次会议和十二届全国人大五次会议分别在北京召开。

**4 日** 马来西亚外交部宣布，马来西亚政府决定驱逐朝鲜驻马来西亚大使。

**6 日** 老挝国会主席巴妮·雅陶都一行访问越南。越南国会主席阮氏金银与巴妮·雅陶都举行会谈，共同签署《越南国会与老挝国会的合作协议》。

**7 日** 中国与菲律宾两国政府经贸联委会第 28 次会议在菲律宾首都马尼拉举行。

△越南交通运输部、老挝交通运输部在越南河内举行双边会议，就年内完成万象—永昂港铁路项目的可行性研究报告达成一致。

**9 日** 新加坡未来经济委员会发布报告，提出未来 10 年经济发展策略，希望通过"三大途径、七大策略"实现每年2%～3%的经济增长。

**10 日** 澜沧江—湄公河合作中国秘书处成立仪式在中国外交部举行。中国外交部部长王毅及湄公河 5 国驻华使节、国际组织代表等嘉宾约 200 人出席。

△东盟各成员国经济部长会议在菲律宾马尼拉举行。与会部长一致认为在《区域全面经济伙伴关系协定》谈判方面取得显著进展。

**11 日** 柬埔寨教育、青年与体育部同柬埔寨金边皇家大学联合举行东盟与中日韩联欢会。

**13 日** 中国—马来西亚钦州产业园区与马来西亚中华总商会签署马来西亚城项目建设合作谅解备忘录，双方携手在园区内合作建设"马来西亚城"，为马来西亚中小企业营造更加便利适宜的投资兴业环境。

**14 日** 中国外交部副部长刘振民在北京会见菲律宾新任驻华大使何塞·圣地亚哥·罗马纳，双方就中菲关系和共同关心的问题交换意见。

**15 日** 越柬经贸、文化与科技合作混合委员会第 15 次会议在柬埔寨金边举行。

**15～20 日** 应老挝国防部副部长、老挝人民军总参谋长苏旺·伦奔米中将和柬埔寨皇家武装部队总司令波尔沙伦大将的邀请，越共中央委员、越南人民军总参谋长、国防部副部长潘文江中将率高级军事代表团分别访问老挝和柬埔寨。

**16 日** 中国—东盟艺术高校联盟成立仪式在中国广西南宁举行。

△中国外交部发言人华春莹在例行记者会上表示，中方要求缅甸有关各方立即停火，防止冲突进一步升级，尽快恢复边境地区正常秩序。

**16～19 日** 2017 中国—东盟旅游合作年开幕式在菲律宾马尼拉举行。中国国务院总理李克强和菲律宾总统杜特尔特分别向开幕式致贺词。中国国务院副总理汪洋应邀对菲律宾进行正式访问，与菲律宾内阁经济管理团队举行会谈，出席中国—东盟旅游合作年开幕式并致辞，其间还出席中菲经贸论坛开幕式并发表主旨演讲。

**18 日**　“华彩之塑”——中国传统彩塑艺术研究与创作展在泰国曼谷举行。

**19 日**　中国国家主席习近平在北京会见美国国务卿蒂勒森。习近平在会见中指出，当前中美关系发展面临重要机遇，中美关系对两国、对世界都很重要，双方要本着对历史、对子孙负责的精神把握好中美关系的发展方向。

**19～20 日**　韩国外长尹炳世对越南进行正式访问，与越南政府总理阮春福举行会晤。

**20 日**　标志中国与东盟水果班轮直航航线开通的首批东盟水果在中国广西防城港入境。这条东盟水果班轮航线由中远海运公司投入 4 艘 1100 标箱载量的轮船运营。

**21 日**　日本防卫装备厅宣布达成协议出借给菲律宾海军两架“TC－90”教练机将于 27 日移交给菲方，年内将再移交 3 架。

**21～23 日**　第 24 届东盟—新西兰对话会在新西兰举行。

**21～24 日**　应越南政府总理阮春福的邀请，新加坡总理李显龙对越南进行正式访问。

**22～25 日**　第 5 届东盟法院院长会议在文莱斯里巴加湾举行，东盟 10 国法院院长及代表与会。

**23 日**　博鳌亚洲论坛 2017 年年会发布《亚洲经济一体化报告》《新兴经济体报告》《亚洲竞争力报告》三大学术报告。其中《亚洲竞争力报告》显示，包括中国在内的亚太地区 37 个经济体中，2016 年综合竞争力排名与上年相差不大，新加坡仍蝉联第一，中国仍位居第九。

**25 日**　中国—东盟传统礼仪服饰文化展演在中国广西南宁举行。

**29 日**　第 14 届东盟与俄罗斯高官会在老挝万象举行。会议对一年来东盟与俄罗斯的合作，尤其是 2016 年 3 月举行建立对话伙伴关系 20 周年纪念峰会后所取得的成果进行评估。

**30 日**　中国外交部副部长刘振民与泰国外交部次长布萨雅在泰国共同主持中泰第 3 轮战略对话。

**30～31 日**　中国—东盟中心与中国国际问题研究院在北京联合举办“新起点、新机遇”暨庆祝东盟成立 50 周年国际研讨会，庆祝东盟成立 50 周年，推动中国—东盟各领域务实合作。

## 4 月

**4 日**　东盟与美国联合合作委员会第 8 次会议在印度尼西亚雅加达举行，双方就过去合作情况进行总结并提出下一阶段的合作方向。

**4～5 日**　文莱第 2 次轮值举办第 18 届东盟职业安全与卫生网络协调委员会会议。

**6～7 日**　中国国家主席习近平访问美国，在佛罗里达州海湖庄园与美国总统特朗普正式会晤。两国元首就中美双边重要领域务实合作和共同关心的国际及地区问题广泛深入交换意见。

**7 日**　第 8 次湄公河—恒河流域合作高官会议在印度新德里举行。印度、柬埔寨、老挝、缅甸、越南、泰国等成员国高级官员代表团团长出席。

**10 日**　在《中缅原油管道运输协议》下，运载 14 万吨原油的苏伊士型“联合动力号”油轮成功靠泊中缅原油管道起点——马德岛港并开始卸油。

**11 日**　中国经济网报道越南统计总局发布的数据：2017 年第一季度越南自中国进口额为 119 亿美元，比上年增长 12.3%，中国仍是越第一大出口国。越南进口额 456 亿美元，出口额 437 亿美元，分别比上年增长 22.4% 和 12.8%，贸易逆差 19 亿美元。中国、美国和韩国为对越南三大出口国。

△受中国人民日报社邀请，由越共中央委员、人民报社总编辑、越南新闻工作者协会主席顺友率人民报社代表团对中国进行工作访问。

**14 日**　世界经济论坛公布 2017 年世界旅游业竞争力指数排行榜：在东盟国家中，新加坡旅游业竞争力指数居第 1 位；在世界旅游业竞争力指数排行榜上，新加坡居第 13 位（比上年下降 2 位），马来西亚居第 26 位（下降 1 位），泰国居第 34 位（上升 1 位），印度尼西亚居第 42 位（上升 8 位），越南居第 67 位（上升 8 位），菲律宾居第 79 位（下降 5 位），老挝居第 94 位（上升 2 位），柬埔寨居第 101 位（上升 4 位）。

**17 日** 中国—越南双边合作指导委员会第 10 次会议在北京举行。中国国务委员杨洁篪和越南政府副总理兼外交部部长范平明共同主持会议。

**19 日** 中国外交部副部长刘振民与到访的缅甸国家安全顾问当吞举行会谈，就中缅关系、缅甸国内和平进程等议题交换意见，双方同意密切配合，落实好缅甸总统廷觉访华成果、筹备好缅甸国务资政昂山素季出席“一带一路”国际合作高峰论坛、有序推进皎漂经济特区等合作项目，加快实施中国对缅甸民生领域援助，共同维护边境地区稳定。

**20 日** 搭载天舟一号货运飞船的长征七号遥二运载火箭在中国文昌航天发射场成功发射。

**23 日** 新加坡海军“刚毅”号导弹护卫舰驶抵中国青岛，对青岛进行为期 4 天的访问。

**24 日** 马来西亚在吉隆坡举行第 15 任最高元首吉兰丹州苏丹穆罕默德五世登基加冕仪式。

**25 日** 越南工商会与中国国际贸易促进委员会浙江省委员会在越南河内联合举行越南与中国经济贸易合作座谈会。

**25～26 日** 越南政府总理阮春福率高级代表团对柬埔寨、老挝进行正式访问，分别庆祝越柬、越老建交 50 周年和 55 周年。

**26 日** 中国第二艘航空母舰在大连举行下水仪式。中共中央政治局委员、中央军委副主席范长龙出席仪式并致辞。

**27～29 日** 东盟高官会、东盟政治安全共同体委员会第 14 次会议、东盟峰会筹备工作东盟外长会议、东盟协调委员会第 18 次会议、第 30 次东盟领导人会议在菲律宾马尼拉举行。

**30 日** 中国导弹驱逐舰“长春”号、导弹护卫舰“荆州”号、综合补给舰“巢湖”号在东海舰队副司令员率领下，对菲律宾达沃港进行为期 3 天的友好访问。

## 5 月

**1 日** 菲律宾总统杜特尔特登上到菲访问的中国海军“长春”舰。

**3 日** 中国国家主席习近平与菲律宾总统杜特尔特通电话，指出中菲要坚持两国睦邻友好合作大方向，全力推进各领域务实合作，更好造福两国和两国人民。

△中国广西壮族自治区主席陈武率团访问文莱，并在斯里巴加湾拜会文莱苏丹哈桑纳尔·博尔基亚。

△中国科学技术大学潘建伟院士在上海宣布：世界上第一台超越早期经典计算机的光量子计算机诞生。

**4 日** 中国—东盟博览会文莱展在文莱国际国防展览中心开幕。

**5 日** 中国新华社总编辑何平在北京会见菲律宾新闻部部长马丁·安达纳尔。

△美国国务卿蒂勒森在华盛顿与东盟 10 国外长会晤，要求东盟国家“滴水不漏”地执行联合国安理会对朝决议，以遏制朝鲜的核计划。

△中国首款国际主流水准的干线客机 C919 在上海浦东国际机场首飞成功。

**6 日** 中国海军远航访问编队抵达越南胡志明市，进行为期 4 天的友好访问。

**8 日** 为期 10 天的美菲 2017“肩并肩”联合军演拉开帷幕。军演主要内容包括以反恐为目标的实弹训练、海事安全以及救灾与人道主义援助等项目，参演美、菲士兵数量 5400 人，比上年减少 5700 人。

**10 日** 越共中央第十二届五中全会闭幕。会议通过《关于完善社会主义方向的市场经济体制的决议》《关于继续重组改革提高国有企业经营效益的决议》和《关于发展私有经济使其成为社会主义方向市场经济重要动力的决议》3 个经济决议。

△印度尼西亚海军与土耳其、德国两家造船厂签署联合制造 6 艘 214 型柴电动力潜艇的协议。

**11～15 日** 中国国家主席习近平在北京与到访和出席“一带一路”国际合作高峰论坛的越南国家主席陈大光举行会谈。两国元首一致同意保持双边关系积极发展势头，推进各领域合作，推动中越全面战略合作伙伴关系迈上新台阶，为两国和两国人民带来更多实实在在的利益。会谈后，两国元首共同见证两国外交、经济技术、电子商务、基础设施建设、教育等领域双边合作文件的签署。15 日，中国与越南签署《中越联合公报》。

**12 日** 中国海军远航访问编队抵达马来西亚槟城，对马来西亚进行为期 4 天的友好访问。

**13～17日** 应中国国务院总理李克强邀请，柬埔寨王国首相洪森在出席"一带一路"国际合作高峰论坛期间，对中国进行正式访问。

**14日** 在中国国家主席习近平和印度尼西亚总统佐科的见证下，中国国家开发银行与印度尼西亚中国高铁有限公司就雅加达至万隆高速铁路项目签署贷款协议，贷款额度45亿美元。

**14～15日** "一带一路"国际合作高峰论坛在北京举行。29国的国家元首和领导人，92个国家的9名副总理、7名外长、190名部级官员，以及61个国际组织的89名代表与会。东盟国家中，印度尼西亚总统佐科、老挝国家主席本扬、菲律宾总统杜特尔特、越南国家主席陈大光、柬埔寨首相洪森、马来西亚总理纳吉布、缅甸国务资政昂山素季与会。论坛围绕"加强国际合作，共建'一带一路'，实现共赢发展"的主题，就对接发展战略、推动互联互通、促进人文交流等议题交换意见，达成广泛共识，并通过联合公报。

**15日** 中国国家主席习近平在北京人民大会堂会见来华出席"一带一路"国际合作高峰论坛的菲律宾总统杜特尔特。

**18日** 印度和新加坡两国海军在南海争议海域开始为期7天的联合军事演习。

△中国国土资源部在南海试采海上平台举办天然气水合物试采现场会，宣布天然气水合物试采成功。

△落实《南海各方行为宣言》(DOC)第14次高官会在中国贵阳举行。会上，中国与东盟10国审议通过"南海各方行为准则"框架。

△菲律宾众议院议长潘塔里昂·迪亚兹·阿尔瓦雷兹率团访问中国。

**18～21日** 中国海军远航访问编队抵达缅甸仰光，进行为期4天的友好访问。

**19日** 第23次东盟—中国高官磋商在中国贵阳举行。会议对双方政治安全、经济、文化社会和民间交流合作情况进行评估总结，指明东盟与中国未来合作方向。

△中国—菲律宾南海问题双边磋商机制第一次会议在中国贵阳举行。

△中缅管道南坎原油计量站采样显示原油纯油头顺利到达该站，标志着中缅原油管道(缅甸段)投产成功。

**19～20日** 美国海军高速运输舰"Fall4River"号和日本海上自卫队"大型护卫舰""出云"号相继靠泊越南金兰湾。这是日美舰艇首次同时在金兰港靠泊。

**21日** 中国海军在莫塔马湾海域与缅甸海军首次举行海上联合演练。

△亚太经合组织第23届贸易部长会议在越南河内举行。澳大利亚、文莱、加拿大、智利、日本、新西兰、马来西亚、秘鲁、新加坡和越南等国贸易部长或副部长就有关《跨太平洋伙伴关系协定》展开讨论。

△印度尼西亚一艘海上巡逻船与一艘越南海上巡逻船在南海海域爆发冲突，事发时印度尼西亚执法船正在拦截5艘越南渔船。

**22日** 东盟高官会在菲律宾马尼拉举行。会议就落实第30次东盟领导人会议共识的措施和将于8月在菲律宾举行部长级会议做准备。

**22～23日** 菲律宾总统杜特尔特访问俄罗斯。杜特尔特会见俄罗斯总统普京时说，俄罗斯与菲律宾在军事技术等多个领域的合作具有前景。

**23日** 美国驻越南大使馆消息称，在扩大美越两国军事合作的框架内，美国在越南广南省的南海海岸向越南提供6艘小型巡逻艇。

△随总统杜特尔特访问俄罗斯的菲律宾国防部部长洛伦扎纳在莫斯科的记者会上表示，菲律宾棉兰老地区的马拉维市多处建筑物、主要街道以及通往该市的两座桥梁被马乌地恐怖组织所占领。总统杜特尔特当晚宣布棉兰老地区戒严，为期60天。

**24日** 中国新华社报道，第一季度中国超越日本成为菲律宾第一大贸易伙伴。

△第17届东盟打击跨国犯罪高官会议在老挝万象举行。会议集中讨论东盟打击跨国犯罪高官会议2016～2018年工作计划、《2025年东盟政治—安全共同体蓝图》执行情况，并讨论提交2017东盟打击跨国犯罪部长级会议的文件等。

**24～29日** 缅甸召开第2届21世纪彬龙会议暨联邦和平大会。来自政府、议会、军方、政党、民族地方武装组织等各方代表1400多人出席。与会代表签署包含37项协议条款的联邦协议文件。

**25日** 以"新形势下加强和改进党对新闻舆论工作领导的经验做法"为主题的第13次中越两党理论研讨会在中国郑州举行。中共中央政治局委员、中央书记处书记、中宣部部长刘奇葆和越共中央政治局委员、中央书记处书记、中央宣教部部长武文赏出席研讨会开幕式。

**26 日** 美国海岸警卫队在夏威夷向越南赠送一艘汉密尔顿级远洋巡逻舰。

**29～31 日** 越南政府总理阮春福对美国进行正式访问，与美国总统特朗普进行会见。双方发表关于加强越南与美国全面伙伴关系的联合声明。美方确认越方对完全市场经济地位的关注。双方对公布总价值 80 多亿美元贸易协议表示欢迎。双方同意在《越美促进双边国防合作备忘录》和《越美防务关系共同愿景声明》的基础上加强双边防务关系。31 日，以美国参议员麦凯恩为团长的美国参议院军事委员会代表团访问越南。

## 6 月

**1 日** 应马来西亚副总理兼内政部部长扎希德邀请，中国国务委员、公安部部长郭声琨赴马来西亚主持两国第 3 次打击跨国犯罪合作联合工作组会议并访马。

△中国航天科技集团六院消息，中国首台泵后摆火箭发动机首次试车圆满成功，中国成为第 2 个掌握泵后摆核心技术的国家。

△缅甸国务资政昂山素季会见到访的中国中央军委委员、军委联合参谋部参谋长房峰辉。

**2 日** 中国建设银行马来西亚子行在马来西亚吉隆坡开业。这是 6 年内首个获得马来西亚银行牌照的外国商业银行。

△第 16 届香格里拉对话在新加坡举行。

**5 日** 中国外交部副部长刘振民在北京会见印度尼西亚外交部教育和培训中心主任奥多率领的印度尼西亚高级外交官代表团，就中国印尼关系和两国外交部教育培训合作等进行交流。

△柬埔寨国家选举委员会公布柬埔寨乡分区理事会选举初步结果，柬埔寨执政党人民党领先，反对党救国党位居第二。

**6～8 日** 应日本政府邀请，越南政府总理阮春福对日本进行正式访问，双方发表关于进一步深化越南—日本广泛战略伙伴关系的联合声明。

**8 日** 以聚焦“互联网时代的司法与区域司法合作”为主题的第 2 届中国—东盟大法官论坛在中国南宁举行。

**9 日** 中国国家主席习近平就缅甸军机失事向缅甸总统廷觉致慰问电，对遇难者表示深切的哀悼，向缅甸政府和人民特别是遇难者家属致以诚挚的慰问。

**12 日** 中国国家副主席李源潮在北京会见访华的新加坡外交部部长维文。维文表示新方愿积极参与“一带一路”建设，与中方深化全方位合作，推动两国关系和东盟与中国关系继续向前发展。

**15 日** 中国科学家在美国《科学》杂志上报告说，中国“墨子号”量子卫星在世界上首次实现千公里量级的量子纠缠，量子通信向实用迈出一大步。

**15～17 日** 2017 中国—东盟博览会机电产品展（越南）在越南河内举行，成为中国—东盟博览会首次在东盟国家举办的专业展。

**18 日** 中共中央军委副主席范长龙访问越南。范长龙分别会见越共中央总书记阮富仲、越南国家主席陈大光、越南政府总理阮春福，并与越南国防部部长吴春历举行会谈。

**19 日** 印尼菲马三国国防部长在印度尼西亚北部城市打拉根举行会谈，计划在当地海军设施内设置联合巡逻指挥中心。新加坡、文莱派员以观察员身份参加会谈。

△泰国副总理颂奇透露，泰国开始制定促进与柬埔寨、缅甸、老挝、越南贸易投资合作关系的总体计划，进一步推动五国走向共同繁荣。

**20 日** 中国与东盟促进旅游可持续发展研讨会在北京举行。会议由中国—东盟中心和《中国国家旅游》杂志联合举办。

**22 日** 东盟—中国产业合作座谈会在北京举行。会议由东盟—中国商务理事会举办。

△第 21 届东盟与韩国对话会在柬埔寨暹粒举行。

△菲律宾、印度尼西亚、马来西亚三国外长和高官在菲律宾马尼拉会面，研究联合反恐战略以共同应对地区反恐形势，确保极端主义武装分子不会在东南亚立足。

**24 日** 越南国家主席陈大光就中国四川山体垮塌造成灾害，向中国国家主席习近平致电慰问。

**28 日** 中国海军新型万吨级驱逐舰首舰在上海江南造船集团下水。

**29 日** 东盟地区论坛安全政策会议在菲律宾马尼拉

开幕。东盟地区论坛成员国代表在第一场讨论会上，就朝鲜半岛紧张局势升温、恐怖主义威胁、南海争端等问题交换看法。

**29～30日** 中国外交部部长王毅在北京与到访的菲律宾外长卡亚塔诺举行会谈。30日，中国国务院总理李克强会见卡耶塔诺时表示，中菲是隔海相望的近邻，两国共同利益远大于分歧，双边关系重回睦邻友好发展轨道，符合双方根本利益，也有利于地区的和平与稳定。

**30日** 第15届东亚论坛在中国湖南长沙举行。论坛以“10+3合作20年：迈向东亚经济共同体”为主题，东盟国家和中、日、韩13国官方、产业界和学术界代表及东盟秘书处代表近100人参加。与会人士围绕“10+3合作20年的回顾与展望”“激发中小企业活力”和“规划东亚经济共同体蓝图”3个议题进行深入讨论。

## 7月

**1日** 中国国家主席习近平出席庆祝香港回归祖国20周年大会暨香港特别行政区第五届政府就职典礼。在国家主席习近平监誓下，香港特别行政区第五任行政长官林郑月娥宣誓就职。

△美国“科罗纳多”号濒海战斗舰加入菲律宾“拉蒙—阿尔卡拉斯”号巡逻舰行列，在苏禄海一带进行打击海盗的巡逻。

**3日** 菲律宾民主人民力量党向中国共产党捐赠50万比索（约合1万美元），用于援助四川省茂县山体滑坡受灾民众。

**4日** 菲律宾最高法院裁定杜特尔特总统此前下达在菲律宾南部棉兰老岛等地区实行60天的戒严令合法。

△第9届东盟—印度对话会在印度新德里举行。

△越南副总理兼外交部部长范平明与印度国防部部长举行军事合作会谈。

**5日** 第24届东盟—欧盟高官会议在泰国曼谷举行。

**6日** 二十国集团峰会（G20）期间，中国国家主席习近平在德国汉堡会见新加坡总理李显龙。习近平指出，中新传统友好，合作成果丰硕，走出了一条与时俱进、互学互鉴的合作道路，中方愿同新方一道，推动两国与时俱进的全方位合作伙伴关系不断取得新进展。

**7～9日** 在波兰克拉科夫举行的第41届联合国教科文组织世界遗产委员会会议上，中国的可可西里获准列入世界自然遗产名录，鼓浪屿获准列入世界文化遗产名录。

**7～14日** 《印度时报》报道，缅甸国防军总司令敏昂莱访问印度，商谈防务合作事宜。报道援引消息人士称，印度进一步向缅甸提供军事援助，是印度“东进政策”整体计划下加强与东盟国家防务合作内容之一。

**11日** 新加坡《海峡时报》报道，印度外交秘书贾伊尚卡尔在李光耀公共政策学院演讲时表示，随着印度东向行动的推进，与越南和日本的战略关系将继续深化。

△中国驻吉布提保障基地成立暨部队出征仪式在广东湛江某军港码头举行。

**12～14日** 有关2025年东盟互联互通总体规划相关资料、概念、倡议的论坛暨第8次互联互通研讨会在菲律宾阿拉邦举行。

**14日** 新加坡总理李显龙出席新加坡“通商中国”成立10周年晚宴暨2017年度“通商中国”奖颁奖典礼。

**17日** 第53次东盟知识产权合作工作组会议在越南河内举行。会议就2016～2025年阶段东盟知识产权战略行动计划和东盟与澳大利亚、新西兰、世界知识产权组织、欧洲专利局、美国、中国、日本等伙伴间的知识产权合作问题进行讨论。

**20～22日** 越共中央总书记阮富仲对柬埔寨进行国事访问。访问期间，越柬双方签署有关加强越柬友好合作关系的联合声明等4份合作文件。

**21日** 英国《卫报》报道，印度尼西亚总统佐科当日的一次演讲中，鼓励执法部门直接击毙毒贩，以处理印度尼西亚面对的毒品危机。

**22日** 菲律宾国会特别会议同意将南部棉兰老岛戒严令延长至2017年底。

**24日** 泰国总理巴育在曼谷会见到访的中国外交部部长王毅。

△中国—东盟卫星导航国际联盟在中国南宁揭牌成立。

△菲律宾总统杜特尔特在年度国情咨文中誓言将反毒战争坚持到底，指出菲律宾要坚持反毒、重拳反

腐、增兵维稳、吸引投资、独立自主。

25 日　中国外交部部长王毅对菲律宾进行正式访问。菲律宾总统杜特尔特在与王毅会见时表示，菲律宾高度重视中国的国际地位和影响，愿致力于与中国建立更紧密强劲的双边关系。

△第 38 届东盟禁毒事务高官会在越南河内举行。

△中国外交部部长王毅在北京集体会见东盟 10 国驻华使节，与使节们就中国—东盟关系和东亚合作交换意见。

26 日　中国外交部部长王毅应约与印度尼西亚外长蕾特诺通电话，就双边关系和巴以局势交换意见。

28 日　东盟秘书处与东盟基金会在雅加达东盟秘书处总部联合举行东盟当代艺术展，庆祝东盟成立 50 周年。

29 日　中国南海神狐海域天然气水合物试采工程完成海上作业，标志着中国首次海域天然气水合物试采圆满结束。

30 日　庆祝中国人民解放军建军 90 周年阅兵在朱日和训练基地举行。中共中央总书记、国家主席、中央军委主席习近平检阅部队并发表重要讲话。

31 日　中国国务委员、公安部部长郭声琨在北京会见老挝国防部部长占沙蒙。会见结束后，双方共同签署《中华人民共和国公安部与老挝人民民主共和国国防部关于建立边防三级联系机制深化湄公河联合巡逻执法的谅解备忘录》。

## 8 月

1 日　中国人民解放军建军 90 周年庆祝大会在北京人民大会堂隆重举行，中共中央总书记、国家主席、中央军委主席习近平在会上发表重要讲话。

1 ~2 日　以“促进人力资源发展和移民劳动者可持续就业”为主题的柬埔寨、老挝、缅甸、越南、泰国劳动合作部长级会议和高官会在越南岘港举行。

2 日　新加坡《联合早报》报道，新加坡卫生部将拨款 1000 万新元资助开展更多与中医药相关的研究，以提升中医药专业人才的能力和水平。

2 ~3 日　以“加大国会对柬老越发展三角区的合作倡议实施情况监督力度”的柬老越 3 国国会对外委员会第 6 次会议在老挝万象举行。

5 日　第 50 届东南亚国家联盟外长会议在菲律宾马尼拉举行。

6 ~8 日　应东盟轮值主席国菲律宾外长卡亚塔诺邀请，中国外交部部长王毅出席在马尼拉举行的中国—东盟 10 +1 外长会、东盟与中日韩 10 +3 外长会、第 7 届东亚峰会外长会、第 24 届东盟地区论坛外长会，以及东盟成立 50 周年活动。王毅在中国—东盟 10 +1 外长会议前与东盟 10 国外长签署《关于建立中国—东盟中心谅解备忘录》（修订版），并在第 24 届东盟地区论坛外长会议发表中菲两国共提的《加强应对毒品问题合作声明》。

8 日　中国国家主席习近平向东盟轮值主席国菲律宾总统杜特尔特致贺电，对东南亚国家联盟成立 50 周年表示祝贺。

8 ~10 日　应马来西亚政府邀请，中国国务委员王勇赴马来西亚出席中马合作建设的东海岸铁路项目开工仪式。

10 日　印度驻越南大使帕尔瓦塔纳尼·哈里什在接受越南《人民报》采访时表示，印度把东盟摆在东向行动政策和“亚洲世纪之梦”的核心地位，特别重视与东盟在基础设施、生产、贸易、技能、城市革新、智慧城市等领域和以印度东北地区为中心的“印度制造”运动中的合作关系。指出贸易和文化是东盟与印度合作关系中的核心领域。

△中国“墨子号”量子科学实验卫星在国际上首次成功实现从卫星到地面的高速量子密钥分发，为建立最安全保密的全球量子通信网络奠定可靠基础。

11 日　东盟成立 50 周年纪念典礼在东盟秘书处总部举行。印度尼西亚总统佐科与东盟各国外交官员、有关国际组织代表等一同出席。

14 日　2017 ~2018 学年中国政府奖学金留学录取通知书颁发仪式在柬埔寨金边举行，181 名柬埔寨新生成为中国政府向柬方提供 500 个政府奖学金名额的首批受益者。中国驻柬埔寨大使熊波、柬埔寨教育青年体育部大臣韩春纳洛出席颁发仪式并致辞。

14 ~18 日　以“共享价值、共同命运”为主题的印度—东盟青年高级会议在印度博帕尔举行。印度、印度尼西亚、菲律宾、马来西亚、文莱、泰国、柬埔寨、老挝、缅甸、越南等国家的200名代表与会。

**16日** 越南《人民报》网报道，越南老年人已超过1000万(占人口总数的11%)，是世界上人口老龄化速度最快的国家之一，预计2030年、2050年老年人分别占人口总数的18%和26%。

**17～18日** 越南政府总理阮春福对泰国进行正式访问。

**19～31日** 以"一同崛起"为主题的第29届东南亚运动会在马来西亚举行。来自文莱、马来西亚、泰国、柬埔寨、缅甸、东帝汶、印度尼西亚、菲律宾、越南、老挝、新加坡的4700余名运动员参加，争夺38个大项的404枚金牌。

**20日** 新加坡国庆群众大会在宏茂桥工艺教育学院举行。

△2017马来西亚—中国书画名家邀请展在吉隆坡举行。画展由马来西亚—中国友好协会和郑和·朵云轩艺术馆联合主办，共展出马来西亚书画名家钟正山、谢忝宋、钟正川和中国名家王新循的水墨画作品。

**21日** 中国和印度尼西亚副总理级对话机制第6次会议在北京举行。

△中共中央军委副主席许其亮在北京会见柬埔寨空军司令邢桑南。

**22日** 中共中央政治局委员、中央政法委书记孟建柱在北京会见新加坡首席大法官梅达顺。

△中国—印度尼西亚高层经济对话第3次会议在北京举行。会议旨在落实两国元首达成的重要共识，深化两国全面战略伙伴关系，深入推进"一带一路"建设，推动各领域务实经济合作向前发展。

△泰国内阁批准泰中铁路合作项目一期工程(曼谷—呵叻段)的设计合同。

**22～26日** 越共中央总书记阮富仲分别对印度尼西亚和缅甸进行正式访问。

**25日** 越南外交学院与中国驻越南大使馆在河内联合举办题为"'一带一路'倡议：越中合作新机遇"座谈会。

**26日** 以纪念东盟成立50周年为内容的东盟金色文化节在越南河内举行。

**30日** 中国与东盟国家落实《南海各方行为宣言》第22次联合工作组会在菲律宾马尼拉举行。会议旨在落实中国外交部部长王毅在中国—东盟外长会上提出"南海行为准则"磋商"三步走"设想中的第二步，会议氛围融洽、友好。

△中国人民解放军海军司令员沈金龙在北京会见到访的柬埔寨海军司令迪文。

△"胡志明思想与越南革命，凯山·丰威汉思想与老挝革命"研讨会在河内举行。研讨会由越南胡志明国家政治学院、越南社会科学翰林院、老挝国家政治行政学院及老挝国家社会科学院在老挝首都万象联合举办，为4家机构四方学术合作协议框架内容之一。

△第5次越日防务政策对话会在越南芽庄举行。越共中央委员、国防部副部长阮志咏上将和日本防卫副大臣真布朗共同主持。

## 9月

**1日** "'一带一路'与大湄公河次区域合作——澜湄走廊，智慧崛起"国际研讨会在泰国清迈举行。中泰两国的政府官员、企业家、专家学者、当地商会、侨团代表以及美国、印度、澳大利亚、新加坡、缅甸等国驻泰使领馆官员等近400人与会。

**3日** 柬埔寨政府发布公告称，柬埔寨反对党救国党主席根索卡因涉嫌叛国罪被捕。

**3～6日** 中国全国政协副主席王家瑞访问文莱。

**4～5日** 金砖国家领导人第9次会晤在中国厦门举行。中国国家主席习近平主持会晤并发表题为《深化金砖伙伴关系 开辟更加光明未来》讲话。金砖五国领导人围绕着"深化金砖伙伴关系，开辟更加光明未来"的主题，就国际形势、全球治理、金砖合作等深入交换看法，达成广泛共识。会晤通过《金砖国家领导人厦门宣言》。

**7～9日** 应中方邀请，泰王国帕查拉吉迪雅帕·玛希敦公主殿下访问中国。

**8日** 中国全国政协主席俞正声在北京会见缅甸联邦议会人民院议长温敏。

**8～17日** 柬埔寨外交与国际合作部与东盟各国驻柬大使馆联合举办东盟电影节，庆祝东盟成立50周年。

**11日** 中共中央政治局常委、国务院副总理张高丽在中国南宁分别会见到华出席第14届中国—东盟博览会、中国—东盟商务与投资峰会的文莱苏丹哈桑纳尔、柬埔寨首相洪森、越南政府常务副总理张和平和老挝副总理宋赛。

**12日**　为庆祝马来西亚与美国建交60周年，马来西亚总理纳吉布应美国总统特朗普邀请对美国进行工作访问，就国家安全、全球范围打击恐怖主义和极端主义，以及贸易和投资等领域展开会谈。

**12~13日**　2017中国—东盟信息港论坛·电子商务峰会在中国南宁举办。论坛旨在促进中国—东盟经贸合作互利共赢，共同打造中国—东盟跨境电子商务生态体系。

**12~15日**　第14届中国—东盟博览会、中国—东盟商务与投资峰会在中国南宁举办。中国国务院副总理张高丽，第十二届全国人大常委会副委员长、中国红十字会会长陈竺，第十届全国人大常委会副委员长、中国—东盟协会会长顾秀莲，文莱苏丹哈桑纳尔，柬埔寨首相洪森，越南政府常务副总理张和平，哈萨克斯坦第一副总理阿斯卡尔·马明，老挝副总理宋赛，泰国前副总理功塔帕朗西等政要出席这届以"共建21世纪海上丝绸之路，旅游助推区域经济一体化"为主题的盛会。

**13日**　中国国家主席习近平在北京与访华的文莱苏丹哈桑纳尔举行会谈，共同规划好两国未来合作，推动中文关系在新时期得到更大发展，更好造福两国人民。

**13~16日**　应老挝国防部部长占沙蒙·占雅拉中将邀请，中国国务委员兼国防部部长常万全上将对老挝进行正式友好访问，并与占沙蒙共同主持中老两军第一次边境高层会晤。

**14日**　新加坡总统选举唯一候选人、前国会议长哈莉玛宣誓就任第八任总统，成为新加坡历史上首位女总统。

**15日**　以"越南和中国在新阶段的党建与国家治理"为主题的国际研讨会在越南河内举行。中越两国的50多名官员、学者与会交流党建与治国理政经验。

**18~19日**　中共中央政治局常委、中央书记处书记刘云山应邀访问越南，在河内分别会见越共中央总书记阮富仲、政府总理阮春福和国会主席阮氏金银，与越共中央政治局委员陈国旺举行会谈。

**19日**　第62次湄公河联合巡逻执法编队在中国关累港起航，开启为期4天3夜的联合巡逻执法行动。

△中国海军远航访问编队结束对印度尼西亚的友好访问离开雅加达。

△中国制造的世界最大矿砂船——40万吨超大型矿砂船在青岛下水。

**19~21日**　新加坡总理李显龙应中国国务院总理李克强邀请访华。

△中共中央政治局常委、中央书记处书记刘云山应柬埔寨人民党邀请访柬，在金边分别会见柬埔寨人民党主席、政府首相洪森和代理国家元首、人民党副主席、参议院主席赛冲，并参加多项中柬友好活动。

**21日**　中国高铁复兴号首发，京沪之间运行时间为4.5小时，标志着中国高铁速度再揽世界第一。

**23日**　印度海军什瓦里克级隐身护卫舰"萨特普拉"号和卡莫尔塔级反潜轻型护卫舰"卡德马特"号抵达越南海防港，进行为期4天的访问活动。

**23~24日**　中共中央军委副主席范长龙和越南国防部部长吴春历分别率团，先后在越南莱州市和中国云南省金平县举行中越两军第4次边境高层会晤。

**25日**　柬埔寨首相洪森参加由中国投资建设的柬埔寨桑河二级水电站（柬埔寨装机容量最大水电站）下闸蓄水仪式。仪式上，洪森高度赞扬中国政府为柬电力事业和经济发展做出的贡献，并对投建中资企业表示感谢。

△中国海军远航访问编队的3艘舰艇停靠文莱摩拉港，对文莱进行为期3天的友好访问。

**26日**　中共中央政治局常委、中央纪委书记王岐山在北京会见柬埔寨人民党中央常委、副首相兼议会联络与监察部大臣梅森安。

**27日**　第35届东盟能源部长会议、东盟能源论坛在菲律宾马尼拉开幕。东盟各国能源部部长、亚太国家的多位能源部部长及能源专家参会。

**28日**　中国—越南经贸合作委员会第10次会议在越南河内举行。

**29日**　中国首次洲际量子保密通信取得成功，标志着中国量子保密通信走在世界前列。

10 月

**1～3 日** 应缅甸国防军总司令敏昂莱邀请，越南国防部部长吴春历大将率越南高级军事代表团对缅进行正式访问。

**2 日** 菲律宾国防部宣布，菲美联合举办为期 10 天的“与海上战士同行”军演。这是年内继 5 月“肩并肩”、9 月“风暴之风”军演后的第 3 次菲美联合军演。

**4 日** 中国海军远航访问编队抵达泰国梭桃邑，开始为期 4 天的友好访问。

**4～5 日** 东盟互联互通协调委员会第 3 次会议、东盟互联互通协调委员会与 14 个对话伙伴国和欧盟磋商会议在菲律宾马尼拉举行。

**5 日** 菲律宾国防部和武装部队在马尼拉接收由中国援助的一批武器装备。这是中国继 6 月之后第 2 次向菲方提供用以打击恐怖主义的武器。

**11 日** 日本向菲律宾提供的 44 米级多用途巡逻船抵达马尼拉南部港口。该船属于菲律宾海岸警卫队 10 艘多用途巡逻船中的第 6 艘。

**11～13 日** 东盟联合磋商会、东盟高官会、东盟与中日韩高官会以及东亚峰会高官会在菲律宾马尼拉相继举行。

**13 日** 中国驻越南岘港总领事馆开馆。该总领馆是继驻胡志明市总领馆之后中国在越南设立的第 2 个总领馆。

**15 日** “杂交水稻之父”袁隆平院士培育的超级杂交水稻试验最高亩产达到 1181 千克，再创单季亩产新高。

**16 日** 东盟成立 50 周年暨东盟—欧盟建立对话关系 40 周年纪念典礼在法国巴黎举行。据报道，40 年来，东盟与欧盟在政治、安全、经济、社会和文化等领域的伙伴关系不断扩大，双方已通过《2018～2022 年东盟—欧盟行动计划》。

**17 日** 菲律宾总统杜特尔特宣布，菲律宾南部城市马拉维已从恐怖分子手中获得解放。

**18 日** 越南共产党中央委员会、老挝人民革命党中央委员会、柬埔寨人民党中央委员会、缅甸全国民主联盟中央执行委员会等致函或致电，对中国共产党第十九次全国代表大会的召开表示热烈祝贺。

**18～25 日** 中共第十九次全国代表大会在北京举行。大会批准习近平代表第十八届中央委员会所作的报告，批准中央纪律检查委员会工作报告，审议通过《中国共产党章程（修正案）》，选举产生新一届中央委员会和中央纪律检查委员会。选举产生由习近平为总书记和李克强、栗战书、汪洋、王沪宁、赵乐际、韩正为常委的中共中央领导班子。

**21～26 日** 新加坡总理李显龙访问美国。双方在会谈中再次确认将进一步深化长达 51 年的伙伴关系，继续扩展在经济、安全等领域的合作。访问期间，双方签署 138 亿美元的飞机购买协议，由新加坡航空公司向波音公司购买宽体飞机 39 架。

**21 日** 美国国务院与东南亚青年领袖倡议学员在美国联合举行美国与东盟建交 40 周年暨东盟成立 50 周年纪念活动。

**23～27 日** 第 11 次东盟国防部长会议、第 7 次中国—东盟防长非正式会晤（10＋1 防长会）、第 4 次东盟国防部长扩大会议（10＋8 防长会）相继在菲律宾克拉克港举行。东盟各国防长 23 日发表联合声明，决定将两至三年一次的东盟防长扩大会改为每年一次，以加强东盟国家之间及东盟与对话国之间的防务合作，防止恐怖主义在东南亚蔓延，维护地区和平稳定。24 日，东盟启动“东盟直接联络沟通机制”防务热线，以通过直接快速的沟通方式应对防务领域突发情况。

**24 日** 中国人民币与柬埔寨瑞尔跨境贸易与投资论坛在金边举行。柬埔寨国家银行副行长妮占塔娜表示，柬政府鼓励使用人民币，以促进柬中两国贸易和投资。

△中国政府向菲律宾移交用于援助菲马拉维战后重建工程机械。

△中科院上海光机所和上海科技大学实现 10 拍瓦激光放大输出，成为世界最高激光脉冲峰值功率，达到国际同类研究的领先水平。

**25 日** 越共中央总书记阮富仲，老挝人民革命党中央总书记、国家主席本扬，柬埔寨国王西哈莫尼，菲律宾国民党总裁维拉，菲律宾民主人民力量党副主席库西等东盟国家政要，祝贺习近平当选中共第十九届中央委员会总书记。

△中柬文化旅游合作项目——吴哥大剧院落成揭幕并举行舞台剧《吴哥王朝》首演。大剧院占地6000平方米,可容纳1200余名观众,周边配备大型餐饮商业综合区,是东南亚最先进的多功能演出剧场之一。

△菲律宾总统杜特尔特会见到访的中国国务委员兼国防部部长常万全。常万全当天还与菲国防部长洛伦扎纳举行会谈。

**25~27日** 中国国家主席习近平特使、国务院副总理张高丽赴泰国出席普密蓬国王葬礼。

**26日** 中老缅泰四国联合巡逻执法编队在中国关累港启航,开启历时4天3夜、总航程500余千米的第63次湄公河联合巡逻执法行动。

△中国—东盟科技产业合作论坛暨中国—东盟科技产业合作委员会成立会议在北京举行。合作委员会首批单位60家,其中中方25家,东盟方35家。

**28日** 澜沧江—湄公河合作第5次高官会在中国昆明举行。会议重点就澜湄合作进展、未来发展规划和下阶段系列重要会议筹备工作等交换意见。

**30日** 中共中央总书记、国家主席习近平在北京分别会见越共中央总书记阮富仲特使、越共中央对外部部长黄平君和老挝人民革命党中央总书记本扬特使、中联部部长顺通。

**30~31日** 菲律宾总统杜特尔特访问日本,与日本首相安倍晋三举行首脑会谈。

**31日** 中国—东盟国家海上联合搜救实船演练在中国广东湛江南三岛以东约10海里处举行。中国海事、海洋、海警、救助、打捞及香港的16个单位,以及泰国、菲律宾、柬埔寨、老挝、文莱等国家的相关海上搜救力量参演。参演船艇20艘、飞机3架,人员约1000人,是迄今为止中国与东盟国家规模最大的一次海上联合搜救实船演练。

△中共中央总书记习近平总书记特使、中联部部长宋涛赴越南,通报中共十九大情况。次日,越共中央总书记阮富仲会见宋涛。

## 11月

**2日** 中共中央总书记习近平特使、中联部部长宋涛赴老挝,通报中共十九大情况。老挝人民革命党中央总书记、国家主席本扬会见宋涛。

**2~3日** 中国外交部部长王毅应越南政府副总理兼外长范平明邀请,对越进行正式访问,与范平明举行会谈并会见越南其他领导人。双方就中越高层交往、中越关系及共同关心的国际和地区问题交换意见。

**6~11日** 第25次亚太经合组织(APEC)领导人非正式会议在越南岘港举行。中国国家主席习近平在会上发表题为《携手谱写亚太合作共赢新篇章》的重要讲话。

**9日** 中共中央总书记、国家主席习近平在越南《人民报》发表题为《开创中越友好新局面》的署名文章。

△中国—东盟智库战略对话论坛在中国南宁举行。东盟各国智库和中国多家政府机构、智库单位等200多代表与会,就共建“一带一路”,推动中国—东盟合作共赢的各项议题进行交流研讨。

**10日** 中国开始对中越边境遗留雷场进行全面扫除工作,以彻底清除边境遗留雷患,为双方人民群众生命财产和边境地区开放开发提供安全保障。

△中国海警46305舰抵达越南海防,开始为期4天的访问。这是中国海警舰船首次访越。

**11~12日** 美国总统特朗普对越南进行国事访问并出席在越举行的APEC领导人非正式会议。

**12日** 中共中央总书记、国家主席习近平对越南进行国事访问,与越共中央总书记阮富仲举行会谈并出席越中友谊宫落成移交仪式暨河内中国文化中心揭牌仪式。访问期间,两国签署《关于文化产业合作的谅解备忘录》《中国社会科学院同越南社会科学院学术交流合作协议》等促进中越文化交流的合作文件。

**12~16日** 第31次东盟领导人会议、第20次中国—东盟10+1领导人会议、第20次东盟与中日韩10+3领导人会议和第12届东亚峰会等一系列会议在菲律宾马尼拉举行。

△东盟峰会期间,东盟与中国香港特别行政区政府签署自由贸易协定与相关投资协定。

**13日** 中共中央总书记、国家主席习近平对老挝进行国事访问,与老挝人民革命党中央总书记、国家主席本扬举行会谈。会谈后,习近平和本扬共同见证中老经济走廊建设、基础设施建设、数字丝绸之路、科技、农业、电力、人力资源、金融、水利等领域合作文件的签署。

△出席东盟峰会的中国国务院总理李克强与菲律宾总统杜特尔特共同主持第20次中国—东盟10+1领导人会议。会议通过《中国—东盟关于进一步深化

基础设施互联互通合作的联合声明》《中国—东盟关于全面加强有效反腐败合作联合声明》《中国—东盟旅游合作联合声明》《未来10年南海海岸和海洋环保宣言(2017~2027)》等成果文件。

**15~16日** 中国国务院总理李克强对菲律宾进行正式访问。访问期间,李克强与菲律宾总统杜特尔特举行双边会谈,就中菲关系及地区和国际问题交换意见。会后,两国政府发表联合声明。

**17日** 为期两天的"海上丝绸之路·中国—东南亚互通共享国际论坛"在中国福州举行。论坛由福建师范大学、印度尼西亚驻华大使馆和驻广州领事馆、印度尼西亚国际战略研究中心联合主办。中国、印度尼西亚、菲律宾、马来西亚等国家和地区的100余名代表参加。

**19日** 缅甸总统廷觉在内比都会见到访的中国外交部部长王毅。廷觉请王毅转达对习近平主席的良好祝愿,祝贺习近平再次当选中共中央总书记。访缅期间,王毅还会见缅甸国防军总司令敏昂莱,并与缅甸国务资政兼外交部部长昂山素季举行会谈。

**21日** 来自19个国家海军的36艘舰艇,在泰国芭提雅海域集结,举行庆祝东盟成立50周年国际海军阅舰式。

**23日** 第10届中国—东盟(百色)现代农业展示交易会在中国百色市田阳县举行。

**24日** 中共中央总书记、国家主席、中央军委主席习近平在北京会见访华的缅甸国防军总司令敏昂莱。

**24~26日** 中国最高人民检察院检察长曹建明应文莱总检察长哈雅提·赛勒邀请访问文莱。双方举行工作会谈并签署联合声明。25日,曹建明与文莱苏丹哈桑纳尔举行会晤。

**26~28日** 第4届中国—东盟武术节在中国桂林举行。

**28日** 中国国务院副总理刘延东在印尼梭罗与印度尼西亚人力发展和文化统筹部长普安共同主持中国印尼副总理级人文交流机制第3次会议。会议重点落实两国元首共识,推进共建"一带一路"的重要举措。

**29日** 新加坡国防部长黄永宏与印度国防部长西塔拉曼,在印达成两国海军合作协议,明确海洋安全合作、举行联合演习、短暂使用对方海军设施并提供后勤支持等合作事项。

**30日** 第17届东盟电信部长会议和东盟+7对话伙伴电信部长会议在柬埔寨暹粒举行。东盟各国和中国、日本、韩国、印度、欧盟、美国的电信部长、高官、国际电联负责人及电信业、银行业人士等400余人参会。

**30日至12月3日** 以"构建人类命运共同体、共同建设美好世界:政党的责任"为主题的中国共产党与世界政党高层对话会在北京举行。中共中央总书记、国家主席习近平在开幕式上发表题为《携手建设更加美好的世界》的主旨讲话。

## 12月

**1日** 出席中国共产党与世界政党高层对话会的缅甸国务资政昂山素季顺访中国,与中共中央总书记、国家主席习近平举行会见。

△为期7天的2017年越中(芒街—东兴)国际商贸·旅游博览会在越南广宁省芒街市开幕。中国、越南、泰国等国家的数百家采购商及供应商参展参会。

**1~3日** 越共中央书记处书记、中央内政部部长、中央反腐败指导委员会常务副主任潘廷镯应中共中央委员会邀请,率越共代表团访华并出席中共与世界政党高层对话会。

**2日** 2017中国—东盟电影节在马来西亚普特拉贾亚开幕。

**6日** 由中国法学会主办的中国—东盟法学家联谊会暨中国—东盟法律论坛在中国南宁举行。

**8~10日** 东盟成立50周年庆祝活动之一的首届东盟电影节在荷兰乌得勒支举行。电影节期间共放映5个东盟成员国的10部优秀影片。

**12日** 以"推动21世纪亚洲的数字和物理联系"为主题的东盟与印度互联互通峰会在印度新德里召开。

**14~15日** 中国—印度尼西亚海上合作技术委员会第10次会议在印度尼西亚雅加达举行。会议旨在落实中国国家主席习近平和印度尼西亚总统佐科·维多多在"一带一路"国际合作高峰论坛期间达成的关于对接两国海洋发展战略共识,进一步推动两国海上务实合作。

**15日** 澜沧江—湄公河合作第3次外长会在中国云

南大理举行。澜沧江—湄公河合作共同主席国中国和柬埔寨两国外长共同主持会议。中国、柬埔寨、老挝、缅甸、泰国、越南等国的与会外长们，重点就澜沧江—湄公河合作首次领导人会议和第2次外长会成果落实进展、澜湄合作未来发展方向、第2次领导人会议筹备工作等深入交换意见，达成广泛共识。

**17～19日** 中国全国人大常委会副委员长、中国国际交流协会会长严隽琪应新加坡国会邀请访问新加坡，分别会见新加坡国会副议长林谋泉和文化、社区及青年部部长傅海燕。

**18～22日** 越南国会副主席、越中议员友好小组主席杜伯巳率越南国会高级代表团对中国进行正式访问。19日，中国全国人大常委会委员长张德江会见杜伯巳一行。

**19日** 柬老越发展三角区协调委员会第11次会议在越南平福举行。越南计划与投资部部长、越南协调委员会主席阮志勇，柬埔寨商业大臣、柬埔寨协调委员会主席潘索萨，老挝计划与投资部部长、老挝协调委员会主席苏潘·乔米赛共同主持会议。

**21日** 柬埔寨国防部高级代表团与越南国防部高级代表团第3次副部长级国防政策对话在柬埔寨国防部举行。

△中泰铁路合作项目一期工程在泰国呵叻府巴冲县举行开工仪式。中国国务院总理李克强向开工仪式致贺信，泰国总理巴育在开工仪式上致辞。中泰铁路合作联委会中方主席、中国国家发展改革委员会副主任王晓涛、中国驻泰国大使吕健，泰国交通部部长阿空、内政部部长阿努蓬，以及两国政府部门、铁路管理部门、相关企业、媒体等近400人出席开工仪式。

**23日** 由中国驻缅甸大使馆和中国和平发展基金会出资援助改造的中缅友好医院暨杜庆芝医院移交启用仪式在缅甸仰光举行。

## 2018年1～6月

### 1月

**1日** 文莱高级贸易官员、外交官林玉辉出任东盟秘书长，接替2107年底任满的前任秘书长黎良明。5日，林玉辉就职仪式在印尼雅加达东盟秘书处举行。

**3日** 《中国之声》晚高峰观军情栏目和英国《简氏防务周刊》网站报道，美国赠送越南的第一艘“汉密尔顿”级远洋巡逻舰“摩根索”号抵达越南，成为越南海警旗下吨位最大的执法船。

**7日** 中国国务院总理李克强在雅加达东盟秘书处会见东盟秘书长林玉辉。李克强表示，中方将坚定支持东盟共同体建设，支持东盟在区域合作中的中心地位，支持东盟在开放包容的地区架构中发挥更大作用。中方愿与东盟打造更高水准的战略伙伴关系，构建更为紧密的命运共同体。林玉辉感谢中方长期对东盟一体化的支持，表示东盟将进一步深化合作，为地区和世界繁荣与稳定作出贡献。

**8日** 中国国家科学技术奖励大会在北京举行。大会表彰2017年度国家科学技术奖项目271个、科技专家9名。南京理工大学王泽山院士、中国疾病预防控制中心病毒预防控制所侯云德院士分获国家最高科学技术奖。

**9日** 太原卫星发射中心用长征二号丁运载火箭，将高景一号03、04星发射升空并顺利进入预定轨道。标志着中国航天2018年首发任务圆满成功。

**10日** 中国国务院总理李克强与柬埔寨、老挝、泰国、越南、缅甸领导人共同出席在柬埔寨金边举行的澜沧江—湄公河合作第2次领导人会议并发表讲话。会议发表《澜湄合作第2次领导人会议金边宣言》。

**10～11日** 中国国务院总理李克强应柬埔寨首相洪森邀请对柬埔寨进行正式访问。访问期间，李克强同洪森举行会谈并会见西哈莫尼国王，还分别向柬埔寨独立纪念碑和西哈努克太皇纪念雕像敬献花圈。两国领导人共同见证双方政治、经贸、卫生、林业、农业、人文等领域19份合作文件的签署。

**12日** 东盟秘书长林玉辉访问中国—东盟中心，与中国—东盟中心秘书长杨秀萍就深化中国—东盟友好交流合作交换意见。

**15日** 路透社报道，菲律宾总统发言人哈里·罗克表示，总统杜特尔特亲自决定，允许中国在菲律宾的太平洋海岸水域进行科学研究。

**8日** 中国国家统计局公布，2017年中国国内生产总值（GDP）达到82.71万亿元，比上年增长6.9%，增速较 2016 年提高 0.2 个百分点。

21 日　以“致力于和平、创新及可持续发展的议会伙伴关系”为主题的亚太议会论坛第 26 届年会在越南河内举行。20 个成员方议会及议会联盟代表出席。

22 日　俄罗斯权威媒体消息称，俄罗斯国防部副部长福明表示，国防部部长绍伊古访问缅甸期间就缅购买 6 架苏-30 飞机达成共识。

22～23 日　俄罗斯国防部部长绍伊古访问河内，与越方磋商国防工业合作。绍伊古指出，越方是俄方传统朋友，是在亚太地区的重要战略伙伴。越南国防部部长吴春历认为，绍伊古到访有助于增进越俄传统友谊，加强两国全面战略伙伴关系。

△美国国防部部长詹姆斯·马蒂斯访问印度尼西亚，与印度尼西亚总统佐科及国防部部长里亚库杜会见，讨论海上合作事宜。

24 日　中共中央政治局委员、中央组织部部长陈希在北京会见由越共中央政治局委员、中央组织部部长范明政率领的越南共产党代表团。

24～25 日　美国国防部部长詹姆斯·马蒂斯访问越南，与越南领导人讨论南海航行自由问题。会后，越南国防部宣布美国航母将于 3 月访问越南岘港，成为 1975 年越战结束后美国航母访越的破冰之旅。

24～28 日　东盟记者联合会第 19 次会议在泰国曼谷举行。泰国工业部部长乌达玛、东盟记者联合会成员代表以及中国、缅甸等观察员国代表出席会议。

25～26 日　为纪念东盟与印度建立对话伙伴关系 25 周年，印度邀请东盟 10 国领导人在新德里参加印度—东盟峰会。峰会发表的《新德里宣言》共有 36 点，聚焦政治安全、经济、文化社会、互联互通、缩小发展差距等 5 大领域的合作。东盟国家领导人还应邀参加 26 日的印度共和国国庆日活动。

30 日　越南公安部宣布将总部设在美国的“临时越南国家政府”列为恐怖组织。

## 2 月

2 日　美国商业专利数据库发布报告显示，中国企业在美国获得专利数量近年急增 10 倍，其中 2017 年比 2016 年增长 28%。中国首次成为前 5 大美国专利获得国。

2～3 日　首届“一带一路”老—中合作论坛在老挝万象举行。论坛由老挝人民革命党中央宣传部、老挝新闻文化旅游部与中国新华社、中国工商银行、老挝中华总商会联合主办，重点围绕中共中央总书记、国家主席习近平 2017 年 11 月访老达成的各项成果，探讨“一带一路”倡议与老挝国家发展战略对接。

4 日　《中共中央国务院关于实施乡村振兴战略的意见》由新华社受权发布。文件对实施乡村振兴战略进行全面部署。

4～6 日　东盟国家外长非正式会议在新加坡举行。会议围绕“坚韧与创新”主题，就朝鲜问题、反恐问题、南海问题等地区及国际问题自由交流。

8 日　中共中央总书记、国家主席习近平与越共中央总书记阮富仲互致新年贺信，向双方党和人民互致诚挚的新春问候和祝福。

9 日　菲律宾总统府发言人洛克说：“我们不愿意被其他国家利用来挑战中国在这个区域的主导地位，因为我们已经不再是任何其他国家的奴隶，我们独立了。”

△中国国务院总理李克强在北京会见访华的印度尼西亚外长蕾特诺。中国外交部部长王毅与蕾特诺一道，在北京共同主持中国印尼政府间双边合作联委会第 3 次会议。

△菲律宾总统杜特尔特下令，取消总额 2.4 亿美元的从加拿大购买直升机的协议，并命令武装部队不再从加拿大和美国购买武器、弹药及任何其他战争物资。

13 日　中国—菲律宾南海问题双边磋商机制第 2 次会议在菲律宾马尼拉举行。

△美国和泰国“金色眼镜蛇”联合军演在泰国曼谷举行。中国、日本、新加坡、印尼、马来西亚、韩国、印度等国一同参加这次演习。

15 日　菲律宾总统杜特尔特发布中国新年贺信，并称与菲律宾中国侨民一起共庆中国新年。

## 3 月

1～2 日　中国与东盟国家在越南芽庄举行落实《南海各方行为宣言》第 23 次联合工作组会。各方将就落实宣言、推进海上务实合作、“南海行为准则”磋商等深入交换意见。

△第 24 届东盟经济部长非正式会议及其系列会

议在新加坡召开。

**2 日** 第16届东盟—欧盟经贸部长磋商会议在新加坡召开。会议旨在促进双方自由贸易协定谈判进程。

△菲律宾总统府发言人罗克表示,菲律宾正考虑与中国合作,在两国争议的礼乐滩地区和无争议的巴拉望西北部地区共同开发油气资源。

**2～4 日** 越南国家主席陈大光对印度进行国事访问。

**3 日** 柬埔寨第四届参议院选举结果公布,执政党人民党赢得 58 个议席。

**5 日** 美国航母“卡尔·文森”号抵达越南岘港,对越进行为期 4 天的访问。此次访问是越战后 43 年来美国航母首度访越。

**5～17 日** 中国第十三届全国人民代表大会第一次会议和全国政协十三届一次会在北京召开。习近平全票当选为国家主席、中央军委主席。

**16～18 日** 第 2 届东盟—澳大利亚特别峰会在悉尼召开。

**17 日** 以“反恐和人道使命”为主题的柬中两国大规模军事演习“金龙—2018”在柬埔寨举行。柬中两军近 500 人参加军演。军演主要为庆祝柬中建交 60 周年,进一步加强柬中全面战略合作关系。

**18～21 日** 文莱苏丹哈桑纳尔、柬埔寨国王西哈莫尼、柬埔寨首相洪森、新加坡总理李显龙、泰国总理巴育、缅甸国务资政昂山素季等东盟一些国家领导人祝贺习近平当选连任中华人民共和国主席。

**21 日** 缅甸总统府宣布,吴廷觉当天辞去总统职务,副总统敏瑞暂代行使总统职务。

**21～25 日** 菲律宾外交部部长卡耶塔诺应邀访问中国。中国国家副主席王岐山 25 日会见卡耶塔诺,表示双方应继续相向而行,从战略高度规划两国关系。

**28 日** 《缅甸时报》消息称,缅甸人民院议长温敏在缅甸联邦议会选举中赢得选票超过半数当选总统。

**29～31 日** 大湄公河次区域经济合作第 6 次领导人会议、柬老越发展三角区第 10 届峰会在越南河内举行。会议通过《共同宣言》《2018～2022 河内行动计划》《2022 区域投资框架》等多项成果文件。

**30 日** 中国国务委员兼外交部部长王毅应越南政府邀请率团出席大湄公河次区域经济合作第 6 次领导人会议,并对越南进行正式访问。

### 4 月

**1 日** 越南国家主席陈大光在河内会见访越的中国国务委员兼外交部部长王毅,请王毅转达对习近平主席的亲切问候,并祝贺中国全国两会成功召开。

△柬老越发展三角区第 10 届峰会结束后,柬埔寨首相洪森、老挝总理通伦与越南政府总理阮春福共同签署《柬老越发展三角区合作宣言》。

**2～3 日** 第 31 次东盟与美国对话会在马来西亚雪兰莪举行,东盟—美国对话关系协调国——马来西亚外交部秘书长和美国代理助理国务卿共同主持对话会。

**5～6 日** 第 20 次东盟—印度高官会在越南河内召开。与会各国代表对东盟—印度合作活动进度进行评估,并就双方关系的发展大方向达成一致。

**6 日** 第 22 届东盟财长会议在新加坡举行。

**8～9 日** 中国国务院总理李克强、国家副主席王岐山分别在北京与到华进行工作访问的新加坡总理李显龙举行会谈。

**10 日** 中国国家主席习近平在海南博鳌分别会见新加坡总理李显龙、菲律宾总统杜特尔特。习近平对杜特尔特强调,中方始终将东盟作为周边外交优先方向,在中国—东盟建立战略伙伴关系 15 周年和中国—东盟创新年之际,菲律宾将接任中国—东盟关系协调国,中方愿同菲方密切沟通和配合,推动中国—东盟关系和东亚区域合作不断发展。

△东盟 10 国与合作伙伴美食节在印度尼西亚雅加达举行。美食节旨在加强与各国之间的文化交流,共同为贫困儿童募集善款。

△越南国防部长吴春历大将对日本进行正式访问。访日期间,与日本防卫大臣小野寺五典签署《下个 10 年防务合作的共同愿景宣言》,并表示越南愿意迎接日本海上自卫队各种舰艇的访问。

**11 日** 《菲律宾每日问询者报》报道称,菲律宾传统盟友军舰中旬将停靠菲港口,主要有美国“罗斯福”号航母战斗群、澳大利亚皇家海军舰艇编队、日本海上自卫队搭载巡逻直升机的驱逐舰。

**12 日** 中国国务院总理李克强在北京会见印度尼西亚总统佐科特使、海洋统筹部部长卢胡特。

△中国在南海海域举行海上阅兵。中共中央总书记、国家主席、中央军委主席习近平检阅部队并发表重要讲话。

**13 日** 中共中央决定支持海南全岛建设自由贸易试验区,支持海南逐步探索、稳步推进中国特色自由贸易港建设。

△在"一带一路"投资印度尼西亚研讨会上,中国电建国际公司与印尼卡扬水电能源有限公司签署印尼卡扬河1~5梯级水电站项目联合开发协议。

**17 日** 中国国家副主席王岐山在北京会见越共中央政治局委员、中央书记处书记、中央经济部部长阮文平率领的代表团。王岐山在会见时强调,中越要落实好两国领导人达成的重要共识,营造良好环境,有效对接"一带一路"和"两廊一圈",使中越全面战略合作伙伴关系不断取得新进步。

△越通社报道,越南政府副总理兼外交部部长范平明与印度尼西亚外交部部长蕾特诺·马尔苏迪在河内共同主持召开越南与印尼双边合作委员会第3次会议,并就双方共同关心的地区和国际问题交换看法。

**19~20 日** 应越南政府总理阮春福邀请,缅甸国务咨政兼外交部长昂山素季率领缅甸高级代表团对越进行正式访问。

**20 日** 澳大利亚海军社交媒体发布消息显示,澳大利亚海军"新军团"号护卫舰访问越南胡志明市。

**20~21 日** 越南人民海军五区264号和265号舰船编队与泰国皇家海军二区432号和525号舰船编队在毗邻海域举行第37次联合巡逻。

**24 日** 中共中央政治局委员、中宣部部长黄坤明在北京会见由老挝中央委员、中联部部长顺通率领的人民革命党代表团。黄坤明在会见时表示,中方愿同老方共同努力,加强两党两国交流合作,推动中老全面战略合作伙伴关系深入发展。

**24~26 日** 中越海警各派出2艘舰船,开展2018年度首次北部湾共同渔区联合检查行动。

**25 日** 中国新华社社长蔡名照在北京会见越南通讯社社长阮德利。会见时双方表示,将进一步履行为中越关系健康发展营造良好舆论氛围的重要职责,按照两党两国领导人达成的共识,进一步加强合作交流,通过新闻报道推动两国关系健康发展。

**25~26 日** 越共中央政治局委员、国会常务副主席丛氏放率越南国会高级代表团对柬埔寨王国进行正式访问。丛氏放会见柬埔寨国会主席韩桑林,并将亚太议会论坛轮值主席移交给柬埔寨。

**25~28 日** 东盟经济共同体理事会会议、东盟政治安全共同体委员会第17届会议、东盟协调委员会第21届会议、东盟外长会议、第32次东盟领导人会议等一系列会议在新加坡举行。会议主要达成关于建设坚韧创新东盟、建立东盟智慧城市网络、网络安全等3项成果。

**25~30 日** 美国海军与泰国皇家海军在安达曼海举行联合反潜演习。泰国海军两艘中国造F25T护卫舰和美海军"洛杉矶"级攻击型核潜艇参加演习。

**26~27 日** 东盟《刑事司法相助协议》第8次高官会在越南河内召开。东盟10国政府、东盟秘书处、东盟《刑事司法相助协议》秘书处的代表与会。

## 5 月

**3 日** 中共中央政治局委员、中央政法委书记郭声琨在北京会见越南最高人民法院院长阮和平。郭声琨在会见谈话中,希望双方认真落实两党两国最高领导人共识,深化司法合作,推动中越关系不断向前发展。

△中国科学技术大学项目工作组成功构建世界首台超越早期经典计算机的光量子计算机。

**3~5 日** 东盟各国医学协会第18届会议在越南河内举行,越南医学总会、东盟各国医学协会的代表出席。

**3~6 日** 由中国海军导弹驱逐舰长沙舰和导弹护卫舰柳州舰组成的舰艇编队,在印度尼西亚龙目岛附近海域参与"科摩多-2018"多国联合演习。在演习中,中国海军舰艇编队派出医疗组成绩突出获得特别贡献奖。

**4 日** 第21届东盟与中日韩10+3财长和央行行长会议在菲律宾马尼拉举行。会议主要讨论全球和区域宏观经济形势、10+3区域财金合作等议题并发表《联合声明》。

△中国纪念马克思200周年诞辰大会在北京举

行。中共中央总书记、国家主席、中央军委主席习近平在大会上发表重要讲话。

**5～8日** 中国国务院总理李克强应印度尼西亚共和国总统佐科邀请对印度尼西亚进行正式访问。访问期间，李克强总理与佐科总统举行会谈，双方发表《中华人民共和国政府和印度尼西亚共和国政府联合声明》。李克强还前往东盟秘书处出席中国—东盟建立战略伙伴关系15周年庆祝活动启动仪式并发表主旨讲话。

**7日** 菲律宾与美国在菲军总部阿吉纳尔多军营开始为期12天的年度"肩并肩"联合军演。

**8日** 中国国务委员、公安部部长赵克志访问缅甸，并与缅甸内政部部长觉瑞举行会谈。

**10日** 以"包容性和数字化的东盟"为主题的第14届东盟新闻部长会议在新加坡举行。东盟各成员国代表团、东盟秘书处代表、中国、日本和韩国等伙伴国代表出席会议。

△马来西亚选举委员会公布大选计票结果，前总理马哈蒂尔领导的反对党阵营赢得国会下议院过半数席位，获得组阁权。这是马来西亚反对党60年来首次赢得大选。

**14日** 老挝人民革命党中央委员会总书记、国家主席本扬在万象会见中国国务委员、公安部部长赵克志。

**17日** 越南常驻联合国代表团团长阮芳娥大使在联合国总部向联合国秘书长递交批准《禁止核武器条约》文件备案，成为批准《禁止核武器条约》的第10个国家。

**17～18日** 第15次东盟—俄罗斯高官会在俄罗斯莫斯科举行。会议由老挝外交部副部长通潘和俄罗斯外交部副部长莫尔古洛夫共同主持，旨在对东盟与俄罗斯伙伴关系的发展方向作出评价。

**22～23日** 第30届东盟—澳大利亚论坛在堪培拉举行。

**23日** 中国和越南、缅甸、柬埔寨、老挝、泰国等国家卫生代表在日内瓦世卫大会期间，与世界卫生组织代表签署湄公河次区域2030年消除疟疾部长级行动宣言。

**24日** 第10届泛北部湾经济合作论坛暨第2届中国—中南半岛经济走廊发展论坛在中国南宁举行。东盟各国和中国政府部门、研究院、企业的500多名代表与会。

△中国驻马来西亚大使白天拜会马来西亚总理马哈蒂尔，祝贺马哈蒂尔再次出任总理。

**25日** 由越南财政部、东盟与中日韩10+3宏观经济研究办公室联合举办的"东盟10+3区域经济展望：在一个变化难测的世界里促进可持续发展"研讨会在越南河内举行。

**29日** 越南国家主席陈大光对日本进行国事访问。

**30日** 中共中央总书记、国家主席习近平在北京与访华的老挝人民革命党中央总书记、国家主席本扬举行会谈。双方一致强调要推动中老命运共同体建设取得新成果，更好造福两国和两国人民。两国元首还共同出席有关合作文件的签字仪式。

## 6月

**1～2日** 老挝人民革命党中央总书记、国家主席本扬一行到湖南省考察，探寻"精准扶贫"的中国经验。在韶山，本扬向毛泽东同志铜像敬献花篮。

**1～3日** 第17届香格里拉对话会在新加坡举行。17个国家的国防部长和来自40个国家的高级军官、学者600多人参会。对话会期间，各国代表就亚太地区面临的缓解朝核危机、变化中的亚洲安全秩序、恐怖主义与反恐、地区安全合作等议题进行讨论。

**3日** 俄罗斯海军太平洋舰队舰艇分队抵达越南金兰湾港进行访问。访越的军舰包括大型反潜舰"特里布茨海军上将"号、"维诺格拉多夫海军上将"号和"佩切加"号补给船。

**6～7日** 东盟与中日韩10+3、东亚峰会、东盟地区论坛等框架内系列高级官员会议相继在新加坡召开。东盟国家代表与其伙伴国的高级官员共同出席。与会各方重点讨论东盟与中日韩、东亚峰会、东盟地区论坛等框架近期合作情况及未来合作方向。

**8日** 第24次东盟—中国高官磋商在新加坡举行。会议就双边关系发展情况进行评估，并就加强东盟—中国战略合作伙伴关系的措施展开讨论。

**9日** 菲律宾外交部部长卡耶塔诺在中国与菲律宾建交43周年纪念日（第17个菲中友谊日）表示，菲律宾愿与中国进一步加强合作，共同营造两国关系发展的良好势头。

**9～14日** 俄罗斯军舰访问菲律宾。

**10～12日** 马来西亚总理马哈蒂尔访问日本。

**12日** 中国国务委员兼外交部部长王毅在北京会见东盟秘书长林玉辉。王毅表示，中国和东盟将携手共建更为紧密的命运共同体，同意在过去15年合作成果基础上制定《中国—东盟战略伙伴关系2030年愿景》、办好中国—东盟创新年、加强“一带一路”倡议同《东盟互联互通总体规划2025》的对接，共同开辟双方合作新前景。

△朝鲜领导人金正恩与美国总统特朗普在新加坡举行会晤，共同签署历史性文件并就朝完全无核化等4项内容达成协议。

**12～15日** 印度国防部部长西塔拉曼率高级军事代表团访越。

**13日** 中国国务委员兼外交部部长王毅在北京和文莱外交贸易部第二部长艾瑞万举行会谈。

△第33届东盟—日本论坛在日本东京举行。论坛旨在评估和讨论加强东盟与日本战略伙伴与合作关系的各项措施。

**15日** 缅甸国务资政昂山素季在总统府会见到访的中国国务委员兼国防部部长魏凤和。

**16日** 第8届伊洛瓦底江—湄南河—湄公河经济合作战略框架峰会在泰国曼谷举行，柬、老、缅、泰、越等国家领导人出席。

**16～20日** 中国国务委员兼国防部部长魏凤和率代表团访问柬埔寨。访柬期间，魏凤和分别与柬埔寨首相洪森、国防部部长迪班进行会见，签署中柬两国国防部合作协议。魏凤还表示愿意向柬方提供价值1亿美元的军事援助。

**18日** 阿里巴巴董事局主席马云拜会马来西亚总理马哈蒂尔。会谈中，马哈蒂尔多次表达欢迎阿里巴巴等中国企业在马投资的意愿。

**19日** 应老挝人民革命党中央政治局委员、中央书记处常务书记、老挝国家副主席潘坎·维帕万的邀请，越共中央委员、国家副主席邓氏玉盛正式访问老挝。

△中国商务部副部长高燕访问柬埔寨。中柬双方签署中国提供价值数百万美元的援助协议，涉及帮助柬埔寨扫雷、交通、教育及维修吴哥窟等多个项目。

**20～21日** 第22届东盟与韩国对话会在韩国举行。与会各方同意继续推动开展2016～2020年阶段行动计划，以落实战略伙伴关系声明。

**22日** 东盟印度联合合作委员会第18次会议在印度尼西亚雅加达举行。

**22～23日** 中共中央外事工作会议在北京召开。中共中央总书记、国家主席、中央军委主席习近平在会上发表重要讲话，强调努力开创中国特色大国外交新局面，为全面建成小康社会、进而全面建设社会主义现代化强国创造有利条件、作出应有贡献。

**25日** 日本外相河野太郎访问印度尼西亚，与印尼外长雷特诺举行会谈。双方就日本援助印尼离岛开发项目达成共识。

**25～27日** 中国与东盟国家落实《南海各方行为宣言》第15次高官会和第24次联合工作组会议在中国长沙举行。

△越共中央政治局委员、越南政府副总理王廷惠对美国进行正式访问。

**26日** 中国国家副主席王岐山在北京会见缅甸联邦议会议长兼民族院议长曼温凯丹。

△美军里根号核动力航母及2艘护航舰艇“定期巡逻”抵达菲律宾马尼拉。

**26～29日** 中国共产主义青年团第18次全国代表大会在北京举行。

**28日** 中国国务委员兼外交部部长王毅在北京会见缅甸国务资政府部长觉丁瑞。王毅表示，中方支持缅方推进国内和平进程，愿继续发挥劝和促谈作用。双方要切实维护好边境地区的和平与稳定，中方将支持缅甸和孟加拉通过友好协商妥善解决若开邦问题。

**29日** 中共中央政治局常委、国务院副总理韩正在北京会见新加坡副总理张志贤。韩正表示，中新是友好邻邦，两国确立了与时俱进的全方位合作伙伴关系，中方愿意持续加强两国“一带一路”框架下的合作，推动两国务实合作不断取得新成果。

**30日** 美国负责亚太安全事务的助理国防部长兰道尔·施里弗访问越南。 （马金案）

# 文　献

## 重 要 文 件

### 中华人民共和国和缅甸联邦共和国联合新闻公报

（2017 年 4 月 10 日，北京）

一、应中华人民共和国主席习近平邀请，缅甸联邦共和国总统廷觉于 2017 年 4 月6～11 日对中国进行国事访问。

访问期间，国家主席习近平同吴廷觉总统举行了会谈。国务院总理李克强、全国人大常委会委员长张德江分别会见了吴廷觉总统。双方就巩固中缅传统友谊、深化两国全面战略合作深入交换意见，达成广泛共识。

二、双方就中缅传统友好合作关系交换了意见，高度评价两国胞波情谊，一致认为，建交 67 年来，两国始终秉持和平共处五项原则，推动双边关系取得长足发展，为两国人民带来了实实在在的利益。

三、双方重申将继续奉行睦邻友好政策，坚持从战略高度和长远角度出发，以两国人民根本利益为重，推动中缅全面战略合作伙伴关系不断取得新进展。

四、双方同意，继续保持高层互访势头和多边场合接触，扩大各层级友好往来，加强战略沟通，深化治国理政经验交流。

五、缅方支持“一带一路”倡议，支持中方办好“一带一路”国际合作高峰论坛。

六、双方将继续发挥好经贸联合委员会、农业合作委员会、电力合作委员会等政府间合作机制作用，加强经贸、农业、电力、交通、产能等各领域互利合作，促进共同发展，惠及两国民众。

七、中方支持缅甸走符合本国国情的发展道路，稳步推进政治转型，赞赏缅甸政府为发展经济、改善民生所做努力，并愿为此提供力所能及的帮助。缅方重申坚定奉行一个中国政策，在台湾、涉藏、涉疆问题上继续支持中方立场。

八、双方同意，继续用好中缅外交国防 2 +2 高级别磋商机制，共同维护两国边境地区安全法治与和平稳定，促进边境地区经济社会发展和民生改善。中方支持缅方通过政治对话实现国内和平与民族和解。缅方感谢中方对缅国内和平与和解进程提供的帮助，欢迎中方继续为此发挥建设性作用。

九、双方同意继续加强在联合国、中国—东盟等多边场合的协调配合，共同促进本地区和平、稳定与发展。

十、吴廷觉总统对访华期间受到习近平主席热情友好接待表示感谢，邀请习近平主席在双方方便的时候尽早对缅甸进行国事访问。习近平主席表示感谢。

### 中柬政府间协调委员会第四次会议联合新闻稿

一、2017 年 4 月 27 日，中柬政府间协调委员会第四次会议在柬埔寨金边举行，杨洁篪国务委员同贺南洪副首相共同主持。

二、会议全面梳理了 2016 年 2 月委员会第 3 次会议以来两国各领域合作情况，一致认为，在两国领导人亲自推动和双方共同努力下，中柬全面战略合作伙伴关系取得了新的重要进展。两国高层交往频繁，经贸投资合作走深走实，防务和执法安全合作持续推进，农林水利、互联互通合作成效显著，文化、教育、卫生、旅游合作和民间交流日益活跃，在国际地区事务中保持密切协调与配合。中柬关系全面深入发展，给两国人民带来了实实在在的利益。

三、双方认为，新时期推进中柬友好合作关系，有利于两国各自发展，也有利于本地区的繁荣稳定。中方重申支持柬埔寨独立自主选择符合本国国情的发展道路，祝贺柬埔寨在西哈莫尼国王和洪森首相领导下不断取得国家建设新成就。柬方重申继续坚定奉行一个中国政策。

四、双方高度评价高层接触对推动双边关系发展的引领作用并指出，去年习近平主席和西哈莫尼国王实现互访，李克强总理和洪森首相三次会晤，为两国关系发展进一步指明了方向，有力地推动了中柬全面战略合作。中方欢迎洪森首相 5 月赴华出席“一带一路”国际合作高峰论坛，双方将密切配合，做好准备工作，确保圆满成功。

五、双方重点就推进各领域合作的思路和举措交换了意见，同意继续加强防务、执法安全领域合作；加快对接发展战略，加强产能合作；扩大双边贸易，争取如期实现 2017 年双边贸易额 50 亿美元的目标。中方将继续为柬发展经济、改善民生提供力所能及的帮助，支持中国企业做好西哈努克港经济特区和基础设施项目建设。双方将继续深化教育、文化和旅游等领域合作，不断增进两国人民间的了解和友谊。

六、双方就共同关心的国际和地区问题交换看法，同意继续加强在联合国、中国—东盟合作等多边框架下的协调配合，中方愿全力支持柬方当好澜湄合作主席国。双方一致认为，南海问题不是中国和东盟之间的问题，应由直接当事国通过对话协商解决。中国和东盟国家有能力通过合作共同维护好南海的和平稳定，域外国家应为此发挥建设性作用。中国愿同包括柬埔寨在内的东盟国家一道，全面有效落实《南海各方行为宣言》，推进“南海行为准则”磋商，争取早日在协商一致的基础上达成“准则”。

七、双方商定第五次会议将于2018年在中国举行。

## 中越联合公报

一、应中华人民共和国主席习近平邀请，越南社会主义共和国主席陈大光于2017年5月11～15日对中华人民共和国进行国事访问并出席“一带一路”国际合作高峰论坛。

访问期间，国家主席习近平同陈大光国家主席举行会谈，国务院总理李克强，全国人大常委会委员长张德江，全国政协主席俞正声，中共中央政治局常委、书记处书记刘云山分别会见陈大光国家主席。在友好、坦诚的气氛中，双方相互通报了各自党和国家的情况，就双边关系及共同关心的国际地区问题深入交换意见，就不断深化中越全面战略合作伙伴关系达成重要共识。除北京外，陈大光国家主席前往福建省参观访问。

二、双方对两国经济社会发展取得的成就感到高兴。越方衷心祝愿中国共产党成功召开第十九次全国代表大会，相信在中国共产党领导下，中国人民将胜利实现既定目标，把中国建设成为富强、民主、文明、和谐的社会主义现代化国家。中方衷心祝愿越南党、国家和人民胜利实现越共十二大提出的目标，早日把越南建设成为民富、国强、民主、公平、文明的现代化工业国。

三、双方认为，中越友谊是两党两国和两国人民的宝贵财富，应不断传承、维护和发扬。在国际地区形势深刻复杂演变的背景下，双方要坚持相互尊重，保持战略沟通，增进政治互信，不断深化互利合作，妥善管控和处理存在的分歧和出现的问题，推动中越全面战略合作伙伴关系继续健康稳定发展，为两国人民带来切实利益，为促进地区和平稳定繁荣作出积极贡献。

四、双方同意通过灵活方式保持两党两国高层密切接触的传统，就双边关系的重大问题和国际地区形势及时交换意见，加强对中越关系发展的引领和指导。发挥好中越双边合作指导委员会的协调作用，推动落实双方高层共识。有效落实2016～2020年两党合作计划，办好两党高层会晤、理论研讨会，推进两党团组交流和干部培训合作，继续推动地方党组织交流合作。加强中国全国人大和越南国会、中国全国政协和越南祖国阵线之间的友好交流合作。

五、双方同意继续加强外交、国防、安全和执法领域交流合作。落实好此访期间签署的两国外交部关于加强新形势下合作的协议，保持两部领导经常性接触和对口司局交流。落实好2025年前国防合作共同愿景声明，用好国防部直通电话，办好边境高层会晤、防务安全磋商。发挥好合作打击犯罪会议、战略安全对话机制作用，加强在反恐、打击跨国犯罪、出入境管理和网络安全等领域合作，配合保障各自国家举办的重大国际会议和政治活动安全。推动《中越引渡条约》早日生效。办好两国海军、海警北部湾联合巡逻、舰船互访及海上联合搜救训练，加强两军和两国执法部门业务交流。

六、双方同意加强配合，采取各项有效措施，共同推动经贸、产能与投资、基础设施、货币金融领域合作持续健康稳定发展。

（一）发挥中越经贸合委会及相关合作机制的作用，推动双边贸易平衡发展。落实好《农产品贸易领域合作谅解备忘录》，优先开展越南乳类及乳制品输华的准入评估工作。加快履行各项法律程序，对越南部分水果开放市场；开展包括大米、木薯在内的农林水产领域合作。按照平等互利、尊重各自主权独立和领土完整的原则，在符合双方法律规定和国际惯例的基础上，加快商签《中越跨境经济合作区建设共同总体方案》。中方愿为越南在重庆、杭州贸易促进机构开展工作提供便利，并继续为越南在华有关地方增设贸易促进机构创造便利条件。

（二）推动投资与产能合作早日取得新进展，鼓励代表中国先进技术和发展水平的企业赴越南投资符合越南需要和可持续发展战略的项目。

（三）在符合各自利益、能力和条件的基础上，加快商签对接“一带一路”倡议和“两廊一圈”框架合作备忘录。发挥陆上基础设施合作工作组在提升两国互联互通中的作用。按计划积极推进中越陆上基础设施合作交通领域和能源领域五年规划研究和编制工作，推动河内轻轨2号线（吉灵—河东轻轨）项目如期完工，尽早完成老街—河内—海防标准轨铁路规划编制工作。指导双方企业尽快解决合作项目中存在的问题和障碍。

（四）发挥金融与货币合作工作组作用，鼓励双方金融机构为双方条件成熟的合作项目提供融资支持，并为此创造条件，促进两国经贸投资合作。双方为使用亚洲基础设施投资银行资金开展基础设施互联互通项目创造条件，鼓励私营投资机构参与投资。中方将为越方根据相关规定申请中方优惠贷款及其他资金提供便利。

七、双方同意大力推进农业、水资源、环境、科技、交通运输等领域合作。按照双方已达成的共识，积极推动落实海上渔业活动突发事件联系热线，妥善处理有关问题，使之符合两国友好关系。加强在适应干旱和盐碱地条件杂交稻种方面的研究合作。开展好澜沧江—湄公河水资源可持续利用合作，进一步加强在水资源管理、保护和可持续利用方面的技术交流与合作。办好中越科技合作联委会会议，有效推进联合研究项目、青年科学家交流、技术转移合作，加强科技人力资源培训。推动核安全监管领域合作。为双方促进交通基础设施互联互通合作创造条件。

八、双方同意扩大文化、体育、旅游、教育、卫生等领域合作。加强舆论引导，促进媒体交流，加大对两国友好的宣传力度。继续办好第17次中越青年友好会见、人民论坛等民间交往活动。2017年内完成越中友谊宫建设。

九、双方同意加强对两国地方特别是边境省区开展友好交流和互利合作的指导和支持，发挥好地方现有机制作用，加强经贸、旅游合作。积极研究加强管理两国边境地区季度性务工人员的措施，保障其正当权益。

十、双方同意继续发挥好中越陆地边界联合委员会机制的作用，落实好中越陆地边界各项法律文件，加强边境地区治安、安全管理。继续推动边境口岸的开放和升格，采取措施提升通关便利化，就规范边境地区设关活动进行沟通，防范打击走私、非法出入境等各类违法行为，维护边境地区的安全和社会秩序。

十一、双方就海上问题坦诚深入交换意见，一致同意继续恪守两党两国领导人达成的重要共识和《关于指导解决中越海上问题基本原则协议》，用好中越政府边界谈判机制，寻求双方均能接受的基本和长久解决办法。

双方一致同意做好北部湾湾口外海域共同考察后续工作，稳步推进北部湾湾口外海域划界谈判并积极推进该海域的共同开发，继续推进海上共同开发磋商工作组工作，有效落实商定的海上低敏感领域合作项目。双方高度评价北部湾渔业资源增殖放流与养护项目。

双方一致同意继续全面、有效落实《南海各方行为宣言》(DOC)，在协商一致基础上，早日达成“南海行为准则”(COC)；管控好海上分歧，不采取使局势复杂化、争议扩大化的行动，维护南海和平稳定。

十二、越方重申坚定奉行一个中国政策，支持两岸关系和平发展与中国统一大业，坚决反对任何形式的“台独”分裂活动。越南不同台湾发展任何官方关系。中方对此表示赞赏。

十三、双方同意继续加强在联合国、亚太经合组织、中国—东盟、东盟与中日韩(10+3)、东亚峰会、东盟地区论坛、澜沧江—湄公河合作等多边框架内的协调与配合，共同推动地区的联结与融合进程，支持东盟在正形成的地区架构中的团结、统一和中心地位，为维护地区乃至世界的和平、稳定和繁荣作出贡献。中方支持并愿积极参与越方主办的2017年亚太经合组织领导人非正式会议，越方祝贺“一带一路”国际合作高峰论坛取得圆满成功，相信这将为各国带来共同利益。

十四、访问期间，双方签署了《中华人民共和国外交部和越南社会主义共和国外交部关于加强新形势下合作的协议》《中华人民共和国商务部和越南社会主义共和国工贸部关于电子商务合作的谅解备忘录》《中共中央党校与越南胡志明国家政治行政学院合作谅解备忘录》等合作文件。

十五、双方一致认为此访取得了圆满成功，增进了互信，巩固了传统友谊，深化了中越全面战略合作伙伴关系，为促进地区乃至世界的和平、稳定、合作与可持续发展作出了积极贡献。陈大光国家主席对习近平主席及中国党、政府和人民所给予的隆重、热情和友好接待表示衷心感谢，郑重邀请习近平总书记、国家主席再次访问越南并出席亚太经合组织第25次领导人非正式会议。习近平总书记、国家主席对此表示感谢并愉快地接受了邀请。

2017年5月15日于北京

## 中华人民共和国和柬埔寨王国联合新闻公报

一、应中华人民共和国国务院总理李克强邀请，柬埔寨王国首相洪森于2017年5月13~17日对中国进行正式访问。访问期间，国家主席习近平会见了洪森首相，国务院总理李克强同洪森首相举行会谈，全国人大常委会委员长张德江、全国政协主席俞正声分别会见了洪森首相。

二、柬方衷心祝贺中方在国家建设事业中取得的伟大成就，预祝中国共产党第十九次全国代表大会胜利召开并取得圆满成功。中方重申支持柬埔寨独立自主选择符合本国国情的发展道路，祝愿柬埔寨人民不断取得新的经济社会发展成就。

三、双方认为，中柬传统友谊是两国人民的宝贵财富，双方要共同维护并发扬光大。在新的历史时期，双方要推动中柬全面战略合作伙伴关系不断迈向新的广度和深度，为两国人民带来更多福祉，为地区发展繁荣作出更大贡献。

四、双方同意继续保持灵活多样的高层接触，就双边关系和重大问题及时进行战略沟通。加强政府、议会、群众团体和地方之间的交往，深化治国理政经验交流，推动双边合作全方位发展。发挥好中柬政府间协调委员会的作用，统筹协调和推进各领域务实合作。

五、双方同意继续加强外交、国防和执法安全领域交流合作。落实好两国外交部关于加强新形势下合作的协议，密切各层次沟通协作。保持两军各层级交往和多边安全领域协调。用好执法安全合作工作会晤机制，重点加强在国内安全保卫、反恐和打击偷渡、拐卖人口、电信诈骗、网络犯罪以及境外追逃等领域合作。

六、双方高度评价两国经贸投资合作成果，同意加快对接发展战略，落实好此访期间签署的《共同推进“一带一路”建设合作规划纲要》，抓好产能与投资合作重点项目。提升经贸合作规模和水平，争取到2020年双边贸易额达到60亿美元。中方将继续为柬发展经济、改善民生提供力所能及的帮助，支持中方企业继续推进金边—西哈努克港高速公路、暹粒新机场等项目，双方共同建设好西哈努克港经济特区。

七、双方同意深化基础设施、交通、农业、科技、海洋、旅游等领域合作。落实好此访期间签署的加强基础设施领域合作的谅解备忘录、交通运输领域能力建设合作谅解备忘录。中方愿帮助柬方编制现代农业发展规划，加强农产品深加工合作。落实好关于共建中柬联合海洋观测站和旅游合作实施方案等文件。

八、中方重申坚定支持柬埔寨王国政府维护国家主权和独立及维护政治稳定的努力。柬方重申继续坚定奉行一个中国政策，承认中华人民共和国政府是代表全中国的唯一合法政府，台湾是中国领土不可分割的一部分，反对任何形式的“台湾独立”，继续支持两岸关系和平发展和中国的和平统一大业。中方对柬方的理解和支持表示高度赞赏。

九、双方一致认为，南海问题不是中国和东盟之间的问题，应由直接当事国通过对话协商解决。中国和东盟国家有能力通过合作共同维护好南海的和平稳定，域外国家应为此发挥建设性作用。中国愿同包括柬埔寨在内的东盟国家一道，全面有效落实《南海各方行为宣言》，推进“南海行为准则”磋商，争取早日在协商一致的基础上达成“准则”。

十、双方就共同关心的国际和地区问题交换看法，同意继续加强在联合国、中国—东盟合作、澜沧江—湄公河合作等多边框架下的协调配合。柬方祝贺中方成功主办“一带一路”国际合作高峰论坛。中方全力支持柬方当好澜湄合作主席国。

十一、访问期间，双方签署了《共同推进“一带一路”建设合作规划纲要》《关于加强基础设施领域合作的谅解备忘录》《关于交通运输领域能力建设合作谅解备忘录》《关于旅游合作的谅解备忘录实施方案(2017~2020)》《关于共建中柬联合海洋观测站的议定书》等13份合作文件。

十二、双方对洪森首相访华取得的成果表示满意，一致认为此访对推动两国全面战略合作伙伴关系发展具有重要意义。洪森首相对访华期间受到中方热情友好接待表示感谢。

2017年5月17日于北京

## 中越联合声明

一、应越南共产党中央委员会总书记阮富仲、越南社会主义共和国主席陈大光邀请，中国共产党中央委员会总书记、中华人民共和国主席习近平于2017年11月10～13日对越南社会主义共和国进行国事访问并出席亚太经合组织第25次领导人非正式会议。

访问期间，习近平总书记、国家主席分别同阮富仲总书记、陈大光国家主席举行会谈，并会见了越南政府总理阮春福、国会主席阮氏金银。两党两国领导人相互通报了各自党和国家情况，就双边关系及共同关心的国际地区问题深入交换意见，并就新形势下进一步深化中越全面战略合作伙伴关系达成了重要共识。

二、双方对两党两国在探索符合各自国情的社会主义发展道路上取得的历史性伟大成就感到高兴，一致认为，中越两国是有着悠久友好传统的邻国，都是共产党领导的社会主义国家，政治制度相同、发展道路相近，前途相关、命运与共，各自国家的可持续发展和两国友好关系与良好合作对两国都有重要意义。在新的历史条件下，坚持共产党的领导和具有本国特色的社会主义发展道路，是符合两国人民根本利益的正确选择。双方将相互借鉴，共同发展，为各自国家社会主义建设事业注入新的活力，为人类和平和进步事业作出不懈努力。

中方高度评价越共十二大以来，越南党和国家在加强党的建设、推进全面革新、改善社会民生等方面取得的重要成就，衷心祝愿并相信在以阮富仲总书记为首的越南共产党的坚强领导下，越南人民将胜利实现越共十二大提出的目标，早日把越南建设成为民富、国强、民主、公平、文明的社会主义现代化工业国家。

越方热烈祝贺中国共产党第十九次全国代表大会取得圆满成功，高度评价大会在新时代建设中国特色社会主义等方面取得的重大理论创新成果，衷心祝愿并相信在以习近平同志为核心的中共中央领导下，中国人民将继续统筹推进“五位一体”总体布局、协调推进“四个全面”战略布局，朝着实现“两个一百年”奋斗目标迈进，把中国建成富强民主文明和谐美丽的社会主义现代化强国。

三、双方认为，由毛泽东主席和胡志明主席等老一辈领导人亲手缔造和精心培育的中越友谊是两国人民的共同宝贵财富，双方应共同继承、维护和发扬好。双方将始终从战略高度和长远角度看待和发展中越关系，相互坚定奉行友好政策。双方愿携手努力，牢牢把握中越关系发展大方向，加强战略沟通，增进政治互信，深化互利合作，妥善处理分歧，推动中越全面战略合作伙伴关系持续健康稳定发展，给两国和两国人民带来切实利益，为促进地区和平、稳定与繁荣作出积极贡献。

四、双方认为，两党两国高层特别是最高领导人保持经常接触，对双边关系发展具有重要引领作用，一致同意通过双边互访、互派特使、热线电话、年度会晤及多边场合会见等灵活多样的形式，保持和加强高层交往的优良传统，及时就两党两国关系的重大问题和共同关心的问题交换意见。

五、双方认为，中越互为重要邻国和合作伙伴，均处在改革发展的关键阶段，两国发展互为机遇。双方要切实发挥两党高层会晤、中越双边合作指导委员会等两党两国间交流合作机制的统筹协调作用，重点推动以下领域合作：

（一）密切治国理政经验交流，加强党际交往，执行好2016～2020年两党合作计划，办好两党高层会晤、理论研讨会，深化两党团组交流和干部培训合作，继续加强两党中央部门和地方特别是接壤省（区）党组织交流合作。积极推进中国全国人大和越南国会、中国全国政协和越南祖国阵线之间的友好交流合作。

（二）落实好两国外交部关于加强新形势下合作的协议，保持两部领导经常接触，继续办好年度外交磋商，加强对口司局交流，实施好干部培训计划，支持对方外交代表机构改善办公和住宿条件并提供相应便利。

（三）加强防务和执法安全合作，落实好2025年前国防合作共同愿景声明，用好国防部直通电话，办好边境高层会晤、防务安全磋商。办好两国海军、海警北部湾联合巡逻和舰船互访等机制性活动，加强两军人员培训合作，深化军队党务和政治工作、医学、联合国维和方面经验交流。发挥好合作打击犯罪会议、战略安全对话机制作用，加强在反恐、禁毒、反假币、打击电信诈骗、出入境管理、边境管控、网络安全等领域合作，开展国内安全保卫、联合追逃等方面的经验交流。推动《中越引渡条约》早日生效。

（四）采取有效措施，共同推动经贸、产能与投资、基础设施、货币金融等领域合作不断取得实质进展。

1.越方欢迎并支持推进“一带一路”倡议，以便促进各国间互利合作和经济联系以及地区互联互通，为地区乃至世界的和平稳定与发展繁荣作出积极贡献，愿同中方落实好业已签署的共建“一带一路”和“两廊一圈”合作文件，在符合各自利益、能力和条件的基础上，尽早确定合作的优先领域、重点方向及具体项目，推进双方政策沟通、设施联通、贸易畅通、资金融通、民心相通，为两国全面战略合作提质升级创造条件。

2.用好产能合作机制，进一步加强两国企业对接，实施好确定的重点合作项目，推动产能合作取得务实进展。持续开展投资政策交流，努力改善投资环境，推进符合各自需求和可持续发展战略的投资合作。中方鼓励代表中国先进技术和发展水平的企业赴越投资。

3.共同落实好《中越经贸合作五年发展规划（2017～2021）》，签署并实施重点合作项目清单。推动河内轻轨二号线（吉灵—河东轻轨）项目如期完工。指导双方企业尽快解决合作项目存在的问题和障碍。

4.发挥陆上基础设施合作工作组对提升两国互联互通的作用。编制好陆上基础设施合作交通和能源领域规划。按计划完成老街—河内—海防标准轨铁路项目规划编制。

5.发挥中越经贸合委会及相关合作机制的作用，推动两国贸易投资、经济合作关系深入发展，实现双方互利双赢。促进双边贸易持续稳定平衡发展，落实好《农产品贸易领域合作谅解备忘录》。中方愿扩大自越南进口，优先开展越南乳类及乳制品输华的准入评估工作，加快履行各项法律程序，对越南部分水果开放市场，开展包括大米、木薯在内的农林水产领域合作。在此访期间双方签署的《关于加快推进中越跨境经济合作区建设框架协议谈判进程的谅解备忘录》基础上，积极商谈跨境经济合作区建设框架协议，带动两国边境地区发展，提升双方互联互通水平。中方宣布完成越方驻杭州贸易促进办公室的审批手续，愿为越南在重庆、杭州贸易促进机构开展工作提供便利。

6. 用好金融与货币合作工作组机制，继续探讨研究本币在双边贸易和投资领域的使用，加强货币政策和金融稳定方面的经验分享，继续支持对方金融机构依法在本国开展相关业务。越方宣布原则同意中国农业银行设立河内分行。鼓励双方金融机构为条件成熟的合作项目提供融资支持。落实好中方提供的贷款，为使用亚洲基础设施投资银行资金开展基础设施互联互通项目创造条件。中方将为越方根据相关规定申请中方优惠贷款及其他资金提供便利。

（五）推进农业、水资源、环境、科技、交通运输等领域合作。加强在适应干旱和盐碱地条件杂交稻种方面的研究合作。按照双方已达成的原则共识，积极推动落实海上渔业活动突发事件联系热线，妥善处理有关问题，使之符合两国友好关系。在包括澜沧江—湄公河合作机制在内的双边和多边合作机制下，积极开展环境保护、应对气候变化和水资源管理保护和可持续利用领域合作，加强在防洪减灾领域的技术交流与合作。用好中越科技合作联委会会议机制，有效推进联合研究项目、青年科学家交流、技术转移合作及人力资源培训。推动核安全监管领域合作。为双方促进公路、铁路、水路、航空交通和相关基础设施互联互通合作创造条件。

（六）扩大文化、媒体、卫生、民间等领域合作。落实好中越文化协定年度执行计划和文化产业合作谅解备忘录，运营好河内大学孔子学院，推动河内中国文化中心、越中友谊宫尽早投入使用。加强两国媒体交流合作，扩大对两国友好的宣传力度。实施好中越卫生合作执行计划。在此访期间签署有关换文的基础上，加快援越南传统医药学院的可行性研究，早日实施援越南北部地区基础教育、医疗卫生项目。继续办好中越青年友好会见、边民大联欢、人民论坛等民间交往活动。

（七）加强对两国地方特别是边境省区开展友好交流和互利合作的指导和支持，发挥好地方现有机制作用，加强经贸、旅游等务实合作。积极研究加强管理两国边境地区季节性务工人员的措施，保护其正当权益。

（八）发挥好中越陆地边界联合委员会机制的作用，严格落实中越陆地边界各项法律文件，加强边境地区治安、安全管理。加强两国及地方口岸合作，继续推动边境口岸的开放和升格，采取措施提升通关便利化，商讨规范边境地区设关活动，防范打击走私等各类违法犯罪行为，维护边境地区的安全和社会秩序。

六、双方就海上问题坦诚深入交换意见，一致同意继续恪守两党两国高层领导达成的重要共识和《关于指导解决中越海上问题基本原则协议》，用好中越政府边界谈判机制，寻求双方均能接受的基本和长久解决办法。

双方一致同意做好北部湾湾口外海域共同考察后续工作，稳步推进北部湾湾口外海域划界谈判并积极推进该海域的共同开发，继续推进海上共同开发磋商工作组工作，有效落实商定的海上低敏感领域合作项目。双方高度评价北部湾渔业资源增殖放流与养护项目。

双方一致同意继续全面、有效落实《南海各方行为宣言》（DOC），在协商一致基础上，早日达成“南海行为准则”（COC）；管控好海上分歧，不采取使局势复杂化、争议扩大化的行动，维护南海和平稳定。

七、越方重申坚定奉行一个中国政策，支持两岸关系和平发展与中国统一大业，坚决反对任何形式的“台独”分裂活动。越南不同台湾发展任何官方关系。中方对此表示赞赏。

八、双方同意继续加强在联合国、世界贸易组织、亚太经合组织、亚欧会议、中国—东盟、澜沧江—湄公河合作等国际和地区框架内的配合，共同维护地区乃至世界的和平、稳定和繁荣。中方祝贺越方成功主办亚太经合组织第25次领导人非正式会议，越方祝贺中方成功主办“一带一路”国际合作高峰论坛，相信这将为各国带来共同利益。

九、访问期间，双方签署了《中越国防部边防合作协议》《共建“一带一路”和“两廊一圈”合作备忘录》《电力与可再生能源合作谅解备忘录》《2017年中越产能合作项目清单的谅解备忘录》《核安全合作谅解备忘录》《加快推进中越跨境经济合作区建设框架协议谈判进程的谅解备忘录》《关于成立电子商务合作工作组的谅解备忘录》《确定2017～2021年中越经贸合作五年发展规划重点合作项目清单的谅解备忘录》《关于人力资源合作开发谅解备忘录》《关于使用中方援款开展建设传统医药学院项目可行性研究的换文》《银行监管信息交流谅解备忘录》《关于文化产业合作的谅解备忘录》《中越卫生合作执行计划》《中国社科院同越南社科院学术交流合作协议》《中国外文出版发行事业局同越南国家政治真理出版社2017～2022年合作框架协议》《全国新闻工作者协会同越南记者协会新闻交流合作协议》《中国共产党广西壮族自治区委员会同越南共产党广宁、谅山、高平、河江省委员会关于开展干部培训合作的协议》，以及一些企业和金融机构间的合作协议。

十、双方一致认为，习近平总书记、国家主席对越南的国事访问取得圆满成功，为巩固中越传统友谊、深化全面战略合作、促进本地区乃至世界的和平稳定与发展作出了重要贡献，具有重要里程碑意义。

习近平总书记、国家主席对阮富仲总书记、陈大光国家主席以及越南共产党、政府和人民所给予的隆重热情友好接待表示衷心感谢，邀请阮富仲总书记、陈大光国家主席再次访华，阮富仲总书记、陈大光国家主席对此表示感谢。

2017年11月13日于河内

## 中老联合声明

一、应老挝人民革命党中央委员会总书记、老挝人民民主共和国主席本扬·沃拉吉邀请，中国共产党中央委员会总书记、中华人民共和国主席习近平于2017年11月13～14日对老挝人民民主共和国进行国事访问。

访问期间，习近平总书记、国家主席同本扬总书记、国家主席举行会谈，分别会见了老挝政府总理通伦·西苏里和国会主席巴妮·雅陶都。两党两国领导人相互通报了各自党和国家的情况，就两党两国关系及共同关心的国际和地区问题深入交换意见，达成了重要共识。

二、双方对两党两国在探索符合各自国情的社会主义发展道路上取得的历史性成就感到高兴，同意加强相互交流借鉴，推动中国改革开放和老挝革新事业不断向前发展。

中方高度评价老挝革新开放30多年，特别是老挝党十大以来经济社会发展事业取得的巨大成就，衷心祝愿并相信在以本扬总书记为首的老挝人民革命党坚强领导下，老挝人民一定能胜利实现老挝党十大确定的目标任务，在建设国强民富、社会团结和谐、民主公正文明的社会主义国家征程中取得新的更大成就。

老方热烈祝贺中国共产党第十九次全国代表大会取得圆满成功，高度评价大会把习近平新时代中国特色社会主义思想确立为中国共产党的行动指南，衷心祝愿并相信在以习近平同志为核心的中共中央领导下，中国人民将继续统筹推进"五位一体"总体布局、协调推进"四个全面"战略布局，朝着实现"两个一百年"奋斗目标迈进，把中国建成富强民主文明和谐美丽的社会主义现代化强国。

三、双方一致认为，中老山水相连，两国人民之间的传统友谊源远流长。两党两国在争取国家独立、民族解放和社会主义建设事业中相互同情、相互支持，建立了深厚的友谊。近年来，双方政治互信不断加深，各领域互利合作成果丰硕，促进了各自国家社会主义和党的建设事业，给两国人民带来了实实在在的利益。

中老同为共产党领导的社会主义国家，理想信念相通、社会制度相同、发展道路相近。在国际和地区形势深刻变化的新形势下，双方继续秉持好邻居、好朋友、好同志、好伙伴精神，在彼此信赖基础上，不断丰富和发展长期稳定的中老高度互信、互助、互惠的全面战略合作伙伴关系，共同打造牢不可破的具有战略意义的命运共同体，符合两党两国和两国人民的根本利益和共同愿望，有利于社会主义事业兴旺发达，有利于人类和平与发展的崇高事业。

四、双方同意，保持高层互访的优良传统，两党两国领导人将继续通过灵活多样的方式，就双边关系的重大问题和国际地区形势及时交换意见，引领和指导新时期中老关系发展。加强两党友好交流合作，落实好2016～2020年两党合作计划，继续办好两党理论研讨会，加强党政干部培训合作，深化党建和治国理政经验交流。继续深化中国全国人大和老挝国会、中国全国政协和老挝建国阵线的友好关系，加强对口交流和政策沟通，共同为推动两国社会主义建设和中老关系发展作出积极贡献。

五、双方同意，继续加强外交、国防和执法安全领域交流合作。落实好此访期间签署的两国外交部关于加强新形势下合作的协议，密切各层次沟通协作。保持两军各层级团组交往，继续办好两军边境高层会晤，加强人员培训、军事训练、政治工作、医疗卫勤等领域合作。加强在国内安全保卫、打击跨国犯罪、湄公河联合执法等执法安全领域合作，支持对方维护国家安全和社会稳定，保护好对方在本国的人员、机构和重大建设项目。

六、双方同意，从战略高度重视和深化中老发展合作，进一步深挖合作潜力，提升合作水平。

（一）加快中国"一带一路"倡议同老挝"变陆锁国为陆联国"战略对接，共建起自中国云南，以中老铁路为依托，途经若干重要节点地区，抵达老挝南部的中老经济走廊。

（二）落实好此访期间签署的关于加强基础设施领域合作的谅解备忘录。加快推进中老铁路等标志性项目，加强统筹协调，解决好工程建设、配套政策、安全保障、后续融资等问题，推动实现中老铁路早日竣工。

（三）充分发挥中老经济贸易和技术合作委员会、产能与投资合作等合作机制作用，加强对双边经贸合作的统筹规划，进一步提升经贸合作规模和水平。加强产能、金融、能源、资源、旅游等领域合作，进一步促进两国经济优势互补。

（四）中方表示，愿继续为老挝国家建设提供力所能及的帮助，促进老挝经济发展和民生改善，推动老挝医疗、卫生、文化、教育等事业发展，支持老挝农业、水利、交通、通信等基础设施建设，在农村和贫困地区实施卫生改善、供水等工程，推动双方务实合作更多地惠及两国特别是老挝基层群众。

七、双方同意，进一步扩大文化、教育、科技等领域交流合作。加强工青妇组织交往。实施好中老文化合作年度执行计划，办好老挝中国文化中心。中方将继续向老方提供政府奖学金，同时推进职业教育合作，服务老挝经济社会发展和两国务实合作。落实好此访期间签署的中老政府间科技合作协定。继续开展青年志愿者交流，加强青少年友好交往，共同培养中老传统友谊接班人。扩大两国地方间合作，继续发挥好中国云南—老挝北部合作机制的作用，增进沿边省份的往来。

八、双方积极评价南海局势保持稳定，同意应继续全面有效完整落实《南海各方行为宣言》，并在协商一致基础上推动早日达成"南海行为准则"。双方支持有关各方一道，携手推进南海务实合作，使南海成为和平之海、友谊之海、合作之海。

九、中方重申坚定支持老方维护国家主权、独立和稳定的努力。老方重申坚定奉行一个中国政策，继续支持两岸关系和平发展与中国统一大业，坚决反对任何形式的"台独"分裂活动。

十、双方高度评价两国在国际和地区事务中富有成效的合作，同意进一步加强在联合国、亚欧会议、东亚合作、澜沧江—湄公河合作等多边框架内的协调与配合，继续在涉及各自重大利益的问题上保持密切、及时和有效沟通，相互予以有力支持。

中方高度评价老方积极参与"一带一路"建设，赞赏老方为推动中国—东盟关系和东亚合作发挥的重要作用，支持老挝2018年担任澜湄合作共同主席国。老方热烈祝贺中方成功主办"一带一路"国际合作高峰论坛，愿同中国和其他湄公河国家共同努力，共同建设澜湄国家命运共同体。

十一、访问期间，双方签署了《中老两国外交部关于加强新形势下合作的协议》《关于共同推进中老经济走廊建设的谅解备忘录》《关于加强"数字（网上）丝绸之路"建设合作的谅解备忘录》《中老政府间科技合作协定》《关于联合开展老挝国家水资源信息数据中心示范建设项目和老挝南乌河、南屯河流域综合规划项目合作的谅解备忘录》《关于共同建设中老现代化农业产业合作示范园区的谅解备忘录》《关于加强基础设施领域合作的谅解备忘录》《关于开展未来三年援助合作的谅解备忘录》《关于人力资源开发合作的谅解备忘录》《援老挝工贸部信息系统项目立项换文》《关于实施怀博莱水电站项目的优惠贷款框架协议》《关于建立电力合作战略伙伴关系的谅解备忘录》《关于金融支持老挝中小企业发展合作的协议》《怀博莱水电站项目优惠贷款协议》《老挝115千伏输变电线路扩建与综合改造项目贷款协议》《关于万象至万荣高速公路项目合资协议》《老挝500/230KV万象环网项目贷款协议》等合作文件。

十二、双方一致认为，习近平总书记、国家主席对老挝的国事访问取得圆满成功，进一步巩固了中老传统友好，推动长期稳定的中老全面战略合作伙伴关系迈上了新台阶，具有重要里程碑意义。

习近平总书记、国家主席对本扬总书记、国家主席以及老挝人民革命党、政府和人民所给予的隆重热情友好接待表示衷心感谢，邀请本扬总书记、国家主席再次访华。本扬总书记、国家主席对此表示感谢并愉快地接受了邀请。

2017 年 11 月 14 日于万象

## 中华人民共和国政府和菲律宾共和国政府联合声明

（*2017* 年 *11* 月 *16* 日，马尼拉）

一、应菲律宾共和国总统罗德里戈·罗亚·杜特尔特邀请，中华人民共和国国务院总理李克强于 2017 年 11 月15～16 日对菲律宾进行正式访问。

访问期间，李克强总理同杜特尔特总统举行双边会谈，分别会见参议长阿基利诺·皮门特尔和众议长潘塔莱翁·阿尔瓦雷斯。两国领导人就中菲关系及地区和国际问题交换意见。

二、双方认识到，在双方共同努力下，两国关系实现转圜并取得积极进展。两国互信不断加深，务实合作取得丰硕成果，海上对话合作不断推进，为双方带来实实在在的利益，为地区和平、稳定与发展作出重要贡献。

三、双方一致同意，将在相互尊重、真诚、平等和互惠互利原则基础上，推动中菲关系持续健康发展。

四、双方同意加强高层交往，两国领导人将通过双边互访、通话、信函往来和多边场合会晤等方式保持密切沟通，进一步深化双边关系。菲律宾重申坚持一个中国政策。

五、双方认识到“一带一路”倡议和菲律宾发展规划的潜力，以及同东盟互联互通规划的协同性。

六、双方同意实施好《中菲经贸合作六年发展规划》，在基础设施、产能与投资、经贸、农业、民生发展、社会人文等重点领域推进合作，共同编制和落实《中菲工业园区合作规划》。

七、双方同意加强防务及执法安全领域合作。菲方感谢中方为马拉维反恐战事所提供的一系列援助、在棉兰老岛援建两处戒毒中心。中国重申将坚定支持和援助菲律宾打击恐怖主义、毒品犯罪及开展马拉维战后快速恢复重建。

八、双方同意加快相关程序，依据此访期间的换文和签署的协议加速实施有关项目，如卡利瓦大坝项目、赤口河灌溉项目、南北铁路南线项目和马尼拉两座桥梁等。双方同意确定和加快实施第二批优先合作项目。共同实施的基础设施项目需遵从适当招标程序和透明度要求，符合两国国内相关法律法规和通行的国际实践及标准。

九、双方认为两国在经贸投资、海关、贸易便利化和质检领域合作潜力巨大。中方愿继续鼓励和支持企业扩大对菲投资，并扩大进口更多菲律宾优质产品，提升两国贸易投资规模和质量。双方愿继续为两国企业赴对方国家投资提供良好环境。

十、双方同意加强农渔业合作。中国愿支持菲律宾发展科技驱动型农业，提高粮食生产能力，并为菲农渔业发展提供资金和技术支持。

十一、双方同意在教育、文化、卫生、旅游、体育等人文领域加强合作，加强旅游基础设施开发合作。双方为两国二线城市间新开直航航班感到鼓舞，同意支持开通更多直航航班促进双向旅游。

十二、菲方欢迎中国在达沃市设立总领馆。双方将基于国际实践和互惠原则，并遵循 1975 年建交公报原则对双边外交馆舍尤其是最紧迫的关切作出妥善安排。

十三、双方认识到，在中国与包括菲律宾在内的东盟国家共同努力下，南海形势总体更趋稳定。为落实习近平主席和杜特尔特总统的共识，两国建立了中菲南海问题磋商机制，双方对此表示欢迎。这有助于双方管控和防止海上事件、加强海上对话合作、促进双边关系稳定发展。双方同意在包括海洋环保、减灾等领域加强合作，包括进一步探讨可能的海洋科考合作。

十四、双方愿探讨在包括海洋油气勘探和开发等其他可能的海上合作领域开展合作的方式。有关合作应符合两国各自的国内法律法规和包括 1982 年《联合国海洋法公约》在内的国际法，不影响两国各自关于主权、主权权利和管辖权的立场。双方同意继续积极推进“南海行为准则”磋商谈判，并确保全面、有效、完整落实《南海各方行为宣言》。

十五、双方认为海上争议问题不是中菲关系的全部。双方重申维护及促进地区和平稳定、在南海的航行和飞越自由、商贸自由及其他和平用途的重要性，根据包括《联合国宪章》和 1982 年《联合国海洋法公约》在内公认的国际法原则，不诉诸武力或以武力相威胁，由直接有关的主权国家通过友好磋商谈判，以和平方式解决领土和管辖权争议。双方同意继续商谈建立信任措施，提升互信和信心，并承诺在南海保持自我克制，不采取使争议复杂化、扩大化及影响和平与稳定的行动。

十六、双方肯定两国在地区和多边组织内的合作，同意加强在联合国、亚太经合组织、东盟、亚欧会议等多边框架内的协调与配合，在共同关心的重大问题上保持密切沟通，相互给予支持。

十七、中方祝贺菲方成功举办东亚合作领导人系列会议和履行东盟轮值主席国职责，赞赏菲方为推动东亚合作特别是中国—东盟关系发展发挥的重要积极作用。菲方赞赏中方为菲方担任东盟轮值主席国提供的支持和帮助，以及为地区和世界经济增长所作的贡献。

十八、双方欢迎访问期间签署的一系列协议和合作谅解备忘录（清单附后）。

十九、双方一致认为，李克强总理的成功访问将为增进中菲友好、深化两国合作作出重要贡献。

二十、李克强总理代表中国政府和人民，感谢杜特尔特总统、菲律宾政府和人民给予的热情友好接待。

**附件　签署合作文件清单**

一、《中华人民共和国政府和菲律宾共和国政府经济技术合作协定》

二、《中华人民共和国政府和菲律宾共和国政府关于援菲马尼拉两座桥梁项目立项换文》

三、《中华人民共和国政府和菲律宾共和国政府关于援菲戒毒中心项目立项换文》

四、《中华人民共和国商务部与菲律宾共和国贸易工业部关于工业园区发展合作的谅解备忘录》

五、《中华人民共和国商务部和菲律宾共和国财政部关于共同推进第二批重点基础设施项目合作的谅解备忘录》

六、《中华人民共和国商务部和菲律宾共和国交通部关于共同推进菲律宾南北铁路南线项目合作的谅解备忘录》

七、《中华人民共和国国家发展改革委和菲律宾国家经济发展署关于应对气候变化物资赠送的谅解备忘录》

八、《中华人民共和国国家发展改革委和菲律宾环境与资源部关于中菲产能与投资合作谅解备忘录及项目清单的实施框架》

九、《中华人民共和国国家国防科技工业局与菲律宾共和国国防部关于国防科技工业合作的谅解备忘录》

十、《中华全国青年联合会与菲律宾全国青年委员会合作谅解备忘录》

十一、《中华人民共和国国家知识产权局与菲律宾共和国知识产权局知识产权领域合作谅解备忘录》

十二、《中华人民共和国国家开发银行与菲律宾共和国基地转化发展署谅解备忘录》

十三、《中国进出口银行与菲律宾财政部关于赤口河灌溉和卡利瓦大坝项目融资合作协议》

十四、《菲律宾共和国 *2017* 年人民币债券发行承销协议》

## 澜沧江—湄公河合作第三次外长会联合新闻公报

（*2017* 年 *12* 月 *15* 日，中国大理）

一、2017 年 12 月 15 日，澜沧江—湄公河合作（以下简称澜湄合作）第 3 次外长会在中国云南省大理白族自治州举行。中国外交部长王毅、柬埔寨国务兼外交国际合作部大臣布拉索昆、老挝外交部长沙伦赛、缅甸国际合作部部长觉丁、泰国外交部长敦·帕马威奈、越南副总理兼外交部长范平明出席，澜湄合作共同主席国中国和柬埔寨两国外长共同主持了会议。

二、外长们重点就澜湄合作首次领导人会议和第 2 次外长会成果落实进展、澜湄合作未来发展方向、第 2 次领导人会议筹备工作等深入交换了意见，达成广泛共识。

三、外长们高度赞赏澜湄合作首次领导人会议于 2016 年 3 月在中国三亚成功举行，六国领导人共同宣布澜湄合作这一新型次区域合作机制诞生，确立了澜湄国家命运共同体的共同目标，搭建了“3 + 5 合作框架”（三大支柱，五大优先领域），为澜湄合作指明了前进方向。

四、外长们满意地注意到，澜湄合作在短短一年多时间取得丰硕成果，展现出蓬勃生机与活力，凸显了六国对加强合作的坚定承诺。会议散发了“首次领导人会议主要成果和第二次外长会倡议落实进展表”，外长们对成果落实情况表示满意。

五、外长们高兴地看到，首次领导人会议确定的 45 个早收项目和第二次外长会中方提出的 13 个倡议中，大多已完成或取得实质进展。外长们期待各方及时完成所有早收项目和有关倡议。

六、外长们祝贺六国均成立了澜湄合作国家秘书处/协调机构，提前完成第二次外长会确定的目标。外长们祝贺互联互通、产能、跨境经济、水资源、农业和减贫六个优先领域联合工作组全部成立并投入运作，水资源合作中心、澜湄环境合作中心、全球湄公河研究中心成立。外长们对六国相关部门机构为上述进展所做的重要努力表示赞赏，期待六国上述机制或机构为深化务实合作发挥积极促进作用。外长们同意建立六国国家秘书处/协调机构间横向联系，加强六国国家秘书处/协调机构同各优先领域联合工作组间的合作，推动澜湄合作不断向前发展。

七、外长们满意地注意到，澜湄合作专项基金首批项目顺利完成申报和审批程序，相信这将促进各项目有序实施。中方承诺的其他资金也在稳步落实中，均取得稳步进展，为促进本地区经济社会发展发挥了积极作用。

八、外长们就《澜湄合作五年行动计划（2018 ~ 2022）》原则达成一致，将提交第二次领导人会议审议通过，相信该计划将成为澜湄合作未来五年发展的纲领性文件，推动澜湄合作迈上新台阶。外长们审议了“第二批合作项目清单”、六个优先领域联合工作组报告，宣布了“澜湄合作专项基金首批支持项目清单”，并建立了“澜湄合作热线信息平台”。

九、外长们一致认为，澜湄合作正从培育期进入成长期，各方要发扬“推土机”精神，加大投入，扎实工作，朝着《三亚宣言》确定的共同愿景迈进，为促进六国经济社会发展、增进人民福祉、缩小发展差距和支持东盟共同体建设发挥更大作用。要致力于培育“平等相待、真诚互助、亲如一家”的澜湄合作文化，将澜湄合作打造成南南合作和落实联合国 2030 年可持续发展议程的示范机制。

十、外长们期待在深化“3 + 5 合作框架”的基础上，不断加强和拓展澜湄合作，并在此框架内探索新的合作领域。外长们一致同意加强澜湄合作同各国发展战略、“一带一路”倡议和东盟发展规划的对接。外长们一致认为，应加强宣介，提升六国民众的“澜湄意识”。

十一、外长们重申，澜湄合作将继续秉持开放包容精神，与其他次区域机制相互促进、协调发展，共同促进次区域发展繁荣。

十二、外长们愿共同努力，确保 2018 年 1 月在柬埔寨举行的澜湄合作第二次领导人会议圆满成功并取得积极成果。

十三、外长们参观了“澜湄合作成果图片展”，出席了澜湄合作中国秘书处官方网站启动仪式。会议向外长们提交了东盟与中日韩宏观经济研究办公室（AMRO）撰写的“澜沧江—湄公河国家经济形势报告”。中柬外长于会后共见了记者。

十四、湄公河国家外长们祝贺中国共产党第十九次全国代表大会胜利召开，感谢东道国中国对各国代表团的盛情款待和为此次会议所做的周到安排。

## 越南社会主义共和国与缅甸联邦共和国全面合作伙伴关系的联合声明

一、应缅甸总统吴廷觉的邀请，越共中央总书记阮富仲从 2017 年 8 月 24 ~ 26 日对缅甸进行国事访问。

二、缅甸总统吴廷觉给予阮富仲总书记同越南高级代表团的盛情款待，体现了两国及两个民族的友好情谊及密切关系。访缅期间，阮富仲总书记同吴廷觉总统举行会谈并出席由吴廷觉总统主持的宴会。阮富仲总书记与缅甸国家顾问昂山素季进行私人会晤，分别会见了缅甸联邦议会议长曼温凯丹及缅甸国防军总司令敏昂莱大将，接见越南驻缅甸大使馆馆员及在缅越企代表。

三、在各场会谈及会见上,两国领导一致认为,阮富仲总书记此次对缅甸进行的国事访问成为两国关系史上的重要里程碑。此访的结果将有助于推动越缅关系迈上新台阶。

四、两国领导对两国近几年来的传统友谊与多方面合作关系迅速发展表示满意。双方重申,继续进一步提高双方在党、国会、政府及民间交流等不同渠道的合作效果。

五、在双边关系日益向好发展以及地区乃至世界取得新发展步伐的基础上,两国领导同意建立越缅全面合作伙伴关系。在遵循《联合国宪章》《东盟宪章》《东南亚友好合作条约》中各个原则及获得广泛认同的国际法基本原则以及尊重各国的法律、独立、主权及领土完整的基础上,上述关系将有助于发挥与加强现行双边合作机制,落实所签订的协议并为双方合作关系带来新机遇。

六、上述关系将进一步深化下列五大合作支柱的内涵:其一、政治关系,其二、国防安全合作,其三、经济合作,其四、文化社会合作、民间交流及共同关心的其他领域,其五、地区乃至国际的合作。为了落实全面合作伙伴关系,两国领导同意责成两国外交部同有关部委机构配合就开展上述支柱领域的合作提出可行性强的倡议并通过双边合作机制进行定期核查。

七、在所建立的全面合作伙伴关系的基础上,双方同意通过高层互访与接触推动两国政治关系发展并一致认为,缅越友好协会成立后,将同越缅友好协会配合加强民间交流并通过两国现行的双边合作机制推进越南胡志明市与缅甸仰光市的关系发展。

八、双方同意加强两国政府之间的合作,努力提高双方在经济、文化、科技等领域上的合作效果。据此,双方同意紧密配合发挥包括贸易混合委员会及双边合作混合委员会在内的现有合作机制。双方再次重申将落实好两国政府所签订的各项协定及协议。为了加强两个经济体的对接,双方承诺优先开展交通基础、旅游等领域的合作活动并扩大农林业、电信及银行等领域的合作空间。双方同意将多措并举改善营商环境,旨在鼓励两国企业对对方国进行投资。双方同意加强贸易投资促进活动,推动贸易便利化并在最早的时间内把双向贸易额提升至10亿美元。

九、阮富仲总书记重申,将鼓励越南企业对能源、电信、基础设施等缅甸有待挖掘的领域进行投资。

十、廷觉总统认为,越企在缅甸的投资项目有利于推动缅甸经济社会发展并重申,将为在缅越企提供便利条件并保障他们的利益。

十一、双方欢迎越南投资与发展银行(BIDV)在缅甸仰光市设立分行,旨在推动两国贸易投资关系发展。缅方对越方有关允许越南投资与发展银行同缅甸企业及顾客直接交易的建议给予确认。

十二、双方同意进一步加强信息与通信技术及电信等领域的合作。缅方一致允许MYTEL公司在缅甸依法依规并恪守投资许可证的各个条款与缅方合作共建与共用光纤基础设施及其他基础设施。

十三、两国领导就共同关心的地区和平与安全问题交换了看法并承诺,通过互换信息与分享经验加强两国国防安全领域的合作,发挥现行合作机制并审议制定国防政策对话机制及成立两国国防部联合工作小组。

十四、双方对两国有效开展双边安全对话机制给予认可并同意进一步加强安全领域的合作,其中将配合为双方开展犯罪预防和打击、刑事司法等领域的合作活动提供并完善法律框架。

十五、双方对两国在东盟、联合国、不结盟运动等地区乃至国际论坛上保持紧密协调合作表示满意。阮富仲总书记高度评价缅甸愿支持越南竞选2020~2021年任期联合国安理会非常任理事国。

十六、两国领导欢迎双方继续在管理与可持续且有效利用湄公河水资源中保持合作。其对包括越南及缅甸在内的湄公河流域国家以及东盟各国对接、东盟一体化进程及东盟稳定与发展事业具有多方面的意义。阮富仲总书记对作为湄公河委员会(MRC)对话伙伴的缅甸为保护与可持续利用湄公河水资源所作出的积极贡献给予认可。缅甸同时对越南所提出有关缅甸审议早日加入MRC的建议给予确认。

十七、双方再次承诺,维持与推进地区的和平、安全与稳定并基于赢得广泛认可的包括1982年《联合国海洋法公约》在内的国际法律的原则通过和平方式解决争端,不使用武力或以武力相威胁。双方再次重申,支持充分且有效落实《东海各方行为宣言》,在已经达成一致的“东海行为准则”框架的基础上早日达成“东海行为准则”。

十八、阮富仲总书记由衷感谢吴廷觉总统、缅甸政府及人民已经给予越南代表团的盛情款待。他郑重邀请吴廷觉总统再度访越并邀请缅甸国家顾问昂山素季在适合时候访越。缅甸领导由衷感谢阮富仲总书记的访越之邀。

## 越南与柬埔寨联合声明

应柬埔寨王国首相洪森的邀请,越南政府总理阮春福及夫人率领越南政府高级代表团2017年4月24~26日对柬埔寨王国进行正式访问。值此之际,双方发表越南与柬埔寨联合声明,全文如下:

一、应柬埔寨王国首相洪森的邀请,越南社会主义共和国政府总理阮春福及夫人已率领越南社会主义共和国政府高级代表团2017年4月24~26日对柬埔寨王国进行正式访问。

在访柬期间,阮春福总理拜会柬埔寨国王诺罗敦·西哈莫尼,与柬埔寨首相洪森举行会谈,会见柬埔寨参议院主席赛冲和柬埔寨国会主席韩桑林。阮春福总理礼节性拜会柬埔寨佛教大宗派僧统狄旺。

在访柬期间,阮春福总理向柬埔寨独立纪念碑、柬埔寨已故国王诺罗敦·西哈努克塑像和越柬友谊纪念碑敬献花圈。阮春福总理也已造访越南驻柬埔寨大使馆和与旅居柬埔寨越南人社团会面。

值此之际,两国总理共同主持越南安江省隆平与柬埔寨干丹省芝雷托姆边界大桥落成仪式,并共同见证了一些重要合作文件的签署,诸如:《越南社会主义共和国交通运输部与柬埔寨王国公共工程及交通部关于促进对建设越南胡志明市—木排与柬埔寨金边—巴维高速公路的研究的备忘录》《越南社会主义共和国劳动荣军社会部与柬埔寨王国社会福利、退伍军人和青年改造部关于在西哈努克市给吸毒者建设依靠社团的自愿戒毒中心的项目的备忘录》《关于越南社会主义共和国农业与农村发展部水产总局与柬埔寨王国农林渔业部水产总局的水产合作备忘录延期的公函》及《越南社会主义共和国首都河内与柬埔寨王国首都金边关于协助建设金边—河内友谊大路的备忘录》。

二、在团结友好、相互了解和相互信任的气氛中，两国高层领导就越南社会主义共和国与柬埔寨王国全面友好合作关系以及双方共同关心的地区乃至国际问题深入交换意见。

在诺罗敦·西哈莫尼国王的英明治理，柬埔寨参议院、国会和以洪森首相为首的政府的领导下，柬埔寨人民在国家建设与发展事业中取得重要成就，柬埔寨地区乃至国际作用与地位不断提高，阮春福总理对此予以赞美。值此之际，阮春福总理衷心预祝柬埔寨成功举行2017年第四届乡坊级议会选举和2018年第六届国会选举。

洪森首相和柬埔寨领导人赞美越南人民在国家革新、建设与发展事业中取得的巨大成就，祝愿越南人民在越南共产党和越南国家的领导下成功实现国家工业化现代化。

三、双方对越柬全面友好合作关系近期顺利发展，造福两国人民表示高兴。

越方强调，越南一直珍惜已故国王诺罗敦·西哈努克，诺罗敦·西哈莫尼国王，洪森首相，柬埔寨领导人和柬埔寨人民给越南人民在过去的民族独立斗争和当前的国家建设与发展事业中的美好的感情和宝贵的支持与帮助。

柬方对越南历代领导人和越南人民在过去和当前对柬埔寨提供巨大支持与帮助表示衷心感谢。柬埔寨人民始终铭记越南志愿军战士1979年已帮助柬埔寨人民实现国家解放，推翻波尔布特种族灭绝制度。

四、双方一致认为，巩固和发展越柬友好合作关系对两国具有特别重要的意义，对继续本着“睦邻友好、传统友谊、全面合作、长期稳定”方针巩固和发展两国关系作出承诺，充分落实越柬1999年、2005年、2009年、2011年、2014年、2016年6月和12月联合声明所示的各项原则，互相尊重独立、主权和领土完整，互不干涉内政和不让任何敌对势力利用本国的领土威胁对方国安全，以和平方式解决两国之间发生的问题。

五、双方同意加强高层互访和各层级往来，鼓励民间交流活动，尤其是两国边界地区各地。双方同意紧密配合有效落实两国、两国政府之间的协定、协议，其中包括越南—柬埔寨经贸、文化与科技合作混合委员会第十五次会议纪要和2017年3月13～15日在金边首都召开的第九次越柬边境省合作与发展会议的联合公报与中心报告。

六、双方一致认为值纪念越柬建交50周年(1967.6.24～2017.6.24)之际举行的2017年越柬友好年、柬越友好年系列庆祝活动对向两国各阶层人民，尤其是年轻一代深广宣传越柬两个民族的团结友谊与传统悠久合作关系具有特别重要意义，让其对维护和进一步培育越柬关系负起责任。

七、双方一致同意继续加强各领域合作，特别是在教育、边贸、旅游、电信、航空、银行、油气、橡胶、农业、能源等两国具有优势领域的合作，力争实现今后几年将双向贸易额提升为50亿美元的目标。本着上述精神，双方承诺推进双方企业力推向对方国市场的经营投资活动，同时确保两国企业的权益与合法利益。

八、双方一致同意进一步加强协调配合，打击非法跨境走私和贩卖假货，其中包括生产和销售假冒伪劣商品，并同意完善有关兴建柬埔寨特本克蒙省棉末县达乡典范市场的相关手续。

九、双方再一次表示将尊重和充分落实两国所签署的边界划定条约及有关越柬边界的协定与协议。双方高度评价越柬陆地边界勘界立碑联合委员会近期在越柬两国边界划定条约的基础上完成了陆地边界勘界立碑工作的84%工作量。

本着上述精神，双方决心在2017年完成修建补充的辅助界碑、基本界碑的工作，按照越柬陆地边界勘界立碑联合委员会的规定完善有关勘界立碑的文档，进而签署一个确认已完成边界勘界立碑工作的84%工作量的法律文件，并寻找一个双方均能接受的公平且合理措施，旨在彻底解决未能进行勘界立碑的边界地段存在的问题，以尽早完成陆地边界勘界立碑工作。双方一致同意根据现有的法律框架加强有关边界管理的协调配合，旨在携手共建越柬和平、稳定、友谊、合作与可持续发展的边界线。

十、双方承诺继续对在对方国领土上生活的两国侨胞提供便利条件，符合各自国家的法律。本着睦邻友好关系的精神，越方希望柬方在确保旅柬越南人的合法权益中继续采取适当措施，让越南侨胞受到与旅居柬埔寨其他国家侨胞一样的平等对待，符合于柬埔寨的法律与其他规定，有助于巩固和加强两个民族的传统友谊。

十一、双方对两国近期在多边论坛上紧密合作表示欢迎，特别是经常就对方国参加联合国各重要国际组织的竞选予以支持。在当前国际和地区形势日益复杂多变的背景下，双方一致同意将加强协调配合，在多边论坛上分享信息与互相支持。

双方一致同意发挥团结与统一精神，在东盟框架内继续紧密配合，根据法律规定，面向人民，以人民为地区所有进程的中心努力建设东盟共同体。

值此之际，阮春福总理预祝柬埔寨于2017年5月10～12日成功举办世界经济论坛东盟峰会。

十二、关于东海问题，双方强调维持和平、稳定与安全的重要性，克制、不诉诸武力或以武力相威胁、在符合于包括1982年《联合国海洋法公约》等获得广泛认可的国际法原则的基础上以和平方式解决争端。双方承诺在东盟—中国框架紧密协调，充分有效落实《东海各方行为宣言》、尽早制定“东海行为准则”，包括于2017年中完成“东海行为准则”框架。

十三、双方承诺在国际湄公河委员会框架和其他湄公河合作机制内继续互相、并与其他成员国保持紧密合作，旨在确保根据国际法和惯例管理和可持续利用湄公河水资源，有助于沿河国家的和谐利益以及本地区可持续发展的目标。

十四、双方高度评价阮春福总理此次正式访问柬埔寨所取得的积极结果及其深刻意义，将之视为重要历史事件，为推动越柬两个民族的团结、传统友谊与全面合作关系作出积极贡献，有助于地区和世界和平、稳定、合作与发展。

十五、阮春福总理对柬埔寨领导和人民在此次访柬期间所予以越南政府高级代表团的热情好客接待表示衷心感谢。

十六、越南政府总理阮春福邀请柬埔寨王国首相洪森及柬埔寨其他领导值2017年越柬友好年之际访问越南。洪森首相及柬埔寨其他领导愉快地接受了邀请并对此表示感谢。

(张　磊　搜集整理)

## 论文摘要

**《21 世纪海上丝绸之路建设:现状、机遇、问题与应对》** 何帆(北京大学)、朱鹤(北京大学)、张骞(中国社会科学院)撰,载《国际经济评论》2017 年第 5 期。指出 21 世纪海上丝绸之路是中国全方位对外开放战略新格局的重要组成部分,契合中国和东南亚、南亚及非洲等国家的共同需求。文章对海上丝绸之路沿线地区的典型经济现状、与中国的合作机遇以及存在问题进行深入研究。发现中国与地区各国在产业投资、基建投资、资源开发与合作、境外经贸园区和海上经济等五个领域存在更深层次的合作机遇,但存在执行主体不协调、金融支持不足和缺少完备人才队伍等 3 方面的突出问题。最后,结合中国与地区各国的国情与共同需求,就加强海上丝绸之路建设提出若干建议。

**《"一带一路"背景下中国与东盟经济周期联动研究》** 李南(厦门理工学院)撰,载《亚太经济》2017 年第 2 期。指出随着中国与东盟区域经济一体化进程的加速,中国与东盟经济关系不断扩大,双方的经济依存度日益提高,中国与东盟主要国家的经济周期的联动性有所增强。以"一带一路"为背景探讨中国与东盟经济周期联动性的趋势变化及其影响因素,研究结果显示,中新经济周期联动性最高,2007 年 2 季度以后,中泰、中菲、中越的联动性有明显的下降趋势,但中新、中马的联动性趋势上升。在影响双方经济周期联动性的因素中,国际贸易有显著影响,而金融与政策的影响并不显著。

**《"一带一路"反恐司法合作:中国与东盟国家反恐立法比较》** 黎宜春(广西警察学院)撰,载《学术论坛》2017 年第 3 期。指出为应对日趋严峻的恐怖主义威胁,东盟国家均加强反恐立法。东盟国家反恐立法主要采用专门立法模式与分散立法模式两类,东盟国家反恐立法存在兼顾实体性法律与程序性法律,突出程序性立法;惩罚犯罪与保障人权相结合,侧重严惩恐怖主义犯罪;重视反恐主义融资立法等共同特点。基于东盟国家反恐立法比较,中国可以从制定出台《国际刑事司法协助法》、订立双边刑事司法协助条约、制定《反恐法》实施细则以及完善冻结和没收涉恐资产立法等方面健全反恐立法,推进中国与东盟国家的反恐合作,共同维护地区和平稳定,保障"一带一路"建设。

**《"一带一路"背景下东盟孔子学院的发展与创新》** 赖林冬(福建师范大学)撰,载《南洋问题研究》2017 年第 3 期。指出自 2006 年东盟的第一所孔子学院落户泰国以来,迄今中国已经在东盟建立 30 所孔子学院。热络的中国—东盟关系为孔子学院的发展提供了较好的发展环境和历史机遇,东盟孔子学院整体运作情况良好,涌现出一批具有影响力的"先进孔子学院"。随着中国"一带一路"倡议的推进与实施,东盟各国自然成了"一带一路"规划的首站支点国家,这为孔子学院的发展提供了难得的历史新机遇。在"一带一路"背景下持续发展与创新东盟的孔子学院,使孔子学院在汉语教育上更好地服务于"一带一路",成为"一带一路"在东盟顺利开展的重要助力和推手。

**《"一带一路"背景下澜沧江—湄公河命运共同体的构建》** 颜欣(华中师范大学)撰,载《学术探索》2017 年第 9 期。指出构建澜沧江—湄公河命运共同体具有举足轻重的作用,有利于提升中国的国际形象、增加澜沧江—湄公河国家间的信任,提高中国—东盟整体的合作水平。中国支持在"一带一路"背景下扩大澜湄合作,湄公河五国与中国合作意愿强烈,"一带一路"倡议主张扩大澜湄国家间的互联互通并与湄公河沿岸国家发展战略契合,这些都为澜沧江—湄公河命运共同体构建提供有利的契机。也存在来源于异质的政治体制、第三方因素及跨境河流分歧与矛盾方面的困境。在"一带一路"背景下,加强澜湄安全共同体、经济共同体和人文共同体建设是构建澜沧江—湄公河命运共同体的题中之意。

**《文莱"2035 宏愿"与"一带一路"的战略对接研究》** 马博(南京大学)撰,载《南洋问题研究》2017 年第 1 期。指出"2035 宏愿"是文莱提出的国家发展战略,有着维护其国内政治稳定、加强地区安全、实现经济多元化和打造区域经济中心的多重考量。在发展中文两国关系上,"一带一路"倡议和"2035 宏愿"的战略对接得到两国最高领导人的肯定,并且有望在基础设施建设、科技、农业和第三产业领域展开广泛的合作。此外,两国的战略对接有助于双方更好地应对来自非传统安全领域的挑战,对妥善解决南海问题,维护地区的和平与稳定有着重要意义。另一方面,两国战略对接的不确定性因素主要来自文莱经济增长的放缓,地区贸易规则的变化以及其国内推行的"伊斯兰教法"可能产生的制约。

**《"一带一路"战略背景下马来西亚华人华侨的作用》** 杨丽尧、殷勇、席文佳、徐亮(南京大学)撰,载《亚太安全与海洋研究》2017 年第 5 期。指出马来西亚是"一带一路"倡议中推进"21 世纪海上丝绸之路"建设的重要节点国家。中国与马来西亚自 1974 年建交以来,在政治、经济和文化等领域的交往不断加强,合作日益密切。马来西亚华侨华人作为马来西亚的第二大族群,在马来西亚的经济社会发展进程中发挥着重要作用,同时马来西亚华人华侨也通过官方以及民间渠道积极参与中马两国的经贸往来及人文交流,是"一带一路"建设中中马沟通的桥梁和纽带。本文透过马来西亚华人华侨的状况、社会和经济地位,以及文化认同和国家认同的分析,提出如何利用马来西亚华人华侨的优势,使其在"一带一路"建设中更好的发挥作用。

**《"一带一路"背景下的国际产能合作——以中国—印度尼西亚合作为例》** 沈铭辉、张中元(中国社会科学院)撰,载《国际经济合作》2017 年第 3 期。指出随着"一带一路"倡议进入务实合作阶段,中国与印度尼西亚双边产能合作呈现较快发展的局面。印度尼西亚政府出台一系列加强本地化的政策,鼓励国内外企业在印度尼西亚建厂投资扩展产业链,提高出口产品附加值,为印度尼西亚创造更多就业机会,这也为促进中国—印度尼西亚之间的产能合作创造条件。文章在分析印度尼西亚产业政策特点与最新发展趋势的基础上,讨论加强中国—印度尼西亚产能合作的可行性与适合中国—印度尼西亚之间构建价值链的产业，认为在农业、采矿业、加工业以及造船业、信息通讯业等高新技术产业领域，可以发挥中国技术、资金上的优势，使中国特色产能在印度尼西亚乃至整个东南亚地区的发展进程中发挥重要的作用。

**《印尼对“一带一路”的认知、反应及中国的应对建议》** 潘玥（中山大学）、常小竹（广西师范大学）撰，载《现代国际关系》2017年第5期。指出“一带一路”倡议的落地与推进，需要沿线国家，尤其是关键大国的积极响应、支持和理解。作为东盟最大的经济体，印尼对“一带一路”倡议的认知与反应尤为重要。印尼对“一带一路”倡议的认知相当有限，各界的态度和反应两极化，政府层面以支持和欢迎态度为主，但部分军方和反对联盟成员存在较大疑虑；“中国威胁论”仍有一定的市场，华人群体对“一带一路”倡议较为支持；而印尼学界普遍持谨慎、怀疑甚至批评的态度。基于此，文章建议中国提高和加深印尼各界对“一带一路”倡议的认知，协商解决纳土纳问题；适当调整中国对印尼的宣传重心和方式方法；积极开展公共外交，加强人文交流与沟通；中企应重视项目质量，积极承担社会责任等。

**《“一带一路”视阈下印度尼西亚华裔族群意识与家国观念实证调研》** 蔡明宏（福建师范大学）撰，载《世界宗教文化》2017年第5期。指出东南亚是“海上丝绸之路”建设的域外第一站，也是“一带一路”的重心之一。在东南亚诸国中，印度尼西亚的华族人数最多，居海外各国之首。为考察印度尼西亚华裔的族群身份与家国伦理观念变迁情况，以及在中国全方位对外开放的战略规划里，他们独特的家国情怀能否担负起传递中华文化、表述中国形象的政治文化外交使命，文章进行详细而深入的问卷调查。发现印度尼西亚华裔在“中华化”与“在地化”的对立统一中寻求当代族群身份定位，双重的文化视野赋予他们不同的价值判断和思想观念，他们更能以独立而客观的姿态进入中华文化的传播场域，从而有望成为国际公共外交新生态的有益助力。

**《21世纪海上丝绸之路建设对接当地发展研究——印度尼西亚视角》** 王小明（印度尼西亚中国研究中心）撰，载《国际展望》2017年第4期。指出21世纪海上丝绸之路建设和当地发展的对接主要包括涉海经济发展与人文互动两方面。在产业上，双方可以推动油气开采和下游加工产业合作；开展包括海洋捕捞和水产养殖及生产服务在内的渔业合作；加强港口建设合作；开展船舶制造业合作；大力促进旅游业合作。在互惠、规范化和民心相通方面，应相互照顾双方关切，并促进对方发展，特别是要采取包括公共关系在内的各种方法，加强对当地有影响的社会群体的工作，把增进两国人民相互理解，夯实民意基础落到实处。

**《中国发展战略与中国—东盟关系再认识》** 王玉主、张蕴岭（中国社会科学院）撰，载《东南亚研究》2017年第6期。指出过去几年中国与东盟国家围绕南海问题产生的争议，在中国和东盟方面都引发了对中国—东盟关系的反思，一些人甚至提出中国分化东盟的观点。从中国发展战略的内源性出发，本文认为东盟在中国发展战略中具有重要地位，中国重视东盟在推动地区经济发展及区域合作中发挥的积极作用。因此，中国分化东盟的观点是站不住脚的。然而必须承认，中国—东盟合作目前确实面临互信约束，部分东盟成员对中国的“一带一路”倡议仍在犹豫观望。从双边关系的发展来看，中国与东盟合作前景广阔，只是在这个过程中双方要共同努力消除互信赤字，这样才能真正在利益共享中逐步走向命运共同体。

**《〈东盟宪章〉生效之后中国—东盟关系的变局与突破》** 赵慧、范祚军（广西大学）撰，载《广西大学学报（哲学社会科学版）》2017年第2期。指出《东盟宪章》增强了东盟国家在政治、经济、文化和安全方面的凝聚力，加大了其在处理国际事务上的话语权。这对中国—东盟关系的健康向前发展提出新的要求。中国—东盟关系是合作大于分歧，中国应当利用“加深合作”的方式绑定与东盟各国的经济利益，促进中国—东盟关系的平衡与稳定；加强中国与东盟组织的联系及政治互信，对不同国家实行“一国一策”；重视东盟各国内部不同利益群体在中国—东盟友好关系中的作用；坚定不移地维护和发展与东盟的全面合作战略伙伴关系。通过这样措施，为地区间的繁荣稳定做出应有贡献。

**《中国—东盟合作：机制、成果与前景》** 徐步（中国驻东盟大使）撰，载《亚太安全与海洋研究》2017年第3期。指出2017年是东盟成立50周年，中国与东盟于1991年建立对话关系，经过26年共同努力，双方关系面临承前启后的重要发展时期。回顾过去，双方合作机制不断完善，各种成果丰硕斐然，取得东亚区域合作的巨大成就，为维护地区和平、稳定与繁荣发挥重要作用。目前，中国—东盟关系已经进入“提质升级”的成熟期，合作与发展机制正在生成诸多优势，我们有充分的理由相信，双方未来的战略合作关系将充满生机和机遇。

**《中国—东盟区域、次区域合作机制与合作模式创新》** 全毅（福建社会科学院）、尹竹（吉林大学）撰，载《东南亚研究》2017年第6期。指出梳理中国—东盟区域、次区域合作机制与合作模式，可以发现中国—东盟合作机制与合作模式创新具有以下特点：发展导向与规则创立相结合；软硬结合、灵活有效；智库探索与政府决策相结合；互学互鉴与取长补短相结合；地方探索与顶层设计相结合；现有机制与创新机制相结合。但也存在诸多问题：理论层面研究不够，缺乏理论指导；制度化建设不够，有效性不足；机制叠床架屋，协调性不够；政治互信欠缺，发展动力不足等。中国需要加强区域秩序与区域治理的理论研究，提出中国—东盟区域、次区域合作机制的理论建构；承担提供区域与次区域“公共产品”的主要责任；促进中国—东盟区域合作机制的整合与升级，提升制度化水平；充分发挥智库和地方政府构建次区域合作机制的积极性与主动性；积极探索中国—东盟次区域合作发展模式，实现效益最大化。

**《规范视角下的“中国—东盟命运共同体”构建》** 范佳睿、翟崑（北京大学）撰，载《当代亚太》2017年第1期。指出2016年是中国—东盟建立对话关系25周年，文章通过分析中国与东盟从遵规到立规的变化过程，认为25年间东盟是以融合的方式、由辐射的途径、借支点的结构规范中国的行为。文章尝试将构建"中国—东盟命运共同体"的愿景具体化，使"和"文化理念与东盟融合的方式相通、"一带一路"倡议与东盟辐射的途径对接、"亲诚惠容"政策与东盟支点的结构交融，为地区性国际组织与区域大国的互动，提供一种具有东盟特色并包含中国智慧的解释路径。通过一定程度上改变中国与东盟间的规范方式和规范方向，将双方共同规范地区秩序的方法可操作化，实现由东盟规范中国，向中国与东盟共同规范地区秩序的转变。

**《中国对东盟的公共外交：现状、动因与方向》** 唐小松、景丽娜（广东外语外贸大学）撰，载《东南亚研究》2017年第4期。指出当前中国高度重视对东盟公共外交，在合作性公共外交方面取得一定的发展和成就，但在竞争性公共外交方面还有一些亟待解决的问题，在危机性公共外交方面仍面临诸多挑战。进一步合理有效地发展对东盟公共外交，有助于中国推进周边外交和"一带一路"倡议，加强周边合作和增强竞争优势，妥善处理危机和解决热点问题。为此，中国应加强与东盟的互动，促进合作性公共外交的发展；提升在东盟的影响力，增强在竞争性公共外交上的优势；精心设计对东盟的危机性公共外交，妥善处理危机。进一步明确对东盟公共外交的发展方向，可以为中国和平崛起营造健康、稳定、繁荣的发展环境。

**《中国—东盟经贸关系的演化进程及响应战略研究》** 赵昌平、郑米雪、范厚明（大连海事大学）撰，载《广西社会科学》2017年第7期。指出中国—东盟的经贸关系已成为全球经济网络演化的关键力量，探索其演化进程与演化规律，可为中国制定双边关系响应战略提供科学的指导。以贸易结合度和全球货物贸易网络的中心度为依据，可将中国—东盟经贸关系的演化进程分成5个关键阶段，在各阶段中国对东盟的经贸的紧密关系保持稳定性与可持续性，且各阶段的响应战略是积极有效的。

**《中国—东盟贸易关系现状、问题和前景展望》** 徐步、张博（中华人民共和国驻东盟使团）撰，载《亚太安全与海洋研究》2017年第5期。指出1991年中国与东盟建立对话关系以来，特别是2010年实施中国—东盟自贸区之后，双方贸易额呈现跨越式发展。同时，随着双方经贸关系不断深化，也出现贸易不平衡、非关税壁垒突出、贸易摩擦等问题。2013年中国提出"一带一路"倡议，2015年东盟宣布建成经济共同体并发表《东盟共同体愿景2025》和《东盟互联互通总体规划2025》，双方经济战略规划高度契合。在中国—东盟自贸区升级，双方积极谈判香港—东盟自贸区、区域全面经济伙伴关系（RCEP）等因素助力下，中国与东盟继续深化贸易合作前景广阔。面对东盟内部进行经济结构调整、贸易保护主义抬头及全球经济形势不稳等因素，中国—东盟贸易合作须开拓思路，不断寻求新增长点。

**《中国—东盟贸易合作的新动能》** 张天桂（上海社会科学院）撰，载《亚太经济》2017年第4期。指出随着中国—东盟FTA贸易创造效应的不断释放和全球范围内区域经济一体化标准的日渐提升，中国—东盟双边贸易进一步发展所必须面对和解决的问题逐步显现。在内外因素的共同推动下，FTA升级版以相对较快的速度落地实施。而共建"一带一路"之所以能够为中国—东盟贸易合作提供新动能，除通常所强调的市场机遇外，关键还在于其对双边贸易便利化、机制化的推进和新模式、新平台的构建具有重要的促进作用。

**《从有限包容理论看中国—东盟关系的经济依赖与安全疑虑》** 张子霄（南京大学）撰，载《亚太安全与海洋研究》2017年第1期。指出中国—东盟关系经历25年的正式交往，建立紧密的经济联系，取得巨大的经贸成就，但也存在许多不确定因素和尚未实现的战略诉求。近年来随着双方的实力差距不断加大和受域外国家介入的南海争端干扰，中国—东盟关系在高端政治领域的发展滞缓，东盟对中国的安全疑虑不断增强。文章以包容理论分析中国—东盟关系中东盟"经济上依靠中国，安全上依靠美国"二元关系格局的形成原因，依据国际关系中既有权力对崛起权力的一般包容规律解释中国为何在经济领域获得东盟的积极包容，在安全领域始终无法取得实质性包容进展。以包容理论中物理能力、身份认知、目标行为体的内部决策机制维度解释促进中国—东盟经济包容的原因和双方历史纠纷、地缘基础、南海争端等变量对安全包容的负面影响，认为中国因改革开放后准确把握时机、审慎推动合作的低姿态获得东盟在经济领域的包容与信任，但随实力增长而趋于激进的行为使东盟加深中国进攻性意象的认知，加之域外国家介入、亚太地缘政治风险，要求中国应在追求大国权力地位的全包容进程中继续坚持战略审慎的心态与行为。

**《如何构建区域全面经济伙伴关系（RCEP）：中国视角》** 全毅（福建省社会科学院）、沈铭辉（中国社会科学院）、仇莉娜（中国社会科学院）撰，载《和平与发展》2017年第5期。指出"区域全面经济伙伴关系协定"（RCEP）是东亚区域最为重要的区域一体化倡议，对于梳理现有东亚经济合作的繁杂规制、消除"意大利面条碗"效应、理顺区域生产网络、提高自由化水准等具有显著意义。从中国的视角来看，RCEP是中国深度参与区域一体化规则构建和参与主导未来经济合作方向的机会，应当高度重视并继续支持推进谈判。但是，RCEP也面临自由化水平争议大、谈判阵营分化等难题。针对当前RCEP进程多、成果少的困境，中国应当积极推进和选择性拔高RCEP开放承诺，引领谈判进程，升级现有的FTA水平，将RCEP谈判与"一带一路"倡议联动推进，并推动国内规制改革，做好风险防范工作。

**《中国与东盟产业合作的效益测算及评价研究》** 胡国良（中国人民大学）、王继源（中国国家发改委）、龙少波（重庆大学）撰，载《世界经济研究》2017年第4期。文章通过建立国际投入产出模型分析中国与东盟产业合作对双方GDP的影响及其途径，以7个产业合作部门为研究对象，利用2011年ADB－MRIO表的数据分别测算在两种极端情形下，中国与东盟产业合作对各个国家GDP的拉动效应，并对总的影响效果做综合评价。研究发现：（1）中国与东盟产业合作对于双方面言都是有利的，但对于东盟国家GDP的拉动效应更加明显，从长期来看，对东盟国家经济增长也更为有利；(2)中国与印尼、菲律宾的产业合作能够最大程度地拉动双方GDP增长，而中国与越南产业合作对于双方GDP的拉动效应最弱；(3)中国与东盟国家产业合作对GDP拉动效应最明显的部门是其他非金属矿物制品业，其次是机械设备制造业和皮革与制鞋业，而纺织业的产业合作对GDP的影响最小。

**《中国—东盟信息化合作现状与发展前景》** 丁波涛(上海社会科学院)撰，载《东南亚纵横》2017年第4期。指出信息化合作是当前国家间合作的重要内容。东盟国家目前信息化发展水平参次不齐，但普遍都重视信息技术创新、信息产业发展和信息技术在经济社会各领域的应用。近几年来中国与东盟国家在网络通讯服务、信息产业、IT贸易以及信息安全等领域开展广泛合作。未来中国信息通讯技术(ICT)企业将加速国际化步伐，而处于快速增长阶段的东盟国家将对ICT产品与服务产生巨大需求，中国与东盟国家之间应推进基础设施互通、深化数字经济合作、加强网络安全协作、促进网络文化交流。

**《马来西亚产业竞争力及中国与马来西亚贸易拓展潜力研究》** 邓洲(中国社会科学院)撰，载《东南亚南亚研究》2017年第2期。指出总体上看，2000~2015年，马来西亚的产业总体竞争力有所增强，但部分优势产品的竞争力有所减弱。从出口看，马来西亚与美国、欧盟的贸易紧密程度均有所降低，与日本和中国的贸易紧密程度提高，与日本的贸易合作最为密切；从进口看，马来西亚与美国、欧盟、日本的贸易紧密程度降低，与中国的贸易紧密程度上升，与日本的贸易合作最为密切。2000年以来，马来西亚与欧盟、美国和日本的竞争强度都有所提高，而与中国竞争强度有所下降，双方出口产品在国际市场的竞争趋缓。从双边互补性看，马来西亚出口和进口与中国的互补性都在增强。从产业内贸易看，马来西亚对中国在56类产品上的产业内贸易处于优势，低于与美国、欧盟和日本具有优势的产品数量。

**《中国—东盟(柬、老、缅、越)贸易便利化研究：基于企业视角》** 李好(广西大学)撰，载《广西大学学报(哲学社会科学版)》2017年第5期。指出当前，提升区域内贸易便利化的水平成为中国与柬、老、缅、越4国企业共同关注的新焦点。近年来中国与柬、老、缅、越4国制定相关政策措施来提升贸易便利化水平，成效明显。然而基于对五国企业的问卷调查及实地调研访谈的结果显示，中国—东盟(柬、老、缅、越)在通关环境、规制环境、口岸效率、商务人员流动等领域仍然存在诸多问题和挑战。针对上述问题，建议进一步提升中国与柬、老、缅、越之间的贸易便利化水平，需逐步在次区域内推进通关一体化改革、转变政府职能、完善口岸基础设施以及全方位便利商务人员流动。

**《澜湄合作机制：一个"高阶的"次区域主义》** 卢光盛、别梦婕(云南大学)撰，载《亚太经济》2017年第2期。指出"高阶的"次区域主义有其内在逻辑和实践基础，是中国参与区域(次区域)合作的重要尝试。在梳理次区域合作"升级版"建设的相关理论和实践的基础上，从理论探讨和实践分析两个角度对其进行讨论，并对如何推进"高阶的"次区域主义提出政策建议。澜湄合作机制比区域内原有诸机制有着独特的新意和特点，中国应将其打造成为周边外交和次区域合作的新亮点，以服务"一带一路"建设；应妥善地与原有多边机制进行协调和对接，统筹次区域内的众多合作机制协同发展；应增强澜湄合作机制的吸引力，力求使澜湄合作机制得到湄公河流域国家的充分接受和认可；要充分发挥地缘优势，以澜湄合作为基础，积极探索周边命运共同体建设；近期可以"中路突破、撬动两翼"为策略，逐步推进次区域合作全面和深入发展，使之成为一个真正的"高阶"次区域合作。

**《中国、东盟和亚洲中心的再定位》** 布兰特利·沃马克(美国弗吉尼亚大学)撰，载《世界经济与政治》2017年第7期。指出在北京举行的"一带一路"国际合作高峰论坛是一个具有历史意义的里程碑，它旨在全面地以一种合作的方式重塑亚洲地区的互联互通。中国宣布多项倡议，将亚洲更紧密地联系在一起以及完善亚洲和世界其他地区的互联互通性。"一带一路"的提出标志着中国将重新回到亚洲的中心位置，而这也是当代中国发展的必然结果，是中国对于其历史上在亚洲地区所扮演的角色的回归。同近代以来以西方国家为中心的世界体系不同，以中国为中心的体系更加强调包容性和合作性，同时对于亚洲其他国家而言也是有益的。互联互通是"一带一路"倡议的核心，"一带一路"一方面推动中国同其亚洲邻国之间的互联互通，另一方面也推动亚洲各国同世界其他地区的互联互通。中国同东盟的关系在推动其关于亚洲的新思维发展方面发挥关键性作用，而东盟也会成为亚洲中心再定位的受益者。很明显，中国同东盟国家之间的关系是一种不对称关系，双方之间的相互尊重仍然是维系这种关系的最重要的基础。

**《中国—东盟减贫合作：现实基础、实施机制及发展趋势》** 覃志敏(广西大学)撰，载《广西社会科学》2017年第3期。指出东盟部分国家长期存在不同程度的贫困问题，中国减贫成就显著并积累了丰富减贫经验，以及中国与东盟形成良好合作关系等因素，共同构筑中国与东盟减贫合作的现实基础。进入新世纪特别是2007年以来，中国与东盟减贫合作取得显著成绩，形成多层次、内容丰富的减贫合作交流机制和平台，体现出持续性、规划性、多层次性、凸显经验分享与减贫主体能力建设等特点。这些特点是中国在和平发展进程中与东盟国家减贫合作阶段性特征的重要呈现。"一带一路"背景下，中国—东盟减贫合作项目将增多，呈现减贫经验交流与扶贫项目援助并重、本土民间组织成为减贫合作的重要力量等深化发展趋势。

**《中国与东南亚国家友好城市关系缔结现状分析》** 李靖(北京大学)撰，载《东南亚纵横》2017年第4期。指出中国与东南亚国家友好城市关系的建立虽然起步相对较晚，但是发展较快。双方旅游资源丰富，人文交流历史悠久，经济合作发展空间巨大，因此双方所建立的友好城市关系类型多样。主要分为5种类型，包括中心城市交往、边境城市的经济合作、其他城市的经济合作、祖源与宗教文化因素的城市交流、特定人物所牵线的友好城市等,体现中国与东南亚地区所建立的友好城市关系类型的特色。其次,文章以中国与泰国的友好城市关系为例,以此展现出两国友好城市交往的多样性和双方公共交往的快速发展。

**《试论中国—东盟关系中的安静外交》** 周士新(上海国际问题研究院)撰,载《国际观察》2017 年第 2 期。指出安静外交通常强调建设性和有效的幕后接触,通过和平方式处理和解决国际与地区争议。近年来因其成效显著,安静外交越来越被国际社会所重视。安静外交在透明度、倾向性、时效性和正式性等方面都存在着对立统一的逻辑关系。安静外交是中国与东盟维持和发展良好合作关系的途径之一。中国与东盟双方具有进行安静外交的传统和经验,但当前也存在一定压力。中国与东盟应该持续发展安静外交,为促进和提升双方战略伙伴关系做出应有的贡献。

**《中国—东盟安全合作研究:现状、问题与未来》** 武香君(中国人民大学)撰,载《东南亚纵横》2017 年第 2 期。指出中国与东盟之间开展的安全合作在 20 世纪 90 年代就已经起步,目前已经形成多层级的安全合作机制,安全合作涵盖多个领域,但这并不表明中国与东盟的安全合作已经臻于完善。实际上,中国与东盟的安全合作存在着安全合作实践性欠缺、双方安全合作预防能力不足、当前安全合作缺乏核心机制、双方的互信也有待加强等问题。中国与东盟之间开展的安全合作在未来可以从以下 4 个方面加强:中国与东盟要重点加强互信建设;建立中国与东盟安全合作的核心机制;促进中国与东盟携手维护南海安全;促进中国与东盟共同维护海上通道安全。

**《中国—东盟网络安全合作及其布局》** 郑怡君、薛志华(武汉大学)撰,载《东南亚南亚研究》2017 年第 2 期。指出中国与东盟出于维护国家安全和社会稳定的目的,积极推进网络安全合作。缺乏统一的合作机制使得中国—东盟网络安全合作欠缺协调性,并呈现出“碎片化”趋势。经济层面的合作范围有待拓展,军事层面的合作尚处于起步阶段。统一的中国—东盟网络安全合作机制应由网络安全会议制度、网络安全基本原则、经济层面的协调合作制度、军事层面的沟通对话制度组成,通过高级别领导人会议制定总体框架,职能部门负责具体落实的形式,实现自上而下的渐进性合作。

**《中国—东盟合作与南海地区和谐海洋秩序的构建》** 韦红、颜欣(华中师范大学)撰,载《南洋问题研究》2017 年第 3 期。指出近年来南海地区海洋问题日益严峻,极大地影响着地区和谐。中国和东盟作为南海地区两个举足轻重的行为体,应成为构建南海地区和谐海洋秩序的主导力量。中国和东盟经贸相融,观念相似,提供公共产品意愿强烈,并建有多层次安全对话机制,共建南海地区和谐海洋秩序具备现实可行性。中国和东盟需在海上务实合作中增强相互理解与认知,夯实构建南海地区和谐海洋秩序的基础;完善海上合作机制和架构,扩大双方对海洋安全和海洋秩序的共同认知;统筹与东盟及其成员国的海上合作关系,推进双边与多边海上务实合作;加快“南海行为准则”磋商,提供具有约束力和法律效力的规范和准则。

**《中国—东盟南海问题“安全化”:进程、动因与解决路径》** 张青磊(上海师范大学)撰,载《南洋问题研究》2017 年第 2 期。指出南海问题本是中国与部分东盟成员国之间的双边问题,而不是中国与东盟之间的问题。然而自 20 世纪 90 年代起,东盟便开始介入南海问题,并逐步将南海问题转化为中国—东盟之间的问题。中国—东盟南海问题“安全化”是中国与部分东盟成员国之间关于南海问题双边争端演化为中国—东盟安全问题的过程。东盟以南海问题“利益攸关者”身份积极参与南海问题,中国为维护南海地区稳定而采取的“救火式”应对措施,美日等域外国家对南海问题的大力介入,是中国—东盟南海问题“安全化”的主要动因。“去安全化”是解决中国—东盟南海问题“安全化”困境的主要方法,重新定位、稳定转化、置换议题、话语引导,是中国—东盟南海问题“去安全化”的有效路径。

**《中国—东盟反恐合作:挑战与深化路径》** 张洁(中国社会科学院)撰,载《国际问题研究》2017 年第 3 期。指出来自中国与东盟的恐怖分子正在出现合流,主要表现在两方面,一是借道东南亚前往中东的中国偷渡者数量在增加,二是少数中国籍极端分子与东盟国家的恐怖组织共同在东南亚地区从事暴力活动。恐怖活动的新特征将中国与东盟国家的安全利益紧密联系在一起,要求双方重视反恐问题在地区安全对话中的紧迫性,加大政治关注与物质投入,采取更有效的反恐合作措施,推动相关机制构建。

**《从心开始:中国与东南亚南亚国家民心相通的对策思路》** 徐绍华(昆明理工大学)、蔡春玲(昆明理工大学)、李海樱(云南师范大学)撰,载《创新》2017 年第 2 期。指出“国之交在于民相亲,民相亲在于心相通。”民心相通的目的在于“通”,关键在于“心”,基础在于“民”,途径在于“相”;“民”“心”“相”“通”四个字既构成了民心相通的内在逻辑关系,也揭示了民心相通的基本运行规律;民心向背既是实现中国与东南亚南亚国家民心相通的决定因素,也是实现其民心相通目的的前提基础。中国与东南亚南亚国家的民心相通虽然具备一定的地缘、族缘、人缘、文缘、商缘优势,但由于受战略互信、领土争端、政局动荡、投资保护、大国干预、宗教问题、旅游交往等多种因素的影响,也面临一些严峻挑战。实现中国与东南亚南亚国家的民心相通需要从心开始,通过政府、文化、经济、旅游、制度等路径选择,运用交心、动心、凝心、化心、合心等实践策略,才能取得良好的民心相通效果。

**《东盟 50 年:在行进中探索和进步》** 张蕴岭(中国社会科学院)撰,载《世界经济与政治》2017 年第 7 期。指出东盟 50 年是一个不断探索和取得进步的过程,它所创建的“东盟方式”有别于欧美的思维方式和制度设计,体现亚洲的思想、文化精神,具有深刻的现实意义。东盟在维护成员国主体地位和坚守不干涉原则的基础上,通过协商合作凝聚共识,使一个战乱、贫穷的东南亚地区走向和平、稳定与发展。“东盟方式”也被称为一个成员间交往与合作的进程,而这个进程体现为成员间一种非正式的一致性构建与非冲突性的讨价还价过程。东盟推动的议程大都要经过一个反复协商、不断修订和逐步增进的过程,共识在过程中逐步形成。“东盟方式”基于共识原则,更体现为责任精神,孕育在东盟的发展进程之中。中国与东盟打交道让“中国方式”与“东盟方式”寻求对接,尽管双方关系存在诸多矛盾,但总的来说维护了稳定与合作的大势。从更广的视角和更深的意义来看,中国与东盟是在为探求构建新型国家关系和地区秩序而努力。

**《东盟共同体建设困局与观念交锋》**　韩志立(外交学院)撰,载《南洋问题研究》2017 年第 1 期。指出 2015 年底,东盟共同体成立,东盟政治、安全、经济、社会文化一体化进程均取得重大进展。然而,东盟共同体成立,并不等于建成,东盟共同体建设困局逐渐凸现出来。东盟国家间价值观与规范差异很大,东盟安全机制难以开展实质性合作,东盟自贸区的诸多利好无法得到有效落实,东盟身份认同的构建仍然任重道远。东盟共同体建设困局的背后是观念的交锋。东盟共同体是东亚历史上首次成立的次区域共同体,在东亚一体化进程中具有里程碑意义,因此准确理解东盟共同体的困局与观念特征,对把握地区格局演变和秩序塑造,具有重要战略和政策意义。

**《东盟经济共同体建设路径及展望》**　杨新华(广东海洋大学)撰,载《东南亚纵横》2017 年第 5 期。指出东盟经济一体化已经宣布正式建成,正在成为全球区域经济一体化的重要力量。梳理东盟经济一体化的政治经济背景及其发展路径发现,要建设高水平的经济共同体,东盟仍然需要在五个方面做出更大努力:实现“东盟方式”的与时俱进;持续提升东盟各国的凝聚力;着力培育东盟经济一体化的主导力量;不断改善区内经济均衡态势;协调经济一体化利益分配以协调 RECP 与 TPP 之间的张力。

**《东盟共同体成立背景下的中国东盟关系》**　方长平、郑凌(中国人民大学)撰,载《国际论坛》2017 年第 6 期。指出 2015 年 12 月 31 日东盟共同体成立标志着东盟一体化发展进入新阶段。东盟共同体将会有效地整合东盟各国的力量,增强东盟国家的实力和内部凝聚力,使东盟具有更强的整体性和自主性。这必然会改变东盟传统的行为模式和发展方向,也会深刻影响整个区域国家的互动。同时东盟一直奉行的“东盟方式”在东盟共同体成立后将继续发挥作用,其非强制性原则在促进合作、缓解矛盾的同时也将限制东盟一体化进程的广度和深度。因而,中国需要清楚地认识到东盟共同体成立后的发展和变化,并积极应对东盟未来在政治、安全、经济、社会、文化、公共外交等方方面面的机遇与挑战。

**《东盟社会文化共同体与中国—东盟社会文化合作》**　冯悦(暨南大学)撰,载《东南亚纵横》2017 年第 6 期。指出东盟成立东盟社会文化共同体,在人类发展、社会福利和保护、社会公正和权力、环境可持续发展以及建立东盟身份认同等领域内开展合作,并建立了较为完善的合作机制以推动东盟社会文化发展。中国—东盟社会文化合作和东盟社会文化共同体的建设经验有相通之处,坚持开放包容、和而不同的文化理念,以政府交往和民间交流并重的方式进行合作。以东盟社会文化共同体成立为新契机,中国应正确认识东盟社会文化共同体的发展现状、中国在中国 - 东盟合作中的定位以及中华文化在东盟的影响力,以推动中国—东盟社会文化交流,实现合作共赢。

**《东盟预防性外交的规范塑造:内涵、策略与实践》**　吴琳(外交学院)撰,载《国际关系研究》2017 年第 5 期。指出缘起于联合国、广泛扩散和运用于全球各大区域的预防性外交规范,在东盟的主动塑造之下逐渐被亚太地区国家所认知和接受,已成为管控地区冲突、推动地区预防性安全文化形成的重要的理念和政策支柱。东盟作为一个弱小行为体的联盟,如何在地区预防性外交的规范塑造中发挥着独特而主导的作用,是观察东盟未来的关键切入点。东盟通过重构预防性外交内涵、构建泛地区机制、在机制中确立起“东盟方式”与预防性外交的规范联系以及强化东盟规范实践的先行作用等策略手段,初步实现对预防性外交的规范塑造。然而,弱东盟的基本特性毫无疑问是东盟持续主导预防性外交规范塑造进程的重要阻碍,导致东盟的预防性外交具有很强的有限性和局限性。其集中体现是规范实践的情境依赖模式,这在一定程度上削弱东盟作为预防性外交规范塑造者和实践者的合法性地位。未来,随着东盟共同体程度的提高,它有可能更加积极地谋求在地区预防性外交规范构建上的主导作用,但受制于“弱东盟”特性和地区大国的规范竞争,由东盟主导塑造的预防性外交内涵、机制和实践将面临挑战。

**《变动中的平衡:东盟在亚太安全体系中的地位与作用》**　封帅(上海国际问题研究院)撰,载《东南亚研究》2017 年第 4 期。指出在过去 50 年的发展历程中,东盟在亚太安全体系中的地位与作用历经了三次变迁。1972 年,中美关系正常化使东南亚地区的冷战格局发生变化,东盟创始成员国开启了退出冷战的历史进程,使东盟得以顺利度过脆弱的襁褓期。1978 年,越柬冲突爆发,东盟积极参与柬埔寨问题的和平解决进程,摆脱了在亚太安全体系中的边缘地位,但也暴露出硬实力不足的缺陷。1991 年冷战终结,亚太安全体系发生历史性的剧变,处于地区安全结构平衡点上的东盟抓住有利时机,推动创建地区多边安全合作机制,成为亚太安全合作进程的“驾驶员”,其地位与影响走向巅峰。无论从历史经验还是从理论模型来看,东盟在亚太安全体系中的地位与作用根源于亚太地区安全结构与东盟战略选择的互构。近年来,在美国“重返亚太”战略的影响下,亚太安全体系的结构变革逐渐深入,东盟在其中的关键地位也面临着严峻的挑战。东盟各国新一代领导人能否深刻理解东盟与亚太安全体系的内在联系,并做出合理的战略选择,对于东盟的未来发展具有决定性的意义。

**《中、老、缅跨境自然保护区合作中的法律问题》**　龙悦宁(云南民族大学)撰,载《东南亚南亚研究》2017 年第 3 期。指出中国、老挝、缅甸达成建立跨境自然保护区的协议。中国同老挝的“中老尚勇—南木哈保护区”已经建设完毕,中老间的其他跨境自然保护区建设尚在筹建中;中缅跨境自然保护区尚处于项目论证阶段,还未进入实质性建设阶段。中、老、缅在跨境自然保护区合作建设中还存在着一些法律问题，如国内立法体系不同、对跨境自然保护区相关国际法的理解不同、对自然保护区执法主体与执法机制建设的认识存在较大差异。要推进中、老、缅跨境自然保护区建设，必须形成中、老、缅三国对跨境自然保护区的国际法理共识，达成协调一致的执法机制，协调各国域内的自然保护区发展。

**《关系平衡、东盟中心与地区秩序演进》** 魏玲（外交学院）撰，载《世界经济与政治》2017 年第 7 期。指出大国平衡往往被认为是东盟生存与发展的根本战略。但是对于东盟大国平衡的解释却大多陷入结构主义和工具理性的逻辑。作者借用社会学和世界政治的关系理论，提出“关系平衡”的概念。东盟大国平衡的根本性质是“关系平衡”，即将地区相关大国纳入东盟的关系网络中，通过对关系的主动管理和调节，实现各种关系亲疏均衡和关系体系环境最优，从而维护自身安全、增进自身权利。东盟通过关系性权力政治实践、关系网络化和情感关系过程等三个机制将“关系平衡”制度化为“东盟中心”。“东盟中心”不仅仅是地区合作的制度和规范基础，而且正在塑造着“东盟方式”的地区协商合作和协商治理秩序。多边主义秩序观是“关系平衡”的规范背景和前提条件。“关系平衡”是秩序塑造过程的核心和动力。作者以美国加入《东南亚友好合作条约》、从东亚峰会到东盟防长扩大会议机制的建立以及中国—东盟关系中的情感过程为案例对“关系平衡”的三个作用机制进行验证。

**《美国东盟关系的“三级跳”与东南亚地区秩序》** 任远喆（外交学院）撰，载《南洋问题研究》2017 年第 1 期。指出二战结束之后，美国的东盟战略经历了“善意的忽视”“选择性再接触”和“全方位介入”3 个阶段。在奥巴马政府的亚太“再平衡”战略中，美国通过军事援助、经济合作、多边接触与盟友协助 4 种方式强化了同东盟关系，将其提升为战略伙伴关系。美国东盟关系的发展取决于其对“利益”和“对手”的认知，需要站在东南亚地区秩序转变的视角下来审视。目前，东南亚地区秩序出现了中美东盟“三足鼎立”的局面：中国提供“一代一路”“亚投行”等经济上的公共产品，美国逐步强化军事安全体系，而东盟则发挥着地区机制和规范的“引领者”角色。特朗普上台后，美国东盟关系面临着新的不确定性。稳定的中—美—东盟三边关系符合各国的共同利益，有助于东南亚地区建立新的秩序。

**《东盟地区安全治理模式变迁——从抗御力到安全共同体》** 韦红、颜欣（华中师范大学）撰，载《当代世界与社会主义》2017 年第 5 期。指出东盟在地区安全治理实践中形成的安全治理模式是一个变动的过程。自成立以来，东盟地区安全治理模式大致经历抗御力治理模式、综合安全治理模式、消极安全治理模式以及安全共同体治理模式的发展阶段。东盟在地区实践中的制度是东盟安全治理模式形成的原因，制度化程度越高，东盟地区安全治理模式的效用就越强。这为东盟地区安全治理模式的变迁提供一种逻辑分析理路。中国应该采取相应措施加以应对，包括加强对东盟安全的研究和评估、继续支持东盟在地区合作中的主导地位及加强与东盟的安全合作机制建设。

**《东盟与亚太安全共同体建设的路径选择》** 周士新（上海国际问题研究院）撰，载《国际安全研究》2017 年第 4 期。指出地区安全共同体具有自身的社会学和政治学意涵，体现出地区各国在促进共同体建构的安全意识以及共同安全理念的进化历程和结果，表现为地区国家间对安全议题和环境上的高度认同感，并塑造相互间友好和平的关系。东盟安全共同体建设是与政治共同体结合在一起的，是以一系列的政策文件为指导，建立一系列的地区多边安全合作机制，对促进地区稳定与安全发挥相当独特的作用。然而，东盟安全共同体建设的政策措施和原则的局限性影响东亚和亚太安全共同体建设进程，使之仍停留在相当初级的建构阶段，未能对增进地区发展与繁荣提供足够有效的和平红利。中国要打造周边命运共同体，只有在继承和创新和平外交理念的过程中，在多方面采取理性而积极的外交政策和倡议，与包括东盟在内的其他行为体共同建构起亚太可持续安全共同体，才能塑造总体有利的周边安全环境。

**《论当前东南亚局势》** 曹云华（暨南大学）撰，载《东南亚研究》2017 年第 2 期。指出在经济上，东南亚各国在保持连续多年较快增长的基础上，今后几年还将继续平稳增长。在政治上，近年东盟各国政局基本稳定，马来西亚、泰国将举行大选，预计不会有太大的变化。印尼新总统佐科已经巩固了自己的地位，缅甸新政府能否有所作为，还需要再做进一步的观察。然而，受大国关系重新建构的影响，东南亚安全局势变得比较复杂，美国新总统特朗普的对外政策变化将会为今后大国在东南亚的博弈增添许多变数。特别是今后中美关系的演变，将给该地区政治、经济与安全局势带来更多的不确定性。

**《东南亚区域安全治理研究理论探讨与案例分析》** 张云（暨南大学）撰，载《当代亚太》2017 年第 4 期。指出冷战结束以后，东南亚地区既是国际安全研究的热点，也是区域研究的重要个案，“东盟方式”受到学界关注。“后殖民主义”和冷战研究的相关理论不足以解释东南亚的安全治理。鉴于此，文章把安全治理纳入区域治理研究的视野中，提出区域治理的概念和理论，结合区域建制、区域大国和区域连结之间的变量关系，来分析区域协调和区域管理机制在东南亚的运作。柬越战争和东帝汶危机是东南亚安全治理中的重要事件，文章通过这两个案例分析东南亚区域安全结构的演化并验证相关理论，对影响东南亚区域安全治理的变量提供有现实意义的学理分析。文章认为，东南亚区域安全治理的成功既是大国协调的结果，也是东盟建制化和安全化的结果，区域连结是东南亚区域安全治理的重要指标和评估依据。

**《东南亚边境安全与地区恐怖主义》** 王利文（山东财经大学）撰，载《南洋问题研究》2017 年第 4 期。指出边境安全已经成为影响东南亚国家安全的重要因素，是我们观察和理解东南亚地区恐怖主义的一个重要视角。东南亚国家的边境安全漏洞与恐怖主义活跃之间呈现出明显的因果逻辑：国际与地区恐怖势力利用各国边境安全短板进行频繁的跨国活动，恶化地区反恐生态。基于此，提高东南亚各国的边境安全水平成为抑制地区恐怖主义活力的关键举措。当前东南亚各国倾力打造综合性边境管控系统,强化入境审查程序并严打护照造假,构建完善的地区边境治理机制,重创恐怖分子的跨国活动能力。但东南亚国家普遍存在的反恐资源匮乏、有效法律机制缺位等因素影响打击跨国恐怖主义的成效。

**《"伊斯兰国"对东南亚的渗透:态势、影响及应对》** 卢光盛、周洪旭(云南大学)撰,载《南洋问题研究》2017 年第 3 期。指出自 2016 年以来,在美国主导的国际联盟、俄罗斯及叙利亚政府军等国际力量的打击之下,"伊斯兰国"(ISIS)在中东正面战场生存空间受到严重挤压并加紧向中东地区外渗透和扩张。进入 2017 年,ISIS 在中东战场的败退态势仍难以逆转,向外谋求全球生存空间的趋势进一步加强。东南亚因其特殊的地理位置和独特的历史人文环境,成为 ISIS 向外扩张的重点地区。东南亚国家急需调整反恐战略以切实加强地区反恐合作,中国方面应高度重视同东南亚国家的反恐合作,采取积极对策防范和应对。

**《冷战时期东南亚地区安全复合体:产生、演进与建构》** 宋少军(云南大学)撰,载《国际安全研究》2017 年第 6 期。指出研究东南亚地区安全复合体的产生、发展的演进历程,是我们把握冷战时期东南亚地区安全格局演变的关键主线,也是了解同期地区主义与区域安全之间互动关系的重要途径。安全复合体的出现为开展地区安全合作创造条件,也是安全区域主义发展的起点。冷战时期东南亚地区安全复合体在构建过程中遵循安全连续统一体的演进规律,地区安全结构经历了从冲突竞争为基调到对话合作为主旋律的显著变化。东盟国家一方面借此调解和缓和地区国家间的矛盾冲突,达到团结和整合地区安全力量的目的;另一方面试图通过推动"地区中立化"的安全机制,实现冷战两极体系下东南亚地区安全格局的平衡和稳定。从寻求"共同安全"到地区"合作安全"的最终建构,东盟把一个分裂对抗的东南亚逐步发展过渡成为一个团结互助、相互依存,愿意为了地区和平、稳定和发展而共同奋斗的发展中国家地区主义合作典范。同时,冷战时期培育"合作型"安全复合体的实践培养东盟国家间的政治安全互信,增强对地区的认同,这为冷战后东盟地区安全结构向更高一级的"安全共同体"升级打下坚实的基础。

**《东南亚移民危机与移民治理:从"安全化"到"区域化"》** 吴琳(外交学院)撰,载《东南亚研究》2017 年第 5 期。指出继欧洲难民潮和北美非法移民引发国际社会广泛关注后,东南亚也爆发了严重的移民危机。东南亚国家普遍采取的将移民视为威胁的"安全化"行动不仅无助于移民危机的消解,反而加速危机的升级,成为对地区稳定和东盟共同体建设的重大挑战。认识到移民政策"安全化"所带来的严重后果,东南亚各国开始寻求加快推进移民的区域治理,由此产生地区国家"安全化"行动与"区域化"进程两者并存的发展态势。然而,在区域化进程中,东南亚诸国面临治理维度发展失衡,政策行动上存在共识缺乏和能力制约等挑战。为此,东盟需要突破当前东南亚地区国家的"安全化"反应模式,实现均衡治理和统一行动。作为东盟的重要邻国,中国应积极研究对策,加强多边合作与协调,维护地区稳定与国家安全。

**《对越南加入东盟的再思考》** 李春霞(国际关系学院)撰,载《红河学院学报》2017 年第 2 期。指出东欧剧变与苏联解体不仅在经济上使越南陷入困境,更重要的是在思想上对其产生极大冲击。这一时期,越南的国家利益并不简单地是一个经济问题,更重要的是涉及政权存亡与国家稳定的安全问题。为破除安全困境,越南调整战略思维,外交政策上淡化意识形态,更加关注地缘政治因素,回归东南亚地区,寻求区域集体安全。东盟在国际上较高的信誉与地位,经济上的高速发展势头,能够满足面临身份危机与经济衰退的越南的利益需要。最终,加入东盟成为越南政权解决安全困境的外交选择。

**《东南亚华人基督宗教:圈层扩展、社团构建及功能定位》** 张鹏(中央财经大学)撰,载《世界宗教文化》2017 年第 5 期。指出由于交流互动的历史更为悠久、参与更为广泛、影响更为深入,因此血缘宗亲及宗教信徒正成为一国公共外交战略体系中颇具特色的跨国社会资本。相对于本土宗教、传统宗教及其他外来宗教,基督宗教在东南亚华人族群中的传播尤为迅速,已成为影响力与日俱增的跨民族宗教和跨文化宗教代表。华人基督宗教社团在积极推进信仰沟通、族群认同、社会凝聚和共同发展的同时,还依托中国—东盟公共外交网络与中国本土民间团体进行跨境互动。中国应将华人基督宗教视为当前"一带一路"倡议当中的特殊资源,以期夯实中国—东盟公共外交可持续发展的社会民意基础。

**《中国高铁外交的特征与实践研究——基于雅万高铁的案例分析》** 施张兵(上海外国语大学)、吴玉兴(广东外语外贸大学)撰,载《当代亚太》2017 年第 5 期。指出印尼是东南亚最大的国家和二十国集团唯一的东盟成员国,印尼雅万高铁采用中国高铁系统受到世人的瞩目。文章综合运用地缘政治经济学的理论分析方法,探讨中国高铁外交的内涵、特征、挑战和路径选择。基于对印尼雅万高铁的案例分析发现,中国高铁外交具有自主性、兼容性、多元性和复合性等特征。文章认为,在土地征用困难、纳土纳群岛海域争议、印尼反华情绪增加、非传统安全、盈利预期低和印度尼西亚盾可能继续贬值等因素的影响下,雅万高铁合作的前景将不明朗。文章同时指出,发挥中国高铁外交的比较优势,妥善解决纳土纳群岛海域争议问题,加大印尼民众参与建设雅万高铁的力度,力促实现雅万高铁车厢灵活编组等,都有利于中国对印尼高铁外交的发展。

**《老挝人民革命党意识形态建设的基本经验》** 莫放春(广西民族大学)撰,载《当代世界与社会主义》2017 年第 6 期。指出老挝人民革命党是老挝唯一的政党和执政党。建党 60 多年来,历经诸如苏东剧变、经济全球化、新技术革命等巨大挑战而屹立不倒。该党在意识形态建设过程中积累了丰富的经验:始终忠于和坚持马列主义、凯山·丰威汉主席的科学思想,坚定社会主义目标,走革新开放路线;始终重视党的自身建设,确保党在政治、思想和组织上稳固坚强;始终忠于国家和人民的利益,做到"以民为本"。这些经验为中国特色社会主义意识形态建设提供了一定借鉴。

**《革新开放以来越南共产党海洋政策主张的发展》** 于向东(郑州大学)撰,载《边界与海洋研究》2017年第5期。指出重视海洋开发利用、提出海洋发展政策主张是越共中央会议的传统。越共十届四中全会制订全面的海洋战略发展规划,把海洋战略提升至党和国家的意志层面。从十一大到十二大,在十届四中全会精神基础上,越共继续强调海洋战略地位和海洋权益维护,奠定了越南从事海洋活动和处理南海问题的政策基础。政治稳定、经济发展和海洋权益维护是越共中央提出海洋政策主张需要综合考虑、权衡利弊的主要因素。越共的海洋政策主张,在转化为国家和政府部门的具体政策措施过程中,会发生一些细微变化,或是更加强化,或出现一些调整。近期中越关系逐步回升,双方因南海问题的摩擦有所减少。越南在对待中国、对待南海问题上的一些战略误判有所改变,将会对中越双边关系和双方寻求海上务实合作产生积极影响。

**《CAFTA升级版下中国与马来西亚产业内贸易研究》** 柯颖、赵文玲(广西大学)撰,载《学术探索》2017年第2期。指出中国与马来西亚的经贸往来有着悠久的历史,尤其是2010年中国—东盟自贸区正式建成以来双边经贸合作更是取得突飞猛进的进展,双方政府都致力于进一步加强相互之间的贸易、投资、经济合作等经贸关系。随着经贸关系的发展,中马两国的贸易结构发生较为显著的变化,由传统的禀赋优势贸易扩大到技术优势贸易,即产业间贸易逐渐延伸到产业内贸易。文章通过静态指标和动态指标对中马产业内贸易水平进行测度,并且以数据测算两国产业内贸易的竞争性与互补性,从中探讨两国产业内贸易发展存在的问题及相应对策。

**《马来西亚民主化和政治转型的进程与特色》** 李辛、凌海(上海师范大学)撰,载《比较政治学研究》2017年卷。指出马来西亚政治转型的最重要的特点是在保留原有的政治体制基本形式的情况下,通过“体制内”的转型实现民主的发展。无论以后是否发生政党的轮替,它在“体制内”把民主发展到如此高的程度,都意味着一种新的转型模式的出现。在此之前,几乎所有国家的民主化都是通过政治体制的转型和政党轮替来实现的。然而,现在出现一种“体制内”民主化的模式,这种转型方式的主要特点是其转型的过程更具有渐进性和稳定性,抑制转型所带来的社会和政治的无序或暴力,同时保持政治秩序和治理绩效;执政党在民主化过程中并没有因害怕下台而过度地打压民主力量,而是较为主动地推动民主的进程,这反而维持自己的执政地位。这对于各种政治力量来说是一种共赢的方式和结果。这种新的民主化模式无疑具有重大意义,因为全世界还有很多非民主国家,这些国家通过何种方式,尤其是稳定有效的民主转型方式是政治发展中的一个重要的课题。

**《从制度变迁视角审视缅甸现行选举制度的特点及政治后果》** 赵超(中国人民大学)撰,载《当代世界与社会主义》2017年第3期。指出缅甸曾于建国初期、1990年和2010年后三度尝试建立选举民主,前两次尝试均以失败告终。当前的选举制度由军政府主动精心设计,出发点是通过向心性的制度化方式,在为反对势力留出一定活动空间的同时,保证军人对政治权力的控制。缅甸现行选举制度受制度设计理念以及传统制度“路径依赖”的影响,主要呈现出总统选举与联邦议会选举联动、对候选人和选举人资格设置特殊条件、对不同行政区划级别实行差异化选举三个方面的特点,同时对政党格局和政治权力结构产生重要影响,特别涉及民选政府与军方之间、缅族与少数民族之间以及中央与地方之间的分权。对选举制度变迁的考察有助于理解缅甸所处的政治制度环境,并洞察缅甸的政治发展方向。

**《变动中的缅甸与中国对缅安全战略》** 路艳丽(中共中央党校)撰,载《学术探索》2017年第3期。指出缅甸是一个地缘敏感与大国利益交汇的国家。新时期缅甸的内政外交都处于变动之中,内部主要是民族问题和民主问题,外部美国、印度、东盟与中国展开竞合博弈。这些变动对中国西南地区的安全与发展、中缅关系和中国和平发展的安全战略环境产生深刻影响。鉴于缅甸的地缘价值和战略意义,认清这些变动对中国的挑战,结合底线思维与顶层设计理念,厘清中国对缅甸的最低安全战略目标和最高安全战略目标以及实现的途径,促进中缅关系友好发展。

**《民盟新政与中缅关系》** 贺圣达(云南省社会科学院)撰,载《东南亚南亚研究》2017年第2期。指出民盟执政已满一年。从根本上说,探讨民盟新政实际上是如何看待缅甸新政府的问题,包括如何看待民盟新政的宏观背景、在国内政治格局中的地位和执政理念、执政策略、新政府在政治、国内和平进程、市场化经济改革、外交等方面的政策和作为。为探讨缅甸新政的走向以及中缅关系的发展,提供一些宏观分析的思路。从民盟新政的宏观背景看,民盟政府由于缅甸2008年宪法确定的制度和权力框架的制约、自身缺乏执政经验又面临诸多制约因素等原因,在应对国内一些重大问题的解决方面还是一个弱政府,因此在治国理政方面采取的是稳健的策略。

**《“杜特尔特经济学”与中菲关系的改善》** 李金明(厦门大学)撰,载《东南亚研究》2017年第6期。指出杜特尔特总统上任后,在国内大搞基础设施建设,推行其“杜特尔特经济学”,在外交上搁置与中国的南海争议,同意以双边谈判解决南海问题。杜特尔特的经济举措和外交转向,使其在经济建设方面,不仅得到中方的大力支持,而且与中国倡导的“一带一路”对接,取得可观的经济收益,与此同时,也改善了中菲之间的政治和外交关系。

**《菲律宾领土和海洋主张的演变》** 张祖兴(中山大学)撰,载《东南亚研究》2017年第6期。指出文章根据相关史料,对菲律宾领土和海洋主张的变迁过程进行描述。在领土问题上,菲律宾的领土主权主张经历一个明显的扩张过程。1978年《第1596号总统令》是一份非法扩张领土、侵犯中国领土主权的国内法律文件。这个文件违反确定菲律宾领土范围的所有国际条约和当时的菲律宾宪法。在海洋问题上,菲律宾的海洋权益主张表面上看经历一个收缩的过程，标志是2009年的《第9522号共和国法案》。根据该法案，菲律宾缩小了其一贯主张的内水和领海的范围。由于这部法案实质上减少了菲律宾的领土面积，不符合其本国宪法，合宪性大有疑问。我们应清晰把握菲律宾非法扩张领土的事实，要求菲律宾纠正其不法行为，坚决不允许菲律宾在侵犯中国领土主权的基础上进一步侵犯中国正当的海洋权益。

**《菲律宾共产党及左翼社会主义运动——重塑菲美、菲中关系的潜在力量》** 王静（中国社会科学院）撰，载《世界社会主义研究》2017年第8期。指出菲律宾总统杜特尔特具有明显的“左翼”和“社会主义”倾向，其当选，既是菲律宾政治体制不断出现危机的产物，在一定程度上也可视为菲共巨大影响力的产物。可以认为，杜特尔特的当选以及中菲关系缓和面临的良机，是世界经济危机背景下菲律宾左翼社会主义力量得到很大增强的产物。在杜特尔特任期内，菲律宾共产党及菲律宾左翼社会主义运动很有可能将获得史无前例的发展机遇，并对中菲和美菲关系产生重大而深远的影响。

**《近年中菲经贸关系的特点、影响因素与因应之策》** 祁怀高、刘青尧（复旦大学）撰，载《东南亚研究》2017年第5期。指出近年来，中菲经贸合作虽然受到两国政治外交关系起伏变化的波及，但总体仍保持曲折向前的发展态势。在此过程中，两国经贸关系形成以下特点：总体敏感但不脆弱，货物贸易互补性较强但贸易不平衡问题突出，双边投资偏低且波动较大，中国在菲工程承包与劳务合作增长明显但起伏较大，旅游业日益升温但存在不平衡性等。推动中菲经贸关系发展的有利基础包括：两国在经贸领域的互补性，菲律宾在东盟内的竞争劣势，中国相对日美两国在对菲经贸中体现的竞争优势等。同时，中菲南海争端、两国间冲突的经贸政策则成为不利于两国经贸关系发展的制约因素。中菲应积极应对经贸领域存在的问题，为两国经贸合作扫清障碍；通过渔业和油气领域的合作增加南海相关海域的稳定性，减少南海争端对两国经贸合作的干扰；提升两国互信程度以巩固经贸合作的基础。

**《论南海仲裁案仲裁庭对于〈联合国海洋法公约〉解释权的滥用》** 王勇（华东政法大学）撰，载《国际观察》2017年第2期。指出2016年7月12日，备受瞩目的南海仲裁案“最终裁决”出炉，仲裁庭延续其在关于“管辖权和可受理性问题的裁决”当中的错误思路和做法，引起中国政府的强烈抗议。这两份裁决的错误之处很多，其中仲裁庭滥用解释权，曲解《联合国海洋法公约》（以下简称《公约》）是最严重的错误之一。从国际法角度分析，仲裁庭滥用解释权不仅违反《维也纳条约法公约》关于约文解释的基本语言逻辑、上下文、目的与宗旨、嗣后惯例以及善意原则，而且还不符合国际裁判机构关于条约解释的普遍实践。之所以出现这种状况，有仲裁庭刻意偏袒甚至帮助菲律宾、仲裁庭的条约解释权缺乏有效规制、强制性仲裁缺乏权威性等多种原因。其结果是既严重侵犯中国在南海的主权，又严重破坏《公约》的权威性与完整性。中国政府应当坚决揭露和批判仲裁庭滥用《公约》解释权的行为，并采取有效的应对措施。

**《“9.11”后新加坡的海上恐怖主义关切及其战略因应》** 朱大伟（赣南师范大学）撰，载《亚太安全与海洋研究》2017年第4期。指出：“9.11”事件的爆发深刻改变了新加坡海上安全观的结构内涵，海上恐怖主义威胁的现实可能性及因应之道遂成为新加坡国家安全规划的一个重要关切。基于对本国海上安全脆弱性、海上恐怖主义威胁、现实性和巨大破坏性的认知，以及国际海事体制与海上环境存在种种安全漏洞的现实，新加坡立足全体防御原则，通过国内制度重构和整合、在双边或多边范畴进行地区性与全球性海上安全合作机制的建设、参与，打造了一个目标直指海上恐怖主义的安全防御体系。新加坡的海上安全建设努力在改善其海上安全境遇方面取得一定成效的同时，在深入推进上也面临着相应的挑战，考验着新加坡与利益相关方海上安全治理的智慧。

**《后李光耀时代新加坡微型政党的发展》** 钟丽娇（福建师范大学）撰，载《东南亚南亚研究》2017年第3期。指出2015年新加坡国会大选被视为新加坡政治发展具有风向标意义的事件，因为2015年新加坡开国之父李光耀离世“后65世代”的年轻化选民首次成为选民主体，这些都为新加坡微型政党的发展提供机遇。实际上，选举结果体现出李光耀光环效应还在延续，但不可否认的是，随着李光耀效应的淡化，处于有限民主调试期的新加坡人民行动党，也许会因合法性需要而迎合青年选民，逐渐为微型政党“松绑”。因此，步入后李光耀时代的微型政党，特别是工人党，在克服自身弱点的过程中有望成为名副其实的反对党，改变新加坡的政党模式。

**《冷战后越共党内民主与人民民主的互动：进程、经验与问题》** 刘智利、檀培培（山东大学）撰，载《当代世界与社会主义》2017年第3期。指出经过20多年的政治改革，越南共产党通过党内民主与人民民主的互动，推进具有本国特色的民主政治发展。党政关系的合理规范是越共党内民主与人民民主互动发展的首要条件，国会代表直选制的实行是越共党内民主与人民民主互动发展的开端，国会是越共党内民主与人民民主互动发展的最主要的制度平台。中国与越南有着相似的经济、政治制度以及历史文化，越共党内民主与人民民主互动发展的有效机制具有一定的借鉴意义。

（张　磊　搜集整理）

# 重要研究成果题录

## 东盟国家形势回顾与展望

“东南亚地区形势2016～2017回顾与展望——专家访谈录”，东南亚纵横编辑部撰，载《东南亚纵横》2017年第1期。

“深化务实合作 继续推进共同体建设——东盟2016年发展分析”，普鹏飞、陈文撰，载《东南亚纵横》2017年第2期。

“变革之风劲吹 转型任重道远——东南亚地区形势综述”，崔翔撰，载《当代世界》2017年第3期。

“文莱：2016年回顾与2017年展望”，马静、马金案撰，载《东南亚纵横》2017年第2期。

“柬埔寨:2016 年回顾与 2017 年展望”梁薇撰,载《东南亚纵横》2017 年第 2 期。

“印度尼西亚:2016 年回顾与 2017 年展望”,杨晓强、王翕哲撰,载《东南亚纵横》2017 年第 1 期。

“老挝:2016 年回顾与 2017 年展望”,陈定辉撰,载《东南亚纵横》2017 年第 1 期。

“缅甸:2016 年回顾与 2017 年展望”,廖亚辉、秦羽撰,载《东南亚纵横》2017 年第 2 期。

“菲律宾:2016 年回顾与 2017 年展望”,黄韬、黄耀东撰,载《东南亚纵横》2017 年第 2 期。

“新加坡:2016 年经济回顾与 2017 年展望”,张磊、罗梅撰,载《东南亚纵横》2017 年第 2 期。

“泰国 2016 年发展回顾”,陈红升、唐卉撰,载《东南亚纵横》2017 年第 3 期。

“越南:2016 年回顾与 2017 年展望”,农立夫撰,载《东南亚纵横》2017 年第 3 期。

“越共十二大以来越南政治、经济与外交形势”,聂慧慧撰,载《国际研究参考》2017 年第 2 期。

## 东盟国家政治

“地区国际秩序转型中的政治稳定问题——以东南亚为研究对象”,赵志朋、肖克撰,载《广西社会科学》2017 年第 7 期。

“东盟 50 年:发展中国家一体化的成功典范”,陆建人撰,载《当代世界》2017 年第 6 期。

“东盟的区域治理之道:创造公共价值”,任洁撰,载《亚太经济》2017 年第 5 期。

“东亚地区多极化时代背景下东盟的未来选择”,曹云华撰,载《当代世界》2017 年第 10 期。

“东盟与东南亚的海洋治理”,王光厚、王媛撰,载《国际论坛》2017 年第 1 期。

“东南亚国家政治多元化及其对‘一带一路’建设的影响”,周方冶撰,载《东南亚研究》2017 年第 4 期。

“‘伊斯兰国’在印尼的渗透、扩张及印尼政府的应对”,沈燕清撰,载《东南亚南亚研究》2017 年第 3 期。

“《越南反腐败法》的立法体系与立法特点研究”,王孔敬撰,载《红河学院学报》2017 年第 1 期。

“从‘政治司法化’到‘司法政治化’——论泰国宪法法院的功能退化及原因”,朱学磊撰,载《南洋问题研究》2017 年第 4 期。

“二战后越南海上军事战略的演变”,夏一东、张维撰,载《国际研究参考》2017 年第 3 期。

“泛伊斯兰背景下‘伊斯兰国’对东南亚的渗透”,王玉娟、方天建撰,载《东南亚研究》2017 年第 1 期。

“印度尼西亚政治整合的实践进程与绩效评析”,于春洋撰,载《南洋问题研究》2017 年第 2 期。

“后殖民时期民族问题的形成——以缅甸罗兴伽人问题为中心的讨论”,何明、陈春艳撰,载《世界民族》2017 年第 3 期。

“缅甸佛教极端主义的历史根源及其当代展演——入世传统、民族主义与政治修辞”,钟小鑫撰,载《东南亚研究》2017 年第 5 期。

“缅甸民盟政府的国家治理及面临的挑战”,王延兴撰,载《东南亚研究》2017 年第 2 期。

“缅甸民盟政府的民族和解政策与前景”,孔鹏撰,载《当代世界》2017 年第 2 期。

“民盟政府与缅甸的政治发展”,王子昌撰,载《东南亚研究》2017 年第 3 期。

“民主化与国家整合:缅甸的挑战与前景”,邓云斐撰,载《东南亚南亚研究》2017 年第 2 期。

“十二大以来越共加强领导地位和党建的战略举措”,于向东撰,载《当代世界与社会主义》(双月刊)2017 年第 6 期。

“试析巩发党在缅甸政治转型中的角色与地位”,宋少军、常嘉平撰,载《印度洋经济体研究》2017 年第 2 期。

“太极资本:中医在泰国立法的启示”,任杰慧、景军撰,载《北方民族大学学报(哲学社会科学版)》2017 年第 1 期。

“新加坡人民行动党的政党自律研究”,储建国、李江撰,载《当代世界与社会主义》(双月刊)2017 年第 4 期。

“新加坡人民行动党执政的基本经验”,主父笑飞撰,载《当代世界》2017 年第 5 期。

“新加坡人民行动党制度化反腐的经验与启示”,朱立撰,载《东方论坛》2017 年第 4 期。

“新宪法出台与泰国政治走向分析”,常翔、张锡镇撰,载《东南亚研究》2017 年第 3 期。

“叙事、实践与展演:李光耀葬礼中的‘剧场政治’”,汤锋旺、朱仁显撰,载《东南亚研究》2017 年第 5 期。

“印度尼西亚共产党兴衰研究”,高艳杰、[印尼]王世圆撰,载《当代世界与社会主义》(双月刊)2017 年第 4 期。

“印度尼西亚佐科政府的粮食自给与粮食安全政策分析”,吴崇伯撰,载《创新》2017 年第 5 期。

“印尼政党体制制度化与民主发展”,池步云撰,载《东南亚研究》2017 年第 1 期。

“印度尼西亚自由伊斯兰评析”,朱陆民、廖梦琦撰,载《东南亚南亚研究》2017 年第 4 期。

“越南共产党党内民主建设的路径与发展”,陈元中撰,载《当代世界与社会主义》(双月刊)2017 年第 6 期。

“越南共产党关于党的建设的理论与实践”,潘金娥撰,载《世界社会主义研究》2017 年第 8 期。

“越南政治权力结构特征探析”,潘金娥撰,载《当代世界与社会主义》(双月刊)2017 年第 6 期。

“东南亚民粹主义的形态分析:躁动的民主”,林红撰,载《南洋问题研究》2017 年第 4 期。

“选举主义中的道义经济学:论菲律宾和泰国民粹主义的兴起”,马克·R·托马森、龙羽西撰,载《南洋问题研究》2017 年第 4 期。

“老挝人民革命党对社会主义的新探索”,方文撰,载《东南亚纵横》2017 年第 2 期。

“落实共同愿景 推动形成活力务实东盟——评析老挝担任 2016 年东盟轮值主席国”,杨卓娟撰,载《东南亚纵横》2017 年第 2 期。

“制度视阈下东盟区域安全机制建设路径研究——以东盟地区论坛为例”,陈邦瑜、颜欣撰,载《东南亚纵横》2017 年第 3 期。

## 东盟国家外交

"'东盟方式'在维护区域安全和稳定中的优势与局限",王晨雨撰,载《广西社会科学》2017年第9期。

"理解南海问题中的东盟:以陆制海、东盟崛起与地区稳定",钟飞腾撰,载《南洋问题研究》2017年第1期。

"从奥巴马到特朗普:美国东南亚政策的走势",陈奕平撰,载《东南亚研究》2017年第1期。

"'南海问题化'的越南外交",张明亮撰,载《东南亚研究》2017年第1期。

"以'丧葬文化'为武器:美国对越心理战探析",朱美娣撰,载《南洋问题研究》2017年第4期。

"菲律宾与俄罗斯双边关系的发展及中国的应对",张洁撰,载《东南亚研究》2016年第1期。

"关于美菲、美澳同盟演化的评析",沈鹏、花馨撰,载《当代世界》2017年第7期。

"冷战后越南的安全困境及其外交政策调整",李春霞撰,载《亚太安全与海洋研究》2017年第1期。

"历史记忆在国际关系研究中的作用——以柬埔寨外交为例",熊燕华、陈翔撰,载《学术探索》2017年第9期。

"马来西亚务实南海政策及其新变化",苏莹莹撰,载《东南亚研究》2017年第5期。

"美越防务安全合作及其对中国的影响",罗会钧撰,载《国际安全合作》2017年第3期。

"缅甸罗兴亚人道主义危机及其影响",许利平撰,载《当代世界》2017年第10期。

"莫迪时代的印缅关系:动力与进展",彭念撰,载《东南亚研究》2017年第2期。

"纳吉布执政时期马来西亚的中东外交政策评析",朱陆民、阳海飞撰,载《印度洋经济体研究》2017年第4期。

"南海争端中越、马、印尼三国对华制衡战略的差异性分析",李大陆撰,载《当代亚太》2017年第2期。

"日本对东盟的公共外交",周英、唐小松撰,载《国际问题研究》2017年第4期。

"日本推动东盟国家互联互通建设的政策分析",张继业撰,载《现代国际关系》2017年第3期。

"日越关系新发展:动力与前景",张继业、钮菊生撰,载《国际问题研究》2017年第1期。

"析老挝南海政策的成因及影响",陈翔撰,载《学术探索》2017年第1期。

"小/弱国的'大国平衡'外交机理与菲律宾的中美'再平衡'",孙西辉、吕虹撰,载《东南亚研究》2017年第2期。

"小国的'大国平衡外交'机理与马来西亚的中美'平衡外交'",孙西辉、金灿荣撰,载《当代亚太》2017年第2期。

"新加坡南海争端问题上的立场及其对中国的影响",侯强撰,载《印度洋经济体研究》2017年第5期。

"新阶段'东向政策'下印度—东盟关系及其对中国的影响",杨永平、曾泳心撰,载《广西社会科学》2017年第8期。

"越南金兰湾建设与南海'平衡'战略",王振、徐亮撰,载《亚太安全与海洋研究》2017年第3期。

"湄公河多边合作机制下越南与韩国、印度的合作",韦丽华、于臻撰,载《南洋问题研究》2017年第4期。

"'伊斯兰国'在马来西亚的扩张:基础及其应对",廖朝骥撰,载《南洋问题研究》2017年第3期。

"菲律宾南海政策的调整:利益认知结构的转变",聂文娟撰,载《南洋问题研究》2017年第2期。

"马来西亚中东外交政策评析",朱陆民、阳海飞撰,载《南洋问题研究》2017年第2期。

"浅析杜特尔特执政后菲律宾对外政策的调整",杨超撰,载《东南亚纵横》2017年第5期。

"奥巴马任期内的越南—美国经济合作分析",[越南]阮氏海燕撰,载《东南亚纵横》2017年第6期。

## 东盟国家经济

"东盟国家在亚太区域生产网络中的地位——中间产品贸易视角下的分析",何敏、冯兴艳撰,载《国际经济合作》2017年第4期。

"论东盟经济共同体与'一带一路'",王勤撰,载《东南亚纵横》2017年第6期。

"东南亚国家产业转移的演进:路径选择与结构优化",刘慧悦撰,载《东南亚研究》2017年第3期。

"东南亚金融科技生态系统发展潜力与提升策略研究",钟鸣长撰,载《广西民族大学学报(哲学社会科学版)》2017年第2期。

"国际侨汇对菲律宾经济增长影响的实证考察",刘义圣、何英撰,载《亚太经济》2017年第4期。

"老挝的现行投资准入制度述介",韦剑锋撰,载《东南亚南亚研究》2017年第1期。

"老挝对外商直接投资的税收激励政策研究",李志辉、潘康莫、田伟杰撰,载《亚太经济》2017年第4期。

"印度尼西亚的中等收入陷阱问题分析",吴崇伯、钱树静撰,载《南洋问题研究》2017年第3期。

"菲律宾陷入中等收入陷阱的原因探析",熊琦撰,载《南洋问题研究》2017年第3期。

"离境退税的机制完善与路径创新——以新加坡为参考",欧阳天健撰,载《国际经济合作》2017年第1期。

"马来西亚承包工程市场发展潜力预测",田权升撰,载《国际工程与劳务》2017年第4期。

"马来西亚建筑市场探析",吕恩撰,载《国际工程与劳务》2017年第2期。

"缅甸新政后经贸合作新变化与投资机遇",祁欣、杨超等撰,载《国际经济合作》2017年第1期。

"民盟执政缅甸外资发展的新特征、新趋势及中国的应对策略",郑国富撰,载《学术探索》2017年第6期。

"'一带一路'与投资争端解决机制创新——亚投行的角色与作用",张卫彬、许俊伟撰,载《南洋问题研究》2017年第4期。

"日本、泰国大米政策的发展与比较研究",刘红萍、王天浩、朱彬海撰,载《世界农业》2017年第1期。

"特朗普当选后印尼经贸政策的调整",林梅、彭晓钊撰,载《亚太经济》2017年第2期。

"新加坡道路交通财税政策的启示及借鉴",蔡秋玉、池巧珠撰,载《亚太经济》2017年第4期。

"新加坡工业园裕廊模式及其对中国的启示",卫平、周凤军撰,载《亚太经济》2017 年第 1 期。

“印尼 EPC 项目投标要点分析及风险应对”,肖娟、张华平撰,载《国际工程与劳务》2017 年第 11 期。

“印尼核能的发展现状及国际核合作”,李小军撰,载《东南亚南亚研究》2017 年第 3 期。

“印尼基建市场发展趋势及开发策略”,叶知撰,载《国际工程与劳务》2017 年第 10 期。

“‘新柔廖成长三角’新思考”,徐晓东、杨永平撰,载《东南亚纵横》2017 年第 5 期。

“泰国国家发展规划的发展历程与解读”,常翔、王维、冯志伟撰,载《东南亚纵横》2017 年第 5 期。

“泰国农产品贸易发展的特征、问题与建议——以 2001~2016 年数据为例”,郑国富撰,载《东南亚纵横》2017 年第 5 期。

“越南—欧盟自贸区投资上诉机制研究”,魏艳茹撰,载《广西大学学报(哲学社会科学版)》2017 年第 3 期。

“越南竞争力分析:进步与挑战(2015~2016)”,金丹撰,载《学术探索》2017 年第 6 期。

“老挝畜牧业、渔业发展现状及前景分析”,孔志坚、寸佳莅撰,载《东南亚南亚研究》2017 年第 4 期。

“印度尼西亚工业化的进程和发展策略”,吉香伊撰,载《东南亚纵横》2017 年第 3 期。

“泰国东部经济走廊发展规划”,常翔、张锡镇撰,载《东南亚纵横》2017 年第 4 期。

“对越南国际直接投资法律政策问题研究”,邓珊撰,载《东南亚纵横》2017 年第 6 期。

“印度尼西亚银行业:现状、障碍性因素和发展趋势”,申韬、梁海森撰,载《东南亚纵横》2017 年第 2 期。

“越南服装出口贸易发展的现状、问题及前景展望”,郑国富撰,载《东南亚纵横》2017 年第 2 期。

“老挝旅游业及发展战略”,卫彦雄撰,载《东南亚纵横》2017 年第 1 期。

“老挝贸易与投资分析”,黄超伦撰,载《东南亚纵横》2017 年第 1 期。

## 东盟国家社会

“多源流理论视角下东盟应对气候变化政策的分析”,黄栋撰,载《学术论坛》2017 年第 3 期。

“国际软法在东盟环境合作中的作用”,邱寅莹撰,载《学术探索》2017 年第 6 期。

“东南亚国家储备资产的规模、结构与估值效应”,刘兴华、胡芳撰,载《东南亚南亚研究》2017 年第 4 期。

“法律均衡视阈下东盟国家边民入境务工的路径探究”,邱俞捷、雷裕春撰,载《广西社会科学》2017 年第 1 期。

“从印尼的《婚姻法》看民族、女性与伊斯兰的相互关系”,潘玥撰,载《东南亚南亚研究》2017 年第 4 期。

“‘一带一路’背景下印尼的中国劳工问题”,潘玥撰,载《东南亚研究》2017 年第 3 期。

“从离散到回归的选择——基于中缅边境西托拉卡村的田野调查”,周建新、杨猛撰,载《广西民族大学学报(哲学社会科学版)》2017 年第 5 期。

“从马来西亚沉船事件看海洋旅游沉船事故的应急管理”,卢文刚、黎芷妤撰,载《东南亚南亚研究》2017 年第 3 期。

“菲律宾恐怖袭击事件透视”,刘中民、任华撰,载《当代世界》2017 年第 7 期。

“新加坡的生态问责制”,司林波、李雪婷撰,载《东南亚纵横》2017 年第 4 期。

“菲律宾学校营养提升计划对中国农村义务教育阶段学生营养改善计划的启示”,陈高威、罗士轩、杨璐璐、董筱丹撰,载《世界农业》2017 年第 8 期。

“基于金字塔底层视角的菲律宾减贫:CARD 的案例研究”,吉伟伟撰,载《东南亚研究》2017 年第 4 期。

“马来西亚反恐法律述评”,黎宜春撰,载《广西社会科学》2017 年第 6 期。

“缅甸南传佛教形态及其嵌入社会方式——对四个缅甸寺庙的人类学考察”,钟小鑫撰,载《学术探索》2017 年第 2 期。

“新加坡食品安全治理模式及对中国的启示”,陶林撰,载《理论月刊》2017 年第 9 期。

“新加坡言论自由的边界:历史、现实与趋向”,陈相雨撰,载《东南亚研究》2017 年第 1 期。

“新加坡刑法中的私人防卫制度”,陆凌撰,载《广西大学学报(哲学社会科学版)》2017 年第 2 期。

“印尼民主转型时期的妇女权利之争与性别主流化”,范若兰撰,载《东南亚研究》2017 年第 2 期。

“越南的社会监督研究”,刘玉娣撰,载《当代世界社会主义问题》2017 年第 2 期。

“论越南《竞争法》的立法目标及反垄断法律责任问题——以 Vinapco 垄断案为例”,[越南]陶玉宝撰,载《东南亚纵横》2017 年第 1 期。

“老挝律师制度简介”,唐超撰,载《东南亚纵横》2017 年第 1 期。

## 东盟国家文化、教育

“东盟文化元素在高校舞蹈课程中的融入路径探析”,付宜玲撰,载《广西民族大学学报(哲学社会科学版)》2017 年第 4 期。

“变革中的马来西亚华人高等教育”,钱伟撰,载《东南亚南亚研究》2017 年第 2 期。

“从民间文学看缅甸、老挝的龙蛇崇拜”,寸雪涛撰,载《广西民族大学学报(哲学社会科学版)》2017 年第 5 期。

“当前缅甸不同宗教群体之间的社会距离及其影响因素”,孔建勋、张晓倩撰,载《世界宗教文化》2017 年第 1 期。

“菲律宾华文文学中的‘晋江现象’”,古大勇撰,载《世界华文文学论坛》2017 年第 1 期。

“简析越华诗人刀飞几首现代诗的意象——越南华文现代诗研究之一”,谢永新撰,载《广西民族师范学院学报》2017 年第 4 期。

“近二十年来新加坡汉学研究之现状及特色——以新加坡国立大学中文系为例”,杨一撰,载《国际汉学》2017 年第 1 期。

“老挝语四音格及其文化内涵”,[老挝]桐柏,姜亚飞撰,载《百色学院学报》2017 年第 5 期。

“骆越古语和汉语同源词研究”，蒙元耀撰，载《广西民族研究》2017 年第 4 期。

“马来西亚华文学校对儒家思想的传承”，张浩撰，载《世界宗教文化》2017 年第 1 期。

“实质重于表象：从瑟玛尔形象看印尼爪哇文化的特点”，朱刚琴撰，载《东南亚研究》2017 年第 2 期。

“试析越南校园新兴俚语”，陈凌撰，载《红河学院学报》2017 年第 6 期。

“泰国苗语调查的几个要点”，余金枝撰，载《百色学院学报》2017 年第 4 期。

“泰国学生汉语常用人体器官量词之教学探究”，潘康燕、邓显奕撰，载《广西民族师范学院学报》2017 年第 4 期。

“新加坡小学华文字词教学的问题讨论——以四年级教材为分析案例”，魏倩倩撰，载《世界华文教学》第三辑。

“新加坡英语儿童文学：面向未来的公民教育”，梁卿撰，载《广西青年干部学院学报》2017 年第 2 期。

“移民与文化的海外播迁：以东南亚德教为中心的考察”，徐燕琳撰，载《世界宗教文化》2017 年第 1 期。

“越南本土人类学的研究主题与研究趋势”，邵朱帅、康敏撰，载《广西民族研究》2017 年第 2 期。

“越南华文现代诗的中国意象——以《西贡河上的诗叶》为考察对象”，李志元撰，载《广西民族大学学报（哲学社会科学版）》2017 年第 2 期。

“越南如清使燕行诗中的洞庭文化探析”，严艳撰，载《广西民族大学学报（哲学社会科学版）》2017 年第 2 期。

“越南学习者汉语‘了’的习得研究”，彭臻、唐文成撰，载《广西民族大学学报（哲学社会科学版）》2017 年第 5 期。

“越南官方媒体对亚投行报道探析——以越南通讯社网站报道为样本”，聂槟撰，载《南洋问题研究》2017 年第 1 期。

“翻译文化观视域下泰语汉借词的翻译特性体现”，游辉彩撰，载《东南亚纵横》2017 年第 4 期。

“泰国孔子学院发展现状、困境与对策”，梁霞撰，载《东南亚纵横》2017 年第 4 期。

“论缅甸民间文学和缅甸文化的关系”，寸雪涛撰，载《东南亚纵横》2017 年第 2 年。

“从《东方智慧丛书》看中国文化典籍柬译之路”，王海玲撰，载《东南亚纵横》2017 年第 2 期。

“‘一带一路’建设背景下的经贸越南语课程教学新探索”，林莉撰，载《东南亚纵横》2017 年第 1 期。

## 东盟国家历史

“大国关系变动下东盟国家的战略选择——基于 20 世纪 60 年代末以来历史演变的分析”. 陈奕平、王深撰，载《广东农工商职业技术学院学报》2017 年第 4 期。

“‘二战’时期日本在东南亚招募的‘南方特别留学生’”，徐志民撰，载《世界历史》2017 年第 6 期。

“《钦定越史通鉴纲目》的史学价值”，曾德义、左荣全撰，载《东南亚南亚研究》2017 年第 1 期。

《16 ~ 19 世纪天主教在越南的传播及其影响》，尚锋撰，载《东南亚南亚研究》2017 年第 1 期。

“论南海海上丝绸之路的形成时间”，阎根齐撰，载《学术探索》2017 年第 3 期。

“明乡人及其异国科举之路——以越南嘉定明乡社为中心”，平兆龙撰，载《东南亚研究》2017 年第 3 期。

“南越吴庭艳政权中的天主教因素”，李春霞撰，载《东南亚南亚研究》2017 年第 1 期。

“早期海上丝绸之路与中南半岛国家的建立”，古小松撰，载《云南社会科学》2017 年第 3 期。

“明代中朝中越文化关系特点比较研究”，刘志强、孙鹤云撰，载《东南亚纵横》2017 年第 5 期。

## 东南亚华人华侨

“从‘印尼村’现象看华侨农场归难侨的文化再适应”，胡修雷撰，载《世界民族》2017 年第 2 期。

“从同化到多元：印尼独立后华侨华人政策演变及其主导因素分析”，黄永弟撰，载《学术探索》2017 年第 4 期。

“东南亚华人宗亲文化与宗祠建筑特色研究”，张锋撰，载《广西社会科学》2017 年第 5 期。

“柬埔寨土生华人婚俗探析——以实居省狮子桥村为例”，郑一省、陈俊源撰，载《广西民族大学学报（哲学社会科学版）》2017 年第 4 期。

“柬埔寨粤属华侨华人社团的传承与发展”，陈世伦撰，载《东南亚研究》2017 年第 5 期。

“泰国华文媒体与在泰华人的身份认同”，林进桃撰，载《东南亚南亚研究》2017 年第 1 期。

“西班牙殖民时代菲律宾华人天主教徒的信仰生活刍议”，吕俊昌撰，载《世界宗教文化》2017 年第 1 期。

“新加坡泉籍火居道教与道教总会关系考察”，刘守政撰，载《世界宗教文化》2017 年第 1 期。

“‘香火’永续：柬埔寨华人社团百年变迁”，罗杨撰，载《南洋问题研究》2017 年第 4 期。

“新加坡华族宗教信仰变化研究”，毛汉霖撰，载《东南亚纵横》2017 年第 4 期。

## 中国与东盟关系

“论‘一带一路’倡议在东南亚的实践”，曹云华撰，载《广东农工商职业技术学院学报》2017 年第 3 期。

“东盟青年对‘一带一路’倡议的认识与建议——基于对文莱、印度尼西亚、菲律宾、泰国青年的调查陈胜辉”，杨健羽、李小艺撰，载《广西青年干部学院学报》2017 年第 3 期。

“海洋外交视野下的中印尼海上伙伴关系”，葛红亮、彭燕婷撰，载《东南亚南亚研究》2017 年第 3 期。

“华侨华人与中国在东南亚的软实力建设”，方长平、侯捷撰，载《东南亚研究》2017 年第 2 期。

“基于专家意见及案例综合分析的中国铁路走向越南的风险研究”，周国华、陈德捷撰，载《广西大学学报（哲学社会科学版）》2015 年第 3 期。

“缅甸民主化、工业化进程与中缅关系”，赵江林撰，载《东南亚研究》2017 年第 1 期。

“缅甸民盟政府执政周年来经济发展成效及中国与缅甸合作研究”，雷小华、张磊撰，载《东南亚纵横》2017 年第 3 期。

“南海争端视域下的中越海洋合作”，罗圣荣、黄国华撰，载《和平与发展》2017 年第 2 期。

“南海争端中的越南海洋主权法制化动向及中国的应对”，韩雨潇撰，载《武大国际法评论》2017 年第 4 期。

“培养面向东盟诉讼解决机制的法律人才研究”，付健、黄斌斌撰，载《创新》2017 年第 3 期。

“契机与挑战：当代中国与印尼新型互动关系的构建——以‘21 世纪海上丝绸之路’建设为背景”，施雪琴、叶丽萍撰，载《当代世界与社会主义》（双月刊）2017 年第 3 期。

“试析中印尼在南海问题上的互动模型”，潘玥撰，载《东南亚南亚研究》2017 年第 1 期。

“泰媒视角下的中泰铁路合作”，罗圣荣、饶睿颖撰，载《东南亚南亚研究》2017 年第 2 期。

“斡旋中‘背书’——‘东盟对华关系协调国’新加坡与南海问题”，张明亮撰，载《东南亚研究》2017 年第 4 期。

“瑕疵双边关系理论和南海争端下的中菲与中马关系比较研究”，王峥撰，载《亚太安全与海洋研究》2017 年第 2 期。

“中国—美国—东盟三角关系析论”，蒋琛娴撰，载《国际论坛》2017 年第 6 期。

“马来西亚在构建中国—东盟命运共同体中的角色分析”，宋效峰撰，载《东南亚南亚研究》2017 年第 4 期。

“中国共享单车在东南亚的业务拓展及战略意义分析”，邓华、陈一天、阮洁航撰，载《广东农工商职业技术学院学报》2017 年第 4 期。

## 中国与东盟经济合作

“中国—东盟跨境电子商务合作的机遇、挑战与对策”，韦大宇撰，载《东南亚纵横》2017 年第 4 期。

“‘一带一路’背景下中缅农业投资合作研究”，原瑞玲撰，载《国际经济合作》2017 年第 7 期。

“‘一带一路’倡议下中国与菲律宾的经济合作”，陆建人、蔡琦撰，载《国际经济合作》2017 年第 3 期。

“‘一带一路’框架下香港与东盟的经贸合作潜力分析”，张晓静、邱晓伟、刘凡撰，载《广西大学学报（哲学社会科学版）》2017 年第 5 期。

“21 世纪海上丝绸之路金融需求的形成机制与规模测度——基于中国—东盟的样本数据”，潘永、王太云撰，载《广西社会科学》2017 年第 4 期。

“中国—东盟信息港建设路径模型研究”，计春阳、黄琳琳撰，载《东南亚纵横》2017 年第 3 期。

“CAFTA 框架下中国农产品出口的贸易创造与贸易转移效应”，王涛撰，载《世界农业》2017 年第 12 期。

“柬埔寨外向型经济发展与中柬经贸合作”，田原、王志芳等撰，载《国际经济合作》2017 年第 6 期。

“东盟 5 国入境中国旅游与进出口货物贸易关系的研究”，林轶、段艳撰，载《东南亚纵横》2017 年第 5 期。

“聚民合边：中越边境民营经济发展研究”，饶卫、秦红增、曹晗撰，载《广西民族大学学报（哲学社会科学版）》2017 年第 2 期。

“澜湄合作机制背景下中国与老挝的经贸合作研究”，彭志荣撰，载《广西社会科学》2017 年第 6 期。

“‘一带一路’建设背景下中国与缅甸的经贸合作”，杜兰撰，载《东南亚纵横》2017 年第 1 期。

“‘一带一路’建设背景下中国与泰国金融合作的机遇与挑战”，者贵昌撰，载《东南亚纵横》2017 年第 1 期。

“投资东盟的‘国家风险’识别因素分析——基于桂籍华商的调查”，朱念撰，载《创新》2017 年第 1 期。

“中国企业投资东盟市场的金融支持研究”，李文明、唐丽丽撰，载《东南亚纵横》2017 年第 2 期。

“西南少数民族地区的开放型发展——基于中越跨境经济合作区的视角”，宋泽楠撰，载《广西民族研究》2017 年第 2 期。

“中国—东盟背景下提升我国中药在越南市场竞争力的对策研究”，马云丽撰，载《广西经济管理干部学院学报》2017 年第 2 期。

“中国—东盟旅游与贸易互动关系研究”，陈乔、程成、宋建林撰，载《广西社会科学》2017 年第 10 期。

“中国—东盟自贸区‘升级版’背景下中泰水果贸易发展的优化建议”，郑国富撰，载《创新》2017 年第 1 期。

“中国—东盟自由贸易区对成员国国际产业分工结构的影响”，崔庆波、梁双陆、刘燕撰，载《广西社会科学》2017 年第 9 期。

“中国—东盟自由贸易区投资摩擦和争端协调机制研究”，蒋德翠撰，载《广西社会科学》2017 年第 8 期。

“中国—老挝农产品贸易竞争性与互补性研究”，詹一览、陈俭、黄巧香撰，《世界农业》2017 年第 7 期。

“中国对东盟国家的会计服务出口策略研究——基于供需影响因素的分析”，梁淑红、易碧云撰，载《广西大学学报（哲学社会科学版）》2017 年第 5 期。

“中国对东南亚国家基建关联产业出口潜力实证与增长空间估计”，孙泽生、潘莉撰，载《亚太经济》2017 年第 6 期。

“中国对越南保险服务贸易竞争力的分析”，旷乾撰，载《广西民族大学学报（哲学社会科学版）》2017 年第 2 期。

“中国高铁落地印度尼西亚：机遇、模式与挑战”，贾都强撰，载《当代世界》2017 年第 5 期。

“中国和东盟反倾销发生的原因和影响因素研究”，张建武、薛继亮、李楠撰，载《亚太安全与海洋研究》2017 年第 6 期。

“中国投资老挝农业的环境、方向与战略预判”，刘妍、赵帮宏、张亮撰，载《世界农业》2017 年第 1 期。

“21 世纪海上丝绸之路建设背景下基于引力模型的中国与新加坡双边贸易潜力研究”，杜军、赵聪、鄢波撰，载《东南亚纵横》2017 年第 6 期。

“中老铁路与老挝地缘战略价值的提升”，韦健锋撰，载《东南亚南亚研究》2017 年第 4 期。

“泰国产业竞争力现状及中国与泰国贸易拓展潜力研究”，邓洲撰，载《东南亚纵横》2017 年第 4 期。

“越南—中国：经济合作现状及‘一带一路’带来的新机遇”，［越南］高玉麟撰，李碧华译，载《东南亚纵横》2017 年第 6 期。

“‘一带一路’倡议背景下的柬埔寨—中国关系”，［柬埔寨］兴旺达撰，颜洁译，载《东南亚纵横》2017 年第 6 期。

“印度尼西亚基础设施建设现状及‘一带一路’倡议推进

下中国与印度尼西亚合作的路径”，余珍艳撰，载《东南亚纵横》2017 年第 6 期。

### 中国与东盟政治、外交合作

“‘一带一路’沿线国家海外中国公民安全风险评估与治理研究——以中国公民在东盟十国为例”，卢文刚、魏甜撰，载《广西社会科学》2017 年第 9 期。

“新安全观视野下的中国—东盟警务合作研究”，朱志玲撰，载《广西警察学院学报》2017 年第 2 期。

“东南亚出境旅游中突发事件安全管理策略研究”，廖玉环、范朋撰，载《东南亚纵横》2017 年第 4 期。

“中国—菲律宾联合打击海盗的背景、问题和前景”，李忠林撰，载《亚太安全与海洋研究》2017 年第 6 期。

“中国海外高铁‘政治化’问题研究——以印尼雅万高铁为例”，潘玥撰，载《当代亚太》2017 年第 5 期。

### 中国与东盟文化、教育交流合作

“‘一带一路’背景下中国—东盟教育交流与合作研究——基于国际服务贸易的视角”，陈东升撰，载《东南亚纵横》2017 年第 3 期。

“中国—东盟智库在推进‘一带一路’建设中的作用”，[泰国]汤之敏撰，载《东南亚纵横》2017 年第 6 期。

“中国—东盟跨文化商务英语人才培养研究”，杨玉娇撰，载《东南亚纵横》2017 年第 2 期。

“三语学校——缅甸汉语传播的新路径”，雷向阳、谢文婷撰，载《东南亚纵横》2017 年第 6 期。

“对东盟青年干部培训的几点思考——以中国(广西)国际青年交流学院的教学改革为例”，李珊撰，载《广西青年干部学院学报》2017 年第 3 期。

“构建中国—东盟警务智库策略分析”，黄谟媛撰，载《广西警察学院学报》2017 年第 3 期。

“‘一带一路’建设背景下广西与东盟教育交流研究”，张翠方撰，载《广西社会科学》2017 年第 4 期。

“中国与老挝高等教育交流合作回顾与展望”，张成霞撰，载《东南亚纵横》2017 年第 3 期。

“印度尼西亚孔子学院的文化融合功能评析——以印度尼西亚玛琅国立大学孔子学院为例”，李翼、覃小禾撰，载《东南亚纵横》2017 年第 3 期。

“1900 ~ 1930 年明清小说在越南的翻译与出版”，王嘉撰，载《国际汉学》2017 年第 1 期。

“越南胡志明共青团与我国共青团交流情况研究”，孙文桂撰，载《广西青年干部学院学报》2017 年第 1 期。

“中国—东盟多元文化的博弈与共生”，梁培林、蒋玉莲撰，载《广西社会科学》2017 年第 7 期。

“中国—东盟龙狮运动融合发展研究”，梁政东撰，载《广西社会科学》2017 年第 10 期。

“中国—东盟艺术文化交流活动的思想政治教育功能探析”，李峰撰，载《广西社会科学》2017 年第 6 期。

“中国古典小说在越南南圻的翻译热潮探析”，姚瑶、何锦燕撰，载《红河学院学报》2017 年第 3 期。

“浅析伊斯兰因素在中国与印度尼西亚关系中的积极作用”，韦红、李次园撰，载《东南亚纵横》2017 年第 3 期。

“从泰语中的汉借词考察中国饮食文化对泰国的影响”，覃秀红撰，载《东南亚纵横》2017 年第 3 期。

### 中国与东盟区域、次区域合作

“‘一带一路’倡议在东南亚的进展、成果和前景”，骆永昆撰，载《国际研究参考》2017 年第 5 期。

“多元交织理论框架下的女性移民健康研究——以大湄公河次区域跨国流动妇女为例”，陈雪撰，载《云南社会科学》2017 年第 1 期。

“21 世纪海上丝绸之路核心区的动力构建及发展路径”，郑冬梅撰，载《亚太经济》2017 年第 6 期。

“21 世纪海上丝绸之路战略支点衔接问题研究——以中国(广西)与东盟为视角”，钟瑞添、张才圣撰，载《广西社会科学》2017 年第 1 期。

“打造 21 世纪海上丝绸之路的障碍与路径”，于光胜撰，载《理论月刊》2017 年第 5 期。

“大湄公河次区域制造业嵌入全球生产网络的测度与影响因素研究”，文淑惠、苏周、张志远撰，载《学术探索》2017 年第 10 期。

“国际机制视角下的‘21 世纪海上丝绸之路’建设”，刘鹏、胡潇文撰，载《印度洋经济体研究》2017 年第 3 期。

“澜湄合作机制的现状评析：成效、问题与对策”，戴永红、曾凯撰，载《国际论坛》2017 年第 4 期。

“中国参与跨界水资源治理的法律立场和应对——以新‘澜湄机制’为视角”，付琴雯撰，载《学术探索》2017 年第 3 期。

“中国对外合作机制的身份认同功能：以澜湄合作机制为例的分析”，刘传春撰，载《国际论坛》2017 年第 6 期。

“推动湄公河联合巡逻执法的政治因素分析”，白俊丰撰，载《东南亚纵横》2017 年第 5 期。

### 中国与东盟国家比较研究

“比较视野下的新加坡英语文学和华文文学”，蔡茜撰，载《东南亚纵横》2017 年第 2 期。

### 相关研究综述及评论

“东南亚历史的文化视角与宏大叙事——评贺圣达的《东南亚历史重大问题研究》”，王国平、黄玉霞撰，《东南亚南亚研究》2017 年第 1 期。

“近十五年国内越南汉诗研究述评”，李奎、范嵘嵘撰，载《红河学院学报》2017 年第 5 期。

“越南马克思主义本土化研究述评”，潘金娥撰，载《东南亚纵横》2017 年第 1 期。

“中国东南亚政治研究的反思与建构”，李晨阳撰，载《国际政治研究》(双月刊)2017 年第 1 期。

“中国与东盟的互联互通建设：文献综述”，李立民、杜兴鹏、李冯柳筠撰，载《东南亚纵横》2017 年第 4 期。

“柬埔寨文学研究述评”，王海玲撰，载《东南亚纵横》2017 年第 5 期。

“近二十年来泰国学生汉语学习动机研究现状及问题分析”，吕军伟、钟杏梅撰，载《东南亚纵横》2017 年第 5 期。

(张 磊)

# 投资贸易指南

## 中国投资贸易指南

### 中国商务部　海关总署联合公告2017年第88号

（关于公布2018年出口许可证管理货物目录的公告）

依据《中华人民共和国对外贸易法》《中华人民共和国货物进出口管理条例》《消耗臭氧层物质管理条例》和有关规章，现公布《2018年出口许可证管理货物目录》（以下简称为目录），自2018年1月1日起执行。商务部、海关总署2016年12月30日公布的《2017年出口许可证管理货物目录》同时废止。有关事项公告如下：

一、列入目录的货物有44种，实行出口配额或出口许可证管理。

（一）实行出口配额管理的货物为：活牛（对港澳出口）、活猪（对港澳出口）、活鸡（对香港出口）、小麦、玉米、大米、小麦粉、玉米粉、大米粉、甘草及甘草制品、蔺草及蔺草制品、磷矿石、煤炭、原油、成品油（不含润滑油、润滑脂、润滑油基础油）、锯材、棉花、白银。

出口本款所列上述货物的，需按规定申请取得配额（全球配额或国别、地区配额），凭配额证明文件申领出口许可证。其中，出口甘草及甘草制品、蔺草及蔺草制品的，需凭配额招标中标证明文件申领出口许可证。

（二）实行出口许可证管理的货物为：活牛（对港澳以外市场）、活猪（对港澳以外市场）、活鸡（对港澳以外市场）、牛肉、猪肉、鸡肉、天然砂（含标准砂）、矾土、镁砂、滑石块（粉）、氟石（萤石）、稀土、锡及锡制品、钨及钨制品、钼及钼制品、锑及锑制品、焦炭、成品油（润滑油、润滑脂、润滑油基础油）、石蜡、部分金属及制品、硫酸二钠、碳化硅、消耗臭氧层物质、柠檬酸、维生素C、青霉素工业盐、铂金（以加工贸易方式出口）、铟及铟制品、摩托车（含全地形车）及其发动机和车架、汽车（包括成套散件）及其底盘等。其中，对向港、澳、台地区出口的天然砂实行出口许可证管理，对标准砂实行全球出口许可证管理。

消耗臭氧层物质的货样广告品需凭出口许可证出口。企业以一般贸易、加工贸易、边境贸易和捐赠贸易方式出口汽车、摩托车产品，需申领出口许可证，并符合申领许可证的条件；企业以工程承包方式出口汽车、摩托车产品，需凭中标文件等相关证明材料申领出口许可证；企业以上述贸易方式出口非原产于中国的汽车、摩托车产品，需凭进口海关单据和货物出口合同申领出口许可证；其他贸易方式出口汽车、摩托车产品免予申领出口许可证。

（三）以边境小额贸易方式出口以招标方式分配出口配额的货物和属于出口许可证管理的消耗臭氧层物质、摩托车（含全地形车）及其发动机和车架、汽车（包括成套散件）及其底盘等货物的，需按规定申领出口许可证。以边境小额贸易方式出口属于出口配额管理的货物的，由有关地方商务主管部门（省级）根据商务部下达的边境小额贸易配额和要求签发出口许可证。以边境小额贸易方式出口本款上述以外的列入目录的货物，免于申领出口许可证。

（四）铈及铈合金（颗粒 $<500\mu m$）、钨及钨合金（颗粒 $<500\mu m$）、锆、铍的出口免于申领出口许可证，但需按规定申领两用物项和技术出口许可证。

（五）我国政府对外援助项下提供的目录内货物不纳入出口配额和出口许可证管理。

二、对玉米、大米、钨及钨制品、锑及锑制品、煤炭、原油、成品油、棉花、白银等货物实行出口国营贸易管理。

继续暂停对润滑油（27101991）、润滑脂（27101992）和润滑油基础油（27101993）一般贸易出口的国营贸易管理，实行出口许可证管理。企业凭货物出口合同申领出口许可证，海关凭出口许可证验放。其他贸易方式下出口管理仍按商务部、发展改革委、海关总署公告2008年第30号的规定执行。

三、加工贸易项下出口目录内货物的，按以下规定执行：

（一）以加工贸易方式出口属于配额管理的货物，凭配额证明文件、有效期内的《加工贸易企业经营状况及生产能力证明》和货物出口合同申领出口许可证。其中，出口以招标方式分配配额的货物，凭有效期内的《加工贸易企业经营状况及生产能力证明》、配额招标中标证明文件、海关加工贸易进口报关单和货物出口合同申领出口许可证。

（二）以加工贸易方式出口属于出口许可证管理的货物，凭有效期内的《加工贸易企业经营状况及生产能力证明》、有关批准文件、海关加工贸易进口报关单和货物出口合同申领出口许可证。其中，申领白银出口许可证需加验商务部批件；加工贸易项下出口成品油（润滑油、润滑脂和润滑油基础油）需凭有效期内的《加工贸易企业经营状况及生产能力证明》、海关加工贸易进口报关单和省级商务主管部门申请函申领出口许可证。加工贸易项下出口成品油（不含润滑油、润滑脂、润滑油基础油）免于申领出口许可证。

四、为实施出口许可证联网核销，对不属于“一批一证”制的货物，出口许可证签发时应在备注栏内填注“非一批一证”。在出口许可证有效期内，“非一批一证”制货物可以多次报关使用，但最多不超过12次。12次报关后，出口许可证即使尚存余额，海关也停止接受报关。属于“非一批一证”制的货物为：

1. 外商投资企业出口货物；

2. 加工贸易方式出口货物；

3. 补偿贸易项下出口货物；

4. 小麦、玉米、大米、小麦粉、玉米粉、大米粉、活牛、活猪、活鸡、牛肉、猪肉、鸡肉、原油、成品油、煤炭、摩托车（含全地形车）及其发动机和车架、汽车（包括成套散件）及其底盘。

消耗臭氧层物质的出口许可证管理实行“一批一证”制，出口许可证在有效期内一次报关使用。

五、为维护对外贸易秩序，对目录内部分货物实行指定口岸报关出口。

（一）甘草出口的报关口岸指定为天津海关、上海海关、大连海关；甘草制品出口的报关口岸指定为天津海关、上海海关。

（二）镁砂项下产品“按重量计含氧化镁70%以上的混合物”（海关商品编码为3824909200）的出口不再指定报关口岸，镁砂项下其他产品的出口指定大连（大窑湾、营口、鲅鱼圈、丹东、大东港、庄河）、青岛（莱州海关）、天津（东港、新港）、长春（图们）、满洲里为报关口岸。

（三）稀土出口的报关口岸指定为天津海关、上海海关、青岛海关、黄埔海关、呼和浩特海关、南昌海关、宁波海关、南京海关和厦门海关。

（四）锑及锑制品出口的报关口岸指定为黄埔海关、北海海关、天津海关。

（五）对台港澳地区出口天然砂的报关口岸限定于企业所在省的海关。

### 中国商务部公告2017年第96号<br>关于《公布2018年货物进口许可证发证目录》的公告

根据《货物进口许可证管理办法》（商务部令2004年第27号）、《重点旧机电产品进口管理办法》（商务部、海关总署、质检总局令2008年第5号）和《2018年进口许可证管理货物目录》（商务部、海关总署、质检总局公告2017年第89号），现发布《2018年货物进口许可证发证目录》（见附件），现就有关事宜公告如下：

一、2018年实行进口许可证管理的货物共2种，由商务部配额许可证事务局（以下简称许可证局）和商务部委托的地方商务主管部门（以下简称委托机构）负责签发相应货物的进口许可证。

（一）许可证局负责签发重点旧机电产品的进口许可证。

（二）委托机构负责签发消耗臭氧层物质的进口许可证。

二、在京的属于国务院国资委管理的企业申领的进口许可证由许可证局签发。

三、进口许可证的签发，应严格按照《货物进口许可证管理办法》《重点旧机电产品进口管理办法》《2018年进口许可证管理货物目录》和《进口许可证签发工作规范》（商配发〔2007〕360号）等有关规定执行。许可证局负责对进口许可证签发业务进行监督检查和指导。

**2018年货物进口许可证发证目录**

| 货物种类 | 海关商品编号 | 商品名称及备注 | 单位 |
|---|---|---|---|
| 商务部负责签发以下货物的进口许可证 | | | |
| 重点旧机电产品进口目录 | | | |
| 一、化工设备 | 8419409090 | 其他蒸馏或精馏设备 | 台/千克 |
| | 8419609010 | 液化器（将来自级联的UF6气体压缩并冷凝成液态UF6） | 台/千克 |
| | 8419899010 | 带加热装置的发酵罐（不发散气溶胶，且容积>20升） | 台/千克 |
| 二、金属冶炼设备 | 8454100000 | 金属冶炼及铸造用转炉 | 台 |
| | 8454309000 | 其他金属冶炼及铸造用铸造机 | 台 |
| 三、工程机械 | 8425319000 | 其他电动卷扬机及绞盘 | 台/千克 |
| | 8426200000 | 塔式起重机 | 台 |
| | 8426411000 | 轮胎式起重机 | 台/千克 |
| | 8426419000 | 其他带胶轮的自推进起重机械 | 台 |
| | 8426491000 | 履带式自推进起重机械 | 台 |
| | 8426499000 | 其他不带胶轮的自推进起重机械 | 台/千克 |
| | 8426910000 | 供装于公路车辆的其他起重机械 | 台/千克 |
| | 8426990000 | 其他起重机械 | 台 |
| | 8427201000 | 集装箱叉车 | 台 |
| | 8427209000 | 其他机动叉车及有升降装置工作车（包括装有搬运装置的机动工作车） | 台 |
| | 8427900000 | 其他叉车及可升降的工作车（工作车指装有升降或搬运装置） | 台/千克 |
| | 8428101001 | 无障碍升降机 | 台/千克 |
| | 8428101090 | 其他载客电梯 | 台 |
| | 8428109000 | 其他升降机及倒卸式起重机 | 台 |
| | 8428400000 | 自动梯及自动人行道 | 台/千克 |
| | 8428602900 | 非单线循环式客运架空索道 | 台/千克 |
| 四、起重运输设备 | 8426193000 | 龙门式起重机 | 台/千克 |
| | 8426194100 | 门式装卸桥 | 台/千克 |
| | 8426194200 | 集装箱装卸桥 | 台/千克 |
| | 8427101000 | 有轨巷道堆垛机 | 台/千克 |
| | 8427102000 | 无轨巷道堆垛机 | 台/千克 |
| | 8428602100 | 单线循环式客运架空索道 | 台 |

续表

| 货物种类 | 海关商品编号 | 商品名称及备注 | 单位 |
|---|---|---|---|
| 五、造纸设备 | 8439100000 | 制造纤维素纸浆的机器 | 台/千克 |
| | 8439200000 | 纸或纸板的抄造机器 | 台/千克 |
| | 8439300000 | 纸或纸板的整理机器 | 台/千克 |
| 六、电力、电气设备 | 8501610000 | 输出功率≤75KVA 交流发电机 | 台/千瓦 |
| | 8501620000 | 75KVA < 输出功率≤375KVA 交流发电机 | 台/千瓦 |
| | 8501630000 | 375KVA < 输出功率≤750KVA 交流发电机 | 台/千瓦 |
| | 8501641010 | 由使用可再生燃料锅炉和涡轮机组驱动的交流发电机,750KVA < 输出功率≤350MVA | 台/千瓦 |
| | 8501641090 | 其他 750KVA < 输出功率≤350MVA 的交流发电机 | 台/千瓦 |
| | 8501642010 | 由使用可再生燃料锅炉和涡轮机组驱动的交流发电机,350MVA < 输出功率≤665MVA | 台/千瓦 |
| | 8501642090 | 其他 350MVA < 输出功率≤665MVA 的交流发电机 | 台/千瓦 |
| | 8501643010 | 由使用可再生燃料锅炉和涡轮机组驱动的交流发电机,输出功率 >665MVA | 台/千瓦 |
| | 8501643090 | 其他输出功率 >665MVA 的交流发电机 | 台/千瓦 |
| | 8502110000 | 输出功率≤75KVA 柴油发电机组(包括半柴油发电机组) | 台/千瓦 |
| | 8502120000 | 75KVA < 输出功率≤375KVA 柴油发电机组(包括半柴油发电机组) | 台/千瓦 |
| | 8502131000 | 375KVA < 输出功率≤2MVA 柴油发电机组(包括半柴油发电机组) | 台/千瓦 |
| | 8502132000 | 输出功率 >2MVA 柴油发电机组(包括半柴油发电机组) | 台/千瓦 |
| | 8502200000 | 装有点燃式活塞发动机的发电机组(内燃的) | 台/千瓦 |
| | 8502390010 | 依靠可再生能源(太阳能、小水电、潮汐、沼气、地热能、生物质/余热驱动的汽轮机)生产电力的发电机组 | 台/千瓦 |
| | 8502390090 | 其他发电机组(风力驱动除外) | 台/千瓦 |
| | 8515219100 | 直缝焊管机(电阻焊接式,全自动或半自动的) | 台 |
| | 8515212001 | 汽车生产线电阻焊接机器人 | 台 |
| | 8515212090 | 其他电阻焊接机器人 | 台 |
| | 8515219900 | 其他电阻焊接机器(全自动或半自动的) | 台 |
| | 8515290000 | 其他电阻焊接机器及装置 | 台 |
| | 8515312000 | 电弧(包括等离子弧)焊接机器人 | 台 |
| | 8515319100 | 螺旋焊管机　备注:电弧(包括等离子弧)焊接 | 台 |
| | 8515319900 | 其他电弧(包括等离子弧)焊接机及装置(全自动或半自动的) | 台 |
| | 8515390000 | 其他电弧(等离子弧)焊接机器及装置(非全自动或半自动的) | 台 |
| | 8515809010 | 电子束、激光自动焊接机(将端塞焊接于燃料细棒(或棒)的自动焊接机) | 台 |
| | 8515809090 | 其他焊接机器及装置 | 台 |
| 七、食品加工及包装设备 | 8419810000 | 加工热饮料,烹调,加热食品的机器 | 台/千克 |
| | 8421220000 | 过滤或净化饮料的机器及装置(过滤或净化水的装置除外) | 台/千克 |
| | 8422301010 | 乳品加工用自动化灌装设备 | 台/千克 |
| | 8422301090 | 其他饮料及液体食品灌装设备 | 台 |
| | 8434200000 | 乳品加工机器 | 台/千克 |
| | 8438100010 | 糕点生产线 | 台/千克 |
| | 8438100090 | 通心粉,面条的生产加工机器(包括类似产品的加工机) | 台/千克 |
| | 8438500000 | 肉类或家禽加工机器 | 台/千克 |
| 八、农业机械 | 8433510001 | 功率≥160 马力的联合收割机 | 台/千克 |
| | 8433510090 | 功率 <160 马力的联合收割机 | 台 |
| | 8433599090 | 其他收割机及脱粒机 | 台/千克 |
| | 8434100000 | 挤奶机 | 台/千克 |
| 九、印刷机械 | 8443120000 | 办公室用片取进料式胶印机(片尺寸不超过 22×36 厘米,用品目 8442 项下商品进行印刷的机器) | 台/千克 |
| | 8443140000 | 卷取进料式凸版印刷机,但不包括苯胺印刷机(用品目 8442 项下商品进行印刷的机器) | 台 |
| | 8443150000 | 除卷取进料式以外的凸版印刷机,但不包括苯胺印刷机(用品目 8442 项下商品进行印刷的机器) | 台/千克 |
| | 8443160001 | 苯胺印刷机,线速度≥350 米/分钟,幅宽≥800 毫米(柔性版印刷机,用品目 8442 项下商品进行印刷的机器) | 台 |
| | 8443160002 | 机组式柔性版印刷机,线速度≥160m/min,250mm≤幅宽 <800mm(具有烫印或全息或丝网印刷功能单元的) | 台/千克 |
| | 8443160090 | 其他苯胺印刷机(柔性版印刷机,用品目 8442 项下商品进行印刷的机器) | 台/千克 |
| | 8443198000 | 未列名印刷机(网式印刷机除外,用品目 8442 项下商品进行印刷的机器) | 台/千克 |

续表

| 货物种类 | 海关商品编号 | 商品名称及备注 | 单位 |
|---|---|---|---|
| 十、纺织机械 | 8446304000 | 织物宽度>30cm 的喷水织机 | 台 |
| | 8447202000 | 平型纬编机 | 台 |
| | 8451400000 | 其他洗涤,漂白或染色机器 | 台 |
| | 8453100000 | 生皮,皮革的处理或加工机器(包括鞣制机) | 台 |
| 十一、船舶 | 8901101010 | 高速客船(包括主要用于客运的类似船舶) | 艘 |
| | 8901101090 | 其他机动巡航船、游览船及各式渡船(包括主要用于客运的类似船舶) | 艘 |
| | 8903100000 | 充气的娱乐或运动用快艇(包括充气的划艇及轻舟) | 艘 |
| | 8903920001 | 8 米<长度<90 米的汽艇(装有舷外发动机的除外) | 艘 |
| | 8903920090 | 其他汽艇(装有舷外发动机的除外) | 艘 |
| | 8903990001 | 8 米<长度<90 米的娱乐或运动用其他机动船舶或快艇(包括划艇及轻舟) | 艘 |
| | 8903990090 | 娱乐或运动用其他船舶或快艇(包括划艇及轻舟) | 艘 |
| | 8901109000 | 非机动巡航船、游览船及各式渡船(以及主要用于客运的类似船舶) | 艘 |
| | 8901909000 | 非机动货运船舶及客货兼运船舶 | 艘 |
| 十二、硒鼓 | 8443999010 | 其他印刷(打印)机、复印机及传真机的感光鼓和含感光鼓的碳粉盒 | 个 |
| 地方发证机构负责签发以下货物的进口许可证 | | | |
| 消耗臭氧层物质 | | | |
| | 2903191010 | 1,1,1－三氯乙烷(甲基氯仿),用于清洗剂的除外 | 千克 |
| | 2903191090 | 1,1,1－三氯乙烷(甲基氯仿),用于清洗剂的 | 千克 |
| | 2903399020 | 溴甲烷(甲基溴) | 千克 |
| | 2903710000 | 一氯二氟甲烷 | 千克 |
| | 2903720000 | 二氯三氟乙烷 | 千克 |
| | 2903730000 | 二氯一氟乙烷 | 千克 |
| | 2903740000 | 一氯二氟乙烷 | 千克 |
| | 2903750010 | 1,1,1,2,2－五氟－3,3－二氯丙烷 | 千克 |
| | 2903750020 | 1,1,2,2,3－五氟－1,3－二氯丙烷 | 千克 |
| | 2903750090 | 其他二氯五氟丙烷 | 千克 |
| | 2903760010 | 溴氯二氟甲烷 | 千克 |
| | 2903760020 | 溴三氟甲烷 | 千克 |
| | 2903771000 | 三氯氟甲烷 | 千克 |
| | 2903772011 | 二氯二氟甲烷 | 千克 |
| | 2903772012 | 三氯三氟乙烷,用于清洗剂除外(CFC－113) | 千克 |
| | 2903772014 | 二氯四氟乙烷(CFC－114) | 千克 |
| | 2903772015 | 一氯五氟乙烷(CFC－115) | 千克 |
| | 2903772016 | 一氯三氟甲烷(CFC－13) | 千克 |
| | 2903791011 | 一氟二氯甲烷 | 千克 |
| | 2903791012 | 1,1,1,2－四氟－2－氯乙烷 | 千克 |
| | 2903791013 | 三氟一氯乙烷 | 千克 |
| | 2903791014 | 1－氟－1,1－二氯乙烷 | 千克 |
| | 2903791015 | 1,1－二氟－1－氯乙烷 | 千克 |
| | 2903791090 | 其他仅含氟和氯的甲烷、乙烷及丙烷的卤化衍生物 | 千克 |
| | 2903799021 | 其他仅含溴、氟的甲烷、乙烷和丙烷 | 千克 |
| | 3824710011 | 二氯二氟甲烷和二氟乙烷的混合物(R－500) | 千克 |
| | 3824710012 | 一氯二氟甲烷和二氯二氟甲烷的混合物(R－501) | 千克 |
| | 3824710013 | 一氯二氟甲烷和一氯五氟乙烷的混合物(R－502) | 千克 |
| | 3824710014 | 三氟甲烷和一氯三氟甲烷的混合物(R－503) | 千克 |
| | 3824710015 | 二氟甲烷和一氯五氟乙烷的混合物(R－504) | 千克 |
| | 3824710016 | 二氯二氟甲烷和一氟一氯甲烷的混合物(R－505) | 千克 |
| | 3824710017 | 一氟一氯甲烷和二氯四氟乙烷的混合物(R－506) | 千克 |
| | 3824710018 | 二氯二氟甲烷和二氯四氟乙烷的混合物(R－400) | 千克 |
| | 3824740011 | 二氟一氯甲烷、二氟乙烷和一氯四氟乙烷的混合物(R－401) | 千克 |
| | 3824740012 | 五氟乙烷、丙烷和二氟一氯甲烷的混合物(R－402) | 千克 |
| | 3824740013 | 丙烷、二氟一氯甲烷和八氟丙烷的混合物(R－403) | 千克 |
| | 3824740014 | 二氟一氯甲烷、二氟乙烷、一氯二氟乙烷和八氟环丁烷的混合物(R－405) | 千克 |
| | 3824740015 | 二氟一氯甲烷、2－甲基丙烷(异丁烷)和一氯二氟乙烷的混合物(R－406) | 千克 |
| | 3824740016 | 五氟乙烷、三氟乙烷和二氟一氯甲烷的混合物(R－408) | 千克 |
| | 3824740017 | 二氟一氯甲烷、一氯四氟乙烷和一氯二氟乙烷的混合物(R－409) | 千克 |
| | 3824740018 | 丙烯、二氟一氯甲烷和二氟乙烷的混合物(R－411) | 千克 |

续表

| 货物种类 | 海关商品编号 | 商品名称及备注 | 单位 |
|---|---|---|---|
| | 3824740019 | 二氟一氯甲烷、八氟丙烷和一氯二氟乙烷的混合物(R-412) | 千克 |
| | 3824740021 | 二氟一氯甲烷、一氯四氟乙烷、一氯二氟乙烷和2-甲基丙烷的混合物(R-414) | 千克 |
| | 3824740022 | 二氟一氯甲烷和二氟乙烷的混合物(R-415) | 千克 |
| | 3824740023 | 四氟乙烷、一氯四氟乙烷和丁烷的混合物(R-416) | 千克 |
| | 3824740024 | 丙烷、二氟一氯甲烷和二氟乙烷的混合物(R-418) | 千克 |
| | 3824740025 | 二氟一氯甲烷和八氟丙烷的混合物(R-509) | 千克 |
| | 3824740026 | 二氟一氯甲烷和一氯二氟乙烷的混合物 | 千克 |
| | 3824740090 | 其他含甲烷、乙烷或丙烷的氢氯氟烃混合物(不论是否含甲烷、乙烷或丙烷的全氟烃或氢氟烃,但不含全氯氟烃) | 千克 |

本目录自2018年1月1日起执行。《2017年进口许可证管理货物分级发证目录》同时废止

## 中华人民共和国商务部令

(2016年第3号)

《外商投资企业设立及变更备案管理暂行办法》已经中国商务部第83次部务会议审议通过,现予发布,自公布之日起施行。

中国商务部部长　高虎城

2016年10月8日

## 外商投资企业设立及变更备案管理暂行办法

第一章　总则

第一条

为进一步扩大对外开放,推进外商投资管理体制改革,完善法治化、国际化、便利化的营商环境,根据《中华人民共和国中外合资经营企业法》《中华人民共和国中外合作经营企业法》《中华人民共和国外资企业法》《中华人民共和国公司法》及相关法律、行政法规及国务院决定,制定本办法。

第二条

外商投资企业的设立及变更,不涉及国家规定实施准入特别管理措施的,适用本办法。

第三条

国务院商务主管部门负责统筹和指导全国范围内外商投资企业设立及变更的备案管理工作。

各省、自治区、直辖市、计划单列市、新疆生产建设兵团、副省级城市的商务主管部门,以及自由贸易试验区、国家级经济技术开发区的相关机构是外商投资企业设立及变更的备案机构,负责本区域内外商投资企业设立及变更的备案管理工作。

备案机构通过外商投资综合管理信息系统(以下简称综合管理系统)开展备案工作。

第四条

外商投资企业或其投资者应当依照本办法真实、准确、完整地提供备案信息,填写备案申报承诺书,不得有虚假记载、误导性陈述或重大遗漏。外商投资企业或其投资者应妥善保存与已提交备案信息相关的证明材料。

第二章　备案程序

第五条

设立外商投资企业,属于本办法规定的备案范围的,在取得企业名称预核准后,应由全体投资者(或外商投资股份有限公司的全体发起人,以下简称全体发起人)指定的代表或共同委托的代理人在营业执照签发前,或由外商投资企业指定的代表或委托的代理人在营业执照签发后30日内,通过综合管理系统,在线填报和提交《外商投资企业设立备案申报表》(以下简称《设立申报表》)及相关文件,办理设立备案手续。

第六条

属于本办法规定的备案范围的外商投资企业,发生以下变更事项的,应由外商投资企业指定的代表或委托的代理人在变更事项发生后30日内通过综合管理系统在线填报和提交《外商投资企业变更备案申报表》(以下简称《变更申报表》)及相关文件,办理变更备案手续:

(一)外商投资企业基本信息变更,包括名称、注册地址、企业类型、经营期限、投资行业、业务类型、经营范围、是否属于国家规定的进口设备减免税范围、注册资本、投资总额、组织机构构成、法定代表人、外商投资企业最终实际控制人信息、联系人及联系方式变更;

(二)外商投资企业投资者基本信息变更,包括姓名(名称)、国籍/地区或地址(注册地或注册地址)、证照类型及号码、认缴出资额、出资方式、出资期限、资金来源地、投资者类型变更;

(三)股权(股份)、合作权益变更;

(四)合并、分立、终止;

(五)外资企业财产权益对外抵押转让;

(六)中外合作企业外国合作者先行回收投资;

(七)中外合作企业委托经营管理。

其中,合并、分立、减资等事项依照相关法律法规规定应当公告的,应当在办理变更备案时说明依法办理公告手续情况。

前述变更事项涉及最高权力机构做出决议的,以外商投资企业最高权力机构做出决议的时间为变更事项的发生时间;法律法规对外商投资企业变更事项的生效条件另有要求的,以满足相应要求的时间为变更事项的发生时间。

外商投资的上市公司及在全国中小企业股份转让系统挂牌的公司,可仅在外国投资者持股比例变化累计超过5%以及控股或相对控股地位发生变化时,就投资者基本信息或股份变更事项办理备案手续。

第七条

外商投资企业或其投资者办理外商投资企业设立或变更备案手续,需通过综合管理系统上传提交以下文件:

(一)外商投资企业名称预先核准材料或外商投资企业营业执照;

(二)外商投资企业全体投资者(或全体发起人)或其授

权代表签署的《外商投资企业设立备案申报承诺书》,或外商投资企业法定代表人或其授权代表签署的《外商投资企业变更备案申报承诺书》;

(三)全体投资者(或全体发起人)或外商投资企业指定代表或者共同委托代理人的证明,包括授权委托书及被委托人的身份证明;

(四)外商投资企业投资者或法定代表人委托他人签署相关文件的证明,包括授权委托书及被委托人的身份证明(未委托他人签署相关文件的,无须提供);

(五)投资者主体资格证明或自然人身份证明(变更事项不涉及投资者基本信息变更的,无须提供);

(六)法定代表人自然人身份证明(变更事项不涉及法定代表人变更的,无须提供)。

前述文件原件为外文的,应同时上传提交中文翻译件,外商投资企业或其投资者应确保中文翻译件内容与外文原件内容保持一致。

第八条

外商投资企业的投资者在营业执照签发前已提交备案信息的,如投资的实际情况发生变化,应在营业执照签发后30日内向备案机构就变化情况履行变更备案手续。

第九条

经审批设立的外商投资企业发生变更,且变更后的外商投资企业不涉及国家规定实施准入特别管理措施的,应办理备案手续;完成备案的,其《外商投资企业批准证书》同时失效。

第十条

备案管理的外商投资企业发生的变更事项涉及国家规定实施准入特别管理措施的,应按照外商投资相关法律法规办理审批手续。

第十一条

外商投资企业或其投资者在线提交《设立申报表》或《变更申报表》及相关文件后,备案机构对填报信息形式上的完整性和准确性进行核对,并对申报事项是否属于备案范围进行甄别。属于本办法规定的备案范围的,备案机构应在3个工作日内完成备案。不属于备案范围的,备案机构应在3个工作日内在线通知外商投资企业或其投资者按有关规定办理,并通知相关部门依法处理。

备案机构发现外商投资企业或其投资者填报的信息形式上不完整、不准确,或需要其对经营范围作出进一步说明的,应一次性在线告知其在15个工作日内在线补充提交相关信息。提交补充信息的时间不计入备案机构的备案时限。如外商投资企业或其投资者未能在15个工作日内补齐相关信息,备案机构将在线告知外商投资企业或其投资者未完成备案。外商投资企业或其投资者可就同一设立或变更事项另行提出备案申请,已实施该设立或变更事项的,应于5个工作日内另行提出。

备案机构应通过综合管理系统发布备案结果,外商投资企业或其投资者可在综合管理系统中查询备案结果信息。

第十二条

备案完成后,外商投资企业或其投资者可凭外商投资企业名称预核准材料(复印件)或外商投资企业营业执照(复印件)向备案机构领取《外商投资企业设立备案回执》或《外商投资企业变更备案回执》(以下简称《备案回执》)。

第十三条

备案机构出具的《备案回执》载明如下内容:

(一)外商投资企业或其投资者已提交设立或变更备案申报材料,且符合形式要求;

(二)备案的外商投资企业设立或变更事项;

(三)该外商投资企业设立或变更事项属于备案范围;

(四)是否属于国家规定的进口设备减免税范围。

第三章　监督管理

第十四条

商务主管部门对外商投资企业及其投资者遵守本办法情况实施监督检查。

商务主管部门可采取抽查、根据举报进行检查、根据有关部门或司法机关的建议和反映的情况进行检查,以及依职权启动检查等方式开展监督检查。

商务主管部门与公安、国有资产、海关、税务、工商、证券、外汇等有关行政管理部门应密切协同配合,加强信息共享。商务主管部门在监督检查的过程中发现外商投资企业或其投资者有不属于本部门管理职责的违法违规行为,应及时通报有关部门。

第十五条

商务主管部门应当按照公平规范的要求,根据外商投资企业的备案编号等随机抽取确定检查对象,随机选派检查人员,对外商投资企业及其投资者进行监督检查。抽查结果由商务主管部门通过商务部外商投资信息公示平台予以公示。

第十六条

公民、法人或其他组织发现外商投资企业或其投资者存在违反本办法的行为的,可以向商务主管部门举报。举报采取书面形式,有明确的被举报人,并提供相关事实和证据的,商务主管部门接到举报后应当进行必要的检查。

第十七条

其他有关部门或司法机关在履行其职责的过程中,发现外商投资企业或其投资者有违反本办法的行为的,可以向商务主管部门提出监督检查的建议,商务主管部门接到相关建议后应当及时进行检查。

第十八条

对于未按本办法的规定进行备案,或曾有备案不实、对监督检查不予配合、拒不履行商务主管部门作出的行政处罚决定记录的外商投资企业或其投资者,商务主管部门可依职权对其启动检查。

第十九条

商务主管部门对外商投资企业及其投资者进行监督检查的内容包括:

(一)是否按照本办法规定履行备案手续;

(二)外商投资企业或其投资者所填报的备案信息是否真实、准确、完整;

(三)是否在国家规定实施准入特别管理措施中所列的禁止投资领域开展投资经营活动;

(四)是否未经审批在国家规定实施准入特别管理措施中所列的限制投资领域开展投资经营活动;

(五)是否存在触发国家安全审查的情形;

(六)是否伪造、变造、出租、出借、转让《备案回执》;

(七)是否履行商务主管部门作出的行政处罚决定。

第二十条

检查时，商务主管部门可以依法查阅或者要求被检查人提供有关材料，被检查人应当如实提供。

第二十一条

商务主管部门实施检查不得妨碍被检查人正常的生产经营活动，不得接受被检查人提供的财物或者服务，不得谋取其他非法利益。

第二十二条

商务主管部门和其他主管部门在监督检查中掌握的反映外商投资企业或其投资者诚信状况的信息，应记入商务部外商投资诚信档案系统。其中，对于未按本办法规定进行备案，备案不实，伪造、变造、出租、出借、转让《备案回执》，对监督检查不予配合或拒不履行商务主管部门作出的行政处罚决定的，商务主管部门应将相关诚信信息通过商务部外商投资信息公示平台予以公示。

商务部与相关部门共享外商投资企业及其投资者的诚信信息。

商务主管部门依据前二款公示或者共享的诚信信息不得含有外商投资企业或其投资者的个人隐私、商业秘密，或国家秘密。

第二十三条

外商投资企业及其投资者可以查询商务部外商投资诚信档案系统中的自身诚信信息，如认为有关信息记录不完整或者有错误的，可以提供相关证明材料并向商务主管部门申请修正。经核查属实的，予以修正。

对于违反本办法而产生的不诚信记录，在外商投资企业或其投资者改正违法行为、履行相关义务后3年内未再发生违反本办法行为的，商务主管部门应移除该不诚信记录。

第四章　法律责任

第二十四条

外商投资企业或其投资者违反本办法的规定，未能按期履行备案义务，或在进行备案时存在重大遗漏的，商务主管部门应责令限期改正；逾期不改正，或情节严重的，处3万元以下罚款。

外商投资企业或其投资者违反本办法的规定，逃避履行备案义务，在进行备案时隐瞒真实情况、提供误导性或虚假信息，或伪造、变造、出租、出借、转让《备案回执》的，商务主管部门应责令限期改正，并处3万元以下罚款。违反其他法律法规的，由有关部门追究相应法律责任。

第二十五条

外商投资企业或其投资者未经审批在国家规定实施准入特别管理措施所列的限制投资领域开展投资经营活动的，商务主管部门应责令限期改正，并处3万元以下罚款。违反其他法律法规的，由有关部门追究相应法律责任。

第二十六条

外商投资企业或其投资者在国家规定实施准入特别管理措施所列的禁止投资领域开展投资经营活动的，商务主管部门应责令限期改正，并处3万元以下罚款。违反其他法律法规的，由有关部门追究相应法律责任。

第二十七条

外商投资企业或其投资者逃避、拒绝或以其他方式阻挠商务主管部门监督检查的，由商务主管部门责令改正，可处1万元以下的罚款。

第二十八条

有关工作人员在备案或监督管理的过程中滥用职权、玩忽职守、徇私舞弊、索贿受贿的，依法给予行政处分；构成犯罪的，依法追究刑事责任。

第五章　附则

第二十九条

本办法实施前商务主管部门已受理的外商投资企业设立及变更事项，未完成审批且属于备案范围的，审批程序终止，外商投资企业或其投资者应按照本办法办理备案手续。

第三十条

外商投资事项涉及反垄断审查的，按相关规定办理。

第三十一条

外商投资事项涉及国家安全审查的，按相关规定办理。备案机构在办理备案手续或监督检查时认为该外商投资事项可能属于国家安全审查范围，而外商投资企业的投资者未向商务部提出国家安全审查申请的，备案机构应及时告知投资者向商务部提出安全审查申请，并暂停办理相关手续，同时将有关情况报商务部。

第三十二条

投资类外商投资企业（包括投资性公司、创业投资企业）视同外国投资者，适用本办法。

第三十三条

香港特别行政区、澳门特别行政区、台湾地区投资者投资不涉及国家规定实施准入特别管理措施的，参照本办法办理。

第三十四条

香港服务提供者在内地仅投资《〈内地与香港关于建立更紧密经贸关系的安排〉服务贸易协议》对香港开放的服务贸易领域，澳门服务提供者在内地仅投资《〈内地与澳门关于建立更紧密经贸关系的安排〉服务贸易协议》对澳门开放的服务贸易领域，其公司设立及变更的备案按照《港澳服务提供者在内地投资备案管理办法（试行）》办理。

第三十五条

商务部于本办法生效前发布的部门规章及相关文件与本办法不一致的，适用本办法。

第三十六条

自由贸易试验区、国家级经济技术开发区的相关机构依据本办法第三章和第四章，对本区域内的外商投资企业及其投资者遵守本办法情况实施监督检查。

第三十七条

本办法自公布之日起施行。《自由贸易试验区外商投资备案管理办法（试行）》（商务部公告2015年第12号）同时废止。

**外商投资企业设立及变更备案监督检查指引**

一、为加强对不涉及国家规定实施准入特别管理措施的外商投资企业设立及变更事中事后监管，规范对外商投资企业及其投资者的监督检查工作，依据《外商投资企业设立及变更备案管理暂行办法》（以下简称《备案办法》）及相关法律、行政法规及国务院文件，制定本指引。

二、本指引所称外商投资企业设立及变更备案监督检查（以下简称监督检查），是指商务主管部门和依据《备案办法》第三十六条行使监督检查职能的自由贸易试验区、国家级经济技术开发区的相关机构（以下统称检查机构）对本区域内外商投资企业及其投资者(以下简称检查对象)遵守《备案办法》的情况进行检查,并对违反《备案办法》的行为实施行政处罚的活动。其中,商务部负责指导全国范围内监督检查工作,其他检查机构负责在本区域内组织、开展监督检查工作。

检查机构进行监督检查应以随机抽查为主。此外,可应举报、根据有关部门或司法机关建议和反映情况,或依职权启动检查。

三、监督检查应坚持以下原则:

依法监管原则。严格执行有关法律法规,规范监管行为,落实监管责任,确保事中事后监管依法有序进行。

公正透明原则。坚持检查事项公开、程序公开、结果公开,保障检查对象权利平等和机会平等。

协同高效原则。建立健全协同监管与信息共享机制,形成监管合力,提高监管效率。

谁检查谁反馈原则。检查机构负责向被检查对象反馈各自实施的检查结果。

四、检查机构应在外商投资综合管理信息系统(以下简称综合管理系统)中建立监督检查人员名录库,监督检查人员应具有行政执法资格。

采取随机抽查方式进行监督检查的,检查机构应根据本区域外商投资企业设立及变更备案的具体情况制定年度抽查计划,确定抽查频率和抽查比例。原则上抽查频率应不少于每年度两次。检查机构应通过综合管理系统随机抽取监督检查人员和检查对象。执行每次检查任务的工作人员应不少于2人。随机抽取的检查人员中,与检查对象有利害关系的,应依法回避。检查人员现场监督检查应佩戴执法标识,出示"行政执法证"。

抽查分为不定向抽查和定向抽查。不定向抽查指检查机构按照公平、规范的要求,根据外商投资企业的备案编号,按照不少于3%的比例随机抽取本区域内的企业,生成抽查名单,对名单内检查对象遵守《备案办法》的情况进行检查。定向抽查指检查机构按照外商投资企业投资规模、所属行业、地理区域等特征,以适当比例随机抽取本区域内企业,生成抽查名单,对名单内检查对象遵守《备案办法》的情况进行检查。

随机抽取的检查对象中,在最近一次检查中未发现违法违规及违反《备案办法》行为,且两次检查期间内未发生需办理备案手续的变更事项的,可不列入本次抽查名单。对于投诉举报多、列入经营异常名录或有严重违法记录等情况的检查对象,以及涉及群众生命财产安全的特殊行业、重点区域的检查对象,不受限制。

五、公民、法人或其他组织发现外商投资企业或其投资者存在违反《备案办法》行为的,可以向检查机构举报。检查机构应公布举报受理方式(电话号码、电子邮件及邮寄地址等)。采取书面形式并实名举报,并提供相关事实和证据的,检查机构接到举报后应及时进行必要的检查,并将检查结果书面反馈举报人。

六、有关部门或司法机关在履行其职责的过程中,发现外商投资企业或其投资者有违反《备案办法》行为的,可以向检查机构提出监督检查建议。检查机构接到相关建议后应当及时进行检查,并将检查结果反馈有关部门或司法机关。

七、对于未按《备案办法》规定进行备案,或曾有备案不实、对监督检查不予配合、拒不履行检查机构作出的行政处罚决定记录的外商投资企业或其投资者,检查机构可依职权对其启动检查。

其中应备案而未按《备案办法》规定进行备案的,检查机构应通过信息共享机制定期比对工商市场主体登记注册信息与外商投资企业备案信息,发现问题后可对相关企业启动检查。

八、检查机构依照《备案办法》第十九条规定的监督检查内容进行现场查验或书面检查,应至少提前3个工作日向检查对象下达《外商投资企业设立及变更备案检查通知》,并告知检查时需查阅或要求提交的文件材料。

九、检查机构应在现场查验或收到检查对象提交的全部备查材料后20个工作日内将检查结果书面告知检查对象。

十、检查机构应制作检查工作记录表,如实记载检查情况,并将有关内容记入商务部外商投资诚信档案系统。

十一、检查对象存在《备案办法》第四章第二十四条、二十五条、二十六条、二十七条中所列行为的,检查机构应根据具体情况责令其在1~30个工作日内予以改正;符合罚款条件的,可依据相关规定对其作出罚款处罚。实施罚款应符合《行政处罚法》的有关规定。相关处罚情况将通过商务部外商投资信息公示平台予以公示。

十二、检查机构应发挥协同监管作用,对于监督检查过程中发现的检查对象可能存在不属于本部门管理职责的违法违规行为和监督检查结果,应及时通报公安、国有资产、海关、税务、工商、证券、外汇等相关监管部门,并按照国家社会信用信息平台建设的总体要求,通过商务部外商投资诚信档案系统与相关监管部门共享相关信息。

十三、对于因违反《备案办法》而公示的不诚信记录,检查对象改正违法违规行为,且在履行相关义务后3年内未再发生违反《备案办法》行为的,检查机构应在公示平台中移除该不诚信记录。

十四、各省、自治区、直辖市、计划单列市、新疆生产建设兵团、副省级城市的商务主管部门,以及各自由贸易试验区、国家级经济技术开发区的相关机构可依据本指引制定本区域监督检查实施细则,并抄报国务院商务主管部门。

十五、《外商投资企业设立及变更备案检查通知》》样式由国务院商务主管部门统一制定。

十六、《港澳服务提供者在内地投资备案管理办法(试行)》的监督检查工作参照本指引执行。

## 中国2017年出口许可证管理货物目录和进口许可证管理货物目录

依据《中华人民共和国对外贸易法》《中华人民共和国货物进出口管理条例》《消耗臭氧层物质管理条例》和有关规章,中国商务部、海关总署于2016年12月30日公布《2017年出口许可证管理货物目录》(以下简称为目录),自2017年1月1日起执行。中国商务部、海关总署2015年12月29日发布的《2016年出口许可证管理货物目录》同时废止。

依据《中华人民共和国对外贸易法》《中华人民共和国货物进出口管理条例》《消耗臭氧层物质管理条例》和《重点旧机电产品进口管理办法》,中国商务部、海关总署、质检总局于2016年12月30日公布《2017年进口许可证管理货物目录》,自2017年1月1日起执行。中国商务部、海关总署、质检总局2015年12月30日公布的《2016年进口许可证管理货物目录》同时废止。

有关事项公告如下：

一、列入目录的货物有44种，分别属于出口配额或出口许可证管理。

（一）属于出口配额管理的货物为：活牛（对港澳出口）、活猪（对港澳出口）、活鸡（对港澳出口）、小麦、玉米、大米、小麦粉、玉米粉、大米粉、甘草及甘草制品、蔺草及蔺草制品、磷矿石、煤炭、原油、成品油（不含润滑油、润滑脂、润滑油基础油）、锯材、棉花、白银。

出口本款所列上述货物的，需按规定申请取得配额（全球配额或国别、地区配额），凭配额证明文件申领出口许可证。其中，出口甘草及甘草制品、蔺草及蔺草制品的，需凭配额招标中标证明文件申领出口许可证。

（二）属于出口许可证管理的货物为：活牛（对港澳以外市场）、活猪（对港澳以外市场）、活鸡（对港澳以外市场）、牛肉、猪肉、鸡肉、天然砂（含标准砂）、矾土、镁砂、滑石块（粉）、氟石（萤石）、稀土、锡及锡制品、钨及钨制品、钼及钼制品、锑及锑制品、焦炭、成品油（润滑油、润滑脂、润滑油基础油）、石蜡、部分金属及制品、硫酸二钠、碳化硅、消耗臭氧层物质、柠檬酸、维生素C、青霉素工业盐、铂金（以加工贸易方式出口）、铟及铟制品、摩托车（含全地形车）及其发动机和车架、汽车（包括成套散件）及其底盘等。其中，对向港、澳、台地区出口的天然砂实行出口许可证管理，对标准砂实行全球出口许可证管理。

消耗臭氧层物质的货样广告品需凭出口许可证出口。企业以一般贸易、加工贸易、边境贸易和捐赠贸易方式出口汽车、摩托车产品，需申领出口许可证，并符合申领许可证的条件；企业以工程承包方式出口汽车、摩托车产品，需凭中标文件等相关证明材料申领出口许可证；企业以上述贸易方式出口非原产于中国的汽车、摩托车产品，需凭进口海关单据和货物出口合同申领出口许可证；其他贸易方式出口汽车、摩托车产品免予申领出口许可证。

（三）以边境小额贸易方式出口以招标方式分配出口配额的货物和属于出口许可证管理的消耗臭氧层物质、摩托车（含全地形车）及其发动机和车架、汽车（包括成套散件）及其底盘等货物的，需按规定申领出口许可证。以边境小额贸易方式出口属于出口配额管理的货物的，由有关地方商务主管部门（省级）根据商务部下达的边境小额贸易配额和要求签发出口许可证。以边境小额贸易方式出口本款上述以外的列入目录的货物，免于申领出口许可证。

（四）铍及铍合金（颗粒 $<500\mu m$）、钨及钨合金（颗粒 $<500\mu m$）、锆、铍的出口免于申领出口许可证，但需按规定申领两用物项和技术出口许可证。

（五）我国政府对外援助项下提供的目录内货物不纳入出口配额和出口许可证管理。

二、对玉米、大米、钨及钨制品、锑及锑制品、煤炭、原油、成品油、棉花、白银等货物实行出口国营贸易管理。

继续暂停对润滑油（27101991）、润滑脂（27101992）和润滑油基础油（27101993）一般贸易出口的国有贸易管理，实行出口许可证管理。企业凭货物出口合同申领出口许可证，海关凭出口许可证验放。其他贸易方式下出口管理仍按商务部、发展改革委、海关总署2008年第30号公告执行。

三、加工贸易项下出口目录内货物的，按以下规定执行：

（一）以加工贸易方式出口属于配额管理的货物，凭配额证明文件、有效期内的《加工贸易企业经营状况及生产能力证明》和货物出口合同申领出口许可证。其中，出口以招标方式分配配额的货物，凭有效期内的《加工贸易企业经营状况及生产能力证明》、配额招标中标证明文件、海关加工贸易进口报关单和货物出口合同申领出口许可证。

（二）以加工贸易方式出口属于出口许可证管理的货物，凭有效期内的《加工贸易企业经营状况及生产能力证明》、有关批准文件、海关加工贸易进口报关单和货物出口合同申领出口许可证。其中，申领白银出口许可证需加验商务部批件；加工贸易项下出口成品油（润滑油、润滑脂和润滑油基础油）需凭有效期内的《加工贸易企业经营状况及生产能力证明》、海关加工贸易进口报关单和省级商务主管部门申请函申领出口许可证。加工贸易项下出口成品油（不含润滑油、润滑脂、润滑油基础油）免于申领出口许可证。

四、为实施出口许可证联网核销，对不属于“一批一证”制的货物，出口许可证签发时应在备注栏内填注“非一批一证”。在出口许可证有效期内，“非一批一证”制货物可以多次报关使用，但最多不超过12次。12次报关后，出口许可证即使尚存余额，海关也停止接受报关。属于“非一批一证”制的货物为：

1. 外商投资企业出口货物；
2. 加工贸易方式出口货物；
3. 补偿贸易项下出口货物；
4. 小麦、玉米、大米、小麦粉、玉米粉、大米粉、活牛、活猪、活鸡、牛肉、猪肉、鸡肉、原油、成品油、煤炭、摩托车（含全地形车）及其发动机和车架、汽车（包括成套散件）及其底盘。

消耗臭氧层物质的出口许可证管理实行“一批一证”制，出口许可证在有效期内一次报关使用。

五、为维护对外贸易秩序，对目录内部分货物实行指定口岸报关出口。

（一）甘草出口的报关口岸指定为天津海关、上海海关、大连海关；甘草制品出口的报关口岸指定为天津海关、上海海关。

（二）镁砂项下产品“按重量计含氧化镁70%以上的混合物”（海关商品编码为3824909200）的出口不再指定报关口岸，镁砂项下其他产品的出口指定大连（大窑湾、营口、鲅鱼圈、丹东、大东港、庄河）、青岛（莱州海关）、天津（东港、新港）、长春（图们）、满洲里为报关口岸。

（三）稀土出口的报关口岸指定为天津海关、上海海关、青岛海关、黄埔海关、呼和浩特海关、南昌海关、宁波海关、南京海关和厦门海关。

（四）锑及锑制品出口的报关口岸指定为黄埔海关、北海海关、天津海关。

（五）对台港澳地区出口天然砂的报关口岸限定于企业所在省的海关。

具体2017年出口许可证管理货物目录见中国商务部网站：http：//www. mofcom. gov. cn /article /b /c /201701 / 20170102462050. shtml.

2017年进口许可证管理货物目录见中国商务部网站：http：//www. mofcom. gov. cn /article /b /c /201612 / 20161202454765. shtml.

# 文莱投资贸易指南

## 一、对外贸易法规和政策规定

### （一）贸易主管部门

文莱对外贸易主管部门为文莱外交与贸易部，其主要职责是：参与对外贸易谈判、商签自由贸易区协定、对外贸易促进等。文莱营商环境的改善由文莱首相府能源与工业局负责。

### （二）贸易法规体系

文莱与贸易相关的主要法律包括海关法、消费法以及一系列涉及食品安全和清真要求的法规。2001 年和 2006 年分别颁布证券法和银行法。2010 年出台清真药品、保健品生产认证标准。2015 年颁布《竞争法》，2016 年颁布《破产法》《公司法修正案》。

### （三）贸易管理相关规定

文莱实行自由贸易政策，除少数商品受许可证、配额等限制外，其余商品均放开经营。

1. 进口管理。出于环境、健康、安全和宗教方面的考虑，文莱海关对少数商品实行进口许可管理。植物、农作物和牲畜、蔬菜、水果、蛋须由农业局签发进口许可证（植物不能带土），军火、爆炸物、鞭炮、废金属等由皇家警察局发证，印刷品、出版物、电影、宗教书籍等由皇家警察局、伊斯兰宣教中心和内安局发证，木材由林业局发证，大米、食糖、盐由信息技术和国家储备局发证，二手车及非机动车由皇家海关、陆路交通局发证，电话装置、无线电设备由通讯局发证，药品由卫生部发证，清真食品以及新鲜、冷藏、冷冻的肉类由清真进口许可证理事会、卫生部、农业局、皇家海关发证，广播设备由首相府发证，鱼、虾、贝类、水生物及捕鱼设备由海业局发证，文莱制造或发掘的文物，由文莱博物局发证。

**文莱与贸易相关的主要法规**

| 法规名称 | 主要内容 |
|---|---|
| 海关法及相关规定（2006） | 有关海关规定。包括特别关税、关税返还、对违反规定的处罚等 |
| 进口商品估价规定（2001） | 根据世贸规则明确海关估价 |
| （1）东盟通用特别关税条例（2005）<br>（2）中国—东盟全面经济合作框架协议下东盟—中国早期收获计划商品关税条例（2005）<br>（3）中国—东盟全面经济合作框架协议下海关货物贸易协议（2006） | 实施有关东盟贸易协议 |
| 公司法（1957） | 公司注册法规等 |
| 证券法（2001） | 政府间金融往来、为经营商及有关个人在管理和交易证券方面提供建议 |
| 银行法（2006） | 银行执照 |
| 投资促进法（2001） | 投资领域 |
| 清真肉类法 | 规范清真肉类产品的进口和市场供应 |
| 商标法（2000） | 商品 |
| 公共卫生（食品）条例（2001）及公共卫生（食品）2002） | 食品安全 |
| 破产法（2016） | 企业破产保护及相关处理规定 |
| 竞争法（2015） | 企业市场竞争相关规定 |
| 清真医药制品、传统药品及保健品生产与处理指引（2010） | 清真药品、保健品的生产、认证标准 |

资料来源：文莱检查总署

没有商业价值的样品可免税进口，有商业价值的样品进口，需交抵押金，如果样品在 3 个月内出境，可退还抵押金。

禁止进口商品包括：鸦片、海洛因、吗啡、淫秽品、印有钞票式样的印刷品等。

酒精饮料进口受到严格限制。

2. 出口限制。除了对石油、天然气出口控制，对动物、植物、木材、大米、食糖、食盐、文物、军火等少数物品实行出口许可证管理，其他商品出口管制很少。

### （四）进出口商品检验检疫

文莱公共卫生（食品）条例规定所有食品，无论是进口产品还是本地产品，都要安全可靠，具有良好品质，符合伊斯兰教清真食品的要求，尤其对肉类的进口实行严格的清真检验。对于某些动植物产品，如牛肉、家禽，需提交卫生检疫证书，进口食用油不能有异味、不含任何矿物油，动物脂肪须来自在屠宰时身体健康的牲畜并适合人类食用，动物脂肪和食用油须是单一形式，不能将两种或多种脂肪和食用油混合。脂肪和食用油的包装标签上不得有"多不饱和的"字眼或相似字眼。非食用的动物脂肪须出具消毒证明。进口活动物必须有兽医证明。

大豆奶应是从优质大豆中提取的液体食品，可包括糖、无害的植物物质，除了允许的稳定剂、氧化剂和化学防腐剂外，不得含有其他的物质，并且其蛋白质含量不少于2% 等。

此外，该条例对食品添加剂、包装以及肉类产品、鱼类产品、调味品、动物脂肪和油、奶产品、冰淇淋、糖与干果、水果、茶、咖啡、无酒饮料、香料、粮食等，都规定了相应的技术标准、对食品的生产日期、保质期、食品容器及农药最大残留量、稳定剂、氧化剂、防腐剂等都有明确的规定。

### （五）海关管理规章制度

1. 管理制度。2006 年新《海关条例》对特别关税、关税返还、处罚方式等做了规定。

2. 关税税率。对东盟成员国产品的关税税率大部分在 0～5% 之间。对食品类及大部分建筑材料和工业机械免征进口税，电器类商品及香水、化妆品、地毯、珠宝、水晶灯、丝绸、运动器材等征收 5% 的进口税，汽车征收 20% 的进口税，烟和酒精饮料有特别税率。

自 2010 年中国—东盟自由贸易区正式建成以来，文莱对中国商品关税逐年下降，部分非敏感产品关税在 2012 年已降至 0，一般敏感产品关税已降至 20% 以下。文莱总体关税税率很低，对极少商品如香烟等商品的进口关税略高于对东盟成员国的关税。

## 二、对外国投资的市场准入

### （一）投资主管部门

文莱外资项目审批及协调落实工作由利用外资及下游产业投资指导委员会及其常设办事机构外资行动与支持中心负责。外资项目用地及落地后的管理服务工作由达鲁萨企业负责。对外招商引资由文莱经济发展局负责。

（二）投资行业的规定

1. 禁止的行业。包括武器、毒品及与伊斯兰教义相悖的行业等。

2. 限制的行业。林业不对外资开放。

3. 鼓励的行业。包括化工、制药、制铝、建筑材料及金融业等行业。2001 年投资促进法将部分产业纳入先锋行业，投资享受税收优惠，以吸引外来投资。

（三）投资方式的规定

文莱对大部分行业外资企业投资没有明确的本地股份占比规定，对外国自然人投资也没有特殊限制，仅要求公司董事至少 1 人为当地居民。外资在文莱投资可成立有限公司、公众公司或办事处，但文莱本地工程一般仅向本地私人公司发放。文莱经济以油气资源产业为支柱，其他产业尚不发达，因此，外国直接投资以绿地投资为主。

外资并购文莱企业的案例极少，具体操作时应向有关主管部门充分咨询过户手续及审批期限，必要时可寻求中国驻文莱使馆经商处协助。

（四）特殊经济区域的规定

文莱政府在国内共划出 8 个工业区以吸引外国投资。其中双溪岭工业区（Sungai Liang Industrial Site）是最主要的工业区，规划面积 283 公顷，主要用于油、气下游和高科技产业。在该区最大的外来投资项目是日本投资的甲醇厂项目，总投资 6 亿美元，设计产能 85 万吨，2010 年 5 月第一批产品出口中国。

**文莱 8 个工业区**

| 工业区名称 | 规划面积（公顷） | 主要用途 |
| --- | --- | --- |
| PMBIS/and（大摩拉岛） | 955 | 化工产业园区、大型造船维修厂、综合海洋供给基地 |
| Salam bigar（萨兰碧加） | 137.2 | 轻工业、水产养殖加工 |
| Rimba（林巴） | 15 | 高新电子产业 |
| Bukit Panagal（蓬加山） | 50 | 高能耗产业 |
| Telisai（特里塞） | 3000 | 种养殖业 |
| BIC（生物创新走廊） | 500 | 清真食品药品加工 |
| Sungai Liang（双溪岭工业区） | 283 | 石化产业中心 |
| Anggerek Desa（安格列克） | 50 | 科技园，计算机产业 |

资料来源：文莱经济发展局

## 三、对外国投资的优惠

（一）优惠政策框架

文莱政府于 1975 年颁布投资促进法，2001 年在该法基础上颁布新的投资促进法令，延长了对部分鼓励投资产业的税收优惠期。

（二）行业鼓励政策

根据投资促进法，在以下产业投资享受税收优惠：

1. 先锋产业。即有限责任公司达到以下要求：（1）符合公众利益；（2）该产业文莱未达到饱和程度；（3）具有良好发展前景，产品应具有该产业的领先性，可以获得先锋产业资格证书，并享受以下优惠：免收所得税；免 30% 的公司税；免公司进口机器、设备、零部件、配件及建筑构件的进口税；免原材料进口税；为生产先锋产品而进口的原材料免征进口税；可以结转亏损和津贴。先锋产品包括：航空食品、搅拌混凝土、制药、铝材板、轧钢设备、化工、造船、纸巾、纺织品、听装、瓶装和其他包装食品、家具、玻璃、陶瓷、胶合板、塑料及合成材料、肥料和杀虫剂、玩具、工业用气体、金属板材、工业电气设备、供水设备、宰杀、加工清真食品、废品处理工业、非金属矿产品制造。

**先锋产业的免税期（从生产日开始计算）**

| 注册资本金额 | 免税期 |
| --- | --- |
| 50 万～250 万文元 | 5 年 |
| 250 万文元以上 | 8 年 |
| 高科技园区内 | 11 年 |
| 免税期延长 | 每次 3 年，总共不超过 11 年 |
| （高新区）免税期延长 | 每次 5 年，总共不超过 20 年 |

2. 先锋服务公司。即符合公众利益，并从事以下经营活动的公司：涉及实验、顾问和研发的工程技术服务、计算机信息服务和其他相关服务、工业设计的开发和生产、休闲和娱乐的服务、出版、教育产业、医疗服务、有关农业技术的服务、有关提供仓储设备的服务、组织展览和会议的服务、金融服务、商业顾问、管理和职业服务、风险资本基金业务、物流运作和管理、运作管理私人博物馆、部长指定的其他服务和业务，可享受免所得税以及可结转亏损和补贴待遇。免税期 8 年，可延长，但不超过 11 年。

3. 出口型生产企业。即从事农业、林业或渔业的企业，若产品出口不低于其销售总额的 20%，且年出口额不低于两万文元，文莱工业与初级资源部可认定其为出口型生产企业并颁发证书。出口型企业申请续期每次不超过 5 年，最长不超过 20 年。

出口型生产企业中，非先锋企业可免税 8 年；先锋企业可免税 6 年；续期总共不超过 11 年。出口型生产企业如果满足下列条件之一，可获 15 年免税期：一经或者将要发生不低于 5000 万文元的固定资产开支；固定资产开支在 50 万文元以上、5000 万文元以下，本地公民或持居留证许可人士占股 40% 以上，且该企业已经或将要促进文莱经济或科技发展。

出口型生产企业免税范围包括：所得税；机器设备、零部件、配件或建筑结构的进口税；原材料进口税。

4. 服务出口企业。企业出口下列服务，自服务提供日起最长可获得 11 年的免除所得税及抵扣补贴与亏损的待遇：建筑、分销、设计及工程服务；顾问、管理监督、咨询服务；机械设备装配以及原材料、零部件和设备采购；数据处理、编程、计算机软件开发、电信及其他信息通信技术服务；会计、法律、医疗、建筑等专业服务；教育、培训；文莱工业与初级资源部认可的其他服务。

5. 国际贸易企业。即从事国际贸易的行业，只要符合下列条件之一，自开始进出口业务之日起可获得 8 年的免税期。（1）从事合格制成品或文莱本地产品国际贸易的年出口额超过或有望超过 300 万文元；（2）从事合格商品转口贸易的年出口额超过或有望超过 500 万文元。

（三）地区鼓励政策

文莱暂无地区鼓励政策。

## 四、外国企业在文莱获得土地的规定

（一）文莱土地法的主要内容

按照文莱《土地法》，土地归国王所有，国民可以购买使用。但是土地使用需要经过土地规划管理部门的规划，经过规划的土地方可使用。土地规划的有效期满后，使用者是否可以继续使用该土地，须由法院裁定。

（二）外资企业获得土地的规定

文莱法律规定，外国人在文莱不能获得土地所有权和买卖权，外国人和侨民只能租用土地。外国直接投资者可以购买分层产权房产。2014 年 5 月，文莱经济发展局与中国葫芦岛市钢管工业有限公司签署土地租赁协议。2016 年年初，文莱推出网上土地交易系统，可在网上平台办理土地所有权过户、土地租赁、延长土地租期等业务。

## 五、环境保护的法律规定

（一）环保管理部门

文莱政府主管环境保护的部门是环境、园林及公共娱乐局（Jabatab Alam Sekitar Taman Rekreasi），又称 JASTRE，隶属发展部。主要职责是：开展环境管理和保护，以提高民众生活质量，推动国家经济发展和繁荣。主要职能包括：环境保护，风景区、公园及公共娱乐设施建设与管理，垃圾管理以及国际环境领域合作等。

（二）文莱主要环保法律法规名称

文莱《环境保护与管理法 2016》已进入刊登政府公报前的最后审核阶段。《有害废弃物（出口与转运控制）法 2013》正在刊登政府公报《文莱工业发展污染控制准则》已于 2002 年颁布实施。

（三）环保法律法规基本要点

1. 投资商应在项目计划初期对环境因素予以考虑。包括项目位置、采用清洁技术、污染控制措施、废物监管等。

2. 项目发展商需提供的说明材料。（1）将在项目场地上开展的贸易及加工；（2）申请人将为控制土地、空气、水及噪音污染采取的措施；（3）废料的管理和处理等；（4）全面的环境影响评估报告。

（四）环保评估相关规定

自 2010 年起，文莱新建工程项目必须通过环境评估。企业需要聘请专门机构进行环境评估，并向文莱发展部环境与公园司提交环境评估报告，评估费用根据项目规模而定。文莱正在考虑针对能源行业实施更高的环保标准。

## 六、保护知识产权规定

（一）有关知识产权保护的法律规定

文莱知识产权法正在草拟中。文莱的新商标法律《1999 年紧急（商标）条规》于 2000 年 6 月 1 日生效。文莱目前是世界贸易组织（WTO）的成员，已加入世界知识产权组织（WIPO），但尚未加入《商标国际注册马德里协定》等有关商标保护的国际条约。

有关知识产权保护的具体规定可与文莱高等法院和总检察署联系。

（二）知识产权侵权的相关处罚规定

文莱法律规定，违反知识产权保护规章的行为，受法律制裁，具体可向文莱总检察长署咨询及购买相关文件。

（三）与投资合作相关的主要法律

与投资相关的法律包括《合同法》《土地法》以及《投资促进法》。各项法规可通过文莱检察总署网站查询。

## 七、对中国企业投资合作的保护政策

（一）中国与文莱签署双边投资保护协定

2000 年中国与文莱签订《鼓励和相互保护投资协定》，并于 2004 年签署《促进贸易、投资和经济合作谅解备忘录》。

（二）中国与文莱签署避免双重征税协定

2004 年中国与文莱签订《避免双重征税和防止偷漏税的协定》。

（三）中国与文莱签署的其他协定

包括：《民用航空运输协定》（1993 年）、《卫生合作谅解备忘录》（1996 年）、《文化合作谅解备忘录》（1999 年）、《中国公民自费赴文旅游实施方案的谅解备忘录》（2000 年）、《最高人民检察院和文莱达鲁萨兰国总检察署合作协议》（2002 年）、《高等教育合作谅解备忘录》（2004 年）、《最高法院合作谅解备忘录》（2004 年）、《旅游合作谅解备忘录》（2006 年）。

（四）其他相关保护政策

文莱是《区域全面经济关系协议（RCEP）》成员之一，《区域全面经济关系协议（RCEP）》的成员国之一，该协议完成谈判后将为成员间的投资提供更多便利和保护。

# 柬埔寨投资贸易指南

## 一、对外贸易法规和政策规定

（一）贸易主管部门

柬埔寨商业部为柬埔寨贸易主管部门。

（二）贸易法规体系

柬埔寨与贸易相关的法律法规主要包括《进出口商品关税管理法》《关于制衣行业原产地证书、商业发票、出口许可证核发的规定》《关于商业公司贸易行为的规定》《关于实施装运前检验服务的规定》《加入世界贸易组织法》《关于风险管理的次法令》《关于成立海关与税收署风险管理办公室的规定》等。

（三）贸易管理的相关规定

柬埔寨商业部负责出口审批和免税进口核准手续。在多数情况下，进口货物无须许可证。但部分产品需要获得相关政府部门特别出口授权或许可后方可出口。

1. 出口优惠。2016 年，柬埔寨上升为中等偏下收入国家，目前欧盟在“除军火外所有商品倡议”下，给予柬埔寨除军火外几乎所有产品零关税的待遇，美国给予柬埔寨普惠制待遇。

2. 出口商品当地含量及原产地原则。柬埔寨目前无当地含量要求，即不限制使用进口原材料、零部件（对健康、环境或社会有害的原材料、零部件除外）。在柬埔寨，出口商应重视普惠制的原产地规则要求。普惠制下出口至美国的产品，原产地规则对当地含量的最低要求为 35%（符合条件的东盟成员国，即柬埔寨、泰国、印尼和菲律宾，在原产地规则要求中视为同一国家）。在“除军火外所有商品倡议”下，原产地规则要求出口产品至少有 40% 的含量出自出口国。

3. 出口优惠、限制。根据投资法修正法，由柬埔寨投资委员会批准的出口型合格投资项目可享受免税期或特别折旧。其出口产品增值税享受退税或贷记出口产品的原材料。禁止或严格限制出口的产品包括文物、麻醉品和有毒物质、原木、贵重金属和宝石、武器等。半成品或成品木材制品、橡胶、生皮或熟皮、鱼类(生鲜、冷冻或切片)及动物活体需交纳10%的出口税。服装出口需向商业部缴纳管理费普惠制下服装出口至美国或欧盟的,需获得出口许可证。2013年年初,柬埔寨政府明令禁止红木的贸易和流通。

4. 免税进口。根据投资法修正法,由柬埔寨投资委员会批准的出口型合格投资项目可免税进口生产设备、建筑材料、原材料和生产设备附件。为取得生产用原材料免税进口批件,进口公司应每年向柬埔寨投资委员会申报拟进口材料的数量和价值。

(四)进出口商品检验检疫

柬埔寨财经部海关与关税署、商业部进出口检验与反欺诈局联合负责进出口商品检验。检验地点为工厂或进出口港口。柬埔寨全部进出口货物均接受检验,政府正计划逐年降低检验比率。价值5000美元或以上的进口货物,在出口国进行装运前检验。检验报告和其他装船前检验文件将被递交柬埔寨海关,货物抵达柬埔寨后,货主凭检验单据到海关交纳税款并提出货物。

(五)海关管理规章制度

1. 管理制度。柬埔寨政府近年来不断改进海关管理制度,致力于实现简洁、高效、透明和可预测的海关管理。

2006年,柬埔寨起草完成并通过《关于通过风险管理实施贸易便利化的次法令》,准备实施基于贸易商档案数据的风险管理系统,即通过利用电脑系统分析贸易商档案数据、商品和/或原产地进行海关监管。为此,柬埔寨政府还采用计算机化海关清关综合系统——自动海关数据系统。

此外,为简化海关程序,政府决定推行使用“海关一站式服务系统”,并计划在西哈努克港安装自动海关数据系统终端。柬埔寨政府希望借此减轻贸易活动的行政负担,并减少腐败滋生的机会。

2. 关税税率。除天然橡胶、宝石、半成品或成品木材、海产品、沙石等5类产品外,一般出口货物不需缴纳关税。所有货物在进入柬埔寨时均应缴纳进口税,投资法或其他特殊法规规定享受免税待遇的除外。进口关税主要由四种汇率组成:7%、15%、35%和50%。

在东盟自由贸易协定的共同有效关税体制下,从东盟其他成员国进口、满足原产地规则规定的产品可享受较低的关税税率。按照整体关税减让时间表规定,到2010年,除少数特例商品外,柬埔寨关税税率降至0~5%。

## 二、外国投资市场准入规定

(一)投资主管部门

柬埔寨发展理事会是唯一负责重建、发展和投资监管事务的一站式服务机构,由柬埔寨重建和发展委员会和柬埔寨投资委员会组成。该机构负责对全部重建、发展工作和投资项目活动进行评估和决策,批准投资人注册申请的合格投资项目,并颁发最终注册证书。

但对于下列条件的投资项目,需提交内阁办公厅批准:(1)投资额超过5000万美元;(2)涉及政治敏感问题;(3)矿产及自然资源的勘探与开发;(4)可能对环境产生不利影响;(5)基础设施项目,包括BOT、BOOT、BOO和BLT项目;(6)长期开发战略。

(二)投资行业的规定

柬埔寨政府视外国直接投资为经济发展的主要动力。柬埔寨无专门的外商投资法,对外资与内资基本给予同等待遇,其政策主要体现在《投资法》(本法于1994年8月4日柬埔寨王国第一届国会特别会议通过,1997年、1999年两度修订)及其《修正法》(2003年2月3日柬埔寨王国第二届国会通过)等相关法律规定中。

1. 鼓励投资的领域。《投资法》十二条规定,柬埔寨政府鼓励投资的重点领域包括:创新和高科技产业、创造就业机会、出口导向型、旅游业、农工业及加工业、基础设施及能源、各省及农村发展、环境保护等,在依法设立的特别开发区投资。投资优惠包括免征全部或部分关税和赋税。

2. 限制投资领域。《投资法修正法实施细则》(2005年9月27日颁布)列出禁止柬埔寨和外籍实体从事的投资活动,包括:神经及麻醉物质生产及加工;使用国际规则或世界卫生组织禁止使用、影响公众健康及环境的化学物质生产有毒化学品、农药、杀虫剂及其他产品;使用外国进口废料加工发电;《森林法》禁止森林开发业务;法律禁止的其他投资活动。

此外,该细则还列出了“不享受投资优惠的投资活动”和“可享受免缴关税,但不享受免缴利润税的特定投资活动”。

3. 对外国公民的限制。《投资法》对土地所有权和使用做出规定:(1)用于投资活动的土地,其所有权须由柬埔寨籍自然人,或柬埔寨籍自然人或法人直接持有51%以上股份的法人所有。(2)允许投资人以特许、无限期长期租赁和可续期短期租赁等方式使用土地投资人有权拥有地上不动产和私人财产,并以之作为抵押品。

4. 矿产投资。2016年6月,柬埔寨政府出台《矿产勘探和工业开采执照管理条例》。根据条例,面积小于200平方千米的矿产勘探与开采执照,由柬埔寨矿产能源部批准;大于200平方千米的矿区勘探开采执照,由柬埔寨政府批准。任何自然人和法人都有权在规定的条件内提出超过一个矿区的勘探申请。执照有效期为三年,到期之后可申请延期两次,每次为期两年。已获政府授予矿产勘探和开采权的企业须在180天内提出新的勘探和开采申请,否则其执照将被没收。据统计,目前有70多家外资公司在柬埔寨从事矿业,中国公司占据大份额,其他企业来自澳大利亚、美国、法国、马来西亚、越南等国家。

(三)投资方式的规定

1. 外国直接投资。在柬埔寨进行投资活动比较宽松,不受国籍限制(土地法有关土地产权的规定除外)。除禁止或限制外国人介入的领域外,外国投资人可以个人、合伙、公司等商业组织形式在商业部注册并取得相关营业许可,即可自由实施投资项目。但拟享受投资优惠的项目,需向柬埔寨发展理事会申请投资注册并获得最终注册证书后方可实施。获投资许可的投资项目称为“合格投资项目”。

2. 合资企业。合格投资项目可以合资企业形式设立。合资企业可由柬埔寨实体、柬埔寨及外籍实体或外籍实体组成。柬埔寨王国政府机构亦可作为合资方。股东国籍或持股比例不受限制,但合资企业拥有或拟拥有柬埔寨王国土地或土地权益的除外。在此情况下,非柬埔寨籍实体的自然人或法人合计最高持股比例不得超过49%。

3. 合格投资项目合并。两个或以上投资人,或投资人与其他自然人或法人约定合并组成新实体,且新实体拟实施投资人合格投资项目,并享受合格投资项目最终注册证书规定投资优惠及投资保障的,新实体需向投资委员会书面申请注册为投资人，并申请将合格投资项目最终注册证书转让新实体。

4. 收购合格投资项目。投资人或其他自然人或法人收购合格投资项目所有权，且拟享受合格投资项目最终注册证书规定投资优惠及投资保障的，应向投资委员会提出收购申请，将合格投资项目最终注册证书转让新实体。收购人为未注册自然人或法人的，需先申请注册为投资人。投资人股份转让造成受让方取得投资人控制权的，投资人须向投资委员会提出转让申请，并提供受让人名称和地址。

（四）特殊经济区域的规定

2005 年 12 月，《关于特别经济区设立和管理的 148 号次法令》颁布，特别经济区体制在柬埔寨开始施行。柬埔寨发展理事会下设的柬埔寨特别经济区委员会是负责特别经济区开发、管理和监督的一站式服务机构，特别经济区管委会是在特别经济区现场执行一站式服务机制的国家行政管理单位，由柬埔寨特别经济区委员会设立，并在各特别经济区常驻。至 2008 年底，斯登豪、曼哈顿、柴柴、欧宁、金边和西哈努克等 6 个特别经济区已获政府正式批准，另有 5 个也已取得特别经济区委员会许可。

特别经济区法令规定特别经济区委员会应向全部特别经济区提供优惠政策；《投资法修正法》规定，位于特别经济区的合格投资项目有权享受与其他合格投资项目相同的法定优惠政策和待遇。

**特别经济区享受的优惠政策**

| 受益人 | 优惠政策 |
| --- | --- |
| 经济区开发商 | (1)利润税免税期最长可达 9 年<br>(2)经济区内基础设施建设使用设备和建材进口免征进口税和其他赋税<br>(3)经济区开发商可根据《土地法》取得国家土地特许，在边境地区或独立区域设立特别经济区，并将土地租赁给投资企业 |
| 区内投资企业 | (1)与其他合格投资项目同等享受关税和税收优惠<br>(2)产品出口国外市场的，免征增值税。产品进入国内市场的，应根据数量缴纳相应增值税 |
| 全体 | (1)经济区开发商、投资人或外籍雇员有权将税后投资收入和工资转账至境外银行<br>(2)外国人非歧视性待遇、不实行国有化政策、不设定价格 |

柬埔寨政府正式批准 25 个经济特区。获批的经济特区主要分布在国公省、西哈努克省、柴帧省、卜迭棉芷省、茶胶省、干拉省、贡布省、磅湛省和金边市。其中，西哈努克省经济特区数量最多，包括中国江苏红豆集团与柬埔寨国际投资开发集团合资建立的西哈努克港经济特区。

西哈努克港经济特区（以下简称特区）是中国商务部首批中标的境外经贸合作区之一，也是首批获中国商务部、财政部验收确认的 6 个境外合作区之一，该合作区建设进展顺利，已吸引服装、摩托车等类入区企业 80 多家。

据柬埔寨发展理事会统计，2014 年，柬埔寨各类经济特区共吸引外资项目 47 个，吸纳就业 2.15 万人次，吸引投资 20 亿美元。在柬经济特区投资，可享受税收、设备和原材料进口、产品出口等方面的优惠政策。近年来，柬埔寨经济特区吸引外资呈增长趋势。在柬经济特区投资的外商主要来自日本、中国、中国台湾、马来西亚和新加坡，行业涉及服装、制鞋、电子、农产品加工等。

**三、外国投资优惠政策**

（一）优惠政策框架

柬埔寨政府给予外资与内资基本同等的待遇，《投资法》（1994 年 8 月 4 日柬埔寨王国第一届国会特别会议通过）及其修正法（1997 年、1999 年两度修订）为外国投资提供了保障和相对优惠的税收、土地租赁政策。此外，外国投资同样可享受美、欧、日等 28 个国家/地区给予柬埔寨的普惠制待遇。

1. 投资保障。柬埔寨政府对投资者提供的投资保障包括：(1)对外资与内资基本给予同等待遇，所有的投资者，不分国籍和种族，在法律面前一律平等。(2)柬埔寨政府不实行损害投资者财产的国有化政策。(3)已获批准的投资项目，柬埔寨政府不对其产品价格和服务价格进行管制。(4)不实行外汇管制，允许投资者从银行系统购买外汇转往国外，用以清算其与投资活动有关的财政债务。

2. 投资优惠。经柬埔寨发展理事会批准的合格投资项目可取得的投资优惠包括：(1)免征投资生产企业的生产设备、建筑材料、零配件和原材料等的进口关税。(2)企业投资后可享受 3 ~ 8 年的免税期（经济特区最长可达 9 年），免税期后按税法交纳税率为 9% 的利润税。(3)利润用于再投资，免征利润税；分配红利不征税。(4)产品出口，免征出口税。

（二）行业鼓励政策

柬埔寨行业鼓励政策主要体现在农业和旅游业。

1. 农业。在吸引外商投资农业产业上，柬埔寨政府依据《投资法》对开发种植 1000 公顷以上的稻谷、500 公顷以上的经济作物、50 公顷以上的蔬菜种植项目；对畜牧业存栏在 1000 头以上、饲养 100 头以上的乳牛项目、饲养家禽 10000 只以上项目以及占地 5 公顷以上的淡水养殖、占地 10 公顷以上的海水养殖项目均给予支持和优惠待遇。主要鼓励措施：(1)项目在实施后，从第一次获得盈利的年份算起，可免征盈利税的时间最长为 8 年。如连续亏损则被准许免征税。如果投资者将其盈利用于再投资，可免征其盈利税。(2)政府只征收纯盈利税，税率为 9%。(3)分配投资盈利，不管是转移到国外，还是在柬国内分配，均不征税。(4)对投资项目需进口的建筑材料、生产资料、各种物资、半成品、原材料及所需零配件，均可获得 100% 免征其关税及其他赋税，但该项目必须是产品的 80% 供出口的投资项目。

2. 旅游业。自第一届王国政府提出优先发展旅游业的战略以来，柬埔寨旅游业的经济功能受到了充分重视，为旅游业的产业化发展奠定了良好基础。十多年来，旅游业成为柬埔寨国民经济的主要增长点和支柱产业。全国大多数省市都把发展旅游业作为首要工作之一，将旅游产业定位于“优先发展行业”“支柱产业”“特色产业”来加快发展。

**四、外国企业在柬埔寨获得土地的规定**

（一）土地法的主要内容

柬埔寨《土地法》于 1992 年颁布，并于 2001 年 8 月修正。2001 年土地法修正案主要目的是明确不动产所有权体制，以保障不动产所有权及相关权益。该法还旨在建立现代化土地注册体系,以保障人民拥有土地的权利。

《土地法》指定土地管理城市规划和建设部作为不动产权属证明文件的核发部门,并负责国有不动产的地籍管理工作。在所有权规定方面,严禁外籍自然人和法人拥有土地。《宪法》规定:全部自然人或法人均可单独或集体拥有所有权。仅限于柬埔寨籍自然人或法人有权拥有土地(第四十四条)。2001 年《土地法》还规定仅限于柬埔寨自然人或法人可拥有土地所有权,外籍人士伪造身份证件已在柬埔寨拥有土地的,应受到惩罚(第八条)。柬埔寨籍法人是指柬埔寨公民或公司持有 51% 或以上股份的公司。此外,《土地法》规定:除为公共利益外,不得剥夺所有权。需剥夺所有权的,应按法律法规规定的形式和程序进行,并应提前予以公平、公正的补偿。

土地特许　柬埔寨土地特许分为三类:社会特许、经济特许及适用开发或开采特许。社会特许受益人可在国有土地上修建住宅或开垦国有土地谋生。经济特许受益人可整理土地进行工业或农业开发。使用、开发或开采特许包括矿产开采特许、港口特许、机场特许、工业开发特许、渔业特许,不受 2001 年《土地法》管辖(第四十九条、五十条)。

土地特许仅在特许合同规定的时间内设定权利(第五十二条)。土地特许面积不超过 1 万公顷,特许期限不超过 99 年(第五十九、六十一条)。

土地租赁　土地租赁分为两种:无限期租赁和固定期限租赁。固定期限租赁包括短期可续租租赁和 15 年或以上长期租赁。长期租赁构成对不动产的诉权,该权利可用于等值回报或继承转让。(第一百〇六条、一百〇八条)。

抵押　不动产所有人可以其不动产作为抵押品,通过抵押或质押方式保证支付债务(第一百九十一条)。

土地使用限制　1994 年颁布的《土地使用规划、城市化与建设法》管辖柬埔寨全境范围内的土地使用。本法和很多土地使用规划均极其笼统,投资者在实施投资项目之前应认真核对实际的规划规则。2010 年 12 月,柬埔寨内阁通过法律草案,允许外国人购买柬埔寨业主房屋一楼以上的房产。

(二)外资企业获得土地的规定

根据柬埔寨《土地法》(2001 年)规定,禁止任何外国人(包括自然人和外商控制的法人)拥有土地,但合资企业可以拥有土地,其中外方合计持股比例最高不得超过 49%。由于近 30 年的战乱,柬埔寨土地体系遭到严重破坏,许多土地所有权权属证明文件及地块登记资料丢失,造成目前仍有大量与土地所有权相关的纠纷。因此,很重要的一点是投资者在与柬埔寨公司订立土地使用、租赁或按土地所有权分配利益的合同之前,应核实土地所有人的所有权。

柬埔寨政府暂停批准经济特许地。2012 年 5 月 7 日,柬埔寨首相洪森签发《提高经济特许地管理效率》的政府令,宣布自即日起暂停批准新的经济特许地。该法令要求政府各部门、各有关单位必须认真执行政府关于提供经济特许地的合同规定,不影响社区和当地居民的生活环境;对于已经获得经济特许地,但未按法律原则和合同规定进行开发,或者利用特许地经营权开拓更大土地,转售空闲土地,违背合同,侵犯社区人民土地的公司,政府将收回其经济特许地;对于之前已获政府批准的经济特许地,政府将继续依照法律原则和合同执行。2014 年,柬埔寨政府开始对现有经济特许地开发情况进行清查,对不按计划开发的公司,政府将收回经济特许地。

### 五、环境保护法律规定

(一)柬埔寨环保部门

柬埔寨环境保护主管部门是环境保护部,其主要职责是:通过防止、减少及控制污染,保护并提升环境质量和公共卫生水平;在柬埔寨王国政府决策前,评估项目对环境造成的影响;保障合理及有序的保护、开发、管理及使用柬埔寨王国自然资源;鼓励并为公众提供机会参与环境和自然资源保护;制止影响环境的行为。

(二)主要环保法律法规

柬埔寨国民议会于 1996 年 11 月 18 日通过了柬埔寨第一部《环境保护法》。环境保护部与柬埔寨其他有关部门制定了一系列环保规章,就柬埔寨领空、领水、领地内或地表上进口、生成、运输、再生、处理、储存、处置、排放的污染物、废物和有毒有害物质的来源、类型和数量;噪音、震动的来源、类型和影响范围都进行了明确规定。

(三)环保法律法规基本要点

根据柬埔寨《环境保护法》,任何私人或公共项目均需要进行环境影响评估;在项目提交柬埔寨王国政府审定前,由环境保护部予以检查评估;未经环境影响评估的现有项目及待办项目均需进行评估。环境保护部与有关部门有权要求任何工厂、污染源、工业区或自然资源开发项目所在区域的所有人或负责人安装或使用监测设备,提供样品,编制档案,并提交记录及报告供审核。环境保护部应依据公众建议,提供其相关作为信息,并鼓励公众参与环境保护和自然资源管理。企业不得拒绝或阻止检查人员进入有关场所进行检查,否则将处以罚款,有关责任人还可能被处以监禁。

(四)环保评估的相关规定

柬埔寨日益重视环境问题,并正在努力建立其环评体系。柬埔寨于 1999 年颁布了有关环境影响评价的法令,规定项目须在其环评报告经柬埔寨发展署(CDC)批准后方可实施。柬埔寨环境保护和资源管理法(EPNRM)中规定了环境影响评价的具体适用范围,主要集中在工业、农业、旅游业以及基础设施建设 4 个领域内。环境保护部是环境影响评价的主要管理部门,其他各部门如水利、能源、交通等,为其所负责领域内的项目环境影响评价提供相关意见。同时,各级环境部门须负责同级政府部门之间的协调合作,保证环评的顺利施行。

在环评初期,申请人须将项目方案递交至环境影响管理机构,并公布项目方案中的详细计划。法令还对其公示方式进行了严格规定,公众有权在公示期 30 天内对项目方案提出书面异议并提交环境影响管理机构,同时抄送项目申请人。收到公众的书面异议后,项目申请人须在确定环境影响评价的具体范围时进行公众咨询,并将咨询结果和相关文件连同环评职责书一并交由 EIA(环境影响评价)专门委员会审查。在专委会正式确定职责范围之前,公众还可以通过在专委会中的代表对项目方案提出二次异议。

柬埔寨虽然 1999 年就颁布实施了环评法令,但由于条件所限,直到 2004 年才有部分建设项目开展环评工作。柬埔寨环评人员和法律法规尚处于起步阶段,柬埔寨国家环评法令规定,项目在获得审批和动工之前,必须完成环境影响评估工作,并向环保部送交环评报告书。

六、保护知识产权规定

（一）当地有关知识产权保护的法律法规

柬埔寨已于1995年成为世界知识产权组织成员，并于1999年加入《巴黎公约》。进入新世纪以来，柬埔寨政府已通过一系列保护知识产权的法律法规，取得长足进步。最新颁布的法律法规包括：《商标、商号与反不正当竞争法》（2002年）、《版权与相关权利法》（2003年）、《专利、实用新型与工业设计法》（2003年）、《育种者权利和植物品种保护法》（2008年）。此外，柬埔寨政府还准备颁布下列法律：《未披露信息与商业秘密保护法》《集成电路版图设计保护法》《地理标志保护法》。

1. 商标商号。2002年颁布的《商标、商号与反不正当竞争法》（下文简称《商标法》）是柬埔寨第一部知识产权保护法，该法规定应通过注册取得商标专有权。如申请人在申请材料中能够证明其已在《巴黎公约》任一成员国提交该商标全境或区域注册申请的，可取得商标注册的优先权。该法还对注册程序、失效、集体商标、商标许可、商号、侵权和赔偿、边境保护措施、所有权转让或变更等均做出规定。

柬埔寨《商标法》仅认可“一国用尽原则”，因此，权利所有人对分销和进口享有专有权，并可通过委托或分销协议方式转让给独家分销商。

2. 版权。2003年颁布的《版权与相关权利法》（简称《版权法》）旨在为作家、表演者提供与其作品相关的权利，保护文学作品、文化表演、表演者、唱片制作人、广播机构节目，以保证这些文化产品能够得到公正合法的使用。作品作者对该作品享有可针对任何人行使的专有权，包括精神权利和经济权利——作者的精神权利永久有效，不可剥夺，且不得扣押或设定追溯期限。作者的经济权利是指通过授权复制、公开发表或创作衍生作品等，实现其作品价值的专有权，经济权利保护自作品创作完成之日起开始，至作者去世后50年止。

3. 专利、实用新型和工业设计。2003年颁布的《专利、实用新型与工业设计法》，主要目的为保护在柬埔寨授予的专利、实用新型和注册的工业设计。专利是指为保护发明所授予的权利，有效期为20年。实用新型证书主要是为保护具备新颖性及可实现产业化的实用新型，有效期为7年，不可延期。具备新颖性的工业设计可申请注册，有效期为5年，注册后可连续延期两次，每次5年。

（二）知识产权侵权的相关处罚规定

柬埔寨关于知识产权的保护工作尚待进一步完善，主要是商业部负责打击假冒伪劣商品的部门对盗版光碟进行没收和销毁，尚无明确的处罚细则。

七、投资合作相关法律及对中国企业投资合作保护政策

（一）投资合作相关法律

《投资法》制约所有柬埔寨人和外国人在柬埔寨境内的投资活动，对投资主管部门、投资程序、投资保障、鼓励政策、土地所有权及其使用、劳动力使用、纠纷解决等作出明确的规定。

《投资法修正法》是对《投资法》的补充和修正。在投资申请、投资项目购进与合并、合资经营、税收、土地所有权及其使用、劳动力、惩罚等方面给出相关定义，并作出明确规定。

《关于柬埔寨发展理事会组织与运作法令》规定柬埔寨投资主管部门——柬埔寨发展理事会的组织结构、职权任务和运作方式。

《关于特别经济区设立和管理的第148号法令》（2005年12月颁布）规定了建立经济特区的法律程序、经济特区的管理框架与任务、对经济特区的鼓励措施、对出口加工生产区的特别措施、劳动力管理与使用、职业培训、侵权与纠纷的解决。

《商业管理与商业注册法》对商业公司的成立、组织、运作、解散、转让和变更做出规定，对公司的类型进行划分。

《商业合同法》规定所有类型合同的成立、履行、解释和执行。它也进一步详细地描述了某些类型的合同，比如销售合同、租赁合同、借贷合同、个人财产抵押和担保。

（二）柬埔寨对中国企业投资合作的保护政策

1. 中国与柬埔寨签署双边投资保护协定。1996年7月，中国与柬埔寨签署《中华人民共和国政府和柬埔等政府关于促进和保护投资协定》。

2010年1月1日，中国—东盟自由贸易区的全面建成，进一步为中柬合作开辟更加宽广和畅通的渠道，提供更多的机会。2010年，中柬双方签署16项协议，涉及基础设施建设、水利资源开发通信技术、能源开发等领域。

2. 中国尚未与柬埔寨签署避免双重征税协定。

3. 中国与柬埔寨签署的其他协定。包括：《中柬贸易协定》（1996年7月）、《中柬文化协定》（1999年2月）、《中柬旅游合作协定》（1999年2月）、《中柬关于成立经济贸易合作委员会协定》（2000年11月）、《中柬农业合作谅解备忘录》（2000年11月）、《中柬关于旅游规划合作的谅解备忘录》（2004年4月）、《中柬领事条约》（2010年2月）、《关于柬埔寨精米输华的植物卫生要求议定书》（2011年）、《关于柬埔寨木薯干输华的植物检验检疫要求议定书》等。

根据中国—东盟自由贸易区协议，中柬双方于2009年10月1日起正式启动降税程序。中国于2010年1月1日率先对柬埔寨绝大部分产品实现零关税，柬埔寨2011年实行降税，并于2013年、2015年进一步实施降税安排，最终于2015年对中国90%以上产品实现零关税。

## 印度尼西亚投资贸易指南

一、对外贸易法规和政策规定

（一）贸易主管部门

印尼主管贸易的政府部门是贸易部，其职能包括制定外贸政策，参与外贸法规的制定，划分进出口产品管理类别，进口许可证的申请管理，指定进口商和分派配额等事务。

（二）贸易法规体系

主要包括《贸易法》《海关法》《建立世界贸易组织法》《产业法》等。与贸易相关的其他法律还涉及《国库法》《禁止垄断行为》和《不正当贸易竞争法》等。

（三）贸易管理的相关规定

除少数商品受许可证、配额等限制外，大部分商品均放开经营。2007年年底，印尼贸易部实行进出口单一窗口制度，大大简化了管理程序。

1. 进口管理。印尼政府在实施进口管理时，主要采用配额和许可证两种形式。适用配额管理的主要是酒精饮料及包含酒精的直接原材料，其进口配额只发放给经批准的国内企业。适用许可证管理的产品包括工业用盐、乙烯和丙烯、爆炸物、机动车、废物废品、危险物品，获得上述产品进口许

可的企业只能将其用于自己的生产。其中,氟氯化碳、澳化甲烷、危险物品、酒精饮料及包含酒精的直接原材料、工业用盐、乙烯和丙烯、爆炸物及其直接原材料、废物废品、旧衣服等九类进口产品主要适用自动许可管理;丁香、纺织品、钢铁、合成润滑油、糖类、农用手工工具等六类产品主要适用非自动许可管理。为方便进口,印尼贸易部2009年大力推行网上办理进口许可证,目前大部分工作已经完成,办理进口许可证过程更加简便,原本手工办理许可证需要5~10天时间,利用网上全国一站式服务只需8小时。2015年7月,印尼贸易部颁布2015年第48号贸易部长条例,对原进口条例进行修订,要求进口商在产品抵港前办理进口许可证。该条例已于2016年1月1日正式实施。

2010年,印尼开始实施新的进口许可制度,将许可证分为两种:即一般进口许可证和制造商进口许可证。印尼关税税目中约20%的产品涉及进口许可证要求,涉及对其国内产业的保护,如大米、糖、盐、部分纺织品和服装产品、丁香、动物和动物产品以及园艺产品。印尼的进口许可证要求极其复杂,且缺乏透明度,许多世贸组织成员已对此表示严重关切。印尼政府采用进口数量控制的产品如下:大米、糖、动物及动物产品、盐、酒精饮料和部分臭氧消耗物资。上述产品的进口数量是每年在印尼政府部长级会议上根据国内产量和消费量来决定,并通过印尼进口许可证制度来实施。2010年8月,印尼财政部颁布《有关汽车在自由贸易区和自由港口进口和出口规则的财政部长条例》。

2. 出口限制。出口货物必须持有商业企业注册号/商业企业准字或由技术部根据有关法律签发的商业许可以及企业注册证。出口货物分为四类:受管制的出口货物、受监视的出口货物、严禁出口的货物和免检出口货物。受管制的出口货物包括咖啡、藤、林业产品、钻石和棒状铅。受监视的出口货物包括奶牛与水牛、鳄鱼皮(蓝湿皮)、野生动植物、拿破仑幼鱼、拿破仑鱼、棕榈仁、石油与天然气、纯金银、钢铁废料(特指源自巴淡岛的)、不锈钢、铜、黄铜和铝废料。严禁出口的货物包括幼鱼与金龙鱼等,未加工藤以及原料来自天然森林未加工藤的半成品,圆木头,列车铁轨或木轨以及锯木,天然砂、海砂,水泥土、上层土(包括表面土),白铅矿石及其化合物、粉,含有砷、金属或其化合物以及主要含有白铅的残留物,宝石(除钻石),未加工符合质量标准的橡胶,原皮,受国家保护野生动植物,铁制品废料(源自巴淡岛的除外)和古董。除以上受管制、监视和严禁的出口货物外,其余均属免检的出口货物。

从2014年1月12日起,印尼政府禁止矿产公司出口矿物矿石产品。矿产公司只能在境内从事精炼加工活动。禁止出口货物受2012年贸易部长条例第44条规制。

(四)进出口商品检验检疫

1. 卫生与植物卫生措施。印尼所有进口食品必须注册,进口商必须向印尼药品食品管理局申请注册号,并由其进行检测。检测过程繁琐且费用昂贵,每项检测费用从5万印尼盾(约合6美元)到250万印尼盾(约合300美元)不等,每一件产品的检测费用在100万印尼盾(约合120美元)到1000万印尼盾(约合1200美元)之间。此外,印尼药品食品管理局在测试过程中要求提供详细的产品配料和加工工艺情况说明,这可能侵害商业秘密。这些规定加重了出口商的负担。

2007年11月,印尼针对新鲜球茎蔬菜采取更为严格的检验检疫措施和技术要求,以提高印尼新鲜植物产品的国际竞争力。此次颁布的植物产品进口检验检疫要求是印尼政府自2007年第二次针对进口植物产品的修改规定,重点对以球茎形式进口的新鲜蔬菜的检验检疫和技术两方面提出要求。在检验检疫方面,该规定扩大证书要求范围,除须具备与2005年法规相同的原产国权威机构签发的证书外,经转运的产品还须提供被转运国授权的证书。在技术要求方面,该规定加严原产国无虫害地区的调查及对植物性检疫虫害进行风险分析。上述规定在一定程度上提高了中国植物产品的出口门槛。

2. 国家标准。2009年以来,印尼政府开始在食品、饮料、渔业等诸多行业强制推行国家标准。印尼贸易部出台新规定,要求包括进口产品在内的所有产品必须附有印尼文说明。印尼海洋渔业部规定要求81种渔业产品必须符合印尼国家标准,甚至将捕鱼工具、渔产加工程序及微生物学测试程序等也列入印尼国家标准。印尼工业部等政府部门在2011年对电线、电子、汽车零部件、家电、五金建材、玩具等几十种产品强制推行国家标准。

印尼贸易部出台新规,要求包括进口产品在内的所有产品必须附有印尼文说明。

(五)海关管理规章制度

1. 管理制度。印尼关税制度的基本法律是1973年颁布的《海关法》。现行的进口关税税率由印尼财政部于1988年制定。自1988年起,财政部每年以部长令的方式发布一揽子"放松工业和经济管制"计划,其中包括对进口关税税率的调整。印尼进口产品的关税分为一般关税和优惠关税两种。印尼关税制度的执行机构是财政部下属的关税总局。为促进进出口贸易,改善投资环境,印尼财政部关税局2009年宣布,决定在部分港口推行和提供每周7日每日24小时的海关和港口服务。

2. 关税税率。根据世贸组织统计,印尼2012年简单平均约束关税为37.1%,简单平均最惠国适用关税税率为7.8%,其中农产品为9.5%,非农产品为7.5%。印尼对汽车、钢铁以及部分化学产品不征收关税,并将大多数关税约束在40%左右。

根据《中国—东盟全面经济合作框架协议货物贸易协议》,中国和印尼逐步削减货物贸易关税水平。中国—东盟自由贸易区在2010年初建成后,中国和印尼90%以上的进出口产品实现零关税。

**二、外国投资市场准入规定**

(一)投资主管部门

印尼主管国内投资和外国投资的政府部门分别是:投资协调委员会、财政部、能矿部。他们的职责分工是:印尼投资协调委员会负责促进外商投资,管理工业及服务部门的投资活动,但不包括金融服务部门;财政部负责管理包括银行和保险部门在内的金融服务投资活动;能矿部负责批准能源项目,而与矿业有关的项目则由能矿部的下属机构负责。

(二)投资行业的规定

1. 鼓励、限制、禁止投资的领域。根据2007年第25号《投资法》,国内外投资者可自由投资任何营业部门,除非已为法令所限制与禁止。法令限制与禁止投资的部门包括生产武器、火药、爆炸工具与战争设备的部门。另外,根据该法规定,基于健康、道德、文化、环境、国家安全和其他国家利益的标准，政府可依据总统令对国内与国外投资者规定禁止行业。相关禁止行业或有条件开放行业的标准及必要条件，均由总统令确定。

2007 年 7 月 4 日，印尼颁布第 25 号《投资法》的衍生规定，即《2007 年关于有条件的封闭式和开放式投资行业的标准与条件的第 76 号总统决定》和《2007 年关于有条件的封闭式和开放式行业名单的第 77 号总统决定》。根据这两个决定，25 个行业被宣布为禁止投资行业，仅能由政府从事经营，禁止外商投资的行业主要包括无线电广播与电视广播、公路设备、经营机动车辆定期检验、含酒精饮料工业、糖精工业和黑锡金属工业等。另外，有 43 个行业鼓励中小型企业投资，36 个行业为有条件开放的投资行业。

此外，外国投资者可以投资绝大部分营业部门。依照印尼《投资法》的规定，外国直接投资可以设立独资企业，但必须参照《禁止类、限制类投资产业目录》规定，属于没有被该目录禁止或限制外资持股比例的企业。2016 年 5 月，印尼调整了该目录，对外资开放了更多行业。

2. 2009 年调整的外资政策。2009 年初，印尼颁布新的《矿产和煤炭法》。根据该法，外国公司不再被禁止申请和持有矿业许可权，这是印尼矿业领域利用外资政策的重大突破。但新法规定，已在印尼获得矿产经营准字（IUP）和矿产经营协议（PUP）的已生产的企业，需建设矿产冶炼加工厂，而按照原有工作合同生产的企业，最迟在新法实施后 5 年内建立上述冶炼厂。按照新法规定，企业面临采矿期被缩短，采矿面积也被缩小的局面。在企业缴纳正常的所得税和矿产税之外，新法还增加了一项税率为 10% 的附加税，中央和地方政府分别得到 4% 和 6%。印尼能矿部颁布的相关实施细则规定，对优先使用本土公司提供的矿业服务、外资公司向当地政府或企业转让股权等问题做出具体规定。

2009 年以来，印尼的外资政策调整还包括：根据 2009 年通过的新电力法，印尼向私营企业开放电力投资领域。政府拟修改《非鼓励投资目录》，放宽医疗、教育、物流、电信等行业的外资准入。与此同时，印尼对外资进入某些领域做出限制：（1）限制外企在基建工程投资。印尼国家计委称，将限制外国企业在政府基础设施工程的投资，以保护国内企业市场份额。外资企业只被允许参加基础设施部门建筑价值在 1000 亿印尼盾以上，其他部门采购和服务价值在 200 亿印尼盾以上的投标。此外，外资企业只许参加合同价值在 10 印尼盾以上的服务咨询投标。（2）限制外国投资者拥有农用地股权。印尼农业部表示，将限制外国投资者对与食品有关的土地如稻田的所有权，其拥有的股份比例不得超过 49%。

3. 2010 年调整的外资政策。（1）2010年，印尼政府采购须使用国货。为更好地扶植国内工业发展，印尼政府拟修改有关条件，规定今后凡政府单位采购价值超过 50 亿印尼盾（约合 56 万美元），必须使用本国的物资与服务。（2）出台绿色建筑法令。印尼于 2010 年实施首个绿色建筑标准法令，该法令以大城市的酒店、办公楼和公寓等碳排放量较大的建筑为对象，设定符合绿色建筑标准的 9 项条件，包括环保材料、低碳燃料、水和废物管理以及室内空气质量等。法令要求，绿色建筑所使用的材料应来源于当地且具有绿色证书，该证书由印尼环境部指定的独立机构出具。（3）强力推行投资审批一站式服务制度。（4）促使商业银行合理增加信贷以支持实体经济发展。（5）印尼政府 2010 年取消大宗商品出口信用证限制，允许外国游客在印尼购物可获 10% 的退税，并与巴新、香港签订避免双重征税协定。

4. 2011 年调整的外资政策。（1）加大政策扶持力度，通过资金奖励和提供辅助设备，吸引投资者发展经济特区基础设施建设。根据 147 号政府条例，对经济特区投资可享受 5 年内减免所得税 30% 的优惠。（2）出台税收的鼓励措施，主要有：①外企自用机械设备、零配件及辅助设备等资本物资免征进口关税和费用；②外企两年自用生产原材料免征进口关税和费用；③生产出口产品的原材料可退还进口关税；④位于印尼东部的外企，65% 产品出口，雇用外籍人员不受限制；⑤外企用于研究开发、奖学金、教育和培训以及废物处理的开支可列入成本并从毛收入中提扣；⑥对政府鼓励的重点领域，可提供8 ~ 10 年亏损结转或提高设备及建筑物折旧率；⑦在印尼东部地区投资，土地和建筑物税在 8 年内减半征收；⑧在开创性行业的投资，企业所得税可由政府承担 10 ~ 12 年；⑨政府对保税区和设在全国 15 个地区的综合开发区的外国投资还给予一些优惠待遇。（3）印尼政府暂停颁发矿业经营许可证。（4）印尼国会通过新《园艺业法》。新《园艺业法》规定外国投资最多只能占到30%，并且必须把资金存放在印尼国内的银行。

5. 2012 年调整的外资政策。（1）自2011 年 12 月 1 日起，印尼的投资者可以申请免税优惠，相关的执行准则已经出台。（2）2012年 9 月出台新的投资批准制度，以提高投资便利化水平和进一步改善投资服务。

6. 2013 年调整的外资政策。（1）印尼政府于 2013 年推出供工程用途的外国贷款限额。在2013 ~ 2015 年间的最高贷款限额介于60 ~ 61 亿美元之间。（2）从2014 年起，营业执照办理时间从 17 天缩短为 10 天。（3）印尼央行颁布新规，要求印尼国内银行贷款总额的 20% 以上必须贷给中小微型企业。

7. 2014 年调整的外资政策。印尼官方投资统筹机构 2013 年 12 月 24 日公布了最新修订的投资负面清单。（1）第一类为对外资更加开始领域，陆路交通客站和车辆常规检验部门的外资可持股比例从零放宽到 49%，为此次放宽幅度最大的两个行业。其他两个行业为制药业和金融风险投资业，外资可持股比例分别从原来的 75% 和 80% 调整至 85%。广告业外资可持股比例亦从零放宽至 49%，但仅限东盟国家。（2）第二类为新设定的外资可持股领域，固定通讯、多媒体综合网络电信、多媒体服务供应商的外资可持股比例分别为 65%，65% 和 49%。（3）第三类为公私合营的基础设施项目领域，其中机场、港口和陆路交通客站（含铁路）的经营管理外资可持股权分别为 49%、95% 和 49%，供水 95%，收费公路 95%，10 兆瓦以下发电厂 49%，10 兆瓦以上的 100%，输电和配电分别为 100%。此外，此次修订负责清单还收紧了几个外资可持股比例领域，如货物分销业和仓储业从 100% 缩减至 33%。农业领域外资可持股比例因须与 2010 年颁布的园艺法规定相配套，从 95% 缩减至 30%。（4）负面清单中完全禁止类的产业有部分化学品、特殊交通设施和博彩业等，部分禁止类的产业有制糖、矿业和医药等。

8. 2016 年调整的外资政策。将之前禁止外资涉及的 35 个行业从投资负面清单中移除，外资可拥有 100% 持股比例，包括冷藏、旅游（餐馆、咖啡馆、酒吧和体育馆等）、仓储、电影、电子商务、高速公路运营、电信设备检测、垃圾处理及药物原料等，其中电子商务投资额需达到1000亿印尼盾，电影发行放映60%应为印尼影片。此外，政府也有比例限制开放投资负面清单中20个行业予外国投资者，如火车运输业外资最高持股49%，保健服务外资持股比例则从之前的49%上调至67%。

（三）投资方式的规定

1. 合资企业。根据2007年第25号《投资法》及相关规定，在规定范围内，外国投资者可与印尼的个人、公司成立合资企业。

2. 独资企业。依照印尼《投资法》的规定，外国直接投资可以设立独资企业，但须参照《非鼓励投资目录》规定，属于没有被该《目录》禁止或限制外资持股比例的行业。

3. 外资并购。外国投资者可以通过公开市场操作，购买上市公司的股票，但受到投资法律关于对外资开放行业相关规定的限制。印尼市场中多数律师所和咨询公司提供此项服务。

**三、外国投资优惠政策**

（一）优惠政策框架

东盟旅游部长会议（东盟旅游论坛）于1999年1月在新加坡举行，各国一致同意对外资投资旅游业提供以下优惠措施：兴建观光旅馆、休闲中心、高尔夫球场可免税，外资可持有100%股权；旅游设施进口手续简化并免征关税。印尼考虑将旅游土地使用年限延长为70年（目前为30年），使旅游业成为吸引外资的火车头。印尼投资部考虑像泰国一样成立投资单一窗口，帮助外商办理各项繁杂事务；投资部还将授权印尼驻外使领馆办理外商投资申请前的协调、咨询事务，以使外商能在入境10天内完成所有行政手续。

1998年12月，东盟各国首脑峰会在越南河内召开，这次会议发表了包括《河内宣言》《河内行动计划》《东南亚自由贸易区》及《共同优惠税率计划》在内的《大胆措施方案》。在该方案中，印尼对外商的优惠措施有：所有制造业均允许外资拥有100%股权（包括经审核的批发零售业）。外商可拥有已登记注册的新银行的100%股权。1亿美元以下的投资案，审核时间将在10天内完成。

1999年1月，印尼政府第7号总统令，公布了恢复鼓励投资的"免税期"政策。对纺织、化工、钢铁、机床、汽车零件等22个行业的新设企业给予3～5年的所得税免征。如投资项目雇用工人超过2000人，或有合作社20%以上的股份，或投资额不少于2亿美元，则增加1年优惠。对于已超过30%的规模进行扩大再生产的项目，减免其资本货物以及两年生产所需材料的进口关税。对于某些行业或一些被视为国家优先出口项目和有利于边远地区开发的项目，政府将提供一些税收优惠。上述行业及项目将由总统令具体决定。对出口加工企业减免其进口原料的关税和增值税及奢侈品销售税。对位于保税区的工业企业，政府还有其他的鼓励措施。

2013年，印尼政府进一步简化企业获得税收优惠手续，降低获得免税期和免税津贴的标准。根据印尼政府现行规定，在基础金属、炼油、天然气、有机基础化学、可再生能源和电信设备等5个工业部门，投资额超过1万亿印尼盾（约合1亿美元）的企业，可获得5～10年的所得税免税期。同时，对在印尼偏远落后地区投资的129个劳动密集型行业的企业，最低投资额500亿印尼盾（约合500万美元）且投资期限超过6年的，可最多按总投资的30%降低应纳税所得。

（二）行业鼓励政策

1. 行业优惠。自2007年1月1日起，印尼政府对6种战略物资豁免增值税，即原装或拆散属机器和工厂工具的资本物资（不包括零部件），禽畜鱼饲料或制造饲料的原材料，农产品，农业、林业、畜牧业和渔业的苗或种子，通过水管疏导的饮用水，以及电力（供家庭用户6600瓦以上者例外）。

2007年2月，为吸引外商进入印尼，与当地企业合作从事鱼类加工业，印尼政府采取多项税收措施，具体包括免除国内加工鱼产品的出口税，减轻渔业加工机械进口税，减免收入税及增值税，在综合经济开发区和东部地区投资的企业还可获得土地建设税减免优惠。2009年，印尼政府进一步明确对工业发展用机器、货物和原料免征进口税。2010年，对部分行业的投资给予财政奖励或税收优惠。印尼政府对至少10个营业部门提供财政奖励以支持其发展，即食品饮料业、纺织业、电子行业、交通运输业、通讯信息产业、基础金属与机器工业、石化工业、农畜产品加工业、林业和海洋产品加工业、创意产业。此外，印尼政府还拟对环保型企业、大型投资项目、在落后地区投资的基建项目，以及具有较多附加值、提供广泛就业机会和运用先进科技的工业部门提供税收减免等优惠。

2011年以来，推出财政奖励政策，大力支持资本和劳动力密集型产业的发展。针对包括原金属、炼油、天然气、有机基础化学、可再生能源和电信设备等5个工业部门，投资规模在1万亿盾（约合1.17亿美元）以上的，免除其开始商业运行后5～10年的税款，对已投资印尼但经营尚不足一年的企业也可以享受到此项优惠税收政策。同时对符合印尼产业导向和优先发展领域的120个产业和地区提供相应的税收优惠。为了提高本国钢铁产能，印尼政府一直鼓励钢铁工业和炼油厂的投资建设，包括给予长达15年的免税期，并给予两年期的减税50%优惠。

2. 税收优惠。根据2007年印尼《有关所规定的企业或所规定的地区之投资方面所得税优惠的第1号政府条例》，印尼政府对有限公司和合作社形式的新投资或扩充投资提供所得税优惠。提供的所得税优惠包括：（1）企业所得税税率为30%（根据新《所得税法》，2010年后为25%），可以在6年之内付清，即每年支付5%。（2）加速偿还和折旧。（3）在分红利时，外资企业所缴纳的所得税税率是10%，或者根据现行的有关避免双重征税协议，采用较低的税率缴税。（4）给予5年以上的亏损补偿期，但最多不超过10年。上述所得税优惠，由财政部长颁发，并且每年给予评估。

3. 投资便利。2007年8月，印尼中央与地方政府实行投资审批一站式服务。实行一站式服务之后，每个部门都派代表到投资统筹机构办事处，以便加快办理审批手续。依据2007年第25号《投资法》第30条第7款，需要中央政府审批的投资领域包括对环保有高破坏风险的天然资源投资，跨省级地区的投资，与国防战略和国家安全有关的投资。

2013年10月，印尼采取的配套政策重点是为在印尼的投资和经商提供便利。政策主要适用于雅京首都专区。为提高经营便利，该经济政策配套由八个部分组成，涉及经营业务、电力安装、纳税和缴纳保险费、解决合约中的民事诉讼、解决破产案件、土地注册和建筑所有权、房屋建造许可证和贷款便利化。

4. 地区鼓励政策。2009年，印尼通过了经济特区新法律。根据该法,印尼在2010年成立2~3个特别经济区。在特别经济区开展业务的公司,可以享受税收(包括增值税、销售税及进口税等)、土地使用等方面的优惠政策。政府将简化投资人申请设立公司或申办其他事项的手续。

印尼的特殊经济区是《2011~2025年经济发展中长期规划》的重点发展项目,作为印尼"六大经济走廊"战略的重要支撑点,并成为连接印尼主要岛屿的重要经济纽带。2014年以来,印尼政府已批准10个特殊经济区,大力推进经济建设。

**四、外国企业在印尼获得土地的规定**

(一)土地法的主要变动

2011年,印尼政府拟修订征地法令,通过给被征地人更合理的补偿,来获取基础设施建设用地;对拒绝出让土地的,政府有权强制征地。一直以来,因实行土地私有制、征地补偿不合理等,印尼政府很难从私人手中征取基建用地,这严重制约了该国基础设施建设和投资环境改善。

(二)外资企业获得土地的规定

印尼实行土地私有,外国人或外国公司在印尼都不能拥有土地,但外商直接投资企业可以拥有以下三种受限制的权利:建筑权,允许在土地上建筑并拥有该建筑物30年,并可再延期20年;使用权,允许为特定目的使用土地25年,可以再延期20年;开发权,允许为多种目的开发土地,如农业、渔业和畜牧业等,使用期35年,可再延长25年。

**五、环境保护法律法规**

印尼主管环境保护的部门是环境国务部,基础环保法律法规是1997年的《环境保护法》。《环境保护法》主要规定了环境保护目标、公民权利与义务、环境保护机构、环境功能维持、环境管理、环境纠纷、调查及惩罚违反该法的行为。

1997年的《环境保护法》是印尼环境保护的基本法,是制定和执行其他单项法律法规的依据,其他环境单项法律法规不得与本法相冲突和抵触。

本法较注重对生态和环境的保护,明确规定:"环境可持续发展是指在经济发展中充分考虑到环境的有限容量和资源,使发展既满足现代人又满足后代人生存需要的发展模式。"这表明,印尼在发展经济的同时,对自然资源的利用采取优化合理的方式,关注到环境的承载能力,力求使人民获得最大利益,形成人与环境之间的平衡和谐关系。

**六、保护知识产权规定**

(一)印尼当地有关知识产权保护的法律规定

印尼现行的知识产权法主要有2001年《专利法》、2001年《商标法》、2002年《著作权法》、2000年《商业秘密法》、2000年《工业设计法》、2000年《集成电路布图设计法》和2000年《植物品种保护法》。

印尼加入的国际条约包括:《保护工业产权巴黎公约》《专利合作条约》《商标法条约》《伯尔尼公约》以及《WIPO版权条约》和《WIPO表演和录音制品条约》《与贸易有关的知识产权协议》,也是世界知识产权组织的成员国。

《专利法》规定,专利保护期为20年,期满后不得续展。《商标法》规定,商标保护期为10年,保护期可以续展。《著作权法》规定,有效期分别不同情况为作者生前及其死后50年和首次发表后50年。

(二)知识产权侵权的相关处罚规定

印尼法律规定,违反知识产权保护法规的行为,将受到法律制裁,包括经济处罚和刑事处罚。

**七、投资合作相关法律及对中国企业投资合作保护政策**

(一)印尼与投资合作相关的主要法律

主要法律有:《投资法》《公司法》《所得税法》《劳动法》《知识产权法》《破产法》《贸易法》《海关法》等。

(二)印尼对中国企业投资合作的保护政策

1. 中国与印度尼西亚签署双边投资保护协定。中国与印尼政府在1994年签署《促进和保护投资协定》。

2. 中国与印度尼西亚签署避免双重征税协定。中国与印尼政府在2001年签署《避免双重征税和防止偷漏税协定》。

## 老挝投资贸易指南

**一、对外贸易法规和政策规定**

(一)贸易主管部门

老挝贸易主管部门为老挝工业与贸易部(下设省市工业与贸易厅、县工业与贸易办公室),主要职责是制订、实施有关法律法规,发展与各国、地区及世界的经济贸易联系与合作,管理进出口、边贸及过境贸易,管理市场、商品及价格,对商会或经济咨询机构进行指导以及企业与产品原产地证明管理等。

(二)贸易法规体系

老挝与贸易相关的主要法律有《投资促进管理法》《关税法》《企业法》《进出口管理令》《进口关税统一与税率制度商品目录条例》等。

(三)贸易管理的相关规定

老挝所有经济实体享有经营对外经济贸易的同等权利,除少数商品受禁止和许可证限制外,其余商品均可进出口。

1. 禁止进口商品。枪支、弹药、战争用武器及车辆;鸦片、大麻;危险性杀虫剂;不良性游戏;淫秽刊物等5类商品禁止进口。

2. 禁止出口商品。枪支、弹药、战争用武器及车辆;鸦片、大麻;法律禁止出口的动物及其制品;原木、锯材、自然林出产的沉香木;自然采摘的石斛花和龙血树;藤条;硝石;古董、佛像、古代圣物等9类商品禁止出口。

3. 进口许可证管理商品。活动物、鱼、水生物;食用肉及其制品;奶制品;稻谷、大米;食用粮食、蔬菜及其制品;饮料、酒、醋;养殖饲料;水泥及其制品;燃油;天然气;损害臭氧层的化学物品及其制品;生物化学制品;药品及医疗器械;化肥;部分化妆品;杀虫剂、毒鼠药、细菌;锯材;原木及树苗;书籍、课本;未加工宝石;银块、金条;钢材;车辆及其配件(自行车及手扶犁田机除外);游戏机;爆炸物等25类商品进口需许可证。

4. 出口许可证管理商品。活动物(含鱼及水生物);稻谷、大米;虫胶、树脂、林产品;矿产品;木材及其制品;未加工宝石;金条、银块等7类商品出口需许可证。

(四)进出口商品检验检疫

老挝对各类动植物产品的进口有检疫要求,要求对进口产品的特征及进口商的相关信息进行检查。

1. 动物检疫。根据老挝动物检疫规定,活动物、鲜冻肉及肉罐头等进口商须向农林部动物检疫司申请动物检疫许可证。商品入境时由驻口岸的动物检疫员查验产地国签发的动物检疫证和老挝农林部签发的检疫许可证。

2. 植物检疫。老挝农林部负责植物检疫工作,进口植物及其产品须在老挝的边境口岸接受驻口岸检查员检查,并出示产品原产国有关机构签发的植物检疫证。

（五）海关管理规章制度

1. 管理制度。老挝政府于1994年12月颁布实施《统一制度和进口关税商品目录条令》,2005年5月颁布实施《关税法》及2001年10月颁布实施《商品进出口管理法令》等法律法规,对海关管理作了系列规定。其中《关税法》对进出口商品限制、禁止种类、报关、纳税、仓储、提货、出关、关税文件管理及报关复核等做了相关规定。

2. 关税税率。老挝关税分自主关税、协定关税、优惠关税、减让关税和零关税等5种不同的税率。详情可参看《统一制度和进口关税商品目录条令》及有关关税调整通知等文件。

3. 报关流程。货物进入仓库—过磅—做仓库临时报关单—打货物临时报关单、报海关审核、报海关领导签字、打税单上税、海关检验货物、付仓库费—海关做记录、进关。

4. 报关所需材料。老挝计划投资部批文、企业投资许可证、企业申请报告、企业营业执照(复印件)、企业税务登记(复印件)和货物老文清单(含数量、价格、重量、规格等)。

**二、外国投资市场准入规定**

（一）投资主管部门

工贸部、计划投资部、政府办公厅分别对老挝投资的一般投资、特许经营投资和经济特区投资负责。

（二）投资行业的规定

除了危及国家稳定,严重影响环境、人民身体健康和民族文化的行业和领域,老挝政府鼓励外国公司及个人对各行业各领域投资。

2014年7月8日,老挝六届国会七次会议表决通过《老挝鼓励外国投资法》。新投资促进法对老挝政府禁止投资的行业、政府专控的行业和专为老挝公民保留的职业做出具体规定。

1. 禁止投资的行业。各种武器的生产和销售;各种毒品的种植、加工及销售;兴奋剂的生产及销售(由卫生部专门规定);生产及销售腐蚀、破坏良好民族风俗习惯的文化用品;生产及销售对人类和环境有危害的化学品和工业废料;色情服务;为外国人提供导游。

2. 政府专控的行业。石油、能源、自来水、邮电和交通、原木及木材制品、矿藏及矿产、化学品、粮食、药品、食用酒、烟草、建材、交通工具、文化制品、贵重金属、教育。

3. 专为老挝公民保留的职业。(1)工业手工业部门:制陶;金、银、铜及其制品的打制;手工织布和编纺刺绣;工厂的织布、缝纫工作;竹篾、藤凉席的制作;佛像、木雕制作;玩具的制作;棉或木棉服装和被褥的制作;铁匠;电焊工。(2)金融部门:金、银、铜及其有价物品的销售。(3)商业部门:流动和固定零售;成品油零售。(4)财政部门:财务监督或提供财务服务工作。(5)教育部门:为外国人教授老挝语。(6)文化部门:老挝传统乐器制作;手工字母排版;各种广告牌的设计和制作;各种场所的装修。(7)旅游部门:导游和导游的分配。(8)交通、运输、邮电和建设部门:各种运输车辆的驾驶;建筑行业的各种载重车(推土机、自卸车等)的驾驶;铲土机、平地机、打夯机、挖土机的操作;各种信件、报纸、文件的发送;密码工作;汽车美容。(9)劳动和社会服务部门:普通工人、清洁工、保安;为外国人提供家政服务;美容、烫发和理发;文书和秘书工作。(10)食品部门:米线制品的生产。

老挝对国产水泥、钢筋、洗洁精、PVC管、镀锌瓦、水泥瓦实行保护政策。

（三）投资方式的规定

外国投资者可以按照"协议联合经营"、与老挝投资者成立"混合企业"和"外国独资企业"等3种方式到老挝投资。

"协议联合经营"是指老挝投资法人与外方在不成立新法人的基础上联合经营。

"混合企业"是指由外国投资者和老挝投资者依照老挝法律成立、注册并共同经营、共同拥有所有权的企业。外国投资者所持股份不得低于注册资金的30%。

"外国独资企业"是指由外国投资者独立在老挝成立的企业,形式可以是新法人或者分公司。

矿产、水电行业为老挝外资投资的主要领域。中国、越南、泰国分别是老挝前三大投资国。

（四）特殊经济区域的规定

2011年年底,老挝政府颁布《2011年至2020年在老挝开发经济特区和专业经济区战略规划》,规划到2015年建立14个经济特区和专业经济区。即:万象市的东坡喜专区、会山专区、塔銮湖专区、赛萨坛专区;占巴色省的西潘敦专区、巴松菠萝芬高原专区、万道专区;甘蒙省的甘蒙黄金城专区;沙耶武里省的南横口岸专区;波里坎赛省的万坎开发区;华潘省的浓康专区;沙湾拿吉省的老堡边境贸易区;川扩省的石缸平原专区和波乔省的泥公河大桥桥头专区等。

目前,老挝政府批准设立10个经济特区和专业经济区,占地13564公顷,其中2个经济特区、8个专业经济区。即:沙湾一色诺经济特区、金三角经济特区、磨丁丽城专业经济区、万象嫩通工业贸易园、赛色塔综合开发区、东坡西专业经济区、万象隆天专业经济区、普乔专业经济区、塔銮湖专业经济区、他曲专业经济区。

**三、老挝对外国投资的政策**

（一）优惠政策框架

老挝对外国投资给予税收、制度、措施、提供信息服务及便利方面的优惠政策。

（二）行业鼓励政策

老挝鼓励外国投资的行业有:(1)出口商品生产;(2)农林、农林加工和手工业;(3)加工、使用先进工艺和技术、研究科学和发展、生态环境和生物保护;(4)人力资源开发、劳动者素质提高、医疗保健;(5)基础设施建设;(6)重要工业用原料及设备生产;(7)旅游及过境服务。

（三）税收优惠政策

进口用于在老挝国内销售的原材料、半成品和成品可享受减征或免征进口关税、消费税和营业税。即:进口经有关部门证明并批准的原材料可免征进口关税和营业税;进口老挝国内有但数量不足的半成品5年内可按最高正常税率减半征收进口关税和营业税;进口经有关部门证明并批准的老挝国内有但数量不足或质量不达标的配件可按照东盟统一关税目录中的税率征收配件关税及消费税。

进口的原材料、半成品和成品在加工后销往国外的,可享受免征进口和出口的关税、消费税和营业税。

经老挝计划投资部批准进口的设备、机器配件可免征进口关税、消费税和营业税。

经老挝计划投资部或相关部门批准进口的老挝国内没有或有但不达标的固定资产可免征第一次进口关税、消费税和营业税。

经老挝计划投资部或相关部门批准进口的车辆(如载重车、推土机、货车、35座以上客车及某些专业车辆等)可免征进口关税、消费税和营业税。

(四)地区鼓励政策

老挝政府根据不同地区的实际情况给予投资优惠政策:(1)一类地区,指没有经济基础设施的山区、高原和平原。免征7年利润税,7年后按10%征收利润税。(2)二类地区,指有部分经济基础设施的山区、高原和平原。免征5年利润税,之后3年按7.5%征收利润税,再之后按15%征收利润税。(3)三类地区,指有经济基础设施的山区、高原和平原。免征两年利润税,之后两年按10%征收利润税,再之后按20%征收利润税。免征利润税时间按企业开始投资经营之日起算;如果是林木种植项目,从企业获得利润之日起算。

此外,企业还可以获得如下4项优惠:(1)在免征或减征利润税期间,企业还可以获得免征最低税的优惠。(2)利润用于拓展获批业务者,将获得免征年度利润税。(3)对直接用于生产车辆配件、设备,老挝国内没有或不足的原材料,用于加工出口的半成品等进口可免征进口关税和赋税。(4)出口产品免征关税。

对用来进口替代的加工或组装的进口原料及半成品可以获得减征关税和赋税的优惠;经济特区、工业区、边境贸易区以及某些特殊经济区等按照各区的专门法律法规执行。

**四、外国企业在老挝获得土地的规定**

(一)土地法的主要内容

老挝实行土地公有制,土地所有权禁止交易。地产市场的交易仅为土地使用权交易。老挝土地法根据老挝宪法的规定将土地国家所有权制度确立为国家唯一的土地所有权制度,即作为土地唯一所有者的国家对于自己所有的土地依法享有的占有、使用、收益和处分的权利。国家按照法律和规划统一管理全部土地,保证有目的和有成效地使用土地。

老挝《土地法》(1997年颁布)规定,全国范围内的土地划分为以下八个类型:农业用地、林业用地、建筑用地、工业用地、交通用地、文化用地、国防、治安用地和水域用地。关于各类土地范围划分权和程序方面,中央一级政府在全国范围内分配和划分各类土地,然后向国会提议以便审议通过。地方政府在自己负责的范围内规定各类土地的范围,使之符合政府制定的土地类型范围的规定,然后向自己的上级政府提议以便审议通过。

老挝《土地法》规定,一旦认为有必要,可以把一种土地类型转向另一种类型,但在用作其他目标前,必须事先征得有关部门的许可并不得对自然环境和社会造成不良影响。

(二)外资企业获得土地的规定

老挝《土地法》对本国人与外国人在土地使用形式上做了区分。本国个人、家庭及组织享有土地使用权和土地租赁权,而外国人、无国籍人仅仅享有土地租赁权。两者区别在于:土地租赁是从土地使用权中分离出来的一项独立财产权利。老挝《土地法》没有对土地使用权的期限做出规定;土地使用权一般要求支付地租,但也可无偿。土地租赁为有偿形式,租金是必要条件:土地使用权具有流通性,可让与作为抵押权的标的,设定权利抵押权。而土地租赁权一般不得让与,转租也受到限制或禁止。

外国人以及其他组织没有土地的使用权,只享有土地租赁权。其如果需要从老挝公民手中租赁已开发的土地,则应由土地所在地的省、市或特区政府向财政部建议审批。至于外国人及上述个人的组织,是由土地所在地的省、市或特区政府向财政部建议决定。根据外国人投资的项目、产业、规模、特性,其租期最高不得超过50年,但可按政府的决定视情形续租。

(三)老挝目前实行土地特许经营的项目

1. 农业项目。老挝实行土地特许经营的农业项目有360个,按项目数量排序主要有:咖啡(59个)、牲畜(58个)、麻风树(49个)、木薯(34个)、水果蔬菜(31个)、大米(12个)、甘蔗(10个);按占地面积排序居前者有:甘蔗(3.4969万公顷)、畜牧(3.1494万公顷)、麻风树(2.5179万公顷)。咖啡种植项目95%位于老挝南部占巴色省,种植总面积1.9105万公顷。甘蔗项目几乎全是泰国投资,多位于老挝南部靠近泰国的地方。中国投资老挝的农业项目占地1.3万公顷,其中5个木薯种植项目覆盖1万公顷土地。

2. 林业项目。老挝实行土地特许经营的林业项目有367个,最常见的是橡胶种植园,共有225个项目,覆盖13万公顷土地。其次是49个桉树项目,覆盖9.5万公顷土地。中国以86个项目占地8.6万公顷名列林业项目第一位,其后是越南和印度。中国企业投资的橡胶园主要在老挝北部,便于采购商运输到云南西双版纳加工。越南主要投资的项目也是橡胶,相较中国每个项目平均只有341公顷土地,越南投资橡胶项目平均占地面积为1477公顷。

3. 采矿项目。采矿业564个项目占地接近55万公顷,即老挝土地特许经营项目总面积的一半。3个最主要的产品类别分别是:锌矿(18.9万公顷),铜矿(8.6万公顷),铁矿(5.7万公顷)。项目数量最大类别是沙和碎石开采项目,共165个项目,但总面积仅为2987公顷。就采矿业投资项目数量而言,中国有69个项目,越南32个项目,泰国9个项目。但是从项目面积看,越南在采矿业投资的土地面积为23.2万公顷,中国则仅有9.7万公顷。

4. 其他项目。电力、制造、加工业特许经营项目共829个项目占地2.2万公顷。通信、服务、旅游、运输、贸易特许经营项目共520个项目占地7.7万公顷。

由于老挝土地投资及特许经营项目的规模急剧扩大,无论政府还是民间都对其影响予以关注。2012年6月老挝政府停止橡胶及桉树的特许经营许可,进行全国范围内的土地特许经营情况审查复核,对项目影响进行重新评估,土地特许经营权的审批程序趋于严格。

**五、环境保护法律规定**

(一)环保管理部门

老挝环保管理部门包括自然资源环境部、部派驻处、省/直辖市自然资源环境厅、县和村委会等5级机构。主要职责有:(1)制定和实施环保法律法规;(2)研究、分析和处理项目环保问题;(3)颁发或没收环保许可证;(4)指导环评工作;(5)开展环保国际合作等。

(二)主要环保法律法规

老挝主要环保法律法规有《环境保护法》(1999年4月颁布实施)、《环境保护法实施令》《水和水资源法》《水和水资源法实施令》等。2013年3月,老挝颁布新修订的《环境保护法》。

(三)环保法律法规基本要点

老挝环保法规定,个人或组织在实施项目中必须负责预防和控制水、土地、空气、垃圾、有毒化学物品、辐射性物品、振动、声音、光线、颜色和气味等污染;禁止随意向沟渠、水源等倾倒、排放超标污水和废水;禁止排放超出空气质量指标的烟雾、气体、气味、有毒性化学品和尘土;生产、进口、使用、运输、储藏和处理有毒化学物品或辐射性物品必须按照相关规定执行;禁止随意倒放垃圾,必须在扔弃、燃烧、埋藏或销毁前行划定或区分垃圾倒放区域;禁止进口、运输、移动危险物品通过老挝水源区、境内或领空。个人或组织违反环保法的,情节较轻者处以教育、罚金;情节重者可按相关民事法律和刑事法律进行处罚。

(四)环保评估的相关规定

2010年2月16日,老挝对《环境评价条例》进行修订。此次修订严格了环评程序,进一步完善公众参与制度。新修订的《环境评价条例》将所有项目分成两大类,一类包括小规模投资项目和对环境与社会影响小的项目,这类只要求IEE;一类是大规模投资的项目,包括复杂的和显著影响环境与社会的项目,要求EIA环评机构:自然资源和环境部、费用根据项目类型、规模收取,没有统一收费标准,需要双方洽谈;环评报告上交自然资源和环境部环境监察中心后在半年内给予答复,如未通过则需重新评估。

**六、保护知识产权规定**

(一)老挝当地有关知识产权保护的法律规定

老挝政府于1995年颁布实施《商标令》,2008年1月颁布实施《知识产权法》。

《商标令》规定,在老挝的个人或法人可以向老挝科技部提出商标注册申请。商标保护期为10年,可延长10年/次。连续5年不用或者商标注册批准证书过期,则失去效力。

《知识产权法》规定,知识产权包括工业产权、物种和专利3大类。工业产权保护期限一般为10~20年,期间支付费用;物种保护期乔木类为25年、灌木类为15年,期间支付费用;专利保护期为创作者终生及死后50年。

(二)知识产权侵权的相关处罚规定

老挝《知识产权法》规定,违反知识产权保护规章的行为,受法律制裁。

**七、投资合作相关法律及对中国企业投资合作保护政策**

(一)老挝与投资合作相关的主要法律

1.《投资促进法》。2010年3月,老挝国家主席签署第75号主席令,正式颁布实施老挝新版《投资促进法》。新版《投资促进法》由原来的《国内投资促进管理法》和《外国投资股促进管理法》合并而成,并对其中8处作了修订和完善,如:投资方式、投资类型、审批程序、一站式投资服务、投资指导目录、优惠政策、专门经济区开发投资以及中央与地方管理职能划分等内容。

2.《民法》。规定老挝的自然人之间、法人之间以及自然人与法人之间的财产关系,为私有财产提供保护。

3.《企业法》。规定企业成立、组织、运作、解散、转让和变更,划分企业类型,规范企业章程。

4.《矿产法》。1997年5月实施,后进行修订。对矿产资源的所有权、保护和开发、环境保护、矿山经营者权益和当地居民权益和保护等做出规定。

(二)老挝对中国企业投资合作的保护政策

1. 中国与老挝签署双边贸易保护协定。中国与老挝于1988年12月签署了《中老贸易协定》《中老边境贸易的换文》。

2. 中国与老挝签署避免双重征税协定。中国与老挝于1999年1月签署了《中老避免双重征税协定》。

3. 中国与老挝签署的其他协定。中国与老挝还签署了《中老关于鼓励和相互保护投资协定》(1993年1月)、《中老汽车运输协定》(1993年12月)、《中老澜沧江—湄公河客货运输协定》(1994年11月)、《中老旅游合作协定》(1996年10月)、《中老关于成立两国经贸技术合作委员会协定》(1997年5月)、《中国、老挝、缅甸和泰国四国澜沧江—湄公河商船通航协定》(2000年4月)等协定,在投资、旅游、运输等方面规定了相关保护政策。

4. 其他相关保护政策。中国与老挝签署《中老领事条约》(1989年10月)、《中老民事刑事司法协助条约》(1999年1月)、《中华人民共和国和老挝人民民主共和国引渡条约》(2002年2月)等协定,在司法方面规定相关保护政策。2002年11月,中国与东盟国家签署《中国—东盟全面经济合作框架协议》。2004年11月29日,在老挝万象召开的第8次中国—东盟领导人会议上,中老签署《货物贸易协议》和《争端解决机制协议》。

## 马来西亚投资贸易指南

**一、对外贸易法规和政策规定**

(一)贸易主管部门

马来西亚主管对外贸易的政府部门是国际贸易和工业部,主要职责是负责制订投资、工业发展及外贸等有关政策,拟定工业发展战略,促进多双边贸易合作,规划和协调中小企业发展,促进和提升私人企业界和土著的管理和经营能力。

(二)贸易法规体系

主要对外贸易法律有《海关法》《海关进口管制条例》《海关出口管制条例》《海关估价规定》《植物检疫法》《保护植物新品种法》《反补贴和反倾销法》《反补贴和反倾销实施条例》《2006年保障措施法》《外汇管理法令》等。

(三)贸易管理的相关规定

马来西亚实行自由开放的对外贸易政策,部分商品的进出口会受到许可证或其他限制。

1. 进口管理。1998年马来西亚海关禁止进口令规定了四类不同级别的限制进口。第一类是14种禁止进口品,包括含有冰片、附子成分的中成药,45种植物药以及13种动物及矿物质药。第二类是需要许可证的进口产品,主要涉及卫生、检验检疫、安全、环境保护等领域。包括禽类和牛肉(还必须符合清真认证)、蛋、大米、糖、水泥熟料、烟花、录音录像带、爆炸物、木材、安全头盔、钻石、碾米机、彩色复印机、一些电信设备、武器、军火以及糖精。目前大约有27%的税目产品需要进口许可证。第三类是临时进口限制品,包括牛奶、咖啡、谷类粉、部分电线电缆以及部分钢铁产品。第四类是符合一定特别条件后方可进口的产品,包括动物、动物产品、植物及植物产品、香烟、土壤、动物肥料、防弹背心、电子设备、安全带及仿制武器。

为了保护敏感产业或战略产业,马来西亚对部分商品实施非自动进口许可管理,主要涉及建筑设备、农业、矿业和机动车辆部门。如所有重型建筑设备进口须经国际贸易和工业部批准,且只有在马来西亚当地企业无法生产的情况下方可进口。马来西亚海关负责发放进口许可证,国际贸易及工业部及其他部门负责进口许可证的日常管理工作。

2. 出口管理。马来西亚规定，除以色列外，大部分商品可以自由出口至任何国家。但是，部分商品需获得政府部门出口许可，其中包括：短缺物品、敏感或战略性或危险性产品，以及受国家公约控制或禁止进出口的野生保护物种。此外，马来西亚《1988 年海关令（禁止出口）》规定对三类商品的出口管理措施：第一类为绝对禁止出口，包括禁止出口海龟蛋和藤条；禁止向海地出口石油、石油产品和武器及相关产品。第二类为需要出口许可证方可出口；第三类为需要视情况出口。大多数第二和第三类商品为初级产品，如牲畜及其产品、谷类、矿物/有害废弃物；第三类还包括武器、军火及古董等。

国际贸易与工业部及国内贸易与消费者事务部负责大部分商品出口许可证的管理。

3. 进出口商品检验检疫。马来西亚要求所有肉类、加工肉制品、禽肉、蛋和蛋制品必须来自经农业部兽医服务局检验和批准的工厂，所有进口产品必须获得兽医服务局颁发的进口许可证。

所有向穆斯林供应的肉类、加工肉制品、禽肉、蛋和蛋制品必须通过清真认证，牛、羊、家禽的屠宰场以及肉蛋加工设备必须获得伊斯兰发展署的检验和批准。

4. 海关管理规章制度。（1）管理制度。马来西亚关税有两种归类系统：一种用于东盟内部贸易，税则号为 6 位数字；另一种用于与其他国家贸易。国际贸易及工业部下属关税特别顾问委员会负责对关税进行评审，每年在政府预算中公布。（2）关税水平。马来西亚关税 99.3% 是从价税，0.7% 是从量税、混合税和选择关税。世界贸易组织《2014 世界关税研究》公布数据显示，2013 年，马来西亚最惠国关税简单平均关税税率约 6%，农产品最惠国平均简单关税为 8.9%，非农产品该税率为 5.5%。

**二、外国投资市场准入规定**

（一）投资主管部门

马来西亚主管工业领域投资的政府部门是贸工部下属的马来西亚投资发展局（www.mida.gov.my），主要职责是：制定工业发展规划；促进制造业和服务业领域的国内外投资；审批工业执照、外籍员工职位以及企业税务优惠；协助企业落实和执行投资项目。

马来西亚其他行业投资由马来西亚总理府经济计划署（EPU）及有关政府部门负责，EPU 负责审批涉及外资与土著（Bumiputra）持股比例变化的投资申请，而政府部门则负责其他业务有关事宜的审批。

（二）投资行业规定

1. 限制的行业。外商投资下述行业会在股权方面受到严格限制：金融、保险、法律服务、电信、直销及分销等。一般外资持股比例不能超过 50% 或 30%。

2. 新开放领域。2009 年 4 月，马来西亚政府为了进一步吸引外资，刺激本国经济发展，开放了 8 个服务业领域的 27 个分支行业，允许外商独资，不设股权限制，包括：（1）计算机相关服务领域。包括电脑硬件咨询服务，软件应用服务（包括软件系统咨询服务、系统分析服务、系统设计服务、电脑程序服务、系统维护服务），资料处理服务（包括资料输入服务、资料处理与制表服务、共享服务等），数据库服务，电脑维修服务，其他（包括资料准备、训练、资料修复、内容开发等服务）。（2）保健与社会服务领域。包括兽医服务，老人院及残疾中心提供的服务，孤儿院服务，育儿服务（包括残疾儿童中心提供的服务），为残疾人士提供的职业培训服务。（3）旅游服务领域。包括主题公园，旅行社（仅限国内旅游部分），酒店与餐馆（仅限四星级及五星级酒店），食品服务（仅限四星级及五星级酒店），饮品服务（仅限四星级及五星级酒店）。（4）运输服务领域。（5）体育及休闲服务领域。（6）商业服务领域。包括区域分销中心，国际采购中心，科学检验与分析服务（包括成分与纯度化验分析服务、固体物检验分析服务、机械与电子系统检验分析服务、科技监督服务等），管理咨询服务（包括常规服务、金融、人力资源、产品与公关服务等）。（7）租赁服务领域。包括船只租赁（不包括沿海及岸外贸易）、国际货轮租赁（光船租赁）。（8）运输救援服务领域。包括海事机构服务、船只救护服务。

为进一步刺激外资流入，马来西亚政府在 2012 年逐步开放 17 个服务业分支行业的外资股权限制，包括：电讯领域的服务供应商执照申请、电讯领域的网络设备供应与网络服务供应商执照申请、快递服务、私立大学、国际学校、技工及职业学校、特殊技术与职业教育、技能培训、私立医院、独立医疗门诊、独立牙医门诊、百货商场与专卖店、焚化服务、会计与税务服务、建筑业、工程服务以及法律服务。

马来西亚服务业发展理事会（MSDC）是分支领域开放的监管单位，负责审查服务业限制领域发展的有关规定，监督和协调各部门相关工作。

3. 鼓励的行业。马来西亚政府鼓励外国投资进入其出口导向型的生产企业和高科技领域。

马来西亚比较适合外国投资的产业包括：农业生产、农产品加工、林业、橡胶制品、棕油产品、石油化工、医药、木材、纸浆制品、纺织、非金属矿物制品、钢铁业、有色金属、机械设备及零部件、交通设备及部件、电子电器、专业医学、科学测量仪器制造、相机及光学产品、塑料制品、酒店与旅游业、影视制作以及一些制造业相关的服务业等。2003 年 6 月开始，外商投资制造业的新项目可以 100% 持股。

（三）投资方式的规定

1. 直接投资。外商可直接在马来西亚投资设立各类企业，开展业务。直接投资包括现金投入、设备入股、技术合作以及特许权等。

2. 跨国并购。马来西亚允许外资收购本地注册企业股份，并购当地企业。一般而言，在制造业、采矿业、超级多媒体地位公司、伊斯兰银行等领域或鼓励外商投资的五大经济发展走廊，外资可获得 100% 股份；马来西亚政府还先后撤销了 27 个服务业分支领域和上市公司 30% 的股权配额限制，进一步开放了服务业和金融业。

3. 股权收购。马来西亚股票市场向外国投资者开放，允许外国企业或投资者收购本地企业上市，2009 年，马来西亚首相纳吉布宣布取消外资公司在马来西亚上市必须分配 30% 土著股权的限制，变为规定的 25% 公众认购的股份中，要求有 50% 分配给土著，即强制分配给土著的股份实际只有 12.5%；此外，拥有多媒体超级地位、生物科技公司地位以及主要在海外运营的公司可不受土著股权需占公众股份 50% 的限制。纳吉布同时废除外资委员会（FIC）的审批权，拟在马上市的外资公司直接将申请递交给马来西亚证券委员会。

（四）特殊经济区域的规定

1. 五大经济特区。近年来，马来西亚政府鼓励外资政策力度逐步加大，为平衡区域发展，陆续推出五大经济发展走廊，基本涵盖了西马半岛大部分区域以及东马的两个州，凡投资该地区的公司，均可申请5～10年免缴所得税，或5年内合格资本支出全额补贴。根据具体区域实际情况，联邦政府制定了不同的重点发展行业。(1)伊斯干达开发区(Iskandar Malaysia)。位于马来半岛南端柔佛州，占地面积约2200平方千米，重点推动服务业成为经济发展的关键动力。鼓励投资行业包括：旅游服务、教育服务、医疗保健、物流运输、创意产业及金融咨询服务等。(2)北部经济走廊(Northern Corridor Economic Region，NCER)。涵盖马来半岛北部玻璃市州、吉打州、槟州及霹雳州北部区域，占地面积约1.8万平方千米，重点鼓励投资行业包括农业、制造业、旅游及保健、教育及人力资本和社会发展等。(3)东海岸经济区(East Coast Economic Region，ECER)。包括东海岸吉兰丹州、登加楼州、彭亨州及柔佛州的丰盛港地区，占地面积约6.7万平方千米，重点鼓励投资行业包括旅游业、油气及石化产业、制造业、农业和教育等。(4)沙巴发展走廊(Sabah Development Corridor，SDC)。涵盖东马沙巴州大部分地区，占地面积约7.4万平方千米，重点鼓励投资行业包括旅游业、物流业、农业及制造业等。(5)沙捞越再生能源走廊(Sarawak Corridor of Renewable Energy，SCORE)。位于东马沙捞越州西北部，占地面积约7.1万平方千米，沙州拥有丰富的能源资源，重点鼓励投资行业包括油气产品、铝业、玻璃、旅游业、棕油、木材、畜牧业、水产养殖、船舶工程和钢铁业等。

自2006年推行经济走廊计划以来，五大经济走廊已吸引投资264.5亿马币，创造13.2万个工作机会。其中伊斯干达发展区吸引投资额最高，达83.4亿马币，创造5.6万个工作机会；北部经济走廊(NCER)吸引投资68.9亿马币，创造2.6万个工作机会；东海岸经济区(ECER)吸引投资51.4亿马币，创造2.7万个工作机会；沙巴发展走廊(SDC)吸引投资54.2亿马币，创造1万个工作机会；砂捞越再生能源走廊(SCORE)吸引投资额8.3亿马币，创造1.3万个工作机会。

2.“大吉隆坡”计划。马来西亚“大吉隆坡”计划全线启动。大吉隆坡地区：经济转型计划中提出的国家关键经济领域之一，位于吉隆坡—巴生河谷流域，涵盖了吉隆坡附近10个城市，占地面积约2800平方千米。概念参考了大伦敦和大多伦多地区，计划从基础设施、人民收入和居住环境三方面着手，将吉隆坡打造成为位居世界前20名的适合居住的国际大都市。

3. 马中关丹产业园(MCKIP)。(1)基本规划。产业园位于彭亨州关丹市格宾(GEBENG)工业区内，面积6.07平方千米，距离关丹港5千米。(2)开发模式。由中国和马来西亚双方牵头企业在马成立合资公司作为产业园开发主体，由马方占股51%，中方占股49%，共同从事土地开发和基础设施建设以及后期招商工作。(3)产业指引。十大重点产业包括：塑料及金属行业设备、汽车零部件、纤维水泥板、不锈钢产品、食品加工、碳纤维、电子电器、信息通讯、消费类商品以及可再生能源。(4)优惠政策。马方对产业园提出的优惠政策主要分为财政优惠和非财政优惠两类。其中，财政优惠包括：自第一笔合法收入起10年内100%免缴所得税，或享受5年合格资本支出全额补贴；工业园开发、农业及旅游项目免缴印花税；机械设备免缴进口税及销售税。

马来西亚鼓励外国投资政策的主要内容是：特区鼓励创意、教育服务、金融咨询、保健、物流和旅游这6个领域，特区首个中心点主要发展休闲、住宅、金融和高端工业园等。

4. 财务优惠措施。对于具有特区地位的公司而言，在2015年前开业的特区地位公司，可免税10年；非国民预扣的服务税和权利金可获10年豁免。对于发展商而言，2015估税年前，在区内第一中心出售土地所获得的法定收入可免税；2020估税年前，商业建筑物租赁或买卖收入免税；非国民的服务税、利息及权利金豁免预扣税直至2015年12月31日。对于产业发展管理人而言，提供管理、监督或行销服务的产业发展管理人，法定收入可免税直至2020年估税年；提供相关服务的非国民，可免预扣税直至2015年12月31日。

5. 非财务优惠措施。豁免遵守外国投资委员会条例。享有宽松的外汇管理，其中包括：向国民支付或收取外币；向境内银行及非国民借贷任何数额的外币；可用外币在境内及境外投资；可将出口收入保留在境内；聘请外国专门人才无限制，境外专业人才可进口或购买免税汽车自用。

**三、外国投资优惠政策**

（一）优惠政策框架

马来西亚投资政策以《1986年促进投资法》《1967年所得税法》《1967年关税法》《1972年销售税法》《1976年国内税法》以及《1990年自由区法》等为法律基础，这些法律涵盖了对制造业、农业、旅游业等领域投资活动的批准程序和各种鼓励与促进措施。

2010年，马来西亚联邦政府出台一系列新的举措，以促进投资增长。包括设立国家投资委员会，由马贸工部长和首相府绩效管理实施署长作为联席主席，委员由马财政部、首相府经济计划署、央行、绩效管理实施署、贸工部、投资发展局、统计局的官员组成，负责实时审批投资项目；将投资主管机构马投资发展局(原名工业发展局)企业化，授予更多权限，以提高该机构施政灵活性，吸引更多投资；修订了《促进行动及产品列表》(即鼓励外商投资产业目录)；关注五大经济发展走廊吸引投资情况，强化各走廊发展局的职能。

鼓励政策和优惠措施主要是以税务减免的形式出现的，分为直接税激励和间接税激励两种。直接税激励是指对一定时期内的所得税进行部分或全部减免；间接税激励则以免除进口税、销售税或国内税的形式出现：

1. 投资税务补贴(Investment Tax Allowance，ITA)。获得新兴工业地位(Pioneer Status，PS)称号的企业可享受为期5年的所得税部分减免，仅需就其法定收入的30%征收所得税。即：获得投资税务补贴的企业，可享受为期5年合格资本支出60%的投资税务补贴。该补贴可用于冲抵其纳税年法定收入的70%，其余30%按规定纳税，未用完的补贴可转至下一年使用，直至用完为止。

享受新兴工业地位或投资税务补贴的资格是以企业具备的某方面优势为基础的，包括较高的产品附加值、先进的技术水平以及产业关联等。符合这些条件的投资被称为“促进行动”(promoted activities)或“促进产品”(promoted products)。马政府专门制订了有关制造业的《促进行动及产品列表》。除制造业外，两项鼓励政策均可适用于其他行业申请，如农业、旅游业及制造业相关的服务业等。

2. 再投资补贴(Reinvestment Allowance，RA)。再投资补

贴主要适用于制造业与农业。运营12个月以上的制造类企业因扩充产能需要,进行生产设备现代化或产品多样化升级改造的开销,可申请再投资补贴。合格资本支出额60%的补贴可用于冲抵其纳税年法定收入的70%,其余30%按规定纳税。

3. 加速资本补贴(Accelerated Capital Allowance,ACA)。使用15年的再投资补贴后,再投资在"促进产品"的企业可申请加速资本补贴,为期3年,第一年享受合格资本支出40%的初期补贴,之后两年均为20%。除制造业外,加速资本补贴还适用于其他行业申请,如农业、环境管理及信息通信技术等。

4. 农业补贴。马来西亚的农业企业与合作社/社团除了农业《促进行动及产品列表》,也可申请新兴工业地位或投资税务补贴的优惠。《1967年所得税法》规定,投资者在土地开垦、农作物种植、农用道路开辟及农用建筑等项目的支出均可申请资本补贴和建筑补贴。考虑到农业投资计划开始到农产品加工的自然时间间隔,大型综合农业投资项目在农产品加工或制造过程中的资本支出还可单独享受为期5年的投资税务补贴。

5. 多媒体超级走廊地位。马政府于1996年推出信息通信技术计划,即多媒体超级走廊,简称MSC,目标是成为全球信息通讯产业中心。经多媒体发展机构核准的信息通讯企业可在新兴工业地位的基础上,享受免缴全额所得税或合格资本支出全额补贴(首轮有效期为5年),同时在外资股权比例及聘请外籍技术员工上不受限制。

6. 运营总部地位。国际采购中心地位和区域分销中心地位。为进一步加强马来西亚在国际上的区域地位,经核准的运营总部、区域分销中心和国际采购中心除了100%外资股权不受限制以外,还可享受为期10年的免缴全额所得税等其他优惠。

7. 新兴工业地位。获得新兴工业地位称号的企业可享受为期5年的所得税部分减税,仅需就其法定收入的30%征收所得税。

(二)行业鼓励政策

1. 清真食品加工及认证。包括:凡生产清真食品的公司,自符合规定的第一笔资本支出之日起5年内所发生符合规定资本支出的100%可享受投资税赋抵减。

2. 多媒体超级走廊公司。为了成为全球信息与通信技术产业的中心,马来西亚政府于1996年创建了信息与通信技术计划,即多媒体超级走廊。所有取得多媒体超级走廊地位的公司都可享受马来西亚政府提供的一系列财税、金融鼓励政策及保障,主要包括:提供世界级的硬体及资讯基础设施;无限制地聘请国内外知识型雇员;公司所有权自由化;长达10年的税收豁免政策或五年的财税津贴等。

3. 鼓励发展生物科技。马来西亚2007年财政预算报告宣布一系列新举措,鼓励在生物科技领域的投资,推动生物科技的发展。投资鼓励政策包括:(1)生物科技公司从首年盈利开始,免交10年所得税;(2)从第11年开始缴纳20%的所得税,优惠期仍为10年;(3)在生物科技领域进行投资的个人和公司,将减去与其原始资本投资相等的税收,并获得前期的融资支持;(4)生物科技公司在进行兼并或收购时,可免征印花税,并免交5年的不动产收益税;(5)用于生物科技研究的建筑物可获得有关的工业建筑物津贴。

4. 在马来西亚2011年政府预算案项下,特别提出几个行业领域的鼓励政策。(1)可再生能源领域:部分企业税务优惠申请期延至2015年底。①以可再生资源为原料产能或提供节能服务的企业;②生产可再生能源以自用或节能以自用产生的资本支出的企业。(2)混合动力车辆生产领域:混合动力汽车、摩托车免缴进口税及国内税的申请期限延长至2011年年底。(3)石油天然气产业。①投资税务补贴,合格资本支出的60%~100%的补贴可冲抵其纳税年法定收入,以鼓励资本密集型项目的开发,具体包括提高原油采收率、高含量二氧化碳天然气田、深水和基础设施的石油作业项目等;②为改善开发商的经济收益,边际油田开发项目所得税从38%降至25%;③增强项目可行性,边际油田开发企业可享受的加速资本补贴期增至5~10年;④为改善开发商项目收益,免除边际油田开采及输出的产品出口税。(4)旅游业。酒店的翻新、装修、扩建可获得第三轮投资税务补贴,额度为合格资本支出的60%,为期5年;同时可享受所得税部分减免,最低可仅就其法定收入的30%纳税。(5)其他行业。①联邦政府将为从事电子电器领域高附加值生产经营的本地公司提供8.6亿马币的资金支持;②为内资油脂衍生物公司提供1.3亿马币支持,为棕榈油下游产业拨款2300万;③贷款购买价值35万马币以内首套房的购房者,印花税减半;④为政府与私营领域合作项目提供125亿马币资金支持;⑤取消相机、手表、香水等旅游商品的进口税;⑥投资"最后一英里"(Last Mile)宽带设施项目优惠申请期延长至2012年底。

**四、外国企业在马来西亚获得土地的规定**

马来西亚宪法规定土地事务属于州务管辖范畴,各州均设有土地局,各州在联邦政府监督下,可制定本州的土地政策。宪法和国家土地法均规定,马来西亚土地可以作为私有财产受法律的保护,可自由买卖。获得土地的方式主要分两种,一种是永久拥有权(Freehold),可以获得永久地契(目前此权限已很难获得),另一种是租赁性拥有权(Leasehold),可获有效期为99年的租契。日前,联邦政府公布了新的修订政策,允许业主在99年地契到期之前支付一定费用,便可再延续新的99年所有权。

(一)土地法的主要内容

1966年1月1日起生效的《1965年国家土地法》是马来西亚最主要的土地法律框架,此外,马来西亚现行的主要土地法律还包括:《1976年地方政府法》(171号法令)、《1960年土地征用法》和《1976年城镇与乡村规划法》(172号法令)及其1995年修正案(993法案)。之后各州又颁布了自己的"马来人保留地法"等法律法规。

《1965年国家土地法》确定了联邦政府与州政府的权限、土地用途的分类、土地所有权转移、土地的买卖、没收、划分及抵押等内容。同时,无论何种用途的土地,必须在地契注明的规定时间内开发,如果违反,将无条件收回土地。《1976年城镇与乡村规划法》及其1995年修正案规定,申请取得土地以及更改土地用途的方案必须呈报审批,只有在不违反地方政府规划原则与目标的情况下,方可获得批准。《1960年土地征用法》规定政府部门、企业或个人不得随意征用土地,只有州政府有权征用州内土地及改变土地使用性质,联邦政府征用土地也要通过州政府进行,并向后者支付费用。凡征用土地,必须公布征用理由和确定补偿标准。"马来人保留地法"将土地总面积约1/4划为"马来人保留地",并规定除非获得州政府批准,否则不能出售、出租或抵押给非马来人。

（二）外资企业获得土地的规定

马来西亚总理府经济计划署（EPU）公布的 2010 年 1 月 1 日生效的《产业购置指南》是马来西亚对外资最主要的产业规定，明确了各机构在外资购置产业申请事宜的审批权限。

需要报 EPU 审批的产业购置包括：（1）直接购置价值超过 2000 万马币的非住宅产业，降低当地土著企业或政府机构的股份比例；（2）通过并购控股方式，间接购置土著企业或政府机构的价值超过 2000 万马币的非住宅产业。这两种购置申请，均有强制的 30% 土著股权限制，且外资企业缴纳的资本不得低于 25 万马币。

无须 EPU 批准，但要报相关部门审核的产业购置包括：（1）购置价值超过 50 万马币的商业房屋，2014 年财政预算案将此金额提高至 100 万马币；（2）价值超过 50 万马币或购置面积为 5 英亩以上的农业用地，用于农业投资、高新技术的商业投资、农业旅游项目开发或开展出口型农产品加工；（3）购置价值超过 50 万马币的工业用地；（4）购置价值超过 50 万马币住宅。

禁止外资购置的产业有：（1）价值 50 万马币以下的产业；（2）州政府划分的中/低成本住宅；（3）“马来人保留地”上的产业；（4）州政府分给土著企业开发项目的产业。

无须 EPU 批准的产业购置包括：购置马来西亚“第二家园计划”的住宅；多媒体超级走廊（MSC）区域内具 MSC 地位的公司，为了企业运营或员工住宿所购置的产业、在马来西亚任一发展走廊由政府相关机构批准的公司购置的产业；获得马来西亚国际伊斯兰金融中心（MIFC）秘书处颁发执照的公司购置的产业；公司的员工宿舍（外资控股的公司需购置 10 万马币以上的住宅），该业务由州政府批准；遗嘱或法院判决书要求转移给外资的产权；制造业公司购置的产业；联邦州政府、州务大臣/首席部长公司及其他政府关联公司（GLCS）购置的产业；私有化转型机制下的产业；获得财政部、贸工部等相关部门颁发的国际采购中心、运营总部、代表处、区域办事处、纳闽离岸公司以及生物科技公司等特殊地位公司所购置的产业。

**五、环境保护法律规定**

（一）环保管理部门

马来西亚政府环保主管部门是天然资源和环境部下属的环境局，主要负责环境政策的制定及环境保护措施的监督和执行。环境局下设负责处理空气、河流、水利以及工业废物的部门。

（二）主要环保法律法规名称

马来西亚基础环保法律法规包括《1974 年环境素质法》和《1987 年环境素质法令》（指定活动的环境影响评估）。涉及投资环境影响评估的法规包括《1990 年马来西亚环境影响评估程序》《1994 年环境影响评估指南》（海边酒店、石化工业、地产发展、高尔夫球项目发展）。

（三）环保法律法规基本要点

根据《马来西亚环境素质法》，投资者必须在提交投资方案时关注到环境因素，进行投资环境评估，在生产过程中控制污染，尽量减少废物的排放，把预防污染作为生产的一部分。根据《1987 年环境素质法令》（指定活动环境影响评估），以下投资须进行环境影响评估：将森林地改为农业生产地，土地面积达 500 公顷或以上；水库、人工造湖的建造，水面面积达 200 公顷或以上；涉及面积 50 公顷以上住宅地开发；石化及钢铁项目；电站项目等。

根据《1974 年环境素质法》，马来西亚污染事故处理或赔偿的标准主要根据污染事故的性质、影响以及造成的后果来加以判定。空气污染、噪音污染、土壤污染、内陆水污染，视情况处以不超过 10 万马币的罚款或 5 年以下的监禁，或二者兼施；污水排放、油污排放、公开焚烧、使用有毒物质或特定设备进行生产，处以不超过 50 万马币的罚款或 5 年以下的监禁，或二者兼施。

（四）环保评估的相关规定

马来西亚环境评估主管机构为环境局。

马来西亚环境评估程序分两种：

1. 初步环境评估。要求初步环境评估的项目主要包括农业、机场、水库及灌溉、土地开垦、渔业、林业、住宅开发、石化、钢铁、纸浆，基础设施、港口、矿产、油气行业、电站、铁路、交通、垃圾废物处理、供水等。

具体申请程序：将符合政府整体规划的初步环评报告提交给环境局（12 份报告提交州环境局，3 份报告和电子版的摘要提交国家环境局总部）→州环境局召开初期环境评估技术委员会审核、若要求另行提供有关材料，需在两周内提交→若符合《1974 年环境素质法》，则批准该项目。

初步环境评估由州环境局牵头审核，审批时间为 5 周。

2. 详细环境评估。要求详细环境评估的项目主要包括钢铁厂、纸浆厂、水泥厂、煤电站、水坝、土地开垦、垃圾废物处理、伐木、化工产业、炼油、辐射危害行业等。

具体申请程序：将详细环评报告提交给环境局（50 份报告和电子版的摘要提交国家环境局总部）→国家环境局将报告公示，征求公众意见→国家环境局召开临时委员会审核→若要求另行提供有关材料，需在两周内提交、若符合《1974 年环境素质法》，则批准该项目。

详细环境评估由国家环境局总部牵头审核，审批时间为 12 周。

**六、保护知识产权规定**

（一）马来西亚当地有关知识产权保护的法律法规

马来西亚涉及保护知识产权和工业产权的法律法规包括《专利法》《商标法》《工业设计法》《版权法》和《集成电路设计布局法》。

《专利法》规定，专利保护期限为 20 年，工业创新证书保护期限为 10 年。保护期间应按规定缴纳年费，否则将导致专利失效。

《商标法》规定，商标保护期限为 10 年，之后每次申请可再延长 10 年。

《工业设计法》规定，工业设计最初保护期限为 5 年，之后可申请延长两次，每次 5 年，总保护期限为 15 年。

《版权法》规定，文学、音乐或艺术著作保护期是作者有生之年，加上逝世后的 50 年；录音、广播及电影保护期为作品出版或制作后的 50 年。

《集成电路设计布局法》规定，商业开发的保护期是开发之日起 10 年，未进行商业开发的保护期是从创作完成之日算起 15 年。

（二）知识产权侵权的相关处罚规定

马来西亚法律规定，违反知识产权保护法律法规，将受到法律制裁。

**七、投资合作相关法律及对中国企业投资合作保护政策**

（一）马来西亚与投资合作相关的主要法律

《合同法》规定了合同的订立、撤销、履行、代理等内容，是马来西亚民商法律的基础。

《公司法》对公司登记成立、股份债券、抵押登记、公司管理、股份公司、公司账目与审计以及公司清盘做出了详细规定，还明确了投资公司、外国公司的概念。

《工业协调法》规定了从事制造业的公司，如果投资超过250万马币，或其全职雇员超过75人，必须向贸工部（MITT）申请工业执照；工业执照需每年申请更新。

《投资促进法》是马来西亚工业投资促进方面最重要的法律，投资优惠措施以直接或间接税赋减免形式出现，直接税激励指对一定时期内所得税进行部分或全部减免，间接税激励则以免除进口税、销售税或消费税的形式出现。

《劳资关系法》调整资方、劳工和工会之间的关系，预防与解决劳资争端。

（二）马来西亚对中国企业投资合作保护政策

1. 中国与马来西亚签署双边投资保护协定。1988年11月21日，中国和马来西亚签署了《中华人民共和国政府和马来西亚政府关于相互鼓励和保护投资的协定》。

2. 中国与马来西亚签署避免双重征税协定。1985年11月23日，中马双方签署了《中华人民共和国政府和马来西亚政府关于对所得避免双重征税和防止偷漏税的协定》，协定于1987年1月1日起正式生效。

3. 中国与马来西亚签署的其他协定。中马两国经贸关系由来已久。除上述投资保护和避免双重征税协定外，近年来，两国政府先后签署《海运协定》《贸易协定》《民用航空运输协定》《资讯谅解备忘录》《科学工艺合作协定》《体育协定》《教育谅解备忘录》等10余项合作协议。1999年5月31日，中马双方签署《中华人民共和国政府和马来西亚政府关于迈向21世纪全方位合作的框架文件》。2000年4月12日，中马双方签署《中华人民共和国政府和马来西亚政府就中国加入WTO的双边协议》。2009年2月8日，中马双方签署《中马双边本币互换协议》。2012年2月8日，中国人民银行与马来西亚国家银行续签该协议，有效期3年。2009年6月3日，中马双方签署《中华人民共和国政府和马来西亚政府关于部分互免持外交、公务（官员）护照人员签证的协定》。2011年4月28日，中马双方签署了《中华人民共和国政府和马来西亚政府关于扩大和深化经济贸易合作的协定》。2012年6月15日，中马双方签署《中华人民共和国和马来西亚政府关于扩大和深化经济贸易合作的协定》。2013年10月4日，中马双方签署《中华人民共和国与马来西亚政府经贸合作五年规划（2013～2017年）》。2015年11月23日，中马签署《关于进一步推进中马经贸投资发展的合作计划》《关于加强产能与投资合作的规定》《关于政府市场主体准入和商标领域合作谅解备忘录》《马来西亚输华棕榈油质量安全的谅解备忘录》。

4. 其他相关保护政策。2005年7月《中国—东盟全面经济合作框架协议货物贸易协议》正式施行，至2007年1月，中国和东盟6个成员方（泰国、马来西亚、印度尼西亚、菲律宾、新加坡、文莱）的60%的商品关税降至5%以下；2010年中国—东盟自由贸易区全面建成，绝大多数产品正常关税降为零。

## 缅甸投资贸易指南

**一、对外贸易法规和政策规定**

（一）贸易主管部门

缅甸贸易主管部门为缅甸商务部，负责办理批准颁发进出口营业执照、签发进出口许可证，管理举办国内外展览会、办理边境贸易许可、研究缅甸对外经济贸易问题、制订和颁布各种法令法规等。下设贸易司和边贸司，边贸司在各边境口岸设有边境贸易办公室负责办理边境贸易各种事务。缅甸私商从事对外贸易须向进出口贸易注册办公室领取营业执照，申领进出口许可证，在国家政策许可范围内自由从事对外贸易活动。

2014年5月，投资委员会进行改组，由能源部长泽亚昂任投资委主席，饭店与旅游部长特昂任副主席，投资与公司局局长昂乃乌和国家计划与经济发展部部长，甘佐博士任秘书长，环保林业部长、计划发展部副部长等为投资委员会成员。

为提高外商在缅投资注册效率，缅甸2013年在仰光、2014年在曼德勒开设国内外投资注册等业务的一站式窗口，窗口单位有计划发展部、商务部、税收部门、缅甸央行、海关、移民局、劳工部、工业部、投资与公司管理局、投资委等，为获准的国内外企业提供注册、延期及其他服务。

（二）贸易法规体系

与贸易管理相关的法律和规定有：《缅甸联邦进出口贸易（临时）管理法》（1947年），《缅甸联邦贸易部关于进出口商必须遵守和了解的有关规定》（1989年），《缅甸联邦关于边境贸易的规定》（1991年），《缅甸联邦进出口贸易实施细则》（1992年），《缅甸联邦进出口贸易修正法》（1992年）等。

（三）贸易管理相关规定

1988年以来，缅甸政府实行市场经济，允许私人从事对外贸易，对外贸易实行许可证管理制度。1989年3月31日，政府颁布《国营企业法》，宣布实行市场经济，并逐步对外开放，军政府放宽对外贸的限制，允许外商投资，农民可自由经营农产品，私人可经营进出口贸易，并开放边境贸易。

自2006年以来，在中缅边境地区出口的木材及矿产品贸易，需获得缅甸商务部、林业部木材公司出具的证明及中国驻缅使馆经商参处的证明。

2014年4月1日，缅甸停止原木出口，木材必须经加工后方可出口。2012～2016年，缅甸将逐年递减15%的柚木和20%的硬木采伐量，并分别减少75%和22%勃固山脉的柚木和硬木采伐量。

2014年4月，缅甸商务部宣布废除出口许可证取消罚金。

2015年1月1日起，所有汽车进口商须在车辆发运前申请进口许可。2015年3月23日，缅甸商务部通知缅甸工商联，随着外国人进入缅甸增多及根据市场需要，各经营商可以从国外合法进口各类红酒。经营商在申请进口许可证时，需事先与国外供货商签订合同及向相关部门申办酒类销售执照，红酒销售时需每瓶粘贴完税标志。2015年7月，缅甸商务部宣布对鲜花、豆类、水果、咖啡豆、胡椒、玉米、药品、畜牧水产与农村发展部允许出口的鱼类、服装、高价值水产品以及传统食品的出口无须再申请出口许可证。同时还取消化工产业及其相关物资、医用手术器械(需持卫生部证明)教学用具、油墨、相关化妆品的物资、轮胎配件、丝绸等商品的进口许可申请。

(四)进出口商品检验检疫

缅甸进出口检验检疫工作由农业部主管。

《缅甸植物检疫法》(1993年)规定禁止有害生物通过各种方法进入缅甸;切实有效抵制有害生物;对准备运往国外的植物、植物产品,必要时给予消毒、灭菌处理,并发给植物检疫证书。无论是从国外进口的货物,还是旅客自己携带的物品入境时,都必须接受缅甸农业服务公司的检查、检疫。

《缅甸植物细菌防疫法》(1993年)规定不论任何人未取得进口许可证,不准从国外进口植物、植物产品、细菌、有益生物和土壤。必要时对即将运往国外的植物或植物产品进行杀虫和灭菌工作,发给无菌证书。根据接收国的需要,规定进行检验的方法。

《缅甸联邦对从事进出口贸易的最新规定》对进出口需要申报进行植物检疫的商品做了详细规定。

(五)海关管理规章制度

《缅甸海关进出口程序》(1991年)对禁止进出口的物品做了详细规定,《缅甸海关计征制度及通关程序》对进出口关税、通关程序做了详细规定。

与海关管理相关的法规还有:《海洋关税法》(1978年)、《陆地海关法》(1924年)、《关税法》(1953年)、《国家治安建设委员会1989年第4号令》《商业税法》(1990年)、《进出口管制暂行条例》(1947年)、《外汇管制法》(1974年)。中国海关与缅甸海关正在推动输华产品零关税事宜。若协议达成,缅甸95%出口中国的产品将适用零关税。

**二、外国投资市场准入规定**

(一)投资主管部门

缅甸投资委员会是主管投资的部门。其主要职能是根据《缅甸联邦外国投资法》《缅甸联邦公民投资法》的规定,投资委对申报项目的资信情况、项目核算、工业技术等进行审批、核准并颁发项目许可证,在项目实施过程中提供必要帮助、监督和指导,同时也受理许可证协定时限的延长、缩短或变更的申请等。

缅甸投资委员会由相关经济部门领导组成,畜牧水产部、国家计划与经济发展部、商务部、交通部、建设部的部长或副部长为投资委员会成员。国家计划与经济发展部下属的投资和公司管理局主管公司设立及变更登记、投资建议分析及报批、对投资项目的监督等日常事务。

新《外国投资法》规定:外国公司向外国人或国民全部转让出售股份,需事先征得委员会许可并交回原有许可并按规定对股权转让注册。外国公司向外国人或国民出让部分股份,需重新获得委员会许可并对股份转让登记。

因缅甸金融市场并不完善,尚无正规的证券交易市场,外商无法通过并购上市的方式进行外商投资。

(二)投资行业的规定

1. 缅甸新《外国投资法》明确依据以下原则审批外商投资项目:(1)弥补国家发展规划不足及因国家及国民财力、技术无力实施的项目。(2)增加就业机会。(3)扩大出口。(4)替代进口物资的制造业。(5)需要大量投资的制造业。(6)获取高技术及发展技术型产业。(7)需要巨额投资的制造业及服务业。(8)低能耗项目。(9)发展地方经济。(10)开发新能源及生物能源项目。(11)发展现代工业。(12)保护环境。(13)有助于信息技术产业。(14)不影响国家主权及人民安全。(15)培养国民知识技能。(16)发展国际水准的银行及金融业。(17)国家及国民需要的现代服务业项目。(18)保障能源及资源的短期和长期内需。

2. 限制或禁止的项目。以下项目为限制或禁止外商在缅投资的项目:(1)影响民族传统及习俗的项目。(2)影响民众健康的项目。(3)影响破坏自然环境及生态链的项目。(4)输入有害有毒废弃物的项目。(5)国际公约限制的、生产或使用有害化学品的项目。(6)投资法细则规定的仅国民从事的制造业及服务业。(7)输入国外不成熟或未经授权使用的技术、药品及用具的项目。(8)细则规定的仅国民从事的农业及种植业项目。(9)细则规定的仅国民从事的畜牧业项目。(10)细则规定的仅国民从事的海洋捕鱼项目。(11)除联邦政府批准的经济区外,国界线缅一侧10英里内的外国投资项目。

此外,缅甸政府不允许外国企业从事玉石、宝石相关矿业开采项目。

投资项目需获联邦政府同意,并经投资管理委员会批准。

(三)投资方式的规定

1. 投资方式。根据新《外国投资法》规定,外商投资活动可以通过外商独资形式来实现,也可以与缅甸的个人、私有企业、合作社或者国有企业组成合资公司来完成。在所有的合资公司里,外商至少要占到本公司35%以上的股份。酒店以及房地产项目可以采取BOT(建造、运营和转让体系)方式,而自然资源开发和开采则可以采用PSC(产品分成合同)方式。新《外国投资法》规定:外国公司向外国人或缅甸国民全部转让出售股份,需事先征得缅甸投资委员会许可并交回原有许可证并按规定对股权转让注册。

2. 外商投资的最低标准。1988年外商投资法规定的外商投资的最低金额是:生产制造业为50万美元,服务业为30万美元,投资可以是货物也可以是现金的形式。由投资委根据投资数额来决定投资时间的长短。新《外国投资法》对此并未予以具体规定,但仍参照此标准,具体由投资委根据投资项目行业和规模来确定。

3. 土地利用。根据现行的缅甸土地法,任何外国的个人和公司不得拥有土地,但可以长期租用土地用于其投资活动。新投资法规定,土地使用期限为50年并视情况延长两个10年。

(四)特殊经济区域的规定

缅甸规划建设的经济特区主要有缅甸南部德林达依省的土瓦经济特区、缅甸西部若开邦的皎漂经济开发区以及仰光南部迪洛瓦工业区。但目前上述经济开发区仅处于规划阶段,尚未开工建设实施。现尚无保税区。

缅甸政府于2011年1月27日颁布了《经济特区法》,于2011年3月颁布了《土瓦经济特区法》。2012年3月1日,缅甸投资委主席兼工业部长梭登对国内媒体表示,由于上届政府颁布的经济特区法在操作过程中存在缺陷并备受非议,目前正聘请日本专家协助起草新的经济特区法。

土瓦经济特区内划分为9个区域,分别是:高技术工业区、信息通讯区、出口产品生产区、港口区、后勤运输区、科技研发区、服务区、二级贸易区、政府临时指定的区域。缅甸国家和平与发展委员会颁布第2011/17号法律《土瓦经济特区法》。该法共分12章58条。投资人在该特区内可从事的行业有:(1)原料加工、机械化深加工、仓储、运输、服务;(2)投资项目所需的原材料、包装材料、机器零配件、机械用油可以从国内外进口;(3)进出口贸易;(4)生产的产品除药品和食品以外,其他未达到质量标准但还可以使用的产品,如果符合特区管委会的规定的可以在国内市场销售;(5)经特区管委会批准,投资人和国外服务商可以在特区内设办事处。

此外,在特区可以开展的行业还有:建深水港、钢铁厂、化肥厂、原油炼油厂、油气厂、火电厂、天然气发电厂等工业项目;在特区还可以开展服务业、修建从项目所在地通往边境地区的公路、铁路,修建输变电线路、铺设油气管道,建立包括住宅、旅游景点和度假设施在内的基础设施以及经管委会批准的不违反现行法律的其他经济项目。

该专项特区法比《缅甸经济特区法》的个别规定更加明确,如第36条规定在特区内开展的项目要向政府或指定组织缴纳土地租赁费、土地使用保险费等。

(五)外国公司承包当地工程的规定

1. 许可制度。缅甸政府对于在缅甸承包工程项目的外国公司资质资格没有成文规定,欢迎有实力、讲信誉的外国企业来缅甸承揽工程项目。

2. 禁止领域。虽无明文规定,但一般来讲,涉及缅甸国防的敏感项目、贵重矿产资源(如金矿、玉矿)的开发、少数民族地区政府的项目一般不允许外国公司介入。

3. 招标方式。工程建设项目一般实行公开招标制度,对于部分工期紧张、前期项目的延续性项目、国家高层领导有明确指示的项目,也可能会采取有限邀标或者议标的方式。由企业带资参与的卖方信贷项目,则一般只采取议标方式。

**三、外国投资优惠政策**

(一)优惠政策框架

《外国投资法》提供了很多激励和担保措施。如:按照《外国投资法》批准的企业将享受5年免税期,其中包括企业开始商业运营的当年。如果企业申请,而且投资委认为项目符合国家利益,也可将免税期延长。此外,投资委也可能批准以下一项或几项减免措施:(1)制造业及服务业开始经济运行1年起连续5年免所得税。并视项目情况延长减免期限。(2)项目利润作为专项资金在1年内用于追加该项目投资的,减免所得税。(3)项目设备、建筑物及其他资本的折旧,按规定折旧率计算后从利润中扣除。(4)对出口产品减免50%所得税。(5)外国人缴纳所得税税率享受国民待遇。(6)在境内从事项目有关的研发费用,从利润中扣除。(7)项目享受5年减免所得税后,如果连续2年出现亏损,则从亏损年起连续后3年减免所得税。(8)项目建设期间必要的进口设备、配件及其他物资减免关税、国内税或两项并减。(9)项目竣工后头3年进口的生产用原材料减免关税或国内税或两项并减。(10)经投资委员会同意,对投资期限内扩大投资规模所必需的进口设备、零配件及其他物资减免关税或国内税或两项并减。(11)对出口产品减免贸易税。

缅甸联邦政府保证在项目合同期限内包括延期期限内,不会对依法成立的企业实施国有化。如果没有充足的理由,保证不会在许可期限内搁置项目。保证外资投资人在合同期满后,可以用投资时的币种提取收益。

(二)行业鼓励政策

缅甸政府鼓励外商企业投资能够促进当地就业、增加出口、无污染的加工制造型企业。对于符合外商投资领域的加工制造,外商企业可向政府或缅甸私营企业、个人租赁土地,在签订土地租赁协议后,直接去缅甸投资管理委员会(MIC)申请注册外资公司。一般情况下,在填报资料提交后两周,MIC可给外商企业颁发外资企业注册执照。外商投资鼓励政策需根据《外国投资法》中相关规定。

(三)地区鼓励政策

缅甸政府于2011年1月27日颁布《经济特区法》,于2011年3月颁布了《土瓦经济特区法》。《土瓦经济特区法》第12条对投资人应享有的特殊待遇作了明确表述:如投资人在该特区内可从事的行业有:(1)原料加工、机械化深加工、仓储、运输、服务;(2)投资项目所需的原材料、包装材料、机器零配件、机械用油可以从国内外进口;(3)进出口贸易;(4)生产的产品除药品和食品以外,其他未达到质量标准但还可以使用的产品,如果符合特区管委会的规定的可以在国内市场销售;(5)经特区管委会批准,投资人和国外服务商可以在特区内设办事处。

2014年1月23日,缅甸修订出台新的《缅甸经济特区法》。

**四、外国企业在缅甸获得土地的规定**

(一)土地法的主要内容

缅甸土地为国家所有,1991年11月13日缅甸政府颁布《缅甸关于中央空地、闲地、荒地管理委员会的职责与权力的命令》,同年12月12日,颁布《缅甸空地、闲地、荒地管理实施细则》。细则规定:

1. 土地使用权申请。空地、闲地、荒地中央管理委员会有权为拟从事种植、养殖业的公民审批种植业、养殖业的土地使用权。使用空地、闲地和荒地从事种植业和养殖业投资的申请者必须是缅甸联邦公民,申请的组织,其成员必须全是缅甸联邦公民,该组织必须是依现行法律成立的组织;提出申请的个人或组织,必须出具为拟申请从事的种植/养殖业拥有足够资金的证明;提出申请的个人或组织,必须出具拟申请从事的种植养殖业实施细则。

2. 地税和利润的减免。对投资使用的土地将按以下规定免收地税:(1)种植业。①种植长年果树地,从开始种植之年起,8年内免收地税。②种植园林作物,从开始使用之年起,6年内免收地税。(2)养殖业。①用于养鱼业的土地,从开始使用之年起,3年内免收地税。②用于家禽牲畜饲养业的土地。如用于饲养水牛、黄牛和马,从开始使用之年起,8年内免收地税。饲养绵羊和山羊,从开始使用之年起,4年内免收地税。饲养猪,从开始使用之年起,3年内免收地税。饲养鸡、鸭,从开始使用之年起,4年内免收地税。已投资用于种植业和养殖的土地,其生产或服务性行业的利润税,自生产或服务业创造利润之年起至少3年内免征利润税。

3. 土地使用期限规定。已投资使用土地期限规定:(1)用于长年果树种植和园林作物种植的土地,主要不违犯规定,从批准使用之年起,30年内有效;(2)季节性作物,只要不违犯规定,使用期无限;(3)用于饲养鱼的土地,只要不违犯规定,从批准使用之年起,30年内有效;(4)用于饲养家禽及牲畜的土地,只要不违犯规定,从批准使用之年起,30年内有效。

(二)外资企业获得土地的规定

外资企业在缅投资项目一般以BOT的形式运营,缅甸政府将批给外资企业一定规模项目建设开发用地进行项目建设和经营,经营期满之后,缅甸政府将项目收归国有。1998年9月28日,缅甸荒地空闲地中央管理委员会颁布1998年1号法令,宣布农业部有权批准由本国公民或外国人参与的组织提出的在规定非发展区内进行农业开发的申请,在对批准的农业用地上,只能进行与农业有关的经济发展项目,不得进行地上和地下资源的开采。

根据缅甸最新外国投资法,外资企业可向农业部申请租用缅甸闲置土地进行农作物种植和开发利用项目投资,租用年限一般为50年,可根据项目情况进行协商延长土地租用期。

**五、缅甸环境保护法律规定**

(一)环保管理部门

缅甸环境保护部隶属于缅甸林业部。根据职能分工,涉及保护环境的相关政府部门还有家畜饲养和渔业部、野生动物保护委员会、林业部、农业服务局等。

(二)主要环保法律法规名称

缅甸关于环境保护方面的法律主要有:《缅甸植物检验检疫法》《缅甸肥料法》《缅甸动物健康和发展法》《缅甸空地、闲地、荒地管理实施细则》《缅甸森林法》和《缅甸野生动植物和自然区域保护法》和《环境保护法》。

缅甸《环境保护法》由联邦议会通过并于2012年3月30日正式颁布。

(三)环保法律法规基本要点

1.《缅甸环境保护法》。该法规定环保部职责,并要求对涉及自然资源开发、工业等领域的项目需提前办理项目许可,在工业区、经济特区企业或环保部指定的企业需履行相应的责任。环保部具体职责如下:(1)落实环保政策。(2)制定全国及地方环境管理工作计划。(3)制定、实施和监管环境保护及改善,防止、控制和减少污染的相关工作措施。(4)为维护和提高环境质量,规定烟雾排放、污水排放、废弃固体、生产环节及产品等环境质量标准。(5)向委员会提出与环境相关的法律法规建议,为实现可持续发展,提出最佳的经济活动环保方案及制约方案等意见。(6)协助调解环境纠纷,并视情成立工作组。(7)负责规定工业、农业、矿业、排污等领域的化学废弃危险品的分级分类。(8)规定对环境具有现实及中长期影响的物品种类。(9)进一步加强包括有毒物质在内的废弃固体、污水、烟雾等处理设施建设。(10)规定工业区、建筑物等地的污水处理工作要求及机器、车辆等排放指标。(11)开展与环境事务相关的国际、地区及国家间协议方案的讨论、合作和落实工作。(12)按照联邦政府及委员会的工作意见,落实被缅甸认可的国际、地区及国家间协议。(13)针对政府部门、组织或个体从事的生产经营活动,制定环境监测制度和社会影响评估规范。(14)为保护臭氧层、生物多样性、海滩环境,减缓全球变暖、气候异常,治理沙漠化及管理持续污染物,制定环境管理、维护工作要求。(15)管理处理环境污染赔付,环境服务机构赢利缴纳及自然资源开采经营企业的部分利润的归口缴纳工作。(16)完成联邦政府交办的其他环保工作。

2.《缅甸动物健康和发展法》。该法规定在单独规范动物健康和发展工作的同时,就促进家畜发展、防止和控制动物传染性疾病、规范兽医行医资格、规范动物及动物产品和饲料的国际贸易、对动物及动物产品和饲料进行进出境检验检疫,以及防止虐待动物等作了综合性规定。

3.《缅甸植物检验检疫法》。该法规定进出境植物检验检疫主要针对植物及植物产品等货物进出口进行检验检疫,同时对进出境旅客携带的物品如水果、花卉等植物进行检验检疫。该法规定,植物及植物产品进口需要获得缅甸农业服务局批准发放的进口许可证和检疫证书,并规定了申领许可和申请检疫的程序。

4.《缅甸空地、闲地、荒地管理实施细则》。该法规定任何组织和个人只要符合条件并履行必要的程序,均可申请投资空地、闲地和荒地,从事种植业和养殖业,并根据相关规定享受一定的地税和利润税减免。

5.《缅甸森林法》。该法规定为了环境保护的需要,保证林产品的产量,经政府批准,林业部可以建立以下类型的储备林:(1)商业采伐储备林;(2)供应当地储备林;(3)分水或集水储备林;(4)保护环境和生物差异储备林;(5)其他类型储备林。同时,为保护水资源和森林资源,保护旱地森林和红树森林,运输林产品应当持有有效的运输通行证,并接受林业局设立的税务站的检查和收费。违反森林法相关规定者,将会受到一定金额的罚款和6~36个月的监禁。

6.《缅甸野生动植物和自然区域保护法》。该法规定,自然区域是指为保护野生动植物、生态系统或者重要的自然风景区以及有代表性的地理、地貌特征而划定并加以保护的专门区域。分为科学研究保护区、自然保护区、国家森林公园、国家海洋公园、鸟兽禁猎区、意义重大的地球物理保护区等。该法律规定:(1)除了科学研究、环境调查和环境改造外,禁止在自然区域开展其他活动;(2)科学研究在自然区得到保护;(3)在不对自然生态造成损害的前提下,允许公众以休闲娱乐为目的参观国家公园;(4)保护区内野生动植物资源及其可持续发展;(5)与国际组织开展交流合作,保障禁猎区内野生动植物的生存和繁衍,保护候鸟栖息地和湿地;(6)在地球物理保护区内,保护并保存独特地理地貌特征和传统风俗习惯;(7)受保护的濒危野生动物分为三类:即完全受保护的野生动物物种、正常受保护的野生动物物种、季节性受保护的野生动物物种,未经林业部长批准和相关部门核准,捕猎、杀死、饲养、保管、销售、运输、转让、出口野生动物,将处以一定金额的罚款和相应时间的监禁。

(四)环保评估的相关规定

2012年3月,缅甸颁布《环境保护法》。缅甸环境保护主管部门为缅甸环保部,其隶属于缅甸林业部。目前,外资企业在缅甸开展投资项目,在报投资管理委员会前,需向缅甸环保部提交《环境评估报告》和《拆迁移民安置方案》,缅环保部根据项目情况进行审核。2012年前,外商投资项目并不需要向环保部门提交环评报告,只需向主管部门提交即可。目前,缅甸新政府和缅甸民众要求外商投资项目必须满足环保要求,环保部的成立和《环境保护法》的颁布对中国企业在缅投资合作提出了更高的要求。因缅甸政府过去并没有开展环评的具体经验,因此对环评涉及的相关内容也并没有明确要求,环评费用、时间也没有明确规定。企业需与环保部加强联系,根据环保部要求提供相关材料,完成具体审批手续。

六、保护知识产权规定

(一)当地有关知识产权保护的法律法规

缅甸知识经济发展落后,知识产权立法和管理还处于较低的水平,颁布的专门法律法规很少,没有专门主管知识产权的机构,如果权益受到侵犯,权利人主要依据民事和刑事的相关规定来保护自己的权益。

作为世界贸易组织(WTO)、世界知识产权组织(WIPO)和东盟的成员之一,缅甸政府正由司法部抓紧起草颁布知识产权方面的法律法规,以符合《与贸易有关的知识产权协议》和《东盟知识产权合作框架协定》的相关规定。

1. 商标。截至2008年年底,缅甸没有商标方面的特别法,有关商标的法律规定散见于《刑法》《商品市场法》《注册法》《特定救济法》等法律中。

2. 专利。缅甸在专利方面仅有《缅甸专利设计法》,该法颁布生效于1945年,尽管目前仍然有效,但它颁布的目的在于应用《印度专利设计法》,而《印度专利设计法》从未在缅甸施行,因此,《缅甸专利设计法》在实际生活中也没有被使用。

3. 著作权。《缅甸著作权法》颁布生效于1914年,目前仍在施行。该法适用于原创文学、戏剧、音乐和艺术作品,对出版物的保护年限为作者终生及死亡后50年。如果著作权受到侵犯,作者可以依据《特定救济法》等其他民事、刑事法律来保护自己的权益。

除了《缅甸著作权法》外,近年来,缅甸先后颁布《电视广播法》(1996年)、《计算机科学发展法》(1996年)、《电子交易法》(2004年)等涉及著作权的相关法律,对新出现的著作权问题做出规定。

(二)知识产权侵权的相关处罚规定

商标保护方面,缅甸《刑法》规定,非法使用他人商标的,将被处以一年监禁,同时处以罚款,或者单独处以罚款;伪造他人商标的,处以两年监禁,同时处以罚款,或者单独处以罚款;伪造公务员使用的、用于表示特定品质物品的标识(商标)的,处以三年监禁,同时处以罚款,或者单独处以罚款。

专利保护方面,由于《缅甸专利设计法》没有真正施行,因此在专利法方面也没有相关处罚规定。

著作权保护方面,1914年颁布的《缅甸著作权法》年代久远,处罚部分的规定已失去意义。例如,制作侵犯他人著作权的复制品的,依据法律规定应当被处以每件20缅币的罚款,但总额不超过500缅币。根据2008年12月的市场汇率,仅分别相当于0.017美元和0.45美元,无法发挥法律的威慑力——在缅甸司法实践中,没有适用《缅甸著作权法》的案例,缅甸的民事法庭也缺乏在著作权案件方面的审判经验。如果发生文学、艺术、音乐等方面的著作权纠纷,通常都通过友好协商的方式解决。作为著作权人,当事人也可以依据《特定救济法》等其他民事、刑事法律来保护自己的权益。

七、投资合作相关法律及对中国企业投资合作保护政策

(一)缅甸与投资合作相关的主要法律

缅甸与投资合作相关的主要法律有:《缅甸联邦外国投资法》《缅甸联邦外国投资法实施细则》《缅甸联邦外国投资委员会1989年第一号令》《缅甸联邦贸易部关于国内外合资企业的规定》《外国对缅甸联邦投资程序及优惠政策》《缅甸联邦公民投资法》《缅甸联邦公民投资法实施细则》《缅甸允许私人投资的经济项目》等。

2012年11月2日缅甸联邦共和国总统登盛签署新的《缅甸外国投资法》。

2013年1月31日,缅甸国家计划和经济发展部颁布《缅甸外国投资法实施细则》。

(二)对中国企业投资合作的保护政策

主要有2001年12月12日,中国和缅甸签订《投资促进和保护协定》和《避免双重征税协定》;1971年,中缅签署贸易协定,双方给予最惠国待遇;1994年,《关于边境贸易的谅解备忘录》;1995年6月29日,《中华人民共和国政府和缅甸联邦政府关于农业合作的协定》;1997年5月28日《中华人民共和国政府和缅甸联邦政府关于成立经济贸易和技术合作联合工作委员会的协定》;2000年2月3日,《中华人民共和国政府和缅甸联邦政府农业合作谅解备忘录》;2001年12月12日,《中华人民共和国政府和缅甸联邦政府渔业合作协定》;2001年7月,《中缅两国关于开展地质矿产合作的谅解备忘录》;2004年3月24日,《中华人民共和国政府和缅甸联邦政府关于促进贸易、投资和经济合作的谅解备忘录》;2004年7月12日,《关于信息通讯领域合作的谅解备忘录》;2006年2月,《中缅航空运输协议》等。

## 菲律宾投资贸易指南

一、对外贸易的法规和政策规定

(一)菲律宾贸易主管部门

贸工部(DTI)是菲律宾外贸政策的制定及管理部门,成立于1898年6月,其前身为菲律宾商务部。其主要职责为制定综合的工业发展战略和进出口政策,创造有利于产业发展和投资的环境,负责双边和多重、投资贸易合作谈判,支持中小企业发展,审批外资企业在菲律宾设厂,颁发进出口许可证等。贸工部下设的进口服务署主要负责特定产品进口法规的实施以及发起和指导反倾销、反补贴及保障措施的初步调查。下设的产品标准化局主要负责产品技术标准的法规的管理和实施。

贸易管理机关还有:海关总署、国家经济发展署、中央银行、环境管理署、卫生部、技术转让署、食品和医药品局、危险药品局、渔业和水产资源局、国家肉类检疫委员会、计划工业局、能源管理署和服装纺织品出口局等。

(二)菲律宾贸易法规体系

菲律宾是世界贸易组织(WTO)和亚太经合组织(APEC)成员,也是东南亚国家联盟(ASEAN)的成员国,实行多边的、自由的、外向型的贸易政策,同时对国内幼稚产业进行适当保护菲政府对其贸易政策不断进行调整,并出台了一系列出口鼓励措施。

菲律宾管理进出口贸易相关法律主要包括:《海关法》《出口发展法》《反倾销法》《反补贴法》《保障措施法》等。

1. 贸易管理的相关规定

(1)进口商品管理。菲律宾对进口商品分为三类:自由进口商品、限制进口商品、禁止进口商品。

禁止进口商品包括:枪支弹药;不道德的印刷品、底片、电影、相片、艺术品;用于违法堕胎的物品及宣传广告;用于赌博的装备及用具;含金、银或其他贵重金属或合金制成的物品;假冒劣质的食品或药品;鸦片或其他麻醉品及其合成品;合成盐或成品盐;鸦片吸管及配件;有关菲律宾法律禁止

进口的物品及配件。

限制进口产品必须经过菲律宾政府机构如农业部、食品药品局核发的进口许可证才能进口，主要涉及汽车、拖拉机、小汽车、柴油机、汽油机、摩托车、耐用消费品、新闻出版和印刷设备、水泥、与健康及公共安全有关的产品等 130 多种，约占进口商品的 4%。

自由进口商品是指除了上述禁止和限制进口商品以外的商品。

菲律宾政府对出口贸易采取鼓励政策，主要包括简化进口手续并免征出口附加税，进口商品再出口可享受增值税退税、外汇资助和使用出口加工区的低成本设施等。

部分矿产品、动植物产品、海产品、农产品需获批准后方可出口。

(2)进出口商品检验检疫。菲律宾是《关税与贸易总协定》东京回合中《技术贸易壁垒协议》的签约国。该技术协议要求在采用标准程序和建立争端解决审议程序时公开，目的是确保政府机构遵守这些规定。菲律宾产品质量局是负责产品质量标准的机构，它通过质量管理认证的手段来促进产品质量的提高，对进口商品粘贴合格标志来管理进口商品。适用的标准是 ISO9000 和 ISO14000。

工业品　有 28 种产品要在当地进行产品标准检验，包括：照明用品、电线电缆、卫生洁具、家用电器、轮胎和水泥等。至于其他产品，海关通常接受产品质量证明或原产国标准证明。产品生产者应依据本国或普遍国际标准进行生产，其产品上要附有产品标准质量标志。

民生、健康、安全和财产的商品　菲贸工部要求出具产品标准许可和产品标准局的证明。这些产品包括：医用氧气、消费品、电器和防火设备、建筑材料等。非公制的度量衡用品、仪器、仪表的进口由产品标准局事先发放许可。

(3)环保要求和规定。菲律宾环境和自然资源部主要负责实施政府的环境保护政策。进口商要符合环保要求和规定。

(4)食品健康和安全规定。食品方面，如成分、添加剂、非酒精饮料及混合物、糖果类、咖啡、茶、点心、乳制品、蔬菜、水果、肉类等必须符合食品法典委员会和世界动物卫生组织(OIE)制定的标准；新鲜、冷冻鱼类产品必须取得菲律宾农业部 1999 年颁布的《195 号行政法规》中规定的国际健康证和卫生植物检疫证；如果进口来自有害虫区的蔬菜和水果，则应具有消毒证明；化妆品、医药在生产时必须取得生产许可证，并提供国际认证机构的临床试验报告。对于危险品的进口，必须依照菲卫生部标准进行标签、销售和扩散。规定中的危险品包括刺激物和腐蚀性、易燃和放射性物质。

**菲律宾进口关税表**

| 税率 | 项　目 |
|---|---|
| 3% | 国内缺乏或不能生产的原材料，如天然石墨、黏土、金属矿砂、精矿、煤炭等矿产品及无机化学品等 |
| 10% | 国内生产的原材料，如大理石、石油、棉花及制品等 |
| 20% | 零配件如小五金工具、各种方式切割的木材、汽车、摩托车零配件等 |
| 30% | 制成品如部分农产品、各类服装、烟酒、汽车、摩托车整车等 |

资料来源：菲律宾海关署

植物及植物产品　植物及植物产品进入菲市场须办理如下检疫手续：出口商将发票和箱单传给菲律宾进口商，进口商凭出口商的发票和箱单向菲农业部农作物局植物检疫处(BPI)申请进口许可证，该证会注明每种产品离岸前的要求。进口商将该证交给出口商，出口商提请出口国检疫部门对产品进行离岸检疫并出具检疫证明。出口商将检疫证明和其他运输单据一起以适当渠道转交菲律宾进口商。在货物到达菲律宾港口后，进口商提供给菲检疫部门进口许可证和出口国的检疫证明。菲检疫部门根据进口许可证和检疫证明进行复验，合格后方可入关。

动物、动物产品及其副产品　菲律宾农业部动物产业局是负责动物、动物产品及其副产品进出口检疫的政府部门。动物产业局对不同动物的进出口有不同的进出口程序和检疫规定。

2. 海关管理规章制度。菲律宾进出口关税的主要法律是《菲律宾关税与海关法》，进口关税税率由菲律宾关税委员会确定公布，出口关税的税率由海关总署确定，并由海关通过有授权的菲律宾中央银行征收。

菲律宾对大部分进口产品征收从价关税，但对酒精饮料、烟花爆竹、烟草制品、手表、矿物燃料、卡通、糖精、扑克等产品征收从量关税。根据《税收法》，海关对汽车、烟草、汽油、酒精以及其他非必要商品征收进口消费税。进口产品还应向菲律宾海关当局缴纳 12% 的增值税，征税基础为海关估价价值加上所征关税和消费税。

菲律宾还对进口货物征收印花税，该税一般用于提货单、接货单、汇票，其他交易单、保险单、抵押契据、委托书及其他文件。从 2010 年 1 月 1 日起，中国与包括菲律宾在内的东盟 6 个老成员国之间，共有 7000 多种，即超过 90% 的产品实行零关税。中国对东盟平均关税将从目前的 9.8% 降到 0.1%，东盟 6 个老成员国对中国的平均关税将从目前的 12.8% 降到 0.6%。2012 年 1 月 1 日起，中国与菲律宾在内的 6 个东盟老成员国对二轨正常产品实施零关税，2012 年 5 月起，菲律宾对一般敏感产品调整关税至 20% 以下。除了货物贸易，双方服务部门的开放水平也有进一步的提升，投资政策和环境得到法律制度的保障，更加稳定和透明。随着中国与东盟之间基本实现自由贸易，资金、资源、技术和人才的生产要素的流动效率会显著提高，双方之间经济一体化程度将会达到前所未有的水平。

进口关税　菲律宾关税与海关法将应税进口商品分为 21 类，进口关税税率一般为 3% ~30%。另外，菲律宾对部分农产品实行关税与配额并用措施，对配额内产品征收正常关税，对配额外商品则征收高关税。如活动物及其产品、新鲜蔬菜等。菲律宾对东盟成员国全部产品进口实行零关税。

出口关税　菲律宾对以下出口商品征收关税，且关税税率均为 20%。圆木、木材、饰面用薄板和胶合板、金属矿砂及其精矿、金、矿渣水泥硅酸盐水泥；船用燃料油、石油沥青、银、香蕉、椰子及椰子产品、菠萝及其成品、糖及糖制品、烟草、小虾和对虾。

出口退税　《菲律宾关税和海关法》规定，用于从事对外贸易或沿海贸易的船舶推进器燃料油，可退还不超过 99% 已征关税或给予税收折免；用进口原材料生产或制造的产品(包括包装、标签等)出口时，对所用原材料进口时征收的关税将予以退还或给予税收抵免;财政部根据海关总署的建议可发布允许对本法规定的商品实行部分退税的法规规章。退税将由海关总署在收到一套正确、完整的文件后60天内支付。

**二、外国投资的市场准入规定**

(一)投资主管部门

贸工部是负责投资政策实施和协调、促进投资便利化的主要职能部门。贸工部下设的投资署(BOI)、经济特区管理委员会(PEZA)负责投资政策包括外资政策的实施和管理。此外,菲律宾在苏比克、克拉克等地设立了自由港区或经济特区,并成立了相应的政府机构进行管理。

(二)投资行业的规定

菲律宾政府将所有投资领域分为三类,即优先投资领域、限制投资领域和禁止投资领域。

对于优先投资领域,菲律宾政府每年制定一个《投资优先计划》,列出政府鼓励投资的领域和可以享受的优惠条件,引导内外资向国家指定行业投资。优惠条件包括减免所得税、免除进口设备及零部件的进口关税、免除进口码头税、免除出口税费等财政优惠,以及无限制使用托运设备、简化进出口通关程序等非财政优惠。

2013年,"投资优先计划"中鼓励投资的领域包括:出口产业、农业、农业企业、渔业、创意产业、知识型服务产业、造船业、住宅建设、钢铁产业、能源行业、基础设施、研发中心、绿色产业、汽车行业、医疗卫生行业、抗灾、安置和灾后重建项目与研发活动等。此外,菲律宾林业法、矿业法、书籍或教材印刷出版法、解除对石油下游产业管制法、生态固体废物管理法、清洁水法、残疾人权利宪章、可再生能源法与旅游法等法律也规定了对有关投资的优惠措施。对于在棉兰老岛穆斯林自治区投资的企业,"投资优先计划"中专门规定了可享受优惠措施的投资领域。

2014年10月28日,菲律宾投资署发布《2014~2016年投资优先计划》,将制造业、农业和渔业、服务业(集成电路设计、创意产业和知识型服务、船舶修理、电动车、保养维修和飞机大修、工业废物处理)、经济低价房、医疗卫生业、能源、公共基础设施和物流业、公私伙伴合作项目等8大领域列入首选项目。"投资优先计划"规定投资者可能获得的补助政策将根据该企业对经济发展的实际贡献而决定。企业的所得税免税期限基于以下因素:投资项目的净附加收益、创造工作机会、乘数递增效应、实际能力等。鼓励政策中还包括部分特例,如:矿业设备投资,石油产品的精炼、储存和分销、可再生能源和旅游等。此外,菲律宾林业法、矿业法、书籍或教材印刷出版法、解除对石油下游产业管制法、生态固体废物管理法、清洁水法、残疾人权利宪章、可再生能源法与旅游法等法律也规定了对可再生能源、旅游等领域有关投资的优惠措施。对于在棉兰老岛穆斯林自治区投资的企业,"投资优先计划"中专门规定了可享受优惠措施的投资领域。

2015年4月6日,菲律宾投资署发布《2014~2016年投资优先计划(IPP)实施指南》,规定政府鼓励投资政策的具体准则。指南提出,2014~2016IPP计划系3年滚动计划,以确保国内和外国投资者的连续性、一致性和可预测性。

银行业开放。2014年7月,菲律宾国会通过新的外资银行法修正案,对外资银行准入和经营范围实行全面开放。

菲律宾政府每两年更新一次限制外资项目清单。迄今仍沿用2012年由前总统阿基诺三世签署的第九版限制外资项目清单,详见菲律宾投资署网站:www.boi.gov.ph/files/laws.

1. 投资方式的规定。对于绝大多数公司,菲律宾公民须拥有至少60%的股份以及表决权,不少于60%的董事会成员是菲律宾公民。如果公司不能满足上述关于菲律宾公民所占比例的要求,则必须满足以下条件:(1)经投资署批准,属于先进项目,菲律宾公民无法承担,且至少70%的产品用于出口。(2)从注册之日起30年内,必须成为菲律宾本国企业,但是产品100%出口的公司无须满足该要求。(3)公司涉及的先进项目领域不属于宪法或其他法律规定应由菲律宾公民所有或控制的领域。

2. 特殊经济区域的规定。菲律宾目前共有各类经济区239个,分为以下几类:(1)工业园区。指为工业发展所设立的专门区域,拥有一定的基础设施,如道路、供水、排水系统、厂房和住宅。(2)出口加工区。区域内企业主要为出口导向型的工业园区。出口加工区的优惠政策包括进口设备、原材料和零部件的税收和关税减免等。(3)自由贸易区。设在交通枢纽附近,如海港或空港周边。进口的货物可以免交进口关税,并在此进行卸货、分类、重新包装等。但如果这些货物进入非自由贸易区,仍需缴纳关税。(4)旅游经济区。指专门为旅游业发展而设立的经济特区,区域适合建立旅游休闲设施,比如体育休闲中心、宾馆、文化和会议设施、餐饮中心等以及相应的基础设施。(5)IT园区或建筑。指专门为IT项目或服务设立的区域。IT园区可以是一片区域或一栋建筑,其整体或部分将具备为IT企业提供相应设施和服务的条件。根据经济特区内的企业从事不同性质的活动,可享受的优惠政策有:①进口固定设备、原材料、零部件、良种牲畜和基因材料等免除关税;②传统项目4年免所得税,先锋项目6年免所得税;③免所得税后的收入,仅需根据5%的税率纳税,以此替代其他各项国家和地方税收;④扣除进口替代品课税;⑤免除码头费用、出口税和进口费;⑥减免国内固定设备、良种牲畜和基因材料的课税;⑦可征税收入中额外减去人工费用;⑧托运设备的非限制使用;⑨外国投资者和家庭的永久居留权;⑩雇用外国公民;⑪可不经菲律宾央行审批汇出收入;⑫免除地方营业税;⑬如果已交纳5%综合所得税,外企在非分支机构免纳利润汇回。

**三、外国投资优惠政策**

(一)财政优惠政策

1. 免所得税。新注册的优先项目企业将免除6年的所得税,传统企业免交4年所得税。扩建和升级改造项目免税期为3年,如项目位于欠发达地区,免税期为6年。

新注册企业如满足下列其中一个条件,还将多享有1年免税奖励:(1)本地生产的原材料至少占总原材料的50%;(2)进口和本地生产的固定设备价值与工人的比例不超过每人1万美元;(3)营业前3年,年外汇存款或收入达到50万美元以上。

2. 可征税收入中减去人工费用。

3. 减免用于制造、加工或生产出口商品的原材料的赋税。

4. 可征税收入中减去必要和主要的基建费用。

5. 进口设备的相关材料和零部件减免关税。

6. 减免码头费用以及出口关税。

7. 自投资署注册起免除4～6年地方营业税。

（二）非财政优惠措施

菲律宾制定了以下优惠措施：(1)简化海关手续；(2)托运设备的非限制使用：托运到菲的设备贴上可出口的标签；(3)进入保税工厂系统；(4)雇用外国公民：外国公民可在注册企业从事管理、技术和咨询岗位5年时间，经投资署批准，期限还可延长。总裁、总经理、财务主管或者与之相当的职位可居留更长时间。

（三）行业鼓励政策

菲律宾投资署每年制定一部"投资优先计划"，规定政府优先发展的项目领域，该计划经总统批准后发布，计划详情可以查询菲律宾投资署网站：www. boi. gov. ph，需要注意的是，这些领域中有一些是限制或禁止外国投资的领域。

（四）经济特区鼓励政策

菲律宾经济区主要由PEZA所辖的96个各类经济区和独立经营的菲弗德克工业区、苏比克、卡加延、三宝颜、克拉克自由港等组成。这些经济特区的优惠政策包括：(1)企业可获得4年所得税免缴期，最长可延至8年。所得税免缴期结束后，可选择缴纳5%的"毛收入税"（GROSS INCOME TAX），以代替所有国家（中央）和地方税，其中3%上缴中央政府，2%上缴地方财政。(2)进口资本货物（设备）、散件、配件、原材料、种畜或繁殖用基因物质，免征进口关税及其他税费。同类物品如在菲国内采购，可享受税收信贷（TAX CREDIT），即先按规定缴纳各项税费，待产品出口后再返还（包括进口关税部分的折算征收、返还）。(3)经批准，允许企业生产产品的30%在菲律宾国内销售，但须根据国内税法纳税。(4)免缴码头税费和出口税费。(5)给予初始投资在15万美元以上的投资者及其配偶和未成年子女（21岁以下）在经济区内永久居留的身份，他们可以自由出入经济区，而不需向其他部门另行申请。(6)简化进出口程序。(7)允许聘用外籍雇员，为外国经理人员和技术人员办理两年的可延期工作签证，但外籍雇员数量不能超过企业总雇员人数的5%。(8)企业用于员工技术培训和提高管理能力的费用的一半可以从上缴中央政府的3%税收中扣除。此外，是否给予E. O. 226规定的其他优惠待遇，由PEZA自行决定。

（五）地区鼓励政策

菲律宾将棉兰老岛地区专门列入投资优先投资计划。2013年投资优先计划专列《棉兰老岛自治区特别清单》规定该地区以下产业享受优惠政策：出口行业（包括出口商和供应商）、农业、农业企业、渔业、基础工业（包括药业、纺织业、无机和有机肥、矿业勘探和开发以及水泥制造业等）、消费品生产、基础设施及水电供给、工业服务业、工程工业、物流、东盟东部增长区贸易和投资企业、旅游业、卫生和教育行业、穆斯林产业等。

此外，根据2011年投资优先计划，菲律宾对在阿布拉省、阿巴耀省、伊富高省、卡林噶省和高山省等19个欠发达省的郊区从事主要必需基础设施建设的企业，以及在高山省、朗布隆省、保和省、东内格罗斯省和北三宝颜省等30个极贫困省的乡村经营的企业给予鼓励。

## 四、外国企业在菲律宾获得土地的规定

（一）土地法的主要内容

菲律宾土地归私人所有。菲律宾禁止外国人拥有土地，但可以购买高层住宅，不能购买别墅。具有双重国籍的菲律宾人可以100%拥有地产权，但必须在菲律宾出生后移民到其他国家并取得他国身份的。

土地管理部门除环境与自然资源部、土地管理局外，还有其他部门如房产与城市发展协调委员会和国家经济发展署等直接或间接地控制土地的使用、甚至法院都有权利颁发土地所有权证明。

土地交易法律程序：(1)买卖双方通过律师签订并得到公证的合同；(2)向城市资产评估办公室递交国内收入局出具的土地税申报；(3)买方向市财政局交付地产税；(4)市资产评估员对资产进行评估；(5)买方向市资产评估办公室支付交易税；(6)向国内收入局缴纳资产收益税及印花税；(7)交易资产注册：更换产权所有者名称；(8)新产权所有人获得新产权证的影印件以及向资产评估办公室索取税收申报表。

（二）外资企业获得土地的规定

菲律宾宪法规定，外国人不得在菲律宾购买土地，但外国公民或公司可以先成立一家菲律宾公司。公司的股权外方占40%以下（含40%），菲方占60%以上（含60%），并且公司至少有5人，公司成立后，必须在菲开立主要的公司银行账户。账户的户头可以单独为外国公民，可以由外国公民控制房产收入所获得的资金。该公司在购买菲律宾土地前，须得到菲律宾投资委员会（BOI）的许可，才可进行土地买卖的交易。

投资者租赁法案（第7652号共和国法案）允许外国投资者在菲律宾租用商业用地最长不超过75年（过去规定为50年）。根据该法，任何到菲律宾投资的外国投资者在遵守菲律宾法律和下列条件的情况下，可租赁私人土地：(1)土地租赁合同期限为50年，仅可一次性延长25年；(2)租赁的土地仅做投资用途；(3)租赁合同应符合《综合土地改革法》和《地方政府法案》。

## 五、外资公司参与当地证券交易的规定

菲律宾允许外国公司参与菲律宾证券交易所的证券投资交易，但所持公司股份会有上限，通常为40%。菲律宾证券交易所每月都会发布外国持有股票情况报告。

## 六、环境保护法律规定

（一）环保管理部门

菲律宾环保管理部门为菲律宾环境与自然资源部内设的环境管理局，该局在全国13个行政区均设有分局。

（二）主要环保法律法规

主要有：(1)菲律宾宪法关于保护环境的有关条款；(2)984号总统令《污染控制法》；(3)1152号总统令《菲律宾环境法典》，主要内容包括：空气质量管理、水质量管理、土地利用管理、自然资源管理及保护、废弃物管理等；(4)8794号共和国法案《洁净空气法》；(5)9275号共和国法案《洁净水法》；(6)705号总统令《森林法修订案》。

（三）环保法律法规基本要点

如果投资项目或其执行有可能影响到环境质量，菲律宾1586号总统令要求项目内容中要包含"环境影响评估"，以确

保项目可能带来的环境影响问题得以解决，使其与国家可持续发展目标协调一致。根据项目地点和性质的不同，项目执行单位要准备一份“环境影响声明”或“初始环境检测报告”。最终报告将递交至菲律宾环境与自然资源部，附带文件还包括其他政府部门的批准文件和地方政府对项目的批准文件。复核后，菲律宾环境与自然资源部决定发放或拒发“环境合格证”。如无此证，项目就不能合法执行。

“环境合格证”包括了所有项目实施应该遵守的环境法律、法规和规章，确保项目连续执行。如果被拒发“环境合格证”，项目方应该递交一份新的“环境影响声明”，选择另外的项目地点或变更设计及执行。

1586 号总统令同时列出了项目可能对环境产生影响的领域：一是自然环境，包括土地、水、空气、地上生命、水中生命和生态平衡；二是社会经济，包括人口、生活方式、建筑、少数民族文化、名胜古迹、健康和当地经济。该总统令还举例说明有能对环境造成的负面影响：(1)水和空气污染；(2)历史和考古遗迹的破坏；(3)野生动物栖息地的破坏；(4)城市拥挤程度上升；(5)对健康的威胁；(6)土地的不当使用。

(四)环保评估相关规定

菲律宾负责环保评估的机构为环境管理局。

投资者须向环境管理局提出要求取得“环境合格证”的申请，并随申请附上项目介绍。项目介绍应包括项目将使用的基础材料、项目建设的程序和应用的科技、项目完工后的产量和(废水、废气等)排放量、投资人资产证明、项目所在区域地图、人力资源要求等内容。

环境管理局委员会每月召开两次会议接受申请，并进行讨论。如申请满足所有程序要求，且项目对周边环境无严重影响，将于会上批准申请，并由环境与自然资源部发放“环境合格证”。根据项目不同，整个周期在 2 ~6 个月之间。

**七、外国公司承包当地工程的规定**

菲律宾没有专门适用于国际工程承包的法律规则，其对国际工程承包法律关系的调整，主要是由国内一些相关法律来进行，而且对国际工程承包中的执照、承包商的登记、监督和管理都有专门的部门负责。

(一)许可制度

1. 国际工程承包法律法规。主要有：《合同法》《外国投资法》(共和国第 7042 号法令)、《承包执照法》(共和国第 4566 号法令)、《BOT 法》(共和国第 6957 号法令，后经修改为第 7718 号法令)、《政府采购法》(共和国第 9184 号法令)、《建筑行业仲裁法》(第 1008 号行政命令)、《建筑业职业安全与卫生指导方针》(菲律宾劳工部 1998 年第 13 号令)，菲律宾承包商认证协会的相关规定。

2. 国际工程承包管理机构。菲律宾管理特别事务的专门机构非常多，外国承包商在菲律宾从事工程承包主要由以下机构进行管理和调整：(1)菲律宾证券交易委员会。根据菲律宾法律，外国承包商若要在菲律宾承包建筑工程，从事建筑业活动，首先必须到菲律宾证券交易委员会注册登记。(2)菲律宾有关政府部门。菲律宾政府项目通常需要经过国家经济发展署立项审批，预算部、财政部为出资方或贷款担保人，公造部、农业部等部门作为业主单位负责招标、监督执行等具体实施工作。目前，中国公司在菲律宾承包工程仍以政府项目为主。(3)菲律宾承包商认证协会。该协会负责审查外国承包商的资格，外国承包商在菲律宾承包建筑工程，从事建筑业活动，必须持有菲律宾承包商认证协会颁发的特别执照，否则不能开展业务。(4)菲律宾建筑行业仲裁委员会。该仲裁委员会专门管辖建筑行业因争议和纠纷而提起的调解或仲裁。(5)菲律宾建筑工业局。该工程局有权对工程承包商进行监督和管理，当承包商不遵守相关的建筑行业法律法规时，可以将其列入“黑名单”，限制其经营政府工程承包业务。(6)菲律宾劳动就业部。该部门负责制订建筑行业职业安全与卫生方面的法规，规范建筑行业的职业安全与卫生。(7)菲律宾劳动条件局。该部门负责审核工程承包商递交的建筑施工安全与卫生制度。

(二)禁止领域

菲律宾对外国承包商进入的承包工程领域无限制，但对于菲律宾本国政府出资的项目，外国承包商承揽部分不能超过项目金额的 25%。

(三)招投标方式

根据菲律宾承包商认证协会的规定，外国承包商在菲律宾承包工程，必须遵守菲律宾第 1594 号总统令关于政府工程招投标的规定。

1. 招标。无论国内或国外投资的工程项目，都适用相同的公开招标程序：(1)工程成本超过 500 万比索的项目，招标广告应在一段合理的期间至少在全国范围内定期发行的两家报纸上公告至少 3 次，公告期间根据招标项目的规模和复杂性决定，但不能少于两周。(2)工程成本为 500 万比索或 500 万比索以下的项目，招标广告必须在两周内在工程所在地区公开发行的一家报纸上至少公告两次。(3)若招标项目需要专业技术，发包方可直接对掌握该专业技能的承包商发出投标邀请。

2. 投标人资格预审。投标人参加资格预审必须提交法定的各种文件，这些文件必须经过投标人宣誓和公证。

法律方面：(1)菲律宾承包商认证协会发放的有效承包商执照。(2)合营企业须提交有效的合营企业协议。(3)授权政府部门、代理机构或公司的领导或其授权代表的与资格审查相关的文件和信件。(4)投标人陈述其没被列入菲律宾建筑行业局“黑名单”的声明。

技术方面：(1)按照资格预审通知里的详细规定填写的、投标人最近 3 年承包并已完工的、与招标项目性质和复杂性相类似的所有政府或私营工程项目的报表。针对每一个工程，投标人的报表都应包括：工程项目的名称、业主的名称与地址、工程性质、承包商的地位(总承包、分包，或合营企业的一方)、完工的总承包价、决标工期、完工日期和工程期限。报表应由相应的承包商业绩评价等级表，和(或)竣工及业主验收证书加以证实。(2)所有正在进行的政府或私营工程项目的报表，包括已经中标的还未开始建设的项目。报表应列明：工程项目的名称、业主的名称与地址、工程性质、承包商的地位、中标时的总承包价、中标日期、计划和实际完成的比例、未完成的工程的价值、预计的完工时间。报表应由中标通知书和(或)业主的施工通知加以证实。(3)参与建筑施工的主要工作人员的报表，如项目经理、项目工程师、材料工程师和工头等。(4)投标人拥有的，或租用的，或正在购买过程中的可用于建筑施工的设备的清单。财务方面要有投标人最近 3 个年度的财务审计报表。

3. 投标保证金。需按规定交纳投标保证金。

4. 投标书及其附件。除投标书外,还需提交一系列附件。根据菲律宾法律规定,投标人应把投标书及其附件分装在两个密封的信封里呈给招标人。投标人应在信封上用大写字母写上招标项目和投标人的名字,并写上"在开标时间前请勿启封"。第一个信封里装与工程安排、进度、投标保证有关的各种文件,第二个信封里装投标报价单与财务文件。

5. 承包形式。根据《BOT 法》,外国承包商在菲律宾从事工程承包,可选择适用菲律宾 BOT 法规定的所有承包形式。菲律宾 BOT 法规定了 9 种承包形式,即 BOT、BT、BOO、BLT、BTO、CAO(承包—增加—经营)、DOT(开发—经营—转让)、ROT(修缮—经营—转让)和 ROO(修缮—拥有—经营)。

(四)承揽工程项目的程序

1. 获取信息。在菲律宾可以通过以下几个途径获取工程招标信息:(1)非政府部门或企业业主在当地媒体上发布招标邀请信息;(2)业主直接邀请;(3)业主通过中国驻菲使馆经商参处、中资企业(菲律宾)协会承包分会发布信息。

2. 招标投标。菲律宾政府工程承包项目根据业务性质分属不同部门管理,如公共工程与公路部负责公路及桥梁等项目,交通部负责铁路、机场、港口等项目,农业部灌溉局主管水利灌溉项目等。使用非政府财政资金的政府项目,只能由本地企业或外资比例不超过 25% 的合资企业承揽。通讯、电力、房地产等行业多为私企经营,对外资承包商一般没有限制。

工程项目招投标一般需要经历以下程序,业主或融资方还会有各自具体的要求:(1)招标信息发布;(2)企业报名,递交意向书;(3)资格预审;(4)编制发售招标文件;(5)投标预备会;(6)投标;(7)开标、评标、决授标。

3. 许可手续。外资企业在菲承揽工程项目,均需向菲承包商资格评审委员会(PCAB,隶属菲贸工部)申请特别执照。具体步骤根据企业是否在菲注册略有不同。以在证券委员会注册的中资企业为例,需向 PCAB 递交外国承包商特殊许可申请表、综合信息表、菲证券委员会出具的公司注册证明、公司章程、公司对授权代表的董事会决议、中国政府部门出具的并由所在地的菲律宾使领馆认可的公司资质证明原件及复印件、菲招标企业出具的工程项目是由外国融资的证明、投标邀请函、母公司出具的背对背保证书、自述书、近 6 个月财务审计报告、资产负债表、银行账户、用于运输及建设的机动车注册证及发票、国内收入局出具的证明、工程技术人员有关证明、历史记录(有关完工的大型工程合同、证明文件以及菲律宾使领馆认证文件)等 PCAB 要求一个项目一个执照,承包商需每年更新特别执照。

不同行业的项目业主对承包商的资质要求有所不同,有关程序和手续也有差异,但核心是审查承包商(或设备供应商)在财务、技术等各方面的履约能力(或交付能力)。另一方面,公共项目业主和私营项目业主的资质要求也不相同。公共项目业主要求承包商履行的资格认证手续往往比较复杂,私营项目业主则相对简单。以菲律宾公造部主管的路桥项目为例,承包商须先通过公造部资格审查并注册,审核过程中需提供营业执照、税务登记证、SEC 登记证、公司章程、财务审计报告、公司业绩等材料。项目招标时,公造部将在投标邀请函中就具体项目提出资质要求。

**八、知识产权保护法律法规**

菲律宾全面保护外国投资者的知识产权。在亚太地区的其他国家,对于知识产权的保护,有的国家缺少相应法律,有的国家刚刚起步,而菲律宾在未独立的 1946 年前就有知识产权保护方面的法律措施,这些措施与美国的法律法规相一致。1997 年,菲律宾颁布了《知识产权法典》(RA8293),并成立了知识产权办公室。菲律宾是下列国家知识产权条约的签字国:《伯尔尼保护文学和艺术作品公约》(1948 年布鲁塞尔版本)、《保护工业产权巴黎公约(里斯本修正案)》《保护表演者、录音制品制作者和广播组织罗马公约》。

菲律宾知识产权的核心法规是《菲律宾知识产权法典》(RA8293),其主要内容包括:第一章知识产权办公室,第二章专利法,第三章商标、商品名、服务商标法,第四章版权法,第五章总则。知识产权的执法单位有菲律宾贸工部、知识产权办公室和音像法规委员会。

在菲律宾侵权处罚规定分两种情况:情节较轻时,可由上述执法单位责令停止侵权行为、罚款(6000 ~ 10 万比索)、吊销执照等。情节较重时(指损失超过 20 万比索,约合 4166 美元),可由当事人提起司法诉讼,由上诉法院或高级法院裁决,给予刑事处罚。菲律宾贸工部负责受理侵权投诉,知识产权办公室负责纠纷调解。

**九、投资合作相关法律及菲律宾对中国企业投资合作的保护政策**

(一)菲律宾与投资合作相关的主要法律

菲律宾有数个涉及投资的重要法律,目前有关方面正在推动将所有促进投资的法律合并成一部法律,进一步规范各部门出台财政或非财政激励政策。

1.《1987 年综合投资法典》共和国第 226 号法令,共和国第 7918 号法令进行修正。该法典为国内外企业提供一系列国家优先发展领域的综合激励措施。企业需参与"投资优先计划"所列的领域以享受这些优惠措施。如果企业未参与列入"投资优先计划"的领域,在满足以下任一条件后也能享受这些优惠措施:(1)50% 以上的产品出口(菲律宾公民所有的企业);(2)70% 以上的产品出口(外商持股 40% 以上的企业)。

2.《1991 年外国投资法》共和国第 7042 号法令,共和国第 8179 号法令进行了修正。外国公司被允许在菲律宾从事未列入《外国投资限制清单》的行业。在《外国投资限制清单》中列举了禁止和限制外国投资的领域,主要包括两部分:(1)清单 A 为宪法或其他法律规定禁止和限制外国投资的领域;(2)清单 B 为外商所有权受法律限制的领域,包括与国防、执法、公众卫生、道德、保护中小企业等相关的领域。

3.《1995 年经济特区法案》共和国第 7916 号法令,共和国第 8748 号法令进行了修正。该法案于 1995 年通过,旨在通过发展经济特区促进经济增长菲律宾经济特区署(PEZA)负责该法的实施和给予经济特区内的合格企业优惠政策。经济特区分为工业园区、出口加工区、自由贸易区、旅游经济区、IT 园区、农业经济区等各类经济园区。

每个经济特区都朝着政府干预最小化、独立自由区域的目标发展。经济特区不需政府提供特别帮助,自我管理经济、金融、工业及旅游发展,同时与周边区域建立起相应的联系。

4.《1992 年基地转型及发展法案》共和国第 7227 号法令。根据该法案成立了基地转型发展委员会、苏比克湾管理署(SBMA)以及苏比克经济特区和自由港区(SSEFZ)。在苏比克经济特区和自由港区注册的企业将享受各种投资优惠，包括一流的商业、居住和旅游设施。

5.《地区总部、地区生产总部和地区仓储中心相关法案》共和国第 8756 号法令。该法案明确了关于在菲律宾设立跨国公司地区总部(RHQS)、地区生产总部(ROHQS)和地区仓储中心(RWS)的规定和指南。地区总部是指跨国公司在菲律宾设立、但并不从菲律宾获取收入的分支机构。地区生产总部指跨国公司在菲律宾设立、可以通过提供服务而获取收入的分支机构。

6.《投资者租赁法案》共和国第 7652 号法令。该法案允许外国投资者在菲律宾租用商业用地最长不超过 75 年(过去规定为 50 年)。根据该法，任何到菲律宾投资的外国投资者在遵守菲律宾法律和下列条件的情况下，可租赁私人土地:(1)土地租赁合同期限为 50 年，仅可一次性延长 25 年;(2)租赁的土地仅做投资用途;(3)租赁合同应符合《综合土地改革法》和《地方政府法案》。

7.《1994 年出口发展法案》共和第 7844 号法令。该法案向出口商提供优惠政策，鼓励增加在出口方面的投入，包括:(1)设立出口发展委员会;(2)鼓励私营部门参与出口推介活动，包括建立世界水准的菲律宾贸易中心;(3)设立私营部门为主导的融资中心，直接为促进出口服务;(4)为出口商提供财政激励政策。

8.《BOT 法》共和国第 7718 号法令。明确私营企业参与一般由政府负责的基础设施建设和有关服务的政策和规定。

(二)中国与菲律宾签署双边投资保护协定

1992 年 7 月，中菲两国签署《中华人民共和国政府和菲律宾共和国政府关于鼓励和相互保护投资协定》。

1999 年 11 月，中菲两国签署《中华人民共和国政府和菲律宾共和国政府关于对所得避免双重征税和防止偷漏税的协定》，该协议自 2002 年 1 月 1 日生效。

2007 年 1 月，中菲两国签署《中华人民共和国政府和菲律宾共和国政府关于扩大和深化双边经济贸易合作的框架协定》。

2011 年 8 月，中菲两国签署《中菲经贸合作五年发展规划》。

## 新加坡投资贸易指南

### 一、对外贸易法规和政策规定

(一)贸易主管部门

新加坡贸易工业部是制定该国整体贸易政策的部门。新加坡国际企业发展局(International Enterprise Singapore，简称企发局或 IE Singapore)，是隶属于新加坡贸易工业部的法定机构，是新加坡对外贸易主管部门，其前身是成立于 1983 年的新加坡贸易发展局(贸发局)。企发局下设贸易促进部，并分设商务合作伙伴策划署和出口促进署，主要职责是宣传新加坡作为国际企业都会的形象以及提升以新加坡为基地公司的出口能力。

(二)贸易法规体系

新加坡与贸易相关的主要法律有《商品对外贸易法》《进出口管理办法》《商品服务税法》《竞争法》《海关法》《商务争端法》《自由贸易区法》《商船运输法》《禁止化学武器法》《战略物资管制法》等。

(三)贸易管理的相关规定

1. 开展进出口和转运业务的基本条件。(1)必须在新加坡组建一家公司并向会计与企业管理局注册。(2)注册公司后，需向新加坡关税局免费申请中央注册号码。中央注册号码将允许您通过贸易网系统提交进出口和转运准证申请。

贸易交换网系统是新加坡全国范围内的贸易电子信息交换系统，能让公共和私营部门在此平台上交换电子贸易数据和信息。一般情况下，在新加坡开展进出口或转运业务必须在贸易交换网上获得相关业务准证。

2. 货物进口。货物进口到新加坡前，进口商需通过贸易交换网向新加坡关税局提交准证申请。如符合有关规定，新加坡关税局将签发新加坡进口证书和交货确认书给进口商，以保证货物真正进口到新加坡，没有被转移或出口到被禁止的目的地。一般情况下，所有进口货物都要缴纳消费税。如果进口货物是受管制的货物，必须向相关主管部门提交准证申请并获得批准。

3. 货物出口。非受管制货物通过海运或空运出口，必须在出口之后 3 天内，通过贸易交换网提交准证申请。受管制货物，或非受管制货物通过公路和铁路出口的，需要在出口之前通过贸易交换网提交准证申请。出口受管制货物还必须事先取得相关主管机构的批准或许可。

4. 货物转运。所有从一个自由贸易区转运至另一个自由贸易区的货物，或在同一个自由贸易区内转运受主管部门管制的货物，必须事先通过贸易交换网取得有效的转运准证才能将货物装载到运输工具上。

(四)进出口商品检验检疫

新加坡对进口商品检验检疫的标准和程序十分严格。负责进口食品、动植物检验检疫的部门是农粮兽医局(简称农粮局或 AVA)，负责进口药品、化妆品等商品检验的部门是卫生科学局(简称 HSA)。

1. 农产品和食品检验。农产品和食品的进口商须向 AVA 申请执照，只有获得 AVA 进口执照的贸易商才能在新加坡从事农产品和食品进口业务。AVA 有完整的一套食品安全计划，对肉、鱼、新鲜水果和蔬菜、蛋、加工食品等商品的进口来源、包装运输、检验程序、检验标准有不同的要求和详尽的规定。

2. 动物检疫。只有获得 AVA 执照的进口商才可以在新加坡从事商业用途的动物进口。每次进口动物须向 AVA 申请许可，并提前获得海关清关许可。所有进口动物需符合 AVA 的兽医标准。

3. 植物检疫。进口植物及植物产品需出示原产国有关机构签发的植物检疫证书并获得 AVA 的进口许可。所有进口植物及植物产品必须符合 AVA 规定的健康标准，除另有规定外，植物及植物产品进口后必须接受 AVA 检查。受华盛顿公约保护的濒临绝种植物，必须备有 CITES 许可证方可进口。

4. 药品、化妆品检验。根据《药品法》《有毒物质法》《滥用药物法令》,新加坡所有从事药品进口、批发、零售以及出口的经营者需向 HSA 取得相关许可方可开展业务。进口药品和化妆品前,需向 HSA 如实申报其成分、疗效等相关信息,获得批准后方可进口。HSA 对进口相关产品进行抽检,一旦与申报不符,即取消其经营相关产品的资格。

(五)海关管理规章制度

新加坡海关管理的主要法律法规有:《海关法》《货物和服务税的条例》《进出口管理条例》《自由贸易区条例》《战略物品管制法》《禁止化学物品》等。

新加坡《海关法》规定,进口商品分为应税货物和非应税货物,应税货物包括石油、酒类、烟类和机动车辆等 4 大类商品,非应税货物为上述 4 大类商品之外的所有商品。应税货物和非应税货物进口到新加坡都要征收 7% 消费税,应税货物除征收消费税外,还需征收国内货物税和关税。

2008 年 10 月中新签署自由贸易协议。根据协议,2009 年 1 月 1 日起新加坡取消全部自中国进口商品的关税;中国于 2010 年 1 月 1 日对 97.1% 的自新加坡进口产品实施零关税。

**新加坡应纳税商品及关税和国内货物税**

| 商品名称 | 国内货物税 |
| --- | --- |
| 酒类商品 | S$48~70/公升 |
| 烟草类商品 | S$181~352/千克 |
| 石油类商品 | S$3.7~7.1/十升 |
| 机动车 | 20% |
| 带引擎的摩托车、自行车 | 12% |

资料来源:新加坡海关

**二、外国投资市场准入规定**

(一)投资主管部门

新加坡负责投资的主管部门是经济发展局(EDB 简称经发局),成立于 1961 年,是隶属新加坡贸工部的法定机构,也是专门负责吸引外资的机构,具体制订和实施各种吸引外资的优惠政策并提供高效的行政服务。其远景目标是将新加坡打造成为具有强烈吸引力的全球商业与投资枢纽。

(二)投资行业的规定

新加坡对外资准入政策宽松,除了国防相关行业及个别特殊行业,对外资的运作基本没有限制。此外,新加坡政府还制定了特许国际贸易计划、区域总部奖励、跨国营业总部奖励、金融与资金管理中心奖励等多项计划以鼓励外资进入。同时,经发局还推出了一些优惠政策和发展计划来推动企业拓展业务,如创新发展计划、企业研究奖励计划、新技能资助计划等。

根据新加坡政府公布的 2010 年长期战略发展计划,电子、石油化工、生命科学、工程、物流等 9 个行业被列为奖励投资领域。

(三)投资方式的规定

外资进入新加坡的方式总体上无特殊限制。除了银行、金融、保险、证券等特殊领域需向主管部门报备,绝大多数产业领域对外资的股权比例等无限制性措施。

(四)特殊经济区域的规定

1. 商业园和特殊工业园。新加坡境内的商业园和特殊工业园有:(1)商业园。国际商业园、樟宜商业园、资讯园。(2)特殊工业园。①石油化学工业园:裕廊岛;②晶圆厂房:淡滨尼、巴西立、兀兰;③先进显示器工业园:淡滨尼;④生物医学园区:大士生物医药园、生物科技园;⑤物流园区:樟宜机场物流园、裕廊岛化工物流园;⑥食品工业园:麦波申大士。(3)科技企业家园。裕廊东的企业家园、新加坡科学园的 iAxil、红山—新达城科技企业家中心、莱市科技园。新加坡是城市国家,实行全国统一的税收制度,对外资也实行国民待遇,上述园区内无特殊税收优惠政策,各个园区主要根据区内产业发展的特点而建,区内相关产业的配套基础设施比较完备,可发挥产业集群效应。

2. 海外工业区。新加坡临近的主要海外工业区有:(1)巴淡岛工业区。该园区距新加坡 20 千米,仅 1 小时船程。土地面积 1570 平方千米,总人口 99.1 万。现有外资企业 894 家。(2)民丹岛工业区。该园区距新加坡 50 千米,70 分钟船程。土地面积 1866 平方千米,总人口约 50 万。现有外资企业 23 家。巴淡岛和民丹岛工业园区都具有完备的基础设施和较低的制造成本,工人最低月工资约 118 美元。主要适合电子加工业、服装鞋帽、玩具等轻工业以及钢铁、钻油等重工业,还可发展贸易、旅游和转运。属于自由贸易区,无进口税,无销售税与奢侈品税,免增值税;可享有东盟特惠关税,享有与 52 个国家签署的避免双重征税协议优惠,与 33 个国家达成普惠制协议,允许 100% 海外控股,无外汇管制。(3)马来西亚伊斯干达开发区。马来西亚政府于 2006 年 11 月推出伊斯干达开发区(Iskandar Development Region,简称 IDR),它是马来西亚目前着力打造的境内最庞大的发展计划。马来西亚政府计划将 IDR 打造成马来西亚半岛南部最发达的地区以及居住、娱乐、环境和商业完美融合的国际化大都市。IDR 位于马来半岛南部的柔佛州,包括南柔佛的新山、哥打丁宜和笨珍等数个地区,占地 2217 平方千米。陆海空交通方便,与新加坡隔柔佛海峡相望,距离亚洲的主要大城市(如班加罗尔、迪拜、香港、首尔、上海、台北、东京)仅 6~8小时飞行航程。从 IDR 通过公路到吉隆坡仅 3 个小时车程,距新加坡樟宜国际机场仅 55 分钟车程,IDR 人口约 135 万,人均 GDP 约 1.48 万美元。目前新加坡是该地区最大的外资来源地,一些经济学家将 IDR 与新加坡的关系喻为深圳之于香港。依斯干达开发区的经济支柱为制造业和服务业。根据马来西亚国库有限公司拟订的全面发展计划,除继续加强电子电器、石油化工与油脂化工、食品与农业加工、物流及相关服务业和旅游业 5 大领域外,依斯干达开发区还将把医疗保健、教育、金融以及信息产业定为新的增长领域。依斯干达开发区的重点规划项目包括物流枢纽、国际教育中心、医疗中心、金融中心等。

由于新加坡土地资源有限,生产成本较高,新加坡政府鼓励企业赴巴淡岛工业区、民丹岛工业区、马来西亚伊斯干达开发区等海外工业区投资。企业如在上述园区投资设厂,可将区域总部、管理中心、研发中心、营销中心等设立在新加坡,既可降低生产成本,也可充分利用新加坡在物流、金融、税收、知识产权保护等各方面的优势条件。

**三、外国投资的优惠政策**

(一)优惠政策框架

新加坡优惠政策主要依据是《公司所得税法案》和《经济扩展法案》以及每年政府财政预算案中涉及的一些优惠政策。

新加坡采取的优惠政策主要是为了鼓励投资、出口、增加就业机会、鼓励研发和高新技术产品的生产以及使整个经济更具有活力的生产经营活动。如对涉及特殊产业和服务(如高技术、高附加值企业)、大型跨国公司、研发机构、区域总部、国际船运以及出口企业等给予一定期限的减、免税优惠或资金扶持等。政府推出的各项优惠政策,外资企业基本上可以和本土企业一样享受。

新加坡经济发展局为鼓励、引导企业投资先进制造业和高端服务业、提升企业劳动生产力,推出先锋计划、投资加计扣除计划、业务扩展奖励计划、金融与资金管理中心税收优惠、特许权使用费奖励计划、批准的外国贷款计划、收购知识产权的资产减值税计划、研发费用分摊的资产减值税计划等税收优惠措施,以及企业研究奖励计划和新技能资助计划等财政补贴措施。

新加坡国际企业发展局为支持企业开展国际贸易活动、打造环球都市,推出环球贸易商计划。

新加坡标新局为扶持中小企业发展、鼓励创新、提升企业劳动生产力,推出天使投资者税收减免计划、天使基金、孵化器开发计划、标新局起步公司发展计划、技术企业商业化计划、企业家创业行动计划、企业实习计划、管理人才奖学金、高级管理计划、业务咨询计划、人力资源套餐、知识产权管理计划、创意代金券计划、技术创新计划、品牌套餐、企业标准化计划、生产力综合管理计划、本地企业融资计划、微型贷款计划等财税优惠措施。

为了实施新加坡经济战略委员会2010年提出的未来10年——七大经济发展战略,围绕提高劳动生产率、提升企业能力和打造环球都市这三大战略目标,新加坡政府出台一系列优惠措施,比如,推出生产力及创新优惠计划、培训资助计划和特别红利计划,设立了国家生产力基金,通过税收减免鼓励企业并购重组和土地集约化经营,并组建项目融资机构支持企业国际化经营。

特别值得一提的是生产力及创新优惠计划一年共计5.2亿新元。该计划于2010年推出,有效期为2011~2018年。根据该计划,企业在规定的6项经营活动中,符合规定可以享受400%的税额抵扣或每年最高40万新元的补贴。这6项费用包括:研究与开发费用、认可的设计费用、收购知识产权费用、知识产权注册费用、购买/租赁自动化设备、员工培训费用。

(二)行业鼓励政策

1. 先锋企业奖励。享有先锋企业(包括制造业和服务业)称号的公司,自生产之日起,其从事先锋活动取得的所得可享受免征不超过15年所得税的优惠待遇。先锋企业由新加坡政府部门界定。通常情况下,从事新加坡目前还未大规模开展而且经济发展需要的生产或服务的企业,或从事良好发展前景的生产或服务的企业可以申请“先锋企业”资格。

2. 发展和扩展奖励。从政府规定之日起,一定基数以上的公司所得可享受5%~15%的公司所得税率,为期10年,最长可延长到20年。此项政策主要是为鼓励企业不断增加在高新技术和高附加值领域的投资并提升设备和营运水平。曾享受过先锋企业奖励的企业以及其他符合条件的企业均可申请享受此项优惠。

3. 服务出口企业奖励。从政府规定之日起,向非新加坡居民或在新加坡没有常设机构的公司或个人提供与海外项目有关的符合条件的服务的公司,其符合条件的服务收入的90%可享受10年的免征所得税待遇,最长可延长到20年。

4. 区域/国际总部计划。将区域总部(RHO)或国际总部(IHO)设在新加坡的跨国公司,可适用较低的企业所得税税率。区域总部为15%,期限为3~5年;国际总部为10%或更低,期限为5~20年。此项政策主要是为鼓励跨国公司将区域或国际总部设立在新加坡。具体优惠企业可与新加坡企业发展局(EBD)进行商谈,企业发展局可根据公司规模和对新加坡贡献为企业量身定做优惠配套。

5. 国际船运企业优惠。拥有或运营新加坡船只或外国船只的国际航运公司,可以申请10年免征企业所得税的优惠,最长期限可延长到30年。申请企业应具备以下条件:是新加坡居民公司;拥有并运营一定规模的船队;在新加坡的运营成本每年超过400万新元;至少10%的船队(或最少一只船)在新加坡注册。此类优惠项目由新加坡海运管理局(MPA)负责评估。

6. 金融和财务中心奖励。此项政策是为鼓励跨国企业在新加坡设立金融和财务中心(FTC),从事财务、融资和其他金融服务业务。金融和财务中心从事符合条件的活动取得的收入可申请享受10%的企业所得税优惠税率,为期5~10年。

7. 研发业务优惠。为鼓励企业加大研发力度,新加坡政府规定,自2009估税年度起,企业在新加坡发生的研发费用可享受150%的扣除,并对从事研发业务的企业每年给予一定金额的研发资金补助。

8. 国际贸易商优惠。为鼓励全球贸易商在新加坡开展国际贸易业务,对政府批准的“全球贸易商”给予3~5年的企业所得税优惠,税率减低为5%~10%。此项优惠项目由新加坡国际企业发展局(IES)负责评估。

此外,新加坡还对部分金融业务、海外保险业务、风险投资、海事企业等行业给予一定的所得税优惠或资金扶持。

**四、外国企业在新加坡获得土地的政策**

(一)新加坡土地法的主要内容

新加坡土地主要有国有和私有两种形式,其中国有土地又分为国有土地和公有土地两种。目前国有土地约占53%,公有土地约占27%,私有土地约占20%。

根据《土地征用法》规定,凡为公共目的所需的土地,政府都可强制性征用。为防止该权力被滥用,政府规定了详细的征地程序、操作流程和土地补偿标准。

土地的交易采用拍卖、招标、有价划拨和临时出租等方式,将一定年限的土地使用权出售给使用者。出让后的土地可以自由转让、买卖和租赁,但年限不变。使用期结束后,政府无偿收回土地及其地上附着物;若要继续使用,须经政府批准,再获得一个规定年限的使用期,但须按当时的市价重估地价,第二次买地。

(二)外资企业获得土地的规定

在经新加坡土地管理局批准后,外资企业可以在新加坡参与土地交易,具体程序参考新加坡土地管理局网站(www.sla.gov.sg)。

**五、环境保护法律规定**

(一)环保管理部门

新加坡环保管理部门是环境与水资源部,主要职责是构建和保障清洁、健康的环境以及水源供应。环境和水资源部下设国家环境局和公共事业局(PUB)两个法定机构,分别负责落实环保政策和水务管理。

（二）主要环保法律法规名称

新加坡环保法律法规包括:《环境保护和管理法》《能源节约法案2012》《跨境烟霾污染法案2014》《公共环境卫生法》《水源污化管理及排水法令》《制造业排放污染水条例》《公共事业条例》《污染物控制条例》《媒介和农药防治法》《危险废物(控制出口、进口和传播)法》《辐射防护法》《禁烟法案》等。

（三）环保法律法规基本要点

根据新加坡《环境保护和管理法》,所有企业和个人都有责任和义务维护大气、水体、土地以及动植物的洁净和安全。任何企业和个人违反《环境保护和管理法》等法规和规定,都视为犯罪。环保部门有权根据违法的严重程度对责任人处以2万至10万新元的罚款,逮捕责任人并处以1年以内监禁,或逮捕责任人并提起诉讼。2012年8月24日起,新加坡每天3次公布PM2.5浓度,成为东南亚首个每天公布PM2.5的国家。

（四）环保评估的相关规定

根据新加坡政府的要求,企业在新开展投资项目,业主需委托有资质的第三方咨询公司进行污染控制研究分析(Polution Control Studies,PCS),相当于国内的环评。PCS主要是对工厂产生的三废、噪声、危险化学品等情况,识别可能存在的风险以及采取的控制措施。

开展PCS前期,业主需向咨询公司提供相关资料;咨询公司完成分析报告后,由业主提交新加坡国家环境局(NEA)审批,审批周期约为2~3个月,审批过程中,NEA可能提出问题要求进行解释和澄清;评估费用通常为两万新币。

**六、保护知识产权规定**

（一）新加坡当地有关知识产权保护的法律法规

新加坡政府一直致力于把新加坡建成重要的区域知识产权中枢,因此十分重视知识产权的保护和鼓励,制定了一系列保护知识产权的法律法规,同时通过资金支持等手段积极营造鼓励创新、方便智力成果产业化的科研、政策和商业环境。

新加坡还是众多与知识产权有关的公约和国际组织的成员,包括《巴黎公约》《伯尔尼公约》《马德里协议》《专利合作条约》《布达佩斯条约》《与贸易有关的知识产权协议》和世界知识产权组织等。

在新加坡国内受到保护的知识产权有专利、商标、注册外观设计、版权(著作权)、集成电路设计、地理标识、商业秘密和机密信息以及植物品种。新加坡分别制定了单项法规对这些知识产权进行保护。

1. 专利。在新加坡规范专利权保护的法律是《专利法》(Patents Act)。要获得专利法保护必须向专利登记处(Registry of Patents)提交专利申请,申请中要包含专利的相关信息,包括发明以及操作说明和相关披露。专利法没有明确列出哪些发明是受法律保护的,但规定了不能取得专利的发明,如具有攻击性、不道德以及反社会的行为。而可以获得专利的发明要具有新颖性、创造性和工业应用性。专利有效期是自申请之日起20年。

2. 商标。新加坡保护商标的主要法律是《商标法》(Trademarks Act)。商标注册可以通过新加坡知识产权局的网站或到该局注册。知识产权局会对商标特性进行审查,整个注册过程通常需要1~2年。商标注册后保护期一般为10年,在支付更新费用后可以不断延续。

3. 版权。新加坡规范版权的主要法律是《版权法》(Copyright Act),它的保护范围包括小说、软件程序、剧本、活页乐谱、绘画作品等。在新加坡取得版权需要满足的条件是作品的作者或创作人是新加坡公民或居民,该作品首次在新加坡出版。在新加坡以外的地方取得版权的作品也可以在新加坡得到保护,条件是作品的作者或创作人是加入WTO或《伯尔尼公约》的成员国的国民或居民,该作品首次在WTO或《伯尔尼公约》的成员国出版。版权期限根据受保护对象不同而有所区别,如文学、戏剧、音乐或非摄影艺术作品的版权期限为作者的终生以及之后的70年,录音作品和电影作品的版权期限为作品首次发表后的70年,电视广播、电台广播或有线电视节目的版权期限为节目发表后的50年。有关新加坡知识产权保护的法律法规以及各项优惠政策可查询新加坡知识产权局网站。

（二）知识产权侵权的相关处罚规定

新加坡法律将知识产权侵权行为区分不同情形,可提起民事诉讼,构成犯罪的须承担刑事责任。刑事责任包括罚款和监禁,也可两者并罚。罚款从1000~10万新元不等,监禁根据情形从12个月到5年不等。

**七、投资合作相关法律及对中国企业投资合作保护政策**

（一）新加坡与投资合作相关的主要法律

与在新加坡投资合作相关的法律主要有:企业注册法、公司法、合伙企业法、合同法、国内货物买卖法、进出口管理法、竞争法等。

（二）新加坡对中国企业投资合作的保护政策

1. 中国与新加坡签署双边投资保护协定。1985年11月,中国与新加坡签署了《关于促进和保护投资协定》。

2. 中国与新加坡签署避免双重征税协定。1986年4月,中国与新加坡签署了《避免双重征税和防止漏税协定》。

3. 中国与新加坡签署的其他协定。1992年,两国签署《科技合作协定》。1999年10月,中国与新加坡签署《经济合作和促进贸易与投资的谅解备忘录》,建立两国经贸磋商机制。双方还签署《海运协定》《邮电和电信合作协议》《成立中新双方投资促进委员会协议》等多项经济合作协议。2006年,两国签署《文化合作协定》。

2008年10月23日,中国与新加坡签署了《中华人民共和国政府和新加坡共和国政府自由贸易协定》。同时,双方还签署了《中华人民共和国政府和新加坡共和国政府关于双边劳务合作的谅解备忘录》。

2015年5月18日,中国与新加坡签订促进两国商标注册合作的备忘录。根据备忘录,两国将交换商标注册信息以及探讨人员培训事宜。

## 泰国投资贸易指南

**一、对外贸易法规和政策**

（一）贸易主管部门

泰国主管贸易的政府部门是商业部,其主要职责分为两部分,对内负责促进企业发展、推动国内商品贸易和服务贸易发展、监管商品价格、维护消费者权益和保护知识产权等;

对外负责参与 WTO 和各类多双边贸易谈判、推动国际贸易良性发展等。泰国商业部主管对外业务的部门有贸易谈判厅、国际贸易促进厅和对外贸易厅等，主管国内业务的部门有商业发展厅、国内贸易厅、知识产权厅等。

（二）贸易法规体系

主要法律有 1960 年《出口商品促进法》、1979 年《出口和进口商品法》、1973 年《部分商品出口管理条例》、1979 年《出口商品标准法》、1999 年《反倾销和反补贴法》、2000 年《海关法》和 2007 年《进口激增保障措施法》等。

（三）贸易管理的相关规定

1. 进口管理。泰国对多数商品实行自由进口政策，任何开具信用证的进口商均可从事进口业务。泰国仅对部分产品实施禁止进口、关税配额和进口许可证等管理措施。禁止进口产品主要是涉及公共安全和健康、国家安全等的产品，如摩托车旧发动机、博彩设备等；关税配额产品包括桂圆等 24 种农产品，如大米、糖、椰肉、大蒜、饲料用玉米、棕榈油、椰子油、龙眼、茶叶、大豆和豆饼等，但关税配额措施不适用于从东盟成员国的进口；进口许可分为自动进口许可和非自动进口许可，非自动进口许可产品包括关税配额产品和加工品，如鱼肉、生丝、旧柴油发动机等。自动进口许可产品包括部分服装、凹版打印机和彩色复印机。泰国商业部负责制定受进口许可管理的产品清单。

2. 出口管理。泰国除通过出口登记、许可证、配额、出口税、出口禁令或其他限制措施加以控制的产品外，大部分产品可以自由出口，受出口管制的产品目前有 45 种，其中征收出口税的有大米、皮毛皮革、柚木与其他木材、橡胶、钢渣或铁渣、动物皮革等。

3. 贸易壁垒。泰国对 WTO 成员方的平均实施关税是 11.2%。

关税高峰　泰国现对大量的进口产品征收超过 30% 的关税，包括农产品、汽车和汽车零部件、酒精饮料、纤维和一些电子产品。如丝织品、羊毛织物、棉纺织品及其他一些纤维织物的进口关税多为 60%，摩托车及一些特殊用途车的进口关税达到或超过 80%、大米 52%、奶制品 216%。

关税升级　泰国对绝大多数工业原材料和必需品，如医疗设备征收零关税；对有选择的一些原材料、电子零配件以及用于国际运输的交通工具征收 1% 的关税；一些化工原料，如氯化钙、氯化镁等氯化物的关税也仅为 1%；对初级产品和资本货物大部分征收 5% 的关税；对中间产品一般征收 10% 的关税；对成品一般征收 20% 的关税；对需要保护的特殊产品征收 30% 的关税。

关税配额　根据 WTO《农业协定》，泰国对 24 种农产品实行关税配额管理，分别是桂圆、椰肉、牛奶、土豆、洋葱、大蒜、椰子、咖啡、茶、干辣椒、玉米、大米、大豆、洋葱籽、豆油、椰子油、速溶咖啡、土烟丝、生丝等。这些产品在配额内实行低关税，在配额外实行高关税，如大蒜进口配额仅 64.6 吨，配额内关税为 27%，配额外关税高达 57%。

进口限制　泰国规定 42 种产品需要进口许可，包括原材料、石油、工业原料、纺织品、医药品及农产品。泰国禁止进口二手摩托车及其零件和游戏机。产品进口必须满足规定的要求，如缴纳特别费用、需要原产地证明等。进口食品、医药产品、矿产品、武器弹药、艺术品，需要相关部长的特别许可。泰国要求在食品进口登记中提供关于食品生产工艺及组成成分的详细产品经营信息。泰国卫生部食品药品管理局规定所有食品、药品及部分医疗设备的进口均须符合进口许可证的管理。食品进口许可证每三年换一次，每次均需要重新认证，文件送达食品药品管理局后还需重新收费、药品进口许可证每年更换一次，同样需要缴纳有关费用。

技术性贸易壁垒　泰国对 10 个领域的 60 种产品实行强制性认证，包括农产品、建筑原料、消费品、电子设备及附件、PVC 管、医疗设备、LPG 气体容器、表层涂料及交通工具等。泰国卫生部食品药品管理局规定，所有进口食品、药品及部分医疗设备要符合标准、检测、标签和认证要求。进口上述产品必须附有泰文说明产品名称、重量或容量、生产和失效日期的标签，并经泰国卫生部食品药品管理局批准。

政府采购　泰国不是 WTO《政府采购协定》的签署国。在政府采购招标中，泰国对外国投标企业设置一系列限制，使外国企业无法投标或难以中标。如泰国常在招标文件中规定非泰国产品不得参与投标；政府采购部门对投标资格的规定不确定，有权在任何时候接受或拒绝部分或所有投标，甚至可以在招标过程中修改技术要求；投标者对招标结论没有申诉权利等。根据 2000 年 5 月泰国颁布的《对销贸易法》，对金额超过 3 亿泰铢的政府采购合同，外国中标企业须易货回购价值不低于合同金额 50% 的泰国产品，该规定大大提高了外国中标企业的经营成本。

（四）进出口商品检验检疫

泰国负责商品质量监督、检验和标准认证的管理部门主要是卫生部下属的食品与药品监督管理局（简称 FDA）及农业合作部下属的国家农业食品和食品标准局（简称 ACFS）。

FDA 行使职责依据的国内法规和国际协议主要有：泰国 1967 年《药品法》、1975 年《精神类物质法》、1979 年《食品法》、1979 年《麻醉品法》、1988 年《医疗器械法》、1990 年《防止滥用挥发性物质法》、1992 年《化妆品法》、1992 年《危险物质法》和 1971 年《关于精神类物质的国际公约》、1988 年联合国《关于反对非法买卖麻醉品和精神类物质的协定》等。FDA 根据相关法律法规对商品的市场准入进行控制，审核发放各类商品相应的卫生证明、GMP 证明、HACCP 证明和自由销售证明等。进口商必须申请进口许可证后才能进口食品，指定的食品储藏室必须经 FDA 检验后才能使用，进口许可证要每三年更新一次；对于特别控制的食品，进口商必须到 FDA 注册，获得批准才能进口。

**泰国主要进口商品的关税税率统计**

| 商品名称 | HS 编码 | 一般关税税率 |
| --- | --- | --- |
| 原油 | 2709 | 25% |
| 集成电路 | 8542 | 35% |
| 打字机等办公机器的零部件 | 8473 | 40% |
| 摩托车零部件 | 8708 | 60% |
| 光盘、磁带、记忆卡等未录制内容的固定媒体存储介质（交卷除外） | 8523 | 60% |
| 成品油 | 2710 | 税号 27101211－20 税率为 2.91 铢/升，其余部分以 30% 的税率按价计税 |
| 天然气和其他气体燃料 | 2711 | 采用特定单位税率 0.001 株/千克 |
| 未加工的精铜和铜合金 | 7403 | 6% |
| 自动数据处理设备 | 8471 | 40% |
| 未加工的金、金粉 | 7108 | 35% |

ACFS 的主要职责是制定初级农产品、食品和加工农产品的标准,发放许可证明,对有关产品的认证机构及企业进行认证等,此外,还协助和参与技术问题、非关税措施及国际标准等方面的对外谈判,其主要工作目标是发展泰国农产品和食品标准体系使其适应国际标准,以扩大泰国农产品和食品的出口额。ACFS 自成立以来,共制定公布了 22 项植物食品标准、10 项动物产品标准、3 项鱼类食品标准和 20 项其他标准。

(五)海关管理规章制度

《海关法》是泰国实施海关管理的根本法律制度。目前,泰国海关进出口商品代码和关税管理体系是根据 1987 年修订的海关关税法令制定的。泰国政府根据管理需要会对商品代码分类和海关关税进行不定期调整,有关法令和公告可在泰国海关厅网站上查询。

在泰国,大部分进口商品都需要缴纳两部分税,一是海关关税,二是增值税(VAT)。关税计税方法一般为按价计税,也有部分商品按照特定单位税率的方式征税。一般情况下,进口商品关税额计算公式为商品到岸价(CIF)乘以该项商品的进口税率,绝大部分商品的进口关税在 0~80% 之间;增值税的计算公式为进口商品缴纳关税和消费税(部分商品需缴纳)后的总价值乘以 7%。

泰国给予东盟成员国和与其签订多双边贸易协定的国家地区不同程度的关税减让,具体商品的关税税率和减让情况均可以通过 HS 税号或商名称在海关网站上查询,网址为:www. Igtf. customs. go. th.

## 二、外国投资市场准入的规定

(一)投资主管部门

泰国主管投资促进的部门是泰国投资促进委员会(简称 BOI),负责根据 1977 年颁布的《投资促进法》及 1991 年第二次修正和 2001 年第三次修正的版本制定投资政策。投资促进委员会办公室负责审核和批准享受泰国投资优惠政策的项目、提供投资咨询和服务等。

(二)投资行业的规定

根据《外籍人经商法》,(Alien Business Act,1999 年)有关规定,泰国限制外国人投资的行业有以下三类:

1. 因特殊理由禁止外国人投资的业务。包括(1)报业、广播电台、电视台;(2)水稻种植、旱地种植、果园种植、牧业、林业、原木加工;(3)在泰国领海、经济特区的捕鱼;(4)泰药材炮制;(5)涉及泰国古董或具有历史价值之文物的经营和拍卖;(6)佛像、钵盂制作或铸造;(7)土地交易等。

2. 涉及国家安全稳定或对艺术文化、风俗习惯、民间手工业、自然资源、生态环境造成不良影响的投资业务,须经商业部长根据内阁的决定批准后外国投资者方可从事的行业:(1)涉及国家安全稳定的投资业务,包括生产、销售、修理枪械、子弹、火药、爆炸物及其有关配件,武器、军用船、飞机、车辆,一切占用设备的机件设备或有关配件;国内陆上、水上、空中等运输业,包括国内航空业。(2)对艺术文化、风俗习惯、民间手工业、自然资料、生态环境造成不良影响的投资业务,包括泰国传统工艺品的古董、艺术品买卖,木雕制造,养蚕、泰丝生产、泰绸织造、泰绸花纹印制,泰国民族乐器制造,金器、银器、乌银镶嵌器、镶石金器、漆器制造,涉及泰国传统工艺的盘器、碗器、陶器制造。(3)对自然资源、生态环境造成不良影响的投资业务,包括蔗糖生产,海盐、矿盐生产,石盐生产,采矿业、石头爆破或碎石加工,家具、木材加工等。

3. 本国人对外国人未具竞争能力的投资业务,须经商业部商业注册厅厅长根据外籍人经商营业委员会决定批准后可以从事的行业。包括(1)碾米业、米粉和其他植物粉加工。(2)水产养殖业。(3)营造林木的开发与经营。(4)胶合板、饰面板、刨木板、硬木板制造。(5)石灰生产。(6)会计、法律、建筑、工程服务业。(7)工程建设,但不包含:①外国人投入的最低资本在 5 亿铢以上的公共基本设施建设、运用新型机械设备、特种技术和专业管理的公共设施、交通设施建设;②部级法规规定的其他工程建设。(8)中介或代理业务,但不包含:①证券交易中介或代理、农产品期货交易、有价证券买卖业务;②为联营企业的生产、服务需要提供买卖、采购、寻求服务的中介或代理业务;③为外国人投入最低资本 1 亿铢以上的、行销国内产品或进口产品的国际贸易企业提供买卖、采购、推销、寻求国内外市场的中介或代理业务。(9)拍卖业,但不包含:①国际性拍卖业,其拍卖标的物不涉及具有泰国传统工艺、考古或历史价值的古董、古物、艺术品之拍卖;②部级法规规定的其他拍卖。(10)法律未有明文禁止涉及地方特产或农产品的国际贸易。(11)最低资本总额低于 1 亿铢的百货零售业、最低资本少于 2500 万铢的商店。(12)最低资本少于 100 万的商品批发业。(13)宣传广告业。(14)旅店业,不含旅店管理、旅游业、餐饮业。(15)植物新品种开发和品种改良。(16)除部级法规规定的服务业以外的其他服务业等。

外国人除需经商业部长根据内阁决议批准外,还需满足以下两个条件方可从事上述第二类规定的行业:一是泰籍人或按照本法规定的非外国法人所持的股份不少于外国法人公司资本的 40%(除非有适当原因,商业部长根据内阁的批准可以放宽上述持股比例,但最低不得低于 25%)。二是泰国人所占的董事职位不少于 2/5。

对上述属于外商经营企业法所规定的需得到允许方可进行投资的二、三类行业,外国人在泰国开始商业经营的最低投资额不得少于 300 万泰铢,其他行业最低不少于 200 万泰铢。最低投资额对在泰国注册的法人来说是指注册资本,对未在泰国注册的外国投资者或法人来说是指来泰经商所汇入的外汇。如果外国人属于《投资促进法》《工业园管理条例》或其他有关法律规定可享受投资优惠或得到经营许可的投资者,则可以从事第二、三类中规定的某些行业。

根据泰国投资促进法的有关规定,在泰国获得投资优惠的企业,投资额在 1000 泰铢以上(不包括土地费和流动资金),须获得 ISO9000 国际质量标准或其他相等的国际标准的认证。具体审批标准如下:(1)投资额不超过 5 亿铢(不包括土地费和流动资金)的项目,产品增加值必须不低于销售收入的 20%,但电子产品及其配件、农产品加工和投资促进委员会特别批准的项目除外;新投资项目的负债与注册资本之比不得超过 3:1;投资项目必须使用先进生产技术和新机械设备,若需使用旧机器,其效率必须获得权威机构的验证,并获得投资促进委员会的准许;必须有足够的环境保护措施,对环境有不良影响的项目,投资促进委员会将着重审核其工厂设立地点及其污染处理方法。(2)投资额在 5 亿铢以上(不包括土地费和流动资金)的项目,除按上述规定执行,尚需按投资促进委员会的规定提交项目可行性报告。

以下行业的泰国籍投资者的持股比例不得低于 21%:农

业、畜牧业、渔业、勘探与采矿业和1999年颁布的《外籍人经商法》附录第一类行业中的服务行业。

(三)投资方式规定

1. 股权投资。外籍人对泰开展投资经营活动的方式可分为以下两类：一是按照泰国法律在泰国注册为某种法人实体，具体形式有合伙企业、有限公司和大众有限公司等；二是成立合资公司，通常指一些自然人或法人根据协议为从事某项商业活动而组建的实体。根据泰国《民商法典》，合资公司不是法人实体，但是根据《税法典》，合资公司在缴纳企业所得税时被视为单一实体。

2. 上市。泰国法律规定，只有大众有限公司才有资格申请登记加入证券交易市场。根据1992年颁布的《大众有限公司法》的有关规定，有限公司可以转为大众有限公司。泰国没有关于外资公司在泰上市的特殊限制，在泰国注册成立的大众有限公司，符合泰国证券交易委员会(简称SEC)和股票交易所(简称SET)的有关规定，即可申请上市。

3. 收购。泰国没有关于跨国并购的专门法律法规，规范收购行为的法律法规是《大众有限公司法》和1992年颁布的《证券交易法》。收购行为通常有股票收购、兼并和资产收购——收购上市公司，必须符合《证券交易法》和泰国证券交易委员会的有关规定，当收购量达到上市公司股份的25%，收购者必须正式提出股权收购。

(四)特殊经济区域的规定

泰国工业部下设有工业园管理局(简称IEA)，负责发展工业园区和科技园区等工业地产。2007年，IEA第四次修改《工业园机构条例》，以提高工业园内投资者的竞争能力。

根据《工业园机构条例》，泰国的工业园分为两类：一般工业区和自由经营区(原出口加工区)。在一般工业区投资的外国投资者，不必向BOI提交申请，就可以获得工业园内的土地所有权和引进外国技术人员、专家来泰国工作的权利。此外，IEA还向工业园内的投资者提供便利设施和一条龙服务，如运输服务、仓库、培训中心和医疗服务等。在自由经营区的投资者，还可以享有更多的优惠政策，如无条件向国外出口产品，享受更大的进口物件和原材料便利，除BOI鼓励投资政策提供的优惠条件外，还可以享受更多的税务优惠。

根据IEA统计，目前泰国共在146个府建立各类工业园41个，其中IEA下独立开发的工业园11个，IEAT与合作者联合开发的工业园35个。泰国各工业园的优惠政策与BOI的地区鼓励政策基本保持一致，根据所处的府别分别享受当地最高的投资优惠(包括税收、土地、人员引进及进口机械设备或原材料免税等诸多方面优惠)，各入园企业无须特别申请即可享受BOI的投资优惠政策。

泰国目前实施的是1992年修订后的《工厂法》，该法明确规定工厂建设、运行、扩建和安全的有关要求。由工业部工业建设厅根据该法负责管理，对于工厂建设项目的管理控制程度通常取决于环境保护的需要，例如对排放造成污染的产业控制就更加严格。根据该法，工厂被分为三类：第一类，不需要政府许可就可以建设运行；第二类，开始建设运行前需要事先告知政府有关部门，业主在收到工业部确认的回执后即可开始建设；第三类，工厂建设前需要向工业部工业建设厅申请许可证。在工厂试运行前和正式开工生产之前，业主要至少提前15天告知有关政府部门。许可证的有效期为自项目运营起至第5年年底结束，如果工厂转让、出租或者停产，则在新业主取得许可证之日原许可证作废，或者在停产之日原许可证作废。业主在许可证到期前可以申请延期。2015年9月，泰国内阁通过了产业集群经济特区政策。

三、外国投资优惠政策

(一)优惠政策框架

根据BOI最新7年投资促进战略(2015~2021)，泰国按照行业的重要性给予不同程度的优惠政策，也按项目所在地区及价值不同给予额外优惠。BOI向投资者提供两种形式的优惠政策：一是税务上的优惠权益，主要包括免缴或减免法人所得税及红利税、免缴或减免机器进口税、减免必需的原材料进口税、免缴出口产品所需要的原材料进口税等；二是非税务上的优惠权益，主要包括允许引进专家技术人员、允许获得土地所有权、允许汇出外汇以及其他保障和保护措施等。

非税务优惠适用于所有获BOI批准的项目，税务优惠则根据项目所在地和所属行业等不同情况享受相应的优惠。一般来说，位于受到特别鼓励投资区域的项目、生产出口型的项目或者属于泰国政府鼓励支持产业范畴内的项目均可以获得更大程度的优惠。

此外，为鼓励外商投资，BOI还放宽了对外商持股比例的限制，对于工业企业投资，无论工厂设在何处，允许外商持大部分或全部股份，如果有适当理由，BOI可规定外商在某些受鼓励的行业持股比例的限额。

(二)行业鼓励政策

BOI将鼓励投资的行业分为七大类：农业及农产品加工业，矿业、陶瓷及基础金属工业，轻工业，金属产品，机械设备和运输设备制造业，电子与电器工业，化工产品，造纸及塑胶，服务业及公用事业。

每个大类下还细分为许多小类，BOI对一些重点鼓励投资的行业都规定了特别的优惠条件，其中，农产品加工业、人才及科技发展业、公共事业、基础设施、环境保护等属于特别重视的项目。

2015年11月，泰国通过工业部提交的未来十大重点产业建议，并要求投资促进委员会制定配套优惠政策。十大重点产业为：新一代汽车制造、智能电子、高端旅游与医疗旅游、农业和生物技术、食品深加工、工业机器人、航空和物流、生物能源与生物化工、数字经济、医疗中心。

(三)地区鼓励政策

BOI对鼓励投资的地区在行业优惠政策基础上给予不同程度的额外优惠政策。泰国重点促进南部边境地区和经济特区的投资。南部边境地区包括南部边境3个府以及宋卡府的4个县。泰国政府经济特区发展委员会首期已确定5个经济特区，分别位于达府、莫拉限府、萨缴府、宋卡府和哒叻府境内。此外，在人均收入较低的20个府投资也可享受到一些额外优惠。这20个府是：胶拉信、猜也奔、那空帕农、南、汝干、武里喃、帕、马哈沙拉堪、莫拉限、夜丰颂、缴、素可泰、素辇、廊磨南蒲、益梭通、黎逸、四色菊、沙功那空、乌汶以及庵纳乍能。

BOI对各级投资区域分别给予不同的投资优惠政策。

(四)外国公司承包当地工程的规定

1. 许可制度。根据《外商经营企业法》的有关规定，建筑业和工程服务业为限制外籍人从事的行业，外籍人只有与泰籍人组成合资公司或联合体才能承揽泰国的工程项目,且合资公司或联合体必须由泰籍人控股,外籍人投资所占比例不得超过49%。

2. 禁止领域。从法律方面看,除关于合资公司或联合体外籍人不得持大股的要求外,泰国未针对外国承包商在工程承包领域做出任何限制规定。但在实际操作层面,泰国几家大的本土工程承包商在一些项目招标中(尤其是政府公共项目)占有天然优势地位。

3. 招标方式。泰国的承包工程项目可分为两类:一是国家投资的公共项目,通常采取国际招标的方式,仅有少数采取邀标的形式;二是私人投资的工程项目,目前通行的国际招标、邀标和议标等招标形式均有采用。

### 四、外国企业在泰国获得土地的规定

#### (一)土地法的主要内容

泰国关于土地和房产法律主要基于大陆法系的法律体系而制订,主要内容都参照大陆法系国家的相关法律。《泰国土地法》由泰国内务部颁布,自1954年12月10日起实施。土地法包括土地分配、土地所有权的授予和界定、相关文件的发布等内容,明确对于宗教用地、外国人用地、部分行业法人用地的限制条件、并对土地调查、土地交易和费用及处罚条例都作出明确规定。

内务部又于1999年和2008年颁布对《土地法》的3条的修订案,分别对外国人用地、土地相关费用及处罚条款进行调整。除1954年《土地法》之外,《泰国工商不动产租赁法》《泰国工业区法》等法律都有涉及外国人在泰用地的规定。

#### (二)外资企业获得土地的规定

1954年《土地法》对外国人拥有土地做出规定:“外国人可根据双边条约关于允许拥有房地产权的规定,并在本土地法管辖下拥有土地。”根据该法,外国人及外籍法人根据内务部法规,经内务部部长批准可拥有土地,以作为居住和从事商业、工业、农业、坟场、慈善、宗教等活动需要之用。并针对不同用途对外国人最多可持有的土地面积做了规定。

为了适应经济与社会发展的需要,内务部于1999年5月19日又颁布《土地法》修订案《Land Code Amendment Act No. 8》,对《土地法》中有关外国人及外籍法人产业问题做了修改,允许外国人及外籍法人在符合某种规定条件下可以拥有土地产业。其规定主要内容包括:“凡需在泰持有土地的外国人,必须按内务部规定从国外携人不少于4000万株,并经内务部长批准,可以拥有不超过1莱(泰面积单位,1莱=1600平方米)的土地,作为其居住用地。”“上述外国人还必须满足以下条件:(1)其在泰投资必须是有益于泰本国经济社会发展或满足泰投资促进委员会(BOI)规定可予以投资促进的项目;(2)投资持续时间不少于3年;(3)持有的土地应在曼谷市区、芭提雅或其他《城市规划法》规定的居住用地范围内。”

对于在泰投资可观并使泰经济受益的外国企业,其在泰经营期间若适用《泰国投资促进法》第27条、《泰国工业园管理局法》第44条或《泰国石油法》第65条规定,在持有泰国土地方面可享受一定特权和豁免。(1)《泰国投资促进法》第27条:在获得董事会批准的情况下,投资人可拥有超出其他法律规定范围的土地用于进行投资活动;在投资人是外籍人的情况,若其在泰投资活动停止或将土地转让给他人,土地局有权收回土地。(2)《泰国工业园管理局法》第44条:在获得董事会批准的情况,工业经营者可在工业园区内拥有超出其他法律规定范围的土地用于工业活动。在投资人是外籍人的情况,若其在泰商业活动停止或转让给他人,须将所有用土地退还给泰工业园管理局或转让给其企业受让者。(3)《泰国石油法》第65条:委员会有权批准特许权获得者拥有超出其他法律规定范围的土地用于石油经营。

按照泰国法律规定,只允许外国人在符合上述条件情况下拥有用于居住的土地,或满足条件的外国企业有限制的拥有用于企业经营之用的土地。外国企业不得自由开展对泰土地的投资业务。此外,即便泰国人占多数(按股权人和股权计算)的合资企业,泰国政府也出台有关条例防范以此为名义从事土地经营的行为。

### 五、环境保护法律规定

#### (一)环保管理部门

泰国负责环境保护的政府部门是自然资源和环境部(简称MNRE),其主要职责是制定政策和规划,提出自然资源和环境管理的措施并协调实施,下设有自然资源和环境政策规划办公室、污染控制厅、环境质量促进厅等部门。

#### (二)主要环保法律法规名称

泰国关于环保的基本法律是1992年颁布的《国家环境质量促进和保护法》,此外泰国自然资源和环境部还发布了一系列关于大气和噪音、水、土壤等方面的一系列公告。

#### (三)环保法律法规基本要点

泰国有关环保法律法规对于空气和噪音污染、水污染、土壤污染、废弃物和危险物质排放等标准都有明确的规定,对于违法违规行为有相应的处罚。此外,泰国1975年第一次提出关于环境影响评估(简称EIA)的强制要求,目前,相关规定详见1992年国家环境质量促进和保护法第46条。在泰国自然环境委员会的批准下,泰国自然资源和环境部有权规定必须进行EIA的项目规模和类型。可能对自然环境造成影响的大型项目,必须向自然资源和环境政策规划办公室提交EIAS报告,接受审核和修改。EIAS报告必须由在自然资源和环境政策规划办公室注册认可的咨询公司出具。

#### (四)环保评估的相关规定

根据泰国《国家环境质量促进和保护法》(1992年)有关规定,为保护和提高环境质量,经自然环境委员会批准,自然资源和环境保护部应对自然环境可能产生影响并需提交环评报告的由政府部门、国有企业和个人进行的投资或工程项目的类型和规模进行分类,并由部长签发后在政府报刊上进行公布。公布的内容还应包括所需提交的其他相关材料。针对特定投资或工程项目的环评报告如具有普遍性,经自然环境委员会批准,自然资源和环境保护部部长可将之作为范本在政府报刊上予以公示,其他类似的投资或工程项目在同意此范本内容基础上,可免除提交环评报告。

根据上述法律规定,需提交环评报告的投资或工程项目,如由政府部门、国有企业实施或者前两者与民营企业联合实施并需报内阁最终批准的,政府部门或国有企业需在项目可研阶段准备环评报告,并征得国家环境委员会同意后报内阁审批。如有必要,内阁可请有关专家或专业机构参与项目评审。

如投资或工程项目根据有关法律规定需于建设或实施前准备环评报告的,负责人需将该报告同时提交给相关的项

目审批机构和环境政策和计划办公室。提交的报告可以采用标准范本的形式,项目审批机构需待环境政策和计划办公室审批同意后方可发放投资或项目实施许可。如环境政策和计划办公室发现提交的环评报告不符合相关要求或材料有缺失,需于收到报告 15 日内反馈提交人。如各方面材料齐备并符合有关要求,应于收到报告 30 日内出具初步意见并转专家委员会进行进一步审核。专家委员会应自收到报告起45 日内出具审核结果,如规定时间内未能出具审核意见,则视为审核通过。

经国家环境委员会批准,自然资源和环境保护部部长可就环评报告编制人的资格条件提出具体要求,根据此项要求,编制人应为该项领域的专家并获得相关的资质认证。资质证书的申请及发放、成为专家的资格条件和证书换发、暂停、吊销以及有关费用标准等,均需按自然资源和环境保护部制定的有关规章执行。

目前,泰国设有很多从事环评咨询和服务工作的专业事务所,可为企业提供有关服务。

**六、保护知识产权的规定**

(一)泰国有关知识产权保护的法律法规

泰国有关知识产权保护的法律主要涉及三部:《专利法》(1979 年)、《商标法》(1991 年)和《著作权法》(1994 年),三部法律分别针对专利、商标和著作权的定义、类型、申请、使用和保护等有关内容做出了明确规定。

(二)知识产权侵权的相关处罚规定

根据泰国《专利法》(1979 年)有关规定,未具备本法规定的权利者,不得在产品容器、产品包装上或在发明、外观设计的宣传上使用"泰国专利权""泰国实用新型专利权",或其他意思、相同的外国文字,或其他意思相同的词语,任何人不得在产品容器、产品包装或发明、外观设计的宣传上使用"正在办理专利"或"正在办理实用新型专利"或其他意思相同的词语(但正在审批中的专利申请或实用新型专利申请不在此限),如有违犯可处 1 年以下监禁或罚以 20 万泰铢以下罚金,或两罪并罚;未经专利权人许可擅自使用属于专利权人所有的产品、技术或外观设计(但为教学和研究需要使用该外观设计专利的不在此限)专利的,可处两年以下监禁,或罚以 40 万泰铢以下罚金,或两者并罚;任何人未经实用新型专利权人许可,侵犯使用实用新型专利权人各项权利的,可处 1 年以下监禁,或罚以 20 万泰铢罚金,或两罪并罚;任何人在申请发明专利、外观设计专利或实用新型专利时向执行工作人员提供虚假材料,以期获得专利证书或实用新型证书的,可处 6 个月以下监禁,或罚以 5000 泰铢以下罚金,或两者并罚;因触犯本法受罚者为法人的,其法人执行人或法人代表须受到法律相应规定的处罚,除非该法人行为能被证实与本人无关,或并未得到本人认可。

泰国《商标法》(1991 年)和《著作权法》(1994 年)未规定有关违法处罚的内容。

**七、投资合作相关法律及对中国企业投资合作保护政策**

(一)泰国与投资合作相关的主要法律

《民商法典(Civil and Commercial Code)》,明确了自然人、团体和法人之间的民事关系,对法人的设立、组织、经营、变更等行为做出了规定。

《外籍人经商法(Alien Business Act)》,规定外籍人在泰经商行为的根本法律。

《税法典(Revenue Code)》,规定泰国税种、税率和计算方式等税务相关问题的根本法律。

《投资促进法门(nvestment Promotion Act)》(以及历次修改公告),明确了外商在泰投资可以享受的各项优惠权益。

《劳动保护法(Labour Protection Act)》,明确了雇主和雇员的权利及义务。

《外籍人工作法(Alien Employment Act)》,规定外籍人在泰工作的根本法律。

《海关法(Customs Acts)》,规定了商品进出泰国关境的原则和方式,明确了进出口经营者和海关管理机构的权益义务等。

(二)泰国对中国企业投资合作的保护政策

1. 中国与泰国签署双边投资保护协定。1985 年 3 月 12 日,中泰两国政府在曼谷签署了《中华人民共和国政府和泰王国关于促进和保护投资的协定》。

2. 中国与泰国签署避免双重征税协定。1986 年 10 月 27 日,中泰两国政府签署了《关于避免双重征税和防止偷漏税的协定》。

3. 中国与泰国签署的其他协定。1994 年 3 月 16 日,中泰两国政府签署了《关于民商事司法协助和仲裁合作的协定》。2000 年 3 月 10 日,中泰两国政府在北京签署了《中华人民共和国政府和泰王国关于中国加入世界贸易组织的双边协议》,协议附件中列出了中国给予泰国的货物贸易和服务贸易减让表。

2012 年 4 月,中泰两国政府在北京签署《中华人民共和国和泰国经贸合作五年发展规划》。

2013 年 10 月,中泰两国政府签署《中泰关系发展远景规划》,涉及政治、经贸和投资、防务和安全、交通和互联互通等多个领域的合作。其中涉及经贸和投资合作的内容包括:双方同意加强交流与合作,通过中泰贸易、投资与经济合作联委会等机制,推动双边贸易便利化,促进双边贸易与投资的增长;双方同意继续以中泰贸易合作五年发展规划指导两国经贸关系发展,加强经贸联系,实现两国经济可持续发展;双方同意通过加强投资信息交流,创造便利条件,改善双边投资环境;双方同意密切在橡胶产业、生物塑料业和绿色产业的投资合作;双方同意通过在相关机制框架内加强合作社发展、农产品加工与贸易、农业企业投资和粮农政策协调方面的合作,提升两国农业合作水平;双方同意深化金融和银行业合作,推动更多使用两国本币作为两国贸易和投资结算货币,完善相关合作机制,为双方贸易、投资和经济合作提供便利。双方将共同探讨提供更便利的人民币清算服务。

## 越南投资贸易指南

**一、对外贸易法规和政策**

(一)贸易主管部门

越南主管贸易的部门是工贸部,设有 36 个司局和研究院,负责全国工业生产(包括机械、冶金、电力、能源、油气、矿产及食品、日用消费品等行业生产)、国内贸易、对外贸易、WTO 事务、自由贸易区谈判等。

(二)贸易法规体系

越南主要贸易法律法规包括:《投资法》(2014)、《海关法》(2014)、《民法》(2005 年)、《贸易法》《电子交易法》

(2005年)、《进出口税法》《知识产权法》(2005年)、《信息技术法》《反倾销法》(2004年)、《反补贴法》(2005年)、《企业法》(2005年)、《会计法》《统计法》等。外商在越南投资建立独资、合资和合作经营企业,建立贸易公司和分销机构等都有明确法律规定。

(三)贸易管理的相关规定

1. 进口管理。根据加入WTO的承诺,越南逐步取消进口配额限制,基本按照市场原则管理。禁止进口的商品主要包括:武器、弹药、毒品、除工业用以外的易燃易爆物、有毒化学品、军事技术设备、麻醉剂、部分儿童玩具、颓废和反动的文化品、爆竹(交通运输部批准用于安全航海用途的除外)、烟草制品、二手消费品、右舵驾驶机动车、二手物资、低于30马力的二手内燃机、含有石棉的产品和材料、各类专用密码及各种密码软件等。越南工贸部在讨论《贸易法实施细则决议草案》,拟禁止进口二手纺织品和电子商品等。2015年,越南科技部公布第23/2015号通知,自2016年7月1日起,越南允许进口使用年限不超过10的二手设备。

2. 出口管理。关于出口,越南主要采取出口禁令、出口关税、数量限制等措施进行管理。禁止出口的商品主要包括:武器、弹药、爆炸物和军事装备器材、毒品、有毒化学品、古玩、伐自国内天然林的圆木、锯材、来源为国内天然林的木材、木炭、野生动物和珍稀动物、用于保护国家秘密的专用密码和密码软件等。2012年9月15日起,越南海关总局只允许经由科学技术部确认不属于暂停进口范围的中国生产的二手设备通关。

(四)进出口商品检验检疫

越南进出口商品检验检疫工作根据不同商品种类由不同部门负责,食品和药品检验由卫生部负责,动植物和其他农产品检验由农业与农村发展部负责,具体规定可在网上查询。

(五)海关管理规章制度

1. 管理制度。越南现行关税制度包括4种税率:普通税率、最惠国税率、东盟自由贸易区税率及中国—东盟自由贸易区优惠税率。普通税率比最惠国税率高50%,适用于未与越南建立正常贸易关系国家的进口产品。原产于中国的商品享受中国—东盟自由贸易区优惠税率。根据中国—东盟自由贸易区货物贸易协议,从2011年始,越南将对从中国进口的商品每两年削减一次进口关税。到2015年,除了少量敏感产品,将对95%以上的商品征收零关税。到2018年,越南与东盟成员国所有商品均实现零关税。

2. 关税税率。2016年,越南部分商品进口税率(非中国—东盟自由贸易区优惠税率)见下表:

**2016年越南部分商品进口税率**

| 商品名称 | 关税税率 | 商品名称 | 关税税率 |
|---|---|---|---|
| 香烟原料 | 30% | 棉花 | 0 |
| 棉质织布 | 12% | 成衣 | 5%~20% |
| 皮革制品 | 0~28% | 鞋 | 5%~32% |
| 木材原料 | 0~5% | 玻璃 | 0~40% |
| 面粉 | 15% | 钢材 | 0~32% |
| 纸张 | 5%~25% | 内燃机 | 3%~25% |
| 煤炭 | 0~3% | 汽车(5座) | 70% |

资料来源:越南财政部

## 二、外国投资市场准入规定

(一)投资主管部门

越南主管投资的政府部门是计划投资部,设31个司局和研究院,主要负责全国"计划和投资"管理,为制定全国经济社会发展规划和经济管理政策提供综合参考,负责管理国内外投资,负责管理工业区和出口加工区建设,牵头管理对官方发展援助(ODA)的使用,负责管理部分项目的招投标等。

(二)投资行业规定

1. 禁止投资项目。(1)危害国防、国家安全和公共利益的项目;(2)危害越南文化历史遗迹、道德和风俗的项目;(3)危害人民身体健康、破坏资源和环境的项目;(4)处理从国外输入越南的有毒废弃物、生产有毒化学品或使用国际条约禁用毒素的项目。

2. 限制投资项目。(1)对国防、国家安全、社会秩序有影响的项目;(2)财政、金融项目;(3)影响大众健康的项目;(4)文化、通信、报纸、出版等项目;(5)娱乐项目;(6)房地产项目;(7)自然资源的考察、寻找、勘探、开采及生态环境项目;(8)教育和培训项目;(9)法律规定的其他项目。

3. 特别鼓励投资项目。(1)新材料、新能源的生产,高科技产品的生产,生物技术,信息技术,机械制造,配套工业;(2)种植、养殖,农林水产品加工,制盐,培育新的植物和畜禽种子;(3)应用高科技、现代技术,保护生态环境,研究、发展、创造高技术;(4)使用5000人以上的劳动密集型产业;(5)工业区、出口加工区、高新技术区、经济区及由政府总理批准重要项目的基础设施建设;(6)发展教育、培训、医疗、体育和民族文化事业的项目;(7)其他需鼓励的生产和服务项目:25%以上的纯利润用于研究与发展。

(三)投资方式的规定

根据越南《投资法》,外国投资者可选择投资领域、投资形式、融资渠道、投资地点和规模、投资伙伴及投资项目活动期限。外国投资者可登记注册经营一个或多个行业,根据法律规定成立企业,自主决定已登记注册的投资经营活动。

1. 直接投资。包括外商独资企业,成立与当地投资商合资的企业,按BOO、BOT、BTO和BT合同方式进行投资,通过购买股份或融资方式参与投资活动管理,通过合并、并购当地企业的方式投资,其他直接投资方式。

2. 间接投资。包括购买股份、股票、债券和其他有价证券,通过证券投资基金进行投资,通过其他中介金融机构进行投资,通过对当地企业和个人的股份、股票、债券和其他有价证券进行买卖的方式投资。间接投资的手续根据证券法和其他相关法律的规定办理。2015年9月开始,外资可在越南持股100%,但银行业除外。

3. 外资并购。越南正在对隶属于70多家集团和总公司的1600多家国企进行改革,包括银行、航空、通信、造船、汽车、电力、水泥、交通等重要行业,鼓励外商参与,允许外商购买股份和参与管理,仅保留554家与国防、安全等有关的国有全资企业。外商可通过购买上市企业的股票,或购买股份制企业的股权等方式进行并购。

(四)特殊经济区域的规定

越南的工业区、出口加工区对外资企业实行优惠税收政策。2009年,越南新的所得税政策实施以来,园区内企业所得税与园区外一致,优惠政策均以2006年颁布的鼓励与特别鼓励项目以及艰苦和特别艰苦地区为优惠依据,对工业区吸收外资产生很大影响。

1. 工业区。工业区内的外资企业按以下规定缴税：(1)进出口税。①生产性企业和服务性企业均免征出口税。②鼓励投资的生产性企业进口构成企业固定资产的各种机械设备、专用运输车免征进口税；对用于生产出口商品的物资、原料、零配件和其他原料可暂不缴进口税，企业出口成品时，再按进出口税法补缴进口税。③服务性企业按进口税法缴税。(2)企业所得税。①产品出口80%以上的生产性企业从盈利之年起免税4年，接着4年按纯利润的5%缴税，以后每年按纯利润的10%缴税。②出口50%～80%的生产性企业从盈利之年起免税两年，接着3年按纯利润的7.5%缴税，以后每年按纯利润的15%缴税。③50%以下的生产性企业从盈利之年起免税1年，随后两年按纯利润的10%缴税，以后每年按纯利润的20%缴税。④服务性企业从盈利之年起免税1年，随后两年按纯利润的10%缴税，以后每年按纯利润的20%缴税。(3)土地优惠。工业区基础设施项目免15年土地租金，公共设施土地面积全免土地租金。

2. 出口加工区。出口加工区内的外资企业按以下规定缴税：(1)进出口税。①生产性企业和服务性企业均免征出口税。②生产性企业和服务性企业进口构成企业固定资产的各种机械设备、专用运输车辆和各类物资，原料免征进口税。(2)企业所得税。与工业区享受同等优惠政策。

中资企业在越南共投资建设4个工业园区，即铃中出口加工区(约600公顷)、龙江工业园(600公顷)、深圳—海防经贸合作区(800公顷)、仁会工业区B区(450公顷)，都取得不同进展。其中，铃中出口加工区已实施三期项目，效果较好，成为越南工业区建设典范。龙江工业园和深圳—海防经贸合作区成为中国国家级境外经贸合作区，有利于推动中国企业“集群式”走出去，扩大对越投资合作规模。

3. 口岸经济区。越南鼓励在边境地区建设口岸经济区，目的是促进地方经济社会发展，维护边疆稳定和安全。中央和地方政府在口岸经济区建设过程中提供土地、税收和资金方面的支持。1996年，越南试点在广宁省芒街市建立口岸经济区，随后分别在谅山省同登市和老街省老街市建立口岸经济区。迄今为止，越南25个边境省份(分别与中国、老挝和柬埔寨接壤)中已有21个省份建立口岸经济区。

口岸经济区享受以下优惠政策：政府优先考虑利用外国政府和国际组织提供的官方发展援助促进口岸经济区基础设施建设，同时鼓励外商以BOT、BT和BTO等方式参与基础设施建设；在口岸经济区投资的项目，可享受所得税4免9减半、之后连续10年减10%的优惠；在口岸经济区工作的外国人，可免50%的个人所得税；接壤国家公民持因私护照(按规定应办理签证)可免签进入口岸经济区并停留15天；接壤国家的货车可进入口岸经济区，在区内交接货物。

## 三、外国投资优惠政策

### (一)优惠政策框架

2006年7月1日，越南出台新的《投资法》，对国内和外商投资实行统一管理，取消之前《外国投资法》的诸多限制，进一步开放市场。取消的限制包括：要求优先购买、使用国内商品和服务，或必须购买国内某一生产厂家的产品和服务；要求商品或服务出口必须达到一定比例；限制出口商品和服务的种类、数量和价值；要求商品进口数量和价值与商品出口数量和价值相当或必须通过自身出口来平衡进口所需外汇；要求商品生产要达到一定的国产化比例；要求研发工作要达到一定水平或价值；要求在国内外某一具体地点提供商品及服务；要求总部设在某一具体地点等。

### (二)行业鼓励政策

越南鼓励外商直接投资发展高新技术产业，尤其是鼓励到高新技术开发区投资建厂。根据规定，入驻高新技术园区的企业应符合以下条件：高科技产品的销售额占营业收入的70%以上；生产技术需达到先进程度；产品可以出口或替代同类进口产品；产品质量达到ISO9000标准；人均产值达4万美元以上等。为加快人才培养，越南还规定：至少40%的企业员工拥有高等学历，并在国外研究机构或现代化生产一线受过业务培训；100%的中层干部和工人应得到业务和技术培训，其中至少5%的员工需经过国外现代生产线操作培训；科研经费的支出不得低于年营业收入的2%；对于法定资超过1000万美元的项目，科研和培训经费至少每年20万美元，人均营业收入需达到7万美元(法定资金超过3000万美元，员工超过1000人的企业除外)等。

越南对此类投资项目提供以下政策优惠：(1)外商投资高新技术产业，可长期适用10%的企业所得税税率(园区外高科技项目为15%，一般性生产项目为20%～25%)，并从盈利之时起，享受4年免税和随后9年减半征税优惠政策。(2)在高新技术企业工作的越南籍员工与外籍员工在缴纳个人所得税方面适用同等纳税标准。(3)外国投资者和越国内投资者适用统一租地价格；投资者可以土地使用权价值及与该土地使用面积相关联的财产作抵押，依法向在越南经营的金融机构贷款；对高新技术研发和高科技人才培训项目，可根据政府规定免缴土地使用租金。(4)外籍员工及其家属可申请签发与其工作期限相等的多次入境签证；越政府依据有关法律规定为外籍员工在居留、租房购房等方面提供便利条件。(5)高新技术项目：投资者根据其他投资优惠政策法规文件的规定享受最高的优惠政策待遇。

## 四、外国企业在越南获得土地的政策规定

### (一)土地法的主要内容

越南1987年出台首部《土地法》，1993年出台第二部《土地法》，1998年对第二部《土地法》进行修改和补充，2001年继续进行修改和补充，2003年颁布第三部《土地法》。

越南现行土地法规定，土地所有权属于国家，不承认私人拥有土地所有权，但集体和个人可对国有的土地享有使用权。国家统一管理土地，制定土地使用规章制度，规定土地使用者的权利和义务。土地使用期限分为长期稳定使用和有期限使用两种情况。对于有期限使用的土地，其使用期限分为5年、20年、50年、70年、90年不等。

土地使用者的基本权利：获得土地使用权证明；享有土地上的劳动成果、投资结果；享有国家对农用地采取保护、改造措施带来的利益；国家指导帮助改造农用地，增加地力；当合法的土地使用权受侵犯时，国家予以保护；对侵犯合法使用权的行为可进行起诉、控告；在土地出让、转让、出租、再出租、继承、赠送、抵押、担保、投资以及国家收回土地时，享有获得补偿的权利；享有土地分配、租用形式上的选择权。

公民、家庭户的土地使用权是一项重要财产权利，可以和其他财产权利一样进行交换、转让、抵押、租赁和继承等转移。土地使用权的转移必须在国家主管部门办理相关手续。土地使用权的转让主要通过交换、买卖、租赁或抵押等方式

进行,按规定须交纳土地使用权转让税。

(二)外资企业获得土地的规定

按照越南现行法律规定,外国投资者不能在越南购买土地,可租赁土地并获得土地使用权,使用期限一般为50年,特殊情况可申请延期,但最长不超过70年。

外国投资者需要租赁土地进行投资时,可与项目所在地的土地管理部门联系,办理土地交接和租用手续。土地交接和租用手续根据土地法的相关规定办理。投资者租用土地,当地政府部门可协助进行征地拆迁,但补偿费用由投资者负责。投资者获得土地使用权后,如在规定期限内未实施项目,或土地使用情况与批准内容不符,国家有权收回土地,并撤销其投资许可证。

**五、环境保护法律规定**

(一)环保管理部门

越南政府主管环境保护的部门是资源环境部,其主要职责是管理全国土地、环境保护、地质矿产、地图测绘、水资源、水文气象等工作。

(二)主要环保法律法规名称

越南基础环保法规为《环境保护法》(1999年4月颁布,2005年12月修订)、《土地法》等。2015年1月1日,越南国会批准出台的《环境保护法》正式生效。

(三)环保法律法规基本要点

越南现行《环境保护法》规定,禁止开发和毁坏水源林;禁止采用毁灭性的工具和方式开发生物资源;禁止将有毒物质、放射性物质和废弃物品掩埋在不符合规定的地方;禁止排放未经处理并达标的废弃物品、有毒物质和放射性物质;禁止进口不符合环保标准的机械设备;禁止进口或过境运输废弃物品;禁止进口未经检疫的动植物。

越南政府对环境保护日益重视,其国内工程开工前,都必须经过严格的环保核查,环保部门定期对企业的环保情况进行检查,不达标的企业须马上进行停工整顿并接受处罚。所有生产企业须安装污染控制和处理设备,以确保符合相关的环境标准。此外,越南对部分行业征收环保税,如原油开采需缴纳环保费10万越南盾(约合40元人民币)/吨;天然气开采需缴纳20万越南盾(约合80元人民币)/吨,环保费上缴中央财政,用于环保工作支出。2016年2月,越南政府颁布关于矿产资源开发环境保护费的第12号决定(12/2016/ND-CP)。

(四)环保评估的相关规定

越南国家环境标准体系主要包括周边环境质量和废弃物质排放环保标准。周边环境质量标准包括:各种用途的土地环保标准;各种用途的地表水和地下水环保标准;服务于水产养殖和娱乐项目的沿海水域环保标准;城市和农村居民区空气标准;居民区噪音环保标准。废弃物质排放环保标准包括:工农业生产废水排放、工业气体和固定排放及有毒物质排放环保标准。

负责环境评估的机构:对于国家级或跨省的投资和工程项目,环境评估委员会成员由项目审批部门、政府相关部委、有关省份人民委员会的代表以及相关行业的专家组成;对于省级投资和工程项目,环境评估委员会成员由所有省或直辖市人民委员会和环保部门代表及相关行业专家组成。环境评估结果将作为项目审批的依据之一。

越南资源环境部负责组织对国会、政府和政府总理审批的项目进行环境评估;政府相关部委负责组织对本部门审批的项目进行环境评估;省人民委员会负责对本省审批的项目进行环境评估。

需要提供环境报告的投资或工程项目:国家级重点建设项目;使用自然保护区、国家公园、历史文化遗迹和旅游胜地部分土地的项目;有可能对内河流域、沿海地区和生态保护区造成不良影响的项目;工业区、经济区、高新技术区和出口加工区建设项目;新都市和居民聚集区建设项目;地下水和自然资源大规模开发和利用项目;对环境有较大潜在不良影响的项目。

环境报告主要内容包括:列明项目具体建设细节、对项目所在地环境状况总体评价、项目建成后可能对环境造成的影响及具体应对方案,承诺在项目建设和运营过程中采取环保措施,当地乡一级人民委员会和居民代表的意见等。主管部门对环境报告的审批时间为15个工作日。

**六、知识产权保护规定**

(一)越南当地有关知识产权保护的法律法规

越南主管知识产权的行政部门为隶属于越南科学技术部的知识产权局。目前,越南知识产权立法主要是2005年11月颁布的《知识产权法》和同年颁布的《民法》中关于知识产权的条款。越南是多项知识产权条约和公约的成员国,目前正在完善其国内知识产权保护体系。关于专利保护,越南共有3种专利保护类型,即发明专利、实用专利、外观设计专利。

(二)知识产权侵权的相关处罚规定

在专利侵权诉讼中,专利权人可申请执行初步禁令立即制止专利侵权行为。一旦侵权行为被认定成立,专利权人可获得下列任一救济措施:永久性禁令、损害赔偿、侵权所得利益。目前,越南尚未设立不侵权宣告诉讼和针对无理威胁诉讼的救济措施。

**七、投资合作相关法律及对中国企业投资合作保护政策**

(一)越南与投资合作相关的主要法律

《民法》规定越南的自然人之间、法人之间以及自然人与法人之间的财产关系,为私有财产提供保护。《投资法》规定外商在越南投资的项目审批、权利、义务、税收、政策优惠等。《海关法》规定商品进出越南的原则和方式,以及海关机构和进行商品外贸活动的人的权利和义务等。

(二)越南对中国企业投资合作的保护政策

1. 中国与越南签署双边投资保护协定。1992年12月,中国与越南签署了《关于鼓励和相互保护投资协定》。

2. 中越签署避免双重征税协定。1995年5月,中国与越南签署《关于对所得避免双重征税和防止偷漏税的协定》。

3. 中国与越南签署的其他协定。1991年中越关系正常化以来,两国政府签署的其他经贸合作协定包括:《贸易协定》(1991年11月)、《经济合作协定》(1992年2月)、《中国人民银行与越南国家银行关于结算与合作协定》(1993年5月)、《关于货物过境的协定》(1994年4月)、《关于保证进出口商品质量和相互认证的合作协定》(1994年11月)、《关于成立经济贸易合作委员会的协定》(1995年11月)、《边贸协定》(1998年10月)、《北部湾渔业合作协定》(2000年12月)、《关于扩大和深化双边经贸合作的协定》(2006年11月)、《中越经贸合作五年发展规划》(2011年12月)、《中越经贸合作五年发展规划重点合作项目清单》(2013年5月)。

(资料来源:中国商务部、外交部、中国驻东盟各国大使馆经济商务参赞处等网站)　　(张磊搜集整理)

# 统　计　资　料

## 中国国民经济主要指标

| 指　　标 | 单　位 | 2016 年 | 2017 年 | 2017 年比 2016 年增减(%) |
|---|---|---|---|---|
| 一、年末总人口 | 万人 | 138271 | 139008 | 0.59 |
| 二、国内生产总值 | 亿元 | 744127 | 827122 | 6.9 |
| 第一产业增加值 | 亿元 | 63671 | 65468 | 3.9 |
| 第二产业增加值 | 亿元 | 296236 | 334623 | 6.1 |
| 工业增加值 | 亿元 | 247860 | 279997 | 6.4 |
| 第三产业增加值 | 亿元 | 384221 | 427032 | 8.0 |
| 三、人民币对美元汇价 | 元人民币/1 美元 | 6.6423 | 6.7518 | -1.6 |
| 四、城镇登记失业率 | % | 4.02 | 3.90 | -0.12 |
| 五、工业 | | | | |
| 原煤产量 | 亿吨 | 34.1 | 35.2 | 3.3 |
| 原油产量 | 亿吨 | 1.997 | 19150.6 | -4.1 |
| 发电量 | 亿千瓦时 | 61424.9 | 64951.4 | 5.9 |
| 钢产量 | 万吨 | 80836.6 | 104958.8 | 0.1 |
| 十种有色金属产量 | 万吨 | 5310.3 | 5501.0 | 2.9 |
| 六、农业 | | | | |
| 粮食产量 | 万吨 | 61624 | 61791 | 0.3 |
| 油料产量 | 万吨 | 3613 | 3732 | 2.8 |
| 糖料产量 | 万吨 | 12299 | 12556 | 1.7 |
| 茶叶产量 | 万吨 | 241 | 225 | 6.0 |
| 棉花产量 | 万吨 | 534 | 549 | 3.5 |
| 七、交通运输业 | | | | |
| 货物周转量 | 亿吨千米 | 185295 | 196130 | 5.1 |
| 旅客周转量 | 亿人千米 | 31306 | 32813 | 5.0 |
| 港口完成货物吞吐量 | 亿吨 | 118.3 | 126 | 6.4 |
| 八、旅游业 | | | | |
| 国内旅游总收入 | 亿元 | 39390 | 45661 | 15.9 |
| 国际旅游外汇收入 | 亿美元 | 1200 | 1234 | 2.9 |
| 入境人数 | 万人次 | 13844 | 13948 | 0.8 |
| 入境过夜人数 | 万人次 | 5927 | 6074 | 2.5 |
| 出境人数 | 万人次 | 13513 | 14273 | 5.6 |
| 因私出境人数 | 万人次 | 12850 | 13582 | 5.7 |
| 十、财政、金融 | | | | |
| 财政收入 | 亿元 | 159552 | 172567 | 7.4 |
| 年末各项存款余额 | 亿元 | 1555247 | 1692727 | 8.8 |
| 年末各项贷款余额 | 亿元 | 1120552 | 1256074 | 12.1 |
| 十一、对外贸易 | | | | |
| 年末国家外汇储备 | 亿美元 | 30105 | 31399 | -1.6 |
| 进出口总额 | 亿元 | 243386 | 277923 | 14.2 |
| 出口额 | 亿元 | 138455 | 153321 | 10.8 |
| 进口额 | 亿元 | 104932 | 124602 | 18.7 |
| 十二、外资直接投资 | | | | |
| 实际利用金额 | 亿美元 | 1260 | 8776 | 7.9 |
| 十三、全社会固定资产投资 | 亿元 | 606466 | 631684 | 7.2 |

资料来源：中国国家统计局《中国 2016 年国民经济和社会发展统计公报》

# 文莱国民经济主要指标

| 指　　标 | 单　位 | 2016 年 | 2017 年 | 2017 年比 2016 年增减(%) |
|---|---|---|---|---|
| 一、年末总人口 | 万人 | 41.73 | 42.13 | 1.0 |
| 二、国内生产总值 | 亿美元 | 114.0 | 121.3 | 5.7 |
| 人均国内生产总值 | 美元 | 26939.4 | 28290.6 | 3.56 |
| 三、文莱元对美元汇价 | 文莱元/1 美元 | 14 | 1.4 | 持平 |
| 四、通货膨胀率 | % | -0.3 | -0.42 | -0.2 |
| 五、失业率 | % | 6.9 | 7.08 | |
| 六、工业 | | | | |
| 工业总产值 | 亿美元 | | | |
| 石油日产量 | 万桶 | 13.4 | | |
| 天然气日产量 | 亿立方米 | | | |
| 油气收入 | 亿文莱元 | | | |
| 油气出口总量 | 亿美元 | | | |
| 原油出口 | 亿文莱元 | | 3.172 | 28 |
| 天然气出口 | 亿文莱元 | | 3.67 | 57.3 |
| 七、农业 | | | | |
| 农业总产值 | 百万美元 | 101.62 | | |
| 木材产量 | 万立方米 | 22.66 | | |
| 肉类产量 | 万吨 | 1678.13 | | |
| 谷物产量 | 万吨 | 0.2 | | |
| 八、旅游业 | | | | |
| 旅游入境人数 | 万人次 | 21.83 | 25.90 | 18.64 |
| 旅游收入 | 亿美元 | 1.4 | | |
| 九、财政、金融 | | | | |
| 财政收入 | 亿文莱元 | | 36.8 | |
| 财政支出 | 亿文莱元 | | 56.62 | |
| 外汇储备 | 亿美元 | 29.8 | 29.4 | -1.34 |
| 十、对外贸易 | | | | |
| 进出口总额 | 亿美元 | 78 | 83 | 6.41 |
| 出口总额 | 亿美元 | 50 | 77.09 | 13.5 |
| 进口总额 | 亿美元 | 3.1 | 3.91 | 26.1 |
| 十一、外商直接投资总额 | 亿美元 | -1.5 | -0.5 | |

资料来源：文莱首相署经济计划发展局网站，文莱统计公报，中国驻文莱经济商务参赞处网站，中国商务部网站，《中国—东盟国家统计年鉴 2017》，世界贸易组织数据库

# 柬埔寨国民经济主要指标

| 指　　标 | 单　位 | 2016 年 | 2017 年 | 2017 年比 2016 年增减(%) |
|---|---|---|---|---|
| 一、年末总人口 | 万人 | 1545.39 | 1571.77 | 16.8 |
| 二、国内生产总值 | 亿美元 | 200.2 | 221.6 | 6.8 |
| 人均国内生产总值 | 美元 | 1269.9 | 1384.4 | 5.2 |
| 三、柬埔寨瑞尔对美元汇价 | 瑞尔/1 美元 | 4058.7 | 4050.6 | 0.2 |
| 四、通货膨胀率 | % | 3.1 | 2.9 | -6.45 |
| 五、失业率 | % | 0.2 | 0.3 | 50 |
| 六、工业 | | | | |
| 工业总产值 | 亿美元 | 98.85 | | |
| 服装业出口额 | 亿美元 | 73 | 80.2 | 9.5 |
| 批准建筑项目量 | 个 | 2636 | 3052 | 15.80 |
| 七、农业 | | | | |
| 农业总产值 | 百万美元 | 4987.94 | 5072.74 | 1.70 |
| 胡椒产量 | 万吨 | 1.182 | 2.54 | 115.3 |
| 肉类产量 | 万吨 | 19.26 | | |
| 谷物产量 | 万吨 | 1017.8 | 1027 | 0.93 |
| 天然橡胶产量 | 万吨 | 10 | 13.67 | 37 |
| 渔业产量 | 万吨 | | | |
| 家禽类饲养 | 万只 | | | |
| 木材产量 | 万立方米 | 0.28 | | |
| 八、旅游业 | | | | |
| 旅游入境人数 | 万人 | 500 | 560 | 11.6 |
| 旅游收入 | 亿美元 | | | |
| 九、财政、金融 | | | | |
| 财政收入 | 亿美元 | 15.932 | 18.24 | 14.5 |
| 财政支出 | 亿美元 | 18.30 | 21.16 | 18.03 |
| 外汇储备 | 亿美元 | 82.5 | 111.1 | 34.7 |
| 外债 | 亿美元 | 83.1 | | |
| 十、对外贸易 | | | | |
| 进出口总额 | 亿美元 | 226 | 255 | 12.8 |
| 出口总额 | 亿美元 | 100 | 119 | 19 |
| 进口总额 | 亿美元 | 126 | 136 | 8.0 |
| 十一、外商直接投资总额 | 亿美元 | 24.8 | 27.8 | 12.4 |

资料来源：柬埔寨发展理事会，中国驻柬埔寨王国大使馆经济商务参赞处网站，柬埔寨商业部网站，柬华时报，《中国—东盟国家统计年鉴·2017》，世界贸易组织数据库

## 印度尼西亚国民经济主要指标

| 指　　标 | 单　位 | 2016 年 | 2017 年 | 2017 年比 2016 年增减(%) |
|---|---|---|---|---|
| 一、年末总人口 | 万人 | 25870.5 | 26197 | 1.26 |
| 二、国内生产总值 | 亿美元 | 9322.6 | 1310.07 | 5.07 |
| 人均国内生产总值 | 美元 | 3570.3 | 3846.9 | 3.9 |
| 三、印尼盾对美元汇价 | 盾/1 美元 | 13308.3 | 13380.9 | 0.55 |
| 四、通货膨胀率 | % | 3.53 | 3.61 | 2.27 |
| 五、公开失业率 | % | 5.6 | 5.33 | -4.82 |
| 六、工业 | | | | |
| 工业总产值 | 万亿印尼盾 | 451.49 | | |
| 七、农业 | | | | |
| 农业总产值 | 万亿印尼盾 | | | |
| 稻谷产量 | 万吨 | 7729.8 | | |
| 玉米产量 | 万吨 | 2037.0 | | |
| 大豆产量 | 万吨 | 96.8 | | |
| 橡胶产量 | 万吨 | 311.2 | | |
| 棕榈油产量 | 万吨 | 3210 | | |
| 咖啡产量 | 万吨 | 69.1 | | |
| 卷烟产量 | 亿支 | 3420 | | |
| 肉类产量 | 万吨 | 3175.2 | | |
| 八、旅游业 | | | | |
| 旅游入境人数 | 万人次 | 1151.9 | | |
| 旅游收入 | 亿美元 | | | |
| 九、财政、金融 | | | | |
| 财政收入 | 万亿盾 | | | |
| 财政支出 | 万亿盾 | | | |
| 外汇储备 | 亿美元 | 1109.3 | 1241.4 | 11.69 |
| 十、对外贸易 | | | | |
| 进出口总额 | 亿美元 | 2800.8 | 3257.3 | 15.94 |
| 出口总额 | 亿美元 | 1444.3 | 1688.4 | 16.22 |
| 进口总额 | 亿美元 | 1356.5 | 1569.2 | 15.66 |
| 十一、引进外资 | | | | |
| 外商直接投资额 | 亿美元 | 39.2 | 230.6 | 488.2 |

资料来源:印尼中央统计局、印尼中央银行、印尼财政部、中国驻棉兰总领馆经商室等网站,印尼《雅加达日报》,《中国—东盟国家统计年鉴·2017》

# 老挝国民经济主要指标

| 指　　标 | 单　位 | 2016 年 | 2017 年 | 2017 年比 2016 年增减(%) |
|---|---|---|---|---|
| 一、年末总人口 | 万人 | 649.20 | 690.10 | 6.3 |
| 二、国内生产总值 | 亿美元 | 158.1 | 168.5 | 6.9 |
| 人均国内生产总值 | 美元 | 2416.86 | 2542.45 | 5.2 |
| 三、老挝基普对美元汇价 | 基普/1 美元 | 8179.3 | 8351.5 | 2.11 |
| 四、通货膨胀率 | % | 1.6 | 3.82 | |
| 五、工业 | | | | |
| 工业总产值 | 亿美元 | 37.82 | | |
| 纺织成衣出口额 | 亿美元 | 1.4 | | |
| 六、农业 | | | | |
| 农林业总产值 | 百万美元 | 2740 | | |
| 耕地面积 | 万公顷 | | | |
| 茶叶产量 | 万吨 | 0.73 | | |
| 水稻产量 | 万吨 | 414.9 | | |
| 甜玉米产量 | 万吨 | 155.2 | | |
| 薯类产量 | 万吨 | 309.6 | | |
| 蔬菜产量 | 万吨 | | | |
| 水果产量 | 万吨 | | | |
| 七、服务业产值 | 亿美元 | 51.02 | | |
| 八、旅游业 | | | | |
| 旅游入境人数 | 万人次 | 331.5 | | |
| 旅游收入 | 亿美元 | 20 | | |
| 九、财政、金融 | | | | |
| 财政收入 | 万亿基普 | 25.23 | 26.65 | 5.63 |
| 财政支出 | 万亿基普 | 32.78 | 35.86 | 9.40 |
| 外汇储备 | 亿美元 | 7.8 | 11.6 | 48.72 |
| 外债 | 亿美元 | 119.8 | 102.1 | -14.78 |
| 十、对外贸易 | | | | |
| 进出口贸易总额 | 亿美元 | 78 | 87 | 11.54 |
| 出口总额 | 亿美元 | 31 | 36 | 16.13 |
| 进口总额 | 亿美元 | 47 | 51 | 8.51 |
| 十一、外商直接投资总额 | 亿美元 | 10.0 | 8.1 | -18.5 |

资料来源:《东南亚纵横》,新加坡东南亚研究所《东南亚 2015~2016》,中国商务部网站,世界贸易组织数据库,《中国—东盟国家统计年鉴·2017》

## 马来西亚国民经济主要指标

| 指　　标 | 单　位 | 2016 年 | 2017 年 | 2017 年比 2016 年增减(%) |
|---|---|---|---|---|
| 一、年末总人口 | 万人 | 3118.73 | 3205 | 1.2 |
| 二、国内生产总值 | 亿美元 | 2965.4 | 3145.00 | 5.9 |
| 人均国内生产总值 | 美元 | 9508.24 | 9944.9 | 4.4 |
| 三、马来西亚林吉特对美元汇价 | 林吉特/1 美元 | 4.1 | 4.3 | 4.88 |
| 四、通货膨胀率 | % | 2.13 | | |
| 五、失业率 | % | 3.5 | 3.4 | -2.86 |
| 六、工业 | | | | |
| 工业总产值 | 亿林吉特 | | | |
| 建筑业产值 | 亿林吉特 | 5009.9 | | |
| 制造业产值 | 亿林吉特 | 2549.5 | | |
| 采矿业产值 | 亿林吉特 | 976.7 | | |
| 七、农业 | | | | |
| 农业总产值 | 亿林吉特 | 893 | | |
| 水稻产量 | 万吨 | 225.2 | | |
| 橡胶产量 | 万吨 | 67.4 | | |
| 棕榈油产量 | 万吨 | 3180 | | |
| 渔业产量 | 万吨 | | | |
| 八、服务业产值 | 亿林吉特 | 6008 | | |
| 九、旅游业 | | | | |
| 旅游入境人数 | 万人次 | | | |
| 旅游收入 | 亿美元 | | | |
| 十、财政、金融 | | | | |
| 财政收入 | 亿林吉特 | 2124 | 2204 | 3.77 |
| 财政支出 | 亿美元 | | 508.8 | |
| 外汇储备 | 亿美元 | 911.9 | 989.4 | 8.50 |
| 外债 | 亿林吉特 | 2145 | 8797 | 310.12 |
| 十一、对外贸易 | | | | |
| 进出口总额 | 亿美元 | 3578 | 4138 | 15.65 |
| 进口总额 | 亿美元 | 1684 | 1955.1 | 18.24 |
| 出口总额 | 亿美元 | 1894 | 2182.89 | 15.25 |
| 十二、外商直接投资总额 | 亿美元 | 113.4 | 95.4 | -15.8 |

资料来源:马来西亚财政部、马来西亚统计局、国际货币基金组织网站,世界贸易组织数据库

# 缅甸国民经济主要指标

| 指　　标 | 单　位 | 2016 年 | 2017 年 | 2017 年比 2016 年增减(%) |
|---|---|---|---|---|
| 一、年末总人口 | 万人 | 52917 | 53388 | 0.89 |
| 二、国内生产总值 | 亿美元 | 632.3 | 693.2 | 6.4 |
| 人均国内生产总值 | 美元 | 1195.5 | 1298.9 | 5.4 |
| 三、缅甸元对美元汇价 | | | | |
| 市场汇价 | 缅元/1 美元 | 1234.9 | 1360.4 | 10.16 |
| 四、通货膨胀率 | % | 6.92 | 6.5 | -6.10 |
| 五、工业 | | | | |
| 工业总产值 | 亿美元 | | | |
| 从业人数 | 万人 | | | |
| 六、农业 | | | | |
| 农业总产值 | 百万缅元 | 13957298 | | |
| 从业人数 | 万人 | | | |
| 茶叶产量 | 万吨 | 10.24 | | |
| 稻谷产量 | 万吨 | 2567.3 | | |
| 木材产量 | 千平方英尺 | 4.66 | | |
| 肉类产量 | 万吨 | 301.81 | | |
| 七、交通运输业 | | | | |
| 公路总长 | 千米 | | | |
| 铁路总长 | 千米 | | | |
| 内河航道 | 千米 | | | |
| 空运货物周转量 | 万吨千米 | | | |
| 八、旅游业 | | | | |
| 旅游入境人数 | 万人次 | 290.7 | | |
| 旅游收入 | 亿美元 | | | |
| 九、财政金融 | | | | |
| 财政收入 | 万亿缅元 | 1440.2 | 1595.2 | 10.76 |
| 财政支出 | 万亿缅元 | 182.23 | 203.33 | 11.58 |
| 外汇储备 | 亿美元 | 46.2 | 49.1 | 6.28 |
| 十、对外贸易 | | | | |
| 进出口总额 | 亿美元 | 276 | 335.1 | 21.41 |
| 出口总额 | 亿美元 2 | 110 | 148.36 | 35.76 |
| 进口总额 | 亿美元 | 166 | 186.74 | 12.50 |
| 十一、外商直接投资总额 | 亿美元 | 29.9 | 43.4 | 45.2 |

资料来源:缅甸农业与灌溉部网站,缅甸政府统计网站,《经济学家国别报告——缅甸》,中国驻缅甸经济参赞处网站,缅甸《新闻周刊》,《中国—东盟国家统计年鉴·2017》

## 菲律宾国民经济主要指标

| 指　　标 | 单　位 | 2016 年 | 2017 年 | 2017 年比 2016 年增减(%) |
|---|---|---|---|---|
| 一、年末总人口 | 万人 | 10332.0 | 10492.0 | 1.53 |
| 二、国内生产总值 | 亿美元 | 3049.05 | 3136.05 | 6.9 |
| 人均国内生产总值 | 美元 | 2951.1 | 2989.05 | 2.32 |
| 三、菲律宾比索对美元汇价 | 比索/1 美元 | 47.5 | 50.4 | 6.11 |
| 四、通货膨胀率 | % | 1.8 | | |
| 五、失业率 | % | 5.5 | 5.7 | 3.64 |
| 六、工业 | | | | |
| 工业总产值 | 亿比索 | 44228 | | |
| 采矿业产值 | 亿比索 | 1121 | | |
| 制造业产值 | 亿美元 | 599 | | |
| 建筑业产值 | 亿美元 | 214 | | |
| 七、农业 | | | | |
| 农林渔业总产值 | 亿美元 | 295.47 | | |
| 稻谷产量 | 万吨 | 1762.7 | | |
| 玉米产量 | 万吨 | 721.9 | | |
| 林业产值 | 亿比索 | 23 | | |
| 渔业产值 | 亿比索 | 2274.79 | | |
| 家禽肉类产值 | 亿比索 | 2011.57 | | |
| 牲畜肉类产值 | 亿比索 | 1881.57 | | |
| 八、服务业 | | | | |
| 服务业总产值 | 亿美元 | 1818 | | |
| 九、旅游业 | | | | |
| 旅游入境人数 | 万人次 | 596.7 | | |
| 旅游总收入 | 亿比索 | 2301.3 | | |
| 十、财政、金融 | | | | |
| 财政收入 | 亿美元 | 462 | | 12.60 |
| 财政支出 | 亿美元 | 537 | 532 | -0.93 |
| 外债总额 | 亿美元 | 748 | | |
| 外汇储备 | 亿美元 | 718.5 | 716.0 | -0.35 |
| 十一、对外贸易 | | | | |
| 进出口贸易总额 | 亿美元 | 1415.06 | 1551.33 | 10.29 |
| 进口总额 | 亿美元 | 841 | 928 | 10.38 |
| 出口总额 | 亿美元 | 574.06 | 632.33 | 10.15 |
| 十二、外商直接投资总额 | 亿美元 | 69.2 | 95.2 | 37.7 |

资料来源:菲律宾国家统计局网站,《2016 年菲律宾统计数字》,中国驻菲律宾大使馆经济商务参赞处网站,《中国—东盟国家统计年鉴·2017》

## 新加坡国民经济主要指标

| 指 标 | 单 位 | 2016 年 | 2017 年 | 2017 年比 2016 年增减(%) |
| --- | --- | --- | --- | --- |
| 一、年末总人口 | 万人 | 560.73 | 561.23 | 4.0 |
| 非居民 | 万人 | | | |
| 新加坡公民 | 万人 | | | |
| 永久居民 | 万人 | 393.36 | 396.58 | 0.82 |
| 二、国内生产总值 | 亿美元 | 3097.64 | 3239.1 | 4.57 |
| 人均国内生产总值 | 美元 | 55243.13 | 57714.30 | 3.5 |
| 三、新加坡元对美元汇价 | 新元/1 美元 | 1.4 | 1.4 | 持平 |
| 四、通货膨胀率 | % | 0.7 | | |
| 五、失业率 | % | 3.0 | 2.2 | -2.7 |
| 六、工业总产值 | 亿新元 | | | |
| 制造业产值 | 亿新元 | | | |
| 建筑业产值 | 亿新元 | 272.54 | | |
| 七、农业总产值 | 亿新元 | | | |
| 八、服务业总产值 | 亿新元 | 3152.7 | | |
| 九、旅游业 | | | | |
| 旅客入境人数(不含从陆地入境的马来公民) | 万人次 | 1640.4 | | |
| 旅游收入 | 亿新元 | 248 | | |
| 十、交通运输业 | | | | |
| 公路总长 | 千米 | | | |
| 港口集装箱吞吐量 | 万标准集装箱 | | | |
| 空运客运量 | 万人次 | | | |
| 空运货物量 | 万吨千米 | | | |
| 十一、财政金融 | | | | |
| 财政收入 | 亿新元 | | | |
| 财政支出 | 亿美元 | | | |
| 外汇储备 | 亿美元 | 2443.7 | 2778.1 | 13.70 |
| 十二、对外贸易 | | | | |
| 进出口总额 | 亿美元 | 6300 | 7009 | 11.25 |
| 出口总额 | 亿美元 | 3381 | 3732 | 10.38 |
| 进口总额 | 亿美元 | 2919 | 3277 | 12.26 |
| 十三、外商直接投资额 | 亿美元 | 774.5 | 620.1 | -19.9 |

资料来源:新加坡统计局网站,《新加坡 2016 年统计年鉴》《星报》、中新经贸合作网,《中国—东盟国家统计年鉴·2017》,世界银行 WDI 数据库

# 泰国国民经济主要指标

| 指　　标 | 单　位 | 2016 年 | 2017 年 | 2017 年比 2016 年增减(%) |
|---|---|---|---|---|
| 一、年末总人口 | 万人 | 6593.16 | 6618.85 | 0.39 |
| 二、国内生产总值 | 亿美元 | 4117.6 | 4552.2 | 3.90 |
| 人均国内生产总值 | 美元 | 5979.3 | 6593.8 | 3.6 |
| 三、泰铢对美元汇价 | 铢/1 美元 | 35.3 | 33.9 | 3.97 |
| 四、通货膨胀率 | % | 0.2 | 1.2 | 500 |
| 五、失业率 | % | 1.0 | 1.2 | 20 |
| 六、工业总产值 | 亿美元 | | | |
| 七、农业 | | | | |
| 农业总产值 | 亿美元 | | | 6.2 |
| 木薯产量 | 万吨 | 3116.1 | | |
| 棕榈油产量 | 万吨 | | | |
| 橡胶产量 | 万吨 | | | |
| 木材产量 | 万立方米 | 32.40 | | |
| 荔枝产量 | 万吨 | | | |
| 茶叶产量 | 万吨 | 7.34 | | |
| 榴莲产量 | 万吨 | | | |
| 红毛丹产量 | 万吨 | | | |
| 蔗糖产量 | 万吨 | | | |
| 八、交通运输业 | | | | |
| 公路总长 | 万千米 | | | |
| 铁路总长 | 千米 | | | |
| 九、旅游业 | | | | |
| 旅游入境人数 | 万人次 | 3257 | 3500 | 9 |
| 旅游收入 | 万亿铢 | 1.64 | 1.82 | 11.66 |
| 十、财政、金融 | | | | |
| 财政收入 | 亿铢 | | | |
| 财政支出 | 亿铢 | | | |
| 外汇储备 | 亿美元 | 1641.5 | 1940.5 | 18.22 |
| 十一、对外贸易 | | | | |
| 对外贸易总额 | 亿美元 | 4094.4 | 4605.1 | 12.5 |
| 出口总额 | 亿美元 | 2136.6 | 2359.3 | 10.4 |
| 进口总额 | 亿美元 | 1957.8 | 2248.8 | 14.7 |
| 十二、外商直接投资额 | 亿美元 | 20.7 | 76.4 | 269.2 |

资料来源：泰国央行、泰国投资局、亚洲开发银行等网站，《中国—东盟国家统计年鉴·2017》，世界银行 WDI 数据库

# 越南国民经济主要指标

| 指　　标 | 单　位 | 2016 年 | 2017 年 | 2017 年比 2016 年增减(%) |
|---|---|---|---|---|
| 一、年末总人口 | 万人 | 9270.11 | 9367 | 10.6 |
| 二、国内生产总值 | 亿美元 | 2052.8 | 2238.6 | 6.8 |
| 人均国内生产总值 | 美元 | 2170.7 | 2343.1 | 5.7 |
| 三、越南盾对美元汇价 | 越盾/1 美元 | 2193.5 | | |
| 四、通货膨胀率 | % | 0.63 | | |
| 五、失业率 | % | 2.1 | | |
| 六、工业 | | | | |
| 工业总产值 | 万亿越盾 | 826.94 | | |
| 原油产量 | 万吨 | | | |
| 发电量 | 亿千瓦时 | | | |
| 七、农业 | | | | |
| 农业渔业总产值 | 万亿越盾 | 870.7 | | |
| 林业产值 | 万亿越盾 | 28.2 | | |
| 渔业产值 | 万亿越盾 | 200 | 722.5 | 5.2 |
| 稻谷产量 | 万吨 | 4360 | 4284 | -1.74 |
| 玉米产量 | 万吨 | 520 | 513 | -1.35 |
| 家禽产量 | 亿只 | 3.617 | 3.855 | 6.6 |
| 咖啡产量 | 万吨 | 146.79 | 152.97 | 4.7 |
| 橡胶产量 | 万吨 | 103.21 | | |
| 生肉产量 | 万吨 | 505.68 | | |
| 甘蔗产量 | 万吨 | 1720 | 1823 | 5.99 |
| 水产产量 | 万吨 | 672.86 | | |
| 八、商业和服务业总收入 | 万亿越盾 | 34692.5 | | |
| 九、交通运输业 | | | | |
| 公路客运量 | 亿人次 | | | |
| 铁路总里程 | 千米 | | | |
| 航空客运量 | 万人次 | | | |
| 十、旅游业 | | | | |
| 旅游入境人数 | 万人次 | 1001 | 1300 | 29 |
| 旅游收入 | 万亿越盾 | | | |
| 十一、财政、金融 | | | | |
| 财政收入 | 万亿越盾 | 943.3 | 1104 | |
| 财政支出 | 万亿越盾 | 1135.5 | | |
| 外汇储备 | 亿美元 | 361.7 | 486.9 | 5 |
| 十二、对外贸易 | | | | |
| 进出口总额 | 亿美元 | 3510 | 4248.7 | 21.05 |
| 出口总额 | 亿美元 | 1768 | 2137.7 | 21.1 |
| 进口总额 | 亿美元 | 1742 | 2111 | 20.8 |
| 十二、外商直接投资额 | 亿美元 | 126.0 | 141.0 | 11.9 |

资料来源：越南国家统计总局、越南海关总局、越南外国投资局、越南之声等网站，《中国—东盟国家统计年鉴·2017》，世界贸易组织数据库

## 文莱部分经济指标(2012～2017年)

| 指　标 | 单　位 | 2012年 | 2013年 | 2014年 | 2015年 | 2016年 | 2017年 |
|---|---|---|---|---|---|---|---|
| GDP(不变价格) | 百万美元 | 15233.0 | 14466.0 | 13489.0 | 9406.0 | 8269.0 | 12128.2 |
| GDP(增长率) | % | 1.5 | -1.8 | 9.1 | -0.4 | -2.5 | 6.4 |
| 对美元汇率 | 1美元/文莱元 | 1.3 | 1.3 | 1.3 | 1.4 | 1.4 | 1.4 |
| 人均GDP(不变价格) | 文莱元 | 22748.03 | 24026.25 | — | 30967.9美元 | 26939.4美元 | 28290.6美元 |
| 农业总产值 | 百万美元 | 111.97 | 104.93 | 125.08 | 98.39 | 101.62 | |
| 通货膨胀率(平均消费价格) | % | 0.5 | 1.419 | 1.229 | 0.52 | 0.1 | 0.0 |
| 失业率 | % | — | 3.7 | — | 2.7 | 6.9 | 7.68 |
| 人口 | 百万 | 0.4 | 0.42 | 0.41 | 0.42 | 0.426 | 0.436 |
| 财政收入 | 亿文莱元 | — | 144.45 | 65.91 | 41.17 | | 36.8 |
| 财政支出 | 10亿文莱元 | — | 75.54 | 59.8 | 57.0 | | 56.62 |
| 外商直接投资 | 百万美元 | 864.84 | 775.56 | 568.16 | 173.28 | | |
| 外汇储备 | 亿美元 | 29.3 | 30.4 | 31.4 | 28.9 | 29.8 | |

资料来源:新加坡东南亚研究所《东南亚2015～2016》,《经济学家国别报告——文莱》,东盟秘书处网站

注:E表示估计数据,F表示预测数据(下同)

## 柬埔寨部分经济指标(2012～2017年)

| 指　标 | 单　位 | 2012年 | 2013年 | 2014年 | 2015年 | 2016年 | 2017年 |
|---|---|---|---|---|---|---|---|
| GDP增长率(IMF) | % | 7.3 | 7.6 | 7.1 | 6.9 | 7 | 6.9 |
| 农业部门增长率 | % | 4.3 | 4.2 | 2.58 | 1 | 0.5 | 1.6 |
| 工业部门增长率 | % | 9.2 | — | 9.56 | 8.7 | 11.4 | |
| 服务部门增长率 | % | 8.1 | — | 7.48 | 9 | | |
| 出口额 | 百万美元 | 5490 | 6900 | 7690 | 8990 | 10000 | 11950 |
| 进口额 | 百万美元 | 8140 | 8980 | 10430 | 11544 | 12300 | 13980 |
| 贸易差额 | 百万美元 | -2650 | -2080 | -2740 | -2554 | -2300 | -2030 |
| 财政收支差额占GDP比重 | % | -3.0 | — | — | 5.19 | | |
| 通货膨胀率(IMF) | % | 2.9 | 2.94 | 3.86 | 3 | 2 | 2.7 |
| 债务总额 | 百万美元 | — | — | — | 1063.3 | 8310 | |
| 外汇储备 | 亿美元 | 41.6 | 44.1 | 55.3 | 67.6 | 82.50 | 87 |
| 汇率 | 瑞尔/美元 | 4033 | 4027 | 4037.5 | 4067.8 | 4058.7 | 4050 |

资料来源:新加坡东南亚研究所《东南亚2015～2016》,《经济学家国别报告——柬埔寨》,东盟秘书处网站

## 印度尼西亚部分经济指标（2012～2017年）

| 指　标 | 单　位 | 2012年 | 2013年 | 2014年 | 2015年 | 2016年 | 2017年 |
|---|---|---|---|---|---|---|---|
| GDP(现价) | 10亿卢比 | 8615705.0 | 9546134.0 | 10569705.0 | 11531717.0 | 12406810.0 | 10109亿美元 |
| 出口额 | 10亿美元 | 190.04 | 182.6 | 176.29 | 150.25 | 144.43 | 168.73 |
| 进口额 | 10亿美元 | 191.67 | 186.6 | 178.18 | 142.74 | 135.65 | 156.90 |
| 总人口 | 万人 | 24199.1 | 24542.5 | 24881.8 | 25546.2 | 25870.5 | 26197 |
| 家庭消费年增长率 | % | 6.02 | 3.63 | 6.48 | 4.1 | 5.7 | 4.95 |
| 通货膨胀率 | % | 4.3 | 8.38 | 8.36 | 3.1 | 3.53 | 3.61 |
| 财政收支差额占GDP比重 | % | -2.2 | — | — | 2.8 | | |
| 人均GDP增长率 | % | 4.91 | 4.51 | 3.71 | 3.53 | 3.83 | 3.8 |
| 外汇储备 | 亿美元 | 1059.1 | 934.3 | 1060.7 | 1006.3 | 1109.3 | 1241.4 |
| 汇率 | 印尼盾/1美元 | 9387 | 10461.2 | 11865.2 | 13389.4 | 13308.3 | 13380.9 |
| 国内总储蓄 | 亿美元 | 2967.78 | 2747.97 | 3012.00 | 3000.24 | 3269.2 | 3135.2 |

资料来源：新加坡东南亚研究所《东南亚2015～2016》,《经济学家国别报告——印度尼西亚》,东盟秘书处网站

## 老挝部分经济指标（2012～2017年）

| 指　标 | 单　位 | 2012年 | 2013年 | 2014年 | 2015年 | 2016年 | 2017年 |
|---|---|---|---|---|---|---|---|
| 国土总面积 | 万平方千米 | 23.68 | 23.68 | 23.68 | 23.68 | 23.68 | 23.68 |
| 年末总人口 | 万人 | 651.44 | 664.4 | 680.9 | 649.2 | 649.2 | 690.1 |
| GDP增长率 | % | 8.3 | 8 | 7.6 | 7.5 | 7.02 | 6.9 |
| 人均国内生产总值 | 美元 | 1569 | 1806 | 1949 | 2226 | 2408 | 2542.45 |
| 对美元汇价 | 基普/1美元 | 8007.8 | 7860.1 | 8049 | 8147.9 | 8129.1 | |
| 通货膨胀率 | % | 6.74 | 5.64 | 5.16 | 1.28 | 1.6 | 0.8 |
| 工业总产值 | 万亿基普 | 31.21 | — | 31.01 | 33.77 | 37.82 | |
| 农业总产值 | 万亿基普 | 29.08 | — | 26.42 | 27.21 | 27.945 | |
| 旅游入境人数 | 万人次 | 310 | 378 | 400 | 430 | 423 | |
| 旅游收入 | 亿美元 | 5.14 | 5.96 | — | 6.72 | 20 | |
| 外汇储备 | 亿美元 | 7.2 | 6.4 | 8.0 | 9.7 | 7.8 | 10.16 |
| 进出口总额 | 亿美元 | 42.63 | 47.12 | 81.3 | 68 | 78 | 87 |
| 出口总额 | 亿美元 | 16.96 | 18.98 | 35.8 | 38 | 31 | 36 |
| 进口总额 | 亿美元 | 25.67 | 28.14 | 45.5 | 30 | 47 | 51 |
| 引进外资总额 | 亿美元 | 30.21 | 17 | 33.83 | 12.6 | 10.0 | 8.1 |

资料来源：新加坡东南亚研究所《东南亚2015～2016》,《经济学家国别报告——老挝》,东盟秘书处网站

## 马来西亚部分经济指标（2012～2017年）

| 指标 | 单位 | 2012年 | 2013年 | 2014年 | 2015年 | 2016年 | 2017年 |
|---|---|---|---|---|---|---|---|
| 国土总面积 | 万平方千米 | 33.0252 | 33.0252 | 33.080 | 33.080 | 33.080 | |
| 年末总人口 | 万人 | 2951 | 2992 | 3026 | 3049 | 3118.73 | 3205.0 |
| 国内生产总值 | 亿美元 | 3148.95 | 3222.25 | 3374.97 | 2943.9 | 2965.4 | 3145 |
| 人均国内生产总值 | 美元 | 32287林吉特 | 10432 | 10802.9 | 11581 | 9850 | 9944.9 |
| 对美元汇价 | 林吉特 | 3.09 | 3.15 | 3.3 | 3.9 | 4.1 | 4.3 |
| 通货膨胀率 | % | 1.7 | 2.4 | 3.2 | 2.1 | 2.13 | |
| 失业率 | % | 3.0 | 3.2 | 2.9 | 3.2 | | |
| 工业总产值 | 亿林吉特 | — | 364.25 | 382.82 | — | | |
| 农业总产值 | 亿林吉特 | — | 2820.38 | 2893.71 | — | 893 | |
| 旅游入境人数 | 万人次 | 2503 | 2572 | 2743.73 | 2570 | | |
| 旅游收入 | 亿林吉特 | — | 654.4 | 720 | 695 | | |
| 财政收入 | 亿林吉特 | 1507.37(1～9月) | 245.86亿美元 | 2151 | 1654 | 2124 | 2204 |
| 外汇储备 | 亿美元 | 1349.4 | 1304.9 | 1117.1 | 914.3 | 911.9 | 989.4 |
| 进出口总额 | 亿美元 | 12040亿林吉特 | 4345.2 | 14491.5亿林吉特 | 3416 | 3578 | 4138 |
| 出口总额 | 亿林吉特 | 6454.6 | 2284.0亿美元 | 7661.3 | 1818.0亿美元 | 1894.0亿美元 | 1955.1亿美元 |
| 进口总额 | 亿林吉特 | 5583.4 | 4345.2亿美元 | 6830.2 | 1598.0亿美元 | 1684.0亿美元 | 2182.89亿美元 |
| 引进外资总额 | 亿林吉特 | 100.1亿美元 | 387.7 | 353 | 361 | 113.4 | 95.4 |

资料来源：新加坡东南亚研究所《东南亚2015～2016》，《经济学家国别报告——马来西亚》，东盟秘书处网站

## 缅甸部分经济指标（2010～2017年）

| 指标 | 单位 | 2010/2011财年 | 2012/2013财年 | 2013/2014财年 | 2014/2015财年 | 2015/2016财年 | 2016/2017财年 |
|---|---|---|---|---|---|---|---|
| 国土总面积 | 万平方千米 | 67.65 | 67.65 | 67.659 | 67.659 | 67.659 | 67.659 |
| 年末总人口 | 万人 | 59780 | 60976 | 61568 | 51991 | 52450 | 53388 |
| GDP增长率 | % | 6.3 | 7.5 | 7.8 | 8.3 | 6.5 | 6.4 |
| 人均国内生产总值 | 美元 | 934 | 1113 | 1269 | 1194.6 | 1195.5 | 1298.9 |
| 对美元汇价 | 缅元 | — | — | — | 1162.6 | 1234.9 | |
| 通货膨胀率 | % | 1.5 | 6.3 | 6.6 | 7.5 | 6.92 | 6.5 |
| 失业率 | % | 3.7 | 3.5 | — | 4.0 | | |
| 农业总产值 | 百万缅元 | 11349615 | 123116082 | 12780581 | 13417668 | 13957298 | |
| 旅游入境人数 | 万人次 | 100 | 204 | 350 | 468 | 290 | |
| 财政赤字占GDP比重 | % | -4.8 | — | — | 2.9 | | |
| 外汇储备 | 亿美元 | — | — | 66 | 38 | 46.2 | 49.1 |
| 进出口总额 | 亿美元 | 182.42 | 229 | 224.55 | 291 | 276 | 335.1 |
| 出口总额 | 亿美元 | 89.22 | 110.5 | 92.42 | 122 | 110 | 148.36 |
| 进口总额 | 亿美元 | 93.2 | 118.5 | 132.12 | 169 | 166 | 156.73 |
| 引进外资总额 | 亿美元 | 13.96 | 41 | 81 | 94.82 | 70.35 | 53 |

资料来源：新加坡东南亚研究所《东南亚2015～2016》，《经济学家国别报告——缅甸》，东盟秘书处网站

## 菲律宾部分经济指标（2012～2017 年）

| 指　标 | 单　位 | 2012 年 | 2013 年 | 2014 年 | 2015 年 | 2016 年 | 2017 年 |
|---|---|---|---|---|---|---|---|
| 国土总面积 | 万平方千米 | 43 | 29.97 | 30.00 | 30.00 | 29.82 | 29.97 |
| 年末总人口 | 万人 | 9651 | 9820 | 9988 | 10156 | 10332 | 10492 |
| GDP 增长率 | % | 6.6 | 7.3 | 6.1 | 5.8 | 6.8 | 6.68 |
| 人均 GDP | 美元 | 2470 | 2794 | 2849 | 2919.7 | 2951.1 | 2989.05 |
| 汇率 | 比索/1 美元 | 42.2 | 42.41 | 44.4 | 45.5 | 47.5 | 50.4 |
| 通货膨胀率 | % | — | 2.8 | 4.1 | 1.4 | 1.77 | 3.07 |
| 失业率 | % | 7.0 | 7.3 | 6 | 6.3 | 5.5 | 5.7 |
| 工业总产值 | 亿比索 | — | 34976 | 37599.2 | 909.1 亿美元 | | |
| 农业总产值 | 亿美元 | — | 14446.4 | 16000 | 299.7 | 295.47 | |
| 旅游入境人数 | 万人次 | 427 | 470 | 483 | 536 | 596.7 | |
| 旅游收入 | 亿比索 | — | 1861.5 | 5330 | 50 亿美元 | 2301.3 | |
| 财政收支差额占 GDP 比重 | % | — | — | 0.6 | 1.6 | | |
| 外汇储备 | 亿美元 | 7166 | 737.9 | 702.6 | 723.5 | 718.5 | 716.0 |
| 进出口总额 | 亿美元 | 1136.6 | 1157 | 1257 | 1253.34 | 1373.91 | 1551.33 |
| 出口总额 | 亿美元 | 519.94 | 540 | 618 | 586.48 | 562.32 | 928 |
| 进口总额 | 亿美元 | 616.6 | 617 | 639 | 666.86 | 811.59 | 632.33 |
| 引进外资总额 | 亿美元 | 32 | 38.6 | 62.01 | 56.6 | 79.33 | 6170 亿比索 |

资料来源：新加坡东南亚研究所《东南亚 2015～2016》，《经济学家国别报告——菲律宾》，东盟秘书处网站

## 新加坡部分经济指标（2012～2017 年）

| 指　标 | 单　位 | 2012 年 | 2013 年 | 2014 年 | 2015 年 | 2016 年 | 2017 年 |
|---|---|---|---|---|---|---|---|
| 国土总面积 | 万平方千米 | 0.07102 | 0.0716 | 0.07183 | 0.072 | 0.072 | 0.072 |
| 年末总人口 | 万人 | 531.24 | 539.92 | 547 | 553.5 | 560.73 | 561.23 |
| GDP 增长率 | % | 1.3 | 4.1 | 2.9 | 2.1 | 2 | 3.62 |
| 人均国内生产总值 | 美元 | 54431 | 56029 | 56337 | 53630 | 52962 | 57714.3 |
| 汇率 | 新元/美元 | 1.3 | 1.3 | 1.3 | 1.42 | 1.4 | 1.4 |
| 通货膨胀率 | % | 3.6 | — | 1 | 0.5 | 0.7 | 0.6 |
| 失业率 | % | 1.8 | 3.1 | 1.9 | 2.8 | 3 | 3 |
| 工业总产值 | 亿新元 | 3007.03 | — | 900 | — | | |
| 服务业增长率 | % | — | — | 3.1 | 3.4 | 1 | |
| 旅游入境人数 | 万人次 | 1449.6 | 1556.78 | 1508.6 | 1523.1 | 1604.4 | |
| 旅游收入 | 亿新元 | — | 235 | 235 | 220 | 248 | |
| 财政收入 | 亿新元 | 542.8 | 570.5 | 606 | — | | |
| 外汇储备 | 亿美元 | 2568.4 | 2704.8 | 2545.6 | 2457.2 | 2443.7 | 2778.1 |
| 进出口总额 | 亿新元 | 9849 | 7834.9 亿美元 | 9827 | 6631 亿美元 | 6300 亿美元 | 7009 |
| 出口总额 | 亿新元 | 5103.29 | 4103.7 亿美元 | 5189 | 3663 亿美元 | 3381 亿美元 | 3732 |
| 进口总额 | 亿新元 | 4745.71 | 3731.2 亿美元 | 4638 | 2968 亿美元 | 2919 亿美元 | 3277 |
| 外资净流入 | 亿美元 | 141.703 | 637.7 | 675.2 | 7149.9 亿新元 | 774.5 | 620.1 |

资料来源：新加坡东南亚研究所《东南亚 2015～2016》，《经济学家国别报告——新加坡》，新加坡统计局网站、东盟秘书处网站

## 泰国部分经济指标（2012～2017 年）

| 指　标 | 单　位 | 2012 年 | 2013 年 | 2014 年 | 2015 年 | 2016 年 | 2017 年 |
|---|---|---|---|---|---|---|---|
| 国土总面积 | 万平方千米 | 51.3115 | 51.31 | 51.312 | 51.312 | 51.09 | 51.31 |
| 年末总人口 | 万人 | 6445.67 | 6478.59 | 6512.47 | 6572.91 | 6593.16 | 6618.85 |
| GDP 增长率 | % | 6.4 | 2.9 | 0.8 | 2.8 | 3.23 | 3.9 |
| 人均国内生产总值 | 美元 | 5383 | 5676 | 5379 | 5814.9 | 5907.9 | 6336 |
| 对美元汇价 | 铢 | 31.1 | 30.73 | 32.48 | 34.2 | 35.3 | 32.66 |
| 通货膨胀率 | % | 3.02 | 2.18 | 1.9 | 0.9 | 0.2 | 1.2 |
| 失业率 | % | 0.7 | 0.8 | 0.7 | 0.65 | | |
| 旅游入境人数 | 万人次 | 2230 | 2673.56 | 2477 | 2990 | 3257 | 3500 |
| 旅游收入 | 亿铢 | 9650 | 9380.56 | 9867 | 22300 | 16378 | |
| 财政收入 | 亿铢 | 19770 | 25151.7 | 23060 | — | | |
| 外汇储备 | 亿美元 | 1711.1 | 1590.2 | 1490.6 | 1492.9 | 1641.5 | 2400 |
| 进出口总额 | 亿美元 | 4473.19 | 4734.2 | 4555.26 | 4170.29 | 4094.4 | 4605.1 |
| 出口总额 | 亿美元 | 2295.19 | 2251.8 | 2275.74 | 2143.75 | 2136.6 | 2359.3 |
| 进口总额 | 亿美元 | 2178 | 2481.40 | 2279.74 | 2026.54 | 1957.8 | 2248.8 |

资料来源：新加坡东南亚研究所《东南亚 2015～2016》，《经济学家国别报告——泰国》，东盟秘书处网站

## 越南部分经济指标（2012～2017 年）

| 指　标 | 单　位 | 2012 年 | 2013 年 | 2014 年 | 2015 年 | 2016 年 | 2017 年 |
|---|---|---|---|---|---|---|---|
| 国土总面积 | 万平方千米 | 32.9 | 33.12 | 33.095 | 33.095 | 33.095 | 33.095 |
| 年末总人口 | 万人 | 8881 | 8976 | 9073 | 9171 | 9270.11 | 9367 |
| 国内生产总值 | 亿美元 | 1417 | 1711.97 | 1840 | 1988.05 | 2052.88 | 2238.6 |
| GDP 增长率 | % | 5.03 | 5.42 | 5.98 | 6.68 | 6.21 | 6.8 |
| 人均国内生产总值 | 美元 | 1400 | 1902 | 2063 | 2109 | 2215 | 2385 |
| 对美元汇价 | 越盾 | 26828 | 20933.4 | 21148 | 21697.6 | 21935 | |
| 通货膨胀率 | % | 6.8 | — | — | 0.63 | 0.63 | |
| 失业率 | % | — | 1.9 | — | 2.45 | 2.3 | |
| 工业总产值 | 万亿越盾 | — | 653.78 | 703.47 | 772.41 | 826.94 | |
| 农业总产值 | 万亿越盾 | 255 | 313.8 | 324.75 | — | 870.7 | |
| 旅游入境人数 | 万人次 | 644.77 | 757.24 | 787.4 | 794.37 | 1001 | 1300 |
| 旅游收入 | 万亿越盾 | — | — | 230 | 279.28 | | |
| 财政收入 | 万亿越盾 | 658.6 | 790 | 814.1 | 884.8 | 943.3 | |
| 外汇储备 | 亿美元 | 251.6 | 254.8 | 338 | 278.8 | 361.7 | 545 |
| 进出口总额 | 亿美元 | 2289 | 2642.26 | 2982.4 | 3280 | 3491 | 4248 |
| 出口总额 | 亿美元 | 1146.31 | 1321.35 | 1501.9 | 1624 | 1759 | 2137.7 |
| 进口总额 | 亿美元 | 1143.47 | 1321.25 | 1480.5 | 1656 | 1732 | 2111 |
| 引进外资总额 | 亿美元 | 163 | 115 | 126.38 | 155.8 | 141.0 | 11.9 |

资料来源：新加坡东南亚研究所《东南亚 2015～2016》，《经济学家国别报告——越南》，东盟秘书处网站

## 印度尼西亚与主要贸易伙伴进出口情况(2017 年)

| 出口 | | | | 进口 | | | |
|---|---|---|---|---|---|---|---|
| 国家和地区 | 金额(百万美元) | 比上年增减(%) | 占比重(%) | 国家和地区 | 金额(百万美元) | 比上年增减(%) | 占比重(%) |
| 总值 | 167640 | 16.0 | 100.0 | 总值 | 156925 | 15.7 | 100.0 |
| 中国 | 22808 | 35.9 | 13.6 | 中国 | 35767 | 16.1 | 22.8 |
| 美国 | 17782 | 10.2 | 10.6 | 新加坡 | 16889 | 16.1 | 10.8 |
| 日本 | 17491 | 8.6 | 10.4 | 日本 | 15241 | 17.4 | 9.7 |
| 印度 | 13869 | 37.4 | 8.3 | 泰国 | 9280 | 7.1 | 5.9 |
| 新加坡 | 12763 | 13.5 | 7.6 | 马来西亚 | 8797 | 22.2 | 5.6 |
| 马来西亚 | 8454 | 18.9 | 5.0 | 韩国 | 8122 | 21.7 | 5.2 |
| 韩国 | 8084 | 15.4 | 4.8 | 美国 | 8122 | 11.3 | 5.2 |
| 泰国 | 6462 | 19.8 | 3.9 | 澳大利亚 | 6009 | 14.2 | 3.8 |
| 菲律宾 | 6382 | 21.1 | 3.8 | 印度 | 4049 | 40.9 | 2.6 |
| 中国台湾省 | 4217 | 15.5 | 2.5 | 德国 | 3538 | 12.0 | 2.3 |
| 荷兰 | 4038 | 24.1 | 2.4 | 中国台湾省 | 3256 | 12.7 | 2.1 |
| 越南 | 3587 | 17.8 | 2.1 | 越南 | 3229 | 0.0 | 2.1 |
| 德国 | 2669 | 1.2 | 1.6 | 沙特阿拉伯 | 3167 | 16.2 | 2.0 |
| 澳大利亚 | 2495 | -22.0 | 1.5 | 阿联酋 | 2080 | 58.0 | 1.3 |
| 巴基斯坦 | 2398 | 18.8 | 1.4 | 巴西 | 1958 | -18.5 | 1.3 |

## 马来西亚与主要贸易伙伴进出口情况(2017 年)

| 出口 | | | | 进口 | | | |
|---|---|---|---|---|---|---|---|
| 国家和地区 | 金额(百万美元) | 比上年增减(%) | 占比重(%) | 国家和地区 | 金额(百万美元) | 比上年增减(%) | 占比重(%) |
| 总值 | 217944 | 14.7 | 100.0 | 总值 | 195243 | 15.7 | 100.0 |
| 新加坡 | 31580 | 14.3 | 14.5 | 中国 | 38332 | 11.6 | 19.6 |
| 中国 | 29417 | 23.8 | 13.5 | 新加坡 | 21634 | 23.7 | 11.1 |
| 美国 | 20656 | 6.5 | 9.5 | 美国 | 16105 | 19.8 | 8.3 |
| 日本 | 17424 | 13.4 | 8.0 | 日本 | 14816 | 7.6 | 7.6 |
| 泰国 | 11766 | 10.6 | 5.4 | 中国台湾省 | 12766 | 26.3 | 6.5 |
| 中国香港 | 11160 | 22.7 | 5.1 | 泰国 | 11217 | 9.7 | 5.8 |
| 印度尼西亚 | 8100 | 20.0 | 3.7 | 印度尼西亚 | 8799 | 23.7 | 4.5 |
| 印度 | 8040 | 4.0 | 3.7 | 韩国 | 8483 | -4.5 | 4.4 |
| 澳大利亚 | 7544 | 16.6 | 3.5 | 印度 | 6267 | 55.8 | 3.2 |
| 韩国 | 6683 | 21.2 | 3.1 | 德国 | 6122 | 6.5 | 3.1 |
| 越南 | 6438 | 11.9 | 3.0 | 越南 | 5260 | 16.1 | 2.7 |
| 荷兰 | 6266 | 18.6 | 2.9 | 澳大利亚 | 4675 | 24.2 | 2.4 |
| 德国 | 6212 | 15.4 | 2.9 | 中国香港 | 3263 | 6.6 | 1.7 |
| 中国台湾省 | 5513 | 7.4 | 2.5 | 阿联酋 | 3050 | 29.6 | 1.6 |
| 菲律宾 | 3849 | 16.8 | 1.8 | 法国 | 3049 | 32.7 | 1.6 |

## 新加坡与主要贸易伙伴进出口情况（2017 年）

| 出口 | | | | 进口 | | | |
|---|---|---|---|---|---|---|---|
| 国家和地区 | 金额（百万美元） | 比上年增减（%） | 占比重（%） | 国家和地区 | 金额（百万美元） | 比上年增减（%） | 占比重（%） |
| 总值 | 373367 | 13.2 | 100.0 | 总值 | 327803 | 15.8 | 100.0 |
| 中国 | 54067 | 26.2 | 14.5 | 中国 | 45366 | 12.3 | 13.8 |
| 中国香港 | 46039 | 10.6 | 12.3 | 马来西亚 | 38867 | 20.5 | 11.9 |
| 马来西亚 | 39629 | 13.2 | 10.6 | 美国 | 34469 | 12.8 | 10.5 |
| 印度尼西亚 | 27962 | 8.4 | 7.5 | 中国台湾省 | 27168 | 16.6 | 8.3 |
| 美国 | 23464 | 9.1 | 6.3 | 日本 | 20479 | 2.9 | 6.3 |
| 日本 | 17064 | 17.1 | 4.6 | 韩国 | 16173 | -4.9 | 4.9 |
| 韩国 | 16750 | 15.4 | 4.5 | 印度尼西亚 | 15139 | 12.4 | 4.6 |
| 中国台湾省 | 16594 | 12.7 | 4.5 | 德国 | 9495 | 9.2 | 2.9 |
| 泰国 | 14684 | 13.1 | 3.9 | 沙特阿拉伯 | 9160 | 12.9 | 2.8 |
| 越南 | 12291 | 8.3 | 3.3 | 瑞士 | 9127 | 138.9 | 2.8 |
| 印度 | 11016 | 11.9 | 3.0 | 法国 | 8953 | 4.7 | 2.7 |
| 澳大利亚 | 10003 | 6.8 | 2.7 | 阿联酋 | 8829 | 31.1 | 2.7 |
| 荷兰 | 7816 | 13.2 | 2.1 | 印度 | 7277 | 23.6 | 2.2 |
| 菲律宾 | 7269 | 11.7 | 2.0 | 泰国 | 7176 | 4.9 | 2.2 |
| 德国 | 6191 | 7.9 | 1.7 | 菲律宾 | 5766 | 22.5 | 1.8 |

## 泰国与主要贸易伙伴进出口情况（2017 年）

| 出口 | | | | 进口 | | | |
|---|---|---|---|---|---|---|---|
| 国家和地区 | 金额（百万美元） | 比上年增减（%） | 占比重（%） | 国家和地区 | 金额（百万美元） | 比上年增减（%） | 占比重（%） |
| 总值 | 235931 | 10.4 | 100.0 | 总值 | 224576 | 14.7 | 100.0 |
| 中国 | 29405 | 24.7 | 12.5 | 中国 | 44734 | 5.9 | 19.9 |
| 美国 | 26518 | 9.0 | 11.2 | 日本 | 32390 | 4.9 | 14.4 |
| 日本 | 22069 | 8.1 | 9.4 | 美国 | 15023 | 23.9 | 6.7 |
| 中国香港 | 12274 | 7.7 | 5.2 | 马来西亚 | 11781 | 7.5 | 5.3 |
| 越南 | 11605 | 24.3 | 4.9 | 中国台湾省 | 8230 | 14.7 | 3.7 |
| 澳大利亚 | 10491 | 2.5 | 4.5 | 韩国 | 8084 | 10.5 | 3.6 |
| 马来西亚 | 10318 | 8.1 | 4.4 | 新加坡 | 7996 | 22.1 | 3.6 |
| 印度尼西亚 | 8806 | 9.7 | 3.7 | 阿联酋 | 7677 | 23.9 | 3.4 |
| 新加坡 | 8171 | 1.6 | 3.5 | 印度尼西亚 | 7410 | 15.5 | 3.3 |
| 菲律宾 | 6935 | 9.2 | 2.9 | 瑞士 | 7275 | 75.5 | 3.2 |
| 印度 | 6467 | 26.3 | 2.7 | 沙特阿拉伯 | 6175 | 26.3 | 2.8 |
| 柬埔寨 | 5279 | 14.6 | 2.2 | 德国 | 6140 | 4.0 | 2.7 |
| 德国 | 4910 | 10.0 | 2.1 | 越南 | 5020 | 12.8 | 2.2 |
| 荷兰 | 4758 | 13.3 | 2.0 | 澳大利亚 | 4477 | 29.7 | 2.0 |
| 韩国 | 4648 | 15.8 | 2.0 | 印度 | 3943 | 52.5 | 1.8 |

## 印度尼西亚对中国出口主要商品构成(2016～2017年)

| 商品类别 | 2017年(百万美元) | 2016年(百万美元) | 2017年比上年增减(%) | 2017年占比重(%) |
| --- | --- | --- | --- | --- |
| 总值 | 22808 | 16786 | 35.9 | 100.0 |
| 矿物燃料、矿物油及其产品;沥青等 | 6999 | 5401 | 29.6 | 30.7 |
| 动、植物油、脂、蜡;精制食用油脂 | 3259 | 2738 | 19.0 | 14.3 |
| 钢铁 | 2035 | 929 | 119.1 | 8.9 |
| 木浆等纤维状纤维素浆;废纸及纸板 | 1710 | 969 | 76.5 | 7.5 |
| 橡胶及其制品 | 1244 | 530 | 134.5 | 5.5 |
| 杂项化学产品 | 812 | 724 | 12.2 | 3.6 |
| 木及木制品;木炭 | 754 | 826 | -8.7 | 3.3 |
| 有机化学品 | 587 | 379 | 54.9 | 2.6 |
| 矿砂、矿渣及矿灰 | 529 | 607 | -12.9 | 2.3 |
| 鞋靴、护腿和类似品及其零件 | 481 | 392 | 22.7 | 2.1 |
| 铜及其制品 | 422 | 283 | 48.8 | 1.9 |
| 纸及纸板;纸浆、纸或纸板制品 | 405 | 164 | 147.1 | 1.8 |
| 棉花 | 392 | 302 | 29.8 | 1.7 |
| 无机化学品;贵金属等的化合物 | 335 | 176 | 90.1 | 1.5 |
| 电机、电气、音像设备及其零附件 | 323 | 316 | 2.1 | 1.4 |
| 鱼及其他水生无脊椎动物 | 297 | 274 | 8.4 | 1.3 |
| 塑料及其制品 | 257 | 250 | 2.5 | 1.1 |
| 谷物粉、淀粉等或乳的制品;糕饼 | 234 | 182 | 28.3 | 1.0 |
| 核反应堆、锅炉、机械器具及零件 | 177 | 120 | 47.0 | 0.8 |
| 油籽;子仁;工业或药用植物;饲料 | 137 | 106 | 29.2 | 0.6 |
| 针织或钩编的服装及衣着附件 | 123 | 75 | 64.2 | 0.5 |
| 非针织或非钩编的服装及衣着附件 | 123 | 100 | 23.2 | 0.5 |
| 洗涤剂、润滑剂、人造蜡、塑型膏等 | 115 | 90 | 27.8 | 0.5 |
| 乳;蛋;蜂蜜;其他食用动物产品 | 103 | 36 | 188.0 | 0.5 |
| 车辆及其零附件,但铁道车辆除外 | 96 | 74 | 29.2 | 0.4 |
| 化学纤维短纤 | 95 | 66 | 44.6 | 0.4 |
| 食用水果及坚果;甜瓜等水果的果皮 | 80 | 57 | 40.9 | 0.4 |
| 乐器及其零件、附件 | 78 | 76 | 1.8 | 0.3 |
| 可可及可可制品 | 71 | 68 | 4.7 | 0.3 |
| 咖啡、茶、马黛茶及调味香料 | 48 | 35 | 37.3 | 0.2 |
| 以上合计 | 22318 | 16346 | 36.5 | 97.9 |

## 印度尼西亚自中国进口主要商品构成(2016～2017年)

| 商品类别 | 2017年(百万美元) | 2016年(百万美元) | 2017年比上年增减(%) | 2017年占比重(%) |
| --- | --- | --- | --- | --- |
| 总值 | 35767 | 30800 | 16.1 | 100.0 |
| 电机、电气、音像设备及其零附件 | 7869 | 6403 | 22.9 | 22.0 |
| 核反应堆、锅炉、机械器具及零件 | 7569 | 7289 | 3.7 | 21.2 |
| 钢铁 | 1970 | 2099 | -6.2 | 5.5 |
| 塑料及其制品 | 1354 | 1158 | 17.0 | 3.8 |
| 有机化学品 | 1251 | 1089 | 14.9 | 3.5 |
| 化学纤维长丝 | 807 | 686 | 17.7 | 2.3 |
| 钢铁制品 | 703 | 820 | -14.3 | 2.0 |
| 车辆及其零附件,但铁道车辆除外 | 674 | 518 | 30.2 | 1.9 |

续表

| 商品类别 | 2017年（百万美元） | 2016年（百万美元） | 2017年比上年增减（%） | 2017年占比重（%） |
|---|---|---|---|---|
| 无机化学品；贵金属等的化合物 | 628 | 554 | 13.2 | 1.8 |
| 食用蔬菜、根及块茎 | 606 | 511 | 18.6 | 1.7 |
| 铝及其制品 | 598 | 389 | 53.6 | 1.7 |
| 杂项化学产品 | 573 | 451 | 27.1 | 1.6 |
| 食用水果及坚果；甜瓜等水果的果皮 | 564 | 342 | 65.1 | 1.6 |
| 化学纤维短纤 | 564 | 499 | 13.0 | 1.6 |
| 家具；寝具等；灯具；活动房 | 561 | 457 | 22.9 | 1.6 |
| 肥料 | 521 | 518 | 0.6 | 1.5 |
| 光学、照相、医疗等设备及零附件 | 517 | 383 | 35.2 | 1.5 |
| 针织物及钩编织物 | 499 | 431 | 15.8 | 1.4 |
| 棉花 | 472 | 485 | -2.7 | 1.3 |
| 鞣料；着色料；涂料；油灰；墨水等 | 437 | 402 | 8.7 | 1.2 |
| 矿物燃料、矿物油及其产品；沥青等 | 413 | 215 | 91.8 | 1.2 |
| 贱金属杂项制品 | 343 | 258 | 33.3 | 1.0 |
| 铜及其制品 | 338 | 172 | 96.8 | 1.0 |
| 陶瓷产品 | 331 | 285 | 16.4 | 0.9 |
| 鞋靴、护腿和类似品及其零件 | 312 | 227 | 37.1 | 0.9 |
| 纸及纸板；纸浆、纸或纸板制品 | 287 | 250 | 14.6 | 0.8 |
| 烟草、烟草及烟草代用品的制品 | 271 | 239 | 13.6 | 0.8 |
| 橡胶及其制品 | 271 | 242 | 12.0 | 0.8 |
| 杂项制品 | 265 | 206 | 28.4 | 0.7 |
| 皮革制品；施行箱包；动物肠线制品 | 256 | 161 | 58.7 | 0.7 |
| 以上合计 | 31825 | 27747 | 14.7 | 89.0 |

## 马来西亚对中国出口主要商品构成（2016～2017年）

| 商品类别 | 2017年（百万美元） | 2016年（百万美元） | 2017年比上年增减（%） | 2017年占比重（%） |
|---|---|---|---|---|
| 总值 | 29417 | 23764 | 23.8 | 100.0 |
| 电机、电气、音像设备及其零附件 | 10629 | 8736 | 21.7 | 36.1 |
| 矿物燃料、矿物油及其产品；沥青等 | 4674 | 2666 | 75.3 | 15.9 |
| 核反应堆、锅炉、机械器具及零件 | 2385 | 2340 | 1.9 | 8.1 |
| 橡胶及其制品 | 1870 | 1148 | 62.9 | 6.4 |
| 动、植物油、脂、蜡；精制食用油脂 | 1409 | 1463 | -3.7 | 4.8 |
| 塑料及其制品 | 1363 | 1134 | 20.2 | 4.6 |
| 矿砂、矿渣及矿灰 | 1217 | 1165 | 4.5 | 4.1 |
| 有机化学品 | 1020 | 969 | 5.2 | 3.5 |
| 光学、照相、医疗等设备及零附件 | 879 | 731 | 20.3 | 3.0 |
| 杂项化学产品 | 598 | 529 | 13.0 | 2.0 |
| 铜及其制品 | 541 | 389 | 39.2 | 1.8 |
| 无机化学品；贵金属等的化合物 | 309 | 207 | 49.7 | 1.1 |
| 镍及其制品 | 266 | 266 | -0.3 | 0.9 |
| 木及木制品；木炭 | 213 | 175 | 21.9 | 0.7 |
| 车辆及其零附件，但铁道车辆除外 | 156 | 194 | -19.5 | 0.5 |
| 谷物粉、淀粉等或乳的制品；糕饼 | 117 | 100 | 17.6 | 0.4 |
| 棉花 | 117 | 85 | 38.1 | 0.4 |
| 航空器、航天器及其零件 | 113 | 64 | 75.1 | 0.4 |
| 杂项食品 | 112 | 132 | -15.3 | 0.4 |

续表

| 商品类别 | 2017年（百万美元） | 2016年（百万美元） | 2017年比上年增减（%） | 2017年占比重（%） |
|---|---|---|---|---|
| 洗涤剂、润滑剂、人造蜡、塑型膏等 | 109 | 70 | 56.5 | 0.4 |
| 铝及其制品 | 108 | 184 | -41.5 | 0.4 |
| 玻璃及其制品 | 95 | 94 | 0.5 | 0.3 |
| 可可及可可制品 | 88 | 95 | -6.9 | 0.3 |
| 锌及其制品 | 86 | 16 | 444.0 | 0.3 |
| 家具；寝具等；灯具；活动房 | 69 | 57 | 21.2 | 0.2 |
| 鞣料；着色料；涂料；油灰；墨水等 | 61 | 49 | 25.6 | 0.2 |
| 鱼及其他水生无脊椎动物 | 46 | 44 | 3.7 | 0.2 |
| 乳；蛋；蜂蜜；其他食用动物产品 | 45 | 32 | 40.7 | 0.2 |
| 钢铁制品 | 41 | 48 | -15.7 | 0.1 |
| 钢铁 | 41 | 29 | 41.5 | 0.1 |
| 以上合计 | 28774 | 23210 | 24.0 | 97.8 |

## 马来西亚自中国进口主要商品构成（2016～2017年）

| 商品类别 | 2017年（百万美元） | 2016年（百万美元） | 2017年比上年增减（%） | 2017年占比重（%） |
|---|---|---|---|---|
| 总值 | 38332 | 34361 | 11.6 | 100.0 |
| 电机、电气、音像设备及其零附件 | 12471 | 10484 | 19.0 | 32.5 |
| 核反应堆、锅炉、机械器具及零件 | 6453 | 5669 | 13.8 | 16.8 |
| 矿物燃料、矿物油及其产品；沥青等 | 2075 | 1261 | 64.6 | 5.4 |
| 塑料及其制品 | 1589 | 1278 | 24.3 | 4.2 |
| 钢铁 | 1185 | 1502 | -21.1 | 3.1 |
| 钢铁制品 | 1185 | 1057 | 12.1 | 3.1 |
| 光学、照相、医疗等设备及零附件 | 1033 | 857 | 20.5 | 2.7 |
| 杂项化学产品 | 892 | 659 | 35.3 | 2.3 |
| 铝及其制品 | 776 | 859 | -9.6 | 2.0 |
| 车辆及其零附件，但铁道车辆除外 | 684 | 678 | 0.9 | 1.8 |
| 家具；寝具等；灯具；活动房 | 671 | 614 | 9.3 | 1.8 |
| 有机化学品 | 628 | 552 | 13.9 | 1.6 |
| 食用蔬菜、根及块茎 | 514 | 546 | -5.8 | 1.3 |
| 纸及纸板；纸浆、纸或纸板制品 | 492 | 469 | 4.8 | 1.3 |
| 铜及其制品 | 435 | 403 | 7.8 | 1.1 |
| 针织或钩编的服装及衣着附件 | 431 | 618 | -30.3 | 1.1 |
| 无机化学品；贵金属等的化合物 | 421 | 408 | 3.1 | 1.1 |
| 鞋靴、护腿和类似品及其零件 | 310 | 330 | -6.2 | 0.8 |
| 非针织或非钩编的服装及衣着附件 | 309 | 422 | -26.9 | 0.8 |
| 玻璃及其制品 | 309 | 346 | -10.8 | 0.8 |
| 玩具、游戏或运动用品及其零附件 | 280 | 231 | 21.1 | 0.7 |
| 皮革制品；旅行箱包；动物肠线制品 | 274 | 284 | -3.8 | 0.7 |
| 化学纤维长丝 | 252 | 246 | 2.3 | 0.7 |
| 贱金属杂项制品 | 231 | 252 | -8.4 | 0.6 |
| 陶瓷产品 | 208 | 246 | -15.5 | 0.5 |
| 其他纺织制品；成套物品；旧纺织品 | 206 | 187 | 9.8 | 0.5 |
| 橡胶及其制品 | 205 | 180 | 13.9 | 0.5 |
| 肥料 | 190 | 216 | -11.7 | 0.5 |
| 鱼及其他水生无脊椎动物 | 185 | 183 | 1.0 | 0.5 |
| 鞣料；着色料；涂料；炯灰；墨水等 | 174 | 143 | 21.8 | 0.5 |
| 以上合计 | 35067 | 31182 | 12.5 | 91.5 |

## 新加坡对中国出口主要商品构成(2016～2017 年)

| 商品类别 | 2017 年(百万美元) | 2016 年(百万美元) | 2017 年比上年增减(%) | 2017 年占比重(%) |
|---|---|---|---|---|
| 总值 | 54067 | 42839 | 26.2 | 100.0 |
| 电机、电气、音像设备及其零附件 | 19448 | 18935 | 2.7 | 36.0 |
| 矿物燃料、矿物油及其产品;沥青等 | 6076 | 3241 | 87.5 | 11.2 |
| 核反应堆、锅炉、机械器具及零件 | 5560 | 4812 | 15.5 | 10.3 |
| 塑料及其制品 | 4812 | 4131 | 16.5 | 8.9 |
| 珠宝、贵金属及制品;仿首饰;硬币 | 4573 | 298 | 1436.3 | 8.5 |
| 光学、照相、医疗等设备及零附件 | 2885 | 2405 | 20.0 | 5.3 |
| 有机化学品 | 2817 | 2026 | 39.0 | 5.2 |
| 杂项化学产品 | 1083 | 1158 | -6.5 | 2.0 |
| 精油及香膏;香料制品及化妆盥洗品 | 865 | 578 | 49.6 | 1.6 |
| 航空器、航天器及其零件 | 831 | 884 | -6.0 | 1.5 |
| 铜及其制品 | 765 | 595 | 28.7 | 1.4 |
| 橡胶及其制品 | 673 | 491 | 37.2 | 1.3 |
| 药品 | 414 | 238 | 74.4 | 0.8 |
| 车辆及其零附件,但铁道车辆除外 | 317 | 356 | -11.0 | 0.6 |
| 饮料、酒及醋 | 250 | 199 | 26.1 | 0.5 |
| 洗涤剂、润滑剂、人造蜡、塑型膏等 | 222 | 140 | 59.1 | 0.4 |
| 木浆等纤维状纤维素浆;废纸及纸板 | 205 | 194 | 5.7 | 0.4 |
| 纸及纸板;纸浆、纸或纸板制品 | 190 | 53 | 259.6 | 0.4 |
| 印刷品;手稿、打字稿及设计图纸 | 189 | 171 | 10.7 | 0.4 |
| 钢铁 | 172 | 140 | 23.4 | 0.3 |
| 谷物粉、淀粉等或乳的制品;糕饼 | 139 | 212 | -34.4 | 0.3 |
| 镍及其制品 | 123 | 159 | -22.7 | 0.2 |
| 鞣料;着色料;涂料;油灰;墨水等 | 105 | 95 | 10.5 | 0.2 |
| 贱金属器具、利口器、餐具及零件 | 87 | 80 | 8.3 | 0.2 |
| 杂项食品 | 67 | 33 | 105.2 | 0.1 |
| 钢铁制品 | 67 | 77 | -13.5 | 0.1 |
| 可可及可可制品 | 65 | 76 | -14.5 | 0.1 |
| 钟表及其零件 | 56 | 48 | 17.8 | 0.1 |
| 无机化学品;贵金属等的化合物 | 39 | 34 | 15.5 | 0.1 |
| 化学纤维长丝 | 34 | 35 | -3.8 | 0.1 |
| 以上合计 | 53129 | 41889 | 26.8 | 98.3 |

## 新加坡自中国进口主要商品构成(2016～2017 年)

| 商品类别 | 2017 年(百万美元) | 2016 年(百万美元) | 2017 年比上年增减(%) | 2017 年占比重(%) |
|---|---|---|---|---|
| 总值 | 45366 | 40386 | 12.3 | 100.0 |
| 电机、电气、音像设备及其零附件 | 19137 | 15767 | 21.4 | 42.2 |
| 核反应堆、锅炉、机械器具及零件 | 9744 | 8651 | 12.6 | 21.5 |
| 矿物燃料、矿物油及其产品;沥青等 | 4906 | 3713 | 32.1 | 10.8 |
| 光学、照相、医疗等设备及零附件 | 1143 | 1408 | -18.8 | 2.5 |
| 有机化学品 | 736 | 639 | 15.1 | 1.6 |
| 钢铁制品 | 735 | 774 | -5.0 | 1.6 |
| 钢铁 | 732 | 935 | -21.7 | 1.6 |
| 塑料及其制品 | 727 | 589 | 23.4 | 1.6 |

续表

| 商品类别 | 2017年（百万美元） | 2016年（百万美元） | 2017年比上年增减(%) | 2017年占比重(%) |
|---|---|---|---|---|
| 家具;寝具等;灯具;活动房 | 444 | 434 | 2.4 | 1.0 |
| 杂项化学产品 | 443 | 313 | 41.5 | 1.0 |
| 航空器、航天器及其零件 | 423 | 198 | 114.2 | 0.9 |
| 非针织或非钩编的服装及衣着附件 | 361 | 361 | 0.2 | 0.8 |
| 铝及其制品 | 340 | 395 | -14.1 | 0.8 |
| 针织或钩编的服装及衣着附件 | 309 | 313 | -1.2 | 0.7 |
| 皮革制品;旅行箱包;动物肠线制品 | 298 | 280 | 6.5 | 0.7 |
| 珠宝、贵金属及制品;仿首饰;硬币 | 296 | 222 | 33.7 | 0.7 |
| 玩具、游戏或运动用品及其零附件 | 284 | 254 | 11.8 | 0.6 |
| 鞋靴、护腿和类似品及其零件 | 248 | 229 | 8.0 | 0.6 |
| 烟草、烟草及烟草代用品的制品 | 242 | 242 | 0.0 | 0.5 |
| 纸及纸板;纸浆、纸或纸板制品 | 234 | 222 | 5.2 | 0.5 |
| 车辆及其零附件,但铁道车辆除外 | 204 | 175 | 16.4 | 0.5 |
| 精油及香膏;香料制品及化妆盥洗品 | 197 | 150 | 31.5 | 0.4 |
| 食用蔬菜、根及块茎 | 146 | 160 | -8.7 | 0.3 |
| 贱金属器具、利口器、餐具及零件 | 139 | 118 | 17.2 | 0.3 |
| 无机化学品;贵金属等的化合物 | 136 | 107 | 26.8 | 0.3 |
| 橡胶及其制品 | 132 | 113 | 16.7 | 0.3 |
| 玻璃及其制品 | 130 | 158 | -17.5 | 0.3 |
| 钟表及其零件 | 128 | 119 | 8.1 | 0.3 |
| 贱金属杂项制品 | 127 | 116 | 9.0 | 0.3 |
| 陶瓷产品 | 122 | 126 | -3.8 | 0.3 |
| 以上合计 | 43243 | 37282 | 16.0 | 95.3 |

## 泰国对中国出口主要商品构成（2016～2017年）

| 商品类别 | 2017年（百万美元） | 2016年（百万美元） | 2017年比上年增减(%) | 2017年占比重(%) |
|---|---|---|---|---|
| 总值 | 29405 | 23582 | 24.7 | 100.0 |
| 橡胶及其制品 | 5798 | 3691 | 57.1 | 19.7 |
| 核反应堆、锅炉、机械器具及零件 | 3471 | 2822 | 23.0 | 11.8 |
| 电机、电气、音像设备及其零附件 | 3169 | 2887 | 9.8 | 10.8 |
| 塑料及其制品 | 2865 | 2628 | 9.0 | 9.7 |
| 光学、照相、医疗等设备及零附件 | 1707 | 1654 | 3.2 | 5.8 |
| 木及木制品;木炭 | 1653 | 1356 | 21.9 | 5.6 |
| 有机化学品 | 1606 | 1212 | 32.5 | 5.5 |
| 矿物燃料、矿物油及其产品;沥青等 | 1204 | 903 | 33.4 | 4.1 |
| 车辆及其零附件,但铁道车辆除外 | 1192 | 783 | 52.2 | 4.1 |
| 食用蔬菜、根及块茎 | 1077 | 1109 | -2.9 | 3.7 |
| 食用水果及坚果;甜瓜等水果的果皮 | 660 | 525 | 25.8 | 2.3 |
| 谷物 | 571 | 476 | 20.0 | 1.9 |
| 制粉工业产品;麦芽;淀粉等;面筋 | 545 | 545 | 0.0 | 1.9 |
| 钢铁制品 | 332 | 317 | 4.7 | 1.1 |
| 珠宝、贵金属及制品;仿首饰;硬币 | 274 | 152 | 80.0 | 0.9 |
| 杂项食品 | 226 | 184 | 23.0 | 0.8 |
| 糖及糖食 | 201 | 155 | 29.6 | 0.7 |
| 船舶及浮动结构体 | 166 | 20 | 747.8 | 0.6 |
| 鱼及其他水生无脊椎动物 | 160 | 135 | 18.7 | 0.6 |

续表

| 商品类别 | 2017年（百万美元） | 2016年（百万美元） | 2017年比上年增减（%） | 2017年占比重（%） |
|---|---|---|---|---|
| 铜及其制品 | 154 | 79 | 95.9 | 0.5 |
| 化学纤维短纤 | 151 | 94 | 59.9 | 0.5 |
| 杂项化学产品 | 135 | 98 | 37.6 | 0.5 |
| 蛋白类物质；改性淀粉；胶；酶 | 128 | 126 | 1.8 | 0.4 |
| 木浆等纤维状纤维素浆；废纸及纸板 | 118 | 92 | 27.8 | 0.4 |
| 纸及纸板；纸浆、纸或纸板制品 | 113 | 66 | 71.1 | 0.4 |
| 家具；寝具等；灯具；活动房 | 103 | 71 | 44.6 | 0.4 |
| 生皮（毛皮除外）及皮革 | 92 | 77 | 20.7 | 0.3 |
| 食品工业的残渣及废料；配制的饲料 | 82 | 118 | -30.1 | 0.3 |
| 化学纤维长丝 | 79 | 100 | -21.6 | 0.3 |
| 蔬菜、水果等或植物其他部分的制品 | 78 | 64 | 22.9 | 0.3 |
| 以上合计 | 28109 | 22538 | 24.7 | 95.6 |

## 泰国自中国进口主要商品构成（2016～2017年）

| 商品类别 | 2017年（百万美元） | 2016年（百万美元） | 2017年比上年增减（%） | 2017年占比重（%） |
|---|---|---|---|---|
| 总值 | 44734 | 42262 | 5.9 | 100.0 |
| 电机、电气、音像设备及其零附件 | 13404 | 12755 | 5.1 | 30.0 |
| 核反应堆、锅炉、机械器具及零件 | 7468 | 7322 | 2.0 | 16.7 |
| 钢铁制品 | 2815 | 2734 | 2.9 | 6.3 |
| 钢铁 | 2198 | 2602 | -15.5 | 4.9 |
| 塑料及其制品 | 2157 | 1872 | 15.2 | 4.8 |
| 车辆及其零附件，但铁道车辆除外 | 1292 | 1123 | 15.1 | 2.9 |
| 杂项化学产品 | 1282 | 824 | 55.6 | 2.9 |
| 光学、照相、医疗等设备及零附件 | 1045 | 1017 | 2.8 | 2.3 |
| 有机化学品 | 1029 | 889 | 15.7 | 2.3 |
| 铝及其制品 | 862 | 771 | 11.9 | 1.9 |
| 无机化学品；贵金属等的化合物 | 812 | 694 | 17.0 | 1.8 |
| 家具；寝具等；灯具；活动房 | 629 | 599 | 5.1 | 1.4 |
| 珠宝、贵金属及制品；仿首饰；硬币 | 575 | 295 | 95.3 | 1.3 |
| 铜及其制品 | 500 | 390 | 28.2 | 1.1 |
| 食用水果及坚果；甜瓜等水果的果皮 | 428 | 500 | -14.5 | 1.0 |
| 纸及纸板；纸浆、纸或纸板制品 | 399 | 361 | 10.6 | 0.9 |
| 船舶及浮动结构体 | 374 | 130 | 188.9 | 0.8 |
| 食用蔬菜、根及块茎 | 350 | 281 | 24.9 | 0.8 |
| 玻璃及其制品 | 339 | 359 | -5.7 | 0.8 |
| 鱼及其他水生无脊椎动物 | 320 | 349 | -8.4 | 0.7 |
| 非针织或非钩编的服装及衣着附件 | 318 | 303 | 4.8 | 0.7 |
| 橡胶及其制品 | 311 | 281 | 10.6 | 0.7 |
| 陶瓷产品 | 301 | 291 | 3.5 | 0.7 |
| 皮革制品；旅行箱包；动物肠线制品 | 297 | 265 | 12.1 | 0.7 |
| 鞣料；着色料；涂料；油灰；墨水等 | 290 | 278 | 4.3 | 0.7 |
| 肥料 | 287 | 266 | 8.0 | 0.6 |
| 贱金属杂项制品 | 285 | 260 | 9.4 | 0.6 |
| 浸、包或层压织物；工业用纺织制品 | 259 | 239 | 8.3 | 0.6 |
| 化学纤维长丝 | 241 | 236 | 2.3 | 0.5 |
| 玩具、游戏或运动用品及其零附件 | 238 | 197 | 20.9 | 0.5 |
| 以上合计 | 41107 | 38483 | 6.8 | 91.9 |

## 东盟国家货物进出口情况(2017 年)

| 国家和地区 | 货物贸易总额(亿美元) | 占世界(东盟)比重(%) | 出口额(亿美元) | 比上年增长(%) | 进口额(亿美元) | 比上年增长(%) |
| --- | --- | --- | --- | --- | --- | --- |
| 东盟 | 25596 | 7.2② | 13088 | 13.6 | 12508 | 14.7 |
| 文莱 | 84 | 0.3① | 57 | 8.4 | 27 | 1.8 |
| 柬埔寨 | 259 | 1.0① | 120 | 18.7 | 140 | 10.7 |
| 印度尼西亚 | 3255 | 12.7① | 1686 | 16.5 | 1569 | 15.7 |
| 老挝 | 91 | 0.4① | 40 | 17.8 | 51 | 7.6 |
| 马来西亚 | 4130 | 16.1① | 2178 | 14.9 | 1951 | 15.9 |
| 缅甸 | 298 | 1.2① | 133 | 12.4 | 165 | 5.1 |
| 菲律宾 | 1617 | 6.3① | 632 | 10.2 | 985 | 10.1 |
| 新加坡 | 7009 | 27.4① | 3732 | 10.4 | 3277 | 12.3 |
| 泰国 | 4595 | 18.0① | 2367 | 9.9 | 2228 | 14.7 |
| 越南 | 4258 | 16.6① | 2143 | 21.4 | 2115 | 21.0 |

注:①占东盟比重。②占世界比重

资料来源:世界贸易组织数据库

## 中国对东盟国家货物进出口情况(2017 年)

| 国家和地区 | 进出口总额(亿美元) | 比上年增长(%) | 出口(亿美元) | 比上年增长(%) | 进口(亿美元) | 比上年增长(%) |
| --- | --- | --- | --- | --- | --- | --- |
| 东盟 | 5148 | 13.8 | 2791 | 9.0 | 2357 | 20.1 |
| 文莱 | 10 | 36.5 | 6 | 26.8 | 4 | 58.8 |
| 柬埔寨 | 58 | 21.7 | 48 | 21.7 | 10 | 21.3 |
| 印度尼西亚 | 633 | 18.3 | 348 | 8.2 | 286 | 33.3 |
| 老挝 | 30 | 28.6 | 14 | 44.5 | 16 | 17.0 |
| 马来西亚 | 960 | 10.5 | 417 | 10.8 | 543 | 10.2 |
| 缅甸 | 135 | 10.2 | 90 | 10.0 | 45 | 10.5 |
| 菲律宾 | 513 | 8.5 | 320 | 7.4 | 192 | 10.5 |
| 新加坡 | 792 | 12.4 | 450 | 1.1 | 342 | 31.6 |
| 泰国 | 803 | 6.0 | 387 | 4.1 | 416 | 7.9 |
| 越南 | 1213 | 23.5 | 710 | 16.2 | 503 | 35.4 |

资料来源:中国海关总署

## 中国对东盟国家货物进出口情况(2018 年 1 ~6 月)

| 国家和地区 | 进出口总额(亿美元) | 比上年增长(%) | 出口(亿美元) | 比上年增长(%) | 进口(亿美元) | 比上年增长(%) |
| --- | --- | --- | --- | --- | --- | --- |
| 东盟 | 2803.3 | 19.2 | 1526.8 | 18.1 | 1276.5 | 20.5 |
| 文莱 | 8.2 | 79.6 | 7.6 | 199.3 | 0.5 | -73.7 |
| 柬埔寨 | 34.2 | 24.1 | 28.7 | 25.1 | 5.5 | 19.1 |
| 印度尼西亚 | 374.2 | 27.6 | 199.9 | 23.2 | 174.2 | 33.2 |
| 老挝 | 17.0 | 16.2 | 7.0 | 3.8 | 10.0 | 26.7 |
| 马来西亚 | 518.8 | 14.9 | 216.4 | 10.3 | 302.4 | 18.5 |
| 缅甸 | 82.0 | 26.5 | 55.4 | 28.3 | 26.6 | 23.0 |
| 菲律宾 | 264.5 | 11.9 | 166.3 | 10.8 | 98.1 | 13.9 |
| 新加坡 | 414.4 | 12.2 | 243.1 | 15.8 | 171.4 | 7.4 |
| 泰国 | 430.0 | 14.0 | 211.3 | 16.3 | 218.7 | 12.0 |
| 越南 | 660.1 | 28.7 | 391.1 | 23.4 | 269.0 | 37.4 |

资料来源:中国海关总署

## 广西与东盟国家贸易统计（2016～2017年）

| 国家 | 双边进出口总额 | | 广西出口额 | | 广西进口额 | |
|---|---|---|---|---|---|---|
| | 2016年（万元） | 2017年（万元） | 2016年（万元） | 2017年（万元） | 2016年（万元） | 2017年（万元） |
| 文莱 | | | | | | |
| 缅甸 | | | | | | |
| 柬埔寨 | | | | | | |
| 印度尼西亚 | 302534 | 673120 | 108376 | 258962 | 194158 | 414158 |
| 马来西亚 | 312767 | 485996 | 115249 | 178652 | 197518 | 307347 |
| 老挝 | | | | | | |
| 菲律宾 | 210579 | 434507 | 96379 | 203482 | 114199 | 231025 |
| 新加坡 | 322112 | 510569 | 245047 | 403736 | 77065 | 106833 |
| 泰国 | 1212949 | 465258 | 145854 | 214784 | 1067096 | 250474 |
| 越南 | 15892364 | 16262586 | 9161600 | 9300861 | 6730764 | 6961725 |
| 合计 | 18354355 | 18938485 | 9919316 | 106245513 | 8435039 | 8313932 |

数据来源：《广西统计年鉴》2017卷、2018卷

（乔　蕊）

## 东盟国家投资情况（2017年）

| 国家（地区） | 东盟国家吸引外商直接投资情况 | | 东盟国家对外直接投资情况 | |
|---|---|---|---|---|
| | 吸引外商直接投资（亿美元） | 比上年增长（%） | 对外直接投资（亿美元） | 比上年增长（%） |
| 东盟 | 1337.6 | 10.9 | 550 | 41.3 |
| 文莱 | -0.5 | ·· | -1 | -132.9 |
| 柬埔寨 | 27.8 | 12.4 | 3 | 114.0 |
| 印度尼西亚 | 230.6 | 488.2 | 29 | ·· |
| 老挝 | 8.1 | -18.5 | | 25.0 |
| 马来西亚 | 95.4 | -15.8 | 58 | -27.7 |
| 缅甸 | 43.4 | 45.2 | | |
| 菲律宾 | 95.2 | 37.7 | 16 | 56.4 |
| 新加坡 | 620.1 | -19.9 | 247 | -11.6 |
| 泰国 | 76.4 | 269.2 | 193 | 55.3 |
| 越南 | 141.0 | 11.9 | 5 | -61.1 |

注："··"表示数据无意义

资料来源：联合国贸发会议外商直接投资数据库

（何　战）

# 附　　录

## 中国驻东盟各国大使馆

（名称/大使/地址/电话/电子邮箱）

**驻文莱达鲁萨兰国大使馆**/杨健（女）（Yang Jian）/NO. 1,3,5 Simpang 462, Kampung Sungai Hanching Baru, Jalan Muara, BC2115, Bandar Seri Begawan, Brunei Darussalam/（00673）2334163, 2339609, 传真：2335710, 2338277/EMBPROC @ BRUNET. BN

**驻柬埔寨王国大使馆**/熊波（Xiong Bo）/金边毛泽东大道156号（No. 156, Blvd Mao Tsetung, Phnom Penh, Cambodia）/（00855）12901923（领事保护手机），12810928，00855－23－720922（传真）/chinaemb_kh@ mfa. gov. cn

**驻印度尼西亚共和国大使馆**/肖千（Xiao qian）/JL. Mega Kuningan No. 2 Jakarta Selatan 12950 Indonesia/8179838410（领事保护手机），（0062－21）5761037，5761038（传真）/chinaemb_id@ mfa. gov. cn

**驻老挝人民民主共和国大使馆**/王文天（Wang Wentian）/Wat Nak Road, Sisattanak, Vientiane, Lao P. D. R. /（00856－21）315100，315104（传真）/chinaemb_la@ mfa. gov. cn

**驻马来西亚大使馆**/白天（Bai Tian）/229, Jalan Ampang, 50450 Kuala Lumpur, Malaysia/00603－21636853（领事保护电话），传真：21484495，21429368，42513233/chinaemb_my@ mfa. gov. cn

**驻缅甸联邦共和国大使馆**/洪亮（Hong Liang）/No. 1 Pyidaungsu Yeiktha Road, Yangon, Union of Myanmar/（0095）943209657（领事保护手机），（0095－1）221280，221281，227019（传真）/chinaemb_mm@ mfa. gov. cn

**驻菲律宾共和国大使馆**/赵鉴华（Zhao Jianhua）/4896 Pasay Road, Dasmarinas Village, Makati, Metro Manila, the Philippines/0063－9178972695（领事保护手机），（0063－2）8443148，8452465（传真）/chinaemb_ph@ mfa. gov. cn

**驻新加坡共和国大使馆**/洪小勇（Hong Xiaoyong）/东陵路150号新加坡247969邮区（Embassy of the P. R. China in Singapore 150 Tanglin Road Singapore 247969）/（0065）92971517（领事保护电话），64180252，67344737，64793250（传真）/chinaemb_sg@ mfa. gov. cn

**驻泰王国大使馆**/吕健（Lyu Jian）/57 Rachadapisake Road Huay Kwang, Bangkok 10310, Thailand/（0066－2）2457044，2468247（传真）/chinaemb_th@ mfa. gov. cn

**驻越南社会主义共和国大使馆**/郗慧（女）（Xi Hui）/46 Hoang Dieu Road, Hanoi, Vietnam/（0084－4）38453736，38232826（传真）/chinaemb_vn@ mfa. gov. cn

## 东盟各国驻中国外交机构

（名称/大使/地址/电话/电子邮箱）

**文莱达鲁萨兰国大使馆**/张慈祥（H. E Mr. Magdalene Teo）/北京市朝阳区亮马桥北街1号/（010）65329773，65329776，65324093，65324097（传真）

**柬埔寨王国大使馆**/凯·西索达（Khek Sysoda）/北京市朝阳区东直门外大街9号/（010）65321889，65323507（传真）/cambassy@ public2. bta. net. cn

**印度尼西亚共和国大使馆**/易慕龙（Imron Cotan）/北京市朝阳区东直门外大街4号/（010）65325485－88，65325368（传真）/set. indonesia. kbri@ deplu. go. id

**老挝人民民主共和国大使馆**/宋迪·本库（Somdy Bounkhoum）/北京市朝阳区三里屯东四街11号/（010）65321224，65326748（传真）

**马来西亚大使馆**/伊斯甘达·萨鲁丁（Iskandar Sarndin）/北京市朝阳区亮马桥北街2号/（010）65322531，65325032（传

真)/mwbjing@ 95777. com

**缅甸联邦大使馆**/吴丁乌(Tin Oo)/北京市朝阳区东直门外大街 6 号/(010)65320359,65320408(传真)/info@ myanmarembassy. com

**菲律宾共和国大使馆**/艾尔琳达·巴西里奥(Erlinda F.Basilio)/北京市朝阳区建国门外秀水北街 23 号/(010)65321872,65323761(传真)/Philemb_beijing@ yahoo. com

**新加坡共和国大使馆**/罗家良(Loh Ka Lanng)/北京市朝阳区建国门外秀水北街 1 号/(010)65321115, 65329405(传真)

**泰王国大使馆**/伟文 · 丘氏君(Wiboon Khusakul)/北京市朝阳区光华路 40 号/(010)65321749,65321748(传真)/thaibej@ eastnet. com. cn

**越南社会主义共和国大使馆**/邓明魁(Deng Mingkui)/北京市朝阳区建国门外光华路 32 号/(010)65321125,65321155,65326521(传真)/Banbientap@ mofa. gov. vn

## 中国驻东盟各国总领事馆

(名称/总领事/地址/电话/电子邮箱)

**驻棉兰总领事馆(印度尼西亚)**/孙昂(Sun Ang)/Jalan Walikota No.9, Medan 20152/0062 -82165631079(值班电话),(0062 -61)4571232,4571261(传真)/chinaconsul_mdn_id@ mfa. gov. cn

**驻泗水总领事馆(印度尼西亚)**/顾景奇(Gu Jingqi)/Jalan Mayjend. Sungkono Kav. B1/105, Surabaya,Jalan Paris Argosari V D -3, Surabaya(签证厅)/(0062 -31)5687225,5674667(传真)/chinaconsul_sur@ mfa. gov. cn

**驻登巴萨总领事馆(印度尼西亚)**/苟皓东(Gou Haodong)/Jalan. Tukad Badung 8X, Renon, Denpasar Selatan, Kota Denpasar, Bali 80226 Indonesia/6281239169767(领事保护),(0062 -361)239001(传真)/chinaconsul_dps_id@ mfa. gov. cn

**驻琅勃拉邦总领事馆(老挝)**/黎宝光(Li Baoguang)/琅勃拉邦省琅勃拉邦县邦康村(PhongKham Village, Luang Prabang District, Luang Prabang Province, Lao PDR)/(00856 - 71)252437,213330(传真)/consulate_lp@ mfa. gov. cn

**驻古晋总领事馆(马来西亚)**/程广中(Cheng Guangzhong)/马来西亚沙捞越州古晋市王长水路 10 段 276 号/(0060 -82)240344,232344(传真)/consulate_kuching@ mfa. gov. cn

**驻哥拉基纳巴卢总领事馆(马来西亚)**/陈佩洁(Chen Peijie)/马来西亚沙巴州哥打基纳巴卢/Palm Court, Lot 7, No 3, VIP Lot, Lorong Pokok Palma Rajah, Jalan Lintas, 88000 Kota Kinabalu, Sabah, Malaysia/(0060)88385481,88385491(传真)/chinaconsul_kk_my@ mfa. gov. cn, chinese_consulate_kk@ yahoo. com

**驻槟城总领事馆(马来西亚)**/吴骏(Wu Jun)/马来西亚玻璃池滑区的东姑阿都拉曼路 28 号 B&C(28 B&C, Jalan Tunku Abdul Rahman, 10350 George Town, Penang, Malaysia)/(0060)42189795,(0060)42189798(传真)/consulate_penang@ mfa. gov. cn

**驻曼德勒总领事馆(缅甸)**/王宗颖(Wang Zongying)/Yadanar Lnae, Yangyi Aung Road/(00952)34457,34458,35937,35944(传真)/ chinaconsul_man_mm@ mfa. gov. cn

**驻宿务总领事馆(菲律宾)**/施泳(Shi Yong)/7th Floor, Mandarin Plaza Hotel, Archbishop Reyes Avenue Corner Escario Street, Cebu City, Philippines(0063 - 32)5051035、5051038(传真)/consulate_cebu@ mfa. gov. cn

**驻拉瓦格总领事馆(菲律宾)**/王建群(Wang Jianqun)/菲律宾北伊罗戈省圣尼古拉斯县三藩镇一区国道216 号(No. 216 National Highway, Brgy. 1, San Francisco San Nicolas, Ilocos Norte 2901, Republic of the Philippines)/(0063 - 77)6706600,6706338(传真)/Chinaconsul_lg_ph@ mfa. gov. cn

**驻清迈总领事馆(泰国)**/任义生(Ren Yisheng)/泰国清迈昌罗路111号(111 Changloh Road, Haiya District, Chiang Mai, Thailand 50100)/(6653) 280380,276125,274614(传真)/http://chiangmai. chineseconsulate. org/chn

**驻宋卡总领事馆(泰国)**/周海成(Zhou Haicheng)/No. 9, Sadao Road, Ampur Muang, Songkhla/(0066 - 74)322034,323772(传真)/chinaconsul_skh_th@ mfa. gov. cn

**驻孔敬总领事馆(泰国)**/廖俊云(Liao Junyun)/孔敬府直辖县环湖路 2 组 142/44 号(142/44 Moo 2, Rob - Bueng Rd., Nai - Muang, Muang, Khon Kaen, Thailand 40000) /(043)226873,227037(传真)/http://khonkaen. china - consulate. org

**驻胡志明市总领事馆(越南)**/陈德海(Chen Dehai)/胡志明市第三郡二征夫人路 175 号(175 Hai Ba Trung Road, District 3, Ho Chi Minh City)/(00848)38292457,38295009(传真)/chinaconsul_hcm_vn@ mfa. gov. cn

**驻岘港总领事馆(越南)**/郗慧(女)(Xi Hui)/岘港市/0084 -905580010(领事保护与协助服务)

(据中华人民共和国外交部网站)

## 东盟各国驻中国总领事馆

（名称/总领事/地址/电话/领区）

**柬埔寨王国驻重庆总领事馆**/凯达拉（Khel Dara）/重庆市渝中区筷子街2号中国人寿大厦第10层/（023）63113666（传真）/重庆、湖北、湖南

**柬埔寨王国驻昆明总领事馆**/淮立恒（KruyLimheng）/云南省昆明市白云路258号官房大厦14楼/（0871）63317320，63316220（传真）/云南、四川、贵州

**柬埔寨王国驻广州总领事馆**/兴波（HENGPoeu）/广东省广州市环市东路368号花园酒店东楼804－808室/（020）83338999－808，83879006（传真）/广东、福建、海南

**柬埔寨王国驻南宁总领事馆**/努西瓦塔（Nguon Syvatha）/广西壮族自治区南宁市中国—东盟商务区桂花路16－6号/（0771）5672358，5672352，5672358（传真）/广西

**柬埔寨王国驻上海总领事馆**/丁萨南（Tean Samnang）/上海市闸北区天目中路267号蓝宝石大厦12楼A座/（021）51015850，51015866（传真）/上海、浙江、江苏、安徽

**柬埔寨王国驻西安总领事馆**/辉比威/ 陕西省西安市曲江新区雁南路292号曲江文化大厦6层/（029）89667287，89667289（传真）/陕西、甘肃、宁夏

**印度尼西亚共和国驻广州总领事馆**/琇翡（女）（Ratu Silvy Gayatri）/广东省广州市越秀区流花路120号东方宾馆西座2楼1201－1223室/510016（邮编）/（020）86018772，86018773（传真）/广东、广西、福建、海南

**印度尼西亚共和国驻上海总领事馆**/古纳万（Arif Gunawan）/上海市长宁区延安西路2299号上海世贸商城1607－1608室/（021）52402321，32565627（传真）/上海、浙江、江苏、安徽、江西

**老挝人民民主共和国驻上海总领事馆**/西莎美·銮珍达翁（女）（Sisamay Luangchandavong）/上海市静安区江宁路356弄，静安紫苑行政9楼/（021）58987855，62188225（传真）/上海、浙江、江苏、安徽

**老挝人民民主共和国驻南宁总领事馆**/万希·维丽雅彭（女）（Vansy Vilignaphone）/广西壮族自治区南宁市中国—东盟商务区桂花路16－1号/（0771）5672544，5672502，5672503（传真）/广西、广东

**老挝人民民主共和国驻昆明总领事馆**/康潘·翁桑迪（Khamphone Vongsanty）/云南省昆明市彩云北路6800/（0871）67334522，67334511，67335489，67334533（传真）/云南

**老挝人民民主共和国驻昆明总领事馆驻景洪办公室**/鸿萨·因提腊（Hongsa INTHILATH）/云南省西双版纳州景洪市沧江新区宣慰大道江北段，告庄西双景公建区综合楼210号/（0691）2219355，2219955（传真）/西双版纳州、普洱市

**老挝人民民主共和国驻广州总领事馆**/本班·巩银赛亚星（Bounpan Kongnhinsayaseng）广东省广州市越秀区环市东路339号广东国际大厦主楼9楼905－906室/（020）83340710/广东、海南、江西、福建

**马来西亚驻昆明总领事馆**/拿督萧进平（Dato Siow Chen Pin）/云南省昆明市西山区滇池路南亚风情第一城B座写字楼4楼403/（0871）63165088，63113503（传真）/云南、广西、贵州、四川、重庆

**马来西亚驻广州总领事馆**/木山利（Muzambli Bin Markam）/广东省广州市天河区天河北路233号中信广场商业大楼19楼15－18室/（020）87395660，87395661，38772320（传真）/广东、江西、福建、海南、湖南

**马来西亚驻上海总领事馆**/陈扬泰（Tan Yang Thai）/上海市红宝石路500号东银大厦B栋9层01、04室/（021）60900360，60900371（传真）/上海、浙江、江苏、安徽

**马来西亚驻南宁总领事馆**/黄奕瑞（Bong Yik Jui）/广西壮族自治区南宁市青秀区民族大道131号南宁鑫伟万豪酒店2008室/（0771）5593289，5593916（传真）/广西、贵州

**缅甸联邦共和国驻南宁总领事馆**/杜丁埃凯（Tin Aye Khine）/广西壮族自治区南宁市中国—东盟商务区桂花路16－7号/（0771）5672845，5672391，5672192（传真）/广西、广东、湖南

**缅甸联邦共和国驻昆明总领事馆**/梭柏（SoePaing）/云南省昆明市官渡区迎宾路99号/（0871）68162804，68162808（传真）/云南、四川、贵州、重庆

**菲律宾共和国驻重庆总领事馆**/莲丽（女）（Olivia V. Palala）/重庆市渝中区邹容路68号大都会商厦29楼2903－2905单位/（023）63810832，63729809（传真）/重庆、云南、贵州

**菲律宾共和国驻广州总领事馆**/唐芷林（女）（Marie Charlotte G. Tang）/广东省广州市越秀区环市东路339号广东国际大厦主楼706－712室/（020）83311461，83310996，83330573（传真）/广东、广西、海南、湖南

**菲律宾共和国驻厦门总领事馆**/付昕伟（Julius Caesar Aragon Flores）/福建省厦门市思明区莲花新村凌香里2号/（0592）5130355，5130366，5530803（传真）/福建、江西

**菲律宾共和国驻上海总领事馆**/库玉甘(Wilfredo Ramon Cuyugan)/上海市长宁区延安西路1168号首信银都广场301室/(021)62818020,62818023(传真)/上海、浙江、江苏、安徽、湖北

**新加坡共和国驻成都总领事馆**/颜呈吉(Gan Teng Kiat)/四川省成都市锦江区人民南路二段1号仁恒置地广场写字楼3001号/(028)86527222,86528005(传真)/四川,陕西,重庆

**新加坡共和国驻广州总领事馆**/蔡签合(Chua Teng Hoe)/广东省广州市天河区天河北路233号中信广场办公楼2418室/(020)38912345,38912933(传真)/广东、海南、广西、湖南、贵州、云南

**新加坡共和国驻上海总领事馆**/罗德伟(Loh Tuck Wai)/上海市万山路89号/(021)62785566,62086544(传真)/上海、浙江、江苏、安徽

**新加坡共和国驻厦门总领事馆**/池兆森(Chi Chiew Sum)/福建省厦门市厦禾路189号银行中心5楼07、08单元/(0592)2684691,2684694(传真)/福建、江西

**泰王国驻成都总领事馆**/潘媞葩(女)(Phantipha Iamsudha Ekarohit)/四川省成都市武侯区航空路6号丰德国际广场C座12楼/(028)66897861,66897863(传真)/四川、重庆

**泰王国驻昆明总领事馆**/鹏普·汪披塔亚(Pornpop Uampidhaya)/云南省五华区昆明市东风西路11号顺城东塔18楼/(0871)63168916, 63166891(传真)/云南、贵州、湖南

**泰王国驻广州总领事馆**/瓦信·兰巴替盛(Vasin Ruangprateepsaeng)/广东省广州市海珠区友和路36号/(020)83858988,83889567(传真)/广东、海南

**泰王国驻上海总领事馆**/巴丽彩(女)(Parichat Luepaiboolphan)/上海市长宁区万山路18号/(021)52609899,52609898(传真)/上海、浙江、江苏、安徽

**泰王国驻厦门总领事馆**/邱塔泰(Tajtai Tmangraksat)/福建省厦门市思明区虎园路16号厦门宾馆3号楼/(0592)2027980,2027982,2058816(传真)/福建、江西

**泰王国驻南宁总领事馆**/蔡乐·蓬蒂窝拉卫(Chairat Porntipwarawet)/广西壮族自治区南宁市青秀区金湖北路52-1号东方曼哈顿大厦一层/(0771)5526945-46,5526949(传真)/广西

**泰王国驻西安总领事馆**/苏提瓦(Methee Suthiwartnarueput)/陕西省西安市曲江新区雁南三路钻石半岛11号楼1-2层/(029)89312831,89312863,89312935(传真)/陕西,甘肃,宁夏

**泰王国驻青岛总领事馆**/副总领事万贺怡(女)(Waraphannee Damrongmanee)/山东省青岛市市南区香港中路9号香格里拉中心1504-1505单元/(0532)68877038,68877039,68877036(传真)/山东

**越南社会主义共和国驻昆明总领事馆**/阮士洪(Nguyen Si Hong)/云南省昆明市北京路155号附1号红塔大厦507室/(0871)63522669,63516667(传真)/云南

**越南社会主义共和国驻广州总领事馆**/阮进洪(Nguyen Tien Hong)/广东省广州市海珠区侨光路华厦大酒店A座6楼/510115(邮编)/(020)83305911,83305915(传真)/广东

**越南社会主义共和国驻上海总领事馆**/阮青梅(女)(Nguyen Thanh Mai)/上海市浦东新区浦东大道900号华辰金融大厦304室/(021)68555871,68555872,68555873(传真)/上海

**越南社会主义共和国驻南宁总领事馆**/范清平(Pham Sao Mai)/广西壮族自治区南宁市青秀区金湖路55号亚航财富中心27楼/(0771)5510560,5510562,5534738(传真)/广西

## 中国和东盟各国简况

| 国家 | 国名全称 | 首都 | 主要语言 | 主要宗教 | 货币 | 省级行政区(个) | 人口(万人)(2017年) | 民族(个) |
|---|---|---|---|---|---|---|---|---|
| 中国 | 中华人民共和国 | 北京 | 汉语 | 佛教 | 人民币 | 34 | 139008 | 56 |
| 文莱 | 文莱达鲁萨兰国 | 斯里巴加湾 | 马来语 | 伊斯兰教 | 文莱元 | 4 | 42.9 | 20 |
| 柬埔寨 | 柬埔寨王国 | 金边 | 高棉语 | 佛教 | 瑞尔 | 24 | 1600.5 | 20多 |
| 印度尼西亚 | 印度尼西亚共和国 | 雅加达 | 印尼语 | 伊斯兰教 | 卢比(印尼盾) | 30 | 26399.1 | 100多 |
| 老挝 | 老挝人民民主共和国 | 万象 | 老挝语 | 佛教 | 基普 | 18 | 680 | 49 |
| 马来西亚 | 马来西亚联邦 | 吉隆坡 | 马来语 | 伊斯兰教 | 林吉特 | 16 | 3200 | 30多 |
| 缅甸 | 缅甸联邦共和国 | 内比都 | 缅甸语 | 佛教 | 缅元 | 15 | 5337.1 | 135 |
| 菲律宾 | 菲律宾共和国 | 大马尼拉 | 菲律宾语 | 天主教 | 比索 | 17 | 10491.8 | 约90 |
| 新加坡 | 新加坡共和国 | 新加坡 | 马来语 |  | 新加坡元 | 6 | 561 |  |
| 泰国 | 泰王国 | 曼谷 | 泰语 | 佛教 | 铢 | 76 | 6903.8 | 30多 |
| 越南 | 越南社会主义共和国 | 河内 | 越南语 |  | 越南盾 | 64 | 9554.1 | 54 |

注:世界银行WDI数据库、外交部网站

## 中国和东盟各国自然状况简表

| 国 家 | 陆地国土总面积（万平方千米） | 气 候 | 年平均气温（℃） | 海岸线长度（千米） | 主 要 资 源 |
|---|---|---|---|---|---|
| 中国 | 960 | 热带、亚热带、温带季风 | | 32000 | 石油、天然气、煤炭、铁矿、锰矿、铬矿、铜矿、铅锌矿、铝矿、镍矿、钨矿、锡矿、金矿、银矿、森林、水力、动植物等 |
| 文莱 | 0.5765 | 热带雨林 | 28 | 约161 | 石油、天然气、金矿、煤炭、锑矿、铅矿、矾土等 |
| 柬埔寨 | 18.1035 | 热带季风 | 27 | 460 | 金矿、磷酸盐、宝石、石油、铁矿、煤炭、森林、渔业等 |
| 印度尼西亚 | 191.36 | 热带雨林 | 25～27 | 54716 | 石油、天然气、煤炭、锡矿、铝矾土、镍矿、金矿、银矿、森林等 |
| 老挝 | 23.6800 | 热带、亚热带季风 | 20～30 | | 锡矿、铅矿、钾矿、铜矿、铁矿、金矿、石膏、煤炭、盐、森林等 |
| 马来西亚 | 33.0257 | 热带海洋 | 25～30 | 4192 | 石油、天然气、锡矿、铁矿、金矿、钨矿、铝土、锰矿、森林等 |
| 缅甸 | 67.6578 | 热带季风 | 27 | 3200 | 石油、天然气、锡矿、钨矿、锌矿、铝矿、锑矿、锰矿、金矿、银矿、宝石、玉石、森林、水力等 |
| 菲律宾 | 29.9700 | 热带海洋 | 26.6 | 18533 | 铜矿、金矿、银矿、铁矿、铬矿、镍矿、地热、石油、渔业等 |
| 新加坡 | 0.07199 | 热带海洋 | 24～27 | 193 | 植物 |
| 泰国 | 51.3115 | 热带季风 | 27 | 2616.4 | 钾盐、锡矿、褐煤、油页岩、天然气、锌矿、铅矿、钨矿、铁矿、铬矿、重晶石、宝石、石油、森林等 |
| 越南 | 32.9556 | 热带季风 | 23～25 | 3260 | 煤炭、铁矿、锰矿、铬矿、铝矿、锡矿、磷矿、水产、森林等 |

注：根据《中国—东盟自由贸易区与广西》（广西社会科学院编），外交部网站等有关资料编制

## 中国与东盟各国货币名称

| 国家、地区 | 货币名称 | | 货币符号 | | 辅币进位制 |
|---|---|---|---|---|---|
| | 中文 | 英文 | 原有旧符号 | 标准符号 | |
| 中国 | 人民币 | Renminbi | RMB ¥ | CNY | 1CNY = 10 jiao（角） 1jiao = 10 fen（分） |
| 文莱 | 文莱元 | Brunei Dollar | B $ | BND | 1BND = 100cents（分） |
| 柬埔寨 | 瑞尔 | Camboddian Riel | CR.；J Ri. | KHR | 1KHR = 100 sen（仙） |
| 印度尼西亚 | 印尼盾 | Indonesian Rupiah | Rps. | IDR | 1IDR = 100 cents（分） |
| 老挝 | 基普 | Laotian Kip | K. | LAK | 1LAK = 100 ats（阿特） |
| 马来西亚 | 林吉特 | Malaysian Dollar | M. $；Mal. $ | MYR | 1MYR = 100 cents（分） |
| 缅甸 | 缅元 | Burmese Kyat | K. | BUK | 1BUK = 100 pyas |
| 菲律宾 | 比索 | Philippine Peso | Ph. Pes.；Phil. P. | PHP | 1PHP = 100 centavos（分） |
| 新加坡 | 新加坡元 | Singapore Dollar | S. $ | SGD | 1SGD = 100 cents（分） |
| 泰国 | 铢 | Thai Baht（Thai Tical） | BT.；Tc. | THP | 1THP = 100 satang（萨当） |
| 越南 | 越南盾 | Vietnamese Dong | D. | VND | 1VND = 10 角 = 100 分 |

## 中国—东盟领导人特别会议

| 会议名称 | 时 间 | 地 点 | 出席会议的中国领导人 |
|---|---|---|---|
| 中国—东盟领导人非典问题特别会议 | 2003年4月29日 | 泰国曼谷 | 温家宝 |
| 东盟地震和海啸灾后问题领导人特别会议 | 2005年1月6日 | 印尼雅加达 | 温家宝 |

注：资料来自中华人民共和国外交部

## 中国和东盟各国首都简况

| 国　家 | 首　都 | 面　积（平方千米） | 人口（万） | 年平均气温（°C） | 行政区划 | 主　要　景　点 |
|---|---|---|---|---|---|---|
| 中国 | 北京 | 16412 | 2172.9（2017年） | 13 | 辖16个区 | 天安门广场、故宫、天坛、北海公园、颐和园、长城、圆明园、恭王府、什刹海、景山公园、香山公园、明十三陵、雍和宫、南锣鼓巷 |
| 文莱 | 斯里巴加湾 | 15.8 | 约14（2017年） | 28 | | 努鲁尔·阿里·赛义夫汀清真寺、水上村落——艾尔村、丘吉尔纪念馆、腾云殿、文莱博物馆等 |
| 柬埔寨 | 金边 | 290 | 约150（2017年） | 27 | 辖7个区和76个社区 | 皇宫、银寺、国家博物馆、塔山、杀人场等 |
| 印度尼西亚 | 雅加达 | 650.4 | 1027.7（2017年） | 27 | | 独立广场公园、印度尼西亚缩影公园、安佐尔梦幻公园、千岛群岛、伊斯蒂赫拉尔清真寺、中央博物馆等 |
| 老挝 | 万象 | 3920 | 85（2015年） | 22.6～31.7 | | 塔銮、瓦帕娇寺、瓦细刹吉寺、瓦翁第寺、凯旋门、塔当塔、尤鲁纪念碑等 |
| 马来西亚 | 吉隆坡 | 243.65 | 180（2017年） | 27.5 | 辖13个州 | 王宫、国会大厦、国立博物馆、国家回教堂、黑风洞、云顶高原等 |
| 缅甸 | 内比都 | 725 | 92.36（2017年） | 26.9 | 3个镇区 | 彬马那、累韦、德光 |
| 菲律宾 | 大马尼拉 | 626.58 | 1288（2015年） | 28 | 辖4个市和13个自治市 | 千岛缩影、黎刹公园、国立博物馆、西班牙古城、唐人街、马拉坎阑宫、柯里基多岛、美军纪念公墓等 |
| 新加坡 | 新加坡 | 714.3（2013年） | 561（2017年） | 24～27 | 辖6个地区 | 圣淘沙、鱼尾狮公园、知新馆、苏丹回教堂、裕廊飞禽公园等 |
| 泰国 | 曼谷 | 1568 | 800（2017年） | 24～30 | 24个县、150个区 | 大皇宫、金佛寺、云石寺、四面佛、玉佛寺、郑皇庙、水上市场等 |
| 越南 | 河内 | 3340 | 756（2015年） | 23.4 | 7个郡 5个县 | 巴亭广场、胡志明陵墓、独柱寺、文庙、还剑湖、西湖等 |

## 中国与东盟国家或地区通信代码与区号

| Countries and Regions | 国家或地区 | 国际域名缩写 | 电话代码 | 与中国北京时间时差 |
|---|---|---|---|---|
| China | 中　国 | CN | 86 | 0 |
| Brunei | 文　莱 | BN | 673 | 0 |
| Burma | 缅　甸 | MM | 95 | -1.3 |
| Philippines | 菲律宾 | PH | 63 | 0 |
| Malaysia | 马来西亚 | MY | 60 | -0.5 |
| Singapore | 新加坡 | SG | 65 | +0.3 |
| Thailand | 泰　国 | TH | 66 | -1 |
| Laos | 老　挝 | LA | 856 | -1 |
| Vietnam | 越　南 | VN | 84 | -1 |
| Kampuchea (Cambodia) | 柬埔寨 | KH | 855 | -1 |
| Indonesia | 印度尼西亚 | ID | 62 | -0.3 |
| Hongkong | 中国香港 | HK | 852 | 0 |
| Taiwan | 中国台湾 | TW | 886 | 0 |

## 东盟国家独立时间及与中国建立外交关系时间

| 国 家 | 独立前的宗主国 | 独立时间 | 与中国建交时间 |
|---|---|---|---|
| 文莱 | 英国 | 1984 年 1 月 1 日 | 1991 年 9 月 30 日 |
| 柬埔寨 | 法国 | 1953 年 11 月 9 日 | 1958 年 7 月 19 日 |
| 印度尼西亚 | 荷兰 | 1945 年 8 月 17 日 | 1950 年 4 月 13 日 |
| 老挝 | 法国 | 1945 年10月 12 日 | 1961 年 4 月 25 日 |
| 马来西亚 | 英国 | 1957 年 8 月 31 日 | 1974 年 5 月 31 日 |
| 缅甸 | 英国 | 1948 年 1 月 4 日 | 1950 年 6 月 8 日 |
| 菲律宾 | 美国 | 1946 年 7 月 4 日 | 1975 年 6 月 9 日 |
| 新加坡 | 英国 | 1965 年 8 月 9 日 | 1990 年 10 月 3 日 |
| 泰国 | | | 1975 年 7 月 1 日 |
| 越南 | 法国 | 1945 年 9 月 2 日 | 1950 年 1 月 18 日 |

注:根据《中国—东盟自由贸易区与广西》(广西社会科学院编)有关资料编制

## 历次中国—东盟领导人会议简况

| 会议名称 | 时 间 | 地 点 | 出席会议的中国领导人 |
|---|---|---|---|
| 第 1 次领导人非正式会晤 | 1997 年 12 月 16 日 | 马来西亚吉隆坡 | 江泽民主席 |
| 第 2 次领导人非正式会晤 | 1998 年 12 月 16 日 | 越南河内 | 胡锦涛副主席 |
| 第 3 次领导人非正式会晤 | 1999 年 11 月 28 日 | 菲律宾马尼拉 | 朱镕基总理 |
| 第 4 次领导人会议 | 2000 年 11 月 25 日 | 新加坡 | 朱镕基总理 |
| 第 5 次领导人会议 | 2001 年 11 月 5 日 | 文莱斯里巴加湾 | 朱镕基总理 |
| 第 6 次领导人会议 | 2002 年 11 月 4 日 | 柬埔寨金边 | 朱镕基总理 |
| 第 7 次领导人会议 | 2003 年 10 月 8 日 | 印尼巴厘岛 | 温家宝总理 |
| 第 8 次领导人会议 | 2004 年 11 月 29 日 | 老挝万象 | 温家宝总理 |
| 第 9 次领导人会议 | 2005 年 12 月 12 日 | 马来西亚吉隆坡 | 温家宝总理 |
| 第 10 次领导人会议 | 2007 年 1 月 14 日 | 菲律宾宿务 | 温家宝总理 |
| 第 11 次领导人会议 | 2007 年 11 月 20 日 | 新加坡 | 温家宝总理 |
| 第 12 次领导人会议 | 2009 年 10 月 24 日 | 泰国华欣 | 温家宝总理 |
| 第 13 次领导人会议 | 2010 年 10 月 29 日 | 越南河内 | 温家宝总理 |
| 第 14 次领导人会议 | 2011 年 11 月 18 日 | 印尼巴厘岛 | 温家宝总理 |
| 第 15 次领导人会议 | 2012 年 11 月 19 日 | 柬埔寨金边 | 温家宝总理 |
| 第 16 次领导人会议 | 2013 年 10 月 9 日 | 文莱斯里巴加湾 | 李克强总理 |
| 第 17 次领导人会议 | 2014 年 11 月 13 日 | 缅甸内比都 | 李克强总理 |
| 第 18 次领导人会议 | 2015 年 11 月 21 日 | 马来西亚吉隆坡 | 李克强总理 |
| 第 19 次领导人会议 | 2016 年 9 月 7 日 | 老挝万象 | 李克强总理 |
| 第 20 次领导人会议 | 2017 年 11 月 13 日 | 菲律宾马尼拉 | 李克强总理 |

## 中国—东盟自由贸易区部分关税削减时间表

| 起始时间 | 关 税 税 率 | 覆盖关税条目 | 参与的国家 |
|---|---|---|---|
| 2000 年 | 对所有东盟成员国 0 ~ 5% | 85% 的 CEPT 条目 | 原东盟 6 国 |
| 2002 年 1 月 1 日 | 对所有东盟成员国 0 ~ 5% | 全部 CEPT 条目 | 原东盟 6 国 |
| 2003 年 7 月 1 日 | WTO 最惠国关税税率 | 全部 | 中国与东盟 10 国 |
| 2003 年 10 月 1 日 | 中国与泰国果蔬关税降至 0 | 中泰水果蔬菜 | 中国、泰国 |
| 2004 年 1 月 1 日 | 农产品关税开始下调 | 农产品 | 中国与东盟 10 国 |
| 2005 年 1 月 | 对所有成员开始削减关税 | 全部 | 中国与东盟 10 国 |
| 2006 年 | 农产品关税降至 0 | 农产品 | 中国与东盟 10 国 |
| 2010 年 | 对所有东盟成员国 0 | 全部减税产品 | 原东盟 6 国 |
| 2010 年 | 关税降至 0 | 全部产品(部分敏感产品除外) | 中国与原东盟 6 国 |
| 2015 年 | 对所有东盟成员国 0 | 全部产品(部分敏感产品除外) | 东盟新成员国 |
| 2015 年 | 对中国—东盟自由贸易区成员国关税降至 0 | 全部产品(部分敏感产品除外) | 东盟新成员国 |
| 2018 年 | 对东盟自由贸易区和中国—东盟自由贸易区所有成员国 0 | 剩余的部分敏感产品 | 东盟新成员国 |

注:资料来自 2002 年 11 月签署的《中国与东盟全面经济合作框架协议》

# 东盟、欧盟、非盟、阿盟、北美自由贸易区简况

| 名称 | 成立时间 | 成立文件 | 成员国 | 人口和面积 | 生产总值和贸易额 | 宗旨和特点 | 组织机构 |
|---|---|---|---|---|---|---|---|
| 东盟（东南亚国家联盟） | 1967年8月8日 | 《东南亚国家联盟成立宣言》（也称《曼谷宣言》） | 印度尼西亚、马来西亚、菲律宾、泰国、新加坡、文莱、越南、老挝、缅甸、柬埔寨 | 人口6.18亿，面积450万平方千米 | 经济总量2.6万亿 | 宗旨是以平等协作精神，共同努力促进本地区的经济增长、社会进步和文化发展；遵循正义、国家关系准则和《联合国宪章》，促进本地区的和平与稳定；同国际和地区组织进行紧密和互利的合作。特点是以经济合作为基础的政治、经济、安全一体化合作组织 | 首脑会议、东盟协调理事会、东盟共同体理事会、东盟领域部长机制、东盟秘书长和东盟秘书处常驻东盟代表委员会、东盟国家秘书处、东盟人权机构、东盟基金会、与东盟相关的实体。现任东盟秘书长黎良明 |
| 欧盟（欧洲联盟） | 1993年11月1日 | 《欧洲联盟条约》（又称《马斯特里赫特条约》） | 德国、法国、意大利、荷兰、比利时、卢森堡、英国、丹麦、爱尔兰、希腊、西班牙、葡萄牙、奥地利、芬兰、瑞典、波兰、匈牙利、捷克、斯洛伐克、斯洛文尼亚、马耳他、塞浦路斯、爱沙尼亚、拉脱维亚、立陶宛、罗马尼亚、保加利亚、克罗地亚 | 人口5.125亿（2017年），面积437多万平方千米 | 国民生产总值17.28万亿美元（2017年） | 促进和平，追求公民富裕生活，实现社会经济可持续发展，确保基本价值观，加强国际合作 | 理事会、委员会、欧洲议会、欧洲法院、外国组织、欧洲统计局、欧洲审计院、欧洲中央银行、欧洲投资银行等。现任欧盟委员会主席容克 |
| 非盟（非洲联盟） | 1963年5月22日 | 《苏尔特宣言》 | 阿尔及利亚民主人民共和国、利比亚国、苏丹共和国、突尼斯共和国、西撒哈拉民主共和国（西撒哈拉）、贝宁共和国、布基纳法索、乍得共和国、科特迪瓦共和国、冈比亚共和国、加纳共和国、几内亚共和国、利比里亚共和国、马里共和国、尼日尔共和国、毛里塔尼亚伊斯兰共和国、尼日利亚联邦共和国、塞内加尔共和国、塞拉利昂共和国、多哥共和国、佛得角共和国、喀麦隆共和国、中非共和国、赤道几内亚共和国、加蓬共和国、刚果共和国、刚果民主共和国（前扎伊尔）、圣多美及普林西比民主共和国、安哥拉共和国、博茨瓦纳共和国、科摩罗联盟、莱索托王国、马拉维共和国、毛里求斯共和国、莫桑比克共和国、纳米比亚共和国、斯威士兰王国、南非共和国、坦桑尼亚联合共和国、赞比亚共和国、津巴布韦共和国、布隆迪共和国、吉布提共和国、厄立特里亚国、埃塞俄比亚联邦民主共和国、肯尼亚共和国、卢旺达共和国、塞舌尔共和国、索马里共和国、乌干达共和国、南苏丹共和国、埃及[①]中非共和国[②]几内亚比绍共和国[③]马达加斯加民主共和国[④]摩洛哥[⑤] | 人口11亿，面积3000万平方千米 | 国民生产总值2.4万亿美元（2013年） | 主要任务是维护和促进非洲大陆的和平与稳定，推行改革和减贫战略，实现非洲的发展与复兴。非盟致力于建设一个团结合作的非洲，力争各成员国在重大国际事务中能够用一个声音说话。该组织还积极落实2001年发起的非洲发展新伙伴计划，推动各成员国加强基础设施建设、吸引和争取外资及援助，以促进非洲大陆经济一体化。<br>非盟在维护地区安全、调解地区战乱和冲突方面采取积极行动。非盟参与调解布隆迪、刚果（金）、利比里亚、索马里、科特迪瓦和苏丹等国的冲突，有效地避免这些国家安全局势进一步恶化 | 首脑会议是非盟最高权力机构，每年举行国家元首和政府首脑级会议。在成员国提出要求并经2/3成员国同意，可召开特别首脑会议。非盟的官方机构有9个：首脑会议，行政当局，执行理事会，泛非议会，非洲法院，和平与安全理事会，常驻代表委员会，特别技术委员会，经济、社会和文化理事会（经社文理事会）。现任非盟委员会主席为穆萨·法基·穆罕默德 |
| 阿盟（阿拉伯国家联盟） | 1945年3月22日 | 《阿拉伯联盟宪章》 | （2008年）阿尔及利亚、阿联酋、阿曼、埃及、巴勒斯坦、巴林、吉布提、卡塔尔、科威特、黎巴嫩、利比亚、毛里塔尼亚、摩洛哥、沙特、苏丹、索马里、突尼斯、叙利亚、也门、伊拉克、约旦、科摩罗 | 人口约4.06亿（2016年），面积1300多万平方千米 | 国民生产总值2.501万亿美元（2016年） | 密切成员国间的合作关系，协调彼此间的政治活动，捍卫阿拉伯国家的独立和主权，全面考虑阿拉伯国家的事务和利益，各成员国在经济、财政、交通、文化、卫生、社会福利、国籍、护照、签证、判决的执行以及引渡等方面进行密切合作。成员国相互尊重国家的政治制度，彼此之间的争端不得诉诸武力解决，成员国与其他国家缔结的条约和协定对其他国无约束力 | 首脑级理事会、部长级（外长）理事会、联合防御理事会、经社理事会、秘书处。秘书长为艾哈迈德·阿布·盖特 |
| 北美自由贸易区 | 1994年1月1日 | 《北美自由贸易协定》 | 美国、墨西哥、加拿大 | 人口4.2亿，面积2130多万平方千米 | 国民生产总值11.4万亿美元（2006年），年贸易总额1.37亿美元 | 宗旨是取消贸易壁垒，创造公平竞争的条件，增加投资机会，对知识产权提供适当的保护，建立执行协定和解决争端的有效程序，促进三边的、地区的以及多边的合作。特点是大国主导型、经济互补型、战略过渡型 | 贸易委员会（秘书处、辅助组织等）、环境合作委员会（理事会、秘书处、联合咨询委员会）、劳工委员会（理事会、秘书处、国别行政办公室） |

暂停资格/退出成员国：①、②2013年被暂停成员国资格；③2012年被暂停成员国资格；④2009年被暂停成员国资格；⑤1986年退出，2017年重新加入

## 中国和东盟各国主要港口及国际航空港名录

| 国 家 | 主 要 港 口 | 国际航空港(机场) |
| --- | --- | --- |
| 中国 | 海港:大连、营口、秦皇岛、天津、烟台、青岛、日照、连云港、上海、宁波、厦门、汕头、广州、湛江、北海、钦州、防城港、海口、香港、澳门、基隆、高雄<br>河港:重庆、万州、武汉、芜湖、南京、扬州、常州、张家港、南通、广州、梧州、贵港 | 北京首都、广州白云、上海浦东、上海虹桥、深圳宝安、昆明巫家坝、成都双流、西安咸阳、厦门高崎、重庆江北、天津滨海、大连周水子、杭州萧山、福州长乐、南京禄口、沈阳桃仙、桂林两江、南宁吴圩、哈尔滨阎家岗、台北桃园、高雄、香港、澳门 |
| 文莱 | 海港:穆阿拉、斯里巴加湾、马来亦、卢穆 | 斯里巴加湾 |
| 柬埔寨 | 海港:西哈努克 | 金边、暹粒 |
| 印度尼西亚 | 海港:丹戎不碌、泗水(丹戎佩拉)、三宝垄、勿拉湾 | 巴厘岛登帕萨、雅加达苏加诺—哈达、诗都阿佐、朱安达 |
| 老挝 | 河港:沙湾拿吉 | 琅勃拉邦、万象瓦岱、巴色 |
| 马来西亚 | 海港:巴生港、槟城、关丹、新山、纳闽(拉布安)、哥打基纳巴卢。河港:古晋 | 吉隆坡、槟城、兰卡威、哥打基纳巴卢、古晋 |
| 缅甸 | 海港:仰光。河港:勃生 | 仰光敏加拉洞、曼德勒、内比都 |
| 菲律宾 | 海港:宿务、马尼拉、怡朗、三宝颜 | 马尼拉阿基诺、宿务马克丹、达沃、苏比克、克拉克、拉瓦格 |
| 新加坡 | 海港:新加坡 | 新加坡樟宜 |
| 泰国 | 海港:宋卡、普吉。河港:曼谷 | 曼谷素旺那普、清迈、普吉、合艾 |
| 越南 | 海港:海防、岘港、金兰湾、广宁、炉门、归仁、义安、芽庄、西贡 | 河内内排、岘港、胡志明市新山一 |

注:根据《中国—东盟自由贸易区与广西》(广西社会科学院编)、新华网、凤凰网有关资料编制

## 中国和东盟各国重点风景名胜区名录

| 国 家 | 景 区 名 称 |
| --- | --- |
| 中国 | 八达岭—十三陵、承德避暑山庄、外八庙、秦皇岛北戴河、五台山、恒山、鞍山千山、镜泊湖、五大连池、太湖、南京钟山、杭州西湖、富春江—新安江、雁荡山、普陀山、黄山、九华山、天柱山、武夷山、庐山、井冈山、泰山、青岛崂山、鸡公山、洛阳龙门、嵩山、武汉东湖、武当山、衡山、肇庆星湖、桂林漓江、德天瀑布、峨眉山、长江三峡、黄龙寺、九寨沟、重庆缙云山、青城山—都江堰、剑门蜀道、黄果树瀑布、云南石林、大理、西双版纳、华山、临潼骊山、麦积山、天山天池、野三坡、苍岩山、黄河壶口瀑布、鸭绿江、金石滩、兴城海滨、大连海滨—旅顺口、松花湖、八大部—净月潭、云台山、蜀岗瘦西湖、楠溪江、琅邪山、清源山、鼓浪屿—万石山、太姥山、三清山、龙虎山、胶东半岛海滨、大洪山、武陵源、岳阳楼—洞庭湖、西樵山、丹霞山、桂平西山、花山、贡嘎山、金佛山、蜀南竹海、织金洞、红枫湖、龙宫、三江并流、昆明滇池、丽江玉龙雪山、雅隆江、西夏王陵等 |
| 文莱 | 水村、王室陈列馆、赛福鼎清真寺、杰鲁东公园等 |
| 柬埔寨 | 吴哥古迹、金边、西哈努克港、马德望、荔枝山等 |
| 印度尼西亚 | 巴厘岛、婆罗浮屠佛塔、普兰班南寺庙群、“美丽的印度尼西亚”缩影公园、日惹苏丹王宫、多巴湖等 |
| 老挝 | 琅勃拉邦古城、巴色瓦普寺、万象塔銮、玉佛寺、占巴色孔埠瀑布、琅勃拉邦光西瀑布、万荣、石缸平原、沙湾拿吉的伊准塔等 |
| 马来西亚 | 吉隆坡、云顶、槟城、马六甲、兰卡威岛、刁曼岛、乐浪岛、邦咯岛、国家清真寺、大汉山国家公园等 |
| 缅甸 | 仰光大金塔、文化古都曼德勒、万塔之城蒲甘、额不里海滩等 |
| 菲律宾 | 百胜滩、蓝色港湾、碧瑶市、马荣火山、伊富高省巴纳韦高山梯田等 |
| 新加坡 | 圣淘沙岛、植物园、夜间动物园、天福宫、虎豹别墅等 |
| 泰国 | 曼谷、普吉、清迈、巴堤雅、清莱、华欣、苏梅岛等 |
| 越南 | 还剑湖、胡志明陵墓、文庙、巴亭广场、统一宫、古芝地道、下龙湾、芽庄等 |

注:中国的重点风景名胜区为 1982 年 11 月 8 日和 1988 年 8 月 1 日公布的第一、第二批名单

## 中国和东盟国家世界文化遗产、世界自然遗产、世界文化和自然双重遗产名录

| 国　家 | 世　界　文　化　遗　产 | 世界自然遗产、世界文化和自然双重遗产 |
|---|---|---|
| 中国 | 北京故宫(1987),长城(1987),周口店北京猿人遗址(1987),陕西秦始皇陵及兵马俑(1987),甘肃敦煌莫高窟(1987),西藏布达拉宫(1994),河北承德避暑山庄及周围寺庙(1994),山东曲阜孔庙、孔府、孔林(1994),湖北武当山古建筑群(1994),江西庐山风景名胜区(1996),山西平遥古城(1997),江苏苏州古典园林(1997),云南丽江古城(1997),北京天坛(1998),北京颐和园(1998),重庆大足石刻(1999),皖南古村落—西递、宏村(2000),明清皇室陵寝(2000),河南龙门石窟(2000),四川青城山—都江堰(2000),山西云冈石窟(2000),中国高句丽王城、王陵及贵族墓葬(2004),沈阳故宫、盛京二陵(2004),澳门历史城区(2005),安阳殷墟(2006),广东开平碉楼与村落(2007),福建土楼(2008),登封"天地之中"历史建筑群(2010),元上都遗址(2012),云南红河哈尼梯田(2013),中国大运河(2014),丝绸之路:起始段和天山廊道的路网(2014)、中国土司遗址[湖南永顺老司城遗址、湖北唐崖土司城遗址、贵州播州海龙屯遗址](2015),厦门鼓浪屿(2017) | 世界自然遗产:四川九寨沟风景名胜区(1992),四川黄龙风景名胜区(1992),湖南武陵源风景名胜区(1992),云南三江并流保护区(2003),四川大熊猫栖息地(2006),中国南方喀斯特(2007),江西三清山(2008),中国丹霞[贵州赤水、福建泰宁、湖南崀山、广东丹霞山、江西龙虎山(包含龟峰)、浙江江郎山](2010),云南澄江化石地(2012),新疆天山(2013),湖北神农架(2016),青海可可西里(2017)<br>世界文化和自然双重遗产:山东泰山风景名胜区(1987),安徽黄山风景名胜区(1990),四川峨眉山—乐山风景名胜区(1996),福建武夷山风景名胜区(1999)<br>文化景观遗产:江西庐山(1996),山西五台山(2009),杭州西湖文化景观(2011),广西左江花山岩画(2016) |
| 柬埔寨 | 吴哥窟区(1992),柏威夏古庙(2007),古伊奢那补罗考古遗址的三波坡雷古寺庙区(2017) | |
| 印度尼西亚 | 婆罗浮屠寺庙群(1991),普兰班南寺庙群(1991),桑义兰早期人类遗址(1996),巴厘文化景观:体现"幸福三要素"哲学的苏巴克灌溉系统 | 世界自然遗产:乌绒库伦国家公园(1991),科莫多国家公园(1991),洛伦茨国家公园(1999),苏门答腊热带雨林(2004 年,2011 年列为《世界濒危遗产名录》) |
| 老挝 | 琅勃拉邦古城(1995),占巴塞文化风景区(2001) | |
| 马来西亚 | 马六甲海峡历史城市:马六甲,槟城乔治市(2008),玲珑谷地考古遗址(2012) | 世界自然遗产:基纳巴卢山公园(2000),穆鲁山国家公园(2000) |
| 缅甸 | 骠国古城(2014) | |
| 菲律宾 | 菲律宾巴洛克教堂(1993),菲律宾巴纳韦高山梯田(1995),维甘历史古城(1999) | 世界自然遗产:图巴塔哈礁群公园(1993),普林塞萨港地下河国家公园(1999),延伸扩充 Tubbataha Reef National Park(2009),汉密吉伊坦山野生动物保护区(2014) |
| 新加坡 | 新加坡植物园(2015) | |
| 泰国 | 素可泰历史城镇及相关历史城镇(1991),阿育他亚(大城)历史城镇及相关城镇(1991),班清阿考古遗址(1992) | 世界自然遗产:童·艾·纳雷松野生生物保护区(1991),东巴耶延—考艾森林保护区(2005) |
| 越南 | 顺化历史建筑群(1993),美山遗址(1999),会安古镇(1999),升龙皇城中心区(2010),胡朝时期的城堡(2011) | 世界自然遗产:下龙湾(1994),丰芽格邦国家公园(2003),<br>世界文化和自然双重遗产:长安名胜群(2014) |

注:括号中数字为列入《世界遗产名录》的年份

## 东盟 10 国全球竞争力指数排行

| 国家 | 2016～2017年全球竞争力指数排行 | 2013～2014年全球竞争力指数排行 | 2014～2015年十二项竞争力因素排行 | | | | | | | | | | | |
|---|---|---|---|---|---|---|---|---|---|---|---|---|---|---|
| | | | 制度 | 基础设施 | 宏观经济环境 | 健康与初等教育 | 高等教育与培训 | 商品市场效率 | 劳动市场效率 | 金融市场成熟性 | 技术设备 | 市场规模 | 商务成熟性 | 创新 |
| 文莱 | — | — | — | — | — | — | — | — | — | — | — | — | — | — |
| 印度尼西亚 | 41 | 38 | 53 | 56 | 34 | 74 | 61 | 48 | 110 | 42 | 77 | 15 | 34 | 31 |
| 柬埔寨 | 89 | 88 | 119 | 107 | 80 | 91 | 123 | 90 | 29 | 84 | 102 | 87 | 111 | 116 |
| 老挝 | 93 | 81 | 63 | 94 | 124 | 90 | 110 | 59 | 34 | 101 | 115 | 121 | 79 | 84 |
| 缅甸 | 134 | 139 | 136 | 137 | 116 | 117 | 135 | 130 | 172 | 139 | 144 | 70 | 140 | 138 |
| 马来西亚 | 25 | 24 | 20 | 25 | 44 | 33 | 46 | 7 | 19 | 4 | 60 | 26 | 15 | 21 |
| 菲律宾 | 57 | 59 | 67 | 91 | 26 | 92 | 64 | 70 | 91 | 49 | 69 | 35 | 46 | 52 |
| 新加坡 | 2 | 2 | 3 | 2 | 15 | 3 | 2 | 1 | 2 | 2 | 7 | 31 | 19 | 9 |
| 泰国 | 34 | 37 | 84 | 48 | 19 | 66 | 59 | 30 | 66 | 34 | 65 | 22 | 41 | 67 |
| 越南 | 60 | 70 | 92 | 81 | 75 | 61 | 96 | 78 | 49 | 90 | 99 | 34 | 106 | 87 |

注：来源于《2016～2017 年全球竞争力报告》

## 东盟各国家主要报纸

| 国家 | 本国文报纸 | 华文报纸 | 英文（其他语文）报纸 |
|---|---|---|---|
| 文莱 | 《婆罗洲公报》《文莱灯塔》 | 《文莱美里日报》《文莱诗华日报》 | 《婆罗洲公报》 |
| 柬埔寨 | 《柬埔寨之光报》《人民报》《和平岛报》《柬埔寨日报》《柬埔寨时报》 | 《华商日报》《柬华日报》《星洲日报》《大众日报》《新时代日报》 | 《柬埔寨日报》《金边邮报》《柬埔寨时报》 |
| 印度尼西亚 | 《罗盘报》《专业之声报》《印度尼西亚媒体报》《共和国日报》《革新之声报》《印度尼西亚商报》《华文邮报》 | 《印度尼西亚日报》《华文邮报》《国际日报》《世界日报》《商报》《新生日报》《和平日报》《龙阳日报》《广告日报》《千岛日报》 | 《雅加达邮报》《印度尼西亚观察家报》 |
| 老挝 | 《人民报》《新万象报》《人民军报》《青年报》 | | 《VINTIANETIMES》（英文报）、《LE RENOVATEUR》（法文报） |
| 马来西亚 | 《马来西亚使者报》《每日新闻》《祖国报》 | 《南洋商报》《星洲日报》《中国报》等 | 《新海峡时报》《星报》《马来邮报》 |
| 缅甸 | 《缅甸之光》《镜报》《首都报》《曼德勒报》《雅德那崩报》 | 《缅甸华报》 | 《缅甸新光》 |
| 菲律宾 | 《消息报》《菲律宾快报》 | 《世界日报》《商报》《菲华时报》《联合日报》《环球日报》 | 《马尼拉公报》《菲律宾星报》《菲律宾每日询问日报》《自由报》《马尼拉时报》《马尼拉纪事报》 |
| 新加坡 | 《每日新闻》《泰米尔日报》 | 《联合早报》《联合晚报》《新明日报》 | 《海峡时报》《商业时报》《新报》 |
| 泰国 | 《泰叻报》《民意报》《每日新闻》《国家报》《沙炎叻报》《经理报》等 | 《新中原报》《中华日报》《星暹日报》《亚洲日报》《京华中原日报》《世界日报》等 | 《曼谷邮报》《民族报》等 |
| 越南 | 《人民报》《人民军队报》《大团结报》《西贡解放日报》 | 《西贡解放日报》 | 《西贡时报》 |

## 中国和东盟各国主要通讯社、电台、电视台

| 国　家 | 通　讯　社 | 电　　台 | 电　视　台 |
| --- | --- | --- | --- |
| 中国 | 新华通讯社、中国新闻社 | 中央人民广播电台、中国国际广播电台 | 中央广播电视总台(2018 年 3 月) |
| 文莱 | 文莱新闻社 | 文莱广播电视台(创建于 1957 年 5 月) | 文莱广播电视台(从 1975 年起开设彩色电视频道) |
| 柬埔寨 | 柬新社(成立于 1980 年) | FM96(国家台) | 国家电视台(以柬语广播为主)、仙女 11 台(人民党资产)、第 9 台(私人台)、第 5 台(军队台)、首都第 3 台(官方台)、巴戎台(私人台) |
| 印度尼西亚 | 安塔拉通讯社(官方)、印度尼西亚民族通讯社(私营)、武装部队新闻社(国防安全部) | 印度尼西亚共和国广播电台(成立于 1945 年 9 月) | 印度尼西亚共和国电视台、印度尼西亚鹰记电视台、太阳电视台、教育电视台、美都电视台等 11 家电视台 |
| 老挝 | 巴特寮通讯社(1968 年 1 月成立,国营) | 老挝国家广播电台、老挝人民军广播电台 | 老挝国家电视台(建于 1983 年 12 月) |
| 马来西亚 | 马来西亚国家新闻社(简称马新社,半官方) | 马来西亚广播电台(建于 1946 年)、马来西亚之声电台(建于 1963 年) | 马来西亚电视台(建于 1963 年)、第三电视台(TV3)、城市电视台(Metro Vision)、国民电视台(NTV)、Astro 卫星有线电视频道 |
| 缅甸 | 缅甸通讯社 | 缅甸之声(建于 1937 年) | 缅甸电视台(建于 1980 年)、妙瓦底电视台(创办于 1995 年 3 月 27 日) |
| 菲律宾 | 菲律宾通讯社(成立于 1973 年) | 菲律宾广播台 | 人民电视台 |
| 新加坡 |  | 新加坡广播电台(于 1936 年开播) | 新加坡电视台 |
| 泰国 | 泰国通讯社 | 泰国国家广播电台 | 泰国国家电视台 |
| 越南 | 越南通讯社(1945 年成立,1976 年越南南方解放通讯社与之合并) | 越南之声广播电台(成立于 1954 年) | 越南中央电视台(成立于 1971 年) |

注:根据中国网、新华网有关资料编制

## 东盟国家孔子学院一览表(2016 年)

| 国别 | 孔子学院名称 | 中国合作院校 | 成立/运营时间 |
| --- | --- | --- | --- |
| 泰国(14 所) | 勿洞市孔子学院 | 重庆大学 | 2006 年 2 月 28 日 |
| | 孔敬大学孔子学院 | 西南大学 | 2006 年 8 月 3 日 |
| | 农业大学孔子学院 | 华侨大学 | 2006 年 10 月 1 日 |
| | 皇太后大学孔子学院 | 厦门大学 | 2006 年 11 月 7 日 |
| | 清迈大学孔子学院 | 云南师范大学 | 2006 年 12 月 18 日 |
| | 曼松德昭帕亚皇家师范大学孔子学院 | 天津师范大学 | 2006 年 12 月 19 日 |
| | 玛哈沙拉坎大学孔子学院 | 广西民族大学 | 2006 年 12 月 20 日 |
| | 宋卡王子大学普吉孔子学院 | 上海大学 | 2006 年 12 月 24 日 |
| | 川登喜大学素攀孔子学院 | 广西大学 | 2006 年 12 月 27 日 |
| | 宋卡王子大学孔子学院 | 广西师范大学 | 2006 年 12 月 29 日 |
| | 朱拉隆功大学孔子学院 | 北京大学 | 2007 年 3 月 26 日 |
| | 东方大学孔子学院 | 温州大学、温州医学院 | 2009 年 9 月 15 日 |
| | 海上丝路孔子学院 | 天津师范大学 | 2015 年 6 月 24 日 |
| | 易三仓大学孔子学院 | 天津科技大学 | 2015 年 9 月 12 日 |
| 新加坡(1 所) | 南洋理工大学孔子学院 | 山东大学 | 2007 年 7 月 14 日 |
| 柬埔寨(1 所) | 柬埔寨皇家科学院孔子学院 | 江西九江学院 | 2006 年 12 月 22 日 |
| 老挝(1 所) | 老挝国立大学孔子学院 | 广西民族大学 | 2010 年 3 月 23 日 |
| 印度尼西亚(6 所) | 雅加达汉语教学中心孔子学院 | 海南师范大学 | 2007 年 9 月 28 日 |
| | 阿拉扎大学孔子学院 | 福建师范学院 | 2010 年 11 月 9 日 |
| | 玛拉拿达基督教大学孔子学院※ | 河北师范大学 | 2011 年 1 月 18 日 |
| | 哈山努丁大学孔子学院 | 南昌大学 | 2011 年 2 月 22 日 |
| | 玛琅国立大学孔子学院 | 广西师范大学 | 2011 年 3 月 14 日 |
| | 泗水国立大学孔子学院 | 华中师范大学 | 2011 年 5 月 19 日 |
| | 丹戎布拉大学孔子学院 | 广西民族大学 | 2011 年 11 月 26 日 |
| 菲律宾(4 所) | 亚典耀大学孔子学院 | 中山大学 | 2006 年 10 月 30 日 |
| | 布拉卡国立大学孔子学院 | 西北大学 | 2009 年 2 月 28 日 |
| | 红溪礼示大学孔子学院 | 福建师范大学 | 2009 年 11 月 10 日 |
| | 菲律宾国立大学孔子学院 | 厦门大学 | 2015 年 10 月 12 日 |
| 马来西亚(2 所) | 马来亚大学孔子汉语学院 | 北京外国语大学 | 2009 年 7 月 8 日 |
| | 世纪大学孔子学院 | 海南师范大学 | 2015 年 11 月 23 日 |
| 越南(1 所) | 河内大学孔子学院 | 广西师范大学 | 2015 年 5 月 |
| 文莱(0 所) | 无 | | |
| 缅甸(0 所) | 无 | | |

数据来源:孔子学院总部/国家汉办 2016 年“第 11 届全球孔子学院大会交流材料”亚洲卷

※雅加达汉语教学中心孔子学院因没有得到印度尼西亚国民教育部的认可于 2011 年停止运营

## 东盟各国贸促机构与商协会通讯录

| 国家 | 机构名称 | 地　址 | 电话、传真 |
|---|---|---|---|
| 文莱 | 文莱国际工会 | Post Box 2246,1922 Bandar Seri Beganoan | Tel:00673 -2 -2236601 |
| | 中华商会 | Dowan Pernigaan Tionghua, P. O. 1. Box 281, B. S. Begawan 1902, Negara | |
| 柬埔寨 | 商业部 | 20A, borlevard Norodom | Tel:00855-23-210365 Fax:00855-23-217353 |
| | 柬埔寨总商会<br>金边总商会 | Building No. 7B, the corner of Road No. 81&109, Sangkat Boeung Raing, Khan Daun Penh, Phnom Penh, Kingdom of Cambodia | Tel:00855 -23 -212265<br>Fax:00855 -23 -212270 |
| 印度尼西亚 | 工贸部国家出口发展局 | 8, JI. Gajah Mada, P. O. Box 443/JKT | Tel:0062-21-6341082 Fax:0062-21-6338360 |
| | 中华工业委员会 | 20, M. H. Thamrin, Jakarta | |
| | 印度尼西亚商工会 | Chandra Builoling, 20 Jalan M. N. Thamrin, Jakarta 10350 | |
| 老挝 | 老挝商工会 | Rue Ponexay Post Box 4596 Vieentiane | Tel:00856-21-414383 Fax:00856-21-414383 |
| 马来西亚 | 国际贸易工业部 | Blick 10, Gov. Building Complex, Jalan Data 50622 | Tel:0060 -3 -6200033<br>Fax:0060 -3 -62031303 |
| | 马来西亚中华商工会 | Office Tower, 8th floor, Plaza Berjaya -12, Jalan Imb, 55100 Kuala Lumpur | Tel:0060 -3 -2452503<br>Fax:0060 -3 -2452562 |
| | 马来西亚商会 | Plaza Pekeliling, 17th Floor 2, Jalan Tun Razak, 50400 Kuala Lumpar | Tel:0060 -3 -4427664<br>Fax:0060 -3 -4414502 |
| 缅甸 | 缅甸工商联合会 | No. 29, Min Ye Kyawswa Road, Lanmadaw Township, Yangon, Myanmar. | Tel:0095 -1 -214344/214345<br>Fax:0095 -1 -214484 |
| 菲律宾 | 菲律宾商工会 | 14th floor, 6805 Ayala Avenue Makati City | Tel:0063-2-8433374 Fax:0063-2-8434102 |
| | 菲华商联总会 | 6th Floor, Federation Center, Muelle De Binondo St. Manila, Philippines. | Tel:0063 -2 -2419201<br>Fax:0063 -2 -2422361 |
| 新加坡 | 贸易工业部 | Znfo Centre 100, High Street No. 04 -01 The Treasury | Tel 0065 -3327258 Fax:0065 -3327634 |
| | 中小企业协会 | Information and Doc. Centre 141, Market Street, Internat. Factor Buliding 04 -03/04 | Tel:0065 -2240868 Fax:0065 -2241507 |
| | 太平洋经济合作委员会 | 4, Nassim Road | Tel:0065 -7379823 Fax:0065 -7379824 |
| | 新加坡工业联合会 | 20, Orchard Rock 23883 Singapore | Tel:0065 -3388787 Fax:0065 -3383358 |
| | 新加坡商业工业联合会 | 47 Hill Street # 03 -1, Chimese Chamber of Commerce Bulidtng 179365 Singapore | Tel:0065 -3389761 Fax:0065 -3395630 |
| | 新加坡中华机械进出口商协会 | 6001 Beach Road, No. 1101, Golden Mile Tower, Songapore 0719 | |
| | 新加坡中华总商会 | 47 Hill Street #09 -00, Singapore 179365 | Tel:(65)63378381 Fax:(65)63390605 |
| | 新加坡工商联合总会 | 19 Tanglin Shopping Centre, Singapore 247909 | Tel:(65)68276828 Fax:(65)68276807 |
| 泰国 | 泰国贸易局 | 150, Rajorpit Road, 10200 Bang KoK Thailand | Tel:0066 -22211827 Fax:0066 -22219350 |
| | 泰国商会 | 150 Rajopit Road, BangKoK 10200 | Tel:0066 -26221860 Fax:0066 -22253372 |
| | 国际贸易经济合作处 | 1.22 Ac. Pilyuain St. ,2,2 Vnited Natians Building, Rajadnmnern Avenue, Bangkok 10i | |
| | 泰国中华总商会 | No. 889 Thai C. C. Tower, 9th Floor, Sathorn Road. Bangkok 10120, Thailand | Tel:0066 -26758574 -84<br>Fax:0066 -22123917 |
| | 泰国投资促进委员会 | 555 Vibhavadi -Rangsit RD, Chatuchak, Bangkok, 10900, Thailand | Tel:0066 -25378111 Fax:0066 -25378177 |
| 越南 | 越南商工会 | 9 Dao Duy Anh Street 10000 Dong Da Hanoi | Tel:0084-4-5742162 Fax:0084-4-5742020 |
| | 越南计划投资部外国投资局 | 河内市(Hoang Van Thu -Ha Noi) | Tel:0084 -4 -7343759<br>Fax:0084 -4 -7343769 |
| | 越南计划投资部南方外国投资中心 | 胡志明市(178, Nguyen Dinh Trieu, Tp. Ho Chi Minh) | Tel:0084 -8 -9303287<br>Fax:0084 -4 -9305413 |
| | 胡志明市企业家协会 | 胡志明市第一郡边章阳路51号(51 Ben Chuong Duong st. , Dist. 1, Ho Chi Minh City, Vietnam) | Tel:0084 -8 -8293389<br>Fax:0084 -8 -8215448 |

（何　战）

# 索　　引

## 说　明

一、本索引是《中国—东盟年鉴 · 2018》的内容分析索引。正文(包括条目、文献、资料、图片和表格)中凡具有独立检索意义的完整资料,都可以通过本索引检索。

二、索引按汉语拼音字母(同音字声调)顺序排列。类目、分目作索引款目的,用黑体字排印,其余款目用宋体字排印。表格、图片、论文摘要款目后,分别注明"图""表"或"摘要"。

三、索引款目后的数字表示内容所在的页码,数字后的拉丁字母(a、b)表示栏别(即版面的1、2栏),数字前后的"附图""图",分别表示款目在访该页的资料形式(即附有图片或是图片资料)。

四、空两字超排的款目为上一主题的"附见"。同一主题的"参见",只标页码。内容有交叉的款目,为便于读者检索,在本索引中重复出现。

五、阿拉伯数字起头或英文字母起头的款目,放置在拼音检索索引之后。

## A



## B

## C



## D

## E



## F

# G

# H

# J

# K



# L

# O



# P



# Q



# R



# S

# T

## W

# X



# Y

# Z

(叶建维)

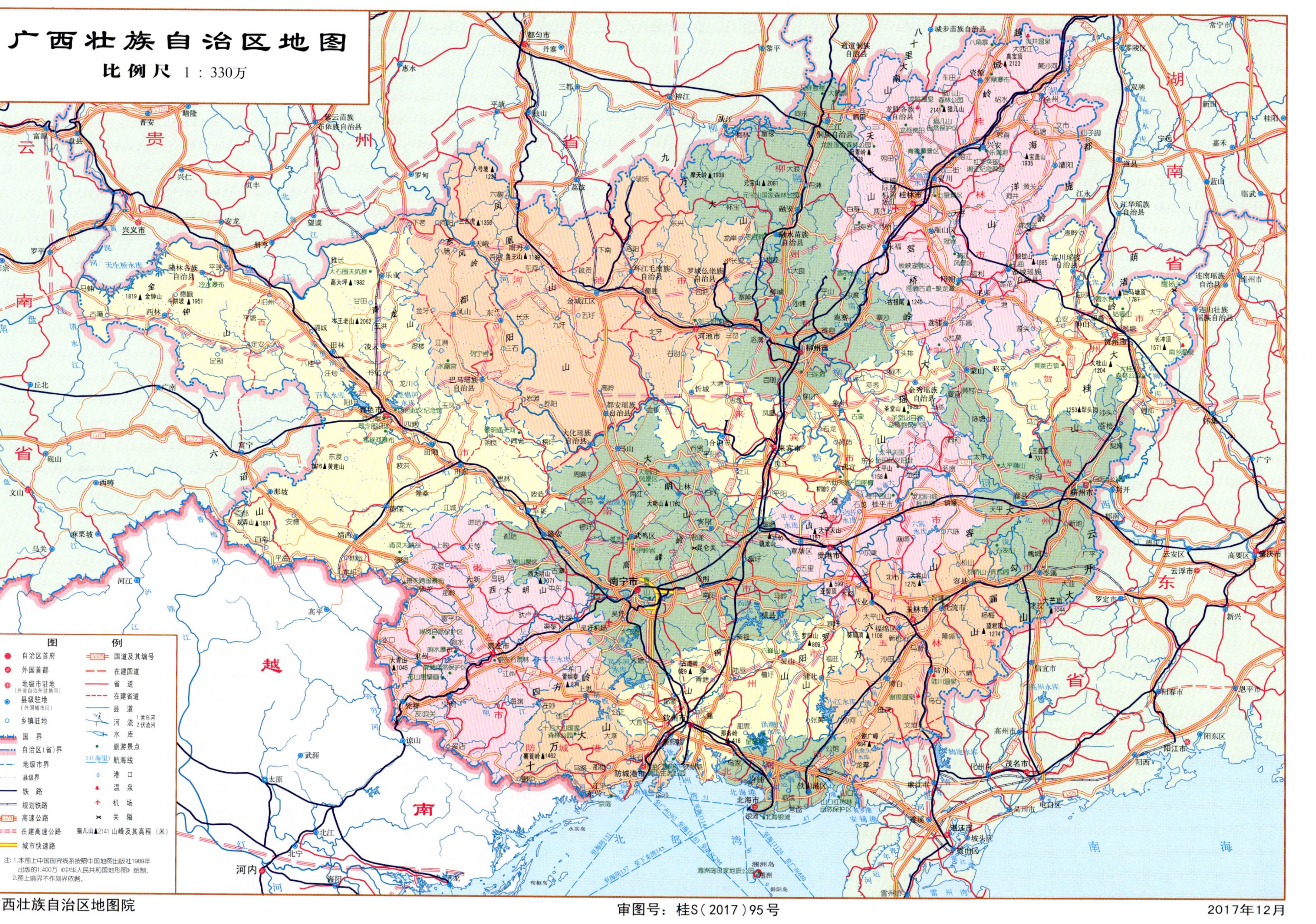

广西壮族自治区地图院
审图号：桂S（2017）95号
2017年12月